U0691313

中国近代
思想家文库

◎

耿云志 编

胡适卷

中国人民大学出版社
·北京·

《中国近代思想家文库》编纂委员会名单

总 序

对于近代的理解，虽不见得所有人都是一致的，但总的说来，对于近代这个词所涵的基本意义，人们还是有共识的。一个国家、一个民族走入近代，就意味着以工业化为主导的经济取代了以地主经济、领主经济或自然经济为主导的中世纪的经济形态，也还意味着，它不再是孤立的或是封闭与半封闭的，而是以某种形式加入到世界总的发展进程。尤其重要的是，它以某种形式的民主制度取代君主专制或其他不同形式的专制制度。中国是个幅员广大、人口众多、历史悠久的多民族国家，由于长期历史发展是自成一体的，与外界的交往比较有限，其生产方式的代谢迟缓了一些。如果说，世界的近代是从17世纪开始的，那么中国的近代则是从19世纪中期才开始的。现在国内学界比较一致的认识，是把1840年到1949年视为中国的近代。

中国的近代起始的标志是1840年的鸦片战争。原来相对封闭的国门被拥有近代种种优势的英帝国以军舰、大炮再加上种种卑鄙的欺诈打开了。从此，中国不情愿地加入到世界秩序中，沦为半殖民地。原来独立的大一统的中央集权的君主专制国家，如今独立已经极大地被限制，大一统也逐渐残缺不全，中央集权因列强的侵夺也不完全名实相符了。后来因太平天国运动，地方军政势力崛起，形成内轻外重的形势，也使中央集权被弱化。经历第二次鸦片战争、中法战争、甲午战争、八国联军入侵的战争以及辛亥革命后的多次内外战争，直至日本全面侵略中国的战争，致使中国的经济、政治、教育、文化，都无法顺利走上近代发展的轨道。古今之间，新旧之间，中外之间，混杂、矛盾、冲突。总之，鸦片战争后的中国，既未能成为近代国家，更不能维持原有的统治秩序。而外患内忧咄咄逼人，人们都有某种程度"国将不国"的忧虑。

"天下兴亡，匹夫有责"，读书明理的士大夫，或今所谓知识分子，尤为敏感，在空前的危机与挑战面前，皆思有所献替。于是发生种种救亡图存的思想与主张。有的从所能见及的西方国家发展的经验中借鉴某些东西，形成自己的改革方案；有的从历史回忆中拾取某些智慧，形成某种民族复兴的设想；有的则力图把西方的和中国所固有的一些东西加以调和或结合，形成某种救亡图强的主张。这些方案、设想、主张，从世界上"最先进的"，到"最落后的"，几乎样样都有。就提出这些方案、设想、主张者的初衷而言，绝大多数都含着几分救国的意愿。其先进与落后，是否可行，能否成功，尽可充分讨论，但可不必过为诛心之论。显而易见，既然救国的问题最为紧迫，人们所心营目注者自然是种种与救国的方案直接相关的思想学说，而作为产生这些学说的更基础性的理论，及其他各种知识、思想，则关注者少。

围绕着救国、强国的大议题，知识精英们参考世界上种种思想学说，加以研究、选择，认为其中比较适用的思想学说，拿来向国人宣传，并赢得一部分人的认可。于是互相推引，互相激励，更加发挥，演而成潮。在近代中国，曾经得到比较广泛的传播的思想学说，或者够得上思潮的，主要有以下几种：

（一）进化论。近代西方思想较早被引介到中国，而又发生绝大影响的，要属进化论。中国人逐渐相信，进化是宇宙之铁则，不进化就必遭淘汰。以此思想警醒国人，颇曾有助于振作民族精神。但随后不久，社会达尔文主义伴随而来，不免发生一些负面的影响。人们对进化的了解，也存在某些片面性，有时把进化理解为一条简单的直线。辩证法思想帮助人们形成内容更丰富和更加符合实际的发展观念，减少或避免片面性的进化观念的某些负面影响。

（二）民族主义。中国古代的民族主义思想，其核心是"非我族类，其心必异"，所以最重"华夷之辨"。鸦片战争前后一段时期，中国人的民族思想，大体仍是如此。后来渐渐认识到"今之夷狄，非古之夷狄"，"西人治国有法度，不得以古旧之夷狄视之"。但当时中国正遭受西方列强的侵略和掠夺，追求民族独立是民族主义之第一义。20世纪初，中国知识精英开始有了"中华民族"的概念。于是，渐渐形成以建立近代民族国家为核心的近代民族主义。结束清朝君主专制，创立中华民国，是这一思想的初步实现。第一次世界大战爆发，中国加入"协约国"，第一次以主动的姿态参与世界事务，接着俄国十月革命爆发，这两件事对近代中国的发展历程造成绝大影响。同时也将中国人的民族主义提升到一个新的层次，即与国际主义（或世界主义）发生紧密联系。也可以说，中国人更加自觉地用世界的眼光来观察中国的问题。新生的中国共产党和改组后的国民党都是如此。民族主义成为中国的知识精英用来应对近代中国所面临的种种危机和种种挑战的一个重要的思想武器。

（三）社会主义。社会主义作为一种模糊的理想是早在古代就有的，而且不论东方和西方都曾有过。但作为近代思潮，它是于19世纪在批判近代资本主义的基础上产生的。起初仍带有空想的性质，直到马克思和恩格斯才创立起科学社会主义。20世纪初期，社会主义开始传入中国。当时的传播者不太了解科学社会主义与以往的社会主义学说的本质区别。有一部分人，明显地受到无政府主义的强烈影响，更远离科学社会主义。直到五四新文化运动兴起之后，中国人始较严格地引介、宣传科学社会主义。但有一段时间，无政府主义仍是一股很大的思想潮流。中国共产党的成立，从思想上说，是战胜无政府主义的结果。中国共产党把在中国实现社会主义乃至共产主义作为自己的奋斗目标。此后，社会主义者，多次同各种非科学社会主义思想的信仰者进行论争并不断克服种种非科学社会主义思想的影响。

（四）自由主义。自由主义也是从清末就被介绍到中国来，只是信从者一直寥寥。直到五四新文化运动兴起，具有欧美教育背景的知识精英的数量渐渐多起来，自由主义始渐渐形成一股思想潮流。自由主义强调个性解放、意志自由和自己承担责任，在政治上反对一切专制主义。在中国的社会条件下，自由主义缺乏社会基础。在政治激烈动荡的时候，自由主义者很难凝聚成一股有组织的力量；在稍稍平和的时候，他们往往更多沉浸在自己的专业中。所以，在中国近代史上，自由主义不曾有，也不可能有大的作为。

（五）激进主义与保守主义。处于转型期的社会，旧的东西尚未完全退出舞台，新的东西也还未能巩固地树立起来，新旧冲突往往要持续很长的时间，有时甚至达到很激烈的程度。凡助推新东西成长的，人们便视为进步的；凡帮助旧东西排斥新东西的，人们便视为保守的。其实，与保守主义对应的，应是进步主义；与顽固主义相劝的则应是激进主义。不过在通常话语环境中人们不太严格加以区分。中国历史悠久，特别是君主专制制度持续两千余年，旧东西积累异常丰富，社会转型极其不易。而世界的发展却进步甚速。中国的一部分精英分子往往特别急切地想改造中国社会，总想找出最厉害的手段，选一条最捷近的路，以最快的速度实现全盘改造。这类思想、主张及其采取的行动，皆属激进主义。在中共党史上，它表现为"左"倾或极左的机会主义。从极端的激进主义到极端的顽固主义，中间有着各种程度的进步与保守的流派。社会的稳定，或社会和平改革的成功，都依赖有一个实力雄厚的中间力量。但因种种原因，中国社会的中间力量一直未能成长到足够的程度。进步主义与保守主义，以及激进主义与顽固主义，不断进行斗争，而实际所获进步不大。

（六）革命与和平改革。中国近代史上，革命运动与和平改革运动交替进行，有时又是平行发展。两者的宗旨都是为改变原有的君主专制制度而代之以某种形式的近代民主制度。有很长一个时期，有两种错误的观念，一是把革命理解为仅仅是指以暴力取得政权的行动，二是与此相关联，把暴力革命与和平改革对立起来，认为革命是推动历史进步的，而改革是维护旧有统治秩序的。这两种论调既无理论根据，也不合历史实际。凡是有助于改变君主专制制度的探索，无论暴力的或和平的改革都是应予肯定的。

中国近代揭幕之时，西方列强正在疯狂地侵略与掠夺殖民地和半殖民地，中国是它们互相争夺的最后一块、也是最大的资源地。而这时的中国，沿袭了两千年的君主专制制度已到了奄奄一息的末日，统治当局腐朽无能，对外不足以御侮，对内不足以言治，其统治的合法性和统治的能力均招致怀疑。革命运动与改革的呼声，以及自发的民变接连不断。国家、民族的命运真的到了千钧一发之际，危机极端紧迫。先觉分子救国之心切，每遇稍具新意的思想学说便急不可待地学习引介。于是西方思想学说纷纷涌进中国，各阶层、各领域，凡能读书读报者，受其影响，各依其家庭、职业、教育之不同背景而选择自以为不错的一种，接受之，信仰之，传播之。于是西方几百年里相继风行的思想学说，在短时期内纷纷涌进中国。在清末最后的十几年里是这样，五四时期在较高的水准上重复出现这种情况。

这种情况直接造成两个重要的历史现象：一个是中国社会的实际代谢过程（亦即社会转型过程）相对迟缓，而思想的代谢过程却来得格外神速。另一个是在西方原是差不多三百年的历史中渐次出现的各种思想学说，集中在几年或十几年的时间里狂泻而来，人们不及深入研究、审慎抉择，便匆忙引介、传播，引介者、传播者、听闻者，都难免有些消化不良。其实，这种情况在清末，在五四时期，都已有人觉察。我们现在指出这些问题并非苛求前人，而是要引为教训。

同时我们也看到，中国近代思想无比的多样性与复杂性呈现出绚丽多彩的姿态，各种思想持续不断地展开论争，这又构成中国近代思想史的一个突出特点。有些论争为我们留下了非常丰富的思想资料。如兴洋务与反洋务之争，变法与反变法之争，革命与改良之争，共和与立宪之争，东西文化之争，文言与白话之争，新旧伦理之争，科学与人生观之争，中国社会性质的论争，社会史的论争，人权与约法之争，全盘西化与本位文化之争，民主与独裁之争，等等。这些争论都不同程度地关联着一直影响甚至困扰着中国人的几个核心问题，即所谓中西问题、古今问题与心物关系问题。

中国近代思想的光谱虽比较齐全，但各种思想的存在状态及其影响力是很不平衡的。有些思想信从者多，言论著作亦多，且略成系统；有些可能只有很少的人做过介绍或略加研究；有的还可能因种种原因，只存在私人载记中，当时未及面世。然这些思想，其中有很多并不因时间久远而失去其价值。因为就总的情况说，我们还没有完成社会的近代转型，所以先贤们对某些问题的思考，在今天对我们仍有参考借鉴的价值。我们编辑这套《中国近代思想家文库》，希望尽可能全面地、系统地整理出近代中国思想家的思想成果，一则借以保存这份珍贵遗产，再则为研究思想史提供方便，三则为有心于中国思想文化建设者提供参考借鉴的便利。

考虑到中国近代思想的上述诸特点，我们编辑本《文库》时，对于思想家不取太严格的界定，凡在某一学科、某一领域，有其独立思考、提出特别见解和主张者，都尽量收入。虽然其中有些主张与表述有时代和个人的局限，但为反映近代思想发展的轨迹，以供今人参考，我们亦保留其原貌。所以本《文库》实为"中国近代思想集成"。

本《文库》入选的思想家，主要是活跃在 1840 年至 1949 年之间的思想人物。但中共领袖人物，因有较为丰富的研究著述，本《文库》则未收入。

编辑如此规模的《文库》，对象范围的确定，材料的搜集，版本的比勘，体例的斟酌，在在皆非易事。限于我们的水平，容有瑕隙，敬请方家指正。

《中国近代思想家文库》编纂委员会

目 录

导　言

胡适（1891—1962）是我国近现代史上最有影响的思想家和学者之一，他在文学、史学、哲学等诸多领域都有开创性的贡献。

胡适曾历任北京大学评议会评议员、教务长，哲学、文学等系教授会主任，中国公学校长、北京大学文学院院长、北京大学校长，中华教育文化基金董事会董事、秘书，抗战时期一度出任中国驻美大使，1958年起就任台湾"中央研究院"院长。他曾先后参与创办或参与编辑、撰稿《新青年》、《每周评论》、《努力周报》、《现代评论》、《新月》以及《独立评论》、《自由中国》等刊物。他在教育界、文化界、学术界，乃至社会活动领域，都曾发挥重要的影响，在国内外享有很高的声誉。

胡适又是现代中国争议最多的人物之一。他生前已是"誉满天下，谤满天下"，死后"功罪盖棺犹未定"。在中国大陆更有持续数年对胡适的大批判，以致在很长一个时期里，他的名字只有在被批判、被诅咒的时候才会被提起。胡适究竟是怎样一个人，几乎无人知道了。我从1975年起，系统研究胡适的著作及其档案资料，乃发现一个与大批判所塑造的完全不同的胡适。改革开放以后，开始有少数几个学者摆脱成见，从搜集材料、研究材料做起，逐步揭示出胡适的本来面目。如今单是在大陆，关于胡适的传记性著作就有数十种，专题研究论著亦复不少。海外研究胡适的著作，凡比较有价值的，都已翻译成中文出版。胡适本人的著作也以各种形式，一版再版，甚至《胡适全集》也出版了。

从晚清以来，中国社会进入急速变化的转型期。转型期的最大特点是旧的观念、旧的规范和旧的制度日渐衰朽，失去了人们的信仰；而新的观念、新的规范、新的制度还没有确立起来，人们不免彷徨、困惑。先进分子逐渐意识到，国家现代化是唯一的出路。于是政治上的改革与革命运动，经济上种种开新的尝试，都渐渐兴起。与此同时，思想文化上的革新运动吸引了有识者们越来越多的注意。在一部分先觉者看来，要革新社会、革新国家，先要革新人的思想。因此，人的解放，具有更基本的意义。

变革人的观念，改变人的生活态度、生活方式，势必牵动整个民族文化的变动。所以这同时也就是改造旧文化创造新文化的过程。

为了改造旧文化，创造新文化，既需要引入新观念、新学理，也需要总结既往的文化遗产。当新文化运动起来的时候，晚清以来的先觉者已经在上述两方面做了相当的准备工作，如严复、梁启超等的西学介绍，如章太炎等的国故整理，都已有了不错的成绩。所以，新文化运动在更大的规模上做西学介绍和批判旧传统的同时，顺理成章地提出了建设新文化的问题。而作为新文化运动主要领袖之一的胡适，也才有可能较全面、较系统地提出一种新文化运动的纲领性主张，这就是他在《新思潮的意义》一文中所标出的"研究问题，输入学理，整理国故，再造文明"。

作为思想家和学者的胡适，可以说，他一生的活动都在贯彻他的上述主张。但我们必须懂得，文化的转型和社会的转型是大致同步的。这是一个非常复杂非常漫长的历史过程，要几代，甚至十几代的努力才能完成。"五四"一代的大师们，只是在若干主要领域做了开辟前路的工作。有些方面，道路被打通了；有些方面只是做了初步的清理工作；有些方面他们做了尝试，但至今仍无共识；有的可能还要争论很长时期。但不管怎么说，"五四"一代大师们为我们留下了值得珍视的思想文化遗产。

胡适思想形成、发展的主要历程

胡适从徽州一个中等家庭的普通孩子，成长为中国思想、学术与文化现代化过程中一位承前启后的中心人物，其一生除了尚未形成自觉的使命感的少年期，大致经历了五个阶段。

第一个阶段，准备期

胡适于 1904 年离开家乡到上海读书，还曾主编《竞业旬报》。这个时期似亦可划入准备期。但仔细分析上海时期的胡适，尽管比一般少年早熟，文字已打下了初步的基础，却远没有开创自己人生道路、做一番大事业的自觉意识。所谓准备，一定是有目标，有相当的自觉性的努力过程。所以，上海读书时期还不能算是胡适人生的准备期，而应从1910 年考取留美官费生赴美留学算起。

胡适在美国留学期间，逐渐明确了自己的人生目标，他要做"国人之导师"，要在思想学问上准备条件，求得一种可以自立立人，可以济世医国的健全的思想方法。他看到当时中国所处的际遇环境，中国人面临最根本的课题，是尽可能地使中西文化相协调、相结合，使中国古老文化中一切有价值的成分获得新生命。也就是说，中国需要有一个类似西方文艺复兴那样的文化更新过程。他认定自己的历史使命就是在这个文化更新过程中充当一个开路的工人。在留学的最后两年，胡适竟找到了中国文化更新的切入点——以白话文学代替古文文学的文学革命。这是他实验主义哲学的第一个实验园地，也是他为中国文化更新所做的奠基工程。

第二个阶段，开创期

胡适关于文学革命的第一篇正式宣言《文学改良刍议》，是 1917 年1 月在国内的《新青年》上发表的。尽管这个尚未归国的留学生的文章，其口气相当谦逊、温和，但文学革命的中心议题——以白话取代文言的正宗地位——已明白宣示出来。后来全国纷纷扬扬的讨论也正是围绕这一中心议题展开的。

胡适回国后，即与《新青年》的创办人、北京大学的文科学长陈独秀成为亲密同事。以他们两人为核心，以蔡元培领导的北京大学为基地，很快形成了包括许多留学归国的青年学者在内的一个以开创新文化为己任的进步知识分子群。《新青年》即是他们发表言论的中心阵地。回国后的胡适为文学革命提出了新的口号："国语的文学，文学的国语"，并继续发表了一系列重要文章，提出了创作新文学、创作新诗的具有范式性意义的主张。因为顺应时代之潮流和人群之需要，文学革命迅速取得了不容置疑的成功。随之，一大批用白话创作的新文学作品纷纷出世，连古文家最视为神圣不可侵犯的文学园地——诗歌，也逐渐为白话诗让出了地盘。

一般人只知道，在文学革命中，胡适提倡白话文。其实，胡适的主张远不限于此。胡适在《建设的文学革命论》中提出"国语的文学，文学的国语"的纲领，把白话文学与国语统一运动紧密结合起来。如果说"五四"以后成长起来的一代年轻人，只要读过书，大都能没有困难地提笔作文，开口讲演，这是文学革命之赐。那么，今天，不论天涯海角，城市乡村，凡受过正规教育的中国人，都能没有困难地互相交谈，彼此沟通，这同样是文学革命之赐，同样是胡适大力倡导之功。我早就说过，白话国语的通行，对于我们国家的发展、社会的进步、人民的觉醒所发挥的作用，无论怎样估计都不为过分。著名的革命党领袖廖仲恺曾略带夸张地对胡适说："先生鼓吹白话文学，于文章界兴一革命，使思想能藉文字之媒介传于各级社会，以为所造福德，较孔孟大且十倍。"（《廖仲恺致胡适信》［1919 年 7 月 19 日］，见耿云志编：《胡适遗稿及秘藏书信》，第 38 册，401 页）

新文化运动的中心内容是人的解放。这是走出中世纪、建立现代社会最基本的议题。胡适作为新文化运动的主要领袖之一，他的最大贡献亦在于此。在整个新文化运动中，他最为坚持一贯而又用力最多的是确立一种新的价值观。他在解释新文化运动宗旨的一篇文章里，明确提出要"重新估定一切价值"。新价值观的核心问题是"个人的发现"。在中国，自从孟子大骂杨朱、墨翟以来，中国历代统治者及正统士大夫皆提倡敬天法祖，尊崇圣教，一概抹杀个人。西方文化传入中国，其尊重个人的精神与中国专制主义传统格格不入。于是守旧的士大夫也学孟子的口吻，斥西方文化为洪水猛兽。但既为洪水，也就只可疏导不可阻挡。胡适及时地提出了"个性解放"的口号，并第一个明确地解说了个性主义的真正意义。他指出，真的个人主义即是个性主义。个性主义的真谛，"一是独立思想……二是个人对于自己思想信仰的结果要负完全责任"（《非个人主义的新生活》，《胡适文存》卷四第 174 页，亚东图书馆1925 年版）。胡适认为，若否定个性，否定个人，社会就没有生机。但如果个人不能对自己的言论行为完全地负责任，那社会就将陷入混乱。胡适强调："个人若没有自由权，又不负责任，便和做奴隶一样"（《易卜生主义》，《胡适文存》卷四第 36 页），"自由平等的国家不是一群奴才建造得起来的"（《介绍我自己的思想》，《胡适论学近著》第一集第635 页）。他把个人的解放，与现代社会、现代国家的确立紧密联系起来。在同时代人中，很少有人这样清楚地提出和界定个人主义，也很少有人这样明确地把个人的解放与建设现代自由民主国家的目标如此紧密地联系在一起。所以，提倡个性主义，努力解放个人，是胡适对现代中国的文化更新所作的最大贡献。

由于提倡个性主义，解放个人，于是自然地强化了清末以来女子解放的运动；正是由于个性解放，使一大批青年男女冲破家庭四壁的限制，冲决旧伦理教条的网罗，走向社会，成为独立的个人，参与种种新事业，直至投身革命；也正因为如此，才有了一度轰轰烈烈的国民革命运动。

胡适毕竟是个学者，除了启蒙思想家的角色，他还有意地"为中国学术谋解放"。他大胆采用新方法，用新眼光重新审视旧典籍，创造中国学术的新典范。这一点，他通过出版《中国哲学史大纲》（上卷）和发表《〈红楼梦〉考证》等一系列重头文章而实现了。蔡元培对《中国哲学史大纲》的评价早已是学界熟知的了。后来的中国哲学史家们，例如冯友兰，尽管在一些具体问题的看法上不同于胡适，可是他们都不能不承认，胡适的著作为他们提供了一个新的出发点。至于胡适的古小说考证文字，不但为中国文学史的研究开辟了新路，而且示范了新的研究方法、新的研究范式。他的"大胆的假设，小心的求证"的治学方法，启迪了一代青年学子。著名的古史学家顾颉刚先生就是受了《〈水浒传〉考证》的启发而开始其疑古辨伪的工作的。后来到抗战时期，陈寅恪曾对人说，胡适之的小说考证文字，至今无人可比。其典范性不容置疑。

胡适在其一生事业的开创期主要做了三件事：文学革命、思想革命和学术创新。这三件事对于现代中国都有非常深远的历史影响。

第三个阶段，稳定期

1926 年 7 月，胡适为中英庚款的事远赴欧洲，后又到美国，1927年 5 月才回国。这时，国内政局发生了很大的变化。胡适这个自由主义者既不为北方旧势力所容，也不为标榜"革命"的南方国民党当局所认可。他在上海过了一段较为清闲的日子，出版了《白话文学史》，写出了《中国中古思想史长编》，整理禅宗史料，出版了《神会和尚遗集》。这是他自认为学术上很有收获的时期，然而在政治方面却经历了一段波折。

胡适对国民革命和国民党原抱有很大的期望。可是回国经过两年的观察，他发现国民党及其政权甚少民主和革新的气象，却在"革命"的名义下，实施种种专制的手段，胡适感到无法忍受。于是他在《新月》杂志上接连发表文章（主要有《人权与约法》，《新月》2 卷 2 号；《我们什么时候才可有宪法》，《新月》2 卷 4 号；《新文化运动与国民党》，《新月》2 卷 6～7 号合刊等），激烈抨击国民党，批判他们反对新文化的反动倾向。这大大激怒了蒋介石和国民党人，引起他们的围攻和打压，持续了一年多才渐渐平息下来。最后胡适表示，他批评国民党本来并无恶意，"只是希望他们自身改善"。这可算是胡适与国民党政权的一段磨合期。

1930年11月，胡适举家迁回北平，重新回到他一直眷恋的北京大学。从1932年起，他担任了文学院院长，成为校长蒋梦麟的得力帮手。九一八事变后，胡适同情蒋介石"先安内后攘外"的政策。从此，他成了国民党政府的"诤臣"和"诤友"。通过他自己主持创办的《独立评论》，经常发表时评和讨论政治的文章。这时，经过五四新文化运动洗礼的一些胡适的学生，有的，如罗家伦等已在国民党政权中占一席地位；有的，如傅斯年、顾颉刚等都已成为有影响的学者。胡适的地位自然水涨船高，俨然成了朝野敬重的首席学者，知识界不争的领袖。胡适作为中基会（管理美国退还庚款的机构，全称为中华教育文化基金董事会）的董事和秘书，也大大加强了他在学术文化界的影响力。因为此会掌管着一笔相当可观的资金，可以补助中美学术文化交流，派遣留学生，交换学者，还可以补助高等教育和研究机构等等。胡适在会中能得到中美双方董事的信任和尊重，最能协调会中各种不同意见，所以圈内人皆知，胡适是中基会的灵魂。

胡适这时领导着两项规划甚为宏大的学术工作：一是从20年代前期即已开始的"整理国故"；一是主持中基会属下的编译委员会，有计划有系统地翻译西书。整理国故是借鉴西方的学术方法整理中国古代的文化遗产，重新发现其价值。在胡适看来，这是建设新文化必要的基础工程。至于翻译西书，其意义甚为明显。这两项工作，因国家的不安定而没有达到预期的目的。

胡适返北大后，尽管国民党政权内外交困，但胡适本人的生活毕竟相对安定，所以在学术上仍取得不少成就。首先应该提到的是他的《说儒》。这篇五万字的长文，系统论述了儒的起源、儒者的社会角色和孔子对儒学的大贡献。尽管在一些具体问题上，学者有不同意见，但谁都无法否认这篇文章的学术价值。

这一时期，胡适继续写了多篇关涉古小说考证的文字，其中最有代表性的是《〈醒世姻缘传〉考证》，这是胡适颇引为得意之作。

此时期，有关中西文化的论争，是不能不提到的。1929年，胡适为上海的《中国基督教年鉴》（*China Christian Yearbook*，1929）写了《文化的冲突》（胡适又自译作《今日中国的文化冲突》）（Conflict of

Cultures）一文，中心意思是批评折衷主义地对待中西文化的态度，指出那不过是变相的保守主义，主张要"Wholesale Westernization"或"Wholehearted Modernization"。前者可译为"全盘西化"，后者可译为"一心一意的现代化"或"充分的现代化"。当时和今天差不多，留心阅读英文杂志的人甚少，所以此文未引起大的反响。到了1935年1月，具有国民党背景的十教授发表《中国本位的文化建设宣言》，是很典型的折衷主义的主张。当即有陈序经著文加以批评，明确主张"全盘西化"。这时胡适尚在南方。回北平后，他先在他主持的《独立评论》第142号的《编者后记》中声明："我是主张全盘西化的。……全盘接受了，旧文化的惰性自然会使他成为一个折衷调和的中国本位的新文化。"到了3月底，胡适发表《试评所谓"中国本位的文化建设"》一文，批评十教授的主张"是今日一般反动空气的一种最时髦的表现"。同时正面阐述自己的文化主张。除了指出文化自身皆有惰性，因而文化接触引起的变化不可能毁灭一种文化的根本基础之外，又提出，所谓文化本位，实际就是那无数无数的人民，这个本位是不会被毁灭的。这是极其重要的见解。他还指出：在文化的大变动中，不可能有一种可靠的用以指导整个文化各方面选择去取的标准，只有让我们的老文化与世界的新文化自由接触，自由切磋、琢磨，这样文化大变动的结晶品，当然是一个中国本位的文化。两个多月后，他又发表《充分世界化与全盘西化》一文，郑重声明，为避免不必要的误解和争论，他愿意放弃"全盘西化"的提法，而采用"充分世界化"的提法。但"充分世界化"的提法仍是不圆满的，照样可有不同的解释。但至少可以说明，把胡适说成"全盘西化论"者显然是不恰当的。总起来看，胡适关于文化的选择不应主观设定标准，应在文化接触引起的变动中，求得建设新文化的结果；关于文化本位存在于无数无数的人民之中，坚信这个文化本位是不会毁灭的等等思想，是完全正确的。这既表明他在文化上的开放态度，也表明他对民族优秀文化传统的自信心。

从1932年5月起，胡适在他一群朋友们的鼓动下创刊《独立评论》，谈论政治的兴趣再度浓厚起来。对于全民族首要的对日外交问题，胡适长时间持比较低调的立场，反对对日开战，主张谈判缓解局势，以待国际形势的根本好转。他的主张受到严厉的批评。

胡适对于教育和思想界的倾向也时常发表评论，还一度集中地讨论民主与独裁的问题。这一讨论比过去历次思想界有关此一问题的讨论都更为集中、更为深入，意见也更为明确。胡适是坚定的自由主义者、民主主义者。在这场讨论中，他发表相关文章有 17 篇之多。他始终一贯地坚持认为，中国应该走民主政治的路，中国无独裁的必要与可能。他很有创见地提出了民主政治其实是"幼稚园的政治"。许多人不理解，甚至嘲笑他不懂民主政治。胡适所以提出此一见解，是有鉴于相当多的人认为中国人程度低，经济、教育落后，难以实行民主，只能实行专制。胡适说，民主政治其实正适合于程度低的人民练习政治生活的需要，是"幼稚园的政治"。胡适这话固然有毛病，但绝非毫无道理。民主是一个历史过程，不能主观设定一个标准，到什么程度才可以行民主，不到那个程度就决不可行民主，而只能行专制。民主既然有一个从低到高、从简到繁、从粗到精的发展过程，那么，只要大多数人已觉悟到民主制度是可取的，就不妨开始向民主的路上走。起点不妨很低，制度不妨简单，但只要是朝向民主发展，那就不同于专制政治，就是在建设和发展民主政治，也就是在实行民主政治。应该说，胡适的见解对于中国人具有特别的启蒙意义。因为如果不这样看问题的话，民主政治就高不可攀，就被推向遥远不可知的将来，中国人就只有永远甘受专制的份了。

第四个阶段，动荡期

胡适的《独立评论》因七七事变的爆发而终止。他随即应召南下参加庐山谈话会。经过两个月的观察、思考和踌躇，他终于从不主战的"低调俱乐部"中走出来，决定接受蒋介石的委托，去美国开展民间外交，为中国的抗战寻求援助。从此，胡适的生活进入动荡的时期。

胡适在美国主要从事演讲活动，宣传中国抗战决心，争取美国朝野的理解与支持。1938 年 7 月又去欧洲，先后到法国、英国、瑞士等国。是年 9 月奉命担任驻美大使，10 月初，匆匆赶到美国赴任。担任大使期间，自然免不了到处奔走，除来往于国务院、白宫、国会之外，还几乎走遍了美国、加拿大各大城市，发表演说，会见政商各界领袖。虽无显著建树，但对促进中美两国间的相互了解，的确发挥了很大的作用。1942 年 9 月，他卸任闲居纽约，不久就搞起考据来。最初一篇考证文章是《〈易林〉断归崔篆的判决书——考证学方法举例》。随后因对所谓"戴震窃袭赵一清《水经注》案"发生怀疑，从此用力考证此案几 20 年不辍。

1945 年 8 月，抗日战争胜利，9 月，胡适被任命为北京大学校长。

次年 7 月回国，月底到北大就任。胡适素为学界、教育界所推重，又是北大旧人，此番担任校长，照理，本应有所作为。但政局不安，胡适又不肯忘情于政治，随着国共两党再度分裂，胡适站到蒋介石一边，卷进政治漩涡。虽然他谢绝了蒋介石两度敦促他从政的建议，但已稍稍失去超然地位。加之学界风潮迭起，物价飞涨，经费不足，胡适亦徒唤奈何。他提出两项雄心勃勃的计划：一是争取学术独立的十年计划，一是在北大建核子物理研究中心的计划，皆告落空。

1948 年 12 月，胡适乘蒋介石派出的专机，仓皇离开已被解放军包围的北平，飞往南京。这时，他知道大势已去，无可挽回，乃于第二年春，再度去美国。原本是奉蒋之托，赴美再作民间外交，为蒋争取援助；但他到美国的第三天，南京即告解放。从此，胡适在美只能做寓公了。

第五个阶段，晚年

胡适于 1949 年 4 月到美国纽约，在他原住过的第 81 街 104 号的公寓里安顿下来，从此一直住到 1958 年他回台北就任台湾"中央研究院"院长的时候。在此期间，除在普林斯顿大学葛思德东方图书馆担任馆长两年之外，只是偶尔到一些大学做短期讲演，或出席一些聚会，大部分时间都过一种闲居的生活。但胡适的内心世界是绝不清闲的。他为国民党的失败、世局的发展、中国的命运，感到十分的苦恼。他埋怨美国不肯对蒋介石全力支持到底，他恨国民党的不争气，他更憎恨共产党的得势。然而，除了在他参与创办的在台北出版的《自由中国》杂志上发表文章，或在美国的某些集会上发表演讲以外，他丝毫不能有所作为。于是，他只有把时间和心力都用在考证《水经注》上。胡适从驻美大使任上下来时，颇有不快，这也是他钻进故纸堆，沉迷于《水经注》考证的一个原因。1946 年回国后，在战乱中仍以此为主业。他曾在给张元济的信中自嘲道："在此天地翻覆之日，我乃作此小校勘，念之不禁自笑。"（耿云志、欧阳哲生编：《胡适书信集》，中册，1089 页）。胡适是搜集、校阅《水经注》版本最多的学者。他主要是想证明，自清末以来，一部分学者指称戴震剽窃赵一清《水经注》稿一事是一件冤案。他认定戴震没有见过赵一清的稿本。戴震与赵一清、全祖望三人差不多同时，分别独立地对《水经注》的校勘作出了大贡献。这如同自然科学和技术史上，差不多同时由几个人做出大体相同的发现和发明是一样的道理。但胡适的结论，至今仍有些学者不赞成。

除了考证《水经注》外，禅宗史也是胡适晚年继续关注的学术课题。从 1943 年到逝世为止，胡适有关《水经注》、禅宗史及一般思想史的手稿有数百万字之多，如今都收在台北胡适纪念馆编的《胡适手稿》（十函 30 册）和耿云志编的《胡适遗稿及秘藏书信》（42 册）中。

1957 年 11 月，经台湾"中央研究院"评议会推选，由蒋介石任命胡适为"中央研究院"院长。1958 年 4 月，胡适离开美国回台湾就任。

胡适对台湾的局面一直不很满意。一是对国民党的领导集团反民主的倾向不满，一是对台湾文化上的守旧倾向不满。前者可从《自由中国》杂志与当局的屡次冲突、屡次遭打压反映出来，尤其是通过胡适多次委婉批评蒋氏父子而遭到思想围剿反映出来，最后通过雷震案的爆发达于极点，而最终是以胡适的容忍为了局。后者主要是指胡适多次批评台湾当局迄未充分采用白话文。他曾公开说共产党在这方面要比国民党做得好。而白话文不能通行还只是一个现象，实质上反映的是文化思想诸多方面的不合时代潮流。1961 年 11 月 16 日，胡适所作《科学发展所需要的社会改革》的公开演讲，是他生平最后一次激烈抨击中国传统文化中一切腐朽落后的东西。这可能是他多年压抑的情绪的一次爆发，曾引起朝野旧势力的强烈反弹。此后三个多月，胡适就去世了。

胡适身受两种文化熏陶，有极好的学术训练，经过中年稳定期的学术经验积累，本可有一个再创造的时期，取得更大的成就。但他生活在大动荡的中国，又身为知识界的领袖，不可能完全专心于学问而不问政治。结果是被政治激流冲到边远寂寞的角落，而学术上亦再无创造性的成绩。

思想启蒙与建设新文化的主要贡献

前面，在叙述胡适思想发展的开创期，已经论述到他首倡并领导文学革命，不但实现了白话文学代替古文文学成为新时代的文学正宗，而且造成白话国语地位的确立，从而为中国提供了普及和发展新教育的利器，为社会传媒提供了便于传播的利器，为社会全体成员提供了表达思想、交流思想的利器。不识字的也能开口讲话，不因鄙俚而遭排斥；略识字的人则能提笔作文。这一切，大有利于造成更广大的公共社会空间，为推动社会转型发挥积极作用。

前面还论述到，胡适提倡个性解放最力。他对个性主义和"健全的个人主义"的界说，为此种新观念提供了最有力的理论支撑和舆论引导，使成千成万的青年男女摆脱宗法束缚，走上社会改造之路，为传统中国的新生，激活了无数生机。尤其是，他把个性主义与自由民主的现代国家制度紧密地联系起来，这是非常重要的。

前面还论述到，作为学者，胡适"为中国学术谋解放"，创建了新的学术典范，提出新的治学方法。胡适曾自觉到其"大胆的假设，小心的求证"的简短概括，在实际流行中很容易发生流弊，他强调，方法实际就是从治学实践中养成的自我戒慎的良好习惯。所以，晚年胡适经常以"勤、谨、和、缓"四字来解释治学的方法。

以上几点，在前面都已有较详的论述。这里着重提出前面未曾详论的几点。

（一）科学的人生观

陈独秀曾用民主与科学来概括新文化运动所提倡的新思想和新观念。其实关于民主作为一种政治制度，无论是陈独秀还是胡适，还是其他人，在新文化运动当时都很少有论述。他们论述最多的是我们前面讲的个性主义。他们的贡献是在于，指出个人的解放是民主政治得以落实的真正思想基础。至于科学，他们所专注的，也不是各种具体的科学知识，科学器具或科学理论，而是着力提倡一种科学的精神和科学的态度。他们认为这是最基本的东西。有了这种科学精神和科学态度，才会努力寻求科学知识，才会尝试营造各种科学器具为人类的生产和生活服务，才会有兴趣去钻研科学理论。但还远不止于此。他们认为，人生中遇到的各种问题，包括社会生产、生活、待人、处事等等，都需要用科学的精神和科学的态度来对待，才有望得到较好的解决。

我在《胡适思想的现代意义》一篇讲演（收入拙著《重新发现胡适》，外语教学与研究出版社，2011 年）中指出，胡适所提倡的科学精神和科学方法，核心是要养成一种科学的思想方法，这种科学的思想方法，在消极的方面是"严格地不信任一切没有充分证据的东西"；在积极的方面是"要拿出证据来，要跟着证据走，不论它带我们到什么危险可怕的地方去"。在胡适看来，能自觉地坚持用这样科学的思想方法来对待世界与人生中的一切问题，就是科学的人生观。他在解释什么是科学的人生观的时候说："怎样才是科学的人生观呢？我们所谓'科学的人生观'有两个意思：一是充分采纳科学对于宇宙万物的解释，使这些科学研究的结果成为我们人生观的一部分；一是随时随地用科学的态度和方法来应

付一切人生问题。"（拙编《胡适遗稿及秘藏书信》，第 9 册，500～501 页）

中国的旧传统，有权势的人，往往专己恃强，独裁武断；而无权无勇的小民，则多数倾向于盲从和迷信。胡适一生坚持提倡科学精神、科学态度和科学的思想方法，反对武断迷信，反对盲从，反对僵化的教条，这是一份极有价值的思想遗产。

（二）开放的文化心态

在谈到文化立场的问题时，胡适长期被大多数人误认为是"全盘西化论"者。这种看法虽不正确，但确有来由。前面已经指出，1929 年，胡适在英文《中国基督教年鉴》上发表《今日中国的文化冲突》一文，其中谈到学习西方文化时，他用了 Wholesale Westernization 一词，潘光旦先生作书评，认为此字可解为"全盘西化"。1935 年，中国本位文化与西化问题争论开始时，胡适在《独立评论》编后记里表态说，他是赞成陈序经教授的"全盘西化"的主张的。但无论是潘光旦还是陈序经，都不认为胡适是"全盘西化论"者。我在近年写的多篇文章里也多次澄清胡适决非"全盘西化论"者。

胡适的文化立场，最基本的是主张一种开放的文化心态。在他的博士论文《先秦名学史》的导言中，他就提出"怎样才能以最有效的方式吸收现代文化，使它能同我们的固有文化相一致、协调和继续发展"的问题。在批评梁漱溟等崇奉东方文化一派学人的时候，他强调，对自己的文化传统要有所反省，对世界文化要采取开放态度，承认人类文化有基本的同一性，因此可以互相借鉴，互相吸收。在上世纪二三十年代，中国反帝思潮极为高涨的时期，胡适担心国人因民族主义感情的作用，不能冷静地看待西方文化的长处和中国传统文化的短处，不能虚心迎受那发展到较高程度的近代西方文化，作为改造、提高和发展我们自己的文化的参考和借鉴。因此他特别强调，中西文化的差别，在当时主要地表现为发展程度的不同。西方较早地走出了中世纪，摆脱了宗教教条和各种迷信的束缚，大体上沿着科学和民主的路向前走。而我们中国，还没有真正走出中世纪，还受各种宗法、教条的束缚，还是迷信到处盛行的状态。因此，应当极力提倡对自己的传统要取反省的态度，对西方文化则要采取虚心学习借鉴的态度。其用心不可谓不苦。但在那个反帝运动高潮不断的年月里，他的话，他的用心，很难为大多数人所理解，尤难被青年人所理解。他一度背上"崇洋媚外"的罪名和"全盘西化"的谬评。平心而论，在中西文化问题上，是采取开放的态度好呢？还是采取闭门自赏的态度好呢？在事隔七八十年以后，任何一个有理性的人都不会反对开放的态度。

当 1935 年，由十教授的所谓"建设中国本位文化"宣言所引发的关于"本位文化"与"全盘西化"问题的论争开始时，胡适虽然先表态拥护"全盘西化"的主张，但他很快就发现这个提法的不确切和易遭误解。因此，他改而提出"充分世界化"的命题。在这前后，他进一步阐明了他的开放主义的文化立场。主要的是下述几点：

（一）任何民族的文化，都有其自身的保守性。它已渗透到民族生活中去，所以要谈"文化的本位"，其实"就是那无数无数的人民"。这个本位是无论如何都毁灭不了的。也可以说，一个民族的文化，即使经历再大的变迁，终不会丢掉它的全部传统的。因此，没有必要为民族传统和文化本位的丧失而操心。

（二）在文化的转型和发展过程中，不可能事先制定出一个可靠的客观标准，指导文化可以变哪些，不可以变哪些，可以变到什么程度，等等。因此，任何个人、任何政府都不足以胜任这个文化导师的责任，只能由人民，由上述"那无数无数的人民"，根据他们生活的需要去选择去取。

（三）中国的文化历史悠久，积累丰富。因此其保守的惰性也格外的大。故尤无必要担心自家本位的丧失。应当特别提倡开放的文化心态，"让那个世界文化充分和我们的老文化自由接触，自由切磋琢磨……将来文化大变动的结晶品，当然是一个中国本位的文化"。

可见，胡适的开放的文化心态是建立在对民族文化的自信心的基础之上的。正因为他对自己民族的未来有充分的信心，故他能做到，在国内着重于严厉批评旧传统，要人们反省、自责；到了国外，他则尽力介绍中国传统文化中一切优秀的东西，表现了一位文化巨人才有的担当精神与魄力。

理性的民族主义

胡适在美国留学时期曾一度醉心于不争主义，以至于当他的女友韦莲司想要赴欧洲参加盟国军队战地救护工作时，他极力加以劝阻。他明确地反对战争和各种暴力。但同时，他坚决反对任何种族歧视，尤其反对民族问题上的双重标准。他强调，在国内是非法的事情，在国外也一样是非法的；不应加诸白人身上的事，也不应加诸黑人、犹太人和中国人的身上。

回国以后，经历许多国内国际的重大事件之后，他的不争主义已不像学生时代那样绝对化，而是更加理性。他一方面不赞成任何简单排外或民族复仇主义，一方面坚决反对侵略主义和任何民族压迫、民族歧视的政策。在五卅运动前后，他主张通过外交途径，要求英、日帝国主义赔偿、道歉，并开始修改不平等条约。同时他表示不赞成过于情绪化的举动。这是他理性的民族主义态度一次清楚的表现。

九一八事变后，中国面临严重的民族危机。一些人主张立即对日作战；一些人主张中国暂无对日作战的能力，要一面交涉，一面争取国际同情，同时加强内部的建设，积蓄力量，等待时机再战。胡适就持后一种主张。为此，他曾蒙上投降主义，甚至卖国主义的恶名。诚然，在日本侵略中国时期，确有一些软骨头沦为汉奸，帮助日本人杀中国人；但那是极少数。胡适的对日态度是一种理性的民族主义态度。他认为，在平时毫无对付外来侵略的实际准备，一旦大敌来侵，即号召同胞以血肉之躯去与有充分准备和使用现代武器的强敌去拼命，是一种不负责任的态度。但他也不能容忍毫无作为、一味退让的做法。他曾批评国民党政府不做严重的抗争，就答应从河北撤出各级党部。而对在长城抗战中壮烈牺牲的军人们，他则表示由衷的敬意。他更是明确地坚决反对华北一部分军人、政客，应日本人之要求，使华北特殊化的图谋。为此，日本人曾误以为，华北的反日学生运动都是胡适、蒋梦麟等人主使的。

可见，胡适不主张立即对日作战，是一种理性的选择，与投降主义、卖国主义毫不相干。1937年七七事变爆发后，在一个短时间里，胡适仍存幻想，以为可以通过交涉避免全面战争。当事实告诉他，避战已绝无可能时，他终于放弃了争取和平的幻想，改而拥护抗战，并劝告他的几位"低调"朋友转变态度。从此，他开始为抗战的外交奔走，并担任战时驻美大使四年。他在美国、加拿大，以及欧洲发表成百次演说，向西方各国介绍中国抗战的世界意义和中国人定将抗战进行到底的决心。同时揭露日本军国主义的罪恶阴谋，指出日本军国主义与德国法西斯主义一样，所代表的是一种反和平、反人类的势力，中国抗击侵略的战争是保卫和平、保卫自由民主的生活方式的斗争。他还强调，反侵略各国应当努力准备建立战后维护和平的国际机制。从此可见，他的拥护抗战，不仅仅是从民族自卫的立场出发，而是有更深远的理性思考。

从胡适的思想言行中可以看出，在民族的问题上，他是个高度理性主义者。他反对民族歧视，反对强权主义，特别是反对强者方面采取双重标准的立场，在今天仍有现实意义。与此同时，在弱者方面，他不赞成各种冒险的复仇主义，而主张自我改革，积蓄力量，做有计划有准备的抗争。这一点，同样具有现实意义。此外，他谋求建立有效的维护和平的国际机制，也是一种足资参考的合理构想。

民族问题是最容易牵动感情的问题，所以当民族间发生冲突时，人们往往义愤多于理性。在这种情况下，采取理性的立场往往不易被理解，故极需要有勇气、敢于承担责任的精神。要解决那最易牵动民族感情的问题，只有诉诸理性。若诉诸感情，则只会加深和激化矛盾，问题终难解决。在今天的世局里，我们重温胡适的理性的民族主义的思想主张，应是很有教益的。

自由民主的新社会要靠自觉的和平改革来实现

胡适留学归国时，原打算 20 年不谈政治。但到 1919 年五四运动之后，政治问题逼人而来，他也不得不渐渐地谈起政治。他的基本主张是"要自觉的改革而不要盲目的革命"。他在历次有关政治问题的讨论和争论中，都一直坚持这一主张。这或许给人一种印象，似乎胡适是不问历史条件，绝对反对任何革命的。其实不然，在理论上，他承认革命和演进都是实现历史进化的一种形式，他也承认武装暴动是革命方法的一种。在实践上，他对辛亥革命，对民国十五六年的国民革命都曾表示同情。他所反对的革命，用他的说法是"那用暴力专制而制造革命的革命"，是"那用暴力推翻暴力的革命"，是"那悬空捏造革命对象因而用来鼓吹革命的革命"。在他看来，中国的问题决不是用暴力革命可以解决的。因为中国真正的敌人是贫穷、疾病、愚昧、贪污和扰乱（批评他的人讥讽地简括为"五鬼闹中华"）。要打倒这五大敌人"只有一条路，就是认清了我们的敌人，认清了我们的问题，集合全国的人才智力，充分采用世界的科学知识与方法，一步一步的做自觉的改革，在自觉的指导之下一点一滴的收不断的改革之功。不断的改革收功之日，即是我们的目的地达到之时"。这个目的，就是建设一个独立、统一、民主、富强的现代国家。

胡适所容忍的可以表同情的革命，是在自然演进过程中加上人工的促进，是自觉的革命，是和改革与建设密不可分的革命。他所反对的革命，则是不自觉的盲目的革命。他认为下层群众挺身走险的革命是不自觉的革命；那种盲目追随某种主义而起的革命，也是不自觉的革命。他认为这种革命者，不了解主义产生的背景及其真实内容，又不了解自己身处其中的国家社会真实问题所在，只因钦慕某主义"理想的结果"起而革命，这样的革命不能导致脚踏实地的改革与建设。

胡适认为，中国的问题只是贫穷、疾病、愚昧、贪污和扰乱，认为他所见到的中国的革命皆是简单的以暴易暴，或是为钦慕好听的主义而起的革命。这些说法，是多数人都无法接受的。因为中国当时所处的时势，实在是"逼人上梁山"，革命是不可避免的。为此，胡适的主张受到严厉的批评也是很自然的。

不过，这里有两点是必须强调指出的。

（一）胡适认为，在广义上，凡在历史自然演进的过程中，加上人工的助力，都是革命。革命可有不同的形式，暴力革命只是其中的一种形式，不是只有暴力革命才是革命。自觉的改革，也是革命。这一点，是许多人长时期不肯承认和不愿意承认的。甚至相反，往往把和平改革视为反动，如过去对清末的改革运动，对民国时期的一系列改革运动即作如是观。只是在最近二十几年里，经过一部分学者的努力，才对这种既不符合历史实际，也无理论根据的偏见有所纠正。

（二）胡适认为，自觉的改革是推动国家社会进步发展，更具体地说，是建立民主、富强的现代国家必不可免的历史过程。他批评一部分人迷信所谓"根本解决"，以为一旦革命（当然是指暴力革命）成功，一切问题都可以迎刃而解。他坚信，新制度、新社会的确立，经济的发展，文化的繁荣，人民生活的改善，必须经过一系列具体的改革和建设工作，一步一步地取得成功，渐次达到更高的水准。任何一次哪怕是"最彻底的革命"，也不可能一下子"根本解决"这些问题。如果说，在革命战争的年代，许多人不能理解这一点，那么在经历了三十多年的改革开放的实践之后，任何一个头脑健全的人，都不会再拒绝承认这一点了。

人类的思想总是因应生存环境的挑战而产生的。但有些最有影响的思想家，他们的思想往往超出一个短暂时代的范围。他们触及了人类生存的一些具有普遍意义的问题，揭示了某些有普遍意义的真理，昭示了某种较长期的发展趋向。因此，他们思想中的某些方面、某些内容、某些命题，在他们死后很长时间还会屡次被重新提起，被重新解释。

　　胡适生于 19 世纪末，其一生活动都在 20 世纪，这是近代中国诸种矛盾冲突最集中最激烈的时期，充满动乱战争和革命。人们苦苦追寻救国的途径，建立一个独立、统一、民主和富强的现代国家，是他们梦寐以求的目标。然而经历许多次革命、抗争，牺牲了许多人的生命，遭受过许多苦难，却长期没能实现这个目标。只是到了世纪之交的最近 30 年，人们才看到了目标实现的希望。在这个时候，回首检视过去一百年的奋斗历程，检视思想家们的思想遗产，人们开始有了新的认识。而胡适，因为曾遭遇到全面的大批判和彻底的否定，因此他的思想主张仿佛是第一次被发现的一样，吸引了无数爱思考的人们的注意。在革命战争的年代及其以后，全盘否定改革的思想是不对的。在和平改革的年代全盘否定过去的革命战争也是不妥当的。任何伟大的历史活动，都是许许多多的社会的和历史的条件聚合在一起所促成的。后来人的责任是总结这些历史活动，从中汲取经验与智慧。就胡适这个历史人物而言，重要的是他为中国民族的命运曾经认真地诚实地思考过。例如，他对于如何摆脱专制主义、宗法观念的束缚，解放人的创造力，应如何以开放的文化心态面对一个新的世界等问题所提出的主张；他提出只有不断的自觉的改革才能把国家引向现代化之路的主张；他坚信只有理性的民族主义才能帮助我们确立较为合理的世界秩序的主张；等等，在今天都值得中国人和全世界的人认真思考。

　　孔子说，君子当"不迁怒，不二过"。"不迁怒"者，不怨天尤人也；"不二过"者，不重犯曾经犯过的错误之谓也。我们学习历史，总结前人的经验与智慧，意义即在于此。

　　胡适的思想非常丰富，广泛涉及各个方面。本书限于篇幅，只能选择一些有代表性的胡适著述，突出彰显其思想的几个主要方面。有些方面，例如胡适关于理性民族主义的论述就没有特别作为一组来呈现。这是需要说明的。

一

文学革命

文学改良刍议
（1917 年 1 月）

今之谈文学改良者众矣，记者末学不文，何足以言此？然年来颇于此事再四研思，辅以友朋辩论，其结果所得，颇不无讨论之价值。因综括所怀见解，列为八事，分别言之，以与当世之留意文学改良者一研究之。

吾以为今日而言文学改良，须从八事入手。八事者何？

一曰，须言之有物。

二曰，不摹仿古人。

三曰，须讲求文法。

四曰，不作无病之呻吟。

五曰，务去烂调套语。

六曰，不用典。

七曰，不讲对仗。

八曰，不避俗字俗语。

一曰须言之有物

吾国近世文学之大病，在于言之无物。今人徒知"言之无文，行之不远"；而不知言之无物，又何用文为乎？吾所谓"物"，非古人所谓"文以载道"之说也。吾所谓"物"，约有二事：

（一）情感 《诗序》曰："情动于中而形诸言。言之不足，故嗟叹之。嗟叹之不足，故咏歌之。咏歌之不足，不知手之舞之，足之蹈之也。"此吾所谓情感也。情感者，文学之灵魂。文学而无情感，如人之无魂，木偶而已，行尸走肉而已。（今人所谓"美感"者，亦情感之一也。）

（二）思想　吾所谓"思想"，盖兼见地，识力，理想三者而言之。思想不必皆赖文学而传，而文学以有思想而益贵；思想亦以有文学的价值而益贵也：此庄周之文，渊明老杜之诗，稼轩之词，施耐庵之小说，所以复绝千古也。思想之在文学，犹脑筋之在人身。人不能思想，则虽面目姣好，虽能笑啼感觉，亦何足取哉？文学亦犹是耳。

文学无此二物，便如无灵魂无脑筋之美人，虽有秾丽富厚之外观，抑亦末矣。近世文人沾沾于声调字句之间，既无高远之思想，又无真挚之情感，文学之衰微，此其大因矣。此文胜之害，所谓言之无物者是也。欲救此弊，宜以质救之。质者何？情与思二者而已。

二曰不摹仿古人

文学者，随时代而变迁者也。一时代有一时代之文学：周秦有周秦之文学，汉魏有汉魏之文学，唐宋元明有唐宋元明之文学。此非吾一人之私言，乃文明进化之公理也。即以文论，有《尚书》之文，有先秦诸子之文，有司马迁、班固之文，有韩、柳、欧、苏之文，有语录之文，有施耐庵、曹雪芹之文：此文之进化也。试更以韵文言之：《击壤》之歌，《五子》之歌，一时期也；《三百篇》之诗，一时期也；屈原、荀卿之骚赋，又一时期也；苏、李以下，至于魏晋，又一时期也；江左之诗流为排比，至唐而律诗大成，此又一时期也；老杜、香山之"写实"体诸诗（如杜之《石壕吏》、《羌村》，白之《新乐府》），又一时期也；诗至唐而极盛，自此以后，词曲代兴，唐五代及宋初之小令，此词之一时代也；苏、柳（永）、辛、姜之词，又一时代也；至于元之杂剧传奇，则又一时代矣。凡此诸时代，各因时势风会而变，各有其特长，吾辈以历史进化之眼光观之，决不可谓古人之文学皆胜于今人也。左氏、史公之文奇矣，然施耐庵之《水浒传》视《左传》、《史记》何多让焉？《三都》、《两京》之赋富矣，然以视唐诗、宋词，则糟粕耳。此可见文学因时进化，不能自止。唐人不当作商周之诗，宋人不当作相如、子云之赋——即令作之，亦必不工。逆天背时，违进化之迹，故不能工也。

既明文学进化之理，然后可言吾所谓"不摹仿古人"之说。今日之中国，当造今日之文学，不必摹仿唐宋，亦不必摹仿周秦。前见《国会开幕词》，有云："于铄国会，遵晦时休"。此在今日而欲为三代以上之文之一证也。更观今之"文学大家",文则下规姚、曾,上师韩、欧;更上则取法秦、汉、魏、晋,以为六朝以下无文学可言,此皆百步与五十步之别而已,而皆为文学下乘。即令神似古人,亦不过为博物院中添几许"逼真赝鼎"而已,文学云乎哉!昨见陈伯严先生一诗云:

> 涛园抄杜句,半岁秃千毫。所得都成泪,相过问奏刀。
> 万灵噤不下,此老仰弥高。胸腹回滋味,徐看薄命骚。

此大足代表今日"第一流诗人"摹仿古人之心理也。其病根所在,在于以"半岁秃千毫"之工夫作古人的钞胥奴婢,故有"此老仰弥高"之叹。若能洒脱此种奴性,不作古人的诗,而惟作我自己的诗,则决不致如此失败矣。

吾每谓今日之文学,其足与世界"第一流"文学比较而无愧色者,独有白话小说(我佛山人,南亭亭长,洪都百炼生,三人而已)一项。此无他故,以此种小说皆不事摹仿古人(三人皆得力于《儒林外史》、《水浒》、《石头记》。然非摹仿之作也),而惟实写今日社会之情状,故能成真正文学。其他学这个,学那个之诗古文家,皆无文学之价值也。今之有志文学者,宜知所从事矣。

三曰须讲文法

今之作文作诗者,每不讲求文法之结构。其例至繁,不便举之,尤以作骈律诗者为尤甚。夫不讲文法,是谓"不通"。此理至明,无待详论。

四曰不作无病之呻吟

此殊未易言也。今之少年往往作悲观,其取别号则曰"寒灰","无生","死灰";其作为诗文,则对落日而思暮年,对秋风而思零落,春来则惟恐其速去,花发又惟惧其早谢;此亡国之哀音也。老年人为之犹不可,况少年乎?其流弊所至,遂养成一种暮气,不思奋发有为,服劳报国,但知发牢骚之音,感喟之文;作者将以促其寿年,读者将亦短其志气:此吾所谓无病之呻吟也。国之多患,吾岂不知之?然病国危时,岂痛哭流涕所能收效乎?吾惟愿今之文学家作费舒特(Fichte),作玛志尼(Mazzini),而不愿其为贾生、王粲、屈原、谢皋羽也。其不能为贾生、王粲、屈原、谢皋羽，而徒为妇人醇酒丧气失意之诗文者，尤卑卑不足道矣！

五曰务去烂调套语

今之学者，胸中记得几个文学的套语，便称诗人。其所为诗文处处是陈言烂调，"蹉跎"，"身世"，"寥落"，"飘零"，"虫沙"，"寒窗"，"斜阳"，"芳草"，"春闺"，"愁魂"，"归梦"，"鹃啼"，"孤影"，"雁字"，"玉楼"，"锦字"，"残更"……之类，累累不绝，最可憎厌。其流弊所至，遂令国中生出许多似是而非，貌似而实非之诗文。今试举吾友胡先骕先生一词以证之：

> 荧荧夜灯如豆，映幢幢孤影，凌乱无据。翡翠衾寒，鸳鸯瓦冷，禁得秋宵几度？么弦漫语，早丁字帘前，繁霜飞舞。袅袅余音，片时犹绕柱。

此词骤观之，觉字字句句皆词也，其实仅一大堆陈套语耳。"翡翠衾"，"鸳鸯瓦"，用之白香山《长恨歌》则可，以其所言乃帝王之衾之瓦也。"丁字帘"，"么弦"，皆套语也。此词在美国所作，其夜灯决不"荧荧如豆"，其居室尤无"柱"可绕也。至于"繁霜飞舞"，则更不成话矣。谁曾见繁霜之"飞舞"耶？

吾所谓务去烂调套语者，别无他法，惟在人人以其耳目所亲见亲闻所亲身阅历之事物，一一自己铸词以形容描写之；但求其不失真，但求能达其状物写意之目的，即是工夫。其用烂调套语者，皆懒惰不肯自己铸词状物者也。

六曰不用典

吾所主张八事之中，惟此一条最受朋友攻击，盖以此条最易误会也。吾友江亢虎君来书曰：

> 所谓典者，亦有广狭二义。饾饤獭祭，古人早悬为厉禁；若并成语故事而屏之，则非惟文字之品格全失，即文字之作用亦亡。……文字最妙之意味，在用字简而涵义多。此断非用典不为功。不用典不特不可作诗，并不可写信，且不可演说。来函满纸

"旧雨","虚怀","治头治脚","舍本逐末","洪水猛兽","发聋振聩","负弩先驱","心悦诚服","词坛","退避三舍","滔天","利器","铁证"……皆典也。诚尽抉而去之,代以俚语俚字,将成何说话?其用字之繁简,犹其细焉。恐一易他词,虽加倍蓰而涵义仍终不能如是恰到好处,奈何?……

此论甚中肯要。今依江君之言,分典为广狭二义,分论之如下:

(一)广义之典非吾所谓典也。广义之典约有五种:

(甲)古人所设譬喻,其取譬之事物,含有普通意义,不以时代而失其效用者,今人亦可用之。如古人言"以子之矛,攻子之盾",今人虽不读书者,亦知用"自相矛盾"之喻,然不可谓为用典也。上文所举例中之"治头治脚","洪水猛兽","发聋振聩"……皆此类也。盖设譬取喻,贵能切当;若能切当,固无古今之别也。若"负弩先驱","退避三舍"之类,在今日已非通行之事物,在文人相与之间,或可用之,然终以不用为上,如言"退避",千里亦可,百里亦可,不必定用"三舍"之典也。

(乙)成语 成语者,合字成辞,别为意义。其习见之句,通行已久,不妨用之。然今日若能另铸"成语",亦无不可也。"利器","虚怀","舍本逐末"……皆属此类。此非"典"也,乃日用之字耳。

(丙)引史事 引史事与今所论议之事相比较,不可谓为用典也。如老杜诗云,"未闻殷周衰,中自诛褒妲",此非用典也。近人诗云,"所以曹孟德,犹以汉相终",此亦非用典也。

(丁)引古人作比 此亦非用典也。杜诗云,"清新庾开府,俊逸鲍参军",此乃以古人比今人,非用典也。又云,"伯仲之间见伊吕,指挥若定失萧曹",此亦非用典也。

(戊)引古人之语 此亦非用典也。吾尝有句云,"我闻古人言,艰难惟一死"。又云,"尝试成功自古无,放翁此语未必是"。此乃引语,非用典也。

以上五种为广义之典,其实非吾所谓典也。若此者可用可不用。

(二)狭义之典,吾所主张不用者也。吾所谓用"典"者,谓文人词客不能自己铸词造句以写眼前之景,胸中之意,故借用或不全切,或全不切之故事陈言以代之,以图含混过去:是谓"用典"。上所述广义之典,除戊条外,皆为取譬比方之辞。但以彼喻此,而非以彼代此也。狭义之用典,则全为以典代言,自己不能直言之,故用典以言之耳。此吾所谓用典与非用典之别也。狭义之典亦有工拙之别,其工者偶一用之,未为不可,其拙者则当痛绝之。

(子)用典之工者 此江君所谓用字简而涵义多者也。客中无书不能多举其例,但杂举一二,以实吾言:

(1)东坡所藏"仇池石",王晋卿以诗借观,意在于夺。东坡不敢不借,先以诗寄之,有句云:"欲留嗟赵弱,宁许负秦曲。传观慎勿许,间道归应速。"此用蔺相如返璧之典,何其工切也!

(2)东坡又有:"章质夫送酒六壶,书至而酒不达。"诗云:"岂意青州六从事,化为乌有一先生。"此虽工已近于纤巧矣。

(3)吾十年前尝有《读〈十字军英雄记〉》一诗云:"岂有酖人羊叔子?焉知微服赵主父?十字军真儿戏耳,独此两人可千古。"以两典包尽全书,当时颇沾沾自喜,其实此种诗,尽可不作也。

(4)江亢虎代华侨诔陈英士文有"未悬太白,先坏长城。世无锄麑,乃戕赵卿"四句,余极喜之。所用赵宣子一典,甚工切也。

(5)王国维咏史诗,有"虎狼在堂室,徙戎复何补?神州遂陆沉,百年委榛莽。寄语桓元子,莫罪王夷甫"。此亦可谓使事之工者矣。

上述诸例,皆以典代言,其妙处,终在不失设譬比方之原意;惟为文体所限,故譬喻变而为称代耳。用典之弊,在于使人失其所欲譬喻之原意。若反客为主,使读者迷于使事用典之繁,而转忘其所为设譬之事物,则为拙矣。古人虽作百韵长诗,其所用典不出一二事而已(《北征》与白香山《悟真寺诗》皆不用一典),今人作长律则非典不能下笔矣。尝见一诗八十四韵,而用典至百余事,宜其不能工也。

(丑)用典之拙者 用典之拙者,大抵皆懒惰之人,不知造词,故以此为躲懒藏拙之计。惟其不能造词,故亦不能用典也。总计拙典亦有数类:

(1)比例泛而不切,可作几种解释,无确定之根据。今取王渔洋《秋柳》一章证之:

> 娟娟凉露欲为霜,万缕千条拂玉塘。
> 浦里青荷中妇镜,江干黄竹女儿箱。
> 空怜板渚隋堤水,不见瑯琊大道王。
> 若过洛阳风景地,含情重问永丰坊。

此诗中所用诸典无不可作几样说法者。

(2)僻典使人不解。夫文学所以达意抒情也。若必求人人能读五车之书，然后能通其文，则此种文可不作矣。

（3）刻削古典成语，不合文法。"指兄弟以孔怀，称在位以曾是"（章太炎语），是其例也。今人言"为人作嫁"亦不通。

（4）用典而失其原意。如某君写山高与天接之状，而曰"西接杞天倾"是也。

（5）古事之实有所指，不可移用者，今往乱用作普通事实。如古人灞桥折柳，以送行者，本是一种特别土风。阳关、渭城亦皆实有所指。今之懒人不能状别离之情，于是虽身在滇越，亦言灞桥；虽不解阳关、渭城为何物，亦皆言"阳关三叠"，"渭城离歌"。又如，张翰因秋风起而思故乡之莼羹鲈脍，今则虽非吴人，不知莼鲈为何味者，亦皆自称有"莼鲈之思"。此则不仅懒不可救，直是自欺欺人耳！

凡此种种，皆文人之下下工夫，一受其毒，便不可救。此吾所以有"不用典"之说也。

七曰不讲对仗

排偶乃人类言语之一种特性，故虽古代文字，如老子、孔子之文，亦间有骈句。如"道可道，非常道；名可名，非常名。无名天地之始，有名万物之母。故常无，欲以观其妙；常有，欲以观其徼"。此三排句也。"食无求饱，居无求安。""贫而无谄，富而无骄。""尔爱其羊，我爱其礼。"——此皆排句也。然此皆近于语言之自然，而无牵强刻削之迹；尤未有定其字之多寡，声之平仄，词之虚实者也。至于后世文学末流，言之无物，乃以文胜；文胜之极，而骈文律诗兴焉，而长律兴焉。骈文律诗之中非无佳作，然佳作终鲜。所以然者何？岂不以其束缚人之自由过甚之故耶？（长律之中，上下古今，无一首佳作可言也。）今日而言文学改良，当"先立乎其大者"，不当枉废有用之精力于微细纤巧之末；此吾所以有废骈废律之说也。即不能废此两者，亦但当视为文学末技而已，非讲求之急务也。

今人犹有鄙夷白话小说为文学小道者，不知施耐庵、曹雪芹、吴趼人，皆文学正宗，而骈文律诗乃真小道耳。吾知必有闻此言而却走者矣。

八曰不避俗语俗字

吾惟以施耐庵、曹雪芹、吴趼人，为文学正宗，故有"不避俗字俗语"之论也（参看上文第二条下）。盖吾国言文之背驰久矣。自佛书之输入，译者以文言不足以达意，故以浅近之文译之，其体已近白话。其后佛氏讲义语录尤多用白话为之者，是为语录体之原始。及宋人讲学以白话为语录，此体遂成讲学正体（明人因之）。当是时，白话已久入韵文，观唐宋人白话之诗词可见也。及至元时，中国北部已在异族之下，三百余年矣（辽、金、元）。此三百年中，中国乃发生一种通俗行远之文学。文则有《水浒》、《西游》、《三国》……之类，戏曲则尤不可胜计。（关汉卿诸人，人各著剧数十种之多。吾国文人著作之富，未有过于此时者也。）以今世眼光观之，则中国文学当以元代为最盛；可传世不朽之作，当以元代为最多，此可无疑也。当是时，中国之文学最近言文合一，白话几成文学的语言矣。使此趋势不受阻遏，则中国几有一"活文学出现"，而但丁、路得之伟业（欧洲中古时，各国皆有俚语，而以拉丁文为文言，凡著作书籍皆用之，如吾国之以文言著书也。其后意大利有但丁（Dante）诸文豪，始以其国俚语著作。诸国踵兴，国语亦代起。路得（Luther）创新教始以德文译《旧约》、《新约》，遂开德文学之先。英法诸国亦复如是。今世通用之英文《新旧约》乃一六一一年译本，距今才三百年耳。故今日欧洲诸国之文学，在当日皆为俚语。迨诸文豪兴，始以"活文学"代拉丁之死文学；有活文学而后有言文合一之国语也），几发生于神州。不意此趋势骤为明代所阻，政府既以八股取士，而当时文人如何、李七子之徒，又争以复古为高，于是此千年难遇言文合一之机会，遂中道夭折矣。然以今世历史进化的眼光观之，则白话文学之为中国文学之正宗，又为将来文学必用之利器，可断言也。（此"断言"乃自作者言之，赞成此说者今日未必甚多也。）以此之故，吾主张今日作文作诗，宜采用俗语俗字。与其用三千年前之死字（如"于铄国会，遵晦时休"之类），不如用二十世纪之活字；与其作不能行远不能普及之秦、汉、六朝文字，不如作家喻户晓之《水浒》、《西游》文字也。

结　　论

　　上述八事，乃吾年来研思此一大问题之结果。远在异国，既无读书之暇晷，又不得就国中先生长者质疑问难，其所主张容有矫枉过正之处。然此八事皆文学上根本问题，一一有研究之价值。故草成此论，以为海内外留心此问题者作一草案。谓之刍议，犹云未定草也，伏惟国人同志有以匡纠是正之。

民国六年一月

（此文原载 1917 年 1 月 1 日《新青年》第 2 卷第 5 号）

论短篇小说
（1918 年 3 月 15 日）

这一篇乃是三月十五日在北京大学国文研究所小说科讲演的材料。原稿由研究员傅斯年君记出，载于《北京大学日刊》。今就傅君所记，略为更易，作为此文。

一、什么叫做"短篇小说"？

中国今日的文人大概不懂"短篇小说"是什么东西。现在的报纸杂志里面，凡是笔记杂纂，不成长篇的小说，都可叫做"短篇小说"。所以现在那些"某生，某处人，幼负异才……一日，游某园，遇一女郎，睨之，天人也……"一派的烂调小说，居然都称为"短篇小说"！其实这是大错的。西方的"短篇小说"（英文叫做 short story），在文学上有一定的范围，有特别的性质，不是单靠篇幅不长便可称为"短篇小说"的。

我如今且下一个"短篇小说"的界说：

> 短篇小说是用最经济的文学手段，描写事实中最精采的一段，或一方面，而能使人充分满意的文章。

这条界说中，有两个条件最宜特别注意。今且把这两个条件分说如下：

（一）"事实中最精采的一段或一方面" 譬如把大树的树身锯断，懂植物学的人看了树身的"横截面"，数了树的"年轮"，便可知道这树的年纪。一人的生活，一国的历史，一个社会的变迁，都有一个"纵剖面"和无数"横截面"。纵面看去，须从头看到尾，才可看见全部。横面截开一段，若截在要紧的所在，便可把这个"横截面"代表这个人，或这一国，或这一个社会。这种可以代表全部的部分，便是我所谓"最精采"的部分。又譬如西洋照相术未发明之前，有一种"侧面剪影"（silhouette），用纸剪下人的侧面，便可知道是某人。（此种剪像曾风行一时。今虽有照相术，尚有人为之。）这种可以代表全形的一面，便是我所谓"最精采"的方面。若不是"最精采"的所在，决不能用一段代表全体，决不能用一面代表全形。

（二）"最经济的文学手段" 形容"经济"两个字，最好是借用宋玉的话："增之一分则太长，减之一分则太短；着粉则太白，施朱则太赤。"须要不可增减，不可涂饰，处处恰到好处，方可当"经济"二字。因此，凡可以拉长演作章回小说的短篇，不是真正"短篇小说"；凡叙事不能畅尽，写情不能饱满的短篇，也不是真正"短篇小说"。

能合我所下的界说的，便是理想上完全的"短篇小说"。世间所称"短篇小说"，虽未能处处都与这界说相合，但是那些可传世不朽的"短篇小说"，决没有不具上文所说两个条件的。

如今且举几个例。西历一八七〇年，法兰西和普鲁士开战，后来法国大败，巴黎被攻破，出了极大的赔款，还割了两省地，才能讲和。这一次战争，在历史上，就叫做普法之战，是一件极大的事。若是历史家记载这事，必定要上溯两国开衅的远因，中记战争的详情，下寻战与和的影响：这样记去，可满几十本大册子。这种大事到了"短篇小说家"的手里，便用最经济的手腕去写这件大事的最精采的一段或一面。我且不举别人，单举 Daudet 和 Maupassant 两个人为例。Daudet 所做普法之战的小说，有许多种。我曾译出一种叫做《最后一课》（La derniére classe）（初译名《割地》，登上海《大共和日报》，后改用今名，登《留美学生季报》第三年）。全篇用法国割给普国两省中一省的一个小学生的口气，写割地之后，普国政府下令，不许再教法文法语。所写的乃是一个小学教师教法文的"最后一课"。一切割地的惨状，都从这个小学生眼中看出，口中写出。还有一种，叫做《柏林之围》（Le siege de Berlin，曾载《甲寅》第 4 号），写的是法皇拿破仑第三出兵攻普鲁士时，有一个曾在拿破仑第一麾下的老兵官，以为这一次法兵一定要大胜了，所以特地搬到巴黎，住在凯旋门边，准备着看法兵"凯旋"的大典。后来这老兵官病了，他的孙女儿天天假造法兵得胜的新闻去哄他。那时普国的兵已打破巴黎。普兵进城之日，他老人家听见军乐声，还以为是法兵打破了柏林奏凯班师呢！这是借一个法国极强时代的老兵来反照当日法国大败的大耻，两两相形，真可动人。

Maupassant 所做普法之战的小说也有多种。我曾译他的《二渔夫》(Deuxamis)，写巴黎被围的情形，却都从两个酒鬼身上着想。还有许多篇，如"Mlle. Fifi"之类（皆未译出），或写一个妓女被普国兵士掳去的情形，或写法国内地村乡里面的光棍，乘着国乱，设立"军政分府"，作威作福的怪状……都可使人因此推想那时法国兵败以后的种种状态。这都是我所说的"用最经济的手腕，描写事实中最精采的片段，而能使人充分满意"的短篇小说。

二、中国短篇小说的略史

"短篇小说"的定义既已说明了，如今且略述中国短篇小说的小史。

中国最早的短篇小说，自然要数先秦诸子的寓言了。《庄子》、《列子》、《韩非子》、《吕览》诸书所载的"寓言"，往往有用心结构可当"短篇小说"之称的。今举二例。第一例见于《列子·汤问》篇：

太形、王屋二山，方七百里，高万仞，本在冀州之南，河阳之北。

北山愚公者，年且九十，面山而居，惩山北之塞，出入之迂也，聚室而谋曰："吾与汝毕力平险，指通豫南，达于汉阴，可乎？"杂然相许。

其妻献疑曰："以君之力，曾不能损魁父之丘。如太形、王屋何？且焉置土石？"杂曰："投诸渤海之尾，隐土之北！"

遂率子孙荷担者三夫，叩石垦壤，箕畚运于渤海之尾。邻人京城氏之孀妻，有遗男，始龀，跳往助之。寒暑易节，始一返焉。

河曲智叟笑而止之曰："甚矣，汝之不慧！以残年余力，曾不能毁山之一毛，其如土石何？"

北山愚公长息曰："汝心之固，固不可彻，曾不若孀妻弱子！虽我之死，有子存焉。子又生孙，孙又生子，子又有子，子又有孙。子子孙孙，无穷匮也，而山不加增。何苦而不平！"

河曲智叟亡以应。

"操蛇之神"闻之，惧其不已也，告之于帝。帝感其诚，命夸蛾氏二子负二山，一厝朔东，一厝雍南。自此，冀之南，汉之阴，无陇断焉。

这篇大有小说风味。第一，因为他要说"至诚可动天地"，却平空假造一段太形、王屋两山的历史。第二，这段历史之中，处处用人名，地名，用直接会话，写细事小物，即写天神也用"操蛇之神"，"夸蛾氏二子"等私名，所以看来好像真有此事。这两层都是小说家的家数。现在的人一开口便是"某生""某甲"，真是不曾懂得做小说的ＡＢＣ。

第二例见于《庄子·徐无鬼》篇：

庄子送葬，过惠子之墓，顾谓从者曰：

"郢人垩漫其鼻端，若蝇翼，使匠石斫之。匠石运斤成风，听而斫之，尽垩而鼻不伤。郢人立不失容。

"宋元君闻之，召匠石曰：'尝试为寡人为之！'

"匠石曰：'臣则尝能斫之。虽然，臣之质死久矣！'

"自夫子（谓惠子）之死也，吾无以为质矣！吾无与言之矣！"

这一篇写"知己之感"，从古至今，无人能及。看他写"垩漫其鼻端，若蝇翼"，写"匠石运斤成风"，都好像真有此事，所以有文学的价值。看他寥寥七十个字，写尽无限感慨，是何等"经济的"手腕！

自汉到唐这几百年中，出了许多"杂记"体的书，却都不配称做"短篇小说"。最下流的如《神仙传》和《搜神记》之类，不用说了。最高的如《世说新语》，其中所记，有许多很有"短篇小说"的意味，却没有"短篇小说"的体裁。如下举的例：

（1）桓公（温）北征，经金城，见前为琅琊时种柳，皆已十围，慨然曰，"木犹如此，人可以堪！"攀枝执条，泫然流泪。

（2）王子猷（徽之）居山阴，夜大雪，眠觉开室，命酌酒，四望皎然。因起傍徨，咏左思《招隐》诗，忽忆戴安道。时戴在剡，即便夜乘小船就之。经宿方至，造门不前而返。人问其故。王曰："吾本乘兴而来，兴尽而返，何必见戴！"

此等记载，都是拣取人生极精采的一小段，用来代表那人的性情品格，所以我说《世说》很有"短篇小说"的意味。只是《世说》所记都是事实，或是传闻的事实，虽有剪裁，却无结构，故不能称做"短篇小说"。

比较说来，这个时代的散文短篇小说还该数到陶潜的《桃花源记》。这篇文字，命意也好，布局也好，可以算得一篇用心结构的"短篇小说"。此外，便须到韵文中去找短篇小说了。韵文中《孔雀东南飞》一篇是很好的短篇小说，记事言情，事事都到。但是比较起来，还不如《木兰辞》更为"经济"。

《木兰辞》记木兰的战功，只用"将军百战死，壮士十年归"十个字；记木兰归家的那一天，却用了一百多字。十个字记十年的事，不为少。一百多字记一天的事，不为多。这便是文学的"经济"。但是比较起来，《木兰辞》还不如古诗《上山采蘼芜》更为神妙。那诗道：

> 上山采蘼芜，下山逢故夫。长跪问故夫："新人复何如？""新人虽言好，未若故人姝。颜色类相似，手爪不相如。新人从门入，故人从阁去。新人工织缣，故人工织素。织缣日一匹，织素五丈余。将缣来比素，新人不如故。"

这首诗有许多妙处。第一，他用八十个字，写出那家夫妇三口的情形，使人可怜被逐的"故人"，又使人痛恨那没有心肝，想靠着老婆发财的"故夫"。第二，他写那人弃妻娶妻的事，却不用从头说起：不用说"某某，某处人，娶妻某氏，甚贤；已而别有所爱，遂弃前妻而娶新欢……"他只从这三个人的历史中挑出那日从山上采野菜回来遇着故夫的几分钟，是何等"经济的手腕"！是何等"精采的片段"！第三，他只用"上山采蘼芜，下山逢故夫"十个字，便可写出这妇人是一个弃妇，被弃之后，非常贫苦，只得挑野菜度日。这是何等神妙手段！懂得这首诗的好处，方才可谈"短篇小说"的好处。

到了唐朝，韵文散文中都有很妙的短篇小说。韵文中，杜甫的《石壕吏》是绝妙的例。那诗道：

> 暮投石壕村，有吏夜捉人，老翁逾墙走，老妇出门看。吏呼一何怒！妇啼一何苦！听妇前致词："三男邺城戍。一男附书至，二男新战死。生者且偷生，死者长已矣！室中更无人，惟有乳下孙，有孙母未去，出入无完裙。老妪力虽衰，请从吏夜归，急应河阳役，犹得备晨炊。"夜久语声绝，如闻泣幽咽。……天明登前途，独与老翁别！

这首诗写天宝之乱，只写一个过路投宿的客人夜里偷听得的事，不插一句议论，能使人觉得那时代征兵之制的大害，百姓的痛苦，丁壮死亡的多，差役捉人的横行，一一都在眼前。捉人捉到生了孙儿的祖老太太，别的更可想而知了。

白居易的《新乐府》五十首中，尽有很好的短篇小说。最妙的是《新丰折臂翁》一首。看他写"是时翁年二十四，兵部牒中有名字，夜深不敢使人知，偷将大石捶折臂"，使人不得不发生"苛政猛于虎"的思想。白居易的《琵琶行》也算得一篇很好的短篇小说。白居易的短处，只因为他有点迂腐气，所以处处要把做诗的"本意"来做结尾。即如《新丰折臂翁》篇末加上"君不见开元宰相宋开府"一段，便没有趣味了。又如《长恨歌》一篇，本用道士见杨贵妃，带来信物一件事作主体，白居易虽做了这诗，心中却不信道士见杨妃的神话；所以他不但说杨妃所在的仙山"在虚无缥缈中"，还要先说杨妃死时"金钿委地无人收，翠翘金雀玉搔头"，竟直说后来"天上"带来的"钿合金钗"是马嵬坡拾起的了！自己不信，所以说来便不能叫人深信。人说赵子昂画马，先要伏地作种种马相。做小说的人，也要如此，也要用全副精神替书中人物设身处地，体贴入微。做"短篇小说"的人，格外应该如此。为什么呢？因为"短篇小说"要把所挑出的"最精采的一段"作主体，才可有全神贯注的妙处。若带点迂气，处处把"本意"点破，便是把书中事实作一种假设的附属品，便没有趣味了。

唐朝的散文短篇小说很多，好的却实在不多。我看来看去，只有张说的《虬髯客传》可算得上品的"短篇小说"。《虬髯客传》的本旨只是要说"真人之兴，非英雄所冀"。他却平空造出虬髯客一段故事，插入李靖、红拂一段情史，写到正热闹处，忽然写"太原公子褐裘而来"，遂使那位野心豪杰绝心于事国，另去海外开辟新国。这种立意布局，都是小说家的上等工夫。这是第一层长处。这篇是"历史小说"。凡做"历史小说"，不可全用历史上的事实，却又不可违背历史上的事实。全用历史的事实，便成了"演义"体，如《三国演义》和《东周列国志》，没有真正"小说"的价值。（《三国》所以稍有小说价值者，全靠其能于历史事实之外，加入许多小说材料耳。）若违背了历史的事实，如《说岳传》使岳飞的儿子挂帅印打平金国，虽可使一班愚人快意，却又不成"历史的"小说了。最好是能于历史事实之外，造成一些"似历史又非历史"的事实，写到结果却又不违背历史的事实。如法国大仲马的《侠隐记》（商务出版，译者君朔，不知是何人。我以为近年译西洋小说当以君朔所译诸书为第一。君朔所用白话，全非抄袭旧小说的白话，乃是一种特创的白话，最能传达原书的神气。其价值高出林纾百倍。可惜世人不会赏识），写英国暴君查尔第一世为克林威尔所囚时，有几个侠士出了死力百计想把他救出来，每次都到将成功时忽又失败；写来极热闹动人，令人急煞，却终不能救免查尔第一世断头之刑，故不违背历史的事实。又如《水浒传》所记宋江等三十六人是正史所有的事实。《水浒传》所写宋江在浔阳江上吟反诗，写武松打虎杀嫂，写鲁智深大闹和尚寺……等事，处处热闹煞，却终不违历史的事实（《荡寇志》便违背历史的事实了）。《虬髯客传》的长处正在他写了许多动人的人物事实，把"历史的"人物（如李靖、刘文静、唐太宗之类）和"非历史的"人物（如虬髯客、红拂是）穿插夹混，叫人看了竟像那时真有这些人物事实。但写到后来，虬髯客飘然去了，依旧是唐太宗得了天下，一毫不违背历史的事实。这是"历史小说"的方法，便是《虬髯客传》的第二层长处。此外还有一层好处。唐以前的小说，无论散文韵文，都只能叙事，不能用全副气力描写人物。《虬髯客传》写虬髯客极有神气，自不用说了。就是写红拂、李靖等"配角"，也都有自性的神情风度。这种"写生"手段，便是这篇的第三层长处。有这三层长处，所以我敢断定这篇《虬髯客传》是唐代第一篇"短篇小说"。宋朝是"章回小说"发生的时代。如《宣和遗事》和《五代史平话》等书，都是后世"章回小说"的始祖。《宣和遗事》中记杨志卖刀杀人，晁盖等八人路劫生辰纲，宋江杀阎婆惜诸段，便是施耐庵《水浒传》的稿本。从《宣和遗事》变成《水浒传》，是中国文学史上一大进步。但宋朝是"杂记小说"极盛的时代，故《宣和遗事》等书，总脱不了"杂记体"的性质，都是上段不接下段，没有结构布局的。宋朝的"杂记小说"颇多好的，但都不配称做"短篇小说"。"短篇小说"是有结构局势的；是用全副精神气力贯注到一段最精采的事实上的。"杂记小说"是东记一段，西记一段，如一盘散沙，如一篇零用账，全无局势结构。这个区别，不可忘记。

明清两朝的"短篇小说"，可分白话与文言两种。白话的"短篇小说"可用《今古奇观》作代表。《今古奇观》是明末的书，大概不全是一人的手笔。（如《杜十娘》一篇，用文言极多，远不如《卖油郎》，似出两人手笔。）书中共有四十篇小说，大要可分两派：一是演述旧作的，一是自己创作的。如《吴保安弃家赎友》一篇，全是演唐人的《吴保安传》，不过添了一些琐屑节目罢了。但是这些加添的琐屑节目，便是文学的进步。《水浒》所以比《史记》更好，只在多了许多琐屑细节。《水浒》所以比《宣和遗事》更好，也只在多了许多琐屑细节。从唐人的吴保安，变成《今古奇观》的吴保安；从唐人的李汧公，变成《今古奇观》的李汧公；从汉人的伯牙、子期，变成《今古奇观》的伯牙、子期——这都是文学的由略而详，由粗枝大叶而琐屑细节的进步。此外那些明人自己创造的小说，如《卖油郎》，如《洞庭红》，如《乔太守》，如《念亲恩孝女藏儿》，都可称很好的"短篇小说"。依我看来，《今古奇观》的四十篇之中，布局以《乔太守》为最工，写生以《卖油郎》为最工。《乔太守》一篇，用一个李都管做全篇的线索，是有意安排的结构。《卖油郎》一篇写秦重、花魁娘子、九妈、四妈，各到好处。《今古奇观》中虽有很平常的小说（如《三孝廉》、《吴保安》、《羊角哀》诸篇），比起唐人的散文小说，已大有进步了。唐人的小说，最好的莫如《虬髯客传》。但《虬髯客传》写的是英雄豪杰，容易见长。《今古奇观》中大多数的小说，写的都是些琐细的人情世故，不容易写得好。唐人的小说大都属于理想主义。（如《虬髯客传》、《红线》、《聂隐娘》诸篇。）《今古奇观》中如《卖油郎》、《徐老仆》、《乔太守》、《孝女藏儿》，便近于写实主义了。至于由文言的唐人小说，变成白话的《今古奇观》，写物写情，都更能曲折详尽，那更是一大进步了。

只可惜白话的短篇小说，发达不久，便中止了。中止的原因，约有两层。第一，因为白话的"章回小说"发达了，做小说的人往往把许多短篇略加组织，合成长篇。如《儒林外史》和《品花宝鉴》名为长篇的"章回小说"，其实都是许多短篇凑拢来的。这种杂凑的长篇小说的结果，反阻碍了白话短篇小说的发达了。第二，是因为明末清初的文人，很做了一些中上的文言短篇小说。如《虞初新志》、《虞初续志》、《聊斋志异》等书里面，很有几篇可读的小说。比较看来，还该把《聊斋志异》来代表这两朝的文言小说。《聊斋》里面，如《续黄粱》、《胡四相公》、《青梅》、《促织》、《细柳》……诸篇，都可称为"短篇小说"。《聊斋》的小说，平心而论，实在高出唐人的小说。蒲松龄虽喜说鬼狐，但他写鬼狐却都是人情世故，于理想主义之中，却带几分写实的性质。这实在是他的长处。只可惜文言不是能写人情世故的利器。到了后来，那些学《聊斋》的小说，更不值得提起了。

三、结论

最近世界文学的趋势，都是由长趋短，由繁多趋简要。——"简"与"略"不同，故这句话与上文说"由略而详"的进步，并无冲突。——诗的一方面，所重的在于"写情短诗"（lyrical poetry）（或译"抒情诗"），像 Homer，Milton，Dante 那些几十万字的长篇，几乎没有人做了；就有人做（十九世纪尚多此种），也很少人读了。戏剧一方面，萧士比亚的戏，有时竟长到五出二十幕（此所指乃 Hamlet 也）；后来变到五出五幕；又渐渐变成三出三幕；如今最注重的是"独幕戏"了。小说一方面，自十九世纪中段以来，最通行的是"短篇小说"。长篇小说如 Tolstoy 的《战争与和平》，竟是绝无而仅有的了。所以我们简直可以说，"写情短诗"，"独幕戏"，"短篇小说"三项，代表世界文学最近的趋向。这种趋向的原因，不止一种。（一）世界的生活竞争一天忙似一天，时间越宝贵了，文学也不能不讲究"经济"；若不经济，只配给那些吃了饭没事做的老爷太太们看，不配给那些在社会上做事的人看了。（二）文学自身的进步，与文学的"经济"有密切关系。斯宾塞说，论文章的方法，千言万语，只是"经济"一件事。文学越进步，自然越讲求"经济"的方法。有此两种原因，所以世界的文学都趋向这三种"最经济的"体裁。今日中国的文学，最不讲"经济"。那些古文家和那"《聊斋》滥调"的小说家，只会记"某时到某地，遇某人，作某事"的死账，毫不懂状物写情是全靠琐屑节目的。那些长篇小说家又只会做那无穷无极，《九尾龟》一类的小说，连体裁布局都不知道，不要说文学的经济了。若要救这两种大错，不可不提倡那最经济的体裁——不可不提倡真正的"短篇小说"。

民国七年

（此文原载 1918 年 3 月 22 日至 27 日《北京大学日刊》）

建设的文学革命论

国语的文学——文学的国语

(1918 年 4 月)

一

我的《文学改良刍议》发表以来，已有一年多了。这十几个月之中，这个问题居然引起了许多很有价值的讨论，居然受了许多很可使人乐观的响应。我想我们提倡文学革命的人，固然不能不从破坏一方面下手，但是我们仔细看来，现在的旧派文学实在不值得一驳。什么桐城派的古文哪，《文选》派的文学哪，江西派的诗哪，梦窗派的词哪，《聊斋志异》派的小说哪——都没有破坏的价值。他们所以还能存在国中，正因为现在还没有一种真有价值，真有生气，真可算作文学的新文学起来代他们的位置。有了这种"真文学"和"活文学"，那些"假文学"和"死文学"，自然会消灭了。所以我望我们提倡文学革命的人，对于那些腐败文学，个个都该存一个"彼可取而代也"的心理，个个都该从建设一方面用力，要在三五十年内替中国创造出一派新中国的活文学。

我现在做这篇文章的宗旨，在于贡献我对于建设新文学的意见。我且先把我从前所主张破坏的八事引来做参考的资料：

（一）不做"言之无物"的文字。

（二）不做"无病呻吟"的文字。

（三）不用典。

（四）不用套语烂调。

（五）不重对偶——文须废骈，诗须废律。

（六）不做不合文法的文字。

（七）不摹仿古人。

（八）不避俗话俗字。

这是我的"八不主义"，是单从消极的，破坏的一方面着想的。

自从去年归国以后，我在各处演说文学革命，便把这"八不主义"都改作了肯定的口气，又总括作四条，如下：

（一）要有话说，方才说话。这是"不做言之无物的文字"一条的变相。

（二）有什么话，说什么话；话怎么说，就怎么说。这是（二）（三）（四）（五）（六）诸条的变相。

（三）要说我自己的话，别说别人的话。这是"不摹仿古人"一条的变相。

（四）是什么时代的人，说什么时代的话。这是"不避俗话俗字"的变相。

这是一半消极，一半积极的主张。一笔表过，且说正文。

二

我的《建设新文学论》的唯一宗旨只有十个大字："国语的文学，文学的国语"。我们所提倡的文学革命，只是要替中国创造一种国语的文学。有了国语的文学，方才可有文学的国语。有了文学的国语，我们的国语才可算得真正国语。国语没有文学，便没有生命，便没有价值，便不能成立，便不能发达。这是我这一篇文字的大旨。

我曾仔细研究：中国这二千年何以没有真有价值真有生命的"文言的文学"？我自己回答道："这都因为这二千年的文人所做的文学都是死的，都是用已经死了的语言文字做的。死文字决不能产出活文学。所以中国这二千年只有些死文学，只有些没有价值的死文学。"

我们为什么爱读《木兰辞》和《孔雀东南飞》呢？因为这两首诗是用白话做的。为什么爱读陶渊明的诗和李后主的词呢？因为他们的诗词是用白话做的。为什么爱杜甫的《石壕吏》、《兵车行》诸诗呢？因为他们都是用白话做的。为什么不爱韩愈的《南山》呢？因为他用的是死字死话。……简单说来，自从《三百篇》到于今，中国的文学凡是有一些价值有一些儿生命的，都是白话的，或是近于白话的。其余的都是没有生气的古董，都是博物院中的陈列品！

再看近世的文学：何以《水浒传》、《西游记》、《儒林外史》、《红楼梦》，可以称为"活文学"呢？因为他们都是用一种活文字做的。若是施耐庵、邱长春、吴敬梓、曹雪芹，都用了文言做书，他们的小说一定不会有这样生命，一定不会有这样价值。

读者不要误会，我并不曾说凡是用白话做的书都是有价值有生命的。我说的是：用死了的文言决不能做出有生命有价值的文学来。这一千多年的文学，凡是有真正文学价值的，没有一种不带有白话的性质，没有一种不靠这个"白话性质"的帮助。换言之：白话能产出有价值的文学，也能产出没有价值的文学；可以产出《儒林外史》，也可以产出《肉蒲团》。但是，那已死的文言，只能产出没有价值没有生命的文学，决不能产出有价值有生命的文学；只能做几篇《拟韩退之〈原道〉》或《拟陆士衡〈拟古〉》，决不能做出一部《儒林外史》。若有人不信这话，可先读明朝古文大家宋濂的《王冕传》，再读《儒林外史》第一回的《王冕传》，便可知道死文学和活文学的分别了。

为什么死文字不能产生活文学呢？这都由于文学的性质。一切语言文字的作用在于达意表情；达意达得妙，表情表得好，便是文学。那些用死文言的人，有了意思，却须把这意思翻成几千年前的典故；有了感情，却须把这感情译为几千年前的文言。明明是客子思家，他们须说"王粲登楼"，"仲宣作赋"；明明是送别，他们却须说《阳关》三叠，"一曲《渭城》"；明明是贺陈宝琛七十岁生日，他们却须说是贺伊尹、周公、傅说。更可笑的：明明是乡下老太婆说话，他们却要叫他打起唐宋八家的古文腔儿；明明是极下流的妓女说话，他们却要他打起胡天游、洪亮吉的骈文调子！……请问这样做文章如何能达意表情呢？既不能达意，既不能表情，那里还有文学呢？即如那《儒林外史》里的王冕，是一个有感情，有血气，能生动，能谈笑的活人。这都因为做书的人能用活言语活文字来描写他的生活神情。那宋濂集子里的王冕，便成了一个没有生气，不能动人的死人。为什么呢？因为宋濂用了二千年前的死文字来写二千年后的活人；所以不能不把这个活人变作二千年前的木偶，才可合那古文家法。古文家法是合了，那王冕也真"作古"了！

因此我说，"死文言决不能产出活文学"。中国若想有活文学，必须用白话，必须用国语，必须做国语的文学。

三

上节所说，是从文学一方面着想，若要活文学，必须用国语。如今且说从国语一方面着想，国语的文学有何等重要。

有些人说："若要用国语做文学，总须先有国语。如今没有标准的国语，如何能有国语的文学呢？"我说这话似乎有理，其实不然。国语不是单靠几位言语学的专门家就能造得成的；也不是单靠几本国语教科书和几部国语字典就能造成的。若要造国语，先须造国语的文学。有了国语的文学，自然有国语。这话初听了似乎不通。但是列位仔细想想便可明白了。天下的人谁肯从国语教科书和国语字典里面学习国语？所以国语教科书和国语字典，虽是很要紧，决不是造国语的利器。真正有功效有势力的国语教科书，便是国语的文学，便是国语的小说、诗文、戏本。国语的小说、诗文、戏本通行之日，便是中国国语成立之时。试问我们今日居然能拿起笔来做几篇白话文章，居然能写得出好几百个白话的字，可是从什么白话教科书上学来的吗？可不是从《水浒传》、《西游记》、《红楼梦》、《儒林外史》……等书学来的吗？这些白话文学的势力，比什么字典教科书都还大几百倍。"字典"说"这"字该读"鱼彦反"，我们偏读他做"者个"的者字。"字典"说"么"字是"细小"，我们偏把他用作"什么"，"那么"的么字。"字典"说"没"字是"沉也"，"尽也"，我们偏用他做"无有"的无字解。"字典"说"的"字有许多意义，我们偏把他用来代文言的"之"字，"者"字，"所"字和"徐徐尔，纵纵尔"的"尔"字……总而言之，我们今日所用的"标准白话"，都是这几部白话的文学定下来的。我们今日要想重新规定一种"标准国语"，还须先造无数国语的《水浒传》、《西游记》、《儒林外史》、《红楼梦》。

所以我以为我们提倡新文学的人，尽可不必问今日中国有无标准国语。我们尽可努力去做白话的文学。我们可尽量采用《水浒传》、《西游记》、《儒林外史》、《红楼梦》的白话；有不合今日的用的，便不用他；有不够用的，便用今日的白话来补助；有不得不用文言的，便用文言来补助。这样做去，决不愁语言文字不够用，也决不用愁没有标准白话。中国将来的新文学用的白话，就是将来中国的标准国语。造中国将来白话文学的人，就是制定标准国语的人。

我这种议论并不是"向壁虚造"的。我这几年来研究欧洲各国国语的历史，没有一种国语不是这样造成的。没有一种国语是教育部的老爷们造成的。没有一种是言语学专门家造成的。没有一种不是文学家造成的。我且举几条例为证：

一，意大利。五百年前，欧洲各国但有方言，没有"国语"。欧洲最早的国语是意大利文。那时欧洲各国的人多用拉丁文著书通信。到了十四世纪的初年，意大利的大文学家但丁（Dante）极力主张用意大利话来代拉丁文。他说拉丁文是已死了的文字，不如他本国俗话的优美。所以他自己的杰作"喜剧"，全用脱斯堪尼（Tuscany）（意大利北部的一邦）的俗语。这部"喜剧"风行一世，人都称他做"神圣喜剧"。那"神圣喜剧"的白话后来便成了意大利的标准国语。后来的文学家包卡嘉（Boccaccio，1313—1375）和洛伦查（Lorenzo de Medici）诸人也都用白话作文学。所以不到一百年，意大利的国语便完全成立了。

二，英国。英伦虽只是一个小岛国，却有无数方言。现在通行全世界的"英文"在五百年前还只是伦教附近一带的方言，叫做"中部土话"。当十四世纪时，各处的方言都有些人用来做书。后来到了十四世纪的末年，出了两位大文学家，一个是赵叟（Chaucer，1340—1400），一个是威克列夫（Wycliff，1320—1384）。赵叟做了许多诗歌，散文都用这"中部土话"。威克列夫把耶教的《旧约》、《新约》也都译成"中部土话"。有了这两个人的文学，便把这"中部土话"变成英国的标准国语。后来到了十五世纪，印刷术输进英国，所印的书多用这"中部土话"，国语的标准更确定了。到十六、十七两世纪，萧士比亚和"伊里沙白时代"的无数文学大家，都用国语创造文学。从此以后，这一部分的"中部土话"，不但成了英国的标准国语，几乎竟成了全地球的世界语了！

此外，法国、德国及其他各国的国语，大都是这样发生的，大都是靠着文学的力量才能变成标准的国语的。我也不去一一的细说了。

意大利国语成立的历史，最可供我们中国人的研究。为什么呢？因为欧洲西部北部的新国，如英吉利、法兰西、德意志，他们的方言和拉丁文相差太远了，所以他们渐渐的用国语著作文学，还不算希奇。只有意大利是当年罗马帝国的京畿近地，在拉丁文的故乡；各处的方言又和拉丁文最近。在意大利提倡用白话代拉丁文，真正和在中国提倡用白话代汉文，有同样的艰难。所以英、法、德各国语，一经文学发达以后，便不知不觉的成为国语了。在意大利却不然。当时反对的人很多，所以那时的新文学家，一方面努力创造国语的文学，一方面还要做文章鼓吹何以当废古文，何以不可不用白话。有了这种有意的主张（最有力的是但丁（Dante）和阿儿白狄（Alberti）两个人），又有了那些有价值的文学，才可造出意大利的"文学的国语"。

我常问我自己道："自从施耐庵以来，很有了些极风行的白话文学，何以中国至今还不曾有一种标准的国语呢？"我想来想去，只有一个答案。这一千年来，中国固然有了一些有价值的白话文学，但是没有一个人出来明目张胆的主张用白话为中国的"文学的国语"。有时陆放翁高兴了，便做一首白话诗；有时柳耆卿高兴了，便做一首白话词；有时朱晦庵高兴了，便写几封白话信，做几条白话札记；有时施耐庵、吴敬梓高兴了，便做一两部白话的小说。这都是不知不觉的自然出产品，并非是有意的主张。因为没有"有意的主张"，所以做白话的只管做白话，做古文的只管做古文，做八股的只管做八股。因为没有"有意的主张"，所以白话文学从不曾和那些"死文学"争那"文学正宗"的位置。白话文学不成为文学正宗，故白话不曾成为标准国语。

我们今日提倡国语的文学，是有意的主张。要使国语成为"文学的国语"。有了文学的国语，方有标准的国语。

四

上文所说，"国语的文学，文学的国语"，乃是我们的根本主张。如今且说要实行做到这个根本主张，应该怎样进行。

我以为创造新文学的进行次序，约有三步：（一）工具，（二）方法，（三）创造。前两步是预备，第三步才是实行创造新文学。

（一）工具　古人说得好："工欲善其事，必先利其器"，写字的要笔好，杀猪的要刀快。我们要创造新文学，也须先预备下创造新文学的"工具"。我们的工具就是白话。我们有志造国语文学的人，应该赶紧筹备这个万不可少的工具。预备的方法，约有两种：

（甲）多读模范的白话文学　例如《水浒传》、《西游记》、《儒林外史》、《红楼梦》；宋儒语录，白话信札；元人戏曲；明清传奇的说白。唐宋的白话诗词，也该选读。

（乙）用白话作各种文学　我们有志造新文学的人，都该发誓不用文言作文：无论通信，做诗，译书，做笔记，做报馆文章，编学堂讲义，替死人作墓志，替活人上条陈……都该用白话来做。我们从小到如今，都是用文言作文，养成了一种文言的习惯，所以虽是活人，只会作死人的文字。若不下一些狠劲，若不用点苦工夫，决不能使用白话圆转如意。若单在《新青年》里面做白话文字，此外还依旧做文言的文字，那真是"一日暴之，十日寒之"的政策，决不能磨练成白话的文学家。

不但我们提倡白话文学的人应该如此做去，就是那些反对白话文学的人，我也奉劝他们用白话来做文字。为什么呢？因为他们若不能做白话文字，便不配反对白话文学。譬如那些不认得中国字的中国人，若主张废汉字，我一定骂他们不配开口。若是我的朋友钱玄同要主张废汉文，我决不敢说他不配开口了。那些不会做白话文字的人来反对白话文学，便和那些不懂汉文的人要废汉文，是一样的荒谬。所以我劝他们多做些白话文字，多做些白话诗歌，试试白话是否有文学的价值。如果试了几年，还觉得白话不如文言，那时再来攻击我们，也还不迟。

还有一层。有些人说："做白话很不容易，不如做文言的省力。"这是因为中毒太深之过。受病深了，更宜赶紧医治，否则真不可救了。其实做白话并不难。我有一个侄儿，今年才十五岁，一向在徽州不曾出过门，今年他用白话写信来，居然写得极好。我们徽州话和官话差得很远，我的侄儿不过看了一些白话小说，便会做白话文字了。这可见做白话并不是难事，不过人性懒惰的居多数，舍不得抛"高文典册"的死文字罢了。

（二）方法　我以为中国近来文学所以这样腐败，大半虽由于没有适用的"工具"，但是单有"工具"，没有方法，也还不能造新文学。做木匠的人，单有锯凿钻刨，没有规矩师法，决不能造成木器。文学也是如此。若单靠白话便可造新文学，难道把郑孝胥、陈三立的诗翻成了白话，就可算得新文学了吗？难道那些用白话做的《新华春梦记》、《九尾龟》，也可算作新文学吗？我以为现在国内新起的一班"文人"，受病最深的所在，只在没有高明的文学方法。我且举小说一门为例。现在的小说（单指中国人自己著的），看来看去，只有两派。一派最下流的，是那些学《聊斋志异》的札记小说。篇篇都是"某生，某处人，生有异禀，下笔千言……一日于某地遇一女郎……好事多磨……遂为情死"；或是"某地某生，游某地，眷某妓，情好綦笃，遂订白头之约……而大妇妒甚，不能相容，女抑郁以死……生抚尸一恸几绝"。……此类文字，只可抹桌子，固不值一驳。还有那第二派是那些学《儒林外史》或是学《官场现形记》的白话小说。上等的如《广陵潮》，下等的如《九尾龟》。这一派小说，只学了《儒林外史》的坏处，却不曾学得他的好处。《儒林外史》的坏处在于体裁结构太不紧严，全篇是杂凑起来的。例如，娄府一群人，自成一段；杜府两公子自成一段；马二先生又成一段，虞博士又成一段；萧云仙、郭孝子又各自成一段。分出来，可成无数札记小说；接下去，可长至无穷无极。《官场现形记》便是这样。如今的章回小说，大都犯这个没有结构，没有布局的懒病。却不知道《儒林外史》所以能有文学价值者，全靠一副写人物的画工本领。我十年不曾读这书了，但是我闭了眼睛，还觉得书中的人物，如严贡生，如马二先生，如杜少卿，如权勿用……个个都是活的人物。正如读《水浒》的人，过了二三十年，还不会忘记鲁智深、李逵、武松、石秀……一班人。请问列位读过《广陵潮》和《九尾龟》的人，过两三个月，心目中除了一个"文武全才"的章秋谷之外，还记得几个活灵活现的书中人物？——所以我说，现在的"新小说"，全是不懂得文学方法的：既不知布局，又不知结构，又不知描写人物，只做成了许多又长又臭的文字；只配与报纸的第二张充篇幅，却不配在新文学上占一个位置。——小说在中国近年，比较的说来，要算文学中最发达的一门了。小说尚且如此，别种文学，如诗歌、戏曲，更不用说了。

如今且说什么叫做"文学的方法"呢？这个问题不容易回答，况且又不是这篇文章的本题，我且约略说几句。

大凡文学的方法可分三类：

（1）集收材料的方法　中国的"文学"，大病在于缺少材料。那些古文家，除了墓志、寿序、家传之外，几乎没有一毫材料。因此，他们不得不做那些极无聊的"汉高帝斩丁公论"、"汉文帝、唐太宗优劣论"。至于近人的诗词，更没有什么材料可说了。近人的小说材料，只有三种：一种是官场，一种是妓女，一种是不官而官，非妓而妓的中等社会（留学生，女学生之可作小说材料者，亦附此类），除此以外，别无材料。最下流的，竟至登告白征求这种材料。做小说竟须登告白征求材料，便是宣告文学家破产的铁证。我以为将来的文学家收集材料的方法，约如下：

（甲）推广材料的区域　官场妓院与龌龊社会三个区域，决不够采用。即如今日的贫民社会，如工厂之男女工人，人力车夫，内地农家，各处大负贩及小店铺，一切痛苦情形，都不曾在文学上占一个位置。并且今日新旧文明相接触，一切家庭惨变，婚姻苦痛，女子之位置，教育之不适宜……种种问题，都可供文学的材料。

（乙）注重实地的观察和个人的经验　现今文人的材料大都是关了门虚造出来的，或是间接又间接的得来的，因此我们读这种小说，总觉得浮泛敷衍，不痛不痒的，没有一毫精采。真正文学家的材料大概都有"实地的观察和个人自己的经验"做个根底。不能作实地的观察，便不能做文学家；全没有个人的经验，也不能做文学家。

（丙）要用周密的理想作观察经验的补助　实地的观察和个人的经验，固是极重要，但是也不能全靠这两件。例如施耐庵若单靠观察和经验，决不能做出一部《水浒传》。个人所经验的，所观察的，究竟有限。所以必须有活泼精细的理想（imagination），把观察经验的材料，一一的体会出来，一一的整理如式，一一的组织完全：从已知的推想到未知的，从经验过的推想到不曾经验过的，从可观察的推想到不可观察的。这才是文学家的本领。

（2）结构的方法　有了材料，第二步须要讲究结构。结构是个总名词，内中所包甚广，简单说来，可分剪裁和布局两步：

（甲）剪裁　有了材料，先要剪裁。譬如做衣服，先要看那块料可做袍子，那块料可做背心。估计定了，方可下剪。文学家的材料也要如此办理。先须看这些材料该用做小诗呢？还是做长歌呢？该用做章回小说呢？还是做短篇小说呢？该用做小说呢？还是做戏本呢？筹画定了，方才可以剪下那些可用的材料，去掉那些不中用的材料；方才可以决定做什么体裁的文字。

（乙）布局　体裁定了，再可讲布局。有剪裁，方可决定"做什么"；有布局，方可决定"怎样做"。材料剪定了，须要筹算怎样做去始能把这材料用得最得当又最有效力。例如唐朝天宝时代的兵祸，百姓的痛苦，都是材料。这些材料，到了杜甫的手里，便成了诗料。如今且举他的《石壕吏》一篇，作布局的例。这首诗只写一个过路的客人一晚上在一个人家内偷听得的事情；只用一百二十个字，却不但把那一家祖孙三代的历史都写出来，并且把那时代兵祸之惨，壮丁死亡之多，差役之横行，小民之苦痛，都写得逼真活现，使人读了生无限的感慨。这是上品的布局工夫。又如古诗"上山采蘼芜，下山逢故夫"一篇，写一家夫妇的惨剧，却不从"某人娶妻甚贤，后别有所欢，遂出妻再娶"说起，只挑出那前妻山上下来遇着故夫的时候下笔，却也能把那一家的家庭情形写得充分满意。这也是上品的布局工夫。——近来的文人全不讲求布局：只顾凑足多少字可卖几块钱；全不问材料用的得当不得当，动人不动人。他们今日做上回文章，还不知道下一回的材料在何处！这样的文人怎样造得出有价值的新文学呢？

（3）描写的方法　局已布定了，方才可讲描写的方法。描写的方法，千头万绪，大要不出四条：

（甲）写人；

（乙）写境；

（丙）写事；

（丁）写情。

写人要举动、口气、身分、才性……都要有个性的区别：件件都是林黛玉，决不是薛宝钗；件件都是武松，决不是李逵。写境要一喧、一静、一石、一山、一云、一鸟……也都要有个性的区别：《老残游记》的大明湖，决不是西湖，也决不是洞庭湖；《红楼梦》里的家庭，决不是《金瓶梅》里的家庭。写事要线索分明，头绪清楚，近情近理，亦正亦奇。写情要真，要精，要细腻婉转，要淋漓尽致。——有时须用境写人，用情写人，用事写人；有时须用人写境，用事写境，用情写境……这里面的千变万化，一言难尽。

如今且回到本文。我上文说的：创造新文学的第一步是工具，第二步是方法。方法的大致，我刚才说了。如今且问，怎样预备方才可得着一些高明的文学方法？我仔细想来，只有一条法子：就是赶紧多多的翻译西洋的文学名著做我们的模范。我这个主张，有两层理由：

第一，中国文学的方法实在不完备，不够作我们的模范。即以体裁而论，散文只有短篇，没有布置周密，论理精严，首尾不懈的长篇；韵文只有抒情诗，绝少纪事诗，长篇诗更不曾有过；戏本更在幼稚时代，但略能纪事掉文，全不懂结构；小说好的，只不过三四部，这三四部之中，还有许多疵病；至于最精采的"短篇小说"、"独幕戏"，更没有了。若从材料一方面看来，中国文学更没有做模范的价值。才子佳人，封王挂帅的小说；风花雪月，涂脂抹粉的诗；不能说理，不能言情的"古义"；学这个，学那个的一切义学：这些文学，简直尤一毫材料可说。至于布局一方面，除了几首实在好的诗之外，几乎没有一篇东西当得"布局"两个字！——所以我说，从文学方法一方面看去，中国的文学实在不够给我们作模范。

第二，西洋的文学方法，比我们的文学，实在完备得多，高明得多，不可不取例。即以散文而论，我们的古文家至多比得上英国的倍根

（Bacon）和法国的孟太恩（Montaigne），至于像柏拉图（Plato）的
"主客体"，赫胥黎（Huxley）等的科学文字，包士威尔（Boswell）和
莫烈（Morley）等的长篇传记，弥儿（Mill）、弗林克令（Franklin）、
吉朋（Gibbon）等的"自传"，太恩（Taine）和白克儿（Buckle）等的
史论……都是中国从不曾梦见过的体裁。更以戏剧而论，二千五百年前
的希腊戏曲，一切结构的工夫，描写的工夫，高出元曲何止十倍。近代
的萧士比亚（Shakespeare）和莫逆尔（Molière），更不用说了。最近六
十年来，欧洲的散文戏本，千变万化，远胜古代，体裁也更发达了。最
重要的，如"问题戏"，专研究社会的种种重要问题；"象征戏"（sym-
bolic drama），专以美术的手段作的"意在言外"的戏本；"心理戏"，
专描写种种复杂的心境，作极精密的解剖；"讽刺戏"，用嬉笑怒骂的文
章，达愤世救世的苦心。——我写到这里，忽然想起今天梅兰芳正在唱
新编的《天女散花》，上海的人还正在等着看新排的《多尔衮》呢！我
也不往下数了。——更以小说而论，那材料之精确，体裁之完备，命意
之高超，描写之工切，心理解剖之细密，社会问题讨论之透切……真是
美不胜收。至于近百年新创的"短篇小说"，真如芥子里面藏着大千世
界；真如百炼的精金，曲折委婉，无所不可；真可说是开千古未有的创
局，掘百世不竭的宝藏。——以上所说，大旨只在约略表示西洋文学方
法的完备，因为西洋文学真有许多可给我们作模范的好处，所以我说：
我们如果真要研究文学的方法，不可不赶紧翻译西洋的文学名著，做我
们的模范。

现在中国所译的西洋文学书，大概都不得其法，所以收效甚少。我
且拟几条翻译西洋文学名著的办法如下：

（1）只译名家著作，不译第二流以下的著作　我以为国内真懂得西
洋文学的学者应该开一会议，公共选定若干种不可不译的第一流文学名
著：约数如一百种长篇小说，五百篇短篇小说，三百种戏剧，五十家散
文，为第一部"西洋文学丛书"，期五年译完，再选第二部。译成之稿，
由这几位学者审查，并一一为作长序及著者略传，然后付印；其第二流
以下，如哈葛得之流，一概不选。诗歌一类，不易翻译，只可从缓。

（2）全用白话韵文之戏曲，也都译为白话散文　用古文译书，必失
原文的好处。如林琴南的"其女珠，其母下之"，早成笑柄，且不必论。
前天看见一部侦探小说《圆室案》中，写一位侦探"勃然大怒，拂袖而
起"。不知道这位侦探穿的是不是康桥大学的广袖制服！——这样译书，

不如不译。又如，林琴南把萧士比亚的戏曲，译成了记叙体的古文！这真是萧士比亚的大罪人，罪在《圆室案》译者之上！

（三）创造　上面所说工具与方法两项，都只是创造新文学的预备。工具用得纯熟自然了，方法也懂了，方才可以创造中国的新文学。至于创造新文学是怎样一回事，我可不配开口了。我以为现在的中国，还没有做到实行预备创造新文学的地步，尽可不必空谈创造的方法和创造的手段，我们现在且先去努力做那第一第二两步预备的工夫罢！

民国七年四月

（此文原载 1918 年 4 月 15 日《新青年》第 4 卷第 4 号）

《尝试集》自序
（1919 年 8 月 1 日）

　　我这三年以来做的白话诗若干首，分做两集，总名为《尝试集》。民国六年九月我到北京以前的诗为第一集，以后的诗为第二集。民国五年七月以前，我在美国做的文言诗词删剩若干首，合为《去国集》，印在后面作一个附录。

　　我的朋友钱玄同曾替《尝试集》做了一篇长序，把应该用白话做文章的道理说得很痛快透切。我现在自己作序，只说我为什么要用白话来做诗。这一段故事，可以算是《尝试集》产生的历史，可以算是我个人主张文学革命的小史。

　　我做白话文字，起于民国纪元前六年（丙午），那时我替上海《竞业旬报》做了半部章回小说，和一些论文，都是用白话做的。到了第二年（丁未），我因脚气病，出学堂养病。病中无事，我天天读古诗，从苏武、李陵直到元好问，单读古体诗，不读律诗。那一年我也做了几篇诗，内中有一篇五百六十字的《游万国赛珍会感赋》，和一篇近三百字的《弃父行》；以后我常常做诗，到我往美国时，已做了两百多首诗了。我先前不做律诗，因为我少时不曾学对对子，心里总觉得律诗难做。后来偶然做了一些律诗，觉得律诗原来是最容易做的玩意儿，用来做应酬朋友的诗，再方便也没有了。我初做诗，人都说我像白居易一派。后来我因为要学时髦，也做一番研究杜甫的工夫。但是我读杜诗，只读《石壕吏》、《自京赴奉先咏怀》一类的诗，律诗中五律我极爱读，七律中最讨厌《秋兴》一类的诗，常说这些诗文法不通，只有一点空架子。

自民国前六、七年到民国前二年（庚戌），可算是一个时代。这个时代已有不满意于当时旧文学的趋向了。我近来在一本旧笔记里（名《自胜生随笔》，是丁未年记的）翻出这几条论诗的话：

> 作诗必使老妪听解，固不可；然必使士大夫读而不能解，亦何故耶？（录《麓堂诗话》）
>
> 东坡云，"诗须有为而作。"元遗山云，"纵横正有凌云笔，俯仰随人亦可怜。"（录《南濠诗话》）

这两条都有密圈，也可见我十六岁时论诗的旨趣了。

民国前二年，我往美国留学。初去的两年，作诗不过两三首，民国成立后，任叔永（鸿隽）杨杏佛（铨）同来绮色佳（Ithaca），有了做诗的伴当了。集中《文学篇》所说：

> 明年任与杨，远道来就我。山城风雪夜，枯坐殊未可。
>
> 烹茶更赋诗，有倡还须和。诗炉久灰冷，从此生新火。

都是实在情形。在绮色佳五年，我虽不专治文学，但也颇读了一些西方文学书籍，无形之中，总受了不少的影响，所以我那几年的诗，胆子已大得多。《去国集》里的《耶稣诞节歌》和《久雪后大风寒甚作歌》都带有试验意味。后来做《自杀篇》，完全用分段作法，试验的态度更显明了。《藏晖室札记》第三册有跋《自杀篇》一段说：

> ……吾国作诗每不重言外之意，故说理之作极少。求一扑蒲（Pope）已不可多得，何况华茨活（Wordsworth）、贵推（Goethe）与白朗吟（Browning）矣。此篇以吾所持乐观主义入诗。全篇为说理之作，虽不能佳，然途径具在。他日多作之，或有进境耳。（民国三年七月七日）

又跋云：

> 吾近来作诗，颇能不依人蹊径，亦不专学一家。命意固无从摹仿，即字句形式亦不为古人成法所拘，盖颇能独立矣。（七月八日）

民国四年八月，我作一文论《如何可使吾国文言易于教授》。文中列举方法几条，还不曾主张用白话代文言。但那时我已明言"文言是半死之文字，不当以教活文字之法教之"。又说："活文字者，日用语言之文字，如英、法文是也，如吾国之白话是也。死文字者，如希腊、拉丁，非日用之语言，已陈死矣。半死文字者，以其中尚有日用之分子在也。如犬字是已死之字，狗字是活字；乘马是死语，骑马是活语；故曰半死文字也。"（《札记》第九册）

四年九月十七夜，我因为自己要到纽约进哥仑比亚大学，梅觐庄（光迪）要到康桥进哈佛大学，故作一首长诗送觐庄。诗中有一段说：

> 梅君梅君毋自鄙！神州文学久枯馁，百年未有健者起，新潮之来不可止，文学革命其时矣！
>
> 吾辈势不容坐视，且复号召二三子，革命军前杖马棰，鞭笞驱除一车鬼，再拜迎入新世纪！
>
> 以此报国未云菲，缩地戡天差可拟。梅君梅君毋自鄙！

原诗共四百二十字，全篇用了十一个外国字的译音。不料这十一个外国字就惹出了几年的笔战！任叔永把这些外国字连缀起来，做了一首游戏诗送我：

> 牛敦，爱迭孙；培根，客尔文；索虏与霍桑，"烟士披里纯"：鞭笞一车鬼，为君生琼英。文学今革命，作歌送胡生。

我接到这诗，在火车上依韵和了一首，寄给叔永诸人：

> 诗国革命何自始？要须作诗如作文。琢镂粉饰丧元气，貌似未必诗之纯。
>
> 小人行文颇大胆，诸公一一皆人英。愿共僇力莫相笑，我辈不作腐儒生。

梅觐庄误会我"作诗如作文"的意思，写信来辨论。他说：

> ……诗文截然两途。诗之文字与文之文字，自有诗文以来，无论中西，已分道而驰。……足下为诗界革命家，改良诗之文字则

可；若仅移文之文字于诗，即谓之革命，谓之改良，则不可也。……以其太易易也。

这封信逼我把诗界革命的方法表示出来。我的答书不曾留稿。今抄答叔永书一段如下：

> 适以为今日欲救旧文学之弊，先从涤除"文胜"之弊入手。今人之诗徒有铿锵之韵，貌似之辞耳。其中实无物可言。其病根在于重形式而去精神，在于以文胜质。诗界革命当从三事入手：第一，须言之有物；第二，须讲求文法；第三，当用"文之文字"时，不可故意避之。三者皆以质救文之弊也。……觐庄所论"诗之文字"与"文之文字"之别，亦不尽当。即如白香山诗，"城云臣按六典书，任土贡有不贡无，道州水土所生者，只有矮民无矮奴！"李义山诗，"公之斯文若元气，先时已入人肝脾。"……此诸例所用文字，是"诗之文字"乎？抑"文之文字"乎？又如适赠足下诗，"国事今成遍体疮，治头治脚俱所急。"此中字字皆觐庄所谓"文之文字"。……可知"诗之文字"原不异"文之文字"：正如诗之文法原不异文之文法也。……（五年二月二日）

"诗之文字"一个问题也是很重要的问题，因为有许多人只认风花雪月，蛾眉，朱颜，银汉，玉容等字是"诗之文字"，做成的诗读起来字字是诗！仔细分析起来，一点意思也没有。所以我主张用朴实无华的白描工夫，如白居易的《道州民》，如黄庭坚的《题莲华寺》，如杜甫的《自京赴奉先咏怀》。这类的诗，诗味在骨子里，在质不在文！没有骨子的滥调诗人决不能做这类的诗。所以我的第一条件便是"言之有物"。因为注重之点在言中的"物"，故不问所用的文字是诗的文字还是文的文字。觐庄认做"仅移文之文字于诗"，所以错了。

这一次的争论是民国四年到五年春间的事。那时影响我个人最大的，就是我平常所说的"历史的文学进化观念"。这个观念是我的文学革命论的基本理论。《札记》第十册有五年四月五日夜所记一段如下：

> 文学革命，在吾国史上非创见也。即以韵文而论，三百篇变而为骚，一大革命也。又变为五言七言，二大革命也。赋变而为无韵之骈文，古诗变而为律诗，三大革命也。诗之变而为词，四大革命也。词之变而为曲，为剧本，五大革命也。何独于吾所持文学革命论而疑之？文亦遭几许革命矣。自孔子至于秦、汉，中国文体始臻

完备。六朝之文……亦有可观者。然其时骈俪之体大盛，文以工巧雕琢见长，文法遂衰。韩退之所以称"文起八代之衰"者，其功在于恢复散文，讲求文法。此一革命也。……宋人谈哲理者，深悟古文之不适于用，于是语录体兴焉。语录体者，禅门所尝用，以俚语说理纪言。……此亦一大革命也。至元人之小说，此体始臻极盛。……总之文学革命至元代而极盛。其时之词也，曲也，小说也，皆第一流之文学，而皆以俚语为之。其时吾国真可谓有一种"活文学"出现。倘此革命潮流（革命潮流，即天演进化之迹。自其异者言之，谓之革命；自其循序渐进之迹言之，即谓之进化可也），不遭明代八股之劫，不遭前后七子复古之劫，则吾国之文学已成俚语的文学；而吾国之语言早成为言文一致之语言，可无疑也。但丁之创意大利文学，却叟辈之创英文学，路得之创德文学，未足独有千古矣。惜乎，五百余年来，半死之古文，半死之诗词，复夺此"活文学"之席，而"半死文学"遂苟延残喘以至于今日。……文学革命何可更缓耶！何可更缓耶！

过了几天，我填了一首"沁园春"词，题目就叫做《誓诗》，其实是一篇文学革命宣言书：

> 更不伤春，更不悲秋，以此誓诗。任花开也好，花飞也好；月圆固好，日落何悲！我闻之曰，"从天而颂，孰与制天而用之？"更安用，为苍天歌哭，作彼奴为！

> 文章革命何疑？且准备搴旗作健儿。要前空千古，下开百世；收他臭腐，还我神奇！为大中华，造新文学，此业吾曹欲让谁？诗材料，有簇新世界，供我驱驰！（四月十三日）

这首词上半所攻击的是中国文学"无病而呻"的恶习惯。我是主张乐观，主张进取的人，故极力攻击这种卑弱的根性。下半首是《去国集》的尾声，是《尝试集》的先声。以下要说发生《尝试集》的近因了。

五年七月十二日，任叔永寄我一首《泛湖即事》诗。这首诗里有"言棹轻楫，以涤烦疴"，和"猜谜赌胜，载笑载言"等句，我回他的信说：

> 诗中"言棹轻楫"之言字及"载笑载言"之载字，皆系死字。又如"猜谜赌胜，载笑载言"两句，上句为二十世纪之活字，下句为三千年前之死句，殊不相称也。（七月十六日）

不料这几句话触怒了一位旁观的朋友。那时梅觐庄在绮色佳过夏，见了我给叔永的信，他写信来痛驳我道：

> 足下所自矜为文学革命真谛者，不外乎用"活字"以入文；于
> 叔永诗中，稍古之字，皆所不取，以为非"二十世纪之活
> 字"。……夫文字革新须洗去旧日腔套，务去陈言，固矣。然此非
> 尽屏古人所用之字，而另以俗语白话代之之谓也。……足下以俗语
> 白话为向来文学上不用之字，骤以入文，似觉新奇而美，实则无永
> 久价值。因其向未经美术家锻炼，徒诿诸愚夫愚妇无美术观念者之
> 口，历世相传，愈趋愈下，鄙俚乃不可言。足下得之，乃矜矜自
> 喜，炫为创获，异矣。如足下之言，则人间材智，选择，教育，诸
> 事皆无足算，而村农伧父皆足为诗人美术家矣。
>
> 甚至非洲黑蛮，南洋土人，其言文无分者，最有诗人美术家之
> 资格矣。
>
> 至于无所谓"活文学"，亦与足下前此言之。……文字者，世
> 界上最守旧之物也。……足下乃视改革文字如是之易乎？……

觐庄这封信不但完全误解我的主张，并且说了一些没有道理的话，
故我做了一首一千多字的白话游戏诗答他。这首诗虽是游戏诗，也有几
段庄重的议论。如第二段说：

> 文字没有雅俗，却有死活可道。
> 古人叫做欲，今人叫做要；
> 古人叫做至，今人叫做到；
> 古人叫做溺，今人叫做尿；
> 本来同是一字，声音少许变了。
> 并无雅俗可言，何必纷纷胡闹？
> 至于古人叫字，今人叫号；古人悬梁，今人上吊；
> 古名虽未必不佳，今名又何尝不妙？
> 至于古人乘舆，今人坐轿；古人加冠束帻，今人但知戴帽；
> 若必叫帽作巾，叫轿作舆，岂非张冠李戴，认虎作豹？

又如第五段说：

> 今我苦口晓舌，算来却是为何？
> 正要求今日的文学大家，
> 把那些活泼泼的白话，拿来锻炼，拿来琢磨，拿来作文演说，
> 作曲作歌：——

出几个白话的嚣俄，和几个白话的东坡，

那不是"活文学"是什么？

那不是"活文学"是什么？

这一段全是后来用白话作实地试验的意思。

这首白话游戏诗是五年七月二十二日做的，一半是朋友游戏，一半是有意试做白话诗。不料梅、任两位都大不以为然。觐庄来信大骂我，他说：

> 读大作如儿时听莲花落，真所谓革尽古今中外人之命者。足下诚豪健哉！盖今之西洋诗界，若足下之张革命旗者，亦数见不鲜。最著者有所谓 Futurism，Imagism，Free Verse，及各种 Decadent Movements in Literature and in Arts。大约皆足下俗话诗之流亚，皆喜以"前无古人后无来者"自豪；皆喜诡立名字，号召徒众，以眩世人之耳目，而己则从中得名士头衔以去焉。……

信尾又有两段添入的话：

> 文章体裁不同。小说词曲固可用白话，诗文则不可。今之欧美狂澜横流，所谓"新潮流"、"新潮流"者，耳已闻之熟矣。诚望足下勿剽窃此不值钱之新潮流以哄国人也。（七月二十四日）

这封信颇使我不心服，因为我主张的文学革命，只是就中国今日文学的现状立论，和欧美的文学新潮流并没有关系；有时借镜于西洋文学史也不过举出三四百年前欧洲各国产生"国语的文学"的历史，因为中国今日国语文学的需要很像欧洲当日的情形，我们研究他们的成绩，也许使我们减少一点守旧性，增添一点勇气。觐庄硬派我一个"剽窃此种不值钱之新潮流以哄国人"的罪名，我如何能心服呢？

叔永来信说：

> 足下此次试验之结果，乃完全失败是也。……要之，白话自有白话用处（如作小说、演说等），然不能用之于诗。如凡白话皆可为诗，则吾国之京调，高腔，何一非诗？乌乎适之！吾人今日言文学革命，乃诚见今日文学有不可不改革之处，非特文言白话之争而已。吾尝默省吾国今日文学界，即以诗论，其老者，如郑苏庵、陈伯严辈，其人头脑已死，只可让其与古人同朽腐。其幼者，如南社一流人，淫滥委琐，亦去文学千里而遥。旷观国内，如吾侪欲以文

学自命者，舍自倡一种高美芳洁之文学，更无吾侪侧身之地。以足下高才有为，何为舍大道不由，而必旁逸斜出，植美卉于荆棘之中哉？……唯以此（白话）作诗，则仆期期以为不可。……今且假令足下之文学革命成功，将令吾国作诗者皆高腔京调，而陶谢李杜之流，将永不复见于神州，则足下之功又何若哉？（七月二十四夜）

觐庄说，"小说词曲固可用白话，诗文则不可"。叔永说，"白话自有白话用处（如作小说、演说等），然不能用之于诗"。这是我最不承认的。我答叔永信中说：

……白话入诗，古人用之者多矣。（此下举放翁诗及山谷稼轩词为例。）……总之，白话之能不能作诗，此一问题全待吾辈解决。解决之法，不在乞怜古人，谓古之所无，今必不可有，而在吾辈实地试验。一次"完全失败"，何妨再来？若一次失败，便"期期以为不可"，此岂科学的精神所许乎？

这一段乃是我的"文学的实验主义"。我三年来所做的文学事业只不过是实行这个主义。

答叔永书很长，我且再抄一段：

……今且用足下之字句以述吾梦想中之文学革命曰：

（1）文学革命的手段：要令国中之陶、谢、李、杜敢用白话京调高腔作诗；要令国中之陶、谢、李、杜皆能用白话京调高腔作诗。

（2）文学革命的目的：要令白话京调高腔之中产出几许陶、谢、李、杜。

（3）今日决用不着"陶、谢、李、杜的"陶、谢、李、杜。若陶、谢、李、杜生于今日仍作陶、谢、李、杜当日之诗，则决不能更有当日的价值与影响。何也？时代不同也。

（4）吾辈生于今日，与其作不能行远不能普及的五经、两汉、六朝、八家文字，不如作家喻户晓的《水浒》《西游》文字。与其作似陶似谢似李似杜的诗，不如作不似陶谢不似李杜的白话诗。与其作一个学这个学那个的郑苏庵、陈伯严，不如作一个实地试验，"旁逸斜出"，"舍大道而弗由"的胡适之。

……吾志决矣，吾自此以后，不更作文言诗词。……（七月二十六日）

这是第一次宣言不做文言诗词。过了几天，我再答叔永道：

……古人说，"工欲善其事，必先利其器。"文字者，文学之器也。我私心以为文言决不足为吾国将来文学之利器。施耐庵、曹雪芹诸人已实地证明作小说之利器在于白话。今尚需人实地试验白话是否可为韵文之利器耳。……我自信颇能用白话作散文，但尚未能用之于韵文。私心颇欲以数年之力实地练习之。倘数年之后，竟能用文言白话作文作诗，无不随心所欲，岂非一大快事？我此时练习白话韵文，颇似新辟一文学殖民地。可惜须单身匹马而往，不能多得同志，结伴同行。然吾去志已决。公等假我数年之期。倘此新国尽是沙碛不毛之地，则我或终归老于"文言诗国"亦未可知。倘幸而有成，则辟除荆棘之后，当开放门户，迎公等同来莅止耳！"狂言人道臣当烹。我自不吐定不快，人言未足为重轻。"足下定笑我狂耳。……（八月四日）

这时我已开始作白话诗。诗还不曾做得几首，诗集的名字已定下了，那时我想起陆游有一句诗："尝试成功自古无！"我觉得这个意思恰和我的实验主义反对，故用"尝试"两字作我的白话诗集的名字，要看"尝试"究竟是否可以成功。那时我已打定主意，努力做白话诗的试验；心里只有一点痛苦，就是同志太少了，"须单身匹马而往"，我平时所最敬爱的一班朋友都不肯和我同去探险。但是我若没有这一班朋友和我打笔墨官司，我也决不会有这样的尝试决心。庄子说得好："彼出于是，是亦因彼。"我至今回想当时和那班朋友，一日一邮片，三日一长函的乐趣，觉得那真是人生最不容易有的幸福。我对于文学革命的一切见解，所以能结晶成一种有系统的主张，全都是同这一班朋友切磋讨论的结果。五年八月十九日我写信答朱经农（经）中有一段说：

新文学之要点，约有八事：

（一）不用典，

（二）不用陈套语，

（三）不讲对仗，

（四）不避俗字俗话，

（五）须讲求文法。以上为形式的一方面。

（六）不作无病之呻吟，

（七）不摹仿古人，须语语有个我在，

（八）须言之有物。

以上为精神（内容）的一方面。

这八条，后来成为一篇《文学改良刍议》(《新青年》第二卷第五号，六年一月一日出版)，即此一端，便可见朋友讨论的益处了。

我的《尝试集》起于民国五年七月，到民国六年九月我到北京时，已成一小册子了，这一年之中，白话诗的试验室里只有我一个人。因为没有积极的帮助，故这一年的诗，无论怎样大胆，终不能跳出旧诗的范围。

我初回国时，我的朋友钱玄同说我的诗词"未能脱尽文言窠臼"，又说"嫌太文了"！美洲的朋友嫌"太俗"的诗，北京的朋友嫌"太文"了！这话我初听了很觉得奇怪。后来平心一想，这话真是不错。我在美洲做的《尝试集》，实在不过是能勉强实行了《文学改良刍议》里面的八个条件；实在不过是一些刷洗过的旧诗！这些诗的大缺点就是仍旧用五言七言的句法。句法太整齐了，就不合语言的自然，不能不有截长补短的毛病，不能不时时牺牲白话的字和白话的文法，来牵就五七言的句法。音节一层，也受很大的影响：第一，整齐划一的音节没有变化，实在无味；第二，没有自然的音节，不能跟着诗料随时变化。因此，我到北京以后所做的诗，认定一个主义：若要做真正的白话诗，若要充分采用白话的字，白话的文法，和白话的自然音节，非做长短不一的白话诗不可。这种主张，可叫做"诗体的大解放"。诗体的大解放就是把从前一切束缚自由的枷锁镣铐，一切打破：有什么话，说什么话；话怎么说，就怎么说。这样方才可有真正白话诗，方才可以表现白话的文学可能性。《尝试集》第二编中的诗虽不能处处做到这个理想的目的，但大致都想朝着这个目的做去。这是第二集和第一集的不同之处。

以上说《尝试集》发生的历史。现在且说我为什么赶紧印行这本白话诗集。我的第一个理由是因为这一年以来白话散文虽然传播得很快很远，但是大多数的人对于白话诗仍旧很怀疑；还有许多人不但怀疑，简直持反对的态度。因此，我觉得这个时候有一两种白话韵文的集子出来，也许可以引起一般人的注意，也许可以供赞成和反对的人作一种参考的材料。第二，我实地试验白话诗已经三年了，我很想把这三年试验的结果供献给国内的文人，作为我的试验报告。我很盼望有人把我试验的结果，仔细研究一番，加上平心静气的批评，使我也可以知道这种试验究竟有没有成绩，用的试验方法，究竟有没有错误。第三，无论试验的成绩如何，我觉得我的《尝试集》至少有一件事可以供献给大家的。这一件可供献的事就是这本诗所代表的"实验的精神"。我们这一班人的文学革命论所以同别人不同，全在这一点试验的态度。

近来稍稍明白事理的人，都觉得中国文学有改革的必要。即如我的朋友任叔永他也说："乌乎！适之！吾人今日言文学革命，乃诚见今日文学有不可不改革之处，非特文言白话之争而已。"甚至于南社的柳亚子也要高谈文学革命。但是他们的文学革命论只提出一种空荡荡的目的，不能有一种具体进行的计划。他们都说文学革命决不是形式上的革命，决不是文言白话的问题。等到人问他们所主张的革命"大道"是什么，他们可回答不出了。这种没有具体计划的革命——无论是政治的是文学的——决不能发生什么效果。我们认定文字是文学的基础，故文学革命的第一步就是文字问题的解决。我们认定"死文字定不能产生活文学"，故我们主张若要造一种活的文学，必须用白话来做文学的工具。我们也知道单有白话未必就能造出新文学；我们也知道新文学必须要有新思想做里子。但是我们认定文学革命须有先后的程序：先要做到文字体裁的大解放，方才可以用来做新思想新精神的运输品。我们认定白话实在有文学的可能，实在是新文学的唯一利器。但是国内大多数人都不肯承认这话——他们最不肯承认的，就是白话可作韵文的唯一利器。我们对于这种怀疑，这种反对，没有别的法子可以对付，只有一个法子，就是科学家的试验方法。科学家遇着一个未经实地证明的理论，只可认他做一个假设；须等到实地试验之后，方才用试验的结果来批评那个假设的价值。我们主张白话可以做诗，因为未经大家承认，只可说是一个假设的理论。我们这三年来，只是想把这个假设用来做种种实地试验——做五言诗，做七言诗，做严格的词，做极不整齐的长短句；做有韵诗，做无韵诗，做种种音节上的试验——要看白话是不是可以做好诗，要看白话诗是不是比文言诗要更好一点。这是我们这班白话诗人的"实验的精神"。

我这本集子里的诗，不问诗的价值如何，总都可以代表这点实验的精神。这两年来，北京有我的朋友沈尹默、刘半农、周豫才、周启明、傅斯年、俞平伯、康白情诸位，美国有陈衡哲女士，都努力作白话诗。白话诗的试验室里的试验家渐渐多起来了。但是大多数的文人仍旧不敢轻易"尝试"。他们永不来尝试尝试，如何能判断白话诗的问题呢？耶稣说得好："收获是很好的，可惜做工的人太少了。"所以我大胆把这本《尝试集》印出来，要想把这本集子所代表的"实验的精神"贡献给全国的文人，请他们大家都来尝试尝试。

我且引我的《尝试篇》作这篇长序的结论：

> "尝试成功自古无！"放翁这话未必是。我今为下一转语："自古成功在尝试！"请看药圣尝百草，尝了一味又一味。又如名医试丹药，何嫌六百零六次？莫想小试便成功，那有这样容易事！有时试到千百回，始知前功尽抛弃。即使如此已无愧，即此失败便足记。告人"此路不通行"，可使脚力莫枉费。

> 我生求师二十年，今得"尝试"两个字。作诗做事要如此，虽未能到颇有志。作"尝试歌"颂吾师，愿大家都来尝试！

八年八月一日　胡适

（此文原载《解放与改造》第 1 卷第 1 期）

谈新诗
——八年来一件大事
（1919 年 10 月）

一

民国六年（一九一七）一月一日，《新青年》第二卷第五号出版，里面有我的朋友高一涵的一篇文章，题目是《一九一七年预想之革命》。他预想从那一年起中国应该有两种革命：（一）于政治上应揭破贤人政治之真相，（二）于教育上应打消孔教为修身大本之宪条。高君的预言，不幸到今日还不曾实现。"贤人政治"的迷梦总算打破了一点，但是打破他的，并不是高君所希望的"立于万民之后，破除自由的阻力，鼓舞自动之机能"的民治国家，乃是一种更坏更腐败更黑暗的武人政治。至于孔教为修身大本的宪法，依现今的思想趋势看来，这个当然不能成立；但是安福部的参议院已通过这种议案了，今年双十节的前八日北京还要演出一出徐世昌亲自祀孔的好戏！

但是同一号的《新青年》里，还有一篇文章，叫做《文学改良刍议》，是新文学运动的第一次宣言书。《新青年》的第二卷第六号接着发表了陈独秀君的《文学革命论》。后来七年四月里又有一篇《建设的文学革命论》。这一种文学革命的运动，在我的朋友高君做那篇《一九一七年预想之革命》时虽然还没有响动，但是自从一九一七年一月以来，这种革命——多谢反对党送登广告的影响——居然可算是传播得很广很远了。文学革命的目的是要替中国创造一种"国语的文学"——活的文学。这两年来的成绩，国语的散文是已过了辩论的时期，到了多数人实行的时期了，只有国语的韵文——所谓"新诗"——还脱不了许多人的怀疑。但是现在做新诗的人也就不少了。报纸上所载的，自北京到广州，自上海到成都，多有新诗出现。

这种文学革命预算是辛亥大革命以来的一件大事。现在《星期评论》出这个双十节的纪念号，要我做一万字的文章。我想，与其枉费笔墨去谈这八年来的无谓政治，倒不如让我来谈谈这些比较有趣味的新诗罢。

二

我常说，文学革命的运动，不论古今中外，大概都是从"文的形式"一方面下手，大概都是先要求语言文字文体等方面的大解放。欧洲三百年前各国国语的文学起来代替拉丁文学时，是语言文字的大解放；十八十九世纪法国嚣俄、英国华次活（Wordsworth）等人所提倡的文学改革，是诗的语言文字的解放；近几十年来西洋诗界的革命，是语言文字和文体的解放。这一次中国文学的革命运动，也是先要求语言文字和文体的解放。新文学的语言是白话的，新文学的文体是自由的，是不拘格律的。初看起来，这都是"文的形式"一方面的问题，算不得重要。却不知道形式和内容有密切的关系。形式上的束缚，使精神不能自由发展，使良好的内容不能充分表现。若想有一种新内容和新精神，不能不先打破那些束缚精神的枷锁镣铐。因此，中国近年的新诗运动可算得是一种"诗体的大解放"。因为有了这一层诗体的解放，所以丰富的材料，精密的观察，高深的理想，复杂的感情，方才能跑到诗里去。五七言八句的律诗决不能容丰富的材料，二十八字的绝句决不能写精密的观察，长短一定的七言五言决不能委婉达出高深的理想与复杂的感情。

最明显的例就是周作人君的《小河》长诗（《新青年》六卷二号）。这首诗是新诗中的第一首杰作，但是那样细密的观察，那样曲折的理想，决不是那旧式的诗体词调所能达得出的。周君的诗太长了，不便引证，我且举我自己的一首诗作例：

应该

他也许爱我，——也许还爱我，——
但他总劝我莫再爱他。
他常常怪我；
这一天他眼泪汪汪的望着我，
说道："你如何还想着我？
想着我你又如何能对他？
你要是当真爱我，
你应该把爱我的心爱他，
你应该把待我的情待他。"
…………
他的话句句都不错，——
上帝帮我！
我"应该"这样做。
（《尝试集》二，四九）

这首诗的意思神情都是旧体诗所达不出的。别的不消说，单说"他也许爱我，——也许还爱我"这十个字的几层意思，可是旧体诗能表得出的吗？

再举康白情君的《窗外》：

窗外的闲月，
紧恋着窗内蜜也似的相思。
相思都恼了，
他还涎着脸儿在墙上相窥。
回头月也恼了，
一抽身儿就没了，
月倒没了，
相思倒觉着舍不得了。
（《新潮》一，四）

这个意思，若用旧诗体，一定不能说得如此细腻。

就是写景的诗，也必须有解放了的诗体，方才可以有写实的描画。例如杜甫诗"江天漠漠鸟飞去"，何尝不好？但他为律诗所限，必须对上一句"风雨时时龙一吟"，就坏了。简单的风景，如"高台芳树，飞燕蹴红英，舞困榆钱自落"之类，还可用旧诗体描写。稍微复杂细密一点，旧诗就不够用了。如傅斯年君的《深秋永定门晚景》中的一段：

> ············
>
> 那树边，地边，天边，
> 如云，如水，如烟，
> 望不断，——一线。
> 忽地里扑喇喇一响，
> 一个野鸭飞去水塘，
> 仿佛像大车音浪，漫漫的工——东——当。
> 又有种说不出的声息，若续若不响。
> （《新潮》一，二）

这一段的第六行，若不用有标点符号的新体，决做不到这种完全写实的地步。又如俞平伯君的《春水船》中的一段：

> ············
>
> 对面来了个纤人，
> 拉着个单桅的船徐徐移去。
> 双橹挂在舷唇，
> 皱面开纹，
> 活活水流不住。
> 船头晒着破网。
> 渔人坐在板上，
> 把刀劈竹拍拍的响。
> 船口立个小孩，又憨又蠢，
> 不知为什么？
> 笑迷迷痴看那黄波浪。
>
> ············
>
> （《新潮》一，四）

这种朴素真实的写景诗乃是诗体解放后最足使人乐观的一种现象。

　　以上举的几个例，都可以表示诗体解放后诗的内容之进步。我们若用历史进化的眼光来看中国诗的变迁，便可看出自《三百篇》到现在，诗的进化没有一回不是跟着诗体的进化来的。《三百篇》中虽然也有几篇组织很好的诗如"氓之蚩蚩"、"七月流火"之类；又有几篇很妙的长短句，如"坎坎伐檀兮"、"园有桃"之类；但是《三百篇》究竟还不曾完全脱去"风谣体"（ballad）的简单组织。直到南方的骚赋文学发生，方才有伟大的长篇韵文。这是一次解放。但是骚赋体用兮些等字煞尾，停顿太多又太长，太不自然了。故汉以后的五七言古诗删除没有意思的煞尾字，变成贯串篇章，便更自然了。若不经过这一变，决不能产生《焦仲卿妻》、《木兰辞》一类的诗。这是二次解放。五七言成为正宗诗体以后，最大的解放莫如从诗变为词。五七言诗是不合语言之自然的，因为我们说话决不能句句是五字或七字。诗变为词，只是从整齐句法变为比较自然的参差句法。唐五代的小词虽然格调很严格，已比五七言诗自然的多了。如李后主的"剪不断，理还乱，是离愁。别有一般滋味在心头"。这已不是诗体所能做得到的了。试看晁补之的《蓦山溪》：

> 愁来不醉，不醉奈愁何？
> 汝南周，东阳沈，
> 劝我如何醉？

这种曲折的神气，决不是五七言诗能写得出的。又如辛稼轩的《水龙吟》：

> 落日楼头，断鸿声里，江南游子，
> 把吴钩看了，阑干拍遍，
> 无人会，登临意。

这种语气也决不是五七言的诗体能做得出的。这是三次解放。宋以后，词变为曲，曲又经过几多变化，根本上看来，只是逐渐删除词体里所剩下的许多束缚自由的限制，又加上词体所缺少的一些东西如衬字套数之类。但是词曲无论如何解放，终究有一个根本的大拘束；词曲的发生是和音乐合并的，后来虽有可歌的词，不必歌的曲，但是始终不能脱离"调子"而独立，始终不能完全打破词调曲谱的限制。直到近来的新诗发生，不但打破五言七言的诗体，并且推翻词调曲谱的种种束缚；不拘格律，不拘平仄，不拘长短；有什么题目，做什么诗；诗该怎样做，就怎样做。这是第四次的诗体大解放。这种解放，初看去似乎很激烈，其实只是《三百篇》以来的自然趋势。自然趋势逐渐实现，不用有意的鼓吹去促进他，那便是自然进化。自然趋势有时被人类的习惯性守旧性所阻碍，到了该实现的时候均不实现，必须用有意的鼓吹去促进他的实现，那便是革命了。一切文物制度的变化，都是如此的。

三

上文我说新体诗是中国诗自然趋势所必至的，不过加上了一种有意的鼓吹，使他于短时期内猝然实现，故表面上有诗界革命的神气。这种议论很可以从现有的新体诗里寻出许多证据。我所知道的"新诗人"，除了会稽周氏弟兄之外，大都是从旧式诗、词、曲里脱胎出来的。沈尹默君初作的新诗是从古乐府化出来的。例如他的《人力车夫》：

　　日光淡淡，白云悠悠，

　　风吹薄冰，河水不流。

　　出门去，雇人力车。街上行人，往来很多；车马纷纷，不知干些什么。

　　人力车上人，个个穿棉衣，个个袖手坐，还觉风吹来，身上冷不过。

　　车夫单衣已破，他却汗珠儿颗颗往下堕。

　　（《新青年》四，一）

稍读古诗的人都能看出这首诗是得力于"孤儿行"一类的古乐府的。我自己的新诗，词调很多，这是不用讳饰的。例如前年做的《鸽子》：

　　云淡天高，好一片晚秋天气！

　　有一群鸽子，在空中游戏。

　　看他们三三两两，

　　回环来往，

　　夷犹如意，

　　忽地里，翻身映日，白羽衬青天，鲜明无比！

　　（《尝试集》二，二六）

就是今年做诗，也还有带着词调的。例如《送任叔永回四川》的第二段：

> 你还记得，我们暂别又相逢，正是赫贞春好？
>
> 记得江楼同远眺，云影渡江来，惊起江头鸥鸟？
>
> 记得江边石上，同坐看潮回，浪声遮断人笑？
>
> 记得那回同访友，日暗风横，林里陪他听松啸？
>
> （《尝试集》二，五一）

懂得词的人，一定可以看出这四长句用的是四种词调里的句法。这首诗的第三段便不同了：

> 这回久别再相逢，便又送你归去，未免太匆匆！
>
> 多亏得天意多留你两日，使我做得诗成相送。
>
> 万一这首诗赶得上远行人，
>
> 多替我说声"老任珍重珍重！"

这一段便是纯粹新体诗。此外新潮社的几个新诗人——傅斯年、俞平伯、康白情——也都是从词曲里变化出来的，故他们初做的新诗都带着词或曲的意味音节。此外各报所载的新诗，也很多带着词调的。例太多了，我不能遍举，且引最近一期的《少年中国》（第二期）里周无君的《过印度洋》：

> 圆天盖着大海，黑水托着孤舟。
>
> 也看不见山，那天边只有云头。
>
> 也看不见树，那水上只有海鸥。
>
> 那里是非洲？那里是欧洲？
>
> 我美丽亲爱的故乡却在脑后！
>
> 怕回头，怕回头，
>
> 一阵大风，雪浪上船头，
>
> 飕飕，吹散一天云雾一天愁。

这首诗很可表示这一半词一半曲的过渡时代了。

四

我现在且谈新体诗的音节。

现在攻击新诗的人，多说新诗没有音节。不幸有一些做新诗的人也以为新诗可以不注意音节。这都是错的。攻击新诗的人，他们自己不懂得"音节"是什么，以为句脚有韵，句里有"平平仄仄"、"仄仄平平"

的调子，就是有音节了。中国字的收声不是韵母（所谓阴声），便是鼻音（所谓阳声），除了广州入声之外，从没有用他种声母收声的。因此，中国的韵最宽。句尾用韵真是极容易的事，所以古人有"押韵便是"的挖苦话。押韵乃是音节上最不重要的一件事。至于句中的平仄，也不重要。古诗"相去日已远。衣带日已缓。浮云蔽白日，游子不顾返"，音节何等响亮？但是用平仄写出来便不能读了：

> 平仄仄仄仄，平仄仄仄仄。
>
> 平平仄仄仄，平仄仄仄仄。

又如陆放翁：

> 我生不逢柏梁建章之宫殿，安得峨冠侍游宴？

头上十一个字是"仄平仄平仄平仄平平平仄"，读起来何以觉得音节很好呢？这是因为一来这一句的自然语气是一气贯注下来的；二来呢，因为这十一个字里面，逢宫叠韵，梁章叠韵，不柏双声，建宫双声，故更觉得音节和谐了。

诗的音节全靠两个重要分子：一是语气的自然节奏，二是每句内部所用字的自然和谐。至于句末的韵脚，句中的平仄，都是不重要的事。语气自然，用字和谐，就是句末无韵也不要紧。例如上文引晁补之的词："愁来不醉，不醉奈愁何？汝南周，东阳沈，劝我如何醉？"这二十个字，语气又曲折，又贯串，故虽隔开五个"小顿"方才用韵，读的人毫不觉得。

新体诗中也有用旧体诗词的音节方法来做的。最有功效的例是沈尹默君的《三弦》：

> 中午时候，火一样的太阳，没法去遮拦，让他直晒长街上。静悄悄少人行路；只有悠悠风来，吹动路旁杨树。
>
> 谁家破大门里，半院子绿茸茸细草，都浮着闪闪的金光。旁边有一段低低的土墙，挡住了个弹三弦的人，却不能隔断那三弦鼓荡的声浪。
>
> 门外坐着一个穿破衣裳的老年人，双手抱着头，他不声不响。
>
> （《新青年》五，二）

这首诗从见解意境上和音节上看来，都可算是新诗中一首最完全的诗。看他第二段"旁边"以下一长句中，旁边是双声；有一是双声；段、低、低、的、土、挡、弹、的、断、荡、的，十一个都是双声。这十一个字都是"端透定"（D，T）的字，模写三弦的声响，又把"挡"，"弹"，"断"，"荡"四个阳声的字和七个阴声的双声字（段，低，低，的，土，的，的）参错夹用，更显出三弦的抑扬顿挫。苏东坡把韩退之《听琴诗》改为送弹琵琶的词，开端是"呢呢儿女语，灯火夜微明，恩冤尔汝来去，弹指泪和声"。他头上连用五个极短促的阴声字，接着用一个阳声的"灯"字，下面"恩冤尔汝"之后，又用一个阳声的"弹"字，也是用同样的方法。

吾自己也常用双声叠韵的法子来帮助音节的和谐。例如《一颗星儿》一首：

> 我喜欢你这颗顶大的星儿，
> 可惜我叫不出你的名字。
> 平日月明时，
> 月光遮尽了满天星，总不能遮住你。
> 今天风雨后，闷沉沉的天气，
> 我望遍天边，寻不见一点半点光明，
> 回转头来，
> 只有你在那杨柳高头依旧亮晶晶地。
>
> （《尝试集》二，五三）

这首诗"气"字一韵以后，隔开三十三个字方才有韵，读的时候全靠"遍、天、边、见、点、半、点"一组叠韵字（遍、边、半、明，又是双声字），和"有、柳、头、旧"一组叠韵字夹在中间，故不觉得"气"、"地"两韵隔开那么远。

这种音节方法，是旧诗音节的精采（参看清代周春的《杜诗双声叠韵谱》），能够容纳在新诗里，固然也是好事。但是这是新旧过渡时代的一种有趣味的研究，并不是新诗音节的全部。新诗大多数的趋势，依我们看来，是朝着一个公共方向走的。那个方向便是"自然的音节"。

自然的音节是不容易解说明白的。我且分两层说：

第一，先说"节"——就是诗句里面的顿挫段落。旧体的五七言诗是两个字为一"节"的。随便举例如下：

> 风绽——雨肥——梅（两节半）
> 江间——波浪——兼天——涌（三节半）
> 王郎——酒酣——拔剑——斫地——歌——莫哀（五节半）

我生——不逢——柏梁——建章——之——宫殿（五节半）

又——不得——身在——荣阳——京索——间（四节外两个破节）

终——不似——一朵——钗头——颤袅——向人——敧侧（六节半）

新体诗句子的长短，是无定的；就是句里的节奏，也是依着意义的自然区分与文法的自然区分来分析的。白话里的多音字比文言多得多，并且不止两个字的联合，故往往有三个字为一节，或四五个字为一节的。例如：

万一——这首诗——赶得上——远行人。

门外——坐着——一个——穿破衣裳的——老年人。

双手——抱着头——他——不声——不响。

旁边——有一段——低低的——土墙——挡住了个——弹三弦的人。

这一天——他——眼泪汪汪的——望着我——说道——你如何——还想着我？想着我——你又如何——能对他？

第二，再说"音"——就是诗的声调。新诗的声调有两个要件：一是平仄要自然，二是用韵要自然。白话里的平仄，与诗韵里的平仄有许多大不相同的地方。同一个字，单独用来是仄声，若同别的字连用，成为别的字的一部分，就成了很轻的平声了。例如"的"字，"了"字，都是仄声字，在"扫雪的人"和"扫净了东边"里，便不成仄声了。我们简直可以说，白话诗里只有轻重高下，没有严格的平仄。例如，周作人君的《两个扫雪的人》的两行：

祝福你扫雪的人！

我从清早起，在雪地里行走，不得不谢谢你。

（《新青年》六，三）

"祝福你扫雪的人"上六个字都是仄声，但是读起来自然有个轻重高下。"不得不谢谢你"六个字又都是仄声，但是读起来也有个轻重高下。又如同一首诗里有"一面尽扫，一面尽下"八个字都是仄声，但读起来不但不拗口，并且有一种自然的音调。白话诗的声调不在平仄的调剂得宜，全靠这种自然的轻重高下。

至于用韵一层，新诗有三种自由：第一，用现代的韵，不拘古韵，更不拘平仄韵。第二，平仄可以互相押韵，这是词曲通用的例，不单是新诗如此。第三，有韵固然好，没有韵也不妨。新诗的声调既在骨子里——在自然的轻重高下，在语气的自然区分——故有无韵脚都不成问题。例如周作人君的《小河》虽然无韵，但是读起来自然有很好的声调，不觉得是一首无韵诗。我且举一段如下：

> ············
> 小河的水是我的好朋友，
> 他曾经稳稳的流过我面前，
> 我对他点头，他对我微笑，
> 我愿他能够放出了石堰，
> 仍然稳稳的流着，
> 向我们微笑······

又如周君的《两个扫雪的人》中一段：

> ············
> 一面尽扫，一面尽下：
> 扫净了东边，又下满了西边；
> 扫开了高地，又填平了洼地。

这是用内部词句的组织来帮助音节，故读时不觉得是无韵诗。

内部的组织——层次，条理，排比，章法，句法——乃是音节的最重要方法。我的朋友任叔永说，"自然二字也要点研究"。研究并不是叫我们去讲究那些"蜂腰"、"鹤膝"、"合掌"等等玩意儿，乃是要我们研究内部的词句应该如何组织安排，方才可以发生和谐的自然音节。我且举康白情君的《送客黄浦》一章作例：

> 送客黄浦，
> 我们都攀着缆，——
> 风吹着我们的衣服，——
> 站在没遮拦的船边楼上。
> 看看凉月丽空，
> 才显出淡妆的世界。
> 我想世界上只有光，
> 只有花，
> 只有爱！
> 我们都谈着，——

谈到日本二十年来的戏剧，

也谈到"日本的光，的花，的爱"的须磨子。

我们都相互的看着。

只是寿昌有所思，

他不看着我，

他不看着别的那一个。

这中间充满了别意，

但我们只是初次相见。

《少年中国》二）

五

我这篇随便的诗谈做得太长了，我且略谈"新诗的方法"，作一个总结的收场。

有许多人曾问我做新诗的方法，我说，做新诗的方法根本上就是做一切诗的方法；新诗除了"诗体的解放"一项之外，别无他种特别的做法。

这话说得太笼统了。听的人自然又问，那么做一切诗的方法究竟是怎样呢？

我说，诗须要用具体的做法，不可用抽象的说法。凡是好诗，都是具体的；越偏向具体的，越有诗意诗味。凡是好诗，都能使我们脑子里发生一种——或许多种——明显逼人的影像。这便是诗的具体性。

李义山诗"历览前贤国与家，成由勤俭败由奢"，这不成诗。为什么呢？因为他用的是几个抽象的名词，不能引起什么明了浓丽的影像。

"绿垂红折笋，风绽雨肥梅"是诗。"芹泥垂燕嘴，蕊粉上蜂须"是诗。"四更山吐月，残夜水明楼"是诗。为什么呢？因为他们都能引起鲜明扑人的影像。

"五月榴花照眼明"是何等具体的写法！

"鸡声茅店月，人迹板桥霜"是何等具体的写法！

"枯藤老树昏鸦，小桥流水人家，古道西风瘦马，夕阳西下，——断肠人在天涯！"这首小曲里有十个影像，连成一串，并作一片萧瑟的空气，这是何等具体的写法！

以上举的例都是眼睛里起的影像。还有引起听官里的明了感觉的。例如上文引的"呢呢儿女语，灯火夜微明，恩冤尔汝来去，弹指泪和声"，是何等具体的写法！

还有能引起读者浑身的感觉的。例如姜白石词，"暝入西山，渐唤我一叶夷犹乘兴"。这里面"一叶夷犹"四个合口的双声字，读的时候使我们觉得身在小舟里，在镜平的湖水上荡来荡去。这是何等具体的写法！

再进一步说，凡是抽象的材料，格外应该用具体的写法。看《诗经》的《伐檀》：

> 坎坎伐檀兮，置之河之干兮，
> 河水清且涟猗，——
> 不稼不穑，胡取禾三百廛兮！
> 不狩不猎，胡瞻尔庭有悬貆兮！

社会不平等是一个抽象的题目，你看他却用如此具体的写法。

又如杜甫的《石壕吏》，写一天晚上一个远行客人在一个人家寄宿，偷听得一个捉差的公人同一个老太婆的谈话。寥寥一百二十个字，把那个时代的征兵制度，战祸，民生痛苦，种种抽象的材料，都一齐描写出来了。这是何等具体的写法！

再看白乐天的《新乐府》，那几篇好的——如《折臂翁》、《卖炭翁》、《上阳宫人》——都是具体的写法。那几篇抽象的议论——如《七德舞》、《司天台》、《采诗官》——便不成诗了。

旧诗如此，新诗也如此。

现在报上登的许多新体诗，很多不满人意的。我仔细研究起来，那些不满人意的诗，犯的都是一个大毛病——抽象的题目用抽象的写法。

那些我不认得的诗人做的诗，我不便乱批评。我且举一个朋友的诗做例。傅斯年君在《新潮》四号里做了一篇散文，叫做《一段疯话》，结尾两行说道：

> 我们最当敬重的是疯子，最当亲爱的是孩子。疯子是我们的老师，孩子是我们的朋友。我们带着孩子，跟着疯子走，走向光明去。

有一个人在北京《晨报》里投稿，说傅君最后的十六个字是诗不是文。后来《新潮》五号里傅君有一首《前倨后恭》的诗——一首很长的诗。我看了说，这是文，不是诗。

何以前面的文是诗，后面的诗反是文呢？因为前面那十六个字是具体的写法，后面的长诗是抽象的题目用抽象的写法。我且抄那诗中的一段，就可明白了：

　　倨也不由他，恭也不由他！——
　　你还赧他。
　　向你倨，你也不削一块肉；向你恭，你也不长一块肉。
　　况且终竟他要向你变的，理他呢！

这种抽象的议论是不会成为好诗的。

　　再举一个例。《新青年》六卷四号里面沈尹默君的两首诗。一首是《赤裸裸》：

　　人到世间来，本来是赤裸裸，
　　本来没污浊，却被衣服重重的裹着，这是为什么？
　　难道清白的身不好见人吗？那污浊的，裹着衣服，就算免了耻辱吗？

他本想用具体的比喻来攻击那些作伪的礼教，不料结果还是一篇抽象的议论，故不成为好诗。还有一首《生机》：

　　刮了两日风，又下了几阵雪。
　　山桃虽是开着，却冻坏了夹竹桃的叶。
　　地上的嫩红芽，更僵了发不出。
　　人人说天气这般冷，
　　草木的生机恐怕都被摧折；
　　谁知道那路旁的细柳条，
　　他们暗地里却一齐换了颜色！

这种乐观，是一个很抽象的题目，他却用最具体的写法，故是一首好诗。

　　我们徽州俗话说人自己称赞自己的是"戏台里喝采"。我这篇谈新诗里常引我自己的诗做例，也不知犯了多少次"戏台里喝采"的毛病。现在且再犯一次，举我的《老鸦》做一个"抽象的题目用具体的写法"的例罢：

　　我大清早起，
　　站在人家屋角上哑哑的啼。
　　人家讨嫌我，
　　说我不吉利：
　　我不能呢呢喃喃讨人家的欢喜！

民国八年十月

（此文原载《星期评论》"双十节纪念专号"）

《国语讲习所同学录》序
（1920 年 5 月 17 日）

民国九年，教育部命令：从本年秋季始业起，国民学校的一二年级都改用国语。又令："凡照旧制编辑之国民学校国文教科书，其供第一第二两学年用者，一律作废。第三学年用书，准用至民国十年为止。第四学年用书，准用至民国十一年为止。"这就是说：民国十一年以后，国民学校一律都要改用国语了。依这例推下去，到了民国十四年，高等小学的教科书也都已改成国语了。

这个命令是几十年来第一件大事。他的影响和结果，我们现在很难预先计算。但我们可以说：这一道命令把中国教育的革新至少提早了二十年。

现在有许多人很怪教育部太卤莽了，不应该这么早就行这样重要一桩大改革。这些人的意思并不是反对国语，不过他们总觉得教育部应该先定国语的标准和进行的手续，然后可以逐渐推行。例如最近某杂志说：

> 教育部应定个标准，颁布全国。怎样是文，怎样是语，那个是文体绝对不用的，那个是语体绝对不用的：把他区别出来。国语文法，国语话法，国语字典，国语词典应该怎样编法？发音学是怎样讲？言语学是怎样讲？自己还没有指导人家，空空洞洞登个广告，叫人家把著作物送去审查，凭着极少数人的眼光来批评他，却没有怎样（当作什么）办法发表出来。种种手续没有定妥，就把学校的国文科改掉。这不是"坐在黄鹤楼上看翻船"的主义么？

这种批评，初看了很像有理，其实是错的。国语的标准决不是教育部定得出来的，也决不是少数研究国语的团体定得出来的，更不是在一个短时内定得出来的。我们如果考察欧洲近世各国国语的历史，我们应该知道没有一种国语是先定了标准才发生的；没有一国不是先有了国语然后有所谓"标准"的。凡是国语的发生，必是先有了一种方言比较的通行最远，比较的产生了最多的活文学，可以采用作国语的中坚分子；这个中坚分子的方言，逐渐推行出去，随时吸收各地方言的特别贡献，同时便逐渐变换各地的土话：这便是国语的成立。有了国语，有了国语的文学，然后有些学者起来研究这种国语的文法，发音法，等等；然后有字典、词典、文典、言语学等等出来：这才是国语标准的成立（参观我的《建设的文学革命论》）。

我们现在提倡的国语，也有一个中坚分子。这个中坚分子就是从东三省到四川、云南、贵州，从长城到长江流域，最通行的一种大同小异的普通话。这种普通话在这七八百年中已产生了一些有价值的文学，已成了通俗文学——从《水浒传》、《西游记》，直到《老残游记》——的利器。他的势力，借着小说和戏曲的力量，加上官场和商人的需要，早已侵入那些在国语区域以外的许多地方了。（我的国语大半是在上海学校里学的，一小半是白话小说教我的，还有一小部分是在上海戏园里听得来的。）现在把这种已很通行又已产生文学的普通话认为国语，推行出去，使他成为全国学校教科书的用语，使他成为全国报纸杂志的文字，使他成为现代和将来的文学用语——这是建立国语的唯一方法。

推行国语就是定国语标准的第一步。古人说，"未有学养子而后嫁者也"。这话初看了，好像很滑稽，其实是很有理的。我们很可以说："决没有先定了国语标准而后采用国语的。"嫁了自然会养儿子，有了国语，自然会有国语标准。若等到教育部定出了标准的时候方才敢说国语，方才敢做国语文字，不要说十年二十年，只怕等到二三百年后，还没有国语成立的希望哩！

现在那些唱高调的批评家见了一篇"文不文，白不白"的文章，就要皱眉；见了一篇"南不南，北不北"的文章，就要摇头。他们说："没有标准，那有国语呢？"

我要忠告他们："请你们不要担忧。你要想学官话，千万不要怕说蓝青官话。你不经过蓝青官话，如何能说纯青官话呢？你要想用国语，千万不要怕南腔北调的国语。你不经过南腔北调的国语，如何能有中华民国的真正国语呢？"

我再进一步，忠告这些唱高调的批评家："即使教育部今天就能定下一种标准的国语，我可以预料你还是先须经过你的蓝青国语，你还是先须经过你的南腔北调的国语，然后慢慢的学到你的标准国语。总而言之，先定国语，将来自然有国语标准。"

今年四月，教育部召集各省有志研究国语的人，在北京办了一个国语讲习所。我也在这里面讲演了十几次。现在国语讲习所的诸君将要毕业了，他们刻了一本《同学录》，要我做一篇序。我想诸君是第一次传播国语的先锋，这回回各省去，负的责任很大。我们对于诸君的临别赠言，没有别的，只是前面说的这一点意思。总括一句话：推行国语便是定国语标准的唯一方法；等到定了标准再推行国语，是不可能的事。

九，五，十七

（此文原载《新教育》第 3 卷第 1 期）

五十年来中国之文学
（1922 年 3 月 3 日）

一

这五十年在中国文学史上可以算是一个很重要的时期。综括起来，这五十年的重要有几点：

（1）五十年前，《申报》出世的一年（一八七二），便是曾国藩死的一年，曾国藩是桐城派古文的中兴第一大将。但是他的中兴事业，虽然是很光荣灿烂的，可惜都没有稳固的基础，故都不能有长久的寿命。清朝的命运到了太平天国之乱，一切病状一切弱点都现出来了，曾国藩一班人居然能打平太平天国，平定各处匪乱，做到他们的中兴事业。但曾、左的中兴事业，虽然延长了五六十年的满清国运，究竟救不了满清帝国的腐败，究竟救不了满清帝室的灭亡。他的文学上的中兴事业，也是如此。古文到了道光、咸丰的时代，空疏的方、姚派，怪僻的龚自珍派，都出来了，曾国藩一班人居然能使桐城派的古文忽然得一支生力军，忽然做到中兴的地位。但"桐城＝湘乡派"的中兴，也是暂时的，也不能持久的。曾国藩的魄力与经验确然可算是桐城派古文的中兴大将。但曾国藩一死之后，古文的运命又渐渐衰微下去了。曾派的文人，郭嵩焘、薛福成、黎庶昌、俞樾、吴汝纶……都不能继续这个中兴事业。再下一代，更成了"强弩之末"了。这一度的古文中兴，只可算是痨病将死的人的"回光返照"，仍旧救不了古文的衰亡。这一段古文末运史，是这五十年的一个很明显的趋势。

（2）古文学的末期，受了时势的逼迫，也不能不翻个新花样了。这五十年的下半便是古文学逐渐变化的历史。这段古文学的变化史又可分作几个小段落：

（一）严复、林纾的翻译的文章。

（二）谭嗣同、梁启超一派的议论的文章。

（三）章炳麟的述学的文章。

（四）章士钊一派的政论的文章。

这四个运动，在这二十多年的文学史上，都该占一个重要的地位。他们的渊源和主张虽然很多不相同的地方，但我们从历史上看起来，这四派都是应用的古文。当这个危急的过渡时期，种种的需要使语言文字不能不朝着"应用"的方向变去。故这四派都可以叫做"古文范围以内的革新运动"。但他们都不肯从根本上做一番改革的工夫，都不知道古文只配做一种奢侈品，只配做一种装饰品，却不配做应用的工具。故章炳麟的古文，在四派之中自然是最古雅的了，只落得个及身而绝，没有传人。严复、林纾的翻译文章，在当日虽然勉强供应了一时的要求，究竟不能支持下去。周作人兄弟的《域外小说集》便是这一派的最高作品，但在适用一方面他们都大失败了。失败之后，他们便成了白话文学运动的健将。谭嗣同、梁启超一派的文章，应用的程度要算很高了，在社会上的影响也要算很大了，但这一派的末流，不免有浮浅的铺张，无谓的堆砌，往往惹人生厌。章士钊一派是从严复、章炳麟两派变化出来的，他们注重论理，注重文法，既能谨严，又颇能委婉，颇可以补救梁派的缺点。"甲寅派"的政论文在民国初年几乎成一个重要文派。但这一派的文字，既不容易做，又不能通俗，在实用的方面，仍旧不能不归于失败。因此，这一派的健将，如高一涵、李大钊、李剑农等，后来也都成了白话散文的作者。

这一段古文学勉强求应用的历史，乃是新旧文学过渡时代不能免的一个阶级。古文学幸亏有这一个时期，勉强支持了二三十年的运命。

（3）在这五十年之中，势力最大，流行最广的文学——说也奇怪——并不是梁启超的文章，也不是林纾的小说，乃是许多白话的小说。《七侠五义》、《儿女英雄传》都是这个时代的作品。《七侠五义》之后，有《小五义》等等续编，都是三十多年来的作品。这一类的小说很可代表北方的平民文学。到了前清晚年，南方的文人也做了许多小说。刘鹗的《老残游记》，李伯元的《官场现形记》、《文明小史》，吴沃尧的《二十年目睹之怪现状》、《恨海》、《九命奇冤》等等，都是有意的作品，意境与见解都和北方那些纯粹供人娱乐的民间作品大不相同。这些南北的白话小说，乃是这五十年中国文学的最高作品，最有文学价值的作品。这一段小说发达史，乃是中国"活文学"的一个自然趋势；他的重要远在前面两段古文史之上。

（4）这五十年的白话小说史仍旧与一千年来的白话文学有同样的一个大缺点：白话的采用，仍旧是无意的，随便的，并不是有意的。民国六年以来的"文学革命"便是一种有意的主张。无意的演进，是很慢的，是不经济的。譬如乾隆以来的各处匪乱，多少总带着一点"排满"的意味，但多是无意识的冲动，不能叫做有主张的革命，故容易失败了。太平天国的革命，排满的色彩稍明显一点，但终究算不得是有意识有计画的排满运动，故不能得中上阶级的同情，终归于失败。近二十年来的革命运动，因为是有意识的主张，有计画的革命，故能于短时期之中，收最后的胜利。文字上的改革，也是如此。一千年来，白话的文学，一线相传，始终没有断绝。但无论是唐诗，是宋词，是元曲，是明清的小说，总不曾有一种有意的鼓吹，不曾明明白白的攻击古文学，不曾明明白白的主张白话的文学。

近五年的文学革命，便不同了。他们老老实实的宣告古文学是已死的文学，他们老老实实的宣言"死文字"不能产生"活文学"，他们老老实实的主张现在和将来的文学都非白话不可。这个有意的主张，便是文学革命的特点，便是五年来这个运动所以能成功的最大原因。

以上四项，便是这五十年中国文学的变迁大势。以下的几章便是详细说明这几个趋势。

二

曾国藩死后的"桐城＝湘乡派"，实在没有什么精采动人的文章。王先谦辑的《续古文辞类纂》（光绪八年，一八八二，编成的）选有龙启瑞、鲁一同、吴敏树等人的文章，可以勉强代表这一派的老辈了。王先谦自序说：

> 惜抱（姚鼐）振兴绝学，海内靡然从风。其后诸子各诩师承，不无谬附。……梅氏（梅曾亮，一八五五死）浸淫于古，所造独为深远。……曾文正公（国藩）以雄直之气，宏通之识，发为文章，冠绝今古。……学者将欲杜歧趋，遵正轨，姚氏而外，取法梅曾，足矣。

"姚氏而外，取法梅曾，足矣"这是曾国藩死后的古文家的传法捷径。我们不能多引他们的文章来占篇幅，现在引曾国藩的《欧阳生文集序》，因为这篇序写桐城文派的渊源传播，颇有文学史料的价值：

> 乾隆之末，桐城姚姬传先生（鼐）善为古文辞，慕效其乡先辈方望溪侍郎之所为，而受法于刘君大櫆，及其世父编修君范。三子既通儒硕望，姚先生治其术益精，历城周永年书昌为之语曰，"天下之文章其在桐城乎？"由是学者多归向桐城，号桐城派，犹前世所称江西诗派者也。
>
> 姚先生晚而主钟山书院讲席。门下著籍者，上元有管同异之、梅曾亮伯言，桐城有方东树植之、姚莹石甫。四人者称为高第弟子，各以所得传授徒友，往往不绝。在桐城者有戴钧衡存庄，事植之久，尤精力过绝人，自以为守其邑先正之法，祖之后进，义无所让也。
>
> 其不列弟子籍，同时服膺，有新城鲁仕骥絜非，宜兴吴德旋仲伦。絜非之甥为陈用光硕士，硕士既师其舅，又亲受业姚先生之门，乡人化之，多好文章。硕士之群从有陈学受蓺叔、陈溥广敷，而南丰又有吴嘉宾子序，皆承絜非之风，私淑于姚先生。由是江西建昌有桐城之学。仲伦与永福吕璜月沧交友，月沧之乡人有临桂朱琦伯韩，龙启瑞翰臣，马平王拯定甫，皆步趋吴氏、吕氏，而益求

广其术于梅伯言。由是桐城宗派流衍于广西矣。

　　昔者国藩尝怪姚先生典试湖南，而吾乡出其门者未闻相从以学文为事。既而得巴陵吴敏树南屏称述其术，笃好而不厌。而武陵杨彝珍性农，善化孙鼎臣芝房，湘阴郭嵩焘伯琛，溆浦舒焘伯鲁，亦以姚氏文家正轨，违此则又何求？最后得湘潭欧阳生（勋）……受法于巴陵吴君、湘阴郭君，亦师事新城二陈。其渐染者多，其志趣嗜好，举天下之美，无以易乎桐城姚氏者也！

　　……自洪杨倡乱，东南荼毒；钟山石城，昔时姚先生撰杖都讲之所，今为犬羊窟宅，深固而不可拔。桐城沦为异域，既克而复失，戴钧衡全家殉难，身亦呕血死矣。

　　余来建昌，问新城、南丰兵燹之余，百家荡尽，田荒不治，蓬蒿没人；一二文士转徙无所。而广西用兵九载，群盗犹汹汹，骤不可爬梳；龙君翰臣又物故。独吾乡少安，二三君子尚得优游文学，曲折以求合桐城之辙。而舒焘前卒，欧阳生亦以瘵死。老者牵于人事，或遭乱不得竟其学；少者或中道夭殂；四方多故，求如姚先生之聪明早达，太平寿考，从容以跻于古之作者，卒不可得。……

这一篇不但写桐城派的传播，又可以使我们知道这一派的最高目的是"曲折以求合桐城之辙"，"举天下之美，无以易乎桐城姚氏者也！"

曾国藩在当日隐隐的自命为桐城派的中兴功臣，人家也如此推崇他（王先谦自序可参看）。他作《圣哲画像记》，共选圣哲三十二人，而姚鼐为三十二人之一，这可以想见他的心理了。他的幕府里收罗了无数人才；我们读薛福成的《叙曾文正公幕府宾僚》（《庸庵文编》四）一篇，可以知道当日的学者如钱泰吉、刘毓崧、刘寿曾、李善兰（算学家）、华蘅芳（算学家）、孙衣言、俞樾、莫友芝、戴望、成蓉镜、李元度；文人如吴敏树、张裕钊、陈学受、方宗诚、吴汝纶、黎庶昌、汪士铎、王闿运——都在他的幕府之内。怪不得曾派的势力要影响中国几十年了。但这一班人在文学史上都没有什么重要的贡献。年寿最高，名誉最长久的，莫如俞樾、王闿运、吴汝纶三人。俞樾的诗与文都没有大价值。王闿运号称一代大师，但他的古文还比不上薛福成（诗另论）。吴汝纶思想稍新，他的影响也稍大，但他的贡献不在于他自己的文章，乃在他所造成的后进人才。严复、林纾都出于他的门下，他们的影响比他更大了。

平心而论，古文学之中，自然要算"古文"（自韩愈至曾国藩以下的古文）是最正当最有用的文体。骈文的弊病不消说了。那些瞧不起唐宋八家以下的古文的人，妄想回到周秦汉魏，越做越不通，越古越没有用，只替文学界添了一些似通非通的假骨董。唐宋八家的古文和桐城派的古文的长处只是他们甘心做通顺清淡的文章，不妄想做假骨董。学桐城古文的人，大多数还可以做到一个"通"字；再进一步的，还可以做到应用的文字。故桐城派的中兴，虽然没有什么大贡献，却也没有什么大害处。他们有时自命为"卫道"的圣贤，如方东树的攻击汉学，如林纾的攻击新思潮，那就是中了"文以载道"的话的毒，未免不知分量。但桐城派的影响，使古文做通顺了，为后来二三十年勉强应用的预备，这一点功劳是不可埋没的。

三

太平天国之乱是明末流寇之乱以后的一个最惨的大劫，应该产生一点悲哀的或慷慨的好文学。当时贵州有一个大诗人郑珍（子尹，遵义人，生一八〇六，死一八六四）在贵州受了局部的影响（咸丰四年，贵州的乱），已替他晚年的诗（《巢经巢诗钞》后集）增加无数悲哀的诗料。但郑珍死在五十八年前，已不在我这一篇小史的范围之内了。说也奇怪，东南各省受害最深，竟不曾有伟大深厚的文学产生出来。王闿运为一代诗人，生当这个时代，他的《湘绮楼诗集》卷一至卷六正当太平天国大乱的时代（一八四九～一八六四）；我们从头读到尾，只看见无数《拟鲍明远》、《拟傅玄麻》、《拟王元长》、《拟曹子建》……一类的假骨董；偶然发现一两首"岁月犹多难，干戈罢远游"一类不痛不痒的诗；但竟寻不出一些真正可以纪念这个惨痛时代的诗。这是什么缘故呢？我想这都是因为这些诗人大都是只会做模仿诗的，他们住的世界还是鲍明远、曹子建的世界，并不是洪秀全、杨秀清的世界；况且鲍明远、曹了建的诗体，若不经一番大解放，决不能用来描写洪秀全、杨秀清时代的惨劫。王闿运集中有一八七二年作的《独行谣》三十章（卷九），追写二十年的时事，内中颇有大胆的讥评，但文章多不通，叙述多不明白，只可算是三十篇笨拙的时事歌括，不能算作诗！我不得已，勉强选了他的《铜官行·寄章寿麟·题感旧图》一篇代表这一位大名鼎鼎的诗人：

铜官行·寄章寿麟·题感旧图

（适按：此诗无注，多不可通。章字价人。曾氏靖港之败，赖章救他出来。后来曾氏成功受封，章独不得报酬，人多为他抱不平。章晚年作《感旧图》。并作记，记此事。参看郑孝胥《海藏楼》诗卷三，页三）

桂平盗起东南卷，唯有长沙能累卵。三年坐井仰恃天，城堞微风动矛攒。凶徒无赖往复来，潘张迁去骆受灾；闭门待死谥忠节，未死从容居宪台。曾家岭枷偏在颈，三家村儒怒生瘿。劝捐截饷百计生，欲倚江吴效驰骋。庐黄军败如覆铛，盗舟一夜满洞庭。抚标大将缒楼走，徐公绕室趾不停。省兵无人无守御，却付曾家一瓦注。空船坐守木关防，直置当锋寻死处。军谋兵机不暇讲，盗屯湘潭下靖港；两头张手探釜鱼，十日淘河得枯蚌。刘郭苍黄各顾家，左生狂笑骂猪耶。彭陈李生岂愿死？四围密密张罗罝。此时蚝简求上计，陈谋李断相符契；彭公建策攻下游，捣坚禽王在肩臂。弱冠齐年我与君，君如李广欲无言。日中定计夜中变，我归君去难相闻。平明丁叟蹹门入，报败方知一军泣。督师只拟从湘累，主簿匆匆救杜袭。十营并发事全虚，从此舍舟山上居。七门昼闭春欲尽，独教陈李删遗疏。版桥漂破帅旗折，铜官渚畔烽明灭。岂料湘潭大捷来，千里盗屯汤沃雪！一胜申威百胜从，塔罗如虎彭杨龙。时人攀附三十载，争道当年赞画功！骆相成名徐陶死，曾弟重歌脊令起。惟余湘岸柳千条，犹恨当时呜咽水。信陵客散十年多（适按：此诗作于曾国藩死后约十年），旧逻频迎节镇过；时平始觉军功贱，官冗间从资格磨。凭君莫话艰难事，侥得侥失皆天意。渔浦萧萧废垒秋，游人且觅从事记。

这种诗还不能完全当得一个"通"字，但在《湘绮楼集》里那许多假骨董之中，这种诗自然不能不算是上品了。

但是这个时代有一个诗人．确可以算是代表时代的诗人。这个诗人就是上元的金和，字亚匏，生于一八一八，死于一八八五，著有《秋蟪吟馆诗钞》七卷。当一八五三年南京城破时，金和被陷在城中，与长发军中人往来，渐渐的结合了许多人，要想作官兵的内应。那时向荣的大本营即在城外，金和偷出城来，把内应的计画告知官兵；向荣初不信，他就自请把身体押在大营，作为保证。城内的同党与官兵约定期日攻城，到期官兵不到；再约，官兵又不到。城内的同党被杀的很多。金和亲自经过围城中的生活，又痛恨当日官军的腐败无能，故他的纪事诗不但很感动人，还有历史的价值。他的《痛定篇》（卷二，页十二～二十）用日记体作诗，写破城及城中事，我们举他一首作例：

> 二月二十三，传闻大兵至，贼魁似皇皇，终日警三四。南民私相庆，始有再生意。桓桓向将军，仰若天神贵。一闻贼吹角，即候将军骑。香欲将军迎，酒欲将军馈。食念将军食，睡说将军睡。……七岁儿何知，门外偶嬉戏，公然对路人，说出将军字。阿姊面死灰，挞之大怒詈。从此望将军，十日九憔悴。更有健者徒，夜半誓忠义，愿遥应将军，画策万全利。分隶贼麾下，使贼不猜忌。寻常行坐处，短刃缚在臂。但期兵入城，各各猝举燧。得见将军面，命即将军赐。谁料将军忙，未及理此事？

他的《六月初二日纪事一百韵》，前面写向荣刻日出兵，写先期大飨士卒，将军行酒誓师，写明日之晨准备出战，共九十几句，到篇末只说：

> ……一时惊喜遍旄倪，譬积阴雨看红霓……夜不敢寐朝阳跻……日中才听怒马嘶，但见泛泛如凫鹥，兵不血刃身不泥，全军而退归来兮！

这已是骂的很刻毒了。但下面的一首《初五日纪事》更妙，我们可以把他全抄在这里：

> 前日之战未见贼，将军欲赦赦不得。或语将军难尽诛，姑使再战当何如？昨日黄昏忽传令，谓"不汝诛贷汝命。今夜攻下东北城，城不可下无从生"。三军拜谢呼刀去，又到前回酣睡处。空中乌乌狂风来，沈沈云阴轰轰雷。将谓士曰雨且至，士谓将曰此可避。回鞭十里夜复晴，急见将军天未明。将军已知夜色晦，"此非汝罪汝其退。"我闻在楚因天寒，龟手而战难乎难。近来烈日恶作夏，故兵之出必以夜。此后又非进兵时，月明如昼贼易知。乃于片刻星云变，可以一战亦不战。叮嗟乎，将军作计必万全，非不灭贼皆由天。安得青天不寒亦不暑，日月不出不风雨！

这种嘲讽的诙谐，乃是金和的特别长处。他是全椒吴家的外孙，与《儒林外史》的著者和《儒林外史》的几个重要人物都有点关系，他是表章《儒林外史》的一个人，故他的诗也很像是得力于《儒林外史》的嘲讽的本领。有心人的嘲讽，不是笑骂，乃是痛哭；不是轻薄，乃是恨极无可如何，不得已而为之。他的《十六日至秣陵关遇赴东坝兵有感》一篇云：

> 初七日未午，我发钟山下。蜀兵千余人，向北驰怒马。传闻东坝急，兵力守恐寡。来乞将军援，故以一队假。我遂从此辞，仆仆走四野。三宿湖熟桥，两宿龙溪社，四宿方山来，尘汗搔满把。僧舍偶乘凉，有声叱震瓦。微睨似相识，长身面甚赭。稍前劝勿嗔，幸不老拳惹。婉词问何之，乃赴东坝者。九日行至此，将五十里也！

这种技术确能于杜甫、白居易的"问题诗"之外，别开一个生面。他有《军前新乐府》四篇，我们选他的第四篇，篇名《半边眉》：

> 半边眉，汝何来？太守门下请钱回。太守门，何处所？钟山之旁近大府。大府初闻难民苦，公家遍括闲田租，旁郡金橄上户输。一心要贷难民命，聘贤太守专其政。太守计曰："费恐滥，百二十钱一人赡。"太守计曰："难民多，一人数请当奈何？我闻古有察眉律。"呼仆持刀对人立，一刀留下半边眉，再来除是眉长时。——防蠹术果奇，作蛊术斯巧。岂但无眉人不来，有眉人亦来都少。惟有一二市井奸，略太守仆二十钱，奏刀不猛眉犹全，半边眉可三刀焉。否则病夫真饿杀，痴心尚恋一朝活，拌与半边眉尽割。吁嗟乎……太守何不计之毒？千钱刲人耳与目，万钱截人手与足，终古无人请钱至，太守，岂非大快事？

此外尚有许多可选的诗，我们不能多举例了。金和的诗很带有革新的精神，他自己题他的《椒雨集》云：

> 是卷半同日记，不足言诗。如以诗论之，则军中诸作，语宗痛快，已失古人敦厚之风，尤非近贤排调之旨。其在今日诸公有是韬钤，斯吾辈有此翰墨，尘秽略相等，殆亦气数使然耶？

他又有诗（卷七，页八）云：

> 所作虽不纯乎纯，要之语语皆天真。时人不能为，乃谓非古人。

这虽是吊朋友的诗，也很可代表他自己的主张。他在别处又说（卷一，页三）：

　　　　尽数写六书，只此数万字。中所不熟习，十复间三四。循环堆
　　　　垛之，文章毕能事。苟可联贯者，古人肯唾弃，而以遗后人，使得
　　　　逞妍秘？操觚及今日，谈亦何容易？乃有真壮夫，于此独攘臂；万
　　　　卷读破后，一一勘同异；更从古人前，混沌辟新意；甘使心血枯，
　　　　百战不退避。一家言既成，试质琅嬛地，必有天上语，古人所未
　　　　至。……彼抱窃疾者，出声令人睡。何不指六经，而曰公家器！

正因为他深恨那些"抱窃疾者"，正因为他要"更从古人前，混沌辟新
意"。故他能在这五十年的诗界里占一个很高的地位。

　　这五十年的词，都中了梦窗（吴文英）派的毒，很少有价值的。故
我们不讨论了。

四

　　自从一八四〇年鸦片之战以来，中间经过一八六〇年英法联军破天
津入北京火烧圆明园的战事，中兴的战争又很得了西洋人的帮助，中国
明白事理的人渐渐承认西洋各国的重要。一八六一年，清廷设总理各国
事务衙门；一八六七年，设同文馆。后来又有派学生留学外国的政策。
当时的顽固社会还极力反对这种政策，故同文馆收不到好学生，派出洋
的更不得人。但十九世纪的末年，翻译的事业渐渐发达。传教士之中，
如李提摩太等，得着中国文士的帮助，译了不少的书。太平天国的文人
王韬，在这种事业上，要算一个重要的先锋了。

　　但当时的译书事业的范围并不甚广。第一类是宗教的书，最重要的
是《新旧约全书》的各种译本。第二类为科学和应用科学的书，当时称
为"格致"的书。第三类为历史政治法制的书，如《泰西新史揽要》、
《万国公法》等书。这是很自然的。宗教书是传教士自动的事业。格致
书是当日认为枪炮兵船的基础的。历史法制的书是要使中国人士了解西
洋国情的。此外的书籍，如文学的书，如哲学的书，在当时还没有人注
意。这也是很自然的。当日的中国学者总想西洋的枪炮固然利害，但文
艺哲理自然远不如我们这五千年的文明古国了。

　　严复与林纾的大功劳在于补救这两个大缺陷。严复是介绍西洋近世
思想的第一人，林纾是介绍西洋近世文学的第一人。

　　严复译赫胥黎的《天演论》在光绪丙申（一八九六），在中日战争
之后，戊戌变法之前。他自序说：

> ……风气渐通，士知夿陋为耻；西学之事，问涂日多。然亦有一二巨子訑然谓彼之所精不外象数形下之末，彼之所务不越功利之间；逞臆为谈，不咨其实。讨论国闻，审敌自镜之道，又断断乎不如是也。……

这是他的卓识。自从《天演论》出版（一八九八）以后，中国学者方才渐渐知道西洋除了枪炮兵船之外，还有精到的哲学思想可以供我们的采用。但这是思想史上的事，我们可以不谈。

我们在这里应该讨论的是严复译书的文体。《天演论》有《例言》几条，中有云：

> 译事三难：信，达，雅。求其信已大难矣。顾信矣，不达，虽译犹不译也。则达尚焉。……今是书所言本五十年西人新得之学，又为作者晚出之书，译文取明深义，故词句之间时有所颠倒附益，不斤斤于字比句次，而意义则不倍本文。题曰达旨，不云笔译；取便发挥，实非正法。……凡此经营，皆以为达；为达即所以为信也。……信达而外，求其尔雅。此不仅期以行远已耳，实则精理微言，用汉以前字法句法则为达易，用近世利俗文字则求达难，往往抑义就词，毫厘千里。审择于斯二者之间，夫固有所不得已也。……

这些话都是当日的实情。当时自然不便用白话；若用白话，便没有人读了。八股式的文章更不适用。所以严复译书的文体，是当日不得已的办法。我们看吴汝纶的《〈天演论〉序》，更可以明白这种情形：

> ……今西书虽多新学，顾吾之士以其时文公牍说部之词译而传之，有识者方鄙夷而不知顾，民智之沦何由？此无他，文不足焉故也。文如几道，可与言译书矣。……今赫胥黎之道……严子一文之，而其书乃骎骎与晚周诸子相上下。然则文顾不重耶？……

严复用古文译书，正如前清官僚戴着红顶子演说，很能抬高译书的身价，故能使当日的古文大家认为"骎骎与晚周诸子相上下"。

严复自己说他的译书方法道："什法师有云，'学我者病'。来者方多，幸勿以是书为口实也。"（《天演论·例言》）这话也不错。严复的英文与古中文的程度都很高，他又很用心，不肯苟且，故虽用一种死文字，还能勉强做到一个"达"字。他对于译书的用心与郑重，真可佩服，真可做我们的模范。他曾举"导言"一个名词作例，他先译"厄言"，夏曾佑改为"悬谈"，吴汝纶又不赞成；最后他自己又改为"导言"。他说，"一名之立，旬月踟蹰；我罪我知，是存明哲"。严译的书，所以能成功，大部分是靠着这"一名之立，旬月踟蹰"的精神，有了这种精神，无论用古文白话，都可以成功。后人既无他的工力，又无他的精神；用半通不通的古文，译他一知半解的西书，自然要失败了。

严复译的书，有几种——《天演论》、《群己权界论》、《群学肄言》——在原文本有文学的价值，他的译本在古文学史也应该占一个很高的地位。我们且引一节做例：

> 望舒东睇，一碧无烟。独立湖塘，延赏水月；见自彼月之下，至于目前，一道光芒，浤漾闪烁。谛而察之，皆细浪沦漪，受月光映发而为此也。徘徊数武，是光景者乃若随人。颇有明理士夫，谓此光景为实有物，故能相随，且亦有时以此自诩；不悟是光景者从人而有；使无见者，则亦无光，更无光景与人相逐。盖全湖水面受月映发，一切平等；特人目与水对待不同，明暗遂别——不得以所未见，遂指为无——是故虽所见者为一道光芒，他所不尔，又人目易位，前之暗者，乃今更明，然此种种，无非妄见。以言其实，则由人目与月作二线入水，成角等者，皆当见光；其不等者，则全成暗（成角等与不等，稍有可议，原文亦不如此说）。惟人之察群事也，亦然：往往以见所及者为有，以所不及者为无。执见否以定有无，则其思之所不赅者众矣。（《群学肄言》三版，页七二～七三，原书页八三）

这种文字，以文章论，自然是古文的好作品；以内容论，又远胜那无数"言之无物"的古文：怪不得严译的书风行二十年了。

※　　　　　※　　　　　※　　　　　※

林纾译小仲马的《茶花女》，用古文叙事写情，也可以算是一种尝试。自有古文以来，从不曾有这样长篇的叙事写情的文章。《茶花女》的成绩，遂替古文开辟一个新殖民地。林纾早年译的小说，如《茶花女》、《黑奴吁天录》、《滑铁卢及利俾瑟战血余腥记》……恰不在手头，不能引来作例。我且随便引几个例。《拊掌录》（页一九以下）写村中先生有一个学唱歌的女学生，名凯脱理纳，为村中大户之孤生女，

> 其肥如竹鸡，双颊之红鲜如其父围中之桃实，貌既丰腴，产尤饶沃。……先生每对女郎辄心醉，今见绝色丽姝，安能不加颠倒？

且经行其家，目其巨产矣。女郎之父曰包而忒司……屋居黑逞河次，依山傍树而构，青绿照眼。屋顶出大树，荫满其堂室，阳光所不能烁，树根有山泉瀺然仰出，尽日弗穷。老农引水赴沟渠中，渠广而柳树四合，竟似伏流，汩汩出树而逝。去室咫尺，即其仓庾，粮积拥肿，几欲溃窗而出。老农所积如是，而打稻之声尚不断于耳。屋檐群燕飞鸣；尚有白鸽无数，——有侧目视空者，亦有纳首于翼，企单足而立者，或上下其颈呼雌者，——咸仰阳集于屋顶。而肥腯之猪，伸足笠中，作喘声，似自鸣其足食；而笠中忽逐队出小豭，仰鼻于天，承取空气。池中白鹅，横亘如水师大队之战舰排樯而进，而群鸭游弋，则猎舰也。火鸡亦作联队，杂他鸡鸣于稻畦中，如饶舌之村姬长日詈人者。仓庾之前，数雄鸡高冠长纬，鼓翼而前，颈羽皆竖，以斗其侣；有时以爪爬沙得小虫，则抗声引其所据有之母鸡啄食，己则侧目旁视；他雄稍前，则立拒之。先生触目见其丰饶，涎出诸吻。见猪奔窜，则先生目中已现一炙髈；闻稻香，则心中亦畜一布丁；见鸽子，则思切而苞为蒸饼之馅；见乳鸭与鹅游流水中，先生馋吻则思荡之以沸油。又观田中大小二麦及珍珠米，园中已熟之果，红实垂垂，尤极动人。先生观状，益延盼于女郎，以为得女郎者，则万物俱奁中有矣。……

《滑稽外史》第四十一章写尼古拉司在白老地家中和白老地夫妇畅谈时，司圭尔先生和他的女儿番尼，儿子瓦克福，忽然闯进来。白老地的妻子与番尼口角不休，

> 方二女争时，小瓦克福见案上陈食物无数，馋不可忍，徐徐近案前，引指染盘上腥腻，入指口中，力吮之；更折面包之角，窃蘸牛油嚼之；复取小方糖纳之囊中，则引首仰屋，如有所思，而手已就糖盂累取可数方矣。及见无人顾视，则胆力立壮，引刀切肉食之。

> 此状司圭尔先生均历历见之，然见他人无觉，则亦伪为未见，窃以其子能自图食，亦复佳事。此时番尼语止，司圭尔知其子所为将为人见，则伪为大怒状，力抵其颊，曰，"汝乃甘食仇人之食！彼将投毒鸩尔矣。尔私产之儿，何无耻耶！"约翰（白老地）曰，"无伤，恣彼食之。但愿先生高徒能合众食我之食令饱，我即罄囊，亦非所惜。"……（页百十一）

能读原书的自然总觉得这种译法不很满意。但平心而论，林译的小说往往有他自己的风味；他对于原书的诙谐风趣，往往有一种深刻的领会，故他对于这种地方，往往更用气力，更见精采。他的大缺陷在于不能读原文；但他究竟是一个有点文学天才的人，故他若有了好助手，他了解原书的文学趣味往往比现在许多粗能读原文的人高的多。现在有许多人对于原书，既不能完全了解；他们运用白话的能力又远不如林纾运用古文的能力，他们也要批评林译的书，那就未免太冤枉他了。

平心而论，林纾用古文做翻译小说的试验，总算是很有成绩的了。古文不曾做过长篇的小说，林纾居然用古文译了一百多种长篇小说，还使许多学他的人也用古文译了许多长篇小说，古文里很少滑稽的风味，林纾居然用古文译了欧文与迭更司的作品。古文不长于写情，林纾居然用古文译了《茶花女》与《迦茵小传》等书。古文的应用，自司马迁以来，从没有这种大的成绩。

但这种成绩终归于失败！这实在不是林纾一班人的错处，乃是古文本身的毛病。古文是可以译小说的，我是用古文译过小说的人，故敢说这话。但古文究竟是已死的文字，无论你怎样做得好，究竟只够供少数人的赏玩，不能行远，不能普及。我且举一个最明显的例。十几年前，周作人同他的哥哥也曾用古文来译小说。他们的古文工夫既是很高的，又都能直接了解西文，故他们译的《域外小说集》比林译的小说确是高的多。我且引《安乐王子》的一部分作例：

> 一夜，有小燕翻飞入城。四十日前，其伴已往埃及，彼爱一苇，独留不去。一日春时，方逐黄色巨蛾，飞经水次，与苇邂逅，爱其纤腰，止与问讯，便曰，"吾爱君可乎？"苇无语，惟一折腰。燕随绕苇而飞，以翼击水，涟起作银色，以相温存，尽此长夏。
>
> 他燕啁哳相语曰，"是良可笑。女绝无资，且亲属众也。"燕言殊当，川中固皆苇也。
>
> 未几秋至，众各飞去。燕失伴，渐觉孤寂，且倦于爱，曰，"女不能言，且吾惧彼佻巧，恒与风酬对也。"是诚然，每当风起，苇辄宛转顶礼。燕又曰，"女或宜家，第吾喜行旅，则吾妻亦必喜此，乃可耳。"遂问之曰，"若能偕吾行乎？"苇摇首，殊爱其故园也。燕曰，"若负我矣。今吾行趣埃及古塔，别矣！"遂飞而去。

这种文字，以译书论，以文章论，都可算是好作品。但周氏兄弟辛辛苦苦译的这部书，十年之中，只销了二十一册！这一件故事应该使我们觉悟了。用古文译小说，固然也可以做到"信，达，雅"三个字——如周氏兄弟的小说——但所得终不偿所失，究竟免不了最后的失败。

五

中日之战以后，明白时势的人都知道中国有改革的必要。这种觉悟产生了一种文学，可叫做"时务的文章"。那时代先后出的几种"危言"——如邵作舟的，如汤寿潜的——文章与内容都很可以代表这个时代的趋势。到一八九七年，德国强占了胶州，人心更激昂了；那时清光绪帝也被时局感动了，于是有"戊戌变法"（一八九八）的运动。这个变法运动在当日的势力颇大，中央政府和各省都有赞助的人。但顽固的反动力终久战胜了，于是有戊戌的"政变"。变法党的领袖是康有为、谭嗣同、梁启超等。谭嗣同与同志五人死于政变，但他的著述，在他死后仍旧发生不少的影响。康有为是"今文家"的一个重要代表，他的《新学伪经考》与《孔子改制考》等书，在这五十年的思想史上，自有他们的相当位置。他的文章虽不如他的诗，但当他"公车上书"以至他亡命海外的时代，他的文章也颇有一点势力，不过他的势力远不如梁启超的势力的远大了。梁启超当他办《时务报》的时代已是一个很有力的政论家；后来他办《新民丛报》，影响更大。二十年来的读书人差不多没有不受他的文章的影响的。

严复、林纾是桐城的嫡派，谭嗣同、康有为、梁启超都是桐城的变种。谭嗣同的《三十自纪》（《文集》中）说：

> 嗣同少颇为桐城所震，刻意规之数年，久自以为似矣；出示人，亦以为似。诵书偶多，广识当世淹通博壹之士，稍稍自惭，即又无以自达。或授以魏晋间文，乃大喜，时时箍绎，益笃嗜之。由是上溯秦汉，下循六朝，始悟心好沈博绝丽之文，子云所以独辽辽焉。旧所为，遗弃殆尽。……昔侯方域少喜骈文，壮而悔之，以名其堂。嗣同亦既壮，所悔乃在此不在彼。……所谓骈文，非四六排偶之谓，体例气息之谓也，则存乎深观者。

梁启超自述也说：

> 启超夙不喜桐城派古文；幼年为文，学晚汉魏晋，颇尚矜炼。至是（指办《新民丛报》时）自解放，务为平易畅达，时杂以俚

语、韵语，及外国语法；纵笔所至不检束。学者竞效之，号新文体。老辈则痛恨，诋为野狐。然其文条理明晰，笔锋常带情感，对于读者，别有一种魔力焉。（《清代学术概论》，页一四二）

这是梁氏四十八岁的自述，没有他三十自述说的详细：

> 八岁学为文，九岁能缀千言。十二岁应试学院，补博士弟子员。日治帖括，虽心不慊之，然不知天地间于帖括外更有所谓学也，辄埋头研钻。顾颇喜词章，王父父母时授以唐人诗，嗜之过于八股。家贫无书可读，惟有《史记》一，《纲鉴易知录》一，王父父日以课之；故至今《史记》之文能成诵者八九。父执有爱其慧者，赠以《汉书》一，姚氏《古文辞类纂》一，则大喜，读之卒业焉。……十三岁始知有段、王训诂之学，大好之，渐有弃帖括之志。十五岁……肄业于学海堂……乃决舍帖括以从事于训诂词章。……

此一段可补前一段"夙不喜桐城派古文"的话。谭嗣同与梁启超都经过一个桐城时代，但他们后来都不满意于桐城的古文。他们又都曾经过一个复古的时代，都曾回到秦汉六朝；但他们从秦汉六朝得来的，虽不是四六排偶的形式，却是骈文的"体例气息"。所谓体例，即是谭嗣同说的"沈博绝丽之文"；所谓气息，即是梁启超说的"笔锋常带情感"。

谭嗣同的《仁学》，在思想方面固然可算是一种大胆的作品，在文学方面也有代表时代的价值。我们引一节作例：

> 不生不灭有征乎？曰，弥望皆是也。如向所言化学诸理，穷其学之所至，不过析数原质而使之分，与并数原质而使之合；用其已然而固然者，时其好恶，剂其盈虚，而以号曰某物某物，如是而已。岂能竟消磨一原质与别创造一原质哉？……本为不生不灭，乌从生之灭之？譬如水加热则渐涸，非水灭也，化为轻气养气也。使收其轻气养气，重与原水等。且热去而仍化为水，无少减也。譬如烛久爇则尽跋，非烛灭也，化为气质流质定质也。使收其所合之炭气，所然之蜡泪，所余之蜡煤，重与原烛等。且诸质散而滋育他物，无少弃也。譬如陶埴，失手而碎之；其为器也毁矣。然陶埴，土所为也。方其为陶埴也，在陶埴曰成，在土则毁；及其碎也，还归乎土，在陶埴曰毁，在土又以成。但有回环，都无成毁。譬如饼饵，入胃而化之，其为食也亡矣。然饼饵，谷所为也。方其为饼饵也，

在饼饵曰存，在谷曰亡；及其化也，选粪乎谷，在饼饵曰亡，在谷又以存。但有变易，复何存亡？……（删去一排两个譬喻）……譬于陵谷沧桑之变易：地球之生不知经几千万变矣；洲渚之壅淤，知崖岸之将有倾颓；草木金石之质日出于地，知空穴之将就沦陷；赤道以旋速而隆起，即南北极之所翕敛也；火期之炎，冰期之冱，即一气之舒卷也。故地球体积之重率必无轩轾于昔时；有之，则畸重而去日远，畸轻而去日近，其轨道且岁不同矣。譬如流星陨石之变：恒星有古无而今有，有古有而今无；彗孛有循椭圆线而往可复返，有循抛物线而一往不返。往返者，远近也，非生灭也；有无者，聚散也，非生灭也。木星本统四月，近忽多一月，知近度之所吸取。火木之间，依比例当更有一星，今惟小行星武女等百余，知女星之所剖裂，即此。地球亦终有陨散之时，然地球之所陨散，他星又将用其质点以成新星矣。王船山之说《易》，谓一卦有十二爻，半隐半见；故大易不言有无，隐见而已。孔子之论礼，谓殷因于夏；周因于殷；故礼有不得，与民变革损益而已。凡此诸体，虽一一佛有阿僧祇身，一一身有阿僧祇口，说亦不能尽。（《仁学》上，页十三）

这一节不但材料可以代表当时的科学知识，他的体例也可以代表当时与二十年来的"新文体"。谭嗣同自己说的骈文的体例与气息，在这里也可以看得出来。但我们拿文学史的眼光来观察，不能不承认这种文体虽说是得力于骈文，其实也得力于八股文。古代的骈文没有这样奔放的体例，只有八股里的好"长比"有这种气息。（上例中，水与烛一比及陶埴与饼饵一比，最可玩味。）故严格说来，这一种文体很可以说是八股文经过一种大解放，变化出来的。

说这种文体是受了八股文的影响的，这句话也许有人不愿意听。其实这句话不全是贬辞。清代的大文学家章学诚作古文往往不避骈偶的长排；他曾说：

嗟夫，知文亦岂易易？通人如段若膺，见余《通义》有精深者，亦与叹绝；而文句有长排作比偶者，则曰"惜杂时文句调"！夫文求其是耳，岂有古与时哉？即曰时文体多排比，排比又岂作时文者所创为哉？使彼得见韩非《储说》，淮南《说山》《说林》，傅毅《连珠》诸篇，则又当为秦汉人惜有时文之句调矣。论文岂可如是？此由彼心目中有一执而不化之古文，怪人不似之耳。（《与史余村简》）

此说最有理。文中杂用骈偶的句子，未必即是毛病。当日人人做八股，受了一种影响，也是很自然的事。其实这一派的长处就在他们能够打破那"执而不化"的狭义古文观，就在他们能够运用古文、时文、儒书、佛书的句调来做文章。这个趋势，到了梁启超，更完备了。

梁启超最能运用各种字句语调来做应用的文章。他不避排偶，不避长比，不避佛书的名词，不避诗词的典故，不避日本输入的新名词。因此，他的文章最不合"古文义法"，但他的应用的魔力也最大。

梁启超的文章很多。举例也很难。我且举他的《新民说》第十一篇《论进步》的一节：

> 然则救危亡求进步之道将奈何？曰，必取数千年横暴混浊之政体，破碎而斋粉之，使数千万如虎如狼如蝗如蝻如蛆之官吏失其社鼠城狐之凭借，然后能涤肠荡胃以上于进步之途也！必取数千年腐败柔媚之学说，廓清而辞辟之，使数百万如蠹鱼如鹦鹉如水母如畜犬之学子毋得弄舌摇笔舞文嚼字为民贼之后援，然后能一新耳目以行进步之实也！而其所以达此目的之方法有二：一曰无血之破坏，二曰有血之破坏。无血之破坏者，如日本之类是也。有血之破坏者，如法国之类是也。中国如能为无血之破坏乎？吾馨香而祝之！中国如不得不为有血之破坏乎？吾衰经而哀之！虽然，哀则哀矣，然欲使吾于此二者之外，而别求一可以救国之途，吾苦无以对也。呜呼，吾中国而果能行第一义也，则今日其行之矣。而竟不能！则吾所谓第二义者，遂终不可免。呜呼，吾又安忍言哉？呜呼，吾又安忍言哉？

我再举一个例：

> 罗兰夫人何人也？彼生于自由，死于自由。罗兰夫人何人也？自由由彼而生，彼由自由而死。罗兰夫人何人也？彼拿破仑之母也，彼梅特涅之母也，彼玛志尼、噶苏士、俾士麦、加富尔之母也。质而言之，则十九世纪欧洲大陆一切之人物，不可不母罗兰夫人；十九世纪欧洲大陆一切之文明，不可不母罗兰夫人。何以故？法国大革命为欧洲十九世纪之母故。罗兰夫人为法国大革命之母故。

这两个例很可以表示梁启超自己说的"笔锋常带情感"的文体。前一例可以表示这种文字的好的方面；后一例可以表示这种文字的坏的方面。

更恶劣的如：

> 虽然，天不许罗兰夫人享家庭之幸福以终天年也！法兰西历史世界历史必要求罗兰夫人之名以增其光焰也！于是风渐起，云渐乱，电渐进，水渐涌，嘻嘻出出，法国革命！嗟嗟咄咄，法国遂不免于大革命！

但这种文字在当日确有很大的魔力。这种魔力的原因约有几种：（1）文体的解放，打破一切"义法"、"家法"，打破一切"古文"、"时文"、"散文"、"骈文"的界限；（2）条理的分明，梁启超的长篇文章都长于条理，最容易看下去；（3）辞句的浅显，既容易懂得，又容易模仿；（4）富于刺激性，"笔锋常带情感"。

梁启超中年的文章，《国风报》、《庸言报》时代的文章，把早年文章的毛病渐渐的减少了；渐渐的回到清淡明显的文章。但学他的文章的人，往往学了他的堆砌，他的排比。在记叙的文章内，这种恶劣之处更容易呈显出来。前七八年流行一时的《玉梨魂》一类的小说，便是这种文体用来叙事的结果了。

六

康梁的一班朋友之中，也很有许多人抱着改革文学的志愿。他们在散文方面的成绩只是把古文变浅近了，把应用的范围也更推广了。在韵文的方面，他们也曾有"诗界革命"的志愿。梁启超《饮冰室诗话》说：

> 当时所谓"新诗"者，颇喜捃扯新名词以自表异。丙申丁酉间（一八九六——一八九七）吾党数子皆好作此体。提倡之者为夏穗卿（曾佑）。而复生（谭嗣同）亦蓦嗜之。……其《金陵听说法》云，"纲伦惨以喀私德（Caste），法会盛于巴力门（Parliament）"。……穗卿赠余诗云，"帝杀黑龙才士隐，书飞赤鸟太平迟"。又云，"有人雄起琉璃海，兽魄蛙魂龙所徒"。……当时吾辈方沈醉于宗教……故《新约》字面络绎笔端焉。

这种革命的失败，自不消说。但当时他们的朋友之中确有几个人在诗界上放一点新光彩。黄遵宪与康有为两个人的成绩最大。但这两人之中，黄遵宪是一个有意作新诗的，故我们单举他来代表这一个时期。

黄遵宪字公度，嘉应州人，生于一八四八，死于一九〇五，著有《人境庐诗草》十一卷。他做过三十年的外交官，到过日本，英国，美国，南洋等处。他曾著《日本国志》、《日本杂事诗》。当戊戌的变法，他也是这运动中的一个人物。他对于诗界革命的动机，似乎起的很早。他二十多岁时作的诗之中，有《杂感》五篇，其二云：

> 大块凿混沌，浑浑旋大圜。隶首不能算，知有几万年？羲轩造书契，今始岁五千。以我视后人，若居三代先。俗儒好尊古，日日故纸研；六经字所无，不敢入诗篇。古人弃糟粕，见之口流涎，沿习甘剽盗，妄造丛罪愆。黄土同抟人，今古何愚贤？即今忽已古，断自何代前？明窗敞流离，高炉爇香烟；左陈端溪砚，右列薛涛笺；我手写我口，古岂能拘牵？即今流俗语，我若登简编，五千年后人，惊为古斓斑。

这种话很可以算是诗界革命的一种宣言。末六句竟是主张用俗话作诗了。他那个时代作的诗，还有《山歌》九首，全是白话的。内中如：

> 买梨莫买蜂咬梨，心中有病没人知。因为分梨更亲切，谁知亲切转伤离？

> 催人出门鸡乱啼，送人离别水东西。挽水西流想无法，从今不养五更鸡。

> 一家女儿做新娘，十家女儿看镜光。街头铜鼓声声打，打着心中只说"郎"。

都是民歌的上品。他自序云：

> 土俗好为歌，男女赠答，颇有子夜读曲遗意。采其能笔于书者，得数首。

我常想黄遵宪当那么早的时代何以能有那种大胆的"我手写我口"的主张？我读了他的《山歌》的自序，又读了他五十岁时的《己亥杂诗》中叙述嘉应州民族生俗的诗和诗注，我便推想他少年时代必定受了他本乡的平民文学的影响。《己亥杂诗》中有一首云：

> 一声声道妹相思，夜月哀猿和竹枝。欢是团圆悲是别，总应肠断妃呼豨。

他自注云：

土人旧有山歌，多男女相思之辞，当系獠蛋遗俗，今松口、松源各乡尚相沿不改。每一辞毕，辄间以无辞之声，正如妃呼豨，甚哀厉而长。

他对于这种民间文学的兴趣，可以使我们推想他受他们的影响定必不少。故他在日本时，看见西京民间风俗"七月十五夜至晦日，每夜亘索街上，悬灯数百，儿女艳妆靓服为队，舞蹈达旦，名曰都踊，所唱皆男女猥亵之词，有歌以为之节者，谓之音头"，他就能赏识这种平民文学，说"其风俗犹之唐人《合生歌》，其音节则汉之《董逃行》也"。他因此作成一篇《都踊歌》：

> 长袖飘飘兮，髻峨峨，荷荷；
> 裙紧束兮，带斜拖，荷荷；
> 分行逐队兮，舞傞傞，荷荷；
> 往复还兮，如掷梭，荷荷；
> 回黄转绿兮，授莎，荷荷。
> 中有人兮，通微波，荷荷，
> 贻我钗鸾兮，馈我翠螺，荷荷；
> 呼我娃娃兮，我哥哥，荷荷。
> 柳梢月兮，镜新磨，荷荷，
> 鸡眠猫睡兮，犬不呵，荷荷，
> 来不来兮，欢奈何，荷荷？
> 一绳隔兮，阻银河，荷荷，
> 双灯照兮，晕红涡，荷荷。
> 千人万人兮，妾心无他，荷荷；
> 君不知兮，弃则那，荷荷！
> 今日夫妇兮，他日公婆，荷荷。
> 百千万亿化身菩萨兮，受此花，荷荷！
> 三千三百三十二座大神兮，听我歌，荷荷！
> 天长地久兮，无差讹，荷荷！（原刻此诗不分行。分行更好。）

这固是为西京的风俗作的，但他对于这种民间白话文学的赏识力，大概还是他本乡的山歌的影响。《都踊歌》每一句的尾声"荷荷"，正和嘉应州山歌"每一辞毕，辄间以无辞之声，甚哀厉而长"，是相像的。我们可以说，他早年受了本乡山歌的感化力，故能赏识民间白话文学的好处；因为他能赏识民间的白话文学，故他能说"即今流俗语，我若登简编，五千年后人，惊为古斓斑!"

他自己曾说（此据他的兄弟遵楷跋中引语）：

> 各人有面目，正不必与古人相同。吾欲以古文家抑扬变化之法作古诗，取《骚》《选》乐府歌行之神理入近体诗。其取材以群经三史诸子百家及许郑诸注为词赋家不常用者；其述事以官书会典方言俗谚及古人未有之物未辟之境，举吾耳目所亲历者，皆笔而书之。要不失为以我之手写我之口。

这几句话说他的诗，都很确当。但他在"以古文家抑扬变化之法作古诗"的方面，成绩最大。我们且举《赤穗四十七义士歌》（有长序，当参读）的末节：

> ……臣等事毕无所求，愿从先君地下游。……明年赐剑如杜邮，四十七士性命同日休。一时惊叹争歌讴。观者，拜者，吊者，贺者，万花绕冢，每日香烟浮! 一裙，一屐，一甲，一胄，一刀，一矛，一杖，一笠，一歌，一画，手泽珍宝如天球! 自从天孙开国首重天琼鉾，和魂一传千千秋。况复五百年来武门尚武国多贲儁! 到今赤穗义士某某某某四十七人——名字留! 内足光辉大八州，外亦声明五大洲。

此外如他的《降将军歌》、《度辽将军歌》、《聂将军歌》、《逐客篇》、《番客篇》……都是用做文章的法子来做的。这种诗的长处在于条理清楚，叙述分明。做诗与做文都应该从这一点下手：先做到一个"通"字，然后可希望做到一个"好"字。古来的大家，没有一个不是这样的；古来决没有一首不通的好诗，也没有一首看不懂的好诗。金和与黄遵宪的诗的好处就在他们都是先求"通"，先求达意，先求懂得。

黄遵宪颇想用新思想和新材料——所谓"古人未有之物，未辟之境"——来做当日所谓新诗。他的《今别离》四篇，便是这一类。我且引他的《以莲菊桃杂供一瓶作歌》的末段来作例：

> ……即今种花术益工，移枝接叶争天功。安知莲不变桃桃不变为菊? 回黄转绿谁能穷? 化工造物先造质，控搏众质亦多术，安知夺胎换骨无金丹，不使此莲此菊此桃万亿化身合为一? ……六十四质亦么（yāo）么（me），我身离合无不可。质有时坏神永存，安知我不变花花不变为我? 千秋万岁魂有知，此花此我相追随! 待到汝花将我供瓶时，还愿对花一读今我诗!

这种"新诗",用旧风格写极浅近的新意思,可以代表当日的一个趋向;但平心说来,这种诗并不算得好诗。《今别离》在当时受大家的恭维;现在看来,实在平常的很,浅薄的很。

《人境庐诗钞》中最好的诗,自然还要算《拜曾祖母李太夫人墓》一篇。此诗能实行他的"我手写我口,古岂能拘牵"的主张。内中一段云:

> ……春秋多佳日,亲戚尽团聚。双手擎掌珠,百口百称誉。"我家七十人,诸子爱渠祖,诸妇爱渠娘,诸孙爱诸父。因裙便惜带,将缣难比素。老人性偏爱,不顾人笑侮。"邻里向我笑:"老人爱不差。果然好相貌,艳艳如莲花。"诸母背我骂,健犊行破车,上树不停脚,偷芋信手爬;昨日探鹊巢,一跌败两牙,噀血喷满壁,盘礴画龙蛇。兄妹昵我言,向婆乞金钱,直倾紫荷囊,滚地金铃圆。爷娘附我耳,劝婆要加餐;金盘脍鲤鱼,果为儿下咽。伯叔牵我手,心知不相干,故故摩儿顶,要图老人欢。
>
> 儿年九岁时,阿爷报登科。见儿大父旁,一语三摩娑:"此儿生属猴,聪明较猴多。雏鸡比老鸡,异时知如何? 我病又老耄,情知不坚牢。风吹儿不长,那见儿扶摇? 待儿胜冠时,看儿能夺标;他年上我墓,相携着官袍。前行张罗伞,后行鸣鼓箫;猪鸡与花果,一一分肩挑;爆竹响墓背,墓前纸钱飘。手捧紫泥封,云是夫人诰;子孙共罗拜,焚香向神告:'儿今幸胜贵,颇如母所料。'世言鬼无知,我定开口笑。"……

这个时代之中,我只举了金和、黄遵宪两个诗人,因为这两个人都有点特别的个性,故与那一班模仿的诗人,雕琢的诗人,大不相同。这个时代之中,大多数的诗人都属于"宋诗运动"。宋诗的特别性质,不在用典,不在做拗句,乃在做诗如说话。北宋的大诗人还不能完全脱离杨亿一派的恶习气;黄庭坚一派虽然也有好诗,但他们喜欢掉书袋,往往有极恶劣的古典诗(如云"司马寒如灰,礼乐卯金刀")。南宋的大家——杨、陆、范——方才完全脱离这种恶习气,方才贯彻这个"做诗如说话"的趋势。但后来所谓"江西诗派",不肯承接这个正当的趋势(范、陆、杨、尤都从江西诗派的曾几出来),却去模仿那变化未完成的黄庭坚,所以走错了路,跑不出来了。近代学宋诗的人,也都犯这个毛病。陈三立是近代宋诗的代表作者,但他的《散原精舍诗》里实在很少可以独立的诗。近代的作家之中,郑孝胥虽然也不脱模仿性,但他的魄力大些，故还不全是模仿。他曾有诗赠陈三立，中有"安能抹青红，搔头而弄姿"之句。其实他自己有时还近这种境界，陈三立却做不到这个地步。郑孝胥作陈三立的诗集的序，曾说：

> 往有巨公与余谈诗，务以清切为主。于当世诗流，每有张茂先我所不解之喻。其说甚正。然余窃疑诗之为道，殆有未能以清切限之者。世事万变，纷扰于外；心绪百态，腾沸于内；宫商不调而不能已于声，吐属不巧而不能已于辞；若是者，吾固知其有乖于清也。思之来也无端，则断如复断，乱如复乱者，恶能使之尽合？兴之发也匪定，则倏忽无见，惝恍无闻者，恶能责以有说？若是者，吾固知其不期于切也。

他这篇序虽然表面上是替江西诗派辩护，其实是指出江西诗派的短处。他自己的诗并不实行这个"不清不切"的主张，故还可以读。他后来有答樊增祥的诗，自己取消这种议论：

> 尝序伯严（陈三立）诗，持论辟清切。自嫌误后生，流浪或失实。君诗妙易解，经史气四溢。诗中见其人，风趣乃隽绝。浅语莫非深，天壤在毫末。何须填难字，苦作酸生活？会心可意言，即此意已达。

樊增祥的诗，比较的最聪明，最清切，可惜没有内容，也算不得大家。此外还有许多人，努力模仿古人，努力作诗匠。但他们志在"作古"，我们也不敢把他们委屈在这五十年之内了。

七

这五十年是中国古文学的结束时期。做这个大结束的人物，很不容易得。恰好有一个章炳麟，真可算是古文学很光荣的结局了。

章炳麟是清代学术史的押阵大将，但他又是一个文学家。他的《国故论衡》、《检论》，都是古文学的上等作品。这五十年中著书的人没有一个像他那样精心结构的；不但这五十年，其实我们可以说这两千年中只有七八部精心结构，可以称做"著作"的书——如《文心雕龙》、《史通》、《文史通义》等——其余的只是结集，只是语录，只是稿本，但不是著作。章炳麟的《国故论衡》要算是这七八部之中的一部了。他的古文学工夫很深，他又是很富于思想与组织力的，故他的著作在内容与形式两方面都能"成一家言"。

章氏论文，很多精到的话。他的《文学总略》（《国故论衡》中）推翻古来一切狭陋的"文"论，说"文者，包络一切著于竹帛者而为言"。他承认文是起于应用的，是一种代言的工具；一切无句读的表谱簿录，和一切有句读的文辞，并无根本的区别。至于"有韵为文，无韵为笔"，和"学说以启人思，文辞以增人感"的区别，更不能成立了。这种见解，初看去似不重要，其实很有关系。有许多人只为打不破这种种因袭的区别，故有"应用文"与"美文"的分别；有些人竟说"美文"可以不注重内容；有的人竟说"美文"自成一种高尚不可捉摸，不必求人解的东西，不受常识与论理的裁制！章炳麟说：

> 文字本以代言，其用则有独至。凡无句读文，皆文字所专属者也，以是为主，故论文学者不得以兴会神旨为上。……知文辞始于表谱簿录，则修辞立诚，其首也。

又说：

> 不得以感人者为文辞，不感者为学说。……学说者，非一往不可感人。凡感于文言者，在其得我心。是故饮食移味，居处缊愉者，闻劳人之歌，心犹怕然。大愚不灵，无所愤悱者，睹妙论则以为恒言也。身有疾痛，闻幼眇之音，则感概随之矣。心有疑滞，睹辨析之论，则悦怿随之矣。

他是能实行不分文辞与学说的人，故他讲学说理的文章都很有文学的价值。他并不反对桐城派的古文，他的《菿汉微言》有一段说：

> 问桐城义法何其隘邪？答曰，此在今日，亦为有用。何者？明末猥杂佻佻之文雾塞一世，方氏起而廓清之。自是以后，异喙已息，可以不言流派矣。乃至今日而明末之风复作，报章小说，人奉为宗。幸其流派未亡，相存纲纪，学者守此，不至堕入下流，故可取也。若谛言之，文足达意，远于鄙倍，可也。有物有则，雅驯近古，是亦足矣。派别安足论？（页六八）

但他自己论文，却主张回到魏晋。他说：

> 魏晋之文，大体皆卑于汉，独持论仿佛晚周。气体虽异，要其守己有度，伐人有序，和理在中，孚尹旁达，可以为百世师矣。（《国故论衡》中，《论式》，页九四）

为什么呢？因为

> 老庄形名之学，逮魏复作，故其言不牵章句；单篇持论，亦优汉世。（页九二）

故他以为

> 持诵《文选》，不如取《三国志》、《晋书》、《宋书》、《弘明集》、《通典》观之。纵不能上窥九流，犹胜于滑泽者。（页九三）

他又说：

> 夫雅而不核，近于诵数，汉人之短也。廉而不节，近于强钳；肆而不制，近于流荡；清而不根，近于草野；唐宋之过也。有其利而无其病者，莫若魏晋。（页九五）

又说：

> 效唐宋之持论者，利其齿牙。效汉之持论者，多其记诵。斯已给矣。效魏晋之持论者，上不徒守文，下不可御人以口，必先豫之以学。（同页）

"必先豫之以学"六个字，谈何容易？章炳麟的文章，所以能自成一家，也并非因为他模仿魏晋，只是因为他有学问做底子，有论理做骨格。《国故论衡》里文章，如《原儒》、《原名》、《明见》、《原道》、《明解故上》、《语言缘起说》……皆有文学的意味，是古文学里上品的文章。《检论》里也有许多好文章，如《清儒》篇，真是近代难得的文章。

但他究竟是一个复古的文家。他的复古主义虽能"言之成理"，究竟是一种反背时势的运动。他论文辞，知道文辞始于表谱簿录，是应用的；但他的文章应用的成绩比较最少。他对于同时的文人都有点薄鄙的意思（看《文录》二，《与邓实书》及《与人论文书》）。他自命"将取千年朽蠹之余，反之正则"。他于近代文人中，只承认"王闿运能尽雅"。有人问他如何能做到古雅的文章，他曾把王闿运做文章的法子来教人。什么法子呢？原来是先把意思写成平常的文章，然后把虚字尽量删去，自然古雅了！他又喜欢用古字来代替通行的字；他自己说，

> 六书本义，废置已凤；经籍仍用，通借为多。舍借用真，兹为复始。（《检论》五，《正名杂义》，页二八）

他不知道荀卿"约定俗成谓之宜"的话乃是正名的要旨，故他这种"复

始"的工夫虽然增加了古气古色，同时便减少了应用的程度。他自己著书，本来有句读，还可以帮助一般读者的了解。后来他的门人校刻他的全书，以为圈读不古，删去句读，就更难读了。他知道文辞以"存质"为本，他曾说："文益离质则表象益多，而病亦益笃"；他痛恨那班

> 庸妄宾僚，谬施涂塈，案一事也，不云"纤悉毕呈"，而云"水落石出"；排一难也，不云"祸胎可绝"，而云"釜底抽薪"。表象既多，鄙倍斯甚！（《正名杂义》，页一四）

但他那篇《订文》（《正名杂义》乃《订文》的附录）中有句云："后之林乿，知孟晋者，必修述文字"，用"孟晋"代求进步，还说得过去；"林乿"二字，比他举出的"水落石出"、"釜底抽薪"，更不通了。

总而言之，章炳麟的古文学是五十年来的第一作家，这是无可疑的。但他的成绩只够替古文学做一个很光荣的下场，仍旧不能救古文学的必死之症，仍旧不能做到那"取千年朽蠹之余，反之正则"的盛业。他的弟子也不少，但他的文章却没有传人。有一个黄侃学得他的一点形式，但没有他那"先豫之以学"的内容，故终究只成了一种假骨董。章炳麟的文学，我们不能不说他及身而绝了。

※　　　　　※　　　　　※　　　　　※

章炳麟论韵文，也是一个极端的复古派。他说古今韵文的变迁，颇有历史的眼光。他说：

> 吟咏情性，古今所同，而声律调度异焉。魏文侯听今乐则不知倦，古乐则卧。故知数极而迁，虽才士弗能以为美。（《国故论衡》中，《辨诗》，页九九）

这是很不错的历史见解。根据于这个"数极而迁"的观念，他指出《三百篇》为四言诗的极盛时期；到了汉以下，"四言之势尽矣"，故束皙等的四言诗都做不好，到了唐朝，"五言之势又尽，杜甫以下辟旋以入七言"；到了宋世，"诗势已尽，故其吟咏情性，多在燕乐（词）"。他论近代的诗，也很不错：

> 今词又失其声律，而诗龙奇愈甚。考征之士，睹一器，说一事，则纪之五言，陈数首尾，比于马医歌括。及曾国藩自以为功，诵法江西诸家，矜其奇诡。天下鹜逐，古诗多诘屈不可诵，近体乃与杯珓谶辞相等。江湖之士艳而称之，以为至美。盖自《商颂》以来，歌诗失纪，未有如今日者也。

这种议论的自然结果应该是一种很激烈的文学革命了。谁知他下文一转便道：

> 物极则变，今宜取近体一切断之（自注：唐以后诗但以参考史事，存之可也。其语则不足诵），古诗断自简文以上，唐有陈（子昂）、张（九龄）、李（白）、杜（甫）之徒，稍稍删取其要，足以继风雅，尽正变矣。

这种极端的复古论，和他的文学史观，实在是互相矛盾的。如果四言诗之势已尽于汉末而五言诗之势已尽于唐初，如果诗之势已尽于宋世，那就如他自己说的"虽才士弗能以为美"了，难道他们还能复兴于今日吗？那"数极而迁"的文学，难道还可以恢复吗？

但他不顾这个矛盾，还想恢复那"数极而迁，虽才士弗能以为美"的诗体。他的韵文（《文录》二，页八六以下）全是复古的文学。内中也有几首可读的，如《东夷诗》的第三四首：

> 客从海西来，上堂结罗袜，长跪箸席上，对语忘时日。仰见玉衡移，握手言离别。下堂寻革鞮，革鞮忽已失。回头问主人，主人甫惊绝。乞君一两靴，便向笼间掇。笼间何所有？四顾吐长舌。

> 甲第夫如何？绳蒮相钩带，虎落穿方空，空小门不大。按项出门去，恣情逐岩濑。三步复五步，京市亦迢遰。时复得町畦，云中闻犬吠。策杖寻其声，耇献方高会。"陛下千万岁！世世从台隶！"

这种诗的剪裁力确是比黄遵宪的《番客篇》等诗高的多，又加上一种刻画的嘲讽意味，故创造的部分还可以勉强抵消那模仿的部分。此外如《艾如张》，如《董逃歌》，若没有那篇长序，便真是"与杯珓谶辞相等"了。最恶劣的假骨董莫如他的《丹橘》与《上留田》诸篇。《丹橘》凡"七章，二章章四句，五章章八句"，我猜想了五年，近来方才敢猜这诗大概是为刘师培作的。我引第五六章作例：

> 天道无远，谗夫既丧。何以漱浣？其瘝其壮。越畹望之，度畦乡之。不见广陵，蓬莱障之。

> 檿之枭矣，不宿乾鹊。民之罦矣，如狙如貜。知我之好，匪伊朝夕。尔虽我刞，我心则怿。

这种诗使我们联想到《易林》，《易林》是汉朝的一种"杯珓谶辞"。其实一千几百年前的"杯珓谶辞"未必就远胜一千几百年后的"杯珓谶辞"。

　　※　　　　　　※　　　　　　※　　　　　　※

　　章炳麟在文学上的成绩与失败，都给我们一个教训。他的成绩使我们知道古文学须有学问与论理做底子，他的失败使我们知道中国文学的改革须向前进，不可回头去；他的失败使我们知道文学"数极而迁，虽才士弗能以为美"；使我们知道那"取千年朽蠹之余，反之正则"的盛业是永永不可能的了！

八

　　当日俄战争（一九〇四——一九〇五）以后，中国革命的运动一天一天的增加势力。同时的君主立宪运动也渐渐的成为一种正式的运动。这两党的主张时常发生冲突。《新民丛报》那时已变成君主立宪的机关了，故时时同革命的《民报》做很激烈的笔战。这种笔战在中国的政论文学史上很有一点良好的影响，因为从此以后，梁启超早年提倡出来的那种"情感"的文章，永永不适用了。帖括式的条理不能不让位给法律家的论理了。笔锋的情感不能不让位给纸背的学理了。梁启超自己的文章也不能不变了，《国风》与《庸言》里的梁启超已不是《新民丛报》第一二年的梁启超了。自一九〇五年到一九一五年（民国四年），这十年是政论文章的发达时期。这一个时代的代表作家是章士钊。章士钊曾著有一部中国文法书，又曾研究论理学；他的文章的长处在于文法谨严，论理完足。他从桐城派出来，又受了严复的影响不少；他又很崇拜他家太炎，大概也逃不了他的影响。他的文章有章炳麟的谨严与修饰，而没有他的古僻；条理可比梁启超，而没有他的堆砌。他的文章与严复最接近；但他自己能译西洋政论家法理学家的书，故不须模仿严复。严复还是用古文译书，章士钊就有点倾向"欧化"的古文了；但他的欧化，只在把古文变精密了，变繁复了，使古文能勉强直接译西洋书而不消用原意重做古文，使古文能曲折达繁复的思想而不必用生吞活剥的外国文法。

　　章士钊的文章，散见各报；但他办《甲寅》时（一九一四——一九一）的文章，更有精彩了，故我们只引这个时代的文章来做例。他先著《学理上之联邦论》，中有云：

　　　　理有物理，有政理。物理者，绝对者也。而政理只为相对。物理者，通之古今而不惑，放之四海而皆准者也。政理则因时因地容有变迁。二者为境迥殊，不易并论。例如十乌于此，吾见九乌皆黑；余一乌也，而亦黑之，谓非黑则于物理有远，可也。若十国于此，吾见九国立君；余一国也，而亦君之，谓非立君则于政理有违，未可也。何也？立君之制，纵宜于九国，而未必即宜于此一国也。或曰，"自培根以来，学者无不采经验论"。此其所指似在物理，而持以侵入政理之域，愚殊未敢苟同。……科学之验，在夫发见真理之通象；政学之验，在夫改良政制之进程；故前者可以定当然于已然之中，后者甚且排已然而别创当然之例。不然，当十五六世纪时，君主专制之威披靡一世，政例所存，固不然焉；苟如论者所言，是十七世纪后之立宪政治不当萌芽矣。有是理乎？（《甲寅》一，五）

他的意思要说"联邦之理，果其充满，初不恃例以为护符"。后来有人驳他，说他的方法是极端的演绎法。章士钊作论答他（《联邦论·答潘君力山》），中有一段云：

物理之称为绝对，究其极而言之，非能真绝对也。何也？无论何物，人盖不能举其全体现在方来之量之数，一一试验以尽，始定其理之无讹也。必待如是，不特其本身归纳之业直无时而可成，而外籀演绎之事，亦终古无从说起。……是故范为定理，不得不有赖于"希卜梯西"（Hypothesis）焉。希卜梯西者，犹言假定也。凡物之已经试验，历人既多，为时亦久，而可信其理为如是如是者，皆得设为假定。用此假定之理以为演绎，历人既多，为时亦久，而无例焉与之相反，则可谥以绝对之称矣。故"绝对"云者，亦假定之未破者而已，非有他也。（《甲寅》一，七）

第二次答复（《甲寅》一，一九）又说：

若曰，"吾国无联邦之事例，联邦之法理即为无根"，则吾所应谈之法理，而无其事例者，到处皆是矣；若一切不谈，政治又以何道运行耶？况事例吾国无之，而他国固有。以他国所有者，推知吾国之亦可行，此科学之所以重比较，而法律亦莫逃其例者也。安得以本国之有无自限耶？大凡事例之成，苟其当焉，其法理必已前立；特其法理或位乎逻辑之境而人不即觉，事后始为之说明耳。今吾饱观政例，熟察利害，他人事后始有机会立为法理者，而吾得于事前穷其逻辑之境，尽量出之，恣吾览睹，方自幸之不暇，而又何疑焉？

罗家伦在他的《近代中国文学思想之变迁》一篇（《新潮》二，五）里，曾说章士钊的文章"可谓集'逻辑文学'的大成了"。他又说，"政论的文章，到那个时候，趋于最完备的境界。即以文体而论，则其论调既无'华夷文学'的自大心，又无'策士文学'的浮泛气；而且文字的组织上又无形中受了西洋文法的影响，所以格外觉得精密"（页八七三）。这个论断是很不错的。我上文引的几段，很可以说明这种"逻辑文学"的性质。

章士钊同时的政论家——黄远庸、张东荪、李大钊、李剑农、高一涵等——都朝着这个趋向做去，大家不知不觉的造成一种修饰的，谨严的，逻辑的，有时不免掉书袋的政论文学。但是这种文章，在当日实在没有多大的效果。做的人非常卖气力；读的人也须十分用气力，方才读得懂。因此，这种文章的读者仍旧只限于极少数的人。当他们引戴雪，引白芝浩，引哈蒲浩，引蒲徕士，来讨论中国的政治法律的问题的时候，梁士诒、杨度、孙毓筠们早已把宪法踏在脚底下，把人民玩在手心里，把中华民国的国体完全变换过了！洪宪的帝制虽不长久，洪宪的余毒至今还在，而当日的许多政论机关都烟消云散了。民国五年（一九一六）以后，国中几乎没有一个政论机关，也没有一个政论家；连那些日报上的时评也都退到纸角上去了，或者竟完全取消了。这种政论文学的忽然消灭，我至今还说不出一个所以然来。但《甲寅》最后一期里有黄远庸写给章士钊的两封信，至少可以代表一个政论大家的最后忏悔。他说：

> 远本无术学，滥厕士流，虽自问生平并无表见，然即其奔随士夫之后，雷同而附和，所作种种政谈，今无一不为忏悔之材料。盖由见事未明，修省未到，轻谈大事，自命不凡；亡国罪人，亦不能不自居一分也。此后第努力求学，专求自立为人之道，如足下所谓存其在我者，即得为末等人，亦胜于今之一等脚色矣。
>
> 愚见以为居今论政，实不知从何处说起。《洪范》九畴亦只能明夷待访。……至根本救济，远意当从提倡新文学入手，综之，当使吾辈思潮如何能与现代思潮相接触，而促其猛省。而其要义须与一般之人，生出交涉。法须以浅近文艺普遍四周。史家以文艺复兴为中世改革之根本，足下当能语其消息盈虚之理也。……（《甲寅》一，十）

这封信，前半为忏悔，后半为觉悟。当日的政论家苦心苦口，确有很可佩服的地方。但他们的大缺点只在不能"与一般之人生出交涉"。这一句话不但可以批评他们的"白芝浩——戴雪——哈蒲浩——蒲徕士"的内容，也可以批评他们的精心结构的政论古文。黄远庸的聪明先已见到这一点了，所以他悬想将来的根本救济当从提倡新文学下手，要用浅近文艺普遍四周，要与一般的人生出交涉来。章士钊答书还不赞成这种话，他说"必其国政治差良，其度不在水平线下，而后有社会之事可言，文艺其一端也"。黄远庸那年到了美国，不幸被人暗杀了，他的志愿毫无成就；但他这封信究竟可算是中国文学革命的预言。他若在时，他一定是新文学运动的一个同志，正如他同时的许多政论家之中的几个已做新文学运动的同志了。

九

以上七节说的是这五十年的中国古文学。古文学的公同缺点就是不能与一般的人生出交涉。大凡文学有两个主要分子：一是"要有我"，二是"要有人"。有我就是要表现著作人的性情见解，有人就是要与一般的人发生交涉。那无数的模仿派的古文学，既没有我，又没有人，故不值得提起。我们在这七节里提起的一些古文学代表，虽没有人，却还有点我，故还能在文学史上占一个地位。但他们究竟因为不能与一般的人生出交涉来，故仍旧是少数人的贵族文学，仍旧免不了"死文学"或"半死文学"的评判。

现在我们要谈这五十年的"活文学"了。活文学自然要在白话作品里去找。这五十年的白话作品，差不多全是小说。直到近五年内，方才有他类的白话作品出现。我们先说五十年内白话小说，然后讨论近年的新文学。

这五十年内的白话小说出的真不在少数！为讨论的便利起见，我们可以把他们分作南北两组：北方的评话小说，南方的讽刺小说。北方的评话小说可以算是民间的文学，他的性质偏向为人的方面，能使无数平民听了不肯放下，看了不肯放下；但著书的人多半没有什么深刻的见解，也没有什么浓挚的经验。他们有口才，有技术，但没有学问。他们的小说，确能与一般的人生出交涉了，可惜没有我，所以只能成一种平民的消闲文学。《儿女英雄传》、《七侠五义》、《小五义》、《续小五义》等书，属于这一类。南方的讽刺小说便不同了。他们的著者都是文人，往往是有思想有经验的文人。他们的小说，在语言的方面，往往不如北方小说那样漂亮活动；这大概是因为南方人学用北部语言做书的困难。但思想见解的方面，南方的几部重要小说都含有讽刺的作用，都可以算是"社会问题的小说"，他们既能为人，又能有我。《官场现形记》、《老残游记》、《二十年目睹之怪现状》、《恨海》、《广陵潮》……都属于这类。（南方也有消闲的小说，如《九尾龟》等。）

我们先说北方的评话小说。评话小说自宋以来，七八百年，没有断绝。有时民间的一种评话遇着了一个文学大家，加上了剪裁修饰，便一跳升做第一流的小说了（如《水浒传》）。但大多数的评话——如《杨家将》、《薛家将》之类——始终不曾脱离很幼稚的时代。明清两朝是小说最发达的时期，内中确有好几部第一流的文学。有了这些好小说做教师，做模范本，所以民间的评话也渐渐的成个样子了，渐渐的可读了。因此，这五十年的评话小说，可以代表评话小说进步最高的时期。当同治末年光绪初年之间，出了一部《儿女英雄传评话》。此书前有雍正十二年和乾隆五十九年的序，都是假托的。雍正年的序内提起《红楼梦》，不知《红楼梦》乃是乾隆中年的作品！故我们据光绪戊寅（一八七八）马从善的序，定为清宰相勒保之孙文康（字铁仙）做的。文康晚年穷困无聊，作此书消遣。序中说"昨来都门，知先生已归道山"，可知文康死于同治光绪之际，故我们定此书为近五十年前的作品。《七侠五义》初名《三侠五义》，又名《忠烈侠义传》，今本有俞樾的序，说曾听见潘祖荫称赞此书，"虽近时新出而颇可观"。俞序作于光绪十五年（一八八九），故定为五十年中的作品。此书原著者为石玉昆，但今本已是俞樾改动的本子，原本已不可见了。石玉昆的事迹不可考，大概是当日的一个评话大家。又有《小五义》一部，刻于光绪十六年（一八九〇）；《续小五义》一部，刻于同年的冬间。此二书据说也都是石玉昆的原稿，从他的门徒处得来的。《续小五义》初刻本，尚有潘祖荫的小序，说他捐俸余三十金帮助刻板。这也可见当日的一种风气了。《续小五义》之后，近年来又出了无数的续集，此外还有许多"公案"派的评话，但价值更低，我们不谈了。

《儿女英雄传》的著者虽是一个八旗世家，做过道台，放过驻藏大臣，但他究竟是一个迂陋的学究，没有见解，没有学问。这部书可以代表那"儒教化了的"八旗世家的心理。儒家的礼教本是古代贵族的礼教，不配给平民试行的。满洲人入关以后，处处模仿中国文化，故宗室八旗的贵族居然承受了许多繁缛的礼节。我们读《红楼梦》，便可以看见贾府虽是淫乱腐败，但表面上的家庭礼仪却是非常严厉。一个贾政便是儒教的绝好产儿。《儿女英雄传》更迂腐了。书里的安氏父子、何玉凤、张金凤，都是迂气的结晶。何玉凤在能仁寺杀人救人的时节，忽然想起"男女授受不亲"的圣训来了！安老爷在家中捉到强盗的时候，忽然想起"伤人乎? 不问马"的圣训来了！至于书中最得意的部分——安老爷劝何玉凤嫁人一段——更是迂不可当的纲常大义。我们可以说，《儿女英雄传》的思想见解是没有价值的。他的价值全在语言的漂亮俏皮，诙谐有味。旗人最会说话，前有《红楼梦》，后有此书，都是绝好的记录。《儿女英雄传》有意模仿评话的口气，插入许多"说书人打岔"的话，有时颇讨厌，但有时很多诙谐的意味。例如能仁寺的凶僧举刀要杀安公子时，忽然一个弹子飞来，他把身一蹾。

> 谁想他的身子蹾得快，那白光来得更快，噗的一声，一个铁弹子正着在左眼上。那东西进了眼睛，敢是不住要站，一直的奔了后脑杓子的脑瓜骨，咯噔的一声，这才站住了……肉人的眼珠子上要着上这等一件东西，大概比揉进一个沙子去利害。只疼得他哎哟一声，往后便倒。当啷啷，手里的刀子也扔了。
>
> 那时三儿在旁边，正呆呆的望着公子的胸脯子，要看这回刀尖出彩；只听咕咚一声，他师傅跌倒了。吓了一跳，说，"你老人家怎么了? 这准是使猛了劲，岔了气了；等我腾出手来扶起你老人家来啵?"才一转身，毛着腰，要把那铜镟子放在地下，好去搀他师傅，这个当儿，又是照前噗的一声，一个弹子从他左耳朵眼儿里打进去，打了个过膛儿，从右耳朵眼儿里钻出来，一直打到东边那个厅柱上，吧挞的一声，打了一寸来深，进去嵌在木头里边。那三儿只叫得一声"我的妈呀!"——镗——把个铜镟子扔了，——咕咕——也窝在那里了。那铜镟子里的水泼了一台阶子。那镟子唏啷花啷一阵乱响，便滚下台阶去了。（第六回）

这种描写法，虽然不合事实，却很有诙谐趣味；这种诙谐趣味乃是北方评话小说的一种特别风味。

《七侠五义》也没有什么思想见地。他是学《水浒》的；但《水浒》对于强盗，对于官吏，都有一种大胆的见解。《七侠五义》也恨贪官，也恨强盗——这是北方中国人的自然感想——但只希望有清官出来用"御铡三刀"和"杏花雨"的苛刑来除掉那些赃官污吏；只希望有侠义的英雄出来，个个投在清官门下做四品护卫或五品护卫，帮着国家除暴安良。这是这些侠义小说和公案小说的公同见解。但《七侠五义》描写人物的技术却是不坏，虽比不上《水浒传》，却也很有点个性的描写。他写白玉堂的气小，蒋平的聪明，欧阳春的镇静，智化的精细，艾虎的活泼，都很有个性的区别。第三十二回至第三十四回写白玉堂结交颜容敏一节，又痛快，又滑稽，是书中很精彩的文字。书中有时也有很感慨的话，如第八十回写智化假装逃荒的，混入皇城做工的第一天：

> 按名点进，到了御河，大家按挡儿做活。智爷拿了一把铁锹撮的比人多，掷的比人远，而且又快。傍边做活的道，"王第二的，你这活计不是这么做"。智爷道，"怎么？"傍边人道，"俗话说的，'皇上家的工，慢慢儿的蹭。'你要这么做，还能吃的长吗？"智爷道，"做的慢了，他们给饭吃吗？"傍边人道，"都是一样慢了，他能不给谁吃呢？"智爷道，"既是这样，俺就慢慢的"。

这种好文章，可惜不多见，不然，《七侠五义》真成了第一流的小说了。

《小五义》与《续小五义》有许多不通的回目，中间又有许多不通的诗，大不如《七侠五义》。究竟这种幼稚的本子是石玉昆的原本呢？或者，那干净的《七侠五义》大体代表石玉昆的原本而《小五义》以下是假托的呢？那就不容易决定了。《小五义》以下精彩甚少，只有一个徐良，写的还有趣。我们不举例了。

南方的讽刺小说都是学《儒林外史》的。《儒林外史》初刻于乾隆时，后来虽有翻刻本，但太平天国乱后，这部书的传本渐渐少了。乱平以后，苏州有活字本；《申报》的初年有铅字排本，附有金和的跋语，及天目山樵评语。自此以后，《儒林外史》的通行遂多了。但这部书是一种讽刺小说，颇带一点写实主义的技术，既没有神怪的话，又很少英雄儿女的话；况且书里的人物又都是"儒林"中人，谈什么"举业"、"选政"，都不是普通一般人能了解的，因此，第一流小说之中，《儒林外史》的流行最不广，但这部书在文人社会里的魔力可真不少！一来呢，这是一种创体，可以作批评社会的一种绝好工具。二来呢，《儒林外史》用的语言是长江流域的官话，最普通，最适用。三来呢，《儒林外史》没有布局，全是一段一段的短篇小品连缀起来的。拆开来，每段自成一篇；斗拢来，可长至无穷。这个体裁最容易学，又最方便。因此，这种一段一段没有总结构的小说体就成了近代讽刺小说的普通法式。

我们先说李伯元（常州人，事迹未详）的《官场现形记》。这部书先后共出了六十卷，全是无数不连贯的短篇纪事连缀起来的。全书的体例与方法，最近《儒林外史》。《儒林外史》骂的是儒生，《官场现形记》骂的是官场；《儒林外史》里还有几个好人，《官场现形记》里简直没有一个好官。著者自己说，他那部书是一部做官教科书。

> 前半部是专门指摘他们做官的坏处，好叫他们读了知过必改。后半部方是教导他们做官的法子。如今把这后半部烧了，只剩得前半部；光有这前半部，不像本教科书，倒像部《封神榜》、《西游记》，妖魔鬼怪一齐都有。（第六十卷）

其实当时官场的腐败已到了极点，这种材料遍地皆是，不过等到李伯元方才有这一部穷形尽相的"大清官国活动写真"出现，替中国制度史留下无数绝好的材料。这部书的初集有光绪癸卯年（一九〇三）茂苑惜秋生的序，痛论官的制度：

> 选举之法兴则登进之途杂，士废其读，农废其耕，工废其技，商废其业，皆注意于官之一字。盖官者有士农工商之利而无士农工商之劳者也。天下爱之至深者，谋之必善；慕之至切者，求之必工。于是乎有脂韦滑稽者，有夤缘奔竞者，而官之流品已极紊乱。
>
> 限资之例，始于汉代。……开捐纳之先路，导输助之滥觞。所谓衣食足而知荣辱者，直是欺人之谈！……乃至行博弈之道，掷为孤注，操贩鬻之行，居为奇货。其情可想，其理可推矣。沿至于今，变本加厉；凶年饥馑，旱干水溢，皆得援救助之例，邀奖励之恩。而所谓官者乃日出而未有穷，不至充塞宇宙不止！……
>
> 官者，辅天子则不足，压百姓则有余。……有语其后者，刑罚出之；有诮其旁者，拘系随之。……于是官之气愈张，官之焰愈烈。羊狠狼贪之技，他人所不忍出者，而官出之；蝇营狗苟之行，他人所不屑为者，而官为之。……国衰而官强，国贫而官富；孝弟忠信之旧，败于官之身；礼义廉耻之遗，坏于官之手。而官之所以为人诟病，为人轻衊者，盖非一朝一夕之故，其所由来者渐矣！……

《官场现形记》的主意只是要人人感觉官是世间最可恶又最下贱的东西。如卷四写黄道台的门房戴升鼻子里哼的冷笑一声，说：

> 等着罢，我是早把铺盖卷好等着的了。想想做官的人也真是作

孽。你瞧他升了官，一个样子；今儿参掉官，又是一个样子。不比我们当家人的，辞了东家，还有西家，一样吃他妈的饭。做官的可只有一个皇帝，逃不到那里去的！

又如卷八陶子尧对着堂子里的娘姨说他的官运，他说：

> 我们做官的人，说不定今天在这里，明天就在那里，自己是不能作主的。

新嫂嫂说：

> 难末大人做官格身体，搭子"讨人身体"差勿多哉……堂子里格小姐……卖拨勒人家，或者是押帐，有仔管头，自家做勿动主，才叫做"讨人身体"格。耐笃做官人，自家做勿动主，阿是一样格？

陶子尧道：

> 你这人真是瞎来来！我们的官是拿银子捐来的，又不是卖身，同你们堂子里一个买进一个卖出，真正天悬地隔。

不过这个区别实在很微细。卷十四写江山船上的一个妓女龙珠对周老爷说：

> 我十五岁上跟着我娘到过上海一荡，人家都叫我清倌人，我肚里好笑。我想我们的清倌人也同你们老爷们一样。……
>
> 去年八月里江山县钱太老爷在江头雇了我们的船，同了太太去上任。听说这钱太老爷在杭州等缺，等了二十几年，穷的了不得，连什么都当了。好容易才熬到去上任。他一共一个太太，两个少爷，九个小姐。大少爷已经三十多岁，还没有娶媳妇。从杭州动身的时候，一家门的行李不上五担，箱子都很轻的。到了今年八月里，预先写信叫我们的船上来接他回杭州。等到上船那一天，红皮衣箱一多就多了五十几只，别的还不算。上任的时候，太太戴的是镀金的簪子；等到走，连那小少爷的奶妈，一个个都是金耳坠子了！钱太老爷走的那一天，还有人送了他好几把万民伞。大家一齐说老爷是清官，不要钱，所以人家才肯送他这些东西。我肚皮里好笑，老爷不要钱，这些箱子是那里来的呢？……瞒得过我吗？做官的人，得了钱，自己还要说是清官，同我们吃了这碗饭一定要说是清倌人，岂不是一样的吗？

周老爷听了他的话，气的一句话也说不出，倒反朝着他笑；歇了半天，才说得一句"你比方的不错"。

李伯元除了《官场现形记》之外，还有一部《文明小史》，也是"《儒林外史》式"的讽刺小说。

吴沃尧，字趼人，是广东南海的佛山人，故自称"我佛山人"。当梁启超在日本创办《新小说》时，吴沃尧的《二十年目睹之怪现状》（以下省称《怪现状》）的第一部分就在《新小说》上发表。那个时候——光绪癸卯甲辰（一九〇三——一九〇四）——大家已渐渐的承认小说的重要，故梁启超办了《新小说》杂志，商务印书馆也办了一个《绣像小说》杂志，不久又有《小说林》出现。文人创作小说也渐渐的多了。《怪现状》、《文明小史》、《老残游记》、《孽海花》……都是这个时代出来的。《怪现状》也是一部讽刺小说，内容也是批评家庭社会的黑幕。但吴沃尧曾经受过西洋小说的影响，故不甘心做那没有结构的杂凑小说。他的小说都有点布局，都有点组织。这是他胜过同时一班作家之处。《怪现状》的体例还是散漫的，还含有无数短篇故事，但全书有个"我"做主人，用这个"我"的事迹做布局纲领，一切短篇故事都变成了"我"二十年中看见或听见的怪现状，即此一端，便与《官场现形记》、《文明小史》不同了。

但《怪现状》还是《儒林外史》的产儿；有许多故事还是勉强穿插进去的。后来吴沃尧做小说的技术进步了，他的《恨海》与《九命奇冤》便都成了有结构有布局的新体小说。《恨海》写的是婚姻问题。一个广东的京官陈戟临有两个儿子：大的伯和，聘定同居张家的女儿棣华；小的仲蔼，聘定同居王家的女儿娟娟。后来拳匪之乱陈戟临一家被杀；伯和因护送张氏母女出京，中途冲散；仲蔼逃难出京。伯和在路上发了一笔横财，就狂嫖阔赌，吃上了鸦片烟，后来沦落做了叫化子。张家把他访着，领回家养活；伯和不肯戒烟，负气出门，仍病死在一个小烟馆里。棣华为他守了多少年，落得这个下场；伯和死后，棣华就出家做尼姑去了。仲蔼到南方，访寻王家，竟不知下落；他立志不娶，等候娟娟；后来在席上遇见娟娟，原来他已做了妓女了。这两层悲剧的下场，在中国小说里颇不易得。但此书叙事颇简单，描写也不很用气力，也不能算是全德的小说。

《九命奇冤》可算是中国近代的一部全德的小说。他用百余年前广东一件大命案做布局，始终写此一案，很有精采。书中也写迷信，也写官吏贪污，也写人情险诈；但这些东西都成了全书的有机部分，全不是勉强拉进来借题骂人的。讽刺小说的短处在于太露，太浅薄；专采骂人材料，不加组织，使人看多了觉得可厌。《九命奇冤》便完全脱去了恶套，他把讽刺的动机压下去，做了附属的材料；然而那些附属的讽刺的材料在那个大情节之中，能使看的人觉得格外真实，格外动人。例如《官场现形记》卷四卷五写藩台的兄弟三荷包代哥哥卖缺，写的何尝不好？但是看书的人看过了只像看了报纸的一段新闻一样，觉得好笑，并不觉得动人。《九命奇冤》第二十回写黄知县的太太和舅老爷收梁家的贿赂一节，一样是滑稽的写法，但在那八条人命的大案里，这种得贿买放的事便觉得格外动人，格外可恶。

《九命奇冤》受了西洋小说的影响，这是无可疑的。开卷第一回便写凌家强盗攻打梁家，放火杀人。这一段事本应该在第十六回里，著者却从第十六回直提到第一回去，使我们先看了这件烧杀八命的大案，然后从头叙述案子的前因后果。这种倒装的叙述，一定是西洋小说的影响。但这还是小节，最大的影响是在布局的谨严与统一。中国的小说是从"演义"出来的。演义往往用史事做间架，这一朝代的事"演"完了，他的平话也收场了。《三国》、《东周》一类的书是最严格的演义。后来作法进步了，不肯受史事的严格限制，故有杜撰的演义出现。《水浒》便是一例。但这一类的小说，也还是没有布局的：可以插入一段打大名府，也可以插入一段打青州；可以添一段破界牌关，也可以添一段破诛仙阵；可以添一段捉花蝴蝶，也可以再添一段捉白菊花……割去了，仍可成书；拉长了，可至无穷。这是演义体的结构上的缺乏。《儒林外史》虽开一种新体，但仍是没有结构的。从山东汶上县说到南京，从夏总甲说到丁言志；说到杜慎卿，已忘了娄公子；说到凤四老爹，已忘了张铁臂了。后来这一派的小说，也没有一部有结构布置的。所以这一千年的小说里，差不多都是没有布局的。内中比较出色的，如《金瓶梅》，如《红楼梦》，虽然拿一家的历史做布局，不致十分散漫，但结构仍旧是很松的：今年偷一个潘五儿，明年偷一个王六儿；这里开一个菊花诗社，那里开一个秋海棠诗社；今回老太太做生日，下回薛姑娘做生日……翻来覆去，实在有点讨厌。《怪现状》想用《红楼梦》的间架来支配《官场现形记》的材料，故那个主人"我"跑来跑去，到南京就见着听着南京的许多故事，到上海便见着听着上海的许多故事，到广东便见着听着广东的许多故事。其实这都是很松的组织，很勉强的支配，很不自然的布局。《九命奇冤》便不同了。他用中国讽刺小说的技术来写家庭与官场，用中国北方强盗小说的技术来写强盗与强盗的军师，但他又用西洋侦探小说的布局来做一个总结构。繁文一概削尽，枝叶一齐扫光，只剩这一个大命案的起落因果做一个中心题目。有了这个统一的结构，又没有勉强的穿插，故看的人的兴趣自然能自始至终不致厌倦。故《九命奇冤》在技术一方面要算最完备的一部小说了。

和吴沃尧、李伯元同时的，还有一个刘鹗，字铁云，丹徒人，也是一个小说好手。刘鹗精通算学，研究治河的方法，曾任光绪戊子（一八八八）郑州的河工，又曾在山东巡抚张曜的幕府里，作了治河七策。后来山东巡抚福润保荐他"奇才"，以知府用。他住北京两年，上书请筑津镇铁路，不成；又为山西巡抚与英国人订约开采山西的矿。当时人都叫他做"汉奸"，因为他同外国人往来，能得他们的信用。后来拳匪之乱（一九〇〇）联军占据北京，京城居民缺乏粮食，很多饿死的，他就带了钱进京，想设法赈济；那俄国兵占住太仓，太仓多米而欧洲人不吃米，他同俄国人商量，用贱价把太仓的米都籴出来，用贱价粜给北京的居民，救了无数的人。后数年，有大臣参他"私售仓粟"，把他充军到新疆，后来他就死在新疆。二十多年前，河南彰德府附近发现了许多有古文字的龟甲兽骨，刘鹗是研究这种文字最早的一个人，曾印有《铁云藏龟》一书。（以上记刘鹗的事迹，全根据罗振玉的《五十日梦痕录》。我因为外间知道他的人很不多，故摘抄大概于此。）

刘鹗著的《老残游记》，与李伯元的《文明小史》同时在《绣像小说》上发表。这部书的主人老残，姓铁，名英，是他自己的托名。书中写的风景经历，也都带着自传的性质。书中的庄抚台即是张曜，玉贤即是毓贤；论治河的一段也与罗振玉作的传相符。书中写申子平在山中遇着黄龙子、玙姑一段，荒诞可笑，钱玄同说他是"老新党头脑不甚清晰的见解"真是不错。书末把贾家冤死的十三人都从棺材里救活回来，也是无谓之至。但除了这两点之外，这部书确是一部很好的小说。他写玉贤的虐政，写刚弼的刚愎自用，都是很深刻的。大概他的官场经验深，故与李伯元、吴沃尧等全是靠传闻的，自然大不相同了。他写娼妓的问题，能指出这是一个生计的问题，不是一个道德的问题，这种眼光也就很可佩服了。他写史观察（上海施善昌）治河的结果，用极具体的写法，使人知道误信古书的大害（第十三回至十四回）。这是他生平一件最关心的事，故他写的这样真切。

但《老残游记》的最大长处在于描写的技术。第二回写白妞说大鼓书的一大段，读的人大概没有不爱的。我们引一小段作例：

> 王小玉……唱了几句书儿，声音初不甚响；……唱了十数句之后，渐渐的越唱越高；忽然拔了一个尖儿，像一线钢丝抛入天际，听的人不禁暗暗叫绝。那知他于那极高的地方，尚能回环转折；几啭之后，又高一层；接连有三四叠，节节高起。恍如由傲来峰西面攀登泰山的景像；初看傲来峰削壁千仞，以为上与天齐；及至翻到傲来峰，才见扇子崖更在傲来峰上；及至翻到扇子崖，又见南天门更在扇子崖上。愈翻愈险，愈险愈奇。那王小玉唱到极高的三四叠后，陡然一落，又极力骋其千回百折的精神，如一条飞蛇在黄山三十六峰半中腰里盘旋穿插，顷刻之间，周匝数遍。……

这一段虽是很好，但还用了许多譬喻，算不得最高的描写工夫。第十二回写老残在齐河县看黄河里打冰一大段，写的更为出色。最好的是看打冰那天的晚上，老残到堤上闲步，

> 抬起头来，看那南面山上一条白光，映着月色，分外好看。一层一层的山岭，却分辨不清；又有几片白云在那里面，所以分不出是云是山。及至定睛看去，方才看出那是云那是山来。虽然云是白的，山也是白的，云有亮光，山也有亮光；只为月在云上，云在月下，所以云的亮光从背后透过来；那山却不然，山的亮光由月光照到山上，被那山上的雪反射过来，所以光是两样了。然只稍近的地方如此。那山望东去，越望越远，天也是白的，山也是白的，云也是白的，就分辨不出来了。

只有白话的文学里能产生这种绝妙的"白描"美文来。

以上略述这五十年的白话小说。民国成立时，南方的几位小说家都已死了，小说界忽然又寂寞起来。这时代的小说只有李涵秋的《广陵潮》还可读；但他的体裁仍旧是那没有结构的"《儒林外史》"式。至于民国五年出的"黑幕"小说，乃是这一类没有结构的讽刺小说的最下作品，更不值得讨论了。北京平话小说近年来也没有好作品比得《儿女英雄传》或《七侠五义》的。

十

现在我们要说这五六年的文学革命运动了。

中国的古文在二千年前已经成了一种死文字。所以汉武帝时丞相公孙弘奏称"诏书律令下者……文章尔雅，训辞深厚，恩施甚美；小吏浅闻，不能究宣，无以明布谕下"。那时代的小吏已不能了解那文章尔雅的诏书律令了。但因为政治上的需要，政府不能不提倡这种已死的古文；所以他们想出一个法子来鼓励民间研究古文：凡能"通一艺以上"的，都有官做，"先用诵多者"。这个法子起于汉朝，后来逐渐修改，变成"科举"的制度。这个科举的制度延长了那已死的古文足足二千年的寿命。

但民间的白话文学是压不住的。这二千年之中，贵族的文学尽管得势，平民的文学也在那里不声不响的继续发展。汉魏六朝的"乐府"代表第一时期的白话文学。乐府的真美是遮不住的，所以唐代的诗也很多白话的，大概是受了乐府的影响。中唐的元稹、白居易更是白话诗人了。晚唐的诗人差不多全是白话或近于白话的了。中唐晚唐的禅宗大师用白话讲学说法，白话散文因此成立。唐代的白话诗和禅宗的白话散文代表第二时期的白话文学。但诗句的长短有定，那一律五字或一律七字的句子究竟不适宜于白话；所以诗一变而为词。词句长短不齐，更近说话的自然了。五代的白话词，北宋柳永、欧阳修、黄庭坚的白话词，南宋辛弃疾一派的白话词，代表第三时期的白话文学。诗到唐末，有李商隐一派的妖孽诗出现，北宋杨亿等接着，造为"西昆体"。北宋的大诗人极力倾向解放的方面，但终不能完全脱离这种恶影响。所以江西诗派，一方面有很近白话的诗，一方面又有很坏的古典诗。直到南宋杨万里、陆游、范成大三家出来，白话诗方才又兴盛起来。这些白话诗人也属于这第三时期的白话文学。南宋晚年，诗有严羽的复古派，词有吴文英的古典派，都是背时的反动。然而北方受了契丹、女真、蒙古三大征服的影响，古文学的权威减少了，民间的文学渐渐起来。金元时代的白话小曲——如《阳春白雪》和《太平乐府》两集选载的——和白话杂剧，代表这第四时期的白话文学。明朝的文学又是复古派战胜了；八股之外，诗词和散文都带着复古的色彩，戏剧也变成又长又酸的传奇了。但是白话小说可进步了。白话小说起于宋代，传至元代，还不曾脱离幼稚的时期。到了明朝，小说方才到了成人时期；《水浒传》、《金瓶梅》、《西游记》都出在这个时代。明末的金人瑞竟公然宣言"天下之文章无出《水浒传》右者"，清初的《水浒后传》，乾隆一代的《儒林外史》与《红楼梦》，都是很好的作品。直到这五十年中，小说的发展始终没有间断。明清五百多年的白话小说，代表第五时期的白话文学。

这五个时期的白话文学之中，最重要的是这五百年中的白话小说。这五百年之中，流行最广，势力最大，影响最深的书，并不是四书五经，也不是性理的语录，乃是那几部"言之无文行之最远"的《水浒》、《三国》、《西游》、《红楼》。这些小说的流行便是白话的传播；多卖得一部小说，便添得一个白话教员。所以这几百年来，白话的知识与技术都传播的很远，超出平常所谓"官话疆域"之外。试看清朝末年南方作白话小说的人，如李伯元是常州人，吴沃尧是广东人，便可以想见白话传播之远了。但丁（Dante）、鲍高嘉（Boccaccio）的文学，规定了意大利的国语；嘉叟（Chaucer）、卫克烈夫（Wycliff）的文学，规定了英吉利的国语；十四五世纪的法兰西文学，规定了法兰西的国语。中国国语的写定与传播两方面的大功臣，我们不能不公推这几部伟大的白话小说了。

中国的国语早已写定了，又早已传播的很远了，又早已产生了许多第一流的活文学了——然而国语还不曾得全国的公认，国语的文学也还不曾得大家的公认：这是因为什么缘故呢？这里面有两个大原因：一是科举没有废止，一是没有一种有意的国语主张。

科举一日不废，古文的尊严一日不倒。在科举制度之下，居然能有那无数的白话作品出现，功名富贵的引诱居然买不动施耐庵、曹雪芹、吴敬梓，政府的权威居然压不住《水浒》、《西游》、《红楼》的产生与流传：这已经是中国文学史上最徼幸又最光荣的事了。但科举的制度究竟能使一般文人钻在那墨卷古文堆里过日子，永远不知道时文古文之外还有什么活的文学。倘使科举制度至今还存在，白话文学的运动决不会有这样容易的胜利。

一九〇四年以后，科举废止了。但是还没有人出来明明白白的主张白话文学。二十多年以来，有提倡白话报的，有提倡白话书的，有提倡官话字母的，有提倡简字字母的：这些人难道不能称为"有意的主张"吗？这些人可以说是"有意的主张白话"，但不可以说是"有意的主张白活文学"。他们的最大缺点是把社会分作两部分：一边是"他们"，一边是"我们"。一边是应该用白话的"他们"，一边是应该做古文古诗的"我们"。我们不妨仍旧吃肉，但他们下等社会不配吃肉，只好抛块骨头给他们吃去罢。这种态度是不行的。

一九一六年以来的文学革命运动，方才是有意的主张白话文学。这个运动有两个要点与那些白话报或字母的运动绝不相同。第一，这个运动没有"他们""我们"的区别。白话并不单是"开通民智"的工具，白话乃是创造中国文学的唯一工具。白话不是只配抛给狗吃的一块骨头，乃是我们全国人都该赏识的一件好宝贝。第二，这个运动老老实实的攻击古文的权威，认他做"死文学"。从前那些白话报的运动和字母的运动，虽然承认古文难懂，但他们总觉得"我们上等社会的人是不怕难的：吃得苦中苦，方为人上人"。这些"人上人"大发慈悲心，哀念小百姓无知无识，故降格做点通俗文章给他们看。但这些"人上人"自己仍旧应该努力模仿汉魏唐宋的文章。这个文学革命便不同了，他们说，古文死了二千年了，他的不孝子孙瞒住大家，不肯替他发丧举哀；现在我们来替他正式发讣文，报告天下"古文死了！死了两千年了！你们爱举哀的，请举哀罢！爱庆祝的，也请庆祝罢！"

这个"古文死了两千年"的讣文出去之后，起初大家还不相信；不久，就有人纷纷议论了；不久，就有人号啕痛哭了。那号啕痛哭的人，有些哭过一两场，也就止哀了；有些一头哭，一头痛骂那些发讣文的人，怪他们不应该做这种"大伤孝子之心"的恶事；有些从外国奔丧回来，虽然素同死者没有多大交情，但他们听见哭声，也忍不住跟着哭一场，听见骂声，也忍不住跟着骂一场。所以这种哭声骂声至今还不曾完全停止。但是这个死信是不能再瞒的了，倒不如爽爽快快说穿了，叫大家痛痛快快哭几天，不久他们就会"节哀尽礼"的。即使有几个"终身孺慕"的孝子，那究竟是极少数人，也顾不得了。

文学革命的主张，起初只是几个私人的讨论，到民国六年（一九一七）一月方才正式在杂志上发表。第一篇胡适的《文学改良刍议》还是很和平的讨论。胡适对于文学的态度，始终只是一个历史进化的态度。故他这一篇的要点是：

> 文学者，随时代而变迁者也。一时代有一时代之文学……因时进化，不能自止。唐人不当作商周之诗，宋人不当作相如、子云之赋——即令作之，亦必不工。逆天背时，违进化之迹，故不能工也。……
>
> 以今世历史进化的眼光观之，则白话文学之为中国文学之正宗，又为将来文学必用之利器，可断言也。……

后来他的《历史的文学观念论》说的更详细：

　　居今日而言文学改良，当注重"历史的文学观念"。一言以蔽
之曰：一时代有一时代之文学。此时代与彼时代之间，虽皆有承前
启后之关系，而决不容完全抄袭；其完全抄袭者，决不成为真文
学。愚惟深信此理，故以为古人已造古人之文学，今人当造今人之
文学。……纵观古今文学变迁之趋势……白话之文学，自宋以来，
虽见屏于古文家，而终一线相承，至今不绝。……岂不以此为吾国
文学趋势自然如此，故不可禁遏而日以昌大耶？……吾辈之攻古文
家，正以其不明文学之趋势，而强欲作一千年二千年以上之文。此
说不破，则白话之文学无有列为文学正宗之一日，而世之文人将犹
鄙薄之，以为小道邪径而不肯以全力经营造作之。……夫不以全副
精神造文学而望文学之发生，此犹不耕而求获，不食而求饱也，亦
终不可得矣。施耐庵、曹雪芹诸人所以能有成者，正赖其有特别毅
力，能以全力为之耳。……

胡适自己常说他的历史癖太深，故不配作革命的事业。文学革命的进
行，最重要的急先锋是他的朋友陈独秀。陈独秀接着《文学改良刍议》
之后，发表了一篇《文学革命论》（六年二月），正式举起"文学革命"
的旗子。他说：

　　余甘冒全国学究之敌，高张"文学革命军"大旗，以为吾友之
声援。旗上大书吾革命军三大主义：
　　曰推倒雕琢的，阿谀的贵族文学；建设平易的，抒情的国民
文学。
　　曰推倒陈腐的，铺张的古典文学；建设新鲜的，立诚的写实
文学。
　　曰推倒迂晦的，艰涩的山林文学；建设明了的，通俗的社会
文学。

陈独秀的特别性质是他的一往直前的定力。那时胡适还在美洲，曾有信
给独秀说：

　　此事之是非，非一朝一夕所能定，亦非一二人所能定。甚愿国
中人士能平心静气与吾辈同力研究此问题。讨论既熟，是非自明。
吾辈已张革命之旗，虽不容退缩，然亦不敢以吾辈所主张为必是而
不容他人之匡正也。（六年四月九日）

可见胡适当时承认文学革命还在讨论的时期。他那时正在用白话作诗词，

想用实地试验来证明白话可以作韵文的利器，故自取集名为《尝试集》。他这种态度太和平了。若照他这个态度做去，文学革命至少还须经过十年的讨论与尝试。但陈独秀的勇气恰好补救这个太持重的缺点。独秀答书说：

> 鄙意容纳异议，自由讨论，固为学术发达之原则；独至改良中国文学当以白话为文学正宗之说，其是非甚明，必不容反对者有讨论之余地；必以吾辈所主张者为绝对之是而不容他人之匡正也。

这种态度，在当日颇引起一般人的反对。但当日若没有陈独秀"必不容反对者有讨论之余地"的精神，文学革命的运动决不能引起那样大的注意。反对即是注意的表示。

民国六年的《新青年》里有许多讨论文学的通信，内中钱玄同的讨论很多可以补正胡适的主张。民国七年一月，《新青年》重新出版，归北京大学教授陈独秀、钱玄同、沈尹默、李大钊、刘复、胡适六人轮流编辑。这一年的《新青年》（四卷五卷）完全用白话做文章。七年四月有胡适的《建设的文学革命论》，大旨说：

> 我的"建设新文学论"的唯一宗旨只有十个大字："国语的文学，文学的国语。"我们所提倡的文学革命只是要替中国创造一种国语的文学。有了国语的文学，方才可以有文学的国语。有了文学的国语，我们的国语方才算得真正国语。

这篇文章名为"建设的"，其实还是破坏的方面最有力。他说：

> 这二千年的文人所做的文学，都是死的，都是用已经死了的语言文字做的，死文字决不能产出活文学。……简单说来，自从《三百篇》到于今，中国的文学凡是有一些儿价值有一些儿生命的，都是白话的，或是近于白话的。……中国若想有活文学，必须用白话，必须用国语，必须做国语的文学。

这就是上文说的替古文发丧举哀了。在"建设的"方面，这篇文章也有一点贡献。他说：

> 若要造国语，先须造国语的文学，有了国语的文学，自然有国语。……真正有功效有势力的国语教科书便是国语的文学，便是国语的小说诗文戏本。国语的小说诗文戏本通行之日，便是中国国语成立之时。……中国将来的新文学用的白话，就是将来中国的标准国语。造将来白话文学的人，就是制定标准国语文学的人。

这篇文章把从前胡适、陈独秀的种种主张都归纳到十个字，其实又只有"国语的文学"五个字。旗帜更明白了，进行也就更顺利了。

这一年的文学革命，在建设的方面，有两件事可记，第一，是白话诗的试验。胡适在美洲做的白话诗还不过是刷洗过的文言诗；这是因为他还不能抛弃那五言七言的格式，故不能尽量表现白话的长处。钱玄同指出这种缺点来，胡适方才放手去做那长短无定的白话诗。同时沈尹默、周作人、刘复等也加入白话诗的试验。这一年的作品虽不很好，但技术上的训练是很重要的。第二，是欧洲新文学的提倡。北欧的 Ibsen，Strindberg，Anderson；东欧的 Dostojevsky，Kuprin，Tolstoy；新希腊的 Ephtaliotis；波兰的 Seinkiewicz：这一年之中，介绍了这些人的文学进来。在这一方面，周作人的成绩最好。他用的是直译的方法，严格的尽量保全原文的文法与口气。这种译法，近年来很有人仿效，是国语的欧化的一个起点。

民国七年冬天，陈独秀等又办了一个《每周评论》，也是白话的。同时北京大学的学生傅斯年、罗家伦、汪敬熙等出了一个白话的月刊，叫做《新潮》，英文名字叫做 *The Renaissance*，本义即是欧洲史上的"文艺复兴时代"。这时候，文学革命的运动已经鼓动了一部分少年人的想像力，故大学学生有这样的响应。《新潮》初出时，精采充足，确是一支有力的生力军。民国八年开幕时，除了《新青年》、《新潮》、《每周评论》之外，北京的《国民公报》也有好几篇响应的白话文章。从此以后，响应的渐渐的更多了。

但响应的多了，反对的也更猛烈了。大学内部的反对分子也出了一个《国故》，一个《国民》，都是拥护古文学的。校外的反对党竟想利用安福部的武人政客来压制这种新运动。八年二三月间，外间谣言四起，有的说教育部出来干涉了，有的说陈、胡、钱等已被驱逐出京了。这种谣言虽大半不确，但很可以代表反对党心理上的愿望。当时古文家林纾在《新申报》上做了好几篇小说痛骂北京大学的人。内中有一篇《妖梦》，用元绪影北大校长蔡元培，陈恒影陈独秀，胡亥影胡适；那篇小说太醒醋了，我们不愿意引他。还有一篇《荆生》，写田必美（陈）、金心异（钱）、狄莫（胡）三人聚谈于陶然亭，田生大骂孔子，狄生主张白话，忽然隔壁一个"伟丈夫"

赳足超过破壁，指三人曰，"汝适何言？……尔乃敢以禽兽之言，乱吾清听！"田生尚欲抗辩，伟丈夫骈二指按其首，脑痛如被锥刺；更以足践狄莫，狄腰痛欲断。金生短视，丈夫取其眼镜掷之，则怕死如猬，泥首不已。丈夫笑曰："尔之发狂似李贽，直人间之怪物。今日吾当以香水沐吾手足，不应触尔背天反常禽兽之躯干。尔可鼠窜下山，勿污吾简。……留尔以俟鬼诛。"……

这种话很可以把当时的卫道先生们的心理和盘托出。这篇小说的末尾有林纾的附论，说：

> 如此混浊世界，亦但有田生、狄生足以自豪耳！安有荆生？

这话说的很可怜。当日古文家很盼望有人出来作荆生，但荆生究竟不可多得。他们又想运动安福部的国会出来弹劾教育总长和北京大学校长，后来也失败了。

八年三月间，林纾作书给蔡元培，攻击新文学的运动；蔡元培也作长书答他。这两书很可以代表当日"新旧之争"的两方面，故我们摘抄几节。林书说：

> ……大学为全国师表，五常之所系属。近者谣诼纷集，我公必有所闻。……弟年垂七十；富贵功名，前三十年视若死灰；今笃老，尚抱守残缺，至死不易其操。前年梁任公倡马、班革命之说，弟闻之失笑。任公非劣，何为作此媚世之言？马、班之书，读者几人？将不革而自革，何劳任公费此神力？

> 若云死文字有碍生学术，则科学不用古文，古文亦无碍科学。英之迭更累斥希腊、拉丁、罗马之文为死物，而至今仍存者，迭更虽躬负盛名，固不能用私心以蔑古。矧吾国人尚有何人如迭更者耶？……

> 且天下惟有真学术，真道德，始足独树一帜，使人景从。若尽废古书，行用土语为文字，则都下引车卖浆之徒所操之语，按之皆有文法……则凡京津之稗贩皆可用为教授矣。若《水浒》、《红楼》皆白话之圣，并足为教科之书，不知《水浒》中辞吻多采岳珂之《金陀萃编》，《红楼》亦不止为一人手笔，作者均博极群书之人。总之，非读破万卷，不能为古文，亦并不能为白话。若化古子之言为白话演说，亦未尝不是。按《说文》"演，长流也"，亦有延之广之之义，法当以短演长，不能以古子之长演为白话之短。……（以下论"新道德"一节，从略。）

> 今全国父老以子弟托公，愿公留意，以守常为是。……此书上

后，可不必示覆；唯静盼好音，为国民端其趋向。……

林纾顿首

蔡元培答书对于"尽废古书，行用土语为文字"一点，提出三个答案。但蔡书的最重要之点并不在驳论——因为原书本不值得一驳——乃在末段的宣言。他说：

> 至于弟在大学，则有两种主张：
>
> （一）对于学说，仿世界各大学通例，循思想自由原则，取兼容并包主义。……无论有何种学派，苟其言之成理，持之有故，尚不达自然淘汰之运命者，虽彼此相反，悉听其自由发展。
>
> （二）对于教员，以学诣为主……其在校外之言动，悉听自由，本校从不过问，亦不能代负责任。……

蔡元培自己也主张白话，他曾说：

> 我们中国文言同拉丁文一样，所以我们不能不改用白话。……虽现在白话的组织不完全，可是我们决不可错了这个趋势。（在北京高等师范国文部演说）

他又说：

> 我敢断定白话派一定占优胜。……将来应用文一定全用白话；但美术文或者有一部分仍用文言。（在北京女子高等师范演说）

林、蔡的辩论是八年三月中间的事。过了一个多月，巴黎和会的消息传来，中国的外交完全失败了。于是有"五四"的学生运动，有"六三"的事件，全国的大响应居然逼迫政府罢免了曹汝霖、陆宗舆、章宗祥三人。这时代，各地的学生团体里忽然发生了无数小报纸，形式略仿《每周评论》，内容全用白话。此外又出了许多白话的新杂志。有人估计，这一年（一九一九）之中，至少出了四百种白话报。内中如上海的《星期评论》，如《建设》，如《解放与改造》（现名《改造》），如《少年中国》，都有很好的贡献。一年以后，日报也渐渐的改了样子了。从前日报的附张往往记载戏子妓女的新闻，现在多改登白话的论文译著小说新诗。北京的《晨报》副刊，上海《民国日报》的《觉悟》，《时事新报》的《学灯》，在这三年之中，可算是三个最重要的白话文的机关。时势所趋，就使那些政客军人办的报也不能不寻几个学生来包办一个白话的附张了。民国九年以后，国内几个持重的大杂志，如《东方杂志》、

《小说月报》……也都渐渐的白话化了。

民国八年的学生运动与新文学运动虽是两件事，但学生运动的影响能使白话的传播遍于全国，这是一大关系；况且五四运动以后，国内明白的人渐渐觉悟"思想革新"的重要，所以他们对于新潮流，或采取欢迎的态度，或采取研究的态度，或采取容忍的态度，渐渐的把从前那种仇视的态度减少了，文学革命的运动因此得自由发展，这也是一大关系。因此，国民八年以后，白话文的传播真有"一日千里"之势。白话诗的作者也渐渐的多起来了。民国九年，教育部颁布了一个部令，要国民学校一二年的国文，从九年秋季起，一律改用国语。又令：

> 凡照旧制编辑之国民学校国文教科书，其供第一第二两学年用者，一律作废；第三学年用书，准用至民国十年为止；第四学年用书，准用至民国十一年为止。

依这个次序，须到今年（一九二二），方才把国民学校的国文完全改成国语。但教育制度是上下连接的；牵动一发，便可摇动全身。第一二年改了国语，初级师范就不能不改了，高等小学也多跟着改了。初级师范改了，高等师范也就不能不改动了。中学校也有许多自愿采用国语文的。教育部这一次的举动虽是根据于民国八年全国教育会的决议，但内中很靠着国语研究会会员的力量。国语研究会是民国五年成立的，内中出力的会员多半是和教育部有关系的。国语文学的运动成熟以后，国语教科书的主张也没有多大阻力了，故国语研究会能于傅岳棻做教育次长代理部务的时代，使教育部做到这样重要的改革。

还有一件事，虽然与文学革命的运动没有多大的关系，却也是应该提及的。民国元年，教育部召集了一个读音统一会，讨论读音统一的问题。读音统一会议定了三十九个"注音字母"。这一副字母，本来不过用来注音，"以代反切之用"的。当初的宗旨，全在统一汉文的读音，并不曾想到白话上去，也不曾有多大的奢望。七年十一月，教育部把这副字母正式颁布了。八年四月，教育部重新颁布注音字母的新次序（吴敬恒定的）。八年九月，《国音字典》出版。这个时候，国语的运动已快成熟了，国语教育的需要已是公认的了；所以当日"代反切之用"的注音字母，到这时候就不知不觉的变成国语运动的一部分了，就变成中华民国的国语字母了。

民国九年十年（一九二〇——一九二一），白话公然叫做国语了。反对的声浪虽然不曾完全消灭，但始终没有一种"持之有故，言之成理"的反对论。今年（一九二二）南京出了一种《学衡》杂志，登出几个留学生的反对论，也只能谩骂一场，说不出什么理由来。如梅光迪说的：

> 彼等非思想家，乃诡辩家也。……夫古文与八股何涉？而必并为一谈。吾国文学，汉魏六朝则骈体盛行，至唐宋则古文大昌，宋元以来又有白话体之小说戏曲。彼等乃谓文学随时代而变迁，以为今人当兴文学革命，废文言而用白话。夫革命者，以新代旧，以此易彼之谓。若古文之递兴，乃文学体裁之增加，实非完全变迁，尤非革命也。诚如彼等所云，则古文之后，当无骈体；白话之后，当无古文。而何以唐宋以来文学正宗与专门名家皆为作古文或骈体之人？此吾国文学史上事实，岂可否认以圆其私说者乎？……

这种议论真是无的放矢。正为古文之后还有那背时的骈文，白话已兴之后还有那背时的骈文古文，所以有革命的必要。若"古文之后无骈体，白话之后无古文"，那就用不着谁来提倡有意的革命了。又如胡先骕说的：

> 胡君（胡适）……以过去之文字为死文字，现在白话中所用之字为活文字；……而以希腊拉丁文以比中国古文，以英德法文以比中国白话（比字上两个以字，皆依原文）。……以不相类之事，相提并论，以图眩世欺人而自圆其说，予诚无法以谅胡君之过矣。希腊拉丁文之于英德法，外国文也。苟非国家完全为人所克服，人民完全与他人所同化（与字所字皆依原文），自无不用本国文字以作文学之理。至意大利之用塔斯干方言为（原作之）国语之故，亦由于罗马分崩已久，政治中心已有转移，而塔斯干方言已占重要之位置，而有立为国语之必要也。希腊拉丁文之于英德法文，恰如汉文与日本文之关系。今日人提倡以日本文作文学，其谁能指其非？胡君可谓废弃古文而用白话文，等于日人之废弃汉文而用日本文乎？吾知其不然也。……

其实胡适的答案应该是"正是如此"。中国人用古文作文学，与四百年前欧洲人用拉丁文著书作文，与日本人做汉文，同是一样的错误，同是活人用死文字作文学。至于外国文与非外国文之说，并不成问题。瑞士人，比利时人，美国人，都可以说是用外国文字作本国的文学；但他们用的是活文字，故与用拉丁文不同，与日本人用汉文也不同。

《学衡》的议论，大概是反对文学革命的尾声了。我可以大胆说，文学革命已过了讨论的时期，反对党已破产了。从此以后，完全是新文学的创造时期。

至于这五年以来白话文学的成绩，因为时间过近，我们还不便一一的下评判。但是我们从大势上看来，也可以指出几个要点：第一，白话诗可以算是上了成功的路了。诗体初解放时，工具还不伏手，技术还不精熟，故还免不了过渡时代的缺点。但最近两年的新诗，无论是有韵诗，是无韵诗，或是新兴的"短诗"，都很有许多成熟的作品。我可以预料十年之内的中国诗界定有大放光明的一个时期。第二，短篇小说也渐渐的成立了。这一年多（一九二一以后）的《小说月报》已成了一个提倡"创作"的小说的重要机关，内中也曾有几篇很好的创作。但成绩最大的却是一位托名"鲁迅"的。他的短篇小说，从四年前的《狂人日记》到最近的《阿Q正传》，虽然不多，差不多没有不好的。第三，白话散文很进步了。长篇议论文的进步，那是显而易见的，可以不论。这几年来，散文方面最可注意的发展乃是周作人等提倡的"小品散文"。这一类的小品，用平淡的谈话，包藏着深刻的意味；有时很像笨拙，其实却是滑稽。这一类的作品的成功，就可彻底打破那"美文不能用白话"的迷信了。第四，戏剧与长篇小说的成绩最坏。戏剧还有人试做；长篇小说不但没有人做，几乎连译本都没有了！这也是很自然的现象。现在试作新文学的人，或是等着稿费买米下锅，或是天天和粉笔黑板做朋友；他们的时间只够做几件零碎的小作品，如诗，如短篇小说。他们的时间不许他们做长篇的创作。这是一个原因。况且我们近来觉悟从前那种没有结构没有组织的小说体——或是《儒林外史》式，或是《水浒》式——已不能使人满意了，所以不知不觉的格外慎重起来。这个慎重的现象，是暂时的，也许是很好的。平心而论，与其多出几集无穷无尽的《官场现形记》一类的小说，倒不如现在这样完全缺货的好了。

以上略述文学革命的历史和新文学的人概。至于详细的举例和详细的评判，我们只好等到《申报》六十周年纪念时再补罢。

十一，三，三

（此文原载《申报》五十周年纪念刊《最近之五十年》）

陈独秀与文学革命
（1932 年 10 月 29 日）

今天我要讲的题目是"陈独秀与文学革命"，这本来是国文系同学研究的材料，想不到报纸上登出去，变成公开的了。陈先生与文学革命的关系，是很有讨论的必要的一个问题。在民国六年，大家办《新青年》的时候，本有一个理想，就是二十年不谈政治，二十年离开政治，而从教育思想文化等等，非政治的因子上建设政治基础。但是不容易做得到，因为我们虽抱定不谈政治的主张，政治却逼得我们不得不去谈它。民国六年第二学期陈先生来到北大，去年陈先生和李大钊先生因为要谈政治，另外办了一个《每周评论》。我也不曾批评它，他们向我要稿子，我记得我只送了两篇短篇小说的译稿去。民国八年，"五四"以后，有一天陈先生在新世界（香厂）散传单，因前几天在报纸上看见陈先生的口供，说他自己因为反动，前后被捕三次，在此地被捕一次，就是因为在香厂散传单。那时候高一涵先生和我都在内，大家印好传单，内容一共六条，大概因为学生被拘问题，有一条是要求政府免去卫戍司令王怀庆的职，惩办曹、章、陆三人……到了十一点钟回家，我和高先生在洋车上一边谈，看见有没关门的铺子，我们又要给他一张。我还记得那时是六月天气正热，我们夜深还在谈话，忽然报馆来电话，说东京大罢工，我们高兴极了；但一会又有电话，说自你们走后，陈先生在香厂被捕了，他是为了这种（件）事被捕，然而报上却载着他是反动！这是反动，那么现在的革命是不是反动？"反动"抹杀了许多事实，他怎么能算是反动？

今天这个题目，说起来有很多不方便的地方，因为我们既是同事，而且主张也颇相同。在民国十二年，上海出版了一部《科学与人生观论集》，那时陈先生已经同我们分别到上海去了。这部二十万字的集子，我做了一篇序，陈先生也写了一篇，他极力反驳我，质问我，陈先生那时已转到马克思主义那方面去了。他问我所说马克思的唯物史观可以解释大多数的话，能否再进一步，承认它能解释一切。他说白话文也是因为产业发达，人口集中，才产生出来的，他说"常有人说白话文的局面是胡适之、陈独秀一般人闹出来的，其实这是我们的不虞之誉，中国近来产业发达，人口集中，白话文完全是应这个需要而发生而存在的"；适之等若在十三年前提倡白话文，只需章行严一篇文章便驳得烟消灰灭，此时章行严的崇论宏议有谁肯听？他是注重经济的条件的，我也没有反驳他，因为他不否认人的努力，两个人的主张不算冲突，不过客观的条件虽然重要，但不仅限于经济一个条件，至于文化的条件，政治的条件，也是不能否认的。

陈先生与新文学运动有三点是很重要的背景。

一，他有充分的文学训练，对于旧文学很有根底，苏曼殊、章行严的小说文章，他都要做个序子，这是散文方面的成绩。说到诗他是学宋诗的，在《甲寅》杂志他发表过许多作品，署名"独秀山民"、"陈仲"、"陈仲子"，他的诗有很大胆的变化，其中有一首哭亡兄，可说是完全白话的，是一种新的创造。他更崇拜小说，他说曹雪芹、施耐庵的《红楼梦》、《水浒传》比较归有光《姚姬传》的古文要高明的多，在那时说这种大胆的话，大家都惊异得很，这可见他早就了解白话文的重要，他最佩服马东篱的元曲，说他是中国的 Shakespeare。

二，他受法国文化的影响很大，他的英文、法文都可以看书，我记得《青年杂志》（即后来的《新青年》）上，他做过一篇《法兰西人与近代文明》表示他极端崇拜法国的文化，他说法国人发明了三个大东西，第一是人权说（Rights of Men），在一七八九年法人 Lafayette 做《人权宣言》（Déclaration des Droits de l'Homme et du Citoyen），美国的独立宣言也是他做的。第二是生物进化论，法人 Lamarck 在一八〇九年做《动物哲学》，其后五十年才有达尔文出来。第三是有三个法国人 Babeuf, Saint-Aimon, Fourier，是马克思的先声，首开社会主义的风气。但另外还有一点，陈先生没有说到，就是新文学运动。其实陈先生受自然主义影响最大，看他一篇《欧洲文艺谈》，把法国文学艺术的变化分成几个时期：（一）从古典主义到理想主义（即浪漫主义）；（二）从浪漫主义到写实主义；（三）从写实主义到自然主义，把法国文学上各种主义详细地介绍到中国，陈先生算是最早的一个，以后引起大家对各种主义的许多讨论。

三，陈先生是一位革命家，那时我们许多青年人在美国留学，暇时就讨论文学的问题，时常打笔墨官司。但我们只谈文学，不谈革命，但陈先生已经参加政治革命，实行家庭革命，他家是所谓大世家，但因恋爱问题及其他问题同家庭脱离了关系，甚至他父亲要告他，有一次他到北京，他家开的一所大铺子的掌柜听说小东人来了，请他到铺子去一趟，赏个面子，但他却说"铺子不是我的"，可见他的精神。在袁世凯要实现帝制时，陈先生知道政治革命失败是因为没有文化思想这些革命，他就参加伦理革命，宗教革命，道德的革命，在《新青年》上有许多基本革命的信条：（一）自主的不是奴隶的；（二）进步的不是保守的；（三）进取的不是退隐的；（四）世界的不是锁国的；（五）实利的不是虚文的；（六）科学的不是想象的，这是根本改革的策略。民国五年袁世凯死了，他说新时代到了，自有史以来，各种罪恶耻羞都不能洗，然而新时代到了，他这种革命的精神，与我们留学生的消极的态度，相差不知多少。他那时所主张的不仅是政治革命，而是道德、艺术一切文化的革命！

民国四年《甲寅》杂志最后一期有两篇东西，一篇是《学校国文教材之商榷》，反对用唐宋八家的文章做材料，要选更古的文章，汉魏六朝的东西做教材，这是一趋势；又一篇是《通讯》，名记者黄远庸写的（他后来在美国旧金山被暗杀了），他说："愚见以为居今论政，实不知从何处起说，洪范九畴，亦只能明夷待访……至根本救济，还意当提倡新文学入手，综之当使吾辈思潮，如何能与现代思潮接触，而促其猛省，而其爱须与一般之人生出交涉，法须以浅近文艺，普遍四周……"章士钊答他说文学革命须从政治下手，此又一潮流。但陈先生却恭维自然主义，尤其是左拉（Zola）。有一个张永言写一封信给他，引起他对文学的兴味，引起我与陈先生通讯的兴味，他说现在是古典到浪漫主义的时期，但应当走到写实主义那方面去，不过我同时〈看到〉《新青年》第三号上，有一篇谢无量的律诗《寄会稽山人八十四韵》，后面有陈先生一个跋："文学者，国民最高精神之表现也，国民此种精神委顿久矣，谢君此作，深文余味，希世之音也。子云相如而后，仅见斯篇，虽工部亦只有此工力，无此佳丽，谢君自谓天下文章尽在蜀中，非夸矣，吾国人伟大精神，犹未丧失也欤？于此征之。"他这样恭维他，但他平日的主张又是那样，岂不是大相矛盾？我写了封信质问他，他也承认他矛盾，我当时提出了八不主义，就是《文学改良刍议》，登在《新青年》

上，陈先生写了一个跋。

他想到文学改革，但未想到如何改革，后来他知道工具解放了就可产生新文学，他做了一篇《文学革命论》，我的诗集叫《尝试》，刊物叫《努力》，他的刊物叫《向导》，这篇文章又是《文学革命论》！他的精神于此可见。他这篇文章有可注意的两点：（一）改我的主张进而为文学革命；（二）成为由北京大学学长领导，成了全国的东西，成了一个严重的问题。他说庄严灿烂的欧洲是从革命来的，他高张文学革命军大旗，为中国文学开辟一个新局面，他有三大主义：（1）推倒雕琢的阿谀的贵族文学，建设平易的抒情的国民文学；（2）推倒陈腐的铺张的古典文学，建设新鲜的立诚的写实文学；（3）推倒迂晦的艰涩的山林文学，建设明了的通俗的社会文学，他愿意拖了四十二生的大炮为之前驱，打倒十八妖魔：明之前后七子和归、方、姚、刘！这就是变成整个思想革命！

最后，归纳起来说，他对于文学革命有三个大贡献：

一，由我们的玩意儿变成了文学革命，变成三大主义。

二，由他才把伦理、道德、政治的革命与文学合成一个大运动。

三，由他一往直前的精神，使得文学革命有了很大的收获。

其他关于陈先生的事，可以看《独立评论》第二十四期傅斯年的《陈独秀案》。

（此文原载 1932 年 10 月 30 日、31 日北平《世界日报》）

《中国新文学大系·建设理论集》导言
（1935 年 9 月 3 日）

一

中国新文学运动的历史，我们至今还不能有一种整个的叙述。为什么呢？第一，因为时间太逼近了，我们的记载与论断都免不了带着一点主观情感的成分，不容易得着客观的，严格的史的记录。第二，在这短短二十年里，这个文学运动的各个方面的发展是不很平均的，有些方面发展的很快，有些方面发展的稍迟；如散文和短篇小说就比长篇小说和戏剧发展的早多了。一个文学运动的历史的估价，必须包括它的出产品的估价。单有理论的接受，一般影响的普遍，都不够证实那个文学运动的成功。所以在今日新文学的各方面都还不曾有大数量的作品可以供史家评量的时候，这部历史是写不成的。

良友图书公司的《新文学大系》的计划正是要替这个新文学运动的第一个十年作第一次的史料大结集。这十巨册之中，理论的文学要占两册，文学的作品要占七册。理论的发生，宣传，争执，固然是史料，这七大册的小说、散文、诗、戏剧，也是同样重要的史料。文学革命的目的是要用活的语言来创作新中国的新文学——来创作活的文学，人的文学。新文学的创作有了一分的成功，即是文学革命有了一分的成功。"人们要用你结的果子来评判你。"正如政治革命的目的是要建立一个新的社会秩序，那个新社会秩序的成败即是那个政治革命的成败。文学革命产生出来的新文学不能满足我们赞成革命者的期望，就如同政治革命不能产生更满意的社会秩序一样，虽有最圆满的革命理论，都只好算作不兑现的纸币了。

所以我是最欢迎这一部大结集的。《新文学大系》的主编者赵家璧先生要我担任"建设理论集"的编纂，我当然不能推辞。这一集的理论文字，代表民国六年到九年之间（一九一七——一九二〇）的文学革命的理论，大都是从《新青年》、《新潮》、《每周评论》、《少年中国》几个杂志里选择出来的，因为这几个刊物都是中国新文学运动的急先锋，都是它的最早的主要宣传机关。

这一集所收的文字，分作三组：第一组是一篇序幕，记文学革命在国外怎样发生的历史；这虽然是一种史实的记载，其实后来许多革命理论的纲领都可以在这里看见了。第二组是文学革命最初在国内发难的时候的几篇重要理论，以及他们所引起的响应和讨论。第三组是这个运动的稍后一个时期的一些比较倾向建设方面的理论文章，包括关于新诗、戏剧、小说、散文各个方面的讨论。

我现在要写的序文，当然应该概括的指点出那些理论的中心见解和重要根据。但我想，在那个提要的说明之前，我应该扼要的叙述这个文学革命运动的历史的背景。

这个背景的一个重要方面，是古文在那四五十年中作最后挣扎的一段历史（参看我的《五十年来之中国文学》）。那个时代是桐城派古文的复兴时期。从曾国藩到吴汝纶，桐城派古文得着最有力的提倡，得着很大的响应。曾国藩说的"举天下之美，无以易乎桐城姚氏者也"，最可以代表当时文人对这个有势力的文派的信仰。我们在今日回头看桐城派古文在当日的势力之大，传播之广，也可以看出一点历史的意义。桐城派古文的抬头，就是骈俪文体的衰落。自从韩愈提出"文从字顺各识职"的古文标准以后，一些"古文"大家大都朝着"文从字顺"的方向努力。只有这条路可以使那已死的古文字勉强应用，所以在这一千年之中，古文越做越通顺了——宋之欧、苏，明之归有光、钱谦益，清之方苞、姚鼐，都比唐之韩、柳更通顺明白了。到曾国藩，这一派的文字可算是到了极盛的时代。他们不高谈秦、汉，甚至于不远慕唐、宋，竟老老实实的承认桐城古文为天下之至美！这不是无意的降格，这是有意的承认古文的仿作越到后来越有进步。所以王先谦《续古文辞类纂》的自序说：

> 学者将欲杜歧趋，遵正轨，姚氏而外，取法梅、曾（梅曾亮、曾国藩），足矣。

姚鼐、曾国藩的古文差不多统一了十九世纪晚期的中国散文。散文体做到了明白通顺的一条路，它的应用的能力当然比那骈俪文和那模仿殷盘周诰的假古文大多了。这也是一个转变时代的新需要。这是桐城古文得势的历史意义。

在那个社会与政治都受绝大震荡的时期，古文应用的方面当然比任何过去时期更多更广了。总计古文在那四五十年中，有这么多的用处：第一是时务策论的文章，如冯桂芬的《校邠庐抗议》，如王韬的报馆文章，如郑观应、邵作舟、汤寿潜诸家的"危言"，都是古文中的"策士"一派。后起的政论文家，如谭嗣同，如梁启超，如章士钊，也都是先从桐城古文入手的。第二是翻译外国的学术著作。最有名的严复，就出于桐城派古文家吴汝纶的门下。吴汝纶赞美严复的《天演论》，说"其书乃骎骎与晚周诸子相上下"，严复自己也说："精理微言，用汉以前字法句法则为达易，用近世利俗文字则求达难。"其实严复的译文全是学桐城古文，有时参用佛经译文的句法；不过他翻译专门术语，往往极力求古雅，所以外貌颇有古气。第三是用古文翻译外国小说。最著名的译人林纾也出于吴汝纶的门下；其他用古文译小说的人，也往往是学桐城古文的，或是间接模仿林纾的古文的。

古文经过桐城派的廓清，变成通顺明白的文体，所以在那几十年中，古文家还能勉强挣扎，要想运用那种文体来供给一个骤变的时代的需要。但时代变的太快了，新的事物太多了，新的知识太复杂了，新的思想太广博了，那种简单的古文体，无论怎样变化，终不能应付这个新时代的要求，终于失败了。失败最大的是严复式的译书。严复自己在《群己权界论》的凡例里曾说：

> 海内读吾译者，往往以不可猝解，訾其艰深。不知原书之难且实过之。理本奥衍，与不佞文字固无涉也。

这是他的译书失败的铁证。今日还有学严复译书的人，如章士钊先生，他们的译书是不会有人读的了。

其次是林纾式的翻译小说的失败。用古文写的小说，最流行的是蒲松龄的《聊斋志异》；《聊斋志异》有圈点详注本，故士大夫阶级多能阅读。古文到了桐城一派，叙事记言多不许用典，比《聊斋》时代的古文干净多了。所以林纾译的小说，没有注释典故的必要，然而用古文译书，不加圈读，懂得的人就很少。林译小说都用圈断句，故能读者较多。但能读这种古文小说的人，实在是很少的。林纾的名声大了，他的小说每部平均能销几百本，在当时要算销行最广的了，但当时一切书籍（除小学教科书外）的销路都是绝可怜的小！后来周树人、周作人两先生合译《域外小说集》，他们都能直接从外国文字译书，他们的古文也比林纾更通畅细密，然而他们的书在十年之中只销了二十一册！这个故事可以使我们明白，用古文译小说，也是一样劳而无功的死路，因为能读古文小说的人实在太少了。至于古文不能翻译外国近代文学的复杂文句和细致描写，这是能读外国原书的人都知道的，更不用说了。

严格说来，谭嗣同、梁启超的议论文已不是桐城派所谓"古文"了。梁启超自己说他亡命到国外以后，做文章即

> 自解放，务为平易畅达，时杂以俚语，韵语，及外国语法；纵笔所至不检束。学者竟效之，号新文体。老辈则痛恨，诋为野狐。然其文条理明晰，笔锋常带情感，对于读者，别有一种魔力焉。

这种"新文体"是古文的大解放。靠着圈点和分段的帮助，这种解放的文体居然能做长篇的议论文章了；每遇一个抽象的题目，往往列举譬喻，或列举事例，每一譬喻或事例各自成一段，其体势颇像分段写的八

股文的长比，而不受骈四俪六的拘束，所以气势汪洋奔放，而条理浅显，容易使读者受感动。在一个感受绝大震荡的过渡社会里，这种解放的新文体曾有很伟大的魔力。但议论的文字不是完全走情感的一条路的。经过了相当时期的教育发展，这种奔放的情感文字渐渐的被逼迫而走上了理智的辩驳文字的路。梁启超中年的文章也渐渐从奔放回到细密，全不像他壮年的文章了。后起的政论家，更不能不注意逻辑的谨严，文法的细密，理论的根据。章士钊生于桐城古文大本营的湖南，他的文章很有桐城气息。他一面受了严复的古文译书的影响，一面又颇受了英国十九世纪政论文章的影响，所以他颇想做出一种严密的说理文章。同时的政论家也颇受他的影响，朝着这个方面做去。这种文章实在是和严复的译书很相像的：严复是用古文翻外国书，章士钊是用古文说外国话。说的人非常费劲，读的人也得非常费劲，才读得懂。章士钊一班人的政论当然也和严复的译书同其命运，同为"不可猝解"。于是这第三个方面的古文应用也失败了。

在那二三十年中，古文家力求应用，想用古文来译学术书，译小说，想用古文来说理论政，然而都失败了。此外如章炳麟先生主张回到魏、晋的文章，"将取千年朽蠹之余，反之正则"，更富有复古的意味，应用的程度更小了，失败更大了。他们的失败，总而言之，都在于难懂难学。文学的功用在于达意，而达意的范围以能达到最大多数人为最成功。在古代社会中，最大多数人是和文字没交涉的。做文章的人，高的只求绝少数的"知音"的欣赏，低的只求能"中试官"的口味。所以他们心目中从来没有"最大多数人"的观念。所以凡最大多数人都能欣赏的文学杰作，如《水浒传》，如《西游记》，都算不得文学！这一个根本的成见到了那个过渡的骤变的时代，还不曾打破，所以严复、林纾、梁启超、章炳麟、章士钊诸人都还不肯抛弃那种完全为绝少数人赏玩的文学工具，都还妄想用那种久已僵死的文字来做一个新时代达意表情说理的工具。他们都有革新国家社会的热心，都想把他们的话说给多数人听。可是他们都不懂得为什么多数人不能读他们的书，听他们的话！严复说的最妙：

　　　　理本奥衍，与不佞文字固无涉也。

在这十三个字里，我们听得了古文学的丧钟，听见了古文家自己宣告死刑。他们仿佛很生气的对多数人说："我费尽气力做文章，说我的道理，你们不懂，是你们自己的罪过，与我的文章无干！"

在这样的心理之下，古文应用的努力完全失败了。

二

可是在这个时期，那"最大多数人"也不是完全被忽略了。当时也有一班远见的人，眼见国家危亡，必须唤起那最大多数的民众来共同担负这个救国的责任。他们知道民众不能不教育，而中国的古文古字是不配作教育民众的利器的。这时候，基督教的传教士早已在各地造出各种方言字母来拼读各地的土话，并且用土话字母来翻译《新约》，来传播教义了。日本的骤然强盛，也使中国士大夫注意到日本的小学教育，因此也有人注意到那五十假名的教育功用。西方和东方的两种音标文字的影响，就使中国维新志士渐渐觉悟字母的需要。

最早创造中国拼音字母的人大都是沿海各省和西洋传教士接触最早的人。如厦门卢戆章造的"切音新法"，如福建龙溪蔡锡勇造的"传音快字"，如广东香山王炳耀造的"拼音字谱"，都是这个字母运动的先锋。卢戆章的字母，在戊戌变法的时期，曾由他的同乡京官林辂存运动都察院奏请颁行天下。蔡锡勇和他的儿子蔡璋继续改良他们的"快字"，演成"蔡氏速记术"，创开了中国的速记术。

戊戌变法的一个领袖，直隶宁河县人王照（死于一九三三），当新政推翻时亡命到日本，庚子乱后他改装偷回中国，隐居在天津，发愿要创造"官话字母"，共六十余母，用两拼之法，"专拼白话"；因"语言必归一致"，故他主张用北京话作标准（以前卢、蔡诸家的字母都是方言字母，不曾有专拼官话的计划）。王照是一个很有见识的人，他的主张很有许多地方和后来主张白话文学的人相同。他说：

> 余今奉告当道者：富强治理，在各精其业各扩其职各知其分之齐氓，不在少数之英隽也。朝廷所应注意而急图者宜在此也。茫茫九州，芸芸亿兆，呼之不省，唤之不应，劝导禁令毫无把握，而乃舞文弄墨，袭空论以饰高名，心目中不见细民，妄冀富强之效出于策略之转移焉，苟不当其任，不至其时，不知其术之穷也！（《官话合声字母原序》）

这就是说，富强治理的根本在于那最大多数的齐氓、细民。他在戊戌变法时，也曾"妄冀富强之效出于策略之转移"；但他后来觉悟了，知道"其术之穷"了，所以他冒大险回国，要从教育那"芸芸亿兆"下手。他知道各国教育的普及都靠"文言一致，拼音简便"，所以他发愤要造出一种统一中国语言文字的官话字母。他很明白的说，这种字母是"专拼白话"的。他说：

> 吾国古人造字，以便民用，所命之音必与当时语言无异，此一定之理也。而语言代有变迁，文亦随之。……故以孔子之文较夏殷之文，则改变句法，增添新字，显然大异。可知系就当时俗言肖声而出，著之于简，欲妇孺闻而即晓。凡也、已、焉、乎等助词为夏殷之书所无者，实不啻今之白话文增入呀、么、哪、咧等字。孔子不避其鄙俚，因圣人之心专以便民为务，无"文"之见存也。后世文人欲借文以饰智惊愚，于是以摩古为高，文字不随语言，二者日趋日远。文字既不足当语言之符契，其口音即迁流愈速……异者不可复同，而同国渐如异域。（同上）

这是最明白的主张"言文一致"，要文字"当语言之符契"，要文字跟着那活的语言变迁。这个主张的逻辑的结论当然是提倡白话文了。

王照很明白一切字母只可以拼白话，决不能拼古文。他的《字母》凡例说：

> 此字母……专拼俗语，肖之即无误矣。今如两人晤谈终日，从未闻有相诘曰："尔所说之晚为早晚之晚耶？为茶碗之碗耶？尔所说之茶为茶叶之茶耶？为查核之查耶？"可知全句皆适肖白话，即无误会也。若用以拼文词，则使读者在在有混淆误解之弊。故万不可用此字母拼文词。（原第十二条）

音标的文字必须是"适肖白话"的文字，所以王照的字母是要用来拼写白话文的。后来提倡"读音统一"的人，不懂得这个道理，竟把他们制定的字母叫做"注音字母"，用来做"读音统一"之用，那就是根本违背当年创造官话字母的原意了。

王照的字母运动在当年很得着许多有名的人的同情赞助。天津的严修，桐城派的领袖吴汝纶，北洋大臣袁世凯，两江总督周馥，浙江桐乡的劳乃宣，都是王照的同志。袁世凯在北洋，周馥在南京，都曾提倡字母的传授。劳乃宣是一位"等韵学"的专家，他采用了王照的官话字母，又添制了江宁（南京）音谱，苏州音谱，和闽广音谱，合成《简字全谱》。他在光绪戊申（一九〇八）有《进呈简字谱录折》，说：

> 今日欲救中国，非教育普及不可；欲教育普及，非有易识之字

不可；欲为易识之字，非用拼音之法不可。

他很乐观的计算：

> 此字传习极易，至多不过数月而可成。以一人授五十人计之，一传而五十人，再传而二千五百人，三传而十二万五千人，四传而六百二十五万人，五传而三万一千二百五十万人。中国四万万人，五六传而可遍。果以国家全力行之，数年之内可以通国无不识字之人。将见山陬海澨，田夫野老，妇人孺子，人人能观书，人人能阅报。凡人生当明之道义，当知之世务，皆能通晓。彼此意所欲言，皆能以笔札相往复。官府之命令皆能下达而无所舛误；人民之意见皆能上陈而无所壅蔽。明白洞达，薄海大同。……（《桐乡劳先生遗稿》卷四）

我们看劳乃宣和王照的议论，可以知道那时候一些先见的人确曾很注意那最大多数的民众。他们要想唤醒那无数"各精其业，各扩其职，各知其分之齐氓"，所以想提倡一种字母给他们做识字求知识的利器。

从庚子乱后到辛亥革命的前夕，这个"官话字母"的运动（也叫做"简字"的运动）逐渐推行，虽然不曾得着满清政府的赞助，却得了社会上一些名流的援助。吴汝纶于光绪二十八年（一九○二）到日本考察教育，看了日本教育普及和语言统一的功效，很受感动，回国后即上书给管学大臣张百熙，极力主张用北京官话"使天下语音一律"。吴汝纶死后（他死在一九○三年），张百熙、张之洞等的《奏定学堂章程》的《学务纲要》里就有"以官音统一天下之语言，故自师范以及高等小学堂，均于国文一科内附入'官话'一门"的规定。这种规定很有利于官话字母的运动，所以在以后几年之中，官话字母"传习至十三省境，拼音官话书报社……编印之初学修身、伦理、历史、地理、地文、植物、动物、外交等拼音官话书，销至六万余部"（据王照《小航文存》卷一，页三二）。到了宣统二年（一九一○）资政院成立时，议员中有劳乃宣、严复、江谦，都是提倡拼音文字的。他们在资政院里提出推行官话简字的议案，审查的结果，决议"谋国语教育，则不得不添造音标文字"，"请议长会同学部具奏，请旨饬下迅速筹备施行"。后来学部把这个议案交中央教育会议讨论；主持教育会议的人如张謇、张元济、傅增湘，也都是赞成这个主张的，所以也通过了一个《统一国语办法案》。但不久武昌革命起来了，清朝倒了，民国成立了。在那个政治大变动之中，王照、劳乃宣诸人努力十年造成的音标文字运动就被当前更浓厚的政治斗争的兴趣笼罩下去，暂时衰歇了。（以上的记载，参用黎锦熙的《国语运动小史》，王照的《小航文存》，劳乃宣的《年谱》和《遗稿》。）

民国元年，蔡元培先生建议，请由教育部召集大会，推行拼音字。不久蔡先生辞职走了，董鸿祎代理部务，召集"读音统一会"。民国二年二月十五日，读音统一会开会；吴敬恒先生被选为正会长，王照为副会长。这个会开了三个月，争论很激烈，结果是制定了三十九个字母——后来称为"注音字母"。字母的形式是采用笔画最简而音读与声母韵母最相近的古字，把王照的官话字母完全推翻了。字母的形式换了，于是前十年流行的拼音白话书报全不适用了。这副新的注音字母，中间又被搁置了六年，直到民国七年年底，教育部才正式颁布。颁布之后，政府和民间至今没有用这字母来编印拼音书报。这十几年之中，提倡音韵文字的人用力的方向全在字母的形式的研究、修正、改造，而不在用那字母来编印拼音的书报。民国十一年，教育部颁布了国语统一筹备会制定的"注音字母书法体式"。民国十五年，国语统一筹备会发表了赵元任、钱玄同、刘复诸先生制定的"国语罗马字"。民国十七年，国民政府的大学院正式公布"国语罗马字拼音法式"，定为"国音字母第二式"。于是国音字母有了两种形式：一为用古字的注音字母，一为国语罗马字。在政府正式决定一种字母定为国音标准字母之前，大规模的编印拼音文字的书籍大概是不会有的事。

我们总括的观察这三十多年的音标文字运动，可以得几条结论。

第一，这三十多年的努力，还不曾得着一种公认为最适用的字母。王照的官话字母确有很多缺点，所以受声韵学者的轻视。注音字母还是承袭了王照的方法的缺点，虽然添了三个介音，可以"三拼"了，然而带鼻音韵尾的字还是沿用王、劳的老法子，没有把音素个别的分析出来。国语罗马字当然是一大进步，因为它在形式上采取了全国中学生都能认识的罗马字母，又在审音方面打破了两拼三拼的限制，使字母之数大减，而标音也更正确。国语罗马字的将来争点也许还在"声调"的标志问题。国语罗马字若抛弃了"声调"的标志，当然是最简易的字母。声调的标志，既然不完全根据于音理的自然，恐怕有"治丝而益棼之"的危险。依我们门外汉的看法，倒不如爽性不标声调，使现在的音标文字做将来废除四声的先锋，岂不更好？——这种评论已是题外的话了。总而言之，标准字母的不曾决定，阻碍了这三十多年的音标文字教育的进行。这是音标文字运动失败的一个根本原因。

第二，音标文字是必须替代汉字的，而那个时期（尤其是那个时期的前半期）主张音标文字的人都还不敢明目张胆的提倡用拼音文字来替代汉字。这完全是时代的关系，我们不能过于责备他们。汉文的权威太大了，太尊严了，那时最大胆的人也还不敢公然主张废汉字——其实他们就根本没有想到汉字是应该废的。最大胆的王照也得说：

> 今余私制此字母，纯为多数愚稚便利之计，非敢用之于读书临文。（《字母原序》）

劳乃宣说的更明白了：

> 中国六书之旨，广大精微，万古不能磨灭。简字（即字母）仅足为粗浅之用，其精深之义仍非用汉文不可。简字之于汉文，但能并行不悖，断不能稍有所妨。（《进呈简字谱录折》）

又说：

> 今请于简易识字学塾内附设此科。本塾正课仍以用学部课本教授汉字为主。简字仅为附属之科，专为不能识汉字者而设，与汉字正课并行不悖，两不相妨。盖资质不足以识千余汉字之人，本无识字之望，今令识此数十简字以代识字之用，乃增于能识汉字者之外，非分于能识汉字者之中也。（《请附设简字一科折》）

这样极端推崇汉字的人，他们提倡拼音文字，只是要为汉字添一种辅助工具，不是要革汉字的命。因为如此，所以桐城古文大家如吴汝纶、严复也可以赞成音标文字。吴汝纶游日本时，一面很歆羡日本的五十假名有统一语言的功用，一面却对日本学者说：

> 若文字之学，则中国故特胜，万国莫有能逮及之者！（《高田忠周古籀篇序》）

劳乃宣最能说明这种"两面心理"，他说：

> 字之为用，所以存其言之迹焉尔。……其体之繁简难易……各有所宜。欲其高深渊雅，则不厌繁难；取其便利敏捷，则必求简易。（《中国速记字谱序》）

这种心理的基础观念是把社会分作两个阶级，一边是"我们"士大夫，一边是"他们"齐氓细民。"我们"是天生聪明睿智的，所以不妨用二三十年窗下苦功去学那"万国莫有能逮及之"的汉字汉文。"他们"是愚蠢的，是"资质不足以识千余汉字之人"，所以我们必须给他们一种求点知识的简易法门。"我们"不厌繁难，而"他们"必求简易。在这种心理状态之下，汉文汉字的尊严丝毫没有受打击，拼音文字不过是士大夫丢给老百姓的一点恩物，决没有代替汉文的希望。士大夫一面埋头学做那死文字，一面提倡拼音文字，是不会有多大热心的。老百姓也不会甘心学那士大夫不屑学的拼音文字，因为老百姓也曾相信"将相本无种，男儿当自强"的宗教，如果他们要子弟读书识字，当然要他们能做八股，应科举，做状元宰相：他们决不会自居于"资质不足以识千余汉字"的阶级！所以提倡字母文字而没有废汉字的决心，是不会成功的。这是音标文字运动失败的又一个根本原因。

第三，音标文字只可以用来写老百姓的活语言，而不能用来写士大夫的死文字。换句话说，拼音文字必须用"白话"做底子，拼音文字运动必须同时是白话文的运动。提倡拼音文字而不同时提倡白话文，是单有符号而无内容，那是必定失败的。王照最明白这一点，所以他再三说他的字母是"专拼俗话"的，"万不可用此字母拼文词"。王照很明白说，他的字母运动必须是一个"白话教育"的运动。但民国成立以来，政客官僚多从文士阶级出身，他们大都不感觉白话文的好处，也不感觉汉文的难学；至于当权的武人，他们虽然往往不认得几担大字，却因此最迷信汉文汉字，往往喜欢写大字，做歪诗。所以到了革命以后，大家反不重视那最大多数人的教育工具了！这班政客武人的心里好像这样想：我们不靠老百姓的力量，也居然可以革命，可见普及教育并不是必要的了！在革命的前夕，我们还看见教育家江谦在他的《小学教育改良刍议》里说："初等小学前三年，非主用合声简字国语，则教育断无普及之望。"这是很大胆的喊声。"合声简字国语"即是用字母拼音的白话文。但革命之后，这种喊声反销沉了。民国二年的"读音统一会"是一个文人学者的会议，他们大都是舍不得抛弃汉文汉字的；当时政府的领袖也不是重视民众的教育的。据王照的记载：

> 蔡孑民原意专为白话教育计，绝非为读古书注音。……而……开会宗旨规程……先定会名曰"读音统一"。读音云者，读旧书之音注也。既为读书之音注，自不得违韵学家所命之字音，则多数人通用之语言自然被擯矣。……

> 正式开议之日，吴某（吴敬恒先生）登台演说，标出读书注音

> 一大题目，于白话教育之义一字不提。……余（王照）登台演说造
> 新字母原以拼白话为紧要主义，听者漠不为动，盖以其与会名不
> 合，疑为题外之文也。（《书摘录官话字母原书各篇后》）

从拼官话的字母，退缩到读书注音的字母，这是绝大的退步。何况那注
音的字母又还被教育部委托的学者搁置到六年之久方才公布呢？在那六
年之中，北京有一班学者组织了一个国语研究会，成立于民国五年。他
们注意之点是统一国语的问题，比那"读音统一"似乎进一步了；但他
们的学者气味太重，他们不知道国语的统一决不是靠一两部读音字典做
到的，所以他们的研究工作偏向于字母的形体，六千多汉字的注音，国
音字典的编纂等项，这都是音注汉字的工作。他们完全忽略了"国语"
是一种活的语言；他们不知道"统一国语"是承认一种活的语言，用它
做教育与文学的工具，使全国的人渐渐都能用它说话，读书，作文。他
们忽略了那活的语言，所以他们的国语统一工作只是汉字注音的工作，
和国语统一无干，和白话教育也无干。这是那个音标文字运动失败的又
一个根本原因。

三

以上两大段说的是文学革命的历史背景。这个背景有不相关连的两
幕：一幕是士大夫阶级努力想用古文来应付一个新时代的需要，一幕是
士大夫之中的明白人想创造一种拼音文字来教育那"芸芸亿兆"的老百
姓。这两个潮流始终合不拢来。士大夫始终迷恋着古文字的残骸，"以为
宇宙古今之至美，无可以易吾文者"（用王树枏《故旧文存》自序中语）。
但他们又哀怜老百姓无知无识，资质太笨，不配学那"宇宙古今之至美"
的古文，所以他们想用一种"便民文字"来教育小孩子，来"开通"老百
姓。他们把整个社会分成两个阶级了：上等人认汉字，念八股，做古文；
下等人认字母，读拼音文字的书报。当然这两个潮流始终合不拢来了。

他们全不了解，教育工具是彻上彻下，贯通整个社会的。小孩子学
一种文字，是为他们长大时用的；他们若知道社会的"上等人"全瞧不
起那种文字，全不用那种文字来著书立说，也不用那种文字来求功名富
贵，他们决不肯去学，他们学了就永远走不进"上等"社会了！

一个国家的教育工具只可有一种，不可有两种。如果汉文汉字不配
做教育工具，我们就应该下决心去废掉汉文汉字。如果教育工具必须是

一种拼音文字，那么，全国上上下下必须一律拼用这种拼音文字。如果拼音文字只能拼读白话文，那么，全国上上下下必须一律采用白话文。

那时候的中国智识份子是被困在重重矛盾之中的：

（1）他们明知汉字汉文太繁难，不配作教育的工具，可是他们总不敢说汉字汉文应该废除。

（2）他们明知白话文可以作"开通民智"的工具，可是他们自己总瞧不起白话文，总想白话文只可用于无知百姓，而不可用于上流社会。

（3）他们明白音标文字是最有效的教育工具，可是他们总不信这种音标文字是应该用来替代汉字汉文的。

这重重矛盾都由于缺乏一个自觉的文学革命运动。当时缺乏三种自觉的革命见解：

第一，那种所谓"宇宙古今之至美"的古文学是一种僵死了的残骸，不值得我们的迷恋。

第二，那种所谓"引车卖浆之徒"的俗话是有文学价值的活语言，是能够产生有价值有生命的文学的，并且早已产生出无数人人爱读的文学杰作来了。

第三，因为上面的两层理由，我们必须推倒那僵死的古文学，建立那有生命有价值的白话文学。

只有这些革命的见解可以解决上述的重重矛盾。打破了那"宇宙古今之至美"的迷梦，汉文的尊严和权威自然倒下来了。承认了那"引车卖浆之徒"的文学是中国正宗，白话文自然不会受社会的轻视了。有了活的白话文学的作品作底子，如果我们还要进一步提倡音标文字，那个音标文字运动成功的可能性就大的多多了。

民国五六年起来的中国文学革命运动，正是要供给这个时代所缺乏的几个根本见解。

我在《逼上梁山》一篇自述里，很忠实的记载了这个文学革命运动怎样"偶然"在国外发难的历史。我的朋友陈独秀先生曾说：

> 常有人说，白话文的局面是胡适之、陈独秀一班人闹出来的。其实这是我们的不虞之誉。中国近来产业发达，人口集中，白话文完全是应这个需要而发生而存在的。适之等若在三十年前提倡白话文，只需章行严一篇文章便驳得烟消灰灭。此时章行严的崇论宏议有谁肯听？（《科学与人生观序》）

独秀这番议论是站在他的经济史观立场说的。我的《逼上梁山》一篇，虽然不是答复他的，至少可以说明历史事实的解释不是那么简单的，不是一个"最后之因"就可以解释了的。即如一千一百年前的临济和尚、德山和尚的徒弟们，在他们的禅林里听讲，忽然不用古文，而用一种生辣痛快的白话文来记载他们老师的生辣痛快的说话，就开创了白话散文的"语录体"。这件史实和"产业发达，人口集中"有什么相干！白话文产生了无数的文学杰作之后，忽然出了一个李梦阳，又出了一个何景明，他们提倡文学复古，散文回到秦、汉，诗回到盛唐，居然也可以哄动一世，成为风气。后来出了公安袁氏兄弟三人，大骂何、李的复古运动，主张一种抒写性情的新文学，他们也可以哄动一时，成为风气。后来方苞、姚鼐、曾国藩诸人出来，奠定桐城派古文的权威，也一样的哄动一时，成为风气。这些史实，难道都和产业的发达不发达，人口的集中不集中，有什么因果的关系！文学史上的变迁，"代有升降，而法不相沿，各极其变，各穷其趣"（用袁宏道的话），其中各有多元的，个别的，个人传记的原因，都不能用一个"最后之因"去解释说明。

中国白话文学的运动当然不完全是我们几个人闹出来的，因为这里的因子是很复杂的。我们至少可以指出这些最重要的因子。第一是我们有了一千多年的白话文学作品：禅门语录，理学语录，白话诗调曲子，白话小说。若不靠这一千年的白话文学作品把白话写定了，白话文学的提倡必定和提倡拼音文字一样的困难，决不能几年之内风行全国。第二是我们的老祖宗在两千年之中，渐渐的把一种大同小异的"官话"推行到了全国的绝大部分：从满洲里直到云南，从河套直到桂林，从丹阳直到川边，全是官话区域。若没有这一大块地盘的人民全说官话，我们的"国语"问题就无从下手了。第三是我们的海禁开了，和世界文化接触了，有了参考比较的资料，尤其是欧洲近代国家的国语文学次第产生的历史，使我们明了我们自己的国语文学的历史，使我们放胆主张建立我们自己的文学革命。——这些都是超越个人的根本因素，都不是我们几个人可以操纵的，也不是"产业发达，人口集中"一个公式可以包括的。

此外，还有几十年的政治的原因。第一是科举制度的废除（一九〇五）。八股废了，试帖诗废了，策论又跟着八股试帖废了，那笼罩全国文人心理的科举制度现在不能再替古文学做无敌的保障了。第二是满清帝室的颠覆，专制政治的根本推翻，中华民国的成立（一九一一——二）。这个政治大革命虽然不算大成功，然而它是后来种种革新事业的总出发点，因为那个顽固腐败势力的大本营若不颠覆，一切新人物与新思想都不容易出头。戊戌（一八九八）的百日维新，当不起一个顽固老太婆的一道谕旨，就全盘推翻了。独秀说：

> 适之等若在三十年前提倡白话文，只需章行严一篇文章便驳得烟消灰灭。

这话是很有理的。我们若在满清时代主张打倒古文，采用白话文，只需一位御史的弹本就可以封报馆捉拿人了。但这全是政治的势力，和"产业发达，人口集中"无干。当我们在民国时代提倡白话文的时候，林纾的几篇文章并不曾使我们烟消灰灭，然而徐树铮和安福部的政治势力却一样能封报馆捉人。今日的"产业发达，人口集中"岂不远过民国初元了？然而一两个私人的政治势力也往往一样可以阻碍白话文的推行发展。幸而帝制推倒以后，顽固的势力已不能集中作威福了，白话文运动虽然时时受点障害，究竟还不到"烟消灰灭"的地步。这是我们不能不归功到政治革命的先烈的。

至于我们几个发难的人，我们也不用太妄自菲薄，把一切都归到那"最后之因"。陆象山说得最好：

> 且道天地间有个朱元晦、陆子静，便添得些子。无了后，便减得些子。

白话文的局面，若没有"胡适之、陈独秀一班人"，至少也得迟出现二三十年。这是我们可以自信的。《逼上梁山》一篇是要用我保存的一些史料来记载一个思想产生的历史。这个思想不是"产业发达，人口集中"产生出来的，是许多个别的，个人传记所独有的原因合拢来烘逼出来的。从清华留美学生监督处一位书记先生的一张传单，到凯约嘉湖上一只小船的打翻；从进化论和实验主义的哲学，到一个朋友的一首打油诗；从但丁（Dante）、却叟（Chaucer）、马丁·路得（Martin Luther）诸人的建立意大利、英吉利、德意志的国语文学，到我儿童时代偷读的《水浒传》、《西游记》、《红楼梦》——这种种因子都是独一的，个别的；他们合拢来，逼出我的"文学革命"的主张来。我想，如果独秀肯写他的自传，他的思想转变的因素也必定有同样的复杂，也必定不是经济史观包括得了的。治历史的人，应该向这种传记材料里去寻求那多元的、个别的因素，而不应该走偷懒的路，妄想用一个"最后之因"来解释一切历史事实。无论你抬出来的"最后之因"是"神"，是"性"，是"心灵"，或是"生产方式"，都可以解释一切历史：但是，正因为个个"最后之因"都可以解释一切历史，所以都不能解释任何历史了！等到你祭起了你那"最后之因"的法宝解决一切历史之后，你还得解释："同在这个'最后之因'之下，陈独秀为什么和林琴南不同？胡适为什么和梅光迪、胡先骕不同？"如果你的"最后之因"可以解释胡适，同时又可以解释胡先骕，那岂不是同因而不同果，你的"因"就不成真因了。所以凡可以解释一切历史的"最后之因"，都是历史学者认为最无用的玩意儿，因为他们其实都不能解释什么具体的历史事实。

四

现在我们可以叙述中国新文学运动的理论了。

简单说来，我们的中心理论只有两个：一个是我们要建立一种"活的文学"，一个是我们要建立一种"人的文学"。前一个理论是文字工具的革新，后一种是文学内容的革新。中国新文学运动的一切理论都可以包括在这两个中心思想的里面。

我最初提出的"八事"，和独秀提出的"三大主义"，都顾到形式和内容的两方面。我提到"言之有物"，"不摹仿古人"，"不作无病之呻吟"，都是文学内容的问题。独秀提出的三大主义——推倒贵族文学，建设国民文学；推倒古典文学，建设写实文学；推倒山林文学，建设社会文学——也不曾把内容和形式分开。钱玄同先生响应我们的第一封信也不曾把这两方面分开。但我们在国外讨论的结果，早已使我认清这回作战的单纯目标只有一个，就是用白话来作一切文学的工具。我在一九一六年七月，就有了这几条结论：

> 今日之文言乃是一种半死的文字，今日之白话是一种活的语言。白话不但不鄙俗，而且甚优美适用。白话并非文言之退化，乃是文言之进化。白话可以产生第一流文学，已产生小说、戏剧、语录、诗词，此四者皆有史事可证。白话的文学为中国千年来仅有之文学；其非白话的文学，皆不足与于第一流文学之列。

所以我的总结论是：

> 今日所需乃是一种可读，可听，可歌，可讲，可记的言语。要读书不须口译，演说不须笔译，要施诸讲坛舞台而皆可，诵之村妪

妇孺皆可懂。不如此者,非活的言语也,决不能成为吾国之国语也,决不能产生第一流的文学也。(看《逼上梁山》第四节)

所以我的《文学改良刍议》的最后一条就是提出这个主张:

> ……以今世历史进化的眼光观之,则白话文学之为中国文学之正宗,又为将来文学必用之利器,可断言也。
>
> 以此之故,吾主张今日作文作诗宜采用俗语俗字。与其用三千年前之死字,不如用二十世纪之活字;与其用不能行远不能普及之秦、汉、六朝文字,不如作家喻户晓之《水浒》、《西游》文字也。

这个"白话文学工具"的主张,是我们几个青年学生在美洲讨论了一年多的新发明,是向来论文学的人不曾自觉的主张的。凡向来旧文学的一切弊病——如骈偶,如用典,如烂调套语,如摹仿古人——都可以用一个新工具扫的干干净净。独秀指出旧文学该推倒的种种毛病——雕琢,阿谀,陈腐,铺张,迂晦,艰涩——也都可以用这一把斧头砍的干干净净。例如我们那时谈到"不用典"一项,我自己已费了大劲,说来说去总说不圆满;后来玄同指出用白话就可以"驱除用典"了,正是一针见血的话。

所以文学革命的作战方略,简单说来,只有"用白话作文作诗"一条是最基本的。这一条中心理论,有两个方面:一面要推倒旧文学,一面要建立白话为一切文学的工具。在那破坏的方面,我们当时采用的作战方法是"历史进化的文学观",就是说:

> 文学者,随时代而变迁者也。一时代有一时代之文学……各因时势风会而变,各有其特长。……唐人不当作商、周之诗,宋人不当作相如、子云之赋,即令作之,亦必不工。逆天背时,故不能工也。……今日之中国,当造今日之文学。(《文学改良刍议》,二)

后来我在《历史的文学观念论》里,又详细说明这个见解。这种思想固然是达尔文以来进化论的影响,但中国文人也曾有很明白的主张文学随时代变迁的。最早倡此说的是明朝晚期公安袁氏三弟兄(看袁宗道的《论文上下》;袁宏道的《雪涛阁集序》、《小修诗序》;袁中道的《花雪赋行》、《宋元诗序》。诸篇均见沈启无编的《近代散文抄》,北平人文书店出版)。清朝乾隆时代的诗人袁枚、赵翼也都有这种见解,大概都颇受了三袁的思想的影响。我当时不曾读袁中郎弟兄的集子,但很爱读《随园集》中讨论诗的变迁的文章。我总觉得,袁枚虽然明白了每一时代应有那个时代的文学,他的历史眼光还不能使他明白他们那个时代的文学正宗已不是他们做古文古诗的人,而是他们同时代的吴敬梓、曹雪芹了。

我们要用这个历史的文学观来做打倒古文学的武器,所以屡次指出古今文学变迁的趋势,无论在散文或韵文方面,都是走向白话文学的大路。

> 夫白话之文学,不足以取富贵,不足以邀声誉,不列于文学之正宗,而卒不能废绝者,岂无故耶?岂不以此为吾文学趋势自然如此,故不可禁遏而日以昌大耶?愚以深信此理,故又以为今日之文学当以白话文学为正宗。(《历史的文学观念论》)

从文学史的趋势上承认白话文学为"正宗",这就是正式否认骈文古文律诗古诗是"正宗"。这是推翻向来的正统,重新建立中国文学史上的正统。所以我说:

> 然则吾辈又何必攻古文家乎?吾辈主张"历史的文学观念",而古文家则反对此观念也。吾辈以为今人当造今人之文学,而古文家则以为今人作文必法马、班、韩、柳。其不法马、班、韩、柳者皆非文学之"正宗"也。吾辈之攻古文家,正以其不明文学之趋势而强欲作一千年二千年以上之古文。此说不破,则白话之文学无有列为文学正宗之一日,而世之文人将犹鄙薄之以为小道邪径而不肯以全力经营造之。如是,则吾国将永无以全副精神实地试验白话文学之日。夫不以全副精神造文学而望文学之发生,此犹不耕而求获,不食而求饱也,亦终不可得矣。施耐庵、曹雪芹诸人所以能有成者,正赖其有特别胆力,能以全力为之耳。(同上)

我们特别指出白话文学是中国文学史上的"自然趋势",这是历史的事实。同时我们也曾特别指出:单靠"自然趋势"是不够打倒死文学的权威的,必须还有一种自觉的,有意的主张,方才能够做到文学革命的效果。欧洲近代国语文学的起来,都有这种自觉的主张,所以收效最快。中国有了一千多年的白话文学,只因为无人敢公然主张用白话文等来替代古文学,所以白话文学始终只是民间的"俗文学",不登大雅之堂,不能取死文学而代之。我们再三指出这个文学史的自然趋势,是要利用这个自然趋势所产生的活文学来正式替代古文学的正统地位。简单说来,这是用谁都不能否认的历史事实来做文学革命的武器。

我特别注重这个历史的看法,这固然是我个人的历史癖,但在当时这种新的文学史见解不但是需要的，并且是最有效的武器。国内一班学者文人并非不熟中国历史上的重要事实，他们所缺乏的只是一种新的看法。譬如孔子，旧看法是把他看作"德侔天地，道冠古今"的大圣人，新看法是把他看作许多哲人里面的一个。把孔子排在老子、墨子一班哲人之中，用百家平等的眼光去评量他们的长短得失，我们就当然不会过分的崇拜迷信孔子了。文学史也是一样的。旧日讲文学史的人，只看见了那死文学的一线相承，全不看见那死文学的同时还有一条"活文学"的路线。他们只看见韩愈、柳宗元，却不知道韩、柳同时还有几个伟大的和尚正在那儿用生辣痛快的白话来讲学。他们只看见许衡、姚燧、虞集、欧阳玄，却不知道许衡、姚燧、虞集、欧阳玄同时还有关汉卿、马东离、贯酸斋等等无数的天才正在那儿用漂亮朴素的白话来唱小曲，编杂剧。他们只看见了李梦阳、何景明、王世贞，至多只看见了公安、竟陵的偏锋文学，他们却看不见何、李、袁、谭诸人同时还有无数的天才正在那儿用生动美丽的白话来创作《水浒传》、《金瓶梅》、《西游记》，和"三言"、"二拍"的短篇小说，《擘破玉》、《打枣竿》、《挂枝儿》的小曲子。他们只看见了方苞、姚鼐、恽敬、张惠言、曾国藩、吴汝纶，他们全不看见方、姚、曾、吴同时还有更伟大的天才正在那儿用流丽深刻的白话来创作《醒世姻缘》、《儒林外史》、《红楼梦》、《镜花缘》、《海上花列传》。——我们在那时候所提出的新的文学史观，正是要给全国读文学史的人们戴上一副新的眼镜，使他们忽然看见那平时看不见的琼楼玉宇，奇葩瑶草，使他们忽然惊叹天地之大，历史之全！大家戴了新眼镜去重看中国文学史，拿《水浒传》、《金瓶梅》来比当时的正统文学，当然不但何、李的假古董不值得一笑，就是公安、竟陵也都成了扭扭捏捏的小家数了！拿《儒林外史》、《红楼梦》来比方、姚、曾、吴，也当然再不会发那"举天下之美无以易乎桐城姚氏者也"的伧陋见解了！所以那历史进化的文学观，初看去好像貌不惊人，此实是一种"哥白尼的天文革命"：哥白尼用太阳中心说代替了地中心说，此说一出就使天地易位，宇宙变色；历史进化的文学观用白话正统代替了古义正统，就使那"宇宙古今之至美"从那七层宝座上倒撞下来，变成了"选学妖孽，桐城谬种"（这两个名词是玄同创的）！从"正宗"变成了"谬种"，从"宇宙古今之至美"变成了"妖魔"、"妖孽"，这是我们的"哥白尼革命"。

在建设的方面，我们主张要把白话建立为一切文学的唯一工具。所以我回国之后，决心把一切枝叶的主张全抛开，只认定这一个中心的文学工具革命论是我们作战的"四十二生的大炮"。这时候，蔡元培先生介绍北京国语研究会的一班学者和我们北大的几个文学革命论者会谈。他们都是抱着"统一国语"的弘愿的，所以他们主张要先建立一种"标准国语"。我对他们说：标准国语不是靠国音字母或国音字典定出来的。凡标准国语必须是"文学的国语"，就是那有文学价值的国语。国语的标准是伟大的文学家定出来的，决不是教育部的公文定得出来的。国语有了文学价值，自然受文人学士的欣赏使用，然后可以用来做教育的工具，然后可以用来做统一全国语言的工具。所以我主张，不要管标准的有无，先从白话文学下手，先用白话来努力创造有价值有生命的文学。

所以我在民国七年四月发表《建设的文学革命论》，把文学革命的目标化零为整，归结到"国语的文学，文学的国语"十个大字：

> 我们所提倡的文学革命，只是要替中国创造一种国语的文学。有了国语的文学，方才可以有文学的国语。有了文学的国语，我们的国语才可算得真正国语。国语没有文学，便没有价值，便不能成立，便不能发达。

这是《建设的文学革命论》的大旨。这时候，我们一班朋友聚在一处，独秀、玄同、半农诸人都和我站在一条路线上，我们的自信心更强了，独秀早已宣言：

> 改良中国文学，当以白话为文学正宗之说，其是非甚明，必不容反对者有讨论之余地，必以吾辈所主张者为绝对之是，而不容他人之匡正也。（六年五月）

玄同也极端赞成这几句话。他说：

> 此等论调虽若过悍，然对于迂谬不化之选学妖孽与桐城谬种，实不能不以如此严厉面目加之。（六年七月二日《寄胡适书》）

我受了他们的"悍"化，也更自信了。在那篇文里，我也武断的说：

> 这二千年的文人所做的文学都是死的，都是用已经死了的语言文字做的。死文字决不能产出活文学。所以中国这二千年只有些死文学，只有些没有价值的死文学。……中国若想有活文学，必须用白话，必须用国语，必须做国语的文学。

在下文我提出"文学的国语"的问题：

> 我们提倡新文学的人，尽可不必问今日中国有无标准国语，我们尽可努力去做白话的文学。我们可尽量采用《水浒》、《西游记》、《儒林外史》、《红楼梦》的白话；有不合今日的用的，便不用他；有不够用的，便用今日的白话来补助；有不得不用文言的，便用文言来补助。这样做去，决不愁语言文字不够用，也决不愁没有标准国语。中国将来的新文学用的白话，就是将来中国的标准国语。造中国将来白话文学的人，就是制定标准国语的人。

我的家乡土话是离官话很远的；我在学校里学得的上海话也不在官话系统之内。我十六七岁时在《竞业旬报》上写了不少的白话文，那时我刚学四川话。我写的白话差不多全是从看小说得来的。我的经验告诉我：《水浒》、《红楼》、《西游》、《儒林外史》一类的小说早已给了我们许多白话教本，我们可以从这些小说里学到写白话文的技能。所以我大胆的劝大家不必迟疑，尽量的采那些小说的白话来写白话文。其实那个时代写白话诗文的许多新作家，没有一个不是用从旧小说里学来的白话做起点的。那些小说是我们的白话老师，是我们的国语模范文，是我们的国语"无师自通"速成学校。

直到《新潮》出版之后，傅斯年先生在他的《怎样做白话文》里，才提出两条最重要的修正案。他主张：第一，白话文必须根据我们说的活语言，必须先讲究说话。话说好了，自然能做好白话文。第二，白话文必不能避免"欧化"，只有欧化的白话方才能够应付新时代的新需要。欧化的白话文就是充分吸收西洋语言的细密的结构，使我们的文字能够传达复杂的思想，曲折的理论。傅先生提出的两点，都是最中肯的修正。旧小说的白话实在太简单了，在实际应用上，大家早已感觉有改变的必要了。初期的白话作家，有些是受过西洋语言文字的训练的，他们的作风早已带有不少的"欧化"成分。虽然欧化的程度有多少的不同，技术也有巧拙的不同，但明眼的人都能看出，凡具有充分吸收西洋文学的法度的技巧的作家，他们的成绩往往特别好，他们的作风往往特别可爱。所以欧化白话文的趋势可以说是在白话文学的初期已开始了。傅先生的另一个主张——从说话里学作白话文——在那个时期还不曾引起一般作家的注意。中国文人大都是不讲究说话的，况且有许多作家生在官话区域以外，说官话多不如他们写白话的流利。所以这个主张言之甚易，而实行甚难。直到最近时期，才有一些作家能够忠实的描摹活的语言的腔调神气，有时还得充分采纳各地的土话。近年的小说最能表示这个趋势。近年白话文学的倾向是一面大胆的欧化，一面又大胆的方言化，就使白话文更丰富了。傅先生指出的两个方向，可以说是都开始实现了。

我们当时抬出"国语的文学，文学的国语"的作战口号，做到了两件事：一是把当日那半死不活的国语运动救活了；一是把"白话文学"正名为"国语文学"，也减少了一般人对于"俗语"、"俚语"的厌恶轻视的成见。

我们在前一章已说过，民元以后的音标文字运动变成了读音注音的运动，变成了纸上的读音统一运动。他们虽然也有小学国文教科书改用国语的议论，但古文学的权威未倒，白话文学的价值未得一般文人的承认，他们的议论是和前一期的拼音文字运动同样的无力量的。士大夫自己若不肯用拼音文字，我们就不能用拼音文字教儿童和老百姓；士大夫自己若不肯做白话文，我们也不能用白话教儿童和老百姓。我们深信：若要把国语文变成教育的工具，我们必须先把白话认作最有价值最有生命的文学工具。所以我们不管那班国语先生们的注音工作和字典工作，我们只努力提倡白话的文学，国语的文学。国语先生们到如今还不能决定究竟国语应该用"京音"（北平语）作标准，还是用"国音"（读音统一会公决的国音）作标准。他们争了许久，才决定用"北平曾受中等教育的人的口语"为国语标准。但是我们提倡国语文学的人，从来不发生这种争执。《红楼梦》、《儿女英雄传》的北京话固然是好白话，《儒林外史》和《老残游记》的中部官话也是好白话。甚至于《海上花列传》的用官话叙述，用苏州话对白，我们也承认是很好的白话文学。甚至于欧化的白话，只要有艺术的经营，我们也承认是正当的白话文学。这二十年的白话文学运动的进展，把"国语"变丰富了，变新鲜了，扩大了，加浓了，更深刻了。

我在那时曾提出一个历史的"国语"定义。我说：

> 我们如果考察欧洲近世各国国语的历史，我们应该知道没有一种国语是先定了标准才发生的；没有一国不是先有了国语然后有所谓标准的。
>
> 凡是国语的发生，必是先有了一种方言比较的通行最远，比较的产生了最多的活文学，可以采用作国语的中坚分子；这个中坚分子的方言，逐渐推行出去，随时吸收各地方言的特别贡献，同时便

逐渐变换各地的土话：这便是国语的成立。有了国语，有了国语的
文学，然后有些学者起来研究这种国语的文法，发音法，等等；然
后有字典、词典、文典、言语学等等出来：这才是国语标准的成
立。(《〈国语讲习所同学录〉序》，九年五月)

国语必须是一种具有双重资格的方言：第一须流行最广，第二已产生了
有价值的文学。流行最广，所以了解的人多；已产生了文学，所以有写
定的符号可用。一般人似乎不很明白这第二个条件的重要。我们试看古
白话的文件，"什么"或作"是没"，或作"是勿"；"这个"或作"者
个"，或作"遮个"；"呢"字古人写作"聱"字；"们"字古写作"懑"
字"每"字。自从几部大小说出来之后，这些符号才渐渐统一了。文字
符号写定之后，语言的教学才容易进行。所以一种方言必须具有那两重
条件，方才有候补国语的资格：

> 我们现在提倡的国语，也有一个中坚分子，就是那从东三省
> 到四川、云南、贵州，从长城到长江流域，最通行的一种大同小
> 异的普通话。这种普通话在这七八百年中已产生了一些有价值的
> 文学，已成了通俗文学——从《水浒传》、《西游记》直到《老残
> 游记》——的利器。他的势力，借着小说和戏剧的力量，加上官
> 场和商人的需要，早已侵入那些在国语区域以外的许多的地方
> 了。现在把这种已很通行又已产生文学的普通话认为国语，推行
> 出去，使他成为全国学校教科书的用语，使他成为全国报纸杂志
> 的文字，使他成为现代和将来的文学用语：这是建立国语的唯一
> 方法。(同上)

这是我们在建立国语方面的中心理论。

总而言之，我们所谓"活的文学"的理论，在破坏方面只是说"死
文字决不能产生活文学"，只是要用一种新的文学史观来打倒古文学的
正统而建立白话文学为中国文学的正宗；在建设方面只是要用那向来被
文人轻视的白话来做一切文学的唯一工具，要承认那流行最广而又产生
了许多第一流文学作品的白话是有"文学的国语"的资格的，可以用来
创造中国现在和将来的新文学，并且要用那"国语的文学"来做统一全
民族的语言的唯一工具。

至今还有一班人信口批评当日的文学革命运动，嘲笑它只是一种
"文字形式"的改革。对于这班人的批评，我在十六年前早已给他们留

下答复了，那时候我说：

> 近来稍稍明白事理的人，都觉得中国文学有改革的必要。即如我的朋友任叔永也说："乌乎！适之！吾人今日言文学革命，乃诚见今日文学有不可不改革之处，非特文言白话之争而已。"甚至于南社的柳亚子也要高谈文学革命。但是他们的文学革命论只提出一种空荡荡的目的，不能有一种具体进行的计划。他们都说文学革命决不是形式上的革命，决不是文言白话的问题。等到人问他们，究竟他们所主张的革命"大道"是什么，他们可回答不出了。这种没有具体计划的革命——无论是政治的是文学的——决不能发生什么效果。我们认定文字是文学的基础，故文学革命的第一步就是文字问题的解决。我们认定"死文字定不能产生活文学"，故我们主张若要造一种活的文学，必须用白话来做文学的工具。我们也知道单有白话未必就能造出新文学；我们也知道新文学必须要有新思想做里子。但是我们认定文学革命须有先后的程序：先要做到文字体裁的大解放，方才可以用来做新思想新精神的运输品。我们认定白话实在有文学的可能，实在是新文学的唯一利器。（《〈尝试集〉自序》，八年八月）

我在十七年前也曾给他们留下更明白的答复：

> 文学革命的运动，不论古今中外，大概都是从"文的形式"一方面下手，大概都是先要求语言文字文体等方面的大解放。欧洲三百年前各国的国语文学起来替代拉丁文学时，是语言文字的大解放；十八十九世纪法国嚣俄、英国华茨活等人所提倡的文学改革，是诗的语言文字的解放。……这一次中国文学的革命运动，也是先要求语言文字和文体的解放。新文学的语言是白话的，新文学的文体是自由的，是不拘格律的。初看起来，这都是"文的形式"一方面的问题，算不得重要。却不知道形式和内容有密切的关系。形式上的束缚，使精神不能自由发展，使良好的内容不能充分表现。若想有一种新内容和新精神，不能不先打破那些束缚精神的枷锁镣铐。（《谈新诗》，八年十月）

现在那些说俏皮话的"文学革命家"为什么不回到二十年前的骈文古文里去寻求他们的革命"大道"呢？

五

现在要说说中国新文学运动的第二个作战口号："人的文学"。

我在上文已说过，我们开始也曾顾到文学的内容的改革。例如玄同先生和我讨论中国小说的长信，就是文学内容革新的讨论。但当那个时期，我们还没有法子谈到新文学应该有怎样的内容。世界的新文艺都还没有踏进中国的大门里，社会上所有的西洋文学作品不过是林纾翻译的一些十九世纪前期的作品，其中最高的思想不过是迭更司的几部社会小说；至于代表十九世纪后期的革新思想的作品都是国内人士所不曾梦见。所以在那个贫乏的时期，我们实在不配谈文学内容的革新，因为文学内容是不能悬空谈的，悬空谈了也决不会发生有力的影响。例如我在《文学改良刍议》里曾说文学必须有"高远之思想，真挚之情感"，那就是悬空谈文学内容了。

民国七年一月《新青年》复活之后，我们决心做两件事：一是不作古文，专用白话作文；一是翻译西洋近代和现代的文学名著。那一年的六月里，《新青年》出了一本"易卜生专号"，登出我和罗家伦先生合译的《娜拉》全本剧本，和陶履恭先生译的《国民之敌》剧本。这是我们第一次介绍西洋近代一个最有力量的文学家，所以我写了一篇《易卜生主义》。在那篇文章里，我借易卜生的话来介绍当时我们新青年社的一班人公同信仰的"健全的个人主义"。易卜生说：

> 我所最期望于你的是一种真正纯粹的为我主义，要使你有时觉得天下只有关于你的事最要紧，其余的都算不得什么。……你要想有益于社会，最好的法子莫如把你自己这块材料铸造成器。……有时候，我真觉得全世界都像海上撞沉了船，最要紧的还是救出自己。

娜拉抛弃了她的丈夫儿女，深夜出门走了，为的是她相信自己"是一个人"，她有对她自己应尽的神圣责任："无论如何，我务必努力做一个人！"《国民之敌》剧本里的主人翁斯铎曼医生宁可叫全体市民给他上"国民之敌"的徽号，而不肯不说老实话，不肯不宣扬他所认得的真理。他最后宣言道："世上最强有力的人就是那最孤立的人！"这样特立独行的人格就是易卜生要宣传的"真正纯粹的个人主义"。

次年（七年）十二月里，《新青年》（五卷六号）发表周作人先生的

《人的文学》。这是当时关于改革文学内容的一篇最重要的宣言。他开篇就说：

> 我们现在应该提倡的新文学，简单的说一句，是"人的文学"。应该排斥的，便是反对的非人的文学。

他解释这个"人"字如下：

> 我所说的人，乃是"从动物进化的人类"。其中有两个要点：（一）"从动物"进化的，（二）从动物"进化"的。
>
> 我们承认人是一种生物，他的生活现象与别的动物并无不同。所以我们相信人的一切生活本能都是美的善的，应得完全满足。凡有违反人性不自然的习惯制度，都应排斥改正。
>
> 但我们又相信人是一种从动物进化的生物，他……有能改造生活的力量。所以我们相信人类以动物的生活为生存的基础，而其内面生活却渐与动物相远，终能达到高尚和平的境地。凡兽性的余留，与古代礼法可以阻碍人性向上的发展者，也都应排斥改正。……
>
> 换一句话说，所谓从动物进化的人，也便是指"灵肉一致"的人。……
>
> 人的理想生活……首先便是改良人类的关系，须营一种利己而又利他，利他即是利己的生活。第一，便是各人以心力的劳作换得适当的衣食住与医药，能保持健康的生存。第二，革除一切人道以下或人力以上的因袭的礼法，使人人能享自由真实的幸福生活。
>
> 我所说的人道主义，并非世间所谓"悲天悯人"或"博施济众"的慈善主义！乃是一种个人主义的人间本位主义。……用这人道主义为本，对于人生诸问题加以记录研究的文字，便谓之"人的文学"。

这是一篇最平实伟大的宣言（他的详细节目，至今还值得细读）。周先生把我们那个时代所要提倡的种种文学内容，都包括在一个中心观念里，这个观念他叫做"人的文学"。他要用这一个观念来排斥中国一切"非人的文学"（他列举了十大类），来提倡"人的文学"。他所谓"人的文学"，说来极平常，只是那些主张"人情以内，人力以内"的"人的道德"的文学。

在周作人先生所排斥的十类"非人的文学"之中，有《西游记》、

《水浒》、《七侠五义》等等。这是很可注意的。我们一面夸赞这些旧小说的文学工具（白话），一面也不能不承认他们的思想内容实在不高明，够不上"人的文学"。用这个新标准去评估中国古今的文学，真正站得住脚的作品就很少了。所以周先生的结论是："还须介绍译述外国的著作，扩大读者的精神，眼里看见了世界的人类，养成人的道德，实现人的生活。"

关于文学内容的主张，本来往往含有个人的嗜好，和时代潮流的影响。《新青年》的一班朋友在当年提倡这种淡薄平实的"个人主义的人间本位"，也颇能引起一班青年男女向上的热情，造成一个可以称为"个人解放"的时代。然而当我们提倡那种思想的时候，人类正从一个"非人的"血战里逃出来，世界正在起一种激烈的变化。在这个激烈的变化里，许多制度与思想又都得经过一种"重新估价"。十几年来，当日我们一班朋友郑重提倡的新文学内容渐渐受一班新的批评家的指摘，而我们一班朋友也渐渐被人唤作落伍的维多利亚时代的最后代表者了！

那些更新颖的文学议论，不在我们编的这一册的范围之中，我们现在不讨论了。

六

我在这篇引论里，只做到了两点；第一是叙述并补充了文学革命的历史背景（音标文字运动的部分是补充的）。第二是简单的指出了文学革命的两个中心理论的涵义，并且指出了这一次的文学革命的主要意义实在只是文学工具的革命。这一册的题目是"建设理论集"，其实也可以叫做"革命理论集"，因为那个文学革命一面是推翻那几千年因袭下来的死工具，一面是建立那一千年来已有不少文学成绩的活工具；用那活的白话文学来替代那死的古文学，可以叫做大破坏，可以叫做大解放，也可以叫做"建设的文学革命"。

在那个文学革命的稍后一个时期，新文学的各个方面（诗、小说、戏剧、散文）都引起了不少的讨论。引起讨论最多的当然第一是诗，第二是戏剧。这是因为新诗和新剧的形式和内容都需要一种根本的革命；诗的完全用白话，甚至于不用韵，戏剧的废唱等等，其革新的成分都比小说和散文大的多，所以他们引起的讨论也特别多。文学革命在海外发难的时候，我们早已看出白话散文和白话小说都不难得着承认，最难的大概是新诗，所以我们当时认定建立新诗的唯一方法是要鼓励大家起来用白话做新诗。后来作新诗的人多了，有些是受中国旧诗和词曲的影响比较多的，有些是受了德国、法国和日本的思想的影响比较多的，有些是受了英、美民族的文学的影响比较多的，于是新诗的理论也就特别多了。中国旧戏虽然已到了末路，但在当时也还有不少迷信唱工台步脸谱的人，所以在那拥护旧戏和主张新戏的争论里，也产出了一些关于戏剧的讨论。

但是，因为这部《新文学大系》有散文、小说、诗、戏剧四类的选本集，每一集各有主编人的长篇序文，所以我现在不用分别讨论这几方面的革命理论和建设理论了。我在本文开篇时说过，"人们要用你结的果子来评判你"。文学革命第一个十年结的果子就是那七巨册所代表的十年努力创作的成绩。我们看了这二十年的新文学创作的成绩，至少可以说，中国文学革命运动不是一个不孕的女人，不是一株不结实的果子树。耶稣在山上很感动的说："收成是好的，可惜作工的人太少了！"中国文学革命的历史的基础全在那一千年中这儿那儿的一些大胆的作家，因为忍不住艺术的引诱，创作出来的一些白话文学。中国文学革命将来的最后胜利，还得靠今后的无数作家，在那点历史的基础之上，在这二十年来的新辟的园地之上，努力建筑起无数的伟大高楼大厦来。

在文学革命的初期提出的那些个别的问题之中，只有一个问题还没有得着充分的注意，也没有多大的进展——那就是废汉字改用音标文字的问题（看钱玄同先生《中国今后之文字问题》，和傅斯年先生的《汉语改用拼音文字的初步谈》两篇）。我在上文已说过，拼音文字只可以拼活的白话，不能拼古文；在那个古文学权威没有丝毫动摇的时代，大家看不起白话，更没有用拼音文字的决心，所以音标文字的运动不会有成功的希望。如果因为白话文学的奠定和古文学的权威的崩溃，音标文字在那不很辽远的将来能够替代了那方块的汉字做中国四万万人的教育工具和文学工具了，那才可以说是中国文学革命的更大的收获了。

廿四，九，三

（此文原载 1935 年 10 月 15 日上海良友图书公司
出版的《中国新文学大系·建设理论集》卷首）

二 启蒙思想

易卜生主义
（1918 年 5 月 16 日初稿，
1921 年 4 月 26 日改稿）

（一）

易卜生最后所作的《我们死人再生时》（*When We Dead Awaken*）一本戏里面有一段话，很可表出易卜生所作文学的根本方法。这本戏的主人翁是一个美术家，费了全副精神，雕成一副像，名为《复活日》。这位美术家自己说他这副雕像的历史道：

> 我那时年纪还轻，不懂得世事。我以为这《复活日》应该是一个极精致，极美的少女像，不带着一毫人世的经验，平空地醒来，自然光明庄严，没有什么过恶可除。……但是我后来那几年，懂得些世事了，才知道这《复活日》不是这样简单的，原来是很复杂的。……我眼里所见的人情世故，都到我理想中来，我不能不把这些现状包括进去。我只好把这像的座子放大了，放宽了。

> 我在那座子上雕了一片曲折爆烈的地面。从那地的裂缝里，钻出来无数模糊不分明，人身兽面的男男女女。这都是我在世间亲自见过的男男女女。（二幕）

这是"易卜生主义"的根本方法。那不带一毫人世罪恶的少女像，是指那盲目的理想派文学。那无数模糊不分明，人身兽面的男男女女，是指写实派的文学。易卜生早年和晚年的著作虽不能全说是写实主义，但我们看他极盛时期的著作，尽可以说，易卜生的文学，易卜生的人生观，只是一个写实主义。一八八二年，他有一封信给一个朋友，信中说道：

我做书的目的，要使读者人人心中都觉得他所读的全是实事。
（《尺牍》第 159 号）

人生的大病根在于不肯睁开眼睛来看世间的真实现状。明明是男盗女娼的社会，我们偏说是圣贤礼义之邦；明明是赃官污吏的政治，我们偏要歌功颂德；明明是不可救药的大病，我们偏说一点病都没有！却不知道：若要病好，须先认有病；若要政治好，须先认现今的政治实在不好；若要改良社会，须先知道现今的社会实在是男盗女娼的社会！易卜生的长处，只在他肯说老实话，只在他能把社会种种腐败龌龊的实在情形写出来叫大家仔细看。他并不是爱说社会的坏处，他只是不得不说。一八八〇年，他对一个朋友说：

我无论作什么诗，编什么戏，我的目的只要我自己精神上的舒服清净。因为我们对于社会的罪恶，都脱不了干系的。（《尺牍》第148 号）

因为我们对于社会的罪恶都脱不了干系，故不得不说老实话。

（二）

我们且看易卜生写近世的社会，说的是一些什么样的老实话。第一，先说家庭。

易卜生所写的家庭，是极不堪的。家庭里面，有四种大恶德：一是自私自利；二是倚赖性，奴隶性；三是假道德，装腔作戏；四是懦怯没有胆子。做丈夫的便是自私自利的代表。他要快乐，要安逸，还要体面，所以他要娶一个妻子。正如《娜拉》戏中的郝尔茂，他觉得同他的妻子有爱情是很好玩的。他叫他妻子做"小宝贝"、"小鸟儿"、"小松鼠儿"、"我的最亲爱的"等等肉麻名字。他给他妻子一点钱去买糖吃，买粉搽，买好衣服穿。他要他妻子穿得好看，打扮的标致。做妻子的完全是一个奴隶。他丈夫喜欢什么，他也该喜欢什么；他自己是不许有什么选择的。他的责任在于使丈夫欢喜。他自己不用有思想；他丈夫会替他思想。他自己不过是他丈夫的玩意儿，很像叫化子的猴子专替他变把戏引人开心的（所以《娜拉》又名《玩物之家》）。丈夫要妻子守节，妻子却不能要丈夫守节，正如《群鬼》（Ghosts）戏里的阿尔文夫人受不过丈夫的气，跑到一个朋友家去；那位朋友是个牧师，很教训了他一顿，说他不守妇道。但是阿尔文夫人的丈夫专在外面偷妇人，甚至淫乱他妻子的婢女，人家都毫不介意；那位牧师朋友也觉得这是男人常有的事，不足为奇！妻子对丈夫，什么都可以牺牲；丈夫对妻子，是不犯着牺牲什么的。《娜拉》戏内的娜拉因为要救他丈夫的生命，所以冒他父亲的名字，签了借据去借钱。后来事体闹穿了，他丈夫不但不肯替娜拉分担冒名的干系，还要痛骂他带累他自己的名誉。后来和平了结了，没有危险了，他丈夫又装出大度的样子，说不追究他的错处。他得意洋洋的说道："一个男人赦了他妻子的过犯是很畅快的事！"（《娜拉》三幕）

这种极不堪的情形，何以居然忍耐得住呢？第一，因为人都要顾面子，不得不装腔做戏，做假道德遮着面孔。第二，因为大多数的人都是没有胆子的懦夫。因为要顾面子，故不肯闹翻；因为没有胆子，故不敢闹翻。那《娜拉》戏里的娜拉忽然看破家庭是一座做猴子戏的戏台，他自己是台上的猴子。他有胆子，又不肯再装假面子，所以告别了掌班的，跳下了戏台，去干他自己的生活。那《群鬼》戏里的阿尔文夫人没有娜拉的胆子，又要顾面子，所以被他的牧师朋友一劝，就劝回头了，还是回家去尽他的"天职"，守他的"妇道"。他丈夫仍旧做那种淫荡的行为。阿尔文夫人只好牺牲自己的人格，尽力把他羁縻在家。后来生下一个儿子，他母亲恐怕他在家学了他父亲的坏榜样，所以到了七岁便把他送到巴黎去。他一面要哄他丈夫在家，一面要在外边替他丈夫修名誉，一面要骗他儿子说他父亲是怎样一个正人君子。这种情形，过了十九个足年，他丈夫才死。死后，他妻子还要替他装面子，花了许多钱，造了一所孤儿院，作他亡夫的遗爱。孤儿院造成了，他把儿子唤回来参预孤儿院落成的庆典。谁知他儿子从胎里就得了他父亲的花柳病的遗毒，变成一种脑腐症，到家没几天，那孤儿院也被火烧了，他儿子的遗传病发作，脑子坏了，就成了疯人了。这是没有胆子，又要顾面子的结局。这就是腐败家庭的下场！

（三）

其次，且看易卜生的社会的三种大势力。那三种大势力：一是法律，二是宗教，三是道德。

第一，法律 法律的效能在于除暴去恶，禁民为非。但是法律有好处也有坏处。好处在于法律是无有偏私的；犯了什么法，就该得什么罪。坏处也在于此。法律是死板板的条文，不通人情世故；不知道一样的罪名却有几等几样的居心，有几等几样的境遇情形，同犯一罪的人却有几等几样的知识程度。法律只说某人犯了某法的某某篇某某章某某节，该得某某罪，全不管犯罪的人的知识不同，境遇不同，居心不同。《娜拉》戏里有两件冒名签字的事：一件是一个律师做的，一件是一个不懂法律的妇人做的。那律师犯这罪全由于自私自利，那妇人犯这罪全因为他要救他丈夫的性命。但是法律全不问这些区别。请看这两个"罪人"讨论这个问题：

（律师）　郝夫人，你好像不知道你犯了什么罪，我老实对你说，我犯的那桩使我一生声名扫地的事，和你所做的事恰恰相同，一毫也不多，一毫也不少。

（娜拉）　你！难道你居然也敢冒险去救你妻子的命吗？

（律师）　法律不管人的居心如何。

（娜拉）　如此说来，这种法律是笨极了。

（律师）　不问他笨不笨，你总要受他的裁判。

（娜拉）　我不相信。难道法律不许做女儿的想个法子免得他临死的父亲烦恼吗？难道法律不许做妻子的救他丈夫的命吗？我不大懂得法律，但是我想总该有这种法律承认这些事的。你是一个律师，你难道不知道有这样的法律吗？柯先生，你真是一个不中用的律师了。（《娜拉》一幕）

最可怜的是世上真没有这种入情入理的法律！

第二，宗教　易卜生眼里的宗教久已失了那种可以感化人的能力；久已变成毫无生气的仪节信条，只配口头念得烂熟，却不配使人奋发鼓舞了。《娜拉》戏里说：

（郝尔茂）　你难道没有宗教吗？

（娜拉）　我不很懂得究竟宗教是什么东西。我只知道我进教是那位牧师告诉我的一些话。他对我说宗教是这个，是那个，是这样，是那样。（三幕）

如今人的宗教，都是如此。你问他信什么教，他就把他的牧师或是他的先生告诉他的话背给你听。他会背耶稣的祈祷文，他会念阿弥陀佛，他会背一部《圣谕广训》。这就是宗教了！

宗教的本意，是为人而作的，正如耶稣说的，"礼拜是为人造的，不是人为礼拜造的"。不料后世的宗教处处与人类的天性相反，处处反乎人情。如《群鬼》戏中的牧师，逼着阿尔文夫人回家去受那荡子丈夫的待遇，去受那十九年极不堪的惨痛。那牧师说，宗教不许人求快乐，求快乐便是受了恶魔的魔力了。他说，宗教不许做妻子的批评他丈夫的行为。他说，宗教教人无论如何总要守妇道，总须尽责任。那牧师口口声声所说是"是"的，阿尔文夫人心中总觉得都是"不是"的。后来阿尔文夫人仔细去研究那牧师的宗教，忽然大悟：原来那些教条都是假的，都是"机器造的"！（《群鬼》二幕）

但是这种机器造的宗教何以居然能这样兴旺呢？原来现在的宗教虽没有精神上的价值，却极有物质上的用场。宗教是可以利用的，是可以使人发财得意的。那《群鬼》戏里的木匠，本是一个极下流的酒鬼，卖妻卖女都肯干的。但是他见了那位道学的牧师，立刻就装出宗教家的样子，说宗教家的话，做宗教家的唱歌祈祷，把这位蠢牧师哄得滴溜溜的转（二幕）。那《罗斯马庄》（*Rosmersholm*）戏里面的主人翁罗斯马本是一个牧师，后来他的思想改变了，遂不信教了。他那时想加入本地的自由党，不料党中的领袖却不许罗斯马宣告他脱离教会的事。为什么呢？因为他们党里很少信教的人，故想借罗斯马的名誉来号召那些信教的人家。可见宗教的兴旺，并不是因为宗教真有兴旺的价值，不过是因为宗教有可以利用的好处罢了。

第三，道德　法律、宗教既没有裁制社会的本领，我们且看"道德"可有这种本事。据易卜生看来，社会上所谓"道德"不过是许多陈腐的旧习惯。合于社会习惯的，便是道德；不合于社会习惯的，便是不道德。正如我们中国的老辈人看见少年男女实行自由结婚，便说是"不道德"，为什么呢？因为这事不合于"父母之命，媒妁之言"的社会习惯。但是这班老辈人自己讨许多小老婆，却以为是很平常的事，没有什么不道德。为什么呢？因为习惯如此。又如中国人死了父母，发出讣书，人人都说"泣血稽颡"，"苦块昏迷"。其实他们何尝泣血？又何尝"寝苦枕块"？这种自欺欺人的事，人人都以为是"道德"，人人都不以为羞耻，为什么呢？因为社会的习惯如此，所以不道德的也觉得道德了。

这种不道德的道德，在社会上，造出一种诈伪不自然的伪君子。面子上都是仁义道德，骨子里都是男盗女娼。易卜生最恨这种人。他有一本戏，叫做《社会的栋梁》（*Pillars of Society*）。戏中的主人名叫褒匿，是一个极坏的伪君子。他犯了一桩奸情，却让他兄弟受这恶名，还要诬赖他兄弟偷了钱跑脱了。不但如此，他还雇了一只烂脱底的船送他兄弟出海，指望把他兄弟和一船的人都沉死在海底，可以灭口。

这样一个大奸，面子上却做得十分道德，社会上都尊敬他，称他做"全市第一个公民"，"公民的模范"，"社会的栋梁"！他谋害他兄弟的那一天，本城的公民，聚了几千人，排起队来，打着旗，奏着军乐，上他的门来表示社会的敬意，高声喊道："褒匿万岁！社会的栋梁褒匿万岁！"

这就是道德！

（四）

其次，我们且看易卜生写个人与社会的关系。

易卜生的戏剧中，有一条极显而易见的学说，是说社会与个人互相损害；社会最爱专制，往往用强力摧折个人的个性，压制个人自由独立的精神；等到个人的个性都消灭了，等到自由独立的精神都完了，社会自身也没有生气了，也不会进步了。社会里有许多陈腐的习惯，老朽的思想，极不堪的迷信，个人生在社会中，不能不受这些势力的影响。有时有一两个独立的少年，不甘心受这种陈腐规矩的束缚，于是东冲西突想与社会作对。上文所说的褒匿，当少年时，也曾想和社会反抗。但是社会的权力很大，网罗很密；个人的能力有限，如何是社会的敌手？社会对个人道："你们顺我者生，逆我者死；顺我者有赏，逆我者有罚。"那些和社会反对的少年，一个一个的都受家庭的责备，遭朋友的怨恨，受社会的侮辱驱逐。再看那些奉承社会意旨的人，一个个的都升官发财，安富尊荣了。当此境地，不是顶天立地的好汉，决不能坚持到底。所以像褒匿那般人，做了几时的维新志士，不久也渐渐的受社会同化，仍旧回到旧社会去做"社会的栋梁"了。社会如同一个大火炉，什么金银铜铁锡，进了炉子，都要熔化。易卜生有一本戏叫做《雁》（The Wild Duck），写一个人捉到一只雁，把他养在楼上半阁里，每天给他一桶水，让他在水里打滚游戏。那雁本是一个海阔天空逍遥自得的飞鸟，如今在半阁里关久了，也会生活，也会长得胖胖的，后来竟完全忘记了他从前那种海阔天空来去自由的乐处了！个人在社会里，就同这雁在人家半阁上一般，起初未必满意，久而久之，也就惯了，也渐渐的把黑暗世界当作安乐窝了。

社会对于那班服从社会命令、维持陈旧迷信、传播腐败思想的人，一个一个的都有重赏。有的发财了，有的升官了，有的享大名誉了。这些人有了钱，有了势，有了名誉，就像老虎长了翅膀，更可横行无忌了，更可借着"公益"的名义去骗人钱财，害人生命，做种种无法无天的行为。易卜生的《社会的栋梁》和《博克曼》（*John Gabriel Borkman*）两本戏的主人翁都是这种人物。他们钱赚得够了，然后掏出几个小钱来，开一个学堂，造一所孤儿院，立一个公共游戏场，"捐二十磅金去买面包给贫人吃"（用《社会的栋梁》二幕中语）。于是社会格外恭维他们，打着旗子，奏着军乐，上他们家来，大喊"社会的栋梁万岁！"

那些不懂事又不安分的理想家，处处和社会的风俗习惯反对，是该受重罚的。执行这种重罚的机关，便是"舆论"，便是大多数的"公论"。世间有一种最通行的迷信，叫做"服从多数的迷信"。人都以为多数人的公论总是不错的。易卜生绝对的不承认这种迷信。他说"多数党总在错的一边，少数党总在不错的一边"（《国民公敌》五幕）。一切维新革命，都是少数人发起的，都是大多数人所极力反对的。大多数人总是守旧麻木不仁的；只有极少数人，有时只有一个人，不满意于社会的现状，要想维新，要想革命。这种理想家是社会所最忌的。大多数人都骂他是"捣乱分子"，都恨他"扰乱治安"，都说他"大逆不道"；所以他们用大多数的专制威权去压制那"捣乱"的理想志士，不许他开口，不许他行动自由，把他关在监牢里，把他赶出境去，把他杀了，把他钉在十字架上活活的钉死，把他捆在柴草上活活的烧死。过了几十年几百年，那少数人的主张渐渐的变成多数人的主张了，于是社会的多数人又把他们从前杀死钉死烧死的那些"捣乱分子"一个一个的重新推崇起来，替他们修墓，替他们作传，替他们立庙，替他们铸铜像。却不知道从前那种"新"思想，到了这时候，又早已成了"陈腐的"迷信！当他们替从前那些特立独行的人修墓铸铜像的时候，社会里早已发生了几个新派少数人，又要受他们杀死钉死烧死的刑罚了！所以说"多数党总是错的，少数党总是不错的"。

易卜生有一本戏叫做《国民公敌》，里面写的就是这个道理。这本戏的主人翁斯铎曼医生从前发现本地的水可以造成几处卫生浴池。本地的人听了他的话，觉得有利可图，便集了资本造了几处卫生浴池。后来四方人闻了这浴池之名，纷纷来这里避暑养病。来的人多了，本地的商业市面便渐渐发达兴旺。斯铎曼医生便做了浴池的官医。后来洗浴的人之中，忽然发生一种流行病症；经这位医生仔细考察，知道这病症是从浴池的水里来的，他便装了一瓶水寄与大学的化学师请他化验。化验出来，才知道浴池的水管安的太低了，上流的污秽，停积在浴池里，发生一种传染病的微生物，极有害于公众卫生。斯铎曼医生得了这种科学证据，便做了一篇切切实实的报告书，请浴池的董事会把浴池的水管重行改造，以免妨碍卫生。不料改造浴池须要花费许多钱，又要把浴池闭歇一两年；浴池一闭歇，本地的商务便要受许多损失。所以本地的人全体用死力反对斯铎曼医生的提议。他们宁可听那些来避暑养病的人受毒病死，却不情愿受这种金钱的损失，所以他们用大多数的专制威权压制这位说老实话的医生，不许他开口。他做了报告，本地的报馆都不肯登载。他要自己印刷，印刷局也不肯替他印。他要开会演说，全城的人都不把空屋借他做会场。后来好容易找到了一所会场，开了一个公民会议，会场上的人不但不听他的老实话，还把他赶下台去，由全体一致表决，宣告斯铎曼医生从此是国民的公敌。他逃出会场，把裤子都撕破了，还被众人赶到他家，用石头掷他，把窗户都打碎了。到了明天，本地政府革了他的官医；本地商民发了传单不许人请他看病；他的房东请他赶快搬出屋去；他的女儿在学堂教书，也被校长辞退了。这就是"特立独行"的好结果！这就是大多数惩罚少数"捣乱分子"的辣手段！

（五）

其次，我们且说易卜生的政治主义。易卜生的戏剧不大讨论政治问题，所以我们须要用他的《尺牍》（*Letters*, ed. by his son, Sigurd Ibsen, English Trans, 1905）做参考的材料。

易卜生起初完全是一个主张无政府主义的人。当普法之战（一八七〇至一八七一年）时，他的无政府主义最为激烈。一八七一年，他有信与一个朋友道：

> ……个人绝无做国民的需要。不但如此，国家简直是个人的大害。请看普鲁士的国力，不是牺牲了个人的个性去买来的吗？国民都成了酒馆里跑堂的了，自然个个是好兵了。再看犹太民族：岂不是最高贵的人类吗？无论受了何种野蛮的待遇，那犹太民族还能保存本来的面目。这都因为他们没有国家的原故。国家总得毁去。这

种毁除国家的革命，我也情愿加入。毁去国家观念，单靠个人的情愿和精神上的团结做人类社会的基本——若能做到这步田地，这可算得有价值的自由起点。那些团体的变迁，换来换去，都不过是弄把戏——都不过是全无道理的胡闹。（《尺牍》第七九）

易卜生的纯粹无政府主义，后来渐渐的改变了。他亲自看见巴黎"市民政府"（Commune）的完全失败（一八七一），便把他主张无政府主义的热心减了许多（《尺牍》第八一）。到了一八八四年，他写信给他的朋友说，他在本国若有机会，定要把国中无权的人民联合成一个大政党，主张极力推广选举权，提高妇女的地位，改良国家教育，要使脱除一切中古陋习（《尺牍》第一七八）。这就不是无政府的口气了。但是他自己到底不曾加入政党。他以为加入政党是很下流的事（《尺牍》第一五八）。他最恨那班政客，他以为"那班政客所力争的，全是表面上的权利，全是胡闹。最要紧的是人心的大革命"（《尺牍》第七七）。

易卜生从来不主张狭义的国家主义，从来不是狭义的爱国者。一八八八年，他写信给一个朋友说道：

> 知识思想略为发达的人，对于旧式的国家观念，总不满意。我们不能以为有了我们所属的政治团体便足够了。据我看来，国家观念不久就要消灭了，将来定有人种观念起来代他。即以我个人而论，我已经过这种变化。我起初觉得我是那威国人，后来变成斯堪丁纳维亚人（那威与瑞典总名斯堪丁纳维亚），我现在已成了条顿人了。（《尺牍》第二〇六）

这是一八八八年的话。我想易卜生晚年临死的时候（一九〇六），一定已进到世界主义的地步了。

（六）

我开篇便说过易卜生的人生观只是一个写实主义。易卜生把家庭社会的实在情形都写了出来，叫人看了动心，叫人看了觉得我们的家庭社会原来是如此黑暗腐败，叫人看了觉得家庭社会真正不得不维新革命——这就是"易卜生主义"。表面上看去，像是破坏的，其实完全是建设的。譬如医生诊了病，开了一个脉案，把病状详细写出，这难道是消极的破坏的手续吗？但是易卜生虽开了许多脉案，却不肯轻易开药方。他知道人类社会是极复杂的组织，有种种绝不相同的境地，有种种绝不相同的情形。社会的病，种类纷繁，决不是什么"包医百病"的药方所能治得好的。因此他只好开了脉案，说出病情，让病人各人自己去寻医病的药方。

虽然如此，但是易卜生生平却也有一种完全积极的主张。他主张个人须要充分发达自己的天才性，须要充分发展自己的个性。他有一封信给他的朋友白兰戴说道：

> 我所最期望于你的是一种真益纯粹的为我主义。要使你有时觉得天下只有关于我的事最要紧，其余的都算不得什么。……你要想有益于社会，最好的法子莫如把你自己这块材料铸造成器。……有的时候我真觉得全世界都像海上撞沉了船，最要紧的还是救出自己。（《尺牍》第八四）

最可笑的是有些人明知世界"陆沉"，却要跟着"陆沉"，跟着堕落，不肯"救出自己"！却不知道社会是个人组成的，多救出一个人便是多备下一个再造新社会的分子。所以孟轲说"穷则独善其身"，这便是易卜生所说"救出自己"的意思。这种"为我主义"，其实是最有价值的利人主义。所以易卜生说，"你要想有益于社会，最妙的法子莫如把你自己这块材料铸造成器"。《娜拉》戏里，写娜拉抛了丈夫儿女飘然而去，也只为要"救出自己"。那戏中说：

（郝尔茂）……你就是这样抛弃你的最神圣的责任吗？

（娜拉）你以为我的最神圣的责任是什么？

（郝）还等我说吗？可不是你对于你的丈夫和你的儿女的责任吗？

（娜）我还有别的责任同这些一样的神圣。

（郝）没有的。你且说，那些责任是什么？

（娜）是我对于我自己的责任。

（郝）最要紧的，你是一个妻子，又是一个母亲。

（娜）这种话我现在不相信了。我相信，第一我是一个人，正同你一样——无论如何，我务必努力做一个人。（三幕）

一八八二年，易卜生有信给朋友道：

> 这样生活，须使各人自己充分发展——这是人类功业顶高的一层；这是我们大家都应该做的事。（《尺牍》第一六四）

社会最大的罪恶莫过于摧折个人的个性，不使他自由发展。那本《雁》戏所写的只是一件摧残个人才性的惨剧。那戏写一个人少年时本极有高尚的志气，后来被一个恶人害得破家荡产，不能度日；那恶人又把他自己通奸有孕的下等女子配给他做妻子，从此家累日重一日，他的志气便日低一日。到了后来，他堕落深了，竟变成了一个懒人懦夫，天天受那下贱妇人和两个无赖的恭维，他洋洋得意的觉得这种生活很可以终身了。所以那本戏借一个雁做比喻：那雁在半阁上关得久了，他从前那种高飞远举的志气全消灭了，居然把人家的半阁做他的极乐国了！

发展个人的个性，须要有两个条件。第一，须使个人有自由意志。第二，须使个人担干系，负责任。《娜拉》戏中写郝尔茂的最大错处只在他把娜拉当作"玩意儿"看待，既不许他有自由意志，又不许他担负家庭的责任，所以娜拉竟没有发展他自己个性的机会。所以娜拉一旦觉悟时，恨极他的丈夫，决意弃家远去，也正为这个原故。易卜生又有一本戏，叫做《海上夫人》(*The Lady from the Sea*)，里面写一个女子哀梨妲少年时嫁给人家做后母，他丈夫和前妻的两个女儿看他年纪轻，不让他管家务，只叫他过安闲日子。哀梨妲在家觉得做这种不自由的妻子，不负责任的后母，是极没趣的事。因此他天天想跟人到海外去过那海阔天空的生活。他丈夫越不许他自由，他偏越想自由。后来他丈夫知道留他不住，只得许他自由出去。他丈夫说道：

> （丈夫）……我现在立刻和你毁约，现在你可以有完全自由拣定你自己的路子。……现在你可以自己决定，你有完全的自由，你自己担干系。

> （哀梨妲）完全自由！还要自己担干系！还担干系咧！有这么一来，样样事都不同了。

哀梨妲有了自由又自己负责任了，忽然大变了，也不想那海上的生活了，决意不跟人走了（《海上夫人》第五幕）。这是为什么呢？因为世间只有奴隶的生活是不能自由选择的，是不用担干系的。个人若没有自由权，又不负责任，便和做奴隶一样，所以无论怎样好玩，无论怎样高兴，到底没有真正乐趣，到底不能发展个人的人格。所以哀梨妲说，有了完全自由，还要自己担干系，有这么一来，样样事都不同了。

家庭是如此，社会国家也是如此。自治的社会，共和的国家，只是要个人有自由选择之权，还要个人对于自己所行所为都负责任。若不如此，决不能造出自己独立的人格。社会国家没有自由独立的人格，如同酒里少了酒曲，面包里少了酵，人身上少了脑筋：那种社会国家决没有改良进步的希望。

所以易卜生的一生目的只是要社会极力容忍，极力鼓励斯铎曼医生一流的人物（斯铎曼事见上文四节）；要想社会上生出无数永不知足，永不满意，敢说老实话攻击社会腐败情形的"国民公敌"；要想社会上有许多人都能像斯铎曼医生那样宣言道："世上最强有力的人就是那个最孤立的人！"

社会国家是时刻变迁的，所以不能指定那一种方法是救世的良药：十年前用补药，十年后或者须用泻药了；十年前用凉药，十年后或者须用热药了。况且各地的社会国家都不相同，适用于日本的药，未必完全适用于中国；适用于德国的药，未必适用于美国。只有康有为那种"圣人"，还想用他们的"戊戌政策"来救戊午的中国；只有辜鸿铭那班怪物，还想用二千年前的"尊王大义"来施行于二十世纪的中国。易卜生是聪明人，他知道世上没有"包医百病"的仙方，也没有"施诸四海而皆准，推之百世而不悖"的真理。因此他对于社会的种种罪恶污秽，只开脉案，只说病状，却不肯下药。但他虽不肯下药，却到处告诉我们一个保卫社会健康的卫生良法。他仿佛说道："人的身体全靠血里面有无量数的白血轮时时刻刻与人身的病菌开战，把一切病菌扑灭干净，方才可使身体健全，精神充足。社会国家的健康也全靠社会中有许多永不知足，永不满意，时刻与罪恶分子醍醐分子宣战的白血轮，方才有改良进步的希望。我们若要保卫社会的健康，须要使社会里时时刻刻有斯铎曼医生一般的白血轮分子。但使社会常有这种白血轮精神，社会决没有不改良进步的道理。"一八八三年，易卜生写信给朋友道：

> 十年之后，社会的多数人大概也会到了斯铎曼医生开公民大会时的见地了。但是这十年之中，斯铎曼自己也刻刻向前进；所以到了十年之后，他的见地仍旧比社会的多数人还高十年。即以我个人而论，我觉得时时刻刻总有进境。我从前每作一本戏时的主张，如今都已渐渐变成了很多数人的主张，但是等到他们赶到那里时，我久已不在那里了。我又到别处去了。我希望我总是向前去了。（《尺牍》第一七二）

民国七年五月十六日作于北京

民国十年四月二十六日改稿

（此文原载 1918 年 6 月 15 日《新青年》第 4 卷第 6 号）

贞操问题
（1918 年 7 月）

（一）

周作人先生所译的日本与谢野晶子的《贞操论》（《新青年》四卷五号），我读了很有感触。这个问题，在世界上受了几千年无意识的迷信，到近几十年中，方才有些西洋学者正式讨论这问题的真意义。文学家如易卜生的《群鬼》和 Thomas Hardy 的《苔史》（Tess）[①]，都带着讨论这个问题。如今家庭专制最利害的日本居然也有这样大胆的议论！这是东方文明史上一件极可贺的事。

当周先生翻译这篇文字的时候，北京一家很有价值的报纸登出一篇恰相反的文章。这篇文章是海宁朱尔迈的《会葬唐烈妇记》（七月二十三、四日北京《中华新报》）。上半篇写唐烈妇之死如下：

> 唐烈妇之死，所阅灰水，钱卤，投河，雉经者五，前后绝食者三；又益之以砒霜，则其亲试乎杀人之方者凡九。自除夕上溯其夫亡之夕，凡九十有八日。夫以九死之惨毒，又历九十八日之长，非所称百挫千折有进而无退者乎？……

下义又借出一件"俞氏女守节"的事来替唐烈妇作陪衬：

> 女年十九，受海盐张氏聘，未于归，夫夭，女即绝食七日；家人劝之力，始进糜曰，"吾即生，必至张氏，宁服丧三年，然后归报地下"。

---

① 今译为《苔丝》。——编者注

最妙的是朱尔迈的论断：

> 嗟乎，俞氏女盖闻烈妇之风而兴起者乎？……俞氏女果能死于绝食七日之内，岂不甚幸？乃为家人阻之，俞氏女亦以三年为己任，余正恐三年之间，凡一千八十日有奇，非如烈妇之九十八日也。且绝食之后，其家人防之者百端，……虽有死之志，而无死之间，可奈何？烈妇倘能阴相之以成其节，风化所关，猗欤盛矣！

这种议论简直是全无心肝的贞操论。俞氏女还不曾出嫁，不过因为信了那种荒谬的贞操迷信，想做那"青史上留名的事"，所以绝食寻死，想做烈女。这位朱先生要维持风化，所以忍心害理的巴望那位烈妇的英灵来帮助俞氏女赶快死了，"岂不甚幸？"这种议论可算得贞操迷信的极端代表。《儒林外史》里面的王玉辉看他女儿殉夫死了，不但不哀痛，反仰天大笑道："死得好！死得好！"（五十二回）王玉辉的女儿殉已嫁之夫，尚在情理之中。王玉辉自己"生这女儿为伦纪生色"，他看他女儿死了反觉高兴，已不在情理之中了。至于这位朱先生巴望别人家的女儿替他未婚夫做烈女，说出那种"猗欤盛哉"的全无心肝的话，可不是贞操迷信的极端代表吗？

贞操问题之中，第一无道理的，便是这个替未婚夫守节和殉烈的风俗。在文明国里，男女用自由意志，由高尚的恋爱，订了婚约，有时男的或女的不幸死了，剩下的那一个因为生时爱情太深，故情愿不再婚嫁。这是合情理的事。若在婚姻不自由之国，男女订婚以后，女的还不知男的面长面短，有何情爱可言？不料竟有一种陋儒，用"青史上留名的事"来鼓励无知女儿做烈女，"为伦纪生色"，"风化所关，猗欤盛矣！"我以为我们今日若要作具体的贞操论，第一步就该反对这种忍心害理的烈女论，要渐渐养成一种舆论，不但永不把这种行为看作"猗欤盛矣"可旌表褒扬的事，还要公认这是不合人情，不合天理的罪恶；还要公认劝人做烈女，罪等于故意杀人。

这不过是贞操问题的一个方面。这个问题的真相，已经与谢野晶子说得很明白了。他提出几个疑问，内中有一条是："贞操是否单是女子必要的道德，还是男女都必要的呢？"这个疑问，在中国更为重要。中国的男子要他们的妻子替他们守贞守节，他们自己却公然嫖妓，公然纳妾，公然"吊膀子"。再嫁的妇人在社会上几乎没有社交的资格；再婚的男子，多妻的男子，却一毫不损失他们的身分。这不是最不平等的事吗？怪不得古人要请"周婆制礼"来补救"周公制礼"的不平等了。

我不是说，因为男子嫖妓，女子便该偷汉；也不是说，因为老爷有姨太太，太太便该有姨老爷。我说的是，男子嫖妓，与妇人偷汉，犯的是同等的罪恶；老爷纳妾，与太太偷人，犯的也是同等的罪恶。

为什么呢？因为贞操不是个人的事，乃是人对人的事；不是一方面的事，乃是双方面的事。女子尊重男子的爱情，心思专一，不肯再爱别人，这就是贞操。贞操是一个"人"对别一个"人"的一种态度。因为如此，男子对于女子，也该有同等的态度，若男子不能照样还敬，他就是不配受这种贞操的待遇。这并不是外国进口的妖言，这乃是孔丘说的"己所不欲，勿施于人"。孔丘说：

> 君子之道四，丘未能一焉：所求乎子以事父，未能也；所求乎臣以事君，未能也；所求乎弟以事兄，未能也；所求乎朋友，先施之，未能也。

孔丘五伦之中，只说了四伦，未免有点欠缺。他理该加上一句道：

> 所求乎吾妇，先施之，未能也。

这才是大公无私的圣人之道！

（二）

我这篇文字刚才做完，又在上海报上看见陈烈女殉夫的事。今先记此事大略如下：

> 陈烈女名宛珍，绍兴县人，三世居上海。年十七，字王远甫之子菁士。菁士于本年三月廿三日病死，年十八岁。陈女闻死耗，即沐浴更衣，潜自仰药。其家人觉察，仓皇施救，已无及。女乃泫然曰："儿志早决。生虽未获见夫，殁或相从地下……"言讫，遂死，死时距其未婚夫之死仅三时而已。（此据上海绍兴同乡会所出《征文启》）

过了两天，又见上海县知事呈江苏省长请予褒扬的呈文，中说：

> 呈为陈烈女行实可风，造册具书证明，请予按例褒扬事。……（事实略）……兹据呈称……并开具事实，附送褒扬费银六元前来。……知事复查无异。除先给予"贞烈可风"匾额，以资旌表外，谨援《褒扬条例》……之规定，造具清册，并附证明书，连同

褒扬费，一并备文呈送，仰祈鉴核，俯赐咨行内务部将陈烈女按例褒扬，实为德便。

我读了这篇呈文，方才知道我们中华民国居然还有什么《褒扬条例》。于是我把那些条例寻来一看，只见第一条九种可褒扬的行谊的第二款便是"妇女节烈贞操可以风世者"；第七款是"著述书籍，制造器用，于学术技艺或发明或改良之功者"；第九款是"年逾百岁者"！一个人偶然活到了一百岁，居然也可以与学术技艺上的著作发明享受同等的褒扬！这已是不伦不类可笑得很了。再看那条例《施行细则》解释第一条第二款的"妇女节烈贞操可以风世者"如下：

> 第二条：《褒扬条例》第一条第二款所称之"节"妇，其守节年限自三十岁以前守节至五十岁以后者。但年未五十而身故，其守节已及六年者同。
>
> 第三条：同条款所称之"烈"妇"烈"女，凡遇强暴不从致死，或羞忿自尽，及夫亡殉节者，属之。
>
> 第四条：同条款所称之"贞"女，守贞年限与节妇同。其在夫家守贞身故，及未符年例而身故者，亦属之。

以上各条乃是中国贞操问题的中心点。第二条褒扬"自三十岁以前守节至五十岁以后"的节妇，是中国法律明明认三十岁以下的寡妇不该再嫁，再嫁为不道德。第三条褒扬"夫亡殉节"的烈妇烈女，是中国法律明明鼓励妇人自杀以殉夫，明明鼓励未嫁女子自杀以殉未嫁之夫。第四条褒扬未嫁女子替未婚亡夫守贞二十年以上，是中国法律明明说未嫁而丧夫的女子不该再嫁人，再嫁便是不道德。

这是中国法律对于贞操问题的规定。

依我个人的意思看来，这三种规定都没有成立的理由。

第一，寡妇再嫁问题　这全是一个个人问题。妇人若是对他已死的丈夫真有割不断的情义，她自己不忍再嫁；或是已有了孩子，不肯再嫁；或是年纪已大，不能再嫁；或是家道殷实，不愁衣食，不必再嫁——妇人处于这种境地，自然守节不嫁。还有一些妇人，对他丈夫，或有怨心，或无恩意，年纪又轻，不肯抛弃人生正当的家庭快乐；或是没有儿女，家又贫苦，不能度日——妇人处于这种境遇没有守节的理由，为个人计，为社会计，为人道计，都该劝她改嫁。贞操乃是夫妇相待的一种态度。夫妇之间爱情深了，恩谊厚了，无论谁生谁死，无论生时死后，都不忍把这爱情移于别人，这便是贞操。夫妻之间若没有爱情恩意，即没有贞操可说。若不问夫妇之间有无可以永久不变的爱情，若不问做丈夫的配不配受他妻子的贞操，只晓得主张做妻子的总该替他丈夫守节，这是一偏的贞操论，这是不合人情公理的伦理。再者，贞操的道德，"照各人境遇体质的不同，有时能守，有时不能守；在甲能守，在乙不能守"（用与谢野晶子的话）。若不问个人的境遇体质，只晓得说"忠臣不事二君，烈女不更二夫"，只晓得说"饿死事极小，失节事极大"（用程子语）；这是忍心害理，男子专制的贞操论。——以上所说，大旨只要指出寡妇应否再嫁全是个人问题，有个人恩情上、体质上、家计上种种不同的理由，不可偏于一方面主张不近情理的守节。因为如此，故我极端反对国家用法律的规定来褒扬守节不嫁的寡妇。褒扬守节的寡妇，即是说寡妇再嫁为不道德，即是主张一偏的贞操论。法律既不能断定寡妇再嫁为不道德，即不该褒扬不嫁的寡妇。

第二，烈妇殉夫问题　寡妇守节最正当的理由是夫妇间的爱情。妇人殉夫最正当的理由也是夫妇间的爱情。爱情深了，生离尚且不能堪，何况死别？再加以宗教的迷信，以为死后可以夫妇团圆。因此有许多妇人，夫死之后，情愿杀身从夫于地下。这个不属于贞操问题。但我以为无论如何，这也是个人恩爱问题，应由个人自由意志去决定。无论如何，法律总不该正式褒扬妇人自杀殉夫的举动。一来呢，殉夫既由于个人的恩爱，何须用法律来褒扬鼓励？二来呢，殉夫若由于死后团圆的迷信，更不该有法律的褒扬了。三来呢，若用法律来褒扬殉夫的烈妇，有一些好名的妇人，便要借此博一个"青史留名"，是法律的褒扬反发生一种沽名钓誉、作伪不诚的行为了！

第三，贞女烈女问题　未嫁而夫死的女子，守贞不嫁的，是"贞女"；杀身殉夫的，是"烈女"。我上文说过，夫妇之间若没有恩爱，即没有贞操可说。依此看来，那未嫁的女子，对于他丈夫有何恩爱？既无恩爱，更有何贞操可守？我说到这里，有个朋友驳我道："这话别人说了还可，胡适之可不该说这话。为什么呢？你自己曾做过一首诗，诗里有一段道：

> 我不认得他，他不认得我，我却常念他，这是为什么？
> 岂不因我们，分定常相亲？由分生情意，所以非路人。
> 海外土生子，生不识故里，终有故乡情，其理亦如此。

依你这诗的理论看来，岂不是已订婚而未嫁娶的男女因为名分已定，也会有一种情意。既有了情意，自然发生贞操问题。你于今又说未婚嫁的男女没有恩爱，故也没有贞操可说，可不是自相矛盾吗?"

我听了这番驳论，几乎开口不得。想了一想，我才回答道：我那首诗所说名分上发生的情意，自然是有的；若没有那种名分上的情意，中国的旧式婚姻决不能存在。如旧日女子听人说他未婚夫的事，即面红害羞，即留神注意，可见他对他未婚夫实有这种名分上所发生的情谊。但这种情谊完全属于理想的。这种理想的情谊往往因实际上的反证，遂完全消灭。如女子悬想一个可爱的丈夫，及到嫁时，只见一个极下流不堪的男子，他如何能坚持那从前理想中的情谊呢? 我承认名分可以发生一种情谊，我并且希望一切名分都能发生相当的情谊。但这种理想的情谊，依我看来实在不够发生终身不嫁的贞操，更不够发生杀身殉夫的节烈。即使我更让一步，承认中国有些女子，例如吴趼人《恨海》里那个浪子的聘妻，深中了圣贤经传的毒，由名分上真能生出极浓挚的情谊，无论他未婚夫如何淫荡，人格如何堕落，依旧贞一不变。试问我们在这个文明时代，是否应该赞成提倡这种盲从的贞操? 这种盲从的贞操，只值得一句"其愚不可及也"的评论，却不值得法律的褒扬。法律既许未嫁的女子夫死再嫁，便不该褒扬处女守贞。至于法律褒扬无辜女子自杀以殉不曾见面的丈夫，那更是男子专制时代的风俗，不该存在于现今的世界。

总而言之，我对于中国人的贞操问题，有三层意见。

第一，这个问题，从前的人都看作"天经地义"，一味盲从，全不研究"贞操"两字究竟有何意义。我们生在今日，无论提倡何种道德，总该想想那种道德的真意义是什么。《墨子》说得好：

> 子墨子问于儒者曰，"何故为乐?"曰，"乐以为乐也。"子墨子曰，"子未我应也。今我问曰，'何故为室?'曰，'冬避寒焉，夏避暑焉，室以为男女之别也。'则子告我为室之故矣。今我问曰，'何故为乐?'曰'乐以为乐也。'是犹曰，'何故为室?'曰，'室以为室也。'"（《公孟》篇）

今试问人"贞操是什么?"或"为什么你褒扬贞操?"他一定回答道："贞操就是贞操。我因为这是贞操，故褒扬他。"这种"室以为室也"的论理，便是今日道德思想宣告破产的证据。故我做这篇文字的第一个主意只是要大家知道"贞操"这个问题并不是"天经地义"，是可以彻底研究，可以反复讨论的。

第二，我以为贞操是男女相待的一种态度，乃是双方交互的道德，不是偏于女子一方面的。由这个前提，便生出几条引申的意见：（一）男子对于女子，丈夫对于妻子，也应有贞操的态度；（二）男子做不贞操的行为，如嫖妓娶妾之类，社会上应该用对待不贞妇女的态度来对待他；（三）妇女对于无贞操的丈夫，没有守贞操的责任；（四）社会法律既不认嫖妓纳妾为不道德，便不该褒扬女子的"节烈贞操"。

第三，我绝对的反对褒扬贞操的法律。我的理由是：

（一）贞操既是个人男女双方对待的一种态度，诚意的贞操是完全自动的道德，不容有外部的干涉，不须有法律的提倡。

（二）若用法律的褒扬为提倡贞操的方法，势必至造成许多沽名钓誉，不诚实，无意识的贞操举动。

（三）在现代社会，许多贞操问题，如寡妇再嫁，处女守贞，等等问题的是非得失，却都还有讨论余地，法律不当以武断的态度制定褒贬的规条。

（四）法律既不奖励男子的贞操，又不惩男子的不贞操，便不该单独提倡女子的贞操。

（五）以近世人道主义的眼光看来，褒扬烈妇烈女杀身殉夫，都是野蛮残忍的法律，这种法律，在今日没有存在的地位。

民国七年七月

（此文原载 1918 年 7 月 15 日《新青年》第 5 卷第 1 号）

美国的妇人
——在北京女子师范学校讲演
（1918 年 9 月）

去年冬季，我的朋友陶孟和先生请我吃晚饭。席上的远客，是一位美国女子，代表几家报馆，去到俄国做特别调查员的。同席的是一对英国夫妇，和两对中国夫妇，我在这个"中西男女合璧"的席上，心中发生一个比较的观察。那两位中国妇人和那位英国妇人，比了那位美国女士，学问上，智识上，不见得有什么大区别。但我总觉得那位美国女子和他们绝不相同。我便问我自己道，他和他们不相同之处在那一点呢？依我看来，这个不同之点，在于他们的"人生观"有根本的差别。那三位夫人的"人生观"是一种"良妻贤母"的人生观。这位美国女子的，是一种"超于良妻贤母"的人生观。我在席上，估量这位女子，大概不过三十岁上下，却带着一种苍老的状态，倔强的精神。他的一言一动，似乎都表示这种"超于良妻贤母的人生观"；似乎都会说道："做一个良妻贤母，何尝不好？但我是堂堂地一个人，有许多该尽的责任，有许多可做的事业。何必定须做人家的良妻贤母，才算尽我的天职，才算做我的事业呢？"这就是"超于良妻贤母"的人生观。我看这一个女子单身走几万里的路，不怕辛苦，不怕危险，要想到大乱的俄国去调查俄国革命后内乱的实在情形——这种精神，便是那"超于良妻贤母"的人生观的一种表示，便是美国妇女精神的一种代表。

这种"超于良妻贤母的人生观"，换言之，便是"自立"的观念。我并不说美国的妇人个个都不屑做良妻贤母，也并不说他们个个都想去俄国调查革命情形。我但说依我所观察，美国的妇女，无论在何等境遇，无论做何等事业，无论已嫁未嫁，大概都存一个"自立"的心。别国的妇女大概以"良妻贤母"为目的，美国的妇女大概以"自立"为目的。"自立"的意义，只是要发展个人的才性，可以不倚赖别人，自己能独立生活，自己能替社会作事。中国古代传下来的心理，以为"妇人主中馈"；"男子治外，女子主内"；妇人称丈夫为"外子"，丈夫称妻子为"内助"。这种区别，是现代美国妇女所绝对不承认的。他们以为男女同是"人类"，都该努力做一个自由独立的"人"，没有什么内外的区别的。我的母校康南耳大学，几年前新添森林学一科，便有一个女子要求学习此科。这一科是要有实地测量的，所以到了暑假期内，有六星期的野外测量，白天上山测量，晚间睡在帐篷里，是很苦的事。这位女子也跟着去做，毫不退缩，后来居然毕业了。这是一条例。列位去年看报定知有一位美国史天孙女士在中国试演飞行机。去年在美国有一个男子飞行家，名叫 Carlstrom，从 Chicago 飞起。飞了四百五十二英里（约一千五百里），不曾中止，当时称为第一个远道飞行家。不到十几天，有一个女子，名叫 Ruth Law，偏不服气，便驾了他自己的飞行机，一气飞了六百六十八英里，便胜过那个男飞行家的成绩了。这又是一个例。我举这两个例，以表美国妇女不认男外女内的区别。男女同有在社会上谋自由独立的生活的天职。这便是美国妇女的一种特别精神。

这种精神的养成，全靠教育。美国的公立小学全是"男女共同教育"。每年约有八百万男孩子和八百万女孩子受这种共同教育，所发生的效果，有许多好处。女子因为常同男子在一处做事，自然脱去许多柔弱的习惯。男子因为常与女子在一堂，自然也脱去许多野蛮无礼的行为（如秽口骂人之类）。最大的好处，在于养成青年男女自治能力。中国的习惯，男女隔绝太甚了，所以偶然男女相见，没有鉴别的眼光，没有自治的能力，最容易陷入烦恼的境地，最容易发生不道德的行为。美国的少年男女，从小受同等的教育（有几种学科稍不同），同在一个课堂读书，同在一个操场打球，有时同来同去，所以男女之间，只觉得都是同学，都是朋友，都是"人"：所以渐渐的把男女的界限都消灭了，把男女的形迹也都忘记了。这种"忘形"的男女交际，是增进青年男女自治能力的惟一方法。

以上所说是小学教育。美国的高级教育，起初只限于男子。到了十九世纪中叶以后，女子的高级教育才渐渐发达。女子高级教育可分两种：一是女子大学，一是男女共同的大学。单收女子的高级学校如今也还不少。最著名的，如：

（一）Vassar College 在 Poughkeepsie，N. Y. 有 1 200 人

（二）Wellesley College 在 Wellesley，Mass. 有 1 500 人

（三）Bryn Mawr College 在 Bryn Mawr，Pa. 有 500 人

（四）Smith College 在 Northampton，Mass. 有 2 000 人

（五）Radcliffe College 在 Cambridge，Mass. 有 700 人

（六）Barnard College 在纽约有 800 人

这种专收女子的大学，起初多用女子教授，现今也有许多男教授了。这种女子大学，往往有极幽雅的校址，极美丽的校舍，极完全的设备。去年有一位中国女学生，陈衡哲女士，做了一篇小说，名叫《一日》，写 Vassar College 的生活，极有趣味。这篇小说登在去年的《留美学生季报》第二号。诸位若要知道美国女子大学的内部生活，不可不读他。

第二种便是男女共同的大学。美国各邦的"邦立大学"，都是男女同校的。那些有名的私立大学，如 Cornell，Chicago，Leland Stanford，也都是男女同校。有几个守旧的大学，如 Yale，Columbia，Johns

Hopkins，本科不收女子，却许女子进他们的大学院（即毕业院）。这种男女共校的大学生活，有许多好处。第一，这种大学的学科比那些女子大学，种类自然更丰富了，因此可以扩张女子高级教育的范围。第二，可使成年的男女，有正当的交际，共同的生活，养成自治的能力和待人处世的经验。第三，男学生有了相当的女朋友，可以增进个人的道德，可以减少许多不名誉的行为。第四，在男女同班的学科，平均看来，女子的成绩总在男子之上——这种比较的观察，一方面可以消除男子轻视女子的心理，一方面可以增长女子自重的观念，更可以消灭女子仰望男子和依顺男子的心理。

据一九一五年的调查，美国的女子高级教育，约如下表：

大学本科	男 141 836 人	女 79 763 人
大学院	男 10 571 人	女 5 098 人
专门职业科（如路矿牙医）	男 38 128 人	女 1 775 人

初看这表，似乎男女还不能平等。我们要知道女子高级教育是最近七八十年才发生的，七八十年内做到如此地步，可算得非常神速了。中美和西美有许多大学中，女子人数或和男子相等（如 Wisconsin），或竟比男子还多（如 Northwestern），可见将来未必不能做到高等男女教育完全平等的地位。

美国的妇女教育既然如此发达，妇女的职业自然也发达了。"职业"二字，在这里单指得酬报的工作。母亲替儿子缝补衣裳，妻子替丈夫备饭，都算不得"职业"。美国妇女的职业，可用下表表示：

一九〇〇年统计

　　男 23 754 000 人

　　女 5 319 000 人　　居全数 18%

一九一〇年统计

　　男 30 091 564 人

　　女 8 075 772 人　　居全数 21%

这些职业之中，那些下等的职业，如下女之类，大概都是黑人或新入境的欧洲侨民。土生的妇女所做的职业，大抵皆系稍上等的。教育一业，妇女最多。今举一九一五年的报告如下：

小学校	男教员 114 851 人
	女教员 465 207 人

中学（私立）	男教员 5 776 人
	女教员 8 250 人
中学（公立）	男教员 26 950 人
	女教员 35 569 人
师范（私立）	男教员 167 人
	女教员 249 人
师范（公立）	男教员 1 573 人
	女教员 2 916 人
大学及专门学校	男教员 26 636 人
	女教员 5 931 人

照上表看来，美国全国四分之三的教员都是妇女！即此一端，便可见美国妇女在社会上的势力了。

据一九一〇年的统计，美国共有四千四百万妇女。这八百万有职业的妇人，还不到全数的五分之一。那些其余的妇女，虽然不出去做独立的生活，却并不是坐吃分利的，也并不是没有左右社会的势力的。我在美国住了七年，觉得美国没有一桩大事发生，中间没有妇女的势力的；没有一种有价值的运动，中间没有无数热心妇女出钱出力维持进行的。最大的运动，如"禁酒运动"，"妇女选举权运动"，"反对幼童作苦工运动"……几乎全靠妇女的功劳，才有今日那么发达。此外如宗教的事业，慈善的事业，文学的事业，美术音乐的事业……最热心提倡赞助的人都是妇女占最大多数。

美国妇女的政治活动，并不限于女子选举一个问题。有许多妇女极反对妇女选举权的，却极热心去帮助"禁酒"及"反对幼童苦工"种种运动。一九一二年大选举时，共和党分裂，罗斯福自组一个进步党。那时有许多妇女，都极力帮助这新政党鼓吹运动，所以进步党成立的第一年，就能把那成立六十年的共和党打得一败涂地。前年（1916）大选举时，从前帮助罗斯福的那些妇女之中，如 Jane Addams 之流，因为怨恨罗斯福破坏进步党，故又都转过来帮助威而逊。威而逊这一次的大胜，虽有许多原因，但他得妇女的势力也就不少。最可怪的是这一次选举时，威而逊对于女子选举权的主张，很使美国妇女失望。然而那些明达的妇女却不因此便起反对威而逊的心。这便可见他们政治知识的程度了。

美国妇女所做最重要的公众活动，大概属于社会改良的一方面居多。现在美国实行社会改良的事业，最重要的要算"贫民区域居留地"（Social Settlements）。这种运动的大旨，要在下等社会的区域内，设立模范的居宅，兴办演说、游戏、音乐、补习课程、医药、看护等事，要使那些下等贫民有些榜样的生活，有用的知识，正当的娱乐。这些"居留地"的运动起于英国，现在美国的各地都有这种"居留地"。提倡和办理的人，大概都是大学毕业的男女学生。其中妇女更多，更热心。美国有两处这样的"居留地"，是天下闻名的。一处在Chicago，名叫Hull House，创办的人就是上文所说的Jane Addams。这位女士办这"居留地"，办了三十多年，也不知道造就了几多贫民子女，救济了几多下等贫家。前几年有一个《独立周报》，发起一种选举，请读那报的人投票公举美国十大伟人。选出的十大伟人之中，有一个便是这位Jane Addams女士。这也可想见那位女士的声价了。还有那一处"居留地"，在纽约城，名叫Henry Street Settlement，是一位Lilian Wald女士办的。这所"居留地"初起的宗旨，在于派出许多看护妇，亲到那些极贫苦的下等人家，做那些不要钱的看病、施药、接生等事。后来范围渐渐扩充，如今这"居留地"里面，有学堂，有会场，有小戏园，有游戏场。那条亨利街本是极下等的贫民区域，自从有了这所"居留地"，真像地狱里有了一座天堂了。以上所说两所"居留地"，不过是两个最著名的榜样，略可表现美国妇女所做改良社会的实行事业。我在美国常看见有许多富家的女子，抛弃了种种贵妇人的快活生涯，到那些"居留地"去居住。那种精神，不由人不赞叹崇拜。

以上所说各种活动中的美国妇女，固然也有许多是沽名钓誉的人，但是其中大多数妇女的目的只是上文所说"自立"两个字。他们的意思，似乎可分三层。第一，他们以为难道妇女便不配做这种有用的事业吗？第二，他们以为正因他们是妇女，所以最该做这种需要细心耐性的事业。第三，他们以为做这种实心实力的好事，是抬高女子地位声望的唯一妙法：即如上文所举那位Jane Addams，做了三十年的社会事业，便被国人公认为十大伟人之一；这种荣誉岂是沈佩贞一流人那种举动所能得到的吗？所以我们可说美国妇女的社会事业不但可以表示个人的"自立"精神，并且可以表示美国女界扩张女权的实行方法。

以上所说，不过略举几项美国妇女家庭以外的活动。如今且说他们家庭以内的生活。

美国男女结婚，都由男女自己择配。但在一定年限以下，若无父母的允许，婚约即无法律的效力。今将美国四十八邦法律所规定不须父母允许之结婚年限〈列〉如下：

男子可自由结婚年限　　　女子可自由结婚年限
三十九邦规定　二十一岁　　三十四邦规定　十八岁
五邦规定　十八岁　　　　　八邦规定　二十一岁
一邦规定　十四岁　　　　　二邦规定　十六岁
三邦无法定的年限　　　　　一邦规定　十二岁
　　　　　　　　　　　　　三邦无法定的年限

自由结婚第一重要的条件，在于男女都须要有点处世的阅历，选择的眼光，方才可以不至受人欺骗，或受感情的欺骗，以致陷入痛苦的境遇，种下终身的悔恨。所以须要有法律规定的年限，以保护少年的男女。

据一九一○年的统计，有下列的现象（此表单指白种人而言）：

已婚的男子有　16 196 452 人　已婚的女子有　15 791 087 人
未婚的男子有　11 291 985 人　未婚的女子有　8 070 918 人
离婚的男子有　138 832 人　　离婚的女子有　151 116 人

这表中，有两件事须要说明。第一是不婚不嫁的男女何以这样多？第二是离婚的夫妻何以这样多？（美国女子本多于男子，故上表前两项皆女子多于男子。[①]）

第一，不婚不嫁的原因约有几种：

（一）生计一方面，美国男子非到了可以养家的地位，决不肯娶妻。单是个人谋生还不难；要筹一家的衣食，要预备儿女的教育，便不容易了。因此有家室的便少了。

（二）知识一方面，女子的程度高了，往往瞧不起平常的男子；若要寻恰好相当的知识上的伴侣，却又"可遇而不可求"。所以有许多女子往往宁可终身不嫁，不情愿嫁平常的丈夫。

（三）从男子一方面设想，他觉得那些知识程度太高的女子，只配在大学里当教授，未必很配在家庭里做夫人；所以有许多人决意不敢娶

---

① 原文如此，表中为男子多于女子。——编者注

那些"博士派"（"Ph. D. type"）的女子做妻子。这虽是男子的谬见，却也是女子不嫁一种小原因。

（四）美国不嫁的女子，在社会上，在家庭中，并没有什么不便，也不致损失什么权利。他一样的享受财产权，一样的在社会上往来，一样的替社会尽力。他既不怕人家笑他白头"老处女"（old maiden），他（也）不用虑着死后无人祭祀！

（五）美国的女子，平均看来，大概不大喜欢做当家生活。也并不是不会做：我所见许多已嫁的女子，都是很会当家的。有一位心理学大家 Hugo Muensterberg 说得好："受过大学教育的美国女子，管理家务何尝不周到，但他总觉得宁可到病院里去看护病人！"

（六）最重要的原因，还是我上文所说那种"自立"的精神，那种"超于良妻贤母"的人生观。有许多女子，早已选定一种终身的事业，或是著作，或是"贫民区域居留地"，或是学音乐，或是学画，都可用全副精神全副才力去做。若要嫁了丈夫，便不能继续去做了；若要生下儿女，更没有作这种"终身事业"的希望了。所以这些女子，宁可做白头的老处女，不情愿抛弃他们的"终身事业"。

以上六种都是不婚不嫁的原因。

第二，离婚的原因　我们常听见人说美国离婚的案怎样多，便推想到美国的风俗怎样不好。其实错了。第一，美国的离婚人数，约当男人全数千分之三，女子全数千分之四。这并不算过多。第二，须知离婚有几等几样的离婚，不可一笔抹煞。如中国近年的新进官僚，休了无过犯的妻子，好去娶国务总理的女儿：这种离婚，是该骂的。又如近来的留学生，吸了一点文明空气，回国后第一件事便是离婚，却不想想自己的文明空气是机会送来的，是多少金钱买来的；他的妻子要是有了这种好机会，也会吸点文明空气，不致于受他的奚落了！这种不近人情的离婚，也是该骂的。美国的离婚，虽然也有些该骂的，但大多数都有可以原谅的理由。因为美国的结婚，总算是自由结婚；而自由结婚的根本观念就是要夫妇相敬相爱，先有精神上的契合，然后可以有形体上的结婚。不料结婚之后，方才发现从前的错误，方才知道他两人决不能有精神上的爱情。既不能有精神上的爱情，若还依旧同居，不但违背自由结婚的原理，并且必至于堕落各人的人格，决没有良好的结果，更没有家庭幸福可说了。所以离婚案之多，未必全由于风俗的败坏，也未必不由于个人人格的尊贵。我们观风问俗的人，不可把我们的眼光，胡乱批评别国礼俗。

我所闻所见的美国女子之中，很有许多不嫁的女子。那些鼎鼎大名的 Jane Addams，Lilian Wald 一流人，自不用说了。有的终身做老女，在家享受安闲自由的清福。有的终身做教育事业，觉得个个男女小学生都是他的儿女一般，比那小小的家庭好得多了。如今单举一个女朋友作例。这位女士是一个有名的大学教授的女儿，学问很好，到了二十几岁上，忽然把头发都剪短了，把从前许多的华丽衣裙都不要了。从此以后，他只穿极朴素的衣裳，披着一头短发，离了家乡，去到纽约专学美术。他的母亲是很守旧的，劝了他几年，终劝不回头。他抛弃了世家的家庭清福，专心研究一种新画法；又不肯多用家中的钱，所以每日自己备餐，自己扫地。他那种新画法，研究了多少年，起初很少人赏识，前年他的新画在一处展览，居然有人出重价买去。将来他那种画法，或者竟能自成一家也未可知。但是无论如何，他这种人格，真可算得"自立"两个字的具体的榜样了。

这是说不嫁的女子。如今且说几种已嫁的妇女的家庭。

第一种是同具高等学问，相敬相爱，极圆满的家庭。如大哲学家 John Dewey 的夫人，帮助他丈夫办一个"实验学校"，把他丈夫的教育学说实地试验了十年，后来他们的大女儿也研究教育学，替他父亲去考察各地的新教育运动。又如生物学家 Comstock 的夫人，也是生物学名家，夫妇同在大学教授，各人著的书都极有价值。又如经济学家 Alvin Johnson 的夫人，是一个哲学家，专门研究 Aristotle 的学说，很有成就。这种学问平等的夫妇，圆满的家庭，便在美国也就不可多得了。

第二种是平常中等人家，夫妻同艰苦，同安乐的家庭。我在 Ithaca 时，有一天晚上在一位大学教授家吃晚饭。我先向主人主妇说明，我因有一处演说，所以饭后怕不能多坐。主人问我演说什么题目，我说是"中国的婚姻制度"。主人说，"今晚没有他客，你何不就在这里先试演一次？"我便取出演说稿，挑出几段，读给他们听。内中有一节讲中国夫妻，结婚之前，虽然没有爱情，但是成了夫妇之后，有了共同的生活，有福同享，有难同当，这种同艰苦的生活也未尝不可发生一种浓厚的爱情。我说到这里，看见主人抬起头来望着主妇，两人似乎都很为感动。后来他们告诉我说，他们都是苦学生出身，结婚以来虽无子女，却同受了许多艰苦。近来境况稍宽裕了，正在建筑一所精致的小屋，他丈夫是建筑工程科教授，自己打图样，他夫人天天去监督工程。这种共同生活，可使夫妇爱情格外浓厚，家庭幸福格外圆满。

又一次，我在一个人家过年。这家夫妇两人，也没有儿女，却极相敬爱，同尝艰苦。那丈夫是一位化学技师，因他夫人自己洗衣服，便想出心思替他造了一个洗衣机器。他夫人指着对我说，"这便是我的丈夫今年送我的圣诞节礼了"。这位夫人身体很高，在厨房做事，不很方便，因此他丈夫便自己动手把厨房里的桌脚添高了一尺。这种琐屑小事，可以想见那种同安乐，同艰苦的家庭生活了。

第三种是夫妇各有特别性质，各有特别生活，却又都能相安相得的家庭。我且举一个例。有一个朋友，在纽约一家洋海转运公司内做经理，天天上公司去办事。他的夫人是一个"社交妇人"（Society Woman），善于应酬，懂得几国的文学，又研究美术音乐。每月她开一两次茶会，到的人，有文学家，也有画师，也有音乐家，也有新闻记者，也有很奢华的"社交妇人"，也有衣饰古怪、披着头发的"新妇女"（The New Women）。这位主妇四面招呼，面面都到。来的人从不得见男主人，男主人也从来不与闻这种集会。但他们夫妇却极相投相爱，决不因此生何等间隔。这是一种"和而不同"的家庭。

第四种是"新妇女"的家庭。"新妇女"是一个新名词，所指的是一种新派的妇女，言论非常激烈，行为往往趋于极端，不信宗教，不依礼法，却又思想极高，道德极高。内中固然也有许多假装的"新妇女"，口不应心，所行与所说大相反悖的。但内中实在有些极有思想，极有道德的妇女。我在 Ithaca 时，有一位男同学，学的是城市风景工程，却极喜欢研究文学，做得极好的诗文。后来我到纽约不上一个月，忽然收到一个女子来信，自言是我这位同学的妻子，因为平日听他丈夫说起我，故很想见我。我自然去见他，谈起来才知道他是一个"新妇人"，学问思想，都极高尚。他丈夫那时还在 Cornell 大学的大学院研究高等学问。这位女子在 Columbia 大学做个打字的书记，自己谋生，每星期五六夜去学高等音乐。他们夫妇隔开二百多英里，每月会见一次，他丈夫继续学他的风景工程，他夫人继续学他的音乐。他们每日写一封信，虽不相见，却真和朝夕相见一样。这种家庭，几乎没有"家庭"可说；但我和他们做了几年的朋友，觉得他们那种生活，最足代表我所说的"自立"的精神。他们虽结了婚，成了夫妇，却依旧做他们的"自立"生活。这种人在美国虽属少数，但很可表示美国妇女最近的一种趋向了。

结　论

以上所说"美国的妇女"，不过随我个人见闻所及，略举几端，既没有"逻辑"的次序，又不能详尽。听者读者，心中必定以为我讲"美国的妇女"，单举他们的好处，不提起他们的弱点，未免太偏了。这种批评，我极承认。但我平日的主张，以为我们观风问俗的人，第一个大目的，在于懂得人家的好处。我们所该学的，也只是人家的长处。我们今日还不配批评人家的短处。不如单注意观察人家的长处在什么地方。那些外国传教的人，回到他们本国去捐钱，到处演说我们中国怎样的野蛮不开化。他们钱虽捐到了，却养成一种贱视中国人的心理。这是我所最痛恨的。我因为痛恨这种单摘人家短处的教士，所以我在美国演说中国文化，也只提出我们的长处；如今我在中国演说美国文化，也只注重他们的特别长处。

如今所讲美国妇女特别精神，只在他们的自立心，只在他们那种"超于良妻贤母人生观"。这种观念是我们中国妇女所最缺乏的观念。我们中国的姊妹们若能把这种"自立"的精神来补助我们的"倚赖"性质，若能把那种"超于良妻贤母人生观"来补助我们的"良妻贤母"观念，定可使中国女界有一点"新鲜空气"，定可使中国产生一些真能"自立"的女子。这种"自立"的精神，带有一种传染的性质。女子"自立"的精神，格外带有传染的性质。将来这种"自立"的风气，像那传染鼠疫的微生物一般，越传越远，渐渐的造成无数"自立"的男女，人人都觉得自己是堂堂地一个"人"，有该尽的义务，有可做的事业。有了这些"自立"的男女，自然产出良善的社会。良善的社会决不是如今这些互相倚赖，不能"自立"的男女所能造成的。所以我所说那种"自立"精神，初看去，似乎完全是极端的个人主义，其实是善良社会绝不可少的条件。这就是我提出这个问题的微意了。

民国七年九月

（此文原载 1918 年 9 月 15 日《新青年》第 5 卷第 3 号）

多研究些问题，少谈些"主义"
（1919 年 7 月）

本报（《每周评论》）第二十八号里，我曾说过：

> 现在舆论界大危险，就是偏向纸上的学说，不去实地考察中国今日的社会需要究竟是什么东西。那些提倡尊孔祀天的人，固然是不懂得现时社会的需要。那些迷信军国民主义或无政府主义的人，就可算是懂得现时社会的需要么？

> 要知道舆论家的第一天职，就是细心考察社会的实在情形。一切学理，一切"主义"，都是这种考察的工具。有了学理作参考材料，便可使我们容易懂得所考察的情形，容易明白某种情形有什么意义，应该用什么救济的方法。

我这种议论，有许多人一定不愿意听。但是前几天北京《公言报》、《新民国报》、《新民报》（皆安福部的报），和日本文的《新支那报》，都极力恭维安福部首领王揖唐主张民生主义的演说，并且恭维安福部设立"民生主义的研究会"的办法。有许多人自然嘲笑这种假充时髦的行为。但是我看了这种消息，发生一种感想。这种感想是："安福部也来高谈民生主义了，这不够给我们这班新舆论家一个教训吗？"什么教训呢？这可分三层说：

第一，空谈好听的"主义"，是极容易的事，是阿猫阿狗都能做的事，是鹦鹉和留声机器都能做的事。

第二，空谈外来进口的"主义"，是没有什么用处的。一切主义都是某时某地的有心人，对于那时那地的社会需要的救济方法。我们不去实地研究我们现在的社会需要，单会高谈某某主义，好比医生单记得许多汤头歌诀，不去研究病人的症候，如何能有用呢？

第三，偏向纸上的"主义"，是很危险的。这种口头禅很容易被无耻政客利用来做种种害人的事。欧洲政客和资本家利用国家主义的流

毒，都是人所共知的。现在中国的政客，又要利用某种某种主义来欺人
了。罗兰夫人说，"自由自由，天下多少罪恶，都是借你的名做出的!"
一切好听的主义，都有这种危险。

这三条合起来看，可以看出"主义"的性质。凡"主义"都是应时势
而起的。某种社会，到了某时代，受了某种的影响，呈现某种不满意的现
状。于是有一些有心人，观察这种现象，想出某种救济的法子。这是"主
义"的原起。主义初起时，大都是一种救时的具体主张。后来这种主张传
播出去，传播的人要图简便，便用一两个字来代表这种具体的主张，所以
叫他做"某某主义"。主张成了主义，便由具体的计划，变成一个抽象的名
词。"主义"的弱点和危险，就在这里。因为世间没有一个抽象名词能把某
人某派的具体主张都包括在里面。比如"社会主义"一个名词，马克思的
社会主义，和王揖唐的社会主义不同；你的社会主义，和我的社会主义不
同：决不是这一个抽象名词所能包括。你谈你的社会主义，我谈我的社会
主义，王揖唐又谈他的社会主义，同用一个名词，中间也许隔开七八个世
纪，也许隔开两三万里路，然而你和我和王揖唐都可自称社会主义家，都
可用这一个抽象名词来骗人。这不是"主义"的大缺点和大危险吗？

我再举现在人人嘴里挂着的"过激主义"做一个例：现在中国有几
个人知道这一个名词做何意义？但是大家都痛恨痛骂"过激主义"，内务
部下令严防"过激主义"，曹锟也行文严禁"过激主义"，卢永祥也出示查
禁"过激主义"。前两个月，北京有几个老官僚在酒席上叹气，说："不好
了，过激派到了中国了。"前两天有一个小官僚，看见我写的一把扇子，
大诧异道："这不是过激党胡适吗？"哈哈！这就是"主义"的用处！

我因为深觉得高谈主义的危险，所以我现在奉劝新舆论界的同志
道："请你们多提出一些问题，少谈一些纸上的主义。"

更进一步说："请你们多多研究这个问题如何解决，那个问题如何
解决，不要高谈这种主义如何新奇，那种主义如何奥妙。"

现在中国应该赶紧解决的问题，真多得很!从人力车夫的生计问
题，到大总统的权限问题；从卖淫问题到卖官卖国问题；从解散安福部
问题到加入国际联盟问题；从女子解放问题到男子解放问题……那一个
不是火烧眉毛紧急问题？

我们不去研究人力车夫的生计，却去高谈社会主义!不去研究女子
如何解放，家庭制度如何救正，却去高谈公妻主义和自由恋爱!不去研
究安福部如何解散，不去研究南北问题如何解决，却去高谈无政府主

义！我们还要得意扬扬夸口道，"我们所谈的是根本解决"。老实说罢，这是自欺欺人的梦话！这是中国思想界破产的铁证！这是中国社会改良的死刑宣告！

为什么谈主义的人那么多？为什么研究问题的人那么少呢？这都由于一个懒字。懒的定义是避难就易。研究问题是极困难的事，高谈主义是极容易的事。比如研究安福部如何解散，研究南北和议如何解决，这都是要费工夫，挖心血，收集材料，征求意见，考察情形，还要冒险吃苦，方才可以得一种解决的意见。又没有成例可援，又没有黄梨洲、柏拉图的话可引，又没有《大英百科全书》可查，全凭研究考察的工夫：这岂不是难事吗？高谈"无政府主义"便不同了。买一两本实社《自由录》，看一两本西文无政府主义的小册子，再翻一翻《大英百科全书》，便可以高谈无忌了。这岂不是极容易的事吗？

高谈主义，不研究问题的人，只是畏难求易，只是懒。

凡是有价值的思想，都是从这个那个具体的问题下手的。先研究了问题的种种方面的种种的事实，看看究竟病在何处，这是思想的第一步工夫。然后根据于一生经验学问，提出种种解决的方法，提出种种医病的丹方，这是思想的第二步工夫。然后用一生的经验学问，加上想象的能力，推想每一种假定的解决法，该有甚么样的效果，推想这种效果是否真能解决眼前这个困难问题。推想的结果，拣定一种假定的解决，认为我的主张，这是思想的第三步工夫。凡是有价值的主张，都是先经过这三步工夫来的。不如此，不算舆论家，只可算是抄书手。

读者不要误会我的意思。我并不是劝人不研究一切学说和一切"主义"。学理是我们研究问题的一种工具。没有学理做工具，就如同王阳明对着竹子痴坐，妄想"格物"，那是做不到的事。种种学说和主义，我们都应该研究。有了许多学理做材料，见了具体的问题，方才能寻出一个解决的方法。但是我希望中国的舆论家，把一切"主义"摆在脑背后，做参考资料，不要挂在嘴上做招牌，不要叫一知半解的人拾了这些半生不熟的主义，去做口头禅。

"主义"的大危险，就是能使人心满意足，自以为寻着包医百病的"根本解决"，从此用不着费心力去研究这个那个具体问题的解决法了。

民国八年七月

（此文原载 1919 年 7 月 20 日《每周评论》第 31 号）

四论问题与主义
（论输入学理的方法）
（1919 年 7 月）

上一期里，我已做了五千多字的《三论问题与主义》一篇文章。后来我觉得还有几点小意思，不曾发挥明白，故再说几句。

我虽不赞成现在的人空谈抽象的主义，但是我对于输入学说和思潮的事业，是极赞成的。我曾说过：

> 我们应该先从研究中国社会上、政治上，种种具体问题下手，有什么病，下什么药；诊察的时候，可以参用西洋先进国的历史和学说，用作一种"临症须知"；开药方的时候，也可以参考西洋先进国的历史和学说，用作一种"验方新编"。

若要用这种参考的材料，我们自然不能不做一些输入的事业。但是输入学理，不是一件容易做到的事，做的不好，不但无益，反有大害。我对于输入学理的方法，颇有一点意见，写出来请大家研究是否可用。

（1）输入学说时应该注意那发生这种学说的时势情形　凡是有生命的学说，都是时代的产儿，都是当时的某种不满意的情形所发生的。这种时势情形，乃是那学说所以出世的一个重要原因。若不懂得这种原因，便不能明白某人为什么要提倡某种主义。当时不满意的时势情形便是病症，当时发生的各种学说便是各位医生拟的脉案和药方。每种主义初起时，无论理想如何高超，无论是何种高远的乌托邦（例如柏拉图的《共和国》），都只是一种对症下药的药方。这些药方，有些是后来试验过的，有些是从来不曾试验过的。那些试验过的（或是大试，或是小试）药方，遇着别时别国大同小异的症状，也许可以适用，至少可以供一种参考。那些没有试验过的药方，功用还不能决定，至多只可以在大同小异的地方与时代，做一种参考的材料。但是若要知道一种主义，在何国何时是适用的，在何国何时是不适用的，我们须先知道那种主义发生的时势情形和社会政治的状态是个什么样子，然后可以有比较，然后可以下判断。譬如药方，若要知道某方是否可适用于某病，总得先知道当初开这方时的病状究竟是个什么样子。当初诊察时的情形，写的越详细完备，那个药方的参考作用便越大。单有一个药方，或仅仅加上一个病名，是没有什么大用的，是有时或致误事的。一切学理主义，也是如此。一种主义发生时的社会政治情形越记的明白详细，那种主义的意义越容易懂得完全，那种主义的参考作用也就越大。所以我说输入学说时，应该注意那发生这种学说的时势情形。

（2）输入学说时应该注意"论主"的生平事实和他所受的学术影响"论主"两个字，是从佛书上借来的，论主就是主张某种学说的人。例如"马克斯主义"的论主，便是马克斯。学说是时代的产儿，但是学说又还代表某人某人的心思见解。一样的病状，张医生说是肺炎，李医生说是肺痨。为什么呢？因张先生和李先生的经验不同，学力不齐，所受的教育不同，故见解不同。诊察时的判断不同，故药方也不同了。一样的时代，老聃的主张和孔丘不同。为什么呢？因为老聃和孔丘的个人才性不同，家世不同，所受教育经验不同，故他们的见解也不同。见解不同，故解决的方法也不同了。即如马克斯一个人的事迹，就是一个明显的例。我们研究马克斯主义的人，知道马克斯的学说，不但和当时的实业界情形，政治现状，法国的社会主义运动等等，有密切关系，并且和他一生的家世（如他是一个叛犹太教的犹太人等事实），所受的教育影响（如他少时研究历史法律，后来受海智儿①一派的历史哲学影响等），都有绝大的关系。还有马克斯以前一百年中的哲学思想，如十八世纪的进化论及唯物论等，都是马克斯主义的无形元素，我们也不能不研究。我们须要知道，凡是一种主义，一种学说，里面有一部分是当日时势的产儿，一部分是论主个人的特别性情家世的自然表现，一部分是论主所受古代或同时的学说影响的结果。我们若不能仔细分别，必致把许多不相干的偶然的个人怪僻的分子，当作有永久价值的真理，那就上了古人的当了。我们对于论主的时势，固然应该注意，但是对于论主个人的事实与教育，也不可不注意。我们雇一个厨子，尚且要问他的家世经验；讨一个媳妇，尚且要打听他的性情家教；何况现在介绍关于人生社会的重要主张，岂可不仔细研究论主的一生性情事实吗？

---

① 今译为黑格尔。——编者注

（3）输入学说时应该注意每种学说所已经发生的效果　　上面所说的
两种条件，都只是要我们注意所以发生某种学说的因缘。懂得这两层因
缘，便懂得论主何以要提倡这种学说。但是这样还算不得真懂得这种主
义的价值和功用。凡是主义，都是想应用的，无论是老聃的无为，或是
佛家的四大皆空，都是想世间人信仰奉行的。那些已经充分实行，或是
局部实行的主义，他们的价值功用，都可在他们实行时所发生的效果上
分别出来。那些不曾实行的主义，虽然表面上没有效果可说，其实也有
了许多效果，也发生许多影响，不过我们不容易看出来罢了。因为一种
主张，到了成为主义的地步，自然在思想界、学术界，发生了一种无形
的影响，范围许多人的心思，变化许多人的言论行为，改换许多制度风
俗的性质。这都是效果，并且是很重要的效果。即如老聃的学说未通行
的时候，已能使孔丘不知不觉的承认"无为之治"的理想；墨家的学说
虽然衰灭了，无形之中，已替民间的鬼神迷信，添了一种学理上的辩
护，又把儒家提倡"乐教"的势力减了许多；又如法家的势力，虽然被
儒家征服了，但以后的儒家，便不能不承认刑法的功用。这种效果，无
论是好是坏的，都极重要，都是各种主义的意义之真实表现。我们观察
这种效果，便可格外明白各种学说所涵的意义，便可格外明白各种学说
的功用价值。即如马克斯主义的两个重要部分：一是唯物的历史观，一
是阶级竞争说。（他的"赢余价值说"，是经济学的专门问题，此处不易
讨论。）唯物的历史观，指出物质文明与经济组织在人类进化社会史上
的重要，在史学上开一个新纪元，替社会学开无数门径，替政治学说开
许多生路。这都是这种学说所涵意义的表现，不单是这学说本身在社会
主义运动史上的关系了。这种唯物的历史观，能否证明社会主义的必然
实现，现在已不成问题。因为现在社会主义的根据地，已不靠这种带着
海智儿臭味的历史哲学了。但是这种历史观的附带影响——真意义——
是不可埋没的。又如阶级战争说指出有产阶级与无产阶级不能并立的理
由，在社会主义运动史与工党发展史上固然极重要；但是这种学说，太
偏向申明"阶级的自觉心"一方面，无形之中养成一种阶级的仇视心，
不但使劳动者认定资本家为不能并立的仇敌，并且使许多资本家也觉劳
动者真是一种敌人。这种仇视心的结果，使社会上本来应该互助而且可
以互助的两种大势力，成为两座对垒的敌营，使许多建设的救济方法成
为不可能，使历史上演出许多本不须有的惨剧。这种种效果固然是阶级
竞争说本来的涵义，但是这些涵义实际表现的效果，都应该有公平的研

究和评判，然后能把原来的主义的价值与功用一一的表示出来。

以上所说的三种方法，总括起来，可叫做"历史的态度"。凡对于每一种事物制度，总想寻出他的前因与后果，不把他当作一种来无踪去无影的孤立东西，这种态度就是历史的态度。我希望中国的学者，对于一切学理，一切主义，都能用这种历史的态度去研究他们。

我且把上文所说三条作一个表：

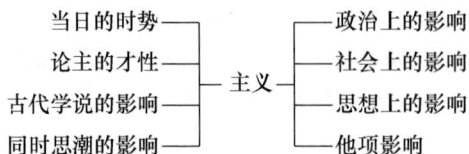

当日的时势——		——政治上的影响
论主的才性——	——主义——	——社会上的影响
古代学说的影响——		——思想上的影响
同时思潮的影响——		——他项影响

这样输入的主义，一个个都是活人对于活问题的解释与解决，一个个都有来历可考，都有效果可寻。我们可拿每种主义的前因来说明那主义性质，再拿那主义所发生的种种效果来评判他的价值与功用。不明前因，便不能知道那主义本来是作什么用的；不明后果，便不能知道那主义是究竟能不能作什么用的。

输入学说的人，若能如此存心，也许可以免去现在许多一知半解，半生不熟，生吞活剥的主义的弊害。

民国八年七月

（此文原载 1919 年 8 月 31 日《每周评论》第 37 号）

新思潮的意义
——研究问题　输入学理
整理国故　再造文明
（1919 年 11 月 1 日）

（一）

近来报纸上发表过几篇解释"新思潮"的文章。我读了这几篇文章，觉得他们所举出的新思潮的性质，或太琐碎，或太笼统，不能算作新思潮运动的真确解释，也不能指出新思潮的将来趋势。即如包世杰先生的《新思潮是什么》一篇长文，列举新思潮的内容，何尝不详细？但是他究竟不曾使我们明白那种种新思潮的共同意义是什么。比较最简单的解释要算我的朋友陈独秀先生所举出的《新青年》两大罪案——其实就是新思潮的两大罪案——一是拥护德莫克拉西先生（民治主义），一是拥护赛因斯先生（科学）。陈先生说：

> 要拥护那德先生，便不得不反对孔教、礼法、贞节、旧伦理、旧政治。要拥护那赛先生，便不得不反对旧艺术、旧宗教。要拥护德先生，又要拥护赛先生，便不得不反对国粹和旧文学。（《新青年》六卷一号页一〇）

这话虽然很简明，但是还嫌太笼统了一点。假使有人问："何以要拥护德先生和赛先生便不能不反对国粹和旧文学呢？"答案自然是："因为国粹和旧文学是同德、赛两位先生反对的"。又问："何以凡同德、赛两位先生反对的东西都该反对呢？"这个问题可就不是几句笼统简单的话所能回答的了。

据我个人的观察，新思潮的根本意义只是一种新态度。这种新态度可叫做"评判的态度"。

评判的态度，简单说来，只是凡事要重新分别一个好与不好。仔细说来，评判的态度含有几种特别的要求：

（1）对于习俗相传下来的制度风俗，要问："这种制度现在还有存在的价值吗？"

（2）对于古代遗传下来的圣贤教训，要问："这句话在今日还是不错吗？"

（3）对于社会上糊涂公认的行为与信仰，都要问："大家公认的，就不会错了吗？人家这样做，我也该这样做吗？难道没有别样做法比这个更好，更有理，更有益的吗？"

尼采说现今时代是一个"重新估定一切价值"（transvaluation of all values）的时代。"重新估定一切价值"八个字便是评判的态度的最好解释。从前的人说妇女的脚越小越美，现在我们不但不认小脚为"美"，简直说这是"惨无人道"了。十年前，人家和店家都用鸦片烟敬客，现在鸦片烟变成犯禁品了。二十年前，康有为是洪水猛兽一般的维新党，现在康有为变成老古董了。康有为并不曾变换，估价的人变了，故他的价值也跟着变了。这叫做"重新估定一切价值"。

我以为现在所谓"新思潮",无论怎样不一致,根本上同有这公共的一点——评判的态度。孔教的讨论只是要重新估定孔教的价值。文学的评论只是要重新估定旧文学的价值。贞操的讨论只是要重新估定贞操的道德在现代社会的价值。旧戏的评论只是要重新估定旧戏在今日文学上的价值。礼教的讨论只是要重新估定古代的纲常礼教在今日还有什么价值。女子的问题只是要重新估定女子在社会上的价值。政府与无政府的讨论,财产私有与公有的讨论,也只是要重新估定政府与财产等等制度在今日社会的价值。……我也不必往下数了,这些例很够证明这种评判的态度是新思潮运动的共同精神。

(二)

这种评判的态度,在实际上表现时,有两种趋势。一方面是讨论社会上、政治上、宗教上、文学上种种问题。一方面是介绍西洋的新思想、新学术、新文学、新信仰。前者是"研究问题",后者是"输入学理"。这两项是新思潮的手段。

我们随便翻开这两三年以来的新杂志与报纸,便可以看出这两种的趋势。在研究问题一方面,我们可以指出:(1)孔教问题,(2)文学改革问题,(3)国语统一问题,(4)女子解放问题,(5)贞操问题,(6)礼教问题,(7)教育改良问题,(8)婚姻问题,(9)父子问题,(10)戏剧改良问题……等等。在输入学理一方面,我们可以指出《新青年》的"易卜生号"、"马克思号",《民铎》的"现代思潮号",《新教育》的"杜威号",《建设》的"全民政治"的学理,和北京《晨报》、《国民公报》、《每周评论》,上海《星期评论》、《时事新报》、《解放与改造》,广州《民风周刊》……等等杂志报纸所介绍的种种西洋新学说。

为什么要研究问题呢?因为我们的社会现在正当根本动摇的时候,有许多风俗制度,向来不发生问题的,现在因为不能适应时势的需要,不能使人满意,都渐渐的变成困难的问题,不能不彻底研究,不能不考问旧日的解决法是否错误;如果错了,错在什么地方;错误寻出了,可有什么更好的解决方法;有什么方法可以适应现时的要求。例如孔教的问题,向来不成什么问题;后来东方文化与西方文化接近,孔教的势力渐渐衰微，于是有一班信仰孔教的人妄想要用政府法令的势力来恢复孔教的尊严，却不知道这种高压的手段恰好挑起一种怀疑的反动。因此，民国四五年的时候，孔教会的活动最大，反对孔教的人也最多。孔教成为问题就在这个时候。现在大多数明白事理的人，已打破了孔教的迷梦，这个问题又渐渐的不成问题了，故安福部的议员通过孔教为修身大本的议案时，国内竟没有人睬他们了！

又如文学革命的问题。向来教育是少数"读书人"的特别权利，于大多数人是无关系的，故文字的艰深不成问题。近来教育成为全国人的公共权利，人人知道普及教育是不可少的，故渐渐的有人知道文言在教育上实在不适用，于是文言白话就成为问题了。后来有人觉得单用白话做教科书是不中用的，因为世间决没有人情愿学一种除了教科书以外便没有用处的文字。这些人主张：古文不但不配做教育的工具，并且不配做文学的利器；若要提倡国语的教育，先须提倡国语的文学。文学革命的问题就是这样发生的。现在全国教育联合会已全体一致通过小学教科书改用国语的议案，况且用国语做文章的人也渐渐的多了，这个问题又渐渐的不成问题了。

为什么要输入学理呢？这个大概有几层解释。一来呢，有些人深信中国不但缺乏炮弹、兵船、电报、铁路，还缺乏新思想与新学术，故他们尽量的输入西洋近世的学说。二来呢，有些人自己深信某种学说，要想他传播发展，故尽力提倡。三来呢，有些人自己不能做具体的研究工夫，觉得翻译现成的学说比较容易些，故乐得做这种稗贩事业。四来呢，研究具体的社会问题或政治问题，一方面做那破坏事业，一方面做对症下药的工夫，不但不容易，并且很遭犯忌讳，很容易惹祸，故不如做介绍学说的事业，借"学理研究"的美名，既可以避"过激派"的罪名，又还可以种下一点革命的种子。五来呢，研究问题的人，势不能专就问题本身讨论，不能不从那问题的意义上着想；但是问题引申到意义上去，便不能不靠许多学理做参考比较的材料，故学理的输入往往可以帮助问题的研究。

这五种动机虽然不同，但是多少总含有一种"评判的态度"，总表示对于旧有学术思想的一种不满意，和对于西方的精神文明的一种新觉悟。

但是这两三年新思潮运动的历史应该给我们一种很有益的教训。什么教训呢？就是：这两三年来新思潮运动的最大成绩差不多全是研究问题的结果。新文学的运动便是一个最明白的例。这个道理很容易解释。凡社会上成为问题的问题，一定是与许多人有密切关系的。这许多人虽然不能提出什么新解决，但是他们平时对于这个问题自然不能不注意。若有人能把这个问题的各方面都细细分析出来，加上评判的研究，指出不满意的所在，提出新鲜的救济方法，自然容易引起许多人的注意。起初自然有许多人反对，但是反对便是注意的证据，便是兴趣的表示。试看近日报纸上登的马克思的《赢余价值论》，可有反对的吗？可有讨论的吗？没有人讨论，没有人反对，便是不能引起人注意的证据。研究问题的文章所以能发生效果，正为所研究的问题一定是社会人生最切要的问题，最能使人注意，也最能使人觉悟。悬空介绍一种专家学说，如《赢余价值论》之类，除了少数专门学者之外，决不会发生什么影响。但是我们可以在研究问题里面做点输入学理的事业，或用学理来解释问题的意义，或从学理上寻求解决问题的方法。用这种方法来输入学理，能使人于不知不觉之中感受学理的影响。不但如此，研究问题最能使读者渐渐的养成一种批评的态度，研究的兴趣，独立思想的习惯。十部《纯粹理性的评判》，不如一点评判的态度；十篇《赢余价值论》，不如一点研究的兴趣；十种"全民政治论"，不如一点独立思想的习惯。

总起来说：研究问题所以能于短时期中发生很大的效力，正因为研究问题有这几种好处：（1）研究社会人生切要的问题最容易引起大家的注意；（2）因为问题关切人生，故最容易引起反对，但反对是该欢迎的，因为反对便是兴趣的表示，况且反对的讨论不但给我们许多不要钱的广告，还可使我们得讨论的益处，使真理格外分明；（3）因为问题是逼人的活问题，故容易使人觉悟，容易得人信从；（4）因为从研究问题里面输入的学理，最容易消除平常人对于学理的抗拒力，最容易使人于不知不觉之中受学理的影响；（5）因为研究问题可以不知不觉的养成一班研究的、评判的、独立思想的革新人才。

这是这几年新思潮运动的大教训！我希望新思潮的领袖人物以后能了解这个教训，能把全副精力贯注到研究问题上去；能把一切学理不看作天经地义，但看作研究问题的参考材料；能把一切学理应用到我们自己的种种切要问题上去；能在研究问题上面做输入学理的工夫；能用研究问题的工夫来提倡研究问题的态度，来养成研究问题的人才。

这是我对于新思潮运动的解释。这也是我对于新思潮将来的趋向的希望。

[注] **参看：**

(1)《多研究些问题，少谈些"主义"》

(2)《问题与主义》

(3)《再论问题与主义》

(4)《三论问题与主义》

（三）

以上说新思潮的"评判的精神"在实际上的两种表现。现在要问："新思潮的运动对于中国旧有的学术思想，持什么态度呢？"

我的答案是："也是评判的态度。"

分开来说，我们对于旧有的学术思想有三种态度。第一，反对盲从；第二，反对调和；第三，主张整理国故。

盲从是评判的反面，我们既主张"重新估定一切价值"，自然要反对盲从。这是不消说的了。

为什么要反对调和呢？因为评判的态度只认得一个是与不是，一个好与不好，一个适与不适——不认得什么古今中外的调和。调和是社会的一种天然趋势。人类社会有一种守旧的惰性，少数人只管趋向极端的革新，大多数人至多只能跟你走半程路。这就是调和。调和是人类懒病的天然趋势，用不着我们来提倡。我们走了一百里路，大多数人也许勉强走三四十里。我们若先讲调和，只走五十里，他们就一步都不走了。所以革新家的责任只是认定"是"的一个方向走去，不要回头讲调和。社会上自然有无数懒人懦夫出来调和。

我们对于旧有的学术思想，积极的只有一个主张——就是"整理国故"。整理就是从乱七八糟里面寻出一个条理脉络来，从无头无脑里面寻出一个前因后果来，从胡说谬解里面寻出一个真意义来，从武断迷信里面寻出一个真价值来。为什么要整理呢？因为古代的学术思想向来没有条理，没有头绪，没有系统，故第一步是条理系统的整理。因为前人研究古书，很少有历史进化的眼光的，故从来不讲究一种学术的渊源，一种思想的前因后果，所以第二步是要寻出每种学术思想怎样发生，发生之后有什么影响效果。因为前人读古书，除极少数学者以外，大都是以讹传讹的谬说——如太极图，爻辰，先天图，卦气……之类——故第三步是要用科学的方法，作精确的考证，把古人的意义弄得明白清楚。

因为前人对于古代的学术思想，有种种武断的成见，有种种可笑的迷信——如骂杨朱、墨翟为禽兽，却尊孔丘为德配天地，道冠古今！——故第四步是综合前三步的研究，各家都还他一个本来真面目，各家都还他一个真价值。

这叫做"整理国故"。现在有许多人自己不懂得国粹是什么东西，却偏要高谈"保存国粹"。林琴南先生做文章论古文之不当废，他说，"吾知其理而不能言其所以然！"现在许多国粹党，有几个不是这样糊涂懵懂的？这种人如何配谈国粹？若要知道什么是国粹，什么是国渣，先须要用评判的态度，科学的精神，去做一番整理国故的工夫。

（四）

新思潮的精神是一种评判的态度。

新思潮的手段是研究问题与输入学理。

新思潮的将来趋势，依我个人的私见看来，应该是注重研究人生社会的切要问题，应该于研究问题之中做介绍学理的事业。

新思潮对于旧文化的态度，在消极一方面是反对盲从，是反对调和；在积极一方面，是用科学的方法来做整理的工夫。

新思潮的唯一目的是什么呢？是再造文明。

文明不是笼统造成的，是一点一滴的造成的。进化不是一晚上笼统进化的，是一点一滴的进化的。现今的人爱谈"解放与改造"，须知解放不是笼统解放，改造也不是笼统改造。解放是这个那个制度的解放，这种那种思想的解放，这个那个人的解放，是一点一滴的解放。改造是这个那个制度的改造，这种那种思想的改造，这个那个人的改造，是一点一滴的改造。

再造文明的下手工夫，是这个那个问题的研究。再造文明的进行，是这个那个问题的解决。

中华民国八年十一月一日晨三时

（此文原载 1919 年 12 月 1 日《新青年》第 7 卷第 1 号）

非个人主义的新生活
（1920 年 1 月 26 日）

这个题目是我在山东道上想着的，后来曾在天津学生联合会的学术讲演会讲过一次，又在唐山的学术讲演会讲过一次。唐山的演稿由一位刘赞清君记出，登在一月十五日《时事新报》上。我这一篇的大意是对于新村的运动贡献一点批评。这种批评是否合理，我也不敢说。但是我自信这一篇文字是研究考虑的结果，并不是根据于先有的成见的。

九，一，二二

本篇有两层意思。一是表示我不赞成现在一般有志青年所提倡，我所认为"个人主义的"新生活。一是提出我所主张的"非个人主义的"新生活，就是"社会的"新生活。

先说什么叫做"个人主义"（individualism）。一月二夜（就是我在天津讲演前一晚），杜威博士在天津青年会讲演《真的与假的个人主义》，他说：个人主义有两种：

（1）假的个人主义——就是为我主义（egoism）。他的性质是自私自利：只顾自己的利益，不管群众的利益。

（2）真的个人主义——就是个性主义（individuality）。他的特性有两种：一是独立思想，不肯把别人的耳朵当耳朵，不肯把别人的眼睛当眼睛，不肯把别人的脑力当自己的脑力；二是个人对于自己思想信仰的结果要负完全责任，不怕权威，不怕监禁杀身，只认得真理，不认得个人的利害。

杜威先生极力反对前一种假的个人主义，主张后一种真的个人主义。这是我们都赞成的。但是他反对的那种自私自利的个人主义的害处，是大家都明白的。因为人多明白这种主义的害处，故他的危险究竟不很大。例如东方现在实行这种极端为我主义的"财主督军"，无论他们眼前怎样横行，究竟逃不了公论的怨恨，究竟不会受多数有志青年的崇拜。所以我们可以说这种主义的危险是很有限的。但是我觉得"个人主义"还有第三派，是很受人崇敬的，是格外危险的。这一派是：

（3）独善的个人主义 他的共同性质是：不满意于现社会，却又无可如何，只想跳出这个社会去寻一种超出现社会的理想生活。

这个定义含有两部分：（1）承认这个现社会是没有法子挽救的了；（2）要想在现社会之外另寻一种独善的理想生活。自有人类以来，这种个人主义的表现也不知有多少次了。简括说来，共有四种：

（一）宗教家的极乐国 如佛家的净土，犹太人的伊丁园，别种宗教的天堂、天国，都属于这一派。这种理想的原起，都由于对现社会不满意。因为厌恶现社会，故悬想那些无量寿，无量光的净土；不识不知，完全天趣的伊丁园；只有快乐，毫无痛苦的天国。这种极乐国里所没有的，都是他们所厌恨的；所有的，都是他们所梦想而不能得到的。

（二）神仙生活 神仙的生活也是一种悬想的超出现社会的生活。人世有疾病痛苦，神仙无病长生；人世愚昧无知，神仙能知过去未来；人生不自由，神仙乘云遨游，来去自由。

（三）山林隐逸的生活 前两种是完全出世的；他们的理想生活是悬想的，渺茫的出世生活。山林隐逸的生活虽然不是完全出世的，也是不满意于现社会的表示。他们不满意于当时的社会政治，却又无能为力，只得隐姓埋名，逃出这个恶浊社会去做他们自己理想中的生活。他们不能"得君行道"，故对于功名利禄，表示藐视的态度；他们痛恨富贵的人骄奢淫逸，故说富贵如同天上的浮云，如同脚下的破草鞋。他们痛恨社会上有许多不耕而食，不劳而得的"吃白阶级"，故自己耕田锄地，自食其力。他们厌恶这污浊的社会，故实行他们理想中梅妻鹤子，渔蓑钓艇的洁净生活。

（四）近代的新村生活 近代的新村运动，如十九世纪法国、美国的理想农村，如现在日本日向的新村，照我的见解看起来，实在同山林隐逸的生活是根本相同的。那不同的地方，自然也有。山林隐逸是没有组织的，新村是有组织的：这是一种不同。隐遁的生活是同世事完全隔绝的，故有"不知有汉，遑论魏晋"的理想；现在的新村的人能有赏玩 Rodin 同 Cézanne 的幸福，还能在村外著书出报：这又是一种不同。但是这两种不同都是时代造成的，是偶然的，不是根本的区别。从根本性质上看来，新村的运动都是对于现社会不满意的表示。即如日向的新村，他们对于现在"少数人在多数人的不幸上，筑起自己的幸福"的社会制度，表示不满意，自然是公认的事实。周作人先生说日向新村里有人把中国看作"最自然，最自在的国"（《新潮》二，页七五）。这是他们对于日本政制极不满意的一种牢骚话，很可玩味的。武者小路实笃先生一班人虽然极不满意于现社会，却又不赞成用"暴力"的改革。他们都是"真心仰慕着平和"的人。他们于无可如何之中，想出这个新村的计划来。周作人先生说，"新村的理想，要将历来非暴力不能做到的事，用和平方法得来"（《新青年》七，二，一三四）。这个和平方法就是离开现社会，去做一种模范的生活。"只要万人真希望这种的世界，这世界便能实现。"（《新青年》同上）这句话不但是独善主义的精义，简直全是净土宗的口气了！所以我把新村来比山林隐逸，不算冤枉他；就是把他来比求净土天国的宗教运动，也不算玷辱他。不过他们的"净土"是在日向，不在西天罢了。

我这篇文章要批评的"个人主义的新生活"，就是指这一种跳出现社会的新村生活。这种生活，我认为"独善的个人主义"的一种。"独善"两个字是从孟轲"穷则独善其身"一句话上来的。有人说：新村的根本主张是要人人"尽了对于人类的义务，却又完全发展自己个性"；如此看来，他们既承认"对于人类的义务"，如何还是独善的个人主义呢？我说：这正是个人主义的证据。试看古今来主张个人主义的思想家，从希腊的"狗派"（Cynic）以至十八九世纪的个人主义，那一个不是一方面崇拜个人，一方面崇拜那广漠的"人类"的？主张个人主义的人，只是否认那些切近的伦谊——或是家族，或是"社会"，或是国家——但是因为要推翻这些比较狭小逼人的伦谊，不得不捧出那广漠不逼人的"人类"。所以凡是个人主义的思想家，没有一个不承认这个双重关系的。

新村的人主张"完全发展自己个性"，故是一种个人主义。他们要想跳出现社会去发展自己个性，故是一种独善的个人主义。

这种新村的运动，因为恰合现在青年不满意于现社会的心理，故近来中国也有许多人欢迎，赞叹，崇拜。我也是敬仰武者先生一班人的，故也曾仔细考究这个问题。我考究的结果是不赞成这种运动，我以为中国的有志青年不应该仿行这种个人主义的新生活。

这种新村的运动有什么可以反对的地方呢？

第一，为这种生活是避世的，是避开现社会的。这就是让步。这便不是奋斗。我们自然不应该提倡"暴力",但是非暴力的奋斗是不可少的。我并不是说武者先生一班人没有奋斗的精神。他们在日本能提倡反对暴力的论调——如《一个青年的梦》——自然是有奋斗精神的。但是他们的新村计划想避开现社会里"奋斗的生活",去寻那现社会外"生活的奋斗",这便是一大让步。武者先生的《一个青年的梦》里的主人翁最后有几句话,很可玩味。他说:

> ……请宽恕我的无力。——宽恕我的话的无力。但我心里所有的对于美丽的国的仰慕,却要请诸君体察的。……(《新青年》七,二,一〇二)

我们对于日向的新村应该作如此观察。

第二,在古代,这种独善主义还有存在的理由;在现代,我们就不该崇拜他了。古代的人不知道个人有多大的势力,故孟轲说:"穷则独善其身,达则兼善天下。"古人总想,改良社会是"达"了以后的事业——是得君行道以后的事业;故承认个人——穷的个人——只能做独善的事业,不配做兼善的事业。古人错了,现在我们承认个人有许多事业可做。人人都是一个无冠的帝王,人人都可以做一些改良社会的事。去年的五四运动和六三运动,何尝是"得君行道"的人做出来的?知道个人可以做事,知道有组织的个人更可以做事,便可以知道这种个人主义的独善生活是不值得模仿的了。

第三,他们所信仰的"泛劳动主义"是很不经济的。他们主张:"一个人生存上必要的衣食住,论理应该用自己的力去得来,不该要别人代负这责任。"这话从消极一方面看——从反对那"游民贵族"的方面看——自然是有理的。但是从他们的积极实行方面看,他们要"人人尽劳动的义务,制造这生活的资料"——就是衣食住的资料——这便是"矫枉过正"了。人人要尽制造衣食住的资料的义务,就是人人要加入这生活的奋斗。(周作人先生再三说新村里平和幸福的空气,也许不承认"生活的奋斗"的话;但是我说的,并不是人同人争面包米饭的奋斗,乃是人在自然界谋生存的奋斗;周先生说新村的农作物至今还不够自用,便是一证。)现在文化进步的趋势,是要使人类渐渐减轻生活的奋斗至最低度,使人类能多分一些精力出来,做增加生活意味的事业。新村的生活使人人都要尽"制造衣食住的资料"的义务,根本上否认分工进化的道理,增加生活的奋斗,是很不经济的。

第四,这种独善的个人主义的根本观念就是周先生说的"改造社会，还要从改造个人做起"。我对于这个观念，根本上不能承认。这个观念的根本错误在于把"改造个人"与"改造社会"分作两截；在于把个人看作一个可以提到社会外去改造的东西。要知道个人是社会上种种势力的结果。我们吃的饭，穿的衣服，说的话，呼吸的空气，写的字，有的思想……没有一件不是社会的。我曾有几句诗，说："……此身非吾有：一半属父母，一半属朋友。"当时我以为把一半的我归功社会，总算很慷慨了。后来我才知道这点算学做错了！父母给我的真是极少的一部分。其余各种极重要的部分，如思想、信仰、知识、技术、习惯等等，大都是社会给我的。我穿线袜的法子是一个徽州同乡教我的；我穿皮鞋打的结能不散开，是一个美国女朋友教我的。这两件极细碎的例，很可以说明这个"我"是社会上无数势力所造成的。社会上的"良好分子"并不是生成的，也不是个人修炼成的——都是因为造成他们的种种势力里面，良好的势力比不良的势力多些。反过来，不良的势力比良好的势力多，结果便是"恶劣分子"了。古代的社会哲学和政治哲学只为要妄想凭空改造个人，故主张正心、诚意、独善其身的办法。这种办法其实是没有办法，因为没有下手的地方。近代的人生哲学渐渐变了，渐渐打破了这种迷梦，渐渐觉悟：改造社会的下手方法在于改良那些造成社会的种种势力——制度、习惯、思想、教育等等。那些势力改良了，人也改良了。所以我觉得"改造社会要从改造个人做起"还是脱不了旧思想的影响。我们的根本观点是：

> 个人是社会上无数势力造成的。
>
> 改造社会须从改造这些造成社会，造成个人的种种势力做起。
>
> 改造社会即是改造个人。

新村的运动如果真是建筑在"改造社会要从改造个人做起"一个观念上，我觉得那是根本错误了。改造个人也是要一点一滴的改造那些造成个人的种种社会势力。不站在这个社会里来做这种一点一滴的社会改造，却跳出这个社会去"完全发展自己个性"，这便是放弃现社会，认为不能改造；这便是独善的个人主义。

以上说的是本篇的第一层意思。现在我且简单说明我所主张的"非个人主义的"新生活是什么。这种生活是一种"社会的新生活"，是站在这个现社会里奋斗的生活，是霸占住这个社会来改造这个社会的新生活。他的根本观念有三条：

（1）社会是种种势力造成的，改造社会须要改造社会的种种势力。

这种改造一定是零碎的改造——一点一滴的改造，一尺一步的改造。无论你的志愿如何宏大，理想如何彻底，计划如何伟大，你总不能笼统的改造，你总不能不做这种"得寸进寸，得尺进尺"的工夫。所以我说：社会的改造是这种制度那种制度的改造，是这种思想那种思想的改造，是这个家庭那个家庭的改造，是这个学堂那个学堂的改造。

[附注] 有人说："社会的种种势力是互相牵制的，互相影响的。这种零碎的改造，是不中用的。因为你才动手改这一种制度，其余的种种势力便围拢来牵制你了。如此看来，改造还是该做笼统的改造。"我说不然。正因为社会的势力是互相影响牵制的，故一部分的改造自然会影响到别种势力上去。这种影响是最切实的，最有力的。近年来的文字改革，自然是局部的改革，但是他所影响的别种势力，竟有意想不到的多。这不是一个很明显的例吗？

（2）因为要做一点一滴的改造，故有志做改造事业的人必须要时时刻刻存研究的态度，做切实的调查，下精细的考虑，提出大胆的假设，寻出实验的证明。这种新生活是研究的生活，是随时随地解决具体问题的生活。具体的问题多解决了一个，便是社会的改造进了那么多一步。做这种生活的人要睁开眼睛，公开心胸；要手足灵敏，耳目聪明，心思活泼；要欢迎事实，要不怕事实；要爱问题，要不怕问题的逼人！

（3）这种生活是要奋斗的。那避世的独善主义是与人无忤，与世无争的，故不必奋斗。这种"淑世"的新生活，到处翻出不中听的事实，到处提出不中听的问题，自然是很讨人厌的，是一定要招起反对的。反对就是兴趣的表示，就是注意的表示。我们对于反对的旧势力，应该作正当的奋斗，不可退缩。我们的方针是：奋斗的结果，要使社会的旧势力不能不让我们；切不可先就偃旗息鼓退出现社会去，把这个社会双手让给旧势力。换句话说，应该使旧社会变成新社会，使旧村变为新村，使旧生活变为新生活。

我且举一个实际的例。英美近二三十年来，有一种运动，叫做"贫民区域居留地"的运动（social settlements）。这种运动的大意是：一班青年的男女——大都是大学的毕业生——在本城拣定一块极龌龊，极不堪的贫民区域，买一块地，造一所房屋。这一班人便终日在这里面做事。这屋里，凡是物质文明所赐的生活需要品——电灯、电话、热气、浴室、游水池、钢琴、话匣等等——无一不有。他们把附近的小孩子——垢面的孩子，顽皮的孩子——都招拢来，教他们游水，教他们读书，教他们打球，教他们演说辩论，组成音乐队，组成演剧团，教他们演戏奏艺。还有女医生和看护妇，天天出去访问贫家，替他们医病，帮他们接生和看护产妇。病重的，由"居留地"的人送入公家医院。因为天下贫民都是最安本分的，他们眼见那高楼大屋的大医院，心里以为这定是为有钱人家造的，决不是替贫民诊病的；所以必须有人打破他们这种见解，教他们知道医院不是专为富贵人家的。还有许多贫家的妇女每日早晨出门做工，家里小孩子无人看管，所以"居留地"的人教他们把小孩子每天寄在"居留地"里，有人替他们洗浴，换洗衣服，喂他们饮食，领他们游戏。到了晚上，他们的母亲回来了，各人把小孩领回去。这种小孩子从小就在洁净慈爱的环境里长大，渐渐养成了良好习惯，回到家中，自然会把从前的种种污秽的环境改了。家中的大人也因时时同这种新生活接触，渐渐的改良了。我在纽约时，曾常常去看亨利街上的一所居留地，是华德女士（Lilian Wald）办的。有一晚我去看那街上的贫家子弟演戏，演的是贝里（Barry）的名剧。我至今回想起来，他们演戏的程度比我们大学的新戏高得多咧！

这种生活是我所说的"非个人主义的新生活"！是我所说的"变旧社会为新社会，变旧村为新村"的生活！这也不是用"暴力"去得来的！我希望中国的青年要做这一类的新生活，不要去模仿那跳出现社会的独善生活。我们的新村就在我们自己的旧村里！我们所要的新村是要我们自己的旧村变成的新村！

可爱的男女少年！我们的旧村里我们可做的事业多得很咧！村上的鸦片烟灯还有多少？村上的吗啡针害死了多少人？村上缠脚的女子还有多少？村上的学堂成个什么样子？村上的绅士今年卖选票得了多少钱？村上的神庙香火还是怎样兴旺？村上的医生断送了几百条人命？村上的煤矿工人每日只拿到五个铜子，你知道吗？村上多少女工被贫穷逼去卖淫，你知道吗？村上的工厂没有避火的铁梯，昨天火起，烧死了一百多人，你知道吗？村上的童养媳妇被婆婆打断了一条腿，村上的绅士逼他的女儿饿死做烈女，你知道吗？

有志求新生活的男女少年！我们有什么权利，丢开这许多的事业去做那避世的新村生活！我们放着这个恶浊的旧村，有什么面孔，有什么良心，去寻那"和平幸福"的新村生活！

九，一，二六

（此文原载 1920 年 4 月 1 日《新潮》第 2 卷第 3 号）

《吴虞文录》序
（1921 年 6 月 16 日）

凡是到过北京的人，总忘不了北京街道上的清道夫。那望不尽头的大街上，迷漫扑人的尘土里，他们抬着一桶水，慢慢的歇下来，一勺一勺的洒到地上去，洒的又远又均匀。水洒着的地方，尘土果然不起了。但那酷烈可怕的太阳光，偏偏不肯帮忙，他只管火也似的晒在那望不尽头的大街上。那水洒过的地方，一会儿便晒干了；一会儿风吹过来或汽车走过去，那迷漫扑人的尘土又飞扬起来了！洒的尽管洒，晒的尽管晒。但那些蓝袄蓝裤露着胸脯的清道夫，并不因为太阳和他们作对就不洒水了。他们依旧一勺一勺的洒将去，洒的又远又均匀，直到日落了，天黑了，他们才抬着空桶，慢慢的走回去，心里都想道，"今天的事做完了！"

吴又陵先生是中国思想界的一个清道夫。他站在那望不尽头的长路上，眼睛里，嘴里，鼻子里，头颈里，都是那迷漫扑人的孔渣孔滓的尘土，他自己受不住了，又不忍见那无数行人在那孔渣孔滓的尘雾里撞来撞去，撞的破头折脚。因此，他发愤做一个清道夫，常常挑着一担辛辛苦苦挑来的水，一勺一勺的洒向那孔尘迷漫的大街上。他洒他的水，不但拿不着工钱，还时时被那无数吃惯孔尘的老头子们跳着脚痛骂，怪他不识货，怪他不认得这种孔渣孔滓的美味，怪他挑着水拿着勺子在大路上妨碍行人！他们常常用石头掷他，他们哭求那些吃孔尘羹饭的大人老爷们，禁止他挑水，禁止他清道。但他毫不在意，他仍旧做他清道的事。有时候，他洒的疲乏了，失望了，忽然远远的觑见那望不尽头的大路的那一头好像也有几个人在那里洒水清道，他的心里又高兴起来了，他的精神又鼓舞起来了。于是他仍旧挑了水来，一勺一勺的洒向那旋洒旋干的长街上去。

这是吴先生的精神。吴先生和我的朋友陈独秀是近年来攻击孔教最有力的两位健将。他们两人，一个在上海，一个在成都，相隔那么远，但精神上很有相同之点。独秀攻击孔丘的许多文章（多载在《新青年》第二卷）专注重"孔子之道不合现代生活"的一个主要观念。当那个时候，吴先生在四川也做了许多非孔的文章，他的主要观念也只是"孔子之道不合现代生活"的一个观念。吴先生是学过法政的人，故他的方法与独秀稍不同。吴先生自己说他的方法道：

> 不佞丙午游东京，曾有数诗，注中多非儒之说。归蜀后，常以"六经"、"五礼通考"、"唐律疏义"、"满清律例"，及诸史中议礼议狱之文，与老、庄、孟德斯鸠、甄克思、穆勒约翰、斯宾塞尔、远籐隆吉、久保天随诸家之著作，及欧美各国宪法、民法、刑法，比较对勘。十年以来，粗有所见。

吴先生用这个方法的结果，他的非孔文章大体都注重那些根据孔道的种种礼教、法律、制度、风俗。他先证明这些礼法制度都是根据于儒家的基本教条的，然后证明这种种礼法制度都是一些吃人的礼教和一些坑陷人的法律制度。他又从思想史的方面，指出自老子以来也有许多古人不满意于这些欺人吃人的礼制，使我们知道儒教所极力拥护的礼制在千百年前早已受思想家的批评与攻击了，何况在现今这种大变而特变的社会生活之中呢？

吴先生的方法，我觉得是很不错的。我们对于一种学说或一种宗教，应该研究他在实际上发生了什么影响："他产生了什么样子的礼法制度？他所产生的礼法制度发生了什么效果？增长了或是损害了人生多少幸福？造成了什么样子的国民性？助长了进步吗？阻碍了进步吗？"这些问题都是批评一种学说或一种宗教的标准。用这种实际的效果去批评学说与宗教，是最严厉又最平允的方法。吴先生虽不曾明说他用的是这种实际主义的标准，但我想他一定很赞成我这个解释。

那些"卫道"的老先生们也知道这种实际标准的厉害，所以他们想出一个躲避的法子来。他们说："这种种实际的流弊都不是孔老先生的本旨，都是叔孙通、董仲舒、刘歆、程颢、朱熹……等人误解孔道的结果。你们骂来骂去，只骂着叔孙通、董仲舒、刘歆、程颢、朱熹一班人，却骂不着孔老先生。"于是有人说《礼运》大同说是真孔教（康有为先生）；又有人说四教，四绝，三慎，是真孔教（顾实先生）。关于这种遁辞，独秀说的最痛快：

　　足下分汉宋儒者以及今之孔道、孔教诸会之孔教，与真正孔子之教为二，且谓孔教为后人所坏。愚今所欲问者，汉唐以来诸儒，何以不依傍道、法、杨、墨，而人亦不以道、法、杨、墨称之？何以独与孔子为缘而复败坏之也？足下可深思其故矣。(《新青年》二卷四号)

　　这个道理最明显：何以那种种吃人的礼教制度都不挂别的招牌，偏爱挂孔老先生的招牌呢？正因为二千年吃人的礼教法制都挂着孔丘的招牌，故这块孔丘的招牌——无论是老店，是冒牌——不能不拿下来，捶碎，烧去！

　　我给各位中国少年介绍这位"四川省只手打孔家店"的老英雄——吴又陵先生！

十，六，一六

（此文原载 1921 年 6 月 20 日至 21 日《晨报副刊》）

杜威先生与中国
（1921 年 7 月 11 日）

　　杜威先生今天离开北京，起程归国了。杜威先生于民国八年五月一日——"五四"的前三天——到上海，在中国共住了两年零两月。中国的地方他到过并且讲演过的，有奉天、直隶、山西、山东、江苏、江西、湖北、湖南、浙江、福建、广东十一省。他在北京的五种长期讲演录已经过第十版了，其余各种小讲演录——如山西的，南京的，北京学术讲演会的——几乎数也数不清楚了！我们可以说，自从中国与西洋文化接触以来，没有一个外国学者在中国思想界的影响有杜威先生这样大的。

　　我们还可以说，在最近的将来几十年中，也未必有别个西洋学者在中国的影响可以比杜威先生还大的。这句预言初听了似乎太武断了。但是我们可以举两个理由：

第一，杜威先生最注重的是教育的革新，他在中国的讲演也要算教育的讲演为最多。当这个教育破产的时代，他的学说自然没有实行的机会，但他的种子确已散布不少了。将来各地的"试验学校"渐渐的发生，杜威的教育学说有了试验的机会，那才是杜威哲学开花结子的时候呢！现在的杜威，还只是一个盛名；十年二十年后的杜威，变成了无数杜威式的试验学校，直接或间接影响全中国的教育，那种影响不应该比现在更大千百倍吗？

第二，杜威先生不曾给我们一些关于特别问题的特别主张——如共产主义、无政府主义、自由恋爱之类——他只给了我们一个哲学方法，使我们用这个方法去解决我们自己的特别问题。他的哲学方法，总名叫做"实验主义"；分开来可作两步说：

（1）历史的方法——"祖孙的方法" 他从来不把一个制度或学说看作一个孤立的东西，总把他看作一个中段：一头是他所以发生的原因，一头是他自己发生的效果；上头有他的祖父，下面有他的子孙。捉住了这两头，他再也逃不出去了！这个方法的应用，一方面是很忠厚宽恕的，因为他处处指出一个制度或学说所以发生的原因，指出他的历史的背景，故能了解他在历史上占的地位与价值，故不致有过分的苛责。一方面，这个方法又是最严厉的，是带有革命性质的，因为他处处拿一个学说或制度所发生的结果来评判他本身的价值，故最公平，又最厉害。这种方法是一切带有评判（Critical）精神的运动的一个重要武器。

（2）实验的方法 实验的方法至少注重三件事：（一）从具体的事实与境地下手；（二）一切学说理想，一切知识，都只是待证的假设，并非天经地义；（三）一切学说与理想都须用实行来试验过，实验是真理的唯一试金石。第一件——注意具体的境地——使我们免去许多无谓的假问题，省去许多无意义的争论。第二件——一切学理都看作假设——可以解放许多"古人的奴隶"。第三件——实验——可以稍稍限制那上天下地的妄想冥思。实验主义只承认那一点一滴做到的进步——步步有智慧的指导，步步有自动的实验——才是真进化。

特别主张的应用是有限的，方法的应用是无穷的。杜威先生虽去了，他的方法将来一定会得更多的信徒。国内敬爱杜威先生的人若都能注意于推行他所提倡的这两种方法，使历史的观念与实验的态度渐渐的变成思想界的风尚与习惯，那时候，这种哲学的影响之大，恐怕我们最大胆的想像力也还推测不完呢。

因为这两种理由，我敢预定：杜威先生虽去，他的影响仍旧永永存在，将来还要开更灿烂的花，结更丰盛的果。

杜威先生真爱中国，真爱中国人。他这两年之中，对我们中国人，他是我们的良师好友；对于国外，他还替我们做了两年的译人与辩护士。他在《新共和国》（*The New Republic*）和《亚细亚》（*Asia*）两个杂志上发表的几十篇文章，都是用最忠实的态度对于世界为我们作解释的。因为他的人格高尚，故世界的人对于他的评判几乎没有异议（除了朴兰德（Bland）一流的妄人）！杜威这两年来对于中国尽的这种义务，真应该受我们很诚恳的感谢。

我们对于杜威先生一家的归国，都感觉很深挚的别意。我们祝他们海上平安！

十，七，十一

（此文原载 1921 年 7 月 10 日《东方杂志》第 18 卷第 13 号）

几个反理学的思想家
（1928 年 1—2 月）

前年（一九二七）我在上海东亚同文书院讲演《中国近三百年的四个思想家》，我举了四个人代表这三百年中"反理学"的趋势：（一）顾炎武，（二）颜元，（三）戴震，（四）吴敬恒。讲演全文曾在《贡献》杂志第一卷里发表过。本来我想把前三章放大重写，加上几个人，作为一部单行的册子。但一年多以来，这个志愿终不能实现。现在只好把这几篇讲稿收在《文存》里，改题为"几个反理学的思想家"，表示这三百年中不仅是这四个人，我不过举他们四人作为有代表性的例子罢了。

参看我的《费经虞与费密》（《文存》二集卷一，页七五～一三八）和《戴东原的哲学》（商务印书馆出版）。

十九，一，廿八

一　引子

中国的近世哲学可分两个时期：

（A）理学时期——西历一〇五〇至一六〇〇。

（B）反理学时期——一六〇〇至今日。

理学是什么？理学挂着儒家的招牌，其实是禅宗、道家、道教、儒教的混合产品。其中有先天太极等等，是道教的分子；又谈心说性，是佛教留下的问题；也信灾异感应，是汉朝儒教的遗迹。但其中的主要观念却是古来道家的自然哲学里的天道观念，又叫做"天理"观念，故名为道学，又名为理学。

程颢（大程子，明道先生，死于1085）最初提出"天理"的观念，要人认识那无时不存，无往不在的天理。人生的最高境界只是体认天理，"廓然而大公，物来而顺应"。这是纯粹的道家的自然哲学。

程颐（小程子，伊川先生，死于1107）的天资不如他的哥哥，但比他哥哥切实的多。他似乎受了禅宗注重理解的态度的影响，明白承认知识是行为的向导，"譬如行路，须要光照"。他提出了一个重要的方案，规定了近世哲学的两条大路：

> 涵养须用敬，
> 进学则在致知。

"敬"是中古宗教遗留下来的一点宗教态度。凡静坐、省察、无欲等等都属于"主敬"的一条路。"致知"是一条新开的路，即是"格物"，即是"穷理"："即凡天下之物，莫不因其已知之理而益穷之，以求至乎其极"。所以程子教人"今日格一物，明日又格一物；今日穷一理，明日又穷一理"。

后来的理学都跳不出这两条路子。有些天资高明的人便不喜欢那日积月累的工作，便都走上了那简易直截的捷径，都希望从内心的涵养得到最高的境界。宋代的陆象山（九渊，死于1192）与明代的王阳明

（守仁，生 1472，死 1528）都属于这一派。

有些天资沉着的人便不喜欢那空虚的捷径，便耐心去做那积铢累寸的格物工夫，他们只想脚踏实地，一步一步地做到那最后的"一旦豁然贯通"的境界。宋代的朱子（朱熹，生 1130，死 1200）便是这一派的最伟大的代表。

要明白这两派的争点，可看王阳明格竹子的故事。阳明说：

> 众人只说格物要依晦翁（朱子），何曾把他的说去用？我着实曾用来。初年与钱友同论做圣贤要格天下之物，因指亭前竹子，令去格看。钱子早夜去穷格竹子的道理，竭其心思，至于三日，便致劳神成疾。当初说他是精力不足，某因自去穷格，早夜不得其理，到七日亦以劳思致疾。遂相与叹圣贤是做不得的，无他大力量去格物了！

这个故事很可以指出"格物"一派的毛病。格物致知是不错的，但当时的学者没有工具，没有方法，如何能做格物的工夫？痴对着亭前的竹子，能格出竹子之理来吗？故程朱一派讲格物，实无下手之处；所以他们至多只能研究几本古书的传注，在烂纸堆里钻来钻去，跑不出来。反对他们的人都说他们"支离，破碎"。

但陆王一派也没有方法。陆象山说，心即是理，理不解自明。王阳明教人"致良知"。这都不是方法。所以这一派的人到后来也只是口头说"静"，说"敬"，说"良知"，都是空虚的玄谈。

五百多年（1050—1600）的理学，到后来只落得一边是支离破碎的迂儒，一边是模糊空虚的玄谈。到了十七世纪的初年，理学的流弊更明显了。五百年的谈玄说理，不能挽救政治的腐败，盗贼的横行，外族的侵略。于是有反理学的运动起来。

反理学的运动有两个方面：

（1）打倒（破坏）

打倒太极图等等迷信的理学——黄宗炎、毛奇龄等。

打倒谈心说性等等玄谈——费密、颜元等。

打倒一切武断的、不近人情的人生观——颜元、戴震、袁枚等。

（2）建设

建设求知识学问的方法——顾炎武、戴震、崔述等。

建设新哲学——颜元、戴震等。

现在我想在这几天内，提出四个人来代表这反理学的时期。顾炎武代表这时代的开山大师。颜元、戴震代表十七八世纪的发展。最后的一位，吴稚晖先生，代表现代中国思想的新发展。

二 顾炎武 (亭林，生 1613，死 1682)

顾炎武三十二岁时，明朝就亡了。他的母亲是个贞女，受过明朝的旌表，故明亡之后，她就绝食三十日而死，遗命教她的嗣子不做新朝的官，故他终身做明朝的遗民。他深痛亡国之祸，决心要研究有实用的学术。他是苏州昆山人，国变后移居北方，住山东稍久，旅行西北各地。他旅行时，用二匹马，二头骡子，载书自随；遇山川险要，便寻老兵访问形势曲折；有新奇的发现，便在村店中打开书籍参考。他的著作有几十种，最重要的是：

《音学五书》，三十九卷。

《日知录》，三十六卷。

《天下郡国利病书》，一百二十卷。

顾氏很崇敬朱子；他在陕西时，曾捐钱助建朱子祠。但他很反对宋明以来的理学。他有《与友人论学书》说：

> 百余年来之为学者，往往言心言性，而茫然不得其解也。……聚宾客门人数十百人，与之言心，言性，舍"多学而识"以求"一贯"之方，置四海困穷不言，而讲危微精一。…… 我弗敢知也。……愚所谓圣人之道者如之何？曰博学于文，曰行己有耻。自一身以至于天下国家，皆学之事也。自子臣弟友以至出入往来辞受取与之间，皆有耻之事也。士而不先言耻，则为无本之人；非好古多闻，则为空虚之学。以无本之人而讲空虚之学，吾见其日从事于圣人，去之弥远也。

他的宗旨只有两条，一是实学，一是实行。他所谓"博学于文"，并不专指文学，乃是包括一切文物——"自一身以至于天下国家，皆学之事也"。故他最研究国家典制，郡国利病，历史形势，山川险要，民生状况。他希望拿这些实学来代替那言心言性的空虚之学。

他又说：

> 古之所谓理学，经学也，非数十年不能通也。……今之所谓理学，禅学也；不取之五经，而但资之语录；较诸帖括之文而尤

易也。

他讲经学，也开一个新的局面。也反对那主观的解说，所以他提倡一种科学的研究法，教人从文字声音下手。他说：

> 读九经自考文始，考文自知音始。以至诸子百家之书，亦莫不然。（《答李子德书》）

"考文"便是校勘之学，"知音"便是音韵训诂之学。清朝一代近三百年中的整治古书，全靠这几种工具的发达。在这些根本工具的发达史上，顾炎武是一个开山的大师。

我们举一条例来证明他治学的方法。《书经·洪范》有这二句：

> 无偏无颇，遵王之义。

唐明皇说"颇"不协韵，当改作"陂"字。顾氏说"颇"字不误，因为古音读"义"如"我"，与"颇"字正协韵。他举了两条证据：

> (1)《易·象传》：
> 鼎耳革，失其义也。
> 覆公𫗧，信如何也。
> (2)《礼记·表记》：
> 仁者右也，道者左也。
> 仁者人也，道者义也。

这样用证据（evidence）来考订古书，便是学术史上的一大进步。这便是科学的治学方法。科学的态度只是一句话："拿证据来！"

这个方法不是顾炎武始创的，乃是人类常识逐渐发明的。"证"这个观念本是一个法律上的观念。法庭讯案，必须人证与物证。考证古书，研究科学，其实与法官断案同一方法。用证据法来研究古书，古来也偶然有人。但到了十七世纪初年，这种方法才大发达。在顾炎武之前，有个福州人陈第作了几部研究古音的书——《毛诗古音考》等。陈第的书便是用证据作基础。他在自序里说他考定古音，列"本证"、"旁证"两种：

> 本证者，《诗》自相证也。
> 旁证者，采之他书也。

用《诗经》证《诗经》，为本证；用《易经》、《楚辞》等等来证《诗经》，便是旁证。

陈第的《毛诗古音考》作于十七世纪初年（1601—1606）。顾炎武的《音学五书》作于十七世纪中叶以后（1650—1680）。顾氏完全采用陈第的方法，每考证一个古音，也列举"本证"、"旁证"两项，但搜罗更广，材料更富，证据更多。陈第考"服"字古音"逼"，共举出

　　本证——十四，

　　旁证——十。

顾氏作《诗本音》，于"服"字下举出

　　本证——十七，

　　旁证——十五。

顾氏作《唐韵正》，于"服"字下举出

　　证据——一百六十二。

为了考究一个字的古音而去寻求一百六十二个证据，这种精神是古来不曾有过的；这种方法是打不倒的。用这种搜求证据的方法来比较那空虚想像的理学，我们不能不说这是一个新时代了。

· · ·

三　颜元（习斋，生 1635，死 1704）

颜元，号习斋。他的父亲本是直隶博野县北杨村人，后来卖给蠡县刘村的朱九祚做养子，故改姓朱。颜元四岁时（崇祯十一年，1638），满洲兵犯境，他的父亲正同朱家闹气，遂跟了满洲兵跑了，从此没有音信。他十二岁时，他的母亲也改嫁去了。颜元在朱家长大，在私塾读书。他少年时曾学神仙，学炼气，学八股时文，不务正业，喝酒游嬉。他十岁时，明朝就亡了，后来朱家也衰败，很贫了，颜元到二十岁时，才发愤务农养家。二十二岁，他因为家贫，学做医生，为糊口之计。他十九岁时曾中秀才，二十四岁，他开了一所私塾，训蒙度日，并为人治病。他那时完全是一个村学究，却有点狂气，喜看兵书，也学技击；后来他又读理学书，先读陆象山、干阳明的书，又读程子、朱子的书，自命要学圣贤，做诗有

　　　识得孔叟便是吾，
　　　更何乾坤不熙皞！

他虽耕田工作，却常常学静坐。家中立一个"道统龛"，正位供着伏羲以下至周公、孔子，配位供颜子、曾子、子思、孟子、周敦颐、程颢、

程颐、张载、邵雍、朱熹。他三十岁时，有《柳下坐记》，说他的心得，最可表现他的村陋气象：

> 思古人（他自号思古人）引仆控骧，披棉褐，驮麦里左。仆垛。独坐柳下，仰目青天，和风泠然，白云聚散，朗吟程子"云淡风轻"之句，不觉心泰神怡，……若天地与我外，更无一物事。微闭眸观之，浓叶蔽日，如绿罗裹宝珠，精光隐露。苍蝇绕飞，闻其声不见其形，如跻虞廷，听《九韶》奏也！胸中空焉洞焉，莫可状喻。……

直到三十四岁时（1668），他忽然经过一次思想上的大革命。这时候，他还不知道他的本姓。他的义祖母死了，他是"承重孙"，居丧时，一切代行他父亲的"子职"，实行朱子的《家礼》，三日不食，朝夕哭。葬后，他仍尽哀，寝苫枕块三个月，日夜不脱衰绖。后来遍体生疮，到了第五个月，竟病倒了。有一个老翁哀怜他，对他说明他不是朱家的孙子，何必这样哀恸？他跑去问他出嫁的母亲，证明了这件事，他方才减哀。然而他已扮演了五个月的苦戏了！

他在这几个月里，实地试验了朱子的《家礼》，深深感觉宋儒有些地方不近人情，又碰了这一个大激刺，使他不能不回想他十余年来做的理学工夫。他自己说，他最得力于这一年的居丧时期，

> 哀毁庐中，废业几年。忽知予不宜承重，哀稍杀。既不读书，又不接人，坐卧地炕，猛一冷眼，觉程朱气质之说大不及孟子性善之旨。因徐按其学，原非孔子之旧。是以……《存性》、《存学》之说，为后二千年先儒救参杂之小失，为前二千年圣贤揭晦没之本原。……（《存学编》三，2）

他三十五岁（1669）著《存性编》，又著《存学编》，后来随时有所增加，但他的思想的大旨都在这两书之中。

三十五岁至五十七岁为在乡里讲学时期。五十七岁（1691），他南游河南，数月后回家。这一次出游，使他反对理学的宗旨更坚决了。他说：

> 予未南游时，尚有将就程朱，附之圣门支派之意。自一南游，见人人禅子，家家虚文，直与孔门敌对；必破一分程朱，始入一分孔孟——乃定以为孔孟与程朱判然两途，不愿作道统中乡愿矣！（《年谱》下，17）

他六十二岁时曾主教肥乡漳南书院，他定下书院规模，略如下图：

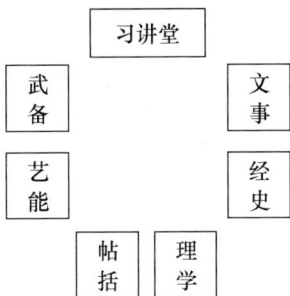

```
              习讲堂

    武                文
    备                事

    艺                经
    能                史

         帖    理
         括    学
```

不幸那一年漳水大涨，书院都没在水里。他叹曰，"天也！"遂辞归。他死时七十岁。

他的学派，人称为"颜氏学派"；又称为"颜李学派"，因为他的弟子李塨（刚主，生1659，死1733）颇能继续颜元的学派，传授于南北。颜元的名誉不大；李塨与方苞、毛奇龄等往来，传授的弟子也有很出名的（如程廷祚），故颜李并称。

颜元与李塨的著作有

《颜李遗书》，《畿辅丛书》本。

《颜李全书》，北京四存学会本。

中国的哲学家之中，颜元可算是真正从农民阶级里出来的。他的思想是从乱离里经验出来的，从生活里阅历过来的。他是个农夫，又是个医生，这两种职业都是注重实习的，故他的思想以"习"字为主脑。他自己改号习斋，可见他的宗旨所在。他说：

> 仆妄谓性命之理不可讲也，虽讲，人亦不能听也，虽听，人亦不能醒也，虽醒，人亦不能行也。所可得而共讲之，共醒之，共行之者，性命之作用，如诗书六艺而已。即诗书六艺，亦非徒列坐讲听。要唯一讲即教习。习至难处来问，方再与讲。讲之功有限，习之功无已。……人之岁月精神有限；诵说中度一日，便习行中错一日；纸墨上多一分，便身世上少一分。……（《存学编》一，2）

所以他的《存学编》的宗旨只是要人明白"道不在诗书章句，学不在颖悟诵读，而期如孔门博文约礼，身实学之，身实习之，终身不懈"。

学习什么呢？《尚书》里的

六府：金，木，水，火，土，谷。

> 三事：正德，利用，厚生。

还有《周礼》里的

> 三物：六德——智，仁，圣，义，忠，和。
> 六行——孝，友，睦，姻，任，恤。
> 六艺——礼，乐，射，御，书，数。

这都是应学习的"物"，"格物"便是实地学习这些实物。格字如"手格猛兽"之格，格便是"犯手去做"。

这些六府六艺似乎太粗浅，故宋明儒者鄙薄不为，偏要高谈性命之理。这正是魔道。颜元说：

> 学之亡也，亡其粗也。愿由粗以会其精。政之亡也，亡其迹也。愿崇迹以行其义。（《年谱》）

这真是重要的发明。宋明儒者不甘淡薄，要同禅宗和尚争玄斗妙，故走上空虚的死路。救弊之道只在挽回风气，叫人注重那粗的，浅的实迹。颜元又说：

> 孔子则只教人习事。迨见理于事，则已彻上彻下矣。（《存学编》）

宋儒的大病只是能静坐而不习事。朱子叙述他的先生李侗的生平，曾有一句话说：

> 先生居处有常，不作费力事。

这句话引起了颜元的大反对。颜元说：

> 只"不作费力事"五字……将有宋大儒皆状出矣。子路问政，子曰，"先之，劳之。"天下事皆吾儒分内事。儒者不费力，谁费力乎？……夫讲读著述以明理，静坐主敬以养性，不肯作一费力事，虽日口谈仁义，称述孔孟，其与释老之相去也几何？（《存学编》二，13）

用"不作费力事"一个标准，来比较"犯手去做"的一个标准，我们便可以明白颜学与理学的根本大分别了。

颜元的思想很简单，很浅近。因为他痛恨那故意作玄谈的理学家，

> 谈天论性，聪明者如打诨猜拳，愚浊者如捉风听梦……各自以为孔颜复出矣。（《存学编》一，1）

他也论"性"，但他只老老实实地承认性即是这个气质之性。

> 譬之目矣……光明之理固是天命，眊疱眚皆是天命。更不必分何者是天命之性，何者是气质之性。（《存性编》）

这便是一笔勾销了五百年的烂账，何等痛快！

人性不过如此，最重要的是教育，而教育的方法只是实习实做那有用的实事实物。颜元是个医生，故用学医作比喻：

> 譬之于医，《黄帝》《素问》《金匮》《玉函》，所以明医理也。而疗疾救世则必诊脉、制药、针灸、摩砭，为之力也。今有妄人者，止务览医书千百卷，熟读详说，以为予国手矣；视诊脉制药针灸摩砭，以为术家之粗，不足学也。书日博，识日精，一人倡之，举世效之。岐黄盈天下，而天下之人病相枕，死相接也。可谓明医乎？
>
> 愚以为从事方脉、药饵、针灸、摩砭，疗疾救世者，所以为医也。读书，取以明此也。若读尽医书而鄙视方脉、药饵、针灸、摩砭，妄人也。不惟非岐黄，并非医也。尚不如习一科，验一方者之为医也。读尽天下书而不习行六府六艺，文人也，非儒也，尚不如行一节，精一艺者之为儒也。（《存学编》一，10）

他在别处又用学琴作比喻：

> 以读经史，订群书为穷理处事以求道之功，则相隔千里。以读经史，订群书为即穷理处事，曰道在是焉，则相隔万里矣。……
>
> 譬之学琴然。诗书犹琴谱也；烂熟琴谱，讲解分明，可谓学琴乎？故曰以讲读为求道之功相隔千里也。
>
> 更有一妄人，指琴谱曰，"是即琴也。辨音律，协声韵，理性情，通神明，此物此事也。"谱果琴乎？故曰以书为道，相隔万里也。……
>
> 歌得其调，抚娴其指，弦求中音，徽求中节，声求协律，是谓之学琴矣，未为习琴也。手随心，音随手，清浊疾除〔徐〕有常规，鼓有常功，奏有常乐，是之谓习琴矣，未为能琴也。弦器可手制也，音律可耳审也，诗歌惟其所欲也，心与手忘，手与弦忘，私欲不作于心，太和常在于室，感应阴阳，化物达天，于是乎命之曰能琴。今手不弹，心不会，但以讲读琴谱为学琴，是渡河而望江也。故曰千里也。今目不睹，耳不闻，但以谱为琴，是指蓟北而谈

云南也。故曰万里也。(《存学编》三，6～7)

这种说法，初看似很粗浅，其实很透辟。如王阳明说"良知"，岂不很好听？但良知若作"不学而知"解，则至多不过是一些"本能"，决不能做是非的准则。良知若作"直觉"的知识解，若真能"是便知是，非便知非"，那样的知识决不是不学而知的，乃是实学实习，日积月累的结果。譬如那弹琴的，到了那"心与手忘，手与弦忘"的地步，随心所欲便成曲调，那便成了直觉的知识。又如诗人画家，烂醉之后，兴至神来，也能随意成杰作，这也成了直觉的知识。然而这种境地都是实习功久的结果，是最后的功夫，而不是不学而知，不学而能的呵。

又如阳明说"知行合一"，岂不也很好听？但空谈知行合一，不从实习实行里出来，那里会有知行合一！如医生之诊病开方，疗伤止痛，那便是知行合一。如弹琴的得心应手，那才是知行合一。书本上的知识，口头的话柄，决不会做到知行合一的。宋人语录说：

> 明道谓谢显道曰，"尔辈在此相从，只是学某言语，故其学心与口不相应。盍若行之？"请问焉，曰，"且静坐。"

学者问如何行，先生却只教他静坐，静坐便能教人心口相应，知行合一了吗？颜元的批评最好：

> 因先生只说话，故弟子只学说话。心口且不相应，况身乎？况家国天下乎？措之事业，其不相应者多矣。
>
> 吾尝谈天道性命，若无甚扞格。一著手算九九数，辄差……以此知心中醒，口中说，纸上作，不从身上习过，皆无用也。(《存学编》二，1)

这是颜李学派的实习主义（Pragmatism）。

四　戴震 (东原，生 1724，死 1777)

十七八世纪是个反理学的时期。第一流的思想家大抵都鄙弃那谈心说性的理学。风气所趋，遂成了一个"朴学"时代，大家都不讲哲学了。"朴学"的风气最盛于十八世纪，延长到十九世纪的中叶。"朴学"是做"实事求是"的工夫，用证据作基础，考订一切古文化。其实这是一个史学的运动，是中国古文化的新研究，可算是中国的"文艺复兴"（Renaissance）时代。这个时期的细目有下列各方面：

（1）语言学（Philology），包括古音的研究，文字的假借变迁等等。

（2）训诂学（Semantics），用科学的方法，客观的证据，考定古书文字的意义。

（3）校勘学（Textual Criticism），搜求古本，比较异同，校正古书文字的错误。

（4）考订学（Higher Criticism），考定古书的真伪，著者的事迹等等。

（5）古物学（Archaeology），搜求古物，供历史的考证。

这个大运动，又叫做"汉学"，因为这时代的学者信汉儒"去古未远"，故崇信汉人过于宋学。又叫做"郑学"，因为郑玄是汉代的大师。但"朴学"一个名词似乎最妥当一点。

这个运动的特色是没有组织大哲学系统的野心，人人研究他的小问题，做专门的研究：或专治一部书（如《说文》），或专做一件事（如辑佚书），或专研究一个小题目（如《释缯》）。这个时代的风气是逃虚就实，宁可做细碎的小问题，不肯妄想组成空虚的哲学系统。

但这个时代也有人感觉不满意。如章学诚（实斋）便说这时代的学者只有功力，而没有理解，终身做细碎的工作，而不能做贯串的思想，如蚕食叶而不吐丝。

其时有大思想家戴震出来，用当时学者考证的方法，历史的眼光，重新估定五百年的理学的价值，打倒旧的理学，而建立新的理学。是为近世哲学的中兴。

　　　※　　　　　※　　　　　※　　　　　※

戴震是徽州休宁人。少年时，曾从婺源江永受学；江永是经学大师，精通算学，又长于音韵之学，又研究程朱理学。在这几方面，戴震都有很精深的研究。他是一个举人，但负一时的盛名，受当世学者的推重。壮年以后，他往来南北各省，著作甚多。乾隆三十八年（1773）开四库全书馆，他被召为纂修，赐同进士出身，授庶吉士。他死时（1777）只有五十五岁。他的《戴氏遗书》，有微波榭刻本。其中最重要的哲学著作是他的《孟子字义疏证》。此书初稿本名《绪言》，现有《粤雅堂丛书》本可以考见初稿的状态。但当时是个轻视哲学的时代，他终不敢用这样一个大胆的书名，故他后来修正此书时，竟改为《孟子字义疏证》——表面上是一部讲经学的书，其实是一部哲学书。（参看胡适校读本，附在他的《戴东原的哲学》之后，商务印书馆出版。）

我曾指出理学的两条路子，即程颐说的：

> 涵养须用敬，进学则在致知。

程朱一派走上了格物致知的大路，但终丢不了中古遗留下来的那一点宗教的态度，就是主敬的态度。他们主张静坐，主张省察"喜怒哀乐未发之前是何气象"，主张无欲，都属于这个主敬的方面，都只是中古宗教的遗毒。因为他们都不肯抛弃这条宗教的路，故他们始终不能彻底地走那条格物致知的路。万一静坐主敬可以得到圣人的境界，又何必终身勤苦去格物致知呢？

颜元、李塨终身攻击程朱的主静主敬，然而颜李每日自己记功记过，"存理去欲"，做那"小心翼翼，昭事上帝"的工夫，其实还是那"主敬"的态度。相传李塨日记上有"昨夜与老妻敦伦一次"的话，此言虽无确据，然颜元自定功过格里确有"不为子嗣比内"的大过。（《年谱》，《畿辅丛书》本，下，页10）他们尽管要推翻理学，其实还脱不了理学先生的陋相。

戴震生在朴学最盛的时代，他是个很能实行致知格物的工夫的大学者，所以他一眼看破程朱一派的根本缺点在于走错了路，在于不肯抛弃那条中古宗教的路。他说：

> 程子、朱子……详于论敬而略于论学。（《疏证》十四）

为什么程朱有这根本大病呢？因为他们不曾抛弃中古宗教留下来的谬见。戴震说：

> 人物以类区分。……人与人较，其材质等差凡几？古贤圣知人之材质有等差，是以重学问，贵扩充。老、庄、释氏谓有生皆同，故主于去情欲以勿害之，不必问学以扩充之。
>
> 在老、庄、释氏既守己自足矣，因毁訾仁义以伸其说。……陆子静、王文成诸人同于老、庄、释氏，而改其毁訾仁义者以为自然全乎仁义，巧于伸其说者也。
>
> 程子、朱子尊"理"而以为天与我……谓理为形气所污坏，是圣人以下形气皆大不美……而其所谓"理"别为凑泊附着之一物，犹老、庄、释氏所谓"真宰"、"真空"之凑泊附着于形体也。理既完全自足，难于言学以明理，故不得不分理气为二本，而咎形气。盖其说杂糅傅合而成，令学者眩惑于其中。……
>
> 理为形气所污坏，故学焉"以复其初"。"复其初"之云，见庄

周书。(《庄子·缮性篇》) 盖其所谓 "理"，即如释氏所谓 "本来面目"。而其所谓 "存理"，亦即如释氏所谓 "常惺惺"。……（《疏证》十四）

他认清了理学的病根在于不肯抛弃那反人情性的中古宗教态度，在于尊理而咎形气，存理而去欲，故他的新理学只是并力推翻那 "杂糅傅合" 的，半宗教半玄学的旧理学。旧理学盲目的推崇 "理"，认为 "天理"，认为 "得于天而具于心"，故无论如何口头推崇格物致知，结果终走上主静主敬的宗教路上去，终舍不掉那 "复其初" 的捷径。旧理学崇理而咎欲，故生出许多不近人情的，甚至于吃人的礼教。一切病根在于分理气为二元与分理欲为二元。故戴震的新理学只从推翻这种二元论下手。

他的宇宙观便否认向来的理气二元论：

一阴一阳，流行不已，夫是之为道而已。（《疏证》十七）

他说：

"道" 犹行也。气化流行，生生不息，是故谓之道。（《疏证》十六）

阴阳即是气化的两个方面，五行只是五种气化流行，"行" 即道也。

他论 "性"，也否认理气二元。性只是气质之性。他以为古书论性的话，最好的是《大戴礼》的

分于道谓之命，形于一谓之性。

道即是阴阳五行；"分于阴阳五行以有人物，而人物各限于所分以成其性。阴阳五行，道之实体也。血气心知，性之实体也"（《疏证》十六）。

这是很明白的唯物论（Materialism）。宇宙只是气化的流行。阴阳五行的自然配合，由于分配的不同，而成为人物种种不同。性只是 "分于阴阳五行以为血气心知"。血气固是阴阳五行的配合，心知也是阴阳五行的配合。这不是唯物论吗？这里面正用不着勉强拉出一个 "理" 或 "天理" 来 "凑泊附着以为性"。于是六百年的理学的天论与性论也都用不着了。

他是主张 "性善" 的，但他的根据也只是说人的知觉，高于禽兽，故说人性是善的。

性者，飞潜动植之通名。性善者，论人之性也。……人以有礼

> 义，异于禽兽，实人之知觉，太远乎物，则然。（二十七）

这样看来，说人性善，不过是等于说人的知觉比禽兽高一点。人性有三大部分：欲，情，知。三者之中，知最重要。

> 惟有欲有情而又有知，然后欲得遂也，情得达也。（三十）

情与欲也是性，不当排斥。

> 喜怒哀乐，爱隐感念，愠憬怨愤，恐悸虑叹，饮食男女，郁悠戚咨，惨舒好恶之情，胥成性则然，是故谓之道。（《原善》中）

他又说：

> 凡出于欲，无非以生以养之事……天下必无舍生养之道而得存者。凡事为皆有于欲。无欲则无为矣。有为而归于至当不易之谓理。无欲无为，又焉有理？（《疏证》四十三）

这是反对向来理学家的无欲论。他说：

> 使饮食男女与夫感于物而动者，脱然无之，以归于静，归于一，又焉（有恻隐），有羞恶，有辞让，有是非？此可以明仁义礼智非他，不过怀生畏死，饮食男女，与夫感于物而动者之皆不可脱然无之，以归于静，归于一；而特人之心知异于禽兽，能不惑乎所行，即为懿德耳。古圣贤所谓"仁义礼智"，不求于所谓"欲"之外，不离乎血气心知。（二十一）

这是很大胆的思想。性即是血气心知，其中有欲，有情，有知觉；因为有情有欲，故有生养之道，故有事业，有道德。心知的作用，使人不惑于所行，不糊涂做去，便是美德；使行为归于至当，便是理。道德不在情欲之外，理即在事为之中。

这种思想同旧日的理学家的主张很有根本的不同。朱子曾说：

> 理在人心，是谓之性……性便是许多道理，得之天而具于心者。

理学家先假定一个浑然整个的天理，散为万物；理附着于气质之上，便是人性。他们自以为"性"里面具有"许多道理"，他们误认"性即是理在人心"，故人人自信有天理。于是你静坐冥想出来的，也自命为天理；他读书傅会出来的，也自命为天理。人人都可以把他自己的私见、偏见，认作天理。"公有公的道理，婆有婆的道理"。人人拿他的"天理"来压迫别人，你不服从他，他就责你"不讲理"！

戴震最痛恨这种思想，他说这种态度的结果必至于"以理杀人"。他说：

> 六经孔孟之言，以及传记群籍，"理"字不多见。今虽至愚之人，悖戾恣睢，其处断一事，责诘一人，莫不辄曰"理"者，自宋以来始相习成俗，则以"理"为如有物焉，得于天而具于心，因以心之意见当之也。于是负其气，挟其势位，加以口给者，理伸；力弱气慑，口不能道辞者，理屈。呜呼！其孰谓以此制事，以此制人之非理哉？……
>
> 昔人知在己之意见不可以"理"名，而今人轻言之。夫以理为如有物焉，得于天而具于心，未有不以意见当之者也。（五）

以意见为"理"，必至于"以理杀人"。

> 呜呼！今之人其亦弗思矣！圣人之道使天下无不达之情，求遂其欲，而天下治。后儒不知情之至于纤微无憾是谓"理"；而其所谓"理"者，同于酷吏之所谓"法"。酷吏以法杀人，后儒以理杀人，浸浸乎舍法而论理。死矣！更无可救矣！（《文集·与某书》）

怎么叫做"以理杀人"呢？例如程子说：

> 饿死事极小，失节事极大。

这分明是一个人的偏见，然而八百年来竟成为"天理"，竟害死了无数无数的妇人女子！又如宋儒罗仲素说：

> 天下无不是的父母。

这也明明是一个人的私见，然而八百年来竟成为"天理"，遂使无数无数做儿子的，做媳妇的，负屈含冤，无处伸诉！所以说"以理杀人"酷于"以法杀人"。

戴震因此提出他的"理"说。理即是事物的条理、分理。

> 理者，察之而几微必区以别之名也。是故谓之"分理"。在物之质曰肌理，曰腠理，曰文理。得其分，则有条而不紊，谓之条理。（一）
>
> 就事物言，非事物之外别有理义也。有物必则，以其则正其物，如是而已矣。（八）（"以秉持为经常曰则。"——三）
>
> 不谬之谓得理。……疑谬之谓失理。（六）

在人事的方面，理即在情之中。

> 理者，情之不爽失者也。未有情不得而理得者也。（二）
>
> 无过情，无不及情，之谓理。（三）
>
> 人伦日用……通天下之情，遂天下之欲，权之而分理不爽，是谓理。（四〇）

他所谓"理"，总括起来，是：

> 事物之理，必就事物剖析至微，而后理得。（四一）
>
> 心之明之所止，于事情区以别焉，无几微爽失，则理义以明。（《原善》中，四）
>
> 古人曰理解者，即寻其腠理而析分之也。（《与段玉裁书》，《年谱》页三四）

依他的说法，理即是事物的条理，在事情之中，而不在人心之内。人心只有血气心知，心知只是可以求理的官能；用心知去寻求事情的条理，剖析区分，至于无差失，那就是理。科学家求真理，是如此的。法官判断诉讼也是如此的。人生日用上的待人接物，谋合理的生活，也是如此的。

理学最不近人情之处在于因袭中古宗教排斥情欲的态度。戴学的大贡献正在于充分指出这一个紧要关键。

周子《通书》曰，

> 圣可学乎？曰，可。
>
> 有要乎？曰，有。
>
> 请问焉。曰，一为要。一者，无欲也。无欲则静虚动直。静虚则明，明则通。动直则公，公则溥。明，通，公，溥，庶矣哉！

戴氏引此段，加上评论道：

> 此即老、庄、释氏之说（他说老庄、释氏，即是泛指"中古宗教"，全书一致如此）。朱子亦屡言"人欲所蔽"，皆以为无欲则无蔽。……有生而愚者，虽无欲，亦愚也。凡出于欲，无非以生以养之事。欲之失为私不为蔽。自以为得理，而所执之（疑当作者）实谬，乃蔽而不明。
>
> 天下古今之人，其大患，私与蔽二端而已。私生于欲之失，蔽生于知之失。欲生于血气，知生于心。因私而咎欲，因欲而咎血

气。因蔽而咎知，因知而咎心。

　　老氏所以言常使民无知无欲，彼自外其形骸，贵其真宰。后之释氏，其论说似异而实同。宋儒出入于老释，故杂乎老释之言以为言。（程明道"出入于老释者几十年"。张横渠"访诸老释之书累年，尽究其说"。朱子学禅最早，见李延平后，复回到释氏，至四十岁左右，尚说"为他佛说得相似"。）

　　《诗》曰，"民之质矣，日用饮食"。《记》曰，"饮食男女，人之大欲存焉"。圣人治天下，体民之情，遂民之欲，而王道备。人知老、庄、释氏异于圣人，闻其无欲之说，犹未之信也。于宋儒则信以为同于圣人；理欲之分，人人能言之。故今之治人者视古贤圣体民之情，遂民之欲，多出于鄙细隐曲，不措诸意——不足为怪。而及其责以理也，不难举旷世之高节，著于义而罪之……（《疏证》十）

这里的历史见解是很正确的。宋儒以来的理学挂着孔教的招牌，其实因袭了中古宗教的种种不近人情的教条。中古宗教的要点在于不要做人而想做菩萨神仙。这固是很坏，然而大多数的人究竟还想做人，而不想做神仙菩萨。故中古宗教的势力究竟还有个限度。到了理学家出来，他们把中古宗教做菩萨神仙之道搬运过来，认为做人之道，这就更坏了。主静去欲，本是出世之法，今被误认作入世之法，又傅会《伪尚书》"人心惟危，道心惟微"的话，于是一班士大夫便不知不觉地走上了顾炎武所谓"置四海困穷不言，而讲危微精一"。戴震也说宋以来的理学家对于

　　举凡饥寒愁怨，饮食男女，常情隐曲之感，则名之曰"人欲"；故终其身见欲之难制。其所谓存理，空有理之名，究不过绝情欲之感耳。（《疏证》四三）

这都是中古不近人情的宗教的变相。人人乱谈"存天理，去人欲"，人人瞎说"得乎天理之极而无一毫人欲之私"，于是中国的社会遂变成更不近人情的社会了。

　　戴学的重要正在于明白攻击这种不近人情的中古宗教遗风。例如朱子曾说，

　　人欲云者，正天理之反耳。

这种人生观把一切人欲都看作反乎天理，故主张去欲，无欲，不顾人的痛苦，做出种种违反人情的行为。这正是认一种偏见为天理了。戴氏以为这样把"理"、"欲"看作相反的，有三种大害处：

（1）专苛责贤者，使天下无好人，君子无完行。——俗话说的："又要马儿好，又要马儿不吃草。"

（2）养成刚愎自用，残忍惨酷的风气。——即是上文说的"以理杀人"。人人认意见为理，故挂了"理"的招牌，做许多残忍惨酷之事。

（3）鼓励人做诈伪的行为。——伪君子便是一种结果。虚荣心的引诱，使人做出不近人情的行为，以博虚名或私利。

所以他大胆地说：

> 理者，存乎欲者也。（十）
> 理者，情之不爽失者也。
> 情之至于纤微无憾是谓理。

所以他的人生哲学是：

> 老、庄、释氏主于无欲无为，故不言理。圣人务在有欲有为之咸得理。是故君子亦无私而已矣，不贵无欲。（四三）

而他的政治哲学也只是：

> 体民之情，遂民之欲，而王道备。（十）

这个时代是一个考证学昌明的时代，是一个科学的时代。戴氏是一个科学家，他长于算学，精于考据，他的治学方法最精密，故能用这个时代的科学精神到哲学上去，教人处处用心知之明去剖析事物，寻求事情的分理条则。他的哲学是科学精神的哲学：

> 闻见不可不广，务在能明于心。一事豁然使无余蕴，更一事而亦如是。久之，心知之明进于圣智，虽未学之事，岂足以穷其智哉？（四一）

这才是宋儒"今日格一物，明日又格一物"的真意义。宋儒的毛病在于妄想那"一旦豁然贯通焉"的最高境界。戴氏却只要人从一事一物里训练那心知之明，使他渐渐进于圣智。

> 致其心之明，自然权度事情，无几微差失。又焉用知"一"求"一"哉？（四一）

五　吴敬恒（稚晖）

吴先生是常州人，今年六十三岁了，但在思想界里他仍是一个打先锋的少年。近年国内的人大都知道他的为人，所以我不叙述他的历史了。

前几年他五十九岁时，有一天他对我说，他第一天进江阴的南菁书院，去见山长黄以周先生，见他座上写着"实事求是，莫作调人"八个大字。他说这八个字在他一生留下很深的印象。"实事求是，莫作调人"是一种彻底的精神，只认得真理的是非，而不肯随顺调和。近几十年来，国内学者大都是受生计的压迫，或政治的影响，都不能有彻底思想的机会。吴稚晖先生自己能过很刻苦的生活，酬应绝少，故能把一些大问题细细想过，寻出一些比较有系统的答案。在近年的中国思想家之中，以我个人所知而论，他要算是很能彻底的了。

他的著作很多，最重要的是他前几年发表的长篇《一个新信仰的宇宙观及人生观》。我今天说他的思想便用此文作根据，有时候参考别种著作。

※　　　　　※　　　　　※　　　　　※

中国近世思想的趋势在于逐渐脱离中古的宗教，而走上格物致知的大路。但中古宗教的势力依然存在；"居敬"，"主静"，"无欲"，都是中古宗教的变相。致知是纯粹理智的路，主敬是宗教的路。向来理学家说这两条路"如车之两轮，鸟之双翼"，其实这两条路"分之则两全，合之则俱伤"。五百年的理学所以终于失败，正因为认路不清，名为脱离中古宗教，其实终不会跳出宗教的圈子。

这三百年学术界的趋势只是决心单走那格物致知的路，不管那半宗教半玄学的理学。顾炎武以后，有了做学问的方法，故第一二流的人才自然走到学问的路上去。但程朱的威权始终存在，如汉学家惠定宇的楹帖：

> 六经尊服郑（服虔，郑玄），
> 百行法程朱。

可见当时一种调和派的心理，很像西洋近世初期的科学家说"宗教治心，科学治物"，只要你们不干涉我们的治学，我们也不排斥你们的讲道。这种态度的缺点是缺乏一种自觉性，不能了解"朴学"运动自身带有反理学的使命。那些明目张胆反抗理学的人，如北方之颜李，又轻视学问，故末流终带点陋气，不能受南方学术界的信仰。"朴学"的大师能同时明白反抗理学的，止有戴震一派。戴学后来虽然声势浩大，但真正的传人其实很少：传得考订训诂之学的最多，传得戴震大胆破坏的精神的已不多了，传得他的建设的思想的竟没有一个人。（参看胡适《戴东原的哲学》，页八十至一九七）戴震死于一七七七年，这一百五十年中（1777—1927），正统的理学虽然因为"朴学"的风尚，减了不少的气焰，然而终因为缺乏明白自觉的批评与攻击，理学的潜势力依然存在，理学造成的种种不近人情的社会礼俗也依然存在。到了最近一二十年中，中国的学者学得西洋正统哲学（也是富有中古宗教的遗毒的）的皮毛，回转头来做点杂糅傅合的工夫，于是正统的理学居然又成为国粹的上上品；捧场鼓吹的人又不少了。

民国十二年（1923），中国的思想界里忽然起了一场很激烈的笔战，当时叫做"科学与玄学的论战"（参看《科学与人生观》，亚东图书馆出版）。国内许多学者都加入这个笔战，大家笔端都不免带点情感，一时笔飞墨舞，题外出题，节外生枝，打到后来，大家都有点莫名其妙了。现在事过境迁，我们回来凭吊古战场，徘徊反省，用历史的眼光来观察这场战事，方才明白原来这场争论还只是拥护理学与排斥理学的历史的一小段。

引起争端的导火线是张君劢先生的一篇《人生观》；在此文里，张先生很明白地说：

> 自孔孟以至宋元明之理学家，侧重内心生活之修养，其结果为精神文明。三百年来之欧洲，侧重以人力支配自然界，故其结果为物质文明。

第一个出来攻打张君劢先生的便是丁文江先生；他认清了论争之点，故他的题目便是《玄学与科学》。丁先生一方面极力拥护科学：

> 科学不但无所谓向外，而且是教育同修养最好的工具，因为天天求真理，时时想破除成见，不但使学科学的人有求真理的能力，而且有爱真理的诚心……拿论理来训练他的意想，而意想力愈增；用经验来指示他的直觉，而直觉力愈活；了然于宇宙生物心理种种的关系，才能够真知道生活的乐趣。这种"活泼泼地"心境，只有拿望远镜仰察过天空的虚漠，用显微镜俯视过生物的幽微的人，方能参领得透彻。——又岂是枯坐谈禅，妄言玄理的人所能梦见？

他一方面又很明白地排斥理学：

> 明末陆、王学派风行天下。……士大夫不知古又不知今……有起事来，如痴子一般，毫无办法。陕西的两个流贼，居然做了满洲人的前驱。单是张献忠在四川杀死的人，比这一次欧战死的人已经多了一倍以上。……这种精神文明有什么价值？配不配拿来做招牌

攻击科学？

这些议论都可见当日所谓"科学与玄学"的争论其实只是理学与反理学的争论的再起。丁先生是科学家，走的是那条纯理智的格物致知的路。张先生推崇"内心生活"，走的仍是那半宗教半玄学的理学的路。

张君劢先生的《再论人生观与科学，并答丁在君》，洋洋几万字，然其结论（下篇，第二三节，页七七至九五）仍然是明白地指斥物质文明与主张"新宋学"的复活。在这里我们更可以明了这一次论战的历史的意义了。

当时参加这次笔战的人都不曾见到这一点历史的意义——我在那年十一月底做《科学与人生观》论集的序时，也不曾明了这一点。当时只有吴稚晖先生看得最清楚。他那年在北京《晨报副刊》上发表了一篇《箴洋八股化之理学》，他标出的题目便是一针见血，叫人猛省。他在那篇文里说：

> 最近张、丁科学之争，虽大家引出了许多学理，沾溉我们浅学不少，然主旨所在，大家抛却，惟斗些学问的法宝，纵然工力悉敌，不免混闹一阵。实在的主旨，张先生是说科学是成就了物质文明，物质文明是促起了空前大战，是祸世殃民的东西。他的人生观是用不着物质文明的。就是免不了，也大家住着高粱秆子的土房，拉拉洋车，让多数青年懂些宋明理学，也就够了。于是丁先生发了气，要矫正他这种人生观，却气极了谩骂了玄学鬼一场，官司就打到别处去了。后来他终究对着林宰平先生把他的初意简单说了出来，他说："林先生若承认欧战不一定是科学促成，我的目的达了。"（大意如此）

吴先生曾从中国旧思想里打过滚出来，经过了多少次的思想变迁与多年的亲身阅历，他深切感觉中国思想有彻底改造的必要。他又深切感觉中国思想的根本改造决不是洋八股式的理学所能收效的，也不是所谓"整理国故"的工作所能收效的。宋明的理学固然应该反对，清朝的汉学、朴学也济得甚事？吴先生在二十年前便同陈颂平先生相约不看中国书。他现在索性对我们说：

> 这"国故"的臭东西……非再把他丢在毛厕里三十年（不可）。现今鼓吹成一个干燥无味的物质文明，人家用机关枪打来，我也用机关枪对打，把中国站住了，再整理什么国故，毫不嫌迟！

这些话自然叫我们大家听了摇头皱眉，但这种地方正是吴先生过人之处。他只是"实事求是，莫作调人"。我们若肯平心细想，定可以承认他这个主张是思想改造的彻底方法，唯一方法。用程朱来打陆王，用许慎、郑玄来打程朱，甚至于用颜元、戴震来打程、朱、陆、王，结果终不免拖泥带水，做个"调人"。所以吴先生只要我们下决心鼓吹一个干燥无味的物质文明，止有这条路子可以引我们到思想彻底改造的地位。

※   ※   ※   ※

粗看吴先生的文章，我们定要嫌他太缺乏历史的观念，故说出那种极端的主张来。其实吴先生是个最有历史眼光的思想家，他对于中国文化演变的历史最有精明的研究，最有独到的见解。他那很像过激的主张，其实都是根据于他的历史见解的。他见得透辟，故说得恳切；他深明历史的背景，故不肯作拖泥带水的调和论。

在他的《一个新信仰的宇宙观及人生观》里，他有这样一段的文化比较史论：

> 自春秋战国以来，有文化者四族。一，白种亚利安族，即所谓希腊、罗马，至于英、美、德、法，西洋化之民族也。二，白种闪弥与罕弥两族，即春秋前之埃及、巴比伦，中古以来为希伯来，下至亚剌伯之民族也。三，黄白合种，印度民族。四，黄种，中国民族。

> 宗教皆创自亚剌伯民族，印度亦受其影响，故一为神秘，一为虚玄，简直是半人半鬼的民族。所以什么佛，什么祆神上帝，好像皆是《西游记》、《封神传》中人物。其实他的圣贤，皆懒惰躐蹋，专说玄妙空话。所以他的总和，道德最劣。最相宜的，请他讲人死观。凡懒惰躐蹋人接近之。我料三千年后，他们必定止剩少数，在山谷中苟延残喘（内惟犹太少数流徙者并入欧族）。

> 中国在古代，最特色处，实是一老实农民，没有多大空想，能建宗教；止祈祷疾病等，向最古传下来的木石蛇鼠献些虔诚，至今如此。即什么宗教侵入，皆以此等形式待遇。他是安分守己，茹苦耐劳。惟出了几个孔丘、孟轲等，始放大了胆，像要做都邑人，所以强成功一个邦国局面。若照他们多数大老官的意思，还是要剖斗折衡，相与目逆，把他们的多收十斛麦，含铺鼓腹，算为最好。于是孔二官人，也不敢蔑视父老昆季，也用乐天知命等委蛇。晋唐以前，乃是一个乡老（老、庄等）、局董（尧、舜、周、孔）配合成

功的社会。晋唐以来"唐僧"同"孙悟空"带来了红头阿三的空气，徽州朱朝奉就暗采他们的空话，改造了局董的规条（六朝人止去配合乡老的闲谈，所以止是柴积上日黄中的话头。到配了规条，便有了威权）。所以现在读起《十三经》来，虽孔圣人、孟贤人直接晤对，还是温温和和，教人自然。惟把朝奉先生等语录学案一看，便顿时入了黑洞洞的教堂大屋，毛骨竦然，左又不是，右又不是。尽管那种良知先生已是粗枝大叶，然还弄得小后生"看花是天理，折花是人欲"，板僵了半边。然而这种民族的真相还是止晓得擎了饭碗，歇工时讲讲闲话，完工后破被里一钻，一觉黄粱，揩揩眼眦再做工。怕做工的小半，便躲躲闲，去鸡偷狗窃。有福的跟着乡老，在柴积上日黄中讲讲玄学，赏玩赏玩清风明月。虽局董也有什么洒扫应对，礼乐射御，许多空章程贴着；他们止是着衣也不曾着好，吃饭也不像吃饭，走路也不像走路，鼻涕眼泪乱迸，指甲内泥污积叠。所以他们的总和道德叫做低浅。

只有他们客住一种矮人（指日本人），性情脾气虽也大略相同，惟勤快得多，清洁则居世界之上。所以拿他们的总和看起来，他家虽然有名的圣贤极少，却一班无名的局董倒是振作。……

现在要讲一个算账民族（指西洋民族），什么仁义道德，孝弟忠信，吃饭睡觉，无一不较上三族的人较有作法，较有热心……讲他的总和道德叫做高明……（一二九至一三二）

这几段议论，看上去像很平常，其实是很彻底的，很激烈的见解。第一，吴先生根本排斥宗教，他指出那些产生宗教的民族（亚刺伯、印度）都是懒惰蹦跚，道德最劣；他们不配讲人生观，只配讲人死观。这不过是据事直说，毫不足怪。但中国人向来认印度为"西天乐国"，如梁漱溟先生悬想印度文化将来可成为世界文化，如梁启超先生也曾说那产生大乘佛教的印度文化是世界最高的文化。在这种传统的眼光里，吴先生的一笔抹杀印度文化，自然是很惊人的议论了。

第二，吴先生很老实地指出中国人的总和是道德低浅，而西洋民族"什么仁义道德，孝弟忠信，吃饭睡觉，无一不较上三族的人较有作法，较有热心。……讲他们的总和，道德叫做高明"。这样不客气地"内夷狄而外诸夏"，是最不合时宜的。近年国内的论调又渐渐回到三四十年前的妄自尊大的神气；有先知先觉的使命的人如孙中山先生，有时也不免要敷衍一般夸大狂的中国人，说"中国从前的忠、孝、仁、爱、信、义种种的旧道德"都是"驾乎外国人"。所以吴先生说的老实话是很不中听的。然而这种地方正可以表示吴先生的伟大,他说的话只是"实事求是,不作调人"。

第三,吴先生对于中国文化史有很透辟的见解,当代的一般学者都见不到,说不出。我现在把他这个见解的大意,略加说明如下:

(1)中国古代民族的最大特色是朴实勤苦,没有多大空想,不能建立宗教。他们也有不少的迷忌,却没有宗教。

(2)到了中国文化成熟的时期,一面有老庄一派的乡老思想,自己则乐天安命,逍遥自得,对政治则希望不干涉,无为而治;一面又出了孔孟一派的局董思想,爱谈谈什么治国平天下之道,逐渐成个国家的局面。晋唐以前,便是一个乡老(老、庄)、局董(周公、孔子)配合成功的社会。

(3)但印度的宗教势力侵入之后,中国文化便起了绝大的变化。中国从此有宗教了;本来不知道天堂的,忽然有三十三层天了;本来没有地狱的,忽然有十八层地狱了;本来安分做人的,忽然妄想成佛成菩萨或往生净土了。

(4)宋明的理学只是晋唐以来的印度宗教被中国讲学家暗采过来,杂糅傅合成功的东西。在这一点上,吴先生见的最明白清楚。他说:

> 佛者,教人出世之道。徽州朱朝奉等倒暗把他来装点入世之道,弄得局董的规条上生出战栗的威权,真弄了一出悲剧。你看南宋以后社会多少干枯!(一四二)

他又说:

> 六朝人止(把红头阿三的宗教)去配合乡老的闲谈。所以止是柴积上日黄中的话头。到配了(局董的)规条,便有了威权。

这两句话真是吴先生独到的历史眼光。他的意思是说,六朝人止用老庄(乡老)的思想来傅会佛教思想,不过是一种新式的清谈而已。到了宋儒用佛教思想来解释儒家(局董)的思想,用出世之道来做修己治人的规条,便有了威权了。所以吴先生说:

> 现在读起《十三经》来,虽孔圣人、孟贤人直接晤对,还是温温和和,教人自然。惟把朝奉先生等语录学案一看,便顿时入了黑洞洞的教堂大屋,毛骨辣然,左又不是,右又不是。

这种见解，从历史上看来，同戴震等人的反理学的主张完全相同。但戴震等人想推翻理学而回到"六经"，那便是不懂历史趋势的论调。吴先生看清了历史，所以他的反理学的结论要我们向前走，走上科学的路，创造物质文明。

吴先生承认这三百年的中国学术史是一个"文艺复兴时期"。他说：

> 南宋以后，社会多少干枯！经老鞑子（元）小和尚（明太祖）同他们缠夹二先生了一阵，空气里稍有一点生趣。不料他又要嘘冷气；幸亏所谓王阳明、顾宪成之类，也是粗粗粗；就被顾炎武等跑到前面去了。所以新鞑子的世界便五光十色，大放光明。我们的经院黑暗时代，最冷酷的是南宋；文艺复兴是清朝。……今日社会尚有一种怪声，群谓我们还要从文艺复兴入手，又是骑马寻马，倒开火车的大谬误。我们今日文学、美术自然也当整理改造，正是接连了令他光大的时代；与欧洲今日去整理改造那三百年前复兴之草创物，其事正同。今之所谓国学，在顾、黄辈远接汉唐，推倒宋元之空疏黑暗，乃为复兴。于是戴、钱接顾、黄，段、阮接戴、钱，经洪、杨小顿挫，俞樾、张之洞、黄元同、王先谦等又接段、阮；接俞、张等者，如刘师培、章炳麟等，竟跑进民国，或尚生存。何时黑暗，而当复兴？即文学、美术，但就中国言，清朝至今，亦复兴了汉、唐之盛，远过南宋、元、明。何时黑暗，而当复兴？难道把戊戌以后十余年之一短时，给梁启超的《西学书目表》打倒了张之洞的《书目答问》，又经陈颂平与吴稚晖私把线装书投入毛厕，便算黑暗么？然而其时恰又制造了中国裴根、狄卡儿、斯密亚丹等，如丁文江、张嘉森、章士钊等一群怪物出来。乃是文艺复兴后的新气象，何能算黑暗？文艺不曾黑暗，复兴二字，真算无的放矢之谈。（一四二至一四三）

"文艺何时黑暗，而当复兴？"这也是吴先生独到的历史见解。欧洲的"文艺复兴"时期，在历史上固然重要，然而西洋文化之有今日，却并不靠这个时期的成绩。希腊、罗马的文艺之提倡，宗教的改革，也不过如清代汉学时期脱离中古宗教稍远，使社会稍有生趣而已。欧洲从文艺复兴与宗教改革，再进一步，做到工业革命，造成科学世界的物质文明，方才有今日的世界。吴先生也只是要我们再进一步，抛开宋学、汉学之争，抛开洋八股，努力造成一个干燥无味的物质文明，然后这三百年的文化趋势才可算有了个交代也。

丁文江先生骂张君劢先生被"玄学鬼附在身上"，张先生也就居之不疑，极力代玄学辩护。吴老先生在旁边看的分明，忍不住大笑道：

> 张先生并不是撞见了玄学鬼，他乃不曾请教玄学鬼。他的人生观是误在他的宇宙观。（《箴洋八股》，页三）

这不是说笑话。吴先生的意思是说，现在我们若要讨论人生观的问题，不可不建立一种新的玄学。当日替科学作战的丁文江先生，也只到了英国式的"存疑主义"便停住了，不肯再向前进。只有吴老先生奋勇冲向前去，大胆地建立他的新玄学。当时我曾代他说明道：

> 我们在这个时候，既不能相信那没有充分证据的有神论，心灵不灭论，天人感应论……又不肯积极地主张那自然主义的宇宙观，唯物的人生观……怪不得独秀要说"科学家站开！且让玄学家来解疑"了。吴稚晖先生便不然。他老先生宁可冒"玄学鬼"的恶名，偏要冲到那"不可知的区域"里去打一阵。他希望"那不可知区域里的假设，责成玄学鬼。也带着论理色彩去假设着"（《宇宙观及人生观》，页九）。这个态度是对的。我们信仰科学的人，正不妨也做一番大规模的假设。只要我们的假设处处建筑在已知的事实之上，只要我们认我们的建筑不过是一种最满意的假设，可以跟着新证据修正的——我们带着这种科学的态度，不妨冲进那不可知的区域里，正如姜子牙展开了杏黄旗，也不妨冲进十绝阵里去试试。

吴先生自己也说：

> 我敢说，附在我身上的玄学鬼，他是受过科学神的洗礼的。这种玄学鬼一定到世界末日可以存在，不受孔德排斥的。

新玄学要建筑在科学的基础之上，在现在看来，并不算很困难的事，因为

> 有的东西，在从前圣人也糊涂的，到如今柴积上日黄中的老头儿也知觉了。

吴先生的新宇宙观与人生观就建筑在那向来圣人不懂得而现在乡下老儿都可以懂得的科学常识之上。

先说他的新宇宙观。

他假定一个"一个"，做个起点。这"一个"是有质，有力，有感觉的活东西。他不耐烦同我们辩论，他只"劈头的假设着"：

> 万"有"皆活，有质，有力，并"无"亦活，有质，有力。

从这"一个"，生出宇宙：

> 在无始之始，有一个混沌得着实可笑，不能拿言语来形容的怪物，住在无何有之乡，自己对自己说道，"闷死我也！"……说时迟，那时快，自己不知不觉便破裂了。……顷刻变起了大千宇宙，换言之，便是说兆兆兆兆的"我"。他那变的方法也很简单。无非是具质力的"不思议"量，合成某某子；合若干某某子，成为电子；合若干电子，成为原子；合若干原子，成为星辰日月，山川草木，鸟兽昆虫鱼鳖。……终之他至今没有变好；并且似乎还没有一样东西值得他满意，留了永久不变——这是我的宇宙观。（三五）

在这个自然的变化里，用不着什么上帝，也用不着什么灵魂，或"精神元素"等等。他曾借用柏格森（Bergson）同尼采（Nietzsche）的话头，作这样的假设：

> 宇宙是一个大生命，他的质同时含有力。在适用别的名词时，亦可称其力曰权力。由于权力，乃生意志。其意是欲"永远的流动"；及至流动而为人，分得机械式之生命（质与力），本乎生命之权力，首造意志。从而接触外物，则造感觉。迎拒感觉，则造情感。恐怕情感有误，乃造思想而为理智。经理智再三审查，使特种情感恰像自然的常如适当，或更反纠理智之蔽，是造直觉。有些因为其适于心体，而且无需审检，故留遗而为本能。于是每一作用，皆于神经系增造机械，遂造成三斤二两的脑髓，又接上五千零四十八根脑筋。（常州俗语"头大九斤半"，三分之一是"三斤二两"，又常州俗话说极多为"五千零四十八"，故吴先生戏用这两个数目字。）（三十）

他这样嘻嘻哈哈的胡诌，便轻轻的"开除了上帝的名额，放逐了精神元素的灵魂"，只剩一个纯粹自然的演变。他嫌西洋哲学家都不免带着"绅士气"，不能不应酬上帝，故终不敢排斥灵魂。我们东方人得罪上帝不算什么大罪过，正不妨老实承认干脆的自然主义，大不必向上帝灵魂献假殷勤也。

　　　　※　　　　　　※　　　　　　※　　　　　　※

从这新宇宙观上生出他的新人生观。

什么叫做"人"？

人便是外面止剩两只脚，却得到了两只手，内面有三斤二两脑髓，五千零四十八根脑筋，比较占有多额神经系质的动物。（三九）

什么叫做"生"？生就是那两手两脚，戴着大脑的动物在宇宙的舞台上演他的戏。

生者，演之谓也，如是云尔。生的时节就是锣鼓登场，清歌妙舞，使枪弄棒的时节。未出娘胎，是在后台。已进棺木，是回老家。（四十）

这出戏不是儿戏，该当唱得认真。吴先生虽像是说戏话，却是很严肃的演说他的人生观：

所谓人生，便是用手用脑的一种动物，轮到"宇宙大戏场"的亿垓八京六兆五万七千幕，正在那里出台演唱。请作如是观，便叫做人生观。

这个大剧场是我们自己建筑的。这一出两手动物的"文明新戏"是我们自己编演的；并不是敷衍什么后台老板，贪图趁几个工钱，乃是替自己尽着义务。倘若不卖力，不叫人"叫好"，反叫人"叫倒好"，也不过反对了自己的初愿。因为照这么随随便便的敷衍，或者简直跟跟跄跄的闹笑话，不如早还守着漆黑的一团。何必轻易的变动，无聊的绵延，担任那兆兆兆兆幕，更提出新花样，编这一幕的两手动物呢？

并且看客也就是自己的众兄弟们，他们也正自粉墨了登场。演得好不好，都没有什么外行可欺。用得着自己骗自己吗？

并且，卖钱的戏只要几个"台柱子"，便敷衍过去。其余"跑龙套"的也便点缀点缀，止算做没有罢了。这唱的是义务戏，自己要好看才唱的；谁便无端的自己扮做跑龙套的，辛苦的出台，止算做没有呢？

并且，真的戏，唱不来，下场了不再上场，就完了。这是叫做物质不灭，连带着变动，连带着绵延，永远下了场马上又要登台的呀！尽管轮到你唱，止是随随便便的敷衍，跟跟跄跄的闹笑话，叫人搜你的根脚，说道，"这到底是漆黑一团的子孙，终是那漆黑一团的性气！"不丢人吗？（四七至四八）

这是吴先生的人生观。他盼望"既有了人生，便要……把演唱的脚本做得好好的，然后不枉一登场"。（九二）

　　　　　　　※　　　　　　※　　　　　　※　　　　　　※

　　怎么样方才能把这出义务戏唱得好好的呢？吴先生说：用你的两只手去做工，用你的脑力去帮助两只手制造器械，发明科学，制作文明，增进道德。

　　人是制器的动物。器械愈备，文明愈高。科学愈进步，道德越进步。

　　　　人之所以尤进于禽兽者，何在乎？即以其前之两足，发展为两手。所作之工愈备，其生事愈备，凡可以善生类之群，补自然之缺者，愈周也。（《勤工俭学传》书后）

　　这个思想常在他的口中。

　　　　人者，能以人工补天行，使精神上一切理想的道德无不可由之而达到又达到者也。（《杭育》十）

　　说得详细点，便成了他的"品物进步论"。

　　　　总括言之，世界的进步只随品物而进步，科学便是备物最有力的新法。

　　　　什么叫做世界的进步止随品物而进步呢？……人类或云已有三兆年，或云有了一兆年。姑取后说，认为只有一兆年，于是分：

　　　　七十四万年为原人时代，品物一无所有。

　　　　一十五万年为老石器时代，器物止有不多几种的坚石卵，名曰石斧。

　　　　十万年为新石器时代，器物始有石斧、石箭、骨针、角锤种种——甚而至于有青铜器。

　　　　一万年至今为书契代了结绳，文明肇开时代。自琴瑟、耒耜、杵臼，至今轮船、火车、飞机、潜艇，无非极言其品物之多而已。

　　即论这书契以后的一万年：

　　　　五千年草昧初开时代……那时的茹毛饮血，衣不蔽体的状态，东西不能讳。

　　　　三千五百年为专制时代。……

　　　　三百年为宪政时代——西方歌白尼（Copernicus）一声大喊，太阳居中而不动，金牛宪章成立。

　　　　一百五十年为共和时代，则华特（Watt）的汽机出世之

故。……（《杭育》十一）

吴先生对于物质文明的信仰是很可以叫我们这些信仰薄弱的后生小子奋发鼓舞的。他曾自己宣布他的几个信条：

（一）我是坚信精神离不了物质。（《宇宙观及人生观》，页一一二至一一三）

（二）我是坚信宇宙都是暂局，然兆兆兆兆境没有一境不该随境努力；兆兆兆兆时没有一时不该随时改进。（页一一三至一一四）

（三）也许有少数古人胜过今人，但从大部分着想，可坚决的断定古人不及今人，今人又不及后人。

（四）善也古人不及今人，今人不及后人；恶也古人不及今人，今人不及后人。知识之能力可使善亦进，恶亦进。人每忽于此理，所以生出许多厌倦，弄成许多倒走。

（五）我信物质文明愈进步，品物愈备，人类的合一愈有倾向，复杂的疑难亦愈易解决。（一一四至一二八）

最后这一项便是他的"品物进步论"。他说：

我们再讲物质文明帮助人类在地球上大同之进行。前年美总统有选举之说，无线德律风预备临时添置二百万具。那就人民普遍监察，运用愈周，共和可以愈真。如德国之工业教育，虽全厂工程师战死，工头能代行职务！工头又死，工人亦能勉强开工。于是劳工大学等之设备成为理论。工人智识愈高，合作工厂将代用资本工厂，业组之社会主义可不烦流血而成。铁柱日铸万枝，水泥日出万桶，试验仪器充积厂屋，精铁油木之桌椅满贮仓库；三十里而峨焕完备之大学已在面前，二十里而崇闳富丽之书库博览室又堪驻足；一动车而千亩云堆，一开机而万卷雪叠，人皆为适量之节育，亦各操两小时之工：如此而共产，庶几名实两符。你想，倘要如此"睡昏"的做梦，缚了理智之脚，要想请直觉先生去苦滴滴的进行，他高兴么？回头过去，向后要求，走最高等之一路，是其结果矣。

　　　　※　　　　　　　※　　　　　　　※　　　　　　　※

吴先生"开除了上帝的名额，放逐了精神元素的灵魂"，但是旧玄学鬼还有几件法宝可以拿出骗人，如"直觉"、"良知"、"良心"、"非量"等等。吴先生把这些有麻醉性的名词也都一笔勾销了；他很坚决地说：

直觉罢，良知罢，非量罢，良心罢，都明明是理智支配的东西；并不是什么灵机活动，麻醉得了不得的神物。（页一〇〇）

他本来说过（引见上文），

……人……接触外物，则造感觉；迎拒感觉，则造情感；恐怕情感有误，乃造思想而为理智；经理智再三审查，使特种情感恰像自然的常如适当，或更反纠理智之蔽，是造直觉；有些因其适于心体，而且无需审检，故留遗而为本能。如是每一作用，皆于神经系增造机械，遂成三斤二两脑髓，又接上五千零四十八根脑筋。（页三〇，又一〇一）

这里关于直觉与本能的起原，最不满一班旧玄学者之意。吴先生自己另有详细说明（页一〇一至一〇三），大意是说，

本能便是情感要登台，经理智习练成的动作，作为不能候登台后再整备的应用品。直觉便是情感要盲进，经理智在恒河沙数时代，及恒河沙数环境，细细审查过，遗传了，经验了，留为情感一发不及思索时的救急扶持品。

他指出

因为直觉（其中含有旧理智）并能纠新理智之失，故古来把直觉算灵机的玄学鬼就误把直觉放到理智之上（那里知道他不过是理智精神的产物），以为理智是不能批评直觉。岂知直觉固然一定是一种救急宝药，却并非万应灵丹。他也要靠着情感理智更迭作用，做一个恒河沙数不断的演进。没有理智常川的助他演进，那直觉就可以显出无办法，无意味，闹起直觉的破产，那就"良心靠不住"，"良知包办不来"的怪声反聒耳的来了。（页一〇三）

旧玄学者最爱引用孟子说的"四端"来证明直觉出于先天。吴先生也就用"四端"来证明直觉不出于先天。四端之中，辞让之心与是非之心，"自己的面孔便不像天生，可以省却纠缠"，故吴先生止讨论恻隐与羞恶两端。他在讨论恻隐之心的一段（页一〇四至一一一）里，举了两件北京实事作例。一位中国陆军次长的汽车撞伤了两个学生，竟自开车走了，不顾那受伤流血的学生。一位瑞典使馆秘书的汽车撞伤了一个煤车夫，也流血了；那位瑞典秘书立即停车，叫人把受伤的人扛上自己的汽车，送入医院，留下自己的住址，方才回去。吴

先生说：

> 这就是，瑞典秘书的祖宗已算了几十代账；陆军次长的祖宗止把恻隐之心（此四字原文作"孺子入井"，今以意改）算做灵机活动，没有算账到少爷翻车上去，所以直觉便有程度差等的分别。

关于羞恶的直觉，他说：

> 激起羞恶，虽较锐利，然而要想解决他，却靠了理智更多，理智要替他用算账工夫筹备得更劳。

他试举男女的关系作例，举出了三件实事：

> （1）后汉名士荀爽（八龙中的无双）之女荀采，嫁给阴氏，生一女而夫死。荀爽把她别许郭氏，他自己诈称病笃，把女儿骗回家，强载她送到郭家。她到郭家，自缢而死。《后汉书》记此事，但表荀采之节，而完全不责荀爽之迫女再嫁。

> （2）一千七百年后，松江周女士在某校教书，因与校长互相惬意，就正式结了婚。她的父亲周举人以为他的女儿做出"不端"之事，把女儿骗回家，同船到中途，推她坠水而死。

> （3）又过了十五年，日本文学家有岛武郎是个有妻之夫，同一位有夫的波多野夫人发生了极热烈的恋爱，遂相约自杀了。中国有位理学少年谢先生对于此事却居然大加赞叹，称他们俩有杀身成仁的直觉。

依这三件事看来，究竟谁的羞恶之心可算是先天的直觉呢？吴先生说：

> 所以理智审查了情感，预贮些直觉在脑子里，做个应急时的宝丹，是我们人动物（或不止人动物）的一种能耐。然而环境的变动，静稳舒缓，一代一代止把老方子使用，好像只是一个上帝钦定的御方……也就说得去。若环境变动剧烈，止十五年，便药不对症；一定发见或是前的直觉（周举人的），或是后的直觉（谢世兄的），终有一个假冒仙传。

> 若要说彼此被环境改动，那就要问谁是改方先生呢。方才晓得那改方先生姓理名智。于是理智先生在剧烈变动的环境中，便门诊出诊，应酬一个不了。（页一五一至一五五）

在这一方面，吴先生最接近戴震。戴震要人知道"理"只是事物的条理，并没有什么"得于天而具于心"的理。人心止有心知，可以扩充训练到圣智的地步；训练的法子止是"一事豁然使无余蕴，更一事而亦如是；久之心知之明进于圣智，虽未学之事，岂足以穷其智哉？"戴震要排斥那"得于天而具于心"的理，因为他深信"以理为如有物焉，得于天而具于心，未有不以意见当之者也"。

吴先生所以要排斥那些"把直觉算灵机活动的玄学鬼"，也止是因为认直觉为天理流行，或灵机活动，必至于把那些成见习俗"假冒仙传"的老方子认作良知直觉，其害正等于认理为得于天而具于心。戴震要人"致其心之明，权度事情无几微差失"，这种纯任理智的态度也和吴先生相同。吴先生并不完全否认直觉，他只要我们明白直觉到底"还是要经过理智不断的帮助，叫他进而愈进"。不受理智指导帮助的直觉，正和戴震所谓"意见"是同样的东西，同样的盲目，同样的武断专制。

戴震要人"致其心之明"，至于"无蔽"，方才可以得理。吴先生更要进一步，要人平日运用理智，养成为善的能力，造成为善的设备。单有无蔽的理智，或单有直觉的好心，若没有可以为善的能力与设备，还不是空口讲白话？例如孟子讲恻隐之心，只敢说"今人乍见孺子将入于井"，吴先生便要追问，假使把"将"字换了个"已"字，又怎么办？（页一○七至一一一）吴先生的人生观是把人看作两手一个大脑的动物在台上做义务戏。这出戏不是容易做的，须充分训练这两只手，充分运用这个大脑，增加能力，提高智慧，制造工具：品物越备，人的能力越大，然后"能以人工补天行，使精神上一切理想的道德无不可由之而达到又达到"。努力朝这路上走，"没有一境不该随境努力，没有一时不该随时改进"，这才算得"人生观"。

反乎此者，都只是"人死观"。"涅槃"，"寂灭"，"出世"，都是人死观，不用说了。就是那些什么"持中"，"调和"，"顺天理而待尽"，"物来而顺应"，也都只是懒惰人的半生半死观——人也够不上整个的人，生也够不上活泼泼的生，止是苟延残喘而已。世间一班昏人，偏要赞叹这种半生半死的生活，自命为"精神生活"！吴先生喝道：

> 玄学、美学先生，他的个体精神被自然物质屈服了，发起一种麻醉性的精神，被清风明月弄得穷愁潦倒，又把同类的臭皮囊害得风餐露宿，反自矜精神以外无长物，便叫做"精神生活"。
>
> 以被屈为和平，以被屠为牺牲；青山绿野，载寝载哦，似乎神仙境界，特不免于刀俎上之宛转呼号而终——这叫牛羊的精神生

活。(《杭育》五)

这便是吴先生说的"无端的……辛苦的出台，止算做没有"。

吴先生的人生观的结论是：

> 言生而至于有人，宇宙之戏幕自更精彩。至此而挟极度之创造冲动，及最高之克己义务，始可自责曰，人者庶几万物之灵！凡覆天载地之大责任，为宇宙间万有之朋友所不能招呼者，壹由吾人招呼之。如此，岂是"就生活而生活"，"顺天理而待尽"，可以胜彼艰巨？

> 是故人也者，吹个大法螺，即代表漆黑一团，而使处办宇宙，又以处办得极精彩的宇宙之一段双手交出，更以处办宇宙之责任付诸超人者也……

> 悠悠宇宙，将无穷极，
> 愿吾朋友勿草草人生！

一九二八，二，七，改定稿

（此文原载 1928 年 1 月 25 日至 2 月 15 日《贡献》旬刊第 6 至第 8 号，此为改定稿）

请大家来照照镜子
(1928 年 6 月 24 日)

美国使馆的商务参赞安诺德先生制成这三张图表：第一表是中国人口的分配表，表示中国的人口问题不在过多，而在于分配的太不均匀，在于边省的太不发达。第二表是中国和美国的经济状况，生产能力，工业状态的比较，处处叫我们照照镜子，照出我们自己的百不如人。第三表是美国在世界上占的地位，也是给我们做一面镜子用的，叫我们生一点羡慕，起一点惭愧。

去年他把这几张图表送给我看，我便力劝他在中国出版。他答应了之后，又预备了一篇长序，题目就叫做"中国问题里的几个根本问题"。他指出中国今日有三个大问题：

第一，怎样赶成全国铁路的干线，使全国的各部分有一个最经济的交通机关。

第二，怎样用教育及种种节省人力、帮助人力的机器，来增加个人生产的能力。

第三，怎样养成个人对于保管事业的责任心。

这是中国今日的三个根本问题。

安诺德先生的第二表里有这些事实：

	面积（方英里）	铁道线（英里）	摩托车
中国	4 278 000	7 000	22 000
美国	3 743 500	250 000	22 000 000

我们的面积比美国大，但铁道线只抵得人家三十六分之一，摩托车只抵得人家一千分之一，汽车路只抵得人家一百分之一。

我们试睁开眼睛看看中国的地图。长江以南，没有一条完成的铁路干线。京汉铁路以西，三分之二以上的疆域，没有一条铁路干线。这样的国家不成一个现代国家。

前年北京开全国商会联合会，一位甘肃代表来赴会，路上走了一百零四天才到北京。这样的国家不成一个国家。

云南人要领法国护照，经过安南，方才能到上海。云南汇一百元到北京，要三百元的汇水！这样的国家决不成一个国家。

去年胡若愚同龙云在云南打仗，打的个你死我活，南京的中央政府有什么法子？现在杨森同刘湘在四川又打的个你死我活，南京的中央政府又有什么法子？这样的国家能做到统一吗？

所以现在的第一件事是造铁路。完成粤汉铁路，完成陇海铁路，赶筑川汉、川滇、宁湘等等干路，拼命实现孙中山先生十万里铁路的梦想，然后可以有统一的可能，然后可以说我们是个国家。

所以第一个大问题是怎样赶成一副最经济的交通系统。

安诺德先生的第二表里又有这点事实：

> 美国人每人有二十五个机械奴隶。
>
> 中国人每人只有大半个机械奴隶。

去年三月份的《大西洋月报》里，有个美国工程专家说：

> 美国人每人有三十个机械奴隶。
>
> 中国人每人只有一个机械奴隶。

安诺德先生说：美国人有了这些有形与无形的机械奴隶，便可以增进个人的生产能力；故从实业及经济的观点上说，美国一百十兆的人民，便可以有二十五倍至三十倍人口的经济效能了。

人家早已在海上飞了，我们还在地上爬！人家从巴黎飞到北京，只须六十三点钟；我们从甘肃到北京，要走一百零四天（二千五百点钟）！

一个英国工人每年出十二个先令（六元），他的全家便可以每晚坐在家里听无线电传来的世界最美的音乐、歌唱、演说，每晚上只费银元一分七厘而已。而我们在上海遇着紧急事，要打一个四等电报到北京，每十个字须费银元一元八角！还保不住何时能送到！

人家的砖匠上工，可以坐自己的摩托车去了；他的子女上学，可以有公家汽车接送了。我们杭州、苏州的大官上衙门还得用人作牛马！

何以有这个大区别呢？因为人家每人有三十个机械奴隶代他做工，帮他做工，而我们却得全靠赤手空拳——我们的机械奴隶是一根扁担挑担子，四个轿夫换抬的轿子，三个车夫轮租的人力车！

我们的工人是苦力。人家的工人是许多机械奴隶的指挥官。

故第二个大问题是怎样利用机器来灭除人的痛苦，增加人的生产能力，提高人的幸福。

安诺德先生是外国人，所以他对于第三个问题说的很客气，很委婉。他只说：

> 保管责任之观念，在华人中无论如何努力终不能确立其稳定之意义。其故盖在此偏爱亲人一点，而此点又与中国家族制度有密切关系。此弊为状不一，根深而普遍。欲将家属之责任与现代团体所负保管的责任之适当关系注入于中国人之脑中，须得千钧气力从事之。

这几句话虽然说得委婉，然而也很够使我们惭愧汗下了。

这个问题，其实只是"公私不分"四个字。古话说的"一子成佛，一家生〔升〕天"。古话又说，"一人得道，鸡犬登仙"。仙佛尚且如此，何况吃肉的官人？何况公司的经理董事？

几千年来，大家好像都不曾想想，得道成佛既是那样很艰难的事，为什么一人功行圆满之后，他们全家鸡犬也都可以跟着登天？最奇怪的就是今日的新官吏也不能打破这种旧习气。

最近招商局的一个分局的讼案便是最明显的例子。据报纸所载，一个家长做了名义上的局长，实际上却是他的子侄亲戚执行他的职务，弄得弊端百出，亏空到几十万元。到了法庭上，这位家长说他竟不知道他是局长！

招商局的全部历史，节节都是缺乏保管的责任心的好例子。我们翻开《国民政府清查整理招商局委员会报告书》，竟同看《官场现形记》一样，处处都是怪现状。上册五十九页说：

> 查自壬戌至丙寅最近五年内，历年亏折总额计有四百三十七万余两。然总沪局每年发给员司酬劳金，五年共计二十四万五千九百九十四两。查自癸亥年来，股东未获得分文息金，乃局中员司独享此厚酬。

又六十页说：

> 修理费总计每年约六七十万两。……而内河厂〈所承办〉实居最多数，约占全额之半。查丙寅年内河厂共计修理费三十一万四千余两。……惟内河厂既系该局附属分支机关，内部办事人员当然与该局办事者关系甚密。……曾经本会函调账籍备查，而该厂忽以账房失踪，账簿遗失呈报。内中情形不问可知矣。

这样的轻视保管的责任，便是中国的大工业与大商业所以不能发达的大原因。怎样救济呢？安诺德先生说：

> 天下人性同为脆弱。社会与个人之关系愈互相错综依赖，则制定种种适当之保卫……愈为急需矣。

人性是不容易改变的，公德也不是一朝一夕造成的。故救济之道不在乎妄想人心大变，道德日高，乃在乎制定种种防弊的制度。中国有句古话说："先小人而后君子。"先要承认人性的脆弱，方才可以期望大家做君子。故有公平的考试制度，则用人可以无私；有精密的簿记与审计，则账目可以无弊。制度的训练可以养成无私无弊的新习惯。新习惯养成之后，保管的责任心便成了当然的事了。

这是安诺德先生提出的三个大问题。

用铁路与汽车路来做到统一，用教育与机械来提高生产，用防弊制度来打倒贪污：这才是革命，这才是建设。

但依我看来，要解决这三个大问题，必须先有一番心理的建设。所谓心理的建设，并不仅仅是孙中山先生所谓"知难行易"的学说，只是一种新觉悟，一种新心理。

这种急需的新觉悟就是我们自己要认错。我们必须承认我们自己百事不如人，不但物质上不如人，不但机械上不如人，并且政治、社会、道德，都不如人。

何以百事不如人呢？

不要尽说是帝国主义者害了我们。那是我们自己欺骗自己的话！我们要睁开眼睛看看日本近六十年的历史，试想想何以帝国主义的侵略压不住日本的发愤自强？何以不平等条约捆不住日本的自由发展？

何以我们跌倒了便爬不起来呢？

因为我们从不曾悔祸，从不曾彻底痛责自己，从不曾彻底认错。二三十年前，居然有点悔悟了，所以有许多谴责小说出来，暴扬我们自己官场的黑暗，社会的卑污，家庭的冷酷。十余年来，也还有一些人肯攻击中国的旧文学，旧思想，旧道德宗教——肯承认西洋的精神文明远胜于我们自己。但现在这一点点悔悟的风气都消灭了。现在中国全部弥漫着一股夸大狂的空气：义和团都成了应该崇拜的英雄志士，而西洋文明只须"帝国主义"四个字便可轻轻抹煞！政府下令提倡旧礼教，而新少年高呼"打倒文化侵略！"

我们全不肯认错。不肯认错，便事事责人，而不肯责己。

我们到今日还迷信口号标语可以打倒帝国主义。我们到今日还迷信不学无术可以统治国家。我们到今日还不肯低头去学人家治人富国的组织与方法。

所以我说，今日的第一要务是要造一种新的心理：要肯认错，要大彻大悟地承认我们自己百不如人。

第二步便是死心塌地的去学人家。老实说，我们不须怕模仿。"学之为言效也"，这是朱子的老话。学画的，学琴的，都要跟别人学起；学的纯熟了，个性才会出来，天才才会出来。

一个现代国家不是一堆昏庸老朽的头脑造得成的，也不是口号、标语喊得出来的。我们必须学人家怎样用铁轨、汽车、电线、飞机、无线电，把血脉贯通，把肢体变活，把国家统一起来。我们必须学人家怎样用教育来打倒愚昧，用实业来打倒贫穷，用机械来征服自然，抬高人的能力与幸福。我们必须学人家怎样用种种防弊的制度来经营商业，办理工业，整理国家政治。

只要我们有决心，这三个大问题都容易解决。譬如粤汉铁路还缺二百八十英里，约需六千万元才造得起。多少年来，我们都说这六千万元那里去筹。然而国民政府在这一年之中便发了近一万万元的公债，不但够完成粤汉铁路，还可以造大铁桥贯通武昌汉口了。

义务教育办不成，也只因经费没有。然而今日全国各方面每天至少要用一百万元的军费（这是财政部次长的估计）。一个国家肯用三万六千万元一年的军费，而不能给全国儿童两年至四年的义务教育，这是不能呢？还是不肯呢？

所以我们应该感谢安诺德先生，感谢他给我们几面好镜子，让我们照见自己的丑态，更感谢他肯对我们说许多老实话，教我们生点愧悔，引起我们一点向上的决心。

我很盼望我们不至于辜负了他这一番友谊的忠告。

一九二八，六，二四夜

（此文原载 1928 年 9 月 30 日《生活》周刊第 3 卷第 46 期）

名　教
（1928 年 7 月 2 日）

中国是个没有宗教的国家，中国人是个不迷信宗教的民族——这是近年来几个学者的结论。有些人听了很洋洋得意，因为他们觉得不迷信宗教是一件光荣的事。有些人听了要做愁眉苦脸，因为他们觉得一个民族没有宗教是要堕落的。

于今好了，得意的也不可太得意了，懊恼的也不必懊恼了。因为我们新发现中国不是没有宗教的：我们中国有一个很伟大的宗教。

孔教早倒霉了，佛教早衰亡了，道教也早冷落了，然而我们却还有我们的宗教。这个宗教是什么教呢？提起此教，大大有名，他就叫做"名教"。

名教信仰什么？信仰"名"。

名教崇拜什么？崇拜"名"。

名教的信条只有一条："信仰名的万能"。

"名"是什么？这一问似乎要做点考据。《论语》里孔子说，"必也正名乎"，郑玄注：

> 正名，谓正书字也。古者曰名，今世曰字。

《仪礼·聘礼》注：

> 名，书文也。今谓之字。

《周礼·大行人》下注：

> 书名，书文字也。古曰名。

《周礼·外史》下注：

> 古曰名，今曰字。

《仪礼·聘礼》的释文说：

> 名，谓文字也。

总括起来，"名"即是文字，即是写的字。

"名教"便是崇拜写的文字的宗教；便是信仰写的字有神力，有魔力的宗教。

这个宗教，我们信仰了几千年，却不自觉我们有这样一个伟大宗教。不自觉的缘故正是因为这个宗教太伟大了，无往不在，无所不包，就如同空气一样，我们日日夜夜在空气里生活，竟不觉得空气的存在了。

现在科学进步了，便有好事的科学家去分析空气是什么，便也有好事的学者去分析这个伟大的名教。

民国十五年有位冯友兰先生发表一篇很精辟的《名教之分析》（《现代评论》第二周年纪念增刊，页一九四～一九六）。冯先生指出"名教"便是崇拜名词的宗教，是崇拜名词所代表的概念的宗教。

冯先生所分析的还只是上流社会和智识阶级所奉的"名教"，它的势力虽然也很伟大，还算不得"名教"的最重要部分。

这两年来，有位江绍原先生在他的"礼部"职司的范围内，发现了不少有趣味的材料，陆续在《语丝》、《贡献》几种杂志上发表。他同他的朋友们收的材料是细大不捐，雅俗无别的；所以他们的材料使我们渐渐明白我们中国民族崇奉的"名教"是个什么样子。

究竟我们这个贵教是个什么样子呢？且听我慢慢道来。

先从一个小孩生下地说起。古时小孩生下地之后，要请一位专门术家来听小孩的哭声，声中某律，然后取名字（看江绍原《小品》百六八，《贡献》第八期，页二四）。现在的民间变简单了，只请一个算命的，排排八字，看他缺少五行之中的那一行。若缺水，便取个水旁的名字；若缺金，便取个金旁的名字。若缺火又缺土的，我们徽州人便取个"灶"字。名字可以补气禀的缺陷。

小孩命若不好，便把他"寄名"在观音菩萨的座前，取个和尚式的"法名"，便可以无灾无难了。

小孩若爱啼啼哭哭，睡不安宁，便写一张字帖，贴在行人小便的处所，上写着：天皇皇，地皇皇，我家有个夜啼郎。过路君子念一遍，一夜睡到大天光。文字的神力真不少。

小孩跌了一交，受了惊骇，那是骇掉了"魂"了，须得"叫魂"。魂怎么叫呢？到那跌交的地方，撒把米，高叫小孩子的名字，一路叫回家。叫名便是叫魂了。

小孩渐渐长大了，在村学堂同人打架，打输了，心里恨不过，便拿一条柴炭，在墙上写着诅咒他的仇人的标语："王阿三热病打死。"他写了几遍，心上的气便平了。

他的母亲也是这样。她受了隔壁王七嫂的气，便拿一把菜刀，在刀板上剁，一面剁，一面喊"王七老婆"的名字，这便等于乱剁王七嫂了。

他的父亲也是"名教"的信徒。他受了王七哥的气，打又打他不过，只好破口骂他，骂他的爹妈，骂他的妹子，骂他的祖宗十八代。骂了便算出了气了。

据江绍原先生的考察，现在这一家人都大进步了。小孩在墙上会写"打倒阿毛"了。他妈也会喊"打倒周小妹"了。他爸爸也会贴"打倒王庆来"了（《贡献》九期，江绍原《小品》百七八）。

他家里人口不平安，有病的，有死的。这也有好法子。请个道士来，画几道符，大门上贴一张，房门上贴一张，毛厕上也贴一张，病鬼便都跑掉了，再不敢进门了。画符自然是"名教"的重要方法。

死了的人又怎么办呢？请一班和尚来，念几卷经，便可以超度死者了。念经自然也是"名教"的重要方法。符是文字，经是文字，都有不可思议的神力。

死了人，要"点主"。把神主牌写好，把那"主"字上头的一点空着。请一位乡绅来点主。把一只雄鸡头上的鸡冠切破，那位赵乡绅把朱笔蘸饱了鸡冠血，点上"主"字。从此死者的灵魂遂凭依在神主牌上了。

吊丧须用挽联，贺婚贺寿须用贺联；讲究的送幛子，更讲究的送祭文寿序。都是文字，都是"名教"的一部分。

豆腐店的老板梦想发大财，也有法子。请村口王老师写副门联："生意兴隆通四海，财源茂盛达三江"。这也可以过发财的瘾了。

赵乡绅也有他的梦想，所以他也写副门联："总集福荫，备致嘉祥"。

王老师虽是不通，虽是下流，但他也得写一副门联："文章华国，忠孝传家"。

豆腐店老板心里还不很满足，又去请王老师替他写一个大红春帖："对我生财"，贴在对面墙上，于是他的宝号就发财的样子十足了。

王老师去年的家运不大好，所以他今年元旦起来，拜了天地，洗净手，拿起笔来，写个红帖子："戊辰发笔，添丁进财"。他今年一定时运大来了。

父母祖先的名字是要避讳的。古时候，父名晋，儿子不得应进士考试。现在宽的多了，但避讳的风俗还存在一般社会里。皇帝的名字现在不避讳了，但孙中山死后，"中山"尽管可用作学校地方或货品的名称，"孙文"便很少人用了；忠实同志都应该称他为"先总理"。

南京有一个大学，为了改校名，闹了好几次大风潮，有一次竟把校名牌子抬了送到大学院去。

北京下来之后，名教的信徒又大忙了。北京已改做"北平"了，今天又有人提议改南京做"中京"了。还有人郑重提议"故宫博物院"应该改作"废宫博物院"。将来这样大改革的事业正多呢。

前不多时，南京的《京报附刊》的画报上有一张照片，标题是"军事委员会政治训练部宣传处艺术科写标语之忙碌"。图上是五六个中山装的青年忙着写标语；桌上、椅背上、地板上，满铺着写好了的标语，有大字，有小字，有长句，有短句。

这不过是"写"的一部分工作；还有拟标语的，有讨论审定标语的，还有贴标语的。

五月初济南事件发生以后，我时时往来淞沪铁路上，每一次四十分钟的旅行所见的标语总在一千张以上，出标语的机关至少总在七八十个以上。有写着"枪毙田中义一"的，有写着"活埋田中义一"的，有写着"杀尽矮贼"而把"矮贼"两字倒转来写，如报纸上寻人广告倒写的"人"字一样。"人"字倒写，人就会回来了；"矮贼"倒写，矮贼也就算打倒了。

现在我们中国已成了口号标语的世界。有人说，这是从苏俄学来的法子。这是很冤枉的。我前年在莫斯科住了三天，就没有看见墙上有一张标语。标语是道地的国货，是"名教"国家的祖传法宝。

试问墙上贴一张"打倒帝国主义"，同墙上贴一张"对我生财"或"抬头见喜"，有什么分别？是不是一个师父传授的衣钵？

试问墙上贴一张"活埋田中义一"，同小孩子贴一张"雷打王阿毛"，有什么分别？是不是一个师父传授的法宝？

试问"打倒唐生智"，"打倒汪精卫"，同王阿毛贴的"阿发黄病打死"，有什么分别？王阿毛尽够做老师了，何须远学莫斯科呢？

自然，在党国领袖的心目中，口号标语是一种宣传的方法，政治的武器。但在中小学生的心里，在第九十九师十五连第三排的政治部人员的心里，口号标语便不过是一种出气泄愤的法子罢了。如果"打倒帝国主义"是标语，那么，第十区的第七小学为什么不可贴"杀尽矮贼"的标语呢？如果"打倒汪精卫"是正当的标语，那么"活埋田中义一"为什么不是正当的标语呢？

如果多贴几张"打倒汪精卫"可以有效果，那么，你何以见得多贴几张"活埋田中义一"不会使田中义一打个寒噤呢？

故从历史考据的眼光看来，口号标语正是"名教"的正传嫡派。因为在绝大多数人的心里，墙上贴一张"国民政府是为全民谋幸福的政府"，正等于门上写一条"姜太公在此"，有灵则两者都应该有灵，无效则两者同为废纸而已。

我们试问，为什么豆腐店的张老板要在对门墙上贴一张"对我生财"？岂不是因为他天天对着那张纸可以过一点发财的瘾吗？为什么他元旦开门时嘴里要念"元宝滚进来"？岂不是因为他念这句话时心里感觉舒服吗？

要不然，只有另一个说法，只可说是盲从习俗，毫无意义。张老板的祖宗下来每年都贴一张"对我生财"，况且隔壁剃头店门口也贴了一张，所以他不能不照办。

现在大多数喊口号、贴标语的，也不外这两种理由：一是心理上的过瘾，一是无意义的盲从。

少年人抱着一腔热沸的血，无处发泄，只好在墙上大书"打倒卖国贼"，或"打倒日本帝国主义"。写完之后，那二尺见方的大字，那颜鲁公的书法，个个挺出来，好生威武，他自己看着，血也不沸了，气也稍稍平了，心里觉得舒服的多，可以坦然回去休息了。于是他的一腔义愤，不曾收敛回去，在他的行为上与人格上发生有益的影响，却轻轻地发泄在墙头的标语上面了。

这样的发泄情感，比什么都容易，既痛快，又有面子，谁不爱做呢？一回生，二回熟，便成了惯例了，于是"五一"、"五三"、"五四"、"五七"、"五九"、"六三"……都照样做去：放一天假，开个纪念会，贴无数标语，喊几句口号，就算做了纪念了！

于是月月有纪念，周周做纪念周，墙上处处是标语，人人嘴上有的是口号。于是老祖宗几千年相传的"名教"之道遂大行于今日，而中国遂成了一个"名教"的国家。

我们试进一步，试问，为什么贴一张"雷打王阿毛"或"枪毙田中义一"可以发泄我们的感情，可以出气泄愤呢？

这一问便问到"名教"的哲学上去了。这里面的奥妙无穷，我们现在只能指出几个有趣味的要点。

第一，我们的古代老祖宗深信"名"就是魂，我们至今不知不觉地还逃不了这种古老迷信的影响。"名就是魂"的迷信是世界人类在幼稚时代同有的。埃及人的第八魂就是"名魂"。我们中国古今都有此迷信。《封神演义》上有个张桂芳能够"呼名落马"：他只叫一声"黄飞虎还不下马，更待何时！"黄飞虎就滚下五色神牛了。不幸张桂芳遇见了哪吒，喊来喊去，哪吒立在风火轮上不滚下来，因为哪吒是莲花化身，没有魂的。《西游记》上有个银角大王，他用一个红葫芦，叫一声"孙行者"，孙行者答应一声，就被装进去了。后来孙行者逃出来，又来挑战，改名做"行者孙"，答应了一声，也就被装了进去！因为有名就有魂了（参看《贡献》八期，江绍原《小品》百五四）。民间"叫魂"，只是叫名字，因为叫名字就是叫魂了。因为如此，所以小孩在墙上写"鬼捉王阿毛"，便相信鬼真能把阿毛的魂捉去。党部中人制定"打倒汪精卫"的标语，虽未必相信"千夫所指，无病自死"；但那位贴"枪毙田中"的小学生却难保不知不觉地相信他有咒死田中的功用。

第二，我们的古代老祖宗深信"名"（文字）有不可思议的神力，我们也免不了这种迷信的影响。这也是幼稚民族的普通迷信，高等民族也往往不能免除。《西游记》上如来佛写了"唵嘛呢叭咪吽"六个字，便把孙猴子压住了一千年。观音菩萨念一个"唵"字咒语，便有诸神来见。他在孙行者手心写一个"迷"字，就可以引红孩儿去受擒。小说上的神仙妖道作法，总得"口中念念有词"。一切符咒，都是有神力的文字。现在有许多人似乎真相信多贴几张"打到军阀"的标语便可以打倒张作霖了。他们若不信这种神力，何以不到前线去打仗，却到吴淞镇的公共厕所墙上张贴"打倒张作霖"的标语呢？

第三，我们的古代圣贤也会提倡一种"理智化"了的"名"的迷信，几千年来深入人心，也是造成"名教"的一种大势力。卫君要请孔子去治国，孔老先生却先要"正名"。他恨极了当时的乱臣贼子，却又"手无斧柯，奈龟山何！"所以他只好做一部《春秋》来褒贬他们，"一字之贬，严于斧钺；一字之褒，荣于华衮"。这种思想便是古代所谓"名分"的观念。尹文子说：

> 善名命善，恶名命恶。故善有善名，恶有恶名。……今亲贤而疏不肖，赏善而罚恶。贤不肖，善恶之名宜在彼；亲疏赏罚之称宜属我。……"名"宜属彼，"分"宜属我。我爱白而憎黑，韵商而舍徵，好膻而恶焦，嗜甘而逆苦。白黑商徵，膻焦甘苦，彼之"名"也；爱憎韵舍，好恶嗜逆，我之"分"也。定此名分，则万事不乱也。

"名"是表物性的，"分"是表我的态度的。善名便引起我爱敬的态度，恶名便引起我厌恨的态度。这叫做"名分"的哲学。"名教"、"礼教"便建筑在这种哲学的基础之上。一块石头，变作了贞节牌坊，便可以引无数青年妇女牺牲她们的青春与生命去博礼教先生的一篇铭赞，或志书"列女"门里的一个名字。"贞节"是"名"，羡慕而情愿牺牲，便是"分"。女子的脚裹小了，男子赞为"美"，诗人说是"三寸金莲"，于是几万万的妇女便拼命裹小脚了。"美"与"金莲"是"名"，羡慕而情愿吃苦牺牲，便是"分"。现在人说小脚"不美"，又"不人道"，名变了，分也变了，于是小脚的女子也得塞棉花，充天脚了。——现在的许多标语，大都有个褒贬的用意：宣传便是宣传这褒贬的用意。说某人是"忠实同志"，便是教人"拥护"他。说某人是"军阀"、"土豪劣绅"、"反动"、"反革命"、"老朽昏庸"，便是教人"打倒"他。故"忠实同志"、"总理信徒"的名，要引起"拥护"的分。"反动分子"的名，要引起"打倒"的分。故今日墙上的无数"打倒"与"拥护"，其实都是要寓褒贬，定名分。不幸标语用的太滥了，今天要打倒的，明天却又在拥护之列了；今天的忠实同志，明天又变为反革命了。于是打倒不足为辱，而反革命有人竟以为荣。于是"名教"失其作用，只成为墙上的符箓而已。

两千年前，有个九十岁的老头子对汉武帝说："为治不在多言，顾力行何如耳。"两千年后，我们也要对现在的治国者说：

治国不在口号标语，顾力行何如耳。

一千多年前，有个庞居士，临死时留下两句名言：

但愿空诸所有。

慎勿实诸所无。

"实诸所无"，如"鬼"本是没有的，不幸古代的浑人造出"鬼"名，更造出"无常鬼"、"大头鬼"、"吊死鬼"等等名，于是人的心里便像煞真有鬼了。我们对于现在的治国者，也想说：

但愿实诸所有。

慎勿实诸所无。

末了，我们也学时髦，编两句口号：

打倒名教！

名教扫地，中国有望！

十七，七，二

关于"名"的迷信，除江绍原、冯友兰的文章之外，可参考
Ogden and Richards：*Meaning of Meaning*，Chapter 2.
Conybeare：*Myth*，*Magic and Morals*，Chapter 13.

（此文原载 1928 年 7 月 10 日《新月》第 1 卷第 5 号）

介绍我自己的思想
（1930 年 11 月 27 日）

我在这十年之中，出版了三集《胡适文存》，约计有一百四五十万字。我希望少年学生能读我的书，故用报纸印刷，要使定价不贵。但现在三集的书价已在七元以上，贫寒的中学生已无力全买了。字数近百五十万，也不是中学生能全读的了。所以我现在从这三集里选出了二十二篇论文，印作一册，预备给国内的少年朋友们作一种课外读物。如有学校教师愿意选我的文字作课本的，我也希望他们用这个选本。

我选的这二十二篇文字，可以分作五组。

第一组六篇，泛论思想的方法。

第二组三篇，论人生观。

第三组三篇，论中西文化。

第四组六篇，代表我对于中国文学的见解。

第五组四篇，代表我对于整理国故问题的态度与方法。

为读者的便利起见，我现在给每一组作一个简短的提要，使我的少年朋友们容易明白我的思想的路径。

——

第一组收的文字是：

演化论与存疑主义

杜威先生与中国

杜威论思想

问题与主义

新生活

新思潮的意义

我的思想受两个人的影响最大：一个是赫胥黎，一个是杜威先生。赫胥黎教我怎样怀疑，教我不信任一切没有充分证据的东西。杜威先生教我怎样思想，教我处处顾到当前的问题，教我把一切学说理想都看作待证的假设，教我处处顾到思想的结果。这两个人使我明了科学方法的性质与功用，故我选前三篇介绍这两位大师给我的少年朋友们。

从前陈独秀先生曾说实验主义和辨证法的唯物史观是近代两个最重要的思想方法，他希望这两种方法能合作一条联合战线。这个希望是错误的。辨证法出于海格尔的哲学，是生物进化论成立以前的玄学方法。实验主义是生物进化论出世以后的科学方法。这两种方法所以根本不相容，只是因为中间隔了一层达尔文主义。达尔文的生物演化学说给了我们一个大教训：就是教我们明了生物进化，无论是自然的演变，或是人为的选择，都由于一点一滴的变异，所以是一种很复杂的现象，决没有一个简单的目的地可以一步跳到，更不会有一步跳到之后可以一成不变。辨证法的哲学本来也是生物学发达以前的一种进化理论；依他本身的理论，这个一正一反相毁相成的阶段应该永远不断的呈现。但狭义的共产主义者却似乎忘了这个原则，所以武断的虚悬一个共产共有的理想境界，以为可以用阶级斗争的方法一蹴即到，既到之后又可以用一阶级专政方法把持不变。这样的化复杂为简单，这样的根本否定演变的继续便是十足的达尔文以前的武断思想，比那顽固的海格尔更顽固了。

实验主义从达尔文主义出发，故只能承认一点一滴的不断的改进是真实可靠的进化。我在《问题与主义》和《新思潮的意义》两篇里，只发挥这个根本观念。我认定民国六年以后的新文化运动的目的是再造中国文明，而再造文明的途径全靠研究一个个的具体问题。我说：

> 文明不是拢统造成的，是一点一滴的造成的。进化不是一晚上拢统进化的，是一点一滴的进化的。现今的人爱谈"解放"与"改造"，须知解放不是拢统解放，改造也不是拢统改造。解放是这个那个制度的解放，这种那种思想的解放，这个那个人的解放：都是一点一滴的解放。改造是这个那个制度的改造，这种那种思想的改造，这个那个人的改造：都是一点一滴的改造。
>
> 再造文明的下手工夫是这个那个问题的研究。再造文明的进行是这个那个问题的解决。（页六八）

我这个主张在当时最不能得各方面的了解。当时（民国八年）承"五四"、"六三"之后，国内正倾向于谈主义。我预料到这个趋势的危险，故发表《多研究些问题，少谈些主义》的警告。我说：

> 凡是有价值的思想，都是从这个那个具体的问题下手的。先研究了问题的种种方面的种种事实，看看究竟病在何处，这是思想的第一步工夫。然后根据于一生的经验学问，提出种种解决的方法，提出种种医病的丹方，这是思想的第二步工夫。然后用一生的经验学问，加上想像的能力，推想每一种假定的解决法应该可以有什么样的效果，更推想这种效果是否真能解决眼前这个困难问题。推想的结果，拣定一种假定的（最满意的）解决，认为我的主张，这是思想的第三步工夫。凡是有价值的主张，都是先经过这三步工夫来的。（页三六）

我又说：

> 一切主义，一切学理，都该研究。但只可认作一些假设的（待证的）见解，不可认作天经地义的信条；只可认作参考印证的材料，不可奉为金科玉律的宗教；只可用作启发心思的工具，切不可用作蒙蔽聪明，停止思想的绝对真理。如此方才可以渐渐养成人类的创造的思想力，方才可以渐渐使人类有解决具体问题的能力，方才可以渐渐解放人类对于抽象名词的迷信。（页五〇）

这些话是民国八年七月写的。于今已隔了十几年，当日和我讨论的朋友，一个已被杀死了，一个也颓唐了，但这些话字字句句都还可以应用到今日思想界的现状。十几年前我所预料的种种危险——"目的热"而"方法盲"，迷信抽象名词，把主义用作蒙蔽聪明停止思想的绝对真理——都显现在眼前了。所以我十分诚恳的把这些老话贡献给我的少年朋友们，希望他们不可再走错了思想的路子。

《新生活》一篇，本是为一个通俗周报写的；十几年来，这篇短文走进了中小学的教科书里，读过的人应该在一千万以上了。但我盼望读过此文的朋友们把这篇短文放在同组的五篇里重新读一遍。赫胥黎教人记得一句"拿证据来！"我现在教人记得一句"为什么？"少年的朋友们，请仔细想想：你进学校是为什么？你进一个政党是为什么？你努力做革命工作是为什么？革命是为了什么而革命？政府是为了什么而存在？

请大家记得：人同畜生的分别，就在这个"为什么"上。

二

第二组的文字只有三篇：

《科学与人生观》序

不朽

易卜生主义

这三篇代表我的人生观，代表我的宗教。

《易卜生主义》一篇写的最早，最初的英文稿是民国三年在康奈尔大学哲学会宣读的，中文稿是民国七年写的。易卜生最可代表十九世纪欧洲的个人主义的精华，故我这篇文章只写得一种健全的个人主义的人生观。这篇文章在民国七八年间所以能有最大的兴奋作用和解放作用，也正是因为它所提倡的个人主义在当日确是最新鲜又最需要的一针注射。

娜拉抛弃了家庭丈夫儿女，飘然而去，只因为她觉悟了她自己也是一个人，只因为她感觉到她"无论如何，务必努力做一个人"。这便是易卜生主义。易卜生说：

> 我所最期望于你的是一种真实纯粹的为我主义，要使你有时候觉得天下只有关于你的事最要紧，其余的都算不得什么。……你要想有益于社会，最好的法子莫如把你自己这块材料铸造成器……有的时候我真觉得全世界都像海上撞沉了船，最要紧的还是救出自己。（页一三〇）

这便是最健全的个人主义。救出自己的唯一法子便是把你自己这块材料铸造成器。

把自己铸造成器，方才可以希望有益于社会。真实的为我，便是最有益的为人。把自己铸造成了自由独立的人格，你自然会不知足，不满意于现状，敢说老实话，敢攻击社会上的腐败情形，做一个"贫贱不能移，富贵不能淫，威武不能屈"的斯铎曼医生。斯铎曼医生为了说老实话，为了揭穿本地社会的黑幕，遂被全社会的人喊作"国民公敌"。但他不肯避"国民公敌"的恶名，他还要说老实话。他大胆的宣言：

> 世上最强有力的人就是那最孤立的人！

这也是健全的个人主义的真精神。

这个个人主义的人生观一面教我们学娜拉，要努力把自己铸造成个人；一面教我们学斯铎曼医生，要特立独行，敢说老实话，敢向恶势力作战。少年的朋友们，不要笑这是十九世纪维多利亚时代的陈腐思想！我们去维多利亚时代还老远哩。欧洲有了十八九世纪的个人主义，造出了无数爱自由过于面包，爱真理过于生命的特立独行之士，方才有今日的文明世界。

现在有人对你们说："牺牲你们个人的自由，去求国家的自由！"我对你们说："争你们个人的自由，便是为国家争自由！争你们自己的人格，便是为国家争人格！自由平等的国家不是一群奴才建造得起来的！"

《〈科学与人生观〉序》一篇略述民国十二年的中国思想界里的一场大论战的背景和内容。（我盼望读者能参读《文存》三集里《几个反理学的思想家》的吴敬恒一篇，页一五一～一八六。）在此序的末段，我提出我所谓"自然主义的人生观"（页九二～九五）。这不过是一个轮廓，我希望少年的朋友们不要仅仅接受这个轮廓，我希望他们能把这十条都拿到科学教室和实验室里去细细证实或否证。

这十条的最后一条是：

> 根据于生物学及社会学的知识，叫人知道个人——"小我"——是要死灭的，而人类——"大我"——是不死的，不朽的；叫人知道"为全种万世而生活"就是宗教，就是最高的宗教，而那些替个人谋死后的天堂净土的宗教乃是自私自利的宗教。

这个意思在这里说的太简单了，读者容易起误解。所以我把《不朽》一篇收在后面，专说明这一点。

我不信灵魂不朽之说，也不信天堂地狱之说，故我说这个小我是会死灭的。死灭是一切生物的普遍现象，不足怕，也不足惜。但个人自有他的不死不灭的部分：他的一切作为，一切功德罪恶，一切语言行事，无论大小，无论善恶，无论是非，都在那大我上留下不能磨灭的结果和影响。他吐一口痰在地上，也许可以毁灭一村一族。他起一个念头，也许可以引起几十年的血战。他也许"一言可以兴邦，一言可以丧邦"。善亦不朽，恶亦不朽；功盖万世固然不朽，种一担谷子也可以不朽，喝一杯酒，吐一口痰也可以不朽。古人说，"一出言而不敢忘父母，一举足而不敢忘父母"。我们应该说，"说一句话而不敢忘这句话的社会影响，走一步路而不敢忘这步路的社会影响"。这才是对于大我负责任。能如此做，便是道德，便是宗教。

这样说法，并不是推崇社会而抹煞个人。这正是极力抬高个人的重要。个人虽渺小，而他的一言一动都在社会上留下不朽的痕迹，芳不止流百世，臭也不止遗万年，这不是绝对承认个人的重要吗？成功不必在我，也许在我千百年后，但没有我也决不能成功。毒害不必在眼前，"我躬不阅，遑恤我后！"然而我岂能不负这毒害的责任？今日的世界便是我们的祖宗积的德，造的孽。未来的世界全看我们自己积什么德或造什么孽。世界的关键全在我们手里，真如古人说的"任重而道远"，我们岂可错过这绝好的机会，放下这绝重大的担子？

有人对你说，"人生如梦"。就算是一场梦罢，可是你只有这一个做梦的机会。岂可不振作一番，做一个痛痛快快轰轰烈烈的梦？

有人对你说，"人生如戏"。就说是做戏罢，可是，吴稚晖先生说的好，"这唱的是义务戏，自己要好看才唱的；谁便无端的自己扮做跑龙套，辛苦的出台，止算做没有呢？"

其实人生不是梦，也不是戏，是一件最严重的事实。你种谷子，便有人充饥；你种树，便有人砍柴，便有人乘凉；你拆烂污，便有人遭瘟；你放野火，便有人烧死。你种瓜便得瓜，种豆便得豆，种荆棘便得荆棘。少年的朋友们，你爱种什么？你能种什么？

三

第三组的文字，也只有三篇：

我们对于西洋近代文明的态度

漫游的感想

请大家来照照镜子

在这三篇里，我很不客气的指摘我们的东方文明，很热烈的颂扬西洋的近代文明。

人们常说东方文明是精神的文明，西方文明是物质的文明，或唯物的文明。这是有夸大狂的妄人捏造出来的谣言，用来遮掩我们的羞脸的。其实一切文明都有物质和精神的两部分：材料都是物质的，而运用材料的心思才智都是精神的。木头是物质；而剜木为舟，构木为屋，都靠人的智力，那便是精神的部分。器物越完备复杂，精神的因子越多。

一只蒸汽锅炉，一辆摩托车，一部有声电影机器，其中所含的精神因子比我们老祖宗的瓦罐、大车、毛笔多的多了。我们不能坐在舢板船上自夸精神文明，而嘲笑五万吨大汽船是物质文明。

但物质是倔强的东西，你不征服他，他便要征服你。东方人在过去的时代，也曾制造器物，做出一点利用厚生的文明。但后世的懒惰子孙得过且过，不肯用手用脑去和物质抗争，并且编出"不以人易天"的懒人哲学，于是不久便被物质战胜了。天旱了，只会求雨；河决了，只会拜金龙大王；风浪大了，只会祷告观音菩萨或天后娘娘；荒年了，只好逃荒去；瘟疫来了，只好闭门等死；病上身了，只好求神许愿；树砍完了，只好烧茅草；山都精光了，只好对着叹气。这样又愚又懒的民族，不能征服物质，便完全被压死在物质环境之下，成了一分像人九分像鬼的不长进民族。所以我说：

> 这样受物质环境的拘束与支配，不能跳出来，不能运用人的心思智力来改造环境改良现状的文明，是懒惰不长进的民族的文明，是真正唯物的文明。（页一五四）

> 反过来看看西洋的文明，这样充分运用人的聪明智慧来寻求真理以解放人的心灵，来制服天行以供人用，来改造物质的环境，来改革社会政治的制度，来谋人类最大多数的最大幸福——这样的文明是精神的文明。（页一五五）

这是我的东西文化论的大旨。

少年的朋友们，现在有一些妄人要煽动你们的夸大狂，天天要你们相信中国的旧文化比任何国高，中国的旧道德比任何国好。还有一些不曾出国门的愚人鼓起喉咙对你们喊道，"往东走！往东走！西方的这一套把戏是行不通的了！"

我要对你们说：不要上他们的当！不要拿耳朵当眼睛！睁开眼睛看看自己，再看看世界。我们如果还想把这个国家整顿起来，如果还希望这个民族在世界上占一个地位——只有一条生路，就是我们自己要认错。我们必须承认我们自己百事不如人，不但物质机械上不如人，不但政治制度不如人，并且道德不如人，知识不如人，文学不如人，音乐不如人，艺术不如人，身体不如人。

肯认错了，方才肯死心塌地的去学人家。不要怕模仿，因为模仿是创造的必要预备工夫。不要怕丧失我们自己的民族文化，因为绝大多数人的惰性已尽够保守那旧文化了，用不着你们少年人去担心。你们的职务在进取，不在保守。

请大家认清我们当前的紧急问题。我们的问题是救国，救这衰病的民族，救这半死的文化。在这件大工作的历程里，无论什么文化，凡可以使我们起死回生，返老还童的，都可以充分采用，都应该充分收受。我们救国建国，正如大匠建屋，只求材料可以应用，不管他来自何方。

四

第四组的文字有六篇：

建设的文学革命论

《尝试集》自序

文学进化观念

国语的进化

文学革命运动

《词选》自序

这里有一部分是叙述文学革命运动的经过的，有一部分是我自己对于文学的见解。

我在这几十年的中国文学革命运动上，如果有一点点贡献，我的贡献只在：

（1）我指出了"用白话作新文学"的一条路子。（页一九四～二〇三；页二三八～二四〇；页二七七～二八三）

（2）我供给了一种根据于历史事实的中国文学演变论，使人明了国语是古文的进化，使人明了白话文学在中国文学史上占什么地位。（页二四二～二八四；页三〇四～三〇九）

（3）我发起了白话新诗的尝试。（页二一七～二四一）

这些文字都可以表出我的文学革命论也只是进化论和实验主义的一种实际应用。

五

第五组的文字有四篇：

《国学季刊》发刊宣言

古史讨论的读后感

《红楼梦》考证

治学的方法与材料

这都是关于整理国故的文字。

《季刊宣言》是一篇整理国故的方法总论，有三个要点：

第一，用历史的眼光来扩大研究的范围。

第二，用系统的整理来部勒研究的资料。

第三，用比较的研究来帮助材料的整理与解释。

这一篇是一种概论，故未免觉的太悬空一点。以下的两篇便是两个具体的例子，都可以说明历史考证的方法。

《古史讨论》一篇，在我的《文存》里要算是最精彩的方法论。这里面讨论了两个基本方法：一个是用历史演变的眼光来追求传说的演变，一个是用严格的考据方法来评判史料。

顾颉刚先生在他的《古史辨》的自序里曾说他从我的《〈水浒传〉考证》和《井田辨》等文字里得着历史方法的暗示。这个方法便是用历史演化的眼光来追求每一个传说演变的历程。我考证《水浒》的故事，包公的传说，狸猫换太子的故事，井田的制度，都用这个方法。顾先生用这方法来研究中国古史，曾有很好的成绩。顾先生说的最好："我们看史迹的整理还轻，而看传说的经历却重。凡是一件史事，应看他最先是怎样，以后逐步逐步的变迁是怎样。"其实对于纸上的古史迹，追求其演变的步骤，便是整理他了。

在这篇文字里，我又略述考证的方法，我说：

> 我们对于"证据"的态度是：一切史料都是证据。但史家要问：
>
> （1）这种证据是在什么地方寻出的？
>
> （2）什么时候寻出的？
>
> （3）什么人寻出的？
>
> （4）依地方和时候上看起来，这个人有做证人的资格吗？
>
> （5）这个人虽有证人资格，而他说这句话时有作伪（无心的，或有意的）的可能吗？（页三四八～三四九）

《〈红楼梦〉考证》诸篇只是考证方法的一个实例。我说：

> 我觉得我们做《红楼梦》的考证，只能在"著者"和"本子"

两个问题上着手；只能运用我们力所能搜集的材料，参考互证，然后抽出一些比较的最近情理的结论。这是考证学的方法。我在这篇文章里，处处想撇开一切先入的成见，处处存一个搜求证据的目的，处处尊重证据，让证据做向导，引我到相当的结论上去。（页四一一～四一二）

这不过是赫胥黎、杜威的思想方法的实际应用。我的几十万字的小说考证，都只是用一些"深切而著明"的实例来教人怎样思想。

试举曹雪芹的年代一个问题作个实例。民国十年，我收得了一些证据，得着这些结论：

> 我们可以断定曹雪芹死于乾隆三十年左右（约西历一七六五）。……我们可以猜想雪芹大约生于康熙末叶（约一七一五—一七二〇），当他死时，约五十岁左右。（页三八三）

民国十一年五月，我得着了《四松堂集》的原本。见敦诚挽曹雪芹的诗题下注"甲申"二字，又诗中有"四十年华"的话，故修正我的结论如下：

> 曹雪芹死在乾隆二十九年甲申（一七六四）……他死时只有"四十年华"，我们可以断定他的年纪不能在四十五岁以上。假定他死时年四十五岁，他的生时当康熙五十八年（一七一九）（页四二〇）。

但到了民国十六年，我又得了脂砚斋评本《石头记》，其中有"壬午除夕，书未成，芹为泪尽而逝"的话。壬午为乾隆二十七年，除夕当西历一七六三年二月十二日，和我七年前的断定（"乾隆三十年左右，约西历一七六五"）只差一年多。又假定他活了四十五岁，他的生年大概在康熙五十六年（一七一七），这也和我七年前的猜测正相符合。（页四三三）

考证两个年代，经过七年的时间，方才得着证实。证实是思想方法的最后又最重要的一步。不曾证实的理论，只可算是假设；证实之后，才是定论，才是真理。我在别处（《文存》三集，页二七三）说过：

> 我为什么要考证《红楼梦》？
> 在消极方面，我要教人怀疑王梦阮、徐柳泉一班人的谬说。
> 在积极方面，我要教人一个思想学问的方法。我要教人疑而后信，考而后信，有充分证据而后信。

我为什么要替《水浒传》作五万字的考证？我为什么要替庐山一个塔作四千字的考证？

我要教人知道学问是平等的，思想是一贯的。……肯疑问"佛陀耶舍究竟到过庐山没有"的人，方才肯疑问"夏禹是神是人"。有了不肯放过一个塔的真伪的思想习惯，方才敢疑上帝的有无。

少年的朋友们，莫把这些小说考证看作我教你们读小说的文字。这些都只是思想学问的方法的一些例子。在这些文字里，我要读者学得一点科学精神，一点科学态度，一点科学方法。科学精神在于寻求事实，寻求真理。科学态度在于撇开成见，搁起感情，只认得事实，只跟着证据走。科学方法只是"大胆的假设，小心的求证"十个字。没有证据，只可悬而不断；证据不够，只可假设，不可武断；必须等到证实之后，方才奉为定论。

少年的朋友们，用这个方法来做学问，可以无大差失；用这种态度来做人处事，可以不至被人蒙着眼睛牵着鼻子走。

从前禅宗和尚曾说，"菩提达摩东来，只要寻一个不受人惑的人"。我这里千言万语，也只要教人一个不受人惑的方法。被孔丘、朱熹牵着鼻子走，固然不算高明；被马克思、列宁、斯大林牵着鼻子走，也算不得好汉。我自己决不想牵着谁的鼻子走。我只希望尽我的微薄的能力，教我的少年朋友们学一点防身的本领，努力做一个不受人惑的人。

抱着无限的爱和无限的希望，我很诚挚的把这一本小书贡献给全国的少年朋友！

十九，十一，二十七晨二时，将离开江南的前一日。胡适

（此文原收入 1930 年 12 月上海亚东图书馆出版的《胡适文选》）

惨痛的回忆与反省
（1932 年 9 月 11 日）

这一期（《独立评论》第十八期）本刊出版之日正是九一八的周年纪念。这一年的光阴，没有一天不在耻辱惨痛中过去的，纪念不必在这一天，这一天不过是给我们一个特别深刻的回忆的机会，叫我们回头算算这一年的旧账，究竟国家受了多大的损失和耻辱，究竟我们自己努力了几分，究竟我们失败的原因在那里。并且这一天应该使我们向前途想想，究竟在这最近的将来应该如何努力，在那较远的将来应该如何努力。这才是纪念"九一八"的意义。

九一八的事件，不是孤立的，不是偶然的，不是意外的，他不过是五六十年的历史原因造成的一个危险局面的一个爆发点。这座火山的爆发已不止一次了。第一次的大爆发在三十八年前的中日战争，第二次在三十五年前的俄国占据旅顺、大连，第三次在庚子拳乱期间俄国进兵东三省，第四次在二十八年前的日俄战争，第五次在十七年前的二十一条交涉。去年九一八之役是第六次的大爆发。每一次爆发，总给我们一个绝大的刺激，所以第一、二次的爆发引起了戊戌维新运动和庚子的拳祸。日俄战争促进了中国的革命运动，满清皇室终于颠覆。二十一条的交涉对于后来国民革命的成功也有绝大的影响：袁世凯的帝制运动及其失败，安福党人的卖国借款，巴黎和约引起的学生运动，学生运动引起的中国共产党的组织与中国国民党的改组：此等事件都与国民革命的运动有直接或间接的关系。所以我们可以说民四的中日交涉产生了民十五六年的国民革命。

反响是有的，然而每一次反响都不曾达到挽救危亡的目标，都不曾做到建设一个有力的统一国家的目标。况且每一次的前进，总不免同时引起了不少的反动势力：戊戌维新没有成功，反动的慈禧党早已起来了，就引起了庚子的国耻。辛亥革命刚推倒了一个枯朽的满清帝室，北洋军人与政客的反动大团结又早已起来了。民十五六年的国民革命还没有完全胜利，腐化和恶化的趋势都已充分显露了。三十多年的民族自救运动，没有一次不是前进的新势力和反动势力同时出现，彼此互相打消，已得的进步往往还不够反动势力的破坏，所得虽不少而未必能抵偿所失之多。结果竟成了进一步必得退一步，甚至于退两三步。到了今日，民族自救的运动还是一事无成！练新兵本是为了御外侮的，于今我们有了二百多万人的陆军，既不能御外侮，又不能维持地方的安宁，只给国家添了一个绝大的乱源！谋革命也是为了救危亡，图民族国家的复兴；然而三十年的革命事业，到今日还只到处听见"尚未成功"的一句痛语。办新教育也是为了兴国强种，然而三十多年的新教育，到今日不曾为国家添得一分富，一分强，只落得人人痛恨教育的破产。

四十年的奇耻大辱，刺激不可谓不深；四十年的救亡运动，时间不可谓不长。然而今日大难当前，三百六十五个昼夜过去了，我们还是一个束手无策。这是我们在这个绝大纪念日所应该深刻反省的一篇惨史，一笔苦账。

我们应该自己反省：为什么我们这样不中用？为什么我们的民族自救运动到于今还是失败的？"七年之病求三年之艾"，这固然是今日的急务；然而还有许多人不信我们的民族国家是有病的，也还有许多人不肯相信我们生的是七年之病，也还有一些人不肯费心思去诊断我们的病究竟在那里。我说的"反省"，就是要做那已经太晚了的诊断自己。

我们的大病原，依我看来，是我们的老祖宗造孽太深了，祸延到我们今日。二三十年前人人都知道鸦片、小脚、八股，为"三大害"；前几年有人指出贫、病、愚昧、贪污、纷乱，为中国的"五鬼"；今年有人指出仪文主义、贯通主义、亲故主义，为"三个亡国性的主义"。（《独立》第十二号）这些话，现在的青年人都看做老生常谈了，然而这些大病根的真实是绝对无可讳的。这些大毛病都不是一朝一夕发生的，都是千百年来老祖宗给我们留下的遗产。这些病痛，"有一于此，未或不亡"，何况我们竟是兼而有之，种种亡国灭种的大病都丛集在一个民族国家的身上！向来所谓"东方病夫国"，往往单指我们身体上的多病与软弱，其实我们身体上的病痛固然不轻，精神上的病痛更多，又更难治。即如"缠脚"，岂但是残贼肢体而已！把半个民族的分子不当作人看待，让她们做了牛马，还要砍折她们的两腿，这种精神上的疯狂惨酷，是千百年不容易洗刷得干净的。又如"八股"，岂但是一种文章格式而已！把全国的最优秀分子的聪明才力都用在变文字戏法上，这种精神上的病态养成的思想习惯也是千百年不容易改变的。——这些老祖宗遗留下的孽障，是我们这个民族的根本病。在这个心身都病的民族遗传上，无论什么良法美意一到中国都成了"逾淮之橘"，都变成四不像了。

所谓民族自救运动，其实只是要救治这些根本病痛。这些病根不除掉，什么打倒帝国主义，什么民族复兴，都是废话。例如鸦片，现在帝国主义的国家并不用兵力来强逼我们销售了，然而各省的鸦片，勒种的是谁呢？抽税的是谁呢？包运包销的是谁呢？那无数自己情愿吸食的又是谁呢？

病根太深，是我们的根本困难。但是我们还有一层很重大的困难，使一切疗治的工作都无从下手。这个大困难就是我们的社会没有重心，就像一个身体没有一个神经中枢，医头医脚好像都搔不着真正的痛痒。试看日本的维新所以能在六十年中收绝大的功效，其中关键就在日本的社会组织始终没有失掉他的重心：这个重心先在幕府，其后幕府崩溃，重心散在各强藩，几乎成一个溃散的局面；然而幕府归政于天皇之后（一八六七），天皇成为全国的重心，一切政治的革新都有所寄托，有所依附，故幕府废后，即改藩侯为藩知事，又废藩置县，藩侯皆入居京师，由中央委任知事统治其地（一八七一），在四五年之中做到了铲除封建割据的大功。二十年后，宪政成立，国会的政治起来替代藩阀朝臣专政的政治（一八九〇），宪政初期的纠纷也全靠有个天皇作重心，都不曾引起轨道外的冲突，从来不曾因政争而引起内战。自此以后，四十年中，日本不但解决了他的民族自救问题，还一跃而为世界三五个大强国之一，其中虽有几个很伟大的政治家的功绩不可磨灭，而其中最大原因是因为社会始终不曾失其重心，所以一切改革工作都不至于浪费。

我们中国这六七十年的历史所以一事无成，一切工作都成虚掷，都不能有永久性者，依我看来，都只因为我们把六七十年的光阴抛掷在寻求建立一个社会重心而终不可得。帝制时代的重心应该在帝室，而那时的满清皇族已到了一个很堕落的末路，经过太平天国的大乱，一切弱点都暴露出来，早已失去政治重心的资格了。所谓"中兴"将相，如曾国藩、李鸿章诸人，在十九世纪的后期，俨然成为一个新的重心。可惜他们不敢进一步推倒满清，建立一个汉族新国家；他们所依附的政治重心一天一天的崩溃，他们所建立的一点事业也就跟着那崩溃的重心一齐消灭了。戊戌的维新领袖也曾轰动一时，几乎有造成新重心的形势，但不久也就消散了。辛亥以后民党的领袖几乎成为社会新重心了，但旧势力不久卷土重来，而革命日子太浅，革命的领袖还不能得着全国的信仰，所以这个新重心不久也崩溃了。在革命领袖之中，孙中山先生最后死，奋斗的日子最久，资望也最深，所以民十三以后，他改造的中国国民党成为一个簇新的社会重心，民十五六年之间，全国多数人心的倾向中国国民党，真是六七十年来所没有的新气象。不幸这个新重心因为缺乏活的领袖，缺乏远大的政治眼光与计画，能唱高调而不能做实事，能破坏而不能建设，能钳制人民而不能收拾人心，这四五年来，又渐渐失去做社会重心的资格了。六七十年的历史演变，仅仅得这一个可以勉强作社会重心的大结合，而终于不能保持其已得的重心资格，这是我们从历史上观察的人所最惋惜的。

这六七十年追求一个社会政治重心而终不可得的一段历史，我认为最值得我们的严重考虑。我以为中国的民族自救运动的失败，这是一个最主要的原因。我的朋友翁文灏先生说的好：“进步是历次的工作相继续相积累而成的，尤其是重大的建设事业，非逐步前进不会成功。”（《独立》第五号，页十二）日本与中国的维新事业的成败不同，只是因为日本不曾失掉重心，故六七十年的工作是相继续的，相积累的，一点一滴的努力都积聚在一个有重心的政治组织之上。而我们始终没有重心，无论什么工作，做到了一点成绩，政局完全变了，机关改组了或取消了，领袖换了人了，一切都被推翻，都得从头做起；没有一项事业有长期计画的可能，没有一个计画有继续推行的把握，没有一件工作有长期持续的机会，没有一种制度有依据过去经验积渐改善的幸运。试举议会政治为例：四十二年前，日本第一次选举议会，有选举权者不过全国人口总数百分之一；但积四十年之经验，竟做到男子普遍选举了。我们的第一次国会比日本的议会不过迟二十一年，但是昙花一现之后，我们的聪明人就宣告议会政治是不值得再试的了。又如教育，日本改定学制在六十年前，六十年不断的努力就做到了强迫教育的普及，高等教育也达到了很可惊的成绩。我们的新学堂章程也是三十多年前就有了的，然而因为没有长期计画的可能，普及教育至今还没有影子，高等教育是年年跟着政局变换的，至今没有一个稳定的大学。我们拿北京大学、南洋公学的跟着政局变换的历史，来比较庆应大学和东京帝大的历史，真可以使我们惭愧不能自容了。

※　　　　　※　　　　　※　　　　　※

　　我开始做一篇纪念"九一八"的文字，写了半天，好像是跑野马跑的去题万里了。然而这都是我在纪念九一八的情感里的回忆与反省。我今天读了一部《请缨日记》，是台湾民主国的大总统唐景崧的日记，记的是他在一八八二年自己告奋勇去运动刘永福（当时的"义勇军"）出兵援救安南的故事。我看了真有无限的感慨！五十年前，我们想倚靠刘永福的"义勇军"去抵抗法兰西。五十年后，我们有了二百多万的新式军队了，依旧还得倚靠东北的义勇军去抵抗日本。五十年了！把戏还是一样！这不是很值得我们追忆与反省的吗？我们要御外侮，要救国，要复兴中华民族，这都不是在这个一盘散沙的社会组织上所能做到的事业。我们的敌人公开的讥笑我们是一个没有现代组织的国家，我们听了一定很生气；但是生气有什么用处？我们应该反省：我们所以缺乏现代国家的组织，是不是因为我们至今还不曾建立起我们的社会重心？如果这个解释是不错的，我们应该怎样努力方才可以早日建立这么一个重心？这个重心应该向那里去寻求呢？

　　为什么六七十年的历史演变不曾变出一个社会重心来呢？这不是可以使我们深思的吗？我们的社会组织和日本和德国和英国都不相同。我们一则离开封建时代太远了，二则对于君主政体的信念已被那太不像样的满清末期完全毁坏了，三则科举盛行以后社会的阶级已太平等化了，四则人民太贫穷了没有一个有势力的资产阶级，五则教育太不普及又太幼稚了没有一个有势力的智识阶级：有这五个原因，我们可以说是没有一个天然候补的社会重心。既然没有天然的重心，所以只可以用人功创造一个出来。这个可以用人功建立的社会重心，依我看来，必须具有这些条件：

　　第一，必不是任何个人，而是一个大的团结。

　　第二，必不是一个阶级，而是拥有各种社会阶级的同情的团体。

　　第三，必须能吸收容纳国中的优秀人才。

　　第四，必须有一个能号召全国多数人民的感情与意志的大目标：他的目标必须是全国的福利。

　　第五，必须有事功上的成绩使人民信任。

　　第六，必须有制度化的组织使他可以有持续性。

　　我们环顾国内，还不曾发现有这样的一个团结。凡是自命为一个阶级谋特殊利益的，固然不够作社会的新重心；凡是把一党的私利放在国家的福利之上的，也不够资格。至于那些拥护私人作老板的利害结合，更不消说了。

我们此时应该自觉的讨论这种社会重心的需要，也许从这种自觉心里可以产生一两个候补的重心出来。这种说法似乎很迂缓。但是我曾说过，最迂缓的路也许倒是最快捷的路。

二十一，九，十一夜

（此文原载 1932 年 9 月 18 日《独立评论》第 18 号）

信心与反省
（1934 年 5 月 28 日）

这一期（《独立》一〇三期）里有寿生先生的一篇文章，题为《我们要有信心》，在这文里，他提出一个大问题：中华民族真不行吗？他自己的答案是：我们是还有生存权的。

我很高兴我们的青年在这种恶劣空气里还能保持他们对于国家民族前途的绝大信心。这种信心是一个民族生存的基础，我们当然是完全同情的。

可是我们要补充一点：这种信心本身要建筑在稳固的基础之上，不可站在散沙之上。如果信仰的根据不稳固，一朝根基动摇了，信仰也就完了。

寿生先生不赞成那些旧人"拿什么五千年的古国哟，精神文明哟，地大物博哟，来遮丑"。这是不错的。然而他自己提出的民族信心的根据，依我看来，文字上虽然和他们不同，实质上还是和他们同样的站在散沙之上，同样的挡不住风吹雨打。例如他说：

> 我们今日之改进不如日本之速者，就是因为我们的固有文化太丰富了。富于创造性的人，个性必强，接受性就较缓。

这种思想在实质上和那五千年古国精神文明的迷梦是同样的无稽的夸大。第一，他的原则"富于创造性的人，个性必强，接受性就较缓"，这个大前提就是完全无稽之谈，就是懒惰的中国士大夫捏造出来替自己遮丑的胡说。事实上恰是相反的：凡富于创造性的人必敏于模仿，凡不善模仿的人决不能创造。创造是一个最误人的名词，其实创造只是模仿到十足时的一点点新花样。古人说的最好："太阳之下，没有新的东西。"一切所谓创造都从模仿出来。我们不要被新名词骗了。新名词的模仿就是旧名词的"学"字；"学之为言效也"是一句不磨的老话。例如学琴，必须先模仿琴师弹琴；学画，必须先模仿画师作画；就是画自然界的景物，也是模仿。模仿熟了，就是学会了，工具用的熟了，方法练的细密了，有天才的人自然会"熟能生巧"，这一点工夫到时的奇巧新花样就叫做创造。凡不肯模仿，就是不肯学人的长处。不肯学如何能创造？葛理略（Galileo）听说荷兰有个磨镜匠人做成了一座望远镜，他就依他听说的造法，自己制造了一座望远镜。这就是模仿，也就是创造。从十七世纪初年到如今，望远镜和显微镜都年年有进步，可是这三百年的进步，步步是模仿，也步步是创造。一切进步都是如此：没有一件创造不是先从模仿下手的。孔子说的好：

> 三人行，必有我师焉。择其善者而从之，其不善者而改之。

这就是一个圣人的模仿。懒人不肯模仿，所以决不会创造。一个民族也和个人一样，最肯学人的时代就是那个民族最伟大的时代；等到他不肯学人的时候，他的盛世已过去了，他已走上衰老僵化的时期了，我们中国民族最伟大的时代，正是我们最肯模仿四邻的时代：从汉到唐宋，一切建筑、绘画、雕刻、音乐、宗教、思想、算学、天文、工艺，那一件里没有模仿外国的重要成分？佛教和他带来的美术建筑，不用说了。从汉朝到今日，我们的历法改革，无一次不是采用外国的新法；最近三百年的历法是完全学西洋的，更不用说了。到了我们不肯学人家的好处的时候，我们的文化也就不进步了。我们到了民族中衰的时代，只有懒劲学印度人的吸食鸦片，却没有精力学满洲人的不缠脚，那就是我们自杀的法门了。

第二，我们不可轻视日本人的模仿。寿生先生也犯了一般人轻视日本的恶习惯，抹杀日本人善于模仿的绝大长处。日本的成功，正可以证明我在上文说的"一切创造都从模仿出来"的原则。寿生说：

> 从唐以至日本明治维新，千数百年间，日本有一件事足为中国取镜者吗？中国的学术思想在她手里去发展改进过吗？我们实无法说有。

这又是无稽的诬告了。三百年前，朱舜水到日本，他居留久了，能了解那个岛国民族的优点，所以他写信给中国的朋友说，日本的政治虽不能上比唐、虞，可以说比得上三代盛世。这一个中国大学者在长期寄居之后下的考语，是值得我们的注意的。日本民族的长处全在他们肯一心一意的学别人的好处。他们学了中国的无数好处，但始终不曾学我们的小脚，八股文，鸦片烟。这不够"为中国取镜"吗？他们学别国的文化，无论在那一方面，凡是学到家的，都能有创造的贡献。这是必然的道理。浅见的人都说日本的山水人物画是模仿中国的；其实日本画自有他的特点，在人物方面的成绩远胜过中国画，在山水方面也没有走上四王的笨路。在文学方面，他们也有很大的创造。近年已有人赏识日本的小诗了。我且举一个大家不甚留意的例子。文学史家往往说日本的《源氏物语》等作品是模仿中国唐人的小说《游仙窟》等书的。现今《游仙窟》已从日本翻印回中国来了，《源氏物语》也有了英国人卫来先生（Arthur Waley）的五巨册的译本。我们若比较这两部书，就不能不惊叹日本人创造力的伟大。如果"源氏"真是从模仿《游仙窟》出来的，那真是徒弟胜过师傅千万倍了！寿生先生原文里批评日本的工商业，也是中了成见的毒。日本今日工商业的长脚发展，虽然也受了生活程度比人低和货币低落的恩惠，但他的根基实在是全靠科学与工商业的进步。今日大阪与兰肯歇的竞争，骨子里还是新式工业与旧式工业的竞争。日本今日自造的纺织器是世界各国公认为最新最良的。今日英国纺织业也不能不购买日本的新机器了。这是从模仿到创造的最好的例子。不然，我们工人的工资比日本更低，货币平常也比日本钱更贱，为什么我们不能"与他国资本家抢商场"呢？我们到了今日，若还要抹煞事实，笑人模仿，而自居于"富于创造性者"的不屑模仿，那真是盲目的夸大狂了。

第三，再看看"我们的固有文化"是不是真的"太丰富了"。寿生和其他夸大本国固有文化的人们，如果真肯平心想想，必然也会明白这句话也是无根的乱谈。这个问题太大，不是这篇短文里所能详细讨论的，我只能指出这个比较重要之点，使人明白我们的固有文化实在是很贫乏的，谈不到"太丰富"的梦话。近代的科学文化，工业文化，我们可以撇开不谈，因为在那些方面，我们的贫乏未免太丢人了。我们且谈谈老远的过去时代罢。我们的周秦时代当然可以和希腊、罗马相提比论，然而我们如果平心研究希腊、罗马的文学、雕刻、科学、政治，单是这四项就不能不使我们感觉我们的文化的贫乏了。尤其是造形美术与算学的两方面，我们真不能不低头愧汗。我们试想想，《几何原本》的作者欧几里得（Euclid）正和孟子先后同时；在那么早的时代，在二千多年前，我们在科学上早已太落后了！（少年爱国的人何不试拿《墨子·经上篇》里的三五条几何学界说来比较《几何原本》？）从此以后，我们所有的，欧洲也都有；我们所没有的，人家所独有的，人家都比我们强。试举一个例子：欧洲有三个一千年的大学，有许多个五百年以上的大学，至今继续存在，继续发展：我们有没有？至于我们所独有的宝贝，骈文、律诗、八股、小脚、太监、姨太太、五世同居的大家庭、贞节牌坊、地狱活现的监狱、廷杖、板子夹棍的法庭……虽然"丰富"，虽然"在这世界无不足以单独成一系统"，究竟都是使我们抬不起头来的文物制度。即如寿生先生指出的"那更光辉万丈"的宋明理学，说起来也真正可怜！讲了七八百年的理学，没有一个理学圣贤起来指出裹小脚是不人道的野蛮行为，只见大家崇信"饿死事极小，失节事极大"的吃人礼教：请问那万丈光辉究竟照耀到那里去了？

以上说的，都只是略略指出寿生先生代表的民族信心是建筑在散沙上面，禁不起风吹草动，就会倒塌下来的。信心是我们需要的，但无根据的信心是没有力量的。

可靠的民族信心，必须建筑在一个坚固的基础之上，祖宗的光荣自是祖宗之光荣，不能救我们的痛苦羞辱。何况祖宗所建的基业不全是光荣呢？我们要指出：我们的民族信心必须站在"反省"的唯一基础之上。反省就是要闭门思过，要诚心诚意的想，我们祖宗的罪孽深重，我们自己的罪孽深重；要认清了罪孽所在，然后我们可以用全副精力去消灾灭罪。寿生先生引了一句"中国不亡是无天理"的悲叹词句，他也许不知道这句伤心的话是我十三四年前在中央公园后面柏树下对孙伏园先生说的，第二天被他记在《晨报》上，就流传至今。我说出那句话的目的，不是要人消极，是要人反省；不是要人灰心，是要人起信心，发下大弘誓来忏悔，来替祖宗忏悔，替我们自己忏悔；要发愿造新因来替代旧日种下的恶因。

今日的大患在于全国人不知耻。所以不知耻者，只是因为不曾反省。一个国家兵力不如人，被人打败了，被人抢夺了一大块土地去，这不算是最大的耻辱。一个国家在今日还容许整个的省分遍种鸦片烟，一个政府在今日还要依靠鸦片烟的税收——公卖税、吸户税、烟苗税、过境税——来做政府的收入的一部分，这是最大的耻辱。一个现代民族在今日还容许他们的最高官吏公然提倡什么"时轮金刚法会"、"息灾利民法会"，这是最大的耻辱。一个国家有五千年的历史，而没有一个四十年的大学，甚至于没有一个真正完备的大学，这是最大的耻辱。一个国家能养三百万不能捍卫国家的兵，而至今不肯计划任何区域的国民义务教育，这是最大的耻辱。

真诚的反省自然发生于真诚的愧耻。孟子说的好："不耻不若人，何若人有？"真诚的愧耻自然引起向上的努力，要发弘愿努力学人家的好处，划除自家的罪恶。经过这种反省与忏悔之后，然后可以起新的信心：要信仰我们自己正是拨乱反正的人，这个担子必须我们自己来挑起。三四十年的天足运动已经差不多完全划除了小脚的风气：从前大脚的女人要装小脚，现在小脚的女人要装大脚了。风气转移的这样快，这不够坚定我们的自信心吗？

历史的反省自然使我们明了今日的失败都因为过去的不努力，同时也可以使我们格外明了"种瓜得瓜，种豆得豆"的因果铁律。铲除过去的罪孽只是割断已往种下的果。我们要收新果，必须努力造新因。祖宗生在过去的时代，他们没有我们今日的新工具，也居然能给我们留下了不少的遗产。我们今日有了祖宗不曾梦见的种种新工具，当然应该有比祖宗高明千百倍的成绩，才对得起这个新鲜的世界。日本一个小岛国，那么贫瘠的土地，那么少的人民，只因为伊藤博文、大久保利通、西乡隆盛等几十个人的努力，只因为他们肯拼命的学人家，肯拼命的用这个世界的新工具，居然在半个世纪之内一跃而为世界三五大强国之一。这不够鼓舞我们的信心吗？

反省的结果应该使我们明白那五千年的精神文明，那"光辉万丈"的宋、明理学，那并不太丰富的固有文化，都是无济于事的银样蜡枪头。我们的前途在我们自己的手里。我们的信心应该望在我们的将来。我们的将来全靠我们卜什么种，出多少力。"播了种一定会有收获，用了力决不至于白费"：这是翁文灏先生要我们有的信心。

二十三，五，二十八

（此文原载 1934 年 6 月 3 日《独立评论》第 103 号）

写在孔子诞辰纪念之后
（1934 年 9 月 3 日）

我们家乡有句俗话说："做戏无法，出个菩萨。"编戏的人遇到了无法转变的情节，往往请出一个观音菩萨来解围救急。这两年来，中国人受了外患的刺激，颇有点手忙脚乱的情形，也就不免走上了"做戏无法，出个菩萨"的一条路。这本是人之常情。西洋文学批评史也有 deus ex machina 的话，译出来也可说，"解围无计，出个上帝"。本年五月里美国奇旱，报纸上也曾登出旱区妇女孩子跪着祈祷求雨的照片。这都是穷愁呼天的常情，其可怜可恕，和今年我们国内许多请张天师求雨或请班禅喇嘛消灾的人，是一样的。

这种心理，在一般愚夫愚妇的行为上表现出来，是可怜而可恕的；但在一个现代政府的政令上表现出来，是可怜而不可恕的。现代政府的责任在于充分运用现代科学的正确智识，消极的防患除弊，积极的兴利惠民。这都是一点一滴的工作，一尺一步的旅程，这里面绝没有一条捷径可以偷渡。然而我们观察近年我们当政的领袖好像都不免有一种"做戏无法，出个菩萨"的心理，想寻求一条救国的捷径，想用最简易的方法做到一种复兴的灵迹。最近政府忽然手忙脚乱的恢复了纪念孔子诞辰的典礼，很匆遽的颁布了礼节的规定。八月二十七日，全国都奉命举行了这个孔诞纪念的大典。在每年许多个先烈纪念日之中加上一个孔子诞辰的纪念日，本来不值得我们的诧异。然而政府中人说这是"倡导国民培养精神上之人格"的方法；舆论界的一位领袖也说："有此一举，诚足以奋起国民之精神，恢复民族的自信。"难道世间真有这样简便的捷径吗？

我们当然赞成"培养精神上之人格"，"奋起国民之精神，恢复民族的自信"。但是古人也曾说过："礼乐所由起，百年积德而后可兴也。"

国民的精神，民族的信心，也是这样的；他的颓废不是一朝一夕之故，他的复兴也不是虚文口号所能做到的。"洙水桥前，大成殿上，多士济济，肃穆趋跄"（用八月二十七日《大公报》社论中语）；四方城市里，政客军人也都率领着官吏士民，济济跄跄的行礼，堂堂皇皇的演说——礼成祭毕，纷纷而散，假期是添了一日，口号是添了二十句，演讲词是多出了几篇，官吏学生是多跑了一趟，然在精神的人格与民族的自信上，究竟有丝毫的影响吗？

那一天《大公报》的社论曾有这样一段议论：

> 最近二十年，世变弥烈，人欲横流，功利思想如水趋壑，不特仁义之说为俗诽笑，即人禽之判亦几以不明，民族的自尊心与自信力既已荡然无存，不待外侮之来，国家固早已濒于精神幻灭之域。

如果这种诊断是对的，那么，我们的民族病不过起于"最近二十年"，这样浅的病根，应该是很容易医治的了。可惜我们平日敬重的这位天津同业先生未免错读历史了。《官场现形记》和《二十年目睹之怪现状》描写的社会政治情形，不是中国的实情吗？是不是我们得把病情移前三十年呢？《品花宝鉴》以至《金瓶梅》描写的也不是中国的社会政治吗？这样一来，又得挪上三五百年了。那些时代，孔子是年年祭的，《论语》、《孝经》、《大学》是村学儿童人人读的，还有士大夫讲理学的风气哩！究竟那每年"洙水桥前，大成殿上，多士济济，肃穆趋跄"，曾何补于当时的惨酷的社会，贪污的政治？

我们回想到我们三十年前在村学堂读书的时候，每年开学是要向孔夫子叩头礼拜的；每天放学，拿了先生批点过的习字，是要向中堂（不一定有孔子像）拜揖然后回家的。至今回想起来，那个时代的人情风尚也未见得比现在高多少。在许多方面，我们还可以确定的说："最近二十年"比那个拜孔夫子的时代高明的多多了。这二三十年中，我们废除了三千年的太监，一千年的小脚，六百年的八股，四五百年的男娼，五千年的酷刑，这都没有借重孔子的力量。八月二十七那一天汪精卫先生在中央党部演说，也指出"孔子没有反对纳妾，没有反对蓄奴婢；如今呢，纳妾蓄奴婢，虐待之固是罪恶，善待之亦是罪恶，根本纳妾蓄奴婢便是罪恶"。汪先生的解说是："仁是万古不易的，而仁的内容与条件是与时俱进的。"这样的解说毕竟不能抹煞历史的事实。事实是"最近"几年中，丝毫没有借重孔夫子，而我们的道德观念已进化到承认"根本纳妾蓄奴婢便是罪恶"了。

平心说来，"最近二十年"是中国进步最速的时代；无论在智识上，道德上，国民精神上，国民人格上，社会风俗上，政治组织上，民族自信力上，这二十年的进步都可以说是超过以前的任何时代。这时期中自然也有不少的怪现状的暴露，劣根性的表现，然而种种缺陷都不能减损这二十年的总进步的净赢余。这里不是我们专论这个大问题的地方。但我们可以指出这个总进步的几个大项目：

第一，帝制的推翻，而几千年托庇在专制帝王之下的城狐社鼠——一切妃嫔、太监、贵胄、吏胥、捐纳——都跟着倒了。

第二，教育的革新。浅见的人在今日还攻击新教育的失败，但他们若平心想想旧教育是些什么东西，有些什么东西，就可以明白这二三十年的新教育，无论在量上或质上都比三十年前进步至少千百倍了。在消极方面，因旧教育的推倒，八股、骈文、律诗等等谬制都逐渐跟着倒了；在积极方面，新教育虽然还肤浅，然而常识的增加，技能的增加，文字的改革，体育的进步，国家观念的比较普遍，这都是旧教育万不能做到的成绩。（汪精卫先生前天曾说："中国号称以孝治天下，而一开口便侮辱人的母亲，甚至祖宗妹子等。"试问今日受过小学教育的学生还有这种开口骂人妈妈妹子的国粹习惯吗?）

第三，家庭的变化。城市工商业与教育的发展使人口趋向都会，受影响最大的是旧式家庭的崩溃，家庭变小了，父母公婆与族长的专制威风减削了，儿女宣告独立了。在这变化的家庭中，妇女的地位的抬高与婚姻制度的改革是五千年来最重大的变化。

第四，社会风俗的改革。小脚、男娼、酷刑等等，我已屡次说过了。在积极方面，如女子的解放，如婚丧礼俗的新试验，如青年对于体育运动的热心，如新医学及公共卫生的逐渐推行，这都是古代圣哲所不曾梦见的大进步。

第五，政治组织的新试验。这是帝制推翻的积极方面的结果。二十多年的试验虽然还没有做到满意的效果，但在许多方面（如新式的司法，如警察，如军事，如胥吏政治之变为士人政治），都已明白的显出几千年来所未曾有的成绩。不过我们生在这个时代，往往为成见所蔽，不肯承认罢了。单就最近几年来颁行的新民法一项而论，其中含有无数超越古昔的优点，已可说是一个不流血的绝大社会革命了。这些都是毫无可疑的历史事实，都是"最近二十年"中不曾借重孔夫子而居然做到的伟大的进步。革命的成功就是这些，维新的成绩也就是这些。可怜无数维新志士，革命仁人，他们出了大力，冒了大险，替国家民族在二三十年中做到了这样超越前圣，凌驾百王的大进步，到头来，被几句死书迷了眼睛，见了黑旋风不认得是李逵，反倒唉声叹气，发思古之幽情，痛惜今之不如古，梦想从那"荆棘丛生，檐角倾斜"的大成殿里抬出孔圣人来"卫我宗邦，保我族类"！这岂不是天下古今最可怪笑的愚笨吗？

文章写到这里，有人打岔道："喂，你别跑野马了。他们要的是'国民精神上之人格，民族的自信'。在这'最近二十年'里，这些项目也有进步吗？不借重孔夫子，行吗？"

什么是人格？人格只是已养成的行为习惯的总和。什么是信心？信心只是敢于肯定一个不可知的将来的勇气。在这个时代，新旧势力，中西思潮，四方八面的交攻，都自然会影响到我们这一辈人的行为习惯，所以我们很难指出某种人格是某一种势力单独造成的。但我们可以毫不迟疑的说：这二三十年中的领袖人才，正因为生活在一个新世界的新潮流里，他们的人格往往比旧时代的人物更伟大：思想更透辟，知识更丰富，气象更开阔，行为更豪放，人格更崇高。试把孙中山来比曾国藩，我们就可以明白这两个世界的代表人物的不同了。在古典文学的成就上，在世故的磨炼上，在小心谨慎的行为上，中山先生当然比不上曾文正。然而在见解的大胆，气象的雄伟，行为的勇敢上，那一位理学名臣就远不如这一位革命领袖了。照我这十几年来的观察，凡受这个新世界的新文化的震撼最大的人物，他们的人格都可以上比一切时代的圣贤，不但没有愧色，往往超越前人。老辈中，如高梦旦先生，如张元济先生，如蔡元培先生，如吴稚晖先生，如张伯苓先生；朋辈中，如周诒春先生，如李四光先生，如翁文灏先生，如姜蒋佐先生：他们的人格的崇高可爱敬，在中国古人中真寻不出相当的伦比。这种人格只有这个新时代才能产生，同时又都是能够给这个时代增加光耀的。

我们谈到古人的人格，往往想到岳飞、文天祥和晚明那些死在廷杖下或天牢里的东林忠臣。我们何不想想这二三十年中为了各种革命慷慨杀身的无数志士！那些年年有特别纪念日追悼的人们，我们姑且不论。我们试想想那些为排满革命而死的许多志士，那些为民十五六年的国民革命而死的无数青年，那些前两年中在上海在长城一带为抗日卫国而死的无数青年，那些为民十三以来的共产革命而死的无数青年——他们慷慨献身去经营的目标比起东林诸君子的目标来，其伟大真不可比例了。东林诸君子慷慨抗争的是"红丸"、"移宫"、"妖书"等等米米小的问题；而这无数的革命青年慷慨献身去工作的是全民族的解放，整个国家的自由平等，或他们所梦想的全人类社会的自由平等。我们想到了这二十年中为一个主义而从容杀身的无数青年，我们想起了这无数个"杀身成仁"中国青年，我们不能不低下头来向他们致最深的敬礼；我们不能不颂赞这"最近二十年"是中国史上一个精神人格最崇高，民族自信心最坚强的时代。他们把他们的生命都献给了他们的国家和他们的主义，天下还有比这更大的信心吗？

凡是咒诅这个时代为"人欲横流，人禽无别"的人，都是不曾认识这个新时代的人：他们不认识这二十年中国的空前大进步，也不认识这二十年中整千整万的中国少年流的血究竟为的是什么。

可怜的没有信心的老革命党呵！你们要革命，现在革命做到了这二十年的空前大进步，你们反不认得它了。这二十年的一点进步不是孔夫子之赐，是大家努力革命的结果，是大家接受了一个新世界的新文明的结果。只有向前走是有希望的。开倒车是不会有成功的。

你们心眼里最不满意的现状——你们所咒诅的"人欲横流，人禽无别"——只是任何革命时代所不能避免的一点附产物而已。这种现状的存在，只够证明革命还没有成功，进步还不够。孔圣人是无法帮忙的，开倒车也决不能引你们回到那个本来不存在的"美德造成的黄金世界"的！养个孩子还免不了肚痛，何况改造一个国家，何况改造一个文化？别灰心了，向前走罢！

二十三，九，三夜

（此文原载 1934 年 9 月 9 日《独立评论》第 117 号）

今日思想界的一个大弊病
（1935 年 5 月 27 日）

现在有一些写文字的人最爱用整串的抽象名词，翻来覆去，就像变戏法的人搬弄他的"一个郎当，一个郎当，郎当一郎当"一样。他们有时候用一个抽象名词来替代许多事实；有时候又用一大串抽象名词来替代思想；有时候同一个名词用在一篇文章里可以有无数的不同的意义。我们这些受过一点严格的思想训练的人，每读这一类的文字，总觉得无法抓住作者说的是什么话，走的是什么思路，用的是什么证据。老实说，我们看不懂他们变的是什么掩眼法。

我试从我平日最敬爱的一个朋友陶希圣先生的《为什么否认现在的中国》一篇里引一些例子。

(1) 在先，资本主义的支配还不大厉害的时候，中国人便想自己也来一番资本主义，去追上欧美列强。

我们试想"也来一番资本主义"这句话是不是可以替代庚子拳祸以前的一切变法维新的企图？设船厂，兴海军，兴教育，改科举，立制造局，翻译格致书籍，派遣留学生等等，这都可以用"也来一番资本主义"包括了！这不是用抽象名词代替许多事实吗？

(2) 胡先生在过去与封建主义争斗的光荣，是我们最崇拜最愿崇拜的。

这里说的是我自己了。然而我搜索我半生的历史，我就不知道我曾有过"与封建主义争斗的光荣"。压根儿我就不知道这四十年的中国"封建主义"是个什么样子。所以陶先生如果说我曾提倡白话文，我没法子抵赖。他恭维我曾与封建主义争斗，我只好对他说"小人无罪"。如果我做过什么"争斗"，我打的是骈文、律诗、古文，是死的文字，是某种某种混沌的思想，是某些某些不科学的信仰，是某个某个不人道的制度。这些东西各有很长的历史，各有他的历史演变的事实，都是最具体的东西，都不能用一个抽象名词（如"封建主义"）来解释他们，形容他们，或概括他们。即如骈文律诗，在中国古代封建制度的的确确存在的时代，何尝有骈文律诗的影子？骈文律诗起于比较很晚的时代，与封建主义何干？那个道地的封建制度之下，人们歌唱的（如《国风》）是白话，写的（如《论语》）也是白话。后来在一个统一的帝国之下，前一个时代的活文字渐渐僵死了，变成古文，被保留作统一帝国的交通工具，这与封建主义何干？又如我们所攻击的许多传统思想和信仰，绝大部分是两千年的长期印度化的产物，都不是中国古代封建制度之下原有的东西。把这些东西都归罪到"封建主义"一个名词，其错误等于说痨病由于瘆病鬼，天花由于天花娘娘，自缢寻死由于吊死鬼寻替身！

以上的例子都是用一个抽象名词来替代许多具体的历史事实。这毛病是笼统，是混沌，是抹煞事实。

> （3）没有殖民地，我们想像不到欧美的灿烂光华。他们的烂灿光华是向殖民地推销商品和投下资本赚下来的。

> （4）没有殖民地，资本主义便不能存在。

这样的推理，只是武断的把一串名词排成一个先后次序，把名词的先后次序替代了因果的关系。"没有殖民地，就没有了资本主义；没有了资本主义，就没有了欧美的灿烂光华"。多么简单干脆的推论！中国没有殖民地（？），中国就没有资本主义。德国的殖民地全被巴黎和约剥夺了，德国也就没有资本主义了，也就不曾有灿烂光华了。明儿美国让菲律宾独立了，或者菲律宾和夏威夷群岛都被日本抢去了，美国的资本主义也就不能存在了。况且在三十六年前，美国压根儿就不曾有过一块殖民地，美国大概就没有资本主义了吧？大概也就没有什么"灿烂光华"了吧？这是史实吗？

以上的例子是用连串名词的排列来替代思想的层次，来冒充推理的程序。这毛病是懒惰，是武断。

> （5）灿烂的个人自由的经济经营时代，至少是不能在中国再见的了。自由的旗帜高张起来也是空的。有组织有计划的生产，自然与自由主义的思想不相容。不过，民主或自由的思想在中国虽然空的很，却有一些重大的使命。这是因为封建主义还有存在。在对抗封建主义的阵容一点上，民主与自由主义是能够叫动社会同情的。如果误解这种同情的到来，是说中国的文化必走上民主自由的十九世纪欧美式上，那便推论得太远了一点了。

这一段文章里用"自由"一个名词，凡有六次。第一个"自由"是经济的，是自由竞争的经济经营。第二个"自由"好像是指民七八年以来我们一班朋友主张的自由主义的人生观和要求思想言论自由的政治主张。第三个"自由"就不好懂了：明明说的是"自由主义的思想"，却又是和"有组织有计划的生产"不相容，又好像是指自由竞争的经济经营了。我们愚笨的很，只知道"自由主义的思想"和专制政治不相容，和野蛮黑暗的恶势力不相容；我们就没听见过它和"有组织有计划的生产"不相容。姑且不说大规模集中生产的资本主义也是"有组织有计划"的。试看看丹麦和其他北欧各国的各种生产合作制度，何尝不是"有组织有计划的生产"？又何尝与自由主义的思想不相容？所以这第三个"自由"当然还是第一次提到的自由竞争的经济经营。第四个"自由"又是指我们的思想言论自由的民治主张了。第五个"自由"也是如此。第六个"自由"的意义又特别扩大了，扩大到"十九世纪欧美式"的文化，这当然要包括自由竞争的经济制度和思想言论自由的政治要求等等了。

这里用"自由"六次，至少有三个不同的意义：（1）自由竞争的经济经营；（2）我们一班朋友要求思想言论自由的民治主张；（3）"十九世纪欧美式"的自由主义的文化。这三个广狭不同的意义，颠来倒去，忽下忽上，如变戏法的人抛起三个球，滚上滚下，使人眼睛都迷眩了，究竟看不清是一个球，还是三个球，还是五六个球。这样费大气力，变大花头，为的是什么呢？难道真是要叫读者眼光迷眩了，好相信胡适之不赞成"中国本位的文化建设"就是要"回转十九世纪欧美自由主义的路"；而"回转十九世纪欧美自由主义的路"就等于犯了主张资本主义的大罪恶！

这样的例子是滥用一个意义可广可狭的名词，忽而用其广义，忽而用其狭义，忽而又用其最广义。近人用"资本主义"、"封建主义"等等名词，往往犯这种毛病。这毛病，无心犯的是粗心疏忽，有心犯的是舞文弄法。

　　　　※　　　　　　※　　　　　　※　　　　　　※

这些例子所表示的，总名为"滥用名词"的思想作文方法。在思想上，它造成懒惰笼统的思想习惯；在文字上，它造成铿锵空洞的八股文章。这都是中国几千年的文字障的遗毒。古人的文字，谈空说有，说性谈天，主静主一，小部分都是"囊风囊雾"，"捕风捉影"的名词变戏法。"色不异空，空不异色；色即是空，空即是色"。这是人人皆知的模范文体。"用而不有，即有真空，空而不无，玄知妙有。妙有则摩诃般若，真空则清静涅槃。般若无照，能照涅槃；涅槃无生，能生般若"。我们现在读这样的文字，当然会感觉这是用名词变戏法了。但我们现在读某位某位大师的名著，高谈着"封建主义时期"，"商业资本主义时期"，"落后资本主义时期"，"亚细亚生产方式时期"，"资本主义文化"，"社会主义文化"，"中国本位文化建设"，"创造的综合"，"奥伏赫变"，"迎头赶上"……我们就不认得这也是搬弄名词的把戏了。

这种文字障，名词障，不是可以忽视的毛病。这是思想上的绝大障碍。名词是思想的一个重要工具。要使这个工具确当，用的有效，我们必须严格的戒约自己：第一，切不可乱用一个意义不曾分析清楚的抽象名词。（例如用"资本主义"，你得先告诉我，你心里想像的是你贵处的每月三分的高利贷，还是伦敦、纽约的年息二厘五的银行放款。）第二，与其用抽象名词，宁可多列举具体的事实：事实容易使人明白，名词容易使人糊涂。第三，名词连串的排列，不能替代推理：推理是拿出证据来，不是搬出名词来。第四，凡用一个意义有广狭的名词，不可随时变换它的涵义。第五，我们要记得唐朝庞居士临死时的两句格言："但愿空诸所有，不可实诸所无。"本没有鬼，因为有了"大头鬼"、"长脚鬼"等等鬼名词，就好像真有鬼了。滥造鬼名词的人自己必定遭鬼迷，不可不戒！

二十四，五，二十七夜

（此文原载 1935 年 6 月 2 日《独立评论》第 153 号）

三　哲学与方法

中国哲学史大纲导言
（1919 年 2 月）

　　哲学的定义　哲学的定义从来没有一定的。我如今也暂下一个定义："凡研究人生切要的问题，从根本上着想，要寻一个根本的解决：这种学问，叫做哲学。"例如，行为的善恶，乃是人生一个切要问题。平常人对着这问题，或劝人行善去恶，或实行赏善罚恶，这都算不得根本的解决。哲学家遇着这问题，便去研究什么叫做善，什么叫做恶；人的善恶还是天生的呢，还是学得来的呢；我们何以能知道善恶的分别，还是生来有这种观念，还是从阅历经验上学得来的呢；善何以当为，恶何以不当为；还是因为善事有利所以当为，恶事有害所以不当为呢；还是只论善恶，不论利害呢。这些都是善恶问题的根本方面。必须从这些方面着想，方可希望有一个根本的解决。

　　因为人生切要的问题不止一个，所以哲学的门类也有许多种。例如：

　　一、天地万物怎样来的。（宇宙论）

　　二、知识思想的范围、作用及方法。（名学及知识论）

　　三、人生在世应该如何行为。（人生哲学，旧称"伦理学"）

　　四、怎样才可使人有知识，能思想，行善去恶呢。（教育哲学）

　　五、社会国家应该如何组织，如何管理。（政治哲学）

　　六、人生究竟有何归宿。（宗教哲学）

　　哲学史　这种种人生切要问题，自古以来，经过了许多哲学家的研究。往往有一个问题发生以后，各人有各人的见解，各人有各人的解决方法，遂致互相辩论。有时一种问题过了几千百年，还没有一定的解决法。例如，孟子说人性是善的，告子说性无善无不善，荀子说性是恶的。到了后世，又有人说性有上、中、下三品，又有人说性是无善无恶可善可恶的。若有人把种种哲学问题的种种研究法和种种解决方法，都依着年代的先后和学派的系统，一一记叙下来，便成了哲学史。

哲学史的种类也有许多：

一、通史。例如，《中国哲学史》、《西洋哲学史》之类。

二、专史。

（一）专治一个时代的。例如，《希腊哲学史》、《明儒学案》。

（二）专治一个学派的。例如，《禅学史》、《斯多亚派哲学史》。

（三）专讲一人的学说的。例如，《王阳明的哲学》、《康德的哲学》。

（四）专讲哲学的一部分的历史。例如，《名学史》、《人生哲学史》、《心理学史》。

哲学史有三个目的：

（一）明变。哲学史第一要务，在于使学者知道古今思想沿革变迁的线索。例如，孟子、荀子同是儒家，但是孟子、荀子的学说和孔子不同，孟子又和荀子不同。又如，宋儒、明儒也都自称孔氏，但是宋明的儒学，并不是孔子的儒学，也不是孟子、荀子的儒学。但是这个不同之中，却也有个相同的所在，又有个一线相承的所在。这种同异沿革的线索，非有哲学史，不能明白写出来。

（二）求因。哲学史目的，不但要指出哲学思想沿革变迁的线索，还须要寻出这些沿革变迁的原因。例如，程子、朱子的哲学，何以不同于孔子、孟子的哲学？陆象山、王阳明的哲学，又何以不同于程子、朱子呢？这些原因，约有三种：

（甲）个人才性不同。

（乙）所处的时势不同。

（丙）所受的思想学术不同。

（三）评判。既知思想的变迁和所以变迁的原因了，哲学史的责任还没有完，还须要使学者知道各家学说的价值：这便叫做评判。但是我说的评判，并不是把做哲学史的人自己的眼光，来批评古人的是非得失。那种"主观的"评判，没有什么大用处。如今所说，乃是"客观的"评判。这种评判法，要把每一家学说所发生的效果表示出来。这些效果的价值，便是那种学说的价值。这些效果，大概可分为三种：

（甲）要看一家学说在同时的思想，和后来的思想上发生何种影响。

（乙）要看一家学说在风俗政治上，发生何种影响。

（丙）要看一家学说的结果，可造出什么样的人格来。

例如，古代的"命定主义"，说得最痛切的，莫如庄子。庄子把天道看作无所不在，无所不包，故说："庸讵知吾所谓天之非人乎？所谓人之非天乎？"因此他有"乘化以待尽"的学说。这种学说，在当时遇着荀子，便发生一种反动力。荀子说"庄子蔽于天而不知人"，所以荀子的《天论》极力主张征服天行，以利人事。但是后来庄子这种学说的影响，养成一种乐天安命的思想，牢不可破。在社会上，好的效果，便是一种达观主义；不好的效果，便是懒惰不肯进取的心理。造成的人才，好的便是陶渊明、苏东坡；不好的便是刘伶一类达观的废物了。

中国哲学在世界哲学史上的位置 世界上的哲学大概可分为东西两支。东支又分印度、中国两系。西支也分希腊、犹太两系。初起的时候，这四系都可算作独立发生的。到了汉以后，犹太系加入希腊系，成了欧洲中古的哲学。印度系加入中国系，成了中国中古的哲学。到了近代，印度系的势力渐衰，儒家复起，遂产生了中国近世的哲学，历宋、元、明、清直到于今。欧洲的思想，渐渐脱离了犹太系的势力，遂产生欧洲的近世哲学。到了今日，这两大支的哲学互相接触，互相影响。五十年后，一百年后，或竟能发生一种世界的哲学，也未可知。

附 世界哲学统系图

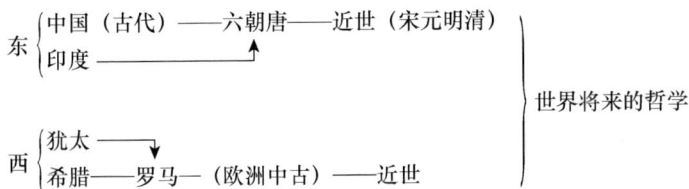

```
    ⎧中国（古代）——六朝唐——近世（宋元明清）⎫
东 ⎨                                        ⎬
    ⎩印度 ————————————————————————→        ⎭  世界将来的哲学
    ⎧犹太 ——→                              ⎫
西 ⎨                                        ⎬
    ⎩希腊——罗马—（欧洲中古）——近世          ⎭
```

中国哲学史的区分 中国哲学史可分三个时代：

（一）古代哲学。自老子至韩非，为古代哲学。这个时代，又名"诸子哲学"。

（二）中世哲学。自汉至北宋，为中世哲学。这个时代，大略又可分作两个时期：

（甲）中世第一时期。自汉至晋，为中世第一时期。这一时期的学派，无论如何不同，都还是以古代诸子的哲学作起点的。例如，《淮南子》是折衷古代各家的；董仲舒是儒家的一支；王充的"天论"得力于道家，"性论"折衷于各家；魏晋的老庄之学，更不用说了。

（乙）中世第二时期。自东晋以后，直到北宋，这几百年中间，是印度哲学在中国最盛的时代。印度的经典，次第输入中国。印度的宇宙论、人生观、知识论、名学、宗教哲学，都能于诸子哲学之外，别开生面，别放光彩。此时凡是第一流的中国思想家，如智顗、玄奘、宗密、窥基，多用全副精力，发挥印度哲学。那时的中国系的学者，如王通、韩愈、李翱诸人，全是第二流以下的人物。他们有的学说，浮泛浅陋，全无精辟独到的见解。故这个时期的哲学，完全以印度系为主体。

（三）近世哲学。唐以后，印度哲学已渐渐成为中国思想文明的一部分。譬如吃美味，中古第二时期是仔细咀嚼的时候，唐以后便是胃里消化的时候了。吃的东西消化时，与人身本有的种种质料结合，别成一些新质料。印度哲学在中国，到了消化的时代，与中国固有的思想结合，所发生的新质料，便是中国近世的哲学。我这话初听了好像近于武断。平心而论，宋明的哲学，或是程朱，或是陆王，表面上虽都不承认和佛家禅宗有何关系，其实没有一派不曾受印度学说的影响的。这种影响，约有两方面：一面是直接的。如由佛家的观心，回到孔子的"操心"，到孟子的"尽心"、"养心"，到《大学》的"正心"：是直接的影响。一面是反动的。佛家见解尽管玄妙，终究是出世的，是"非伦理的"。宋明的儒家，攻击佛家的出世主义，故极力提倡"伦理的"入世主义。明心见性，以成佛果，终是自私自利；正心诚意，以至于齐家、治国、平天下，便是伦理的人生哲学了。这是反动的影响。

明代以后，中国近世哲学完全成立。佛家已衰，儒家成为一尊。于是又生反动力，遂有汉学、宋学之分。清初的汉学家，嫌宋儒用主观的见解，来解古代经典，有"望文生义"、"增字解经"种种流弊。故汉学的方法，只是用古训、古音、古本等等客观的根据，来求经典的原意。故嘉庆以前的汉学、宋学之争，还只是儒家的内讧。但是汉学家既重古训古义，不得不研究与古代儒家同时的子书，用来作参考互证的材料。故清初的诸子学，不过是经学的一种附属品，一种参考书。不料后来的学者，越研究子书，越觉得子书有价值。故孙星衍、王念孙、王引之、顾广圻、俞樾诸人，对于经书与子书，简直没有上下轻重和正道异端的分别了。到了最近世，如孙诒让、章炳麟诸君，竟都用全副精力，发明诸子学。于是从前作经学附属品的诸子学，到此时代，竟成专门学。一般普通学者，崇拜子书，也往往过于儒书。岂但是"附庸蔚为大国"，简直是"婢作夫人"了。

综观清代学术变迁的大势，可称为古学昌明的时代。自从有了那些汉学家考据、校勘、训诂的工夫，那些经书子书，方才勉强可以读得。

这个时代，有点像欧洲的"再生时代"。（再生时代西名 Renaissance，旧译文艺复兴时代。）欧洲到了"再生时代"，昌明古希腊的文学哲学，故能推翻中古"经院哲学"（旧译烦琐哲学，极不通。原文为 Scholasticism，今译原义）的势力，产出近世的欧洲文化。我们中国到了这个古学昌明的时代，不但有古书可读，又恰当西洋学术思想输入的时代，有西洋的新旧学说可供我们的参考研究。我们今日的学术思想，有这两个大源头：一方面是汉学家传给我们的古书；一方面是西洋的新旧学说。这两大潮流汇合以后，中国若不能产生一种中国的新哲学，那就真是辜负了这个好机会了。

哲学史的史料　上文说哲学史有三个目的：一是明变，二是求因，三是评判。但是哲学史先须做了一番根本工夫，方才可望达到这三个目的。这个根本工夫，叫做述学。述学是用正确的手段，科学的方法，精密的心思，从所有的史料里面，求出各位哲学家的一生行事、思想渊源沿革和学说的真面目。为什么说"学说的真面目"呢？因为古人读书编书最不细心，往往把不相干的人的学说并入某人的学说（例如，《韩非子》的第一篇是张仪说秦王的书。又如《墨子》《经·上下》、《经说·上下》、《大取》、《小取》诸篇，决不是墨翟的书）；或把假书作为真书（如《管子》、《关尹子》、《晏子春秋》之类）；或把后人加入的篇章，作为原有的篇章（此弊诸子书皆不能免。试举《庄子》为例，《庄子》书中伪篇最多。世人竟有认《说剑》、《渔父》诸篇为真者。其他诸篇，更无论矣）；或不懂得古人的学说，遂致埋没了（如《墨子·经上》诸篇）；或把古书解错了，遂失原意（如汉人用分野、爻辰、卦气说《易经》，宋人用太极图、先天卦位图说《易经》。又如汉人附会《春秋》，来说灾异，宋人颠倒《大学》，任意补增，皆是其例）；或各用己意解古书，闹得后来众说纷纷，糊涂混乱（如《大学》中"格物"两字，解者多至七十余家。又如老庄之书，说者纷纷，无两家相同者）。有此种种障碍，遂把各家学说的真面目大半失掉了。至于哲学家的一生行事和所居的时代，古人也最不留意。老子可见杨朱；庄周可见鲁哀公；管子能说毛嫱、西施；墨子能见吴起之死和中山之灭；商鞅能知长平之战；韩非能说荆、齐、燕、魏之亡。此类笑柄，不可胜数。《史记》说老子活了一百六十多岁，或言二百余岁，又说孔子死后一百二十九年，老子还不曾死。那种神话，更不足论了。哲学家的时代，既不分明，如何能知道他们思想的传授沿革？最荒谬的是汉朝的刘歆、班固说诸子的学说都出于王官；又说"合其要归，亦六经之支与流裔"（《汉书·艺文志》。看胡适《诸子不出于王官论》，《太平洋》杂志第一卷第七号）。诸子既都出于王官与六经，还有什么别的渊源传授可说？

以上所说，可见"述学"之难。述学的所以难，正为史料或不完备，或不可靠。哲学史的史料，大概可分为两种：一为原料，一为副料。今分说于下：

（一）原料。哲学史的原料，即是各哲学家的著作。近世哲学史对于这一层，大概没有什么大困难。因为近世哲学发生在印书术通行以后，重要的哲学家的著作，都有刻板流传；偶有散失埋没的书，终究不多。但近世哲学史的史料，也不能完全没有疑窦。如谢良佐的《上蔡语录》里，是否有江民表的书？如朱熹的《家礼》是否可信为他自己的主张？这都是可疑的问题。又宋儒以来，各家都有语录，都是门弟子笔记的。这些语录，是否无误记误解之处，也是一个疑问。但是大致看来，近世哲学史料还不至有大困难。到了中世哲学史，便有大困难了。汉代的书，如贾谊的《新书》，董仲舒的《春秋繁露》，都有后人增加的痕迹。又如王充的《论衡》，是汉代一部奇书，但其中如《乱龙篇》极力为董仲舒作土龙求雨一事辩护，与全书的宗旨恰相反。篇末又有"《论衡》终之，故曰'乱龙'。乱者，终也"的话，全无道理。明是后人假造的。此外重复的话极多。伪造的书定不止这一篇。又如仲长统的《昌言》，乃是中国政治哲学史上有数的书，如今已失，仅存三篇。魏晋人的书，散失更多。《三国志》、《晋书》、《世说新语》所称各书，今所存的，不过几部书。如《世说新语》说魏晋注《庄子》的有几十家，今但有郭象注完全存在。《晋书》说鲁胜有《墨辩注》，今看其序，可见那注定极有价值，可惜现在不传了。后人所编的汉魏六朝人的集子，大抵多系东抄西摘而成的，那原本的集子大半都散失了。故中古哲学史料最不完全。我们不能完全恢复魏晋人的哲学著作，是中国哲学史最不幸的事。到了古代哲学史，这个史料问题更困难了。表面上看来，古代哲学史的重要材料，如孔、老、墨、庄、孟、荀、韩非的书，都还存在。仔细研究起来，这些书差不多没有一部是完全可靠的。大概《老子》里假的最少。《孟子》或是全真，或是全假（宋人疑《孟子》者甚多）。依我看来，大约是真的。称"子曰"或"孔子曰"的书极多，但是真可靠的实在不多。《墨子》、《荀子》两部书里，很多后人杂凑伪造的文字。《庄子》一书，大概十分之八九是假造的。《韩非子》也只有十分之一二可靠。此外，如《管子》、《列子》、《晏子春秋》诸书，是后人杂凑成的。《关尹子》、《鹖冠子》、《商君书》，是后人伪造的。《邓析子》也是假书。《尹文子》似乎是真书，但不无后人加入的材料。《公孙龙子》有真有假，又多错误。这是我们所有的原料。更想到《庄子·天下篇》和《荀子·非十二子篇》、《天论篇》、《解蔽篇》，所举它嚣、魏牟、陈仲（即《孟子》之陈仲子）、宋钘（即《孟子》之宋牼）、彭蒙、田骈、慎到（今所传《慎子》五篇是佚文）、惠施、申不害；和王充《论衡》所举的世硕、漆雕开、宓子贱、公孙尼子，都没有著作遗传下来。更想到孔门一脉的儒家，所著书籍，何止大小戴《礼记》里所采的几篇？如此一想，可知中国古代哲学的史料于今所存不过十分之一二，其余的十分之八九，都不曾保存下来。古人称"惠施多方，其书五车"。于今惠施的学说，只剩得一百多个字。若依此比例，恐怕现存的古代史料，还没有十分之一二呢！原著的书既散失了这许多，于今又无发现古书的希望，于是有一班学者，把古书所记各人的残章断句，一一搜集成书。如，汪继培或孙星衍的《尸子》，如马国翰的《玉函山房辑佚书》。这种书可名为"史料钩沉"，在哲学史上也极为重要。如惠施的五车书都失掉了，幸亏有《庄子·天下篇》所记的十事，还可以考见他的学说的性质。又如，告子与宋钘的书，都不传了，今幸亏有《孟子》的《告子篇》和《荀子》的《正论篇》，还可以考见他们的学说的大概。又如，各代历史的列传里，也往往保存了许多中古和近世的学说。例如，《后汉书》的《仲长统传》保存了三篇《昌言》；《梁书》的《范缜传》保存了他的《神灭论》。这都是哲学史的原料的一部分。

（二）副料。原料之外，还有一些副料，也极重要。凡古人所作关于哲学家的传记、轶事、评论、学案、书目，都是哲学史的副料。例如，《礼记》中的《檀弓》，《论语》中的十八、十九两篇，《庄子》中的《天下篇》，《荀子》中的《正论篇》，《吕氏春秋》，《韩非子》的《显学篇》，《史记》中各哲学家的列传，皆属于此类。近世文集里有许多传状序跋，也往往可供参考。至于黄宗羲的《明儒学案》及黄宗羲、黄百家、全祖望的《宋元学案》，更为重要的哲学史副料。若古代中世的哲学都有这一类的学案，我们今日编哲学史便不至如此困难了。副料的重要，约有三端：第一，各哲学家的年代、家世、事迹，未必在各家著作之中，往往须靠这种副料，方才可以考见。第二，各家哲学的学派系统、传授源流，几乎全靠这种副料作根据。例如，《庄子·天下篇》与

《韩非子·显学篇》论墨家派别，为他书所无。《天下篇》说墨家的后人，"以坚白同异之辩相訾，以觭偶不仵之辞相应"，可考证后世俗儒所分别的"名家"，原不过是墨家的一派。不但"名家出于礼官之说"不能成立，还可证明古代本无所谓"名家"（说详见本书第八篇）。第三，有许多学派的原著已失，全靠这种副料里面，论及这种散佚的学派，借此可以考见他们的学说大旨。如《庄子·天下篇》所论宋钘、彭蒙、田骈、慎到、惠施、公孙龙、桓团及其他辩者的学说；如《荀子·正论篇》所称宋钘的学说，都是此例。上节所说的"史料钩沉"，也都全靠这些副料里所引的各家学说。

以上论哲学史料是什么。

史料的审定　　中国人作史，最不讲究史料。神话官书，都可作史料，全不问这些材料是否可靠。却不知道史料若不可靠，所作的历史便无信史的价值。孟子说："尽信书则不如无书。"孟子何等崇拜孔子，但他对于手定之书还持怀疑态度。何况我们生在今日，去古已远，岂可一味迷信古书，甘心受古代作伪之人的欺骗？哲学史最重学说的真相，先后的次序和沿革的线索。若把那些不可靠的材料信为真书，必致（一）失了各家学说的真相；（二）乱了学说先后的次序；（三）乱了学派相承的系统。我且举《管子》一部书为例。《管子》这书，定非管仲所作，乃是后人把战国末年一些法家的议论和一些儒家的议论（如《内业篇》，如《弟子职篇》），和一些道家的议论（如《白心》、《心术》等篇），还有许多夹七夹八的话，并作一书；又伪造了一些桓公与管仲问答诸篇，又杂凑了一些纪管仲功业的几篇；遂附会为管仲所作。今定此书为假造的，证据甚多，单举三条：

（一）《小称篇》记管仲将死之言，又记桓公之死。管仲死于西历前六四三年。《小称篇》又称毛嫱、西施。西施当吴亡时还在。吴亡在西历前四七二年，管仲已死百七十年了。此外如《形势解》说"五伯"，《七臣七主》说"吴王好剑，楚王好细腰"，皆可见此书为后人伪作。

（二）《立政篇》说："寝兵之说胜，则险阻不守；兼爱之说胜，则士卒不战。"《立政九败解》说"兼爱"道："视天下之民如其民，视人国如吾国。如是则无并兼攘夺之心。"这明指墨子的学说，远在管仲以后了（《法法篇》亦有求废兵之语）。

（三）《左传》记子产铸刑书（西历前五三六），叔向极力反对。过了二十九年，晋国也作刑鼎、铸刑书，孔子也极不赞成（西历前五一三）。这都在管仲死后一百多年。若管仲生时已有了那样完备的法治学说，何以百余年后，贤如叔向、孔子，竟无一毫法治观念？（或言孔子论晋铸刑鼎一段，不很可靠。但叔向"谏子产书"，决不是后人能假造的。）何以子产答叔向书，也只能说"吾以救世而已"？为什么不能利用百余年前已发挥尽致的法治学说？这可见《管子》书中的法治学说，乃是战国末年的出产物，决不是管仲时代所能突然发生的。全书的文法笔势也都不是老子、孔子以前能产生的。即以论法治诸篇看来，如《法法篇》两次说"《春秋》之记，臣有弑其君，子有弑其父者矣"。可见是后人伪作的了。

　　《管子》一书既不是真书，若用作管仲时代的哲学史料，便生出上文所说的三弊：（一）管仲本无这些学说，今说他有，便是张冠李戴，便是无中生有。（二）老子之前，忽然有《心术》、《白心》诸篇那样详细的道家学说；孟子、荀子之前数百年，忽然有《内业》那样深密的儒家心理学；法家之前数百年，忽然有《法法》、《明法》、《禁藏》诸篇那样发达的法治主义。若果然如此，哲学史便无学说先后演进的次序，竟变成了灵异记、神秘记了！（三）管仲生当老子、孔子之前一百多年，已有那样规模广大的哲学。这与老子以后一步一步、循序渐进的思想发达史，完全不合。故认《管子》为真书，便把诸子学直接间接的渊源系统一齐推翻。

　　以上用《管子》作例，表示史料的不可不审定。读古书的人，须知古书有种种作伪的理由。第一，有一种人实有一种主张，却恐怕自己的人微言轻，不见信用，故往往借用古人的名字。《庄子》所说的"重言"，即是这一种借重古人的主张。康有为称这一种为"托古改制"，极有道理。古人言必称尧舜，只因为尧舜年代久远，可以由我们任意把我们理想中的制度一概推到尧舜的时代。即如《黄帝内经》假托黄帝，《周髀算经》假托周公，都是这个道理。韩非说得好：

　　　　孔子、墨子俱道尧舜，而取舍不同，皆自谓真尧舜。尧舜不复生，将谁使定儒墨之诚乎？（《显学篇》）

　　正为古人死无对证，故人多可随意托古改制。这是作伪书的第一类。第二，有一种人为了钱财，有意伪作古书。试看汉代求遗书的令，和诸王贵族求遗书的竞争心，便知作假书在当时定可发财。这一类造假书的，与造假古董的同一样心理。他们为的是钱，故东拉西扯，篇幅越多，越可多卖钱。故《管子》、《晏子春秋》诸书，篇幅都极长。有时得了真本古书，因为篇幅太短，不能多得钱，故又东拉西扯，增加许多卷数。如《庄子》、《韩非子》都属于此类。但他们的买主，大半是一些假充内行的收藏家，没有真正的赏鉴本领。故这一类的假书，于书中年代事实，往往不曾考校正确。因此庄子可以见鲁哀公，管子可以说西施。这是第二类的伪书。大概这两类之中，第一类"托古改制"的书，往往有第一流的思想家在内。第二类"托古发财"的书，全是下流人才，思想既不高尚，心思又不精密，故最容易露出马脚来。如《周礼》一书，是一种托古改制的国家组织法。我们虽可断定他不是"周公致太平"之书，却不容易定他是什么时代的人假造的。至于《管子》一类的书，说了作者死后的许多史事，便容易断定了。

审定史料之法　审定史料乃是史学家第一步根本功夫。西洋近百年来史学大进步，大半都由审定史料的方法更严密了。凡审定史料的真伪，须要有证据，方能使人心服。这种证据，大概可分五种（此专指哲学史料）：

（一）史事。书中的史事，是否与作书的人的年代相符。如不相符，即可证那一书或那一篇是假的。如庄子见鲁哀公，便太前了；如管仲说西施，便太后了。这都是作伪之证。

（二）文字。一时代有一时代的文字，不致乱用。作伪书的人，多不懂这个道理，故往往露出作伪的形迹来。如《关尹子》中所用字："术咒"、"诵咒"、"役神"、"豆中摄鬼、杯中钓鱼、画门可开、土鬼可语"、"婴儿蕊女、金楼绛宫、青蛟白虎、宝鼎红炉"，是道士的话。"石火"、"想"、"识"、"五识并驰"、"尚自不见我，将何为我所"，是佛家的话。这都是作伪之证。

（三）文体。不但文字可作证，文体也可作证。如《管子》那种长篇大论的文体，决不是孔子前一百多年所能作的。后人尽管仿古，古人决不仿今。如《关尹子》中"譬犀望月，月影入角，特因识生，始有月形，而彼真月，初不在角"；又譬如"水中之影，有去有来，所谓水者，实无去来"：这决不是佛经输入以前的文体。不但一个时代有一个时代的文体，一个人也有一个人的文体。如《庄子》中《说剑》、《让王》、《渔父》、《盗跖》等篇，决不是庄周的文体。《韩非子》中《主道》、《扬摧》（今作《扬权》）等篇和《五蠹》、《显学》等篇，明是两个人的文体。

（四）思想。凡能著书立说成一家言的人，他的思想学说，总有一个系统可寻，决不致有大相矛盾冲突之处。故看一部书里的学说是否能连络贯串，也可帮助证明那书是否真的。最浅近的例，如《韩非子》的第一篇，劝秦王攻韩，第二篇，劝秦王存韩。这是绝对不相容的。司马光不仔细考察，便骂韩非请人灭他自己的祖国，死有余辜，岂不是冤煞韩非了！大凡思想进化有一定的次序，一个时代有一个时代的问题，即有那个时代的思想。如《墨子》里《经·上下》、《经说·上下》、《大取》、《小取》等篇，所讨论的问题，乃是墨翟死后百余年才发生的，决非墨翟时代所能提出。因此，可知这六篇书决不是墨子自己做的。不但如此，大凡一种重要的新学说发生以后，决不会完全没有影响。若管仲时代已有《管子》书中的法治学说，决不会二三百年中没有法治观念的影响。又如《关尹子》说，"即吾心中，可作万物"；又说"风雨雷电，皆缘气而生。而气缘心生，犹如内想大火，久之觉热；内想大水，久之觉寒"。这是极端的万物唯心论。若老子、关尹子时代已有这种唯心论，决无毫不发生影响之理。周秦诸子竟无人受这种学说的影响，可见《关尹子》完全是佛学输入以后的书，决不是周秦的书。这都是用思想来考证古书的方法。

（五）旁证。以上所说四种证据，史事、文字、文体、思想，皆可叫做内证。因这四种都是从本书里寻出来的。还有一些证据，是从别书里寻出的，故名为旁证。旁证的重要，有时竟与内证等。如西洋哲学史家，考定柏拉图（Plato）的著作，凡是他的弟子亚里士多德（Aristotle）书中所曾称引的书，都定为真是柏拉图的书。又如，清代惠栋、阎若璩诸人考证梅氏《古文尚书》之伪，所用方法，几乎全是旁证（看阎若璩《古文尚书疏证》及惠栋《古文尚书考》）。又如，《荀子·正论篇》引宋子曰："明见侮之不辱，使人不斗。"又曰："人之情欲寡（欲是动词），而皆以己之情为欲多，是过也。"《尹文子》说："见侮不辱，见推不矜，禁暴息兵，救世之斗。"《庄子·天下篇》合论宋钘、尹文的学说道："见侮不辱，救民之斗；禁攻寝兵，救世之战。"又说："以禁攻寝兵为外，以情欲寡小为内。"又孟子记宋钘听见秦楚交战，便要去劝他们息兵。以上四条，互相印证，即互为旁证，证明宋钘、尹文实有这种学说。

以上说审定史料方法的大概。

今人谈古代哲学，不但根据《管子》、《列子》、《鹖子》、《晏子春秋》、《鹖冠子》等书，认为史料，甚至于高谈"邃古哲学"、"唐虞哲学"，全不问用何史料。最可怪的是竟有人引《列子·天瑞篇》"有太易，有太初，有太始"一段，及《淮南子》"有始者，有未始有有始者"一段，用作"邃古哲学"的材料，说这都是"古说而诸子述之。吾国哲学思想初萌之时，大抵其说即如此！"（谢无量《中国哲学史》第一编第一章，页六）这种办法，似乎不合作史的方法。韩非说得好：

> 无参验而必之者，愚也。弗能必而据之者，诬也。故明据先王必定尧舜者，非愚即诬也。（《显学篇》）

参验即是我所说的证据。以现在中国考古学的程度看来，我们对于东周以前的中国古史，只可存一个怀疑的态度。至于"邃古"的哲学，更难凭信了。唐、虞、夏、商的事实，今所根据，止有一部《尚书》。但《尚书》是否可作史料，正难决定。梅赜伪古文，固不用说。即二十八篇之"真古文"，依我看来，也没有信史的价值。如《皋陶谟》的"凤皇来仪"，"百兽率舞"，如《金縢》的"天大雷电以风，禾尽偃，大木斯拔。……王出郊，天乃雨，反风。禾则尽起。二公命邦人，凡大木所偃，尽起而筑之，岁则大熟"。这岂可用作史料？我以为《尚书》或是儒家造出的"托古改制"的书，或是古代歌功颂德的官书。无论如何，没有史料的价值。古代的书，只有一部《诗经》可算是中国最古的史料。《诗经·小雅》说：

> 十月之交，朔日辛卯，日有食之。

后来的历学家，如梁虞𠛬，隋张胄元，唐傅仁均、僧一行，元郭守敬，都推定此次日食在周幽王六年，十月，辛卯朔，日入食限。清朝阎若璩、阮元推算此日食，也在幽王六年。近来西洋学者，也说《诗经》所记月日（西历纪元前七七六年八月二十九日），中国北部可见日蚀。这不是偶然相合的事，乃是科学上的铁证。《诗经》有此一种铁证，便使《诗经》中所说的国政、民情、风俗、思想，一一都有史料的价值了。至于《易经》更不能用作上古哲学史料。《易经》除去《十翼》，止剩得六十四个卦，六十四条卦辞，三百八十四条爻辞，乃是一部卜筮之书，全无哲学史料可说。故我以为我们现在作哲学史，只可从老子、孔子说起。用《诗经》作当日时势的参考资料。其余一切"无征则不信"的材料，一概阙疑。这个办法，虽比不上别的史家的淹博，或可免"非愚即诬"的讥评了。

整理史料之法　哲学史料既经审定，还须整理。无论古今哲学史料，都有须整理之处。但古代哲学书籍，更不能不加整理的工夫。今说整理史料的方法，约有三端：

（一）校勘。古书经了多少次传写，遭了多少兵火虫鱼之劫，往往有脱误、损坏种种缺点。校勘之学，便是补救这些缺点的方法。这种学问，从古以来，多有人研究，但总不如清朝王念孙、王引之、卢文弨、孙星衍、顾广圻、俞樾、孙诒让诸人的完密谨严，合科学的方法。孙诒让论诸家校书的方法道：

> 综论厥善，大抵以旧刊精校为据依，而究其微旨，通其大例，精研博考，不参成见。其谊正文字讹舛，或求之于本书，或旁证之他籍，及援引之类书，而以声类通转为之馆键。（《札迻·序》）

大抵校书有三种根据：一是旧刊精校的古本。例如，《荀子·解蔽篇》："不以己所臧害所将受。"宋钱佃本、元刻本、明世德堂本，皆作"所已臧"，可据以改正。二是他书或类书所援引。例如，《荀子·天论篇》"脩道而不贰"。王念孙校曰："脩当为循。贰当为貣。字之误也。貣与忒同。……《群书治要》作循道而不忒。"三是本书通用的义例。例如，《墨子·小取篇》："辟也者，举也物而以明之也。"毕沅删第二"也"字，便无意思。王念孙说："也与他同。举他物以明此物，谓之譬。……《墨子》书通以也为他。说见《备城门篇》。"这是以本书的通例作根据。又如《小取篇》说："此与彼同类，世有彼而不自非也。墨者有此而非之，无故也焉。"王引之曰："无故也焉，当作无也故焉。也故即他故。下文云，此与彼同类，世有彼而不自非也。墨者有此而罪非之，无也故焉。文正与此同。"这是先用本篇构造相同的文句，来证"故也"当作"也故"；又用全书以也为他的通例，来证"也故"即"他故"。

（二）训诂。古书年代久远，书中的字义，古今不同。宋儒解书，往往妄用己意，故常失古义。清代的训诂学，所以超过前代，正因为戴震以下的汉学家，注释古书，都有法度，都用客观的佐证，不用主观的猜测。三百年来，周、秦、两汉的古书所以可读，不单靠校勘的精细，还靠训诂的谨严。今述训诂学的大要，约有三端：（1）根据古义或用古代的字典（如《尔雅》、《说文》、《广雅》之类），或用古代笺注（如《诗》的毛、郑，如《淮南子》的许、高）作根据，或用古书中相同的字句作印证。今引王念孙《读书杂志·余篇上》一条为例：

> 《老子》五十三章："行于大道，唯施是畏。"王弼曰："唯施为之是畏也。"河上公注略同。念孙按二家以"施为"释施字，非也。

施读为迤。迤，邪也。言行于大道之中，唯惧其入于邪道也。……《说文》："迤，衺行也。"引《禹贡》："东迤北会于汇。"《孟子·离娄篇》："施从良人之所之。"赵注："施者，邪施而行。"丁公著音迤。《淮南·齐俗篇》："去非者，非批邪施也。"高注曰："施，微曲也。"《要略篇》："接径直施。"高注曰："施，邪也。"是施与迤通。《史记·贾生传》："庚子日施兮。"《汉书》施作斜。斜亦邪也。《韩子·解老篇》释此章之义曰："所谓大道也者，端道也。所谓貌施也者，邪道也。"此尤其明证矣。

这一则中引古字典一条，古书类似之例五条，古注四条。这都是根据古义的注书法。（2）根据文字假借声类通转的道理。古字通用，全由声音。但古今声韵有异，若不懂音韵变迁的道理，便不能领会古字的意义。自顾炎武、江永、钱大昕、孔广森诸人以来，音韵学大兴。应用于训诂学，收效更大。今举二例。《易·系辞传》："旁行而不流。"又《乾·文言》："旁通情也。"旧注多解旁为边旁。王引之说："旁之言溥也，遍也。《说文》：'旁，溥也。'旁、溥、遍一声之转。《周官》男巫曰：'旁招以茅'，谓遍招于四方也。《月令》曰：'命有司大难、旁磔'，亦谓遍磔于四方也。……《楚语》曰：武丁使以梦象'旁求四方之贤'，谓遍求四方之贤也。又《书·尧典》：'汤汤洪水方割'；《微子》：'小民方兴，相为敌仇'；《立政》：'方行天下，至于海表'；《吕刑》：'方告无辜于上。'"旧说方字都作四方解。王念孙说："方皆读为旁。旁之言溥也，遍也。《说文》曰：'旁，溥也。'旁与方，古字通。（《尧典》：'共工方鸠僝功'，《史记》引作旁，《皋陶谟》'方施象刑惟明'，新序引作旁。）《商颂》：'方命厥后'，郑笺曰：'谓遍告诸侯'。是方为遍也。……'方告无辜于上'，《论衡·变动篇》引此，方作旁，旁亦遍也。"以上两例，说"方旁"两字皆作溥、遍解。今音读方为轻唇音，旁为重唇音。不知古无轻唇音，故两字同音，相通。与溥字遍字，皆为同纽之字。这是音韵学帮助训诂学的例。（3）根据文法的研究。古人讲书最不讲究文法上的构造，往往把助字、介字、连字、状字等，都解作名字、代字等等的实字。清朝训诂学家最讲究文法的，是王念孙、王引之父子两人。他们的《经传释词》用归纳的方法，比较同类的例句，寻出各字的文法上的作用，可算得《马氏文通》之前的一部文法学要书。这种研究法，在训诂学上，另开一新天地。今举一条例如下：

《老子》三十一章："夫佳兵者不祥之器。"《释文》："佳，善

也。"河上云："饰也"。念孙案，善饰二训，皆于义未安。……今
案佳字当作佳，字之误也。佳，古唯字也。唯兵为不祥之器，故有
道者不处。上言"夫唯"，下言"故"，文义正相承也。八章云：
"夫唯不争，故无尤。"十五章云："夫唯不可识，故强为之容。"又
云："夫唯不盈，故能蔽不新成。"二十二章云："夫唯不争，故天
下莫能与之争。"皆其证也。古钟鼎文，唯字作佳。石鼓文亦然。
又夏竦《古文四声韵》载《道德经》唯字作崖。据此则今本作唯
者，皆后人所改。此佳字若不误为佳，则后人亦必改为唯矣。（王
念孙《读书杂志·余篇上》）

以上所述三种根据，乃是训诂学的根本方法。

（三）贯通。上文说整理哲学史料之法，已说两种。校勘是书的本
子上的整理，训诂是书的字义上的整理。没有校勘，我们定读误书；没
有训诂，我们便不能懂得书的真意义。这两层虽极重要，但是作哲学史
还须有第三层整理的方法。这第三层，可叫做"贯通"。贯通便是把每
一部书的内容要旨融会贯串，寻出一个脉络条理，演成一家有头绪有条
理的学说。宋儒注重贯通，汉学家注重校勘训诂。但是宋儒不明校勘训
诂之学（朱子稍知之而不甚精），故流于空疏，流于臆说。清代的汉学
家，最精校勘训诂，但多不肯做贯通的功夫，故流于支离碎琐。校勘训
诂的工夫，到了孙诒让的《墨子间诂》，可谓最完备了（此书尚多缺点，
此所云最完备，乃比较之辞耳），但终不能贯通全书，述墨学的大旨。
到章太炎方才于校勘训诂的诸子学之外，别出一种有条理系统的诸子
学。太炎的《原道》、《原名》、《明见》、《原墨》、《订孔》、《原法》、《齐
物论释》，都属于贯通的一类。《原名》、《明见》、《齐物论释》三篇，更
为空前的著作。今细看这三篇，所以能如此精到，正因太炎精于佛学，
先有佛家的因明学、心理学、纯粹哲学，作为比较印证的材料，故能融
会贯通，于墨翟、庄周、惠施、荀卿的学说里面，寻出一个条理系统。
于此可见整理哲学史料的第三步，必须于校勘训诂之外，还要有比较参
考的哲学资料。为什么呢？因为古代哲学去今太远，久成了绝学。当时
发生那些学说的特别时势，特别原因，现在都没有了。当时讨论最激烈
的问题，现在都不成问题了。当时通行的学术名词，现在也都失了原意
了。但是别国的哲学史上，有时也曾发生那些问题，也曾用过那些名
词，也曾产出大同小异或小同大异的学说。我们有了这种比较参考的材
料，往往能互相印证，互相发明。今举一个极显明的例。《墨子》的

《经·上下》、《经说·上下》、《大取》、《小取》六篇，从鲁胜以后，几乎无人研究。到了近几十年之中，有些人懂得几何算学了，方才知道那几篇里有几何算学的道理。后来有些人懂得光学力学了，方才知道那几篇里又有光学力学的道理。后来有些人懂得印度的名学心理学了，方才知道这几篇里又有名学知识论的道理。到了今日，这几篇二千年没有过问的书，竟成中国古代的第一部奇书了！我做这部哲学史的最大奢望，在于把各家的哲学融会贯通，要使他们各成有头绪条理的学说，我所用的比较参证的材料，便是西洋的哲学。但是我虽用西洋哲学作参考资料，并不以为中国古代也有某种学说，便可以自夸自喜。做历史的人，千万不可存一毫主观的成见。须知东西的学术思想的互相印证，互相发明，至多不过可以见得人类的官能心理大概相同，故遇着大同小异的境地时势，便会产出大同小异的思想学派。东家所有，西家所无，只因为时势境地不同，西家未必不如东家，东家也不配夸炫于西家。何况东西所同有，谁也不配夸张自豪。故本书的主张，但以为我们若想贯通整理中国哲学史的史料，不可不借用别系的哲学，作一种解释演述的工具。此外，别无他种穿凿附会、发扬国光、自己夸耀的心。

　　史料结论　以上论哲学史料：先论史料为何，次论史料所以必须审定，次论审定的方法，次论整理史料的方法。前后差不多说了一万字。我的理想中，以为要做一部可靠的中国哲学史，必须要用这几条方法。第一步须搜集史料。第二步须审定史料的真假。第三步须把一切不可信的史料全行除去不用。第四步须把可靠的史料仔细整理一番：先把本子校勘完好，次把字句解释明白，最后又把各家的书贯串领会，使一家一家的学说，都成有条理有统系的哲学。做到这个地位，方才做到"述学"两个字。然后还须把各家的学说，笼统研究一番，依时代的先后，看他们传授的渊源，交互的影响，变迁的次序：这便叫做"明变"。然后研究各家学派兴废沿革变迁的原故：这便叫做"求因"。然后用完全中立的眼光，历史的观念，一一寻求各家学说的效果影响，再用这种种影响效果来批评各家学说的价值：这便叫做"评判"。

　　这是我理想中的《中国哲学史》，我自己深知道当此初次尝试的时代，我这部书定有许多未能做到这个目的，和未能谨守这些方法之处。所以，我特地把这些做哲学史的方法详细写出。一来呢，我希望国中学者用这些方法来评判我的书；二来呢，我更希望将来的学者用这些方法来做一部更完备更精确的《中国哲学史》。

参考书举要

论哲学史，看 Windelband's *A History of Philosophy*（页八至一八）。

论哲学史料，参看同书（页一五至一七注语）。

论史料审定及整理之法，看 C. V. Langlois and Seignobos's *Introduction to the Study of History*.

论校勘学，看王念孙《读淮南子杂志叙》（《读书杂志》九之二十二）及俞樾《古书疑义举例》。

论西洋校勘学，看 *Encyclopaedia Britannica* 中论 Textual Criticism 一篇。

论训诂学，看王引之《经义述闻》卷三十一及三十二。

（此文原收入 1919 年 2 月上海商务印书馆出
版的《中国哲学史大纲》上卷）

实验主义
(1919 年 7 月)

一、引论

现今欧美很有势力的一派哲学，英文叫做 Pragmatism，日本人译为"实际主义"。这个名称本来也还可用。但这一派哲学里面，还有许多大同小异的区别，"实际主义"一个名目不能包括一切支派。英文原名 Pragmatism 本来是皮耳士（C. S. Peirce）提出的。后来詹姆士（William James）把这个主义应用到宗教经验上去，皮耳士觉得这种用法不很妥当，所以他想把他原来的主义改称为 Pragmaticism 以别于詹姆士的 Pragmatism。英国失勒（F. C. Schiller）一派，把这个主义的范围更扩充了，本来不过是一种辩论的方法，竟变成一种真理论和实在论了（看詹姆士的 *Meaning of Truth*，页五一），所以失勒提议改用"人本主义"（Humanism）的名称。美国杜威（John Dewey）一派，仍旧回到皮耳士所用的原意，注重方法论一方面；他又嫌詹姆士和失勒一般人太偏重个体事物和"意志"（Will）的方面，所以他也不愿用 Pragmatism 的名称，他这一派自称为"工具主义"（Instrumentalism），又可译为"应用主义"或"器用主义"。

因为这一派里面有许多区别，所以不能不用一个涵义最广的总名称。"实际主义"四个字可让给詹姆士独占，我们另用"实验主义"的名目来做这一派哲学的总名。就这两个名词的本义看来，"实际主义"（Pragmatism）注重实际的效果；"实验主义"（Experimentalism）虽然也注重实际的效果，但他更能点出这种哲学所最注意的是实验的方法。实验的方法就是科学家在试验室里用的方法。这一派哲学的始祖皮耳士常说他的新哲学不是别的，就是"科学试验室的态度"（The Laboratory Attitude of Mind）。这种态度是这种哲学的各派所公认的，所以我们可用来做一个"类名"。

以上论实验主义的名目，也可表现实验主义和科学的关系。这种新哲学完全是近代科学发达的结果。十九世纪乃是科学史上最光荣的时代，不但科学的范围更扩大了，器械更完备了，方法更精密了；最重要的是科学的基本观念都经过了一番自觉的评判，受了一番根本的大变迁。这些科学基本观念之中，有两个重要的变迁，都同实验主义有绝大的关系。第一，是科学家对于科学律例的态度的变迁。从前崇拜科学的人，大概有一种迷信，以为科学的律例都是一定不变的天经地义。他们以为天地万物都有永久不变的"天理"，这些天理发现之后，便成了科学的律例。但是这种"天经地义"的态度，近几十年来渐渐的更变了。科学家渐渐的觉得这种天经地义的迷信态度很可以阻碍科学的进步；况且他们研究科学的历史，知道科学上许多发明都是运用"假设"的效果；因此他们渐渐的觉悟，知道现在所有的科学律例不过是一些最适用的假设，不过是现在公认为解释自然现象最方便的假设。譬如行星的运行，古人天天看见日出于东，落于西，并不觉得什么可怪。后来有人问日落之后到什么地方去了呢？有人说日并不落下，日挂在天上，跟着天旋转，转到西方又转向北方，离开远了，我们看不见他，便说日落了，其实不曾落（看王充《论衡·说日篇》）。这是第一种假设的解释。后来有人说地不是平坦的，日月都从地下绕出；更进一步，说地是宇宙的中心，日月星辰都绕地行动；再进一步，说日月绕地成圆圈的轨道，一切星辰也依着圆圈运行。这是第二种假设的解释，在当时都推为科学的律例。后来天文学格外进步了，于是有哥白尼出来说日球是中心，地球和别种行星都绕日而行，并不是日月星辰绕地而行。这是第三个假设的解释。后来的科学家，如恺柏勒（Keppler），如牛敦（Newton），把哥白尼的假设说得格外周密。自此以后，人都觉得这种假设把行星的运行说的最圆满，没有别种假设比得上他，因此他便成了科学的律例了。即此一条律例看来，便可见这种律例原不过是人造的假设用来解释事物现象的，解释的满意，就是真的；解释的不满人意，便不是真的，便该寻别种假设来代他了。不但物理学、化学的律例是这样的，就是平常人最信仰，最推崇为永永不磨的数学定理，也不过是一些最适用的假设。我们学过平常的几何学的，都知道一个三角形内的三只角之和等于两只直角；又知道一条直线外的一点上只可作一条线与那条直线平行。这不是几何学上的天经地义吗？但是近来有两派新几何学出现，一派是罗贝邱司基（Lobatschwsky）的几何，说三角形内的三只角加起来小于两直角，又说在一点上可作无数线和一条直线平行；还有一派是利曼（Riemann）的几何，说三角形内的三角之和大于两直角，又说一点上所作的线没有一条和点外的直线平行。这两派新几何学（我现在不能细说）都不是疯子说疯话，都有可成立的理由。于是平常人和古代哲学家所同声尊为天经地义的几何学定理，也不能不看作一些人造的最方便的假设了。（看 Poincare，*Science and Hypothesis*，Chapters Ⅲ，Ⅴ，and Ⅸ）

这一段说从前认作天经地义的科学律例如今都变成了人造的最方便最适用的假设。这种态度的变迁涵有三种意义：（一）科学律例是人造的，（二）是假定的——是全靠他解释事实能不能满意，方才可定他是不是适用的，（三）并不是永永不变的天理——天地间也许有这种永永不变的天理，但我们不能说我们所拟的律例就是天理：我们所假设的律例不过是记载我们所知道的一切自然变化的"速记法"。这种对于科学律例的新态度，是实验主义的一个最重要的根本学理。实验主义绝不承认我们所谓"真理"就是永永不变的天理，他只承认一切"真理"都是应用的假设；假设的真不真，全靠他能不能发生他所应该发生的效果。这就是"科学试验室的态度"。

此外，十九世纪还有第二种大变迁，也是和实验主义有极重要的关系的。这就是达尔文的进化论。达尔文的最重要的书名为《物种的由来》。从古以来，讲进化的人本不少，但总不曾明白主张"物种"是变迁进化的结果。哲学家大概把一切"物种"（Species）认作最初同时发生的，发生以来，永永不变，古今如一。中国古代的荀子说，"古今一度也，类不悖，虽久同理"。杨倞注说，"类，种类，谓若牛马也。言种类不乖悖，虽久而理同。今之牛马与古不殊，何至于人而独异哉？"（看我的《中国哲学史大纲》页三一一至三一三。）这是说物的种类是一成不变的。古代的西洋学者如亚里士多德一辈人也是主张物种不变的。这种物类不变的观念，在哲学史上很有大影响。荀子主张物类不悖，虽久同理，故他说那些主张"古今异情，其所以治乱者异道"的人都是"妄人"。西洋古代哲学因为主张物类不变，故也把真理看作一成不变：个体的人物尽管有生老死灭的变化，但"人"、"牛"、"马"等等种类是不变化的；个体的事实尽管变来变去，但那些全称的普遍的"真理"是永久不变的。到了达尔文方才敢大胆宣言物的种类也不是一成不变的，都有一个"由来"，都经过了许多变化，方才到今日的种类；到了今日，仍旧可使种类变迁，如种树的可以接树，养鸡的可以接鸡，都可得到特别的种类。不但种类变化，真理也变化。种类的变化是适应环境的结果，真理不过是对付环境的一种工具；环境变了，真理也随时改变。宣统年间的忠君观念已不是雍正、乾隆年间的忠君观念了；民国成立以来，这个观念竟完全丢了，用不着了。知道天下没有永久不变的真理，没有绝对的真理，方才可以起一种知识上的责任心：我们人类所要的知识，并不是那绝对存立的"道"哪，"理"哪，乃是这个时间，这个境地，这个我的这个真理。那绝对的真理是悬空的，是抽象的，是笼统的，是没有凭据的，是不能证实的。因此古来的哲学家可以随便乱说：这个人说是"道"，那个人说是"理"，第三人说是"气"，第四人说是"无"，第五人说是"上帝"，第六人说是"太极"，第七人说是"无极"。你和我都不能断定那一个说的是，那一个说的不是，只好由他们乱说罢了。我们现在且莫问那绝对究竟的真理，只须问我们在这个时候，遇着这个境地，应该怎样对付他：这种对付这个境地的方法，便是"这个真理"。这一类"这个真理"是实在的，是具体的，是特别的，是有凭据的，是可以证实的。因为这个真理是对付这个境地的方法，所以他若不能对付，便不是真理；他能对付，便是真理：所以说他是可以证实的。

这种进化的观念，自从达尔文以来，各种学问都受了他的影响。但是哲学是最守旧的东西，这六十年来，哲学家所用的"进化"观念仍旧是海智尔（Hegel）的进化观念，不是达尔文的《物种由来》的进化观念（这话说来很长，将来再说罢）。到了实验主义一派的哲学家，方才把达尔文一派的进化观念拿到哲学上来应用；拿来批评哲学上的问题，拿来讨论真理，拿来研究道德。进化观念在哲学上应用的结果，便发生了一种"历史的态度"（The Genetic Method）。怎么叫做"历史的态度"呢？这就是要研究事务如何发生，怎样来的，怎样变到现在的样子；这就是"历史的态度"。譬如研究"真理"，就该问，这个意思何以受人恭维，尊为"真理"？又如研究哲学上的问题，就该问，为什么哲学史上发生这个问题呢？又如研究道德习惯，就该问，这种道德观念（例如"爱国"心）何以应该尊崇呢？这种风俗（例如"纳妾"）何以能成为公认的风俗呢？这种历史的态度便是实验主义的一个重要的元素。

以上泛论实验主义的两个根本观念：第一是科学试验室的态度，第二是历史的态度。这两个基本观念都是十九世纪科学的影响。所以我们可以说：实验主义不过是科学方法在哲学上的应用。

二、皮耳士——实验主义的发起人

詹姆士说"实验主义"不过是思想的几个老法子换上了一个新名目。这话固然不错，因为古代的哲学家如中国的墨翟、韩非（看我的《中国哲学史大纲》页一五三至一六五，又一九七，又三七九至三八四），如希腊的勃洛太哥拉（Protagoras），都可说是实验主义的远祖。但是近世的实验主义乃是近世科学的自然产儿，根据格外坚牢，方法格外精密，并不是古代实验主义的嫡派子孙。故我们尽可老老实实的从近世实验主义的始祖皮耳士（C. S. Peirce）说起。

皮耳士生于西历一八三九年，死于一九一四年。他的父亲 Benjamin Peirce 是美国一个最大的数学家，所以他小时就受了科学的教育。他常说他是在科学试验室里长大的。后来他也成了一个大数学家，名学家，物理学家。他的物理学上的贡献是欧美学者所公认的。一千八百六十九年，皮耳士在美国康桥发起了一个哲学会，会员虽不过十一二人，却很有几个重要人物，内中有一个便是那后来赫赫有名的詹姆士。皮耳士在这会里曾发表他的实验主义。詹姆士很受了他的影响。到了一八七七年十一月，皮耳士方才把他的实验哲学做了一篇长文，登在美国《科学通俗月刊》上。这篇文章共分六章，登了几个月才登完。当时竟没有人赏识他。直到二十年后，詹姆士在加省大学演讲，方才极力表彰皮耳士的实验主义。那时候，时机已经成熟了，实验主义就此一日千里的传遍全世界了。

皮耳士这篇文章总题目是《科学逻辑的举例》。这个名称很可注意，因为这就可见实验主义同科学方法的关系。这篇文章的第二章题目是"如何能使我们的意思明白"。这个题目也很可注意，因为这一章是实验主义发源之地，看这题目便知道实验主义的宗旨不过是要寻一个方法来把我们所有的观念的意义弄的明白清楚。他是一个科学家，所以他的方法只是一个"科学实验室的态度"。他说："你对一个科学实验家无论讲什么，他总以为你的意思是说某种实验法若实行时定有某种效果。若不如此，你所说的话他就不懂得了。"他平生只遵守这种态度，所以说："一个观念的意义完全在于那观念在人生行为上所发生的效果。凡试验不出什么效果来的东西，必定不能影响人生的行为。所以我们如果能完全求出承认某种观念时有那么些效果，不承认他时又有那么些效果，如此我们就有这个观念的完全意义了。除掉这些效果之外，更无别种意义。这就是我所主张的实验主义。"（*Journal of Philos.*，*Psy.*，*and Sc. Meth.* XIII. No. 26，p. 710 引）

他这一段话的意思是说，一切有意义的思想都会发生实际上的效果。这种效果便是那思想的意义。若要问那思想有无意义或有什么意义，只消求出那思想能发生何种实际的效果；只消问若承认他时有什么效果，若不认他时又有什么效果。若不论认他或不认他，都不发生什么影响，都没有实际上的分别，那就可说这个思想全无意义，不过是胡说的废话。

我且举一个例。昨天下午北京大学哲学教授曾审查学生送来的哲学研究会讲演题目。内中有一个题目是："人类未曾运思以前一切哲理有无物观的存在？"这种问题，依实验主义看起来，简直是废话。为什么呢？因为无论我们承认未有思想以前已有哲理或没有哲理，于人生实际上有何分别？假定人类未曾运思之时"哲理"早已存在，这种假定又如何证明呢？这种哲理于人生行为有什么关系？更假定那时候没有哲理，这哲理的没有，又如何证明呢？又于人生有什么影响呢？若是没有什么影响，可不是不成问题的争论吗？

皮耳士又说："凡一个命辞的意义在于将来（命辞或称命题 Proposition）。何以故呢？因为一个命辞的意义还只是一个命辞，还只是把原有的命辞翻译成一种法式使他可以在人生行为上应用。"他又说："一个命辞的意义即是那命辞所指出一切实验的现象的通则。"（同上书 p. 711 引）这话怎么讲呢？我且举两条例。譬如说，"砒霜是有毒的"。这个命辞的意义还只是一个命辞，例如"砒霜是吃不得的"，或是"吃了砒霜是要死的"，或是"你千万不要吃砒霜"，这三个命辞都只是"砒霜有毒"一个命辞所涵的实验的现象。后三个命辞即是前一个命辞翻译出来的应用公式，即是这个命辞的真正意义。又如说，"闷空气是有害卫生的"，和"这屋里都是闷空气"，这两个命辞的意义就是叫你"赶快打开窗子换换新鲜空气"！

皮耳士的学说不但是说一切观念的意义在于那观念所能发生效果；他还要进一步说，一切观念的意义，即是那观念所指示我们应该养成的习惯。"闷空气有害卫生"一个观念的意义在于他能使我们养成常常开窗换新鲜空气的习惯。"运动有益身体"一个观念的意义在于他能使我们养成时常作健身运动的习惯。科学的目的只是要给我们许多有道理的行为方法，使我们从信仰这种方法生出有道理的习惯。这是科学家的知行合一说。这是皮耳士的实验主义（参看 *Journal of Philos.*，*Psy.*，*and Sc. Meth.* ⅩⅢ，21，pp. 709-720）。

三、詹姆士的心理学

维廉詹姆士（William James）生于一八四二年，死于一九一零年。他的父亲 Henry James 是一个 Swedenborg 派的宗教家，有一些宗教的著作。（Swedenborg，瑞典人，1688—1772，是一个神秘的宗教家，自创一派，传流到今。他说人有一种精神的官能，往往闭塞了；若开通时，便可与精神界直接往来。他自己说是真能做到这步田地的。）他的兄弟也叫 Henry James（1843—1916），是近世一个最大的文豪，所做的小说在英美两国的文学中占一个极重要的位置。我们的哲学家詹姆士初学医学，在哈佛大学得医学博士的学位之后，就在那里教授解剖学和生理学，后来才改为心理学和哲学的教授。一八九零年他的《大心理学》出版，自此以后他就成了一个哲学界的重要人物。他的著作很多，我且举几种最重要的：

《大心理学》（*The Principles of Psychology*，1890）

《小心理学》（*Psychology*，1892）

《信仰的意志》及其他论文（*The Will to Believe*，1897）

《宗教经验的种种》（*The Varieties of Religious Experience*，1902）

《实验主义》（*Pragmatism*，1907）

《真理的意义》（*The Meaning of Truth*，1909）

詹姆士在哲学史上的最大贡献就是他的"新心理学"。他的新心理学乃是心理学史上一大革命，因为以前只有"构造的心理学"（Structural Psychology），到了他以后方才有"机能的心理学"（Functional Psychology），又名"动作的心理学"（Behavioristic Psychology）。这种新心理学又是哲学史上一大革命，因为一百五十年来的哲学都受了休谟（David Hume）的心理解剖的影响，把心的内容都看作许多碎细的元素，名为"印象"（Impressions）与意象（Ideas）。休谟走到极端，不但把一切外物都认作一群一群的感觉，并且连这个感觉的"我"也不过是一大堆印象和意象。还有物界一切因果的关系，也并没有实在，不过都是人心联想习惯的结果。后来出了一个大哲学家康得（Kant）觉得休谟的知识论不能使人满意，于是他创出他的新哲学。我现在不能细述康得的哲学，只可略说一个重要的方面。康得承认休谟的心理分析是不错的，承认心的内容是一些零碎的感觉；但是康德进一步说这些细碎的分子之外，还有两个综合的官能，一个是直觉，一个是明觉。直觉有两个法门，一是空间，一是时间；明觉有十二种法门，什么多数哪，独一哪，有哪，无哪，因果哪，我也不去细说了。每起一种知觉时，先经过直觉关，到了关上，那感觉的"与料"便化成空间时间；然后明觉过来，自然会把那"与料"归到那十二法门中的相当法门上去，于是才知道他是一还是多，是有还是非有，是因还是果。康得的哲学因为要填补休谟的缺陷，故于感觉的资料之外请出一个整理组合的理性来。康得以来的哲学虽然经过许多变迁，总不曾跳出这个中心观念：一方面是感觉的资料，一方面是有组合作用的心。后来的人说来说去，越说越微妙了，但总说不出为什么这两部分都不可少，又说不出这两个相反对的部分怎样能够同力合作发生有统系组织。

詹姆士的心理学以为休谟一派的联想论把一切思想都看作习惯的联想，固是不对的，但是理性派的哲学家建立一个独立实在的心灵，也没有实验的根据。他说科学的心理学应该用生理的现象来解释心理的现象；应该承认脑部为一切心理作用的总机关，更应该寻出心理作用的生理的前因和生理的后果。他说，"没有一种心理的变迁同时不发生身体上的变迁的"。这种生理的心理学，固然不是詹姆士创始的，但他更进一步，把生物学的道理应用到生理的心理学上。从前斯宾塞（Spencer）曾定下一条通则，说"心理的生活和生理的生活有同样的主要性质，两种生活都是要使内部的关系和外部的关系互相适应"。詹姆士承认这个通则在心理学上很有用处，所以他的心理学的基本观念是：凡认定未来的目标而选择方法和工具以求做到这个目标，这种行动就是有心的作用的表示。心的作用就是认定目的而设法达到所定目的的作用。这种观点可以补救从前休谟和康得的缺点。为什么呢？因为休谟一派人把心的内容看作细碎的分子，其实那一点一块的分子并不是经验的真相；个人的经验是连贯不断的一个大整块，不过随时起心的作用时自然不能不有所选择，不能不在这连绵不断的经验上挑出一部分来应用，所以表面上看去很像是一支一节的片段，其实还是整块的，不间断的。还有康得一派人于感觉之外请出一个综合整理的心，又把这个心分成许多法门，这也是有弊的说法；因为神经系统之外更没什么"心官"，况且这个神经系统也不是照相镜一般的物事。若如康得所说，那心官分做许多法门，外物进来，自然会显出种种关系，那么心官岂不是同照相镜一样，应该有什么东西便自然照成什么东西——那么，何以还有知识思想上的错误呢？詹姆士用生理来讲心理，认定我们的神经系统不过是一种应付外物的机能，并不是天生成完全无错误的，是最容易错误的，不过是有随机应变的可能性，"上一回当，学一回乖"，一切错误算不得是他的缺点，只可算是必须经过的阶级。心的作用并不仅是照相镜一般的把外物照在里面就算了，心的作用乃是从已有的知识里面挑出一部分来做现在应用的资料。一切心的作用（知识思想等）都起于个人的兴趣和意志；兴趣和意志定下选择的目标，有了目标方才从已有的经验里面挑出达到这目标的方法器具和资料。康得所说的"纯粹理性"乃是绝对没有的东西。没有一种心的作用不带着意志和兴趣的，没有一种心的作用不是选择去取的。

这是詹姆士的新心理学的重要观念。从前经验派和理性派的种种争论都可用这种心理学来解决调和。因为心的作用是选择去取的，所以现在的感觉资料便是引起兴趣意志的刺激物，过去的感觉资料（经验）便是供我们选择方法工具的材料，从前所谓组合整理的心官便是这选择去取的作用。世间没有纯粹的理性，也没有纯粹的知识思想。理性是离不了意志和兴趣的；知识思想是应用的，是用来满足人的意志兴趣的。古人所说的纯粹理性和纯粹思想都是把理性和思想看作自为首尾自为起结的物事，和实用毫无关系，所以没有真假可说，没有是非可说，因为这都是无从证明的。现在说知识思想是应用的，看他是否能应用就可以证实他的是非和真假了。所以我们可说，詹姆士的心理学乃是实验主义的心理学上的基础。

四、詹姆士论实验主义

本章的题目是"詹姆士论实验主义"。这个标题的意思是说，本章所说虽是用他的《实验主义》一部书做根据，却不全是他一个人的学说，乃是他综合皮耳士、失勒、杜威、倭斯袜（Ostwald）、马赫（Mach）等人的学说，做成一种实验主义的总论。他这个人是富有宗教性的，有时不免有点偏见，所以我又引了旁人的（以杜威为最多）批评他的话来纠正他的议论。

詹姆士讲实验主义有三种意义。第一，实验主义是一种方法论；第二，是一种真理论（Theory of Truth）；第三，是一种实在论（Theory of Reality）。

（1）方法论。詹姆士总论实验主义的方法是"要把注意之点从最先的物事移到最后的物事；从通则移到事实，从范畴（Categories）移到效果"（*Pragmatism*，pp. 54-55）。这些通则哪，定理哪，范畴哪，都是"最先的物事"。亚里士多德所说在"天然顺序中比较容易知道的"，就是这些东西。古来的学派大抵都是注重这些抽象的东西的。詹姆士说："我们大家都知道人类向来喜欢玩种种不正当的魔术。魔术上最重要的东西就是名字。你如果知道某种妖魔鬼怪的名字，或是可以镇服他们的符咒，你就可以管住他们了。所以初民的心里觉得宇宙竟是一种不可解的谜；若要解这个哑谜，总须请教那些开通心窍神通广大的名字。宇宙的道理即在名字里面。有了名字便有了宇宙了（参看中国儒家所论正名的重要，如孔丘、董仲舒所说）。'上帝'、'物质'、'理'、'太极'、'力'，都是万能的名字。你认得他们，就算完事了。玄学的研究，到了认得这些神通广大的名字可算到了极处了。"（p. 52）他这段说话挖苦那班理性派的哲学家，可算得利害了。他的意思只是要表示实验主义根本上和从前的哲学不同。实验主义要把种种全称名字一个一个的"现兑"做人生经验,再看这些名字究竟有无意义。所以说"要把注意之点从最先的物事移到最后的物事;从通则移到事实,从范畴移到效果"。

这便是实验主义的根本方法。这个方法有三种应用。(甲)用来规定事物(Objects)的意义,(乙)用来规定观念(Ideas)的意义,(丙)用来规定一切信仰(定理圣教量之类)的意义。

(甲)事物的意义。詹姆士引德国化学大家倭斯袜(Ostwald)的话"一切实物都能影响人生行为;那种影响便是那些事物的意义"。他自己也说,"若要使我们心中所起事物的感想明白清楚,只须问这个物事能生何种实际的影响——只须问他发生什么感觉,我们对他起何种反动"(pp. 46-47)。譬如上文所说的"闷空气",他的意义在于他对于呼吸的关系和我们开窗换空气的反动。

(乙)观念的意义。他说,我们如要规定一个观念的意义,只须使这观念在我们经验以内发生作用。把这个观念当作一种工具用,看他在自然界能发生什么变化,什么影响。一个观念(意思)就像一张支票,上面写明可支若干效果;如果这个自然银行见了这张支票即刻如数现兑,那支票便是真的——那观念便是真的。

(丙)信仰的意义。信仰包括事物与观念两种,不过信仰所包事物观念的意义是平常公认为已经确定了的。若要决定这种观念或学说的意义,只须问,"如果这种学说是真的,那种学说是假的,于人生实际上可有什么分别吗?如果无论那一种是真是假都没有实际上的区别,那就可证明这两种表面不同的学说其实是一样的,一切争执都是废话"(p. 45)。譬如我上文所引"人类未曾运思以前,一切哲理有无物观的存在?"一个问题,两方面都可信,都不发生实际上的区别,所以就不成问题了。

以上说方法论的实验主义。

(2)真理论。什么是"真理"(Truth)?这个问题在西洋哲学史上是一个顶重要的问题。那些旧派的哲学家说真理就是同"实在"相符合的意象。这个意象和"实在"相符合,便是真的;那个意象和"实在"不相符合,便是假的。这话很宽泛,我们须要问,什么叫做"和实在相符合"?旧派的哲学家说"真的意象就是实在的摹本(Copy)"。詹姆士问道,"譬如墙上的钟,我们闭了眼睛可以想象钟的模样,那还可以说是一种摹本。但是我们心里起的钟的用处的观念,也是摹本吗?摹的是什么呢？又如我们说钟的法条有弹性，这个观念摹的又是什么呢？这就可见一切不能有摹本的意象，那'和实在相符合'一句话又怎么解说呢？"（*Pragmatism*，p. 199）

詹姆士和旁的实验哲学家都攻击这种真理论，以为这学说是一种静止的，惰性的真理论。旧派的意思好像是只要把实在直抄下来就完了事；只要得到了实在的摹本，就够了，思想的功用就算圆满了。好像我们中国在前清时代奏折上批了"知道了，钦此"五个大字，就完了。这些实验哲学家是不甘心的。他们要问，"假定这个观念是真的，这可于人生实际上有什么影响吗？这个真理可以实现吗？这个道理是真是假，可影响那几部分的经验吗？总而言之，这个真理现兑成人生经验，值得多少呢？"

詹姆士因此下一个界说道，"凡真理都是我们能消化受用的，能考验的，能用旁证证明的，能稽核查实的。凡假的观念都是不能如此的"（p. 201）。他说，"真理的证实在能有一种满意摆渡的作用"（p. 202）。怎么叫作摆渡的作用呢？他说"如果一个观念能把我们一部分的经验引渡到别一部分的经验，连贯的满意，办理的妥贴，把复杂的变简单了，把烦难的变容易了——如果这个观念能做到这步田地，他便'真'到这步田地，便含有那么多的真理"（p. 58）。譬如我走到一个大森林里，迷了路，饿了几日走不出来，忽然看见地上有几个牛蹄的印子，我心里便想：若跟着牛蹄印子走，一定可寻到有人烟的地方。这个意思在这个时候非常有用，我依了做去，果然出险了。这个意思便是真的，因为他能把我从一部分的经验引渡到别部分的经验，因此便自己证实了。

据这种见解看来，上文所说"和实在相符合"一句话便有了一种新意义。真理"和实在相符合"并不是静止的符合，乃是作用的符合：从此岸渡到彼岸，把困难化为容易，这就是"和实在相符合"了。符合不是临摹实在，乃是应付实在，乃是适应实在。

这种"摆渡"的作用，又叫做"做媒"的本事。詹姆士常说一个新的观念就是一个媒婆，他的用处就在能把本来未有的旧思想和新发现的事实拉拢来做夫妻，使他们不要吵闹，使他们和睦过日子。譬如我们从前糊糊涂涂的过太平日子，以为物体从空中掉下来是很自然的事，不算希奇。不料后来人类知识进步了，知道我们这个地球是悬空吊在空中，于是便发生疑问：这个地球何以能够不掉下去呢？地球既是圆的，圆球那一面的人物屋宇何以不掉到太空中去呢？这个时候，旧思想和新事实不能相容，正如人家儿女长大了，男的吵着要娶媳妇了，女的吵着要嫁人了。正在吵闹的时候，来了一个媒婆，叫做"吸力说"，他从男家到女家，又从女家到男家，不知怎样一说，女家男家，都答应了，于是遂成了夫妇，重新过太平的日子。所以詹姆士说，观念成为真理全靠他有这做媒的本事。一切科学的定理，一切真理，新的旧的，都是会做媒的，或是现任的媒婆，或是已退职的媒婆。纯粹物观的真理，不曾替人做过媒，不会帮人摆过渡，这种真理是从来没有的。

这种真理论叫做"历史的真理论"（Genetic Theory of Truth）。为什么叫做"历史的"呢？因为这种真理论注重的点在于真理如何发生，如何得来，如何成为公认的真理，真理并不是天上掉下来的，也不是人胎里带来的。真理原来是人造的，是为了人造的，是人造出来供人用的，是因为他们大有用处所以才给他们"真理"的美名的。我们所谓真理，原不过是人的一种工具，真理和我手里这张纸，这条粉笔，这块黑板，这把茶壶，是一样的东西：都是我们的工具。因为从前这种观念曾经发生功效，故从前的人叫他做"真理"；因为他的用处至今还在，所以我们还叫他做"真理"。万一明天发生他种事实，从前的观念不适用了，他就不是"真理"了，我们就该去找别的真理来代他了。譬如"三纲五伦"的话，古人认为真理，因为这种话在古时宗法的社会很有点用处。但是现在时势变了，国体变了，"三纲"便少了君臣一纲，"五伦"便少了君臣一伦。还有"父为子纲"、"夫为妻纲"两条，也不能成立。古时的"天经地义"现在变成废语了。有许多守旧的人觉得这是很可痛惜的。其实这有什么可惜？衣服破了，该换新的；这支粉笔写完了，该换一支；这个道理不适用了，该换一个。这是平常的道理，有什么可惜？"天圆地方"说不适用了，我们换上一个"地圆说"，有谁替"天圆地方"说开追悼会吗？

真理所以成为公认的真理，正因为他替我们摆过渡，做过媒。摆渡的船破了，再造一个。帆船太慢了，换上一只汽船。这个媒婆不行，打他一顿媒拳，赶他出去，另外请一位靠得住的朋友做大媒。

这便是实验主义的真理论。

但是人各有所蔽，就是哲学家也不能免。詹姆士是一个宗教家的儿子，受了宗教的训练，所以对于宗教的问题，总不免有点偏见，不能老老实实的用实验主义的标准来批评那些宗教的观念是否真的。譬如他说，"依实验主义的道理看来，如果'上帝'那个假设有满意的功用

（此所谓'满意'乃广义的），那假设便是真的"（p. 299）。又说，"上帝的观念……在实际上至少有一点胜过旁的观念的地方：这个观念许给我们一种理想的宇宙，永久保存，不致毁灭。……世界有个上帝在里面作主，我们便觉得一切悲剧都不过是暂时的，都不过是局部的，一切灾难毁坏都不是绝对没有翻身的"（p. 106）。最妙的是他的"信仰的心愿"论（The Will to Believe）。这篇议论太长了，不能引在这里，但是那篇议论中最重要又最有趣味的一个意思，他曾在别处常常提起，我且引来给大家看看。"我自己硬不信我们的人世经验就是宇宙里最高的经验了。我宁可相信我们人类对于全宇宙的关系就和我们的猫儿狗儿对于人世生活的关系一般。猫儿狗儿常在我们的客厅上书房里玩，他们也加入我们的生活，但他们全不懂得我们的生活的意义。我们的人世生活好比一个圆圈，他们就住在这个圆圈的正切线（Tangent）上，全不知道这个圆圈起于何处终于何处。我们也是如此。我们也住在这个全宇宙圆圈的正切线上。但是猫儿狗儿每日的生活可以证明他们有许多理想和我们相同，所以我们照宗教经验的证据看来，也很可相信比人类更高的神力是实有的，并且这些神力也朝着人类理想中的方向努力拯救这个世界。"（p. 300）

这就是他的宗教的成见。他以为这个上帝的观念——这个有意志，和我们人类的最高理想同一方向进行的上帝观念——能使我们人类安心满意，能使我们发生乐观，这就可以算他是真的了！这种理论，仔细看来，是很有害的。他在这种地方未免把他的实验主义的方法用错了。为什么呢？因为我们上文说过实验主义的方法须分作三层使用。第一，是用来定事物的意义。第二，定观念的意义。第三，定信仰的意义。须是事物和观念的意义已经明白确定了，方才可以用第三步方法。如今假定一个有意志的上帝，这个假设还只是一个观念，他的意义还不曾明白确定，所以不能用第三步方法，只可先用第二步方法，把这个观念当作一种工具，当作一张支票，看他在这自然大银行里是否有兑现的效力。这个"有意志的神力"的观念是一个宇宙论的假设，这张支票上写的是宇宙论的现款，不是宗教经验上的现款。我们拿了支票，该应先看他是否能解决宇宙论的问题。一切宇宙间的现状，如生存竞争的残忍，如罪恶痛苦的存在，都可以用这个假设来解决吗？如不能解决，这张支票便不能兑现。这个观念的意义便不曾确定。一个观念不曾经过第二步的经验，便不配算作信仰，便不配问他的真假在实际上发生什么区别。为什么呢？因为一张假支票在本银行里虽然支不出钱来，也许在不相干的小钱店里押一笔钱。那小钱店不曾把支票上的图章表记认明白，只顾贪一点小利，就胡乱押一笔钱出去。这不叫做"兑现"，这叫"外快"，这是骗来的钱。詹姆士不先把上帝这个观念的意义弄明白，却先用到宗教经验上去，回头又把宗教经验上所得的"外快"利益来冒充这个观念本身的价值。这就是他不忠于实验主义的所在了（参看 Dewey, *Essays in Experimental Logic*，pp. 312−325）。

（3）实在论。我们所谓"实在"（Reality）含有三大部分：（A）感觉，（B）感觉与感觉之间及意象与意象之间的种种关系，（C）旧有的真理。从前的旧派哲学都说实在是永远不变的。詹姆士一派人说实在是常常变的，是常常加添的，常常由我们自己改造的。上文所说实在的三部分之中，我们且先说感觉。感觉之来，就同大水汹涌，是不由我们自主的。但是我们各有特别的兴趣，兴趣不同，所留意的感觉也不同。因为我们所注意的部分不同，所以各人心目中的实在也就不同。一个诗人和一个植物学者同走出门游玩，那诗人眼里只见得日朗风轻，花明鸟媚；那植物学者只见得道旁长的是什么草，篱上开的是什么花，河边栽的是什么树。这两个人的宇宙是大不相同的。

再说感觉的关系和意象的关系。一样的满天星斗，在诗人的眼里和在天文学者的眼里，便有种种不同的关系。一样的两件事，你只见得时间的先后，我却见得因果的关系。一样的一篇演说，你觉得这人声调高低得宜，我觉得这人论理完密。一百个大钱，你可以摆成两座五十的，也可以摆成四座二十五的，也可以摆成十座十个的。

那旧有的真理更不用说了。总而言之，实在是我们自己改造过的实在。这个实在里面含有无数人造的分子。实在是一个很服从的女孩子，他百依百顺的由我们替他涂抹起来，装扮起来。"实在好比一块大理石到了我们手里，由我们雕成什么像。"宇宙是经过我们自己创造的工夫的。"无论知识的生活或行为的生活，我们都是创造的。实在的名的一部分，和实的一部分，都有我们增加的分子。"

这种实在论和理性派的见解大不相同。"理性主义以为实在是现成的，永远完全的；实验主义以为实在还正在制造之中，将来造到什么样子便是什么样子。"（p. 257）实验主义（人本主义）的宇宙是一篇未完的草稿，正在修改之中，将来改成怎样便怎样，但是永永没有完篇的时期。理性主义的宇宙是绝对平安无事的，实验主义的宇宙是还在冒险进行的。

这种实在论和实验主义的人生哲学和宗教观念都有关系。总而言之，这种创造的实在论发生一种创造的人生观。这种人生观詹姆士称为"改良主义"（Meliorism）。这种人生观也不是悲观的厌世主义，也不是乐观的乐天主义，乃是一种创造的"淑世主义"。世界的拯拔不是不可能的，也不是我们笼着手，抬起头来就可以望得到的。世界的拯救是可以做得到的，但是须要我们各人尽力做去。我们尽一分的力，世界的拯拔就赶早一分。世界是一点一滴一分一毫的长成的，但是这一点一滴一分一毫全靠着你和我和他的努力贡献。

他说：

> 假如那造化的上帝对你说："我要造一个世界，保不定可以救拔的。这个世界要想做到完全无缺的地位，须靠各个分子各尽他的能力。我给你一个机会，请你加入这个世界。你知道我不担保这世界平安无事的。这个世界是一种真正冒险事业，危险很多，但是也许有最后的胜利。这是真正的社会互助的工作。你愿意跟来吗？你对你自己，和那些旁的工人，有那么多的信心来冒这个险吗？"
>
> 假如上帝这样问你，这样邀请你，你当真怕这世界不安稳竟不敢去吗？你当真宁愿躲在睡梦里不肯出头吗？

这就是淑世主义的挑战书。詹姆士自己是要我们大着胆子接受这个哀的米敦书的。他很嘲笑那些退缩的懦夫，那些静坐派的懦夫。他说，"我晓得有些人是不愿意去的。他们觉得在那个世界里，须要用奋斗去换平安，这是很没有道理的事。……他们不敢相信机会。他们想寻一个世界，要可以歇肩，可以抱住爸爸的头颈，就此被吸到那无穷无极的生命里面，好像一滴水滴在大海里。这种平安清福，不过只是免去了人世经验的种种烦恼。佛家的涅槃其实只不过免去了尘世的无穷冒险。那些印度人，那些佛教徒，其实只是一班懦夫，他们怕经验，怕生活。……他们听见了多元的淑世主义，牙齿都打战了，胸口的心也骇得冰冷了"（pp. 291-293）。詹姆士自己说，"我吗？我是愿意承认这个世界是真正危险的，是须要冒险的；我决不退缩，我决不说'我不干了！'"（p. 296）

这便是他的宗教。这便是他的实在论所发生的效果。

五、杜威哲学的根本观念

杜威（生于一八五九）是现在实验主义的领袖。他的著作很多，最重要的是 *The School and Society*，1899；*Studies in Logical Theory*，1903；*Influence of Darwin on Philosophy*，*and other Essays*，1910；*How We Think*，1910；*Ethics*（with Tufts），1909；*Essays in Experimental Logic*，1916；*Democracy and Education*，1916；*Creative Intelligence*（with others）1917。他做的书都不很容易读，不像詹姆士的书有通俗的能力。但是在思想界里面，杜威的影响实在比詹姆士还大。有许多反对詹姆士的实验主义的哲学家，对于杜威都不能不表敬意。他的教育学说影响更大，所以有人称他做"教师的教师"（The Teacher of Teachers）。

杜威在哲学史上是一个大革命家。为什么呢？因为他把欧洲近世哲学从休谟（Hume）和康德（Kant）以来的哲学根本问题一齐抹煞，一齐认为没有讨论的价值。一切理性派与经验派的争论，一切唯心论和唯物论的争论，一切从康德以来的知识论，在杜威的眼里，都是不成问题的争论，都可"以不了了之"。杜威说，"智识上的进步有两条道路。有的时候，旧的观念范围扩大了，研究得更精密了，更细腻了，智识因此就增加了。有的时候，人心觉得有些老问题实在不值得讨论了，从前火一般热的意思现在变冷了，从前很关切的现在觉得不关紧要了。在这种时候，知识的进步不在于增添，在于减少；不在分量的增加，在于性质的变换。那些老问题未必就解决了，但是他们可以不用解决了"（*Creative Intelligence*，p. 3）。这就是我们中国人所讲的"以不了了之"。

杜威说近代哲学的根本大错误就是不曾懂得"经验"（Experience）究竟是个什么东西。一切理性派和经验派的争论，唯心唯实的争论，都只是由于不曾懂得什么叫做经验。他说旧派哲学对于"经验"的见解有五种错误：

（1）旧派人说经验完全是知识。其实依现在的眼光看来，经验确是一个活人对于自然的环境和社会的环境所起的一切交涉。

（2）旧说以为经验是心境的，里面全是"主观性"。其实经验只是一个物观的世界，走进人类的行为遭遇里面，受了人类的反动发生种种变迁。

（3）旧说于现状之外只是承认一个过去，以为经验的元素只是记着经过了的事。其实活的经验是试验的，是要变换现有的物事；他的特性在于一种"投影"的作用，伸向那不知道的前途；他的主要性质在于连络未来。

（4）旧式的经验是专向个体的分子的。一切联络的关系都当作从经验外面侵入的，究竟可靠不可靠还不可知。但是我们若把经验当作应付环境和约束环境的事，那么经验里面便含有无数联络，无数贯串的关系。

（5）旧派的人把经验和思想看作绝相反的东西。他们以为一切推理的作用都是跳出经验以外的事。但是我们所谓经验里面含有无数推论，没有一种有意识的经验没有推论的作用。（pp. 7-8）

这五种区别，很是重要，因为这就是杜威的哲学革命的根本理由。既不承认经验就是知识，那么三百多年以来把哲学几乎完全变成认识论，便是大错了；那么哲学的性质、范围、方法，都要改变过了。既不承认经验是主观的，反过来既承认经验是人应付环境的事业，那么一切唯心唯实的争论都不成问题了。既不承认经验完全是细碎不联络的分子（如印象、意象、感情之类），反过来既承认联络贯串是经验本分内的事，那么一切经验派和理性派的纷争，连带休谟的怀疑哲学和康德那些支离繁碎的心法范畴，都可以丢在脑背后了。

最要紧的是第三第五两种区别。杜威把经验看作对付未来，预料未来，联络未来的事，又把经验和思想看作一件事。这是极重要的观念。照这种说法，经验是向前的，不是回想的；是推理的，不是完全堆积的；是主动的，不是静止的，也不是被动的；是创造的思想活动，不是细碎的记忆账簿。

杜威受了近世生物进化论的影响最大，所以他的哲学完全带着生物进化学说的意义。他说"经验就是生活；生活不是在虚空里面的，乃是在一个环境里面的，乃是由于这个环境的"（p. 8）。"我们人手里的大问题，是：怎样对付外面的变迁才可使这些变迁朝着能于我们将来的活动有益的一个方向走。外境的势力虽然也有帮助我们的地方，但是人的生活决不是笼着手太太平平的坐享环境的供养。人不能不奋斗；不能不利用环境直接供给我们的助力，把来间接造成别种变迁。生活的进行全在能管理环境。生活的活动必须把周围的变迁一一变换过；必须使有害的势力变成无害的势力；必须使无害的势力变成帮助我们的势力。"（p. 9）

这就是杜威所说的"经验"。经验不是一本老账簿，经验乃是一个有孕的妇人，经验乃是现在的里面怀着将来的活动。简单一句话，"经验不光是知识，经验乃我对付物，物对付我的法子"（p.37）。知识自然是重要的，因为知识乃是应付将来的工具。因为知识是重要的，所以古人竟把经验完全看作知识的事，还有更荒谬的人竟把知识当作看戏一样，把知识的心当作一个看戏的人对着戏台上穿红的进去穿绿的出来，毫没有关系，完全处于旁观的地位。这就错了。要知道知识所以重要，正因为他是一种应用的工具，是用来推测将来的经验的。人类的经验全是一种"应付的行为"（Responsive Behavior）。凡是有意识的应付的行为都有一种特别性质与旁的应付不同，这种特性就是先见和推测的作用。这种先见之明引起选择去取的动作，这便是知识的意义。这种动作的成绩便可拿来评定那种先见的高下。

如此看来，可见思想的重要。杜威常引弥儿的话道，"推论乃是人生一大事。……只有这件事是人的心思无时无刻不做的"。他常说思想能使经验脱离无意识的性欲行为；能使人用已知的事物推测未知的事物；能使人利用现在预料将来；能使人悬想新鲜的目的，繁复丰富的效果；能使经验永远增加意义，扩张范围，开辟新天地。所以杜威一系的人把思想尊为"创造的智慧"（Creative Intelligence）。思想是人类应付环境的唯一工具，是人类创造未来新天地的工具，所以当得起"创造的智慧"这个尊号。

杜威说，"知识乃是一件人的事业，人人都该做的，并不是几个上流人或几个专门哲学家科学家所能独享的美术赏鉴力"（p.64）。从前哲学的大病就是把知识思想当作了一种上等人的美术赏鉴力，与人生行为毫无关系；所以从前的哲学钻来钻去总跳不出"本体"、"现象"、"主观"、"外物"等等不成问题的争论。现在我们受了生物学的教训，就该老实承认经验就是生活，生活就是人与环境的交互行为，就是思想的作用指挥一切能力，利用环境，征服他，约束他，支配他，使生活的内容外域永远增加，使生活的能力格外自由，使生活的意味格外浓厚。因此，我们就该承认哲学的范围、方法、性质，都该有一场根本的大改革。这种改革，杜威不叫做哲学革命，他说这是"哲学的光复"（A Recovery of Philosophy）。他说，"哲学如果不弄那些'哲学家的问题'了，如果变成对付'人的问题'的哲学方法了，那时候便是哲学光复的日子到了"（p.65）。

以上所说是杜威的哲学的根本观念。这些根本观念，总括起来，是（1）经验就是生活，生活就是对付人类周围的环境。（2）在这种应付环境的行为之中，思想的作用最为重要；一切有意识的行为都含有思想的作用；思想乃是应付环境的工具。（3）真正的哲学必须抛弃从前种种玩意儿的"哲学家的问题"，必须变成解决"人的问题"的方法。

这个"解决人的问题的哲学方法"又是什么呢？这个不消说得，自然是怎样使人能有那种"创造的智慧"，自然是怎样使人能根据现有的需要，悬想一个新鲜的将来，还要能创造方法工具，好使那个悬想的将来真能实现。

六、杜威论思想

杜威先生的哲学的基本观念是："经验即是生活，生活即是应付环境"；但是应付环境有高下的程度不同。许多蛆在粪窖里滚来滚去，滚上滚下；滚到墙壁，也会转弯子。这也是对付环境。一个蜜蜂飞进屋里打几个回旋，嗤的一声直飞向玻璃窗上，头碰玻璃，跌倒在地；他挣扎起来，还向玻璃窗上飞，这一回小心了，不致碰破头；他飞到玻璃上，爬来爬去，想寻一条出路：他的"指南针"只是光线，他不懂这光明的玻璃何以不同那光明的空气一样，何以飞不出去！这也是应付环境。一个人出去探险，走进一个无边无际的大树林里，迷了路，走不出来了。他爬上树顶，用千里镜四面观望，也看不出一条出路。他坐下来仔细一想，忽听得远远的有流水的声音；他忽然想起水流必定出山，人跟着水走，必定可以走出去。主意已定，他先寻到水边，跟着水走，果然走出了危险。这也是应付环境。以上三种应付环境，所以高下不同，正为知识的程度不同。蛆的应付环境，完全是无意识的作用；蜜蜂能用光线的指导去寻出路，已可算是有意识的作用了，但他不懂得光线有时未必就是出路的记号，所以他碰着玻璃就受窘了；人是有知识能思想的动物，所以他迷路时，不慌不忙的爬上树顶，取出千里镜，或是寻着溪流，跟着水路出去。人的生活所以尊贵，正为人有这种高等的应付环境的思想能力。故杜威的哲学基本观念是："知识思想是人生应付环境的工具。"知识思想是一种人生日用必不可少的工具，并不是哲学家的玩意儿和奢侈品。

总括一句话，杜威哲学的最大目的，只是怎样能使人类养成那种

"创造的智慧"（Creative Intelligence），使人应付种种环境充分满意。换句话说，杜威的哲学的最大目的是怎样能使人有创造的思想力。

因为思想在杜威的哲学系统里占如此重要的地位，所以我现在介绍杜威的思想论。

思想究竟是什么呢？第一，戏台上说的"思想起来，好不伤惨人也"，那个"思想"是回想，是追想，不是杜威所说的"思想"。第二，平常人说的"你不要胡思乱想"，那种"思想"是"妄想"，也不是杜威所说的"思想"。杜威说的思想是用已知的事物作根据，由此推测出别种事物或真理的作用。这种作用，在论理学书上叫做"推论的作用"（Inference）。推论的作用只是从已知的物事推到未知的物事，有前者作根据，使人对于后者发生信用。这种作用，是有根据有条理的思想作用。这才是杜威所指的"思想"。这种思想有两大特性：（1）须先有一种疑惑困难的情境做起点。（2）须有寻思搜索的作用，要寻出新事物或新知识来解决这种疑惑困难。譬如上文所举那个在树林中迷了路的人，他在树林里东行西走，迷了方向寻不出路子：这便是一种疑惑困难的情境。这是第一个条件。那迷路的人爬上树顶远望，或取出千里镜四望，或寻到流水，跟水出山：这都是寻思搜索的作用。这是第二个条件。这两个条件都很重要。人都知"寻思搜索"是很重要的，但是很少人知道疑难的境地也是一个不可少的条件。因为我们平常的动作，如吃饭呼吸之类，多是不用思想的动作；有时偶有思想，也不过是东鳞西爪的胡思乱想。直到疑难发生时，方才发生思想推考的作用。有了疑难的问题，便定了思想的目的；这个目的便是如何解决这个困难。有了这个目的，此时的寻思搜索便都向着这个目的上去，便不是无目的的胡思乱想了。所以杜威说："疑难的问题，定思想的目的；思想的目的，定思想的进行。"

杜威论思想，分作五步说：（一）疑难的境地；（二）指定疑难之点究竟在什么地方；（三）假定种种解决疑难的方法；（四）把每种假定所涵的结果，一一想出来，看那一个假定能够解决这个困难；（五）证实这种解决使人信用；或证明这种解决的谬误，使人不信用。

（一）思想的起点是一种疑难的境地。——上文说过，杜威一派的学者认定思想为人类应付环境的工具。人类的生活若是处处没有障碍，时时方便如意，那就用不着思想了。但是人生的环境，常有更换，常有不测的变迁。到了新奇的局面，遇着不曾经惯的物事，从前那种习惯的生活方法都不中用了。譬如看中国白话小说的人，看到正高兴的时候，忽然碰着一段极难懂的话，自然发生一种疑难。又譬如上文那个迷了路的人，走来走去，走不出去：平时的走路本事，都不中用了。到了这种境地，我们便寻思："这句书怎么解呢？""这个大树林的出路怎么寻得出呢？""这件事怎么办呢？""这便如何是好呢？"这些疑问便是思想的起点。一切有用的思想，都起于一个疑问符号。一切科学的发明，都起于实际上或思想界里的疑惑困难。宋朝的程颐说，"学原于思"。这话固然不错，但是悬空讲"思"，是没有用的。他应该说，"学原于思，思起于疑"。疑难是思想的第一步。

（二）指定疑难之点究竟在何处。——有些疑难是很容易指定的，例如上文那个人迷了路，他的问题是怎么寻一条出险的路子，这是很容易指定的。但是有许多疑难，我们虽然觉得是疑难，但一时不容易指定究竟那一点是疑难的真问题。我且举一个例。《墨子·小取篇》有一句话："辟（譬）也者，举也物而以明之也。"初读的时候，我们觉得"举也物"三个字不可解，是一种疑难。毕沅注《墨子》径说这个"也"字是衍文，删了便是了。王念孙读到这里，觉得毕沅看错疑难的所在了。因为这句话里的真疑难不在一个"也"字的多少，乃在研究这个地方既然跑出一个"也"字来，究竟这个字可以有解说没有解说。如果先断定这个"也"字是衍文，那就近于武断，不是科学的思想了。这一步的工夫，平常人往往忽略过去，以为可以不必特别提出。（看《新潮》杂志第一卷第四号汪敬熙君的《什么是思想》。）杜威以为这一步是很重要的。这一步就同医生的"脉案"，西医的"诊断"，一般重要。你请一个医生来看病，你先告诉他，说你有点头痛，发热，肚痛……你昨天吃了两只螃蟹，又喝了一杯冰忌令，大概是伤了食。这是你胡乱猜想的话，不大靠得住。那位医生如果是一位好医生，他一定不睬你说的什么。他先看你的舌苔，把你的脉，看你的气色，问你肚子那一块作痛，大便如何，看你的热度如何……然后下一个"诊断"，断定你的病究竟在什么地方。若不如此，他便是犯了武断不细心的大毛病了。

（三）提出种种假定的解决方法。——既经认定疑难在什么地方了，稍有经验的人，自然会从所有的经验、知识、学问里面，提出种种的解决方法。例如上文那个迷路的人要有一条出路，他的经验告诉他爬上树顶去望望看，这是第一个解决法。这个法子不行，他又取出千里镜来，四面远望，这是第二个解决法。这个法子又不行，他的经验告诉他远远的花郎花郎的声音是流水的声音；他的学问又告诉他说，水流必有出路，人跟着水行必定可以寻一条出路。这是第三个解决法。这都是假定的解决。又如上文所说《墨子》"辟也者，举也物而以明之也"一句。毕沅说"也物"的也是衍文，这是第一个解决。王念孙说"也"字当"他"字解，"举也物"即是"举他物"，这是第二个解决。——这些假定的解决，是思想的最要紧的一部分，可以算是思想的骨干。我们说某人能思想，其实只是说某人能随时提出种种假定的意思来解决所遇着的困难。但是我们不可忘记，这些假设的解决，都是从经验学问上生出来的。没有经验学问，决没有这些假定的解决。有了学问，若不能随时发生解决疑难的假设，那便成了吃饭的书橱，有学问等于无学问。经验学问所以可贵，正为他们可以供给这些假设的解决的材料。

（四）决定那一种假设是适用的解决。——有时候，一个疑难的问题能引起好几个假设的解决法。即如上文迷路的例，有三种假设；一句《墨子》有两种解法。思想的人，遇着几种解决法发生时，应该把每种假设所涵的意义，一一的演出来；如果用这一种假设，应该有什么结果呢？这种结果是否能解决所遇的疑难？如果某种假设，比较起来最能解决困难，我们便可采用这种解决。例如《墨子》的"举也物"一句，毕沅的假设是删去"也"字，如果用这个假设，有两层结果：第一，删去这个字，成了"举物而以明之也"，虽可以勉强讲得通，但是牵强得很；第二，校勘学的方法，最忌"无故衍字"，凡衍一字必须问当初写书的人，何以多写了一个字；我们虽可以说抄《墨子》的人因上下文都有"也"字，所以无心中多写了一个"也"字，但是这个"也"字是一个煞尾的字，何以在句中多出这个字来？如此看来，毕沅的假设虽可勉强解说，但是总不能充分满意。再看王念孙的解说，把"也"字当作"他"字，这也有两层结果：第一，"举他物而以明之也"，举他物来说明此物，正是"譬"字的意义。第二，他字本作它，古写像也字，故容易互混；既可互混，古书中当不止这一处；再看《墨子》书中，如《备城门》篇，如《小取》篇的"无也故焉"，"也者同也"，都是他字写作也字。如此看来，这个假定解决的涵义果然能解决本文的疑难，所以应该采用这个假设。

（五）证明。——第四步所采用的解决法，还只是假定的，究竟是否真实可靠，还不能十分确定，必须有实地的证明，方才可以使人信仰；若不能证实，便不能使人信用，至多不过是一个假定罢了。已证实的假设，能使人信用，便成了"真理"。例如上文所举《墨子》书中，"举也"一句，王念孙能寻出"无也故焉"和许多同类的例，来证明《墨子》书中"他"字常写作"也"字，这个假设的解决便成了可信的真理了。又如那个迷路的人，跟着水流，果然出了险，他那个假设便成了真正适用的解决法了。这种证明比较是很容易的。有时候，一种假设的意思，不容易证明，因为这种假设的证明所需要的情形平常不容易遇着，必须特地造出这种情形，方才可以试验那种假设的是非。凡科学上的证明，大概都是这一种，我们叫做"实验"。譬如科学家葛理赖（Galileo）观察抽气筒能使水升高至三十四尺，但是不能再上去了。他心想这个大概是因为空气有重量，有压力，所以水不能上去了。这是一个假设，不曾证实。他的弟子佗里杰利（Torricelli）心想如果水的升至三十四英尺是空气压力所致，那么，水银比水重十三又十分之六倍，只能升高到三十英寸。他试验起来，果然不错。那时葛理赖已死了。后来又有一位哲学家柏斯嘉（Pascal）心想如果佗里杰利的气压说不错，那么，山顶上的空气比山脚下的空气稀得多，拿了水银管子上山，水银应该下降。所以他叫他的亲戚拿了一管水银走上劈得东山，水银果然逐渐低下，到山顶时水银比平地要低三寸。于是从前的假设，真成了科学的真理了。思想的结果到了这个地步，不但可以解决面前的疑难，简直是发明真理，供以后的人大家受用，功用更大了。

以上说杜威分析思想的五步。这种说法，有几点很可特别注意。（一）思想的起点是实际上的困难，因为要解决这种困难，所以要思想；思想的结果，疑难解决了，实际上的活动照常进行；有了这一番思想作用，经验更丰富一些，以后应付疑难境地的本领就更增长一些。思想起于应用，终于应用；思想是运用从前的经验，来帮助现在的生活，更预备将来的生活。（二）思想的作用，不单是演绎法，也不单是归纳法；不单是从普通的定理里面演出个体的断案，也不单是从个体的事物里面抽出一个普遍的通则。看这五步，从第一步到第三步，是偏向归纳法的，是先考察眼前的特别事实和情形，然后发生一些假定的通则；但是从第三步到第五步，是偏向演绎法的，是先有了通则，再把这些通则所涵的意义一一演出来，有了某种前提，必然要有某种结果：更用直接或间接的方法，证明某种前提是否真能发生某种效果。懂得这个道理，便知道两千年来西洋的"法式的论理学"（Formal Logic）单教人牢记AEIO等等法式和求同求异等等细则，都不是训练思想力的正当方法。

思想的真正训练，是要使人有真切的经验来作假设的来源，使人有批评判断种种假设的能力，使人能造出方法来证明假设的是非真假。

杜威一系的哲学家论思想的作用，最注意"假设"。试看上文所说的五步之中，最重要的就是第三步。第一步和第二步的工夫只是要引起这第三步的种种假设；以下第四第五两步只是把第三步的假设演绎出来，加上评判，加上证验，以定那种假设是否适用的解决法。这第三步的假设是承上启下的关键，是归纳法和演绎法的关头。我们研究这第三步，应该知道这一步在临时思想的时候是不可强求的；是自然涌上来，如潮水一样，压制不住的。他若不来时，随你怎样搔头抓耳，挖尽心血，都不中用。假使你在大树林里迷了路，你脑子里熟读的一部穆勒《名学》或陈文《名学讲义》，都无济于事，都不能供给你"寻着流水，跟着水走出去"的一个假设的解决。所以思想训练的着手工夫在于使人有许多活的学问知识。活的学问知识的最大来源在于人生有意识的活动。使活动事业得来的经验，是真实可靠的学问知识。这种有意识的活动，不但能增加我们假设意思的来源，还可训练我们时时刻刻拿当前的问题来限制假设的范围，不至于上天下地的胡思乱想。还有一层，人生实际的事业，处处是实用的，处处用效果来证实理论，可以养成我们用效果来评判假设的能力，可以养成我们的实验的态度。养成了实验的习惯，每起一个假设，自然会推想到他所涵的效果，自然会来用这种推想出来的效果来评判原有的假设的价值。这才是思想训练的效果，这才是思想能力的养成。

参考书

Dewey: *How We Think*, Chapters Ⅰ, Ⅱ, Ⅲ, Ⅵ, Ⅶ, Ⅻ.
又 *Democracy and Education*, Chapter ⅩⅩⅤ.

七、杜威的教育哲学

杜威先生常说，"哲学就是广义的教育学说"。这就是说哲学便是教育哲学。

这句话初听了很可怪。其实我们如果仔细一想，便知道这句话是不错的。我们试问古往今来的哲学家那一个不是教育家？那一个没有一种教育学说？那一种教育学说不是根据于哲学的？

我且举几个例。我们小时候读《三字经》开端就是"人之初，性本善，性相近，习相远；苟不教，性乃迁"。这几句说的是孔子的教育哲学。《三字经》是宋朝人做的，所代表的又是程子朱子一派的教育哲学。再翻开朱注的《论语》，第一章"学而时习之"的底下注语道："学之为言效也。人性皆善而觉有先后。后觉者必效先觉之所为，乃可以明善而复其初也。"请看他们把学字解作仿效，把教育的目的看作"明善而复其初"，这不是极重要的教育学说吗？我们如研究哲学史，便知道这几句注语里面，不但是解释孔子的话，并且含有禅家明心见性的影响。这不是很明白的例吗？

再翻开各家的哲学书，从老子直到蔡元培，从老子的"常使民无知无欲"，直到蔡元培的"以美育代宗教"，那一家的哲学不是教育学说呢？

懂得这个道理，然后可以知道杜威先生的哲学和他的教育学说的关系。

杜威的教育学说，大旨都在郑宗海先生所译的《杜威教育主义》（《新教育》第二期）里面。现在且先把那篇文章的精华提出来写在下面（译笔略与郑先生不同）：

（一）什么是教育？

教育的进行在于个人参与人类之社会的观念。……真教育只有一种，只有儿童被种种社会环境的需要所挑起的才能的活动，这才是真教育。

（二）什么是学校？

学校本来是一种社会的组织。教育既是由社会生活上进行。学校不过是一种团体生活，凡是能使儿童将来得享受人类的遗产和运用他自己的能力为群众谋福利的种种势力，都集合在里面。简单说来，教育即是生活，并不是将来生活的预备。

（三）什么是教材？

学校科目交互关系的中心点不在理科，不在文学，不在历史，不在地理，乃在儿童自己的社会生活。

总而言之，我深信我们应该把教育看作经验的继续再造；教育的目的与教育的进行是一件事，不是两件事。

（四）方法的性质。

方法的问题即是儿童的能力和兴趣发展的次序的问题。

（1）儿童天性的发展，主动的方面先于被动的方面；……动作先于有意识的感觉。意思（知识的和推理的作用）乃是动作的结果，并且是因为要主持动作才发生的。平常所谓"理性"，不过是有条理有效果的动作之一种法子，并不是在动作行为之外可以发达得出来的。

（2）影像（Images）乃是教授的大利器。儿童对于学科所得到的不过是他自己对于这一科所构成的影像。……现在我们用在预备工课和教授工课上的许多时间和精力，正可用来训练儿童构成影像的能力，要使儿童对于所接触的种种物事都能随时发生清楚明了又时时长进的影像。

（3）儿童的兴趣即是才力发生的记号。……某种兴趣的发生，即是表示这个儿童将要进到某步程度。……凡兴趣都是能力的记号，最要紧的是寻出这种能力是什么。

（4）感情乃是动作的自然反应。若偏向激动感情，不问有无相当的动作，必致于养成不健全和乖辟的心境。

（五）社会进化与学校。

教育乃是社会进化和改良的根本方法。……教育根据于社会观念，支配个人的活动，这便是社会革新的唯一可靠的方法。

这种教育见解，对于个人主义和社会主义的理想都有适当的容纳。一方面是个人的，因为这种主张承认一种品行的养成是正当生活的真基础。一方面是社会的，因为这种学说承认这种良好的品行不是单有个人的训戒教导便能造成的，乃是倚靠一种社会生活的影响才能养成的。

以上所记，可说是杜威教育学说的要旨。再总括起来，便只有两句话：

（1）"教育即是生活。"

（2）"教育即是继续不断的重新组织经验，要使经验的意义格外增加，要使个人主持指挥后来经验的能力格外增加。"（*Democracy and Education*，pp. 89—90）

我所要说的杜威教育哲学，不过是说明这两句话的哲学根据。我且先解释这两句话的意义。

这两句话其实即是一句话。（1）即是（2），所以我且解说第二句话。"教育即是继续不断的重新组织经验。"怎么讲呢？经验即是生活，生活即是应付人生四围的境地，即是改变所接触的事物，使有害的变为无害的，使无害的变为有益的。这种活动是人生不能免的。从婴孩到长大，从长成到老死，都免不了这种活动。这种活动各有教育的作用，因为每一种活动即是增添一点经验，即是"学"了一种学问。每次所得的经验，和已有的经验合拢起来，起一种重新组织；这种重新组织过的经验，又留作以后经验的参考资料和应用工具；如此递进，永永不已。所以说，"教育是继续不断的重新组织经验"。怎么说"使经验的意义格外增加"呢？意义的增加就是格外能看出我们所作活动的连贯关系。杜威常举一个例：有一个小孩子伸手去抓一团火光，把手烫了。从此以后，他就知道眼里所见的某种视觉是和手的某种触觉有关系的；更进一步，他就知道某种光是和某种热有关系的。高等的化学家在试验室里作种种活动，寻出火光的种种性质，其实同那小孩子的经验是一样的道理。总而言之，只是寻出事物的关系。懂得种种关系，便能预先安排某种原因发生某种效果。这便是增加经验意义。怎么说"使个人主持后来经验的能力格外增加"呢？懂得经验的意义，能安排某种原因发生某种结果，这便是说我们可以推知未来，可以预先筹备怎样得到良好的结果，怎样免去不良好的结果。这就是加添我们主持后来经验的能力了。

杜威这种教育学说和别人根本不同之处就在于把"目的"和"进行"看作一件事。这句话表面上似乎不通，其实不错。杜威说："活动的经验是占时间的，他的后一步补足他的前一步；前面不曾觉得的关系，也可明白了。后面的结果，表出前面的意义。这种经验的全体又养成趋向有这种意义的事物的习惯。每一种这样继续不断的经验是有教育作用的。一切教育只在于有这种经验。"(*Democracy and Education*，pp. 91-92)

这种教育学说的哲学根据，就是杜威的实验主义。实验主义的大旨，我已在前面说过了。如今单提出杜威哲学中和教育学说最有密切关系的知识论和道德论，略说一点。

（一）知识论（*Democracy and Education*，Chap. 25）

杜威说古代以来的知识论的最大病根，在于经验派和理性派的区别太严了。古代的社会阶级很严，有劳心的和劳力的，治人的和被治的，出令的和受令的，贵族和小百姓，种种区别。所以论知识也有经验和理性，个体与共相，心与物，心与身，智力与感情，种种区别。这许多区别，在现在的民主社会里都不能成立，都不应该存在。从学理一方面看来，更不能成立。杜威提出三条理由如下：

（1）现代生理学和心理学互相印证，证明一切心的作用都和神经系统有密切关系。神经系统使一切身体的作用同力合作。外面环境来的激刺和里面发出的应付作用，都受脑部的节制支配。神经作用，又不但主持应付环境的作用，并且有一种特性，使第一次应付能限定下一次的官能激刺作何样子。试看一个雕匠雕刻木头，或是画师画他的油画，便可见神经作用时时刻刻重新组织已有的活动，作为后来活动的预备，使前后的活动成为一贯的连续。处处是"行"，处处是"知"；知即从行来，即在行里；行即从知来，又即是知。懂得此理，方才可以懂得杜威所说"教育即是生活"的道理。

（2）生物学发达以来，生物进化的观念使人知道从极简单的生物进到人类，都有一贯的程序。最低等的有机体，但有应付环境的活动，却没有心官可说。后来活动更复杂了，智力的作用渐渐不可少，渐渐更重要。有了智力作用，方才可以预料将来，可以安排布置。这种生物进化论出世以后，方才有人觉悟从前的人把智力看作一个物外事外的"旁观者"，把知识看作无求于外，完全独立存在的，这都是错了。生物进化论的教训是说：每个生物是世界的一分子，和世界同受苦，同享福；他所以能居然生存，全靠他能把自己作为环境的一部分，预料未来的结果，使自己的活动适宜于这种变迁的环境。如此看来，人既是世界活动里面的一个参战者，可见知识乃是一种参战活动，知识的价值全靠知识的效能。知识决不是一种冷眼旁观的废物。懂得这个道理，方才可以懂得杜威说的"真教育只是儿童被种种社会环境的需要所挑起的才能的活动"。

（3）近代科学家的方法进步，实验的方法一面教人怎样求知识，一面教人怎样证明所得的知识是否真知识。这种实验的方法和新起的知识论也极有关系。这种方法有两种意义。（一）实验的方法说：除非我们的动作真能发生所期望的变化，决不能说是有了知识，但可说是有了某种假设，某种猜想罢了。真知识是可以试验出效果来的。（二）实验的方法又说：思想是有用的；但思想所以有用，正为思想能正确的观察现在状况，用来作根据，推知未来的效果，以为应付未来的工具。

实验方法的这两层意义都很重要。第一，凡试验不出什么效果来的观念，不能算是真知识。因此，教育的方法和教材都该受这个标准的批评，经得住这种批评的，方才可以存在。第二，思想的作用不是死的，是活的；是要能根据过去的经验对付现在，根据过去与现在对付未来。因此，学校的生活须要能养成这种活动的思想力，养成杜威所常说的"创造的智慧"。

（二）道德论（*Democracy and Education*，Chap. 26）

杜威论人生的行为道德，也极力反对从前哲学家所固执的种种无谓的区别。

（1）主内和主外的区别。主内的偏重行为的动机，偏重人的品性；主外的偏重行为的效果，偏重人的动作。其实这都是一偏之见。动机也不是完全在内的，因为动机都是针对一种外面的境地起来的。品性也不是完全在内的，因为品性往往都是行为的结果，行为成了习惯，便是品行。主外的也不对。行为的结果也不是完全在外的，因为有意识的行为都有一种目的，目的就是先已见到的效果。若没有存心，行为的善恶都不成道德的问题。譬如我无心中掉了十块钱，有人拾去，救了他一命。结果虽好，算不得是道德。至于行为动作有外有内，更显而易见了。杜威论道德，不认古人所定的这些区别。他说，平常的行为，本没有道德和不道德的区别。遇着疑难的境地，可以这样做，也可以那样做；但是这样做便有这等效果，那样做又有那种结果。究竟还是这样做呢？还该那样做呢？到了这个选择去取的时候，方才有一个道德的境地，方才有道德和不道德的问题。这种行为，自始至终，只是一件贯串的活动，没有什么内外的区别。最初估量决择的时候，虽是有些迟疑，究竟疑虑也是活动，决定之后，去彼取此，决心做去，那更是很明显的活动了。这种行为，和平常的行为并无根本的区别。这里面主持的思想，即是平常猜谜演算术的思想，并没有一个特别的良知。这里面所用的参考资料和应用工具，也即是经验和观念之类，并无特别神秘的性质。总而言之，杜威论道德，根本上不承认主内和主外的分别，知也是外，行也是内；动机也是活动，疑虑也是活动，做出来的结果也是活动。若把行为的一部分认作"内"，一部分认作"外"，那就是把一件整个的活动分作两截，那就是养成知行不一致的习惯，必致于向活动之外另寻道德的教育。活动之外的道德教育，如我们中国的读经修身之类，决不能有良好的效果的。

（2）责任心和兴趣的分别。西洋论道德的，还有一个很严的区别，就是责任心和兴趣的区别。偏重责任心的人说，你"应该"如此做，不管你是否愿意，你总得如此做。中国的董仲舒和德国的康得都是这一类。还有一班人偏重兴趣一方面，说，我高兴这样做，我爱这样做。孔子说的"知之者不如好之者，好之者不如乐之者"，便是这个意思。有许多哲学家把"兴趣"看错了，以为兴趣即是自私自利的表示，若跟着"兴趣"做去，必致于偏向自私自利的行为。这派哲学家因此便把兴趣和责任心看作两件绝对相反的东西。所以学校中的道德教育只是要学生脑子里记得许多"应该"做的事，或是用种种外面的奖赏刑罚之类，去监督学生的行为。这种方法，杜威极不赞成。杜威以为责任和兴趣并不是反对的。兴趣并不是自私自利，不过是把我自己和所做的事看作一件事。换句话说，兴趣即是把所做的事认做我自己的活动的一部分。譬如一个医生，当鼠疫盛行的时候，他不顾传染的危险，亲自天天到疫区去医病救人。我们一定说他很有责任心。其实他只不过觉得这种事业是他自己的活动的一部分，所以冒险做去。他若没有这种兴趣，若不能在这种冒险救人的事业里面寻出兴趣，那就随书上怎么把责任心说得天花乱坠，他决不肯去做。如此看来，真正责任心只是一种兴趣。杜威说，"责任"（Duty）古义本是"职务"（Office），只是"执事者各司其事"。兴趣即是把所要做的事认作自己的事。仔细看来，兴趣不但和责任心没有冲突，并且可以补助责任心。没有兴趣的责任，如因犯作苦工，决不能真有责任心。况且责任是死的，兴趣是活的，兴趣的发生，即是新能力发生的表示，即是新活动的起点。即如上文所说的医生，他初行医的时候，他的责任只在替人医病，并不曾想到鼠疫的事。后来鼠疫发生了，他若是觉得他的兴趣只在平常的医病，他决不会去冒险做疫区救济的事。他所以肯冒传染的危险，正为他此时发生一种新兴趣，把疫区的治疗认作他的事业的一部分，故疫区的危险都不怕了。学校中的德育也是如此，学生对于所做的工课毫无兴趣，怪不得要出去打牌吃酒去了。若是学校的生活能使学生天天发生新兴趣，他自然不想做不道德的事了。这才是真正的道德教育。社会上的道德教育，也是如此。商店的伙计，工厂的工人，一天做十五六点钟的苦工，做的头昏脑闷，毫无兴趣，他们自然要想出去干点不正当的娱乐。圣人的教训，宗教的戒律，到此全归无用。所以现在西洋的新实业家，一方面减少工作的时间，增加工作的报酬；一方面在工厂里或公司里设立种种正当的游戏，使做工的人都觉得所做的事是有趣味的事。有了这种兴趣，不但做事更肯尽职，并且不要去寻那不正当的娱乐了。所以真正的道德教育在于使人对于正当的生活发生兴趣，在于养成对于所做的事发生兴趣的习惯。

结　　论

杜威的教育哲学，全在他的《平民主义与教育》（*Democracy and Education*）一部书里。看他这部书的名字，便可知道他的教育学说是平民主义的教育。古代的社会有贵贱，上下，劳心与劳力，治人与被治种种阶级。古代的知识论和道德论都受有这种阶级制度的影响。所以论知识便有心与身，灵魂与肉体，心与物，经验与理性等等分别；论道德便有内与外，动机与结果，义与利，责任与兴趣等等分别。教育学说也受了这种影响，把知与行，道德与智慧，学校内的工课与学校外的生活，等等，都看作两截不相联贯的事。现代的世界是平民政治的世界，阶级制度根本不能成立。平民政治的两大条件是：（一）一个社会的利益须由这个社会的分子共同享受；（二）个人与个人，团体与团体之间，须有圆满的，自由的交互影响。根据这两大条件，杜威主张平民主义的教育须有两大条件：（甲）须养成智能的个性（Intellectual Individuality），（乙）须养成共同活动的观念和习惯（Co-operation in Activity）。"智能的个性"就是独立思想，独立观察，独立判断的能力。平民主义的教育的第一个条件，就是要使少年人能自己用他的思想力，把经验得来的意思和观念一个个的实地证验，对于一切制度习俗都能存一个疑问的态度，不要把耳朵当眼睛，不要把人家的思想糊里糊涂认作自己的思想。"共同活动"就是对于社会事业和群众关系的兴趣。平民主义的社会是一种股份公司，所以平民主义的教育的第二个条件就是要使人人都有一种同力合作的天性，对于社会的生活和社会的主持都有浓挚的兴趣。

要做到这两大条件，向来的"文字教育"、"记诵教育"、"书房教育"决不够用。数十年来的教育改良，只注意数量的增加（教育普及），却不曾注意根本上的方法改革。杜威的教育哲学的大贡献，只是要把阶级社会曾遗传下来的教育理论和教育制度一齐改革，要使教育出的人才真能应平民主义的社会之用。我这一篇所说杜威的新教育理论，千言万语，只是要打破从前的阶级教育，归到平民主义的教育的两大条件。对于实行的教育制度上，杜威的两大主张是：（1）学校自身须是一种社会的生活，须有社会生活所应有的种种条件。（2）学校里的学业须要和学校外的生活连贯一气。总而言之，平民主义的教育的根本观念是：

教育即是生活；

教育即是继续不断的重新组织经验，要使经验的意义格外增加，要使个人主宰后来经验的能力格外增加。

民国八年春间演讲稿，七月一日改定稿

（此文原载 1919 年 4 月 15 日《新青年》第 6 卷第 4 号）

清代学者的治学方法
(1921 年 11 月 3 日)

(一)

研究欧洲学术史的人知道科学方法不是专讲方法论的哲学家所发明的，是实验室里的科学家所发明的，不是亚里士多德（Aristotle）、倍根（Bacon）、弥儿（Mill）一般人提倡出来的，是格利赖（Galileo）、牛敦（Newton）、勃里斯来（Priestley）一般人实地试行出来的。即如世人所推为归纳论理的始祖的倍根，他不过曾提倡知识的实用和事实的重要，故略带着科学的精神。其实他所主张的方法，实行起来，全不能适用，决不能当"科学方法"的尊号。后来科学大发达，科学的方法已经成了一切实验室的公用品，故弥儿能把那时科学家所用的方法编理出来，称为归纳法的五种细则。但是弥儿的区分，依科学家的眼光看来，仍旧不是科学用来发明真理解释自然的方法的全部。弥尔和倍根把演绎法看得太轻了，以为只有归纳法是科学方法。近来的科学家和哲学家渐渐的懂得假设和证验都是科学方法所不可少的主要分子，渐渐的明白科学方法不单是归纳法，是演绎和归纳相互为用的，忽而归纳，忽而演绎，忽而又归纳；时而由个体事物到全称的通则，时而由全称的假设到个体的事实，都是不可少的。我们试看古今来多少科学的大发明，便可明白这个道理。更浅一点，我们走进化学实验室里去做完一小盒材料的定性分析，也就可以明白科学的方法不单是归纳一项了。

欧洲科学发达了二三百年，直到于今方才有比较的圆满的科学方法论。这都是因为高谈方法的哲学家和发明方法的科学家向来不很接近，所以高谈方法的人至多不过能得到一点科学的精神和科学的趋势；所以创造科学方法和实用科学方法的人，也只顾他自己研究试验的应用，不能用哲学综合的眼光把科学方法的各方面详细表示出来，使人了解。哲学家没有科学的经验，决不能讲圆满的科学方法论。科学家没有哲学的兴趣，也决不能讲圆满的科学方法论。

不但欧洲学术史可以证明我这两句话，中国的学术史也可以引来作证。

（二）

当印度系的哲学盛行之后，中国系的哲学复兴之初，第一个重要问题就是方法论，就是一种逻辑。那个时候，程子到朱子的时候，禅宗盛行，一个"禅"字几乎可以代表佛学。佛学中最讲究逻辑的几个宗派，如三论宗和法相宗都很不容易研究，经不起少许政府的摧残，就很衰微了。只有那"明心见性，不立文字"的禅宗，仍旧风行一世。但是禅宗的方法完全是主观的顿悟，决不是多数人"自悟悟他"的方法。宋儒最初有几个人曾采用道士派关起门来虚造宇宙论的方法，如周濂溪、邵康节一班人。但是他们只造出几种道士气的宇宙观，并不曾留下什么方法论。直到后来宋儒把《礼记》里面一篇一千七百五十个字的《大学》提出来，方才算是寻得了中国近世哲学的方法论。自此以后，直到明代和清代，这篇一千七百五十个字的小书仍旧是各家哲学争论的焦点。程、朱、陆、王之争，不用说了。直到二十多年前康有为的《长兴学记》里还争论"格物"两个字究竟怎样解说呢！

《大学》的方法论，最重要的是"致知在格物"五个字。程子、朱子一派的解说是：

> 所谓"致知在格物"者，言欲致吾之知，在即物而穷其理也。盖人心之灵莫不有知，而天下之物莫不有理。惟于理有未穷，故其知有不尽也。是以《大学》始教，必使学者即凡天下之物，莫不因其已知之理而益穷之，以求至乎其极。至于用力之久，而一旦豁然贯通焉，则众物之表里精粗无不到，而吾心之全体大用无不明矣。（朱子补《大学》第五章）

这一种"格物"说便是程朱一派的方法论。这里面有几点很可注意。（1）他们把"格"字作"至"字解，朱子用的"即"字，也是"到"的意思。"即物而穷其理"是自己去到事物上寻出物的道理来。这便是归纳的精神。（2）"即凡天下之物，莫不因其已知之理而益穷之，以求至乎其极。"这是很伟大的希望。科学的目的，也不过如此。小程子也说，"语其大至天地之高厚，语其小至一物之所以然，学者皆当理会"。倘宋代的学者真能抱着这个目的做去，也许〈能〉做出一些科学的成绩。

但是这种方法何以没有科学的成绩呢？这也有种种原因。（1）科学的工具器械不够用。（2）没有科学应用的需要。科学虽不专为实用，但实用是科学发展的一个绝大原因。小程子临死时说，"道著用，便不是"。这种绝对非功用说，如何能使科学有发达的动机？（3）他们既不讲实用，又不能有纯粹的爱真理的态度。他们口说"致知"，但他们所希望的，并不是这个物的理和那个物的理，乃是一种最后的绝对真理。小程子说，"今日格一件，明日格一件，积习既多，然后脱然有贯通处"。又说，"自一身之中，至万物之理，但理会得多，自然豁然有觉悟处"。朱子上文说的"至于用力之久，而一旦豁然贯通焉，则众物之表里精粗无不到，而吾心之全体大用无不明矣"。这都可证宋儒虽然说"今日格一事，明日格一事"，但他们的目的并不在今日明日格的这一事。他们所希望的是那"一旦豁然贯通"的绝对的智慧。这是科学的反面。科学所求的知识正是这物那物的道理，并不妄想那最后的无上智慧。丢了具体的物理，去求那"一旦豁然贯通"的大彻大悟，决没有科学。

再论这方法本身也有一个大缺点。科学方法的两个重要部分，一是假设，一是实验。没有假设，便用不着实验。宋儒讲格物全不注重假设。如小程子说，"致知在格物，物来则知起。物各付物，不役其知，则意诚不动"。天下那有"不役其知"的格物？这是受了《乐记》和《淮南子》所说"人生而静，天之性也，感于物而动，性之欲也"那种知识论的毒。"不役其知"的格物，是完全被动的观察，没有假设的解释，也不用实验的证明。这种格物如何能有科学的发明？

但是我们平心而论，宋儒的格物说，究竟可算得是含有一点归纳的精神。"即凡天下之物，莫不因其已知之理而益穷之"一句话里，的确含有科学的基础。朱子一生有时颇能做一点实地的观察。我且举朱子《语录》里的两个例：

（1）今登高山而望，群山皆为波浪之状，便是水泛如此，只不知因甚么事凝了。

（2）尝见高山有螺蚌壳，或生石中。此石即旧日之土，螺蚌即水中之物。下者却变而为高，柔者却变而为刚。此事思之至深，有可验者。

这两条都可见朱子颇能实行格物。他这种观察，断案虽不正确，已很可使人佩服。西洋的地质学者，观察同类的现状，加上胆大的假设，作为有系统的研究，便成了历史的地质学。

（三）

起初小程子把"格物"的物字解作"语其大至天地之高厚，语其小至一物之所以然"，又解作"自一身之中，至万物之理"。这个"物"的范围，简直是科学的范围。但是当科学器械不完备的时候，这样的科学野心，不但做不到，简直是妄想。所以小程子自己先把"物"的范围缩小了。他说"穷理亦多端，或读书讲明义理，或论古今人物，别其是非，或应接事物，处其当然：皆穷理也"。这是把"物"字缩到"穷经，应事，尚论古人"三项。后来朱子便依着小程子所定的范围。朱子是一个读书极博的人，他的一生精力大半都用在"读书穷理"，"读书求义"上。他曾费了大工夫把《四子书》、《四经》（《易》、《诗》、《书》、《春秋》）自汉至唐的注疏细细整理一番，删去那些太繁的和那些太讲不通的，又加上许多自己的见解，做成了几部简明贯串的集注。这几部书，八百年来，在中国发生了莫大的势力。他在《大学》、《中庸》两部书上用力更多。每一部书有《章句》，又有《或问》，《中庸》还有《辑略》。他教人看《大学》的法子，"须先读本文，念得，次将《章句》来解本文，又将《或问》来参《章句》，须逐一令记得，反复寻究，待他浃洽，既逐段晓得，将来统看温寻过，这方始是"。看这一条，可以想见朱子的格物方法在经学上的应用。

他这种方法是很繁琐的。在那禅学盛行的时代，这种方法自然很受一些人的攻击。陆子批评他道："易简工夫终久大，支离事业竟浮沉。""支离事业"就是朱子一派的"传注"工夫。陆子自己说："学苟知本，则《六经》皆我注脚。"又说，《六经》注我，我注《六经》"。他所说的"本"，就是自己的心。他说，"宇宙即是吾心，吾心即是宇宙"。他又说，"万物皆备于我。只要明理。然理不解自明，须是隆师亲友"。

朱子说，"人心之灵，莫不有知，而天下之物，莫不有理"。这是说"理"在物中，不在心内，故必须去寻求研究。陆子说"此心此理，实不容有二"。心就是理，理本在心中，故说"理不解自明"。这种学说和程朱一系所说"即物而穷其理"的方法，根本上立于反对的地位。

后来明代王阳明也攻击朱子的格物方法。阳明说：

> 众人只说格物要依晦翁，何曾把他的说去用。我着实曾用来。初年与钱友同论做圣贤要格天下之物，因指亭前竹子，令去格看。钱子早夜去穷格竹子的道理，竭其心思，至于三日，便致劳神成疾。当初说他是精力不足，某因自去穷格，早夜不得其理，到七日亦以劳思致疾。遂相与叹，圣贤是做不得的，无他大力量去格物了！

王阳明这样挖苦朱子的方法，虽然太刻薄一点，其实是很切实的批评。朱子一系的人何尝真做过"即凡天下之物，莫不因其已知之理而益穷之"的工夫？朱子自己说："夫天下之物，莫不有理，而其精蕴则已具于圣贤之书，故必由是以求之。"从"天下之物"缩小到"圣贤之书"，这一步可算跨得远了！

王阳明自己主张的方法大致和陆象山相同。阳明说："心外无物。"又说："物者，事也。凡意之所发，必有其事。意所在之事谓之物。"又说："如吾心发一念孝亲，即孝亲便是物。"他把"格"字当作"正"字解，他说："格者，正也，正其不正以归于正也。"他把"致知"解作"致吾心之良知"，故要人"于其良知所知之善者，即其意之所在之物，而实为之，无有乎不尽；于其良知所知之恶者，即其意之所在之物，而实去之，无有乎不尽"。这就是格物。

陆、王一派把"物"的范围限于吾心意念所在的事物，初看去似乎比程、朱一派的"物"的范围缩小得多了，其实并不然。程、朱一派高谈"即凡天下之物"，其实只有"圣贤之书"是他们的"物"。陆、王明明承认"格天下之物"是做不到的事，故把范围收小，限定"意所在之事谓之物"。但是陆、王都主张"心外无物"的，故"意所在之事"一句话的范围可大到无穷，比程、朱的"圣贤之书"广大得多了。还有一层，陆、王一派极力提倡个人良知的自由，故陆子说《六经》为我注脚"，王子说，"夫学贵得之心，求之于心而非也，虽其言之出于孔子，不敢以为是也"。这种独立自由的精神便是学问革新的动机。

但是独立的思想精神，也是不能单独存在的。陆、王一派的学说，解放思想的束缚是很有功的，但他们偏重主观的见解，不重物观的研究，所以不能得社会上一般人的信用。我们在三四百年后观察程、朱、陆、王的争论，从历史的线索上看起来，可得这样一个结论："程、朱的格物论注重'即物而穷其理'，是很有归纳的精神的。可惜他们存一种被动的态度，要想'不役其知'，以求那豁然贯通的最后一步。那一方面，陆、王的学说主张真理即在心中，抬高个人的思想，用良知的标准来解脱'传注'的束缚。这种自动的精神很可以补救程、朱一派的被动的格物法。程、朱的归纳手续，经过陆、王一派的解放，是中国学术史的一大转机。解放后的思想，重新又采取程、朱的归纳精神，重新经过一番'朴学'的训练，于是有清代学者的科学方法出现，这又是中国学术史的一大转机。"

（四）

中国旧有的学术，只有清代的"朴学"确有"科学"的精神。"朴学"一个名词包括甚广，大要可分四部分：

（1）文字学（philology）。包括字音的变迁，文字的假借通转，等等。

（2）训诂学。训诂学是用科学的方法，物观的证据，来解释古书文字的意义。

（3）校勘学（textual criticism）。校勘学是用科学的方法来校正古书文字的错误。

（4）考订学（higher criticism）。考订学是考定古书的真伪，古书的著者，及一切关于著者的问题的学问。

因为范围很广，故不容易寻一个总包各方面的类名。"朴学"又称为"汉学"，又称为"郑学"。这些名词都不十分满人意。比较起来，"汉学"两个字虽然不妥，但很可以代表那时代的历史背景。"汉学"是对于"宋学"而言的。因为当时的学者不满意于宋代以来的性理空谈，故抬出汉儒来，想压倒宋儒的招牌。因此，我们暂时沿用这两个字。

"汉学"这个名词很可表示这一派学者的公同趋向。这个公同趋向就是不满意于宋代以来的学者用主观的见解来做考古学问的方法。这种消极方面的动机，起于经学上所发生的问题，后来方才渐渐的扩充，变成上文所说的四种科学。现在且先看汉学家所攻击的几种方法：

（1）随意改古书的文字。

（2）不懂古音，用后世的音来读古代的韵文，硬改古音为"叶音"。

（3）增字解经。例如解"致知"为"致良知"。

（4）望文生义。例如《论语》"君子耻其言而过其行"，本有错误，故"而"字讲不通，宋儒硬解为"耻者，不敢尽之意，过者，欲有余之辞"，却不知道"而"字是"之"字之误（皇侃本如此）。

这四项不过是略举几个最大的缺点。现在且举汉学家纠正这种主观的方法的几个例。唐明皇读《尚书·洪范》："无偏无颇，遵王之义"，觉得下文都协韵，何以这两句不协韵，于是下敕改"颇"为"陂"，使与义字协韵。顾炎武研究古音，以为唐明皇改错了，因为古音"义"字本读为我，故与颇字协韵。他举《易·象传》"鼎耳革，失其义也；覆公，信如何也"，又《礼记·表记》："仁者，右也；道者，左也；仁者，人也；道者，义也"，证明义字本读为我，故与左字，何字，颇字协韵。

又《易·小过》上六，"弗遇过之，飞鸟离之"。朱子说当作"弗过遇之"。顾炎武引《易·离》九三，"日昃之离，不鼓缶而歌，则大耋之嗟"，来证明"离"字古读如罗，与过字协韵，本来不错。

"望文生义"的例如《老子》"行于大道，唯施是畏"，王弼与河上公都把"施"字当作"施为"解。王念孙证明"施"字当读为"迤"，作邪字解。他举的证据甚多：（1）《孟子·离娄》，"施从良人之所之"，赵岐注，"施者，邪施而行"，丁公著音迤。（2）《淮南·齐俗训》，"去非者，非批邪施也"，高诱注，"施，微曲也"。（3）《淮南·要略》，"接径直施"，高注，"施，邪也"。以上三证，证明施与迤通，《说文》说"迤，衺行也"。（4）《史记·贾生传》，"庚子日施兮"，《汉书》写作"日斜兮"。（5）《韩非子》的《解老篇》解《老子》这一章，也说，"所谓大道也者，端道也。所谓貌施也者，邪道也"。以上两证，证明施字作邪字解。这种考证法还不令人心服吗？

这几条随便举出的例，可以表示汉学家的方法。他们的方法的根本观念可以分开来说：

（1）研究古书，并不是不许人有独立的见解，但是每立一种新见解，必须有物观的证据。

（2）汉学家的"证据"完全是"例证"。例证就是举例为证。看上文所举的三件事，便可明白"例证"的意思了。

（3）举例作证是归纳的方法。举的例不多，便是类推（analogy）的证法。举的例多了，便是正当的归纳法（induction）了。类推与归纳，不过是程度的区别，其实他们的性质是根本相同的。

（4）汉学家的归纳手续不是完全被动的，是很能用"假设"的。这是他们和朱子大不相同之处。他们所以能举例作证，正因为他们观察了一些个体的例之后，脑中先已有了一种假设的通则，然后用这通则所包涵的例来证同类的例。他们实际上是用个体的例来证个体的例，精神上实在是把这些个体的例所代表的通则，演绎出来。故他们的方法是归纳和演绎同时并用的科学方法。如上文所举的第一件事，顾炎武研究了许多例，得了"凡义字古音皆读为我"的通则。这是归纳。后来他遇着"无偏无颇，遵王之义"一个例，就用这个通则来解释他，说这个义字古音读为我，故能与颇字协韵。这是通则的应用，是演绎法。既是一条通则，应该总括一切"义"字，故必须举出这条"义读为我"的例，来证明这条"假设"的确是一条通则。印度因明学的三支，有了"谕体"（大前提），还要加上一个"谕依"（例），就是这个道理。

（五）

我现在且举几个最精密的长例来表示汉学家的科学方法。清代汉学的成绩要算文字学的音韵一部分为最大，故我先举钱大昕考定古今音变迁的一条例。钱氏于古音学上有两大发明，一是"古无轻唇音"，一是"古无舌头舌上之分"。前一条我已引在我的《中国哲学史大纲》里了。现在且举他的"古无舌头舌上之分"一条。舌上的音如北方人读"知"、"彻"、"澄"三组的字都是舌上音。舌头音为"端"、"透"、"定"三组的字（西文的 D，T 两母的字）。钱氏发明现读舌上音的字，古音都读舌头的音。他举的例如下：

（1）《说文》"冲读若动"。《书》"惟予冲人"，《释文》"直忠切"。古读直如特，冲子犹童子也。字母家不识古音，读冲为虫，不知古读虫亦如同也。《诗》"蕴隆虫虫"，《释文》，"直忠反"；徐，"徒冬反"。《尔雅》作爞爞，郭，"都冬反"。《韩诗》作烔，音徒冬反。是虫与同，音不异。

（2）古音中如得。《三仓》云："中，得也"。《史记·封禅书》："康后与王不相中。"《周勃传》："子胜之尚公主，不相中。"小司马皆训为得。

（3）古音陟如得。《周礼》，"太卜掌三梦之法……三曰咸陟"。注，"陟之言得也，读如王德翟人之德"。

（4）古音赵如搁。《诗》："其镈斯赵"，《释文》："徒了反"。《周礼·考工记》注引此作"其镈斯搁"，大了反。《荀子》杨倞注，"赵读为掉"。

（5）古音直如特。《诗》："实惟我特"，《释文》："《韩诗》作直，云相当值也"。《檀弓》："行并植于晋国"，注，"植或为特"。《王制》："天子犆礿"，《释文》，"犆音特"。

（6）古音竹如笃。《诗》："绿竹猗猗"，《释文》，"《韩诗》作薄，音徒沃反"，与笃音相近，皆舌音也。笃竹并从竹得声。《论语》："君子笃于亲"，《汗简》云，"古文作竺"。《书》："笃不忘"，《释文》，"本又作竺"。《释诂》："竺，厚也"，《释文》，"本又作笃"。《汉书·西域传》："无雷国北与捐毒接"，师古曰，"捐毒即身毒，天毒也"。《张骞传》："吾贾人转市之身毒国"，邓展曰，"毒音督"，李奇曰，"一名天竺"。《后汉书·杜笃传》："摧天督"，注，"即天竺国"。然则竺、笃、毒、督四字同音。

（7）古读猪如都。《檀弓》："污其宫而猪焉"，注，"猪，都也，南方谓都为猪"。《书》："大野既猪"；《史记》作既都，"荣波既猪"；《周礼注》引作"荣播既都"。

（8）古读追如堆。《郊特牲》："母追"，《释文》，"多雷反"。枚乘《七发》："逾岸出追"，李善注，"追古堆字"。

（9）古读倬如菿。《诗》："倬彼甫田"；《韩诗》作菿。

（10）古读枨如棠。孔子弟子申枨，《史记》作申棠。……因枨有棠音，可悟古读"长"丁丈切，与党音相似，正是音和，非类隔。

（11）古读池如沱。《诗》："滮池北流"，《说文》引作"滮沱"。《周礼》职方氏，"并州，其川虖池"；《礼记》："晋人将有事于河，必先有事于恶池"，即滮沱之异文。

（12）古读廛如坛。《周礼》廛人，注，"故书廛为坛，杜子春读坛为廛"；"载师以廛里任国中之地"，注，"故书廛或为坛，司农读为廛"。

（13）古读秩如豑。《书》："平秩东作"，《说文》引作豑，从丰，弟声。……凡从失之字，如跌、迭、瓞、蛈、诀皆读舌音，则秩亦有迭音，可信也。

（14）侄娣本双声字。《公羊·释文》："侄，大结反，娣，大计反"，此古音也。《广韵》，侄有"徒结"，"直一"两切。

（15）古读陈如田。《说文》："田，陈也。"陈完奔齐，以国为氏，而《史记》谓之田氏，是古田陈同声。

钱氏所举的例，不只这十五个，我不能全抄了。看他每举一个例，必先证明那个例；然后从那些证明了的例上求出那"古无舌头舌上之分"的大通则。这里面有几层的归纳，和几层的演绎。他从《诗·释文》、《檀弓·注》、《王制·释文》各例上寻出"古读直如特"的一条通则，便是一层归纳。他用同样的方法去寻出"古读竹如笃"，"古读猪如都"等等通则，便是十几次的归纳。然后把这许多通则贯串综合起来，求出"古读舌上音皆为舌头音"的大通则，便是一层大归纳。经过这层大归纳之后，有了这个大通则，再看这个通则有没有例外。如字书读冲为虫，他便可应用这条大通则，说虫字古时也读如"同"。这是演绎。他怕演绎的证法还不能使人心服，故又去寻个体的例，如虫字的"直忠"和"都冬"两切，证明虫字古读如同。这又是归纳了。

这是汉学家研究音韵学的方法。三百年来的音韵学所以能成一种有系统有价值的科学，正因为那些研究音韵的人，自顾炎武直到章太炎都能用这种科学的方法，都能有这种科学的精神。

（六）

我再举一个训诂学的例。清代讲训诂的方法，到王念孙、王引之父子两人，方才完备。二王以后，俞樾、孙诒让一班人都跳不出他们两人的范围。王氏父子所著的《经传释词》，可算得清代训诂学家所著的最有统系的书，故我举的例也是从这部书里来的。古人注书最讲不通的，就是古书里所用的"虚字"。"虚字"在文法上的作用最大，最重要。古人没有文法学上的名词，一切统称为"虚字"（语词，语助词，等等），已经是很大的缺点了。不料有一些学者竟把这些"虚字"当作"实字"用，如"言"字在《诗经》里常作"而"字或"乃"字解，都是虚字，被毛公、郑玄等解作代名词的"我"字，便更讲不通了。王氏的《经传释词》全用归纳的方法，举出无数的例，分类排比起来，看出相同的性质，然后下一个断案，定他们的文法作用。我要举的例是用在句中或句首的"焉"字。

"焉"字用在句尾，是很平常的用法。例如"殆有甚焉"，"必有事焉"，都作"于此"解，那是很容易的。但是"焉"字又常常用在一句的中间或一句的起首，他的功用等于"于是"、"乃"、"则"一类的状词，大概是表时间的关系，有时还带着一点因果的关系。王氏举的例如下：

（1）《礼记·月令》："命舟牧覆舟，五覆五反，乃告舟备具于天子，天子焉（于是）始乘舟。"

（2）《晋语》："尽逐群公子，乃立奚齐，焉（于是）始为令于国。"

（3）《墨子·鲁问》："公输子自鲁南游楚，焉（于是）始为舟战之器。"

（4）《山海经·大荒西经》："夏后开焉（于是）始得歌九招。"

（5）《祭法》："坛墠有祷，焉（则）祭之；无祷乃止。"

（6）《三年问》："故先王焉（乃）为之立中制节。"

（7）又，"焉使倍之，故再期也"。

（8）《大戴礼·王言篇》："七教修，焉（乃）可以守；三至行，焉（乃）可以征。"

（9）《曾子·制言篇》："有知，焉（乃）谓之友；无知，焉谓之主。"

（10）《齐语》："乡有良人，焉（乃）以为军令。"

（11）《吴语》："吾道路悠远，必无有二命，焉（乃）可以济事。"

（12）《老子》："信不足，焉（于是）有不信。"

（13）《管子·幼官篇》："胜无非义者，焉（乃）可以为大胜。"

（14）又《揆度篇》："民财足则君赋敛焉（乃）不穷。"

（15）《墨子·亲士篇》："焉（乃）可以长生保国。"

（16）又《兼爱》："必知乱之所自起，焉（乃）能治之。"

（17）又《非攻》："汤焉（乃）敢奉率其众以乡有夏之境。"

（18）《庄子·则阳篇》："君为政，焉（乃）勿卤莽；治民，焉（乃）勿灭裂。"

（19）《荀子·议兵篇》："若赴水火，入焉（则）焦没耳。"

（20）又，"凡人之动也，为赏庆为之，则见害伤焉（乃）止矣。"

（21）《离骚》："驰椒邱且焉（于是）止息。"

（22）《九章》："焉（于是）洋洋而为客"，"焉（于是）舒情而抽信兮"。

（23）《九辩》："国有骥而不知乘兮，焉（乃）皇皇而更索。"

（24）《招魂》："巫阳焉（乃）下招曰。"

（25）《远游》："焉（乃）逝以徘徊。"

（26）僖十五年《左传》："晋于是乎作爰田，晋于是乎作州兵。"

《晋语》作，"焉作辕田，焉作州兵"。是"焉"与"于是"同义。

（27）《荀子·礼论篇》："三者偏亡，焉无安人。"《史记·礼书》用此文，焉作则。《老子》，"故贵以身为天下，则可寄天下。"《淮南子·道应训》引此，则作焉。是"焉"与"则"同义。

这种方法，先搜集许多同类的例，比较参看，寻出一个大通则来：完全是归纳的方法。但是以我自己的经验看起来，这种方法实行的时候，决不能等到把这些同类的例都收集齐了，然后下一个大断案。当我们寻得几条少数同类的例时，我们心里已起了一种假设的通则。有了这个假设的通则，若再遇着同类的例，便把已有的假设去解释他们，看他能否把所有同类的例都解释的满意。这就是演绎的方法了。演绎的结果，若能充分满意，那个假设的通则便成了一条已证实的定理。这样的办法，由几个（有时只须一两个）同类的例引起一个假设，再求一些同类的例去证明那个假设是否真能成立：这是科学家常用的方法。假设的用处就是能使归纳法实用时格外经济，格外省力。凡是科学上能有所发明的人，一定是富于假设的能力的人。宋儒的格物方法所以没有效果，都因为宋儒既想格物，又想"不役其知"。不役其知就是不用假设，完全用一种被动的态度。那样的用法，决不能有科学的发明。因为不能提出假设的人，严格说来，竟可说是不能使用归纳方法。为什么呢？因为归纳的方法并不是教人观察"凡天下之物"，并不是教人观察乱七八糟的个体事物；归纳法的真义在于教人"举例"，在于使人于乱七八糟的事物里面寻出一些"类似的事物"。当他"举例"时，心里必已有了一种假设。如钱大昕举冲、中、陟、直、赵、竺……等字时，他先已有一种"类"的观念，先有了一种假设。不然，他为什么不举别的整千整万的字呢？又如王氏讲"焉"字的例，他若先没有一点假设，为什么单排出这些句中和句首的"焉"字呢？汉学家的长处就在他们有假设通则的能力。因为有假设的能力，又能处处求证据来证实假设的是非，所以汉学家的训诂学有科学的价值。道光年间有个方东树做了一部《汉学商兑》，极力攻击汉学家，但他对于高邮王氏的《经义述闻》，也不能不佩服，不能不说"实足令郑、朱俯首，自汉唐以来未有其比"。这可见汉学家的方法精密，就是汉学的死党也不能不心服了。

（七）

我在上文已举了音韵学和训诂学的例，我现在再举清代校勘学作例。古书被后人抄写刻印，很难免去错抄错刻的弊病。譬如我做了一篇一百字的文章，写好之后，我自己校看一遍，没有错字。这个原稿可叫做"甲"。我的书记重抄一篇，送登《北京大学月刊》。因为"甲"是用草字写的，抄本"乙"误认了一个字，遂抄错了一个字。这篇"乙"稿拿去排印，商务印书馆的排工又排错了一字；这个印本，可叫做"丙"。这三个本子的"可靠性"有如下的比例：

"甲"本，100；"乙"本，99；"丙"本，97.02。

这一个本子，只经过三手，已比原本减少 2.98 的可靠性了。何况古代的著作，经过了一两千年的传抄翻印，那能保得住没有错误呢。校勘学的发生，只是要救正这种"日读误书"的危险。但是这种校勘的工夫，初看似乎很容易，其实真不容易。譬如上文说的"丙"本，只须寻着我的"甲"本，细细校对一遍，就可校正了。但是这种容易的校勘是不常有的。有些古书并没有原本可用来校对，所有的古本无论怎样古，终究是抄本。有时一部书只有一个传本，并无第二本。校书的人既不可随意乱改古书，又不可穿凿附会，勉强解说（说详本篇第四篇），自不能不用精密的方法，正确的证据，方才能使人心服。清代的校勘学所以能使人心服，正为他用的是科学的方法。

校勘学的方法可分两层说。第一是根据，第二是评判。根据是校勘时用来作比较参考的底本。根据大约有五种：（1）根据最古的本子。例如阮元的《论语注疏校勘记》引据的本子是：《汉石经残字》、《唐石经》、《宋石经》、皇侃《义疏》、《高丽本》（据陈鳣《论语古训》引的）、《十行本》（宋刻的，元明修补的）、《闽本》（明嘉靖时刊）、《非监本》（明万历时刊）、《毛本》（明崇祯时刊），共计九种古本。（2）根据古书里引用本书的文句。例如《群书治要》、《太平御览》等书引了许多古书，可以用作参考。又如阮元校勘《论语》"君子耻其言而过其行"一句，先说："皇本，高丽本，而作之；行下有也。"这是前一种的根据。阮元又说："按《潜夫论·交际篇》，孔子疾夫言之过其行者，亦作之字。"这是第二种根据。又如《荀子·天论》，"内外无别，男女淫乱，则父子相疑，上下乖离"，这四项是平等的，不当夹一个"则"字。《韩诗外传》有这一段，没有"则"字；《群书治要》引的，也没有"则"字。故王念孙根据这两书，说"则"字是衍文。（3）根据本书通行的体例。最明显的例是《墨子·小取篇》，"辟也者，举也物而以明之也。"第二个"也"字，初看似乎无意思，故毕沅校《墨子》，便删了这个字。

王念孙后来发现"《墨子》书通以也为他"一条通例，故说这个"也"字也是"他"字："举他物以明此物谓之譬"，这就明白了。他的儿子王引之又用这条通例来校《小取篇》"无也故焉"的"也"字也是"他"字；又"无故也焉"一句也应该改正为"无也故焉"，那"也"字也是"他"字。后来我校《小取篇》，"是犹谓也者同也，吾岂谓也者异也"两句，也用这条通例来把第一和第三个"也"字都读作"他"字。（4）根据古注和古校本。古校本最重要的莫如陆德明的《经典释文》。古注自汉以来多极了，不能遍举。我且举两个应用的例。《易·系辞传》，"拟之而后言，议之而后动"，议字实在讲不通。《释文》云，"陆姚桓玄荀柔之作仪"。"仪"字作效法解，与"拟"字并列，便讲得通了。《系辞》又有"几者，动之微，吉之先见者也"。我不懂得此处何故单说"吉"，不说"吉凶"。后来我读孔颖达《正义》说"诸本或有凶字者，其定本则无也"，方才知道唐初的人还见过有"凶"字的本子，可据此校改。后来我读《汉书·楚元王传》，"穆生曰，《易》称知几其神乎；几者，动之微，吉凶之先见者也"。此又可证我的前说。（5）根据古韵。我引王念孙《读书杂志》一段作例：

《淮南子·原道训》："是故无所私而无所公，靡滥振荡，与天地鸿洞；无所左而无所右，蟠委错纷，与万物始终。"案始终当作终始。（上文云："水流而不止，与万物终始"。）公洞为韵。右始为韵。（右，古读若"以"，说见《唐韵正》。）若作始终，则失其韵矣。

《俶真训》："若夫真人则动溶于至虚而游于灭亡之野，骑蜚廉而从敦圄，驰于外方（外方据道藏本；各本作方外），休乎宇内，烛十日而使风雨，臣雷公，役夸父，妾宓妃，妻织女。"案"宇内"当为"内宇"。（内宇犹宇内也，若林中谓之中林，谷中谓之中谷矣。）内宇与外方相对为文。宇与野、圄、雨、父、女为韵（野，古读若"墅"，说见《唐韵正》），若作"宇内"则失其韵矣。

《说林篇》："无乡之社，易为黍肉；无国之稷，易为求福。"案"黍肉"当作"肉黍"。后人以肉与福韵相协，故改为"黍肉"。不知福字古读若逼，不与肉为韵也。社黍为韵（社，古读若"墅"。《说文》，社从示，土声。《甘誓》："不用命戮于社"，与祖为韵。《效特牲》："而君亲警社"，与赋、旅、伍为韵。《左传》闵二年，成季将生卜辞，"闲于两社"，与辅为韵。《管子·揆度篇》："杀其身以衅其社"，与鼓、父为韵），稷福为韵。若作黍肉，则失其韵矣。

以上五项是校勘学的根据。但是这几种根据都有容易致误的危险。先说古本。我们所有的"古本"，已不知是经过了多少次口授手写的抄本了，其中难保没有错误。近人最崇拜宋版的书，其实宋版也有好坏，未必都可用作根据。次说古书转引本书的文句，也有两大危险。第一，引书的人未必字字依照原文，往往随意增减字句。第二，初引或不误，后来传抄翻印，难免没有错误。次说本书的通例，也许著书的人偶然变例。次说古注与古校本，古校本往往有许多种不同的，究竟应该从那一个校本。古注本也有被后人妄改了的。例如，《老子》二十三章，"信不足焉，有不信焉"。这句本当作"信不足，焉有不信"（看上文第六节）。故王弼注云，"忠信不足于下，焉有不信也"（此据《永乐大典》本）。但今本王注改作"忠信不足于下焉，有不信焉"，这便不成话了。最后说古韵的根据，有时也容易致误。我且引一条最可注意的例：

《易经·剥象传》："君子得舆，民所载也；小人剥庐，终不可用也。"又《丰象传》，"丰其沛，不可大事也；折其右肱，终不可用也"。这两条的韵很不容易说明。顾炎武作《易音》，竟不懂"用"何以能与"载"、"事"为韵。杨宾实说，两"用"字皆"害"字之误。卢文弨赞成此说，说："害在十四泰，载在十九代，事在七志，古韵皆得相通。古害字作𡔴，故易与'用'字相混。"

这一说，从表面看去，似乎很圆满了。后来王念孙驳他道："凡《易》言君子小人者，其事皆相反。君子得舆，小人剥庐，亦取相反之义……非谓小人不能害君子也。右肱为人之所用，右肱折则终不可用……折肱则害及肱矣，何言终不可害乎？今案'用'读为'以'。《苍颉篇》，'用，以也'。用与以声近而义同，故用可读为以。犹'集'与'就'声近而义同，故集可读为就；'戎'与'汝'声近而义同，故戎可读为汝也。……《剥象传》以灾、尤、载、用，为韵；《丰象传》以灾、志、事、用，为韵……于古音并属'之'部。……若'害'字则从丰声，丰读若介，于古音属'祭'部……（在诸经中，与害为韵者）凡发、拨、大、达、败、晰、逝、外、未、说、辖、迈、卫、烈、月、揭、竭、世、艾、岁等字，皆属'祭'部。遍考群经、《楚辞》，未有与'之'部之灾、尤、载、志、事等字同用者。至于《老》《庄》诸子，无不皆然。是害与灾、尤、载、志、事，五字，一属'祭'部，一属'之'部，两部绝不相通。"（《经义述闻》卷二）

因为这些根据都容易弄错，故校勘学不能全靠根据。校勘学的重要工夫在于"评判"。校勘两字都是法律的名词，都含有审判的意思；英文"textual criticism"译言"本子的评判"，我们顾名思义，可知校勘学决不单靠本子或他种的根据，可知校勘重在细心的判断。上文王念孙校一个"用"字，便是评判的工夫。段玉裁有《与诸同志书论校书之难》一篇，说这个道理最明白：

> 校书之难，非照本改字，不讹不漏之难也，定其是非之难。是非有二：曰底本之是非，曰立说之是非。必先定其底本之是非，而后可断其立说之是非。二者不分，镠辖如治丝，而棼如算之淆乱其法实，而瞀乱乃至不可理。
>
> 何谓底本？著书者之稿本是也。何谓立说？著书者所言之义理是也。《周礼·轮人》："望而视其轮，欲其愮尔而下迤也。"自《唐石经》以下各本皆作"下迤"。唐贾氏作"不迤"。故《疏》曰："不迤者，谓辐上至毂，两两相当，正直不旁迤，故曰不迤也。"文理甚明。今各本疏文皆作"下迤"（"下迤者，谓辐上至毂，两两相当，正直不旁迤，故曰下迤也。"），其语绝无文理，则非贾文之底本矣。此由宋人以《疏》合经《注》者，改《疏》之"不"字合经之"下"字，所仍之经非贾氏之经本也。然则经本有二，"下"者是欤？"不"者是欤？
>
> 曰，"下"者是也。"望而视其轮"，谓视其已成轮之牙。轮圜甚，牙皆向下迤邪，非谓辐与毂正直两两相当也。经下文，"县之以视其辐之直"，自谓辐。"规之以视其圜"，自谓圜。轮之圜在牙。上文"毂、辐、牙为三材"，此言轮、辐、毂。轮即牙也。然则《唐石经》及各本经作"下"，是；贾氏本作"不"，非也。而义理之是非得矣。倘有浅人校《疏》文"下迤"之误，改为"不迤"，因以《疏》文之"不迤"，改经文之"下迤"，则"贾疏"之底本得矣，而于义理乃大乖也。（段氏共引五例，今略）……
>
> 故校经之法，必以贾还贾，以孔还孔，以陆还陆，以杜还杜，以郑还郑，各得其底本，而后判其义理之是非，而后经之底本可定，而后经之义理可以徐定。不先正《注》、《疏》、《释文》之底本，则多诬古人。不断其立说之是非，则多误今人……（《经韵楼集》）

我们看了这种校勘学方法论，不能不佩服清代汉学家的科学精神。浅学的人只觉得汉学家斤斤的争辩一字两字的校勘，以为"支离破碎"，毫无趣味。其实汉学家的工夫，无论如何琐碎，却有一点不琐碎的元素，就是那一点科学的精神。

凡成一种科学的学问，必有一个系统，决不是一些零碎堆砌的知识。音韵学自从顾炎武、江永、戴震、钱大昕、段玉裁、王念孙，直到章炳麟、黄侃，研究古音的分部，声音的通转，不但分析更细密了，并且系统条理也更清楚明白了。训诂学用文字假借，声类通转，文法条例，三项作中心，也自成系统。校勘学的头绪纷繁，很不容易寻出一些通则来。但清代的校勘学却真有条理系统，故成一种科学。我们试看王念孙《读〈淮南子〉杂志》的《后序》，说他订正《淮南子》共九百余条，推求"致误之由"，可得六十四条通则。这一篇一万二千字的空前长序（《读书杂志》九之二十二）真可算是校勘学的科学方法论。又如俞樾的《古书疑义举例》的五、六、七三卷也提出许多校勘学的通则，也可算是校勘学的方法论。

(八)

我想上文举的例很可以使读者懂得清代学者的治学方法了。他们用的方法，总括起来，只是两点。(1) 大胆的假设，(2) 小心的求证。假设不大胆，不能有新发明。证据不充足，不能使人信仰。上文举的许多例，大概多偏重求证的一方面。我现在且引清学的宗师戴震论《尚书·尧典》"光被四表"的光字的历史作为最后的一条例，作为我这一篇方法论的总结束。

《尧典》"光被四表，格于上下"。蔡沈解"光"为"显"，这是最普通的解法。但是孔安国《传》说，"光，充也"。光字作显解，何等近情近理？为什么古人偏要解作"充"字呢？岂不是舍近而求远吗？但是戴震说：

> 《孔传》"光，充也"。陆德明《释文》无音切。孔冲远《正义》曰，"光，充，《释言》文"。据郭本《尔雅》"桄，颎，充也"。注曰，"皆充盛也"。《释文》曰，"桄，孙作光，古黄反"。用是言之，光之为充，《尔雅》具其义。……虽《孔传》出魏晋间人手，以仆观此字，据依《尔雅》，又密合古人属词之法，非魏晋间人所能，必袭取师师相传旧解，见其奇古有据，遂不敢易尔。后人不用《尔雅》及古注，殆笑《尔雅》迂远，古注胶滞，如光之训充，兹类实

繁。余独以谓病在后人不能遍观尽识，轻疑前古，不知而作也。

戴震是不信伪《孔传》的人，但他却要为“光，充也”一句很不近情理的话作辩护士。我们且看他的说法：

> 《尔雅》桄字，六经不见。《说文》“桄，充也。”孙愐《唐韵》“古旷反”。《乐记》，“钟声铿铿以立号，号以立横，横以立武”。郑康成注曰，“横，充也。谓气作充满也”。《释文》曰，“横，古旷反”。《孔子闲居》篇，“夫民之父母乎，必达于礼乐之原，以致五至而行三无，以横于天下”。郑注曰，“横，充也”。疏家不知其义出《尔雅》。
>
> 《尧典》古本必有作“横被四表”者。横被，广被也。正如《记》所云，“横于天下”，“横于四海”是也。横四表，格上下，对举。……横转写为桄，脱误为光。追原古初，当读“古旷反”，庶合充廓广远之义。

这真是大胆的假设。他见郭本《尔雅》的桄字在孙本作光，又见《说文》有“桄，充也”的话，又见《唐韵》读桄为古旷反，而《礼记》的横字既训为充，又读古旷反——他看了这些事实，忽然看出他们的关系来，遂大胆下一个假设，说《尧典》的光字就是桄字，也就是横字。但是《尚书》的各本明明都作“光”字，戴震于是更大胆的提出一个很近于武断的假设，说“《尧典》古本必有作横被四表者”。这话是乾隆乙亥（1755）年《与王内翰凤喈书》里说的。过了两年（1757）钱大昕和姚鼐各替他寻着一个证据：

（证一）《后汉书·冯异传》有“横被四表，昭假上下”。

（证二）班固《西都赋》有“横被六合”。

过了七年多（1762），戴震的族弟受堂又替他寻着两个证据：

（证三）《汉书·王莽传》，“昔唐尧横被四表”。

（证四）王褒《圣主得贤臣颂》，“化溢四表，横被无穷”。

过了许多年，他的弟子洪榜又寻得一证：

（证五）《淮南·原道训》，“横四维而含阴阳”。高诱注，“横读桄车之桄”。是汉人横桄通用，甚明。

他的弟子段玉裁又寻得一证：

（证六）李善注《魏都赋》，引《东京赋》：“惠风横被。”今本《东京赋》作“惠风广被”，后人妄改也。

这一个字的考据的故事，很可以表示清代学者做学问的真精神。假使这个光字的古本作横已无法证实了，难道戴震就不敢下那个假设了吗？我可以断定他仍是要提出这个假设的。如果一个假设是站在很充分的理由上面的，即使没有旁证，也不失为一个很好的假设。但他终究只是一个假设，不能成为真理。后来有了充分的旁证，这个假设便升上去变成一个真理了。

戴震自己论这个字的考据道：

> 述古之难，如此类者，遽数之不能终其物。六书废弃，经学荒谬，二千年以至今。……仆情僻识狭，以谓信古而愚，愈于不知而作。但宜推求，勿为株守。例以光之一字，疑古者在兹，信古者亦在兹。

"但宜推求，勿为株守"八个字是清学的真精神。

附记：此篇第一至第六章是民国八年八月作的，第七章是九年春间作的，第八章是十年十一月作的。相隔日久，中间定有不贯串之处。将来有暇时，当细细修正。

十，十一，三

（此文原题为《清代汉学家的科学方法》，原载《北京大学月刊》第 1 卷第 5、7、9 期）

五十年来之世界哲学
（1922 年 9 月 5 日）

（一）引论

现在倒数上去五十年，正是 1872 年。我们且看那时候的哲学界是个什么样子。

（1）欧洲大陆上，浪漫主义的哲学（The Philosophy of Romanticism）已到了衰败分崩的时期了。海格尔（Hegel，1770—1831）已死了四十一年了。叔本华（Schopenhauer，1788—1860）已死了十二年了。组织伟大的哲学系统的狂热——倍根说的"蜘蛛式"的哲学系统，因为他们都是从哲学家的脑子里抽想出来的伟大系统——忽然冷落了。最有势力的海格尔学派早已分裂了："右"派的早已变成卫道忠君的守旧党了；"左"派的，在宗教的方面，有佛尔巴赫（Feuerbach，1804—1866）① 与斯道拉斯（Strauss）的大胆的批评；在社会和政治方面，有马克思（Marx，1818—1883）与拉萨尔（Lassalle，1825—1864）的社会主义。

（2）实证主义（Positivism）的盛时也过去了。孔德（Comte，1798—1857）已死了十五年了。英国方面的弥儿（穆勒，John Stuart Mill，1806—1873）再隔一年（1873）也死了。英国还有一个斯宾塞（Herbert Spencer，1820—1903）此时还正当盛时，但他久已完全成为一个演化论的哲学家，久已不是十九世纪上半的实证主义者了。

（3）大陆上浪漫主义的余波此时变成了一种新的意象主义，又叫做"物观的意象主义"（Objective Idealism）。这一派的远祖是康德（Kant，1724—1804），但开宗的大师是洛茨（Lotze，1817—1881）。当 1872年，他的重要著作已出了不少。1874，他的 *Logik* 出版；1879，他的 *Metaphysik* 出版；1884，这两部书都译成英文了。在英国方面，德国系的哲学向来没有势力；但到了这个时候，新意象主义也渐渐的有代表起来了。格林（T. H. Green，1836—1882）的名作（*Introduction to Hume*），是 1875 年出来的。开耳得（Caird）的 *Philosophy of Kant* 是 1877 年出来的。这一派的英国大师勃勒得来（F. H. Bradley，1846—　）的两部不可解的名著（*Principles of Logic* 与 *Appearance and Reality*），这时候都还不曾出来。但这个时代的英国哲学界——至少可以说，英国的大学教授所代表的哲学界，染上的德国色彩，已是很浓了。

（4）大陆上的思想界里，这一年（1872）忽然出了一个怪杰，叫做尼采（Nietzsche，1844—1900）。他的少年作品，《悲剧的产生》（*Die Geburt der Tragödie*）就出在这一年。这部书提出一种新的人生观。他

---

① Feuerbach 实卒于 1872 年，此处原稿有误。——编者注

用希腊的酒神刁匿修司（Dionysius）代表他的理想的人生观；他说刁匿修司胜于阿婆罗（Apollo，希腊的乐神），而阿婆罗远胜于梭格拉底（Socrates）——这就是说，生命重于美术，而美术重于智识。这就是尼采"重新估定一切价值"的第一步。

（5）1872 年 1 月 10 日，达尔文校完了他的《物类由来》第六版的稿子。这部思想大革命的杰作，已出版了十三年了。他的《人类由来》（The Descent of Man）也出版了一年了。《物类由来》出版以后，欧美的学术界都受了一个大震动。十二年的激烈争论，渐渐的把上帝创造的物种由来论打倒了，故赫胥黎（Huxley，1825—1895）在 1871 年曾说，"在十二年中，《物类由来》在生物学上做到了一种完全的革命，就同牛敦的 Principia 在天文学上做到的革命一样"。但当时的生物学者及一般学者虽然承认了物种的演化，还有许多人不肯承认人类也是由别的物类演化出来的。《人类由来》的主旨只是老实指出人类也是从猴类演化出来的。这部书居然销售很广，而且很快：第一年就销了二千五百部。这时候，德国的赫克尔（Haeckel）也在他的 Natürliche Schöpfungs Geschichte 里极力主张同样的学说。当日关于这个问题——物类的演化——的争论，乃是学术史上第一场大战争。十年之后（1882），达尔文死时，英国人把他葬在卫司敏德大寺里，与牛敦并列，这可见演化论当日的胜利了。达尔文同时的斯宾塞，承认演化论最早（在《物类由来》出版之先）；他把进化的观念应用到社会科学和心理学上去。他的重要的著作早已出了好几种，这时候（1872）他正在完结他的《心理学》；他的《群学肄言》（The Study of Sociology）也是这一年出版的。

（6）1872 年 9 月里，达尔文的家里来了一个美国客人，叫做莱特（Chauncy Wright，1830—1875）。莱特在美国曾替达尔文的学说做过很有力的辩护（《达尔文传》第二册，页三二三以下）。他自己说，"我的目的是要把你（达尔文）的学说和一般的哲学研究，连贯起来"。这个莱特那时在美国康桥（Cambridge）同几个朋友组织了一个"玄学会"。会员之中，有皮耳士（C. S. Peirce，1839—1914）和詹姆士（William James，1842—1910）。这两个人便是实验主义（Pragmatism）的开山大师。1873 年，皮耳士动手做了一篇文章，这篇文章后来（1877）略有修改，在《科学通俗月刊》上发表。这篇的总题是《科学逻辑的举例》（Illustrations of the Logic of Science），是实验主义的第一次发表。

但是那时候大家还不注意这种学说，直到二十年后，詹姆士方才重新把这种学说传扬出去。

（7）1872是普法战争结局后的第二年，前一年，法兰西帝国改成了第三共和国，普鲁士王变成了新德意志帝国的皇帝；法国同普鲁士议和，割了两州的地；巴黎的市民暴动，组织"公立政府"（The Commune）；公立政府的结局——暴乱与惨酷——使法国的社会主义运动受了十年的挫折。但德国胜利之后，德国的社会主义却添了许多和平发展的机会。这时候（1872），拉萨尔（Lassalle）已死了八年了，马克思成了社会党的大宗师。马克思的《资本论》（Das Kapital）的第一册（1867）已出版了五年了。社会民主党已成了一种政治势力了。（1873年，社会民主党得票四三七四三八〇。）马克思在前八年（1864）组织了一个国际劳动者协会（International Working Men's Association）。但巴枯宁（Bakunin）的无政府主义的鼓吹，普法战争的影响，巴黎公立政府的失败——这些事件使这"第一国际"四分五裂。这一年（1872）国际劳动者协会的总机关遂从伦敦移到纽约；不上五年，遂解散了。第一国际解散之后，马克思仍旧继续做他的《资本论》。

以上是这半世纪开幕时的哲学界的大势。我们对于第一项的旧浪漫主义，和第二项的旧实证主义，都可以不谈了。我们在这一篇里，只叙述

（1）新意象主义，

（2）尼采的哲学，

（3）演化论的哲学，

（4）实验主义，

（5）晚近的两个支流，

（6）社会政治学说。

（二）新的意象主义

洛茨（Lotze）精通医学与生理学，他受了科学的影响，却不满意于机械论的人生观。他总想调和科学的机械论与浪漫派的意象论（Idealism 或译为观念论，今译为意象论）。他从机械论入手，指出近世科学承认一切现象由于元子的交互作用。这些元子只是无数"力的中心"。但是究竟物的本体是物质的呢？还是精神的呢？洛茨要我们用"类推"

法（比例）来解决这个问题。物的本体若是完全独立的，就不可知了。我们只能由已知"推知"未知。我们所以能直接了解我们自己的精神的现象，全靠心灵的综合力。宇宙的实际，也须译成精神的现象，方才可知。洛茨以为元子也是有生命的，并不是死的。（这里面很有来本尼兹（Leibnitz）的影响。）实际（Really）有种种的等级；人的心灵代表最高的一级，其余的以次递降下去，就是最低等的物质也有心灵的生活。

洛茨以后，德国有哈德门（Hartmann，1842—1906）、费希纳（Fechner，1801—1887），心理学家温德（Wundt），都属于这一派。现存的老将倭铿（Eucken），反对理智主义与自然主义，鼓吹精神的生活，颇能替近代的宗教运动添一个理论的基础。

在英国方面，格林（Green）的《休谟哲学绪论》（*Introduction to Hume*）和他的《人生哲学导言》（*Prolegomena to Ethics*）是这一派开山的著作。格林是一个热心改良社会的人，做了许多社会服务的事业。当达尔文的进化论引起许多激烈讨论的时候，格林正当壮年。（1860年，6月30日牛津大学辩论进化论的大会——生物学史上最有名的一场舌战——格林也在座，他那时还是大学学生。）他对于这种自然主义的人生观，总觉得不能满意。人不单是物质的，他是精神的；他有自觉力。人是那普遍的心灵的一个影子。他有欲望与情感。但人的欲望与禽兽的冲动不同：人能把他的冲动化成他自己的，变成自觉的，使欲望变成意志。人的特点就在他能想像一个胜于现在的境界，并且努力求达到那个境界。

格林不幸早死了。英国后起的新意象论派的哲学家，要算勃勒得来（Bradley）最重要了。他的哲学最不好懂，有人叫他做"近世哲学的柔诺（Zeno）"。他的名著叫做《现象与本体》（*Appearance and Reality*）。本体是绝对的（Absolute）。人类平常的经验知识，都只是片面的，不完全的知识。那绝对的本体是贯通的，谐和的，无所不包的。我们的经验知识，只是那大本体的一个具体而微的部分；虽不完全，却非虚幻，也可以算是一个小本体。我们单靠思想知识，是不能知道那绝对的本体的。只有直觉，只有直截的感觉，可以使我们领略本体的大意。

自从勃勒得来以来，这一派又叫做"绝对的意象论"（Absolute Idealism）。何以又叫做"物观的意象论"（Objective Idealism）呢？因为他们一方面承受休谟与康德的经验主义与意象主义，一方面又想拿海格尔的历史哲学来代替那新兴的进化论。绝对的本体是可知的，却又是不完全可知的。人心的作用，能把散漫的感觉与经验，组织一个宇宙；这个宇宙虽是不完全，却不是纯粹主观的，因为人人都有一个大同小异的宇宙；既然人人都有，互相印证，故可说是物观的。这个宇宙，这个宇宙观，是进化的。靠着知识科学的进步，由孩童的宇宙进到大人的宇宙，由常人的宇宙进到科学家、哲学家的宇宙，由不完全的宇宙进到比较上略完全的宇宙，这就是进化。

这个学派，在五十年中，可算是大陆上"正宗"哲学的传人。他的势力在英国、美国都很大。英国的大师是鲍生葵（Bosanquet），美国的大师是罗以斯（Royce，1855—1916）。狄雷教授（Thilly）在他的《哲学史》（页562）里略举美国哲学家属于这一派的，竟有二十人之多。但马文教授（W. T. Marvin）在他的《欧洲哲学史》里说（页355）：

> 在这里，哲学史家不得不指出，科学同这一派寂寞的书生的学说，又宣告离婚了。也许将来科学还可以回来和他同居；但在今日，这一个运动虽然是大而重要，却只可算是欧洲哲学思潮的一个回波，不能算是正流了。

（三）尼采

尼采也是浪漫主义的产儿。他接受了叔本华的意志论，而抛弃了他的悲观主义。叔本华说的意志，是求生的意志；尼采说的意志，是求权力的意志。生命乃是一出争权力的大戏；在这戏里，意志唱的是正角，知识等等都是配角。真理所以有用，只是因为他能帮助生命，提高生命的权力。生命的大法是：各争权力，优胜劣败。生命的最高目的是造成一种更高等的人，造成"超人"。战争是自然的，是不可免的；和平是无生气的表示。为求超人社会的实现，我们应该打破一切慈悲爱人的教训。叔本华最推崇慈悲，尼采说慈悲可以容纵弱者而压抑强者，是社会进步的最大仇敌。

尼采反对当时最时髦的一切民治主义的学说。生命是竞争的，竞争的结果自然是强者的胜利。强者、贤者的统治是自然的；一切平民政治的主张：民权、社会主义、共产主义、无政府主义，都是反自然的。不平等是大法，争平等是时人妄想。

尼采大声疾呼的反对古代遗传下来的道德与宗教。传统的道德是奴隶的道德，基督教是奴隶的宗教。传统的道德要人爱人，保障弱者劣者，束缚强者优者，岂不是奴隶的道德吗？基督教及一切宗教也是如此。基督教提倡谦卑，提倡无抵抗，提倡悲观的人生观，更是尼采所痛恨的。

尼采本是一个古学家，他在巴司尔（Basle）大学做古言语学的教授。他一身多病，他也是"弱者"之一！他的超人哲学虽然带着一点"过屠门而大嚼"的酸味，但他对于传统的道德宗教，下了很无忌惮的批评，"重新估定一切价值"，确有很大的破坏功劳。

（四）演化论的哲学

1872 年的六版的《物类由来》，乃是最后修正本。达尔文在这一版的页四二四里，加了几句话：

> 前面的几段，以及别处，有几句话，隐隐的说自然学者相信物类是分别创造的。很有人说我这几句话不该说。但我不曾删去他们，因为他们的保存可以记载一个过去时代的事实。当此书初版时，普通的信仰确是如此的。现在情形变了，差不多个个自然学者承认演化的大原则了。（《达尔文传》二，页三三二）

当 1859 年《物种由来》初出时，赫胥黎在《泰晤士报》上作了一篇有力的书评，最末的一节说：

> 达尔文先生最忌空想，就同自然最怕虚空一样（"自然最怕虚空"（Nature abhors a vacuum），乃是谚语）。他搜求事例的殷勤，就同一个宪法学者搜求例案一样。他提出的原则，都可以用观察与实验来证明的。他要我们跟着走的路，不是一条用理想的蜘蛛网丝织成的云路，乃是一条用事实砌成的大桥。那么，这条桥可以使我渡过许多知识界的陷坑；可以引我们到一个所在，那个所在没有那些虽妖艳动人而不生育的魔女——叫做最后之因的——设下的陷人坑。古代寓言里说一个老人最后吩咐他的儿子的话是："我的儿子，你们在这葡萄园里掘罢。"他们依着老人的话，把园子都掘遍了；他们虽不曾寻着窖藏的金，却把园地锄遍了，所以那年的葡萄大熟，他们也发财了。（《赫胥黎论文》二，页一一〇）

这一段话最会形容达尔文的真精神。他在思想史的最大贡献就是一种新的实证主义的精神。他打破了那求"最后之因"的方法，使我们从实证的方面去解决生物界的根本问题。

达尔文在科学方面的贡献，他的学说在这五十年中的逐渐证实与修正——这都是五十年的科学史上的材料，我不必在这里详说了。我现在单说他在哲学思想上的影响。

达尔文的主要观念是："物类起于自然的选择，起于生存竞争里最适宜的种族的保存。"他的几部书都只是用无数的证据与事例来证明这一个大原则。在哲学史上，这个观念是一个革命的观念；单只那书名——《物类由来》——把"类"和"由来"连在一块，便是革命的表示。因为自古代以来，哲学家总以为"类"是不变的，一成不变就没有"由来"了。例如一粒橡子，渐渐生芽发根，不久满一尺了，不久成小橡树了，不久成大橡树了。这虽是很大的变化，但变来变去还只是一株橡树。橡子不会变成鸭脚树，也不会变成枇杷树。千年前如此，千年后也还如此。这个变而不变之中，好像有一条规定的路线，好像有一个前定的范围，好像有一个固定的法式。这个法式的范围，亚里士多德叫他做"哀多斯"（Eidos），平常译作"法"。中古的经院学者译作"斯比西斯"（Species），正译为"类"。（关于"法"与"类"的关系，读者可参看胡适《中国哲学史大纲》上卷，页二〇六。）这个变而不变的"类"的观念，成为欧洲思想史的唯一基本观念。学者不去研究变的现象，却去寻现象背后的那个不变的性。那变的、特殊的、个体的，都受人的轻视；哲学家很骄傲的说："那不过是经验，算不得知识。"真知识须求那不变的法，求那统举的类，求那最后的因。（亚里士多德的"法"即是最后之因。）

十六七世纪以来，物理的科学进步了，欧洲学术界渐渐的知道注重个体的事实与变迁的现象。三百年的科学进步，居然给我们一个动的变的宇宙观了。但关于生物、心理、政治的方面，仍旧是"类不变"的观念独占优胜。偶然有一两个特别见识的人，如拉马克（Lamarck）之流，又都不能彻底。达尔文同时的地质学者、动物学者、植物学者，都不曾打破"类不变"的观念。最大的地质学家如来尔（Lyell）——达尔文的至好朋友——何尝不知道大地的历史上一个时代有一个时代的生物？但他们总以为每一个地质的时代的末期必有一个大毁坏，把一切生物都扫去；到第二个时代里，另有许多新物类创造出来。他们始终打不破那传统的观念。

达尔文不但证明"类"是变的，而且指出"类"所以变的道理，这个思想上的大革命在哲学上有几种重要的影响。最明显的是打破了有意志的天帝观念。如果一切生物全靠着时时变异和淘汰不适于生存竞争的变异，方才能适应环境，那就用不着一个有意志的主宰来计划规定了。况且生存的竞争是很惨酷的；若有一个有意志的主宰，何以生物界还有这种惨剧呢？当日植物学大家葛雷（Asa Gray）始终坚执主宰的观念。达尔文曾答他道：

> 我看见了一只鸟，心想吃他，就开枪把他打杀了：这是我有意做的事。一个无罪的人站在树下，触电而死，难道你相信那是上帝有意杀了他吗？有许多人竟能相信；我不能信，故不信。如果你相信这个，我再问你：当一只燕子吞了一个小虫，难道那也是上帝命定那只燕子应该在那时候吞下那个小虫吗？我相信那触电的人和那被吞的小虫是同类的案子。如果那人和那虫的死不是有意注定的，为什么我们偏要相信他们的"类"的初生是有意的呢？（《达尔文传》第一册，页二八四）

我们读惯了老子"天地不仁"的话，《列子》鱼鸟之喻，王充的自然论——两千年来，把这种议论只当耳边风，故不觉得达尔文的议论的重要。但在那两千年的基督教威权底下，这种议论确是革命的议论；何况他还指出无数科学的事实做证据呢？

但是达尔文与赫胥黎在哲学方法上最重要的贡献，在于他们的"存疑主义"（Agnosticism）。存疑主义这个名词，是赫胥黎造出来的，直译为"不知主义"。孔丘说，"知之为知之，不知为不知，是知也"。这话确是"存疑主义"的一个好解说。但近代的科学家还要进一步，他们要问，"怎样的知，才可以算是无疑的知？"赫胥黎说，只有那证据充分的知识，方才可以信仰，凡没有充分证据的，只可存疑，不当信仰。这是存疑主义的主脑。1860 年 9 月，赫胥黎最钟爱的儿子死了，他的朋友金司莱（Charles Kinsley）写信来安慰他，信上提到人生的归宿与灵魂的不朽两个大问题。金司莱是英国文学家，很注意社会的改良，他的人格是极可敬的，所以赫胥黎也很诚恳的答了他一封几千字的信（《赫胥黎传》一，页二三三～二三九）。这信是存疑主义的正式宣言，我们摘译几段如下：

> ……灵魂不朽之说，我并不否认，也不承认。我拿不出什么理由来信仰他，但是我也没有法子可以否证他。……我相信别的东西时，总要有证据；你若能给我同等的证据，我也可以相信灵魂不朽

的话了。我又何必不相信呢？比起物理学上"质力不灭"的原则来，灵魂的不灭也算不得什么稀奇的事。我们既知道一块石头的落地含有多少奇妙的道理，决不会因为一个学说有点奇异就不相信他。但是我年纪越大，越分明认得人生最神圣的举动是口里说出和心里觉得"我相信某事某物是真的"。人生最大的报酬和最重的惩罚都是跟着这一桩举动走的。这个宇宙，是到处一样的；如果我遇着解剖学上或生理学上的一个小小困难，必须要严格的不信任一切没有充分证据的东西，方才可望有成绩；那么，我对于人生的奇秘的解决，难道就可以不用这样严格的条件吗？用比喻或猜想来同我谈，是没有用的，我若说，"我相信某条数学原理"，我自己知道我说的是什么；够不上这样信仰的，不配做我的生命和希望的根据。……

　　科学好像教训我"坐在事实面前像个小孩子一样；要愿意抛弃一切先入的成见；谦卑的跟着'自然'走，无论他带你往什么危险地方去：若不如此，你决不会学到什么"。自从我决心冒险实行他的教训以来，我方才觉得心里知足与安静了。……我很知道，一百人之中就有九十九人要叫我做"无神主义者"（Atheist），或他种不好听的名字。照现在的法律，如果一个最下等的毛贼偷了我的衣服，我在法庭上宣誓起诉是无效的（一八六九以前，无神主义者的宣誓是无法律上的效用的）。但是我不得不如此，人家可以叫我种种名字，但总不能叫我做"说谎的人"。……

这种科学的精神——严格的不信任一切没有充分证据的东西——就是赫胥黎叫做"存疑主义"的。对于宗教上的种种问题持这种态度的，就叫做"存疑论者"（Agnostic）。达尔文晚年也自称为"存疑论者"。他说：

　　科学与基督无关，不过科学研究的习惯使人对于承认证据一层格外慎重罢了。我自己是不信有什么"默示"（Revelation）的。至于死后灵魂是否存在，只好各人自己从那些矛盾而且空泛的种种猜想里去下一个判断了。（《达尔文传》一，页二七七）

他又说：

　　我不能在这些深奥的问题上面贡献一点光明。万物缘起的奇秘是我们不能解决的。我个人只好自居于存疑论者了。（同书，一，页二八二）

这种存疑的态度，五十年来，影响于无数的人。当我们这五十年开幕时，"存疑主义"还是一个新名词；到了 1888 年至 1889 年，还有许多卫道的宗教家作论攻击这种破坏宗教的邪说，所以赫胥黎不能不正式答辩他们。他那年作了四篇关于存疑主义的大文章：

(1)《论存疑主义》，

(2)《再论存疑主义》，

(3)《存疑主义与基督教》，

(4)《关于灵异事迹的证据的价值》。

此外，他还有许多批评基督教的文字，后来编成两厚册，一册名为《科学与希伯来传说》，一册名为《科学与基督教传说》(《赫胥黎论文》卷四、卷五)。这些文章在当日思想界很有廓清摧陷的大功劳。基督教当十六七世纪时，势焰还大，故能用威力压迫当日的科学家。葛里赖(Galileo) 受了刑罚之后，笛卡儿 (Descartes) 就赶紧把他自己的"天论"毁了。从此以后，科学家往往避开宗教，不敢同他直接冲突。他们说，科学的对象是物质，宗教的对象是精神，这两个世界是不相侵犯的。三百年的科学家忍气吞声的"敬宗教而远之"，所以宗教也不十分侵犯科学的发展。但是到了达尔文出来，演进的宇宙观首先和上帝创造的宇宙观起了一个大冲突，于是三百年来不相侵犯的两国就不能不宣战了。达尔文的武器只是他三十年中搜集来的证据。三十年搜集的科学证据，打倒了二千年尊崇的宗教传说！这一场大战的结果——证据战胜了传说——遂使科学方法的精神大白于世界。赫胥黎是达尔文的作战先锋(因为达尔文身体多病，不喜欢纷争)，从战场上的经验里认清了科学的唯一武器是证据，所以大声疾呼的把这个无敌的武器提出来，叫人们认为思想解放和思想革命的唯一工具。自从这个"拿证据来"的喊声传出以后，世界的哲学思想就不能不起一个根本的革命——哲学方法上的大革命。于是十九世纪前半的哲学的实证主义（Positivism）就一变而为十九世纪末年的实验主义（Pragmatism）了。（看下章）

斯宾塞也是提倡演化论的人，达尔文称他做前辈。然而他对于演化论的本身，不曾有多大的贡献；他的大功劳在于把进化的原则应用到心理学、社会学、人生哲学上去。

他在 1860 年出版了他的《原理论》（First Principles），书的前面附有一篇广告，说他要陆续发表一部《哲学全书》，全书的顺序如下：

(1)《原理论》

部甲，不可知的。

部乙，可知的原理。（如"力的永存"、"进化的大法"等等）

（2）《生物学原理》：分二册，六部。（目从略）

（3）《心理学原理》：分二册，八部。

（4）《社会学原理》：分三册，十一部。

（5）《道德学原理》：分二册，六部。

最初买预约券的人名也附在后面，中有弥儿（穆勒）、达尔文、赫胥黎的名字。他这部大书出了三十六年（1860—1896）方才出完；中间经过许多经济上的困难，幸而他的年寿高，居然能完了他这个宏愿。他的哲学是我们不能在这篇短文里讨论的。我们现在只能指出他的进化论（Evolution 一个字，我向来译为"进化"，近来我想改为"演化"。本篇多用"演化"，但遇可以通用时，亦偶用"进化"）应用时的几个特别贡献。

斯宾塞说万物的演化，分三个时期。第一个时期是积聚，例如太阳系宇宙最初的星气，又如地球初期在星气内成的球形，又如生物初期的营养。第二个时期是画分——所谓"由浑而画"——例如由星气分为各天体，又如每一天体分为各部分，又如生物分为各种构造与官能。这个画分的时期呈现一个分离的趋势，如果有一方面太偏重了，必致陷入瓦解的危险。所以须有第三个时期的安定，安定就是调和分与合之间，保存一种和均。但这种和均的安定是不能永久的，将来仍旧要重新经过这三时期的演进。

我们先看他在生物学上的应用。他说，生命是内部（生理的）关系和外面关系的适应。一个生物不但承受外来的感觉，并且因此发生一种变化，使他将来对于外境的适应更胜于未变化之前。种类上，生理上的变异是外来势力的影响，那种适宜的变异就得自然的选择，就生存了。达尔文说这是"自然的选择"，斯宾塞说，不如叫他做"最适者的生存"；因为种种生理上的变化，虽是环境的影响，却也是生物对付环境的"作用"（Function）的积渐结果。

这个观念，应用到心理学上去，就把心的现象也看作"适应"的作用。他说，心理的生活和生理的生活有同样的性质，两种生活都是要使内部关系和外部关系互相适应。从前的人把"意识"（Consciousness）说的太微妙了，其实意识也是一种适应的作用。人受的印象太多了，不能不把他们排列成一种次序；凡是神经的作用，排成顺序，以便适应外面的境地的，便是意识。斯宾塞把意识看做一种适应，这个观念后来颇影响了现代的新派心理学。

在人心行为的方面，斯宾塞也很有重大的贡献。他用适应和不适应来说明行为的善恶。刀子割得快，是"好"刀子；手枪发的远，放的准，是"好"手枪；房子给我们适当的蔽护和安逸，是"好"房子。雨伞不能遮雨，是"坏"雨伞；皮靴透进水来，是"坏"皮靴。人的行为的好坏，也是如此。有些行为是没有目的的，没有目的便没有好坏可说，便不发生道德问题。凡有目的的行为，都是要适应那个目的的。"我们分别行为的好坏，总是看他能否适应他的目的。"斯宾塞又拿这个观念来说行为的进化：他说，幼稚的行为是适应不完全的行为；行为越进化，目的与动作的互相适应越完密。他这种行为论，在最近三十年的道德观念和教育学说上都有不小的影响。

（五）实验主义

我们在第一章里说美国人莱特（Wright）要想把达尔文的学说和一般的哲学研究，连贯起来。这个莱特在美国康桥办了一个"玄学会"，这个会便是实验主义的发源之地。会员皮耳士（Peirce）在1873年做了一篇《科学逻辑的举例》，这篇文章共分六章，第二章是论"如何能使我们的意思明白"。这两个标题都是很可以注意的，因为我们在这里可以看出实验主义最初的宗旨是要用科学方法来把我们所有的意思的意义弄的明白。皮耳士是一个大科学家，所以他的方法只是一个"科学试验室的态度"（The Laboratory Attitude）。他说，"你对一个科学实验家无论讲什么，他总以为你的意思是说某种实验法若实行时定有某种效果。若不如此，你说的话他就不懂得了"。他平生只遵守着这个态度，所以说，"一个观念的意义完全在那观念在人生行为上所发生的效果。凡试验不出什么效果来的东西，必定不能影响人生行为。所以我们如果能完全求出承认某种观念时有那么些效果，不承认他时又有那么些效果，如此我们就是这个观念的完全意义了。除掉这些效果之外，更无别种意义。这就是我所主张的实验主义"（*Journal of Philos*.，*Psy.*，*and Sc. Meth.* XIII，No. 26，p. 710 引）。

他这一段话的意思是说，一切有意义的思想都会发生实际上的效果，这种效果便是那思想的意义。若问那思想有无意义或有什么意义，只消求出那思想能发生何种实际的效果；只消问若承认他时有什么效果，若不承认他时又有什么效果。若不论认他或不认他，都不发生什么影响，都没有实际上的分别，那就可说这个思想全无意义，不过胡说的废话。

皮耳士又说，"凡一个命辞的意义在于将来（命辞或称命题 Proposition）。何以故呢？因为一个命辞的意义还只是一个命辞，还只是把原有的命辞翻译成一种法式，使他可以在人生行为上应用"。他又说，"一个命辞的意义即是那命辞所指出一切实验的现象的通则"（同上书 p. 711 引），这话怎样讲呢？我且举两条例。譬如说"砒霜是有毒的"。这个命辞的意义还只是一个命辞。例如"砒霜是吃不得的"，或是"吃了砒霜是要死的"，或是"你千万不要吃砒霜"。这三个命辞都只是"砒霜有毒"一个命辞所涵的实验的现象。后三个命辞即是前一个命辞翻译出来的应用公式，即是这个命辞的真正意义。又如说，"闷空气是〈有〉害卫生的"，和"这屋里都是闷空气"。这两个命辞的意义就是叫你"赶快打开窗子换换新鲜空气"！

皮耳士的学说不但是说一切观念的意义在于那观念所能发生的效果；他还要进一步说，一切观念的意义，即是那观念所指示我们应该养成的习惯。"闷空气有害卫生"一个观念的意义在于他能使我们养成常常开窗换新鲜空气的习惯。"运动有益身体"一个观念的意义在于他能使我们养成时常作健身运动的习惯。科学的目的只是要给我们许多有道理的行为方法，使我们从信仰这种方法生出有道理的习惯。这是科学家的知行合一说。这是皮耳士的实验主义。（参看 *Journal of Philos.*, *Psy.*, *and Sc. Meth.* XIII，21，pp. 709—720。）

皮耳士的实验主义只是一种方法论。我们在上章曾指出赫胥黎的存疑主义是一种思想方法，他的要点在于注重证据。对于一切迷信，一切传说，他只有一个作战的武器，是"拿出证据来"。这个态度，虽然确是科学的态度，但只是科学方法的一方面，只是消极的破坏的方面。赫胥黎还不曾明白科学方法在思想上的完全涵义。何以见得呢？赫胥黎的《论文》的第一卷，大多是论科学成绩的文章，他自己还题一个总目，叫做"方法与结果"。他还做一篇小序，说本卷第四篇说的是笛卡儿指出的科学判断必不可少的条件，其余八篇说的都是笛卡儿的方法应用到各方面将来的结果。但笛卡儿的方法只是一个"疑"字；赫胥黎明明指出笛卡儿的方法只是不肯信仰一切不清楚分明的命辞，只是把一个"疑"字从罪过的地位升作一种责任了。赫胥黎认清了这个"疑"字是科学精神的中心，他们当时又正在四面受敌不能不作战的地位，所以他的方法只是消极的部分居多，还不能算是科学方法的完全自觉。皮耳士的实验主义，方才把科学方法的积极消极两方面的含义发挥出来，成为一种哲学方法论。在积极的方面，皮耳士指出"试验"作标准："一个观念的意义完全在于那观念在人生行为上发生的效果。承认他时，有什么效果？不承认他时，有什么效果？如此，我们就有这个观念的完全意义。"在消极的方面，他指出凡试验不出什么效果的都没有意义。这个标准，比笛卡儿的"明白"、"清楚"两个标准更厉害了。

皮耳士的文章是一八七七年出版的，当时的人都不很注意他。直到二十年后，詹姆士用他的文学的天才把这个主义渐渐的传播出来，那时候机会也比较成熟了，所以这个主义不久便风行一世了。

但詹姆士是富于宗教心的人。他虽是实验主义的宣传者，他的性情根本上和实验主义有点合不拢来。他在一八九六年发表一篇《信仰的心愿》（The Will to Believe），反对赫胥黎一班人的存疑主义。赫胥黎最重证据，和他同时的有一位少年科学家克里福（W. K. Clifford，1845—1879）也极力拥护科学的怀疑态度来攻击宗教。克里福虽然死的很早（死时只有三十多岁），但他的《论文与讲演集》（Lectures and Essays）却至今还有人爱读，他有一段话说：

> 如果一个人为了自己的安慰和愉快，就信仰一些不曾证实不曾疑问的命题，那就是侮辱信仰了。……没有充分证据的信仰，即使他能发生愉快，那种愉快是偷来的。……我们对于人类的责任是要防御这样的信仰，就同防御瘟疫一样，不要使自己染了瘟疫还传染全城的人。……无论何时，无论何地，无论何人，凡没有充分证据的信仰，总是错的。

这种宣言，詹姆士大不满意；他就引来做他的《信仰的心愿》的出发点。他很诙谐的指出这班人说的事事求"物观的证据"（Objective Evidence）是不可能的。他说：

> 物观的证据，物观的确实，确是很好的理想。但是在这个月光照着，梦幻常来寻着的星球上，那里去寻他们呢？……互相矛盾的意见曾经自夸有了物观的证据的，也不知有过多少种了！"有一个上帝"——"上帝是没有的"；"心外的物界是可以直接知得的"——"心只能知他自己的意象"；"有一种无条件的道德命

令"——"道德成为义务是欲望的结果";"人人有一个长在的心灵"——"只有起灭无常的心境";"因果是无穷的"——"有一个最后之因";"一切都是不得已（Necessity）"——"自由";……我们回想古来适用这个物观证据的主义到人生上去的，最惊人的莫如当日教会的异端审问局（The Holy Office of Inquisition）。我们想到这一层，就不十分高兴去恭听那物观证据的话了。……

我是不能依克里福的话的。我们须记得，我们对于真理与谬误的责任心其实都是我们的情感生活的表现。……那说"宁可永没有信仰，不可信仰谎话"的人，不过表示他太怕上当罢了。也许他能防制他的许多欲望和畏惧；但这个怕上当的畏惧，他却奴隶也似的服从他。至于我呢，我也怕上当；但我相信人在这个世界比上当更坏的事多着呢！所以克里福的教训在我耳朵里很有一种疯狂的声音，很像一个大将训令他的兵士们"宁可完全不打仗，不可冒受微伤的危险"。战胜敌人与战胜天然，都不是这样得来的。我们的错误断乎不是那样十分了不得的大事。在这个世界里，无论怎样小心，错误总是不能免的，倒不如把心放宽点，胆放大点罢。

他的主张是：

有时候，有些信仰的去取是不能全靠智识方面来决断的；当这样时候，我们情感方面的天性不但正可以，并且正必须出来决断。因为，当这样时候，若说"不要决断，还是存疑罢"，那还是一种情感上的决断，结果也许有同样的危险——放过真理。

他拿宗教的问题做例：

存疑的态度仍旧免不了这个难关；因为那样做去，若宗教是假的，你固可以免得上当；若宗教竟是真的，你岂不吃亏了么？存疑的危险，岂不同信仰一样吗？（信仰时，若宗教是真的，固占便宜；若是假的，便上当了。）譬如你爱上了一个女子，但不能断定现在的安琪儿将来不会变作母夜叉，你难道因此就永远迟疑不敢向她求婚了吗？

詹姆士明明白白的宣言：

假如宗教是真的，只是证据还不充分，我不愿意把你的冷水浇在我的热天性上，因而抛弃我一生可以赌赢的唯一机会——这个机会只靠我愿意冒险做去，只当我情感上对世界的宗教态度毕竟会不错的。

这就是"信仰的愿心"。这个态度是一种赌博的态度：宗教若是假的，信仰的上当，存疑的可以幸免；但宗教若是真的，信仰的便占便宜，存疑的便吃亏了。信仰与存疑，两边都要冒点险。但是人类的意志（Will）大都偏向占便宜的方面，就同赌博的人明知可输可赢，然而他总想赢不想输。赫胥黎一派的科学说，"输赢没有把握，还是不赌为妙"。詹姆士笑他们胆小，他说："不赌那会赢？我愿意赌，我就赌，我就大胆的赌去，只当我不会输的！"

他这种态度，也有他的独到的精神。他说：

假如那造化的上帝对你说：

我要造一个世界，保不定可以救援的。这个世界要做到完全无缺的地位，须靠各个分子各尽他的能力。我给你一个机会，请你加入这个世界。你知道我不担保这世界平安无事的。这个世界是一种真正冒险事业，危险很多，但是也许有最后的胜利。这是真正的社会互助的工作。你愿意跟来吗？你对你自己，和那些旁的工人，有那么多的信心来冒这个险吗？

假如上帝这样问你，这样邀请你，你当真怕这个世界不安稳竟不敢去吗？你当真宁愿躲在睡梦里不肯出头吗？

这是詹姆士的"淑世主义"（Meliorism）的挑战书。詹姆士自己是要我们大着胆子接受这个哀的米敦书的。他很嘲笑那些退缩的懦夫，那些静坐派的懦夫。他说："我晓得有些人有不愿去的。他们觉得那个世界里须要用奋斗去换平安，这是很没有道理的事……他们不敢相信机会。他们想寻一个世界，要可以歇肩，可以抱住爹爹的头颈，就此被吹到那无穷无极的生命里面，好像一滴水滴在大海里。这种平安清福，不过只是免去了人世经验的种种烦恼。佛家的涅槃，其实只不过免去了尘世的无穷冒险。那些印度人，那些佛教徒，其实只是一班懦夫。他们怕经验，怕生活。……他们听见了多元的淑世主义，牙齿都打战了，胸中的心也骇得冰冷了。"詹姆士自己说："我吗？我愿意承认这个世界是真正危险的，是须要冒险的；我决不退缩，我决不说'我不干了'！"

詹姆士的哲学确有他的精彩之处，但终不免太偏向意志的方面，带的意志主义（Voluntarism）的色彩太浓重了，不免容易被一般宗教家利用去做宗教的辩护。实验主义本来是一种方法，一种评判观念与信仰的方法；到了詹姆士手里，方法变松了，有时不免成了一种辩护信仰的方法了。即如他说：

依实验主义的道德看来，如果"上帝"那个假设有满意的功用——此所谓满意，乃广义的——那假设便是真的。

皮耳士的方法，这样活用了，就很有危险了。所以皮耳士很不以为然，觉得 Pragmatism 这个名字被詹姆士用糟了，他想把那个名词完全让给詹姆士一派带有意志主义色彩的"实际主义"，而他自己另造一个字 Pragmaticism 来表明他的"实验态度"。杜威也不赞成詹姆士的意志主义，所以他不用 Pragmatism 的名称，自称为"工具主义"（Instrumentalism），又称为"试验主义"（Experimentalism）。只有英国的失勒（F. C. S. Schiller）一派的"人本主义"（Humanism），名称上虽有不同，精神上却和詹姆士最接近。

现在单说杜威的工具主义。杜威始终只认实验主义是一种方法论，故他最初只专力发挥实验主义的逻辑一方面，这种逻辑他叫做"工具的逻辑"，后来也叫做"试验的逻辑"。1907 年，詹姆士出了一部书，叫做《实验主义》，他想把皮耳士、杜威、失勒，以及欧洲学者倭斯袜（Ostwald）、马赫（Mach）的学说都贯串在一块，看作一个哲学大运动。这书也谈玄学，也谈知识论，也谈常识，也论真理，也论宇宙，也论宗教。杜威觉得他这种大规模的综合是有危险的，所以他做了一篇最恳切的批评，叫做《实验主义所谓"实际的"是什么》，后来成为他的《试验的逻辑杂论》（*Essays in Experimental Logic*）的一篇。杜威把詹姆士论实验主义的话，总括起来，作为实验主义的三个意义：第一，实验主义是一种方法；第二，是一种真理论；第三，是一种实在论。杜威引詹姆士的话来说明这三项如下：

（1）方法论 詹姆士总论实验主义的方法是"要把注意之点从最先的物事移到最后的物事；从通则移到事实，从范畴移到效果"。（看《胡适文存》卷二，页九五）

（2）真理论 "凡真理都是我们能消化受用的；能考验的，能用旁证证明的，能稽核查实的。凡假的都是不能如此的。""如果一个观念能把我们一部分的经验引渡到别一部分的经验，连贯的满意，办理的妥贴，把复杂的变简单了，把烦难的变容易了。——如果这个观念能做到这步田地，他便'真'到这步田地，便含有那么多的真理。"（看《胡适文存》卷二，页九八～一〇二）

（3）实在论 "理性主义以为实在（Reality）是现成的，永远完全的；实验主义以为实在还在制造之中，将来造到什么样子便是

什么样子。""实在好比一块大理石到了我们手里，由我们雕成什么像。"（看同书卷二，页一〇五～七）

但杜威指出实验主义虽有这三种意义，其实还只是一种方法论。他把方法论再分析出来，指出他的三种应用。（甲）用来规定事物（Objects）的意义，（乙）用来规定观念（Ideas）的意义，（丙）用来规定一切信仰的意义。

（甲）事物的意义。詹姆士引德国化学大家倭斯袜（Ostwald）的话，"一切实物能影响人生行为；那种影响便是那些事物的意义"。他自己也说，"若要使我们心中所起事物的感想明白清楚，只须问这个物事能生何种实际的影响——只须问他发生什么感觉，我们对于他起何种反动"。譬如说"闷空气"，他的意义在于他对于呼吸的关系和我们开窗换空气的反动。

（乙）观念的意义。我们如要规定一个观念的意义，只须使这观念在我们经验以内发生作用。把这个观念当作一种工具用，看他在自然界能发生什么变化，什么影响。一个观念（意思）就像一张支票，上面写明可支若干效果；如果这个自然银行见了这张支票即刻如数现兑，那支票便是真的——那观念便是真的。

（丙）信仰的意义。信仰包括事物与观念两种，不过信仰所包事物观念的意义是平常公认为已确定了的。若要决定这种观念或学说的意义，只须问，"如果这种学说是真的，那种学说是假的，于人生实际上可有什么分别吗？如果无论那一种是真是假都没有实验上的区别，那就可证明这种表面不同的学说其实是一样的，一切争执都是废话"。

以上是杜威就詹姆士书里搜括出来的方法论。杜威自己著的书，如《我们如何思想》，如《试验的逻辑杂论》，都特别注重思想的工具的作用。怎样是"工具的作用"呢？杜威说：

> 我们人，手里的大问题是：怎样对付外面的变迁才可以使这些变迁朝着那干我们将来的活动有益的方向走。……生活的进行全在能管理环境。生活的活动必须把周围的变迁一一变换过；必须使有害的势力变成无害的势力；必须使无害的势力变成帮助我们的势力。

这种生活就是经验。经验全是一种"应付的行为"；思想知识就是应付未来的重要工具。向来的哲学家不明白经验的真性质，所以有些人特别注重感觉，只认那细碎散漫的感觉为经验的要义；有些人特别注重理性，以为细碎的感觉之上还应该有一个综合组织的理性。前者属于经验主义，后者属于理性主义。近代生物学和心理学发达的结果，使我们明白这种纷争是不必有的。杜威指出感觉和推理都是经验（生活）的一部分。平常的习惯式的动作，例如散步，读小说，睡觉，本没有什么段落可分；假如散步到一个三叉路口，不知道那一条是归路，那就不能不用思想了；又如读书读到一处忽然上下不相接了，读不下去了，那就又不能不用思考的工夫了。这种疑难的境地便是思想的境地，困难的感觉便是思想的动机，"便是思想的挑战书"。感觉了困难之后，我们便去搜求解决困难之法，这便是思想。思想是解决困难的工具。当搜求解决的方法之时，我们的经验知识便都成了供给资料的库藏。从这库藏里涌出来了几个暗示的主意，我们一一选择过，斥退那些不适用的，单留下那最适用的一个主意。这个主意在此时还只是一种假设的解决法；必须他确能解决那当前的困难，必须实验过，方才成为证实的解决。解决之后，动作继续进行；散步的继续散步，读书的继续读书，又回到顺适的境地了。

我们可以把思想的层次画一个略图：

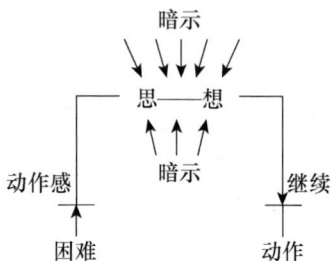

仔细分析起来，凡是有条理的思想，大概都可以分作五步：（1）感觉困难；（2）寻出疑难所在；（3）暗示的涌现；（4）评判各种暗示的解决，假定一个最适用的解决；（5）证实（就是困难的解决）。——在这五步里，究竟何尝单是细碎的感觉？又何尝有什么超于经验的理性？从第一步感觉困难起，到最后一步解决困难止，步步都是一段经验的一个小部分，都是一个"适应作用"的一个小段落。

杜威在他的新著《哲学的改造》（1920）里说：

 ……我们现在且看从古代生活到近代生活，"经验"本身遭遇的变化。在柏拉图眼里，经验只是服从过去，服从习惯。经验差不多等于习俗——不是理性造的，也不是用心造成的，只是从很无意识的惯例相习成风的。所以在柏拉图眼里，只有"理性"可以解放我们，使我们不做盲从习俗的奴隶。

到了倍根和他那一派的哲学家，我们就可以看出一个奇怪的翻案。理性和他手下的许多抽象观念倒变成守旧拘迂的分子了，经验却变成解放的动力了。在倍根一派的眼里，经验指那新的分子，使我们不要拘守旧习惯，替我们发见新的事实与真理。对于经验的信仰，并不产生顽固，却产生了谋进步的努力。

这个古今的不同，正因为大家都不知不觉的承认了，所以是格外可注意的。这一定是因为人生实在的经验上起了一种具体的重大的变化了。因为人们对于"经验"的见解究竟是跟着实际经验来的，而且是仿照那实际的经验的。

当希腊的数学和其他理性的科学（Rational Science）发达的时候，科学的学理不曾影响到平常的经验。科学只是孤立的，离开人事的，从外面加入的。医术总算是含有最多量的实证知识了，但医术还只是一种技术，不曾成为科学。况且当日各种实用的技术里也没有有意的发明与有目的的改良。匠人只知道模仿遗传下来的模型；不依老样式做去，往往退步了。技术的进步，或者是慢慢的无意的逐渐衍变出来的，或者是一时兴到，偶然创出的一种新式。既然没有自觉的方法，只好归功于神助了。在社会政术的方面，像柏拉图那样的彻底改革家，只觉现有的弊病都是因为缺乏可以仿效的型范。匠人制器，尚有型范可以依据，而社会国家里反没有这种型范。哲学家应该供给这种法象；法象成立之后，应该得宗教的尊崇，艺术的装点，教育的灌输，行政官的执行，总要使他们一成不变。

试验的科学的发达，使人们能制裁他们的环境：这本是不用再详说的了。但这种制裁是和那旧日的经验观不相容的，然而人们常常忽略了这一层，所以我们不能不指出：经验从"经验的"（Empirical）变为"试验的"（Experimental）的时候，有一件根本重要的事就发生了。从前人们用过去经验的结果，只不过造成一些习惯，供后人来盲目的服从或盲目的废弃。现在人们从旧经验里寻出目的和方法来发展那新而且更好的经验。所以经验竟积极的自己制裁自己了。诗人沙士比亚曾说"没有法子可以改善'自然'，但'自然'自己供给那种法子"。我们也可拿他说"自然"的话来说经验。我们不用专抄老文章，也不须坐待事变来逼迫我们变化。我们用过去经验来创造新而更好的将来经验。经验的本身就含有他用来改善自己的手续了。

所以智识——所谓"理性"——并不是外加在经验上的东西。他固是经验所暗示的，固须靠经验来证实的；但他又可以从种种发明里用来扩充经验，使经验格外丰富。……康德哲学里的"理性"，是用来介绍普遍性与秩序条理到经验里去的：那种"理性"，在我们现在看起来，很可以用不着了；那不过是一班中了古代形式主义和烦琐术语的毒的人捏造出来的。我们只要那过去经验里出来的一些具体的意思——依据现在的需要，渐渐发展成熟，用来做具体改造的目的与方法；并且用适应的事业的成败来试验过——就尽够了。这些从经验出来，积极的用在新的目的上的种种意思，我们就叫做"智慧"（Intelligence）。（页九二～九六）

杜威在这几段里指出古今人对于"经验"的态度所以不同，正因为古今人实际的经验确已大不相同了。古人的经验是被动的，守旧的，盲目的，所以古哲学崇拜理性而轻视经验。今人的经验，因为受了试验科学的影响，是主动的支配自然，是进取的求革新，是有意识的计划与试验，所以倍根以来有许多哲学家推崇经验而攻击理性和他的附属物。但人们究竟不肯轻易打破他们磕头膜拜过的偶像，所以总想保存一个超于经验之上而主持经验的"理性"。这是两千年欧洲哲学史的一个总纲领。杜威指出，我们正用不着康德们捏造出来的那个理性。经验的活用，就是理性，就是智慧，此外更没有什么别的理性。人遇困难时，他自然要寻求应付的方法；当此时候，他的过去的经验知识里，应需的征召，涌出一些暗示的意思来。经验好像一个检察官，用当前的需要做标准，一项一项的把这些暗示都审查过，把那些不相干的都发放回去，单留下一个最中用的；再用当前的需要做试金石，叫那个留下的假设去实地试验，用试验的成败定他的价值。这一长串连贯的作用——从感觉困难到解决困难——都只是经验的活用。若说"既有作用，必还有一个作用者"，于是去建立一个主持经验的理性：那就是为宇宙建立一个主宰宇宙的上帝的故智了！

杜威的这一个中心观念，把哲学史上种种麻烦的问题——经验与理性，感觉与理智，个体与名相，事与理——都解决了。他在《创造的智慧》（*Creative Intelligence*）里，曾说：

智识上的进步有两条道路。有时候，旧观念不必十分改变，更不必完全抛弃，只须扩大范围，精密研究，知识也就因此增加了。有时候，知识的增加只要性质的变换，不要数量的增加。人心觉得有些老问题实在不值得讨论了；从前火热的意思，现在退凉了；从前很迫切的兴趣，现在冷淡了。人们的道路改了一个方向了；从前的困难，现在都不成问题了，从前不注意的问题，现在倒变大了。那些老问题未必就解决了，但他们用不着解决了。（页三）

杜威觉得哲学史上有许多问题都是哲学家作茧自缚的问题，本来就不成问题，现在更用不着解决了。我们只好"以不了了之"。他说：

如果哲学不弄那些"哲学家的问题"了，如果哲学变成解决"人的问题"的哲学方法了，那时候便是哲学光复的日子到了。（同书，页六五）

（六）晚近的两个支流

这一章名为"晚近的两个支流"。我也知道"支流"两个字一定要引起许多人的不平。但我个人观察十九世纪中叶以来的世界思潮，自不能不认达尔文、赫胥黎一派的思想为哲学界的一个新纪元。自从他们提出他们的新实证主义来，第一个时期是破坏的，打倒宗教的威权，解放人类的思想。所以我们把赫胥黎的存疑主义特别提出来，代表这第一时期的思想革命。（许多哲学史家都不提起赫胥黎，这是大错的。他们只认得那些奥妙的"哲学家的问题"，不认得那惊天动地的"人的问题"！如果他们稍有一点历史眼光，他们应该知道二千五百年的思想史上，没有一次的思想革命比 1860 到 1890 年的思想革命更激烈的。一部哲学史里，康德占四十页，而达尔文只有一个名字，而赫胥黎连名字都没有，那是决不能使我心服的。）第二个时期是新实证主义的建设时期：演化论的思想侵入了哲学的全部，实证的精神变成了自觉的思想方法，于是有实验主义的哲学。这两个时期是这五六十年哲学思潮的两个大浪。但在这汹涌的新潮流之中，我们还可以看出一些回波，一些支派，内中那旧浪漫主义的回波，我们已说过了（第二章）。现在单叙最近三十年中的两个支流，一个是法国柏格森的新浪漫主义，一个是英美两国的新唯实主义。

A、柏格森（Henri Bergson，1859——   ）

实证主义——无论旧的新的——都是信仰科学的。科学家的基本信条是承认人的智慧的能力。科学家的流弊往往在于信仰理智太过了，容易偏向极端的理智主义（Intellectualism），而忽略那同样重要的意志和情感的部分。所以在思想史上，往往理智的颂赞正在高唱的时候，便有反理智主义的（Anti-intellectualistic）喊声起来了。在旧实证主义的老本营里，我们早就看见孔德的哲学终局成了孔德的宗教。在新实证主义的大本营里，那实验主义的大师詹姆士也早已提出意志的尊严来向赫胥黎们抗议了（见上章）。同时法国的哲学家柏格森也提出一种很高的反理智主义的抗议。

柏格森不承认科学与论理可以使我们知道"实在"的真相。科学的对象只是那些僵死的糟粕，只是那静止的，不变的，可以推测预料的。在那静止的世界里，既没有个性，又没有生活，科学与论理是很有用的。但是一到了那动的世界里，事事物物都是变化的，生长的，活的——那古板的科学与论理就不中用了。然而人的理智（Intellect）偏不安本分，偏要用死的法子去看那活的实在。于是他硬把那活的实在看作死的世界；硬说那静的是本体，而动的是幻象；静止是真的，而变动是假的。科学家的理想的宇宙是一个静止的宇宙。科学的方法是把那流动不息的时间都翻译成空间的关系，都化成数量的和机械的关系。这样的方法是不能了解"实在"的真相的。

柏格森说，只有"直觉"（Intuition）可以真正了解"实在"。直觉就是生活的自觉。这个宇宙本来是活的，他有一种创造向前的力——柏格森叫他做"生活的冲动"（Elan Vital）——不断的生活，不息的创造。这种不息的生活向前，这种不断的变迁，不能用空间的关系来记载分析，只是一种"真时间"（Duree）。这种真时间，这种"实在"，是理智不能了解的。只有那不可言说的直觉可以知道这真实在。

柏格森也有一种进化论，叫做"创造的进化"（Creative Evolution）。这种学说假定一个二元的起源：一方面是那死的，被动的物质；一方面是那"生活的冲动"。生命只是这个原始冲动在物质上起作用的趋势。这个原始冲动是生物演化的总原因。他在种子里，一代传给一代，积下过去的经验，不断的向前创造，就同滚雪球一样，每一滚就加上了一些新的部分。这个冲动的趋势，是多方面的，是无定的，是不可捉摸的。他的多方面的冲动，时时发生构造上，形体上的变异；变异到了很显著时，就成了新的种类了。他造成的结果，虽是很歧异的，虽是五花十色的，其实只是一个很简单的唯一趋势——就是那生活的冲动。

我们拿动物的眼睛做个例。从一只苍蝇的眼，到人的眼，眼的构造确有繁简的不同；但每一种动物的眼各有他的统一的组织，他的部分虽然极繁复，而各有一个单一的"看"的作用。机械论的生物学者只能用外境的影响来解释这一副灵妙繁复的机器的逐渐造成，但他们总不能说明何以各微细部分的统属呼应。至于目的论者用一个造物主的意志来解释，更不能满意了。柏格森用那原始的生活冲动来解释；因为有那"看"的冲动，那看的冲动在物质上自然起一个单一的作用，那单一的作用自然发生一个统一的互应的构造。那冲动越向前，那构造也越加精密。但每一个构造——自极幼稚的到极高等的——各自成为一个统一完备的组织。

柏格森又用一个很浅近的比喻。假如我们伸一只手进到一桶铁屑里去，伸到一个地位，挤紧了，不能再进去了：那时候，铁屑自然挤成一种有定的形式——就是那伸进去的手和手腕的形式。假如那手是我们看不见的，那么，我们一定要想出种种话头来解释那铁屑的组织了：有些人说，每一粒铁屑的位置只是四周的铁屑的动作的结果，那就是机械论了；有些人说，这里面定有一个目的的计划，那又是目的论了。但是那真正的说明只是一桩不可分析的动作——那手伸进铁屑的动作。这个动作到的所在，物质上起了一种消极的阻力，就成了那样的集合了（《创造的进化》，页八七～九七）。眼睛的演化也是如此。

柏格森批评那机械式的演化论，很有精到的地步。但是他自己的积极的贡献，却还是一种盲目的冲动。五十年来，生物学对于哲学的贡献，只是那适应环境的观念。这个观念在哲学界的最大作用，并不在那机械论的方面，乃在指出那积极的，创造的适应，认为人类努力的方面。所谓创造的适应，也并不全靠狭义的理智作用，更不全靠那法式的数学方法。近代科学思想早已承认"直觉"在思考上的重要位置了。大之，科学上的大发明，小之，日用的推理，都不是法式的论理或机械的分析能单独办到的。根据于经验的暗示，从活经验里涌出来的直觉，是创造的智慧的主要成分。我们试读近代科学家像法国班嘉赉的《科学与假设》（Poincare, *Science and Hypothesis*），和近代哲学家像杜威们的《创造的智慧》，就可以明白柏格森的反理智主义近于"无的放矢"了。

B、新唯实主义（New Realism）

近年的一个最后的学派是新唯实主义。"唯实主义"（Realism）的历史长的很哩。当中古时代，哲学家争论"名相"（Universals）的实性，就发生了三种答案：

（1）名相的实在，是在物之先的；未有物时，先已有名象了。这一派名为柏拉图派唯实论。

（2）名相不能超于物先，名相即在物之中。这一派名为亚里士多德派唯实论。

（3）名相不过是物的名称；不能在物之先，也不在物之中，乃是有物之后方才起的。这一派名为唯名论（Nominalism）。

中古以后，哲学史上的纷争总脱不了这三大系的趋势。唯名论又名"假名论"，因为他不认名相的实在，只认为人造的称谓。（《杨朱篇》，"名无实，实无名。名者，伪而已矣。"）所以唯实论其实是承认名相的真实，而唯名论其实乃是"无名论"。大抵英国一系的经验哲学是假名论的代表；而大陆上的理性哲学是唯实论的代表。所以极端的唯心论（意象论）乃出在英国的经验学派里，而大陆上理性派的大师笛卡儿乃成一个唯物论者！这件怪异的事实，我们若不明白中古以来唯实唯名的背景，是不容易懂得的。

最近实验主义的态度虽然早已脱离主观唯心论（Subjective Idealism）的范围了，但他认经验为适应，认真理为假设，认知识为工具，认证实为真理的唯一标准，都带有很浓厚的唯名论的色彩。在英国的一派实验主义——失勒的人本主义——染的意象论的色彩更多。在这个时候，英国、美国的新唯实主义的兴起，自然是很可以注意的现象。英国方面，有罗素（Bertrand Russell）等；美国方面，有何尔特（E. B. Holt）、马文（W. T. Marvin）等。何尔特和马文等六位教授在1910年出了一个联名的宣言，名为《六个唯实论者的第一次宣言》；1912年又出了一部合作的书，名为《新唯实主义》。

我们先引他们的第一次宣言来说明新唯实论的意义。他们说：

> 唯实论主张：物的有无与认识无关；被知识与否，被经验与否，被感觉与否，都与物的存否无关；物的有无，并不依靠这种事实。

六个唯实论者之中，马文教授于1917年出了一部《欧洲哲学史》，那书的末篇〈第〉七章是专论新唯实主义的。我们略采他的话来说明这一派在历史上的地位。马文说：关于"知识的直接对象是心的（Mental）呢，还是非心的呢"一个问题，共有四种答案：

（1）笛卡儿以来的二元论者说科学能推知一个物的（非心的）世界。

（2）存疑派的现象论者（Agnostic Phenomenalists）说科学只能知道那五官所接触的境界，此外便不能知道了。

（3）意象论者（Idealists），包括那主观的唯心论者和那物观的意象论者，根本推翻二元论，竟不认有什么超于经验的物界。

（4）新唯实论者说我们须跳过笛卡儿，跳过希腊哲学，重新研究什么是"心的"，重新研究知识与对象的关系。

新唯实论者批评前三派，共有两大理由。第一，笛卡儿的二元论和他引起的主观主义，有了三百年历史的试验，结果只是种种不能成立的理论，仍旧不能解决笛卡儿当日提出"心物关系"的老问题。这一层，我们不细述了（可看马文原书，页四——～四一三）。第二，这种二元论和他对于"心的"的见解，都从希腊思想里出来的。希腊思想假定两个重要观念：一个是"本体"（Substance）的观念，一个是"因果"的观念。这两个观念，在近代科学里都不能存在了，所以我们现在应该用现代科学作根据，重新研究什么是"心的"。这第二层，确是很重要的，故我们引马文的话来说明：

> 自从葛理赖以来，科学渐渐脱离"因"的观念，渐渐用数学上的"函数"（Function）的观念来代他。……例如圆周之长，就是半径的函数，因为圆半径加减时，圆周同时有相当的加减。又如杠杆上应加的压力，就是杠杆的定点的函数。……函数只是数学上用来表示相当互变的两个级系之间的一种关系。……科学进步以来，所谓"因"的，都化成了这种函数的关系：我们研究天然事情越精，这些函数的关系越明显，那野蛮幼稚的思想里的"因"和"力"越容易不见了。"自然"成了一个无穷复杂的蛛网，他的蛛丝就是数学上所谓"函数"。

> "心与物怎样交相作用呢"？关于这个问题，我们不会把他们看作相为因果的两种本体了，我们只须去寻出两个极系之间的函数的关系。这些关系都可以用试验研究去寻出来，都不是供悬想的理论去辩驳的东西。这些关系都是可以观察的，并不关什么不可知的本体。这样一来，那心物关系的老问题就全没有了。……

对于"本体"（Substance）的观念，也可用同样的驳难。普通的思想总以为世间有许多原质，如木石金水等等；物体就是这些原质组成的。不但如此，普通人还以为一物的原质可以说明那物的行为或"性质"。因为这是钢，所以是坚硬的；因为他是木，所以可烧；……但是在严格的科学思想里，这些观念和仙鬼魔术同属于幼稚时代的悬想。依科学看来，物所以成物，所以有他的特别作用，所以有他的特性，全因为他的构造（Structure）。假若我们还要问什么是构造，科学说，构造就是组织，就是各部分间的关系。这个太阳系的宇宙所以如此运行，所以有他的特性，全是因为他的组织。吹烟成圈，吹笛成音……都只指出物的本性不过是他的构造的假面。近代科学渐渐的抛弃"本体"的观念和搜求本体的志愿了。（化学家也渐渐知道，他的所谓"元子"并不是向来所谓原质，只是组织不同的物质。）

近世思想上的这两个变迁，就是新唯实论的基础：新唯实论解决心和知识的问题的方法，只是要人抛弃那古代思想传下来的"因"与"本体"的老观念，而用近代科学里"构造"与"函数"两个观念来用到心的生活的事实上去。

马文又说新唯实主义论"心"的主张是：

人心并不是一个最后不可分析的东西，也决不是一个本体。心有一个构造，现在渐渐研究出来了。心有各部分，因为疾病可以损害一些部分，而不能损害另一些部分；教育可以改变一些部分，而不能改变另一些部分。……至少有一部分已经有了说明了。这种说明大要都是生物学的说明。我们的肢体是配着我们的环境的，我们的心也是如此。我们的肢体是遗传的，心的特性也是遗传的。我们的筋力配做种种相当的筋力伸缩，我们也有冲动、愉快、欲望等等来引起相当的筋力伸缩。心的某种特性多用了，那种特性就会格外发展；不用他，他就萎弱了。……总而言之，神经系统的生理学渐渐的使我们明白心的作用，心的发展，心的训练。科学研究心越进步了，心和物的关系越见得密切了，那向来的心物二元论也就越见得没有道理了。

关于"知识"的作用，新唯实论者也认为一种"关系"。他们也受了生物学的影响，所以把这种关系看作"生物的一种反应"。马文说：

知识这件事（Knowing）并不是什么不可思议的作用，他不过是这个世界里的一件平常事实，正和风吹石落一样；他也很容易研究，正和天然界里的一切复杂事实一样。……知识不过是一种复杂的行为，复杂的反应。……我们的神经系统是不适宜于应付那全个的世界的，我们所有的那些生成的或学来的反应，自然是很不完全的。错误就是这种不完全的反应。（页四一三～四二）

以上述新唯实论者的基本主张。他们对于历史上因袭下来的"哲学家的问题"，虽不像实验主义者"以不了了之"的爽快，但他们的解决法确也有很精到的地方。但我们看新唯实论者的著作，总不免有一种失望的感想：他们究竟跳不出那些"哲学家的问题"的圈子。他们自命深得科学的方法，他们自以为他们的哲学是建筑在科学方法之上的；然而他们所谓"哲学里的科学方法"究竟是什么？关于这个问题，英国的唯实论者罗素说的最多，我们请他来答覆，罗素在他的《哲学里的科学方法》（《神秘主义与逻辑》页九七～一二四）里，曾说：

第一，一个哲学的命辞必须是普通的。他必不可特别论到地球上的事物，也不可论到太阳系的宇宙，也不可论到空间和时间的任何部分。……我主张的是：有一些普通的命辞可以适用到一切个体事物，例如论理学上的命辞。……我要提倡的哲学可以叫做"逻辑的元子论"，或叫做"绝对的多元论"，因为他一方面承认多物的存在，一方面又否认这许多物组成的全体。……

第二，哲学的命辞必须是先天的（Apriori）。一个哲学命辞必须是不能用经验上的证据来证实的，也不能用经验上的证据来否证的。……无论这个实在世界是怎样组成的，哲学说的话始终是真的。（页一一○～一一一）

假如我们用这两个标准来评哲学，我们可以说几千年来还不曾有哲学。况且他们的"科学方法"，也实在是奇怪的很！罗素说哲学同"逻辑"无别，而逻辑只管两部分的事：

第一，逻辑只管一些普通的原理，这些原理可以施于事事物物，而不须举出某一物，某种表词，或某种关系。例如："假如 X 是 A 类的一员，而凡 A 类的各员都是 B 类的一员，则 X 是 B 类的一员，无论 XAB 是什么。"

第二，他只管"逻辑的法式"（Logical Forms）的分析与列举。这种法式就是那些可能的命辞的种类，事实的各种，事实的组

合，分子的分类。这样做去，逻辑供给我们一本清单，列举着种种
"可能"（Possibilities），列举着种种抽象的可能的假设。（页一一
二）

现在姑且不说这样缩小哲学范围的是否正当。我们要问，如果科学不问
"经验的证据"，他们更从何处得来那些"普通的原理"？他们说，须用
分析。然而分析是很高等的一个知识程度，是经验知识已进步很高的时
代的一种产物，并不是先天的。人类从无量数的"经验的证据"里得来
今日的分析本事，得来今日的许多"逻辑的法式"，现在我们反过脸来
说"哲学的命辞须是不能用经验上的证据来证实或否证的"，这似乎有
点说不过去罢？

我们观察我们这个时代的要求，不能不承认人类今日的最大责任与
最需要是把科学方法应用到人生问题上去。然而罗素的"哲学里的科学
方法"却说哲学命辞"必不可论到地球上的事物，也不可论到空间或时
间的任何部分"。依这个教训，那么，哲学只许有一些空廓的法式，"可以
适用到一切个体事物"。假如人生社会的问题果然能有数学问题那样简单
画一，假如几个普遍适用的法式——例如"X＝A，A＝B，∴X＝B"——
真能解决人生的问题，那么，我们也可以跟着罗素走。但这种纯粹"法式
的哲学方法"，斯平挪莎（Spinoza）在他的"笛卡儿哲学"和"人生哲学"
里早已用过而失败了。罗素是现代提倡这种"科学方法的哲学"的人，然
而他近几年来谈到社会问题，谈到政治问题，也就不能单靠那"不论到地
球上的事物而可以适用到一切个体事物"的先天原则了。

罗素在牛津大学演讲"哲学里的科学方法"时，正是一九一四年；
那年欧战就开始了，罗素的社会政治哲学也就开始了。我们读了罗素的
政论，读了他反对国家主义与共产主义的议论，处处可以看出罗素哲学
方法的背影。那个背影是什么呢？就是他的个人主义的天性。他反对强
权，反对国家干涉个人的自由，反对婚姻的制度，反对共产主义，反对
国家社会主义，处处都只是他这种个人主义的天性的表现。他的哲
学——"逻辑的元子论"或"绝对的多元论"——"一方面承认多物的
存在，一方面又否认这许多物组成的全体"，其实只是他的个人主义的
哲学方式。我们与其说罗素的哲学方法产生了他的个人主义的政治哲
学，不如说他的个人主义的天性影响了他的哲学方法。同一个数学方
法，那一位哲学家只看见数学上"只认全称而不问个体"的方面，康德
是也；这一位哲学家虽然也看见了数学上"只认法式而不问内容"的方

面，却始终只认个体而不认个体组成的全体，罗素是也。这种表面上的矛盾，其实骨子里还只是个人天性的区别。

我们对于新唯实主义，可以总结起来说：他们想用近代科学的结果来帮助解决哲学史上相传下来的哲学问题，那是很可以佩服的野心；但他们的极端，重分析而轻综合，重"哲学家的问题"而轻"人的问题"，甚至于像罗素的说法，不许哲学论到地球上的事物，不许经验的证据来证实或否证哲学的命辞——那就是个人资性的偏向，不能认为代表时代的哲学了。

（七）五十年的政治哲学的趋势

这五十年中的政治哲学很有几个重大的变迁：（一）从放任主义变到干涉主义，（二）从个人的国家观变到联群的国家观，（三）从一元的主权论变到多元的主权论。（以下是高一涵先生代作的。）

照白尔克（E. Barker）说：自 1848 年到 1880 年是放任主义盛行的时代。放任主义有两层意思：对内，把政府活动的范围缩到最小的限度；对外，实行自由贸易的政策。这时斯宾塞（Herbert Spencer）有两部代表个人主义的最重的著作出现：一是《社会的静止观》，（Social Statics）（1850 年出版的），一是《个人与国家》（The Man Versus The State）（1885 年出版的）。但是放任主义的命运似乎已经走到末路来了。一方面又有文学家如加莱尔（Carlyle）、罗斯金（Ruskin）等，都想把社会的生活放在伟人的引导和军政的组织之下，这种理想便是放任主义的对头。自 1870 年福斯特（Forster）已经制成国家干涉教育的条例；1880 年格林（Green）在牛津（Oxford）讲演"政治义务的原理"（The Principle of Political Obligation），主张国家得排除侵犯个人自由的障碍。自 1880 年以后，社会主义已经盛行。激烈的社会主义如马克思（Karl Marx）一派，极力的主张阶级战争；稳健的社会主义如英国 Fabians，又极力的主张改革。这两派的主张虽然不同，但是有一个共同之点：就是都想把经济生活完全放在国家或社会的支配之下。白尔克说得好，他说：

> 当一八六四年，凡不信任国家的都是正统派，凡是信任政府干涉的都是异端；到一九一四年（因为他的《政治思想小史》是在这一年中做的），凡信任国家的都是正统派，凡是趋向无政府主义的都是异端。（见《政治思想小史》第一章绪论）

这是从放任主义变到干涉主义的明证。

个人主义大概都以为国家只是孤立的个人的总集体，在个人之外再不能不注重群的结合。边沁（Bentham）一派虽然赞成职工组合（Trade Union），但是他们只承认职工组合是达到个人自由竞争的一种方法。近五十年来，学者对于群的观念很和从前不同。近来的学者如白尔克柯尔（G. D. H. Cole）、福莱（M. P. Follett）等都认定国家的基础不是建筑在孤立的个人之上，只建筑在群的上边。这些群，正如丝丝相接的网子一样，这条线连到那条线，没有一条线不与别条线发生关系。福莱在他的《新国家》（The New State）中说：十九世纪的法理学（如个人权利，个人契约，个人自由之类）都是建筑在孤立的个人一个旧观念上。他的著作，就想打破这种个人观念的谬说，极力说明群的意志和群的感情。他的平民政治就是在互相关系的个人的基础上建设起来的。白尔克也是抱这种见解，且看他说：

> 如果我们要是现在的个人主义者，我们便是联群的个人主义者。我们的个人正在结合成群。我们不要再做"个人与国家"的书，只做"群与国"（The Group Versus the State）的书。现在联合主义（Federalism）盛行，普通人都以为单一国享有唯一的主权，是一种错误的见解，同生活的实际不相符。我们以为每个国家多少总是联合的社会，包括许多不同的人群，不同的教会，不同的经济组织在内，每个团体都可以行使对于团员的支配权。联合主义的感情异常的普及。新社会主义已经丢开独受中央支配的集产主义的方法，在行会（Guild）名义之下造群。他承认国家为生产的工具的主人，要求把这种工具的动用权付托于各种同业行会管理之下；想教国家来鼓奖文化，要求由行会管理经济的生活。（见《政治思想小史》第六章）

柯尔也是这样主张。他想打破以个人为单位的代表制，甲以职业团体为单位的代表制。（见《社会学理》Social Theory 第六章）想打破集产于国家的学说，代以集产于行会的学说（见《工业自治》）。所以现在的国家是联群而成的国家，现在的文明是群产生的文明；从前个人主义家心目中赤条条的个人，早已不在现在政治哲学家的心目之中了。（以上是高一涵先生作的，以下是张慰慈先生作的。）

现今政治哲学方面最重要的争点就是主权论。主权论的学说共有两种：一元说的和多元说的主权论。一元说的主权论就是普通一般政治学者所早已承认的学说，是把主权看做国家至尊无上的统治权。照这一元说的学说，国家是社会中的政治组织，有强制执行其意志的权力。那强制执行的权力就叫做主权，就是政治组织的根本基础。这一种政治组织的特质有四种：

（一）有一定的土地，在那范围之内，国家对于各种人民或人群均有绝对的权力。

（二）统一——在一国之内，只有一个主权。

（三）主权是绝对的，无限制的，不可让弃的，不能分的。

（四）个人自由是发源于国家，由国家保障的。

主张一元说的学者，总是极力注重国家对于人民或人群那一种直接的和绝对的权力。他们说：

> 无论在什么地方，一元总是发现于多元之先的。所有的多元是发生于一元，是归纳于一元的。所以要有秩序必须把那多元抑制在一元之下。如非一元有管理多元之权，引导多元达到其目的，多元的公共事业万不能做起来。统一是万物之基础，所以也是各种社会生存之基础。

这一元说的主权论倡始于布丹。欧洲当封建时代之末期，时局非常扰乱，贵族与贵族争，贵族与国王争，国王又与教皇争，社会上纷乱的现象达到极点，人民的生命财产毫无保障，国家是差不多陷于无政府的危境。所以非有一个强有力的君主出来，不能救人民于水火，拯社会于沉溺。国王权力的扩张，实在是当时社会上的需要。专制君主政体最先实现于法国，所以说明这新制度所根据的新学说也发现于法国。

民治主义发展以后，人民对于主权的态度，虽经一次的改变，但是那一元说主权论的根本观念仍旧继续存在。十八世纪以后的主权论只不过把"人民"这名词来代替"君主"这名词罢了。不过那时所谓"人民"也决不能包括全体的人民，只不过是中等社会以上的人民罢了；所谓民权民意也只不过是中等社会人的权利意志罢了。中等社会人因工业革命而得到财产，又因财产所有权而得到政权。他们有了金钱，无论什么事都容易做得到。在各国政府里边，这一阶级的人占了极优胜的地位，所以他们的目的只要维持社会秩序，保持他们自己的地位。他们的方法就是把国家抬高起来，把法律看作人民公共的意志，把主权当作国家的政治基础。但是近年来，社会上的情形又不同了，劳工阶级无产阶级均要求社会给他们一种公平待遇；但是国家法律，差不多全是为中级社会而设的法律，政府机关也在中级社会人民手中，劳工阶级和无产阶级实在不能靠社会上固有的学说，固有的制度，来达到他们所要求的"公平"，所以那一元说的主权论就受了一部分人民的攻击。

主张多元说的主权论的健将要推法国的狄格（Duguit）和英国拉斯基（Laski）两个人。他们绝对不承认国家为社会中至尊无上的组织，高出于其余的各种组织之上。他们说：

> 人民在社会之中，组织各种各样的团体，有宗教的团体，有文化的团体，有社交的团体，有经济的团体。他们有教会，有银行清算联合会，有医学会，有工业联合会，凡人民间有利害关系发生之处，他们总是群聚起来，组织一个团体。

人民对于这种种团体，也和他们对于国家同样的尽心尽力，同样的服从。照拉斯基说，这多元的社会观：

> 否认那一元的社会，一元的国家。……凡与人民相接触的无数团体均能影响于人民的举动，不过我们万不能说人民的本身就因之而被那种团体并吞了。社会的作用只有一种，不过那一种作用可以用种种方法解说，并可用种种方法达到其目的。这样分析起来，国家只不过是人类社会中的一种团体。国家的目的不必一定就和社会的目的相适合；犹如教会的，或工团联合的目的，不一定就是社会的目的。那种团体自然有种种关系，由国家管理的，不过那种团体并不因之而就在国家权力之下。国家权力的至尊无上完全是一种错误的想像。……在道德的作用方面，教会是不在国家之下的。在法律的作用方面，国家的尊高是……误认"国家就是社会"的结果。我们如果注重于国家的内容一方面，那一元说的错误就显而易见了。国家既是治者和被治者所组织的社会，国家的尊高当然有种种限制：（一）国家只能在其职权的范围以内，不受外界的限制；（二）只有在那种未经人民抗议的职权范围以内，国家才有最高的执行权力。

除出那种学理方面的攻击之外，还有许多运动从事实方面攻击那种根据于一元说学理所发生的政治制度。这种种运动的目的，或者是极力提倡社会中各种团体的权利，使之不受国家的侵犯；或者是想把那政治管理权分配于各种职业，使各种职业在一定的范围以内，有自治权力；或者再用别种方法，设立一种分权的政治制度。在英国，在法国，现今有种种势力极大的运动，其作用均想从根本上改造现今的政治制度；改造的方法或从组织方面入手，使国内各种职业，各种利益均有派出政治代表的权，分掌政治方面的权力，或从职权方面入手，把国家权力范围以内，分出一部分职权，由各地方机关执行。至于那种种运动的性质不是在这一篇文章的范围以内，故不叙述。我们单把这些运动的名称列举如下：

  （一）职业代表制度

  （二）行政方面的分权

  （三）地方分权的趋势（Regionlism and Distributivism）

  （四）基尔特社会主义（Guild Socialism）

  （五）工团主义（Syndicalism）

这都是从一元的主权论到多元的主权论的明证。（以上是张慰慈先生作的。）

  统观这几十年的政治思想的变迁，有几点不可不加说明。第一，从放任主义到干涉主义，自然是从不信任国家到信任国家了；然而近年的趋势，要求国家把政治管理权分给地方，分给各种职业，根本上却不是和"信任国家"的趋势相反的。十八世纪和十九世纪前半的放任主义，只是智识阶级对于当时政府不满意的表示。政府不配干涉，偏爱干涉，所以弄得稀糟，引起人民"别干涉我们罢！"的呼声。十九世纪中叶以后，欧洲政治稍稍革新，人民干政的范围大扩张，大陆上国家社会主义的干涉政策的成效也大显了，故人民对于国家的信任也渐渐增加起来。但十九世纪的政治究竟还只是中等阶级的政治。到了近年，小资产阶级与无产阶级渐渐起来，团体也坚固了，势力也成形了。他们不能信任那建立于资产阶级之上的集中政府，而要求一个分权于地方和分权于职业的政府。他们的运动，并不是根本上不信任国家，只是要求一个更可以代表人民意志和利益的国家；并不是无政府的运动，只是一种改善政府组织的运动。

  第二，多元主义的政治学说，并不是个人主义的复活，乃是个人主义的修正。凡是个人主义者，无论古今中外，都有一个共同的特点：他们一方面只认个人，一方面却也认那空荡荡的"大我"、"人类"；他们只否认那介于"人类"与"我"之间的种种关系，如家庭，国家之类。他们因为不愿意受那些关系的束缚，所以想像出种种"天然的权利"（旧译"天赋人权"）来做反抗的武器。一元主义的政治学说早已指出他们的谬误了。一元主义说，"权利"（Right）是法律的产儿，没有社会的承认和法律的保障，那有权利可说？一元主义的话虽然也有理，但总不能使个人主义者心服。多元主义的政治哲学虽然不否认个人，但也不认个人是孤立的；多元主义不但不否认家庭、国家的真实，并且指出个人与人类之间还有无数"重皮叠板"的关系。你在家是一个儿子；在宗教方面是一个浸礼会会员；在职业方面是印刷工人会的会员，又是上海工人联合会的会员；在政治方面是国民党的党员，是妇女参政运动会的会计，又是一个中华民国的国民。你在每一个团体里，有权利，也有义务；受影响，也影响别人；受管理，也管理别人。国家不过是这种种人类社会的一种；公民的权利义务不过是种种人类关系的一种。所以白尔克说：

> 如果我们要是现在的个人主义者，我们便是联群的个人主义者。

所以现在的政治问题不是斯宾塞说的"个人对国家"的问题，乃是白尔克们说的"群对国家"的问题了。

第三，现在的政治思想何以不反抗"干涉主义"呢？十八世纪的几块大招牌——"自由""平等"——到了十九世纪的下半，反变成资产阶级的挡箭牌了。工人要求政府干涉资本家，要求取缔工厂和改善劳工待遇的立法，资本家便说这是剥夺他们营业的"自由"，便说这种劳动立法是特殊阶级的立法（Class Legislation），是违背"平等"的原则的。放任主义的政治的结果早已成了有力阶级压制无力阶级的政治！所以赫胥黎批评斯宾塞的放任主义，叫他做"行政的虚无主义"。现代的思想所以不反抗干涉主义，正因为大家渐渐明白了政治的机关是为人民谋福利的一种重要工具。这个工具用得当时，可以保障社会的弱者，可以限制社会的强暴，可以维持多数人民的自由，可以维持社会的比较的平等。所以现代的政府强迫儿童入学而父母不反抗，强制执行八时工作而工厂主人不敢反抗，禁止儿童作工而不为剥夺作工的自由，抽富人所得税至百之五十以上而不为不平等。所以现代的政治问题不是如何限制政府的权限的问题，乃是如何运用这个重要工具来谋最大多数的福利的问题了。所以我们与其沿用那容易惹起误会的"干涉主义"，不如叫他做"政治的工具主义"罢。

十一，九，五

（此文原载 1923 年 2 月《申报》五十年纪念
刊《最近之五十年》）

《科学与人生观》序
(1923 年 11 月 29 日)

亚东图书馆主人汪孟邹先生，近来把散见国内各种杂志上的讨论科学与人生观的文章搜集印行，总名为《科学与人生观》。我从烟霞洞回到上海时，这部书已印了一大半了。孟邹要我做一篇序。我觉得，在这回空前的思想界大笔战的战场上，我要算一个逃兵了。我在本年三四月间，因为病体未复原，曾想把《努力周报》停刊，当时丁在君先生极不赞成停刊之议，他自己做了几篇长文，使我好往南方休息一会。我看了他的《玄学与科学》，心里很高兴，曾对他说，假使《努力》以后向这个新方向去谋发展——假使我们以后为科学作战——《努力》便有了新生命，我们也有了新兴趣，我从南方回来，一定也要加入战斗的。然而我来南方以后，一病就费去了六个多月的时间，在病中我只做了一篇很不庄重的《孙行者与张君劢》，此外竟不曾加入一拳一脚，岂不成了一个逃兵了？我如何敢以逃兵的资格来议论战场上各位武士的成绩呢？

但我下山以后，得遍读这次论战的各方面的文章，究竟忍不住心痒手痒，究竟不能不说几句话。一来呢，因为论战的材料太多，看这部大书的人不免有"目迷五色"的感觉，多作一篇综合的序论也许可以帮助读者对于论点的了解。二来呢，有几个重要的争点，或者不曾充分发挥，或者被埋没在这二十五万字的大海里，不容易引起读者的注意，似乎都有特别点出的需要。因此，我就大胆地作这篇序了。

(一)

这三十年来，有一个名词在国内几乎做到了无上尊严的地位；无论懂与不懂的人，无论守旧和维新的人，都不敢公然对他表示轻视或戏侮的态度。那个名词就是"科学"。这样几乎全国一致的崇信，究竟有无价值，那是另一问题。我们至少可以说，自从中国讲变法维新以来，没有一个自命为新人物的人敢公然毁谤"科学"的，直到民国八九年间梁任公先生发表他的《欧游心影录》，科学方才在中国文字里正式受了"破产"的宣告。梁先生说：

> ……要而言之，近代人因科学发达，生出工业革命，外部生活变迁急剧，内部生活随而动摇，这是很容易看得出的。……依着科学家的新心理学，所谓人类心灵这件东西，就不过物质运动现象之一种。……这些唯物派的哲学家，托庇科学宇下建立一种纯物质的纯机械的人生观。把一切内部生活外部生活都归到物质运动的"必然法则"之下。……不惟如此，他们把心理和精神看成一物，根据实验心理学，硬说人类精神也不过一种物质，一样受"必然法则"所支配。于是人类的自由意志不得不否认了。意志既不能自由，还有什么善恶的责任？……现今思想界最大的危机就在这一点。宗教和旧哲学既已被科学打得个旗靡帜乱，这位"科学先生"便自当仁不让起来，要凭他的试验发明个宇宙新大原理。却是那大原理且不消说，敢是各科的小原理也是日新月异，今日认为真理，明日已成谬见。新权威到底树立不来，旧权威却是不可恢复了。所以全社会人心，都陷入怀疑沉闷畏惧之中，好像失了罗针的海船遇着风雾，不知前途怎生是好。既然如此，所以那些什么乐利主义、强权主义愈发得势。死后既没有天堂，只好尽这几十年尽情地快活。善恶既没有责任，何妨尽我的手段来充满我个人欲望。然而享用的物质增加速率，总不能和欲望的升腾同一比例，而且没有法子令他均衡。怎么好呢？只有凭自己的力量自由竞争起来，质而言之，就是弱肉强食。近年来什么军阀，什么财阀，都是从这条路产生出来。这回大战争，便是一个报应。……
>
> 总之，在这种人生观底下，那么千千万万人前脚接后脚的来这世界走一趟住几十年，干什么呢？独一无二的目的就是抢面包吃。不然就是怕那宇宙间物质运动的大轮子缺了发动力，特自来供给他燃料。果真这样，人生还有一毫意味，人类还有一毫价值吗？无奈当科学全盛时代，那主要的思潮，却是偏在这方面，当时讴歌科学万能的人，满望着科学成功，黄金世界便指日出现。如今功总算成

了，一百年物质的进步，比从前三千年所得还加几倍。我们人类不惟没有得着幸福，倒反带来许多灾难。好像沙漠中失路的旅人，远远望见个大黑影，拚命往前赶，以为可以靠他向导，那知赶上几程，影子却不见了，因此无限凄惶失望。影子是谁，就是这位"科学先生"。欧洲人做了一场科学万能的大梦，到如今却叫起科学破产来。（《梁任公近著》第一辑上卷，页一九～二三）

梁先生在这段文章里很动情感地指出科学家的人生观的流毒：他很明显地控告那"纯物质的纯机械的人生观"把欧洲全社会"都陷入怀疑沉闷畏惧之中"，养成"弱肉强食"的现状——"这回大战争，便是一个报应"。他很明白地控告这种科学家的人生观造成"抢面包吃"的社会，使人生没有一毫意味，使人类没有一毫价值，没有给人类带来幸福，"倒反带来许多灾难"，叫人类"无限凄惶失望"。梁先生要说的是欧洲"科学破产"的喊声，而他举出的却是科学家的人生观的罪状；梁先生摭拾了一些玄学家诬蔑科学人生观的话头，却便加上了"科学破产"的恶名。

梁先生后来在这一段之后，加上两行自注道：

读者切勿误会，因此菲薄科学，我绝不承认科学破产，不过也不承认科学万能罢了。

然而谣言这件东西，就同野火一样，是易放而难收的。自从《欧游心影录》发表之后，科学在中国的尊严就远不如前了。一般不曾出国门的老先生很高兴地喊着："欧洲科学破产了！梁任公这样说的。"我们不能说梁先生的话和近年同善社、悟善社的风行有什么直接的关系；但我们不能不说梁先生的话在国内确曾替反科学的势力助长不少的威风。梁先生的声望，梁先生那枝"笔锋常带情感"的健笔，都能使他的读者容易感受他的言论的影响。何况国中还有张君劢先生一流人，打着柏格森、倭铿、欧立克……的旗号，继续起来替梁先生推波助澜呢？

我们要知道，欧洲的科学已到了根深蒂固的地位，不怕玄学鬼来攻击了。几个反动的哲学家，平素饱餍了科学的滋味，偶尔对科学发几句牢骚话，就像富贵人家吃厌了鱼肉，常想尝尝咸菜豆腐的风味：这种反动并没有什么大危险。那光焰万丈的科学，决不是这几个玄学鬼摇撼得动的。一到中国，便不同了。中国此时还不曾享着科学的赐福，更谈不到科学带来的"灾难"。我们试睁开眼看看：这遍地的乩坛道院，这遍地的仙方鬼照相,这样不发达的交通,这样不发达的实业——我们那里配排斥科学?至于"人生观",我们只有做官发财的人生观,只有靠天吃饭的人生观,只有求神问卜的人生观,只有《安士全书》的人生观,只有《太上感应篇》的人生观——中国人的人生观还不曾和科学行见面礼呢!我们当这个时候,正苦科学的提倡不够,正苦科学的教育不发达,正苦科学的势力还不能扫除那迷漫全国的乌烟瘴气,不料还有名流学者出来高唱"欧洲科学破产"的喊声,出来把欧洲文化破产的罪名归到科学身上,出来菲薄科学,历数科学家的人生观的罪状,不要科学在人生观上发生影响!信仰科学的人看了这种现状,能不发愁吗?能不大声疾呼出来替科学辩护吗?

这便是这一次"科学与人生观"的大论战所以发生的动机。明白了这个动机,我们方才可以明白这次大论战在中国思想史上占的地位。

(二)

张君劢的《人生观》原文的大旨是:

> 人生观之特点所在,曰主观的,曰直觉的,曰综合的,曰自由意志的,曰单一性的。惟其有此五点,故科学无论如何发达,而人生观问题之解决,决非科学所能为力,惟赖诸人类之自身而已。

君劢叙述那五个特点时,处处排斥科学,处处用一种不可捉摸的语言——"是非各执,绝不能施以一种试验","无所谓定义,无所谓方法,皆其身良心之所命起而主张之","若强为分析,则必失其真义","皆出于良心之自动,而决非有使之然者"。这样一个大论战,却用一篇处处不可捉摸的论文作起点,这是一件大不幸的事。因为原文处处不可捉摸,故驳论与反驳都容易跳出本题。战线延长之后,战争本意反不很明白了。(我常想,假如当日我们用了梁任公先生的《科学万能之梦》一篇作讨论的基础,我们定可以使这次论争的旗帜格外鲜明——至少可以免去许多无谓的纷争。)我们为读者计,不能不把这回论战的主要问题重说一遍。

君劢的要点是"人生观问题之解决,决非科学所能为力"。我们要答覆他,似乎应该先说明科学应用到人生观问题上去,会产生什么样子的人生观;这就是说,我们应该先叙述"科学的人生观"是什么,然后讨论这种人生观是否可以成立，是否可以解决人生观的问题，是否像梁先生说的那样贻祸欧洲，流毒人类。我总观这二十五万字的讨论，终觉得这一次为科学作战的人——除了吴稚晖先生——都有一个共同的错误，就是不曾具体地说明科学的人生观是什么，却去抽象地力争科学可以解决人生观的问题。这个共同的错误原因，约有两种：第一，张君劢的导火线的文章内并不曾像梁任公那样明白指斥科学家的人生观，只是笼统地说科学对于人生观问题不能为力。因此，驳论与反驳论的文章也都走上那"可能与不可能"的笼统讨论上去了。例如丁在君的《玄学与科学》的主要部分只是要证明：

> 凡是心理的内容，真的概念推论，无一不是科学的材料。

然而他却始终没有说出什么是"科学的人生观"。从此以后，许多参战的学者都错在这一点上。如张君劢《再论人生观与科学》只主张：

> "人生观超于科学以上"，"科学决不能支配人生"。

如梁任公的《人生观与科学》只说：

> 人生关涉理智方面的事项，绝对要用科学方法来解决；关于情感方面的事项，绝对的超科学。

如林宰平的《读丁在君先生的〈玄学与科学〉》只是一面承认"科学的方法有益于人生观"，一面又反对科学包办或管理"这个最古怪的东西"——人类。如丁在君《答张君劢》也只是说明：

> 这种（科学）方法，无论用在知识界的那一部分，都有相当的成绩，所以我们对于知识的信用，比对于没有方法的情感要好；凡有情感的冲动都要想用知识来指导他，使他发展的程度提高，发展的方向得当。

如唐擘黄《心理现象与因果律》只证明：

> 一切心理现象都是有因的。

他的《一个痴人的说梦》只证明：

> 关于情感的事项，要就我们的知识所及，尽量用科学方法来解决的。

王抚五的《科学与人生观》也只是说：

> 科学是凭借"因果"和"齐一"两个原理而构造起来的；人生问题无论为生命之观念，或生活之态度，都不能逃出这两个原理的金刚圈，所以科学可以解决人生问题。

直到最后范寿康的《评所谓科学与玄学之争》，也只是说：

> 伦理规范——人生观——一部分是先天的，一部分是后天的。先天的形式是由主观的直觉而得，决不是科学所能干涉。后天的内容应由科学的方法探讨而定，决不是主观所应妄定。

综观以上各位的讨论，人人都在那里笼统地讨论科学能不能解决人生问题或人生观问题。几乎没有一个人明白指出，假使我们把科学适用到人生观上去，应该产生什么样子的人生观，然而这个共同的错误大都是因为君劢的原文不曾明白攻击科学家的人生观，却只悬空武断科学决不能解决人生观问题。殊不知，我们若不先明白科学应用到人生观上去时发生的结果，我们如何能悬空评判科学能不能解决人生观呢？

这个共同的错误——大家规避"科学的人生观是什么"的问题——怕还有第二个原因，就是一班拥护科学的人虽然抽象地承认科学可以解决人生问题，却终不愿公然承认那具体的"纯物质，纯机械的人生观"为科学的人生观。我说他们"不愿"，并不是说他们怯懦不敢，只是说他们对于那科学家的人生观还不能像吴稚晖先生那样明显坚决的信仰，所以还不能公然出来主张。这一点确是这一次大论争的一个绝大的弱点。若没有吴老先生把他的"漆黑一团"的宇宙观和"人欲横流"的人生观提出来做个押阵大将，这一场大战争真成了一场混战，只闹得个一哄散场！

关于这一点，陈独秀先生的序里也有一段话，对于作战的先锋大将丁在君先生表示不满意。独秀说：

> 他（丁先生）自号存疑的唯心论，这是沿袭赫胥黎、斯宾塞诸人的谬误；你既承认宇宙间有不可知的部分而存疑，科学家站开，且让玄学家来解疑。此所以张君劢说"既已存疑，则研究形而上界之玄学，不应有丑诋之词"。其实我们对于未发见的物质固然可以存疑，而对于超物质而独立存在并且可以支配物质的什么心（心即是物之一种表现），什么神灵与上帝，我们已无疑可存了。说我们武断也好，说我们专制也好，若无证据给我们看，我们断然不能抛弃我们的信仰。

关于存疑主义的积极的精神，在君自己也曾有明白的声明（《答张君劢》，页二一～二三）。"拿证据来！"一句话确然是有积极精神的，但赫胥黎等在当用这种武器时，究竟还只是消极的防御居多。在十九世纪的英国，在那宗教的权威不曾打破的时代，明明是无神论者也不得不挂一个"存疑"的招牌。但在今日的中国，在宗教信仰向来比较自由的中国，我们如果深信现有的科学证据只能叫我们否认上帝的存在和灵魂的不灭，那么，我们正不妨老实自居为"无神论者"。这样的自称并不算是武断，因为我们的信仰是根据于证据的：等到有神论的证据充足时，我们再改信有神论，也还不迟。我们在这个时候，既不能相信那没有充分证据的有神论，心灵不灭论，天人感应论……又不肯积极地主张那自然主义的宇宙观，唯物的人生观……怪不得独秀要说"科学家站开！且让玄学家来解疑"了。吴稚晖先生便不然。他老先生宁可冒"玄学鬼"的恶名，偏要冲到那"不可知的区域"里去打一阵，他希望"那不可知区域里的假设，责成玄学鬼也带着论理色彩去假设着"（《宇宙观及人生观》，页九）。这个态度是对的。我们信仰科学的人，正不妨做一番大规模的假设。只要我们的假设处处建筑在已知的事实之上，只要我们认我们的建筑不过是一种最满意的假设，可以跟着新证据修正的——我们带着这种科学的态度，不妨冲进那不可知的区域里，正如姜子牙展开了杏黄旗，也不妨冲进十绝阵里去试试。

（三）

我在上文说的，并不是有意挑剔这一次论战场上的各位武士。我的意思只是要说，这一篇论战的文章只做了一个"破题"，还不曾做到"起讲"。至于"余兴"与"尾声"，更谈不到了。破题的工夫，自然是很重要的。丁在君先生的发难，唐擘黄先生等的响应，六个月的时间，二十五万字的煌煌大文，大吹大擂地把这个大问题捧了出来，叫乌烟瘴气的中国知道这个大问题的重要——这件功劳真不在小处！

可是现在真有做"起讲"的必要了。吴稚晖先生的《一个新信仰的宇宙观及人生观》已给我们做下一个好榜样。在这篇《科学与人生观》的"起讲"里，我们应该积极地提出什么叫做"科学的人生观"，应该提出我们所谓"科学的人生观"，好教将来的讨论有个具体的争点。否则你单说科学能解决人生观，他单说不能，势必至于吴稚晖先生说的

"张丁之战，便延长了一百年，也不会得到究竟"。因为若不先有一种具体的科学人生观作讨论的底子，今日泛泛地承认科学有解决人生观的可能，是没有用的。等到那"科学的人生观"的具体内容拿出来时，战线上的组合也许要起一个大大的变化。我的朋友朱经农先生是信仰科学"前程不可限量"的，然而他定不能承认无神论是科学的人生观。我的朋友林宰平先生是反对科学包办人生观的，然而我想他一定可以很明白地否认上帝的存在。到了那个具体讨论的时期，我们才可以说是真正开战。那时的反对，才是真反对。那时的赞成，才是真赞成。那时的胜利，才是真胜利。

我还要再进一步说：拥护科学的先生们，你们虽要想规避那"科学的人生观是什么"的讨论，你们终于免不了的，因为他们早已正式对科学的人生观宣战了。梁任公先生的"科学万能之梦"，早已明白攻击那"纯物质的，纯机械的人生观"了。他早已把欧洲大战祸的责任加到那"科学家的新心理学"上去了。张君劢先生在《再论人生观与科学》里，也很笼统地攻击"机械主义"了。他早已说"关于人生之解释与内心之修养，当然以唯心派之言为长"了。科学家究竟何去何从？这时候正是科学家表明态度的时候了。

因此，我们十分诚恳地对吴稚晖先生表示敬意，因为他老先生在这个时候很大胆地把他信仰的宇宙观和人生观提出来，很老实地宣布他的"漆黑一团"的宇宙观和"人欲横流"的人生观。他在那篇大文章里，很明白地宣言：

> 那种骇得煞人的显赫的名词，上帝呀，神呀，还是取销了好。
（页十二）

很明白地

> 开除了上帝的名额，放逐了精神元素的灵魂。（页二九）

很大胆地宣言：

> 我以为动植物且本无感觉，皆止有其质力交推，有其辐射反应，如是而已。譬之于人，其质构而为如是之神经系，即其力生如是之反应。所谓情感，思想，意志等等，就种种反应而强为之名，美其名曰心理，神其事曰灵魂，质直言之曰感觉，其实统不过质力之相应。（页二二～二三）

他在《人生观》里，很"恭敬地又好像滑稽地"说：

> 人便是外面止剩两只脚，却得到了两只手，内面有三斤二两脑髓，五千零四十八根脑筋，比较占有多额神经系质的动物。（页三九）

> 生者，演之谓也，如是云尔。（页四十）

> 所谓人生，便是用手用脑的一种动物，轮到"宇宙大剧场"的第亿垓八京六兆五万七千幕，正在那里出台演唱。（页四七）

他老先生五年的思想和讨论的结果，给我们这样一个"新信仰的宇宙观及人生观"。他老先生很谦逊地避去"科学的"的尊号，只叫他做"柴积上，日黄中的老头儿"的新信仰。他这个新信仰正是张君劢先生所谓"机械主义"，正是梁任公先生所谓"纯物质的纯机械的人生观"。他一笔勾销了上帝，抹煞了灵魂，戳穿了"人为万物之灵"的玄秘。这才是真正的挑战。我们要看那些信仰上帝的人们出来替上帝向吴老先生作战。我们要看那些信仰灵魂的人们出来替灵魂向吴老先生作战。我们要看那些信仰人生的神秘的人们出来向这"两手动物演戏"的人生观作战。我们要看那些认爱情为玄秘的人们出来向这"全是生理作用，并无丝毫微妙"的爱情观作战。这样的讨论，才是切题的、具体的讨论。这才是真正开火。这样战争的结果，不是科学能不能解决人生的问题了，乃是上帝的有无，鬼神的有无，灵魂的有无……等等人生切要问题的解答。

只有这种具体的人生切要问题的讨论才可以发生我们所希望的效果——才可以促进思想上的刷新。

反对科学的先生们！你们以后的作战，请向吴稚晖的"新信仰的宇宙观及人生观"作战。

拥护科学的先生们！你们以后的作战，请先研究吴稚晖的"新信仰的宇宙观及人生观"：完全赞成他的，请准备替他辩护，像赫胥黎替达尔文辩护一样；不能完全赞成他的，请提出修正案，像后来的生物学者修正达尔文主义一样。

从此以后，科学与人生观的战线上的押阵老将吴老先生要倒转来做先锋了！

（四）

说到这里，我可以回到张丁之战的第一个"回合"了。张君劢说：

天下古今之最不统一者，莫若人生观。（《人生观》页一）

丁在君说：

> 人生观现在没有统一是一件事，永久不能统一又是一件事，除非你能提出事实理由来证明他是永远不能统一的，我们总有求他统一的义务。（《玄学与科学》页三）

> 玄学家先存了一个成见，说科学方法不适用于人生观；世界上的玄学家一天没有死完，自然一天人生观不能统一。（页四）

"统一"一个字，后来很引起一些人的抗议。例如林宰平先生就控告丁在君，说他"要把科学来统一一切"，说他"想用科学的武器来包办宇宙"。这种控诉，未免过于张大其词了。在君用的"统一"一个字，不过是沿用君劢文章里的话；他们两位的意思大概都不过是大同小异的一致罢了。依我个人想起来，人类的人生观总应该有一个最低限度的一致的可能。唐擘黄先生说的最好：

> 人生观不过是一个人对于万物同人类的态度，这种态度是随着一个人的神经构造，经验，知识等而变的。神经构造等就是人生观之因。我举一二例来看。

> 无因论者以为叔本华（Schopenhauer）、哈德门（Hartmann）的人生观是直觉的，其实他们自己并不承认这事。他们都说根据经验阅历而来的。叔本华是引许多经验作证的，哈德门还要说他的哲学是从归纳法得来的。

> 人生观是因知识而变的。例如，柯白尼"太阳居中说"，同后来的达尔文的"人猿同祖说"发明以后，世界人类的人生观起绝大变动，这是无可疑的历史事实。若人生观是直觉的，无因的，何以随自然界的知识而变更呢？

我们因为深信人生观是因知识经验而变换的，所以深信宣传与教育的效果可以使人类的人生观得着一个最低限度的一致。

最重要的问题是：拿什么东西来做人生观的"最低限度的一致"呢？

我的答案是：拿今日科学家平心静气地，破除成见地，公同承认的"科学的人生观"来做人类人生观的最低限度的一致。

宗教的功效已曾使有神论和灵魂不灭论统一欧洲（其实何止欧洲？）的人生观至千余年之久。假使我们信仰的"科学的人生观"将来靠教育与宣传的功效，也能有"有神论"和"灵魂不灭论"在中世欧洲那样的风行，那样的普遍，那也可算是我所谓"大同小异的一致"了。

我们若要希望人类的人生观逐渐做到大同小异的一致，我们应该准备替这个新人生观作长期的奋斗。我们所谓"奋斗"，并不是像林宰平先生形容的"摩哈默得式"的武力统一；只是用光明磊落的态度，诚恳的言论，宣传我们的"新信仰"，继续不断的宣传，要使今日少数人的信仰逐渐变成将来大多数人的信仰。我们也可以说这是"作战"，因为新信仰总免不了和旧信仰冲突的事；但我们总希望作战的人都能尊重对方人格，都能承认那些和我们信仰不同的人不一定都是笨人与坏人，都能在作战之中保持一种"容忍"（Toleration）的态度：我们总希望那些反对我们的新信仰的人，也能用"容忍"的态度来对我们，用研究的态度来考察我们的信仰。我们要认清：我们的真正敌人不是对方；我们的真正敌人是"成见"，是"不思想"。我们向旧思想和旧信仰作战，其实只是很诚恳地请求旧思想和旧信仰势力之下的朋友们起来向"成见"和"不思想"作战。凡是肯用思想来考察他的成见的人，都是我们的同盟！

（五）

总而言之，我们以后的作战计划是宣传我们的新信仰，是宣传我们的新人生观（我所谓"人生观"，依唐擘黄先生的界说，包括吴稚晖先生所谓"宇宙观"）。这个新人生观的大旨，吴稚晖先生已宣布过了。我们总括他的大意，加上一点扩充和补充，在这里再提出这个新人生观的轮廓：

一、根据于天文学和物理学的知识，叫人知道空间的无穷之大。

二、根据于地质学及古生物学的知识，叫人知道时间的无穷之长。

三、根据于一切科学，叫人知道宇宙及其中万物的运行变迁皆是自然的，自己如此的——正用不着什么超自然的主宰或造物者。

四、根据于生物的科学的知识，叫人知道生物界的生存竞争的浪费与惨酷——因此，叫人更可以明白那"有好生之德"的主宰的假设是不能成立的。

五、根据于生物学、生理学、心理学的知识，叫人知道人不过是动物的一种，他和别种动物只有程度的差异，并无种类的区别。

六、根据于生物的科学及人类学、人种学、社会学的知识，叫人知道生物及人类社会演进的历史和演进的原因。

七、根据于生物的及心理的科学，叫人知道一切心理的现象都是有因的。

八、根据于生物学及社会学的知识，叫人知道道德礼教是变迁的，而变迁的原因都是可以用科学方法寻求出来的。

九、根据于新的物理化学的知识，叫人知道物质不是死的，是活的；不是静的，是动的。

十、根据于生物学及社会学的知识，叫人知道个人——"小我"——是要死灭的，而人类——"大我"——是不死的，不朽的；叫人知道"为全种万世而生活"就是宗教，就是最高的宗教，而那些替个人谋死后的"天堂"、"净土"的宗教，乃是自私自利的宗教。

这种新人生观是建筑在二三百年的科学常识之上的一个大假设，我们也许可以给他加上"科学的人生观"的尊号。但为避免无谓的争论起见，我主张叫他做"自然主义的人生观"。

在那个自然主义的宇宙里，在那无穷之大的空间里，在那无穷之长的时间里，这个平均高五尺六寸，上寿不过百年的两手动物——人——真是一个藐乎其小的微生物了。在那个自然主义的宇宙里，天行是有常度的，物变是有自然法则的，因果的大法支配着他——人——的一切生活，生存竞争的惨剧鞭策着他的一切行为——这个两手动物的自由真是很有限的了。然而那个自然主义的宇宙里的这个渺小的两手动物却也有他的相当的地位和相当的价值。他用的两手和一个大脑，居然能做出许多器具，想出许多方法，造成一点文化。他不但驯服了许多禽兽，他还能考究宇宙间的自然法则，利用这些法则来驾驭天行，到现在他居然能叫电气给他赶车，以太给他送信了。他的智慧的长进就是他的能力的增加；然而智慧的长进却又使他的胸襟扩大，想像力提高。他也曾拜物拜畜生，也曾怕神怕鬼，但他现在渐渐脱离了这种种幼稚的时期，他现在渐渐明白：空间之大只增加他对于宇宙的美感，时间之长只使他格外明了祖宗创业之艰难，天行之有常只增加他制裁自然界的能力。甚至于因果律的笼罩一切，也并不见得束缚他的自由，因为因果律的作用一方面使他可以由因求果，由果推因，解释过去，预测未来；一方面又使他可以运用他的智慧，创造新因以求新果。甚至于生存竞争的观念也并不见得就使他成为一个冷酷无情的畜生，也许还可以格外增加他对于同类的同情心，格外使他深信互助的重要，格外使他注重人为的努力以减免天然竞争的惨酷与浪费。——总而言之，这个自然主义的人生观里，未尝没有美，未尝没有诗意，未尝没有道德的责任，未尝没有充分运用"创造的智慧"的机会。

我这样粗枝大叶的叙述，定然不能使信仰的读者满意，或使不信仰的读者心服。这个新人生观的满意的叙述与发挥，那正是这本书和这篇序所期望能引起的。

十二，十一，二十九，在上海

（此文原收入 1923 年上海亚东图书馆出版的《科学与人生观》）

戴东原的哲学·引论
（1925 年）

中国近世哲学的遗风，起于北宋，盛于南宋，中兴于明朝的中叶，到了清朝，忽然消歇了。清朝初年，虽然紧接晚明，已截然成了一个新的时代了。自顾炎武以下，凡是第一流的人才，都趋向做学问的一条路上去了；哲学的门庭大有冷落的景况。接近朱熹一脉的学者，如顾炎武，如阎若璩，都成了考证学的开山祖师。接近王守仁一派的，如黄宗羲自命为刘宗周的传人，如毛奇龄自命为得王学别传，也都专注在史学与经学去了。北方特起的颜元、李塨一派，虽然自成一个系统，其实只是一种强有力的"反玄学"的革命；固然给中国近世思想史开了一条新路，然而宋明理学却因此更倒霉了。这种"反玄学"的运动是很普遍的。顾炎武、黄宗羲、黄宗炎、阎若璩、毛奇龄、姚际恒、胡渭，都是这个大运动的一分子，不过各人专力攻击的方向稍有不同罢了。

约略说来，当日"反玄学"的运动，在破坏的方面有两个趋势：一是攻击那谈心说性的玄学；一是攻击那先天象数的玄学。清学的开山祖师顾炎武就兼有这两种趋势。他对于那高谈心性的玄学，曾说：

> 古之圣人所以教人之说，其行在孝弟忠信，其职在洒扫应对进退，其文在《诗》、《书》、《礼》、《易》、《春秋》；其用之身，在出处、去就、交际；其施之天下，在政令、教化、刑法。虽其和顺积中，而英华发外，亦有体用之分，然并无用心于内之说。（《日知录》十八）

他又说当日的理学家：

> 不习六艺之文，不考百王之典，不综当代之务；举夫子论学论政之大端一切不问，而曰"一贯"，曰"无言"；以明心见性之空言，代修己治人之实学。（《日知录》七）

> 舍"多学而识"，以求"一贯"之方；置四海之困穷不言，而终日讲危、微、精、一之说。（《文集·与友人论学书》）

同时他对于那先天图象的玄学，也曾说：

> 圣人之所以学《易》者，不过庸言庸行之间，而不在乎图书象数也。今之穿凿图象以自为能者，畔也。……

> 希夷之图，康节之书，道家之《易》也。自二子之学兴，而空疏之人，迂怪之士，举窜迹于其中以为《易》，而其《易》为方术之书，于圣人寡过反身之学，去之远矣。（《日知录》一）

这两种趋势后来都有第一流人才加入，继续发挥。黄氏兄弟攻击象数之学最力，毛奇龄也很有功，胡渭的《易图明辨》可算是这一方面的集大成。心性的玄学在北方遇着颜元、李塨的痛剿，在南方又遭费经虞、费密等人的攻击。阎若璩指出古文《尚书》里"人心惟危，道心惟微；惟精惟一，允执厥中"十六个字是出于《道经》的：这也可算是对那"危微精一"之学放了一支很厉害的暗箭。但当日的"反玄学"大革命，简单说来，不出两个根本方略：一是证明先天象数之学是出于道士的，一是证明那明心见性之学是出于禅宗的：两者都不是孔门的本色。

反玄学的运动，在破坏的方面居然能转移风气，使人渐渐地瞧不起宋明的理学。在建设的方面，这个大运动也有两种趋势：一面是注重实用，一面是注重经学；用实用来补救空疏，用经学来代替理学。前者可用颜李学派作代表，后者可用顾炎武等作代表。从颜李学派里产出一种新哲学的基础，从顾炎武以下的经学里产出一种新的做学问的方法。戴东原的哲学便是这两方面的结婚的产儿。

颜元（1635—1704）主张一种很彻底的实用主义。他自己经过乱离的惨痛，从经验里体会出宋明儒者的无用；不但主静主敬是走入了禅宗的路，就是程朱一派拿诵读章句作"格物穷理"，也是"俗学"而非正道。他自号为"习斋"，习即是实地练习。他说，"格物"的物即是古人所谓"三物"，三物即是六德、六行、六艺。古人又说，正德、利用、厚生，谓之"三事"；事也就是物。他说："道不在章句，学不在诵读；期如孔门博文约礼，实学，实习，实用之天下"（《与陆道威书》）。他最恨宋儒不教人习事而只教人明理。他说："孔子则只教人习事。迨见理于事，则已彻上彻下矣。"（《存学编》，他因此极端崇信孔子"民可使由之，不可使知之"的话，以为那是"治民之定法"！）他说："空谈易于藏拙，是以（宋儒）舍古人六府六艺之学而高言性命也。予与法乾王子初为程朱之学，谈性天，似无龃龉。一旦从事于归除法，已多谬误，况礼乐之精博乎？昔人云：'画鬼容易画马难'，正可喻比"（《存性编》）。画鬼所以容易，正因为鬼是不能实证的；画马所以难，正因为马是人人共见的东西，可以实验的。（李塨也引此语，并说："以鬼无质对，马有证佐也。"）

颜元说，"学之亡也，亡其粗也。愿由粗以会其精。政之亡也，亡其迹也。愿崇迹以行其义"（《年谱》），这几句话最精当。宋人曾说儒门淡薄，收拾不住第一流的人才（见宗杲的《宗门武库》）。所以宋儒起于禅宗最盛之时，自不容不说的精微奥妙，才免得"淡薄"之讥。自宋至明的哲学史，除了陈亮、叶适一班人之外，只是与禅宗争玄竞妙的历史。颜元大胆地指出他们说的太精了，太空了；他要人从那粗浅的艺学制度下手，从那可以实证的实迹下手。这是颜学的要旨。例如他说性，老老实实地承认"性即是气质之性"；"譬之目矣……光明之理固是天命，眶疱睛皆是天命，更不必分何者是天命之性，何者是气质之性"（《存性篇》）。又如他论史事，很替王安石、韩侂胄辩护：他说王安石的新法"皆属良法，后多踬行"；他夸奖韩侂胄伐金之举是"为祖宗雪耻于地下"（《宋史评》引见《年谱》）。他论史事，颇推崇"权略"，他说："其实此权字即'未可与权'之权；度时势，审轻重，而不失其节，是也。……世儒等之诡诈之流，而推于圣道外，使汉唐豪杰不得近圣人之光，此陈同甫（陈亮）所以扼腕也。"这些见解都可以见颜元讲学不避粗浅，只求切用；不务深刻，只重实迹。

颜元的大弟子李塨（1659—1733）发挥师说，说的更圆满细密，但仍旧遵守这种"由粗""崇迹"的主旨。例如他说"道"只是"通行"；

"理"只是"条理"。"在天在人通行者，名之曰道。理字则圣经甚少。《中庸》'文理'，与《孟子》'条理'，同言道秩然有条，犹玉有脉理，地有分理也。《易》曰：'穷理尽性以至于命'；理见于事，性具于心，命出于天，亦条理之义也"（《传注问》）。他在别处也说："以阴阳之气之流行也，谓之道。以其有条理，谓之理"（《周易传注》）。又说："夫事有条理曰理，即在事中。今曰理在事上，是理别为一物矣。天事曰天理，人事曰人理，物事曰物理。《诗》曰：'有物有则'，离事物何所为理乎？"（《传注问》）

宋明的理学家一面说天理，一面又主张"去人欲"。颜李派既以"正德、利用、厚生"为主，自然不能承认这种排斥人欲的哲学。李塨在这一层上，态度更为明显。宋儒误承伪《尚书》"人心维危，道心维微"的话，以为人心是人欲，是可怕的东西，应该遏抑提防，不许他出乱子。李塨说："先儒指人心为私欲，皆误。'人心维危'，谓易引于私欲耳，非即私欲也。"他又说："今指己之耳目而即谓之私欲，可乎？……今指工歌美人而即谓之私欲，可乎？其失在'引蔽'二字，谓耳目为声色所引蔽而邪僻也。不然'形色，天性'（孟子语），岂私欲耶？"（《大学辨业》）

宋儒自二程以后，多说"涵养须用敬，进学则在致知"两句话。致知一方面，程朱一派与陆王一派大不相同，纷争不了。但主敬一方面，无论是程朱，是陆王，总没有人敢公然出来否认的。颜李之学始大声疾呼地指出宋儒的主敬只是佛家打坐的变相；指出离事而说敬，至多不过做到禅门的惺惺寂寂，毫无用处。李塨说："宋儒讲主敬，皆主静也。主一无适，乃静之训，非敬之训也。"他又引一位潘用微（宁波人，与黄宗羲、万斯同同时，著有《求仁录》等书）的话道："必有事之谓敬，非心无一事之谓敬。"他又说："圣门不空言敬。'敬其事'，'执事敬'，'行笃敬'，'修己以敬'，孟子所谓必有事也"（以上皆见《传注问》）。当日一班排斥陆王而拥护程朱的人，如张伯行之流，都说陆王主静而不主敬，所以入于禅。李塨指出宋儒主敬都是主静。"主静立人极，周子之教也。静坐雪深尺余，程朱之学也。半日静坐，半日读书，朱子之功课也。然则主静正宋儒学也。"（《年谱》）

颜李的学派和宋明理学的根本区别有两点：理学谈虚理，而颜学讲实用；理学主静主敬，而颜学主动，主习事，主事功。有人说程朱与孔孟"隔世同堂"，似不可排斥。颜元说："请画二堂，子观之。一堂上坐孔子，剑佩，镳决，杂玉，革带，深衣。七十子侍，或习礼，或鼓琴瑟；或羽籥舞文，干戚舞武；或问仁孝，或商兵农政事；服佩亦如之。壁间置弓、矢、钺、戚、箫、磬、算器、马策，及礼衣冠之属。一堂上坐程子，峨冠博带，垂目坐，如泥塑。如游、杨、朱、陆者侍，或返观静坐，或执书伊吾，或对谈静敬，或搦笔著述。壁上置书籍、字卷、翰研、梨枣。此二堂同否？"（《年谱》）

李塨也有同样的观察："圣学践形以尽性。耳聪目明，践耳目之形也。手恭足重，践手足之形也。身修心睿，践身心之形也。践形而仁义礼智之性尽矣。今儒堕形以明性。耳目但用于诵读，耳目之用去其六七。手但用于写字，手之用去其七八。足恶动作，足之用去九。静坐观心而身不喜事，身心之用亦去九。形既不践，性何由全？此一实，一虚；一有用，一无用；一为正学，一陷异端：不可不辨也。"（《年谱》）

以上说清初的实用主义的趋势，用颜李学派作代表。颜李学派是一种反对理学的哲学，但他们说气质是性，通行是道，条理是理；说人欲不当排斥，而静坐式的主敬是无用的；说格物在于"犯手实做其事"，而知识在于实习实行；说学在于习行，而道在于实用（三物，三事）——这也是一种新理学了。在那个排斥玄学的空气里，这种新理学一时也不易成立。况且当日承晚明的流离丧乱之后，大家归咎于王学；程朱的学派大有复兴的样子。大师如顾炎武，他虽痛斥王学，而对于朱熹他始终敬礼。朝廷之上也正在提倡程朱，而在野学者的风气也与朱学"穷理致知"、"道问学"的宗旨很接近。所以提倡"实学"是多数学者所公认的，而攻击程朱是他们不能一致承认的。况且当日南方的理学大师如张履祥，如吕留良，如陆陇其，都是朱学的信徒。陆陇其竟说："愚近年所见，觉得孟子之后，至朱子知之已极其明，言之已极其详；后之学者更不必他求，惟即其所言而熟察之，身体之，去其背叛者与其阳奉而阴叛者，则天下之学无余事矣。"（《三鱼堂文集》六，《答某》）在这个极端"述朱"的空气里，颜李自然成了叛教的罪人；颜李学派所以受排斥（江藩、阮元、唐鉴等人记载清代学术，都不提及颜李；方苞作李塨的墓志，竟说他后来不是颜学的信徒了；程廷祚是颜李的南方传人，而程晋芳为他作墓志，竟不提及颜李一个字。这都是颜李受排斥的证据），这也是一个重要原因。

其次，当日反玄学的运动之中还有一个最有力而后来成绩最大的趋势，就是经学的复兴。顾炎武说：

> ……躁竞之徒，欲速以成名于世；语之以五经，则不愿学；语之以白沙、阳明的语录，则欣然矣，以其袭而取之易也。（《与友人论门人书》）

他又说：

> 愚独以为理学之名自宋人始有之。古之所谓理学，经学也；非数十年不能通也。……今之所谓理学，禅学也；不取之五经而但资之语录，校诸帖括之文而尤易也。（《与施愚山书》）

用"经学"来代替"禅学"，这是当日的革命旗号。"经学"并不是清朝独有的学术，但清朝的经学却有独到的长处，可以说是与前代的经学大不相同。汉朝的经学重诂训，名为近古而实多臆说；唐朝的经学重株守，多注"注"而少注经；宋朝的经学重见解，多新义而往往失经的本义。清朝的经学有四个特点：（一）历史的眼光，（二）工具的发明，（三）归纳的研究，（四）证据的注重。因为清朝的经学具有这四种特长，所以他的成绩最大而价值最高。

第一，历史的眼光只是寻源溯流，认清时代的关系。顾炎武说：

> 经学自有源流。自汉而六朝，而唐，而宋，必一一考究，而后及于近儒之所著，然后可以知其异同离合之指。如论字者必本于《说文》，未有据隶楷而论古文者也。（《文集》四，《与人书》四）

论字必本于《说文》，治经必本于诂训，论音必知古今音的不同，这就是历史的眼光。懂得经学有时代的关系，然后可以把宋儒的话还给宋儒，把唐儒的话还给唐儒，把汉儒的话还给汉儒。清朝的经师后来趋重汉儒，表章汉学，虽然也有过当之处，然而他们的动机却只是一种历史的眼光，认定治古书应该根据于最古的诂训；汉儒"去古未远"，所以受他们的特别看重了。

第二，清儒治经最能明了"工具"的重要。治经的工具就是文字学（包括声音、形体、训诂等项）和校勘学。顾炎武曾说：

> 愚以为读九经自考文始，考文自知音始。以至诸子百家之书，亦莫不然。（《答李子德书》）

考文是校勘学的事，知音是文字学的事。后来这两种学问陆续增长，多所发现，遂成两种独立的科学。阎若璩说：

> 疏于校雠，则多脱文讹字，而失圣人手定之本经。昧于声音诂
> 训，则不识古人之语言文字，而无以得圣人之真意。（臧琳《经义
> 杂记序》）

清朝的经学所以能有那么大的成绩，全都靠这两种重要工具的发达。

第三，归纳的研究是清儒治经的根本方法。凡比较同类的事实，推求出他们共同的涵义来，都可说是归纳。例如，《尚书·洪范》，"无偏无颇，遵王之义"；唐明皇改"颇"为"陂"，好和"义"字协韵。顾炎武说他：

> 盖不知古人之读"义"为"我"，而"颇"之未尝误也。《易·
> 象传》"鼎耳革，失其义也。覆公悚，信如何也"。《礼记·表记》，
> "仁者右也，道者左也；仁者人也，道者义也"。是义之读为我。而
> 其见于他书者，遽数之不能终也。（《答李子德书》）

比较《易·象传》、《表记》、《洪范》……而推得"义之读为我"的共同涵义，这便是归纳的方法。黄宗羲作万斯大的墓志，曾说：

> 充宗（斯大的字）……湛思诸经，以为非通诸经，不能通一
> 经；非悟传注之失，则不能通经；非以经释经，则亦无由悟传注之
> 失。何谓通诸经以通一经？经文错互，有此略而彼详者，有此同而
> 彼异者；因详以求其略，因异以求其同，学者所当致思者也。何谓
> 悟传注之失？学者入传注之重围，其于经也无庸致思。经既不思，
> 则传注无失矣，若之何而悟之？何谓以经解经？世之信传注者，过
> 于信经。……"平王之孙，齐侯之子"，证诸《春秋》，一在鲁庄
> 公元年，一在十一年，皆书"王姬归于齐"。周庄王为平王之孙，
> 则王姬当是其姊妹。……毛公以为武王女，文王孙；所谓"平
> 王"为平正之王，"齐侯"为齐一之侯，非附会乎？如此者层见
> 叠出。充宗会通各经，证坠缉缺，聚讼之议，涣然冰泮。（《南雷
> 文定前集》八）

这里所说"通诸经以通一经"，"以经解经"，都只是把古书互相比较，求出他们相互的关系或共同的意义。顾炎武等人研究古韵，戴震以下的学者研究古义，都是用这种方法。

第四，清朝的经学最注重证据。证据是推理立说所根据的东西，法庭上的人证与物证便是判断诉讼的根据。明朝陈第作《毛诗古音考》（1601—1606），全书用证据作基础；他自己说：

列"本证"、"旁证"二条。本证者,《诗》自相证也;旁证者,采之他书也。(《自序》)

如他考"服"字古音"逼",共举出:本证十四条,旁证十条。顾炎武作《诗本音》,于"服"字下举出:本证十七条,旁证十五条。顾氏作《唐韵正》,于"服"字下共举出一百六十二个证据(卷十四,页27~33)。为了要建立"服,古音逼"的话,肯去搜集一百六十个证据——这种精神,这种方法,是从古以来不曾有过的。有了一百六十个证据,这就叫人不得不相信了。陈第、顾炎武提出这个求证据的方法,给中国学术史开了一个簇新的纪元。从此以后,便是"考证或考据的经学"的时代了。

总而言之,清初的学者想用经学来代替那玄谈的理学,而他们的新经学又确然有许多特殊的长处,很可以独立成一种学术。自从朱熹和陆九渊分门户互相攻击以来,陆王一派的理学家往往指训诂章句之学为"支离",为"琐碎";所以聪明才智之士往往不屑去做经学的功夫。顾炎武以后的经学便大不同了。主观的臆说,穿凿的手段,一概不中用了。搜求事实不嫌其博,比较参证不嫌其多,审察证据不嫌其严,归纳引申不嫌其大胆。用这种方法去治古书,真如同新得汽船飞艇,深入不曾开辟的奇境,日有所得而年有所成;才大的可以有创造的发现,而才小的也可以尽一点"襞绩补苴"的微劳。经学竟成了一个有趣味的新世界了!我们必须明白这一层,然后可以明白为什么明朝的第一流人才都做理学,而清朝的经学居然可以牢笼无数第一流的人才。

我在上文曾指出颜元、李塨提倡一种新哲学,而终究不受欢迎,并且受许多人的排斥。我指出几个理由:一是大家厌倦哲学了,二是时势不相宜,三是颜李排斥程朱,时机还不曾成熟。明末大乱之后,大家对于理学都很厌倦了;颜李之学要排斥宋明理学的精微玄妙,而回到六艺三事的平实淡薄。他们的主张固然不错,但理学所以能牢笼人心,正为他说的那样玄妙恍惚。颜李生当理学极绚烂之后,要想挽人回到平实的新理学,那如何做得到呢?颜元不要人读书,而李塨便说他在这一点上"与先生所见微有不同"。颜元说,"道不在章句,学不在诵读";而李塨发愤要遍注诸经(他有《论语》、《中庸》、《周易》、《诗经》等书的传注)。再传而后,南方的颜李信徒程廷祚便也成了一个经学大师。新理学终于被新经学吸收过去了。

大概说来,清朝开国的第一个世纪(1640—1740)是反玄学的时期；玄学的哲学固然因四方八面的打击而日就衰微了，然而反玄学的哲学也终于不能盛行。颜李一派说，"程朱之道不息，孔子之道不著"。但程朱的权威不是这样容易打倒的。李塨的《年谱》内有记万斯同自述的一段话：

> 某少受学于黄梨洲先生，讲宋明儒者绪言。后闻一潘先生（按此即潘用微，名平格）论学，谓陆释，朱羽（谓陆是释氏，朱是道家），憬然于心。既而黄先生大怒，同学竞起攻之。某遂置学不讲，曰，"予惟穷经而已"。以故，忽忽诵读者五六十年。（《恕谷年谱》卷三）

这一段话很可注意。万氏兄弟从王学里逃出来，转向"穷经"的路上去。和他有同样经验的，当时定必不少。如费经虞、费密父子从患难里出来，经过静坐习禅，终于转入古经古注疏里去。风气已成，逃虚就实的趋势已不可挽回，虽有豪杰之士如颜李，也不能用他们的新哲学来代替那过去的旧理学。

但颜李的学说究竟留下了不少的积极分子，可以用来作为一种新哲学的基础。不过这些哲学的分子还须先受当时的新经学的洗礼，重新挂起新经学的旗号，然后可以进行作建设新哲学的大事业。程朱非不可攻击，但须要用考据的武器来攻击。哲学非不可中兴，但须要用考证的工具来中兴。

这件"中兴哲学"的大事业，这件"建设新哲学"的大事业，颜元、李塨失败之后，直到戴震出来，方才有第二次尝试。

（此文原载 1925 年 12 月《国学季刊》第 2 卷第 1 期）

治学的方法与材料
（1928 年 9 月）

现在有许多人说：治学问全靠有方法；方法最重要，材料却不很重要。有了精密的方法，什么材料都可以有好成绩。粪同溺可以作科学的分析，《西游记》同《封神演义》可以作科学的研究。

这话固然不错。同样的材料，无方法便没有成绩，有方法便有成绩，好方法便有好成绩。例如我家里的电话坏了，我箱子里尽管有大学文凭，架子上尽管有经史百家，也只好束手无法，只好到隔壁人家去借电话，请电话公司派匠人来修理。匠人来了，他并没有高深学问，从没有梦见大学讲堂是什么样子。但他学了修理电话的方法，一动手便知道毛病在何处，再动手便修理好了。我们有博士头衔的人只好站在旁边赞叹感谢。

但我们却不可不知道这上面的说法只有片面的真理。同样的材料，方法不同，成绩也就不同。但同样的方法，用在不同的材料上，成绩也就有绝大的不同。这个道理本很平常，但现在想做学问的青年人似乎不大了解这个极平常而又十分要紧的道理，所以我觉得这个问题有郑重讨论的必要。

科学的方法，说来其实很简单，只不过"尊重事实，尊重证据"。在应用上，科学的方法只不过"大胆的假设，小心的求证"。

在历史上，西洋这三百年的自然科学都是这种方法的成绩；中国这三百年的朴学也都是这种方法的结果。顾炎武、阎若璩的方法，同葛利略（Galileo）、牛敦（Newton）的方法是一样的：他们都能把他们的学说建筑在证据之上。戴震、钱大昕的方法，同达尔文（Darwin）、柏司德（Pasteur）的方法也是一样的：他们都能大胆地假设，小心地求证。（参看《胡适文存》初排本卷二，《清代学者的治学方法》，页二○五～二四六。）

中国这三百年的朴学成立于顾炎武同阎若璩；顾炎武的导师是陈第，阎若璩的先锋是梅鷟。陈第作《毛诗古音考》（一六○一～一六○六），注重证据；每个古音有"本证"，有"旁证"；本证是《毛诗》中的证据，旁证是引别种古书来证《毛诗》。如他考"服"字古音"逼"，共举了本证十四条，旁证十条。顾炎武的《诗本音》同《唐韵正》都用同样的方法。《诗本音》于"服"字下举了三十二条证据，《唐韵正》于"服"字下举了一百六十二条证据。

梅鷟是明正德癸酉（一五一三）举人，著有《古文尚书考异》，处处用证据来证明伪《古文尚书》的娘家。这个方法到了阎若璩的手里，运用更精熟了，搜罗也更丰富了，遂成为《尚书古文疏证》，遂定了伪古文的铁案。有人问阎氏的考证学方法的指要，他回答道：

> 不越乎"以虚证实，以实证虚"而已。

他举孔子适周之年作例。旧说孔子适周共有四种不同的说法：

(1) 昭公七年（《水经注》）

(2) 昭公二十年（《史记·孔子世家》）

(3) 昭公二十四年（《〈史记〉索隐》）

(4) 定公九年（《庄子》）

阎氏根据《曾子问》里说孔子从老聃助葬恰遇日食一条，用算法推得昭公二十四年夏五月乙未朔日食，故断定孔子适周在此年。（《尚书古文疏证》卷八，第一百二十条）

这都是很精密的科学方法。所以"亭林、百诗之风"造成了三百年的朴学。这三百年的成绩有声韵学、训诂学、校勘学、考证学、金石学、史学，其中最精彩的部分都可以称为"科学的"；其间几个最有成绩的人，如钱大昕、戴震、崔述、王念孙、王引之、严可均，都可以称为科学的学者。我们回顾这三百年的中国学术，自然不能不对这班大师表示极大的敬意。

然而从梅鷟的《古文尚书考异》到顾颉刚的《古史辨》，从陈第的《毛诗古音考》到章炳麟的《文始》，方法虽是科学的，材料却始终是文字的。科学的方法居然能使故纸堆里大放光明，然而故纸的材料终久限死了科学的方法，故这三百年的学术也只不过文字的学术，三百年的光明也只不过故纸堆的火焰而已！

我们试回头看看西洋学术的历史。

当梅鷟的《古文尚书考异》成书之日，正哥白尼（Copernicus）的天文革命大著出世（1543）之时。当陈第的《毛诗古音考》成书的第三年（1608），荷兰国里有三个磨镜工匠同时发明了望远镜。再过一年（1609），意大利的葛利略（Galileo）也造出了一座望远镜，他逐渐改良，一年之中，他的镜子便成了欧洲最精的望远镜。他用这镜子发现了木星的卫星，太阳的黑子，金星的光态，月球上的山谷。

葛利略的时代，简单的显微镜早已出世了。但望远镜发明之后，复合的显微镜也跟着出来。葛利略死（1642）后二三十年，荷兰有一位磨镜的，名叫李文厚（Leeuwenhoek），天天用他自己做的显微镜看细微的东西。什么东西他都拿来看看，于是他在蒸溜水里发现了微生物，鼻涕里和痰唾里也发现了微生物，阴沟臭水里也发现了微生物。微菌学从此开始了。这个时候（1675）正是顾炎武的《音学五书》成书的时候，阎若璩的《古文尚书疏证》还在著作之中。

从望远镜发见新天象（1609）到显微镜发见微菌（1675）这五六十年之间，欧洲的科学文明的创造者都出来了。试看下表：

中国	欧洲
一六〇六　陈第《古音考》。	
一六〇八	荷兰人发明望远镜。
一六〇九	葛利略的望远镜。
	解白勒（Kepler）发表他的火星研究，宣布行星运行的两条定律。
一六一〇　黄宗羲生。	
一六一三　顾炎武生。	
一六一四	奈皮尔（Napier）的对数表。
一六一九　王夫之生。	解白勒的行星第三律。
一六一八—二一	解白勒的《哥白尼天文学要指》。
一六二三　毛奇龄生。	
一六二五　费密生。	
一六二六	倍根死。
一六二八　用西法修新历。	哈维（Harvey）的《血液运行论》。
一六三〇	葛利略的《天文谈话》。
	解白勒死。
一六三三	葛利略因天文学受异端审判。
一六三五　颜元生。	
一六三六　阎若璩生。	
一六三七　宋应星的《天工开物》。	笛卡儿（Descartes）的《方法论》，发明解析几何。
一六三八	葛利略的《科学的两新支》。
一六四〇　徐霞客（宏祖）死。	
一六四二	葛利略死，牛敦生。
一六四四	葛利略的弟子佗里杰利（Torricelli）用水银试验空气压力，发明气压计的原理。
一六五五　阎若璩开始作《尚书古文疏证》，积三十余年始成书	
一六五七　顾炎武注《韵补》。	
一六六〇	英国皇家学会成立。
	化学家波耳（Boyle）发表他的气体新试验。（波耳氏律）
一六六一	波耳的《怀疑的化学师》。

续前表

中国	欧洲
一六六四　废八股。	
一六六五	牛敦发明微分学。
一六六六　顾炎武的《韵补正》成。	牛敦发明白光的成分。
一六六七　顾炎武的《音学五书》成。	
一六六九　复八股。	
一六七〇　顾炎武初刻《日知录》八卷。	
一六七五	李文厚用显微镜发见微生物。
一六七六　顾炎武《日知录》自序。	
一六八〇　顾炎武《音学五书》后序。	
一六八七	牛敦的杰作《自然哲学原理》。

　　我们看了这一段比较年表，便可以知道中国近世学术和西洋近世学术的划分都在这几十年中定局了。在中国方面，除了宋应星的《天工开物》一部奇书之外，都只是一些纸上的学问；从八股到古音的考证固然是一大进步，然而终久还是纸上的工夫。西洋学术在这几十年中便已走上了自然科学的大路了。顾炎武、阎若璩规定了中国三百年的学术的局面；葛利略、解白勒、波耳、牛敦规定了西洋三百年的学术的局面。

　　他们的方法是相同的，不过他们的材料完全不同。顾氏、阎氏的材料全是文字的，葛利略一班人的材料全是实物的。文字的材料有限，钻来钻去，总不出这故纸堆的范围；故三百年的中国学术的最大成绩不过是两大部《皇清经解》而已。实物的材料无穷，故用望远镜观天象，而至今还有无穷的天体不曾窥见；用显微镜看微菌，而至今还有无数的微菌不曾寻出。但大行星已添了两座，恒星之数已添到十万万以外了！前几天报上说，有人正在积极实验同火星通信了。我们已知道许多病菌，并且已知道预防的方法了。宇宙之大，三百年中已增加了几十万万倍了；平均的人寿也延长了二十年了。

　　然而我们的学术界还在烂纸堆里翻我们的筋斗。

　　不但材料规定了学术的范围，材料并且可以大大地影响方法的本身。文字的材料是死的，故考证学只能跟着材料走，虽然不能不搜求材料，却不能捏造材料。从文字的校勘以至历史的考据，都只能尊重证据，却不能创造证据。

　　自然科学的材料便不限于搜求现成的材料，还可以创造新的证据。实验的方法便是创造证据的方法。平常的水不会分解成轻气和养气；但我们用人功把水分解成轻气和养气，以证实水是轻气和养气合成的。这便是创造不常有的情境，这便是创造新证据。

纸上的材料只能产生考据的方法，考据的方法只是被动的运动材料。自然科学的材料却可以产生实验的方法；实验便不受现成材料的拘束，可以随意创造平常不可得见的情境，逼挢出新结果来。考证家若没有证据，便无从做考证；史家若没有史料，便没有历史。自然科学家便不然。肉眼看不见的，他可以用望远镜，可以用显微镜。生长在野外的，他可以叫他生长在花房里；生长在夏天的，他可以叫他生在冬天。原来在人身上的，他可以移种在兔身上，狗身上。毕生难遇的，他可以叫他天天出现在眼前。太大了的，他可以缩小。整个的，他可以细细分析。复杂的，他可以化为简单。太少了的，他可以用人功培植增加。

故材料的不同可以使方法本身发生很重要的变化。实验的方法也只是大胆的假设，小心的求证；然而因为材料的性质，实验的科学家便不用坐待证据的出现，也不仅仅寻求证据，他可以根据假设的理论，造出种种条件，把证据逼出来。故实验的方法只是可以自由产生材料的考证方法。

葛利略二十多岁时，在本地的高塔上抛下几种重量不同的物件，看他们同时落地，证明了物体下坠的速率并不依重量为比例，打倒了几千年的谬说。这便是用实验的方法去求证据。他又做了一块板，长十二个爱儿（每个爱儿长约四英尺），板上挖一条阔一寸的槽。他把板的一头垫高，用一个铜球在槽里滚下去，他先记球滚到底的时间，次记球滚到全板四分之一的时间。他证明第一个四分之一的速度最慢，需要全板时间的一半。越滚下去，速度越大。距离的相比等于时间的平方的相比。葛利略这个试验总做了几百次，他试过种种不同的距离，种种不同的斜度，然后断定物体下坠的定律。这便是创造材料，创造证据。平常我们所见物体下坠，一瞬便过了，既没有测量的机会，更没有比较种种距离和种种斜度的机会。葛氏的试验便是用人力造出种种可以测量，可以比较的机会。这便是新力学的基础。

哈维研究血的循环，也是用实验的方法。哈维曾说：

> 我学解剖学同教授解剖学，都不是从书本子来的，是从实际解剖来的；不是从哲学家的学说上来的，是从自然界的条理上来的。（他的《血液运行》自序）

哈维用下等活动物来做实验，观察心房的跳动和血的流行。古人只解剖死动物的动脉，不知死动物的动脉管是空的。哈维试验活动物，故能发见古人所不见的真理。他死后四年（1661），马必吉（Malpighi）用显微镜看见血液运行的真状，哈维的学说遂更无可疑了。

此外，如佗里杰利的试验空气的压力，如牛敦的试验白光的七色，都是实验的方法。牛敦在暗室中放进一点日光，使他通过三棱镜，把光放射在墙上。那一圆点的白光忽然变成了五倍大的带子，白光变成了七色：红、橘红、黄、绿、蓝、靛青、紫。他再用一块三棱镜把第一块三棱镜的光收回去，便仍成圆点的白光。他试验了许多回，又想出一个法子，把七色的光射在一块板上，板上有小孔，只许一种颜色的光通过。板后面再用三棱镜把每一色的光线通过，然后测量每一色光的曲折角度。他这样试验的结果始知白光是曲折力不同的七种光复合成的。他的实验遂发明了光的性质，建立了分光学的基础。

以上随手举的几条例子，都是顾炎武、阎若璩同时人的事，已可以表见材料同方法的关系了。考证的方法好有一比，比现今的法官判案，他坐在堂上静听两造的律师把证据都呈上来了，他提起笔来，宣判道：某一造的证据不充足，败诉了；某一造的证据充足，胜诉了。他的职务只在评判现成的证据，他不能跳出现成的证据之外。实验的方法也有一比，比那侦探小说里的福尔摩斯访案：他必须改装微行，出外探险，造出种种机会来，使罪人不能不呈献真凭实据。他可以不动笔，但他不能不动手动脚，去创造那逼出证据的境地与机会。

结果呢？我们的考证学的方法尽管精密，只因为始终不接近实物的材料，只因为始终不曾走上实验的大路上去，所以我们的三百年最高的成绩终不过几部古书的整理，于人生有何益处？于国家的治乱安危有何裨补？虽然做学问的人不应该用太狭义的实利主义来评判学术的价值，然而学问若完全抛弃了功用的标准，便会走上很荒谬的路上去，变成枉费精力的废物。这三百年的考证学固然有一部分可算是有价值的史料整理，但其中绝大的部分却完全是枉费心思。如讲《周易》而推翻王弼，回到汉人的"方士易"；讲《诗经》而推翻郑樵、朱熹，回到汉人的荒谬诗说；讲《春秋》而回到两汉陋儒的微言大义——这都是开倒车的学术。

为什么三百年的第一流聪明才智专心致力的结果仍不过是枉费心思的开倒车呢？只因为纸上的材料不但有限，并且在那一个"古"字底下罩着许多浅陋幼稚愚妄的胡说。钻故纸的朋友自己没有学问眼力，却只想寻那"去古未远"的东西，日日"与古为邻"，却不知不觉地成了与鬼为邻，而不自知其浅陋愚妄幼稚了！

那班崇拜两汉陋儒方士的汉学家固不足道，那班最有科学精神的大师——顾炎武、戴震、钱大昕、段玉裁、孔广森、王念孙、王引之等——他们的科学成绩也就有限的很。他们最精的是校勘、训诂两种学问，至于他们最用心的声韵之学简直是没有多大成绩可说。如他们费了无数心力去证明古时有"支"、"脂"、"之"三部的区别，但他们到如今不能告诉我们这三部究竟有怎样的分别。如顾炎武找了一百六十二条证据来证明"服"字古音"逼"，到底还不值得一个广东乡下人的一笑，因为顾炎武始终不知道"逼"字怎样读法。又如三百年的古音学不能决定古代究竟有无入声；段玉裁说古有入声而去声为后起，孔广森说入声是江左后起之音。二百年来，这个问题似乎没有定论，却不知这个问题不解决，则一切古韵的分部都是将错就错。况且依二百年来"对转"、"通转"之说，几乎古韵无一部不可通他部。如果部部本都可通，那还有什么韵部可说！

三百年的纸上工夫，成绩不过如此，岂不可叹！纸上的材料本只适宜于校勘、训诂一类的纸上工作；稍稍逾越这个范围，便要闹笑话了。

西洋的学者先从自然界的实物下手，造成了科学文明，工业世界，然后用他们的余力，回来整理文字的材料。科学方法是用惯的了，实验的习惯也养成了，所以他们的余力便可以有惊人的成绩。在音韵学的方面，一个格林姆（Grimm）便抵得许多钱大昕、孔广森的成绩。他们研究音韵的转变，文字的材料之外，还要实地考察各国各地的方言，和人身发音的器官。由实地的考察，归纳成种种通则，故能成为有系统的科学。近年一位瑞典学者珂罗倔伦（Bernhard Karlgren）费了几年的工夫研究《切韵》，把二百六部的古音弄的清清楚楚。林语堂先生说：

> 珂先生是《切韵》专家，对中国音韵学的贡献发明，比中外过去的任何音韵学家还重要。（《语丝》第四卷第廿七期）

珂先生的成绩何以能这样大呢？他有西洋的音韵学原理作工具，又很充分地运用方言的材料，用广东方言作底子，用日本的汉音吴音作参证，所以他几年的成绩便可以推倒顾炎武以来三百年的中国学者的纸上工夫。

我们不可以从这里得一点教训吗？

纸上的学问也不是单靠纸上的材料去研究的。单有精密的方法是不够用的。材料可以限死方法，材料也可以帮助方法。三百年的古韵学抵不得一个外国学者运用活方言的实验。几千年的古史传说禁不起三两个学者的批评指摘。然而河南发现了一地的龟甲兽骨，便可以把古代殷商民族的历史建立在实物的基础之上。一个瑞典学者安特森（J. G. Anderson）发见了几处新石器，便可以把中国史前文化拉长几千年。一个法国教士桑德华（Père Licent）发见了一些旧石器，便又可以把中国史前文化拉长几千年。北京地质调查所的学者在北京附近的周口店发见了一个人齿，经了一个解剖学专家步达生（Davidson Black）的考定，认为远古的原人，这又可以把中国的史前文化拉长几万年。向来学者所认为纸上的学问，如今都要跳在故纸堆外去研究了。

所以我们要希望一班有志做学问的青年人及早回头想想。单学得一个方法是不够的，最要紧的关头是你用什么材料。现在一班少年人跟着我们向故纸堆去乱钻，这是最可悲叹的现状。我们希望他们及早回头，多学一点自然科学的知识与技术：那条路是活路，这条故纸的路是死路。三百年的第一流的聪明才智销磨在这故纸堆里，还没有什么好成绩。我们应该换条路走走了。等你们在科学试验室里有了好成绩，然后拿出你们的余力，回来整理我们的国故，那时候，一拳打倒顾亭林，两脚踢翻钱竹汀，有何难哉！

十七年九月

（此文原载 1928 年 11 月 10 日《新月》第 1 卷第 9 号）

哲学的将来
（1929 年 6 月 3 日）

（一）哲学的过去

过去的哲学只是幼稚的，错误的，或失败了的科学。

宇宙论→天文学、物理学、生物学、生物化学。

本体论→物理、化学、生物、物理化学、生物化学。

知识论→物理学、心理学、科学方法。

道德哲学→社会学、人类学、心理学、生物学、遗传学。

政治哲学→经济学、统计学、社会学、史学……

（二）过去的哲学学派只可在人类知识史与思想史上占一个位置，如此而已

哲学既是幼稚的科学，自然不当自别于人类知识体系之外。

最早的 Democritus 以及 Epicurus 一派的元子论既可以在哲学史上占地位，何以近世发明九十元子的化学家，与伟大的 Mendelief 的元子周期律不能在哲学史上占更高的地位？

最早乱谈阴阳的古代哲人既列在哲学史，何以三四十年来发现阴电子（Election）的 Thomson 与发现阳电子（Proton）的 Rutherford 不能算作更伟大的哲学家？

最早乱谈性善性恶的孟子、荀子既可算是哲学家，何以近世创立遗传学的 George J. Mendel 不能在哲学史上占一个更高的地位？

最早谈井田均产的东西哲学家都列入哲学史，何以马克思、布鲁东、亨利·乔治（Henry George）那样更伟大的社会学说不能在哲学史占更高的地位？

只有把哲学家归到人类知识思想史上去，方才可以估计它们过去的成绩，方才可以推算它们将来的地位。

（三）哲学的将来

1. 问题的更换。问题解决有两途：

（1）解决了。

（2）知道不成问题，就抛弃了。

凡科学已解决的问题，都应承受科学的解决。

凡科学认为暂时不能解决的问题，都成为悬案。

凡科学认为成问题的问题，都应抛弃。

2. 哲学的根本取消。问题可解决的，都解决了。一时不能解决的，

还得靠科学实验的帮助与证实。科学不能解决的，哲学也休想解决。即使提出解决，也不过是一个待证的假设，不足于取信现代的人。

故哲学家自然消灭，变成普通思想的一部分。在生活的各方面，自然总不免有理论家继续出来，批评已有的理论或解释已发现的事实，或指摘其长短得失，或沟通其冲突矛盾，或提出新的解释，请求专家的试验与证实。这种人都可称为思想家，或理论家。自然科学有自然科学的理论学，这种人便是将来的哲学家。

但他们都不能自外于人类的最进步的科学知识思想，而自夸不受科学制裁的哲学家。他们的根据必须是已证实的事实，自然科学的材料或社会科学的统计调查。他们的方法必须是科学实验的方法。

若不如此，但他们不是将来的思想家，只是过去的玄学鬼。

将来只有一种知识：科学知识。

将来只有一种知识思想的方法：科学证实方法。

将来只有思想家而无哲学家，他们的思想已证实的便成为科学的一部分，未证实的叫做待证的假设（Hypothesis）

（本文系胡适 1929 年 6 月 3 日在上海大同大学演讲的提纲。见《胡适的日记》1929 年 6 月 3 日）

治学的方法
（1935 年 1 月 13 日）

主席、白副总司令、各位同志：

我很抱歉，因为昨天在梧州一连说了两次话，喉咙有些哑，今天觉得更哑，恐怕在这么大的集会，不容易说得好。刚才听见主席说，我这次是受了李总司令的劝驾才来的，其实我早就有到贵省观光的意思，事前并已先拍电通知广西的友人，告诉他不久将来桂一游。所以，这次可以说是专程而来的。记得这次在粤谒见李总司令的时候，李总司令对本人再三叮嘱，希望本人不但要到西大看看，而且要到南宁以及其他各处去看看。今天能够到这里和诸位见面，心里实在感到非常的快慰！但是，本人来到这里，要讲什么题目才好呢？刚才宾南先生已经说过，诸位都是青年，所以在拟定的许多题目中，宾南先生特择"治学的方法"这一题要我来讲。

本来做学问，如果得到好的方法，自然容易与学问接近，所得的成绩也会比较的多。因此，我时常接得青年朋友的信，殷殷以治学的方法相询。说胡先生何以不告诉我们做学问的方法，以指导我们如何去做才会更有条理，更有成绩，让我们也好得到做学问的捷径。对于这问题，我有的或在书信上答复，有的或在学校讲演，计前后已讲十七年了。去年三月初八到天津去，也是讲这个题目，当时，因为早到了半天，就在旅馆中重温旧稿，看有什么地方可以增改，但是愈看心里愈怀疑，到最后才恍然大觉大悟，深觉十七年来所讲这无数次的治学的方法，都是错误的，于是就把旧稿都撕掉了。

三月初八那日所得的新觉悟，使我明白，治学有无成绩，有无结果，不是单靠方法就可以做得到的。在方法之前还须有更重要的先决条件，那些先决条件不具备，即有方法也是没有用的。《西游记》的孙大圣，因为上西天取经去，怕路上要遇到许多艰难，所以就求观世音给他三根救命毫毛，放在身边，以便解决一切的危急。假如做学问也和唐僧求经一样要经过九九八十一劫，那么，难关还有一定的数目，然而做学问这一条路的历程，却是无穷尽的，其难关也不止九九八十一。如果我可以借给你们三根毫毛，或者一把百宝宝钥，以便诸君都能够深达学问的堂奥，岂不甚妙？无如我去年三月以来的新觉悟，使我知道做学问是无捷径的，也无小路可走，更无三根毫毛般的百宝宝钥可求。我们应当在方法之外，先解决做学问的基本条件，依据这种基本条件以建立学问的基础，以后，治学的方法，自然而然的也就有了。现在我把去年在天津旅馆里所觉悟到的两个基本条件贡献给诸位，这或许比三根毫毛还有用呢！

我以为在做学问之前，应先有下列两个条件：第一是有博大的准备，第二是养成良好的习惯。兹请依序说明之。

一、准备　做学问的准备工作，就是先要打个底子，先要积知识经验，把基础打好。基础打好了，学问的初步也就有相当的成功了。做学问的第一步功夫，先在日日探求知识，搜集材料，不要即谈方法，更不要急求成绩，知识日深，材料日多，自然有方法，有成绩了。即古人所谓开卷有益之意也。所以现在做学问不但要开卷，而且什么东西都要用，以作做学问的基础。诸位知道，在科学史上有一段佳话，说牛顿看见苹果自树上坠下，后来就依之发现地心吸力的定律。这种希世的发明，不独当时和现在的学术界受了绝大的影响，即将来影响于学术界亦必无穷尽。但是苹果的坠地，可以说是我们天天所看得见的，但是为什么不知道去发明，倒让牛顿发明了去呢？原来我们所以不及牛顿的地方，就是因为没有牛顿的博学的基础。我们都以为苹果的坠下是当然的，用不着再加怀疑，但是牛顿对苹果的坠下却发生了怀疑，他想：苹果为什么不向空中飞去呢？他的成功是因为牛顿有了精博的学问，对于当时十六十七世纪的新科学有了深切的研究。因此做学问必要先有丰富的知识来做基础，这是不待言的。所以我们现在可以得到一个结论：做学问的先决条件，不是重在先得方法，而是在先求知识，抱定开卷有益的态度，先造成广博精深的基础，然后才来做学问。宋朝的王安石，其道德、学问、功业，都可以说是中国历史上的第一等人。他有几句很警惕的话，是值得我们注意的。他的朋友曾子固因为看他做学问方法太杂，就写信勉戒他。王安石先生因此就作书答他说：

> ……读经而已，则不足以知经。故自百家诸子之书，至《难经》、《素问》、《本草》诸小说，无所不读；农夫女工，无所不问；然后于经为能知其体而无疑。盖后世之学者与先王之时异矣；不如是，不足以尽圣人故也。……致其知而后读，以有所去取，故异学不能乱也。

我们现在离王安石先生的年代，虽已有八百余年之久，但一读他前面的一段文章，再把"致其知而后读"的意思仔细体味起来，深觉其言，实大有至理。所以做学问应该以广博精深的学问来做基础，不论它是牛溲马渤，竹头木屑，都要兼收并蓄，使对于各种知识，无所不知，无所不晓，然后做学问才能有成绩；否则，即有孙大圣的三根救命毫毛，亦无补于事。不过，或许有人对于"致其知而后读"的意义还有怀疑，现在请再举例以明之。

我现在要举例是《墨子》。《墨子》这部书，可以说是中国古代的一部奇书。墨子大家都知道他是讲兼爱的，反对儒家和杨朱一派的思想的。因为历来儒家的思想占了优胜，所以《墨子》这部书，就久被人所摈弃了。二千年来去注意它的人很少，所以其中遂致有许多残缺讹误之处。全书最值得注意的，是《经上》、《经下》、《经说上》、《经说下》、《大取》、《小取》等六篇，这六篇记载着当时墨子学派的各种科学理论，一向因为没有人看得懂，注意的人就更少了。到了乾隆时代，才有人稍为看得懂，也才知道其中有须横看的。及至清末中西文化沟通后，中国人从西方学得了几何学、光学、力学之学，后来又有人懂得了论理学、知识论等，到了这个时候，把《墨子》的书打开来看，才骇然惊喜，原来在《墨子》里有许多地方是可以用这些新知识来解释的。不过，在这里值得我们注意的，就是为什么以前的人对于《墨子》一书能够了解的是这么少，到了后来能了解的人反而这么增多呢？我们的知识越多，我们了解《墨子》也越多。这就是"致其知而后读"的道理。所以从以上的论据看来，可以使我们明白，凡是知道的事物越多，知识就越广，知识越广，就越容易做学问。

说到这里，让我再引个例证，来说明准备工作对于做学问的重要。大家知道达尔文是一个生物学大家，他一生为了研究生物演进的状态，费了二十多年的光阴，并且曾经亲自乘船游历全世界，采集各种动植物的标本和研究其分布的状况，积了许多材料，但是总想不出一个原则来统括他的学说。有一天偶然读起马尔萨斯（Thomas Robert Malthus, 1766—1834）的《人口论》，说粮食的增加是照数学级数，即是依一、二、三以上升。人口的增加却是照几何级数，即是依二、四、八以上升，所以人口的增加快于粮食。达尔文看到这里，豁然开朗地觉悟起来了，因此确定了"生存竞争，优胜劣败"的原理。我们知道达尔文二三十年所研究的是生物学的学问，但是还要依赖经济学来补助，才能替他的整个学问找到一个基本的原则，可见学问要广博，知识要丰富，不应只是注重于方法的问题，还须扩大学问的角度和台基，以为做学问的基础，然后学问才有成就的希望。

二、养成良好的习惯。上面我已经详述做学问的工夫，须要有广博的知识来做基础，但是单持有广博的知识，还是不足用，此外，还要养成二三种良好的习惯才行。通常所谓论理学或方法论，想诸位也知道其中有演绎归纳等的方法。如果以为论理学或方法论可以完全解决做学问的问题，诸位早就可以在教科书里求得了。正因为做学问的功夫，并不单应在方法上考究，所以每一个人在学问上造就的深浅，都是有赖于良好习惯的养成。试看古今中外的大学问家如王念孙、戴东原、顾亭林、牛顿、达尔文等，那一个不是从良好的习惯中淘练出渊博伟大的学问来？所以在做学问之前，应有的第二条件，就是养成好的习惯。

良好习惯的养成约有三种：

1. 勤（要勤快，不要懒，不怕苦。）
2. 慎（不苟且，不潦草，不随便，要负责任。）
3. 虚（不要有成见，要虚心。）

现在先从"勤"字讲起：

中国今日的新史学家顾颉刚先生，大家都知道他的《古史辨》是对于中国史学上贡献很大的。他平生治学的功夫，有许多是可以取法的，他的好处就在一个"勤"字。试举一件事做个例。以前顾先生还在做学生的时候，有人知道他的经济上很困难，就拿一本《古今伪书考》嘱他用标点符号标点出来，以便送到书店卖一笔钱。可是书交他之后，等了一月、两月、半年、一年，还没有见到他交还。一天我到他房里去看他，问起这件事，他就拿出了一大堆的稿子来，已经整理成为一大堆有系统的史料了。我问他：怎么倒弄成了考据呢？他说：这有什么办法，书中不是残缺不全，就是讹误百出，怎能不细心来替它整理整理呢？这种不肯偷懒的精神，就是他在学术上成功的秘诀。

现在再让我介绍顾亭林先生的治学方法。大家知道顾亭林先生平生治学是非常勤谨的，他为了要证明"服"字古音读做"逼"音，就不惮烦劳，把所有的古书检出一百六十二条的证据。可见古人做学问所以有成绩的缘故，不论在何种条件之下，都少不了一个"勤"字。

其次说到"慎"字。

我们做学问，不论中国字的一点一滴、一笔一画，外国字小小的一个字母，或是研究自然科学或数学上的一小圈，亦不可轻易把它放过。我看见现在有一班做学问的青年，其所以失败，就是因为太不慎，换言之，就是太苟且，太撒烂污了。譬如近人翻译外国文学书，竟将 Oats 译做橡树，即是将 Oats 误当作 Oaks；虽只是一小字母的差别，但却将小麦译作大橡树，这不是谬以毫厘，差以千里吗？又以前曾看到一篇翻译的小说，描写一个女人生肺炎病，她的女友就拿猪肉给她吃，看到这里，心里很纳罕，即以普通常识来想，也知道生了肺炎病的人，无论怎样都不应该给她吃猪肉，后来一查原文，才知道是把 Port 误译作 Pork。这不过随便略举一二而已，也就可见一班做学问的人太不小心了。但是，我们不能因为错误太小，就轻轻把它放过。治学的态度，要像做法官做侦探一样，丝毫不苟且，虽是极细微的地方，也要一样的注意。在这里我愿意再举出几个例来：

中国的文字中的"于"字和"於"字，以及"维"字，"言"字，都有其独特用法的，一向大都不十分去注意它。例如"于"字和"於"字的用法，普通以为没什么分别。可是有一位瑞典人高本汉（Karlgren）研究《左传》便发现了"于"和"於"两字的用法是各有不同的，这是我们所未尝注意到的。他还把它做出一个详细的表来。依他就用字法的研究的结果，到现在我们才知道所谓的《左传》的作者鲁君子左丘明的真假实在发生问题，而据高本汉所证明的，此书的作者是山西人而不是山东人。

又我的学生某君，一次曾以"弗"和"不"两字有什么不同相问，并举出不少的例子以相示，我就嘱他继续去研究。后来，研究的结果，才知道"弗"字具有"不之"两字合起来的意思，就是"半夜邻有求，无弗给"，等"半夜邻有求无不之给"。由此可见做学问是要慎重的，研究自然科学的固然尤应该格外小心，即其他事业，如法官侦探亦何尝不应如此。

最末了说到"虚"字。

"虚"字就是"虚心"的意思。做学问贵能虚心，事先不为成见所入，一如法官的审案，虽搜集各种证据，都可加人罪名，但于证据中，还须再三慎重的考虑，避绝一切憎爱的成见，然后才不致于枉法。譬如苹果为什么会坠地、"弗"与"不"为什么不同……凡此种种都得虚心去考虑。

综上所述，我们知道，凡做学问所以能有成绩的，不在方法而在勤、慎、虚。换言之，就是要笨干。所谓科学方法者，亦离不了上述这三种要件。假使具备了这三种要件，科学方法就随之而来了。如王念孙、顾亭林、戴东原等，他们的学问何尝不是笨干出来的？我在西大讲演，说到"维"字，它的意义很多，如"维是文王，维是熙熙"，祭文上的"维中华民国某年某月某日"，涵义各有不同。究竟"维"字在经文里怎样解说呢？《诗经》里就有三百几十个的"维"字。在我们都有些洋脾气的人，在这里自应先认为不懂，再去翻古书，把找得到的"维"字，都抄出来，一一拿来比较，然后就容易明白了，这样终于确定"维"字是一个感叹词。老子说："维之於呵，相去几何"，也可以证明原来"维"就是"呵"的意思。

最后我有几句话要忠告诸位，就是做学问并无捷径小路可走。更没有一定的方法可受用无穷，如果真有这方法，我为何不乐意奉送给诸位？记得以前有个龟兔赛跑的故事，是希腊最有名的寓言，可以拿出来供诸位做学问的教训。我觉得世界上有两派人：一派是乌龟派；一派是兔子派。凡是在学问上有大成就像达尔文、牛顿这一班人，都是既有兔子的天才，又有乌龟的功力，所以能够成为世界上最堪景仰的人。不过兔子的聪明，不是人人都有的，但乌龟的功力，则人人可学。在这里我希望诸位在做学问方面努力去学做乌龟，中国就不怕不产生无数像达尔文、牛顿、瓦特这一类的大学问家了。

一月十三日

（此文原为胡适在广西南宁的讲演，时间当在1935年1月13日。由陈翔水、郑泗水记录。原稿上有胡适本人删改的笔迹。收入《胡适遗稿及秘藏书信》第12册，黄山书社1994年版）

中国人思想中的不朽观念
（1945）

一

在今天的演讲中，我预备把中国的宗教史和哲学史上各阶段有关不朽或人类死后依存概念的发展情况提供一个历史性的叙述。

这是一个冗长概括三千年的故事，但它的主要纲领却是大致还算明确的。中国人的信仰与思想史可以方便地分成两个主要时期：

（1）中国固有的文明时期（1300B.C.—200A.D.）

（2）中国思想与文化的印度化时期，也就是，佛教和印度人的思想开始影响中国人的生活和制度以来的那一时期（约200A. D.—十九世纪）。

为了研究中国宗教与思想史（the Religious and Intellectual History）的学者的方便，中国固有的先佛学时期（Pre-Buddhistic Age）可再约略地分成两个主要时代：

1）原始的中国主义时代（The Era of Primitive Siniticism），也就是商周民族的宗教信仰与习俗（Practices）的时代，对于这个时代，这里拟用了"华夏主义"（Siniticism）或"华夏宗教"（the Sinitic Religion）一词（1300B. C.—700B. C.）。

2）思想与哲学的成熟时代（700B. C.—200A. D.），包括老子、孔子（551B. C.—479B. C.）迄于王充（29A. D.—100A. D.）以来的正统派哲学家。

为了特别有关中国人思想中的不朽概念的讨论，我们要问：

（1）关于早期华夏信仰有关人类死后存在的概念，我们究竟知道些什么？

（2）中国正统哲学家对于不朽的概念究竟有什么贡献？

（3）我们要怎样描述在长期印度文化影响下中国人的人类死后存在的观念？

二

史学界最重大的事件之一就是晚近的偶然发现，以及后来在安阳对千万片刻有卜辞的牛肩胛骨和龟甲有计划的发掘。安阳是商朝最后一个都邑的遗址，依照传统的纪年，商朝传国年代是1783B. C.—1123B. C.（或据另种推算是1751B. C.—1123B. C.）。这些考古学的发现物是安阳（译者按，这是指小屯村商代遗址）作为商代都城的大约二六〇年间（即1385B. C.—1123B. C.）的真实遗物。

近几十年来成千万片刻有卜辞的甲骨已经被收集、研究和考释。实际所见这些骨质"文件"都是在每次占卜以后，由熟练博学的祭司负责保存下来的占卜记录。这些记录里载有日期，负责卜问的贞人，卜问的事情，以及在解读了因钻灼而显出的卜兆而得到的答案。

大部分的卜问都是有关一年对于先公先王的定期祭祀，这一类的祖先祭典是非常频繁而有规律的，因此中央研究院的董作宾先生，1928

年第一次指导安阳考古发掘且曾参加了后来历次发掘，已能编成了商代末期的三个帝王在位期间计有 1273B. C. —1241B. C. ，1209B. C. —1175B. C. ，以及 1174B. C. —1123B. C——总计一百二十年中的祭祀日谱。每一年的定期祭祀多至三百六十次。所以商人称一年为一"祀"，一个祭祀的周期，实在是不足为怪的了！

其他卜问的事项包括战事、巡行、狩猎、收获、气候、疾病和每一句中的吉运等事项。

1928—1937 年间科学的发掘结果掘出了几百座商代古墓葬，其中至少有四处是皇室大墓。除了成千成万片刻有卜辞的甲骨以外还发现了极多铸造精美的青铜礼器，生动的石质和象牙的雕刻，大量的家庭用器、武器和头盔，以及上千具的人体骨骸，此外，并发现有埋葬的狗、猪、羊、牛、马一类的家畜和其他多种动物。这些动物是为了奉献给死者而殉葬的。在一个坑穴中曾发现了三十八具马骨，全部都配戴着缀有许多带饰纹的小圆铜泡的缰辔；这些铜泡都还原封未动的摆着，而显出了组成辔头的皮条的痕迹（见 H. G. Greel 所著 *The Birth of China* 第150 页）。

很多清楚的证据证明墓葬中有许多尸体是为了奉献给死者而埋葬的。1934—1935 年间所发掘的多座墓葬中曾发现了千余具无头的人体骨骸。这些骨骸十具一组的分别埋在各个坑穴中。体骨埋在长方坑穴中……而头骨则埋在附近的方坑中。在一个方坑里埋有十个人头骨；头顶朝上，排列成行，全部面向北。跟人体骨骸一起发现的……有小铜刀、斧头以及砺石等三种器物。每坑总是各埋十件，明显地是每人一件（见 Greel 前书 212～213 页）。

这些就是考古学所发掘出来的文献的和物质上的证据，借以使我们了解远古历史的华夏宗教（Siniticism）时期中有关祖先崇拜的信仰。

这是第一次使我们从商代王朝和官方所表现的这种祖先崇拜的宗教的形式上认识了它的非凡和奢侈的物质。传统历史曾记载商人是崇拜祖先的灵魂的。但是直到近年来我们才了然定期献祭的几乎令人难以置信的频繁，以及珍贵的殉葬的物品，特别是殉葬的人牲的惊人数量。

无疑的，这类祖先祭祀的周期频数和定期性证明着一种信仰，即死去的祖先一如活人似的也有情、欲和需求，而且这些情、欲和需求是必须借着经常的祭献而得到满足的。大批的殉葬器皿、武器、动物、奴隶和卫士即指示着同样的结论。

中国古代的文献把华夏宗教（Sinitic Religion）时代的人殉品分为两类：第一类，即祭坛上所谓的"用人祭"。在这类人殉仪式中，显然只是用的战俘。另外一类，有一个专用名词，即"殉"，可以释为"死者的侍从"或"伴着死者被埋葬的人"。"殉"字据郑玄（死于200 A. D.）的解说是"杀人殉葬以充死者卫士"。这就是说死者需要他自己的卫士保护他，也需要他的宠妾娈童（Play Boy）陪他作伴。因此被杀殉葬的就是死者曾经指命或愿意"陪伴"他而去的那些人了。

就后来有关"殉"的史证而论，这种杀人殉葬的风俗最初很可能是得于一种"献爱"（Love Offering）的风俗，因此将死的人自然会挑选他自己所喜爱的死后伙伴。但是这种风俗竟发展成为一种仪式，于是大批的武装士兵被杀死殉葬以充死者的"卫士"。商代墓葬中所发现的与伟大的死者同葬的人体遗骸无疑是为了充任王者的卫队的。其中很可能有的是选定随着王而殉葬的爱妃，但是他们的遗体却无法确认了。在甲骨卜辞上即有祭祖时献人俘的记载。

依照着一种规律的计划和数字的顺序来埋葬这些人牲的有条不紊的情形，显示了一种根深蒂固的礼仪曾长久地麻痹着人类的自然意识而使得这类惨绝人寰的事件成为常典。当王朝和政府正忙于日常繁复的祖祭的时候，博学的祭司便负起每天的祭礼、占卜、释兆和刻卜辞的职务——在这种情况下，那几乎不可能期望有任何重大的思想和宗教上的觉醒，以有助于宗教制度的变更和改造。这样的觉醒直到倾覆商代的一次大战灭亡了这个帝国以后，甚至在新的征服者的统治之下历经了几百年的种族和文化的冲突以后才告开始的。

三

商朝和商帝国是被周民族征服了的。最初周民族住在遥远的西方，逐渐向东移动，直到军力和政治经过百余年持续不断的发展，终在公元前十二世纪的最后几十年才将商人的军队和盟军压服。

在周朝创建者的一些诰誓中，征服者列举了商代政府及王廷的罪状。对于商代王廷的主要控罪是耽于享乐，罔顾人民，特别是纵酒。但是对于献祭举行的频繁、奢纵、残忍却未加以控诉或谴责。这一事实显示着新的征服者并不认为商代宗教有什么不寻常的残忍或是不当的地方。

但是周征服者似乎原有他们自己的宗教，虽然它包括了一些祖先崇拜的特征，却并没有加以强调，也没有制定过任何繁复的礼仪。另一方面，有许多证据说明这一西方民族是一个最高神，就是他们所谓"帝"或"上帝"的崇拜者。

安阳甲骨卜辞使许多学者推断"帝"甚或"上帝"的观念对商人是并不陌生的。商人有一种奉少数祖先为神明，也就是说赠以"帝"号的风俗，这似乎是很确实的。另一件事，也似乎是很可能的，就是商人随着时间的演进而发展出来"上帝"最高神，也就是他们的始祖。那是一个部族神。时常，一位在战争及和平时有丰功伟绩的伟大祖先会被提升到神的阶级，并且成为最高神的陪享者。对于神或祖神的祭献也叫做"禘"。傅斯年先生在所著《性命古训辩证》中列举了用有"帝"字的六十三条甲骨卜辞。在这些条卜辞中，有十七次用"帝"字来指称对于神圣祖先的祭祀；六次用为祖神的尊称；二十六次用为"神"的尊称而没有附加其他形容字。在最后一类里，帝（god）据说能"致雨"、"止雨"、"降饥馑"等等。这无疑的暗示着一种一个有意识有权力的神的观念——一种有神论的观念，这种观念似乎曾经由于更具优势的祖先崇拜的祭祀而在发展上受到抑制与阻碍。

周民族在与商文化的长时期接触中逐渐接受了商民族的部族神作为他们自己的神，并且认成是自己的始祖。由于其他种族或部落的借用，商人的神逐渐失去了他的部族属性，而终于变成了遍在的神和最高的主宰。

周人的宗教赞颂诗和政治上的诰誓显示出一种非常深挚的宗教热诚。他们似乎深信，神不满于商代统治者的昏庸无道，因此把它的宠命传赐给周人。他们在战场上的口号是：

> 上帝临汝，无贰尔心。

他们对于自己伟大的王的赞辞是：

> 穆穆文王，于缉熙敬止，假缉于天。……

早期周人似乎发展出来一种含混的观念，以为上帝住在天上，他们有几位伟大的王也会到那里去，且与上帝同在。一首关于文王的颂诗曾这样说：

> 文王在上……文王陟降，在帝左右。

又在另一首诗里：

> 下武维周！世有哲王，三后在天。

这几节诗似乎指出，周人对于上帝和少数先王所居住的天的观念是有限度的。这几位先王由于特殊的德能勋业而被允许和上帝同在。

这样具有独占性的天堂，平民是不能分享的，平民大多数是商人，他们受着新的统治阶级的封建诸侯的统治。有些诸侯是从周王朝获得他们原来的采邑的。这些商人继续信奉他们的崇拜祖先的宗教。

但是这种奢纵的皇家祖先崇拜宗教的伟大时代已经永远的消逝了。伟大的每年周而复始的日祀——周祭也消逝了。大规模的人殉也消逝了。博学的皇家祭祀阶级也贬降为职业的巫史阶级（Professional Class of Scribes and Priests），而靠着在大多数平民和少数统治贵族的家庭中表演和协助殡葬和祭祀讨生活。国家的灾患和个人的贫困已经深深地给他们灌输了谦逊温顺的教训。因此这一巫史阶级便获得了"儒"的统称，意思就是温顺和懦弱。他们仍然传授和表演殡丧和祖先崇拜的传统仪式。

在周代和后来独立相伐的战国时期（1100 B. C. —250 B. C.），统治阶级信神论的宗教（Theistic Religion）和平民更占优势的祖先崇拜宗教似乎已经相互影响而渐渐地融合成为一个可以恰当的称为"华夏宗教"（the Sinitic Religion）的宗教，一种很简化了的祖先崇拜，跟有神论的特性共存，像普遍承认和崇拜着一位高踞于其它小神之上的"天"或"上帝"。主要不同的一点就是长久的居丧期——为父母居丧三年——这原是商人一般奉行的，却长久遭受到周朝统治阶级的反对。这在 300 B. C. 孟子的时代也仍是如此。直到公元二世纪以后，三年之丧才渐渐法定为政府官员的应遵守的礼法。

<h1 style="text-align:center">四</h1>

关于中国人最早对于人类死后遗存的观念，我们究能知道些什么呢？

首先让我们来观察一下古代在一个人死去的时候举行的"招魂"仪式。这种仪式见于最早的仪典，而且似乎曾普遍的奉行于华夏宗教的早期，就是所谓"复"的仪式。

当一个人被发现已经死去的时候，他的家属立刻拿着死者的一套衣服，登升屋顶，面向正北，挥动死者衣服而号告："皋、某、复！"三呼而反，抛下衣服，再从屋上下来，拾起衣服，覆于死者身上，然后奉食于死者。

这一古老的仪式暗示着一种观念，即一个人死了以后，有些什么东西从他的身体内出来，且似曾升到天上。因此需在屋顶上举行招复的仪式。

这种招魂的仪式也许暗示着借企望召回逃离的一些东西而使死者复生，奉献食物这一点也似乎暗示着一种信仰，就是某些东西确实被召回来了，虽然这不能使死者复生，却认为是居留在家里，且接受祭献。

那么人死后从他身上出来的究竟是一些什么东西呢？那就是人的"光"或"魂"。在最早的文献上，是即所谓"魄"，就语源学上说，意思就是白色和亮光。值得注意的就是同一个名字"魄"在古代铜器铭文和记载上是用来指称新月增长中的光。新月以后的增长光亮时期即所谓"既生魄"；而满月后的末期，则称之为"既死魄"。原始的中国人似曾认为月有盈亏就是"魄"，即它的"白光"或"魄"的周期性的生和死。

依次类推，早期的中国人也就认为死是人的魄，即"光"或"魄"的离去。这种类推可能起源于"Will—o'—the—Wisp"，即中国人现在所说的"鬼火"。在古代"魄"认为是赋予人生命、知识和智慧的。人死，则魄离人体而变成或认为"鬼"，一种是幽灵或魔鬼。但是灵魄脱离人体也许是缓慢的随着生活力的衰退，魄就那么一点一点脱离身体了。迟至元前第六和第七世纪，学者和政治家在谈到一个人的智慧衰退情形时，就说是"天夺其魄"——意思是说，他将不久于人世了（见《左传》宣十五年，襄二十九年）。

不过后来，魄的观念却慢慢地为新的灵魂观念所取代了；认为灵魂是行动灵活飘然而无形、无色的东西。它很像是从活人口里出来的气息。这就是所谓"魂"。渐渐地，原来"魄"字便不再用来表示赋予生命和光亮的灵魂的意思，而衍变为意指体躯和体力了。

"魂"字，就语源学来说，跟"云"字一样，都意指"云"。云，飘浮，比盈亏之月的皎白部分也似乎更为自由轻灵。"魂"的概念可能是源于南方民族，因为他们把"复"（召呼死者）的仪式叫做"招魂"。

当哲学家们把重要的阴阳观念视为宇宙间的主动和被动的两大力量的时候，他们是当然也尝试要协调不同民族的信仰，而且认为人的灵魂包含着一种静止而不活动的"魄"和一种更活动而为云状的"魂"。

公元前六世纪以后，人们便渐渐地习于把人的灵魂称为"魂"或

"魂魄"。在讨论到由于八年前一位曾有权势的政治家被谋杀的鬼魂出现而引起的普遍骚动的时候，名政治家子产（死于公元前522年），当时最聪明的人之一曾说，一个死于非命的强人会变成危害人类的幽灵的。他的解释是这样："人生始生曰魄，既生魄，阳曰魂。用物精多，则魂魄强。是以有精爽，至于神明。匹夫匹妇强死，其魂魄犹能凭依于人以为淫厉，况良霄（被杀的政治家，他的出现已传遍全城），我先君穆公之胄，子良之孙，子耳之子，数世之卿，从政三世矣……其用物也弘矣，其取精也多矣……而强死，做为鬼，不亦宜乎？"（《左传》昭公七年）

另外一个故事，叙述当时南方吴国另外的一个聪明人季札，他（约在公元前515年）负着外交使命而在北方旅行，旅途中他的爱子死去了。孔子由于这位习于礼的伟大哲学家季札的盛名的感召曾往而观葬。既封墓，季子左袒绕墓三呼道："骨肉归复于土，命也。若魂气，则无不之也，无不之也。"仪式既毕，季札便继续登程了。

这两个常被引述的故事或可指出：一些贤智之士意在从矛盾纷纭的流行信仰基础上抽出一些有关人类"残存"永生（Survival）的一般观念。这种一般性的理论，为方便计可援用下列的几句经文加以简赅的说明："体魄则降，知气在上"（《礼运》）。又"魂迷归于天；形魄归于地"（《郊特牲》）。显然的，简赅的陈述，跟季札在他儿子葬礼中所谓"骨肉归复于土。若魂气，则无不之也"的话是大致符合的。

正统派哲学家关于魂魄仅讨论到这里为止，他们不再臆测魂气离开人体而飘扬于空中以后究竟如何演变。他们以自称一无所知尽力的避免讨论。有的哲学家，如下文所知，实际上甚至否认鬼神的存在。

但是，一般人民却并不为这种犹豫所困扰。他们认为灵魂是一种事实，是一种真实的事物。他们确信灵魂或游动于地下甚或人世之间，通常是看不见的，但在必要时也可以显现。他们确信：正由于有灵魂，才有鬼神；灵魂本来的居处虽是在坟墓内或地下——"黄泉"——却可以且愿意探亲家里族人；鬼魂能够而且真的享用祭献的食物。同样的他们相信，如果不供献食物，鬼会饿，并且可以"饿死"。因为一个古老的信仰说："神不歆非类"（《左传》），正是肇端于这种古老的祖先崇拜宗教信仰，也正由于这才使得人而无后成了一大罪愆。

此外，另一个有关的信仰认为鬼魂如无处可去和享用应得的祭献，就会作祟害人。而这种信仰使得死后没有子嗣的人可以指定和收继子嗣的那种制度合理化了。

但是，甚至在最早的历史时期，中国人的祖先崇拜已对于要崇拜的祖先的数目却上了一项限制。就没有官阶的平民来说，祭献只限于去世的父母和祖父母，甚至在大家族内，祭祀也仅限于三四代。远祖由于每一新的世代（的死亡）而被跻升成为迁祧不祀的阶级。关于例常的迁祧的制度，儒家已有详细的考订，且用于皇朝和帝室的祖先。

那么迁祧的祖先灵魂将会怎样呢？他们不会饿死吗？答案曾是这样，即灵魂渐渐地缩小而最后完全消失。一种流行的信仰认为"新鬼大，故鬼小"，就基于这类信仰。在古老的字典上"死"字便被界说为"澌灭"（《说文》）。这项定义综括了中国平民的常识和知识阶级的怀疑主义（Skepticism）和理性主义（Rationalism）。总之，早期中国人的华夏宗教含有着一些有关人类死后遗存的观念的，不过赋予生体以生命和知识的人体灵魂，虽视其强弱而做一个短时期的鬼神，却仍渐渐地衰萎而终至完全消散，它不是不灭的。

<h1 style="text-align:center">五</h1>

现在，纵是这样中庸的一种有关人类死后遗存的观念也受到哲学家们怀疑和警惕的批评。甚至是出身于巫史阶级的"儒"，且经训练而专司丧祖先祭祀种种仪礼的人正统派哲学家们，也为了祭献和殉葬品的奢侈，以及在某些有权势的阶层中仍残余的原始人殉习俗而感到困扰。

在《左传》（722B. C.—468B. C）这编年史里有六条关于"殉"即杀人殉葬的记载（分见文公六年，宣公十五年，成公二年、十年，昭公十三年，定公二年），其中只有一例（宣公十五年）记载着有意违背了即将死去的父亲的愿望而没有用他的宠妾殉葬。另外的五例则连累了许多人命牺牲在王室的墓葬中。其中两例（昭公十三年及定公二年）正当孔子生时（551B. C.—479B. C.）。昭公十三年，楚王在内战流亡途中死于芈尹申亥氏。申亥曾以他的两个女儿殉葬。

《檀弓》（《礼记》卷二，其中包括很多关于孔子和他的第一二两代弟子以及同时代人的故事）曾显然带有赞许意味地举出两条委婉拒绝以人殉葬的例子。而这两个例子都似乎属于孔子死后不久的时代。

此外，《左传》还记载了七条（见宣公十五年、三十年，成公三年，昭公五年、九年、十年，定公三年）有关另一型人殉的例子即献俘于祭坛。其中三例，都是用战俘的血衅鼓的奇异风俗——不过牺牲者都被赦免了。定公七年一例，有一个战败"夷狄"之族的王子在战役中被俘，而活生生的送到祭坛作了牺牲，不过祭仪以后却饶了他的命。这条例证是当孔夫子约五十岁时发生在他的故乡鲁国。

这些史例虽限于王朝贵族中国家的活动，但无疑的说明了以人当已死祖先的牺牲一持久而普遍的风俗。不过由于文明的一般发展早已经达到一个相当高度的人文主义和理性主义的水准，所以大部分这类不人道的习俗的记载都附有史家的严厉非议。纵是这样，这一类的事件在号为文明国度里却仍然被可敬重的人们在奉行着。因此，当时的思想家为促成这种不人道习俗的宗教观念所困恼就无可惊异了。

孔子一派的哲学家似乎获得这样的结论：即促成人殉和厚葬的基本观念就是相信人在死后仍保有他的知识和感觉。孔子的一位弟子曾说过："夏后氏用明器，示民无知也。殷人用祭器，示民有知也。周人兼用之，示民疑也"（见《礼记·檀弓上》）。这段说明坦率的指出明器殉葬和人死后有知的信仰间的历史关联。

孔子自己也持同样的看法。他说：为明器者知丧道矣。……哀哉死者而用生者之器也，不殆用殉乎哉！……涂车刍灵自古有之，明器之道也。……为俑者不仁，殆于用人乎哉？（《礼记·檀弓下》和《孟子》卷一第四章）

显然的，孔子和他的一些弟子公开反对以真实的用器殉葬，因为这会暗示人类死后仍然有知的信仰。但是，他们是不是就那样公开地承认且宣扬死者是无知的吗？

孔子和他同派的学者偏于采取一种不轻加臆断的立场，而把这个问题加以保留。孔子说："之死，而致死之，不仁，而不可为也；之死，而致生之，不知，而不可为也"（见《礼记·檀弓上》）。那么正确的态度就是"我们无所知"。

这种事在《论语》中表现的更为明显。当一位弟子问如何事奉鬼神的时候，孔子说："未能事人，焉能事鬼？"于是这位弟子又说："敢问死？"孔子说："未知生，焉知死？"（见《论语·先进》）又某次，孔子问弟子："由，诲汝知之乎？知之为知之，不知为不知，是知也。"（见《论语·为政》）

就孔子某些弟子来说，只要从不知论的立场再走一步，就会坦白地否认人死后有知，从而否认一切有关鬼神上帝的存在和真实性。公元前五世纪到四世纪时，儒家曾受到敌对的墨教学者的驳斥，认为他们实际是否定鬼神存在的。

墨教是公元前五世纪最伟大的宗教领袖墨翟倡导的。他竭诚奋力地想与人民的神道宗教辩护和改造，因此颇引起一阵骚动。他信仰一种人格神（a personal god），而神是希望人该兼爱无私的。他坚决相信鬼神的存在的真实性。在《墨子》一书内，较长的一篇文章就是《明鬼》（卷三十一）。在这篇文章内，墨翟试图以三类论据辩证鬼的存在：（1）许多人确曾见过鬼或听到过鬼的声音，（2）鬼的存在，明白地记载或暗示于许多古籍中，（3）承认鬼神存在有助于人类的道德行为和国家的安谧。

墨翟复兴了并且建立了一个具有伟大力量的宗教。他是中国历史上最伟大最可敬爱的人物之一。但是他却没有"证明"鬼神的存在。

稍后，正统派的中国思想家或不仔细思索而直接地接受了传统的崇拜和祭祀；或是以孔子不轻加臆断的口实而承认他们不知道人在死后究否有知。为了更确定孔子的立场，晚期的儒家捏造了一个故事，作者不明，故事本身初见于公元前一世纪继而以增改的形式而流行于纪元三世纪。故事是这样的，一位弟子问孔子死者是否可知，孔子说："吾欲言死者之有知，将恐孝子顺孙妨生以送死。吾欲言死之无知，将恐不孝之子弃不葬。赐欲知死者有知与无知非今之急，死后自知之。"（见刘向《说苑》卷十八；孔子《家语》卷二）

但是有些中国思想家却坦白地采取一种无神论的立场。中国最伟大的哲学家之一王充（27—约100）写过几篇论文（见《论衡》卷六十一、六十三、六十五）以证明："人死后并不变为鬼，死后无知同时并不能伤害人类。"他直认：当血液在一个人的脉管中停止循环，他的呼吸与灵魂随即分散，尸体腐烂或为泥土，并没有鬼。他的最出名的证明无鬼的推论之一是如此的：如果真的鬼系由死人灵魂所形成，那末，人们所见到的鬼应该是裸体的，确实应该没有穿衣裳。实在的，衣服与带子腐烂后不会有灵魂存在，如何能见到穿着衣裳的鬼？

就我所知，这项论证从来还没有被成功地驳倒过。

六

几乎就在王充致力于他的伟大《论衡》的时侯，伟大的佛教侵入了中国，且已经在群众和有权势的阶层中收到了教徒。在短短的两三个世纪内，中国就被这个印度宗教征服了；中国人的思想和信仰，宗教和艺术，甚至生活的各方面，都逐渐地印度化了。这种印度化的过程持续了近乎两千年。

严格地说，原来的佛教是一种无神论的哲学，主张万物包括"自己"，都是原素（elements）的偶然组合，且终将分散而复成为原素。没有什么是永恒的，也无所谓持续和稳定（continuity and stability），无我，无相，无性（no self，no ego，no soul）。

但是中国人民对于这类形而上的理论却并不感兴趣。在一般人心目中，佛教所以是一个伟大的宗教，因为它首先就告诉中国有很多重天和很多层地狱；首先告诉中国以新奇的轮回观念和同样新奇有关前生、今世和来世的善恶报应观念。

这些新奇的观念急切地为千百万的中国男女接受了，因为这正是古老华夏宗教所缺少的。在漫长的岁月里，这一切观念都变成了中国宗教思想和信仰的一部分。它们也变成了复兴的华夏教，即现在盛行的所谓道教的一部分。天堂现已采用了中国名称，地狱也由中国的帝王和审判官来监理。天国的喜悦，地狱的恐怖，天路旅程的逍遥，地狱苦海的沉痛——所有这些观念不仅颂之于歌，笔之于奇幻的故事，并且在到处的庙院里绘成了巨幅生动的壁画，以作为人们日常的启迪和戒惧。

在这种情形下，古老的华夏信仰因愈变得丰富、革新而加强起来了。同样，华夏文化也因此而印度化了。同样，关于灵魂和灵魂永存的古老概念也逐渐完全改观。灵魂虽仍叫魂，但是现在却认为它能够周历轮回而永生的，且无论是好或坏，完全依着善恶报应的绝对因果关系。只有"魂"才进入兜率天，或受无量寿和永明的阿弥陀佛支配的极乐世界。但作恶者的灵魂却要下地狱，遭受下油锅、慢慢地凿、捣、研磨、大卸八块（分尸）一类的酷刑。

中古时代的中国遭受的这种佛教的征服势锐不可当，因此许多的中国学者都被震吓住了。他们面对新宗教夸张的象喻和暧昧的形而上学，而感到耳目眩迷，甚至为之俘获。但是随着时期的演进，中国的人道主义、自然主义和怀疑主义却又渐渐地恢复起来了。

大约在公元五百一十年，也就是佛教征服的高潮时期，一位经学家范缜开始攻击这一新的宗教，而坦白否认灵魂的存在。他撰写了一篇《神灭论》，内中指称："神即形也，形即是神也，是以形存则神存，形谢则神灭也。"下面则是他最精辟的一段辩论：形者神之质，神者形之用……神之于质，犹利之于刀……舍利无刀，舍刀无利，未闻刀没而利存，岂容形亡而神在。范缜的论文包括三十一项问题和解答。他在文末指出，文旨在从虚伪自私的佛教统治下解放出可悯的中国。

范缜论文的发表大大的触怒了虔信佛教的梁武帝（502—549 年在位），和尚和尼姑都骚动起来。皇帝发布了一项驳斥范缜论文的命令，提醒他们举凡三大宗教——儒教、道教、佛教——都一致主张灵魂的不灭性，而且不学无术心胸狭隘的范缜至少应该晓然儒家的经典对于这一课题曾是如何解说的。这项皇帝的敕命曾被一位伟大的佛教方丈热忱地加以翻印，并分送给六十二位王族朝廷大臣和当时有名的学者以资征询意见。这六十二位名士在复函里都由衷地赞颂皇帝的驳斥。

但是史家告诉我们，虽然整个朝廷和全国因范缜的理论而骚动，没有一个人在反驳他的辩论上获得成功。

范文所称灵魂只是身体功能的表现，并不能在身体死后独存的论见对于后世中国思想有重大的影响。如哲学家兼史学家的司马光（1019—1086）在驳斥流行的天堂地狱信仰时就抱持类似的理论。他说："甚至假如有地狱和凿焚捣研等刑法，当尸体已经腐烂，灵魂也已分散时，还遗留有什么东西来承受这些酷刑？"这真是范缜理论的一项注解了。

七

因此我们考证的实在结果应可分为两方面：（1）流行的中国固有宗教甚至即在一些显然有识者的努力以求其系统化合理化以后，也仍含有一种关于人类灵魂及其死后永存的书丛单纯观念。而且正是这种中国的灵魂观念，才由于印度佛教的新思想，而为之加强和革新。（2）中国重要的智识界领袖对于这个问题似乎没有积极的兴趣，果然他们有些什么兴趣的话，他们的讨论也常常要不是终于不可臆断，即是公然否定灵魂和它的不灭。

这使我们要提出两个问题：（1）中国思想家对于灵魂和它的不灭问题为什么不感兴趣？（2）在知识阶级的宗教或精神生活中有没有什么可以认为是代替人类不朽概念的？

第一个问题的答案是中国文化和哲学的传统由于素来偏重人道主义和理性主义，所以哲学家便不大认真关心于死后生活和神鬼的问题。孔子说："未能事人，焉能事鬼？""未知生，焉知死？"这几句话可作为这方面的说明。

另外一次，孔子说："君子不忧不惧，内省不疚，夫何忧何惧"（《论语·颜渊篇》）。在这个人类世界上，道德的生活本身已足够是一个目的，固不需忧虑事后未来或畏惧鬼神。

孔门伟大弟子之一的曾子也给我们留下了一个楷模。他说："士不可以不弘毅，任重而道远。仁以为己任，不亦重乎！死而后已，不亦远乎！"（《论语·泰伯篇》）一个中国君子，如果没有深受印度思想和信仰的影响，对于"死而后已"的想法是不会感到痛苦和后悔的。

现在谈到第二个问题：就中国知识分子来说，究竟有没有什么中国人的概念或信仰可以取代其他宗教人类不朽观念呢？

当然有的，据《左传》记载，公元前549年——即孔子不过是两岁大的孩子的时候——鲁国的一个聪明人叔孙豹曾说过几句名言，即所谓有三个不朽："大上有立德；其次有立功；其次有立言。虽久不废，此之谓不朽。"同时，他举了一个例："鲁有先大夫曰臧文仲，既没，其言立。"这段话两千五百年来一直是最常被援引的句子，而且一直有着重大的影响。这就是一般所谓的"三不朽"，我常常试译为"三W"，即德（worth）、业（work）、言（words）的不朽。

三不朽论的影响和效果是深厚宏达而不可估计的，而且它本身就是"言"之不朽的最佳证明。

公元1508年，伟大的哲学家王守仁（1528年逝世）的学生问他炼丹术究竟可以延年益寿。他答说："我们孔夫子的学派也有我们不朽的见解，例如孔夫子最嘉爱的弟子颜回三十二岁去世，但他今天仍然活着，你能相信吗？"

我在写这篇论文的时候，我的记忆使我回想到五十多年前，回想到安徽南部山中我第一次进入的那个乡村学校。每天从高凳上，我可以看见北墙上悬挂的一幅长轴，上面有公元八世纪时政治家和大书法家颜真卿写的一段书札的印本。当我初认草书时，我认出来这张书札开头引用的就是立德、立功、立言的三不朽论。五十年匆匆地过去了，但是我第一次发现这些不朽的话的深刻印象却一直没有毁灭。

这古老的三不朽论，两千五百年来曾使许多的中国学者感到满足。它已经取代了人类死后不朽的观念，它赋与了中国士大夫以一种安全感，纵然死了，但是他个人的德能、功业、思想和语言却在他死后将永垂不朽。

我们不必认为仅有伟大的德能、功业和教言才是不朽的。就我们现代人来说，我们应十分可能且合理的把这种古老的观念重加阐释，民主化或社会化。这样，则所谓德也许才可以意味着我们所以为人的一切，才可以意味着我们所为的一切，才可以意味着我们所想的和所说的一切。这种学说可以得到一种现代的和科学的意义，就是在这个世界上的任何一个人，不论他怎样的鄙陋低微而不足道，总都会留下一些东西，或善或恶，或好或坏。由于不只是好的才能留下来，所以古语说得好："遗臭万年"。对于恶善贤愚不肖都可以贻人的影响的这种了解，而使我们对自己所以不朽的行为思想和言语道义，深深地怀有一种道义的责任感。举凡我们的为人、行事和言谈在这个世界上的某些地方，都会发生影响，而那种影响在别的地方又会发生另外的影响，如此而至于无穷的时间和空间。我们不能全然了解一切，但是一切都存在那里，而至于无穷尽。

总之，就像猫狗会死一样，个人也会死的，但是他却依然存在所谓人类或社会的"大我"之中，而大我是不朽的。大我的继续存在，成为无量数小我个人成功与失败的永存纪念物。"人类的现状固源于我们若祖若父的贤愚，但是我们终将扮演成何等角色，则须从我们未来的情势去加以判断。"

（此文原为胡适 1945 年在哈佛大学的讲演，英文讲词发表于同年《哈佛大学神学院院刊》；1963 年 12 月经杨君实译成中文，刊于《中央研究院历史语言研究所集刊》第 34 期，下册）

中国哲学里的科学精神和方法
（1959 年 7 月）

一

前两次的东西哲学会议上都有人提出过这样的问题：东方从前究竟有没有科学呢？东方为什么科学很不发达，或者完全没有科学呢？

对于第一个问题，有些答案似乎确然是说没有。薛尔顿教授（Prof. W. H. Sheldon）说："西方产生了自然科学，东方没有产生。"①诺斯洛浦（Prof. Filmer S. C. Northrop）也说："（东方）很少有超过最浅近最初步的自然史式的知识的科学。"②

对于第二个问题，东方为什么科学不发达，或者完全没有科学，答案很不一致。最有挑战性刺激性的答案是诺斯洛浦教授提出来的。他说："一个文化如果只容纳由直觉得来的概念，就天然被阻止发展高过那个最初步的、归纳法的、自然史阶段的西方式的科学。"③依照诺斯洛浦的定义说，由直觉得来的概念只"表示可以当下了解的事物，所含的意思全是由这种可以当下了解的事物得来的。"④诺斯洛浦的理论是：

> 一个文化如果只应用由直觉得来的概念，就用不着形式推理和演绎科学。假如科学和哲学所要指示的只是当下可以了解的事物，那么，很明白，人只要观察、默想，就可认识这种事物了。直觉的和默想的方法也就是惟一靠得住的方法了。这正是东方人的见解，也正是他们的科学很久不能超过初步自然史阶段的原因——由直觉得来的概念把人限制在那个阶段里了。⑤

这个理论又有这样扼要的一句话："东方人用的学说是根据由直觉得来的概念造成的，西方人用的学说是根据由假设得来的概念造成的。"⑥

我不想细说这个诺斯洛浦理论，因为我们这些二十来年时时注意这位哲学家朋友的人对于他的理论一定都知道得很清楚。

我只想指出，就东方的知识史来看，这个东西二分的理论是没有历史根据的，是不真实的。

---

① 薛尔顿教授的论文 "Main Contrasts Between Eastern and Western Philosophy"（《东西哲学的主要不同》），见摩尔（Charles A. Moore）编的 Essays in East-West Philosophy（《东西哲学论文集》，即 1949 年第 2 次东西哲学家会议的论文集，檀香山夏威夷大学出版社，1951 年版），291 页。

②③ 诺斯洛浦教授的论文 "The Complementary Emphasis of Eastern Intuitive and Western Scientific Philosophy"（《东方直觉哲学与西方科学哲学互相补充的重点》），见摩尔编的 Philosophy—East and West（《东西哲学》，即 1939 年第 1 次东西哲学家会议的论文集，普林顿斯大学出版社，1944 年版），212 页。

④ 同上，173 页。

⑤ 《东西哲学》，223 页。

⑥ 诺斯洛浦，The Meeting of East and West（《东西的会合》，纽约麦米伦书店，1946 年版），448 页。

第一，并没有一个种族或文化"只容纳由直觉得来的概念"。老实说，也并没有一个个人"只容纳直觉得来的概念"。人是一种天生会思想的动物，每天都有实际需要逼迫他做推理的工作，不论做得好做得不好。人也总会懂得把推理做得更好些，更准确些。有一句话说得很不错：推理是人时时刻刻逃不开的事。为了推理，人必须充分使用他的理解能力，观察能力，想像能力，综合与假设能力，归纳与演绎能力。这样，人才有了常识，有了累积起来的经验知识，有了智慧，有了文明和文化。这样，东方人和西方人，在几个延续不绝的知识文化传统的中心，经历很长的时间，才发展出来科学、宗教、哲学。我再说一遍，没有一个文化"只容纳（所谓）由直觉得来的概念"，也没有一个文化天然"被阻止发展西方式的科学"。

第二，我想指出，为着尝试了解东方和西方，所需要的是一种历史的看法（a historical approach），一种历史的态度，不是一套"比较哲学上的专门名词"。诺斯洛浦先生举的"由假设得来的概念"有这些项：半人半兽①，《第四福音》的开头一句，天父的概念，圣保罗、圣奥古斯丁、圣阿奎那斯的基督教②，还有德谟克利特的原子，波尔（Bohr）和卢斯福（Ruthorford）的古典物理学上的原子模型③，爱因斯坦物理学上的时空连续④。然而，我们在印度和中国的神话宗教著作里当然能够找到一千种想像的概念，足可以与希腊的半人半兽相比。我们又当然能够举出几十种印度和中国的宗教观念，足可以与《第四福音》的开头一句相比。⑤ 所以这一套"两分法"的名词，这一套专用来渲染历史上本来不存在的一个东西方的分别的名词，难道我们还不应当要求停止使用吗？

因此，我现在很想解释一下我所说的比较哲学上用的历史的看法是什么。简单地说，历史的看法只是认为东方人和西方人的知识、哲学、宗教活动上一切过去的差别都只是历史造成的差别，是地理、气候、经

① 《东西哲学》，183 页。
② 同上书，216 页。
③④ 同上书，185 页。
⑤ 《第四福音》开头一句里的 Logos 曾被译作"道"，正是老子《道德经》第 1 句里的"道"。诺斯洛浦若知道此一翻译，也许会觉得有兴味。受过现代语言学训练的人大概会把 Logos 译作"名"，即《老子》第 2 句里的"名"，此"名"曾被误译作 The name，诺斯洛浦曾引用，同上书，204 页。(《约翰福音》第 1 句："太初有道，道与神同在，道就是神。"诺斯洛浦引用《老子》，据陈荣捷的翻译。)

济、社会、政治，乃至个人经历等等因素所产生，所决定，所塑造雕琢成的；这种种因素，又都是可根据历史，用理性，用智慧，去研究，去了解的。用这个历史的看法，我们可以做出耐心而有收获的种种研究、探索，可以不断寻求理解，绝不只是笑，只是哭，或只是失望。用这个历史的看法，我们可以发现，东西两方的哲学到底还是相似多于相异；也许可以发现，不论有多少明显的差别存在，都不过是种种历史的因素特别凑合所造成的重点的程度上的差别。用这个历史的看法，也许我们更容易了解我们所谓"西方式的科学"的兴起和迅速发达，绝不是什么优等民族的一个独立的，并且是独占的创造，而是许多历史因素一次非常幸运的凑合的自然结果。凭着一种耐心的历史探索，也许我们更容易了解，无论哪一种历史因素，或是种种因素的凑合，都不会"天然地阻止"一个种族或文化——或者使一个种族或文化永远失去了那种能力——学习、吸收、发展，甚至于超过另一民族在种种历史条件之下开创发扬起来的那些知识活动。

说一个文化"天然被阻止发展西方式的科学"，是没有根据的悲观失望。但是尽力弄清楚有些什么因素使欧洲得到了至少四百年来领导全世界发展近代科学的光荣，在另一方面又有些什么因素，或者是些什么因素怎样凑合起来，对于有史以来多少个种族或文化（连中世纪的"希腊罗马基督教"文化也不例外）在科学发展上遭受的阻碍以至于毁坏，要负很大的责任——这在我们这个很有学问的哲学家与哲学史家的会议中，也是一件值得做的事业，一种应当有的抱负。

二

我预备这篇论文，用了一个不很谦虚的题目：《中国哲学里的科学精神与方法》，也是想要显示一点比较哲学上用的历史的看法。

我有意不提中国哲学的科学内容，不但是为了那份内容与近四百年西方科学的成就不能相比——这是一个很明白的理由——而且正因为我的见解是：在科学发达史上，科学的精神或态度与科学的方法，比天文家、历法改革家、炼金术士、园艺家在实用上或经验上的什么成就都更有基本的重要性。

前哈佛大学校长康南特博士（Dr. James B. Conant），本身够一个第一流的科学家，在他的演讲集《懂得科学》（*On Understanding Science*）里，把这个见解表达得很有力量。因此我要引他说的话：

> 16、17 世纪那些给精确而不受成见影响的探索立下标准的早期研究工作者，他们的先驱是些什么人呢？哥白尼、伽利略、维萨略（Vesalius）的精神上的祖先是什么人呢？中世纪那些偶然做实验工作的人，那些细心设计造出新机械的人，虽然渐渐增加了我们物理和化学的经验知识，都还算不得。这些人留给后世的还只是许多事实的资料，只是达到实用目标的有价值的方法，还不是科学探索的精神。
>
> 要看严格的知识探索上的新勇气奋发，我们得向那少数深深浸染了苏格拉底传统的人身上去找，得向那些凭着原始的考古方法首先重新获得了希腊、罗马文化的早期学者身上去找。在文艺复兴的第一个阶段里把对于冷静追求真理的爱好发扬起来的人，都是研究人文的，他们的工作都不是关乎生物界或无生物界的，在中世纪，尽力抱评判态度而排除成见去运用人类的理智，尽力深入追求，没有恐惧也没有偏好……这种精神全是靠那些作讨论人文问题的人保持下来的。在学术复兴时代（The Revial of Learning）的初期，最够得上说是表现了我们近代不受成见影响的探索的观念的，也正是人文学者的古代研究。
>
> 佩特拉克（Petrarch）、簿伽丘（Boccaccio）、马奇维里（Machiavelli）、依拉斯莫斯（Erasmus），而绝不是那些炼金术士，应当算是近代科学工作者的先驱。依同样的道理说来，拉伯雷（Rabelais）与蒙田（Montaigne）发扬了评判的哲学精神，在我看也应当算是近代科学家的前辈。①

我相信康南特校长的见解基本上是正确的。他给他的演讲集加了一个副标题："一个历史的看法"（A historical approach），这也是很值得注意的。

从这个历史的观点看来，"对于冷静追求真理的爱好"，"尽力抱评判态度而排除成见去运用人类的理智，尽力深入追求，没有恐惧也没有偏好"，"有严格的智识探索上的勇气"，"给精确而不受成见影响的探索

---

① 康南特的 *On Understanding Science*（《懂得科学》，纽约 Mentor Books 1951 年版），23、24 页。参看他的 *Science and Common Sense*（《科学与常识》，耶鲁大学出版社，1951 年版），10～13 页。

立下标准"——这些都是科学探索的精神与方法的特征。我的论文的主体也就是讨论在中国知识史、哲学史上可以找出来的这些科学精神与方法的特征。

三

首先，古代中国的知识遗产里确有一个"苏格拉底传统"。自由问答，自由讨论，独立思想，怀疑，热心而冷静的求知，都是儒家的传统。孔子常说他本人"学而不厌，诲人不倦"，"好古敏以求之"。有一次，他说他的为人是"发愤忘食，乐以忘忧，不知老之将至"。

过去两千五百年中国知识生活的正统就是这一个人创造磨琢成的。孔子确有许多地方使人想到苏格拉底。像苏格拉底一样，孔子也常自认不是一个"智者"，只是一个爱知识的人。他说："知之者不如好之者；好之者不如乐之者。"

儒家传统里一个很可注意的特点是有意奖励独立思想，鼓励怀疑。孔子说到他的高才弟子颜回，曾这样说："回也，非助我者也，于吾言无所不说（悦）。"然而他又说过："吾与回言终日，不违如愚。退而省其私，亦足以发。"孔子分明不喜欢那些对他说的话样样都满意的听话弟子。他要奖励他们怀疑，奖励他们提出反对意见。这个怀疑的精神到了孟子表现得最明白了。他公然说："尽信《书》不如无《书》"，公然说他看《武成》一篇只"取其二三策"。孟子又认为要懂得《诗经》，必须先有一个自由独立的态度。

孔子有一句极有名的格言是："学而不思则罔，思而不学则殆。"①他说到他自己："吾尝终日不食，终夜不寝，以思，无益，不如学也。""学如不及，犹恐失之。""朝闻道，夕死可矣。"这正是中国的"苏格拉底传统"。

知识上的诚实是这个传统的一个紧要部分。孔子对一个弟子说："由，诲女（汝）知之乎？知之为知之，不知为不知；是知也。"又有次，这个弟子问怎样对待鬼神，孔子说："未能事人，焉能事鬼？"这个弟子接着问到死，孔子说："未知生，焉知死？"这并不是回避问题，这

---

① 《东西哲学与文化》的编者注：胡博士因两次重病住院几个月（现在恢复），故有些引用的经文缺注出处。

是教训一个人对于不真正懂得的事要保持知识上的诚实。这种对于死和鬼神的存疑态度，对后代中国的思想发生持久不衰的影响。这也是中国的"苏格拉底传统"。

近几十年来，有人怀疑老子（或老聃），是不是个历史人物，《老子》这部古书的真伪和成书年代。然而我个人还是相信孔子确做过这位前辈哲人老子的学徒，我更相信在孔子的思想里看得出有老子的自然主义宇宙观和无为的政治哲学的影响。

在那样早的时代（公元前6世纪）发展出来一种自然主义的宇宙观，是一件真正有革命性的大事。《诗经》的《国风》和《雅》、《颂》里所表现的中国古代观念上的"天"或"帝"，是一个有知觉，有感情，有爱有恨的人类与宇宙的最高统治者。又有各种各样的鬼神也掌握人类的运命。到了老子才有一种全新的哲学概念提出来，代替那种人格化的一个神或许多个神：

> 有物混成，先天地生。寂兮寥兮，独立而不改，周行而不殆，可以为天下母。吾不知其名，字之曰道，强为之名曰大。

这个新的原理叫做"道"，是一个过程，一个周行天地万物之中，又有不变的存在的过程。道是自然如此的，万物也是自然如此的。

"道常无为，而无不为。"这是这个自然主义宇宙观的中心观念。这个观念又是一种无为放任的政治哲学的基石。"太上，下知有之。"这个观念又发展成了一种谦让的道德哲学，一种对恶对暴力不抵抗的道德哲学："上善若水，水善利万物而不争。""柔弱胜刚强。""常有司杀者。夫代司杀者，是谓代大匠斫。夫代大匠斫者希有不伤手者矣。"

这是孔子的老师老子所创的自然主义传统。然而老师和弟子有一点基本的不同。孔子是一个有历史头脑的学者，一个伟大的教师，伟大的教育家，而老子对知识和文明的看法是一个虚无主义的看法。老子的理想国是小国寡民，有舟车之类的"什伯人之器而不用"；"使民复结绳而用之""常使无知无欲"这种知识上的虚无主义与孔子的"有教无类"的民主教育哲学何等不同！

然而这个在《老子》书里萌芽，在以后几百年里充分生长起来的自然主义宇宙观，正是经典时代的一份最重要的哲学遗产。自然主义本身最可以代表大胆怀疑和积极假设的精神。自然主义和孔子的人本主义，这两极的历史地位是完全同等重要的。中国每一次陷入非理性、迷信、出世思想——这在中国很长的历史上有过好几次——总是靠老子和哲学上的道家的自然主义，或者靠孔子的人本主义，或者靠两样合起来，努力把这个民族从昏睡中救醒。

第一个反抗汉朝的国教，"抱评判态度去运用人类的理智，尽力深入追求，没有恐惧也没有偏好"的大运动，正是道家的自然主义哲学与孔子、孟子的遗产里最可贵的怀疑和看重知识上的诚实的精神合起来的一个运动。这个批评运动的一个最伟大的代表是《论衡》八十五篇的作者王充（公元 27 年—约 100 年）。

王充说他自己著书的动机，"亦一言也，曰，疾虚妄"。"是转为非，虚转为实，安能不言！……世间书传，多若等类，浮妄虚伪，没夺正是，心溃涌，笔手扰，安能不论？论则考之以心，效之以事，浮虚之事，辄立证验"。

他所批评的是他那个时代的种种迷信，种种虚妄，其中最大最有势力的是占中心地位的灾异之说。汉朝的国教，挂着儒教的牌子，把灾异解释作一种仁爱而全知的神（天）所发的警告，为的是使人君和政府害怕，要他们承认过去，改良恶政。这种汉朝的宗教是公元前一、二世纪里好些哲人政治家造作成的。他们所忧心的是在一个极广阔的统一帝国里如何对付无限君权这个实际问题，这种忧心也是有理由的；他们有意识或半有意识地看中了宗教手段，造出来一套苦心结构的"天人感应"的神学，这套神学在汉朝几百年里也似乎发生了使君主畏惧的作用。

最能够说明这套灾异神学的是董仲舒（约公元前 179 年—104 年）。他说话像一个先知，也很有权威："人之所为，极其美恶，乃与天地流通而往来相应。""国家将有失道之败，而天乃先出灾害以谴告之；不知自省，又出怪异以警惧之；尚不知变，而伤败乃至。以此见天心之仁爱人君而欲止其乱也。"这种天与人君密切相感应的神学，据说是有《尚书》与《春秋》（记载天地无数异变，有公元前 722 至 481 年之间的三十六次日蚀，五次地震）的一套精细解释作根据。然而儒宗的经典还不够支持这个荒谬迷忌的神学，所以还要加上一批出不完的伪书，叫做"谶"（预言）、"纬"（与经书交织来辅助经书的材料），是无数经验知识与千百种占星学的古怪想法混合成的。

这个假儒家的国教到了最盛的时候确被人认真相信了，所以有好几个丞相被罢黜，有一个丞相被赐死，只是因为据说天有了灾异的警告。三大中古宗教之一真是控制住帝国了。

王充的主要批评正针对着一个有目的的上帝与人间统治者互相感应

这种基本观念。他批评的是帝国既成的宗教的神学。他用来批评这种神学的世界观是老子与道家的自然主义哲学。他说：

> 夫天道自然也，无为；如谴告人，是有为，非自然也。……损皇天之德，使自然无为转为人事，故难听之也。

因此，他又指出：

> 人在天地之间，犹蚤虱之在衣裳之内，蝼蚁之在穴隙之中。……天至高大，人至卑小……以七尺之细形，感皇天之大气，其无分铢之验，必也。

这也就是他指责天人感应之说实在是"损皇天之德"的理由。

他又提出理由来证明人和宇宙间的万物都不是天地有意（故）生出来的，只是自己偶然（偶）如此的：

> 儒者论曰："天地故生人。"此言妄也。夫天地合气，人偶自生也。……因气而生，种类相产。……如天地故生万物，当令其相亲爱，不当令人相贼害也……则生虎狼蝮蛇及蜂虿之虫皆贼害人，天又欲使人为之用耶？

公元第一世纪正是汉朝改革历法的时代。所以王充尽量利用了当时的天文学知识打破那流行的恶政招来灾异谴告的迷信说法。他说：

> 四十一二月日一食，五六月月亦一食。食有常数，不在政治。百变千灾，皆同一状，未必人君政治所致。

然而王充对于当世迷信的无数批评里用得最多的证据还是日常经验中的事实。他提出五"验"来证明雷不是上天发怒，只是空中阴阳两气相激而生的一种火。他又举许多条证据来支持他的无鬼论。其中说得最巧妙，从来没人能驳的一条是："如审鬼者死人之精神，则人见之，宜徒见裸袒之形，无为见衣带被服也。何则？衣服无精神，人死与形体俱朽，何以得贯穿之乎？"

以上就我所喜欢的哲学家王充已经说得很多了。我说他的故事，只是要表明中国哲学的经典时代的大胆怀疑和看重知识上的诚实的精神如何在埋没了几百年后还能够重新起来推动那种战斗：用人的理智反对无知和虚妄、诈伪，用创造性的怀疑和建设性的批评反对迷信，反对狂妄的权威。大量地怀疑追问，没有恐惧也没有偏好，正是科学的精神。"虚浮之事，辄立验证"，正是科学的手段。

四

我这篇论文剩下的部分要给中国思想史上的一个大运动做一个简单的解释性的报告。这个运动开头的时候有一个"即物而穷其理","以求至乎极"的大口号，然而结果只是改进了一种历史的考证方法，因此开了一个经学复兴的新时代。

这个大运动有人叫做新儒家（Neo-Confucian）运动，因为这是一个有意要恢复佛教进来以前的中国思想和文化的运动，是一个要直接回到孔子和他那一派的人本主义，要把中古中国的那种大大印度化的，因此是非中国的思想和文化推翻革除的运动。这个运动在根本上是一个儒家的运动，然而我们应当知道那些新儒家的哲人又很老实地采取了一种自然主义的宇宙观，至少一部分正是道家传下来的，新儒家哲人大概正好认为这种宇宙观胜过汉朝（公元前206年—公元220年）以来的那种神学的、目的论的"儒家"宇宙观。所以这又是老子和哲学上的道家的自然主义与孔子的人本主义合起来反抗中古中国那些被认为是非中国的、出世的宗教的一个实例。

这个新儒家运动需要一套新的方法，一套"新工具"（Novum Organum），于是在孔子以后出来的一篇大约一千七百个字的《大学》里找到了一套方法。新儒家的开创者们从这篇小文里找着了一句"致知在格物"。程氏兄弟（程颢，1032—1085；程颐，1033—1107）的哲学，尤其是那伟大的朱熹（1130—1200）所发扬组织起来的哲学，都把这句话当作一条主旨。这个穷理的意思说得再进一步，就是"即凡天下之物，莫不因其知之理而益穷之"。

什么是"物"呢？照程朱一派的说法。"物"的范围与"自然"一般广大，从"一草一木"到"天地之高厚"都包括在内。但是这样的"物"的研究是那些哲人做不到的，他们只是讲实务讲政治的人，只是思想家和教人的人。他们的大兴趣在人类的道德和政治的问题，不在探求一草一木的"理"或定律。所以程颐自己先把"物"的范围缩到三项：研究经书、论古今人物、研究应接事务的道理。所以他说，"近取诸身"。朱子在宋儒中的地位最高，是最善于解说，也最努力解说那个"即物而穷其理"的哲学的人，一生的精力都用在研究和发挥儒家的经典。他的《四书集注》（新儒家的《新约》），还有《诗经》和《易经》

的注，做了七百年的标准教本。"即物而穷其理"的哲学归结是单应用在范围有限的经学上了。

朱子真正是受了孔子的"苏格拉底传统"的影响，所以立下了一套关于研究探索的精神、方法、步骤的原则，他说："大抵义理须是且虚心随他本文正意看"，"只虚此心，将古人语言放前面，看他意思倒杀向何处去"。怎样才是虚心呢？他又说："须是退步看"，"愈向前愈看得不分晓，不若退步却看得审。大概病在执着，不肯放下。正如听讼，心先有主张乙底意思，便只寻甲底不是，先有主张甲底意思，便只见乙底不是。不若姑置甲乙之说，徐徐观之，方能辨其曲直。横渠（张载，1020—1077）云：'濯去旧见，以来新意。'此话甚当。若不濯旧见，何处得新意来？"

十一世纪的新儒家常说到怀疑在思想上的重要。张横渠说："在可疑而不疑者，不曾学。学则须疑。"朱子有校勘、训诂工作的丰富经验，所以能从"疑"的观念推演出一种更实用更有建设性的方法论。他懂得怀疑是不会自己生出来的，是要有了一种困惑疑难的情境才会发生的。他说："某向时与朋友说读书，也教他去思索，求所疑。近方见得只是且恁地虚心，就上面熟读，久之自有所得，亦自有疑处。盖熟读后，自有窒不通处，是自然有疑，方好较量。""读书无疑者须教有疑，有疑者却要无疑。到这里方是长进。"

到了一种情境，有几个互相冲突的说法同时要人相信，要人接受，也会发生疑惑。朱子说他读《论语》，曾遇到"一样事被诸先生说成数样"，他所以"便着疑"。怎样解决疑惑呢？他说："只是虚心。""看得一件是，未可便以为是，且顿放一所，又穷他语，相次看得，多相比并，自然透得。"陆象山（1139—1193）是朱子的朋友，也是他的哲学上的对手。朱子在给象山的一封信里又用法官审案的例说："（如）治狱者当公其心……不可先以己意之向背为主，然后可以审听两造之辞，旁求参伍之验，而终得其曲直之当耳。"

朱子所说的话归结起来是这样一套解决怀疑的方法：第一步是提出一个假设的解决法，然后寻求更多的实例或证据来做比较，来检验这个假设——这原是一个"未可便以为是"的假设，朱子有时叫做"权立疑义"。总而言之，怀疑和解除怀疑的方法只是假设和求证。

朱子对他弟子们说："诸公所以读书无长进，缘不会疑。某虽看至没紧要底物事，亦须致疑。才疑，便须理会得彻头。"

正因为内心有解决疑惑的要求，所以朱子常说到他自己从少年时代起一向喜欢做依靠证据的研究工作（考证）。他是人类史上一个有第一等聪明的人，然而他还是从不放下勤苦的工作和耐心的研究。

他的大成就有两个方向。第一，他常常对人讲论怀疑在思想和研究上的重要——这怀疑只是"权立疑义"，不是一个目的，而是一个要克服的疑难境地，一个要解决的恼人问题，一个要好好对付的挑战。第二，他有勇气把这个怀疑和解除怀疑的方法应用到儒家的重要经典上，因此开了一个经学的新时代，这种新经学要到他死后几百年才达到极盛的地步。

他没有写一部《尚书》的注解，但他对《尚书》的研究却有划时代的贡献，因为他有大勇气怀疑《尚书》里所谓"古文"二十五篇的真伪。这二十五篇本来分明是汉朝的经学家没有见到的，大概公元四世纪才出来，到了七世纪才成为《尚书》的整体的一部分。汉朝博士正式承认的二十八篇（实在是二十九篇），原是公元前二世纪一个年老的伏生（他亲身经历公元前213的焚书）口传下来，写成了当时的"今文"。

朱子一开始提出来的就是一个大疑问："孔壁所出尚书……皆平易，伏生所传皆难读。如何伏生偏记得难底，至于易底全记不得？此不可晓。"

《朱子语类》记载他对每一个问《尚书》的学生都说到这个疑问。"凡易读者皆古文……却是伏生记得者难读。"朱子并没有公然说古文经是后来人伪造的。他只是要他的弟子们注意这个令人难解的文字上的差别。他也曾提出一种很温和的解释，说那些篇难读的大概代表实际上告戒百姓的说话，那些篇容易读的是史官修改过，甚至于重写过的文字。

这样一个温和的说法自然不能消除疑问；那个疑问一提出就要存在下去，要在以后几百年里消耗经学家的精神。

一百年之后，元朝（1279—1368）的吴澄接受了朱子的挑战，寻得了一个合理的结论，认为那些篇所谓"古文"不是真正的《尚书》的一部分，而是很晚出的伪书。因此吴澄作《书纂言》，只承认二十八篇"今文"，不承认那二十五篇"古文"。

到了十六世纪，又有一位学者梅鷟，也来研究这个问题。他在1543年出了一部书证明《尚书》的"古文"部分是四世纪的一个作者假造的，那个作者分明是从若干种提到那些篇"佚"书的篇名的古书里找到许多文字，用做造假的根据，梅鷟费了力气查出伪《尚书》的一些要紧文字的来源。

　　然而还要等到十七世纪又出来一个更大的学者，阎若璩（1636—1704），才能够给朱子在十二世纪提出的关于古文尚书的疑惑定案。阎若璩花了三十多年工夫写成一部大著作《尚书古文疏证》。他凭着过人的记忆力和广博的书本知识，几乎找到了《古文尚书》每一句的来源，并且指出了作伪书的人如何错引了原文或误解了原文的意义，才断定这些篇是有心伪造的。总算起来，阎若璩为证明这件作伪，举了一百多条证据。他的见解虽然大受当时的保守派学者的攻击，我们现在总已承认阎若璩定了一个铁案，足可以使人心服了。我们总已承认：在一部儒家重要经典里，有差不多半部，也曾被当做神圣的文字有一千年之久，竟不能不被判定是后人假造的了。

　　而这件可算得重大的知识上的革命，不能不说是我们的哲人朱子的功绩，因为他在十二世纪已表示了一种大胆的怀疑，提出了一个很有意思的，只是他自己的工夫还不够解答的问题。

　　朱子对《易经》的意见更要大胆，大胆到在过去七百年里，没有人敢接受，没有人能继续推求。

　　他出了一部《周易本义》，又有一本小书《易本义启蒙》。他还留下不少关于《易经》的书信和谈话记录。

　　他的最大胆的论旨是说《易经》虽然向来被看作一部深奥的哲理的圣典，其实原来只是卜筮用的本子，而且只有把《易》当作一部卜筮的书，一部"只是为卜筮"的书，才能懂得这部书。"八卦之书本为占筮……文王重卦作繇辞，周公作爻辞，亦只是为占筮。""如说田猎、祭祀、侵伐、疾病，皆是古人有此事去卜筮，故爻中出此。""圣人要说理……何不别作一书，何故要假卜筮来说？""若作卜筮看……极是分明。"

　　这种合乎常识的见解，在当时是从来没有人说过的见解。然而他的一个朋友表示反对，说这话"太略"。朱子答说："譬之此烛笼，添得一条骨子，则障了一路明。若能尽去其障，使之体统光明，岂不更好？"

　　这是一个真正有革命性的说法，也正可以说明了朱子一句深刻的话："道理好处又却多在平易处。"然而朱子知道他的《易》只是卜筮之书的见解对他那个时代说来是太急进了，所以他很伤心地说："此说难向人道。人不肯信。向来诸公力来与某辨，某煞费力气与他分析。而今思之，只好不说，只做放那里，信也得，不信也得。无许多力气分疏。"

　　朱子的《诗集传》（1117年）在他身后做了几百年的标准读本，这部注解也是他可以自傲的。他这件工作有两个特色足以开辟后来传统的研究道路。一个特色是他大胆抛弃了所谓"诗序"所代表的传统解释，而认定《雅》、《颂》和《国风》都得用虚心和独立的判断去读。另一个特色是他发现了韵脚的"古音"；后世更精确的全部古音研究，科学的中国音韵学的前身，至少间接是他那个发现引出来的。

作《通志》的郑樵（1104—1162）是与朱子同时的人，但是年长一辈，出了一部小书《诗辨妄》，极力攻击诗序，认为那只是一些不懂文学，不懂得欣赏诗的村野妄人的解释。郑樵的激烈论调先也使我们的哲人朱子感到震动，但他终于承认，"后来仔细看一两篇，因质之《史记》、《国语》，然后知'诗序'之果不足信"。

我再举相冲突的观念引起疑惑的一个好例，也是肯虚心的人能容受新观念，能靠证据解决疑惑的好例。朱子谈到他曾劝说他的一个一辈子的朋友吕祖谦（1137—1181），又是哲学上的同道，不要信"诗序"，但劝说不动。他告诉祖谦，只有很少几篇"诗序"确有《左传》的材料足以作证，大多数"诗序"都没有凭证。"渠却云：'安得许多文字证据？'某云：'无证而可疑者，只当阙之，不可据序作证'。渠又云：'只此序便是证'。某因云：'今人不以诗说诗，却以序解诗。'"

朱子虽然有胆量去推翻诗序的权威，要虚心看每一篇诗来求解诗的意义，但是他自己的新注解，他启发后人在同一条路上向前走的努力，都还没有圆满的成绩。传统的份量对朱子本人，对他以后的人，还太沉重了。然而近代的全不受成见左右的学者用了新的工具，抱着完全自由的精神，来做《诗经》的研究，绝不会忘记郑樵和朱熹的大胆而有创造性的怀疑。

朱子的《诗经》研究的第二个特色，就是叶韵的古音方面的发现。他在这一方面得了他同时的学者吴棫（死在1153或1154）的启发和帮助。吴棫是中国音韵学一位真正开山的人，首先用归纳方法比较诗三百篇押韵的每一句，又比较其他上古和中古押韵味的诗歌。他的著作不多，有《诗补音》、《楚辞释音》、《韵补》。只有最后一种有翻刻本传下来。

《诗经》里有许多韵脚按"今"音读不押韵，但在古代是自然押韵的，所以应当照"古音"读：这的确是吴首先发现的。他细心把三百多篇诗的韵脚都排列起来，参考上古和中古的字典韵书推出这些韵脚的古音。他的朋友许蒇，也是他的远亲，替他的书作序，把他耐心搜集大批实例，比较这些实例的方法说得很清楚。"如服之为房六切，其见于诗者凡十皆有六，当为蒲北切（bek，高本汉读 b'iuk），而无与房六叶者。友之为云十九切，见其于《诗》者凡十有一，皆当作羽轨切，而无与云九叶者。"

这种严格的方法深深打动了朱子，所以他作《诗集传》，决意完全采用吴的"古音"系统。然而他大概是为了避免不必要的争论，所以不说"古音"，只说"叶韵"——也就是说，某一个字应当从某音读，是为了与另一个读音显然没有变化的韵脚相叶。

但是他对弟子们谈话，明白承认他的叶韵大部分都依吴棫，只有少数的例有添减；又说叶韵也是古代诗人的自然读音，因为"古人作诗皆押韵，与今人歌曲一般。"这也就是说，叶韵正是古音。

有人问吴棫的叶韵可有什么根据，朱子答说："他皆有据，泉州有其书。每一字多者引十余证，少者亦两三证。他说元初更多，后删去（为省抄写刻印的工费），姑存此耳。"朱子的叶韵也有与吴棫不同的地方，他在《语类》和《楚辞集注》里都举了些例，让人比较。

但是因为朱子的《诗集传》全用"叶韵"这个名词，全没有提到"古音"，又因为吴棫的书有的早已失传，也有的不容易得，所以十六世纪初已有一种讨论，严厉批评朱子不应当用"叶韵"这个词。1580 年，有一位大学者，也是哲学家，焦竑（1541—1620），在他的《笔乘》里提出了一个理论的简单说明（大概是他的朋友陈第（1541—1617）的理论），以为古诗歌里的韵脚，凡是不合近世韵的本来都是自然韵脚，但是读音经历长时间有了变化。他举了不少例来证明那些字照古人歌唱时的读音是完全押韵的。

焦竑的朋友陈第做了许多年耐心的研究，出了一套书，讨论好几种古代有韵的诗歌集里几百个押韵味的字的古音。这套书的第一种《毛诗古音考》，是 1616 年出的，有焦竑的序。

陈第在自序里提出他的主要论旨：《诗经》里的韵脚照本音读全是自然押韵的，只是读音的自然变化使有些韵脚似乎不押韵了。朱子所说的"叶韵"，陈第认为大半都是古音或本音。

他说："于是稍为考据，列本证旁证二条。本证者诗自相证也。旁证者采之他书也。"

为了证明"服"字一律依本来的古音押韵，他举了十四条本证，十条旁证，共二十四条。他又把同样的归纳法应用在古代其他有韵文学作品的古音研究上。为了求"行"字的古音，他从《易经》有韵的部分找到四十四个例，都与尾音 ang 的字押韵。为一个"明"字，他从《易经》里找到十七个证据。

差不多过了半个世纪，爱国学者顾炎武（1614—1682）写成了他的《音学五书》。其中一部《诗本音》；一部是《易音》；一部是《唐韵正》，这是一种比较古音与中古音的著作。顾炎武承认他受了陈第的启发，用了他的把证据分为本证和旁证两类的方法。

我们再用"服"字作例子。顾炎武在《诗本音》里举了十七条本证，十五条旁证，共三十二条。在那部大书《唐韵正》里，他为说明这个字在古代的音韵是怎样的，列举了从传世的古代有韵作品里找到的一百六十二条证据！

这样耐心收集实例，计算实例的工作有两个目的。第一，只有这种方法可以断定那些字的古音，也可以找出可能有的违反通则而要特别解释的例外。顾炎武认为这种例外可以从方言的差异来解释。

但是这样大规模收集材料的最大用处还在于奠定一个有系统的古音分部的基础。有了这个古代韵文研究作根据，顾炎武断定古音可以分入十大韵部。

这样中国音韵学才走上了演绎的、建设的路：第一步是弄明白古代的"韵母"（韵部）；然后，在下一个时期，弄明白古代声母的性质。

顾炎武在一六六七年提出十大韵部。下一百年里，又有好些位学者用同样归纳和演绎的考证方法研究同一个问题。江永（1681—1763）提出十三个韵部。段玉裁（1735—1815）把韵部加到十七个。他的老师，也是朋友，戴震（1724—1777）又加到十九个。王念孙（1744—1832）和江有浩（卒于1851），各人独立工作，得到了彼此差不多的一个二十一部的系统。

钱大昕（1728—1804）是十八世纪最有科学头脑的人里的一个，在1799年印出来他的笔记。其中有两条文字是他研究古代唇、齿音的收获。这两篇文字都是第一等考证方法的最好的模范。他为唇音找了六十多个例子，为齿音也找了差不多数目的例子。为着确定各组里的字的古音，每一步工作都是归纳与演绎的精熟配合，都是从个别的例得到通则，又把通则应用到个别的例上。最后的结果是产生了关于唇、齿音的变迁的两条大定律。

我们切不可不知道这些开辟中国音韵学的学者们有多么大的限制，所以他们似乎从头注定要失败的。他们全没有可给中国语言用的拼音字母的帮助。不懂得比较不同方言，尤其是比较中国南部、东南部、西南部的古方言。他们又全不懂高丽、越南、日本这些邻国的语言。这些中国学者努力要了解中国语言的音韵变迁，而没有这种种有用的工具，所以实在是要去做一件几乎一定做不成的工作。因此，要评判他们的成功失败，都得先知道他们这许多重大的不利条件。

这些大人物可靠的工具只是他们的严格的方法：他们耐心把他们承认的事实或例证搜罗起来，加以比较，加以分类，表现了严格的方法；他们把已得到的通则应用到归了类的个别例子上，也表现了同等严格的方法。十二世纪的吴棫、朱熹，十七世纪的陈第、顾炎武，还有十八、九世纪里那些继承他们的人，能够做出中国音韵问题的系统研究，能够把这种研究做得象一门科学——成了一套合乎证据、准确、合理系统化的种种严格标准——确实差不多全靠小心应用一种严格的方法。

我已经把我所看到的近八百年中国思想里的科学精神与方法的发达史大概说了一遍。这部历史开端在十一世纪，本来有一个很高大的理想，要把人的知识推到极广，要研究宇宙间万物的理或定律。那个大理想没有法子不缩到书本的研究——耐心而大胆地研究构成中国经学传统"典册"的有数几部大书。一种以怀疑和解决怀疑做基础的新精神和新方法渐渐发展起来了。这种精神就是对于牵涉到经典的问题也有道德的勇气去怀疑，就是对于一份虚心，对于不受成见影响的，冷静的追求真理，肯认真坚持。这个方法就是考据或考证的方法。

我举了这种精神和方法实际表现的几个例，其中最值得注意的是考订一部分经书真伪和年代，由此产生了考证学，又一个是产生了中国声韵的系统研究。

然而这个方法还应用到文史的其他许多方面。如校勘学、训诂学（semantics，字义在历史上变迁的研究）、史学、历史地理学、金石学，都有收获，有效验。

十七世纪的陈第、顾炎武首先用了"本证"、"旁证"这两个名词，已经是充分有意运用考证方法了。因为有十七世纪的顾炎武、阎若璩这两位大师的科学工作，把这种方法的效验表现得非常清楚，所以到了十八、九世纪，中国第一流有知识的人几乎都受了这种方法的吸引，都一生用力把这个方法应用到经书和文史研究上。结果就造成了一个学术复兴的新时代，又叫做考据的时代。

这种严格而有效的方法的科学性质，是最有力批评这种学术的人也不能不承认的。方东树（1772—1851）正是这样一位猛烈的批评家，他在1826年出了一部书，用大力攻击整个的新学术运动。然而他对于同时的王念孙、王引之（1766—1834）父子所用的严格方法也不得不十分称赞。他说："以此义求之近人说经，无过高邮父子《经义述闻》，实足令郑、朱俯首，汉、唐以来未有其匹。"一个用大力攻击整个新学术运动的人有这样的称赞，足以证明小心应用科学方法最能够解除反对势力的武装，打破权威和守旧，为新学术赢得人的承认、心服。

这种"精确而不受成见影响的探索"的精神和方法，又有什么历史的意义呢？

一个简单的答案，然而是全用事实来表示的答案，应当是这样的：这种精神和方法使一个主观的、理想主义的、有教训意味的哲学的时代（从十一到十六世纪）不能不让位给一个新时代了，使那个哲学显得过时，空洞，没有用处，不足吸引第一等人了，这种精神和方法造成了一个全靠严格而冷静的研究做基础的学术复兴的新时代（1600—1900）。但是这种精神和方法并没有造成一个自然科学的时代。顾炎武、戴震、钱大昕、王念孙所代表的精确而不受成见影响的探索的精神，并没有引出中国的一个伽利略、维萨略、牛顿的时代。

这又是为什么呢？这什么这种科学精神和方法没有产生自然科学呢？

不止四分之一世纪以前，我曾试提一个历史的解释，做了一个十七世纪中国与欧洲知识领袖的工作的比较年表。我说：

> 我们试做一个十七世纪中国与欧洲学术领袖的比较年表——十七世纪正是近代欧洲的新科学与中国的新学术定局的时期——就知道在顾炎武出生（一六一三）之前四年，伽利略做成了望远镜，并且用望远镜使天文学起了大变化。解百勒（Kepler）发表了他的革命性的火星研究和行星运行的两条定律。当顾炎武做他的音韵研究，尽力重发现古音之时，哈维（Harvey）发表了他的论血液运行的大作（一六二八）。伽利略发表了他的关于天文学和新科学的两部大作（一六三〇）。阎若璩开始做尚书考证之前十一年，佗里杰利（Toricelli）已完成了他的空气压力大实验（一六四四）。稍晚一点，波耳（Boyle）宣布了他的化学新实验的结果，做出了波耳定律（一六六〇—一六六一）。顾炎武写成他的《音学五书》（一六六七）之前一年，牛顿发明了微积分，完成了白光的分析。一六

八〇年，顾炎武写《音学五书》的后序；一六八七年，牛顿发表他的《自然哲学原理》（*Principia*）。

这些不同国度的新学术时代的大领袖们在科学精神和方法上有这样非常显著的相象，使他们的工作范围的基本不同却也更加引人注意。伽利略、解百勒、波耳、哈维、牛顿所运用的都是自然的材料，是星球、球体、斜面、望远镜、显微镜、三棱镜、化学药品、数字、天文表；而与他们同时的中国人所运用的是书本、文字、文献证据。这些中国人产生了三百年的科学的书本学问，那些欧洲人产生了一种新科学和一个新世界。

这是一个历史的解释，但是对于十七世纪那些中国大学者有一点欠公平。我那时说："中国的知识阶级只有文学的训练，所以他们活动的范围只限于书本和文献。"这话是不够的。我应当指出，他们所推敲的那些书乃是对于全民族的道德、宗教、哲学生活有绝大重要性的书。那些大人物觉得找出这些古书里的每一部的真正意义是他们的神圣责任。他们正象白朗宁（Robert Browning）的诗里写的"文法学者"（Grammarian）：

> "你卷起的书卷里写的是什么？"他问，
> "让我看看他们的形象，
> 那些最懂得人类的诗人圣哲的形象，——
> 拿给我！"于是他披上长袍，
> 一口气把书读到最后一页……
> "我什么都要知道！……
> 盛席要吃到最后的残屑。"……
> ……"时间算什么？'现在'是犬猴的份！
> 人有的是'永久'。"……

白朗宁对人本主义时代的精神的礼赞正是："这人决意求的不是生存，是知识。"

孔子也表示了同样的精神："学如不及，犹恐失之。""朝闻道，夕死可矣。"朱子在他的时代也有同样的表示："义理无穷，惟需毕力钻研，死而后已耳。"

但是朱子更一步说："诸公所以读书无长进，缘不会怀疑。""才疑，便须理会得彻头。"后来真能继承他的人，学术复兴的新时代的那些开创的人和做工的人，都懂得了怀疑——抱着虚心去怀疑，再找方法解决怀疑，即使是对待经典大书也敢去怀疑。而且，正因为他们都是专心尽力研究经典大书的人，所以他们不能不把脚跟站稳：他们必须懂得要有证据才可以怀疑，更要有证据才可以解决怀疑。我看这就足够给一件大可注意的事实做一种历史的解释，足够解释那些只运用"书本、文字、文献"的大人物怎么竟能传下来一个科学的传统，冷静而严格的探索的传统，严格的靠证据思想、靠证据研究的传统，大胆的怀疑与小心的求证的传统——一个伟大的科学精神与方法的传统，使我们，当代中国的儿女，在这个近代科学的新世界里不觉得困扰迷惑，反能够心安理得。

（此文原为胡适 1959 年 7 月在美国夏威夷大学"东西方哲学家会议"上所宣读的论文，徐高阮译。原载于 1964 年 8、9 月台北《新时代》第 4 卷第 8、9 期）

四

历史与文化

《水浒传》考证
（1920 年 7 月 27 日）

一

我的朋友汪原放用新式标点符号把《水浒传》重新点读一遍，由上海亚东图书馆排印出版。这是用新标点来翻印旧书的第一次。我可预料汪君这部书将来一定要成为新式标点符号的实用教本，他在教育上的效能一定比教育部颁行的新式标点符号原案还要大得多。汪君对于这书校读的细心，费的工夫之多，这都是我深知道并且深佩服的；我想这都是读者容易看得出的，不用我细说了。

这部书有一层大长处，就是把金圣叹的评和序都删去了。

金圣叹是十七世纪的一个大怪杰，他能在那个时代大胆宣言，说《水浒》与《史记》、《国策》有同等的文学价值，说施耐庵、董解元与庄周、屈原、司马迁、杜甫在文学史上占同等的位置，说："天下之文章无有出《水浒》右者，天下之格物君子无有出施耐庵先生右者！"这是何等眼光！何等胆气！又如他的序里的一段："夫古人之才，世不相沿，人不相及：庄周有庄周之才，屈平有屈平之才，降而至于施耐庵有施耐庵之才，董解元有董解元之才。"这种文学眼光，在古人中很不可多得。又如他对他的儿子说："汝今年始十岁，便以此书（《水浒》）相授者，非过有所宠爱，或者教汝之道当如是也。……人生十岁，耳目渐吐，如日在东，光明发挥。如此书，吾即欲禁汝不见，亦岂可得？……今知不可相禁，而反出其旧所批释，脱然授之汝手。"这种见解，在今日还要吓倒许多老先生与少先生，何况三百年前呢？

但是，金圣叹究竟是明末的人。那时代是"选家"最风行的时代；

我们读吕用晦的文集，还可想见当时的时文大选家在文人界占的地位（参看《儒林外史》）。金圣叹用了当时"选家"评文的眼光来逐句批评《水浒》，遂把一部《水浒》凌迟碎砍，成了一部"十七世纪眉批夹注的白话文范"！例如圣叹最得意的批评是指出景阳冈一段连写十八次"哨棒"，紫石街一段连写十四次"帘子"，和三十八次"笑"。圣叹说这是"草蛇灰线法"！这种机械的文评正是八股选家的流毒，读了不但没有益处，并且养成一种八股式的文学观念，是很有害的。

这部新本《水浒》的好处就在把文法的结构与章法的分段来代替那八股选家的机械的批评。即如第五回瓦官寺一段：

> 智深走到面前那和尚吃了一惊

金圣叹批道："写突如其来，只用二笔，两边声势都有。"

> 跳起身来便道请师兄坐同吃一盏智深提着禅杖道你这两个如何把寺来废了那和尚便道师兄请坐听小僧

圣叹批道："其语未毕。"

> 智深睁着眼道你说你说

圣叹批道："四字气忿如见。"

> 说在先敝寺……

圣叹批道："说字与上'听小僧'本是接着成句，智深自气忿忿在一边夹着'你说你说'耳。章法奇绝，从古未有。"

现在用新标点符号写出来便成：

> 智深走到面前，那和尚吃了一惊，跳起身来便道："请师兄坐，同吃一盏。"智深提着禅杖道："你二个如何把寺来废了！"那和尚便道："师兄请坐，听小僧——"智深睁着眼道："你说！你说！"——说："在先敝寺……"

这样点读，便成一片整段的文章，我们不用加什么恭维施耐庵的评语，读者自然懂得一切忿怒的声口和插入的气话；自然觉得这是很能摹神的叙事；并且觉得这是叙事应有的句法，并不是施耐庵有意要作"章法奇绝，从古未有"的文章。

金圣叹的《水浒》评，不但有八股选家气，还有理学先生气。

圣叹生在明朝末年，正当"清议"与"威权"争胜的时代，东南士气正盛，虽受了许多摧残，终不曾到降服的地步。圣叹后来为了主持清议以至于杀身，他自然是一个赞成清议派的人。故他序《水浒》第一回道：

> 一部大书七十回将写一百八人……而先写高俅者，盖不写高俅便写一百八人，则是乱自下生也。不写一百八人先写高俅，则是乱自上作也。高俅来而王进去矣。王进者，何人也？不坠父业，善养母志，盖孝子也。……横求之四海，竖求之百年，而不一得之。不一得之而忽然有之，则当尊之，荣之，长跽事之——必欲骂之，打之，至于杀之，因逼去之，是何为也？王进去而一百八人来矣。则是高俅来而一百八人来矣。
>
> 王进去后，更有史进。史者，史也。……记一百八人之事而亦居然谓之史也，何居？从来庶人之议皆史也。庶人则何敢议也？庶人不敢议也。庶人不敢议而又议，何也？天下有道，然后庶人不议也。今则庶人议矣。何用知天下无道？曰：王进去而高俅来矣。

这一段大概不能算是穿凿附会。《水浒传》的著者著书自然有点用意，正如楔子一回中说的，"且住！若真个太平无事，今日开书演义，又说著些什么？"他开篇先写一个人人厌恶不肯收留的高俅，从高俅写到王进，再写到史进，再写到一百八人，他著书的意思自然很明白。金圣叹说他要写"乱自上生"，大概是很不错的。圣叹说，"从来庶人之议皆史也"，这一句话很可代表明末清议的精神。黄梨洲的《明夷待访录》说：

> 东汉太学三万人，危言深论，不隐豪强，公卿避其贬议。宋诸生伏阙捶鼓，请起李纲。三代遗风惟此犹为相近。使当日之在朝廷者，以其所非是为非是，将见盗贼奸邪慑心于正气霜雪之下，君安而国可保也。

这种精神是十七世纪的一种特色，黄梨洲与金圣叹都是这种清议运动的代表，故都有这种议论。

但是金圣叹《水浒》评的大毛病也正在这个"史"字上。中国人心里的"史"总脱不了《春秋》笔法"寓褒贬，别善恶"的流毒。金圣叹把《春秋》的"微言大义"用到《水浒》上去，故有许多极迂腐的议论。他以为《水浒传》对于宋江，处处用《春秋》笔法责备他。如第二十一回，宋江杀了阎婆惜之后，逃难出门，临行时"拜辞了父亲，只见宋太公洒泪不已，又分付道，你两个前程万里，休得烦恼"。这本是随便写父子离别，并无深意。金圣叹却说：

> 无人处却写太公洒泪，有人处便写宋江大哭；冷眼看破，冷笔写成。普天下读书人慎勿谓《水浒》无皮里阳秋也。

下文宋江弟兄"分付大小庄客，早晚殷勤伏侍太公，休教饮食有缺"。这也是无深意的叙述。圣叹偏要说：

> 人亦有言，"养儿防老"。写宋江分付庄客伏侍太公，亦皮里阳秋之笔也。

这种穿凿的议论实在是文学的障碍。《水浒传》写宋江，并没有责备的意思。看他在三十五回写宋江冒险回家奔丧，在四十一回写宋江再冒险回家搬取老父，何必又在这里用曲笔写宋江的不孝呢？

又如五十三回写宋江破高唐州后，"先传下将令，休得伤害百姓，一面出榜安民，秋毫无犯"。这是照例的刻板文章，有何深意？圣叹偏要说：

> 如此言，所谓仁义之师也。今强盗而忽用仁义之师，是强盗之权术也。强盗之权术而又书之者，所以深叹当时之官军反不能然也。彼三家村学究不知作史笔法，而遽因此等语过许强盗真有仁义，不亦怪哉？

这种无中生有的主观见解，真正冤枉煞古人！圣叹常骂三家村学究不懂得"作史笔法"，却不知圣叹正为懂得作史笔法太多了，所以他的迂腐气比三家村学究的更可厌！

这部新本的《水浒》把圣叹的总评和夹评一齐删去，使读书的人直接去看《水浒传》，不必去看金圣叹脑子里悬想出来的《水浒》的"作史笔法"；使读书的人自己去研究《水浒》的文学，不必去管十七世纪八股选家的什么"背面铺粉法"和什么"横云断山法"！

二

我既不赞成金圣叹的《水浒》评，我既主张让读书的人自己直接去研究《水浒传》的文字，我现在又拿什么话来做《水浒传》的新序呢？

我最恨中国史家说的什么"作史笔法"，但我却有点"历史癖"；我又最恨人家咬文嚼字的评文，但我却又有点"考据癖"！因为我不幸有点历史癖，故我无论研究什么东西，总喜欢研究他的历史。因为我又不幸有点考据癖，故我常常爱做一点半新不旧的考据。现在我有了这个机会替《水浒传》做一篇新序，我的两种老毛病——历史癖与考据癖——不知不觉的又发作了。

我想《水浒传》是一部奇书，在中国文学史占的地位比《左传》、《史记》还要重大的多；这部书很当得起一个阎若璩来替他做一番考证的工夫，很当得起一个王念孙来替他做一番训诂的工夫。我虽然够不上做这种大事业——只好让将来的学者去做——但我也想努一努力，替将来的《水浒》专门家开辟一个新方向，打开一条新道路。

简单一句话，我想替《水浒传》做一点历史的考据。

《水浒传》不是青天白日里从半空中掉下来的，《水浒传》乃是从南宋初年（西历十二世纪初年）到明朝中叶（十五世纪末年）这四百年的"梁山泊故事"的结晶——我先说这句武断的话丢在这里，以下的两万字便是这一句话的说明和引证。

我且先说元朝以前的《水浒》故事。

《宋史》二十二，徽宗宣和三年（西历一一二一）的本纪说：

> 淮南盗宋江等犯淮阳军，遣将讨捕，又犯京东、江北，入楚海州界。命知州张叔夜招降之。

又《宋史》三百五十一：

> 宋江寇京东，侯蒙上书言："江以三十六人横行齐魏，官军数万无敢抗者，其才必过人。今清溪盗起，不若赦江，使讨方腊以自赎。"

又《宋史》三百五十三：

> 宋江起河朔，转略十郡，官军莫敢撄其锋。声言将至〔海州〕，张叔夜使间者觇所向，贼径趋海濒，劫巨舟十余，载卤获。于是募死士，得千人，设伏近城，而出轻兵距海诱之战，先匿壮卒海旁，伺兵合，举火焚其舟。贼闻之，皆无斗志。伏兵乘之，擒其副贼。江乃降。

这三条史料可以证明宋江等三十六人都是历史的人物，是北宋末年的大盗。"以三十六人横行齐魏，官军数万无敢抗者"——看这些话可见宋江等在当时的威名。这种威名传播远近，留传在民间，越传越神奇，遂成一种"梁山泊神话"。我们看宋末遗民龚圣与作《宋江三十六人赞》的《自序》说：

> 宋江事见于街谈巷语，不足采著。虽有高如、李嵩辈传写，士大夫亦不见黜，余年少时壮其人，欲存之画赞，以未见信书载事实，不敢轻为。及异时见《东都事略》载侍郎侯蒙传，有书一篇，陈制贼之计云："宋江以三十六人横行河朔，京东，官军数万无敢抗者，其才必有过人。不若赦过招降，使讨方腊，以此自赎，或可平东南之乱。"余然后知江辈真有闻于时者。……（周密《癸辛杂识》续集上）

我们看这段话，可见（1）南宋民间有一种"宋江故事"流行于"街谈巷语"之中；（2）宋元之际已有高如、李嵩一班文人"传写"这种故事，使"士大夫亦不见黜"；（3）那种故事一定是一种"英雄传奇"，故龚圣与"少年时壮其人，欲存之画赞"。

这种故事的发生与流传久远，决非无因。大概有几种原因：（1）宋江等确有可以流传民间的事迹与威名；（2）南宋偏安，中原失陷在异族手里，故当时人有想望英雄的心理；（3）南宋政治腐败，奸臣暴政使百姓怨恨，北方在异族统治之下受的痛苦更深，故南北民间都养成一种痛恨恶政治恶官吏的心理，由这种心理上生出崇拜草泽英雄的心理。

这种流传民间的"宋江故事"便是《水浒传》的远祖。我们看《宣和遗事》，便可看见一部缩影的《水浒》故事。《宣和遗事》记梁山泊好汉的事，共分六段：

（一）杨志、李进义（后来作卢俊义）、林冲、王雄（后来作杨雄）、花荣、柴进、张青、徐宁、李应、穆横、关胜、孙立等十二个押送"花石纲"的制使，结义为兄弟。后来杨志在颖〔颍〕州阻雪，缺少旅费，将一口宝刀出卖，遇着一个恶少，口角厮争。杨志杀了那人，判决配卫州军城。路上被李进义、林冲等十一人救出去，同上太行山落草。

（二）北京留守梁师宝差县尉马安国押送十万贯的金珠珍宝上京，为蔡太师上寿，路上被晁盖、吴加亮、刘唐、秦明、阮进、阮通、阮小七、燕青等八人用麻药醉倒，抢去生日礼物。

（三）"生辰纲"的案子，因酒桶上有"酒海花家"的字样，追究到晁盖等八人。幸得郓城县押司宋江报信与晁盖等，使他们连夜逃走。这八人连结了杨志等十二人，同上梁山泊落草为寇。

（四）晁盖感激宋江的恩义，使刘唐带金钗去酬谢他。宋江把金钗交给娼妓阎婆惜收了，不料被阎婆惜得知来历，那妇人本与吴伟往来，现在更不避宋江。宋江怒起，杀了他们，题反诗在壁上，出门跑了。

（五）官兵来捉宋江，宋江躲在九天玄女庙里。官兵退后，香案上一声响亮，忽有一本天书，上写着三十六人姓名。这三十六人，除上文已见二十人之外，有杜千、张岑、索超、董平都先上梁山泊了；宋江又带了朱仝、雷横、李逵、戴宗、李海等人上山。那时晁盖已死，吴加亮与李进义为首领。宋江带了天书上山，吴加亮等遂共推宋江为首领。此外还有公孙胜、张顺、武松、呼延绰、鲁智深、史进、石秀等人，共成三十六员。（宋江为帅，不在天书内。）

（六）宋江等既满三十六人之数，"朝廷无其奈何"，只得出榜招安。后有张叔夜"招诱宋江和那三十六人归顺宋朝，各受武功大夫诰敕，分注诸路巡检使去也。因此三路之寇悉得平定，后遣宋江收方腊，有功，封节度使"。

《宣和遗事》一书，近人因书里的"惇"字缺笔作"悙"字，故定为宋时的刻本。这种考据法用在那"俗文讹字弥望皆是"的民间刻本上去，自然不很适用，不能算是充分的证据。但书中记宋徽宗、钦宗二帝被虏后的事，记载的非常详细，显然是种族之痛最深时的产物。书中采用的材料大都是南宋人的笔记和小说，采的诗也没有刘后村以后的诗。故我们可以断定《宣和遗事》记的梁山泊三十六人的故事一定是南宋时代民间通行的小说。

周密（宋末人，元武宗时还在）的《癸辛杂识》载有龚圣与的《三十六人赞》。三十六人的姓名，大致与《宣和遗事》相同，只有吴加亮改作吴用，李进义改作卢俊义，阮进改为阮小二，李海改为李俊，王雄改为杨雄：这都与《水浒传》更接近了。此外周密记的，少了公孙胜、林冲、张岑、杜千四人，换上宋江、解珍、解宝、张横四人（《宣和遗事》有张横，又写作李横，但不在天书三十六人之数），也更与《水浒》接近了。

龚圣与的《三十六人赞》里全无事实，只在那些"绰号"的字面上做文章，故没有考据材料的价值。但他那篇《自序》却极有价值。《序》的上半——引见上文——可以证明宋元之际有李嵩、高如等人"传写"梁山泊故事，可见当时除《宣和遗事》之外一定还有许多更详细的水浒故事。《序》的下半很称赞宋江，说他"识性超卓，有过人者"；又说：

> 盗跖与江，与之"盗"名而不辞，躬履"盗"迹而不讳者也。岂若世之乱臣贼子畏影而自走，所为近在一身而其祸未尝不流四海？

这明明是说"奸人政客不如强盗"了！再看他那些赞的口气，都有希望草泽英雄出来重扶宋室的意思。如九文龙史进赞："龙数肖九，汝有九文；盍从东皇，驾五色云？"如小李广花荣赞："中心慕汉，夺马而归；汝能慕广，何忧数奇？"这都是当时遗民的故国之思的表现。又看周密的跋语：

> 此皆群盗之靡耳，圣与既各为之赞，又从而序论之，何哉？太史公序游侠而进奸雄，不免后世之讥。然其首著胜广于列传，且为项羽作本纪，其意亦深矣。识者当能辨之。

这是老实希望当时的草泽英雄出来推翻异族政府的话。这便是元朝"水浒故事"所以非常发达的原因。后来长江南北各处的群雄起兵，不上二十年，遂把人类有历史以来最强横的民族的帝国打破，遂恢复汉族的中国。这里面虽有许多原因，但我们读了龚圣与、周密的议论，可以知道水浒故事的发达与传播也许是汉族光复的一个重要原因哩。

三

元朝水浒故事非常发达，这是万无可疑的事。元曲里的许多水浒戏便是铁证。但我们细细研究元曲里的水浒戏，又可以断定元朝的水浒故事决不是现在的《水浒传》；又可以断定那时代决不能产生现在的《水浒传》。

元朝戏曲里演述梁山泊好汉的故事的，也不知有多少种。依我们所知，至少有下列各种：

1. 高文秀的■《黑旋风双献功》（《录鬼簿》作"双献头"）
2. 又《黑旋风乔教学》
3. 又《黑旋风借尸还魂》
4. 又《黑旋风斗鸡会》
5. 又《黑旋风诗酒丽春园》
6. 又《黑旋风穷风月》

7. 又《黑旋风大闹牡丹园》

8. 又《黑旋风敷演刘耍和》（4 至 8 五种，《涵虚子》皆无黑旋风三字，今据暖红室新刻的钟嗣成《录鬼簿》为准。）

9. 杨显之的《黑旋风乔断案》

10. 康进之的■《梁山泊黑旋风负荆》

11. 又《黑旋风老收心》

12. 红字李二的《板踏儿黑旋风》（《涵虚子》无下三字）

13. 又《折担儿武松打虎》

14. 又《病杨雄》

15. 李文蔚的■《同乐院燕青博鱼》（《录鬼簿》上三字作"报冤台"，博字作"扑"，今据《元曲选》。）

16. 又《燕青射雁》

17. 李致远的■《都孔目风雨还牢末》

18. 无名氏的■《争报恩三虎下山》

19. 又《张顺水里报怨》

以上关于梁山泊好汉的戏目十九种，是参考《元曲选》、《涵虚子》（《元曲选》卷首转录的）和《录鬼簿》（原书有序，年代为至顺元年，当西历一三三〇年；又有题词，年代为至正庚子，当西历一三六〇年）三部书辑成的。不幸这十九种中，只有那加"■"的五种现在还保存在臧晋叔的《元曲选》里（下文详说），其余十四种现在都不传了。

但我们从这些戏名里，也就可以推知许多事实出来：第一，元人戏剧里的李逵（黑旋风）一定不是《水浒传》里的李逵。细看这个李逵，他居然能"乔教学"，能"乔断案"，能"穷风月"，能玩"诗酒丽春园"！这可见当时的李逵一定是一个很滑稽的脚色，略像萧士比亚戏剧里的佛斯大夫（Falstaff）——有时在战场上呕人，有时在脂粉队里使人笑死。至于"借尸还魂"，"敷演刘耍和"，"大闹牡丹园"，"老收心"等等事，更是《水浒传》的李逵所没有的了。第二，元曲里的燕青，也不是后来《水浒传》的燕青："博鱼"和"射雁"，都不是《水浒传》里的事实。（《水浒》有燕青射鹊一事，或是受了"射雁"的暗示的。）第三，《水浒》只有病关索杨雄，并没"病杨雄"的话，可见元曲的杨雄也和《水浒》的杨雄不同。

现在我们再看那五本保存的梁山泊戏，更可看出元曲的梁山泊好汉和《水浒传》的梁山泊好汉大不相同的地方了。我们先叙这五本戏的内容：

一、《黑旋风双献功》。宋江的朋友孙孔目带了妻子郭念儿上泰安神州去烧香，因路上有强盗，故来问宋江借一个护臂的人。李逵自请要去，宋江就派他去。郭念儿和一个白衙内有奸，约好了在路上一家店里相会，各唱一句暗号，一同逃走了。孙孔目丢了妻子，到衙门里告状，不料反被监在牢里。李逵扮做庄家呆后生，买通牢子，进监送饭，用蒙汗药醉倒牢子，救出孙孔目；又扮做祇候，偷进衙门，杀了白衙内和郭念儿，带了两颗人头上山献功。

二、《李逵负荆》。梁山泊附近一个杏花庄上，有一个卖酒的王林，他有一女名叫满堂娇。一日，有匪人宋刚和鲁智恩，假冒宋江和鲁智深的名字，到王林酒店里，抢去满堂娇。那日李逵酒醉了，也来王林家，问知此事，心头大怒，赶上梁山泊，和宋江、鲁智深大闹。后来他们三人立下军令状，下山到王林家，叫王林自己质对。王林才知道他女儿不是宋江他们抢去的。李逵惭愧，负荆上山请罪，宋江令他下山把宋刚、鲁智恩捉来将功赎罪。

三、《燕青博鱼》。梁山泊第十五个头领燕青因误了限期，被宋江杖责六十，气坏了两只眼睛，下山求医，遇着卷毛虎燕顺把两眼医好，两人结为弟兄。燕顺在家因为与哥哥燕和嫂嫂王腊梅不和，一气跑了。燕和夫妻有一天在同乐院游春，恰好燕青因无钱使用，在那里博鱼。燕和爱燕青气力大，认他做兄弟，带回家同住。王腊梅与杨衙内有奸，被燕青撞破。杨衙内倚仗威势，反诬害燕和、燕青持刀杀人，把他们收在监里。燕青劫牢走出，追兵赶来，幸遇燕顺搭救，捉了奸夫淫妇，同上梁山泊。

四、《还牢末》。史进、刘唐在东平府做都头。宋江派李逵下山请他们入伙，李逵在路上打死了人，捉到官，幸亏李孔目救护，定为误伤人命，免了死罪。李逵感恩，送了一对圆金环给李孔目。不料李孔目的妾萧娥与赵令史有奸，拿了金环到官出首，说李孔目私通强盗，问成死罪。刘唐与李孔目有旧仇，故极力虐待他，甚至于收受萧娥的银子，把李孔目吊死。李孔目死而复苏，恰好李逵赶到，用宋江的书信招安了刘唐、史进，救了李孔目，杀了奸夫淫妇，一同上山。

五、《争报恩》。关胜、徐宁、花荣三个人先后下山打探军情。济州通判赵士谦带了家眷上任，因道路难行，把家眷留在权家店，自己先上任。他的正妻李千娇是很贤德的，他的妾王腊梅与丁都管有奸。这一天，关胜因无盘缠在权家店卖狗肉，因口角打倒丁都管，李千娇出来看，见关胜英雄，认他做兄弟。关胜走后，徐宁晚间也到权家店，在赵通判的家眷住屋的稍房里偷睡，撞破丁都管和王腊梅的奸情，被他们认做贼，幸得李千娇见徐宁英雄，认他做兄弟，放他走了。又一天晚间，李千娇在花园里烧香，恰好花荣躲在园里，听见李千娇烧第三炷香"愿天下好男子休遭罗网之灾"，花荣心里感动，向前相见。李千娇见他英雄，也认他做兄弟。不料此时丁都管和王腊梅走过门外，听见花荣说话，遂把赵通判喊来。赵通判推门进来，花荣拔刀逃出，砍伤他的臂膊。王腊梅咬定李千娇有奸，告到官衙，问成死罪。关胜、徐宁、花荣三人得信，赶下山来，劫了法场，救了李千娇，杀了奸夫淫妇，使赵通判夫妻和合。

我们研究这五本戏，可得两个大结论：

第一，元朝的梁山泊好汉戏都有一种很通行的"梁山泊故事"作共同的底本。我们可看这五本戏共同的梁山泊背景：

一、《双献功》里的宋江说："某姓宋，名江，字公明，绰号及时雨者是也。幼年曾为郓城县把笔司吏，因带酒杀了阎婆惜，被告到官，脊杖六十，迭配江州牢城。因打此梁山经过，有我八拜交的哥哥晁盖知某有难，领喽啰下山，将解人打死，救某上山，就让我坐第二把交椅。哥哥晁盖三打祝家庄身亡，众兄弟拜某为头领。某聚三十六大伙，七十二小伙，半垓来喽啰。寨名水浒，泊号梁山；纵横河港一千条，四下方圆八百里；东连大海，西接济阳，南通巨野、金乡，北靠青、齐、兖、郓。……"

二、《李逵负荆》里的宋江自白有"杏黄旗上七个字：替天行道救生民"的话。其余略同上。又王林也说，"你山上头领都是替天行道的好汉。……老汉在这里多亏了头领哥哥照顾老汉。"

三、《燕青博鱼》里，宋江自白与《双献功》大略相同，但有"人号顺天呼保义"的话，又叙杀阎婆惜事也更详细：有"因带酒杀了阎婆惜，一脚踢翻烛台，延烧了官房"一事。又说"晁盖三打祝家庄，中箭身亡"。

四、《还牢末》里，宋江自叙有"我平日度量宽洪，但有不得已的好汉，见了我时，便助他些钱物，因此天下人都叫我做及时雨宋公明"的话。其余与《双献功》略同，但无"三十六大伙，七十二小伙"的话。

五、《争报恩》里宋江自叙词："只因误杀阎婆惜，逃出郓州城，占下了八百里梁山泊，搭造起百十座水兵营。忠义堂高揪杏黄旗一面，上写着'替天行道宋公明'。聚义的三十六个英雄汉，那一个不应天上恶魔星？"这一段只说三十六人，又有"应天上恶魔星"的话，与《宣和遗事》说的天书相同。

看这五条，可知元曲里的梁山泊大致相同，大概同是根据于一种人人皆知的"梁山泊故事"。这时代的"梁山泊故事"有可以推知的几点（1）宋江的历史，小节细目虽互有详略的不同，但大纲已渐渐固定，成为人人皆知的故事。（2）《宣和遗事》的三十六人，到元朝渐渐变成了"三十六大伙，七十二小伙"，已加到百零八人了。（3）梁山泊的声势越传越张大，到元朝时便成了"纵横河港一千条，四下方圆八百里"的水浒了。（4）最重要的一点是元朝的梁山泊强盗渐渐变成了"仁义"的英雄。元初龚圣与自序作赞的意思，有"将使一归于正，义勇不相戾，此诗人忠厚之心也"的话，那不过是希望的话。他称赞宋江等，只能说他们"名号既不僭侈，名称俨然，犹循故辙"；这是说他们老老实实的做"盗贼"，不敢称王称帝。龚圣与又说宋江等"与之盗名而不辞，躬履盗迹而不讳"。到了后来，梁山泊渐渐变成了"替天行道救生民"的忠义堂了！这一变非同小可。把"替天行道求生民"的招牌送给梁山泊，这是水浒故事的一大变化，既可表示元朝民间的心理，又暗中规定了后来《水浒传》的性质。

这是元曲里共同的梁山泊背景。

第二，元曲演梁山泊故事，虽有一个共同的背景，但这个共同之点只限于那粗枝大叶的梁山泊略史。此外，那些好汉的个人历史，性情，事业，当时还没有固定的本子，故当时的戏曲家可以自由想象，自由描写。上条写的是"同"，这条写的是"异"。我们看他们的"异"处，方才懂得当时文学家的创造力。懂得当时文学家创造力的薄弱，方才可以了解《水浒传》著者的创造力的伟大无比。

我们可先看元曲家创造出来的李逵。李逵在《宣和遗事》里并没有什么描写，后来不知怎样竟成了元曲里最时髦的一个脚色！上文记的十九种元曲里，竟有十二种是用黑旋风做主人翁的，《还牢末》一名《李山儿生死报恩人》，也可算是李逵的戏。高文秀一个人编了八本李逵的戏，可谓"黑旋风专门家"了！大概李逵这个"脚色"大半是高文秀的想像力创造出来的，正如 Falstaff 是萧士比亚创造出来的。高文秀写李逵的形状道：

> 我这里见客人将礼数迎，把我这两只手插定。哥也，他见我这威凛凛的身似碑亭，他可惯听我这莽壮声？唬他一个痴挣，唬得他荆棘律的胆战心惊！

又说：

> 你这茜红巾，腥衲袄，干红褡膊，腿绷护膝，八答麻鞋，恰便似那烟熏的子路，黑染的金刚。休道是白日里，夜晚间揣摸着你呵，也不是个好人。

又写他的性情道：

> 我从来个路见不平，爱与人当道撅坑。我喝一声，骨都都海波腾！撼一撼，赤力力山岳崩！但恼着我黑脸的爹爹，和他做场的歹斗，翻过来落可便吊盘的煎饼！

但高文秀的《双献功》里的李逵，实在太精细了，不像那卤莽粗豪的黑汉。看他一见孙孔目的妻子便知他不是"儿女夫妻"；看他假扮庄家后生，送饭进监；看他偷下蒙汗药，麻倒牢子；看他假扮祗候，混进官衙：这岂是那卤莽粗疏的黑旋风吗？至于康进之的《李逵负荆》，写李逵醉时情状，竟是一个细腻风流的词人了！你听李逵唱：

> 饮兴难酬，醉魂依旧。寻村酒，恰问罢王留。王留道，兀那里人家有！可正是清明时候，却言风雨替花愁。和风渐起，暮雨初收。俺则见杨柳半藏沽酒市，桃花深映钓鱼舟。更和这碧粼粼春水波纹绉，有往来社燕，远近沙鸥。（人道我梁山泊无有景致，俺打那厮的嘴！）

> 俺这里雾锁着青山秀，烟罩绿杨州。（那桃树上一个黄莺儿将那桃花瓣儿咱呵，咱呵，咱的下来，落在水中——是好看也！我曾听的谁说来？我试想咱。……哦！想起来了也！俺学究哥哥道来。）他道是轻薄桃花逐水流。（俺绰起这桃花瓣儿来，我试看咱。好红红的桃花瓣儿！〔笑科〕你看我好黑指头也！）恰便是粉衬的这胭脂透！（可惜了你这瓣儿！俺放你趁那一般的瓣儿去！我与你赶，与你赶！贪赶桃花瓣儿。）早来到这草桥店垂杨的渡口。（不中，则怕误风俺哥哥的将令。我索回去也。……）待不吃呵，又被这酒旗儿将我来相迤逗。他，他，他舞东风在曲律杆头！

这一段，写的何尝不美？但这可是那杀人不眨眼的黑旋风的心理吗？

我们看高文秀与康进之的李逵，便可知道当时的戏曲家对于梁山泊好汉的性情人格的描写还没有到固定的时候，还在极自由的时代：你造你的李逵，他造他的李逵；你造一本李逵《乔教学》，他便造一本李逵《乔断案》；你形容李逵的精细机警，他描写李逵的细腻风流。这是人物描写一方面的互异处。

再看这些好汉的历史与事业。这十三本李逵戏的事实，上不依《宣和遗事》，下不合《水浒传》，上文已说过了。再看李文蔚写燕青是梁山泊第十五个头领，他占的地位很重要，《宣和遗事》说燕青是劫"生辰纲"的八人之一，他的位置自然应该不低。后来《水浒传》里把燕青派作卢俊义的家人，便完全不同了。燕青下山遇着燕顺弟兄，大概也是自由想象出来的事实。李文蔚写燕顺也比《水浒传》里的燕顺重要得多。最可怪的是《还牢末》里写的刘唐和史进两人。《水浒传》写史进最早，写他的为人也极可爱。《还牢末》写史进是东平府的一个都头，毫无可取的技能；写宋江招安史进乃在晁盖身死之后，也和《水浒》不同。刘唐在《宣和遗事》里是劫"生辰纲"的八人之一，与《水浒》相同。《还牢末》里的刘唐竟是一个挟私怨谋害好人的小人，还比不上《水浒传》的董超、薛霸！萧娥送了刘唐两锭银子，要他把李孔目吊死，刘唐答应了；萧娥走后，刘唐自言自语道：

> 要活的难，要死的可容易。那李孔目如今是我手里物事，搓的圆，捏的匾。拚得将他盆吊死了，一来，赚他几个银子；二来，也偿了我平生心愿。我且吃杯酒去，再来下手，不为迟哩。

这种写法，可见当时的戏曲家叙述梁山泊好汉的事迹，大可随意构造；并且可见这些文人对于梁山泊上人物都还没有一贯的，明白的见解。

以上我们研究元曲里的水浒戏，可得四条结论：

（一）元朝是"水浒故事"发达的时代。这八九十年中，产生了无数"水浒故事"。

（二）元朝的"水浒故事"的中心部分——宋江上山的历史，山寨的组织和性质——大致都相同。

（三）除了那一部分之外，元朝的水浒故事还正在自由创造的时代：各位好汉的历史可以自由捏造，他们的性情品格的描写也极自由。

（四）元朝文人对于梁山泊好汉的见解很浅薄平庸，他们描写人物的本领很薄弱。

从这四条上，我们又可得两条总结论：

甲、元朝只有一个雏形的水浒故事和一些草创的水浒人物，但没有《水浒传》。

乙、元朝文学家的文学技术、程度很幼稚，决不能产生我们现有的《水浒传》。

[**附注**] 我从前也看错了元人的文学在中国文学史上的位置。近年我研究元代的文学，才知道元人的文学程度实在很幼稚，才知道元代只是白话文学的草创时代，决不是白话文学的成人时代。即如关汉卿、马致远两位最大的元代文豪，他们的文学技术与文学意境都脱不了"幼稚"的批评。故我近来深信《水浒》、《西游》、《三国》都不是元代的产物。这是文学史上一大问题，此处不能细说，我将来别有专论。

四

以上是研究从南宋到元末的水浒故事。我们既然断定元朝还没有《水浒传》，也做不出《水浒传》，那么，《水浒传》究竟是什么时代的什么人做的呢？

《水浒传》究竟是谁做的？这个问题至今无人能够下一个确定的答案。明人郎瑛《七修类稿》说："《三国》、《宋江》二书乃杭人罗贯中所编。"但郎氏又说他曾见一本，上刻"钱塘施耐庵"作的。清人周亮工《书影》说："《水浒传》相传为洪武初越人罗贯中作，又传为元人施耐庵作。田叔禾《西湖游览志》又云，此书出宋人笔。近日金圣叹自七十回之后，断为罗贯中所续，极口诋罗，复伪为施序于前，此书遂为施有矣。"田叔禾即田汝成，是嘉靖五年的进士。他说《水浒传》是宋人做的，这话自然不值得一驳。郎瑛死于嘉靖末年，那时还无人断定《水浒》的作者是谁。周亮工生于万历四十年（1612），死于康熙十一年（1672），正与金圣叹同时。他说，《水浒》前七十回断为施耐庵的是从金圣叹起的；圣叹以前，或说施，或说罗，还没有人下一种断定。

圣叹删去七十回以后，断为罗贯中的，圣叹自说是根据"古本"。我们现在须先研究圣叹评本以前《水浒传》有些什么本子。

明人沈德符的《野获编》说："武定侯郭勋，在世宗朝，号好文多艺。今新安所刻《水浒传》善本，即其家所传，前有汪太函序，托名天都外臣者。"周亮工《书影》又说："故老传闻，罗氏《水浒传》一百回，各以妖异语冠其首，嘉靖时，郭武定重刻其书，削其致语，独存本传。"据此，嘉靖郭本是《水浒传》的第一次"善本"，是有一百回的。

再看李贽的《忠义水浒传·序》：

> 《水浒传》者，发愤之作也。……施罗二公身在元，心在宋，虽生元日，实愤宋事。是故愤二帝之北狩，则称大破辽以泄其愤；愤南渡之苟安，则称灭方腊以泄其愤。敢问泄愤者谁乎？则前日啸聚水浒之强人也，欲不谓之忠义，不可也。是故施罗二公传《水浒》，而复以忠义名其传焉。……宋公明者，身居水浒之中，心在朝廷之上，一意招安，专图报国，卒致于犯大难，成大功，服毒自缢，同死而不辞。……最后南征方腊，一百单八人者阵亡已过半矣。又智深坐化于六和，燕青涕泣而辞主，二童就计于混江。……（《焚书》卷三）

李贽是嘉靖、万历时代的人，与郭武定刻《水浒传》的时候相去很近，他这篇序说的《水浒传》一定是郭本《水浒》。我们看了这篇序，可以断定明代的《水浒传》是有一百回的；是有招安以后，"破辽"，"平方腊"，"宋江服毒自尽"，"鲁智深坐化"等事的；我们又可以知道明朝嘉靖、万历时代的人也不能断定《水浒传》是施耐庵做的，还是罗贯中做的。

到了金圣叹，他方才把前七十回定为施耐庵的《水浒》，又把七十回以后，招安平方腊等事，都定为罗贯中续做的《续水浒传》。圣叹批第七十回说："后世乃复削去此节，盛夸招安，务令罪归朝廷而功归强盗，甚且至于衰然以忠义二字冠其端，抑何其好犯上作乱至于如是之甚也！"据此可见明代所传的《忠义水浒传》是没有卢俊义的一梦的。圣叹断定《水浒》只有七十回，而骂罗贯中为狗尾续貂。他说："古本《水浒》如此，俗本妄肆改窜，真所谓愚而好自用也。"我们对于他这个断定，可有两种态度：（1）可信金圣叹确有一种古本；（2）不信他得有古本，并且疑心他自己假托古本，"妄肆窜改"，称真本为俗本，自己的改本为古本。

第一种假设——认金圣叹真有古本作校改的底子——自然是很难证实的。我的朋友钱玄同先生说："金圣叹实在喜欢乱改古书。近人刘世珩校刊关、王原本《西厢》，我拿来和金批本一对，竟变成两部书。……以此例彼，则《水浒》经老金批校，实在有点难信了。"钱先生希望得着一部明版的《水浒》，拿来考证《水浒》的真相。据我个人看来，即使我们得着一部明版《水浒》，至多也不过是嘉靖朝郭武定的一百回本，就是金圣叹指为"俗本"的，究竟我们还无从断定金圣叹有无"真古本"。但第二种假设——金圣叹假托古本，窜改原本——更不能充分成立。金圣叹若要窜改《水浒》，尽可自由删改，并没有假托古本的必要。他武断《西厢》的后四折为续作，并没有假托古本，又何必假托一部古本的《水浒传》呢？大概文学的技术进步时，后人对于前人的文章往往有不能满意的地方。元人做戏曲是匆匆忙忙的做了应戏台上之用的，故元曲实在多有太潦草，太疏忽的地方，难怪明人往往大加修饰，大加窜改。况且元曲刻本在当时本来极不完备：最下的本子仅有曲文，无有科白，如日本西京帝国大学影印的《元曲三十种》；稍好的本子虽有科白，但不完全，如"付末上见外云云了"，"旦引侪上，外分付云云了"，如董授经君影印的《十段锦》；最完好的本子如臧晋叔的《元曲选》，大概都是已经明朝人大加补足修饰的了。此项曲本，既非"圣贤经传"，并且实有修改的必要，故我们可以断定现在所有的元曲，除了西京的三十种之外，没有一种不曾经明人修改的。《西厢》的改窜，并不起于金圣叹，到圣叹时《西厢》已不知修改了多少次了。周宪王，王世贞，徐渭都有改本，远在圣叹之前，这是我们知道的。比如李渔改《琵琶记》的《描容》一出，未必没有胜过原作的地方。我们现在看见刘刻的《西厢》原本与金评本不同，就疑心全是圣叹改了的，这未免太冤枉圣叹了。在明朝文人中，圣叹要算是最小心的人。他有武断的毛病，他又有错评的毛病，但他有一种长处，就是不敢抹杀原本。即以《西厢》而论，他不知道元人戏曲的见解远不如明末人的高超，故他武断后四出为后人续的。这是他的大错。但他终不因此就把后四出都删去了，这是他的谨慎处。他评《水浒传》也是如此。我在第一节已指出了他的武断和误解的毛病。但明朝人改小说戏曲向来没有假托古本的必要。况且圣叹引据古本不但用在百回本与七十回本之争，又用在无数字句小不同的地方。以圣叹的才气，改窜一两个字，改换一两句，何须假托什么古本？他改《左传》的句读，尚且不须依傍古人，何况《水浒传》呢？因此我们可以假定他确有一种七十回的《水浒》本子。

我对于"《水浒》是谁做的？"这个问题，颇曾虚心研究，虽不能说有了最满意的解决，但我却有点意见，比较的可算得这个问题的一个可用的答案。我的答案是：

（1）金圣叹没有假托古本的必要。他用的底本大概是一种七十回的本子。

（2）明朝有三种《水浒传》：第一种是一百回本，第二种是七十回本，第三种又是一百回本。

（3）第一种一百回本是原本，七十回本是改本。后来又有人用七十回本来删改百回本的原本，遂成一种新百回本。

（4）一百回本的原本是明初人做的，也许是罗贯中做的。罗贯中是元末明初的人，涵虚子记的元曲里有他的《龙虎风云会》杂剧。

（5）七十回本是明朝中叶的人重做的，也许是施耐庵做的。

（6）施耐庵不知是什么人，但决不是元朝人。也许是明朝文人的假名，并没有这个人。

这六条假设，我且一一解说于下：

（1）金圣叹没有假托古本的必要，上文已说过了，我们可以承认圣叹家藏的本子是一种七十回本。

（2）明朝有三种《水浒传》。第一种是《水浒》的原本，是一百回的。周亮工说："故老传闻，罗氏《水浒传》一百回，各以妖异语冠其首"，即是此本。第二种是七十回本，大概金圣叹的"贯华堂古本"即是此本。第三种是一百回本，是有招安以后"征四寇"等事的，亦名《忠义水浒传》。李贽的序可为证。周亮工又说，"嘉靖时，郭武定重刻其书，削其致语，独存本传"，当即是此本。（说见下条。）

（3）第一种百回本是《水浒传》的原本。我细细研究元朝到明初的人做的关于梁山泊好汉的故事与戏曲，敢断定明朝初年决不能产生现有七十回本的《水浒传》。自从《宣和遗事》到周宪王，这二百多年中，至少有三十种关于梁山泊的书，其中保存到于今的，约有十种。照这十种左右的书看来，那时代文学的见解，意境，技术，没有一样不是在草创的时期的，没有一样不是在幼稚的时期的。且不论元人做的关于水浒的戏曲，周宪王死在明开国后七十年，他做杂剧该在建文、永乐的时代，总算"晚"了，但他的《豹子和尚自还俗》与《黑旋风仗义疏财》两种杂剧，固然远胜于元曲里《还牢末》与《争报恩》等等水浒戏，但还是很缺乏超脱的意境和文学的技术。（这两种，现在董授经君刻的《杂剧十段锦》内。）故我觉得周亮工说的"故老传闻，罗氏《水浒传》一百回，各以妖异语冠其首"的话，大概是可以相信的。周氏又说，"嘉靖时，郭武定重刻其书，削其致语，独存本传"。大概这种一百回本的《水浒传》原本一定是很幼稚的。

但我们又可以知道《水浒传》的原本是有招安以后的事的。何以见得呢？因为这种见解和宋元至明初的梁山泊故事最相接近。我们可举几个例。《宣和遗事》说："那三十六人归顺宋朝，各受武功大夫诰敕，分注诸路巡检使去也。因此三路之寇悉得平定。后遣宋江收方腊有功，封节度使。"元代宋遗民周密与龚圣与论宋江三十六人也都希望草泽英雄为国家出力。不但宋元人如此，明初周宪王的《黑旋风仗义疏财》杂剧（大概是改正元人的原本的），也说张叔夜出榜招安，宋江弟兄受了招安，做了巡检，随张叔夜征方腊，李逵生擒方腊。这戏中有一段很可注意：

（李撇古）今日闻得朝廷出榜招安，正欲上山报知众位首领自首出来替国家出力，为官受禄，不想途次遇见。不知两位哥哥怎生主意？

（李逵）俺山中快乐，风高放火，月黑杀人，论秤分金银，换套穿衣服；千自由，百自在，可不强似这小官受人的气！俺们怎肯受这招安也？

（李撇古）你两个哥哥差见了。……你这三十六个好汉都是有本事有胆量的，平日以忠义为主。何不因这机会出来首官，与官里出些气力，南征北讨，得了功劳，做个大官……不强似你在牛皮帐里每日杀人，又不安稳，那贼名儿几时脱得？

这虽是帝室贵族的话，但这种话与上文引的宋元人的水浒见解是很一致的。因此我们可以知道《水浒》的百回本原本一定有招安以后的事。（看下文论《征四寇》一段。）

这是第一种百回本，可叫做原百回本。我们又知道明朝嘉靖以后最通行的《水浒传》是《忠义水浒传》，也是一种有招安以后事的百回本。这是无可疑的。据周亮工说，这个百回本是郭武定删改那每回"各以妖异语冠其首"的原本而成的。这话大概可信。沈德符《野获编》称郭本为"《水浒》善本"，便是一证。这一种可叫做新百回本。

大概读者都可以承认这两种百回本是有的了。现在难解决的问题就是那七十回本的时代。

有人说，那七十回本是金圣叹假托的，其实并无此本。这一说，我已讨论过了，我以为金圣叹无假托古本的必要，他确有一种七十回本。

又有人说，近人沈子培曾见明刻的《水浒传》，和圣叹批本多不相同，可见现在的七十回本《水浒传》是圣叹窜改百回本而成的；若不是圣叹删改的，一定是明朝末年人删改的。依这一说，七十回本应该在新百回本之后。

这一说，我也不相信。我想《水浒传》被圣叹删改的小地方，大概不免。但我想圣叹在前七十回大概没有什么大窜改的地方。圣叹既然根据他的"古本"来删去了七十回以后的《水浒》，又根据"古本"来改正了许多地方（五十回以后更多）——他既然处处拿"古本"作根据，他必不会有了大窜改而不引据"古本"。况且那时代通行的《水浒传》是新百回本的《忠义水浒传》，若圣叹大改了前七十回，岂不容易被人看出？况且周亮工与圣叹同时，也只说"近日金圣叹自七十回之后断为罗贯中所续，极口诋罗"，并不说圣叹有大窜改之处。如此看来，可见圣叹对于新百回本的前七十回，除了他注明古本与俗本不同之处之外，大概没有什么大窜改的地方。

我且举一个证据。雁宕山樵的《水浒后传》是清初做的，那时圣叹评本还不曾很通行，故他依据的《水浒传》还是百回本的《忠义水浒传》。这书屡次提到"前传"的事，凡是七十回以前的事，没有一处不与圣叹评本相符。最明白的例如说燕青是天巧星，如说阮小七是天败星，位在第三十一，如说李俊在石碣天文上位次在二十六，如说史进位列天罡星数，都与圣叹本毫无差异。（此书证据极多，我不能遍举了。）可见石碣天文以前的《忠义水浒传》与圣叹的七十回本没有大不同的地方。

我们虽不曾见《忠义水浒传》是什么样子的，但我们可以推知坊间现行的《续水浒传》——又名《征四寇》，不是《荡寇志》；《荡寇志》是道光年间人做的——一定与原百回本和新百回本都有很重要的关系。这部《征四寇》确是一部古书，很可考出原百回本和《忠义水浒传》后面小半部是个什么样子。(1) 李贽《忠义水浒传·序》记的事实，如大破辽，灭方腊，宋江服毒，南征方腊时百八人阵亡过半，智深坐化于六和，燕青涕泣而辞主，二童就计于混江，都是《征四寇》里的事实。(2)《征四寇》里有李逵在寿张县坐衙断案一段事（第二回），当是根据元曲《黑旋风乔断案》的；又有李逵在刘太公庄上捉假宋江负荆请罪的事（第二回），是从元曲《李逵负荆》脱胎出来的；又有《燕青射雁》的事（第十七回），当是从元曲《燕青射雁》出来的；又有李逵在井里通到斗鸡村，遇着仙翁的事（第二十五回），当是依据元曲《黑旋风斗鸡会》的。看这些事实，可见《征四寇》和元曲的《水浒》戏很接近。(3) 最重要的是《征四寇》叙东京八十万禁军教头王庆遭高俅陷害，迭配淮西，后来造反称王的事（二十九至三十一回）。这个王庆明明是《水浒传》今本里的王进。王庆是"四寇"之一，四寇是辽、田虎、王庆、方腊。"四寇"之名来源很早，《宣和遗事》说宋江等平定"三路之寇"，后来又收方腊，可见"四寇"之说起于《宣和遗事》。但李贽作序时，只说"大破辽"与"灭方腊"两事；清初人做的《水浒后传》屡说"征服大辽，剿除方腊"，但无一次说到田虎、王庆的事。可见新百回本已无四寇，仅有二寇。我研究新百回本删去二寇的原因，忽然明白《征四寇》这部书乃是原百回本的下半部。《征四寇》现存四十九回，与圣叹说的三十回不合。我试删去征田虎及征王庆的二十回，恰存二十九回；第一回之前显然还有硬删去的一回，合起来恰是三十回。田虎一大段不知为什么删去，但我看王庆一段的删去明是因为王庆已变了王进，移在全书的第一回，故此一大段不能存在。这是《征四寇》为原百回本的剩余的第一证据。（4）《征四寇》每回之前有一首荒谬不通的诗，周亮工说的"各以妖异语冠其首"，大概即根本于此。这是第二证据。（5）《征四寇》的文学的技术和见解，确与元朝人的文学的技术和见解相像，更可断定这书是原百回本的一部分。若新百回本还是这样幼稚，决不能得晚明那班名士（如李贽、袁宏道等）那样钦佩。这是第三证据。

以上我主张：（1）新百回本的前七十回与今本七十回没有什么大不同的地方；（2）新百回本的后三十回确与原百回本的后半部大不同，可见新百回本确已经过一回大改窜了。新百回本是嘉靖时代刻的，郎瑛著书也在嘉靖年间，他已见有施罗两本。况且李贽在万历时作《水浒序》又混称"施罗两公"。若七十回本出在明末，李贽决没有合称施罗的必要。因此我想嘉靖时初刻的新百回本已是两种本子合起来的：一种是七十回本，一种是原百回本的后半。因为这新百回本（《忠义水浒传》）是两种本子合起来的，故嘉靖以后人混称施罗二公，故金圣叹敢断定七十回以前为施本，七十回以后为罗本。

因此，我假定七十回本是嘉靖郭本以前的改本。大概明朝中叶时期——当弘治、正德的时候——文学的见解与技术都有进步，故不满意于那幼稚的《水浒》百回原本。况且那时又是个人主义的文学发达的时代，李梦阳、康海、王九思、祝允明、唐寅一班人都是不满意于政府的，都是不满意于当时社会的。故我推想七十回本是弘治、正德时代的出产品。这书大概略本那原百回本，重新改做一番，删去招安以后的事；一切人物的描写，事实的叙述，大概都有许多更改原本之处。如王庆改为王进，移在全书之首，又写他始终不肯落草，便是一例。若原百回本果是像《征四寇》那样幼稚，这七十回本简直不是改本，竟可称是创作了。

这个七十回本是明朝第二种《水浒传》。我们推想此书初出时必定不能使多数读者领会，当时人大概以为这七十回是一种不完全的本子，郭勋是一个贵族，又是一个奸臣，故更不喜欢这七十回本。因此，我猜想郭刻的百回的《水浒》善本大概是用这七十回本来修改原百回本的：七十回以前是依七十回本改的，七十回以后是嘉靖时人改的。这个新百回本是第三种《水浒》本子。

这第三种本子——新百回本——是合两种本子而成的，前七十回全采七十回本，后三十回大概也远胜原百回本的末五十回，所以能风行一世。但这两种本子的内容与技术是不同的，前七十回是有意重新改做的，后三十回是用原百回本的下半改了凑数的，故明眼的人都知道前七十回是一部，后三十回又是一部。不但上文说的李贽混称施罗二公是一证据，还有清初的《水浒后传》的"读法"上说"前传之前七十回中，回目用大闹字者凡十"。现查《水浒传》的回目果有十次用"大闹"字，但都在四十五回以前。既在四十五回以前，何故说"前七十回"呢？这可见分两《水浒》为两部的，不止金圣叹一人了。

（4）如果百回本的原本是如周亮工说的那样幼稚，或是像《征四寇》那样幼稚，我们可以断定他是元末明初的著作。周亮工说罗贯中是洪武时代的人，大概罗贯中到明末初期还活着。前人既多说《水浒》是罗贯中做的，我们也不妨假定这百回本的原本是他做的。

（5）七十回本一定是明末中叶的人删改的，这一层我已在上文（3）条里说过了。嘉靖时郎瑛曾见有一本《水浒传》，是"钱塘施耐庵"做的。可惜郎瑛不曾说这一本是一百回，还是七十回。或者这一本七十回的即是郎瑛看见的施耐庵本。我想：若施本不是七十回本，何以圣叹不说百回本是施本而七十回本是罗本呢？

（6）我们虽然假定七十回本为施耐庵本，但究竟不知施耐庵是谁。据我的浅薄学问，元明两朝没有可以考证施耐庵的材料。我可以断定的是：（一）施耐庵决不是宋元两朝人。（二）他决不是明朝初年的人：因为这三个时代不会产出这七十回本的《水浒传》。（三）从文学进化的观点看起来，这部《水浒传》，这个施耐庵，应该产生在周宪王的杂剧与

《金瓶梅》之间。——但是何以明朝的人都把施耐庵看作宋元的人呢？（田汝成、李贽、金圣叹、周亮工等人都如此。）这个问题极有研究的价值。清初出了一部《后水浒传》，是接着百回本做下去的。（此书叙宋江服毒之后，剩下的三十几个水浒英雄，出来帮助宋军抵御金兵，但无成功；混江龙李俊同一班弟兄，渡海至暹罗国，创下李氏王朝。）这书是一个明末遗民雁宕山樵陈忱做的。（据沈登瀛《南浔备志》；参看《荡寇记》前镜水湖边老渔的跋语。）但他托名"古宋遗民"。我因此推想那七十回本《水浒传》的著者删去了原百回本招安以后的事，把《忠义水浒传》变成了"纯粹草泽英雄的《水浒传》"，一定有点深意，一定很触犯当时的忌讳，故不得不托名于别人。"施耐庵"大概是"乌有先生"、"亡是公"一流的人，是一个假托的名字。明朝文人受祸的最多。高启、杨基、张羽、徐贲、王行、孙贲、王蒙，都不得好死。弘治、正德之间，李梦阳四次下狱；康海、王敬夫、唐寅都废黜终身。我们看了这些事，便可明白《水浒传》著者所以必须用假名的缘故了。明朝一代的文学要算《水浒传》的理想最激烈，故这书的著者自己隐讳也最深。书中说的故事又是宋代的故事，又和许多宋元的小说戏曲有关系，故当时的人或疑施耐庵为宋人，或疑为元人，却不知道宋元时代决不能产生这样一部奇书。

我们既不能考出《水浒传》的著者究竟是谁，正不妨仍旧认"施耐庵"为七十回本《水浒传》的著者——但我们须要记得，"施耐庵"是明朝中叶一个文学大家的假名！

总结上文的研究，我们可把南宋到明朝中叶的《水浒》材料作一个渊源表如下：

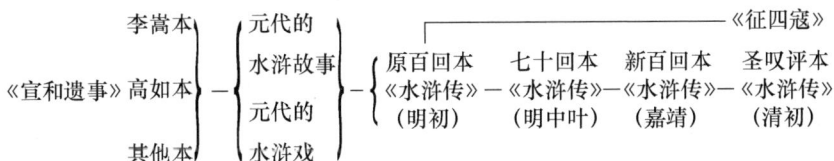

五

自从金圣叹把"施耐庵"的七十回本从《忠义水浒传》里重新分出来，到于今已近三百年了（圣叹自序在崇祯十四年）。这三百年中，七十回本居然成为《水浒传》的定本。平心而论，七十回本得享这点光荣，是很应该的。我们现在且替这七十回本做一个分析。

七十回本除"楔子"一回不计外，共分十大段：

第一段——第一至第十一回。这一大段只有杨志的历史（"做到殿司制使官，因道君皇帝盖万岁山，差一般十个制使去太湖边搬运花石纲赴京交纳。不料酒家……失陷了花石纲，不能回京。"）是根据于《宣和遗事》的，其余都是创造出来的。这一大段先写八十万禁军教头王进被高俅赶走了。王进即是《征四寇》里的王庆，不在百八人之数；施耐庵把他从下半部直接提到第一回来，又改名王进，可见他的著书用意。王进之后，接写一个可爱的少年史进，始终不肯落草，但终不能不上少华山去；又写鲁达为了仗义救人，犯下死罪，被逼做和尚，再被逼做强盗；又写林冲被高俅父子陷害，逼上梁山。林冲在《宣和遗事》里是押送"花石纲"的十二个制使之一；但在龚圣与的《三十六人赞》里却没有他的名字，元曲里也不提起他，大概元朝的水浒故事不见得把他当作重要人物。《水浒传》却极力描写林冲，风雪山神庙一段更是能感动人的好文章。林冲之后，接写杨志。杨志在困穷之中不肯落草，后来受官府冤屈，穷得出卖宝刀，以致犯罪受杖，迭配大名府。（卖刀也是《宣和遗事》中有的，但在颍〔颍〕州，《水浒传》改在京城，是有意的。）这一段连写五个不肯做强盗的好汉，他的命意自然是要把英雄落草的罪名归到贪官污吏身上去。故这第一段可算是《水浒传》的"开宗明义"的部分。

第二段——第十二至第二十一回。这一大段写"生辰纲"的始末，是《水浒传》全局的一大关键。《宣和遗事》也记有五花营堤上劫取生辰纲的事，也说是宋江报信，使晁盖等逃走；也说到刘唐送礼谢宋江，以致宋江杀阎婆惜。《水浒传》用这个旧轮廓，加上无数琐细节目，写得格外有趣味。这一段从雷横捉刘唐起，写七星聚义，写智取生辰纲，写杨志、鲁智深落草，写宋江私放晁盖，写林冲火并梁山泊，写刘唐送礼酬谢宋江，写宋江怒杀阎婆惜，直写到宋江投奔柴进避难，与武松结拜做兄弟。《水浒》里的中心人物——须知卢俊义、呼延灼、关胜等人不是《水浒》的中心人物——都在这里了。

第三段——第二十二回到第三十一回。这一大段可说是武松的传。《涵虚子》与《录鬼簿》都记有红字李二的《武松打虎》一本戏曲。红字李二是教坊刘耍和的女婿，刘耍和已被高文秀编入曲里，而《录鬼簿》说高文秀早死，可见红字李二的武松戏一定远在《录鬼簿》成书之前——约在元朝的中叶。可见十四世纪初年已有一种武松打虎的故事。《水浒传》根据这种故事，加上新的创造的想像力，从打虎写到杀嫂，从杀嫂写到孟州道打蒋门神，从蒋门神写到鸳鸯楼、蜈蚣岭，便成了《水浒传》中最精采的一大部分。

第四段——第三十一回到第三十四回。这一小段是勉强插入的文章。《宣和遗事》有花荣和秦明等人，无法加入，故写清风山、清风寨、对影山等一段，把这一班人送上梁山泊去。

第五段——第三十五回到第四十一回。这一大段也是《水浒传》中很重要的文字，从宋江奔丧回家，送配江州起，写江州遇戴宗、李逵，写浔阳江宋江题反诗，写梁山泊好汉大闹江州，直写到宋江入伙后又偷回家中，遇着官兵追赶，躲在玄女庙里，得受三卷天书。江州一大段完全是《水浒传》的著者创造出来的。《宣和遗事》没有宋江到江州配所的话，元曲也只说他送配江州，路过梁山泊，被晁盖打救上山。《水浒传》造出江州一大段，不但写李逵的性情品格，并且把宋江的野心大志都写出来。若没有这一段，宋江便真成了一个"虚名"了。天书一事，《宣和遗事》里也有，但那里的天书除了三十六人的姓名，只有诗四句："破国因山木，兵刀用水工；一朝充将领，海内耸威风。"《水浒传》不写天书的内容，又把这四句诗改作京师的童谣："耗国因家木，刀兵点水工。纵横三十六，播乱在山东。"（见三十八回）这不但可见《宣和遗事》和《水浒》的关系，又可见后来文学的见解和手段的进化。

第六段——第四十二回到第四十五回。这一段写公孙胜下山取母亲，引起李逵下山取母，又引起戴宗下山寻公孙胜，路上引出杨雄、石秀一段。《水浒传》到了大闹江州以后，便没有什么很精采的地方。这一段中写石秀的一节比较是要算很好的了。

第七段——第四十六回到第四十九回。这一段写宋江三打祝家庄。在元曲里，三打祝家庄是晁盖的事。

第八段——第五十回到第五十三回。写雷横、朱仝、柴进三个人的事。

第九段——第五十四回到第五十九回。这一大段和第四段相像，也是插进去做一个结束的。《宣和遗事》有呼延灼、徐宁等人，《水浒传》前半部又把许多好汉分散在二龙山、少华山、桃花山等处了，故有这一大段，先写呼延灼征讨梁山泊，次请出一个徐宁，次写呼延灼兵败后逃到青州，慕容知府请他收服桃花山、二龙山、白虎山；次写少华山与芒砀山；遂把这五山的好汉一齐送上梁山泊去。

第十段——第五十九回到七十回。这一大段是七十回本《水浒传》的最后部分，先写晁盖打曾头市中箭身亡，次写卢俊义一段，次写关胜，次写破大名府，次写曾头市报仇，次写东平府收董平，东昌府收张清，最后写石碣天书作结。《宣和遗事》里，卢俊义是梁山泊上最初的第二名头领，《水浒传》前面不曾写他，把他留在最后，无法可以描写，故只好把擒史文恭的大功劳让给他。后来结起账来，一百零八人中还有董平和张清没有加入，这两人又都是《宣和遗事》里有名字的，故又加上东平、东昌两件事。算算还少一个，只好拉上一个兽医皇甫端！这真是《水浒传》的"强弩之末"了！

这是《水浒传》的大规模。我们拿历史的眼光来看这个大规模，可得两种感想。

第一，我们拿宋元时代那些幼稚的梁山泊故事，来比较这部《水浒传》，我们不能不佩服"施耐庵"的大匠精神与大匠本领；我们不能不承认这四百年中白话文学的进步很可惊异！元以前的，我们现在且不谈。当元人的杂剧盛行时，许多戏曲家从各方面搜集编曲的材料，于是有高文秀等人采用的民间盛行的梁山泊故事，各人随自己的眼光才力，发挥水浒的一方面，或创造一种人物，如高文秀的黑旋风，如李文蔚的燕青之类；有时几个文人各自发挥一个好汉的一片面，如高文秀发挥李逵的一片面，杨显之、康进之、红字李二又各各发挥李逵的一片面。但这些都是一个故事的自然演化，又都是散漫的，片面的，没有计划的，没有组织的发展。后来这类的材料越积越多了，不能不有一种贯通综合的总编，于是元末明初有《水浒传》百回之作。但这个草创的《水浒传》原本，如上节所说，是很浅陋幼稚的。这种浅陋幼稚的证据，我们还可以在《征四寇》里寻出许多。然而这个《水浒传》原本居然把三百年来的水浒故事贯通起来，用宋元以来的梁山泊故事做一个大纲，把民间和戏台上的"三十六大伙，七十二小伙"的种种故事作一些子目，造成一部草创的大小说，总算是很难得的了。到了明朝中叶，"施耐庵"又用这个原百回本作底本，加上高超的新见解，加上四百年来逐渐成熟的文学技术，加上他自己的伟大创造力，把那草创的山寨推翻，把那些僵硬无生气的水浒人物一齐毁去；于是重兴水浒，再造梁山，画出十来个永不会磨灭的英雄人物，造成一部永不会磨灭的奇书。这部七十回的

《水浒传》不但是集四百年水浒故事的大成，并且是中国白话文学完全成立的一个大纪元。这是我的第一个感想。

第二，施耐庵的《水浒传》是四百年文学进化的产儿，但《水浒传》的短处也就吃亏在这一点。倘使施耐庵当时能把那历史的梁山泊故事完全丢在脑背后，倘使他能忘了那"三十六大伙，七十二小伙"的故事，倘使他用全副精神来单写鲁智深、林冲、武松、宋江、李逵、石秀等七八个人，他这部书一定格外有精采，一定格外有价值。可惜他终不能完全冲破那历史遗传的水浒轮廓，可惜他总舍不得那一百零八人。但是一个人的文学技能是有限的，决不能在一部书里创造一百零八个活人物。因此，他不能不东凑一段，西补一块，勉强把一百零八人"挤"上梁山去！闹江州以前，施耐庵确能放手创造，看他写武松一个人便占了全书七分之一，所以能有精采。到了宋江上山以后，全书已去七分之四，还有那四百年传下的"三打祝家庄"的故事没有写（明以前的水浒故事，都把三打祝家庄放在宋江上山之前），还有那故事相传坐第二把交椅的卢俊义和关胜、呼延灼、徐宁、燕青等人没有写。于是施耐庵不能不潦草了，不能不杂凑了，不能不敷衍了。最明显的例是写卢俊义的一大段。这一段硬把一个坐在家里享福的卢俊义拉上山去，已是很笨拙了；又写他信李固而疑燕青，听信了一个算命先生的妖言，便去烧香解灾，竟成了一个糊涂汉了！还算得什么豪杰？至于吴用设的诡计，使卢俊义自己在壁上写下反诗，更是浅陋可笑。还有燕青在宋元的水浒故事里本是一个很重要的人物，施耐庵在前六十回竟把他忘了，故不能不勉强把他捉来送给卢俊义做一个家人！此外如打大名府时，宋江忽然生背疽，于是又拉出一个安道全来；又如全书完了，又拉出一个皇甫端来，这种杂凑的写法，实在幼稚的很。推求这种缺点的原因，我们不能不承认施耐庵吃亏在于不敢抛弃那四百年遗传下来的水浒旧轮廓。这是很可惜的事。后来《金瓶梅》只写几个人，便能始终贯彻，没有一种敷衍杂凑的弊病了。

我这两种感想是从文学的技术上着想的。至于见解和理想一方面，我本不愿多说话，因为我主张让读者自己虚心去看《水浒传》，不必先怀着一些主观的成见。但我有一个根本观念，要想借《水浒传》作一个具体的例来说明，并想贡献给爱读《水浒传》的诸君，做我这篇长序的结论。

我承认金圣叹确是懂得《水浒》的第一大段，他评前十一回，都无大错。他在第一回批道：

> 为此书者之胸中，吾不知其有何等冤苦，而必设言一百八人，
> 而又远托之于水涯。……今一百八人而有其人，殆不止于伯夷、太
> 公居海避纣之志矣。

这个见解是不错的。但他在"读法"里又说：

> 大凡读书先要晓得作书之人是何等心胸。如《史记》须是太史
> 公一肚皮宿怨发挥出来。……《水浒传》却不然。施耐庵本无一肚
> 皮宿怨要发挥出来，只是饱暖无事，又值心闲，不免伸纸弄笔，寻
> 个题目，写出自家许多锦心绣口。故其是非皆不谬于圣人。

这是很误人的见解。一面说他"不知其胸中有何等冤苦"，一面又说他
"只是饱暖无事，又值心闲，不免伸纸弄笔"，这不是绝大的矛盾吗？一
面说"不止于居海避纣之志"——老实说就是反抗政府——一面又说
"其是非皆不谬于圣人"，这又不是绝大的矛盾？《水浒传》决不是"饱
暖无事，又值心闲"的人做得出来的书。"饱暖无事，又值心闲"的人
只能做诗钟，做八股，做死文章——决不肯来做《水浒传》。圣叹最爱
谈"作史笔法"，他却不幸没有历史的眼光，他不知道水浒的故事乃是
四百年来老百姓与文人发挥一肚皮宿怨的地方。宋元人借这故事发挥他
们的宿怨，故把一座强盗山寨变成替天行道的机关。明初人借他发挥宿
怨，故写宋江等平四寇立大功之后反被政府陷害谋死。明朝中叶的
人——所谓施耐庵——借他发挥他的一肚皮宿怨，故削去招安以后的
事，做成一部纯粹反抗政府的书。

这部七十回的《水浒传》处处"褒"强盗，处处"贬"官府。这是
看《水浒》的人，人人都能得着的感想。圣叹何以独不能得着这个普遍
的感觉呢？这又是历史上的关系了。圣叹生在流贼遍天下的时代，眼见
张献忠、李自成一班强盗流毒全国，故他觉得强盗是不能提倡的，是应
该"口诛笔伐"的。圣叹是一个绝顶聪明的人，故能赏识《水浒传》。
但文学家金圣叹究竟被《春秋》笔法家金圣叹误了。他赏识《水浒传》
的文学，但他误解了《水浒传》的用意。他不知道七十回本删去招安以
后事正是格外反抗政府，他看错了，以为七十回本既不赞成招安，便是
深恶宋江等一班人。所以他处处深求《水浒传》的"皮里阳秋"，处处
把施耐庵恭维宋江之处都解作痛骂宋江。这是他的根本大错。

换句话说，金圣叹对于《水浒》的见解与做《荡寇志》的俞仲华对
于《水浒》的见解是很相同的。俞仲华生当嘉庆、道光的时代，洪秀全

虽未起来，盗贼已遍地皆是，故他认定"既是忠义便不做强盗，既做强盗必不算忠义"的宗旨，做成他的《结水浒传》——即《荡寇志》——要使"天下后世深明盗贼忠义之辨，丝毫不容假借！"（看《荡寇志》诸序。俞仲华死于道光己酉，明年洪秀全起事。）俞仲华的父兄都经过匪乱，故他有"孰知罗贯中之害至于此极耶"的话。他极佩服圣叹，尊为"圣叹先生"，其实这都是因为遭际有相同处的缘故。

圣叹自序在崇祯十四年，正当流贼最猖獗的时候，故他的评本努力要证明《水浒传》"把宋江深恶痛绝，使人见之真有狗彘不食之恨"。但《水浒传》写的一班强盗确是可爱可敬，圣叹决不能使我们相信《水浒传》深恶痛绝鲁智深、武松、林冲一班人，故圣叹只能说"《水浒传》独恶宋江，亦是奸厥渠魁之意，其余便饶恕了"。好一个强辩的金圣叹！岂但"饶恕"，简直是崇拜！

圣叹又亲见明末的流贼伪降官兵，后复叛去，遂不可收拾。所以他对于《宋史》侯蒙请赦宋江使讨方腊的事，大不满意，故极力驳他，说他"一语有八失"。所以他又极力表彰那没有招安以后事的七十回本。其实这都是时代的影响。雁宕山樵当明亡之后，流贼已不成问题，当时的问题乃是国亡的原因和亡国遗民的惨痛等等问题，故雁宕山樵的《水浒后传》极力写宋南渡前后那班奸臣误国的罪状；写燕青冒险到金兵营里把青子黄柑献给道君皇帝；写王铁杖刺杀王黼、杨戬、梁师成三个奸臣；写燕青、李应等把高俅、蔡京、童贯等邀到营里，大开宴会，数说他们误国的罪恶，然后把他们杀了；写金兵掳掠平民，勒索赎金；写无耻奸民，装成金兵模样，帮助仇敌来敲吸同胞的脂髓。这更可见时代的影响了。

这种种不同的时代发生种种不同的文学见解，也发生种种不同的文学作物。——这便是我要贡献给大家的一个根本的文学观念。《水浒传》上下七八百年的历史便是这个观念的具体的例证。不懂得南宋的时代，便不懂得宋江等三十六人的故事何以发生。不懂得宋元之际的时代，便不懂得水浒故事何以发达变化。不懂得元朝一代发生的那么多的水浒故事，便不懂得明初何以产生《水浒传》。不懂得元明之际的文学史，便不懂得明初的《水浒传》何以那样幼稚。不读《明史》的《功臣传》，便不懂得明初的《水浒传》何以于固有的招安的事之外又加上宋江等有功被谗遭害和李俊、燕青见机远遁等事。不读《明史》的《文苑传》，不懂得明朝中叶的文学进化的程度，便不懂得七十回本《水浒传》的价值。不懂得明末流贼的大乱，便不懂得金圣叹的《水浒》见解何以那样迂腐。不懂得明末清初的历史，便不懂得雁宕山樵的《水浒后传》。不懂得嘉庆、道光间的遍地匪乱，便不懂得俞仲华的《荡寇志》。——这叫做历史进化的文学观念。

九，七，二七，晨二时脱稿

参考书举要

《宣和遗事》（商务印书馆本）

《癸辛杂识·续集》 周密 （在《稗海》中）

《元曲选》 臧晋叔 （商务影印本）

《录鬼簿》 钟继先

《杂剧十段锦》 （董康影印本）

《七修类稿》 郎瑛

《李氏焚书》 李贽

《茶香室丛钞》《续钞》《三钞》 俞樾

《小浮梅槛闲话》 俞樾

《征四寇》

《水浒后传》

（此文原收入 1920 年 8 月上海亚东图书馆初版之汪原放标点本《水浒传》）

《红楼梦》考证（改定稿）
（1921 年 11 月 12 日）

一

《红楼梦》的考证是不容易做的，一来因为材料太少，二来因为向来研究这部书的人都走错了道路。他们怎样走错了道路呢？他们不去搜求那些可以考定《红楼梦》的著者，时代，版本等等的材料，却去收罗许多不相干的零碎史事来附会《红楼梦》里的情节。他们并不曾做《红楼梦》的考证，其实只做了许多《红楼梦》的附会！这种附会的"红学"又可分作几派：

第一派说《红楼梦》"全为清世祖与董鄂妃而作，兼及当时的诸名王奇女"。他们说董鄂妃即是秦淮名妓董小宛，本是当时名士冒辟疆的妾，后来被清兵夺去，送到北京，得了清世祖的宠爱，封为贵妃。后来董妃夭死，清世祖哀痛的很，遂跑到五台山去做和尚去了。依这一派的话，冒辟疆与他的朋友们说的董小宛之死，都是假的；清史上说的清世祖在位十八年而死，也是假的。这一派说《红楼梦》里的贾宝玉即是清世祖，林黛玉即是董妃。"世祖临宇十八年，宝玉便十九岁出家；世祖自肇祖以来为第七代，宝玉便言'一子成佛，七祖升天'，又恰中第七名举人；世祖谥'章'，宝玉便谥'文妙'，文章两字可暗射。""小宛名白，故黛玉名黛，粉白黛绿之意也。小宛是苏州人，黛玉也是苏州人；小宛在如皋，黛玉亦在扬州。小宛来自盐官，黛玉来自巡盐御史之署。小宛入宫，年已二十有七；黛玉入京，年只十三余，恰得小宛之半。……小宛游金山寺时，人以为江妃踏波而上，故黛玉号'潇湘妃子'，实从'江妃'二字得来。"（以上引的话均见王梦阮先生的《红楼梦索隐》的《提要》。）

这一派的代表是王梦阮先生的《红楼梦索隐》。这一派的根本错误已被孟莼荪先生的《董小宛考》（附在蔡子民先生的《石头记索隐》之后，页131以下）用精密的方法一一证明了。孟先生在这篇《董小宛考》里证明董小宛生于明天启四年甲子，故清世祖生时，小宛已十五岁了；顺治元年，世祖方七岁，小宛已二十一岁了；顺治八年正月二日，小宛死，年二十八岁，而清世祖那时还是一个十四岁的小孩子。小宛比清世祖年长一倍，断无入宫邀宠之理。孟先生引据了许多书，按年分别，证据非常完备，方法也很细密。那种无稽的附会，如何当得起孟先生的摧破呢？例如《红楼梦索隐》说：

> 渔洋山人题冒辟疆妾圆玉、女罗画三首之二末句云"洛川森森神人隔，空费陈王八斗才"，亦为小琬而作。圆玉者，琬也；玉旁加以宛转之义，故曰圆玉。女罗，罗敷女也。均有深意。神人之隔，又与死别不同矣。（《提要》页13）

孟先生在《董小宛考》里引了清初的许多诗人的诗来证明冒辟疆的姿并不止小宛一人；女罗姓蔡，名含，很能画苍松墨凤；圆玉当是金晓珠，名玥，昆山人，能画人物。晓珠最爱画洛神（汪舟次有"晓珠手临洛神图卷跋"，吴菌次有"乞晓珠画洛神启"），故渔洋山人诗有"洛川森森神人隔"的话。我们若懂得孟先生与王梦阮先生两人用的方法的区别，便知道考证与附会的绝对不相同了。

《红楼梦索隐》一书，有了《董小宛考》的辨正，我本可以不再批评他了。但这书中还有许多绝无道理的附会，孟先生都不及指摘出来。如他说："曹雪芹为世家子，其成书当在乾嘉时代。书中明言南巡四次，是指高宗时事，在嘉庆时所作可知。……意者此书但经雪芹修改，当初创造另自有人。……揣其成书亦当在康熙中叶。……至乾隆朝，事多忌讳，档案类多修改。《红楼》一书，内廷索阅，将为禁本。雪芹先生势不得已，乃为一再修订，俾愈隐而愈不失其真"（《提要》页5至6）。但他在第十六回凤姐提起南巡接驾一段话的下面，又注道："此作者自言也。圣祖二次南巡，即驻跸雪芹之父曹寅盐署中，雪芹以童年召对，故有此笔。"下面赵嬷嬷说甄家接驾四次一段的下面，又注道："圣祖南巡四次，此言接驾四次，特明为乾隆时事。"我们看这三段"索隐"，可以看出许多错误。（1）第十六回明说二三十年前"太祖皇帝"南巡时的几次接驾，赵嬷嬷年长，故"亲眼看见"。我们如何能指定前者为康熙时的南巡而后者为乾隆时的南巡呢？（2）康熙帝二次南巡在二十八年（西历1689），到四十三年曹寅才做两淮盐御史。《索隐》说康熙帝二次南巡驻跸曹寅盐院署，是错的。（3）《索隐》说康熙帝二次南巡时，"曹雪芹以童年召对"；又说雪芹成书在嘉庆时。嘉庆元年（西历1796），上距康熙二十八年，已隔百零七年了。曹雪芹成书时，他可不是一百二三十岁了吗？（4）《索隐》说《红楼梦》成书在乾嘉时代，又说是在嘉庆时所作：这一说最谬。《红楼梦》在乾隆时已风行，有当时版本可证（详考见后文）。况且袁枚在《随园诗话》里曾提起曹雪芹的《红楼梦》；袁枚死于嘉庆二年，《诗话》之作更早的多，如何能提到嘉庆时所作的《红楼梦》呢？

第二派说《红楼梦》是清康熙的政治小说。这一派可用蔡子民先生的《石头记索隐》作代表。蔡先生说：

《石头记》……作者持民族主义甚挚。书中本事在吊明之亡，揭清之失,而尤于汉族名士仕清者寓痛惜之意。当时既虑触文网,又欲别开生面,特于本事之上,加以数层障幂,使读者有"横看成岭侧成峰"之状况(《石头记索隐》页1)。书中"红"字多隐"朱"字。朱者,明也,汉也。宝玉有"爱红"之癖,言以满人而爱汉族文化也;好吃人口上胭脂,言拾汉人唾余也。……当时清帝虽躬修文学,且创开博学鸿词科,实专以笼络汉人,初不愿满人渐染汉俗,其后雍乾诸朝亦时时申诫之。故第十九回袭人劝宝玉道:"再不许吃人嘴上擦的胭脂了,与那爱红的毛病儿。"又黛玉见宝玉腮上血渍,询知为淘澄胭脂膏子所溅,谓为"带出幌子,吹到舅舅耳里,又大家不干净惹气",皆此意。宝玉在大观园中所居曰怡红院,即爱红之义。所谓曹雪芹于悼红轩中增删本书,则吊明之义也。……(页3至4)

书中女子多指汉人,男子多指满人。不但"女子是水作的骨肉,男人是泥作的骨肉"与"汉"字"满"字有关系也;我国古代哲学以阴阳二字说明一切对待之事物,《易·坤卦象传》曰,"地道也,妻道也,臣道也",是以夫妻君臣分配于阴阳也。《石头记》即用其义。第三十一回……翠缕说:"知道了!姑娘(史湘云)是阳,我就是阴。……人家说主子为阳,奴才为阴。我连这个大道理也不懂得!"……清制,对于君主,满人自称奴才,汉人自称臣。臣与奴才,并无二义。以民族之对待言之,征服者为主,被征服者为奴。本书以男女影满汉,以此。(页9至10)

这些是蔡先生的根本主张。以后便是"阐证本事"了。依他的见解,下面这些人是可考的:

(1)贾宝玉,伪朝之帝系也;宝玉者,传国玺之义也,即指胤礽(康熙帝的太子,后被废)。(页10至22)

(2)《石头记》叙巧姐事,似亦指胤礽,巧字与礽字形相似也。……(页23至25)

(3)林黛玉影朱竹垞(朱彝尊)也。绛珠,影其氏也。居潇湘馆,影其竹垞之号也。……(页25至27)

(4)薛宝钗,高江村(高士奇)也。薛者,雪也。林和靖诗,"雪满山中高士卧,月明林下美人来"。用薛字以影江村之姓名(高士奇)也。……(页28至42)

(5)探春影徐健庵也。健庵名乾学,乾卦作"☰",故曰三姑

娘。健庵以进士第三人及第，通称探花，故名探春。……（页 42
至 47）

（6）王熙凤影余国柱也。王即柱字偏旁之省，國字俗写作
"国"，故熙凤之夫曰琏，言二王字相连也。……（页 47 至 61）

（7）史湘云，陈其年也。其年又号迦陵。史湘云佩金麒麟，当
是"其"字、"陵"字之借音。氏以史者，其年尝以翰林院检讨纂
修《明史》也。……（页 61 至 71）

（8）妙玉，姜西溟（姜宸英）也。姜为少女，以妙代之。《诗》
曰，"美如玉"，"美如英"。玉字所以代英字也（从徐柳泉说）。……
（页 72 至 87）

（9）惜春，严荪友也。……（页 87 至 91）

（10）宝琴，冒辟疆也。……（页 91 至 95）

（11）刘老老，汤潜庵（汤斌）也。（页 95 至 110）

蔡先生这部书的方法是：每举一人，必先举他的事实，然后引《红
楼梦》中情节来配合。我这篇文里，篇幅有限，不能表示他的引书之多
和用心之勤：这是我很抱歉的。但我总觉得蔡先生这么多的心力都是白
白的浪费了，因为我总觉得他这部书到底还只是一种很牵强的附会。我
记得从前有个灯谜，用杜诗"无边落木萧萧下"来打一个"日"字。这
个谜，除了做谜的人自己，是没有人猜得中的。因为做谜的人先想着南
北朝的齐和梁两朝都是姓萧的；其次把"萧萧下"的"萧萧"解作两个
姓萧的朝代；其次，二萧的下面是那姓陈的陈朝。想着了"陈"字，然
后把偏旁去掉（无边）；再把"東"字里的"木"字去掉（落木）。剩下
的"日"字，才是谜底！你若不能绕这许多弯子，休想猜谜！假使做
《红楼梦》的人当日真个用王熙凤来影余国柱，真个想着"王即柱字偏
旁之省，國字俗写作国，故熙凤之夫曰琏，言二王字相连也"——假使
他真如此思想，他岂不真成了一个大笨伯了吗？他费了那么大气力，到
底只做了"国"字"柱"字的一小部分；还有这两个字的其余部分和那
最重要的"余"字，都不曾做到"谜面"里去！这样做的谜，可不是笨
谜吗？用麒麟来影"其年"的其，"迦陵"的陵；用三姑娘来影"乾学"
的乾：假使真有这种影射法，都是同样的笨谜！假使一部《红楼梦》真
是一串这么样的笨谜，那就真不值得猜了！

我且再举一条例来说明这种"索隐"（猜谜）法的无益。蔡先生引
蒯若木先生的话，说刘老老即是汤潜庵：

潜庵受业于孙夏峰（孙奇逢，清初的理学家），凡十年。夏峰
之学本以象山（陆九渊）、阳明（王守仁）为宗。《石头记》，"刘老
老之女婿曰王狗儿，狗儿之父曰王成。其祖上曾与凤姐之祖，王夫
人之父认识；因贪王家势利，便连了宗"，似指此。

其实《红楼梦》里的王家既不是专指王阳明的学派，此处似不应该忽然
用王家代表王学。况且从汤斌想到孙奇逢，从孙奇逢想到王阳明学派，
再从阳明学派想到王夫人一家，又从王家想到王狗儿的祖上，又从王狗
儿转到他的丈母刘老老——这个谜可不是比那"无边落木萧萧下"的谜
还更难猜吗？蔡先生又说《石头记》第三十九回刘老老说的"抽柴"一
段故事是影汤斌毁五通祠的事；刘老老的外孙板儿影的是汤斌买的一部
《廿一史》；他的外孙女青儿影的是汤斌每天吃的韭菜！这种附会已是很
滑稽的了。最妙的是第六回凤姐送给刘老老二十两银子，蔡先生说这是
影汤斌死后徐乾学赙送的二十金；又第四十二回凤姐又送老老八两银
子，蔡先生说这是影汤斌死后惟遗俸银八两。这八两有了下落了，那二
十两也有了下落了；但第四十二回王夫人还送了刘老老两包银子，每包
五十两，共是一百两，这一百两可就没有下落了！因为汤斌一生的事实
没有一件可恰合这一百两银子的，所以这一百两虽然比那二十八两更重
要，到底没有"索隐"的价值！这种完全任意的去取，实在没有道理，
故我说蔡先生的《石头记索隐》也还是一种很牵强的附会。

第三派的《红楼梦》附会家，虽然略有小小的不同，大致都主张
《红楼梦》记的是纳兰成德的事。成德后改名性德，字容若，是康熙朝
宰相明珠的儿子。陈康祺的《朗潜纪闻二笔》（即《燕下乡脞录》）卷
五说：

先师徐柳泉先生云："小说《红楼梦》一书即记故相明珠家事；
金钗十二，皆纳兰侍卫（成德官侍卫）所奉为上客者也。宝钗影高
澹人，妙玉即影西溟（姜宸英）。……"徐先生言之甚详，惜余不
尽记忆。

又俞樾的《小浮梅闲话》（《曲园杂纂》三十八）说：

《红楼梦》一书，世传为明珠之子而作。……明珠子名成德，
字容若。《通志堂经解》每一种有纳兰成德容若序，即其人也。恭
读乾隆五十一年二月二十九日上谕："成德于康熙十一年壬子科中
式举人，十二年癸丑科中式进士，年甫十六岁。"（适按，此谕不见

于《东华录》，但载于《通志堂经解》之首。）然则其中举人止十五岁，于书中所述颇合也。

钱静方先生的《红楼梦考》（附在《石头记索隐》之后，页121至130）也颇有赞成这种主张的倾向。钱先生说：

> 是书力写宝黛痴情。黛玉不知所指何人。宝玉固全书之主人翁，即纳兰侍御也。使侍御而非深于情者，则焉得有此情影？余读《饮水词钞》，不独于宾从间得诉〔近〕合之欢，而尤于闺房内致缠绵之意。即"黛玉葬花"一段，亦从其词中脱卸而出。是黛玉虽影他人，亦实影侍御之德配也。

这一派的主张，依我看来，也没有可靠的根据，也只是一种很牵强的附会。（1）纳兰成德生于顺治十一年（西历1654），死于康熙二十四年（1685），年三十一岁。他死时，他的父亲明珠正在极盛的时代（大学士加太子太傅，不久又晋太子太师），我们如何可说那眼见贾府兴亡的宝玉是指他呢？（2）俞樾引乾隆五十一年上谕说成德中举人时止十五岁，其实连那上谕都是错的。成德生于顺治十一年；康熙壬子，他中举人时，年十八；明年癸丑，他中进士，年十九。徐乾学做的《墓志铭》与韩菼做的《神道碑》，都如此说。乾隆帝因为硬要否认《通志堂经解》的许多序是成德做的，故说他中进士时年止十六岁（也许成德应试时故意减少三岁，而乾隆帝但依据履历上的年岁）。无论如何，我们不可用宝玉中举的年岁来附会成德。若宝玉中举的年岁可以附会成德，我们也可以用成德中进士和殿试的年岁来证明宝玉不是成德了！（3）至于钱先生说的纳兰成德的夫人即是黛玉，似乎更不能成立。成德原配卢氏，为两广总督兴祖之女，续配官氏，生二子一女。卢氏早死，故《饮水词》中有几首悼亡的词。钱先生引他的悼亡词来附会黛玉，其实这种悼亡的诗词，在中国旧文学里，何止几千首？况且大致都是千篇一律的东西。若几首悼亡词可以附会林黛玉，林黛玉真要成"人尽可夫"了！（4）至于徐柳泉说大观园里十二金钗都是纳兰成德所奉为上客的一班名士，这种附会法与《石头记索隐》的方法有同样的危险。即如徐柳泉说妙玉影姜宸英，那么，黛玉何以不可附会姜宸英？晴雯何以不可附会姜宸英？又如他说宝钗影高士奇，那么，袭人也可以影高士奇了，凤姐更可以影高士奇了。我们试读姜宸英祭纳兰成德的文：

> 兄一见我，怪我落落；转亦以此，赏我标格。……数兄知我，

其端非一。我常箕踞，对客欠伸，兄不余傲，知我任真。我时嫚
骂，无问高爵，兄不余狂，知余疾恶。激昂论事，眼睁舌抃，兄为
抵掌，助之叫号。有时对酒，雪涕悲歌，谓余失志，孤愤则那？彼
何人斯，实应且憎，余色拒之，兄固肩扃。

妙玉可当得这种交情吗？这可不更像黛玉吗？我们又试读郭琇参劾高士
奇的奏疏：

> ……久之，羽翼既多，遂自立门户。……凡督抚藩臬道府厅县
> 以及在内之大小卿员，皆王鸿绪等为之居停哄骗而夤缘照管者，馈
> 至成千累万；即不属党护者，亦有常例，名之曰平安钱。然而人之
> 肯为贿赂者，盖士奇供奉日久，势焰日张，人皆谓之门路真，而士
> 奇遂自忘乎其为撞骗，亦居之不疑，曰，我之门路真。……以觅馆
> 糊口之穷儒，而今忽为数百万之富翁。试问金从何来？无非取给于
> 各官。然官从何来？非侵国帑，即剥民膏。夫以国帑民膏而填无厌
> 之溪壑，是士奇等真国之蠹而民之贼也。……（清史馆本传，《耆
> 献类徵》六十）

宝钗可当得这种罪名吗？这可不更像凤姐吗？我举这些例的用意是要说
明这种附会完全是主观的，任意的，最靠不住的，最无益的。钱静方先
生说的好："要之，《红楼》一书，空中楼阁。作者第由其兴会所至，随
手拈来，初无成意。即或有心影射，亦不过若即若离，轻描淡写，如画
师所绘之百像图，类似者固多，苟细按之，终觉貌是而神非也。"

二

我现在要忠告诸位爱读《红楼梦》的人："我们若想真正了解
《红楼梦》，必须先打破这种牵强附会的《红楼梦》谜学！"

其实做《红楼梦》的考证，尽可以不用那种附会的法子。我们只须
根据可靠的版本与可靠的材料，考定这书的著者究竟是谁，著者的事迹
家世，著书的时代，这书曾有何种不同的本子，这些本子的来历如何。
这些问题乃是《红楼梦》考证的正当范围。

我们先从"著者"一个问题下手。

本书第一回说这书原稿是空空道人从一块石头上抄写下来的，故名
《石头记》；后来空空道人改名情僧，遂改《石头记》为《情僧录》；东

鲁孔梅溪题为《风月宝鉴》；后因曹雪芹于悼红轩中，披阅十载，增删五次，纂成目录，分出章回，又题曰《金陵十二钗》，并题一绝，即此便是《石头记》的缘起。诗云：

> 满纸荒唐言，一把辛酸泪。
> 都云作者痴，谁解其中味？

第百二十回又提起曹雪芹传授此书的缘由。大概"石头"与空空道人等名目都是曹雪芹假托的缘起，故当时的人多认这书是曹雪芹做的。袁枚的《随园诗话》卷二中有一条说：

> 康熙间，曹练亭（练当作栋）为江宁织造，每出拥八骑，必携书一本，观玩不辍。人问："公何好学？"曰："非也。我非地方官而百姓见我必起立，我心不安，故借此遮目耳。"素与江宁太守陈鹏年不相中，及陈获罪，乃密疏荐陈。人以此重之。
>
> 其子雪芹撰《红楼梦》一书，备记风月繁华之盛。中有所谓大观园者，即余之随园也。明我斋读而羡之（坊间刻本无此七字）。当时红楼中有某校书尤艳，我斋题云（此四字坊间刻本作"雪芹赠云"，今据原刻本改正）：
>
> 病容憔悴胜桃花，午汗潮回热转加；
> 犹恐意中人看出，强言今日较差些。
> 威仪棣棣若山河，应把风流夺绮罗；
> 不似小家拘束态，笑时偏少默时多。

我们现在所有的关于《红楼梦》的旁证材料，要算这一条为最早。近人征引此条，每不全录；他们对于此条的重要，也多不曾完全懂得。这一条记载的重要，凡有几点：

（1）我们因此知道乾隆时的文人承认《红楼梦》是曹雪芹做的。

（2）此条说曹雪芹是曹棟亭的儿子。（又《随园诗话》卷十六也说"雪芹者，曹练亭织造之嗣君也"。但此说实是错的，说详后。）

（3）此条说大观园即是后来的随园。

俞樾在《小浮梅闲话》里曾引此条的一小部分，又加一注，说：

> 纳兰容若《饮水词集》有《满江红》词，为曹子清题其先人所构棟亭，即雪芹也。

俞樾说曹子清即雪芹，是大谬的。曹子清即曹棟亭，即曹寅。

我们先考曹寅是谁。吴修的《昭代名人尺牍小传》卷十二说：

> 曹寅，字子清，号楝亭，奉天人，官通政司使，江宁织造。校刊古书甚精，有扬州局刻《五韵》、《楝亭十二种》盛行于世。著《楝亭诗钞》。

《扬州画舫录》卷二说：

> 曹寅，字子清，号楝亭，满洲人，官两淮盐院。工诗词，善书，著有《楝亭诗集》。刊秘书十二种，为《梅苑》、《声画集》、《法书考》、《琴史》、《墨经》、《砚笺》、刘后山（当作刘后村）《千家诗》、《禁扁》、《钓矶立谈》、《都城纪胜》、《糖霜谱》、《录鬼簿》。今之仪征余园门牓"江天传舍"四字，是所书也。

这两条可以参看。又韩菼的《有怀堂文稿》里有《楝亭记》一篇，说：

> 荔轩曹使君性至孝。自其先人董三服官江宁，于署中手植楝树一株，绝爱之，为亭其间，尝憩息于斯。后十余年，使君适自苏移节，如先生之任，则亭颇坏，为新其材，加垩焉，而亭复完。……

据此可知曹寅又字荔轩，又可知《饮水词》中的楝亭的历史。

最详细的记载是章学诚的《丙辰札记》：

> 曹寅为两淮巡盐御史，刻古书凡十五种，世称"曹楝亭本"是也。康熙四十三年，四十五年，四十七年，四十九年，间年一任，与同旗李煦互相番代。李于四十四年，四十六年，四十八年，与曹互代；五十年，五十一年，五十二年，五十五年，五十六年，又连任，较曹用事为久矣。然曹至今为学士大夫所称，而李无闻焉。

不幸章学诚说的那"至今为学士大夫所称"的曹寅，竟不曾留下一篇传记给我们做考证的材料，《耆献类徵》与《碑传集》都没有曹寅的碑传。只有宋和的《陈鹏年传》（《耆献类徵》卷一六四，页18以下）有一段重要的纪事：

> 乙酉（康熙四十四年），上南巡（此康熙帝第五次南巡）。总督集有司议供张，欲于丁粮耗加三分。有司皆慑服，唯唯。独鹏年（江宁知府陈鹏年）不服，否否。总督怏怏，议虽寝，则欲抉去鹏年矣。

无何，车驾由龙潭幸江宁。行宫草创（按此指龙潭之行宫），欲抉去之者因以是激上怒。时故庶人（按此即康熙帝的太子胤礽，至四十七年被废）从幸，更怒，欲杀鹏年。

车驾至江宁，驻跸织造府。一日，织造幼子嬉而过于庭，上以其无知也，曰，"儿知江宁有好官乎?"曰，"知有陈鹏年。"时有致政大学士张英来朝，上……使人问鹏年，英称其贤。而英则庶人之所傅，上乃谓庶人曰，"尔师傅贤之，如何杀之?"庶人犹欲杀之。

织造曹寅免冠叩头，为鹏年请。当是时，苏州织造李某伏寅后，为寅姻（姻字不见于字书，似有儿女亲家的意思），见寅血被额，恐触上怒，阴曳其衣，警之。寅怒而顾之曰，"云何也?"复叩头，阶有声，竟得请。出，巡抚宋荦逆之曰，"君不愧朱云折槛矣!"

又我的朋友顾颉刚在《江南通志》里查出江宁织造的职官如下表：

康熙二年至二十三年	曹玺
康熙二十三年至三十一年	桑格
康熙三十一年至五十二年	曹寅
康熙五十二年至五十四年	曹颙
康熙五十四年至雍正六年	曹𫖯
雍正六年以后	隋赫德

又苏州织造的职官如下表：

康熙二十九年至三十二年	曹寅
康熙三十二年至六十一年	李煦

这两表的重要，我们可以分开来说：

（1）曹玺，字完璧，是曹寅的父亲。颉刚引《上元江宁两县志》道："织局繁剧，玺至，积弊一清。陛见，陈江南吏治极详，赐蟒服，加一品，御书'敬慎'扁额。卒于位。子寅。"

（2）因此可知曹寅当康熙二十九年至三十二年时，做苏州织造，三十一年至三十二年，他兼任江宁织造；三十二年以后，他专任江宁织造二十年。

（3）康熙帝六次南巡的年代，可与上两表参看：

康熙二三	一次南巡	曹玺为苏州织造
二八	二次南巡	
三八	三次南巡	曹寅为江宁织造
四二	四次南巡	同上
四四	五次南巡	同上
四六	六次南巡	同上

（4）颉刚又考得"康熙南巡，除第一次到南京驻跸将军署外，余五次均把织造署当行宫"。这五次之中，曹寅当了四次接驾的差。又《振绮堂丛书》内有《圣驾五幸江南恭录》一卷，记康熙四十四年的第五次南巡，写曹寅既在南京接驾，又以巡盐御史的资格赶到扬州接驾；又记曹寅进贡的礼物及康熙帝回銮时赏他通政使司通政使的事，甚详细，可以参看。

（5）曹颙与曹頫都是曹寅的儿子。曹寅的《楝亭诗钞》别集有"郭振基序"，内说"侍公函丈有年，今公子继任织部，又辱世讲"。是曹颙之为曹寅儿子，已无可疑。曹頫大概是曹颙的兄弟（说详下）。

又《四库全书提要·谱录类·食谱》之属存目里有一条说：

> 《居常饮馔录》一卷。（编修程晋芳家藏本）
>
> 国朝曹寅撰。寅字子清，号楝亭，镶蓝旗汉军。康熙中，巡视两淮盐政，加通政司衔。是编以前代所传饮膳之法汇成一编。一曰，宋王灼《糖霜谱》；二三曰，宋东溪遯叟《粥品》及《粉面品》；四曰，元倪瓒《泉史》；五曰，元海滨逸叟《制脯鲊法》；六曰，明王叔承《酿录》；七曰，明释智舷《茗笺》；八九曰，明灌畦老叟《蔬香谱》，及《制蔬品法》。中间《糖霜谱》，寅已刻入所辑《楝亭十种》；其他亦颇散见于《说郛》诸书云。

又《提要别集》类存目里有一条：

> 《楝亭诗钞》五卷，附《词钞》一卷。（江苏巡抚采进本）
>
> 国朝曹寅撰。寅有《居常饮馔录》，已著录。其诗一刻于扬州，计盈千首；再刻于仪征，则寅自汰其旧刻，而吴尚中开雕于柬园者。此本即仪征刻也。其诗出入于白居易、苏轼之间。

《提要》说曹家是镶蓝旗人，这是错的。《八旗氏族通谱》有曹锡远一系，说他家是正白旗人，当据以改正。但我们因《四库提要》提起曹寅的诗集，故后来居然寻着他的全集，计《楝亭诗钞》八卷，《文钞》

一卷，《词钞》一卷，《诗别集》四卷，《词别集》一卷（天津公园图书馆藏）。从他的集子里，我们得知他生于顺治十五年戊戌（1658）九月七日，他死时大概在康熙五十一年（1712）的下半年，那时他五十五岁。他的诗颇有好的，在八旗的诗人之中，他自然要算一个大家了（他的诗在铁保辑的《八旗人诗钞》——改名《熙朝雅颂集》——里占一全卷的地位）。当时的文学大家，如朱彝尊、姜宸英等，都为《楝亭诗钞》作序。

以上关于曹寅的事实，总结起来，可以得几个结论：

（一）曹寅是八旗的世家，几代都在江南做官。他的父亲曹玺做了二十一年的江宁织造；曹寅自己做了四年的苏州织造，做了二十一年的江宁织造，同时又兼做了四次的两淮巡盐御史。他死后，他的儿子曹颙接着做了三年的江宁织造，他的儿子曹頫接下去做了十三年的江宁织造。他家祖孙三代四个人总共做了五十八年的江宁织造。这个织造真成了他家的"世职"了。

（二）当康熙帝南巡时，他家曾办过四次以上的接驾的差。

（三）曹寅会写字，会做诗词，有诗词集行世；他在扬州曾管领《全唐诗》的刻印，扬州的诗局归他管理甚久；他自己又刻有二十几种精刻的书（除上举各书外，尚有《周易本义》、《施愚山集》等；朱彝尊的《曝书亭集》也是曹寅捐资倡刻的，刻未完而死）。他家中藏书极多，精本有三千二百八十七种之多（见他的《楝亭书目》，京师图书馆有抄本），可见他的家庭富有文学美术的环境。

（四）他生于顺治十五年，死于康熙五十一年（1658—1712）。

以上是曹寅的略传与他的家世。曹寅究竟是曹雪芹的什么人呢？袁枚在《随园诗话》里说曹雪芹是曹寅的儿子。这一百多年以来，大家多相信这话，连我在这篇《考证》的初稿里也信了这话。现在我们知道曹雪芹不是曹寅的儿子，乃是他的孙子。最初改正这个大错的是杨钟羲先生。杨先生编有《八旗文经》六十卷，又著有《雪桥诗话》三编，是一个最熟悉八旗文献掌故的人。他在《雪桥诗话续集》卷六，页二三，说：

> 敬亭（清宗室敦诚字敬亭）……尝为《琵琶亭传奇》一折，曹雪芹（霑）题句有云："白傅诗灵应喜甚，定教蛮素鬼排场。"雪芹为楝亭通政孙，平生为诗，大概如此，竟坎坷以终。敬亭挽雪芹诗有"牛鬼遗文悲李贺，鹿车荷锸葬刘伶"之句。

这一条使我们知道三个要点：

一、曹雪芹名霑。

二、曹雪芹不是曹寅的儿子，是他的孙子。（《中国人名大辞典》页990："名霑，寅子。"似是根据《雪桥诗话》而误改其一部分。）

三、清宗室敦诚的诗文集内必有关于曹雪芹的材料。

敦诚字敬亭，别号松堂，英王之裔。他的轶事也散见《雪桥诗话》初、二集中。他有《四松堂集》诗二卷，文二卷，《鹪鹩轩笔麈》一卷。他的哥哥名敦敏，字子明，有《懋斋诗钞》。我从此便到处访求这两个人的集子，不料到如今还不曾寻到手。我今年夏间到上海，写信去问杨钟羲先生，他回信说，曾有《四松堂集》，但辛亥乱后遗失了。我虽然很失望，但杨先生既然根据《四松堂集》说曹雪芹是曹寅之孙，这话自然万无可疑。因为敦诚兄弟都是雪芹的好朋友，他们的证见自然是可信的。

我虽然未见敦诚兄弟的全集，但《八旗人诗钞》（《熙朝雅颂集》）里有他们兄弟的诗一卷。这一卷里有关于曹雪芹的诗四首，我因为这种材料颇不易得，故把这四首全抄于下：

赠曹雪芹

碧水青山曲径遐，薜萝门巷足烟霞。

寻诗人去留僧壁，卖画钱来付酒家。

燕市狂歌悲遇合，秦淮残梦忆繁华。

新愁旧恨知多少，都付酕醄醉眼斜。

访曹雪芹不值

敦敏

野浦冻云深，柴扉晚烟薄。

山村不见人，夕阳寒欲落。

佩刀质酒歌

敦诚

秋晓遇雪芹于槐园，风雨淋涊，朝寒袭袂。时主人未出。雪芹酒渴如狂，余因解佩刀沽酒而饮之。雪芹欢甚，作长歌以谢余。余亦作此答之。

我闻贺鉴湖，不惜金龟掷酒垆。又闻阮遥集，直卸金貂作鲸吸。嗟余本非二子狂，腰间更无黄金珰。秋气酿寒风雨恶，满园榆柳飞苍黄。主人未出童子睡，斝干瓮涩何可当！相逢况是淳于辈，一石差可温枯肠。身外长物亦何有？鸾刀昨夜磨秋霜。且酤满眼作软饱……令此肝肺生角芒。曹子大笑称"快哉！"击石作歌声琅琅。知君诗胆昔如铁，堪与刀颖交寒光。我有古剑尚在匣，一条秋水苍波凉。君才抑塞倘欲拔，不妨斫地歌王郎。

寄怀曹雪芹
敦诚

少陵昔赠曹将军，曾曰魏武之子孙。嗟君或亦将军后，于今环堵蓬蒿屯。扬州旧梦久已绝，且著临邛犊鼻裈。爱君诗笔有奇气，直追昌谷披篱樊。当时虎门数晨夕，西窗剪烛风雨昏。接䍦倒著容君傲，高谈雄辨虱手扪。感时思君不相见，蓟门落日松亭尊。劝君莫弹食客铗，劝君莫叩富儿门。残杯冷炙有德色，不如著书黄叶村。

我们看这四首诗，可想见他们弟兄与曹雪芹的交情是很深的。他们的证见真是史学家说的"同时人的证见"，有了这种证据，我们不能不认袁枚为误记了。

这四首诗中，有许多可注意的句子。

第一，如"秦淮残梦忆繁华"，如"于今环堵蓬蒿屯，扬州旧梦久已绝，且著临邛犊鼻裈"，如"劝君莫弹食客铗，劝君莫叩富儿门。残杯冷炙有德色，不如著书黄叶村"，都可以证明曹雪芹当时已很贫穷，穷的很不像样了，故敦诚有"残杯冷炙有德色"的劝戒。

第二，如"寻诗人去留僧壁，卖画钱来付酒家"，如"知君诗胆昔如铁"，如"爱君诗笔有奇气，直追昌谷披篱樊"，都可以使我们知道曹雪芹是一个会作诗又会绘画的人，最可惜的是曹雪芹的诗现在只剩得"白傅诗灵应喜甚，定教蛮素鬼排场"两句了。但单看这两句，也就可以想见曹雪芹的诗大概是很聪明的，很深刻的。敦诚弟兄比他做李贺，大概很有点相像。

第三，我们又可以看出曹雪芹在那贫穷潦倒的境遇里，很觉得牢骚抑郁，故不免纵酒狂歌，自寻排遣。上文引的如"雪芹酒渴如狂"，如"相逢况是淳于辈，一石差可温枯肠"，如"新愁旧恨知多少，都付酕醄醉眼斜"，如"鹿车荷锸葬刘伶"，都可以为证。

※　　　　※　　　　※　　　　※

我们既知道曹雪芹的家世和他自身的境遇了，我们应该研究他的年代。这一层颇有点困难，因为材料太少了。敦诚有挽雪芹的诗，可见雪芹死在敦诚之前。敦诚的年代也不可详考。但《八旗文经》里有几篇他的文字，有年月可考：如《拙鹊亭记》作于辛丑初冬，如《松亭再征记》作于戊寅正月，如《祭周立厓》文中说："先生与先公始交时在戊寅己卯间；是时先生……每过静补堂……诚尝侍几杖侧。……追庚寅先公即世，先生哭之过时而哀。……诚追述平生……回念静补堂几杖之侧，已二十余年矣。"今作一表，如下：

乾隆二三，戊寅（1758）。

乾隆二四，己卯（1759）。

乾隆三五，庚寅（1770）。

乾隆四六，辛丑（1781）。自戊寅至此，凡二十三年。

清宗室永忠（臞仙）为敦诚作葛巾居的诗，也在乾隆辛丑。敦诚之父死于庚寅，他自己的死期大约在二十年之后，约当乾隆五十余年。纪昀为他的诗集作序，虽无年月可考，但纪昀死于嘉庆十年（1805），而序中的语意都可见敦诚死已甚久了。故我们可以猜定敦诚大约生于雍正初年（约1725），死于乾隆五十余年（约1785—1790）。

敦诚兄弟与曹雪芹往来，从他们赠答的诗看起来，大概都在他们兄弟中年以前，不像在中年以后。况且《红楼梦》当乾隆五十六七年时已在社会上流通了二十余年了（说详下）。以此看来，我们可以断定曹雪芹死于乾隆三十年左右（约1765）。至于他的年纪，更不容易考定了。但敦诚兄弟的诗的口气，很不像是对一位老前辈的口气。我们可以猜想雪芹的年纪至多不过比他们大十来岁，大约生于康熙末叶（约1715—1720）；当他死时，约五十岁左右。

以上是关于著者曹雪芹的个人和他的家世的材料。我们看了这些材料，大概可以明白《红楼梦》这部书是曹雪芹的自叙传了。这个见解，本来并没有什么新奇，本来是很自然的。不过因为《红楼梦》被一百多年来的红学大家越说越微妙了，故我们现在对于这个极平常的见解反觉得他有证明的必要了。我且举几条重要的证据如下：

第一，我们总该记得《红楼梦》开端时，明明的说着：

作者自云曾历过一番梦幻之后，故将真事隐去，而借"通灵"说此《石头记》一书也。……自己又云：今风尘碌碌，一事无成，忽念及当日所有之女子，一一细考较去，觉其行止见识皆出我之上。我堂堂须眉，诚不若彼裙钗。……当此日，欲将已往所赖天恩祖德，锦衣纨袴之时，饫甘餍肥之日，背父兄教育之恩，负师友规训之德，以致今日一技无成半生潦倒之罪，编述一集，以告天下。

这话说的何等明白！《红楼梦》明明是一部"将真事隐去"的自叙的书。若作者是曹雪芹，那么，曹雪芹即是《红楼梦》开端时那个深自忏悔的"我"！即是书里的甄贾（真假）两个宝玉的底本！懂得这个道理，便知书中的贾府与甄府都只是曹雪芹家的影子。

第二，第一回里那石头说道：

> 我想历来野史的朝代，无非假借汉唐的名色；莫如我石头所记，不借此套，只按自己的事体情理，反到新鲜别致。

又说：

> 更可厌者，"之乎者也"，非理即文，大不近情，自相矛盾：竟不如我这半世亲见亲闻的这几个女子，虽不敢说强似前代书中所有之人，但观其事迹原委，亦可消愁破闷。

他这样明白清楚的说"这书是我自己的事体情理"，"是我半世亲见亲闻的"；而我们偏要硬派这书是说顺治帝的，是说纳兰成德的！这岂不是作茧自缚吗？

第三，《红楼梦》第十六回有谈论南巡接驾的一大段，原文如下：

> 凤姐道："……可恨我小几岁年纪。若早生二三十年，如今这些老人家也不薄我没见世面了。说起当年太祖皇帝仿舜巡的故事，比一部书还热闹，我偏偏的没赶上。"
>
> 赵嬷嬷（贾琏的乳母）道："嗳哟，那可是千载难逢的！那时候我才记事儿。咱们贾府正在姑苏扬州一带，监造海船，修理海塘。只预备接驾一次，把银子花的像是淌海水似的。说起来——"
>
> 凤姐忙接道："我们王府里也预备过一次。那时我爷爷专管各国进贡朝贺的事，凡有外国人来，都是我们家养活。粤、闽、滇、浙所有的洋船货物，都是我们家的。"
>
> 赵嬷嬷道："那是谁不知道的？……如今还有现在江南的甄家——嗳哟，好势派！——独他们家接驾四次。要不是我们亲眼看见，告诉谁也不信的。别讲银子成了粪土；凭是世上有的，没有不是堆山积海的。'罪过可惜'四个字，竟顾不得了。"

凤姐道:"我常听见我们大爷说,也是这样的。岂有不信的?只纳罕他家怎么就这样富贵呢?"

赵嬷嬷道:"告诉奶奶一句话:也不过拿着皇帝家的银子往皇帝身上使罢了,谁家有那些钱买这个虚热闹去?"

此处说的甄家与贾家都是曹家。曹家几代在江南做官,故《红楼梦》里的贾家虽在"长安",而甄家始终在江南。上文曾考出康熙帝南巡六次,曹寅当了四次接驾的差,皇帝就住在他的衙门里。《红楼梦》差不多全不提起历史上的事实,但此处却郑重的说起"太祖皇帝仿舜巡的故事",大概是因为曹家四次接驾乃是很不常见的盛事,故曹雪芹不知不觉的——或是有意的——把他家这桩最阔的大典说了出来。这也是敦敏送他的诗里说的"秦淮旧梦忆繁华"了。但我们却在这里得着一条很重要的证据。因为一家接驾四五次,不是人人可以随便有的机会。大官如督抚,不能久任一处,便不能有这样好的机会。只有曹寅做了二十年江宁织造,恰巧当了四次接驾的差。这不是很可靠的证据吗?

第四,《红楼梦》第二回叙荣国府的世次如下:

自荣国公死后,长子贾代善袭了官,娶的是金陵世家史侯的小姐为妻,生了两个儿子:长名贾赦,次名贾政。如今代善早已去世,太夫人尚在。长子贾赦袭了官,为人平静中和,也不管理家务。次子贾政,自幼酷喜读书,为人端方正直;祖父钟爱,原要他以科甲出身的。不料代善临终时,遗本一上,皇上因恤先臣,即时令长子袭官外,问还有几子,立刻引见;遂又额外赐了这政老爷一个主事之职,令其入部学习;如今已升了员外郎。

我们可用曹家的世系来比较:

曹锡远,正白旗包衣人。世居沈阳地方,来归年月无考。其子曹振彦,原任浙江盐法道。

孙:曹玺,原任工部尚书;曹尔正,原任佐领。

曾孙:曹寅,原任通政使司通政使;曹宜,原任护军参领兼佐领;曹荃,原任司库。

元孙:曹颙,原任郎中;曹頫,原任员外郎;曹顺,原任二等侍卫,兼佐领;曹天祐,原任州同。(《八旗氏族通谱》卷七十四)

这个世系颇不分明。我们可试作一个假定的世系表如下:

```
                                    ┌ 颙
                         ┌ 寅 ──────┤
                   ┌ 玺 ─┤         └ 頫
曹锡远 ─ 振彦 ─────┤     └ 宜 ─────── 顼
                   └ 尔正 ─ 荃 ─────── 天祐
```

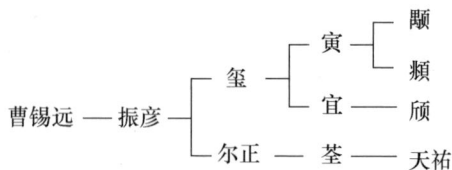

曹寅的《楝亭诗钞别集》中有"辛卯三月闻珍儿殇，书此忍恸，兼示四侄寄东轩诸友"诗三首，其二云："世出难居长，多才在四三。承家赖犹子，努力作奇男。"四侄即顼，那排行第三的当是那小名珍儿的了。如此看来，颙与頫当是行一与行二。曹寅死后，曹颙袭织造之职。到康熙五十四年，曹颙或是死了，或是因事撤换了，故次子曹頫接下去做。织造是内务府的一个差使，故不算做官，故《氏族通谱》上只称曹寅为通政使，称曹頫为员外郎。但《红楼梦》里的贾政，也是次子，也是先不袭爵，也是员外郎。这三层都与曹相合。故我们可以认贾政即是曹頫；因此，贾宝玉即是曹雪芹，也是曹頫之子，这一层更容易明白了。

第五，最重要的证据自然还是曹雪芹自己的历史和他家的历史。《红楼梦》虽没有做完（详说下），但我们看了前八十回，也就可以断定：（1）贾家必致衰败，（2）宝玉必致沦落。《红楼梦》开端便说，"风尘碌碌，一事无成"；又说"一技无成，半生潦倒"；又说，"当此蓬牖茅椽，绳床瓦灶"。这是明说此书的著者——即是书中的主人翁——当著书时，已在那穷愁不幸的境地。况且第十三回写秦可卿死时在梦中对凤姐说的话，句句明说贾家将来必到"树倒猢狲散"的地步。所以我们即使不信后四十回（说详下）抄家和宝玉出家的话，也可以推想贾家的衰败和宝玉的流落了。我们再回看上文引的敦诚兄弟送曹雪芹的诗，可以列举雪芹一生的历史如下：

（1）他是做过繁华旧梦的人。
（2）他有美术和文学的天才，能做诗，能绘画。
（3）他晚年的境况非常贫穷潦倒。

这不是贾宝玉的历史吗？此外，我们还可以指出三个要点。第一，是曹雪芹家自从曹玺、曹寅以来，积成一个很富丽的文学美术的环境。他家的藏书在当时要算一个大藏书家，他家刻的书至今推为精刻的善本。富贵的家庭并不难得；但富贵的环境与文学美术的环境合在一家，在当日的汉人中是没有的，就在当日的八旗世家中，也很不容易寻找了。第二，曹寅是刻《居常饮馔录》的人，《居常饮馔录》所收的书，如《糖霜谱》、《制脯鲊法》、《粉面品》之类，都是专讲究饮食糖饼的做法的。曹寅家做的雪花饼，见于朱彝尊的《曝书亭集》（二十一，页12）有"粉量云母细，糁和雪糕匀"的称誉。我们读《红楼梦》的人，看贾母对于吃食的讲究，看贾家上下对于吃食的讲究，便知道《居常饮馔录》的遗风未泯，雪花饼的名不虚传！第三，关于曹家衰落的情形，我们虽没有什么材料，但我们知道曹寅的亲家李煦在康熙六十一年已因亏空被革职查追了。雍正《朱批谕旨》第四十八册有雍正元年"苏州织造胡凤翚奏折"内称：

> 今查得李煦任内亏空各年余剩银两，现奉旨交督臣查弼纳查追外，尚有六十一年办六十年分应存剩银六万三百五十五两零，并无存库，亦系李煦亏空。……所有历年动用银两数目，另开细折，并呈御览。……

又第十三册有"两淮巡盐御史谢赐履奏折"内称：

> 窃照两淮应解织造银两，历年遵奉已久。兹于雍正元年三月十六日，奉户部咨行，将江苏织造银两停其支给；两淮应解银两汇行解部。……前任盐臣魏廷珍于康熙六十一年内未奉部文停止之先，两次解过苏州织造银五万两。……再本年六月内奉有停止江宁织造之文。查前盐臣魏廷珍经解过江宁织造银四万两，臣任内……解过江宁织造银四万五千一百二十两。……臣请将解过苏州织造银两在于审理李煦亏空案内并追；将解过江宁织造银两行令曹頫解还户部。……

李煦做了三十年的苏州织造，又兼了八年的两淮盐政，到头来竟因亏空被查追。胡凤翚折内只举出康熙六十一年的亏空，已有六万两之多；加上谢赐履折内举出应退还两淮的十万两，这一年的亏空就是十六万两了！他历年亏空的总数之多，可以想见。这时候，曹頫（曹雪芹之父）虽然还未曾得罪，但谢赐履折内已提及两事：一是停止两淮应解织造银两，一是要曹頫赔出本年已解的八万一千余两。这个江宁织造就不好做了。我们看了李煦的先例，就可以推想曹頫的下场也必是因亏空而查追，因查追而抄没家产。关于这一层，我们还有一个很好的证据。袁枚在《随园诗话》里说《红楼梦》里的大观园即是他的随园。我们考随园的历史，可以信此话不是假的。袁枚的《随园记》（《小仓山房文集》十二）说随园本名隋园，主人为康熙时织造隋公。此隋公即是隋赫德，即是接曹頫的任的人。（袁枚误记为康熙时，实为雍正六年。）袁枚作记在乾隆十四年己巳（1749），去曹頫卸织造任时甚近，他应该知道这园的历史。我们从此可以推想曹頫当雍正六年去职时，必是因亏空被迫赔，故这个园子就到了他的继任人的手里。从此以后，曹家在江南的家产都完了，故不能不搬回北京居住。这大概是曹雪芹所以流落在北京的原因。我们看了李煦、曹頫两家败落的大概情形，再回头来看《红楼梦》里写的贾家的经济困难情形，便更容易明白了。如第七十二回凤姐夜间梦见人来找他，说娘娘要一百匹锦，凤姐不肯给，他就来夺。来旺家的笑道："这是奶奶日间操心常应候宫里的事。"一语未了，人回夏太监打发了一个小内监来说话。贾琏听了，忙皱眉道："又是什么话！一年他们也搬够了。"凤姐道："你藏起来，等我见他。"好容易凤姐弄了二百两银子把那小内监打发开去，贾琏出来，笑道："这一起外祟，何日是了？"凤姐笑道："刚说着，就来了一股子。"贾琏道："昨儿周太监来，张口就是一千两。我略慢应了些，他不自在。将来得罪人之处不少。这会子再发三二百万的财，就好了！"又如第五十三回写黑山村庄头乌进孝来贾府纳年例，贾珍与他谈的一段话也很可注意：

> 贾珍皱眉道："我算定你至少也有五千银子来。这够做什么的！……真真是叫别过年了！"
>
> 乌进孝道："爷的地方还算好呢。我兄弟离我那里只有一百多里，竟又大差了。他现管着那府（荣国府）八处庄地，比爷这边多着几倍，今年也是这些东西，不过二三千两银子，也是有饥荒打呢。"
>
> 贾珍道："如何呢？我这边到可已，没什么外项大事，不过是一年的费用。……比不得那府里（荣国府）这几年添了许多化钱的事，一定不可免是要化的，却又不添银子产业。这一二年里赔了许多。不和你们要，找谁去？"
>
> 乌进孝笑道："那府里如今虽添了事，有去有来。娘娘和万岁爷岂不赏吗？"
>
> 贾珍听了，笑向贾蓉等道："你们听听，他说的可笑不可笑？"
>
> 贾蓉等忙笑道："你们山坳海沿子上的人，那里知道这道理？娘娘难道把皇上的库给我们不成？……就是赏，也不过一百两金子，才值一千多两银子，够什么？这二年，那一年不赔出几千两银

子来？头一年省亲，连盖花园子，你算算那一注化了多少，就知道
了。再二年，再省一回亲，只怕精穷了！"……

　　贾蓉又说又笑，向贾珍道："果真那府里穷了。前儿我听见二
婶娘（凤姐）和鸳鸯悄悄商议，要偷老太太的东西去当银子呢。"

借当的事又见于第七十二回：

　　鸳鸯一面说，一面起身要走。贾琏忙也立起身来说道："好姐
姐，略坐一坐儿，兄弟还有一事相求。"说着，便骂小丫头："怎么
不泡好茶来！快拿干净盖碗，把昨日进上的新茶泡一碗来！"说着，
向鸳鸯道："这两日因老太太千秋，所有的几千两都使完了。几处
房租地租统在九月才得。这会子竟接不上。明儿又要送南安府里的
礼，又要预备娘娘的重阳节；还有几家红白大礼，至少还要二三千
两银子用，一时难去支借。俗语说的好，求人不如求己。说不得，
姐姐担个不是，暂且把老太太查不着的金银家伙，偷着运出一箱子
来，暂押千数两银子，支腾过去。"

因为《红楼梦》是曹雪芹"将真事隐去"的自叙，故他不怕琐碎，再三
再四的描写他家由富贵变成贫穷的情形。我们看曹寅一生的历史，决不
像一个贪官污吏；他家所以后来衰败，他的儿子所以亏空破产，大概都
是由于他一家都爱挥霍，爱摆阔架子；讲究吃喝，讲究场面；收藏精本
的书，刻行精本的书；交结文人名士，交结贵族大官，招待皇帝，至于
四次五次；他们又不会理财，又不肯节省；讲究挥霍惯了，收缩不回
来：以至于亏空，以至于破产抄家。《红楼梦》只是老老实实的描写这
一个"坐吃山空""树倒猢狲散"的自然趋势。因为如此，所以《红楼
梦》是一部自然主义的杰作。那班猜谜的红学大家不晓得《红楼梦》的
真价值正在这平淡无奇的自然主义的上面，所以他们偏要绞尽心血去猜
那想入非非的笨谜，所以他们偏要用尽心思去替《红楼梦》加上一层极
不自然的解释。

　　总结上文关于"著者"的材料，凡得六条结论：

　　一、《红楼梦》的著者是曹雪芹。

　　二、曹雪芹是汉军正白旗人，曹寅的孙子，曹𫖯的儿子，生于极富
贵之家，身经极繁华绮丽的生活，又带有文学与美术的遗传与环境。他
会做诗，也能画，与一班八旗名士往来。但他的生活非常贫苦，他因为

不得志，故流为一种纵酒放浪的生活。

三、曹寅死于康熙五十一年。曹雪芹大概即生于此时，或稍后。

四、曹家极盛时，曾办过四次以上的接驾的阔差；但后来家渐衰败，大概因亏空得罪被抄没。

五《红楼梦》一书是曹雪芹破产倾家之后，在贫困之中做的。做书的年代大概当乾隆初年到乾隆三十年左右，书未完而曹雪芹死了。

六、《红楼梦》是一部隐去真事的自叙：里面的甄贾两宝玉，即是曹雪芹自己的化身；甄贾两府即是当日曹家的影子。（故贾府在"长安"都中，而甄府始终在江南。）

现在我们可以研究《红楼梦》的"本子"问题。现今市上通行的《红楼梦》虽有无数版本，然细细考较去，除了有正书局一本外，都是从一种底本出来的。这种底本是乾隆末年间程伟元的百二十回全本，我们叫他做"程本"。这个程本有两种本子，一种是乾隆五十七年壬子（1792）的第一次活字排本，可叫做"程甲本"。一种也是乾隆五十七年壬子程家排本，是用"程甲本"来校改修正的，这个本子可叫做"程乙本"。"程甲本"我的朋友马幼渔教授藏有一部，"程乙本"我自己藏有一部。乙本远胜于甲本，但我仔细审察，不能不承认"程甲本"为外间各种《红楼梦》的底本。各本的错误矛盾，都是根据于"程甲本"的。这是《红楼梦》版本史上一件最不幸的事。

此外，上海有正书局石印的一部八十回本的《红楼梦》，前面有一篇德清戚蓼生的序，我们可叫他做"戚本"。有正书局的老板在这部书的封面上题着"国初抄本《红楼梦》"，又在首页题着"原本《红楼梦》"。那"国初抄本"四个字自然是大错的。那"原本"两字也不妥当。这本已有总评，有夹评，有韵文的评赞，又往往有"题"诗，有时又将评语抄入正文（如第二回），可见已是很晚的抄本，决不是"原本"了。但自程氏两种百二十回本出版以后，八十回本已不可多见。戚本大概是乾隆时无数展转传抄本之中幸而保存的一种，可以用来参校程本，故自有他的相当价值，正不必假托"国初抄本"。

《红楼梦》最初只有八十回，直至乾隆五十六年以后始有百二十回的《红楼梦》。这是无可疑的。程本有程伟元的序，序中说：

> 《石头记》是此书原名……好事者每传抄一部置庙市中，昂其值得数十金，可谓不胫而走者矣。然原本目录一百二十卷，今所藏只八十卷，殊非全本。即间有称全部者，及检阅仍只八十卷，读者

颇以为憾。不佞以是书既有百二十卷之目，岂无全璧？爰为竭力搜罗，自藏书家甚至故纸堆中，无不留心。数年以来，仅积有二十余卷。一日，偶于鼓担上得十余卷，遂重价购之，欣然翻阅，见其前后起伏尚属接榫（榫音笋，削木入窍名榫，又名榫头）。然漶漫不可收拾。乃同友人细加厘剔，截长补短，抄成全部，复为镌板，以公同好。《石头记》全书至是始告成矣。……小泉程伟元识。

我自己的程乙本还有高鹗的一篇序，中说：

予闻《红楼梦》脍炙人口者，几廿余年，然无全璧，无定本。……今年春，友人程子小泉过予，以其所购全书见示，且曰："此仆数年铢积寸累之苦心，将付剞劂，公同好。子闲且惫矣，盍分任之？"予以是书虽稗官野史之流，然尚不谬于名教，欣然拜诺，正以波斯奴见宝为幸，遂襄其役。工既竣，并识端末，以告阅者。时乾隆辛亥（1791）冬至后五日铁岭高鹗叙，并书。

此序所谓"工既竣"，即是程序说的"同友人细加厘剔，截长补短"的整理工夫，并非指刻板的工程。我这部程乙本还有七条"引言"，比两序更重要，今节抄几条于下：

（一）是书前八十回，藏书家抄录传阅，几三十年矣。今得后40回，合成完璧。缘友人借抄争睹者甚夥，抄录固难，刊板亦需时日，姑集活字刷印。因急欲公诸同好，故初印时不及细校，间有纰缪。今复聚集各原本，详加校阅，改订无讹。惟阅者谅之。

（一）书中前八十回，抄本各家互异。今广集核勘，准情酌理，补遗订讹。其间或有增损数字处，意在便于披阅，非敢争胜前人也。

（一）是书沿传既久，坊间缮本及诸家秘稿，繁简歧出，前后错见。即如六十七回此有彼无，题同文异，燕石莫辨。兹惟择其情理较协者，取为定本。

（一）书中后四十回系就历年所得，集腋成裘，更无他本可考，惟按其前后关照者，略为修辑，使其有应接而无矛盾。至其原文，未敢臆改。俟再得善本，更为厘定，且不欲尽掩其本来面目也。

引言之末，有"壬子花朝后一日，小泉兰墅又识"一行。兰墅即高鹗。我们看上文引的两序与引言，有应该注意的几点：

一、高序说"闻《红楼梦》脍炙人口者，几廿余年"。引言说"前八十回，藏书家抄录传阅，几三十年"。从乾隆壬子上数三十年，为乾隆二十七年壬午（1762）。今知乾隆三十年间此书已流行，可证我上文推测曹雪芹死于乾隆三十年左右之说大概无大差错。

二、前八十回，各本互有异同。例如引言第三条说"六十七回此有彼无，题同文异"。我们试用戚本六十七回与程本及市上各本的六十七回互校，果有许多异同之处，程本所改的似胜于戚本。大概程本当日确曾经过一番"广集各本校勘，准情酌理，补遗订讹"的工夫，故程本一出即成为定本，其余各抄本多被淘汰了。

三、程伟元的序里说，《红楼梦》当日虽只有八十回，但原本却有一百二十卷的目录。这话可惜无从考证（戚本目录并无后四十回）。我从前想当时各抄本中大概有些是有后四十回目录的，但我现在对于这一层很有点怀疑了（说详下）。

四、八十回以后的四十回，据高、程两人的话，是程伟元历年杂凑起来的——先得二十余卷，又在鼓担上得十余卷，又经高鹗费了几个月整理修辑的工夫，方才有这部百二十回本的《红楼梦》。他们自己说这四十回"更无他本可考"；但他们又说："至其原文，未敢臆改。"

五、《红楼梦》直到乾隆五十六年（1791）始有一百二十回的"全本"出世。

六、这个百二十回的全本最初用活字版排印，是为乾隆五十七年壬子（1792）的程本。这本又有两种小不同的印本：（1）初印本（即程甲本）"不及细校，间有纰缪"。此本我近来见过，果然有许多纰缪矛盾的地方。（2）校正印本，即我上文说的程乙本。

七、程伟元的一百二十回本的《红楼梦》，即是这一百三十年来的一切印本《红楼梦》的老祖宗。后来的翻本，多经过南方人的批注。书中京话的特别俗语往往稍有改换；但没有一种翻本（除了戚本）不是从程本出来的。

这是我们现有的一百二十回本《红楼梦》的历史。这段历史里有一个大可研究的问题，就是"后四十回的著者究竟是谁?"

俞樾的《小浮梅闲话》里考证《红楼梦》的一条说：

> 《船山诗草》有"赠高兰墅鹗同年"一首云："艳情人自说《红楼》。"注云："《红楼梦》八十回以后，俱兰墅所补。"然则此书非出一手。按乡会试增五言八韵诗，始乾隆朝。而书中叙科场事已有诗，则其为高君所补，可证矣。

俞氏这一段话极重要。他不但证明了程排本作序的高鹗是实有其人，还使我们知道《红楼梦》后四十回是高鹗补的。船山即是张船山，名问陶，是乾隆、嘉庆时代的一个大诗人。他于乾隆五十三年戊申（1788）中顺天乡试举人；五十五年庚戌（1790）成进士，选庶吉士。他称高鹗为同年，他们不是庚戌同年，便是戊申同年。但高鹗若是庚戌的新进士，次年辛亥他作《红楼梦序》不会有"闲且惫矣"的话；故我推测他们是戊申乡试的同年。后来我又在《郎潜纪闻二笔》卷一里发现一条关于高鹗的事实：

> 嘉庆辛酉京师大水，科场改九月，诗题"百川赴巨海"……闱中罕得解。前十本将进呈，韩城王文端公以通场无知出处为憾。房考高侍读鹗搜遗卷，得定远陈黻卷，亟呈荐，遂得南元。

辛酉（1801）为嘉庆六年。据此，我们可知高鹗后来曾中进士，为侍读，且曾做嘉庆六年顺天乡试的同考官。我想高鹗既中进士，就有法子考查他的籍贯和中进士的年份了。果然我的朋友顾颉刚先生替我在《进士题名碑》上查出高鹗是镶黄旗汉军人，乾隆六十年乙卯（1795）科的进士，殿试第三甲第一名。这一件引起我注意《题名录》一类的工具，我就发愤搜求这一类的书。果然我又在清代《御史题名录》里，嘉庆十四年（1809）下，寻得一条：

> 高鹗，镶黄旗汉军人，乾隆乙卯进士，由内阁侍读考选江南道御史，刑科给事中。

又《八旗文经》二十三有高鹗的《操缦堂诗稿跋》一篇，末署乾隆四十七年壬寅（1782）小阳月。我们可以总合上文所得关于高鹗的材料，作一个简单的《高鹗年谱》如下：

乾隆四七（1782），高鹗作《操缦堂诗稿跋》。

乾隆五三（1788），中举人。

乾隆五六—五七（1791—1792），补作《红楼梦》后四十回，并作序例。《红楼梦》百廿回全本排印成。

乾隆六〇（1795），中进士，殿试三甲一名。

嘉庆六（1801），高鹗以内阁侍读为顺天乡试的同考官，闱中与张问陶相遇，张作诗送他，有"艳情人自说《红楼》"之句；又有诗注，使后世知《红楼梦》八十回以后是他补的。

嘉庆一四（1809），考选江南道御史，刑科给事中。——自乾隆四七至此，凡二十七年，大概他此时已近六十岁了。

后四十回是高鹗补的，这话自无可疑。我们可约举几层证据如下：

第一，张问陶的诗及注，此为最明白的证据。

第二，俞樾举的"乡会试增五言八韵诗始乾隆朝，而书中叙科场事已有诗"一项。这一项不十分可靠，因为乡会试用律诗，起于乾隆二十一二年，也许那时《红楼梦》前八十回还没有做成呢。

第三，程序说先得二十余卷，后又在鼓担上得十余卷。此话便是作伪的铁证，因为世间没有这样奇巧的事！

第四，高鹗自己的序，说的很含糊，字里行间都使人生疑。大概他不愿完全埋没他补作的苦心，故引言第六条说："是书开卷略志数语，非云弁首，实因残缺有年，一旦颠末毕具，大快人心；欣然题名，聊以记成书之幸。"因为高鹗不讳他补作的事，故张船山赠诗直说他补作后四十回的事。

但这些证据固然重要，总不如内容的研究更可以证明后四十回与前八十回决不是一个人作的。我的朋友俞平伯先生曾举出三个理由来证明后四十回的回目也是高鹗补作的。他的三个理由是：（1）和第一回自叙的话都不合，（2）史湘云的丢开，（3）不合作文时的程序。这三层之中，第三层姑且不论。第一层是很明显的：《红楼梦》的开端明说"一技无成，半生潦倒"；明说"蓬牖茅椽，绳床瓦灶"；岂有到了末尾说宝玉出家成仙之理？第二层也很可注意。第三十一回的回目"因麒麟伏白首双星"确是可怪！依此句看来，史湘云后来似乎应该与宝玉做夫妇，不应该此话全无照应。以此看来，我们可以推想后四十回不是曹雪芹做的了。

其实何止史湘云一个人？即如小红，曹雪芹在前八十回里极力描写这个攀高好胜的丫头，好容易他得着了凤姐的赏识，把他提拔上去了；但这样一个重要人才，岂可没有下场？况且小红同贾芸的感情，前面既经曹雪芹那样郑重描写，岂有完全没有结果之理？又如香菱的结果也决不是曹雪芹的本意。第五回的"十二钗副册"上写香菱结局道：

> 根并荷花一茎香，平生遭际实堪伤。自从两地生孤木，致使芳魂返故乡。

两地生孤木，合成"桂"字。此明说香菱死于夏金桂之手，故第八十回说香菱"血分中有病，加以气怨伤肝，内外挫折不堪，竟酿成干血之症，日渐羸瘦，饮食懒进，请医服药无效"。可见八十回的作者明明的要香菱被金桂磨折死。后四十回里却是金桂死了，香菱扶正：这岂是作者的本意吗？此外，又如第五回"十二钗册"上说凤姐的结局道：

"一从二令三人木，哭向金陵事更哀。"这个谜竟竟无人猜得出，许多批《红楼梦》的人也都不敢下注解。所以后四十回里写凤姐的下场竟完全与这"二令三人木"无关。这个谜只好等上海灵学会把曹雪芹先生请来降坛时再来解决了！此外，又如写和尚送玉一段，文字的笨拙，令人读了作呕。又如写贾宝玉忽然肯做八股文，忽然肯去考举人，也没有道理。高鹗补《红楼梦》时，正当他中举人之后，还没有中进士。如果他补《红楼梦》在乾隆六十年之后，贾宝玉大概非中进士不可了！

以上所说，只是要证明《红楼梦》的后四十回确然不是曹雪芹做的。但我们平心而论，高鹗补的四十回，虽然比不上前八十回，也确然有不可埋没的好处。他写司棋之死，写鸳鸯之死，写妙玉的遭劫，写凤姐的死，写袭人的嫁，都是很有精采的小品文字。最可注意的是这些人都写作悲剧的下场。还有那最重要的"木石前盟"一件公案，高鹗居然忍心害理的教黛玉病死，教宝玉出家，作一个大悲剧的结束，打破中国小说的团圆迷信。这一点悲剧的眼光，不能不令人佩服。我们试看高鹗以后，那许多续《红楼梦》和补《红楼梦》的人，那一人不是想把黛玉、晴雯都从棺材里扶出来，重新配给宝玉？那一个不是想做一部"团圆"的《红楼梦》的？我们这样退一步想，就不能不佩服高鹗的补本了。我们不但佩服，还应该感谢他，因为他这部悲剧的补本，靠着那个"鼓担"的神话，居然打倒了后来无数的团圆《红楼梦》，居然替中国文学保存了一部有悲剧下场的小说！

以上是我对于《红楼梦》的"著者"和"本子"两个问题的答案。我觉得我们做《红楼梦》的考证，只能在这两个问题上着手；只能运用我们力所能搜集的材料，参考互证，然后抽出一些比较的最近情理的结论。这是考证学的方法。我在这篇文章里，处处想撇开一切先入的成见；处处存一个搜求证据的目的；处处尊重证据，让证据做向导，引我到相当的结论上去。我的许多结论也许有错误的——自从我第一次发表这篇《考证》以来，我已经改正了无数大错误了——也许有将来发现新证据后即须改正的。但我自信：这种考证的方法，除了《董小宛考》之外，是向来研究《红楼梦》的人不曾用过的。我希望我这一点小贡献，能引起大家研究《红楼梦》的兴趣，能把将来的《红楼梦》研究引上正当的轨道去：打破从前种种穿凿附会的"红学"，创造科学方法的《红楼梦》研究！

十，三，二七，初稿

十，十一，十二，改定稿

[附记] 初稿曾附录《寄蜗残赘》一则：

> 《红楼梦》一书，始于乾隆年间。……相传其书出汉军曹雪芹之手。嘉庆年间，逆犯曹纶即其孙也。灭族之祸，实基于此。

这话如果确实，自然是一段重要的材料。因此我就去查这一桩案子的事实。

嘉庆十八年癸酉（1813），天理教的信徒林清等勾通宫里的小太监，约定于九月十五日起事，乘嘉庆帝不在京城的时候，攻入禁城，占据皇宫。但他们的区区两百个乌合之众，如何能干这种大事？所以他们全失败了，林清被捕，后来被磔死。

林清的同党之中，有一个独石口都司曹纶和他的儿子曹幅昌都是很重要的同谋犯。那年十月己未的上谕说：

> 前因正黄旗汉军兵丁曹幅昌从习邪教，与知逆谋。……兹据讯明，曹幅昌之父曹纶听从林清入教，经刘四等告知逆谋，允为收众接应。曹纶身为都司，以四品职官习教从逆，实属猪狗不如，罪大恶极！……

那年十一月中，曹纶等都被磔死。

清礼亲王昭梿是当日在紫禁城里的一个人，他的《啸亭杂录》卷六记此事有一段说：

> 有汉军独石口都司曹纶者，侍郎曹瑛后也（瑛字一本或作寅），家素贫，尝得林清伙助，遂入贼党。适之任所，乃命其子曹福昌勾结不轨之徒，许为城中内应。……曹福昌临刑时，告剑子手曰："我是可交之人，至死不卖友以求生也！……"

《寄蜗残赘》说曹纶是曹雪芹之孙，不知是否根据《啸亭杂录》说的。我当初已疑心曹瑛不是曹寅，况且官书明说曹瑛是正黄旗汉军，与曹寅不同旗。前天承陈筱庄先生（宝泉）借我一部《靖逆记》（兰簃外史纂，嘉庆庚辰刻），此书记林清之变很详细，其第六卷有《曹纶传》，记他家世系如下：

> 曹纶，汉军正黄旗人。曾祖金铎，官骁骑校；伯祖瑛，历官工部侍郎；祖瑊，云南顺宁府知府；父廷奎，贵州安顺府同知。……廷奎三子，长绅，早卒；次维，武备院工匠；次纶，充整仪卫，擢治仪正，兼公中佐领，升独石口都司。

此可证《寄蜗残赘》之说完全是无稽之谈。

十，十一，十二

（此文初稿收入 1921 年 5 月上海亚东图书馆
出版的《红楼梦》（汪原放标点本）一书，
改定稿收入 1921 年 12 月上海亚东图书馆出
版的《胡适文存》卷三）

《国学季刊》发刊宣言
（1923 年 1 月）

近年来，古学的大师渐渐死完了，新起的学者还不曾有什么大成绩表现出来。在这个青黄不接的时期，只有三五个老辈在那里支撑门面。古学界表面上的寂寞，遂使许多人发生无限的悲观。所以有许多老辈遂说，"古学要沦亡了！""古书不久要无人能读了！"

在这个悲观呼声里，很自然的发出一种没气力的反动的运动来。有些人还以为西洋学术思想的输入是古学沦亡的原因，所以我们至今还在那里抗拒那他们自己也莫名其妙的西洋学术。有些人还以为孔教可以完全代表中国的古文化，所以他们至今还梦想孔教的复兴，甚至于有人竟想抄袭基督教的制度来光复孔教。有些人还以为古文古诗的保存就是古学的保存了，所以他们至今还想压语体文字的提倡与传播。至于那些静坐扶乩，逃向迷信里去自寻安慰的，更不用说了。

在我们看起来，这些反动都只是旧式学者破产的铁证；这些行为，不但不能挽救他们所忧虑的国学之沦亡，反可以增加国中少年人对于古学的藐视。如果这些举动可以代表国学，国学还是沦亡了更好！

我们平心静气的观察这三百年的古学发达史，再观察眼前国内和国外的学者研究中国学术的现状，我们不但不抱悲观，并且还抱无穷的乐观。我们深信，国学的将来，定能远胜国学的过去；过去的成绩虽然未可厚非，但将来的成绩一定还要更好无数倍。

自从明末到于今，这三百年，诚然可算是古学昌明时代。总括这三百年的成绩，可分这些方面：

（一）整理古书。在这方面，又可分三门。第一，本子的校勘；第二，文字的训诂；第三，真伪的考订。考订真伪一层，乾嘉的大师（除了极少数学者如崔述等之外）都不很注意；只有清初与晚清的学者还肯做这种研究，但方法还不很精密，考订的范围也不大。因此，这一方面的整理，成绩比较的就最少了。然而校勘与训诂两方面的成绩实在不少。戴震、段玉裁、王念孙、阮元、王引之们的治"经"；钱大昕、赵翼、王鸣盛、洪亮吉们的治"史"；王念孙、俞樾、孙诒让们的治"子"；戴震、王念孙、段玉裁、邵晋涵、郝懿行、钱绎、王筠、朱骏声们的治古词典：都有相当的成绩。重要的古书，经过这许多大师的整理，比三百年前就容易看的多了。我们试拿明刻本的《墨子》来比孙诒让的《墨子闲诂》，或拿二徐的《说文》来比清儒的各种《说文》注，就可以量度这几百年整理古书的成绩了。

（二）发现古书。清朝一代所以能称为古学复兴时期，不单因为训诂校勘的发达，还因为古书发现和翻刻之多。清代中央政府，各省书局，都提倡刻书。私家刻的书更是重要：丛书与单行本，重刊本，精校本，摹刻本，近来的影印本。我们且举一个最微细的例。近三十年内发现与刻行的宋元词集，给文学史家添了多少材料？清初朱彝尊们固然见着不少的词集；但我们今日购买词集之便易，却是清初词人没有享过的福气了。翻刻古书孤本之外，还有辑佚书一项，如《古经解钩沉》、《小学钩沉》、《玉函山房辑佚书》，和《四库全书》里那几百种从《永乐大典》辑出的佚书，都是国学史上极重要的贡献。

（三）发现古物。清朝学者好古的风气不限于古书一项；风气所被，遂使古物的发现，记载，收藏，都成了时髦的嗜好。鼎彝，泉币，碑版，壁画，雕塑，古陶器之类：虽缺乏系统的整理，材料确是不少了。最近三十年来，甲骨文字的发现，竟使殷商一代的历史有了地底下的证据，并且给文字学添了无数的最古材料。最近辽阳、河南等处石器时代的文化的发现，也是一件极重要的事。

但这三百年的古学的研究，在今日估计起来，实在还有许多缺点。三百年的第一流学者的心思精力都用在这一方面，而究竟还只有这一点点结果，也正是因为有这些缺点的缘故。那些缺点，分开来说，也有三层：

（一）研究的范围太狭窄了。这三百年的古学，虽然也有整治史书的，虽然也有研究子书的，但大家的眼光与心力注射的焦点，究竟只在儒家的几部经书。古韵的研究，古词典的研究，古书旧注的研究，子书的研究，都不是为这些材料的本身价值而研究的。一切古学都只是经学的丫头！内中固然也有婢作夫人的，如古韵学之自成一种专门学问，如子书的研究之渐渐脱离经学的羁绊而独立。但学者的聪明才力被几部经书笼罩了三百年，那是不可讳的事实。况且在这个狭小的范围里，还有许多更狭小的门户界限。有汉学和宋学的分家，有今文和古文的分家；甚至于治一部《诗经》还要舍弃东汉的郑笺而专取西汉的毛传。专攻本是学术进步的一个条件；但清儒狭小研究的范围，却不是没有成见的分工。他们脱不了"儒书一尊"的成见，故用全力治经学，而只用余力去治他书。他们又脱不了"汉儒去古未远"的成见，故迷信汉人，而排除晚代的学者。他们不知道材料固是越古越可信，而见解则后人往往胜过前人；所以他们力排郑樵、朱熹而迷信毛公、郑玄。今文家稍稍能有独立的见解了；但他们打倒了东汉，只落得回到西汉的圈子里去。研究的范围的狭小是清代学术所以不能大发展的一个绝大原因。三五部古书，无论怎样绞来挤去，只有那点精华和糟粕。打倒宋朝的"道士易"固然是好事；但打倒了"道士易"，跳过了魏晋人的"道家易"，却回到两汉的"方士易"，那就是很不幸的了。《易》的故事如此，《诗》、《书》、《春秋》、三《礼》的故事也是如此。三百年的心思才力，始终不曾跳出这个狭小的圈子外去！

（二）太注重功力而忽略了理解。学问的进步有两个重要方面：一是材料的积聚与剖解，一是材料的组织与贯通。前者须靠精勤的功力，后者全靠综合的理解。清儒有鉴于宋明学者专靠理解的危险，所以努力做朴实的功力而力避主观的见解。这三百年之中，几乎只有经师，而无思想家；只有校史者，而无史家；只有校注，而无著作。这三句话虽然很重，但我们试除去戴震、章学诚、崔述几个人，就不能不承认这三句话的真实了。章学诚生当乾隆盛时（乾隆，一七三六——一七九五年；章学诚，一七三八——一八〇〇年），大声疾呼的警告当日的学术界道：

　　今之博雅君子，疲精劳神于经传子史，而终身无得于学者，正坐……误执求知之功力，以为学即在是尔。学与功力实相似而不

同。学不可以骤几，人当致攻乎功力，则可耳。指功力以为学，是犹指秫黍以为酒也。（《文史通义·博约篇》）

他又说：

近日学者风气，征实太多，发挥太少，有如蚕食叶而不能抽丝。（《章氏遗书·与汪辉祖书》）

古人说："鸳鸯绣取从君看，不把金针度与人。"单把绣成的鸳鸯给人看，而不肯把金针教人，那是不大度的行为。然而天下的人不是人人都能学绣鸳鸯的；多数人只爱看鸳鸯，而不想自己动手去学绣。清朝的学者只是天天一针一针的学绣，始终不肯绣鸳鸯。所以他们尽管辛苦殷勤的做去，而在社会的生活思想上几乎全不发生影响。他们自以为打倒了宋学，然而全国的学校里读的书仍旧是朱熹的《四书集注》、《诗集传》、《易本义》等书。他们自以为打倒了伪《古文尚书》，然而全国村学堂里的学究仍旧继续用蔡沈的《书集传》。三百年第一流的精力，二千四百三十卷的《经解》，仍旧不能替换朱熹一个人的几部启蒙的小书，这也可见单靠功力而不重理解的失败了。

（三）缺乏参考比较的材料。我们试问，这三百年的学者何以这样缺乏理解呢？我们推求这种现象的原因，不能不回到第一层缺点——研究的范围的过于狭小。宋明的理学家所以富于理解，全因为六朝唐以后佛家与道士的学说弥漫空气中，宋明的理学家全都受了他们的影响，用他们的学说作一种参考比较的资料。宋明的理学家，有了这种比较研究的材料，就像一个近视眼的人戴了近视眼镜一样：从前看不见的，现在都看见了；从前不明白的，现在都明白了。同是一篇《大学》，汉魏的人不很注意它，宋明的人忽然十分尊崇它，把它从《礼记》里抬出来，尊为四书之一，推为"初学入德之门"。《中庸》也是如此的。宋、明的人戴了佛书的眼镜，望着《大学》、《中庸》，便觉得"明明德""诚""正心诚意""率性之谓道"等等话头都有哲学的意义了。清朝的学者深知戴眼镜的流弊，决意不配眼镜；却不知道近视者不戴眼镜，同瞎子相差有限。说《诗》的回到《诗序》，说《易》的回到"方士《易》"，说《春秋》的回到《公羊》，可谓"陋"之至了；然而我们试想这一班第一流才士，何以陋到这步田地，可不是因为他们没有高明的参考资料吗？他们排斥"异端"；他们得着一部《一切经音义》，只认得他有保存古韵书古词典的用处；他们拿着一部子书，也只认得他有旁证经文古义的功用。他们只向那几部儒书里兜圈子，兜来兜去，始终脱不了一个"陋"字！打破这个"陋"字，没有别的法子，只有旁搜博采，多寻参考比较的材料。

以上指出的这三百年的古学研究的缺点，不过是随便挑出了几桩重要的。我们的意思并不要菲薄这三百年的成绩，我们只想指出他们的成绩所以不过如此的原因。前人上了当，后人应该学点乖。我们借鉴于前辈学者的成功与失败，然后可以决定我们现在和将来研究国学的方针。我们不研究古学则已；如要想提倡古学的研究，应该注意这几点：

（1）扩大研究的范围。

（2）注意系统的整理。

（3）博采参考比较的资料。

（一）怎样"扩大研究的范围"呢？"国学"在我们的心眼里，只是"国故学"的缩写。中国的一切过去的文化历史，都是我们的"国故"；研究这一切过去的历史文化的学问，就是"国故学"，省称为"国学"。"国故"这个名词，最为妥当；因为他是一个中立的名词，不含褒贬的意义。"国故"包含"国粹"，但它又包含"国渣"。我们若不了解"国渣"，如何懂得"国粹"？所以我们现在要扩充国学的领域，包括上下三四千年的过去文化，打破一切的门户成见：拿历史的眼光来整统一切，认清了"国故学"的使命是整理中国一切文化历史，便可以把一切狭陋的门户之见都扫空了。例如治经，郑玄、王肃在历史上固然占一个位置，王弼、何晏也占一个位置，王安石、朱熹也占一个位置，戴震、惠栋也占一个位置，刘逢禄、康有为也占一个位置。段玉裁曾说：

> 校经之法，必以贾还贾，以孔还孔，以陆还陆，以杜还杜，以郑还郑，各得其底本，而后判其理义之是非。……不先正注、疏、释文之底本，则多诬古人。不断其立说之是非，则多误今人。……（《经韵楼集·与诸同志书论校书之难》）

我们可借他论校书的话来总论国学；我们也可以说：

> 整治国故，必须以汉还汉，以魏晋还魏晋，以唐还唐，以宋还宋，以明还明，以清还清；以古文还古文家，以今文还今文家；以程朱还程朱，以陆王还陆王……各还它一个本来面目，然后评判各代各家各人的义理的是非。不还它们的本来面目，则多诬古人。不评判它们的是非，则多误今人，但不先弄明白了它们的本来面目，我们决不配评判它们的是非。

这还是专为经学、哲学说法。在文学的方面，也有同样的需要。庙堂的文学固可以研究，但草野的文学也应该研究。在历史的眼光里，今日民间小儿女唱的歌谣，和《诗三百篇》有同等的位置；民间流传的小说，和高文典册有同等的位置，吴敬梓、曹霑和关汉卿、马东篱和杜甫、韩愈有同等的位置。故在文学方面，也应该把《三百篇》还给西周、东周之间的无名诗人，把《古乐府》还给汉魏六朝的无名诗人，把唐诗还给唐，把词还给五代两宋，把小曲杂剧还给元朝，把明、清的小说还给明、清。每一个时代，还他那个时代的特长的文学，然后评判它们的文学的价值。不认明每一个时代的特殊文学，则多诬古人而多误今人。近来颇有人注意戏曲和小说了；但他们的注意仍不能脱离古董家的习气。他们只看得起宋人的小说，而不知道在历史的眼光里，一本石印小字的《平妖传》和一部精刻的残本《五代史平话》有同样的价值，正如《道藏》里极荒谬的道教经典和《尚书》、《周易》有同等的研究价值。

总之，我们所谓"用历史的眼光来扩大国学研究的范围"，只是要我们大家认清国学是国故学，而国故学包括一切过去的文化历史。历史是多方面的：单记朝代兴亡，固不是历史；单有一宗一派，也不成历史。过去种种，上自思想学术之大，下至一个字、一支山歌之细，都是历史，都属于国学研究的范围。

（二）怎样才是"注意系统的整理"呢？学问的进步不单靠积聚材料，还须有系统的整理。系统的整理可分三部说：

（甲）索引式的整理 不曾整理的材料，没有条理，不容易检寻，最能销磨学者有用的精神才力，最足阻碍学术的进步。若想学问进步增加速度，我们须想出法子来解放学者的精力，使他们的精力用在最经济的方面。例如一部《说文解字》，是最没有条理系统的；向来的学者差不多全靠记忆的苦工夫，方才能用这部书。但这种苦工夫是最不经济的；如果有人能把《说文》重新编制一番（部首依笔画，每部的字也依笔画），再加上一个检字的索引（略如《说文通检》或《说文易检》），那就可省许多无谓的时间与记忆力了。又如一部《二十四史》，有了一部《史姓韵编》，可以省多少精力与时间？清代的学者也有见到这一层的；如章学诚说：

> 窃以典籍浩繁，闻见有限；在博雅者且不能悉究无遗，况其下乎？校雠之先，宜尽取四库之藏，中外之籍，择其中之人名、地

名、官阶、书目，凡一切有名可治、有数可稽者，略仿《佩文韵府》之例，悉编为韵；乃于本韵之下，注明原书出处及先后篇第，自一见再见，以至数千百，皆详注之；藏之馆中，以为群书之总类。至校书之时，遇有疑似之处，即名而求其编韵，因韵而检其本书，参互错综，即可得其至是。此则渊博之儒穷毕生年力而不可究殚者，今即中才校勘可坐收于几席之间，非校雠之良法欤？（《校雠通义》）

当日的学者如朱筠、戴震等，都有这个见解，但这件事不容易做到，直到阮元得势力的时候，方才集合许多学者，合力做成一部空前的《经籍纂诂》，"展一韵而众字毕备，检一字而诸训皆存，寻一训而原书可识"（王引之序）；"即字而审其义，依韵而类其字，有本训，有转训，次叙布列，若网在纲"（钱大昕序）。这种书的功用，在于节省学者的功力，使学者不疲于功力之细碎，而省出精力来做更有用的事业。后来这一类的书被科场士子用作夹带的东西，用作抄窃的工具，所以有许多学者竟以用这种书为可耻的事。这是大错的。这一类"索引"式的整理，乃是系统的整理的最低而最不可少的一步；没有这一步的预备，国学止限于少数有天才而又有闲空工夫的少数人；并且这些少数人也要因功力的拖累而减少他们的成绩。偌大的事业，应该有许多人分担去做的，却落在少数人的肩膀上：这是国学所以不能发达的一个重要原因。所以我们主张，国学的系统的整理的第一步要提倡这种"索引"式的整理，把一切大部的书或不容易检查的书，一概编成索引，使人人能用古书。人人能用古书，是提倡国学的第一步。

（乙）结账式的整理　商人开店，到了年底，总要把这一年的账结算一次，要晓得前一年的盈亏和年底的存货，然后继续进行，做明年的生意。一种学术到了一个时期，也有总结账的必要。学术上结账的用处有两层：一是把这一种学术里已经不成问题的部分整理出来，交给社会；二是把那不能解决的部分特别提出来，引起学者的注意，使学者知道何处有隙可乘，有功可立，有困难可以征服。结账是（1）结束从前的成绩，（2）预备将来努力的新方向。前者是预备普及的，后者是预备继长增高的。古代结账的书，如李鼎祚的《周易集解》，如陆德明的《经典释文》，如唐、宋的《十三经注疏》，如朱熹的《四书》、《诗集传》、《易本义》等，所以都在后世发生很大的影响，全是这个道理。三百年来，学者都不肯轻易做这种结账的事业。二千四百多卷的《清经解》，除了极少数之外，都只是一堆"流水"烂账，没有条理，没有系统；人人从"粤若稽古""关关雎鸠"说起，人人做的都是杂记式的稿本！怪不得学者看了要"望洋兴叹"了，怪不得国学有沦亡之忧了。我们试看科举时代投机的书坊肯费整年工夫来编一部《皇清经解缩本编目》，便可以明白索引式的整理的需要；我们又看那时代的书坊肯费几年的工夫来编一部《皇清经解分经汇纂》，便又可以明白结账式的整理的需要了。现在学问的途径多了，学者的时间与精力更有经济的必要了。例如《诗经》，二千年研究的结果，究竟到了什么田地，很少人说得出的，只因为二千年的《诗经》烂账至今不曾有一次的总结算。宋人驳了汉人，清人推翻了宋人，自以为回到汉人；至今《诗经》的研究，音韵自音韵，训诂自训诂，异文自异文，序说自序说，各不相关连。少年的学者想要研究《诗经》的，伸头望一望，只看见一屋的烂账簿，吓得吐舌缩不进去，只好叹口气，"算了罢！"《诗经》在今日所以渐渐无人过问，是少年人的罪过呢？还是《诗经》的专家的罪过呢？我们以为，我们若想少年学者研究《诗经》，我们应该把《诗经》这笔烂账结算一遍，造成一笔总账。《诗经》的总账里应该包括这四大项：

（A）异文的校勘　总结王应麟以来，直到陈乔枞、李富孙等校勘异文的账。

（B）古韵的考究　总结吴棫、朱熹、陈第、顾炎武以来考证古音的账。

（C）训诂　总结毛公、郑玄以来直到胡承珙、马瑞辰、陈奂，二千多年训诂的账。

（D）见解（序说）　总结《诗序》，《诗辨妄》，《诗集传》，《伪诗传》，姚际恒，崔述，龚橙，方玉润……等二千年猜谜的账。

有了这一本总账，然后可以使大多数的学子容易踏进"《诗经》研究"之门：这是普及。入门之后，方才可以希望他们之中有些人出来继续研究那总账里未曾解决的悬账：这是提高。《诗经》如此，一切古书古学都是如此。我们试看前清用全力治经学，而经学的书不能流传于社会，倒是那几部用余力做的《墨子闲诂》，《荀子集解》，《庄子集释》一类结账式的书流传最广。这不可以使我们觉悟结账式的整理的重要吗？

（丙）专史式的整理　索引式的整理是要使古书人人能用，结账式的整理是要使古书人人能读：这两项都只是提倡国学的设备。但我们在上文曾主张，国学的使命是要使大家懂得中国过去的文化史；国学的方法是要用历史的眼光来整理一切过去文化的历史。国学的目的是要做成中国文化史。国学的系统的研究，要以此为归宿。一切国学的研究，无论时代古今，无论问题大小，都要朝着这一个大方向走。只有这个目的可以整统一切材料，只有这个任务可以容纳一切努力，只有这种眼光可以破除一切门户畛域。

我们理想中的国学研究，至少有这样的一个系统：

中国文化史：

（一）民族史

（二）语言文字史

（三）经济史

（四）政治史

（五）国际交通史

（六）思想学术史

（七）宗教史

（八）文艺史

（九）风俗史

（十）制度史

这是一个总系统。历史不是一件人人能做的事；历史家需要有两种必不可少的能力：一是精密的功力，一是高远的想像力。没有精密的功力，不能做搜求和评判史料的工夫；没有高远的想像力，不能构造历史的系统。况且中国这么大，历史这么长，材料这么多，除了分工合作之外，更无他种方法可以达到这个大目的。但我们又觉得，国故的材料太纷繁了，若不先做一番历史的整理工夫，初学的人实在无从下手，无从入门。后来的材料也无所统属；材料无所统属，是国学纷乱烦碎的重要原因。所以我们主张，应该分这几个步骤：

第一，用现在力所能搜集考定的材料，因陋就简的先做成各种专史，如经济史，文学史，哲学史，数学史，宗教史……之类。这是一些大间架，他们的用处只是要使现在和将来的材料有一个附丽的地方。

第二，专史之中，自然还可分子目，如经济史可分时代，又可分区域；如文学史、哲学史可分时代，又可分宗派，又可专治一人；如宗教史可分时代，可专治一教，或一宗派，或一派中的一人。这种子目的研究是学问进步必不可少的条件。治国学的人应该各就"性之所近而力之所能勉者"，用历史的方法与眼光担任一部分的研究。子目的研究是专史修正的唯一源头，也是通史修正的唯一源头。

（三）怎样"博采参考比较的资料"呢？向来的学者误认"国学"的"国"字是国界的表示，所以不承认"比较的研究"的功用。最浅陋的是用"附会"来代替"比较"：他们说基督教是墨教的绪馀，墨家的"巨子"即是"矩子"，而"矩子"即是十字架！……附会是我们应该排斥的，但比较的研究是我们应该提倡的。有许多现象，孤立的说来说去，总说不通，总说不明白；一有了比较，竟不须解释，自然明白了。例如一个"之"字，古人说来说去，总不明白；现在我们懂得西洋文法学上的术语，只须说某种"之"字是内动词（由是而之焉），某种是介词（贼夫人之子），某种是指物形容词（之子于归），某种是代名词的第三身用在目的位（爱之能勿劳乎），就都明白分明了。又如封建制度，向来被那方块头的分封说欺骗了，所以说来说去，总不明白；现在我们用欧洲中古的封建制度和日本的封建制度来比较，就容易明白了。音韵学上，比较的研究最有功效。用广东音可以考侵、覃各韵的古音，可以考古代入声各韵的区别。近时西洋学者如 Karlgren，如 Baron von Sta-el-Holstein，用梵文原本来对照汉文译音的文字，很可以帮助我们解决古音学上的许多困难问题。不但如此，日本语里，朝鲜语里，安南语里，都保存有中国古音可以供我们的参考比较。西藏文自唐朝以来，音读虽变了，而文字的拼法不曾变，更可以供我们的参考比较，也许可以帮助我们发现中国古音里有许多奇怪的复辅音呢。制度史上，这种比较的材料也极重要，懂得了西洋的议会制度史，我们更可以了解中国御史制度的性质与价值；懂得了欧美高等教育制度史，我们更能了解中国近一千年来的书院制度的性质与价值。哲学史上，这种比较的材料已发生很大的助力了。《墨子》里的《经上下》诸篇，若没有印度因明学和欧洲哲学作参考，恐怕至今还是几篇无人能解的奇书。韩非，王莽，王安石，李贽……一班人，若没有西洋思想作比较，恐怕至今还是沉冤莫白。看惯了近世国家注重财政的趋势，自然不觉得李觏、王安石的政治思想的可怪了。懂得了近世社会主义的政策，自然不能不佩服王莽、王安石的见解和魄力了。《易·系辞传》里"易者，象也"的理论，得柏拉图的"法象论"的比较而更明白；《荀卿书》里"类不悖，虽久同理"的理论，得亚里士多德的"类不变论"的参考而更易懂。这都是很明显的例。至于文学史上，小说、戏曲近年忽然受学者的看重，民间俗歌近年渐渐引起学者的注意，都是和西洋文学接触比较的功效更不消说了。此外，如宗教的研究，民俗的研究，美术的研究，也都是不能不利用参考比较的材料的。

以上随便举的例，只是要说明比较参考的重要。我们现在治国学，必须要打破闭关孤立的态度，要存比较研究的虚心。第一，方法上，西洋学者研究古学的方法早已影响日本的学术界了，而我们还在冥行索途的时期。我们此时正应该虚心采用他们的科学的方法，补救我们没有条理系统的习惯。第二，材料上，欧美日本学术界有无数的成绩可以供我们的参考比较，可以给我们开无数新法门，可以给我们添无数借鉴的镜子。学术的大仇敌是孤陋寡闻，孤陋寡闻的唯一良药是博采参考比较的材料。

我们观察这三百年的古学史，研究这三百年的学者的缺陷，知道他们的缺陷都是可以补救的；我们又返观现在古学研究的趋势，明白了世界学者供给我们参考比较的好机会，所以我们对于国学的前途，不但不抱悲观，并且还抱无穷的乐观。我们认清了国学前途的黑暗与光明全靠我们努力的方向对不对。因此，我们提出这三个方向来做我们一班同志互相督责勉励的条件：

第一，用历史的眼光来扩大国学研究的范围。

第二，用系统的整理来部勒国学研究的资料。

第三，用比较的研究来帮助国学的材料的整理与解释。

十二，一月

（此文原载北京大学 1923 年 1 月出版的《国学季刊》创刊号）

读梁漱溟先生的《东西文化及其哲学》（1923 年 3 月 28 日）

我是自己有一套思想，再来看孔家诸经的：看了孔经，先有自己意

见，再来视宋明人书的：始终拿自己思想作主。（本书页二七九）

我们读梁漱溟先生的这部书，自始至终，都该牢牢记得这几句话。并且应该认得梁先生是怎样的一个人。他自己说：

> 我这个人本来很笨，很呆，对于事情总爱靠实，总好认真。……我自从会用心思的年龄起，就爱寻求一条准道理，最怕听"无可无不可"的话，所以对于事事都自己有一点主见，而自己的生活行事都牢牢的把定着一条线去走。（本书自叙）

我们要认清梁先生是一个爱寻求一条"准道理"的人，是一个"始终拿自己思想作主"的人。懂得这两层，然后可以放胆读他这部书，然后可以希望领会他这书里那"真知灼见"的部分，和那蔽于主观成见或武断太过的部分。

（一）

梁先生第一章绪论里，提出三个意思。第一，他说此时东方化与西方化已到了根本上的接触，形势很逼迫了，有人还说这问题不很迫切，那是全然不对的。（页四至十一）第二，那些人随便主张东西文化的调和融通，那种"糊涂，疲缓，不真切的态度，全然不对"。（页十二至十八）第三，大家怕这个问题无法研究，也是不对的。"如果对于此问题觉得是迫切，当真要求解决，自然自己会要寻出一条路来。"（页十八至二十）

这三层意思是梁先生著书的动机，所以我们应该先看看这三层的论点如何。

梁先生是"始终拿自己思想作主"，故我们先讨论那关于他自己思想的第三点。他说，"我的生活与思想见解是成一整个的。思想见解到那里，就做到那里"。又说，"旁人对于这个问题自己没有主见，并不要紧，而我对于此问题，假使没有解决，我就不晓得我作何种生活才好！"（页十九）这种知行合一的精神，自然是我们应该敬仰佩服的。然而也正因为梁先生自己感觉这个问题如此迫切，所以他才有第一层意思，认定这个问题在中国今日果然是十分迫切的了。他觉得现在东方化受西方化逼迫得紧的形势之下，应付的方法不外三条路：

> 一、倘然东方化与西方化果真不并立而又无可通，到今日要绝其根株，那么，我们须要自觉的如何彻底的改革，赶快应付上去，

不要与东方化同归于尽。

　　二、倘然东方化受西方化的压迫不足虑，东方化确要翻身的，那么，与今日之局面如何求其通，亦须有真实的解决，积极的做去，不要作梦发呆，卒致倾覆。

　　三、倘然东方化与西方化果有调和融通之道，那也一定不是现在这种"参用西法"可以算数的，需要赶快有个清楚明白的解决，好打开一条活路，决不能存疲缓的态度。（页十）

梁先生虽指出这三条路，然而他自己只认前两条路；他很严厉的骂那些主张调和融通的人，说"不知其何所见而云然！"所以我们此时且不谈那第三条路。

　　对于那前两条路，梁先生自己另有一种很奇异的见解。他把东西文化的问题写成下列的方式：

　　东方化还是要连根的拔去，还是可以翻身呢？

接着就是他自己的奇异解释：

　　此处所谓"翻身"，不仅说中国人仍旧使用东方化而已；大约假使东方化可以翻身，亦是同西方化一样，成一种世界的文化——现在西方化所谓科学和德谟克拉西的色彩，是无论世界上那一地方人皆不能自外的。

　　所以此刻问题，直截了当的，就是东方化可否翻身成为一种世界文化？

　　如果不能成为世界文化，则根本不能存在。若仍可以存在，当然不能仅只使用于中国，而须成为世界文化。（页十二）

这是梁先生的书里的最主要问题，读者自然应该先把这问题想一想，方才可以读下去。

　　我们觉得梁先生这一段话似乎不免犯了笼统的毛病。第一，东西文化的问题是一个很复杂的问题，决不是"连根拔去"和"翻身变成世界文化"两条路所能完全包括。至于"此刻"的问题，更只有研究双方文化的具体特点的问题，和用历史的精神与方法寻求双方文化接触的时代如何选择去取的问题，而不是东方化能否翻身为世界文化的问题。避去了具体的选择去取，而讨论那将来的翻身不翻身，便是笼统。第二，梁先生的翻身论是根据在一个很笼统的大前提之上的。他的大前提是：

> 凡一种文化，若不能成为世界文化，则根本不能存在；若仍可存在，当然不能限于一国，而须成为世界文化。

这种逻辑是很可惊异的。世界是一个很大的东西，文化是一种很复杂的东西。依梁先生自己的分析（页十三），一种文化不过是一个民族生活的种种方面。他总括为三方面：精神生活，社会生活，物质生活。这样多方面的文化，在这个大而复杂的世界上，不能没有时间上和空间上的个性的区别。在一个国里，尚且有南北之分，古今之异，何况偌大的世界？若否认了这种种时间和空间的区别，那么，我们也可以说无论何种劣下的文化都可成为世界文化。我们也许可以劝全世界人都点"极黑暗的油灯"，都用"很笨拙的骡车"，都奉喇嘛教，都行君主独裁政治；甚至于鸦片，细腰，穿鼻，缠足，如果走运行时，何尝都没有世界化的资格呢？故就一种生活或制度的抽象的可能性上看来，几乎没有一件不能成为世界化的。再从反面去看，若明白了民族生活的时间和空间的区别，那么，一种文化不必须成为世界文化，而自有他存在的余地。米饭不必成为世界化，而我们正不妨吃米饭；筷子不必成为世界化，而我们正不妨用筷子；中国话不必成为世界语，而我们正不妨说中国话。

所以我们在这里要指出梁先生的出发点就犯了笼统的毛病，笼统的断定一种文化若不能成为世界文化，便根本不配存在；笼统的断定一种文化若能存在，必须翻身成为世界文化。他自己承认是"牢牢的把定一条线去走"的人，他就不知不觉的推想世界文化也是"把定一条线去走"的了。从那个笼统的出发点，自然生出一种很笼统的"文化哲学"。他自己推算这个世界走的"一条线"上，现在是西洋化的时代，下去便是中国化复兴成为世界文化的时代，再下去便是印度化复兴成为世界文化的时代（页二五九以下）。这样"整齐好玩"的一条线，有什么根据呢？原来完全用不着根据，只须梁先生自己的思想，就够了。梁先生说：

> 我并非有意把他们弄得这般整齐好玩，无奈人类生活中的问题实有这么三层次，其文化的路径就有这么三转折，而古人又恰好把这三路都已分别走过，所以事实上没法要他不重走一遭。吾自有见而为此说，今人或未必见谅，然吾亦岂求谅于今人者？（页二六一～二六二）

是的。这三条路，古人曾分别走过；现在世界要走上一条线了，既不能分别并存，只好轮班挨次重现一次了。这种全凭主观的文化轮回说，是无法驳难的，因为梁先生说"吾自有见而为此说。吾亦岂求谅于今人者！"

凡过信主观的见解的，大概没有不武断的。他既自有见而为此说，又自己声明不求谅于今人，我们还有什么话可说呢？他这种勇于自信而倾于武断的态度，在书中屡次出现。最明显的是在他引我论淑世主义的话之后，他说：

> 这条路（淑世主义）也就快完了。……在未来世界，完全是乐天派的天下，淑世主义过去不提。这情势具在。你已不必辩，辩也无益。（页二五二）

我也明知"辩也无益"，所以我沉默了两年，至今日开口，也不想为无益之辩论，只希望能指出梁先生的文化哲学是根据于一个很笼统的出发点的，而这种笼统的论调只是梁先生的"牢牢的把定一条线去走"。"爱寻求一条准道理"的人格的表现，用一条线的眼光来看世界文化，故世界文化也只走一条线了。自己寻得的道理，便认为"准道理"，故说"吾自有见而为此说"，"你不必辩，辩也无益"。

不明白这一层道理的，不配读梁先生的书。

（二）

上文只取了梁先生的绪论和结论的一部分来说明这种主观化的文化哲学。现在我们要研究他的东西文化观的本身了。

梁先生先批评金子马治，北聆吉论东西文化的话，次引陈独秀拥护德谟克拉西和赛恩斯两位先生的话，认为很对很好。梁先生虽然承认"西方文化即赛恩斯和德谟克拉西两精神的文化"，但梁先生自己是走"一条线"的人，总觉得"我们说话时候非双举两种不可，很像没考究到家的样子"。所以他还要做一番搭题的工夫，要把德赛两先生并到一条线上去，才算"考究到家"了。这两位先生若从历史上研究起来，本来是一条路上的人。然而梁先生并不讲历史，他仍用他自己的思想作主，先断定"文化"只是一个民族的生活样子，而"生活"就是"意欲"；他有了这两个绝大的断定，于是得着西方文化的答案：

> 如何是西方化？西方化是以意欲向前要求为其根本精神的。

（页三一）

我们在这里，且先把他对于中国、印度的文化的答案，也抄下来，好作比较：

> 中国文化是以意欲自为调和持中为其根本精神的。（页七一）
> 印度文化是以意欲反身向后要求为其根本精神的。（页七二）

梁先生自己说他观察文化的方法道：

> 我这个人未尝学问，种种都是妄谈，都不免"强不知以为知"，心里所有只是一点佛家的意思，我只是本着一点佛家的意思裁量一切，这观察文化的方法也别无所本，完全是出于佛家思想。（页六一～六二）

我们总括他的说法，淘汰了佛书的术语，大旨如下：

> 所谓生活，就是现在的我（即是现在的意欲）对于前此的我（即是那殆成定局的宇宙）之奋斗……前此的我为我当前的"碍"。……当前为碍的东西是我的一个难题；所谓奋斗，就是应付困难，解决问题。（页六四～六五）

这点总纲，似乎很平易，然而从这里发出三个生活的样法：

> 一、向前面要求，就是奋斗的态度，这是生活本来的路向。
> 二、对于自己的意思变换，调和，持中；回想的随遇而安。
> 三、转身向后去要求，想根本取消当前的问题或要求。
> （页六九～七〇）

依梁先生的观察，这三条路代表三大系的文化：

> 一、西方文化走的是第一条路。
> 二、中国文化走的是第二条路。
> 三、印度文化走的是第三条路。（页七二）

以上所引，都是本书第二第三两章中的。但梁先生在第四章比较东西哲学的结果，又得一个关于三系文化的奇妙结论。他说：

> 一、西洋生活是直觉运用理智的。
> 二、中国生活是理智运用直觉的。
> 三、印度生活是理智运用现量的。（页二〇六）

"现量"就是感觉（Sensation），理智就是"比量"，而直觉乃是比量与

现量之间的一种"非量"，就是"附于感觉——心王——之受，想，二心所"。（页九三）

以上我们略述梁先生的文化观察。我们在这里要指出梁先生的文化观察也犯了笼统的大病。我们也知道有些读者一定要代梁先生抱不平，说："梁先生分析的那样仔细，辨别的那样精微，而你们还要说他笼统，岂非大冤枉吗？"是的，我们正因为他用那种仔细的分析和精微的辨别，所以说他"笼统"。文化的分子繁多，文化的原因也极复杂，而梁先生要想把每一大系的文化各包括在一个简单的公式里，这便是笼统之至。公式越整齐，越简单，他的笼统性也越大。

我们试先看梁先生的第一串三个公式：

一、西方化的根本精神是意欲向前要求。

二、中国化的根本精神是意欲自为调和持中。

三、印度化的根本精神是意欲反身向后要求。

这岂不简单？岂不整齐？然而事实上全不是那么一回事。西方化与印度化，表面上诚然很像一个向前要求，一个向后要求；然而我们平心观察印度的宗教，何尝不是极端的向前要求？梁先生曾提及印度人的"自饿不食，投入寒渊，赴火炙灼，赤身裸露，学着牛狗，龁草吃粪，在道上等车来轧死，上山去找老虎"。我们试想这种人为的是什么？是向后吗？还是极端的奔赴向前，寻求那最高的满足？我们试举一个例：

> 释宝崖于益州城西路首，以布裹左右五指，烧之。……并烧二手。于是积柴于楼上，作干麻小堂，以油润之。自以臂挟炬。麻燥油浓，赫然火合。于炽盛之中礼拜。比第二拜，身面焦坼，重复一拜，身踣炭上。（胡寅《崇正辨》二，二三）

试想这种人，在火焰之中礼拜，在身面焦坼之时还要礼拜，这种人是不是意欲极端的向前要求？梁先生自己有时也如此说：

> 大家都以为印度人没法生活才来出世，像詹姆士所说，印度人胆小不敢奋斗以求生活，实在闭眼瞎说！印度人实在是极有勇气的，他们那样坚苦不挠，何尝不是奋斗？（页一四八）

是的！印度人也是奋斗，然而"奋斗"（向前要求）的态度，却是第一条路。（页六九）所以梁先生断定印度化是向后要求的第三条路，也许他自己有时要说是"实在闭眼瞎说"呢！

以上所说，并非为无益之辩，只是要指出，梁先生的简单公式是经不起他自己的反省的。印度化与西洋化，表面上可算两极端了，然而梁先生说他俩都是奋斗，即都是向前要求。

至于那"调和持中""随遇而安"的态度，更不能说那一国文化的特性。这种境界乃是世界各种民族的常识里的一种理想境界，绝不限于一民族或一国。见于哲学书的，中国儒家有《中庸》，希腊有亚里士多德的《伦理学》，而希伯来和印度两民族的宗教书里也多这种理想。见于民族思想里的，希腊古代即以"有节"为四大德之一，而欧洲各国都有这一类的民谣。至于诗人文学里，"知足""安命""乐天"等等更是世界文学里极常见的话，何尝是陶潜、白居易独占的美德？然而这种美德始终只是世界民族常识里的一种理想境界，无论在那一国，能实行的始终只有少数人。梁先生以为：

> 中国人的思想是安分知足，寡欲摄生，而绝没有提倡要求物质享乐的；却亦没有印度的禁欲思想。不论境遇如何，他都可以满足安受，并不定要求改造一个局面。（页八四）

梁先生难道不睁眼看看古往今来的多妻制度，娼妓制度，整千整万的提倡醉酒的诗，整千整万恭维婊子的诗，《金瓶梅》与《品花宝鉴》，壮阳酒与春宫秘戏图？这种东西是不是代表一个知足安分寡欲摄生的民族的文化？只看见了陶潜、白居易，而不看见无数的西门庆与奚十一；只看见了陶潜、白居易诗里的乐天安命，而不看见他们诗里提倡酒为圣物而醉为乐境——正是一种"要求物质享乐"的表示：这是我们不能不责备梁先生的。

以上所说，并不是有意吹毛求疵，只是要指出梁先生发明的文化公式，只是闭眼的笼统话，全无"真知灼见"。他的根本缺陷只是有意要寻一个简单公式，而不知简单公式决不能笼罩一大系的文化，结果只有分析辨别的形式，而实在都是一堆笼统话。

我们再看他那第二串的三个公式：

一、西洋生活是直觉运用理智。

二、中国生活是理智运用直觉。

三、印度生活是理智运用现量。

这更是荒谬不通了。梁先生自己说：

> 现量，理智，直觉，是构成知识的三种工具。一切知识都是由这三种作用构成。虽然各种知识所含的三种作用有成分轻重的不

同，但是非要具备这三种作用不可，缺少一种就不能成功的。
（页六九）

单用这一段话，已可以根本推翻梁先生自己的三个公式了。既然说，知识非具备这三种作用不可，那么，也只是因为"各种知识"的性质不同，而成分有轻重的不同；何至于成为三种民族生活的特异公式呢？例如诗人赏花玩月，商人持筹握算，罪人鞭背打屁股，这三种经验因为性质不同，而有成分的轻重，前者偏于直觉，次者偏于理智，后者偏于现量，那是可能的。但人脑的构造，无论在东在西，决不能因不同种而有这样的大差异。我们可以说甲种民族在某个时代的知识方法比乙种民族在某个时代的知识方法精密得多；正如我们说近二百年来的西洋民族的科学方法大进步了。这不过好像我们说汉儒迂腐，宋儒稍能疑古，而清儒治学方法最精。这都不过是时间上、空间上的一种程度的差异。梁先生太热心寻求简单公式了，所以把这种历史上程度的差异，认作民族生活根本不同方向的特征，这已是大错了。他还更进一步，凭空想出某民族生活是某种作用运用某种作用，这真是"玄之又玄了"。

试问直觉如何运用理智？理智又如何运用直觉？理智又如何运用现量？

这三个问题，只有第一问梁先生答的稍为明白一点。他说：

一切西洋文化悉由念念认我向前要求而成。这"我"之认识，感觉所不能为，理智所不能为，盖全出于直觉所得。故此直觉实居主要地位；由其念强，才奔着去求，而理智则其求时所用之工具。所以我们说西洋生活是以直觉运用理智的。读者幸善会其意而无以词害意。（二〇七）

梁先生也知道我们不能懂这种玄妙的话，故劝我们"善会其意而无以词害意"。但我们实在无法善会其意！第一，我们不能承认"我"之认识全出于直觉所得。哲学家也许有发这种妙论的；但我们知道西洋近世史上所谓"我"的发现，乃是一件极平常的事件，正如昆曲《思凡》里的小尼姑的春情发动，不愿受那尼庵的非人生活了，自然逃下山去。梁先生若细读这一出"我"的发现的妙文，或英国诗人白朗吟（Browning）的 Fra Lippo Lippi 便可以知道这里面也有情感，也带理智，而现量（感觉）实居主要。第二，即使我们闭眼承认"我"之认识由于直觉，然而"我"并不即等于直觉；正如哥仑布发现美洲，而美洲并不等于哥

仑布。故"我之认识由于直觉"一句话，即使不是瞎说，也决不能引出
"直觉运用理智"的结论。

此外，梁先生解释"理智运用直觉"一段，我老实承认全不懂得他
说的是什么。幸而梁先生自己承认这一段话是"很拙笨不通"（二○九），
否则我们只好怪自己拙笨不通了。

最后，梁先生说"理智运用现量"一层，我们更无从索解。佛教的
宗教部分，固然是情感居多，然而佛家的哲学部分却明明是世界上一种
最精深的理智把戏。梁先生自己也曾说：

> 在印度，那因明学唯识学秉一种严刻的理智态度，走科学的
> 路。（页八六）

何以此刻（页二○九）只说印度生活是"理智运用现量"呢？梁先生的
公式热，使他到处寻求那简单的概括公式，往往不幸使他陷入矛盾而不
自觉。如上文梁先生既认印度化为奋斗，而仍说他是向后要求；如这里
梁先生既认印度的因明唯识为走科学的路，而仍硬派他入第三个公式。
"整齐好玩"则有余了，只可恨那繁复多方的文化是不肯服服帖帖叫人
装进整齐好玩的公式里去的。

（三）

我们现在要对梁先生提出一点根本的忠告，就是要说明文化何以不
能装入简单整齐的公式里去。梁先生自己也曾说过生活就是现在的我对
宇宙的奋斗，"我们的生活无时不用力，即是无时不奋斗。当前为碍的
东西是我的一个难题；所谓奋斗就是应付困难，解决问题"（页六四）。
当梁先生说这话时，他并不曾限制他的适用的区域。他说：

> 差不多一切有情——生物——的生活，都是如此，并不单是人
> 类为然。（页六五）

我们很可以用这一点做出发点：生活即是应付困难，解决问题。而梁先
生又说：

> 文化并非别的，乃是人类生活的样法。（页六八）

这一句话，我们也可以承认。（梁先生在这里又把文化和文明分作两事，
但那个区别是不能自圆其说的，况且和梁先生自己在页十三上说的话互

相矛盾，故我们可以不采他这个一时高兴的辨析。）梁先生又说：

> 奋斗的态度，遇到问题都是对于前面去下手……改造局面，使
> 其可以满足我们的要求：这是生活本来的路向。（页六九）

这也是我们可以承认的。但我们和梁先生携手同行到这里，就不能不分
手了。梁先生走到这里，忽然根本否认他一向承认的"一切有情"都不
能违背的"生活本来的路向"！他忽然说中国人和印度人的生活是不走
这"生活本来的方向"的！他忽然很大度的把那条一切有情都是如此的
生活本路让与西洋人去独霸！梁先生的根本错误就在此一点。

我们的出发点只是：文化是民族生活的样法，而民族生活的样法是
根本大同小异的。为什么呢？因为生活只是生物对环境的适应，而人类
的生理的构造根本上大致相同，故在大同小异的问题之下，解决的方
法，也不出那大同小异的几种。这个道理叫做"有限的可能说"（The
Principle of Limited Possibilities）。例如饥饿的问题，只有"吃"的解
决。而吃的东西或是饭，或是面包，或是棒子面……而总不出植物与动
物两科，决不会吃石头。御寒的问题，自裸体以至穿重裘，也不出那有
限的可能。居住的问题，自穴居以至广厦层楼，根本上也只有几种可
能。物质生活如此，社会生活也是如此。家庭的组织，也只有几种可
能：杂交，一夫多妻，一妻多夫，一夫一妻，大家族或小家庭，宗子独
承产业或诸子均分遗产。政治的组织也只有几种可能：独裁政治，寡头
政治，平民政治。个人对社会的关系也有限的：个人主义与社会主义，
自由与权威。精神生活也是如此的。言语的组织，总不出几种基本配
合；神道的崇拜，也不出几种有限的可能。宇宙的解释，本体问题，知
识的问题，古今中外，可曾跳出一元，二元，多元；唯心，唯物；先
天，后天，等等几条有限的可能？人生行为的问题，古今中外，也不曾
跳出几条有限的路子之外。至于文学与美术的可能方式，也不能不受限
制：有韵与无韵，表现与象征，人声与乐器，色彩是有限的，乐音是有
限的。这叫做有限的可能。

凡是有久长历史的民族，在那久长的历史上，往往因时代的变迁，
环境的不同，而采用不同的解决样式。往往有一种民族而——试过种种
可能的变法的。政治史上，欧洲自希腊以至今日，印度自吠陀时代以至
今日，中国自上古以至今日，都曾试过种种政治制度：所不同者，只是
某种制度（例如多头政治）在甲民族的采用在古代，而在乙民族则上古
与近代都曾采用；或某种制度（例如封建制度）在甲国早就消灭了，而

在乙国则至最近世还不曾铲除。又如思想史上，这三大系的民族都曾有他们的光明时代与黑暗时代。思想是生活的一种重要工具，这里面自然包含直觉，感觉，与理智三种分子，三者缺一不可。但思想的方法不是一朝一夕可以完备的，往往积了千万年的经验，到了一个成人时期，又被外来的阻力摧折毁坏了，重复陷入幼稚的时期。印度自吠陀时代以至玄奘西游之时，几千年继续磨练的结果，遂使印度学术界有近于科学的因明论理与唯识心理。这个时代，梁先生也承认是"严刻的理智态度，走科学的路"。但回教不久征服印度了，佛教不久就绝迹于印度，而这条"科学的路"遂已开而复塞了。中国方面，也是如此。自上古以至东周，铢积寸累的结果，使战国时代呈现一个灿烂的哲学科学的时期。这个时代的学派之中，如墨家的成绩，梁先生也不能不认为"西洋适例"（页一七四）。然而久长的战祸，第一个统一帝国的摧残，第二个统一帝国的兵祸与专制，遂又使这个成熟的时期的思想方法逐渐退化，陷入谶纬符命的黑暗时代。东汉以后，王充以至王弼，多少才士的反抗，终久抵不住外族的大乱与佛教（迷信的佛教，这时候还没有因明唯识呢）的混入中国！一千年的黑暗时代逐渐过去之后，方才有两宋的中兴。宋学是从中古宗教里滚出来的，程颐、朱熹一派认定的格物致知的基本方法，大胆的疑古，小心的考证，十分明显的表示一种"严刻的理智态度，走科学的路"。这个风气一开，中间虽有陆王的反科学的有力运动，终不能阻止这个科学的路重现而大盛于最近的三百年。这三百年的学术，自顾炎武、阎若璩以至戴震、崔述、王念孙、王引之，以至孙诒让、章炳麟，我们决不能不说是"严刻的理智态度，走科学的路"。

然而梁先生何以闭眼不见呢？只因为他的成见太深，凡不合于他的成见的，他都视为"化外"。故孔墨先后并起，而梁先生忍心害理的说"孔子代表中国，而墨子则西洋适例！"（页一七四）故近世八百年的学术史上，他只认"晚明泰州王氏父子心斋先生、东崖先生为最合我意"，而那影响近代思想最大最深的朱熹竟一字不提！他对于朱学与清朝考据学，完全闭眼不见，所以他能说：

科学方法在中国简直没有。（页八六）

究竟是真没有呢？还是被梁先生驱为"化外"了呢？

我们承认那"有限的可能说"，所以对于各民族的文化不敢下笼统的公式。我们承认各民族在某一个时代的文化所表现的特征，不过是环境与时间的关系，所以我们不敢拿"理智""直觉"等等简单的抽象名词来概括某种文化，我们拿历史眼光去观察文化，只看见各种民族都在那"生活本来的路"上走，不过因环境有难易，问题有缓急，所以走的路有迟速的不同，到的时候有先后的不同。历史是一面照妖镜，可以看出各种文化的原形；历史又是一座孽镜台，可以照出各种文化的过去种种经过。在历史上，我们看出那现在科学化（实在还是很浅薄的科学化）的欧洲民族也曾经过一千年的黑暗时代，也曾十分迷信宗教，也曾有过寺院制度，也曾做过种种苦修的生活，也曾极力压抑科学，也曾有过严厉的清净教风，也曾为卫道的热心烧死多少独立思想的人。究竟民族的根本区分在什么地方？至于欧洲文化今日的特色，科学与德谟克拉西，事事都可用历史的事实来说明：我们只可以说欧洲民族在这三百年中，受了环境的逼迫，赶上了几步，在征服环境的方面的成绩比较其余各民族确是大得多多。这也不是奇事：本来赛跑最怕赶上；赶上一步之后，先到的局面已成。但赛跑争先，虽然只有一个人得第一，落后的人，虽不能抢第一，而慢慢走去终也有到目的地的时候。现在全世界大通了，当初鞭策欧洲人的环境和问题现在又来鞭策我们了。将来中国和印度的科学化与民治化，是无可疑的。他们的落后，也不过是因为缺乏那些逼迫和鞭策的环境与问题，并不是因为他们的生活方式上有什么持中和向后的根本毛病，也并不是因为他们的生活上有直觉和现量的根本区别。民族的生活没有不用智慧的，但在和缓的境地之下，智慧稍模糊一点，还不会出大岔子；久而久之，便养成疏懒的智慧习惯了。直到环境逼人而来，懒不下去了，方才感发兴起，磨练智慧，以免淘汰。幼稚的民族，根行浅薄，往往当不起环境的逼迫，往往成为环境的牺牲。至于向来有伟大历史的民族，只要有急起直追的决心，终还有生存自立的机会。自然虽然残酷，但他还有最慈爱的一点：就是后天的变态大部分不致遗传下去。一千年的缠足，一旦放了，仍然可以恢复天足，这是使我们对于前途最可乐观的。

梁先生和我们不大相同的地方，只是我们认各种民族都向"生活本来的路"走，而梁先生却认中国、印度另走两条路。梁先生说：

> 中国人不是同西方人走一条路线，因为走的慢，比人家慢了几十里路。若是同一路线而少走些路，那么，慢慢的走，终究有一天赶的上。若是各自走到别的路线上去，别一方向上去，那么，无论走好久，也不会走到那西方人所达到的地点上去的！（页八四）

若照这样说法，我们只好绝望了。然而梁先生却又相信中国人同西洋人接触之后，也可以科学化，也可以民治化。他并且预言全世界西方化之后，还可以中国化，还可以印度化。如此说来，文化的变化岂不还是环境的关系吗？又何尝有什么"抽象的样法"的根本不同呢？他既不能不拿环境的变迁来说明将来的文化，他何不老实用同样的原因来说明现在的文化的偶然不同呢？

这篇文章，为篇幅所限，只能指出原书的缺陷，而不及指出他的许多好处（如他说中国人现在应该"排斥印度的态度，丝毫不能容留"一节），实在是我们很抱歉的。

十二，三，二十八

（此文原载 1923 年 4 月 1 日《努力周报》副刊《读书杂志》第 8 期）

古史讨论的读后感
（1924 年 2 月 8 日）

《读书杂志》上顾颉刚、钱玄同、刘掞藜、胡堇人四位先生讨论古史的文章，已做了八万字，经过了九个月，至今还不曾结束。这一件事可算是中国学术界的一件极可喜的事，他在中国史学史上的重要一定不亚于丁在君先生们发起的科学与人生观的讨论在中国思想史上的重要。这半年多的《努力》和《读书杂志》的读者也许嫌这两组大论争太繁重了，太沉闷了；然而我们可以断言这两组的文章是《努力》出世以来最有永久价值的文章。在最近的将来，我这个武断的估价就会有多人承认的。

这一次古史的讨论里最徼幸的是双方的旗鼓相当，阵势都很整严，所以讨论最有精采。顾先生说的真不错：

中国的古史全是一篇糊涂账。二千余年来随口编造，其中不知有多少罅漏，可以看得出它是假造的。但经过了二千余年的编造，能够成立一个系统，自然随处也有它的自卫的理由。现在我尽寻它的罅漏，刘先生尽寻它的自卫的理由，这是一件很好的事。即使不能遽得结论，但经过了长时间的讨论，至少可以指出一个公认的信信和疑疑的限度来，这是无疑的。

我们希望双方的论主都依着这个态度去搜求证据。这一次讨论的目的是要明白古史的真相。双方都希望求得真相，并不是顾先生对古史有仇，而刘先生对古史有恩。他们的目的既同，他们的方法也只有一条路：就是寻求证据。只有证据的充分与不充分是他们论战胜败的标准，也是我们信仰与怀疑的标准。

现在双方的讨论都暂时休战了——顾先生登有启事，刘先生没有续稿寄来。我趁这个机会，研究他们的文章，忍不住要说几句旁观的话，就借着现在最时髦的名称"读后感"写了出来，请四位先生指教。

第一，所谓"影响人心"的问题。这是开宗明义的要点，我们先要说明白。刘先生说：

> 因为这种翻案的议论，这种怀疑的精神，很有影响于我国的人心和史界，心有所欲言，不敢不告也。（《读书杂志》十三期）

他又说：

> 先生这个翻案很足影响人心；我所不安，不敢不吐。（《读书杂志》十六期）

否认古史某部分的真实，可以影响于史界，那是自然的事。但这事决不会在人心上发生恶影响。我们不信盘古氏和天皇、地皇、人皇氏，人心并不因此变坏。假使我们进一步，不能不否认神农黄帝了，人心也并不因此变坏。假使我们更进一步，又不能不否认尧舜和禹了，人心也并不因此变坏。——岂但不变坏？如果我们的翻案是有充分理由的，我们的翻案只算是破了一件几千年的大骗案，于人心只有好影响，而无恶影响。即使我们的证据不够完全翻案，只够引起我们对于古史某部分的怀疑，这也是警告人们不要轻易信仰，这也是好影响，并不是恶影响。本来刘先生并不曾明说这种影响的善恶，也许他单指人们信仰动摇。但这几个月以来，北京很有几位老先生深怪顾先生"忍心害理"，所以我不能不替他申辩一句。这回的论争是一个真伪问题；去伪存真，决不会有害于人心。譬如猪八戒抱住了假唐僧的头颅痛哭，孙行者告诉他那是一块木头，不是人头，猪八戒只该欢喜，不该恼怒。又如穷人拾得一圆假银圆，心里高兴，我们难道因为他高兴就不该指出那是假银圆吗？上帝的观念固然可以给人们不少的安慰，但上帝若真是可疑的，我们不能因为人们的安慰就不肯怀疑上帝的存在了。上帝尚且如此，何况一个禹，何况黄帝尧舜？吴稚晖先生曾说起黄以周在南菁书院做山长时，他房间里的壁上有八个大字的座右铭：

> 实事求是，莫作调人。

我请用这八个字贡献给讨论古史的诸位先生。

第二，顾先生的"层累地造成的古史"的见解真是今日史学界的一大贡献，我们应该虚心地仔细研究它，虚心地试验它，不应该叫我们的成见阻碍这个重要观念的承受。这几个月的讨论不幸渐渐地走向琐屑的枝叶上去了；我恐怕一般读者被这几万字的讨论迷住了，或者竟忽略了这个中心的见解，所以我要把它重提出来，重引起大家的注意。顾先生自己说"层累地造成的古史"有三个意思：

一、可以说明时代愈后，传说的古史期愈长。

二、可以说明时代愈后，传说中的中心人物愈放愈大。

三、我们在这上，即不能知道某一件事的真确的状况，也可以知道某一件事在传说中的最早状况。

这三层意思都是治古史的重要工具。顾先生的这个见解，我想叫它做"剥皮主义"，譬如剥笋，剥进去方才有笋可吃。这个见解起于崔述；崔述曾说：

> 世益古则其取舍益慎，世益晚则其采择益杂。故孔子序《书》，断自唐虞，而司马迁作《史记》乃始于黄帝。……近世以来……乃始于庖牺氏或天皇氏，甚至有始于开辟之初盘古氏者。……嗟夫，嗟夫，彼古人者诚不料后人之学之博之至于如是也！（《考信录·提要》上，二十二）

崔述剥古史的皮，仅剥到《经》为止，还不算彻底。顾先生还要进一步，不但剥的更深，并且还要研究那一层一层的皮是怎样堆砌起来的。他说：

> 我们看史迹的整理还轻，而看传说的经历却重。凡是一件史事，应看它最先是怎样，以后逐步逐步的变迁是怎样。

这种见解重在每一种传说的"经历"与演进。这是用历史演进的见解来观察历史上的传说。

这是顾先生这一次讨论古史的根本见解，也就是他的根本方法。他初次应用这方法，在百忙中批评古史的全部，也许不免有些微细的错误。但他这个根本观念是颠扑不破的，他这个根本方法是愈用愈见功效的。他的方法可以总括成下列的方式：

（1）把每一件史事的种种传说，依先后出现的次序，排列起来。

（2）研究这件史事在每一个时代有什么样子的传说。

（3）研究这件史事的渐演进：由简单变为复杂，由陋野变为雅驯，由地方的（局部的）变为全国的，由神变为人，由神话变为史事，由寓言变为事实。

（4）遇可能时，解释每一次演变的原因。

他举的例是"禹的演进史"。

禹的演进史，至今没有讨论完毕，但我们不要忘了禹的问题只是一个例，不要忘了顾先生的主要观点在于研究传说的经历。

我在几年前也曾用这个方法来研究一个历史问题——井田制度。我把关于井田制度的种种传说，依出现的先后，排成一种井田论的演进史：

（1）《孟子》的"井田论"很不清楚，又不完全。

（2）汉初写定的《公羊传》只有"什一而籍"一句。

（3）汉初写定的《谷梁传》说的详细一点，但只是一些"望文生义"的注语。

（4）汉文帝时的《王制》是依据《孟子》而稍加详的，但也没有分明的井田制。

（5）文景之间的《韩诗外传》演述《谷梁传》的话，做出一种清楚分明的井田论。

（6）《周礼》更晚出，里面的井田制就很详细，很整齐，又很烦密了。

（7）班固的《食货志》参酌《周礼》与《韩诗》的井田制，并成一种调和的制度。

（8）何休的《公羊解诂》更晚出，于是参考《孟子》、《王制》、《周礼》、《韩诗》的各种制度，另做成一种井田制。（《胡适文存》二，页二六四～二八一）

这一个例也许可以帮助读者明了顾先生的方法的意义，所以我引他在这儿，其实古史上的故事，没有一件不曾经过这样的演进，也没有一件不可用这个历史演进的（evolutionary）方法去研究。尧舜禹的故事，黄帝神农庖牺的故事，汤的故事，伊尹的故事，后稷的故事，文王的故事，太公的故事，周公的故事，都可以做这个方法的实验品。

第三，我们既申说了顾先生的根本方法，也应该考察刘掞藜先生的根本态度与方法。刘先生自己说：

> 我对于古史，只采取"察传"的态度，参之以情，验之以理，断之以证。（《读书杂志》十三期）

他又说：

> 我对于经书或任何子书，不敢妄信，但也不敢闭着眼睛，一笔抹杀；总须度之以情，验之以理，决之以证。

这话粗看上去似乎很可满人意了。但仔细看来，这里面颇含有危险的分子。"断之以证"固是很好，但"情"是什么？"理"又是什么？刘先生自己虽没有下定义，但我们看他和钱玄同先生讨论的话，一则说：

> 但是我们知道文王至仁。

再则说：

> 我们也知道周公至仁。

依科学的史家的标准，我们要问，我们如何知道文王周公的至仁呢？"至仁"的话是谁说的？起于什么时代？刘先生信"文王至仁"为原则，而以"执讯连连，攸馘安安"为例外；又信"周公至仁"为原则，而以破斧缺斨为例外。不知在史学上，《皇矣》与《破斧》之诗正是史料，而至仁之说却是后起的传说变成的成见。成见久据于脑中，不经考察，久而久之便成了情与理了。

刘先生列举情、理、证三者，而证在最后一点。他说"参之以情"，又说"度之以情"。崔述曾痛论这个方法的危险道：

> 人之情好以己度人，以今度古……往往径庭悬隔，而其人终不自知也……以己度人，虽耳目之前而必失之。况欲以度古人……岂有当乎？（《考信录·提要》上，四）

做《皇矣》诗的人并无"王季文王是纣臣"的成见，做《破斧》诗的人也并无"周公圣人"的成见;而我们生在几千年后,从小就灌饱了无数后起的传说,于今戴着传说的眼镜去读诗,自以为"度之以情",而不知只是度之以成见呵。

至于"验之以理",更危险了。历史家只应该从材料里,从证据里,去寻出客观的条理。如果我们先存一个"理"在脑中,用理去"验"事物,那样的"理"往往只是一些主观的意见。例如刘先生断定《国语》《左传》说烈山氏之子柱能殖百谷百蔬的话不是凭空杜撰的,他列举二"理",证明烈山氏时有"殖百谷百蔬"的可能。他所谓"理",正是我们所谓"意见"。如他说:

> 人必借动植物以生;既有动植物矣,则必有谷有蔬也无疑。夫所谓种植耕稼者,不过以一举手一投足之劳,扫荒蘙,培所欲之植物而已。此植物即所谓"百谷百蔬"也。(《读书杂志》十五,圈点依原文)

这是全无历史眼光的臆说。稍研究人类初民生活的人,都知道一技一术在今日视为"不过一举手一投足之劳"的,在初民社会里往往须经过很长时期而后偶然发明。"借动植物以生"是一件事,而"种植耕稼"另是一件事。种植耕稼须假定(1)辨认种类的能力,(2)预料将来收获的能力,(3)造器械的能力,(4)用人工补助天行的能力,(5)比较有定居的生活……等等条件具备,方才有农业可说。故治古史的人,若不先研究人类学、社会学,决不能了解先民创造一技一艺时的艰难,正如我们成年的人高谈阔论而笑小孩子牙牙学语的困难;名为"验之以理"而其实乃是"以己度人,以今度古"。

最后是"断之以证"。在史学上证据固然最重要,但刘先生以情与理揣度古史,而后"断之以证",这样的方法很有危险。我们试引刘先生驳顾先生论古代版图的一段做例。《尧典》的版图有交趾,顾先生疑心那是秦汉的疆域。刘先生驳他道:

> 就我所知,春秋之末,秦汉之前,竟时时有人道及交趾,甚且是尧舜抚有交趾。

他引四条证据:

(a)《墨子·节用》中。

(b)《尸子》佚文。

(c)《韩非子·十过》。

(d)《大戴礼记·少闲》。

《大戴礼》是汉儒所作，刘先生也承认。前面三条，刘先生说"总可以为战国时文"。——这一层我们姑且不和他辩，我们姑且依他承认此三条为"战国时文"。依顾先生的方法，这三条至多不过证明战国时有人知有交趾罢了。然而刘先生的"断之以证"的方法却真大胆！他说：

> 知有交趾，则是早已与交趾有关系了。但是我们知道春秋、东周、西周、商、夏都与交趾没有来往，是墨子、尸子、韩非等所言，实由尧之抚有交趾也。（圈是我加的）

战国时的一句话，即使是真的，便可以证明二千年前的尧时的版图，这是什么证据？况且刘先生明明承认"春秋、东周、西周、商、夏都与交趾没有来往"；若依顾先生的方法，单这一句已可以证明《尧典》为秦汉时的伪书了。

我们对于"证据"的态度是：一切史料都是证据。但史家要问：一、这种证据是在什么地方寻出的？二、什么时候寻出的？三、什么人寻出的？四、依地方和时候上看起来，这个人有做证人的资格吗？五、这个人虽有证人资格，而他说这句话时有作伪（无心的，或有意的）的可能吗？

刘先生对于这一层，似乎不很讲究。如他上文举的三条证据，（a）举《墨子·节用》篇屡称"子墨子曰"，自然不是"春秋之末"的作品。（b）尸佼的有无，本不可考；《尸子》原书已亡，依许多佚文看来，此书大概作于战国末年，或竟是更晚之作。（c）《韩非子》一书本是杂凑起来的；《十过》一篇，中叙秦攻宜阳一段，显然可证此篇不是韩非所做，与《初见秦》等篇同为后人伪作的。而刘先生却以为"以韩非之疑古，犹且称道之"。不知《显学》篇明说"明据先王，必定尧舜者，非愚则诬也"；《五蠹》篇明说"今有美尧舜汤武禹之道于当今之世者，必为新圣笑矣"。即用此疑古的两篇作标准，已可以证明《十过》篇之伪作而无疑。这些东西如何可作证据用呢？

以上所说，不过是我个人的读后感。内中颇有偏袒顾先生的嫌疑，我也不用讳饰了。但我对于刘掞藜先生搜求材料的勤苦，是十分佩服的；我对他的批评，全无恶感，只有责备求全之意，只希望他对他自己治史学的方法有一种自觉的评判，只希望他对自己搜来的材料也有一种较严苛的评判，而不仅仅奋勇替几个传说的古圣王作辩护士。行文时说话偶有不检点之处，我也希望他不至于见怪。

十三，二，八

（此文原载 1924 年 2 月 24 日出版的《努力周报》附刊《读书杂志》第 18 期）

我们对于西洋近代文明的态度
（1926 年 6 月 6 日）

今日最没有根据而又最有毒害的妖言是讥贬西洋文明为唯物的（Materialistic），而尊崇东方文明为精神的（Spiritual）。这本是很老的见解，在今日却有新兴的气象。从前东方民族受了西洋民族的压迫，往往用这种见解来解嘲，来安慰自己。近几年来，欧洲大战的影响使一部分的西洋人对于近世科学的文化起一种厌倦的反感，所以我们时时听见西洋学者有崇拜东方的精神文明的议论。这种议论，本来只是一时的病态的心理，却正投合东方民族的夸大狂；东方的旧势力就因此增加了不少的气焰。

我们不愿"开倒车"的少年人，对于这个问题不能没有一种彻底的见解，不能没有一种鲜明的表示。

现在高谈"精神文明""物质文明"的人，往往没有共同的标准做讨论的基础，故只能作文字上或表面上的争论，而不能有根本的了解。我想提出几个基本观念来做讨论的标准。

第一，文明（Civilization）是一个民族应付他的环境的总成绩。

第二，文化（Culture）是一种文明所形成的生活的方式。

第三，凡一种文明的造成，必有两个因子：一是物质的（Material），包括种种自然界的势力与质料；一是精神的（Spiritual），包括一个民族的聪明才智、感情和理想。凡文明都是人的心思智力运用自然界的质与力的作品；没有一种文明〈单〉是精神的，也没有一种文明单是物质的。

我想这三个观念是不须详细说明的，是研究这个问题的人都可以承认的。一只瓦盆和一只铁铸的大蒸汽炉，一只舢板船和一只大汽船，一部单轮小车和一辆电力街车，都是人的智慧利用自然界的质力制造出来的文明，同有物质的基础，同有人类的心思才智。这里面只有个精粗巧拙的程度上的差异，却没有根本上的不同。蒸汽铁炉固然不必笑瓦盆的幼稚，单轮小车上的人也更不配自夸他的精神的文明，而轻视电车上人的物质的文明。

因为一切文明都少不了物质的表现，所以"物质的文明"（Material Civilization）一个名词不应该有什么讥贬的涵义。我们说一部摩托车是一种物质的文明，不过单指他的物质的形体；其实一部摩托车所代表的人类的心思智慧决不亚于一首诗所代表的心思智慧。所以"物质的文明"不是和"精神的文明"反对的一个贬词，我们可以不讨论。

我们现在要讨论的是（1）什么叫做"唯物的文明"（Materialistic Civilization），（2）西洋现代文明是不是唯物的文明。

崇拜所谓东方精神文明的人说，西洋近代文明偏重物质上和肉体上的享受，而略视心灵上与精神上的要求，所以是唯物的文明。

我们先要指出这种议论含有灵肉冲突的成见，我们认为错误的成见。我们深信，精神的文明必须建筑在物质的基础之上。提高人类物质上的享受，增加人类物质上的便利与安逸，这都是朝着解放人类的能力的方向走，使人们不至于把精力心思全抛在仅仅生存之上，使他们可以有余力去满足他们的精神上的要求。东方的哲人曾说：

> 衣食足而后知荣辱，仓廪实而后知礼节。

这不是什么舶来的"经济史观"；这是平恕的常识。人世的大悲剧是无数的人们终身做血汗的生活，而不能得着最低限度的人生幸福，不能避免冻与饿。人世的更大悲剧是人类的先知先觉者眼看无数人们的冻饿，不能设法增进他们的幸福，却把"乐天""安命""知足""安贫"种种催眠药给他们吃，叫他们自己欺骗自己，安慰自己。西方古代有一则寓言，说狐狸想吃葡萄，葡萄太高了，他吃不着，只好说"我本不爱吃这酸葡萄！"狐狸吃不着甜葡萄，只好说葡萄是酸的；人们享不着物质上的快乐，只好说物质上的享受是不足羡慕的，而贫贱是可以骄人的。这样自欺自慰成了懒惰的风气，又不足为奇了。于是有狂病的人又进一步，索性回过头去，戕贼身体，断臂，绝食，焚身，以求那幻想的精神的安慰。从自欺自慰以至于自残自杀，人生观变成了人死观，都是从一条路上来的：这条路就是轻蔑人类的基本的欲望。朝这条路上走，逆天而拂性，必至于养成懒惰的社会，多数人不肯努力以求人生基本欲望的满足，也就不肯进一步以求心灵上与精神上的发展了。

西洋近代文明的特色便是充分承认这个物质的享受的重要。西洋近代文明，依我的鄙见看来，是建筑在三个基本观念之上：

第一，人生的目的是求幸福。

第二，所以贫穷是一桩罪恶。

第三，所以衰病是一桩罪恶。

借用一句东方古话，这就是一种"利用厚生"的文明。因为贫穷是一桩罪恶，所以要开发富源，奖励生产，改良制造，扩张商业。因为衰病是一桩罪恶，所以要研究医药，提倡卫生，讲求体育，防止传染的疾病，改善人种的遗传。因为人生的目的是求幸福，所以要经营安适的起居，便利的交通，洁净的城市，优美的艺术，安全的社会，清明的政治。纵观西洋近代的一切工艺，科学，法制，固然其中也不少杀人的利器与侵略掠夺的制度，我们终不能不承认那利用厚生的基本精神。

这个利用厚生的文明，当真忽略了人类心灵上与精神上的要求吗？当真是一种唯物的文明吗？

我们可以大胆地宣言：西洋近代文明绝不轻视人类的精神上的要求。我们还可以大胆地进一步说：西洋近代文明能够满足人类心灵上的要求的程度，远非东洋旧文明所能梦见。在这一方面看来，西洋近代文明绝非唯物的，乃是理想主义的（Idealistic），乃是精神的（Spiritual）。

我们先从理智的方面说起。

西洋近代文明的精神方面的第一特色是科学。科学的根本精神在于求真理。人生世间，受环境的逼迫，受习惯的支配，受迷信与成见的拘束。只有真理可以使你自由，使你强有力，使你聪明圣智；只有真理可以使你打破你的环境里的一切束缚，使你戡天，使你缩地，使你天不怕，地不怕，堂堂地做一个人。

求知是人类天生的一种精神上的最大要求。东方的旧文明对于这个要求，不但不想满足他，并且常想裁制他，断绝他。所以东方古圣人劝人要"无知"，要"绝圣弃智"，要"断思惟"，要"不识不知，顺帝之则"。这是畏难，这是懒惰。这种文明，还能自夸可以满足心灵上的要求吗？

东方的懒惰圣人说："吾生也有涯，而知也无涯，以有涯逐无涯，殆已。"所以他们要人静坐澄心，不思不虑，而物来顺应。这是自欺欺人的诳语，这是人类的夸大狂。真理是深藏在事物之中的；你不去寻求探讨，他决不会露面。科学的文明教人训练我们的官能智慧，一点一滴地去寻求真理，一丝一毫不放过，一铢一两地积起来。这是求真理的唯一法门。自然（Nature）是一个最狡滑的妖魔，只有敲打逼拶可以逼她吐露真情。不思不虑的懒人只好永永作愚昧的人，永永走不进真理之门。

东方的懒人又说："真理是无穷尽的，人的求知的欲望如何能满足呢？"诚然，真理是发现不完的，但科学决不因此而退缩。科学家明知真理无穷，知识无穷，但他们仍然有他们的满足：进一寸有一寸的愉快，进一尺有一尺的满足。二千多年前，一个希腊哲人思索一个难题，想不出道理来；有一天，他跳进浴盆去洗澡，水涨起来，他忽然明白了，他高兴极了，赤裸裸地跑出门去，在街上乱嚷道，"我寻着了！我寻着了！"（Eureka! Eureka!）这是科学家的满足。Newton，Pasteur以至于 Edison 时时有这样的愉快。一点一滴都是进步，一步一步都可以踌躇满志。这种心灵上的快乐是东方的懒圣人所梦想不到的。

这里正是东西文化的一个根本不同之点。一边是自暴自弃的不思不虑，一边是继续不断的寻求真理。

朋友们，究竟是那一种文化能满足你们的心灵上的要求呢？

其次，我们且看看人类的情感与想像力上的要求。

文艺，美术，我们可以不谈，因为东方的人，凡是能睁开眼睛看世界的，至少还都能承认西洋人并不曾轻蔑了这两个重要的方面。

我们来谈谈道德与宗教罢。

近世文明在表面上还不曾和旧宗教脱离关系，所以近世文化还不曾明白建立他的新宗教与新道德。但我们研究历史的人不能不指出近世文明自有他的新宗教与新道德。科学的发达提高了人类的知识，使人们求知的方法更精密了，评判的能力也更进步了，所以旧宗教的迷信部分渐渐被淘汰到最低限度，渐渐地连那最低限度的信仰——上帝的存在与灵魂的不灭——也发生疑问了。所以这个新宗教的第一特色是他的理智化。近世文明仗着科学的武器，开辟了许多新世界，发现了无数新真理，征服了自然界的无数势力，叫电气赶车，叫"以太"送信，真个作出种种动地掀天的大事业来。人类的能力的发展使他渐渐增加对于自己的信仰心，渐渐把向来信天安命的心理变成信任人类自己的心理。所以这个新宗教的第二特色是他的人化。知识的发达不但抬高了人的能力，并且扩大了他的眼界，使他胸襟阔大，想像力高远，同情心浓挚。同时，物质享受的增加使人有余力可以顾到别人的需要与痛苦。扩大了的同情心加上扩大了的能力，遂产生了一个空前的社会化的新道德，所以这个新宗教的第三特色就是他的社会化的道德。

古代的人因为想求得感情上的安慰，不惜牺牲理智上的要求，专靠信心（Faith），不问证据，于是信鬼，信神，信上帝，信天堂，信净土，信地狱。近世科学便不能这样专靠信心了。科学并不菲薄感情上的安慰；科学只要求一切信仰须要禁得起理智的评判，须要有充分的证据。凡没有充分证据的，只可存疑，不足信仰。赫胥黎（Huxley）说的最好：

> 如果我对于解剖学上或生理学上的一个小小困难，必须要严格的不信任一切没有充分证据的东西，方才可望有成绩，那么，我对于人生的奇秘的解决，难道就可以不用这样严格的条件吗？

这正是十分尊重我们的精神上的要求。我们买一亩田，卖三间屋，尚且要一张契据；关于人生的最高希望的根据，岂可没有证据就胡乱信仰吗？

这种"拿证据来"的态度，可以称为近世宗教的"理智化"。

从前人类受自然的支配，不能探讨自然界的秘密，没有能力抵抗自然的残酷，所以对于自然常怀着畏惧之心。拜物，拜畜生，怕鬼，敬神，"小心翼翼，昭事上帝"，都是因为人类不信任自己的能力，不能不倚靠一种超自然的势力。现代的人便不同了。人的智力居然征服了自然界的无数质力，上可以飞行无碍，下可以潜行海底，远可以窥算星辰，近可以观察极微。这个两只手一个大脑的动物——人——已成了世界的主人翁，他不能不尊重自己了。一个少年的革命诗人曾这样的歌唱：

> 我独自奋斗，胜败我独自承当，
> 我用不着谁来放我自由，
> 我用不着什么耶稣基督，
> 妄想他能替我赎罪替我死。
>
> I fight alone and win or sink,

I need no one to make me free,

I want no Jesus Christ to think,

That he could ever die for me.

这是现代人化的宗教。信任天不如信任人，靠上帝不如靠自己。我们现在不妄想什么天堂天国了，我们要在这个世界上建造"人的乐国"。我们不妄想做不死的神仙了，我们要在这个世界上做个活泼健全的人。我们不妄想什么四禅定六神通了，我们要在这个世界上做个有聪明智慧可以戡天缩地的人。我们也许不轻易信仰上帝的万能了，我们却信仰科学的方法是万能的，人的将来是不可限量的。我们也许不信灵魂的不灭了，我们却信人格是神圣的，人权是神圣的。

这是近世宗教的"人化"。

但最重要的要算近世道德宗教的"社会化"。

古代的宗教大抵注重个人的拯救；古代的道德也大抵注重个人的修养。虽然也有自命普渡众生的宗教，虽然也有自命兼济天下的道德，然而终苦于无法下手，无力实行，只好仍旧回到个人的身心上用工夫，做那向内的修养。越向内做工夫，越看不见外面的现实世界；越在那不可捉摸的心性上玩把戏，越没有能力应付外面的实际问题。即如中国八百年的理学工夫居然看不见二万万妇女缠足的惨无人道！明心见性，何补于人道的苦痛困穷！坐禅主敬，不过造成许多"四体不勤，五谷不分"的废物！

近世文明不从宗教下手，而结果自成一个新宗教；不从道德入门，而结果自成一派新道德。十五十六世纪的欧洲国家简直都是几个海盗的国家，哥仑布（Columbus）、马汲伦（Magellan）、都芮克（Drake）一班探险家都只是一些大海盗。他们的目的只是寻求黄金，白银，香料，象牙，黑奴。然而这班海盗和海盗带来的商人开辟了无数新地，开拓了人的眼界，抬高了人的想像力，同时又增加了欧洲的富力。工业革命接着起来，生产的方法根本改变了，生产的能力更发达了。二三百年间，物质上的享受逐渐增加，人类的同情心也逐渐扩大。这种扩大的同情心便是新宗教新道德的基础。自己要争自由，同时便想到别人的自由，所以不但自由须以不侵犯他人的自由为界限，并且还进一步要要求绝大多数人的自由。自己要享受幸福，同时便想到人的幸福，所以乐利主义（Utilitarianism）的哲学家便提出"最大多数的最大幸福"的标准来做人类社会的目的。这都是"社会化"的趋势。

十八世纪的新宗教信条是自由，平等，博爱。十九世纪中叶以后的新宗教信条是社会主义。这是西洋近代的精神文明，这是东方民族不曾有过的精神文明。

固然东方也曾有主张博爱的宗教，也曾有公田均产的思想。但这些不过是纸上的文章，不曾实地变成社会生活的重要部分，不曾变成范围人生的势力，不曾在东方文化上发生多大的影响，在西方便不然了。"自由，平等，博爱"成了十八世纪的革命口号。美国的革命，法国的革命，一八四八年全欧洲的革命运动，一八六二年的南北美战争，都是在这三大主义的旗帜之下的大革命。美国的宪法，法国的宪法，以至于南美洲诸国的宪法，都是受了这三大主义的绝大影响的。旧阶级的打倒，专制政体的推翻，法律之下人人平等的观念的普遍，"信仰，思想，言论，出版"几大自由的保障的实行，普及教育的实施，妇女的解放，女权的运动，妇女参政的实现……都是这个新宗教新道德的实际的表现。这不仅仅是三五个哲学家书本子里的空谈，这都是西洋近代社会政治制度的重要部分，这都已成了范围人生，影响实际生活的绝大势力。

十九世纪以来，个人主义的趋势的流弊渐渐暴白于世了，资本主义之下的苦痛也渐渐明了了。远识的人知道自由竞争的经济制度不能达到真正"自由，平等，博爱"的目的。向资本家手里要求公道的待遇，等于"与虎谋皮"。救济的方法只有两条大路：一是国家利用其权力，实行裁制资本家，保障被压迫的阶级；一是被压迫的阶级团结起来，直接抵抗资本阶级的压迫与掠夺。于是各种社会主义的理论与运动不断地发生。西洋近代文明本建筑在个人求幸福的基础之上，所以向来承认"财产"为神圣的人权之一。但十九世纪中叶以后，这个观念根本动摇了，有的人竟说"财产是贼赃"，有的人竟说"财产是掠夺"。现在私有财产制虽然还存在，然而国家可以征收极重的所得税和遗产税，财产久已不许完全私有了。劳动是向来受贱视的；但资本集中的制度使劳工有大组织的可能，社会主义的宣传与阶级的自觉又使劳工觉悟团结的必要，于是几十年之中，有组织的劳动阶级遂成了社会上最有势力的分子。十年以来，工党领袖可以执掌世界强国的政权，同盟总罢工可以屈伏最有势力的政府，俄国的劳农阶级竟做了全国的专政阶级。这个社会主义的大运动现在还正在进行的时期。但他的成绩已很可观了。各国的"社会立法"（Social Legislation）的发达，工厂的视察，工厂卫生的改良，儿童工作与妇女工作的救济，红利分配制度的推行，缩短工作时间的实行，工人的保险，合作制之推行，最低工资（Minimum Wage）的运动，失业的救济，级进制的（Progressive）所得税与遗产税的实行……这都是这个大运动已经做到的成绩。这也不仅仅是纸上的文章，这也都已成了近代文明的重要部分。

这是"社会化"的新宗教与新道德。

东方的旧脑筋也许要说："这是争权夺利，算不得宗教与道德。"这里又正是东西文化的一个根本不同之点。一边是安分，安命，安贫，乐天，不争，认吃亏；一边是不安分，不安贫，不肯吃亏，努力奋斗，继续改善现成的境地。东方人见人富贵，说他是"前世修来的"；自己贫，也说是"前世不曾修"，说是"命该如此"。西方人便不然，他说，"贫富的不平等，痛苦的待遇，都是制度的不良的结果，制度是可以改良的"。他们不是争权夺利，他们是争自由，争平等，争公道；他们争的不仅仅是个人的私利，他们奋斗的结果是人类绝大多数的福利。最大多数人的最大幸福，不是袖手念佛号可以得来的，是必须奋斗力争的。

朋友们，究竟是那一种文化能满足你们的心灵上的要求呢？

我们现在可综合评判西洋近代的文明了。这一系的文明建筑在"求人生幸福"的基础之上，确然替人类增进了不少的物质上的享受；然而他也确然很能满足人类的精神上的要求。他在理智的方面，用精密的方法，继续不绝地寻求真理，探索自然界无穷的秘密。他在宗教道德的方面，推翻了迷信的宗教，建立合理的信仰；打倒了神权，建立人化的宗教；抛弃了那不可知的天堂净土，努力建设"人的乐国""人世的天堂"；丢开了那自称的个人灵魂的超拔，尽量用人的新想象力和新智力去推行那充分社会化了的新宗教与新道德，努力谋人类最大多数的最大幸福。

东方的文明的最大特色是知足。西洋的近代文明的最大特色是不知足。

知足的东方人自安于简陋的生活，故不求物质享受的提高；自安于愚昧，自安于"不识不知"，故不注意真理的发现与技艺器械的发明；自安于现成的环境与命运，故不想征服自然，只求乐天安命，不想改革制度，只图安分守己，不想革命，只做顺民。

这样受物质环境的拘束与支配，不能跳出来，不能运用人的心思智力来改造环境改良现状的文明，是懒惰不长进的民族的文明，是真正唯物的文明。这种文明只可以遏抑而决不能满足人类精神上的要求。

西方人大不然。他们说"不知足是神圣的"（Divine Discontent）。物质上的不知足产生了今日钢铁世界，汽机世界，电力世界。理智上的不知足产生了今日的科学世界。社会政治制度上的不知足产生了今日的民权世界，自由政体，男女平权的社会，劳工神圣的喊声，社会主义的运动。神圣的不知足是一切革新一切进化的动力。

这样充分运用人的聪明智慧来寻求真理以解放人的心灵，来制服天行以供人用，来改造物质的环境，来改革社会政治的制度，来谋人类最大多数的最大幸福——这样的文明应该能满足人类精神上的要求，这样的文明是精神的文明，是真正理想主义的（Idealistic）文明，决不是唯物的文明。

固然，真理是无穷的，物质上的享受是无穷的，新器械的发明是无穷的，社会制度的改善是无穷的。但格一物有一物的愉快，革新一器有一器的满足，改良一种制度有一种制度的满意。今日不能成功的，明日明年可以成功；前人失败的，后人可以继续助成。尽一分力便有一分的满意；无穷的进境上，步步都可以给努力的人充分的愉快。所以大诗人邓内孙（Tennyson）借古英雄的 Ulysses 的口气歌唱道：

> 然而人的阅历就像一座穹门，
> 从那里露出那不曾走过的世界。
> 越走越远，永永望不到他的尽头。
> 半路上不干了，多么沉闷呵！
> 明晃晃的快刀为什么甘心上锈！
> 难道留得一口气就算得生活了？
> ....
> 朋友们，来罢！
> 去寻一个更新的世界是不会太晚的。
> ....
> 用掉的精力固然不回来了，剩下的还不少呢。
> 现在虽然不是从前那样掀天动地的身手了，
> 然而我们毕竟还是我们，
> 光阴与命运颓唐了几分壮志！
> 终止不住那不老的雄心，

去努力，去探寻，去发现，

永不退让，不屈伏。

一九二六，六，六

（原载 1926 年 7 月 10 日《现代评论》第 4 卷第 83 期）

《南通张季直先生传记》序
(1929 年 12 月 14 日)

  传记是中国文学里最不发达的一门。这大概有三种原因。第一是没有崇拜伟大人物的风气，第二是多忌讳，第三是文字的障碍。

  传记起于纪念伟大的英雄豪杰。故柏拉图与谢诺芳念念不忘他们那位身殉真理的先师，乃有梭格拉底的传记和对话集。故布鲁塔奇追念古昔的大英雄，乃有他的《英雄传》。在中国文学史上所有的几篇稍稍可读的传记都含有崇拜英雄的意义：如司马迁的《项羽本纪》，便是一例。唐朝的和尚崇拜那十七年求经的玄奘，故《慈恩法师传》为中古最详细的传记。南宋的理学家崇拜那死在党禁之中的道学领袖朱熹，故朱子的《年谱》成为最早的详细年谱。

  但崇拜英雄的风气在中国实在最不发达。我们对于死去的伟大人物，当他刚死的时候，也许送一副挽联，也许诌一篇祭文。不久便都忘了！另有新贵人应该逢迎，另有新上司应该巴结，何必去替陈死人算烂账呢？所以无论多么伟大的人物，死后要求一篇传记碑志，只好出重价向那些专做谀墓文章的书生去购买！传记的文章不出于爱敬崇拜，而出于金钱的买卖，如何会有真切感人的作品呢？

  传记的最重要条件是纪实传真，而我们中国的文人却最缺乏说老实话的习惯。对于政治有忌讳，对于时人有忌讳，对于死者本人也有忌讳。圣人作史，尚且有什么为尊者讳，为亲者讳，为贤者讳的谬例，何况后代的谀墓小儒呢！故《檀弓》记孔氏出妻，记孔子不知父墓，《论语》记孔子欲赴佛肸之召，这都还有直书事实的意味，而后人一定要想出话来替孔子洗刷。后来的碑传文章，忌讳更多，阿谀更甚，只有歌颂之辞，从无失德可记。偶有毁谤，又多出于仇敌之口，如宋儒诋诬王安石，甚至于伪作《辩奸论》，这种小人的行为，其弊等于隐恶而扬善。故几千年的传记文章，不失于谀颂，便失于诋诬，同为忌讳，同是不能纪实传信。

传记写所传的人最要能写出他的实在身份，实在神情，实在口吻，要使读者如见其人，要使读者感觉真可以尚友其人。但中国的死文字却不能担负这种传神写生的工作。我近年研究佛教史料，读了六朝唐人的无数和尚碑传，其中百分之九十八九都是满纸骈俪对偶，读了不知道说的是什么东西。直到李华、独孤及以下，始稍稍有可读的碑传。但后来的"古文"家又中了"义法"之说的遗毒，讲求字句之古，而不注重事实之真，往往宁可牺牲事实以求某句某字之似韩似欧！硬把活跳的人装进死板板的古文义法的烂套里去，于是只有烂古文，而决没有活传记了。

因为这几种原因，二千年来，几乎没有一篇可读的传记。因为没有一篇真能写生传神的传记，所以二千年中竟没有一个可以叫人爱敬崇拜感发兴起的大人物！并不是真没有可歌可泣的事业，只都被那些谀墓的死古文骈文埋没了。并不是真没有可以叫人爱敬崇拜感慨奋发的伟大人物，只都被那些烂调的文人生生地杀死了。

近代中国历史上有几个重要人物，很可以做新体传记的资料。远一点的如洪秀全，胡林翼，曾国藩，郭嵩焘，李鸿章，俞樾；近一点的如孙文，袁世凯，严复，张之洞，张謇，盛宣怀，康有为，梁启超——这些人关系一国的生命，都应该有写生传神的大手笔来记载他们的生平，用绣花针的细密工夫来搜求考证他们的事实，用大刀阔斧的远大识见来评判他们在历史上的地位。许多大学的史学教授和学生为什么不来这里得点实地训练，做点实际的史学工夫呢？是畏难吗？是缺乏崇拜大人物的心理吗？还是缺乏史才呢？

张季直先生在近代中国史上是一个很伟大的失败的英雄，这是谁都不能否认的。他独力开辟了无数新路，做了三十年的开路先锋，养活了几百万人，造福于一方，而影响及于全国。终于因为他开辟的路子太多，担负的事业过于伟大，他不能不抱着许多未完的志愿而死。这样的一个人是值得一部以至于许多部详细传记的。

他的儿子孝若先生近年发誓用全副精力做季直先生的传记。他已费了几年工夫编辑季直先生的全部著作，自己亲手整理点读。这部全集便是绝大的史料。还有季直的朋友的书信，保存在南通的，也有近万封之多，这也是重要史料。季直先生自己又编有年谱，到七十岁为止，此外还有日记，这都是绝可宝贵的史料。有了这些材料做底子，孝若做先传的工作便有了稳固的基础和坚实的间架了。

孝若做先传还有几桩很重要的资格。第一，他一生最爱敬崇拜他的先人，所以他的工作便成了爱的工作，便成了宗教的工作。第二，他生在这个新史学萌芽的时代，受了近代学者的影响，知道爱真理，知道做家传便是供国史的材料，知道爱先人莫过于说真话，而为先人忌讳便是玷辱先人，所以他曾对我说，他做先传要努力做到纪实传真的境界。第三，他这回决定用白话做先传，决定打破一切古文家的碑传义法，决定采用王懋竑《朱子年谱》和我的《章实斋年谱》的方法，充分引用季直先生的著作文牍来做传记的材料，总期于充分表现出他的伟大的父亲的人格和志愿。

有了这几种资格，我们可以相信孝若这篇先传一定可以开儿子做家传的新纪元，可以使我们爱敬季直先生的人添不少的了解和崇敬。

十八，十二，十四夜

（原载 1930 年 1 月《吴淞月刊》第 4 期）

《上海小志》序
（1930 年 11 月 13 日）

"贤者识其大者，不贤者识其小者"，这两句话真是中国史学的大仇敌。什么是大的？什么是小的？很少人能够正确回答这两个问题。朝代的兴亡，君主的废立，经年的战争，这些"大事"，在我们的眼里渐渐变成"小事"了。《史记》里偶然记着一句"奴婢与牛马同阑",或者一句女子"蹑利屣",这种事实在我们眼里比楚汉战争重要得多了。因为从这些字句上可以引起许多有关时代生活的问题:究竟汉朝的奴隶生活是什么样子的? 究竟"利屣"是不是女子缠脚的起源? 这种问题关系无数人民的生活状态,关系整个时代文明的性质,所以在人类文化史上是有重大意义的史料。然而古代文人往往不屑记载这种刮刮叫的大事,故一部二十四史的绝大部分只是废话而已。将来的史家还得靠那"识小"的不贤者一时高兴记下来的一点点材料。

方志是历史的一个重要门类;正史不屑"识其小者",故方志也不屑记载小事。各地的史书往往有的是不正确的舆图,模糊的建置沿革,官样文章的田赋、户口,连篇累牍的名宦、烈女。然而一地方的生活状态,经济来源,民族移徙,方音异态,风俗演变,教育状况,这些问题都不在寻常修志局的范围之中,也都不是修志先生的眼光能力所能及。故汗牛充栋的省、府、县志,都不能供给我们一些真正可信的文化史料。

修史修志的先生们,若不能打破"不贤者识其小者"的谬见,他们的史乘方志是不值得看的。试看古来最有史料价值的活志乘,那一部不是发愿记载纤细琐屑的书? 一部《洛阳伽蓝记》,所记只是一些佛寺的废兴,然而两个世纪的北朝文物,一个大宗教的规模与权势,一个时代的信仰与艺术,都借此留下一个极可信的记录了。《东京梦华录》、《都城纪胜》、《梦粱录》、《武林旧事》,所记都极细碎,然而两宋的两京文化、人民生活、艺术演变,都一一活现于这几部书之中。将来的史家重写《宋史》,必然把这几部书看作绝可宝贵的史料。杨炫之、孟之老诸人,他们自然居于"识小"之流,甘心摭拾大方家所忽略抛弃的细小事实,他们敢于为"贤者"所不屑为,只这一点精神,便可以使他们的书历久远而更贵重。

我的族叔胡寄凡先生喜欢游览,留心掌故,曾作西湖、金陵两地的小志,读者称为利便。他现在又作了一部《上海小志》,因为我和他都是生在上海的,所以他要我写一篇小序。我在病榻上匆匆翻看他的书,觉得他的决心"识小",是很可佩服的。但他的初稿还不够"小",其中关于沿革、交通等等门类,皆是"贤者"所优为,大可不劳我们自甘不贤的人的手笔。凡此种"识小"的书,题目越小越好,同时工夫也得越精越好。俞理初记缠足与乐籍两篇,最可供我们取法。寄凡先生既决心作"识小"的大事业，与其间接引用西人书籍来记租界沿革，不如择定一些米米小的问题，遍考百年来的载籍，作精密的历史研究。如上海妓院的沿革，如上海戏园百年史，如城隍会的小史，皆是绝好的小题目。试举戏园一题为例，若用六十年的《申报》所登每日戏目作底子，更广考同时人的记载，访问生存的老优伶与老看戏者，遍考各时代的戏园历史与戏子事实，更比较各时代最流行何种戏剧与何种戏子，如此做去，方可算是有意义的识小的著作。此种识小，其实真是识大也。即使不能如此，即使有人能够出《申报》六十年的上海逐日戏目，也可成为一部有意义的史料书，其价值胜于虚谈建置沿革万万倍了。

狂妄之见如此，寄凡先生以为如何？

十九，十一，十三，胡适

（此文原收入《胡适遗稿及秘藏书信》第 12
册，黄山书社 1994 年 12 月版）

中国的文艺复兴
（1933 年）

《新潮》（*The Renaissance*）是一群北大学生为他们 1918 年刊行的一个新月刊起的名字。[①] 他们是一群成熟的学生，受过良好的中国文化传统的训练，他们也欣然承认，其时由一群北大教授领导的新运动，与欧洲的文艺复兴有惊人的相似之处。该运动的三个突出特征，使他们将它与欧洲的文艺复兴联系起来。首先，它是一场自觉的、提倡用民众使用的活的语言创作的新文学取代用旧语言创作的旧文学的运动。其次，它是一场自觉地反对传统文化中诸多观念、制度的运动，是一场自觉地

---

① 《新潮》第一卷第一号于 1919 年 1 月 1 日发行。——译注

把个人从传统力量的束缚中解放出来的运动。它是一场理性对传统，自由对权威，张扬生命和人的价值对压制生命和人的价值的运动。最后，很凑巧，领导这场运动的人们，既了解他们的文化遗产，又力图用现代历史考证与历史研究的新方法去研究他们的文化遗产。在这个意义上，它又是一场人文主义的运动。在所有这些方面，这场肇始于1917年，有时亦被称为"新文化运动"、"新思想运动"、"新潮"的新运动，都引起了中国青年一代的共鸣，预示并预告着一个古老民族、一个古老文明的新生。

从历史上看，中国的文艺复兴曾有好几次。唐代一批伟大诗人的出现，与此同时的古文复兴运动，以及作为印度佛教的中国改良版的禅宗的产生——这些代表中国文化的第一次复兴。11世纪的伟大改革运动，随后出现的逐渐压倒并最终取代中世纪宗教的、强有力的新儒家的世俗哲学；宋代所有这些重要的发展、变化，可看作第二次文艺复兴。戏曲在13世纪的兴起，此后长篇小说的兴起，及它们对爱情、人生乐趣的坦然颂扬，可称为第三次文艺复兴。最后，17世纪对宋明理学的反动；最近300年来，传统经史之学中，以语言学、历史学为进路，严格注重文献证据的新方法的产生、发展——同样，这些可称作第四次文艺复兴。

上述每一次历史运动，对周期性地复活一个古老文明的生气和活力，都起了重要作用。所有这些运动，确实名副"文艺复兴"之实，但都有一个共同的缺陷，即对自己的历史使命缺乏自觉的认识。既无自觉的努力，也无清晰的解释或者辩护，都只是历史趋势的自然发展。对传统中的保守力量，只有模模糊糊的、不自觉的斗争，很容易被传统力量所压倒，乃至扫荡以尽。没有这种自觉，这些运动就只是自然的革命过程，而从未能达革命之功；它们带来了新的范型（new patterns），但从未根本推翻旧范型，旧范型继续与它们共存并最终消化了它们。比如说禅宗，它实际取代了其他佛教流派；等到它被官方认为正统后，它却失去了其革命的品格，重又具备其创始人明确反对的所有特性。新儒学的世俗哲学本是要取代中世纪宗教的，但不知不觉之中，它自己很快又成了新宗教，具备了中世纪宗教的诸多特征。最近300年来的新考证学，始则背叛，终则庇护空谈心性以及无用的科举教育，使这二者得以继续宰制、奴役和统治绝大多数中国士大夫。新戏曲、新小说匆匆登场，又匆匆退场，官方举办的科举考试不曾中断，考试的内容依旧是诸经，文人们写诗作文也依旧用文言。

与所有上述早先的运动不同，最近二十年的文艺复兴是完全自觉的、有意识的运动。其领袖知道他们想要什么，也知道为达目的，他们必须破坏什么。他们想要新语言、新文学、新的生活观和社会观，以及新的学术。他们想要新语言，不只是把它当作大众教育的有效工具，更把它看作发展新中国之文学的有效媒介。他们想要新文学，它应使用一个生气勃勃的民族使用的活的语言，应能表现一个成长中的民族的真实的感情、思想、灵感和渴望。他们想向人民灌输一种新的生活观，它应能把人民从传统的枷锁中解放出来，能使人民在一个新世界及其新的文明中感到自在。他们想要新学术，它们应不仅能使我们理智地理解过去的文化遗产，而且能使我们为积极参与现代科学研究工作做好准备。依我的理解，这就是中国文艺复兴的使命。

这场运动中的自觉因素是与西方人民及其文明长期接触的结果。只有通过接触与比较，人们才可清楚地、批判地认识、理解各种不同文化元素的相对有价值或无价值。在一个民族中是神圣的东西，在另一个民族中可能是荒唐的东西；而为一种文化人群所鄙薄、所摒弃的东西，在另一个不同的环境中可能成为一座格外庄严华美的大厦的柱石。在长达1 000年的时间中，从一种畸形的美学观来看，中国女人的小脚很美；但只经过数十年与外国人、外来观念的接触，就让中国人认清了此种习俗的丑陋与不人道。与此相对照，无数中国民众爱读而中国文人鄙薄的小说，最近几十年来，就已入居雅文学之列。这主要是受欧洲文学的影响。与异域文明的接触带来了新的价值标准，人们可借此重新审视，重新评估本土文化；而文化的自觉改革、更新就是此种价值重估的自然结果。没有与西方文明的紧密接触，就不可能有"中国的文艺复兴"。

这一回，我准备讲讲这一文艺复兴的一个侧面，以它作为个案，研究给中国人的生活、制度、习俗等都带来重大变革的文化反应的特别之处。这个侧面有时也称为文学复兴或文学革命。

首先，我们说说文学革命想要解决的问题。早期的改革家最初都把这个问题看成是寻找一种恰当的语言，以作为教育广大儿童和成年文盲的有效手段。他们承认，文言文难学难写，数千年来无人能说，或者说出来也无人能懂。因此，对儿童教育和大众教育，文言并不适用。但他们又从未想到要抛弃文言。所有的文化传统都记载、保存在文言文中，而且，文言是各个不同方言地区间书面交流的唯一工具，正如拉丁文是整个中世纪欧洲普遍使用的交流和出版工具。因此，遍及全国的各个学校都必须教古文，而且也确实都教古文。从蒙馆到太学的各级教本都是以这种死的语言写的；而蒙馆的教学则主要是熟读、硬背教本，教本必须逐字逐句地以学童所在地方的方言加以解释。起初，欧洲文学作品被译成中文时，就都是用古文译的，这不是一件轻松的活。一读到查理斯·狄更斯小说里的丑角竟用2 000多年前的死的语言道白时，就让人啼笑皆非。

也有人十分认真地谈到要设计一种拼音方案以标注汉语语音，出版有用的启蒙读物。为了方便文盲，基督教的传教士就曾设计出不少拼音方案，以把《圣经》译成各地的方言。一些中国学者也曾为官话设计了数套拼音方案，并公开鼓吹将它们用于教育成年文盲。其他一些学者则提倡使用白话，即人们日常使用的口语，刊行期刊和报纸，以便向那些读不懂学者们的文言文的民众灌输有益的知识和爱国观念。

但这些学者兼改革家们都一致认为，使用土语俗语或采用拼音字母等权宜之计，只是为那些无机会上学堂的成年人所需要。他们脑海中不曾闪过这样的念头，即此类权宜之计应广泛采用并完全取代文言。他们以为，白话是民众的俗语，用它写写低层次的小说，那是绰绰有余，但对他们自己来说，那肯定不够用。至于拼音字母，那只是为文盲设计的。他们认定，若是用拼音语言去教学堂的学子读写，那又怎能希望他们把握过去的道德传统和文化传统。

所有此类改革企图都是注定要失败的。因为，一种连提倡者都鄙夷的语言，一种除了用来阅读学者们、改革家们屈尊俯就为愚昧无知的下等人刊行的很少几种低档杂志和宣传小册子外，就再没有别的用场的语言，是没有人想去学的。而且，改革家们也不可能有足够的热情，坚持用一种他们自己认为有失身份，显得没有文化的语言去创作、出版。所以，白话杂志总是短命的，而且也从未深入到民众中去；而各种拼音方案也仍只是少数改革家心血来潮时的爱好。学堂继续教授死亡了2 000多年的古文，报纸继续用古文印行，学者和作者继续用古文出书、作文、写诗。语言问题仍未解决，在这种情形下，语言问题也无法解决。

这个问题的解决办法出自美国大学的学生宿舍。1915年的一系列偶然事件使康奈尔大学的一些中国留学生开始致力于汉语改革。我的同学赵元任先生和我为这个问题准备了一系列论文。赵先生认为汉语的拼音化是可能的，他提出了一些进行办法，并回应了所有可能出现的反对拼音化的论调。我则认为，虽然最终的目标可能是汉语变成一种拼音语言，但作为过渡步骤，必须让汉文在初级学校里更好教，我也提出了一些具体的改革办法。这些论文均刊于《留美学生季报》上，但都不曾引起人们的评论，也很快被人遗忘。

我在美国的一些文友中出现的其他争论使我更进一步考虑中国的语言、文学问题。最初的争论是有关诗的用词问题。由此，伊萨卡、纽约市、剑桥、华盛顿诸地间函来信往，好不热闹。由于对诗的用词这个小问题有点兴趣，我发现，这个问题其实就是为中国文学的各种体裁寻找合适的语言工具的问题。这样一来，问题就变成了新中国未来的文学究应用何种语言呢？我的答案是：古文早已死亡，根本不可能充当一个生气勃勃的民族的活的语言，"死语言产生不了活文学"。我提出的"活的语言"，即可以作为未来中国文学的唯一可能的语言工具的语言，就是"白话"，即绝大多数民众使用的口语。最近 500 年来，白话文产生出了许许多多为人民传诵、热爱的小说，尽管文人鄙视这些小说。我想把这种备受鄙视的人民的口语，这种创造出这些伟大小说的口语，提升为中国的国语，使之享有欧洲所有现代民族语言所享有的地位。

除了瓦沙大学的一位中国女生①，我在美国各大学的文友都反对我这个惊世骇俗的理论。他们虽不得不承认，用人民的口语写通俗小说是绰绰有余的，因为这早已为 16、17、18 世纪那些伟大的小说所证验。但他们都坚持认为，人民的口语，由于未经中国的大作家、大诗人润色、提炼，不能用来写诗。我则捍卫自己的立场，指出：纵观中国的诗歌史，所有那些传诵最广，流传最久的伟大诗句都是以最简单的语言——即使严格地说不完全是人民使用的活的语言，也一定是十分接近当时活的口语——写作的。尽管我征引了大量的例子以证明我的论点，我的朋友们仍不相信。因为，必须承认，过去的诗人从未自觉地用人民说的平易的语言去写作；他们只是在无意中并且也只有偶尔在真实的诗歌灵感迸发之时，才"滑入"到此。绝大部分中国诗歌是以绝对传统的，经充分锤炼的书面语言创作的。

我是一个实验主义哲学的信徒，因此，我向我的朋友们提议，我将进行白话写诗的试验。1916 年 7 月 26 日，我向我在美国的所有朋友宣

①　指陈衡哲。——译注

布：我决定，从今往后不再用文言写诗，而开始以人民的口头语写诗的试验。刚写了四五首诗，我即已为我的新诗集想好了一个书名，叫作"尝试集"。

与此同时，我开始以新的兴趣，用新的研究方法研究中国的文学史。我力图从进化论的观点去研究它，让我大为惊奇，极为振奋的是，中国文学的历史发展向我展示的是一个完全不自觉然而持续不断地反抗古文的专横束缚的运动，一个持续不断的以人民的活的语言创作文学作品的趋向。我发现，中国的文学史由两个平行的运动组成，既有文人学士、宫廷诗人、精英的文言文学传统；更有每一个时代都有的、普通民众中存在的一个文学发展潜流，从中产生了歌颂爱情，歌颂英雄的民歌、舞曲、街头说书艺人的传奇、乡村社戏，以及小说（这是最为重要的）。我还发现，每一种新的文学形式，文学的每一次创新，都不是来自上层文言作家的模仿，而恰恰总是来自乡野村夫、乡村酒肆和市井。不时为文人的文学作品提供新鲜血液和新的活力，并把它从反复出现的僵化危险中拯救出来的，总是这些从普通民众中产生的新形式、新范型。中国文学的所有伟大时期，都是由于那时的伟大心灵为人民创造的新的文学形式所吸引；并不仅以新的形式，而且深入细致地模仿人民的新鲜、平易的语言，创制其最优秀的作品。只有当那些来自人民的新形式，由于墨守陈规的文人长期盲目模仿而僵化时，此类伟大的时期才会消逝。

简而言之，我发现，真实的中国文学史就是一系列革命和创新；这革命和创新总是来自于未受教育因而未受束缚的人民，而其影响和灵感又常常为来自上层的大师感触到，从而产生了文学发展的新阶段。是古代无名氏的民歌构成了伟大的《诗经》的主体，并创造了中国文学发展的第一个阶段。同样，也是无名氏的民歌为三国时代及此后唐代新诗的发展提供形式和灵感；是舞女歌妓的歌曲开创了宋代词曲的新时期；是起源于民间的戏剧引领了元明时代伟大的戏曲；是街头说书艺人的传奇导发了长篇小说，这些小说中有一些是三四个世纪以来最受欢迎的畅销书。所有这些新阶段都渊源于普通民众中产生的、以人民的活的语言创作的新的文学形式。

这样，大量不可否认的历史事实就强化和支持了我的主张，即创立一种用人民的口语创作的新的民族文学。承认白话文为中国文学的统一工具，只会自然而然地把一个被古文传统遗产的沉重压力多次阻遏、误导、压制的历史趋势推向其逻辑发展的顶峰。

这种历史的思想路线体现在我 1917 年元旦发表的一篇题目相当温和的文章《文学改良刍议》中。这篇文章同时发表于中国留美学生刊印的《留美学生季刊》和陈独秀先生主编的一个自由主义的新月刊《青年》杂志①上。陈独秀先生是一个老革命党人，数年后又成了中国共产党的创始人。让我吃惊的是，我那些没能说服我在美国大学里的朋友的主张，在中国国内得到了同情的反应。此后，陈独秀先生发表了他自己的、以大字标题的《文学革命论》。他在文中写道：

> 余甘冒全国学究之敌，高张"文学革命军"大旗，以为吾友之声援。旗上大书特书吾革命军三大主义，曰：推倒雕琢的阿谀的贵族文学，建设平易的抒情的国民文学；推倒陈腐的铺张的古典文学，建设新鲜的立诚的写实文学；推倒迂晦艰涩的山林文学，建设明了的通俗的社会文学。

之后，我又发表了其他一些文章，其中一篇是《历史的文学观念论》，另一篇是《建设的文学革命论》。这些文章引起了广泛的争论。到 1917 年夏天我归国时，文学革命已如火如荼。

让我吃惊的是反对派的软弱和贫乏。我曾预想，会有难缠的反对，会有长期的斗争；我也相信，在大约 20 年内，这场斗争会最终以我们的胜利而告终。然而，我们没有遇到任何有力的反对，古文的卫道士们也从未能反驳我的历史的论证。反对派的旗手是林纾先生，他对欧洲语言一字不晓，却曾把 150 多部英国及欧陆小说译成中国的古文（这是由助手先用口语将原文译成中文，然后林纾再将口语转译成古文——原注），但他提不出任何论据。他在一篇文章中说，"吾知古文之必不能废，惟不能言其理"。此等昏聩的反动力量只有乞灵于政府对文学革命的迫害。他们攻击我的朋友和同事陈独秀先生的私生活。陈先生当时是国立北京大学的文科学长，迫于压力，他不得不于 1919 年从北大辞职。但这类迫害只不过是为我们免费大做广告，北大也就被全国青年视为新启蒙运动的中心。

尔后，一个意外事件使我们的文学革命运动迅速获得了成功。巴黎和会置中国的正当要求于不顾，而让日本自由处置德国在山东的利益。消息传来，北京学生即在北大学生的领导下举行抗议集会和示威游行，

---

① 当时《青年》杂志已改名为《新青年》。——译注

冲进了一个亲日部长的宅院并火烧其宅，把中国驻日公使也打个半死。政府逮捕了不少示威学生，然而公众情绪高涨，全国人民都站在学生一边而反对臭名昭著的亲日政府，上海和其他城市的商人罢市以抗议和会，反对政府。巴黎和会中国代表团受到公众团体的警告：不得在和约上签字，他们也就不敢造次签约。政府受到全国上下同情示威的强大压力，不得不释放被捕学生，并解除三位臭名昭著的亲日部长的公职。这场斗争始于 5 月 4 日，一直持续到 6 月上旬政府最终让步，故被称为"五四运动"。

在这场政治斗争中，北大一下子就在青年学生眼中位居全国的领导地位了。全国青年数年前还难以迅速感到的，由北大一些教授和学生领导的文学和思想运动，现在就被他们公开承认为民族解放的新的力量，而且是一个受欢迎的力量。1919 年到 1920 年间，全国大约出现了 400 多种小期刊。这些期刊几乎全都是由各地学生创办发行的——或以活字印刷、或以油印、或以石印，而且都是以一班北大教授所提倡的文字工具——人民的口语印行的。陡然间，文学革命的潮流扩散到全国各地，全国的青年也发现新的书面语言是有效的表达工具。似乎人人都在争先恐后地使用这种他们自己能懂，也能使旁人理解的语言表达自己。数年间，文学革命成功了，它产生了"国语"，也带来了书面表达的新时期。

很快，各个政党也认识到这种新的语言工具的效力，并用它去办周刊，办月刊。起初不愿接受白话书稿的各书局，很快发现白话书籍远较文言书籍好销，对这场新运动也就热情起来。一时间，出现了许多小书局，它们别的都不印，专印使用国语的书籍、期刊。至 1919 年和 1920 年，人民的口语就堂而皇之地有了"中国国语"的美号。1920 年，教育部——一个反动政府的教育部——很不情愿地通令全国：自是年秋季起，小学一二年级的课本必须使用国语。1922 年，教育部又通令：所有中小学课本必须用国语重新编写。

用新语言进行教育这一困扰上一代人的问题，就通过这样一种方式自动地得到了解决。文学革命的倡导者间接地解决了寻找恰当的教育手段这一问题。如前所述，没有人愿意学一种文人学士耻于用之写诗作文的语言。1917 年，我返回北京时，我曾试图劝服"国语统一会"的领导人相信：不适于写诗作文的语言，就不适于学校教育；学校教育的语言必须是文学使用的语言。当这些领导人提出统一全国语言这一问题时，我告诉他们这是极为必要的。诗人、小说家、散文家、剧作家，是语言的真正立法者。在《建设的文学革命论》中，我就指出：

> 有了国语的文学，方才可有文学的国语。因此，第一步就是要用国语创作出尽可能多、尽可能好的文学作品。国语的小说、诗文、戏本通行之日，便是中国国语的成立之时。我们今日居然能拿起笔来写几篇白话文章，并不是从教科书或字典上学来的，而是通过阅读那几部长篇白话小说而学会使用白话文的。我们幼年时所喜爱的那几部长篇白话小说，是真正有功效的白话教科书，而中国将来的新文学用的白话，就是将来中国的标准国语。①

我这个预言很快就得到了证实，速度比我预想的还要快。国人用不着等待未来的文学去创立标准的国语，它现成就有，其写作形式、句法、用词，均业已由那几部妇孺皆知的伟大小说定下了规矩，立下了法则。

要青年作家以"活的语言"表达自己的号召一经发出，他们就陡然间亦惊亦喜地发觉，他们原来早已掌握这种书面表达手段。这表达手段原来如此简易，他们早已在无意中无师自通了！

文学革命，以活的国语取代文言成为公认的教育与文学创作的工具，其成功竟如此神速。要理解个中原委，我们应首先分析一下国语所需的条件。所有欧洲民族的现代民族语言史表明：民族语言首先必须而且总是该国所有方言中使用最广，理解人群最众的方言。其次，它必须产生出了相当多的文学作品；由此，其形式就多少有了标准，而其流布就能得助于其文学名作的普及。意大利语起源于托斯卡纳方言，而托斯卡纳方言不但是当时意大利最广为人知的语言，而且也是但丁、薄伽丘以及其他大师创作其新的文学作品的语言工具。现代法语起源于巴黎话，巴黎话很快就成了法国的官方语言。弗兰西斯一世在16世纪下令，所有公文均须以巴黎话书写；而七星社②的诗人们则自觉地以巴黎话写诗，拉伯雷和蒙田正是以此写散文。德国、英国的民族语言也是如此。现代英语起源于英格兰中部诸郡的方言，这种方言由于是伦敦和那两个大学③使用的语言，因此就成为英国最广为人懂的方言，而且也是威克利夫译《圣经》，乔叟写寓言诗，伊丽莎白时代及其以前时代的剧作家

---

① 胡适这里记述的是该文的大意。——译注
② 七星社是16世纪法国7位喜欢模仿古典作品的诗人组成的团体。——译注
③ "那两个大学"，指牛津大学和剑桥大学。——译注

写作剧本所用的工具。

显而易见，中国国语具备这两个条件。首先，构成国语基础的官话无疑是中国使用最广的方言，使用地域从东北的哈尔滨到西南的云、贵、川诸省，几乎覆盖了中国本土与满洲的90%多。在这片辽阔的土地上，人们从任何一地走到其他任何一地，都不会感到需要变换语言。当然，官话在各地有些变化；但自云、贵、川跋山涉水数千里赴北京求学的学生，当他们抵达北京后就发觉，他们的方言原是全国最广为人懂的方言。这确实具有全局性的意义。

其二，官话是平民文学在其最近500年的持续发展中最为常用的工具。使用官话的各省的民谣、通俗小说，都是用官话或其变种创作的。早期的小说是以北方及长江中游的俗话创作的，其中一些是用山东方言写的；更近一点的，如著名的《红楼梦》则是用纯粹的北平方言写的。几乎所有只要会看书写字的人，都读过这些伟大的小说。即便是道貌岸然的文人学士，对这些小说既斥之为庸俗、低级，同时也了如指掌，他们在孩提时代就曾偷偷地读过这些小说。这些小说就是普及国语并使之标准化的最大、最有力的工具。不仅在使用官话的地区是如此，而且在旧方言仍然盛行地区的核心地带也是如此。比如说我吧，我是皖南山区的人，那里使用的是一些最让人难懂的方言。然而在我离开故乡之前，我就早已读过并特别喜爱不少这类小说。正是这些小说，使我在刚刚15岁时就学会了用白话作文。最近15年来成百成百地涌现在文坛上的青年作者，大多是通过这一渠道学到了写作的技巧、形式。

人们常常会问，这一通行区域如此之广，文学作品如此之丰富的活的语言，作为最恰当的教育和文学创作的工具获得承认——这是完全应该的——为什么要这么长的时间呢？为什么在当今的中国文学革命之前，它就不能取代已死的文言呢？为什么口语在这么长的时间中会为文人学士所鄙薄呢？

很简单。在帝制时代，文言的权威确实很大，不是轻易可以打倒的。而当这种权威为长期一统的帝国的政治权力强制推行，为统一的科举考试——任何人若想进入仕途，其唯一途径就是掌握文言及其文献——所强化时，它就几乎是不可战胜的。欧洲现代民族语言的兴起大大得益于那里没有一统的帝国和统一的科举考试制度。不过，罗马和东欧的两教会——罗马帝国的影子——以其严格教阶晋升制度，仍能在许多世纪中坚持使用两种已死的古文字。故而，在科举制度废除十年后和辛亥革命数年后，中国文学革命的发生就不是什么偶发事件了。

而且，中国活文学的历史发展进程中缺少自觉的，明确表白意图的运动这一极为重要的要素；而没有这一要素，文言传统的权威就不会受到挑战。有不少作家曾为卑微的、未受教育的乡野村夫、舞女歌妓、街头说书艺人的文学作品的美妙和不可抗拒的力量所吸引，曾试图用这种平民文学的形式和语言创作出他们的优秀作品。但他们却又以此为耻，以致许多早期的小说家要出版自己的作品，都要匿名或用希奇古怪的笔名。从来没有人清楚地、自觉地承认：文言早已死了，必须由人民的活的语言取而代之。没有此类公开明了的挑战，人民的活的语言及其文学，对于有一天它们会"篡夺"文言文所占据的位置这一点，就想都不敢去想。

近年的文学革命的最大贡献在于，它有了过去曾经缺失的自觉攻击旧传统，公开提倡新事物的因素。一旦文言在 2 000 多年前就已经死了这一点被历史地确认了，它的丧钟也就敲响了。而当通过与西方文学的接触、比较，一度受文人学士鄙薄的小说、戏曲的价值与妙处得到全国知识分子的热情赞赏时，人民的语言文学的正统地位就有了特别的保证。一旦价值标准被翻了个底朝天，一旦俗语被自觉地宣布为最有资格享有"中国国语"这一美称的语言，文学革命的成功也就指日可待了。转变的时机已经成熟。数世纪以来，人民的常识，无数无名男女的歌曲、故事，一直在不自觉地然而扎扎实实地为这种转变准备着。所有不自觉的进化进程必然是缓慢的、费时费力的。但一旦这种进程自觉起来、明白起来，理智的指导与试验就会成为可能，许多世纪的工作就能在短短数年内得以完成。①

> （《中国的文艺复兴》是 1933 年胡适在芝加哥
> 大学的系列演讲，当年由该大学出版英文版。
> 1998 年由邹小站等翻译成中文，又选译了其
> 他几篇相关的文章合成一本书，书名亦为
> 《中国的文艺复兴》，由湖南人民出版社出版。
> 这里用的是其中的第三章，邹小站译）

---

① Dr. Tsi C Wang 的《中国的青年运动》（纽约，新共和出版社 1927 年出版）一书，生动地叙述了中国的文艺复兴。

试评所谓"中国本位的文化建设"
（1935 年 3 月 30 日）

新年里，萨孟武、何炳松先生等十位教授发表的一个《中国本位的文化建设宣言》，在这两三个月里，很引起了国内人士的注意。我细读这篇宣言，颇感觉失望，现在把我的一点愚见写出来，请萨、何诸先生指教，并请国内留意这问题的朋友们指教。

十教授在他们的宣言里，曾表示他们不满意于"洋务"、"维新"时期的"中学为体，西学为用"的见解。这是很可惊异的！因为他们的"中国本位的文化建设"正是"中学为体，西学为用"的最新式的化装出现。说话是全变了，精神还是那位《劝学篇》的作者的精神。"根据中国本位"，不正是"中学为体"吗？"采取批评态度，吸收其所当吸收"，不正是"西学为用"吗？

我们在今日必须明白"维新"时代的领袖人物也不完全是盲目的抄袭，他们也正是要一种"中国本位的文化建设"。他们很不迟疑的"检讨过去"，指出八股，小脚，鸦片等等为"可诅咒的不良制度"；同时他们也指出孔教，三纲，五常等等为"可赞美的良好制度，伟大思想"。他们苦心苦口的提倡"维新"，也正如萨、何诸先生们的理想，要"存其所当存，去其所当去"。

他们的失败是萨、何诸先生们在今日所应该引为鉴戒的。他们的失败只是因为他们的主张里含的保守的成分多过于破坏的成分，只是因为他们太舍不得那个他们心所欲而口所不能言的"中国本位"。他们舍不得那个"中国本位"，所以他们的维新政纲到后来失败了。到了辛亥革命成功之后，帝制推翻了，当年维新家所梦想的改革自然在那大变动的潮流里成功了。辛亥的革命是戊戌维新家所不敢要求的，因为推翻帝制，建立民主，岂不要毁了那个"中国本位"了吗？然而在辛亥大革命之后，"中国本位"依然存在，于是不久大家又都安之若固有之了！

辛亥以来，二十多年了，中国经过五四时代的大震动，又经过民国十五六年国共合作的国民革命的大震动。每一次大震动，老成持重的人们，都疾首蹙额，悲叹那个"中国本位"有陨灭的危险。尤其是民十五六的革命，其中含有世界最激烈的社会革命思潮，所以社会政治制度受的震撼也最厉害。那激烈震荡在一刹那间过去了，虽然到处留下了不可磨灭的创痕，始终没有打破那个"中国本位"。然而老成持重的人们却至今日还不曾搁下他们悲天悯人的远虑。何键、陈济棠、戴传贤诸公的复古心肠当然是要维持那个"中国本位"，萨孟武、何炳松诸公的文化建设宣言也只是要护持那个"中国本位"。何键、陈济棠诸公也不是盲目的全盘复古：他们购买飞机枪炮，当然也会挑选一九三五的最新模特儿；不过他们要人用二千五百年前的圣经贤传来教人做人罢了。这种精神，也正是萨、何十教授所提倡的"存其所当存，吸收其所当吸收"。

我们不能不指出，十教授口口声声舍不得那个"中国本位"，他们笔下尽管宣言"不守旧"，其实还是他们的保守心理在那里作怪。他们的宣言也正是今日一般反动空气的一种最时髦的表现。时髦的人当然不肯老老实实的主张复古，所以他们的保守心理都托庇于折衷调和的烟幕弹之下。对于固有文化，他们主张"去其渣滓，存其精英"；对于世界新文化，他们主张"取长舍短，择善而从"：这都是最时髦的折衷论调。陈济棠、何键诸公又何尝不可以全盘采用十教授的宣言来做他们的烟幕弹？他们并不主张八股小脚，他们也不反对工业建设，所以他们的新政建设也正是"取长舍短，择善而从"；而他们的读经祀孔也正可以挂起"去其渣滓，存其精英"的金字招牌！十教授的宣言，无一句不可以用来替何键、陈济棠诸公作有力的辩护的。何也？何、陈诸公的中心理论也正是要应付"中国此时此地的需要"，建立一个中国本位的文化。

萨、何十教授的根本错误在于不认识文化变动的性质。文化变动有这些最普遍的现象：第一，文化本身是保守的。凡一种文化既成为一个民族的文化，自然有他的绝大保守性，对内能抵抗新奇风气的起来，对外能抵抗新奇方式的侵入。这是一切文化所公有的惰性，是不用人力去培养保护的。

第二，凡两种不同文化接触时，比较观摩的力量可以摧陷某种文化的某方面的保守性与抵抗力的一部分。其被摧陷的多少，其抵抗力的强弱，都和那一个方面的自身适用价值成比例：最不适用的，抵抗力最弱，被淘汰也最快，被摧陷的成分也最多。如钟表的替代铜壶滴漏，如枪炮的替代弓箭刀矛，是最明显的例。如泰西历法之替代中国与回回历法，是经过一个时期的抵抗争斗而终于实现的。如饮食衣服，在材料方面虽不无变化，而基本方式则因本国所有也可以适用，所以至今没有重大的变化：吃饭的，决不能都改吃"番菜"，用筷子的，决不能全改用刀叉。

第三，在这个优胜劣败的文化变动的历程之中，没有一种完全可靠的标准可以指导整个文化的各方面的选择去取。十教授所梦想的"科学方法"，在这种巨大的文化变动上，完全无所施其技。至多不过是某一部分的主观成见而美其名为"科学方法"而已。例如妇女放脚剪发，大家在今日应该公认为合理的事。但我们不能滥用权力，武断的提出标准来说：妇女解放，只许到放脚剪发为止，更不得烫发，不得短袖，不得穿丝袜，不得跳舞，不得涂脂抹粉。政府当然可以用税则禁止外国奢侈品和化妆品的大量输入，但政府无论如何圣明，终是不配做文化的裁判官的，因为文化的淘汰选择是没有"科学方法"能做标准的。

第四，文化各方面的激烈变动，终有一个大限度，就是终不能根本扫灭那固有文化的根本保守性。这就是古今来无数老成持重的人们所恐怕要陨灭的"本国本位"。这个本国本位就是在某种固有环境与历史之下所造成的生活习惯；简单说来，就是那无数无数的人民。那才是文化的"本位"。那个本位是没有毁灭的危险的。物质生活无论如何骤变，思想学术无论如何改观，政治制度无论如何翻造，日本人还只是日本人，中国人还只是中国人。试看今日的中国女子，脚是放了，发是剪了，体格充分发育了，曲线美显露了，但她无论如何摩登化，总还是一个中国女人，和世界任何国的女人都绝不相同。一个澈底摩登化的都市女人尚且如此，何况那无数无数仅仅感受文化变动的些微震荡的整个民族呢？所以"中国本位"，是不必劳十教授们的焦虑的。戊戌的维新，辛亥的革命，五四时期的潮流，民十五六的革命，都不曾动摇那攀不倒的中国本位。在今日有先见远识的领袖们，不应该焦虑那个中国本位的动摇，而应该焦虑那固有文化的惰性之太大。今日的大患并不在十教授们所痛心的"中国政治的形态，社会的组织，和思想的内容与形式，已经失去它的特征"。我们的观察，恰恰和他们相反。中国今日最可令人焦虑的，是政治的形态，社会的组织，和思想的内容与形式，处处都保持中国旧有种种罪孽的特征，太多了，太深了，所以无论什么良法美意，到了中国都成了逾淮之橘，失去了原有的良法美意。政治的形态，从娘子关到五羊城，从东海之滨到峨嵋山脚，何处不是中国旧有的把戏？社会的组织，从破败的农村，到簇新的政党组织，何处不具有"中国的特征"？思想的内容与形式，从读经祀孔，国术国医，到满街的性史，满墙的春药，满纸的洋八股，何处不是"中国的特征"？

我的愚见是这样的：中国的旧文化的惰性实在大的可怕，我们正可以不必替"中国本位"担忧。我们肯往前看的人们，应该虚心接受这个科学工艺的世界文化和它背后的精神文明，让那个世界文化充分和我们的老文化自由接触，自由切磋琢磨，借它的朝气锐气来打掉一点我们的老文化的惰性和暮气。将来文化大变动的结晶品，当然是一个中国本位的文化，那是毫无可疑的。如果我们的老文化里真有无价之宝，禁得起外来势力的洗涤冲击的，那一部分不可磨灭的文化将来自然会因这一番科学文化的淘洗而格外发辉光大的。

总之，在这个我们还只仅仅接受了这个世界文化的一点皮毛的时候，侈谈"创造"固是大言不惭，而妄谈折衷也是适足为顽固的势力添一种时髦的烟幕弹。

二十四，三，三十

（此文原载 1935 年 3 月 31 日天津《大公报·星期论文》）

充分世界化与全盘西化
（1935 年 6 月 22 日）

二十年前，美国《展望周报》（*The Outlook*）总编辑阿博特（Lyman Abbott）发表了一部自传，其第一篇里记他的父亲的谈话，说："自古以来，凡哲学上和神学上的争论，十分之九都只是名词上的争论。"阿博特在这句话的后面加上一句评论，他说："我父亲的话是不错的。但我年纪越大，越感觉到他老人家的算术还有点小错。其实剩下的那十分之一，也还只是名词上的争论。"

这几个月里，我读了各地杂志报章上讨论"中国本位文化"、"全盘西化"的争论，我常常想起阿博特父子的议论。因此我又联想到五六年前我最初讨论这个文化问题时，因为用字不小心，引起的一点批评。那一年（一九二九）《中国基督教年鉴》（*Christian Year-book*）请我做一篇文字，我的题目是《中国今日的文化冲突》，我指出中国人对于这个问题，曾有三派的主张：一是抵抗西洋文化，二是选择折衷，三是充分西化。我说，抗拒西化在今日已成过去，没有人主张了。但所谓"选择折衷"的议论，看去非常有理，其实骨子里只是一种变相的保守论。所以我主张全盘的西化，一心一意的走上世界化的路。

那部年鉴出版后，潘光旦先生在《中国评论周报》里写了一篇英文书评，差不多全文是讨论我那篇短文的。他指出我在那短文里用了两个意义不全同的字，一个是 Wholesale Westernization，可译为"全盘西化"；一个是 Wholehearted Modernization，可译为"一心一意的现代化"，或"全力的现代化"，或"充分的现代化"。潘先生说，他可以完全赞成后面那个字，而不能接受前面那个字。这就是说，他可以赞成"全力现代化"，而不能赞成"全盘西化"。

陈序经、吴景超诸位先生大概不曾注意到我们在五六年前的英文讨论。"全盘西化"一个口号所以受了不少的批评，引起了不少的辩论，恐怕还是因为这个名词的确不免有一点语病。这点语病是因为严格说来，"全盘"含有百分之一百的意义，而百分之九十九还算不得"全盘"。其实陈序经先生的原意并不是这样，至少我可以说我自己的原意并不是这样。我赞成"全盘西化"，原意只是因为这个口号最近于我十几年来"充分"世界化的主张；我一时忘了潘光旦先生在几年前指出我用字的疏忽，所以我不曾特别声明"全盘"的意义不过是"充分"而已，不应该拘泥作百分之百的数量的解释。

所以我现在很诚恳的向各位文化讨论者提议：为免除许多无谓的文字上或名词上的争论起见，与其说"全盘西化"，不如说"充分世界化"。"充分"在数量上即是"尽量"的意思，在精神上即是"用全力"的意思。

我的提议的理由是这样的：

第一，避免了"全盘"样，可以免除一切琐碎的争论。例如我此刻穿着长袍，踏着中国缎鞋子，用的是钢笔，写的是中国字，谈的是"西化"，究竟我有"全盘西化"的百分之几，本来可以不生问题。这里面本来没有"折衷调和"的存心，只不过是为了应用上的便利而已。我自信我的长袍和缎鞋和中国字，并没有违反我主张"充分世界化"的原则。我看了近日各位朋友的讨论，颇有太琐碎的争论，如"见女人脱帽子"，是否"见男人也应该脱帽子"；如我们"能吃番菜"，是不是我们的饮食也应该全盘西化；这些事我看都不应该成问题。人与人交际，应该"充分"学点礼貌；饮食起居，应该"充分"注意卫生与滋养：这就够了。

第二，避免了"全盘"的字样，可以容易得着同情的赞助。例如陈序经先生说："吴景超先生既能承认了西方文化十二分之十以上，那么吴先生之所异于全盘西化论者，恐怕是厘毫之间罢。"我却以为，与其希望别人牺牲那"毫厘之间"来牵就我们的"全盘"，不如我们自己抛弃那文字上的"全盘"来包罗一切在精神上或原则上赞成"充分西化"或"根本西化"的人们。依我看来，在"充分世界化"的原则之下，吴景超，潘光旦，张佛泉，梁实秋，沈昌晔……诸先生当然都是我们的同志，而不是论敌了。就是那发表《总答复》的十教授，他们既然提出了"充实人民的生活，发展国民的生计，争取民族的生存"的三个标准，而这三件事又恰恰都是必须充分采用世界文化的最新工具和方法的，那么，我们在这三点上边可以欢迎《总答复》以后的十教授做我们的同志了。

第三，我们不能不承认，数量上的严格"全盘西化"是不容易成立的。文化只是人民生活的方式，处处都不能不受人民的经济状况和历史习惯的限制，这就是我从前说过的文化惰性。你尽管相信"西菜较合卫生"，但事实上决不能期望人人都吃西菜，都改用刀叉。况且西洋文化确有不少的历史因袭的成分，我们不但理智上不愿采取，事实上也决不会全盘采取。你尽管说基督教比我们的道教佛教高明的多多，但事实上基督教有一两百个宗派，他们自己就互相诋毁，我们要的是那一派？若说，"我们不妨采取其宗教的精神"，那也就不是"全盘"了。这些问题，说"全盘西化"则都成争论的问题，说"充分世界化"则都可以不成问题了。

鄙见如此，不知各位文化讨论者以为如何？

二十四，六，二十二

（此文原载 1935 年 6 月 23 日天津《大公报·星期论文》）

《人与医学》中译本序
（1935 年 11 月 11 日）

1933 年，北平协和医学校代理校长顾临先生（Roger S. Greene）同我商量，要寻一个人翻译西格里斯博士（Henry S. Sigerist）的《人与医学》（*Man and Medicine*）。恰好那时顾谦吉先生愿意担任这件工作，我就推荐他去做。我本来希望中基会的编译委员会可以担负翻译的费用，不幸那时编委会没有余力，就由顾临先生个人担负这个译本的稿费。

顾谦吉先生是学农学的，他虽然学过生物学生理学解剖学，却不是医学的内行。他翻译此书时，曾得着协和医学校的几位教授的帮助。李宗恩博士和姜体仁先生曾校读译本全稿，给了译者最多的助力。

我因为自己爱读这本书，又因为顾临先生独立担任译费使这部书有翻译成中文的机会，其高谊可感。所以我自告奋勇担任此书"润文"的责任。此书译成之后，我颇嫌译文太生硬，又不免有错误，所以我决心细细重校一遍。但因为我太忙，不能用全力做校改的事，所以我的校改就把这部书的中译本的付印延误了一年半之久。这是我最感觉惭愧的（书中有一些人名地名的音译，有时候先后不一致，我曾改正一些，但恐怕还是遗漏未及统一之处）。

今年美国罗宾生教授（G. Canby Robinson）在协和医学校作客座教授，我和他偶然谈起此书的翻译，他很高兴的告诉我，不但著者是他的朋友，这书英文本的译人包以丝女士又是他的亲戚，他又是怂恿她翻译这书的人。我也很高兴，就请他给这部中译本写了一篇短序，介绍这书给中国的读者。

英文本原有著者作序一篇，和美国黑普金大学魏尔瞿教授的卷头语一篇，我都请我的朋友关琪桐先生翻译出来了。（罗宾生先生的序是我译的。)

有了这三篇序,我本可以不说什么了。只因为我曾许顾临先生写一篇介绍这书给中国读者的文字,所以在说明这书翻译的经过之外,我还是补充几句介绍的话。

西格里斯教授在自序里说:

> 用一般文化做画布,在那上面画出医学的全景来——这是本书的计划,可以说是前人不曾做过的尝试。

这句话最能写出这部书的特别长处。这书不单是一部医学发达史,乃是一部用一般文化史作背景的医学史。

这部书当然是一部最有趣味的医学小史。著者领着我们去看人体结构的知识(解剖学)和人体机能的知识(生理学)的发达史;去看人类对于病人态度的演变史;去看人类对于病的观念的演变史;去看病理学逐渐演变进步的历史;去看人们诊断疾病,治疗疾病,预防疾病的学问技术逐渐进步的历史。每一门学问,每一种技术,每一个重要理论,各有他发展的过程,那就是他的历史。这种种发展过程,合起来就成了医学史的全部。

但每一种新发展,不能孤立,必定有他的文化背景,必定是那个文化背景的产儿。埋头做骈文律诗律赋八股,或者静坐讲理学的智识阶级,决不会产生一个佛萨利司(Vesalius),更不会产生一个哈维(Harvey),更不会产生一个巴斯脱(Pasteur)或一个郭霍(Koch)。巴斯脱和郭霍完全是十九世纪科学最发达时代的人杰,是不用说的。佛萨利司和哈维都是那十六七世纪的欧洲一般文化的产儿,都是那新兴的医科大学教育的产儿——他们都是意大利的巴度阿(Padua)大学出来的。那时候,欧洲的大学教育已有了五百年的发展了。那时候,欧洲的科学研究早已远超过东方那些高谈性命主静主敬的"精神文明"了。其实东方文化的落后,还不等到十六七世纪——到了十六七世纪,高低早已定了,胜败早已分了:我们不记得十七世纪初期利玛窦带来的新天文学在中国已是无坚不摧的了吗?——我们的科学文化的落后还得提早两千年!老实说,我们东方人根本就不曾有过一个自然科学的文化背景。我们读了西格里斯先生的这部医学史,我们不能不感觉我们东方不但没有佛萨利司、哈维、巴斯脱、郭霍;我们简直没有盖伦(Galen),甚至于没有黑剥克莱底斯(Hippocrates)!我们在今日重读两千几百年前的《黑剥克莱底斯誓词》(此书的第七篇内有全文),不能不感觉欧洲文化的科学精神的遗风真是源远流长，怪不得中间一千年的黑暗时期始终不能完全扫灭古希腊、罗马的圣哲研究自然爱好真理的遗风！这个黑剥克莱底斯——盖伦的医学传统，正和那多禄某（Ptolemy）的天文学传统一样，虽然有错误，终不失为最可宝贵的古代科学的遗产。没有多禄某，也决不会有解白勒（Keppler）、葛利略（Galileo）、牛顿（Newton）的新天文学。没有黑剥克莱底斯和盖伦，也决不会有佛萨利司、哈维以后的新医学。——这样的科学遗产就是我们要指出的文化背景。

《人与医学》这部书的最大特色就是他处处使我们明白每一种新学理或新技术的历史文化背景。埃及、巴比伦的治疗术固然是古希腊医学的背景；但是希腊人的尚武精神，体力竞赛的风气，崇拜健美的人生观，等等，也都是那个文化背景的一部分。希腊罗马的古医学遗产固然是文艺复兴以后的新医学的文化背景；但是中古基督教会（在许多方面是敌视科学的）重视病人，看护病人隔离不洁的风气，文艺复兴时代的好古而敢于疑古的精神，巴罗克美术（Baroque Art）注重动作的趋势，全欧洲各地大学教育的展开，等等，也都是这新医学的文化背景的一部分。

这样的描写医学的各个部分的历史发展，才是著者自己说的"用一般文化作画布，在那上面画出医学的全景来"。这样的一部医学史最可以引导我们了解这世界的新医学的整个的意义。这样的一部医学史不但能使我们明白新医学发展的过程，还可以使我们读完这书之后，回头想想我们家里的阴阳五行的"国医学"在这个科学的医学史上能够占一个什么地位。

这部书不仅是一部通俗的医学史，也是一部最有趣味的医学常识教科书。他是一部用历史眼光写的医学通论。他的范围包括医学的全部——从解剖学说到显微解剖学，人体组织学，胚胎学，比较解剖学，部位解剖学；从生理学说到生物化学，生物物理学，神经系统生理学；从心理学说到佛洛特（Freud）一派的心理分析，更说到著者最期望发达的"医学的人类学"；从疾病说到病理学的各个部分，说到病因学，说到解剖学、病原学，说到细菌学与免疫性，说到疾病的分类；从各种治疗说到各种预防，从内科说到外科手术，从预防说到公共卫生；最后说到医生，从上古医生的地位说到现代医生应有的道德理想。

这正是一部医学通论的范围。他的总结构是这样的：先说人，次说病人，次说病的征象，次说病理，次说病因，次说病的治疗与预防，最后说医生。每一个大纲，每一个小节目，都是历史的叙述，都是先叙述人们最早时期的错误见解与方法，或不完全正确的见解与方法，然后叙述后来科学证实的新见解与新方法如何产生，如何证实，如何推行。所以我们可以说这是一部用历史叙述法写的医学通论。每一章叙述的是一段历史，是一个故事，是一个很有趣味的历史故事。

这部书原来是为初级医学生写的，但这书出版以后，竟成了一部普通人爱读的书。医学生人人应该读此书，那是毫无问题的，因为从这样一部书里，他不但可以窥见他那一门科学的门户之大，范围之广，内容之美，开创之艰难，先烈之伟大，他还可以明白他将来的职业在历史上占如何光荣的地位，在社会上负如何崇高的使命。只有这种历史的透视能够扩大我们的胸襟，使我们感觉我们不光是一个靠职业吃饭的人，乃是一个要继承历史上无数伟大先辈的光荣遗风的人：我们不可玷污了那遗风。

我们这些不学医的"凡人"，也应该读这样的一部书。医学关系我们的生命，关系我们爱敬的人的生命。古人说，为人子者不可不知医。其实是，凡是人都不可不知道医学的常识。尤其是我们中国人更应该读这样的一部书。为什么呢？因为我们实在太缺乏新医学的常识了。我们至今还保留着的许多传统的信仰和习惯，平时往往使我们不爱护身体，不讲求卫生，有病时往往使我们胡乱投医吃药，甚至于使我们信任那些不曾脱离巫术的方法，甚至于使我们反对科学的医学。到了危急的时候，我们也许勉强去进一个新式医院；然而我们的愚昧往往使我们不了解医生，不了解看护，不了解医院的规矩。老实说，多数的中国人至今还不配做病人！不配生病的人，一旦有了病，可就危险了！

所以我很郑重地介绍这部《人与医学》给一般的中国读者。这部书的好处全在他的历史叙述法。我们看他说的古代人们对于医学某一个方面的错误思想，我们也可以明白我们自己在那个方面的祖传思想的错误。我们看他叙述的西洋医学每一个方面的演变过程，我们也可以明白我们现在尊为"国医"的知识与技术究竟可比人家第几世纪的进步。我们看他叙述的新医学的病理学，诊断方法，治疗方法，预防方法，我们可以明白为什么新式的医生要用那么麻烦的手续来诊断，为什么诊断往往需要那么多的时间，为什么医生往往不能明白断定我们害的什么病，为什么好医生往往不肯给我药吃，为什么好的医院的规矩那么严，为什么医院不许我自己的亲人来看护我，为什么看护病人必须受专门的训练，为什么我们不可随便求医吃药。总而言之，我们因为要学得如何做病人，所以不可不读这部有趣味又有用的书。

胡适　1935，11，11 在上海沧州饭店

（此文原收入西格里斯著，顾谦吉译，胡适校《人与医学》，1936 年 4 月上海商务印书馆出版）

中国的印度化：文化借鉴的范例研究（1936 年 9 月）

一

中国制度、思想、艺术和生活受印度的影响，历史悠久，适于文化借鉴研究的材料极为丰厚，不胜枚举。事实上唯有欧洲基督教化的历史材料范围之广，时间之久，可与中国的印度化互为比较，舍此无它。笔者在此不揣谫陋，试以中国的印度化为研究对象，推出文化借鉴之范例，此研究并不想囊括欧洲的基督教化，但至少可为之提供参考价值。

何为"借"呢？众人皆知，比如说，A 没有某个东西，而 B 有之，"借"就是 A 从 B 那里借来。就文化借鉴而言，"有"和"没有"的关系并不是那么简单，而经常是相对而言，视情况而定的，这里至少可以举出如下几大类：

1. A 有 C。

B 没有 C，但需要它。

2. A 有 D。

B 有 D_1。

D 比 D_1 所具有的优越性显而易见地展现出来。

3. A 有 E_1。

B 有 E_2。

但并不容易发现 E_1 比 E_2 要优越，也许后来证明 E_2 更好。

4. A 有 F。

B 有 G。

但是 G 是直接反对 F 的。

5. A 有 H，I，J，K 等等。

B 没有这些，并不需要它们。

文化借鉴上述第一种情况会自行发生；在上述第二种情况，只有输入的文化显示出优越性之后，文化借鉴才会发生。在如上其他情况，文化借鉴不会实现，或因为相互差异太远，或因为彼此正相反对，或因为对传统文化依恋太深。

约 300 年前，耶稣会教士和欧洲商人将机械时钟带到中国，此后很快替代了当地文明的笨拙的水漏时钟。耶稣会教士也把天文测算和历法改革的新方法带到中国。这些首先遭到了本土的天文学家的激烈反对。但是，在天文测算方面历经 40 年的斗争和近 15 年的激烈竞争，欧洲科学的优越性明显展现出来。中国政府于 1643 年后正式采用耶稣会科学家制定的新历法，直到近年依然行之有效。

但是外来文化的侵入很少是单个要素或是几项彼此毫无联系的要素的侵入，而总是文化中诸种因素的一齐侵入，其中有些因素是与本土文化中的对应因素尖锐对立的；而有些因素，则因为本土文化中的对应因素被本地人认为是自先辈以来就很好，所以对他们也很好的，因而就受到抗拒，而且又有诸如人伦关系、道德价值、评判标准、宗教思想和习惯等其优劣难以立见分晓的因素。在这些方面，感情依恋经常占上风，而客观的评价极为困难。再者，两种多少相似的文化因素，或者两种相反的文化因素，也很难展示出一种因素真正地比另一种因素更好。例如，早期来华的耶稣会教士可以明白无误地证明他们对日食月食的预测要比中国天文学家精确得多。可是他们要向中国人证明如下情况则极为困难：祖先崇拜是盲目崇拜，一夫多妻制是错误的，圣母玛丽亚的法力要比王母娘娘大得多，基督上帝要比中国的天更真实，更可爱，孔子的性本善的教导抵不上基督的原罪观。

然而，有时自然的障碍也难以抵挡对外来文化的全盘接受，这种情况常发生在宗教狂热时期，或发生在全民迫切期望根本改革之时。在

19世纪下半叶30年中，日本极为渴望政治变革，故出现文化全盘借鉴。中国在1898年和1926年，也接近了这种疯狂水平。

宗教狂热通常是大规模文化借鉴的历史机遇。在此阶段，对新宗教的大规模皈依，使人们很容易失去理智，不能心平气和地进行评价，对新信念全盘接受。有时这种皈依需要长时间的慢慢渗透，有时需要伟大领袖们的富有影响的感召力，但是当它成为声势浩大的群众运动时，连皇帝、皇后、王子、公主、王公贵族、平民百姓都被其巨大的潮流所卷入，这种新的信仰，无论好坏，有用或无用，所渴望的或非渴望的，能消化的或不能消化的，全被包容，满腔热情地全盘接受下来。

在第一次热情和迷茫过后，随着时间的流逝和对外来文化愈加了解，出现了批评的判断，而此时新的信仰在该国已备受尊敬，扎稳根基。然后开始了怀疑、批评、公开的反对，甚至是激烈的迫害。更确切些，也许还有更早时期的怀疑与反对，比如在君士坦丁大帝之前的尼禄帝时期。但是在宗教热情的巨浪之中，迫害仅限于对信仰的公开宣传的禁锢，反而增添了几许英雄色彩。

随着人们对外来文化的判断趋向冷静，更重要的是，由于历史惯性驱动了对外来文化的重新估价，由于本土文化对外来文化的抵抗，外来文化必然会进行各种形式的改变、完善、适应、归化和消褪。其他分支的小宗教门派，那就没有时间在新土地上植根，对之不断地迫害，可使之销声匿迹，在中国例如波斯教、聂斯托里基督教，在某种程度上摩尼教也如此。

但是佛教不是那么容易由于迫害而被清除掉的。在长达2 000年中，它一直是中国的最大宗教，一直在使中国人的生活、思想和制度印度化。在接触欧洲文明之前，它是中国文化借鉴的唯一重要来源。它甚至在自己产生的祖国——印度销声匿迹之后，却一直在中国兴旺发达，并通过中国传到朝鲜、日本。即使在中国已不再是最重要的宗教，它在很长一段时期内也一直在使中国印度化。当中国思想家开始庆祝他们已排除了佛教或者至少已使得它无足轻重时，印度化已经历无数个世纪，反而变得更影响深远。在中国佛教死了——佛教又永垂不朽！

二

本篇的目标是从不同的阶段来探讨中国印度化的漫长过程。总体说来，这些阶段如下：

1. 大规模的借入
2. 抵抗和迫害
3. 本土化
4. 占用

我所说的大规模的借入，不仅是中国从印度取来自己完全没有或本国文明中很弱的东西的简单过程，而且是一个充满宗教热情的全民运动，它盲目地全盘接受了伴随新信仰而来的所有东西。我所说的抵抗和迫害，包括入侵文化遭到中国思想家的公开抵抗和政府的迫害。我所说的本土化，包括那些有意或无意的趋势，这些趋势使得印度的宗教、艺术、思想和制度更具有中国色彩，使得它们更加中国化，更容易为中国人接受。我所说的占用是指成功的文化借鉴的最高阶段，被借入的文化的精华——虽不一定是所有的精华——被人们当作他们自己的文化所"占用"、认可。

为了理解中国从印度所借鉴的宽广领域，首先很有必要了解这两国人民的古代文化，特别是他们的宗教信仰、教规、仪式的巨大差异。古代中国人的文明建在北温带，此地自然生存环境极为艰苦，人们仅仅创立出非常简单朴素的宗教。它有如下主要内容：祖先崇拜，自然力崇拜，对上帝或天的崇拜，信从占卜，模糊的善恶报应观念，既没有《圣经》里那"乐园"意义上的天堂，也没有最后审判意义上的地狱。几乎没有神话，也没有精致的宗教仪式。这是吃苦耐劳、思想朴素的人民的宗教。

但是，随着民族变得越成熟，越饱经沧桑，它开始渴望某种更安抚人心的东西或者至少是比它的祖先那过份简单的宗教更令人心动的东西。

公元前3世纪和公元前2世纪，中国出现了对宗教信仰、教规、仪式进行改革的巨大渴求，整个帝国对伟大的未知而神秘的东西极为追求，而这些在讲求实际和理性的中国是难以满足的。

这样就来了伟大的佛教，随之而来的，还有前期大乘佛教的诸多零碎，以及佛教之外的其他印度宗教。在此之前，中国还从未有过一种想像如此丰富，仪式如此美丽迷人，对宇宙和玄学的思考如此大胆的宗教。就像一个穷乞丐突然伫立在金碧辉煌的宝库前，中国被征服了，迷惑不解，继而欢欣鼓舞。她可以从这位慷慨解囊的施与者自由求取。中国首先从印度那里借鉴宗教生活，这点中国对印度的感谢是难以完全言表的。例如，印度传给中国不仅是一个天堂，而是数十个天堂；不仅是一个地狱，而是许多地狱，每层地狱的严厉与恐怖是不同的。中国传统的善恶报应观被灵魂的轮回观和贯穿前生、今生和来生因果报应的铁的规律所替代。

有关这些信仰、教规、仪式的成千上万的印度经典从印度通过陆地和海上传到中国，被中国接受，并逐渐融入了中国的文化生活。将现实世界看作虚幻的，将人生看作痛苦的空幻，将色欲看作肮脏，将家庭看作通往精神成功的障碍，将禁欲和托钵行乞看作佛教戒律的必要行为，施善救贫是最高的美德，爱普及到所有生命即动物和植物，推行严格的禁欲主义，言语和念经都有神奇的力量——这些仅是印度宗教和文化输入大潮流中的几朵浪花而已。

相对而言，佛教在中国的传播情形广为人知。根据我们目前的知识可以有把握地说，佛教远在公元 68 年之前（这个时间是公认的）来到了中国，佛教来到中国也许并不是由皇帝以官方的名义介绍而来的，而是作为一种大众崇拜的方式介绍而来的，这种信仰逐渐在民间扎稳根基——尤其在穷人和下层阶层中。对这些穷苦阶层来说，佛教僧众给他们带来了超脱苦海的福音。皇帝的弟弟刘英（死于公元 70 年）也许从民间得到感染，皈依佛教；汉桓帝（147—167）从民间崇拜中得到启发，提升佛的地位，在皇宫筑坛礼拜。佛教在长江流域和南方沿海地区明显的迅速传播已接近于公元 2 世纪末。这表明，在人民中已早有漫长而持久的扩散、渗透，到公元 3 世纪，知识阶层开始称赞它并为之辩护。此时佛教已成为一种强大的宗教，这倒不是由于政府的庇护，其实官方色彩非常淡薄，而是由于佛教在人民中有强大的信仰根基。

佛教首先作为穷苦阶层的民间宗教在中国扎根。大乘佛教以原始的方式进入，被中国人盲目崇拜，那时也容不着大众去选择和拒绝，这样一种对民间具有强大吸引力的伟大宗教传到了中国并被接受了，情况大致如此。

在中国人高涨的宗教热情中，中国人将印度看作"佛的故乡"，甚至看作是"西天"，那里才有伟大的真理。从"西天"来的所有东西一定合情合理，可以全盘接受。佛教，或者伴随佛教而来的整个文化输入运动在宗教盲目崇拜的热浪中被全盘接受了。

三

但是对像中国这样已有悠久文明的国家要印度化也不是一帆风顺的。严重的怀疑逐渐产生了，中国思想家们开始意识到印度文化或者说佛教文化在许多基本方面是与中国最好的传统背道而驰的，他们对"蛮国"征服自己的古文化表示愤怒。对这两国文化的基本差异此处略陈如下：

第一，佛教有关人生虚无的观点与中国人的观点，特别是儒家观点是相反的。对儒家学说而言，个人的生命是受之于父母，是神圣的，每个人的职责是尽力地利用好生命——至少不能贬低它或者毁伤它。儒教最普及的经书《孝经》就说：人的身体，乃至每根毛发，每副皮囊，受之于父母，不可毁伤或贬低。公元前 4 世纪的中国古代思想家认为生命具有最高的价值，而佛经认为生命是虚幻的，活着就是痛苦，这些行为凭中国人的平常理智看来是倒行逆施的，不合人性的。在整个中国的佛教历史中，和尚焚烧其拇指、手指，乃至其身都是很平常的行为。这被视为一种仿效大乘佛教诸神之一——药王菩萨的崇高牺牲的德行。两部《高僧传》中都用一部分篇幅来宣讲中国和尚如何焚身而死，或者自杀，来达到最高牺牲。这一部分的标题是"亡身"，包容了成百上千的此类自杀的详细故事。一个和尚若是宣布了他的自焚之日，是日，他穿着浸满油的衣服，手握火把，自己点燃火葬柴堆和自己的身体，不停地念诵着佛号，直到他被火化为灰烬。通常这种牺牲仪式有成千上万的虔诚善男信女在场，他们为这位忠贞和尚的慢慢焚烧圆寂而哭诉祷告。中国在其狂热宗教期间似乎一度完全失去理智。

第二，佛教的和尚、尼姑必须摒弃所有家庭关系，必须禁欲，这恰好与中国的传统相反。整个的儒教伦理就是讲为人处事之道，其中家庭关系是天经地义，最为亲密不过了。孟子曾经说过"不孝有三，无后为大"，禁欲与中国多子多福的传统是相反的。当和尚、尼姑的人数增至百万时，这种行为的严重性变得日益明显。

第三，整个佛教戒律中的托钵行乞被中国的道德和经济思想家斥为"寄生虫"，被贬责为导致国家贫穷和混乱的主要根源。佛教传到中国之前的全部正统经济思想认为，唯有劳力才能生产，而商业阶级受到压抑，因为他们被当作寄生阶层，即是"不耕而食，不织而衣"的寄生虫。现在来了成千上万的和尚和尼姑，他们不但不劳动，而且聚集了施主们慷慨供给的巨大财富，用于寺庙开支。当帝国每八个人中就有一人是和尚、尼姑，或者是隶属于寺庵的人时，经济后果就变得极为惊人，不堪设想。

第四，佛教的人生观是出世的，即以逃离今世今生为宗旨，这也与古代中国的道德观相违背。佛教徒实行各种形式的精神自控和默想，通过各种形式的诵经念佛来积德——这是为什么呢？唯一的答案是：拯救信徒的灵魂。这种观点在中国的思想家眼中当然是卑鄙而自私的动机。正如 12 世纪的一位批评家所说："我们所关注的是人生下来到死这段时间的事情，佛教完全忽视了今生，全心全意地关注到生前和死后的事情。佛教认为大地、山脉和河流，是空空的，不真实的，而事实上这些作为真真实实的存在屹立在那里，是任何魔法或哲学都驱不走的。"

第五，整个印度人的想像力无边无际，中国人心灵确实难以追随。地道的中国总是实事求是，想像力极少大胆。"扩展你的知识，对你所疑问的东西就暂留在那里。""知之为知之，不知为不知，是知也。"这就是孔子有关知识的名言教导。对真实和准确的强调是古代中国文学最突出的一条特征，很少有神话和超自然的成分。孔子曾说："吾尝终日不食，终夜不寝，以思，无益，不如学也。"中国最伟大的先哲的自我分析非常有意义地展现了中国思想家们对漫无边际的思想与想像的怀疑。中国读者很难硬着头皮读完全是奇思怪想的大部头的佛经，也许是由于这种对漫无边际的想像的天生厌恶，导致了第五世纪中国反佛教的首批中国领导者们宣称：整个佛教传统是一个神话和谎言。

土生土长的中国与印度化的中国许多其他的基本差异，导致了许多宗教争论和四次大的反佛教运动，即于 446 年、574 年、845 年、955 年的反佛。必须注意：迫害佛教的全部法令都强调佛教是野蛮外国传来的外来宗教，这是一个国家的灾难，堂堂的中华帝国因此"野蛮化"是个屈辱的事。韩愈（768—824 年）也许是 845 年排佛运动的思想先驱，他提出这些简洁口号："人其人，火其书，庐其居。""人其人"这句口号就是说那些信仰异族宗教的人就不能看作"人"了。所以，根据 845 年反佛运动中的法令，清静的寺庙遭拆除，成千上万的寺院土地被没收，广大的和尚、尼姑强迫还俗。皇帝说："此后有关和尚和尼姑的事务由礼部主客司处理。"这就是说，那些皈依外国宗教的人不再被认为是中国人了。

这些都是民族主义觉醒时的言语，在这些言语背后，是这样一个已经初步明确的认识：这个从"西天"引入的伟大宗教包含的许多思想和行为已经削弱了中国的道德、社会和经济传统。

四

但是这些全国范围的排佛运动总持续不了多少年，也没有哪次排佛运动能完全清除或者甚至减少印度宗教对国家的巨大影响。当主张排佛的皇帝死后，继任的皇帝一律采取更为宽仁的政策，这样曾经一度遭受迫害的宗教又比从前更辉煌地繁荣昌盛起来。

不过，这是一个重要的历史事实，10世纪之后，中国官方再没有发动排佛运动，佛教的势力与影响反而逐渐减弱、淡化，最终慢慢地自然消失。为什么呢？急风暴雨式的排佛运动失败后，悄无声息的占用反而取得了更大的成功。佛教以其本土化的形式逐渐被中国人在不知不觉中"占用了"。

本土化是所有文化借鉴中的普遍现象。一首民歌或者一则民间故事从遥远的地域传来，很快就会被无名氏改编，而它的中心思想——主题——常常被保留下来，它的大部分细节（名字、景物、风尚、服装、鞋、发式等等）带上了"地方色彩"。经过长时间的本土化之后，其异域来源难以辩认出来了。

在这20多个世纪中，几乎每项佛教内容或成分都经历了某种程度的本土化。看看今天中国寺庙中的佛像，再探源对照最早印度佛像，你就会意识到这种本土化的过程。最引人注目的例子就是观音菩萨变形的不同阶段，很久以前她并不是"性感"的形象，是大慈大悲的女菩萨，后来常常代表裹小脚的美丽女人；弥勒佛现在变成了大肚皮、好脾气、笑口常开的中国和尚，你一走进中国寺院，他一定会笑迎你的光临。佛教里神的面貌确实已中国化了——经过这样一种漫长而无意识的本土化过程，即使雕塑家或者制模工有意识地创造些"外国"面貌，比如像十八或者五百罗汉像，但最后的结果更像中国人，而不太像印度人。

伴随佛教而来的印度音乐、绘画、建筑和其他更好的艺术也经历了本土化的过程。吟诵梵语佛经已经变得完全中国化了；印度的音乐旋律转变了中国歌曲的旋律，而其印度的来源被人遗忘。绘画就像雕塑一样，本土化程度更严重，后来佛教的绘画基本上中国化了，与早期的佛教艺术和后期印度艺术的发展有天壤之别。

　　最难本土化的东西自然是佛教的宗教、道德和哲学的教义。这些教义在大多数情况下与古代中国传统和中国人的人文习俗迥异，故它们还不易消化。这些教义本身就晦涩难懂，译文更难理解，而且我们知道，只有精通外语和熟知那些宗教内容的极少饱学之士，方能真正胜任其翻译。

　　起初，理解这种异域宗教的捷经就是用最接近外国思想而且又易于被国人理解的术语来解释。佛教传到中国之初，正是老庄学说在中国振兴和盛行之时，知识分子对汉朝的新儒学极为厌恶，道家哲学的自然主义和虚无主义与佛教哲学的一些思想有某些相似之处。因此，翻译佛经时直接用道家的言词来译佛经术语，这种格义连类是很不精确的。例如"涅槃"并不是"无为"，"阿罗汉"并不是"千真"，但这是早期阶段文化和哲学借鉴最好的例子。这些道教式的翻译提供文化融合的桥梁，并使得印度的新思想更容易被中国知识阶层所接受，这是归化的最初阶段。

　　在以后几个世纪的翻译过程中，佛教僧侣坚持不用古代中国各学派已有的哲学术语来翻译佛教。他们喜欢用音译的方法，例如菩提（智慧之意）、般若波罗蜜经（通过哲学玄思悟道）、涅槃、瑜珈、禅、定等等。但是中国的读者继续按他们所熟知的方式来"翻译"和理解它们，正是古代道教崇尚自然和虚无的背景使得印度的摩诃衍那派被中国知识分子理解为中道。

　　若是这种有利的文化背景没有的话，不论有多么强大的领导力量和皇家的庇护，对异域文化的理解与接受几乎是不可能的。玄奘（599—664 年），中国伟大的高僧，到印度时正是唯识教派思想的高峰时期，他在那里花了 15 年研究它，带回了大量的唯识教经典，倾其余生将这些经典译成中文。这个宗派发展成最为抽象难懂的系统，可以名之为内省心理学，它把意识分为 500 种心以及与之相对应的机制和物象，如此琐碎的考证是中文无法完成的。尽管有玄奘那样的高僧和他的门徒亲自领导，但是大量的唯识经典原封不动，无人问津。这个门派事实上对中国知识生活的影响微乎其微。近几十年来，对这个宗派心理学和逻辑的典籍的分析与研究，先在日本，尔后又在中国重新出现，引起重视。这是因为现代欧洲的心理学和逻辑学的引入提供了新材料和一套可供比较和解释的新术语。对这一现象也可有另一种解释：思辨领域内的这种借鉴，只有在需要用熟悉的术语去解释人们不熟悉的东西时，才会发生。

唯识宗在中国传播的失败也表明了文化本土化也有否定外来文化的一面。我们所不能消化的，我们予以抛弃。抛弃意味着清除所有本国文化所不能同化或者本地人认为不必要的东西。许多个世纪从佛国印度源源不断进口的佛经令中国知识分子迷惑不解。早在 4 世纪，中国佛教僧侣就开始发问：佛经的庞大系统中精华到底是什么呢？他们渐渐地得出答案：佛教的要旨就在于玄想与内省，此外全部的东西都可以舍弃。后来他们又逐步地意识到这两个步骤可简要地合为一个名称："瑜珈"或者"禅"。这含有玄思之意，但也暗含依靠哲学的内省。从公元 400 年起，有一个明显的趋势：中国佛教徒以把握和实行"禅"或者"瑜珈"作为佛教的精义和得道成佛之门径。

同时，人们开始给阿弥陀佛或者净土宗以特别显赫的地位。这个宗派特别强调信仰，净土宗信仰无量寿和大彻大悟的阿弥陀佛，信徒每日不断念道："南无阿弥陀佛。"——仅此就足以使他悟道与获救。这种形式的佛教，仪式极为简单，对各个阶层的人具有最大的吸引力，超过所有其他的复杂宗派。

所有这些趋势都表明，人们要求对佛教进行过滤，使之简单些。公元 5 世纪，有位学问渊博的僧人道生提出更为激进的观点。他主张"顿悟"，反对各种形式的"渐悟"。此人饱读老庄虚无哲学，受庄子思想的启发。他说道："夫象以尽意，得意则忘象；言以诠理，入理则言息。"从这些话中我们得知，中国禅宗对印度经院哲学那种索句求章，琐细迂腐学究气的厌恶与造反，"顿悟"是他们造反的武器，取其精神，抛弃啰嗦的言词！

禅或者瑜珈包括冗长琐碎艰苦的渐悟行为，开始为简单的呼吸控制，继而严格的精神和感情控制，最后以彻底心平气和，神情全身放松而结束。即便如此，对中国人而言也太啰嗦了。

从公元 7 世纪起，产生中国南宗。此宗是基于顿悟的中心思想，抛弃所有的咬文嚼字，奴性的宗教仪式，甚至摒弃默想的琐碎行为。"佛在你心中。不用拜佛，佛即圆满的觉悟，而觉悟亦在你心中。不要守法，法只是正直，正直亦在你心中，不要受僧伽（僧侣兄弟会）的约束，因为僧伽只意味着生活的纯洁，纯洁也在你自己心中。"慧能（公元 713 年逝世）这位禅宗南派的创始人如此说。

到了 8、9 世纪，禅宗信徒真正地破除偶像。他们公开宣称："无佛可作，无法可求。""为何要忙碌不休呢？回家休息，努力做个吃喝睡的平常人，此外还有何求？"

他们形成自己的一套教学方法，关键是劝导新入门的人，在自己的生活和思考中寻求觉悟和启蒙，其他的解脱途径是不可能的。

从公元 700 到 1100 年的整个禅宗运动都是与佛家的套话术语及经院哲学相违背的。但这也是一场凭借扫除佛教的经院术语，并赋予通过自我思想解放和内省来解脱的思想以特殊地位，来使佛教中国化的运动。

的确，这一抛弃、淘汰、篡改的结果已没有多少佛教味了。但是我们必须承认这样一个历史事实：禅宗信徒 400 年的淘汰、篡改使佛教真正本土化了，并使之变得通俗易懂，也对中国人有吸引力。到了 11 世纪，禅宗的哲学成份要多于宗教成份。也本应如此，原始佛教原来就是哲学成份多于宗教成份的。中国佛教徒通过上千年的漫长时间，不自觉地、无意识地、已经成功地汰除了大乘佛教一切外在的冗长琐碎的词句，使它成为一种哲学、一种理论、一种手段。他们在无意识中使自己的佛教比任何小乘和大乘的教派更接近于原始佛教。事出巧合，他们也因此使佛教本土化，并使之更易于被中国知识界理解、接受。

到了 11 世纪，这个本土化的过程已经完成，中国知识分子将这种本土化了的佛教看作是中国文化生活的有机组成部分。

五

只有当被借鉴的外来文化被本土人民吸取为自己的文化，外来的本源完全被忘记，这种文化借鉴才是永久的。以佛教而言，所有那些未被中国人所吸取的因素至今仍是未经同化的一些外来文化因素。中国思想习俗印度化的结果是佛教和印度文化的某些方面整个被充分吸收并且本土化，以致无意中被中国人看成是自己的东西。

中国对印度文化的借鉴由两个主要的步骤组成。借鉴的初步结果就是民众大规模地皈依佛教，包含许多佛教之前的印度宗教中许多成份的大乘佛教，踏踏实实成了中国最为流行的宗教。如我所说，佛教信徒们带来的许多文化因素是古代中国传统文化中所不具有的。它们填补了文化（至少是宗教信仰上的）真空，为信教民众所衷心地接受。正是被借鉴的外来文化中的这一部分，最先为中国人所吸取。

第二部分由更为精妙的印度文明因素所组成，那就是宇宙观和人生观，道德标准和社会标准、思维习惯。信教者们对此是漠不关心的，它们在延续了许多世纪的中国人的文化结构面前受到强烈的抵抗。在其中的一部分被充分地融化和被无意识地吸收到中国文化之前，这些因素需要许多的转化、扬弃、提炼和重新理解的工作。

从历史上来看，第一阶段的吸取与道教的兴盛相合，而第二阶段的吸取则与世俗的儒家哲学的复兴相结合。

道教作为一种流行的宗教（与作为一种哲学的道家有别），兴起于佛教在中国逐渐流传的时期。"道"意为"道路"。公元 2 世纪末，存在着许多道教流派。公元 3 世纪以后，有一派道教及其慈善组织，以其祈祷治痛与悔罪的行为及其多种崇拜，不仅在老百姓中间，也在上层阶级中逐渐获得了一大批信徒。作为中国人原来的"华夏宗教"（Sinitic Religion）的强化了的形式，道教在与佛教这一外来宗教的冲突中得到极大的发展动力。在道教徒这方面，有一种强烈的愿望，即以全面模仿这一外来对手的方式来取代并扼杀它。他们接受了来自印度宗教的天堂和地狱观念，赋予它们中国名称，给它们安上中国的神来统治，有意识地仿效佛教典籍造了道教典籍。在道教信仰里面随意采用佛教仪式。道教的教阶制度也取法于佛教的僧阶制度。道教徒的修持方法，也是对印度瑜珈功的模仿。因果报应和灵魂转世的思想也被道教吸取，并成为其善恶报应观中的中心思想。道教信仰对轮回思想的仿效也仅仅在于，这种信仰认为个人借助于静坐、药物和积德，可以达到个人肉体的永生，并因此而超脱轮回。

道教试图把佛教作为外来宗教加以排斥，并取而代之，成为唯一的本土宗教，自 5 世纪以来发生了多次这样的事件。实际上，所有的政府对佛教的迫害背后都是道教的影响。

道教试图成为佛教的对手并取代佛教，它过于模仿——的确是赤裸裸的模仿——这一外来宗教，以致与它没有多大区别，也无法获得知识阶层的真正尊重和信奉。而且，其整个的生活观念完全与佛教徒一样是出世的。道教的理想也是逃避现实人生和现实世界，追求个人的解脱。跟佛教一样是自私和反社会的。因此，当儒家攻击中世纪的宗教时，道与佛相提并论，一同受攻击。由于过多地吸取一种外来宗教而未能消化，所以道教得不到国内更有民族主义倾向的批评者的赞同。

11 到 12 世纪，儒家世俗哲学的复兴明显是反佛教的。其目的是复兴和重新解释孔孟的政治伦理哲学，以替代个人主义的、反社会的和流行于整个中世纪的出世的佛教和禅宗哲学。也是为了复兴一种纯正世俗的中国哲学，取代这以前的非中国化的宗教思想。

11 世纪的一位政治家曾经指出，在将近 1 000 年的佛教时期，民族精英争相趋奉佛家思想与信仰，纯粹是因为儒家的说教太简单，太枯燥，无法吸引他们。因此，复兴儒家思想问题就是如何重新解释儒家经典，使之生动有趣，对于民族精英具有充分的吸引力。

11 世纪的儒家哲学家奇迹般地突然发现，孔子及其门徒的古典著作可以改造得像佛教和禅宗教义一样地生动和有趣。他们极为愉快地发现，关于宇宙、人生、心灵、知识和宗教崇拜等所有这些哲学问题，耗费了几个世纪的佛教哲学家冥思苦想，它们却可以在古代经典中找到，只要稍作重新解释，将这些长期被忽视的古代圣贤著作中的微言大义阐发出来就行了。于是，他们就致力于这一重新解释的工作。

这些哲学家成功地建立了一种"新儒家理性哲学"，它包含宇宙观、自然理论、认识方法以及政治伦理哲学。这种新的世俗哲学也十分强调个人的修养完善，那是通过格物、致知、诚意、正心达到的。格物、致知就是到事物中去了解其道理。诚意、正心就得依靠对虔敬态度的培养。

然而，这些儒家大师们自豪地指出，修身并非目的，就像中世纪的宗教所认为的那样。个人的修身只是为了齐家、治国、平天下，是达到社会目标的一步。一切知识和道德的训练都是为了达到个人生活的纯正，并从此扩展到社会和政治的活动。正是这种社会目的把入世的儒家与出世的旧的宗教体系区别开来。

所有这些新的哲学都在受到忽视的古老的儒家经典中被发现。新的解释似乎如此自然，如此理智，并如此令人满意。而让这么珍贵的教义在所有那些世纪中被忽视，这简直令人不可思议。

从历史事实来看，所有这些新解释都是近 1 000 年来佛教的训练和哲学化的结果。尤其是 400 年来禅宗给中国哲学带来了新的思辨能力，一套新的思维习惯，以及一种新的参照对象。好像有了一副新的眼镜的帮助，就能使人看到他以前所看不到的东西。不幸的是这副眼镜是有色的。现在人们是通过这副经过几个世纪佛教和禅宗染过的有色眼镜来看事物的。他现在以一种新的眼光来解释他所看到的一切。他不自觉地吸取了自己曾经坚定地否定和反对过的东西。

理性主义哲学家在复兴儒家和重新阐释儒家哲学方面获得了巨大的

成功，儒家哲学在当时已变得生动有趣，吸引了民族最有才智，最优秀的人。他们从这时起，已不再涌向禅宗寺庙的大门。当民族中智力第一流的人不再信仰佛教，这一伟大的印度宗教就逐渐地衰微到无足轻重，在无人哀婉中消失了。

但是，这种对印度宗教的世俗取代其真正性质是什么呢？是否如它所宣称的那样是对佛教的真正摒弃呢？

实际上，11 世纪以来的儒家复兴只是这一印度宗教的世俗化。借助于世俗化，中国哲学家实际上使这一宗教普遍化了，以往支配佛教内部成员生活的东西，现在通过这些哲学家们的说教，推而广之影响着整个非佛教人口。

在这些理学家以前，印度化多少局限在那些逃避现实世界的人们中间。但是在他们把佛教理想世俗化之后，这一出世宗教的生活规则被彻底地运用到了世俗生活。理学时代所带给我们的并不是在孔孟著作中找到的立足于常识的人文氛围，而是一种中世纪寺院里的苦修清冷的气氛。印度化的普及是通过这些哲学家们无意识地吸取，并把它们推广到以前从没受印度宗教影响的领域来实现的。

首先让我们审视这一哲学本身，看看它与中世纪宗教有多大区别。这一新的哲学可以概括两条路径："涵养须用敬，进学则在致知"①（程颐，1033—1107 年）。第一条道路是唯理智主义的，第二条道路是道德和宗教的。"敬"在古代的意义简单地说就是认真地对待事物。但现在对理学家们来说，已具有一种宗教的内涵。做到"敬"，就意味着行为要符合天理。那么，什么是天理呢？答案是：天理是与人欲相对的。一个人如何才能明白天理呢？回答是，最好的方式是静坐专念。

就是另一条致知的路径，也没有摆脱中世纪中国的宗教影响。在朱熹（1130—1200 年）那里，知识的增长是通过一步一步的调查研究来获得事物的"理"，这是一种严格的唯理智主义的和科学的态度。但是，在缺乏必要的设备和试验手段的情况下，这是一种艰难的途径，对于多数思想不够坚定的哲学家来说是太难了，他们很快就失望地放弃了，宣称真知一定来自人们自己的内心，而方法一定是通过静思和内省。

但是，在特别强调存天理灭人欲这一点上，我们可以看到印度宗教通过其世俗化后影响加深的明证。当问到一个非常贫穷的寡妇可否再嫁

---

① 原文为："涵养须用敬，进学则在致知。"——《二程遗书》卷 18，187 页。——译注

的时候，哲学家程颐平静地回答："饿死事极小，失节事极大"。朱熹在其《幼学琼林》中引用这句著名的话，朱熹的这本书成了整个中国 700 年的标准读本。

在佛教以前的中国，并没禁止过寡妇再嫁。在公元 1 世纪，东汉光武帝的姐姐成为寡妇，光武帝让她重新择偶，请她在自己的臣子中选择理想的丈夫。她表示自己喜欢大臣宋弘。光武帝就请这位大臣叙谈，试探地说："你认为'贫寒换朋友，富贵换妻'这句谚语怎么样？"这位大臣答道："这句谚语不如另外一句：'贫贱之交不能忘，糟糠之妻不能休。'"听到这句话，光武帝隔着帘幕对在其后的寡妇姐姐高声说："姐姐，我这个媒做不成了。"这个故事多么具有人情味！1 000 年以后，理学家对贫穷无依的寡妇残酷地定下宁愿饿死而不再嫁的守则，这种苛刻的清教主义与汉光武帝时代是多么地不同！

这几千年的时间里发生了什么事情，给中国人的生活观念带来了如此巨大的变化呢？没有别的，就是中国人的思想、生活和习俗中印度化的逐渐加深和强化。佛教是在衰落，但它的文化内容已经被世俗思想家吸取，已经本土化，已经渗透进了这超出佛教寺院和尼姑庵之外的中国人的生活和习俗。的确，随着宗教狂热的逝去，那些六根不净的和尚也不再祭坛上自焚献佛。然而，中国各地都在树碑，怂恿年轻寡妇守节，甚至鼓励婚前死了未婚夫的年轻姑娘也不再嫁。够奇怪的是，理学时代恰巧也是最不人道的缠足恶习迅速发展和流传的时候。1 000 多年来，它给全体中国妇女带来了说不出的苦难。对此恶习，诗人们热情赞美，哲学家们也无一词抵制。

我们衡量印度化的程度，只有将这个时期的冷酷和伪善与佛教以前中国人性的单纯而自然进行对比。确实，印度化在理学家那里达到极致，他们试图借助于复兴古代中国的思想来根除印度宗教，却在无意中吸取了恰好是自己所要排除的那种文化的精髓。在他们盲目地强调存天理灭人欲当中，在他们压抑生活中原始的性的愉快当中，在他们反对寡妇再嫁的义愤当中，也在他们无用地把静思默想作为一种进德致知的手段中，在这些以及其他许多方面，玄奥伟大的理性主义哲学家们不自觉地成了中国最终的印度化最有效的工具。

六

在结论中，我必须为这些理学家们讲句公道话，他们复兴世俗思想，建立一个世俗社会，并以此取代中国中世纪主张来世的宗教，他们本意是真诚的。他们失败了，因为他们无力反抗 1 000 多年的印度化所留下的积淀。但是，他们开启了一个复兴具有纯粹世俗本源的古代文化传统的新时代。他们的历史使命可以与欧洲的文艺复兴相比。他们在重新解释佛教前的历史文化遗产上并没有成功，却至少指出了一条方向正确的道路。他们中的一些人，尤其是朱熹，其"即物穷理"的思想，真正开辟了一个新世界。这一种科学的思想，在后来更有利的时代的学者那里，切实地引发了一段时期的批评和科学的学术的形成和发展，至少在语言学的、历史的和人文主义的研究中是这样。这个科学的学术时代，恰好也可以称之为反宋明理学的时代。更完美的哲学手段与更成熟的体验，使近 300 年来的学者能够更好地理解佛教之前的本土文化。这个时期最好的哲学思想越来越远离印度化的传统。有了现代科学技术以及新的社会、历史科学的帮助，我们自信可以更快地从两千年的印度文化统治中解放出来。

> （本文是 1936 年哈佛大学建校 300 周年时，胡适在该校所作的讲演，收入《哈佛大学三百年纪念集》（哈佛大学 1937 年出版）。这里用的是张跃明的译文。见 1998 年湖南人民出版社出版的《中国的文艺复兴》）

眼前世界文化的趋向
（1947 年 8 月 1 日）

今天我要讲的题目，发表出来的是《眼前文化的趋向》，后来我想了想恐怕要把题目修改几个字，这题目叫做"眼前世界文化的趋向"。"眼前世界文化的趋向"，有他的自然的趋向，也有他理想的方向，依着自然趋向，世界文化，在我们看起来，渐渐朝混合统一的方向，但是这统一混合自然的趋向当中，也可以看出共同理想的目标，现在我先谈谈自然的统一趋向：

自从轮船与火车出来之后，世界上的距离一天天缩短，地球一天天缩小，人类一天天接近，七十年前，有一部小说叫做《八十天环游全世界》，这还是一种理想。诸位还记得，今年六月里，十九位美国报界领袖，坐了一只新造飞机，六月十七日从纽约起飞，绕了全球一周，六月三十日飞回纽约，在路共计十三天，飞了两万一千四百二十四英里，而在飞行的时间不过一百点钟，等于四天零几点钟，更重要的，是传播消息，传播新闻，传播语言文字传统思想工具。电报的发明是第一步，海底电线的成功是第二步，电话的发明是第三步，无线电报与无线电话的成功是第四步。

有了无线电报无线电话高山也挡不住消息，大海也隔不断新闻，战争炮火也截不断消息的流通。我们从前看过《封神榜》小说，诸位总是记得"千里眼，顺风耳"的故事。现在北平可以和南京通电话，上海可以同纽约通电话。人同人可以隔着太平洋谈话谈天，可以和六大洲通电报，人类的交通已远超过小说里面的"千里眼，顺风耳"的神话世界了！人类进步到了这个地步，文化的接触，文化的交换，文化的打通混合，就更有机会了。就更有可能了。

所以我们说，一百四十年的轮船，一百二十年的火车，一百年的电报，五十年的汽车，四十年的飞机，三十年的无线电报——这些重要的交通工具，在区区一百年之内，把地面更缩小了，把种种自然的阻隔物都打破了，使各地的货物可以流通，使东西南北的人可以往来交通。使各色各样的风俗习惯，信仰思想，都可以彼此接触，彼此了解，彼此交换。这一百多年，民族交通，文化交流的结果，已经渐渐的造成了一种混同的世界文化。

以我们中国来说，无论在都市，在乡村，都免不了这个世界文化的影响。电灯，电话，自来水，公路上的汽车，铁路上的火车，电报，无线电广播，电影，空中飞来飞去的飞机，这都是世界文化的一部分。不用说了，纸烟卷里的烟草，机器织的布，机器织的毛巾，记算时间的钟表，也都是世界文化的一部分。甚至于我们人人家里自己园地的大豆，老玉米，也都是世界文化的一部分。大豆是中国的土产，现在已成为世界上最有用的一种植物了。老玉米是美洲的土产，在四五百年当中，传遍了全世界，久已成为全世界公用品，很少人知道他是从北美来的。

反过来看，在世界别的角落里，在欧洲美洲的都市与乡村里，我们也可以随地看见许多中国的东西变成了世界文化的一部分，中国的磁器，中国的铜器，中国画，中国雕刻，中国刻丝，中国刺绣，是随地可以看见的，人人喝的茶叶是中国去的，橘子、菊花是中国去的，桐油是全世界工业必不可少的，中国春天最早开的迎春花，现在已成为了西方都市与乡村最常见的花了，西方女人最喜欢的白茶花，栀子花，都是中国去的，西方家园里，公园里，我们常看见的藤萝花，芍药花，丁香花，玉兰花，也都是中国去的。

文化的交流，文化的交通，都是自由挑选的，这里面有一个大原则，就是"以其所有，易其所无，交易而退，各得其所"。释成白话是"我要什么，我挑什么来，他要什么，他挑什么去"。老玉米现在传遍世界，难道是洋枪大炮逼我们种的么。桐油，茶叶，传遍了世界，也不是洋枪大炮来抢去的，小的小到一朵花一个豆，大的大到经济政治学术思想，都逃不了这个文化自由选择、自由流通的大趋向。三四百年的世界交通，使各色各样的文化有个互相接近的机会，互相接近了，才可以互相认识，互相了解，才可以自由挑选，自由采用。

今日的世界文化就是这样自然的形成，这是我说的第一句话。

我要说的第二句话是"眼前的世界文化"。在刚才说过的自由挑选的自然趋向之下，还可以看出几个共同的大趋向，有几个共同的理想目标，这几个理想的目标是世界上许多圣人提倡的，鼓吹的。几个改造世界的大方向，经过了几百年的努力，几百年的宣传，现在差不多成了文明国家共同努力的目标了。到现在是有那些世界文化共同的理想目标呢，总括起来共有三个：

第一，用科学的成绩解除人类的痛苦，增进人生的幸福。

第二，用社会化的经济制度来提高人类的生活，提高人类生活的程度。

第三，用民主的政治制度来解放人类的思想，发展人类的才能，造成自由的独立的人格。

先说第一个理想，用科学的成果来增进人生的幸福减除人生的痛苦。

这个世界文化的最重要成分是三四百年的科学成绩。有些悲观的人，看了两次世界大战，尤其是看了最近几年的第二次世界大战，他们常常说，科学是杀人的利器，是毁灭世界文化的大魔王。他们看了两个原子弹毁灭了日本两个大城市，杀了几十万人，他们就想像将来的世界大战一定要把整个世界文明都毁灭完了，所以他们害怕科学，咒骂科学。这种议论是错误的。在一个大战争的时期，为了国家的生存，为了保存人类文明，为了缩短战争，科学不能不尽他的最大努力，发明有力量的武器，如第二次大战争里双方发明的种种可怕武器。但这种战时工作，不是科学的经常工作，更不是科学的本意，科学的正常使命是充分运用人的聪明才智来求真理，求自然界的定律，要使人类能够利用这种真理这种定律来管理自然界种种事物力量，譬如叫电气给我们赶车，叫电波给我们送信，这才是科学的本分，这才是利用科学的成果来增进人生的幸福。

这几百年来的科学成绩，却是朝着这个方向做去的，无数聪明才智的人，抱着求真理的大决心，终身埋头在科学实验室里，一点一滴的研究，一步一步的进步，几百年继续不断的努力，发明了无数新事实，新理论，新定律，造成了人类历史上空前的一个科学新世界。在这个新世界里，人类的病痛减少了，人类的传染病在文明国家里差不多没有了，平均寿命延长了几十年。科学的成果应用到工业技术上造出了种种替代人工的机器，使人们可以减轻工作的劳力，增加工作的效能，使人们可以享受无数机械的奴隶伏侍。总而言之：科学文明的结果使人类痛苦减除，寿命延长，增加生产，提高生活。

因为科学可以减除人类的痛苦，提高人生的幸福，所以现代世界文化的第一个理想目标是充分发展科学，充分利用科学，充分利用科学的成果来改善人们的生活。近世科学虽然是欧洲产生的，但在最近三十年中，科学的领导地位，已经渐渐地从欧洲转到美国了。科学是没有国界的，科学是世界公有的，只要有人努力，总可以有成绩，所以新起来的国家如日本，如苏联，如印度，如中国，有一分的努力就可以有一分的科学成绩，我希望我们在世界文化上有这种成分。其次谈到第二个理想标准，用社会化的经济制度来提高生活程度。

我特别用"社会化的经济制度"一个名词，因为我要避掉"社会主义"一类的名词。"社会化的经济制度"就是要顾到社会大多数人民的利益的经济制度。最近几十年的世界历史有一个很明显的方向，就是无论在社会主义的国家，或在资本主义的国家，财产权已经不是私人的一种神圣不可侵犯的人权了，社会大多数人的利益是一切经济制度的基本条件。美国英国号称资本主义的国家，但他们都有级进的所得税和遗产税。前四年的英国所得税，每年收入在一万镑的人，要抽百分之八十，而每年收入在二百五十镑以下的人，只抽百分之三的所得税。同年美国所得税率，单身人（没有结婚的）每年收入一千元的，只抽一百零七元；每年收入一百万元的，要抽八十九万九千五百元，等于百分之九十的所得税。这样的经济制度，一方面并不废除私有财产和自由企业，一方面节制资本。征收级进的所得税，供给全国的用度，同时还可以缩短贫富的距离。这样的经济制度可以称为"社会化的"。此外，如保障劳工组织，规定最低工资，限制工作时间，用国家收入来救济失业者，这都是"社会化"的立法。英国民族在各地建立的自治新国家，如澳洲，如纽西兰，近年来都是工党当国，都倾向于社会主义的经济立法。英国本身最近在工党执政之下，也是更明显的推行经济制的社会化。美国在罗斯福总统的十三年的"新法"政治之下，也推行了许多"社会化"的经济政策。至于北欧西欧的许多民主国家，如瑞典，丹麦，挪威，都是很早就在实行各种社会化的立法的国家。

这种很明显的经济制度的社会化，是世界文化的第二个共同的理想目标。我们中国本来有"不患贫而患不均"的传统思想，我们更应该朝这个方面多多的努力，才可以在经济世界文化上占一个地位。

最后，世界文化还有第三个共同的理想目标，就是民主的政治制度。

有些人听了我这句话，也许要笑我说错了，他们说最近三十年来，民主政治已不时髦了，时髦的政治制度是一个代表劳农阶级的少数党专政，铲除一切反对党，用强力来统治大多数的人民。个人的自由是资本主义的遗产，是用不着的。阶级应该有自由，个人应该牺牲自由，以谋阶级的自由。这一派的理论在眼前的世界里，代表一个很有力的大集团。而胡适之偏要说民主政治是文化的一个共同的理想目标，这不是大错了吗？

我不承认这种批评是对的。我是学历史的人，从历史上来看世界文化的趋向，那民主自由的趋向是三四百年来的一个最大目标，一个最明白的方向。最近三十年的反自由、反民主的集体专制的潮流，在我个人看来，不过是一个小小的波折，一个小小的逆流。我们可以不必因为中间起了这一个三十年的逆流，就抹煞那三百年的民主自由大潮流，大方向。

俄国的大革命，在经济方面要争取劳农大众的利益，那是我们同情的。可是阶级斗争的方法，造成了一种不容忍、反自由的政治制度，我认为那是历史上的一件大不幸的事。这种反自由、不民主的政治制度是不好的，所以必须依靠暴力强力来维持他，结果是三十年很残忍的压迫与消灭反对党，终于从一党的专制走上一个人的专制。三十年的苦斗，人民所得到的经济利益，还远不如民主国家从自由企业与社会立法得来的经济利益那末多。这是很可惋惜的。

我们纵观这三十年的世界历史，只看见那些模仿这种反自由、不容忍的专制制度一个一个的都被打倒了，都毁灭了。今日的世界，无论是在老文明的欧洲，或是在新起的亚洲，都还是朝着争民主、争自由的大方向走。印度的独立，中国的结束一党训政，都是明显的例子。

所以我毫不迟疑的说：世界文化的第三个理想目标是争取民主，争取更多更合理的民主。

有些人看见现在世界上有两个大集团的对立，"两个世界"的明朗化，就以为第三次世界大战祸不久即将来临了。将来胜败不知如何，我们不要押错了宝，将来后悔无及！

这是很可怜的败北主义！所谓"两个世界"的对垒，其实不过是那个反自由不容忍的专制集团，自己害怕自己气馁的表现。这个集团至今不敢和世界上别的国家自由交通，这就是害怕的铁证！这就是气馁。我们认清了世界文化的方向，尽可以不必担忧，尽可以放大胆子，放开脚步，努力建立我们自己的民主自由的政治制度。我们要解放我们自己，我们要自由，我们要造成自由独立的国民人格，只有民主的政治可以满足我们的要求。

（此文是胡适 1947 年 8 月 1 日在北平电台的广播词，原载 1947 年 8 月 3 日《华北日报》）

科学发展所需要的社会改革
（1961 年 11 月 16 日）

"科学发展所需要的社会改革"这题目不是我自己定的，是负责筹备的委员会出给我的题目。这题目的意思是问：在我们远东各国，社会上需要有些什么变化才能够使科学生根发芽呢？

到这里来开会的诸位是在亚洲许多地区从事推进科学教育的，我想一定都远比我更适合就这个大而重要的题目说话。

我今天被请来说话，我很疑心，这是由于负责筹备这个会议的朋友们大概要存心作弄我，或者存心作弄诸位：他们大概要我在诸位的会议开幕的时候做一次 Advocatus diaboli，"魔鬼的辩护士"，要我说几句怪不中听的话，好让诸位在静静的审议中把我的话尽力推翻。

我居然来了，居然以一个"魔鬼的辩护士"的身份来到诸位面前，要说几句怪不中听的话给诸位去尽力驳倒、推翻。

我愿意提出一些意见，都是属于知识和教育上的变化的范围的——我相信这种变化是一切社会变化中最重要的。

我相信，为了给科学的发展铺路，为了准备接受、欢迎近代的科学和技术的文明，我们东方人也许必须经过某种知识上的变化或革命。

这种知识上的革命有两方面。在消极方面，我们应当丢掉一个深深的生了根的偏见，那就是以为西方的物质的（material）、唯物的（materialistic）文明虽然无疑的占了先，我们东方人还可以凭我们的优越的精神文明（spiritual civilization）自傲。我们也许必须丢掉这种没有理由的自傲，必须学习承认东方文明中所含的精神成分（spirituality）实在很少。在积极方面，我们应当学习了解、赏识科学和技术决不是唯物的，乃是高度理想主义的（idealistic），乃是高度精神的（spiritual）；科学和技术确然代表我们东方文明中不幸不够发达的一种真正的理想主义，真正的"精神"。

第一，我认为我们东方这些老文明中没有多少精神成分。一个文明容忍像妇女缠足那样惨无人道的习惯到一千多年之久，而差不多没有一声抗议，还有什么精神文明可说？一个文明容忍"种姓制度"（the caste system）到好几千年之久，还有多大精神成分可说？一个文明把人生看作苦痛而不值得过的，把贫穷和行乞看作美德，把疾病看作天祸，又有些什么精神价值可说？

试想像一个老叫花婆子死在极度贫困里，但临死还念着"南无阿弥陀佛！"——临死还相信她的灵魂可以到阿弥陀佛所主宰的极乐世界去——试想像这个老叫花婆子有多大精神价值可说。

现在，正是我们东方人应当开始承认那些老文明中很少精神价值或完全没有精神价值的时候了；那些老文明本来只属于人类衰老的时代——年老身衰了，心智也颓唐了，就觉得没法子对付大自然的力量了。的确，充分认识那些老文明中并没有多大精神成分，甚或已没有一点生活气力，似乎正是对科学和技术的近代文明要有充分了解所必需的一种知识上的准备；因为这个近代文明正是歌颂人生的文明，正是要利用人类智慧改善种种生活条件的文明。

第二，在我们东方人是同等重要而不可少的，就是明白承认这个科学和技术的新文明并不是什么强加到我们身上的东西，并不是什么西方唯物民族的物质文明，是我们心里轻视而又不能不勉强容受的——我们要明白承认，这个文明乃是人类真正伟大的精神的成就，是我们必须学习去爱好、去尊敬的。因为近代科学是人身上最有精神意味而且的确最神圣的因素的累积成就；那个因素就是人的创造的智慧，是用研究实验的严格方法去求知、求发现、求绞出大自然的精微秘密的那种智慧。

"真理不是容易求得的"（理未易察）；真理决不肯自己显示给那些凭着空空的两手和没有训练的感官来摸索自然的妄人。科学史和大科学家的传记都是最动人的资料，可以使我们充分了解那些献身科学的人的精神生活——那种耐性、那种毅力、那种忘我的求真的努力，那些足令人心灰气馁的失败，以及在忽然得到发现和证实的刹那之间那种真正精神上的愉快、高兴。

说来有同样意味的是，连工艺技术也不能看作仅仅是把科学知识应用在工具和机械的制造上。每一样文明的工具都是人利用物质和能力来表现一个观念或一大套观念或概念的产物。人曾被称作 Homo faber，能制造器具的动物。文明正是由制造器具产生的。

器具的制造的确早就极被人重视，所以有好些大发明，例如火的发明，都被认作某位伟大的神的功劳。据说孔子也有这种很高明的看法，认为一切文明工具都有精神上的根源，一切工具都是从人的意象生出来的。《周易·系辞传》里说得最好："见乃谓之象；形乃谓之器；利而用之谓之法；利用出入，民咸用之，谓之神。"这是古代一位圣人的说法。所以我们把科学和技术看作人的高度精神的成就，这并不算是玷辱了我们东方人的身份。

总而言之，我以为我们东方的人，站在科学和技术的新文明的门口，最好有一点这样的知识上的准备，才可以适当的接受、赏识这个文明。

总而言之，我们东方的人最好有一种科学技术的文明的哲学。

大约在三十五年前，我曾提议对几个常被误用而且容易混淆的名词——"精神文明"（Spiritual Civilization），"物质文明"（Material Civilization），"唯物的文明"（Materialistic Civilization）——重新考虑，重新下定义。

所谓"物质文明"，应该有纯中立的涵义，因为一切文明工具都是观念在物质上的表现，一把石斧或一尊土偶和一只近代大海洋轮船或一架喷射飞机，同样是物质的。一位东方的诗人或哲人坐在一只原始舢板船上，没有理由嘲笑或藐视坐在近代喷射机在他头上飞过的人们的物质文明。

我又曾说到，"唯物的文明"这个名词虽然常被用来讥贬近代西方世界科学和技术的文明，在我看来却更适宜于形容老世界那些落后的文明。因为在我看来那个被物质环境限制住了，压迫下去了而不能超出物质环境的文明，那个不能利用人的智慧来征服自然以改进人类生活条件的文明，才正是"唯物的"。总而言之，我要说，一个感到自己没有力量对抗物质环境而反被物质环境征服了的文明才是"唯物"得可怜。

另一方面，我主张把科学和技术的近代文明看作高度理想主义的，精神的文明。我在大约三十多年前说过：

> 这样充分运用人的聪明智慧来寻求真理，来控制自然，来变化物质以供人用，来使人的身体免除不必要的辛劳痛苦，来把人的力量增加几千倍、几十万倍，来使人的精神从愚昧、迷信里解放出来，来革新、再造人类的种种制度以谋最大多数的最大幸福——这样的文明是高度理想主义的文明，是真正精神的文明。[①]

这是我对科学和技术的近代文明的热诚颂赞——我在一九二五年和一九二六年首先用中文演说过并写成文字发表过，后来在一九二六年和一九二七年又在英、美两国演说过好几次，后来在一九二八年又用英文发表，作为俾耳德（Charles A. Beard）教授编的一部论文集《人类何处去》（*Whither Mankind*）里的一章。

这并不是对东方那些老文明的盲目责难，也决不是对西方近代文明的盲目崇拜。这乃是当年一个研究思想史和文明史的青年学人经过仔细考虑的意见。

---

① 这段引文的原文出自胡适的论文"The Civilizations of the East and the West"，即俾耳德教授编的 *Whither Mankind*（1928，Longmans）的第一章。——译注

我现在回过头去看，我还相信我在大约三十五年前说的话是不错的。我还以为这是对东方和西方文明很公正的估量。我还相信必须有这样的对东方那些老文明，对科学和技术的近代文明的重新估量，我们东方人才能够真诚而热烈的接受近代科学。

没有一点这样透彻的重新估量、重新评价，没有一点这样的知识上的信念，我们只能够勉强接受科学和技术，当作一种免不了的障碍，一种少不了的坏东西，至多也不过是一种只有功利用处而没有内在价值的东西。

得不到一点这样的科学技术的文明的哲学，我怕科学在我们中间不会深深的生根，我怕我们东方的人在这个新世界里也不会觉得心安理得。

（此文是胡适 1961 年 11 月 16 日在台北召开的亚东区科学教育会议上的英文演讲，徐高阮译成中文，原载于台北《文星》杂志第 9 卷第 2 期）

五

教育与人生

非留学篇
（1914 年）

一

吾久欲有所言，而逡巡嗫嚅，终未敢言。然吾天良来责，吾又不敢不言。夫欲有所言而不敢言，是恇怯懦夫之行，欺人以自欺者之为也。吾何敢终默，作《非留学篇》。

吾欲正告吾父吾老伯叔昆弟姊妹曰：

> 留学者，吾国之大耻也；
>
> 留学者，过渡之舟楫非敲门之砖也；
>
> 留学者，废时伤财事倍而功半者也；
>
> 留学者，救急之计而非久远之图也。

何以言留学为吾国之大耻也？当吾国文明全盛之时，泱泱国风，为东洋诸国所表则。稽之远古，则有重译之来朝。洎乎唐代，百济、新罗、日本、交趾，争遣子弟来学于太学。中华经籍，都为异国之典谟。纸贵鸡林，以觇诗人之声价。猗欤盛哉！大国之风也。唐宋以来，吾国文化濡滞不进。及乎晚近百年，则国威日替，国疆日蹙，一挫再挫，几于不可复振，始知四境之外，尚有他国。当吾沉酣好梦之时，彼西方诸国，已探赜索隐，登峰造极，为世界造一新文明，开一新天地。此新文明之势力，方挟风鼓浪，蔽天而来，叩吾关而窥吾室。以吾数千年之旧文明当之，乃如败叶之遇疾风，无往而不败衄。于是睡狮之梦醒矣！忧时之士，惩既往之巨创，惧后忧之未已，乃忍辱蒙耻，派遣学子，留学异邦，作百年树人之计，以为异日急起直追之图。于是神州俊秀，纷纷渡海，西达欧洲，东游新陆。康桥、牛津、哈佛、耶尔、伯林、巴黎，都为吾国储才之馆，育秀之堂。下至东瀛三岛，向之遣子弟来学于吾国者，今亦为吾国学子向学论道之区。嗟夫！茫茫沧海，竟作桑田；骇浪蓬莱，今都清浅。以数千年之古国，东亚文明之领袖，曾几何时，乃一变而北面受学，称弟子国。天下之大耻，孰有过于此者乎！吾故曰：留学者我国之大耻也。

吾所谓留学者过渡之舟楫，而非敲门之砖者，何也？吾国今日所处，为旧文明与新文明过渡之时代。旧文明非不可宝贵也，不适时耳！人将以飞行机、无烟炮击我；我乃以弓箭、鸟铳当之。人方探赜研几，役使雷电，供人牛马；我乃以布帆之舟、单轮之车当之。人方倡世界平等、人类均产之说；我乃以天王圣明、君主万能之说当之。人方创生存竞争、优胜劣败之理；我乃以揖让不争之说当之。人方穷思殚虑，欲与他星球交通；我乃持天圆地方之说，以为吾国居天下之中，四境之上，皆蛮夷戎狄也。此新旧二文明之相隔，乃如汪洋大海，渺不可渡。留学者，过渡之舟楫也。留学生者，篙师也，舵工也，乘风而来，张帆而渡，及于彼岸，乃采三山之神药，乞医国之金丹，然后扬帆而归，载宝而返。其责任所在，将令携来甘露，遍洒神州；海外灵芝，遍栽祖国；以他有之所长，补我所不足，庶令吾国古文明，得新生机而益发扬张大，为神州造一新旧混合之新文明。此过渡时代人物之天职也。今也不然。今之留学者，初不作媒介新旧文明之想。其来学也，以为今科举已废，进取仕禄之阶，惟留学为最捷，于是有钻营官费者矣，有借贷典质以为私费者矣。其来海外之初，已作速归之计。数年之后，一纸文凭，已入囊中，可以归矣！于是星夜而归，探囊出羊皮之纸，投刺作学士之衔，可以猎取功名富贵之荣，车马妻妾之奉矣。嗟夫！持此道而留学，则虽有吾国学子充塞欧美之大学，于吾国学术文明更何补哉！更何补哉！！故吾曰：留学者过渡之舟楫，而非敲门之砖也。

吾所谓留学者，废时伤财，事倍而功半者，又何也？请先言废时。留学者，不可无预备。以其所受学者，将在异言之国，则不得不习其语言文字。而西方语言文字与吾国大异，骤习之不易收效。即如习英文者，至少亦须四、五年，始能读书会语。所习科学，又不得不用西文课本，事倍功半，更不待言。此数年之时力，仅预备一留学之资格。既来异国，风俗之异，听课之艰，在在困人。彼本国学子，可以一小时肄习之课，在我国学子，须以一二倍工夫为之，始克有济。夫以倍蓰之日力，乃与其国学子习同等之课，其所成就，或可相等，而所暴殄之日力，何可胜计，废时之弊，何待言矣！次请论伤财。在国内之学校，其最费者，莫如上海诸校，然吾居上海六年，所费每年自百元至三百元不等，平均计之，约每年二百五十墨元，绰有余裕矣。今以官费留学，每月得八十元，每年乃费美金九百六十元，合墨银不下二千元，盖八倍于上海之费用。以吾一年留学之费用，可养八人在上海读书之资，其为伤财，更何待言。夫以四五年或六七年之功，预备一留学生；及其既来异邦，乃以倍蓰之日力、八倍之财力供给之，然后造成一归国之留学生，而其人之果能有益于社会国家与否，犹未可知也。吾故曰：留学者废时伤财事倍而功半者也。

吾所谓留学者，救急之计而非久远之图者，何也？吾国文化中滞，科学不进，此无可讳者也。留学之目的，在于植才异国，输入文明，以为吾国造新文明之张本，所谓过渡者是也。以己所无有，故不得不求于人。吾今日之求于人，正所以为他日吾自有之预备也。求学于人之可耻，吾已言之。求学于人之事倍功半，吾亦已言之。夫诚知其耻，诚知其难，而犹欲以留学为储才长久之计，而不别筹善策，是久假而不归也；是明知其难而安其难，明知其耻而犹腼颜忍受不思一洗其耻也。若如是，则吾国文明终无发达之望耳。读者疑吾言乎？则请征之事实。五、六年前，留学生远不如今日之众也，而其时译书著书之多，何可胜计。如严几道、梁卓如、马君武、林琴南之流，其绍介新思想、输入新文明之苦心，都可敬佩也。至于今日，留学人数骤增矣，然数年以来，乃几不见有人译著书籍者。国内学生，心目中惟以留学为最高目的，故其所学，恒用外国文为课本。其既已留学而归，或国学无根柢，不能著译书；或志在金钱仕禄，无暇为著书之计。其结果所及，不惟无人著书，乃并一册之译本哲学科学书而亦无之。嗟夫！吾国人其果视留学为百年久远之计矣乎？不然，何著译界之萧条至于此极也。夫书籍者，传播文明之利器也，吾人苟欲转入新知识为祖国造一新文明，非多著书多译书多出报不可。若学者不能以本国文字求高深之学问，则舍留学外，则无他途，而国内文明永无增进之望矣！吾每一念及此，未尝不寒而栗，为吾国学术文明作无限之杞忧也。吾故曰：留学者，救急之策而非久远之图也。

上所言四端，留学之性质，略具于是矣。夫诚知留学为国家之大耻，则不可不思一雪之。诚知留学为过渡之舟，则不可不思过渡后之建设。诚知留学为废时伤财之下策，则不可不思所以补救之。诚知留学之于暂而不可久，则尤不可不思长久之计果何在。要而言之，则一国之派遣留学，当以输入新思想为己国造新文明为目的。浅而言之，则留学者之目的在于使后来学子可不必留学，而可收留学之效。是故留学之政策，必以不留学为目的。此目的一日不达，则留学之政策一日不得而收效也。

二

吾绪论留学而结论曰：留学之目的，在于为己国造新文明。又曰：留学者以不留学为目的。是故派遣留学生至数十年之久，而不能达此目的之万一者，是为留学政策之失败。

嗟夫！吾国留学政策之失败也，无可讳矣。不观于日本乎？日本之遣留学，与吾国先后同时，而日本之留学生已归而致其国于强盛之域。以内政论，则有健全之称；以外交、军事论，则国威张于世界；以教育论，则车夫、下女都能识字阅报；以文学论，则已能融合新旧，成一种新文学，小说、戏曲，都有健者；以美术论，则雕刻、绘画都能自树一帜，今西洋美术，乃骎骎受其影响；以科学论，则本国学者著作等身者殊不乏人；其医药之进步，尤为世界所称述云。日本留学成效之卓著者，盖如此。今返观吾国则何如矣：以言政治，则但有一非驴非马之共和；以言军事，则世界所非笑也；以言文学，则旧学已扫地，而新文学尚遥遥无期；以言科学，则尤可痛矣，全国今日乃无一人足称专门学者；言算，则微积以上之书，竟不可得；言化学，则分析以上之学，几无处可以受学；言物理，则尤凤毛麟角矣；至于动植之学，则名词未一，著译维艰，以吾所闻见，全国之治此学者一二人耳。凡此诸学，皆不可谓为高深之学，但可为入学之津梁、初学之阶梯耳。然犹幼稚浅陋如此，则吾国科学前途之长夜漫漫，正不知何时旦耳！四十年之留学政策，其成效之昭然在人耳目者，乃复尔尔。吾友任叔永尝言吾国今日乃无学界。吾谓岂独无学界，乃并无学问可言，更无论新文明矣。

夫留学政策之失败，果何故欤？曰是有二因焉：一误于政府教育方针之舛误，再误于留学生志趣之卑下。

曷言之一误于政府也。曰：政府不知振兴国内教育，而惟知派遣留学。其误也，在于不务本而逐末。前清之季，政府以廷试诱致留学生。

其视国外之大学，都如旧日之书院，足为我储才矣。当美国之退还庚款也，其数甚巨，足以建一大学而有余，乃不此之图，而以之送学生留学美国。其送学生也，又以速成致用为志，而不为久远之计，于是崇实业工科，而贱文哲政法之学。又不立留学年限，许其毕业即归，不令久留为高深之学。其赔款所立之清华学校，其财力殊可作大学，而惟以预备留美为志，岁掷巨万之款，而仅为美国办一高等学校，岂非大误也哉！此前清之误也。今民国成立，不惟于前清之教育政策无所改进，又从而效之。乃以官费留学为赏功之具，于是有中央政府赏功留学之举，于是有广东、陕西、湖南、江西赏功留学之举。其视教育之为物，都如旧日之红顶花翎，今日之嘉禾文虎，可以作人情赠品相授受也。民国成立以来，已二年矣，独未闻有人建议增设大学、推广国内高等教育者，但闻北京大学之解散耳。推其意以为外国大学，其多如鲫，独不可假为吾国高等教育之外府耶。而不知留学乃一时缓急之计，而振兴国内高等教育乃万世久远之图。留学收效速而影响微，国内教育收效迟而影响大。今政府岁遣学生二百人，则岁需美金十九万二千元，合银元四十万有奇。今岁费四十万元，其所造就仅二百人耳！若以此四十万元，为国内振兴高等教育之费，以吾国今日生计之廉，物价之贱，则年费四十万元，可设大学二所，可容学生二千人，可无疑也。难者将曰：以今日吾国学界之幼稚，此国内二千人之所成就，必不如海外二百人所成就之多。则将应之曰：此无可免者也。然即令今日所成就，较之留学，为一与五之比例，则十年之后，或犹有并驾齐驱之一日。何则？以有本国之大学在，有教师在，有实验室在，有课堂校舍在，则犹有求学之所，有扩广学问之所也。今若专恃留学，而无国内大学以辅之，则留学而归者，仅可为衣食利禄之谋，而无传授之地，又无地可为继续研究高等学业之计，则虽年年派遣留学，至于百年千年，其于国内文明，无补也，终无与他国教育文明并驾齐驱之一日耳。盖国内大学，乃一国教育学问之中心。无大学，则一国之学问无所折衷，无所归宿，无所附丽，无所继长增高。以国内大学为根本，而以留学为造大学教师之计。以大学为鹄，以留学为矢，矢者所以至鹄之具也。如是，则吾国之教师前途，或尚有万一之希冀耳。

　　曷言之再误于留学生也。曰：留学生志不在为祖国造新文明，而在一己之利禄衣食；志不在久远，而在于速成。今纵观留学界之现状，可得三大缺点焉。

一曰苟且速成。夫留学生既无心为祖国造文明，则其志所在，但欲得一纸文凭，以为啖饭之具。故当其未来之初，已作亟归之计。既抵此邦，首问何校易于插班，何校易于毕业。既入校，则首询何科为最易，教师中何人为最宽，然后入最易之校，择最宽之教师，读最易之课。迟则四年，早则二、三年，而一纸羊皮之纸，已安然入手，俨然大学毕业生矣，可以归矣。及其归国也，国人亦争以为某也某也，今自某国某大学毕业归矣，学成矣。而不知四年毕业之大学生，在外国仅为学问之初级，其于高深之学问，都未窥堂奥，无论未能升堂入室矣。此种得第一级学位之毕业生，即以美国一国论，每年乃有五万人之多（美国有名诸大学每年得第一级学位者每校都不下千人）。在人则车载斗量，不可胜数；在我则尊之如帝天，指而相谓曰，此某国某大学之毕业生也。而留学生亦扬扬自满曰：我大学毕业生也。呜呼！使留学之结果，仅造得此种未窥专门学问堂奥之四年毕业生，则吾国高等教育之前途，终无幸耳。

二曰重实业而轻文科。吾所谓文科，不专指文字语言之学，盖包括哲学、文学、历史、政治、法律、美术、教育、宗教诸科而言。今留学界之趋向，乃偏重实科，而轻文科。以晚近调查秘得，盖吾国留美四百余大学学生中，习文科者仅及百人；而习工科者倍之，加入农学、化学、医学之百余人，则习实业者之数，几三倍于文科云。祖实科者之说曰：吾国今日需实业工业之人才甚急。货恶其弃于地也，则需矿师；交通恶其不便也，则需铁道工程师；制器恶其不精也，则需机械工程师；农业恶其不进也，山林恶其不修也，则需农学大师、森林学者焉。若夫文史哲学，则吾国固有经师文人在；若夫法家政客，则今日正苦其多。彼早稻田、民治大学之毕业生，皆其选也。故为国家计，不得不重实科而轻文科。且习文科者，最上不过得一官，下之仅足以糊口，不如习工程实科者有作铁道大王、百万巨富之希望也。故为个人计，尤不得去彼而取此。此二说之结果，遂令习工程实业者充塞于留学界。其人大抵都勤苦力学，以数年之功，专施诸机械、木、石、钢铁之间；卒业之后，或可以绘一机器之图，或可以布百里之路，或可以开五金之矿。然试问：即令工程之师遍于中国，遂可以致吾国于富强之域乎？吾国今日政体之得失，军事之预备，政党之纷争，外交之受侮，教育之不兴，民智之不开，民德之污下，凡此种种，可以算学之程式、机械之图型解决之乎？可以汽机、轮轨、钢铁、木石整顿之乎？为重实科之说者，徒见国家之患贫，实业之不兴，物质文明之不进步；而不知一国治乱、盛衰之大原，实业工艺，仅其一端。若政治之良癥，法律之张弛，官吏之贪廉，民德之厚薄，民智之高下，宗教之善恶，凡此种种之重要，较之机械工程，何啻什百倍！一国之中，政恶而官贪，法敝而民偷，教化衰而民愚，则虽有铁道密如蛛网，煤铁富于全球，又安能免于蛮野黑暗之讥而自臻于文明之域也哉？且夫无工程之师，犹可聘诸外人，其所损失，金钱而已耳。至于一国之政治、法律、宗教、社会、民德、民智，则万非他人所能代庖（今之聘外国人为宪法顾问者失算也），尤非肤受浅尝者所能赞一辞。以其所关系，固不仅一路一矿一机一械之微，乃国家种姓文化存亡之枢机也。吾非谓吾国今日不需实业人才也，实业人才固不可少，然吾辈决不可忘本而逐末。需知吾国之需政治家、教育家、文学家、科学家之急，已不可终日。不观乎晚近十余年，吾国人所受梁任公、严几道之影响为大乎？抑受詹天佑、胡栋朝之影响为大乎？晚近革命之功，成于言论家理想家乎？抑成于工程之师机械之匠乎？吾国苟深思其故，当有憬然于实业之不当偏重，而文科之不可轻视者矣。

三曰不讲求祖国之文字学术。今留学界之大病，在于数典忘祖。吾见有毕业大学而不能执笔作一汉文家书者矣！有毕业大学而不能自书其名者矣！有毕业工科而不知中国有佛、道二教者矣！吾不云乎：留学者，过渡之舟楫也；留学生者，篙师也，舵工也。舟楫具矣，篙师、舵工毕登矣。而无帆，无舵，无篙，无橹，终不能行也。祖国之语言文字，乃留学生之帆也，舵也，篙也，橹也。帆飞篙折，舵毁橹废，则茫无涯际之大海，又安所得渡耶！徒使彼岸问津人望眼穿耳。吾以为留学生而不讲习祖国文字，不知祖国学术文明，其流弊有二：

（1）无自尊心。英人褒克有言曰："人之爱国，必其国有可爱者存耳。"今吾国留学生，乃不知其国古代文化之发达，文学之优美，历史之光荣，民族之敦厚，一入他国，目眩于其物质文明之进步，则惊叹颠倒，以为吾国视此真有天堂地狱之别。于是由惊叹而艳羡，由艳羡而鄙弃故国，而出主入奴之势成矣！于是人之唾余，都成珠玉，人之瓦砾，都成琼瑶。及其归也，遂欲举吾国数千年之礼教、文字、风节、俗尚，一扫而空之，以为不如是不足以言改革也。有西人久居中国，归而著书曰：今中国少年所持政策，乃"趸卖批发"之政策也。斯言也，恶谑欤？确论欤？

（2）不能输入文明。祖国文字，乃留学生传播文明之利器，吾所谓帆、舵、篙、橹者是也。今之不能汉文之留学生,既不能以国文教授,又不能以国语著书,则其所学,虽极高深精微,于莽莽国人,有何益乎?其影响所及,终不能出于一课堂之外也。既如严几道之哲学,吾不知其浅深,然吾国今日学子,人人能言名学群学之大旨,物竞天择之微言者,伊谁之力欤?伊谁之力欤?!又吾国晚近思想革命、政治革命,其主动力,多出于东洋留学生,而西洋留学生寂然无闻焉。其故非东洋学生之学问高于西洋学生也,乃东洋留学生之能著书立说者之功耳。使吾国之留学生,人人皆如邝富灼、李登辉,则吾国之思想政治,必与二十年前丝毫无易,此可断言者也。

上所论三者,一曰苟且速成,二曰偏重实科,三曰昧于祖国文字学术。惟其欲速也,故无登岸造极之人才。惟其取重实科也,故其人多成工师机匠,其所影响,不出一路一矿之微,而于吾所谓为祖国造文明者,无与焉。惟其昧于祖国之文字学术也,故即有饱学淹博之士,而无能自传其学于国人,仅能作一外国文教员以终身耳,于祖国之学术文化何所裨益哉?何所裨益哉?!故吾以为留学之效所以不著者,其咎亦由留学生自取之也。

是故吾国数十年来之举,一误于政府之忘本而逐末,以留学为久长之计,而不知振兴国内大学,推广国内高等学校,以为根本之图。国内高等学校不兴,大学不发达,则一国之学问无所归聚,留学生所学,但成外国人口货耳。再误于留学生之不以输入文明为志,而以一己之衣食利禄为志。其所志不在久远,故其所学不必高深;又蔽于近利而忘远虑,故其所肄习多偏重工程机械之学,虽极其造诣,但可为中国增铁道若干条,开矿山若干处,设工厂若干所耳!于吾群治进退、文化盛衰,固丝毫无与也。吾国留学政策之全行失败,正坐此二大原因。又不独前此之失败已也。若政府犹不变其教育方针,若留学生犹不改其趋向志趣,则虽岁遣学生千人,至于千年万祀之久,于吾国文明无所裨益也,但坐见旧文明日即销亡,而新文明之来,正遥遥无期耳。吾为此惧,遂不能已于言。吾岂好危言,以耸人听闻哉!吾不得已也。

三

吾既论留学之性质及其失败之原因矣,然则留学可废乎?曰:何可废也。吾不云乎:留学者,救急之上策,过渡之舟楫。吾国一日未出过渡之时代，则留学一日不可废。以留学之效不著之故而废留学，是因噎而废食也。病噎者，治噎可也；而遂废食，不可也。患留学之失败者，补救之可也；而遂废留学，不可也。补救之道奈何？曰改教育之方针而已矣。吾国在昔之教育，以科举仕进为目的。科举之废，八年矣，而科举之余毒未去。吾观于前清学部及今日教育部之设施，一科举时代之设施也。吾观于今日国内外学子之趋向志趣，一科举时代之趋向志趣也。考优也，考拔也，考毕业也，廷试留学生也，毕业生与留学生之授官也，皆以仕进利禄劝学者也。上以此劝，则下以此应，无惑乎吾国有留学生至数十年之久，而不得一专门学者也。以国家之所求固不在此，而个人之所志，亦不在此也。居今日而欲以教育救国也，非痛改此仕进利禄之方针，终无效耳，终无效耳！

夫吾国今日果宜以何者为教育之方针乎？曰：今日教育之唯一方针，在于为吾国造一新文明。吾国之旧文明，非不可宝贵也，不适时耳！不适于今日之世界耳！欧洲有神话，记昔有美女子忤一巫，巫以术闭之塔上，令长睡百年，以刺蔷薇封其塔，人莫能入。百年既逝，有少年勇士排蔷薇而入塔，睹此长睡美人之容光，遽吻其颊，而女子遽惊觉，百年之梦醒矣，遂为夫妇。吾国之文明，正类此蔷薇塔上百年长睡之美人。当塔上香梦沉酣之时，塔外众生方扰攘变更，日新而月异。迨百年之梦醒，而塔外之世界，已非复百年前之世界，虽美人之颜色如故，而鬓鬟冠裳，都非时世之妆矣！吾国近事，何以异此。吾之长睡，何止百年。当吾梦醒之日，神州则犹是也；而十九世纪与二十世纪之世界，已非复唐、宋、元、明之世界。吾之所谓文明，正如百年前之画眉深浅，都不入时，是故塔上梦醒之美人，而欲与塔外蛾眉争妍斗艳也，非改效时世之妆不可。吾国居今日而欲与欧美各国争存于世界也，非造一新文明不可。造新文明，非易事也。尽去其旧而新是谋，则有削趾适履之讥；取其形式而遣其精神，则有买椟还珠之诮，必也。先周知我之精神与他人之精神果何在，又须知人与我相异之处果何在，然后可以取他人之长补我所不足。折衷新旧，贯通东西，以成一新中国之新文明，吾国今日之急务，无急于是者矣。二十世纪之大事，无大于是者矣。以是为吾民国之教育方针，不亦宜乎。

教育方针既定，则留学之办法亦不可不变。盖前此之遣留学生，但为造官计，为造工程师计，其目的所在，都不出仕进、车马、衣食、利禄之间；其稍远大者，则亦不出一矿一路之微耳。初无为吾国造新文明之志也，今既以新文明为鹄，则宜以留学为介绍新文明之预备。盖留学者，新文明之媒也，新文明之母也。以浅陋鄙隘之三、四年毕业生，为过渡之舟，则其满载则归者，皆其三、四年中所生吞活剥之人口货耳。文明云乎哉！文明云乎哉！！吾故曰：留学方法不可不变也。

改良留学方法之道奈何？曰：第一须认定留学乃是救急之图，而非久长之计（其说见一）。久长之计乃在振兴国内之高等教育。是故当以国内高等教育为主，而以留学为宾；当以留学为振兴国内高等教育之预备，而不当以高等教育为留学之预备。今日之大错，在于以国内之教育仅为留学之预备。是以国内有名诸校，都重西文，用西文教授科学；学生以得出洋留学为最高之目的，学校亦以能使本校学生可考取留学官费、或能直入外国大学，则本校之责已尽矣。此实今日最大之隐患。其流弊所及，吾国将年年留学，永永为弟子之国，而国内文明终无发达之望耳。欲革此弊，当先正此反客为主、轻重失宜之趋向，当以国内高等教育为主脑，而以全副精神贯注之，经营之。留学仅可视为增进高等教育之一法，以为造成专门学者及大学教师之计，上也；以为造成工师机匠以应今日急需之计，其次也；至于视留学为久长之计，若将终身焉，则冥顽下愚之下策矣！不佞根据上列理由，敬拟二策：一曰慎选留学，所以挽救今日留学政策之失也；二曰增设大学，所以增进国内之高等教育为他日不留学计也。今分条详论之如下：

第一，慎选留学之法，可分四级论之。

甲、考试资格。凡学生非合下列资格者，不得与留学之选。

子、国学。须通晓"四书"、《书经》、《诗经》、《左传》、《史记》、《汉书》，考试时，择各书中要旨，令疏说其义。

丑、文学。作文能自达其意者，及能译西文者。其能通《说文》与夫《史》、《汉》之文及唐诗、宋词者尤佳。不必能作诗词，但能读足矣。

寅、史学。须通晓吾国全史（指定一种教科书，如夏穗卿《中国历史》之类）。

理由：上列三门，初不为苛求也。国文，所以为他日介绍文明之利器也。经籍、文学，欲令知吾国大文明之一斑也。史学，欲令知祖国历史之光荣也。皆所以兴起其爱国之心也。凡此三者，皆中学以上之学生人人所应具之知识。以此为留学生之资格，安得为苛求乎！

卯、外国语。留学之国之言语之字，须能读书作文。如留英、美者须英文，留德、法者须德、法文，皆须精通。此外，尚须通一国近世语言。如留英、美者，英文之外，须通德文或法文，以粗知文法大义，能以字典读书为度。

理由：外国大学生大抵多能通二三国文字。在美国，则入大学尚可以中国文代希腊拉丁，有时德、法文亦可于入大学后补习，有时竟可豁免。然欲入大学毕业院，非通德、法文，即不能得博士学位。故宜以早习之为得计也。

辰、算学。代数、平面几何、立体几何、平面三角万不可少，否则不能入大学。

巳、科学。物理、化学之大概，动、植、生理，能通更佳。

午、所至之国之历史政治。如至美者，须稍知美之历史、政治，至少须读过白来斯氏之《平民政治》（James Bryce's *American Commonwealth*）。

理由：留学生不独有求学之责，亦有观风问政之责，非稍知其国之历史政治，不能觇国也。

以上所列，为选送留学万不可少之资格，以非此不能入外国大学也。论者或谓今日能具此种资格者盖鲜，不知留学为今日要图。若无及格学生，宁缺可也，不可滥竽以充数也。且国家苟悬此格以求之，则国中之欲得官费留学者，必将竭力求及此格，不患缺也。

乙、留学年限。求学第一大病在于欲速成，第二大病在于陋隘。速成者浅尝而止，得一学士文凭即已满意，不自知其尚未入学问之门也。陋隘者除所专习之外，别无所知。吾见有毕业大学工科，而不知俾士麦为何许人者矣。欲革此二弊，当采限年之法。

子、凡留学之第一二年，一律学文科（Arts and Sciences 或名 Academic Course），俾可多习语言文字、历史、哲学、理化之类，以打定基础，开拓心胸。二年之后，然后就性之所近习专科，或习文艺，或习实业、工程焉。

丑、所学四年毕业之后，习文科者须入毕业院，至少再留一年，能更留二三年尤佳。其习工程者，至少须至实习地练习一年，始可令归。

丙、鼓励专门学问。以上所陈资格、年限，都为直入大学者计耳。在外国大学四年毕业，其事至易，而所学綦浅，不足以言高深之学问也。真正专门之学问，须于毕业院求之，故当极力鼓励学生入毕业院。其法有三：

子、择私费学生已毕业外国大学，又得大学保证，其所学果有心得堪以成就者，由国家给与官费，令入毕业院，继续所学。

丑、择本国大学毕业生，成绩优美，有志往外国继续研究所学者，与以官费。

理由：所以必须大学保证其学有心得、成绩优美者，以毕业乃是易事，往往有所学，毫无心得，而勉强及格得毕业者，故须保证也。

寅、设特别专门官费。特别专门官费者，指定某项官费，须用作留学某种学问之费，如设矿学官费若干名，昆虫学官费若干名之类。此种官费，办法如下：

（1）分科。分科视国家时势所急需而定。如需昆虫学者，则设昆虫学官费；需植物学者，则设植物学官费是也。（2）资格。凡于指定之科学有根柢，又有志研究更深学问者，皆得应考。又凡在外国大学专门已有成绩者，但有大学本科掌教保证，亦可给予（参观丙子）。

丁、官费留学生对于国家之义务。官费留学生归国之后，得由中央政府或省政府随时征召，或入国家专门图书馆编纂教科书，或在国家大学或省立大学任教授之责，或在国家工厂任事，或在各部效力。其服务之期限，视其人留学之年限而定。在此服务期内，所受薪俸，皆有定额，著为律令。其有不服征召者，有罚，国家得控告之。

右所述诸条，皆改良留学之办法，但可施诸官费学生，而不能施诸私费学生者也。诚以今日留学界官费者居十之六七，其费既出自国家，易于整顿改革。彼私费生，费自己出，非国家所能干预，无可如何也。

第二，增设大学。

吾国诚以造新文明为目的，则不可不兴大学，徒恃留学无益也。盖国内之大学，乃一国学术文明之中心。无大学，则输入之文明，皆如舶来之入口货，一入口立即销售无余，终无继长增高之望（其说互见二）。吾国比年以来，留学生日众而国中高等教育毫无进步者，盖以仅有留学而无大学以为传布文明之所耳。国中无完美之大学，则留学生虽有高深之学问，无所用之。其害一也。国内无地可求高等学问，则学者人人都存留学之志，而国内文明永无进步之望。其害二也。外国大学四年毕业之学科（即所谓 Undergraduate Course），国内大学尽易教授，何必费时伤财，远求之于万里之外乎（实科稍难，文科更易）。其害三也。外国有名之大学，当其初创，都尝经过一草昧经营之时代，非一朝一夕即可几今日完美之境。我国设大学于今日，虽不能完备，而他日犹有继长增高急起直追之一日。若并此荜路蓝缕之大学而亦无之，更安望他日灿烂光华之大学哉！其害四也。今国学荒废极矣！有大学在，设为专科，有志者有所肄习，或尚有国学昌明之一日。今则全国乃无地可习吾国高等文学。其害五也。积此五害，吾故曰不可不兴大学。

附注 吾国今日称"大学"者若干所，然夷考其学科，察其内容，其真能称此名者，盖甚少也。大学英名 University，源出拉丁 Universitas，译言全也，总也，合诸部而成大全也。故凡具各种专门学科合为一校者，始可称为大学。其仅有普通文科，或仅有一种专门学者，但可称为学院，或称其某科专门学校。College 即如记者所居康南耳大学，乃合九专校而成，曰文艺院，曰农学院，曰法学院，曰机械工程院，曰土木工程院，曰建筑学院，曰医学院，曰兽医学院，曰毕业院。此九院者，分之则各称某院或某校，合之则成康南耳大学耳。今吾国乃有所谓文科大学、经科大学者，夫既名经科，既名文科，则其为专科学校可知，而亦以大学名，足见吾国人于"大学"之真义尚未洞然也。后此本文所用"大学"概从此解。其仅有一种专科者，则称专科学校（省称专校）。

增设大学之计划，管见所及，略如下方：

一、国家大学。直接隶属中央教育部，择最大都会建设之。如今之北京、北洋、南洋三大学，皆是。此等大学，宜设法为之推广学科（今此三大学之学科不完极矣！几不能名为大学），增置校舍及实验室。增设学额，分摊各省，省得送学生若干人。

此等国家大学，代表全国最高教育，为一国观瞻所在，故学科不可不完也，实验场不可不备也，校中教师宜罗致海内名宿充之，所编各学讲义宜供全省大学之教本。大学之数，不必多也，而必完备精全。今不妨以全力经营北京、北洋、南洋三大学，务使百科咸备，与于世界有名大学之列，然后以余力增设大学于汉口、广州诸地。日本以数十年力之经营东京、西京两帝国大学，今皆有声世界矣。此其明证，未尝不可取法也。

二、省立大学。省立大学，可视本省之急需而增置学科。如浙江大学则宜有蚕学、种茶专科，福建大学则宜有漆工及造船专科，江西大学则宜有磁器专科之类。此省立大学之益也。

省立大学可就今之高等学堂改设之。先于高等学堂内设大学科，以高等毕业生及招考所得者实之。又可合本省之高等实业、高等商业、法政专科、路矿学堂、高等师范诸校而并为一大学，既可节省无数监督、提调之薪俸，又可省去无数之教员，利莫大焉。

省立大学隶于本省之教育司，由本省议会指定本省租税若干为经费。省立大学学费宜轻，能免费更佳。如不能免费，则每县应有免费生若干名，以考试定之。

各省大学入学程度及毕业年限，均由中央教育部定之，以归划一。其毕业所得学位，与国家大学所给同等。毕业生之程度，宜竭力求与各国大学同等。内地人少民贫之省，不能设大学者，可与他省联合设立大学，如陕甘大学、云贵大学之类。

三、私立大学。凡以私人财产设立大学者，须将所捐财产实数及立学宗旨，呈报本省教育司立案。成立之后，宜由教育司随时考察其成绩。其成效已大著者，国家宜匡助之。匡助之法：或捐款增设学科于其校中，以助成其完备（记者所居之康南耳大学为私立大学，而纽约省政府乃设农院及兽医院于是）；或捐款设免费额若干名于其校中，俾贫家子弟得来学焉。

私立大学之入学资格及毕业年限，皆须与国家大学及省立大学同等。

私立大学在各国成绩卓著，而尤以美国为最著。美国有名之大学哈佛 Harvard、耶尔 Yale、康南耳 Cornell、约翰霍铿 John's Hopkins、卜郎 Brown、芝加角 Chicago（煤油大王洛克斐老所捐），皆私立大学也。私立大学非一人所能成，所较好善之士，慷慨继续捐助，以成创始者之美，始有济耳。

以上所述三种大学，略具梗概而已。尚有专科学校，亦关紧要，故附及焉。

四、专科学校（或官立或私立）。上所述大学，皆以一大校而具若干专校者也。合诸专校为一校，既可节省许多职教员之薪俸，又以诸校同居一地，学生可于本科之外，旁及他科，可免陋隘之弊。惟有时或经费不足设大学，或地方所需以某科为最急，或其位置所在最适于某科，于是专科学校兴焉。在吾国，如江西之景德镇，可设磁器专科学校；萍乡、大冶，可设矿业学校，是也。

专科学校有三大目的：（1）在于造成实用人才。如矿业学校须造成矿师，铁道学校在造成铁道工程师之类。（2）在于研求新法以图改良本行实业。如磁业学校须研究磁器之制造，并须研究改良吾国磁业之法。（3）在于造成管理之才。今人徒知工程师之必要，而不知工程师正如一种人形的机器，供人指挥而已。各种工业实业之发达，端赖经理得人。此项经理之才，譬之军中之将帅，一军之安危胜负系焉。若工程师则兵而已耳！枪炮而已耳！是故专校宜注意此项知识。习银行者，不独能簿记分明而已，尤在能深知世界金融大势。习铁路者，不独知绘画、筑路，尤宜知铁路管理法及营业法。专科学校毕业生，宜与大学毕业生同等。

以上所述大学及专校之组织，但就管见所及，贡其刍荛而已。此外尚有二要点，亦未可忽，略陈之如下：

甲、大学中宜设毕业院。毕业院为高等学问之中心，以四年毕业之大学生，尚未足以语高深之学问。各国于学问，其有所成就者，多由毕业院出者也。鄙意宜鼓励此种毕业院。院中组织，以本学所有各科正教习兼毕业院教习，另推一人主之。院中学科以研究有心得为重。美国大学毕业院有两种学位：一为硕士，至少须一年始可得之；一为博士，须三年始可得之。院中学生须择定一正科一副科（欲得博士者须二副科），所习各科大概多关此二科者。又须于正科内择定一重要问题足资研究者，而旁搜博采以研究之。有所心得，乃作为论文，呈本科教师，谓之博士论文，或硕士论文。如所作论文果有价值，则由大学刊行于世。大学无毕业院，则不能造成高深之学者，然亦不必每校都有毕业院。鄙意国家大学必不可少此制，省立大学从缓可也。

乙、大学中无论何科，宜以国语国文教授讲演，而以西文辅之。此条在今日似不能实行。其故以：一则无译本之高等教科书；二则当教员者未必人人能编讲义；三则科学名词未能统一，不易编著书籍。此三层阻力，可以下法消除之：

（1）国家设专门图书院，选专门学者居其中，任以二事：

子、编译专门教科书供大学采用。

丑、编译百科词典。凡译著书者须遵用词典中名词，以求统一。词典未出版以前，著书译书者，须将所用名词送交此馆中本科编纂人，得其核准。如著译人不愿用词典中名词，须注明"词典中作某名"。

此图书馆或即与国家所立大学同设一处，俾编译教科书者即可实地练习，视其书适用否。

（2）凡国立、省立各大学中，凡不能用国文教授者不得为教师。其能自编讲义者听之，惟所用名词，须遵用国家专门图书馆词典。其不欲编讲义者，可采用图书馆所编之教本。

（3）大学生至少须通一国外国文字，以能读书为度。故各大学可用西文书籍为参考互证之用。

夫居今日而言，大学必用国文教授，吾亦知其难。惟难不足畏也。今日勉为其难，他日自易易。若终不为，则难者终无易之一日耳！须知吾辈今日求学问，并非仅作入他国大学计已也，乃欲令吾所学于人者，将由我而输入祖国，俾人人皆可学之。然此非以国文著译书籍不可。今之所以无人著译科学书籍者，以书成无所用之，无人读之耳！若大学既兴，而尤不能用国文教授讲演，则永永无以本国文字求高等学之望矣！

结　论

吾作《非留学篇》，乃成万言，冗长芜杂之咎，吾何敢辞。今欲提挈纲领，为国人重言以申明之，曰：吾国今日处新旧过渡、青黄不接之秋，第一急务，在于为中国造新文明。然徒恃留学，决不能达此目的也。必也一面呕兴国内之高等教育，俾固有之文明，得有所积聚而保存，而输入之文明，亦有所依归而同化；一面慎选留学生，痛革其速成浅尝之弊，期于造成高深之学者，致用之人才，与夫传播文明之教师。以国内教育为主，而以国外留学为振兴国内教育之预备，然后吾国文明乃可急起直追，有与世界各国并驾齐驱之一日，吾所谓"留学当以不留学为目的"者是也。若徒知留学之益，乃恃为百年长久之计，则吾堂堂大国，将永永北面受学称弟子国，而输入之文明者如入口之货，扞格不适于吾民，而神州新文明之梦，终成虚愿耳！吾为此惧，遂不能已于言。知我罪我，是在读者。

（此文原载 1914 年 1 月出版的《留美学生年报》第三年本）

不　朽
——我 的 宗 教
(1919 年 2 月 15 日)

不朽有种种说法，但是总括看来，只有两种说法是真有区别的。一种是把"不朽"解作灵魂不灭的意思。一种就是《春秋》、《左传》上说的"三不朽"。

一、神不灭论　宗教家往往说灵魂不灭，死后须受末日的裁判：做好事的享受天国天堂的快乐，做恶事的要受地狱的苦痛。这种说法，几千年来不但受了无数愚夫愚妇的迷信，居然还受了许多学者的信仰。但是古今来也有许多学者对于灵魂是否可离形体而存在的问题，不能不发生疑问。最重要的如南北朝人范缜的《神灭论》说："形者神之质，神者形之用……神之于质，犹利之于刀；形之于用，犹刀之于利。……舍利无刀，舍刀无利。未闻刀没而利存，岂容形亡而神在？"宋朝的司马光也说："形既朽灭，神亦飘散，虽有剉烧舂磨，亦无所施。"但是司马光说的"形既朽灭，神亦飘散"，还不免把形与神看作两件事，不如范缜说的更透彻。范缜说人的神灵即是形体的作用，形体便是神灵的形质。正如刀子是形质，刀子的利钝是作用；有刀子方才有利钝，没有刀子便没有利钝。人有形体方才有作用：这个作用，我们叫做"灵魂"。若没有形体，便没有作用了，便没有灵魂了。范缜这篇《神灭论》出来的时候，惹起了无数人的反对。梁武帝叫了七十几个名士作论驳他，都没有什么真有价值的议论。其中只有沈约的《难神灭论》说："利若遍施四方，则利体无处复立；利之为用正存一边毫毛处耳。神之与形，举体若合，又安得同乎？若以此譬为尽耶，则不尽；若谓本不尽耶，则不可以为譬也。"这一段是说刀是无机体，人是有机体，故不能彼此相比。这话固然有理，但终不能推翻"神者形之用"的议论。近世唯物派的学者也说人的灵魂并不是什么无形体，独立存在的物事，不过是神经作用的总名：灵魂的种种作用都即是脑部各部分的机能作用；若有某部被损伤，某种作用即时废止；人年幼时，脑部不曾完全发达，神灵作用也不能完全，老年人脑部渐渐衰耗，神灵作用也渐渐衰耗。这种议论的大旨，与范缜所说"神者形之用"正相同。但是有许多人总舍不得把灵魂打消了，所以咬住说灵魂另是一种神秘玄妙的物事，并不是神经的作用。这个"神秘玄妙"的物事究竟是什么，他们也说不出来，只觉得总应该有这么一件物事。既是"神秘玄妙"，自然不能用科学试验来证明他，也不能用科学试验来驳倒他。既然如此，我们只好用实验主义（Pragmatism）的方法，看这种学说的实际效果如何，以为评判的标准。依此标准看来，信神不灭论的固然也有好人，信神灭论的也未必全是坏人。即如司马光、范缜、赫胥黎一类的人，说不信灵魂不灭的话，何尝没有高尚的道德？更进一层说，有些人因为迷信天堂，天国，地狱，末日裁判，方才修德行善，这种修行全是自私自利的，也算不得真正道德。总而言之，灵魂灭不灭的问题，于人生行为上实在没有什么重大影响；既没有实际的影响，简直可说是不成问题了。

二、三不朽说　《左传》说的三种不朽是：（1）立德的不朽，（2）立功的不朽，（3）立言的不朽。"德"便是个人人格的价值，像墨翟、耶稣一类的人，一生刻意孤行，精诚勇猛，使当时的人敬爱信仰，使千百年后的人想念崇拜。这便是立德的不朽。"功"便是事业，像哥仑布发现美洲，像华盛顿造成美洲共和国，替当时的人开一新天地，替历史开一新纪元，替天下后世的人种下无量幸福的种子。这便是立功的不朽。"言"便是语言著作，像那《诗经》三百篇的许多无名诗人，又像陶潜、杜甫、萧士比亚、易卜生一类的文学家，又像柏拉图、卢骚、弥儿一类的哲学家，又像牛敦、达尔文一类的科学家，或是做了几首好诗使千百年后的人欢喜感叹；或是做了几本好戏使当时的人鼓舞感动，使后世的人发愤兴起；或是创出一种新哲学，或是发明了一种新学说，或在当时发生思想的革命，或在后世影响无穷。这便是立言的不朽。总而言之，这种不朽说，不问人死后灵魂能不能存在，只问他的人格，他的事业，他的著作有没有永远存在的价值。即如基督教徒说耶稣是上帝的儿子，他的神灵永永存在，我们正不用驳这种无凭据的神话，只说耶稣的人格，事业，和教训都可以不朽，又何必说那些无谓的神话呢？又如孔教会的人每到了孔丘的生日，一定要举行祭孔的典礼，还有些人学那"朝山进香"的法子，要赶到曲阜孔林去对孔丘的神灵表示敬意！其实孔丘的不朽全在他的人格与教训，不在他那"在天之灵"。大总统多行两次丁祭，孔教会多走两次"朝山进香"，就可以使孔丘格外不朽了吗。更进一步说，像那《三百篇》里的诗人，也没有姓名，也没有事实，但是他们都可说是立言的不朽。为什么呢？因为不朽全靠一个人的真价值，并不靠姓名事实的流传，也不靠灵魂的存在。试看古今来的多少大发明家，那发明火的，发明养蚕的，发明缫丝的，发明织布的，发明水车的，发明舂米的水碓的，发明规矩的，发明秤的……虽然姓名不传，事实湮没，但他们的功业永远存在，他们也就都不朽了。这种不朽比那个人的小小灵魂的存在，可不是更可宝贵，更可羡慕吗？况且那灵魂的有无还在不可知之中，这三种不朽——德，功，言——可是实在的。这三种不朽可不是比那灵魂的不灭更靠得住吗？

以上两种不朽论，依我个人看来，不消说得，那"三不朽说"是比那"神不灭说"好得多了。但是那"三不朽说"还有三层缺点，不可不知。第一，照平常的解说看来，那些真能不朽的人只不过那极少数有道德，有功业，有著述的人。还有那无量平常人难道就没有不朽的希望吗？世界上能有几个墨翟、耶稣，几个哥仑布、华盛顿，几个杜甫、陶潜，几个牛敦、达尔文呢？这岂不成了一种"寡头"的不朽论吗？第二，这种不朽论单从积极一方面着想，但没有消极的裁制。那种灵魂的不朽论既说有天国的快乐，又说有地狱的苦楚，是积极消极两方面都顾着的。如今单说立德可以不朽，不立德又怎样呢？立功可以不朽，有罪恶又怎样呢？第三，这种不朽论所说的"德，功，言"三件，范围都很含糊。究竟怎样的人格方才可算是"德"呢？怎样的事业方才可算是"功"呢？怎样的著作方才可算是"言"呢？我且举一个例。哥仑布发现美洲固然可算得立了不朽之功，但是他船上的水手火头又怎样呢？他那只船的造船工人又怎样呢？他船上用的罗盘器械的制造工人又怎样呢？他所读的书的著作者又怎样呢？……举这一条例，已可见"三不朽"的界限含糊不清了。

因为要补足这三层缺点，所以我想提出第三种不朽论来请大家讨论。我一时想不起别的好名字，姑且称他做"社会的不朽论"。

三、社会的不朽论　社会的生命，无论是看纵剖面，是看横截面，都像一种有机的组织。从纵剖面看来，社会的历史是不断的；前人影响后人，后人又影响更后人；没有我们的祖宗和那无数的古人，又那里有今日的我和你？没有今日的我和你，又那里有将来的后人？没有那无量数的个人，便没有历史，但是没有历史，那无数的个人也决不是那个样子的个人：总而言之，个人造成历史，历史造成个人。从横截面看来，社会的生活是交互影响的：个人造成社会，社会造成个人；社会的生活全靠个人分工合作的生活，但个人的生活，无论如何不同，都脱不了社会的影响；若没有那样这样的社会，决不会有这样那样的我和你；若没有无数的我和你，社会也决不是这个样子。来勃尼慈（Leibnitz）说得好：

> 这个世界乃是一片大充实（Plenum，为真空 Vacuum 之对），其中一切物质都是接连着的。一个大充实里面有一点变动，全部的物质都要受影响，影响的程度与物体距离的远近成正比例。世界也是如此。每一个人不但直接受他身边亲近人的影响，并且间接又间

接的受距离很远的人的影响。所以世间的交互影响，无论距离远近，都受得着的。所以世界上的人，每人受着全世界一切动作的影响。如果他有周知万物的智慧，他可以在每人的身上看出世间一切施为，无论过去未来都可看得出，在这一个现在里面便有无穷时间空间的影子。（见 *Monadology* 第 61 节）

从这个交互影响的社会观和世界观上面，便生出我所说的"社会的不朽论"来。我这"社会的不朽论"的大旨是：

我这个"小我"不是独立存在的，是和无量数小我有直接或间接的交互关系的；是和社会的全体和世界的全体都有互为影响的关系的；是和社会世界的过去和未来都有因果关系的。种种从前的因，种种现在无数"小我"和无数他种势力所造成的因，都成了我这个"小我"的一部分。我这个"小我"，加上了种种从前的因，又加上了种种现在的因，传递下去，又要造成无数将来的"小我"。这种种过去的"小我"，和种种现在的"小我"，和种种将来无穷的"小我"，一代传一代，一点加一滴；一线相传，连绵不断；一水奔流，滔滔不绝——这便是一个"大我"。"小我"是会消灭的，"大我"是永远不灭的。"小我"是有死的，"大我"是永远不死，永远不朽的。"小我"虽然会死，但是每一个"小我"的一切作为，一切功德罪恶，一切语言行事，无论大小，无论是非，无论善恶，一一都永远留存在那个"大我"之中。那个"大我"，便是古往今来一切"小我"的纪功碑，彰善祠，罪状判决书，孝子慈孙百世不能改的恶谥法。这个"大我"是永远不朽的，故一切"小我"的事业，人格，一举一动，一言一笑，一个念头，一场功劳，一桩罪过，也都永远不朽。这便是社会的不朽，"大我"的不朽。

那边"一座低低的土墙，遮着一个弹三弦的人"。那三弦的声浪，在空间起了无数波澜；那被冲动的空气质点，直接间接冲动无数旁的空气质点；这种波澜，由近而远，至于无穷空间；由现在而将来，由此刹那以至于无量刹那，至于无穷时间——这已是不灭不朽了。那时间，那"低低的土墙"外边来了一位诗人，听见那三弦的声音，忽然起了一个念头；由这一个念头，就成了一首好诗；这首好诗传了许多；人人读了这诗，各起种种念头；由这种种念头，更发生无量数的念头，更发生无数的动作，以至于无穷。然而那"低低的土墙"里面那个弹三弦的人又如何知道他所发生的影响呢？

一个生肺病的人在路上偶然吐了一口痰。那口痰被太阳晒干了，化为微尘，被风吹起空中，东西飘散，渐吹渐远，至于无穷时间，至于无穷空间。偶然一部分的病菌被体弱的人呼吸进去，便发生肺病，由他一身传染一家，更由一家传染无数人家。如此展转传染，至于无穷空间，至于无穷时间。然而那先前吐痰的人的骨头早已腐烂了，他又如何知道他所种的恶果呢？

一千五六百年前有一个人叫范缜说了几句话道："神之于形，犹利之于刀；未闻刀没而利存，岂容形亡而神在？"这几句话在当时受了无数人的攻击。到了宋朝有个司马光把这几句话记在他的《资治通鉴》里。一千五六百年之后，有一个十一岁的小孩子——就是我——看《通鉴》到这几句话，心里受了一大感动，后来便影响了他半生的思想行事。然而那说话的范缜早已死了一千五百年了！

二千六七百年前，在印度地方有一个穷人病死了，没人收尸，尸首暴露在路上，已腐烂了。那边来了一辆车，车上坐着一个王太子，看见了这个腐烂发臭的死人，心中起了一念；由这一念，展转发生无数念。后来那位王太子把王位也抛了，富贵也抛了，父母妻子也抛了，独自去寻思一个解脱生老病死的方法。后来这位王子便成了一个教主，创了一种哲学的宗教，感化了无数人。他的影响势力至今还在；将来即使他的宗教全灭了，他的影响势力终久还存在，以至于无穷。这可是那腐烂发臭的路毙所曾梦想到的吗？

以上不过是略举几件事，说明上文说的"社会的不朽"，"大我的不朽"。这种不朽论，总而言之，只是说个人的一切功德罪恶，一切言语行事，无论大小好坏，一一都留下一些影响在那个"大我"之中。一一都与这永远不朽的"大我"一同永远不朽。

上文我批评那"三不朽论"的三层缺点：（1）只限于极少数的人，（2）没有消极的裁制，（3）所说"功，德，言"的范围太含糊了。如今所说"社会的不朽"，其实只是把那"三不朽论"的范围更推广了。既然不论事业功德的大小，一切都可不朽，那第一第三两层短处都没有了。冠绝古今的道德功业固可以不朽，那极平常的"庸言庸行"，油盐柴米的琐屑，愚夫愚妇的细事，一言一笑的微细，也都永远不朽。那发现美洲的哥伦布固可以不朽，那些和他同行的水手火头，造船的工人，造罗盘器械的工人，供给他粮食衣服银钱的人，他所读的书的著作家，生他的父母，生他父母的父母祖宗，以及生育训练那些工人商人的父母祖宗，以及他以前和同时的社会……都永远不朽。社会是有机的组织，那英雄伟人可以不朽，那挑水的，烧饭的，甚至于浴堂里替你擦背的，甚至于每天替你家掏粪倒马桶的，也都永远不朽。至于那第二层缺点，也可免去。如今说立德不朽，行恶也不朽；立功不朽，犯罪也不朽；"流芳百世"不朽，"遗臭万年"也不朽；功德盖世固是不朽的善因，吐一口痰也有不朽的恶果。我的朋友李守常先生说得好："稍一失脚，必致遗留层层罪恶种子于未来无量的人——即未来无量的我——永不能消除，永不能忏悔。"这就是消极的裁制了。

中国儒家的宗教提出一个父母的观念，和一个祖先的观念，来做人生一切行为的裁制力。所以说，"一出言而不敢忘父母，一举足而不敢忘父母"。父母死后，又用丧礼祭礼等等见神见鬼的方法，时刻提醒这种人生行为的裁制力。所以又说，"斋明盛服，以承祭祀，洋洋乎如在其上，如在其左右"。又说，"斋三日，则见其所为斋者；祭之日，入室，僾然必有见乎其位；周还出户，肃然必有闻乎其容声；出户而听，忾然必有闻乎其叹息之声"。这都是"神道设教"，见神见鬼的手段。这种宗教的手段在今日是不中用了。还有那种"默示"的宗教，神权的宗教，崇拜偶像的宗教，在我们心里也不能发生效力，不能裁制我们一生的行为。以我个人看来，这种"社会的不朽"观念很可以做我的宗教了。我的宗教的教旨是：

> 我这个现在的"小我"，对于那永远不朽的"大我"的无穷过去，须负重大的责任；对于那永远不朽的"大我"的无穷未来，也须负重大的责任。我须要时时想着，我应该如何努力利用现在的"小我"，方才可以不辜负了那"大我"的无穷过去，方才可以不遗害那"大我"的无穷未来？

[跋] 这篇文章的主义是民国七年年底当我的母亲丧事里想到的。那时只写成一部分，到八年二月十九日方才写定付印。后来俞颂华先生在报纸上指出我论社会是有机体一段很有语病，我觉得他的批评很有理，故九年二月间我用英文发表这篇文章时，我就把那一段完全改过了。十年五月，又改定中文原稿，并记作文与修改的缘起于此。

（此文原载 1919 年 2 月 15 日《新青年》第 6 卷第 2 号）

新生活
——为《新生活杂志》第一期做的
（1919年8月）

那样的生活可以叫做新生活呢？

我想来想去，只有一句话。新生活就是有意思的生活。

你听了，必定要问我，有意思的生活又是什么样子的生活呢？

我且先说一两件实在的事情做个样子，你就明白我的意思了。

前天你没有事做，闲的不耐烦了，你跑到街上一个小酒店里，打了四两白干，喝完了，又要四两，再添上四两。喝的大醉了，同张大哥吵了一回嘴，几乎打起架来。后来李四哥来把你拉开，你气忿忿的又要了四两白干，喝的人事不知，幸亏李四哥把你扶回去睡了。昨儿早上，你酒醒了，大嫂子把前天的事告诉你，你懊悔的很，自己埋怨自己："昨儿为什么要喝那么多酒呢？可不是糊涂吗？"

你赶上张大哥家去，作了许多揖，赔了许多不是，自己怪自己糊涂，请张大哥大量包涵。正说时，李四哥也来了，王三哥也来了，他们三缺一，要你陪他们打牌。你坐下来，打了十二圈牌，输了一百多吊钱。你回得家来，大嫂子怪你不该赌博，你又懊悔的很，自己怪自己道："是呵，我为什么要陪他们打牌呢？可不是糊涂吗？"

诸位，像这样子的生活，叫做糊涂生活，糊涂生活便是没有意思的生活。你做完了这种生活，回头一想，"我为什么要这样干呢？"你自己也回不出究竟为什么。

诸位，凡是自己说不出"为什么这样做"的事，都是没有意思的生活。

反过来说，凡是自己说得出"为什么这样做"的事，都可以说是有意思的生活。

生活的"为什么"，就是生活的意思。

　　人同畜牲的分别，就在这个"为什么"上。你到万牲园里去看那白熊一天到晚摆来摆去不肯歇，那就是没有意思的生活。我们做了人，应该不要学那些畜牲的生活。畜牲的生活只是糊涂，只是胡混，只是不晓得自己为什么如此做。一个人做的事应该件件事回得出一个"为什么"。

　　我为什么要干这个？为什么不干那个？回答得出，方才可算是一个人的生活。

　　我们希望中国人都能做这种有意思的新生活。其实这种新生活并不十分难，只消时时刻刻问自己为什么这样做，为什么不那样做，就可以渐渐的做到我们所说的新生活了。

　　诸位，千万不要说"为什么"这三个字是很容易的小事。你打今天起，每做一件事，便问一个为什么——为什么不把辫子剪了？为什么不把大姑娘的小脚放了？为什么大嫂子脸上搽那么多的脂粉？为什么出棺材要用那么多叫化子？为什么婆媳妇也要用那么多叫化子？为什么骂人要骂他的爹娘？为什么这个？为什么那个？——你试办一两天，你就会觉得这三个字的趣味真是无穷无尽，这三个字的功用也无穷无尽。

　　诸位，我们恭恭敬敬的请你们来试试这种新生活。

民国八年八月

　　（此文原载 1919 年 8 月 24 日《新生活》第 1 期）

我们对于学生的希望
（1920 年 5 月）

　　今天是五月四日。我们回想去年今日，我们两人都在上海欢迎杜威博士，直到五月六日方才知道北京五月四日的事。日子过得真快，匆匆又是一年了。

　　当去年的今日，我们心里只想留住杜威先生在中国讲演教育哲学；

在思想一方面提倡实验的态度和科学的精神；在教育一方面输入新鲜的教育学说，引起国人的觉悟，大家来做根本的教育改革。这是我们去年今日的希望。不料事势的变化大出我们意料之外。这一年以来，教育界的风潮几乎没有一个月平静的，整整的一年光阴就在这风潮扰攘里过去了。

这一年的学生运动，从远大的观点看起来，自然是几十年来的一件大事。从这里面发生出来的好效果，自然也不少。引起学生的自动精神，是一件；引起学生对于社会国家的兴趣，是二件；引出学生的作文演说的能力、组织的能力、办事的能力，是三件；使学生增加团体生活的经验，是四件；引起许多学生求知识的欲望，是五件。这都是旧日的课堂生活所不能产生的，我们不能不认为学生运动的重要贡献。

社会若能保持一种水平线以上的清明，一切政治上的鼓吹和设施，制度上的评判和革新，都应该有成年的人去料理；未成年的一班人（学生时代的男女），应该有安心求学的权利，社会也用不着他们来做学校生活之外的活动。但是我们现在不幸生在这个变态的社会里，没有这种常态社会中人应该有的福气；社会上许多事，被一班成年的或老年的人弄坏了。别的阶级又都不肯出来干涉纠正，于是这种干涉纠正的责任，遂落在一般未成年的男女学生的肩膀上。这是变态的社会里一种不可免的现象。现在有许多人说学生不应该干预政治，其实并不是学生自己要这样干，这都是社会和政府硬逼出来的。如果社会国家的行为没有受学生干涉纠正的必要，如果学生能享安心求学的幸福而不受外界的强烈刺激和良心上的督责，他们又何必甘心抛了宝贵的光阴，冒着生命的危险，来做这种学生运动呢？

简单一句话：在变态的社会国家里面，政府太卑劣腐败了，国民又没有正式的纠正机关（如代表民意的国会之类）。那时候干预政治的运动，一定是从青年的学生界发生的。汉末的太学生，宋代的太学生，明末的结社，戊戌政变前的公车上书，辛亥以前的留学生革命党，俄国从前的革命党，德国革命前的学生运动，印度和朝鲜现在的独立运动，中国去年的五四运动与六三运动，都是同一个道理，都是有发生的理由的。

但是我们不要忘记：这种运动是非常的事，是变态的社会里不得已的事。但是它又是很不经济的不幸事，因为是不得已，故它的发生是可以原谅的。因为是很不经济的不幸事，故这种运动是暂时不得已的救急办法，却不可长期存在的。

荒唐的中年老年人闹下了乱子，却要未成年的学生抛弃学业，荒废光阴，来干涉纠正，这是天下最不经济的事。况且中国眼前的学生运动更是不经济。何以故呢？试看自汉末以来的学生运动，试看俄国、德国、印度、朝鲜的学生运动，那有一次用罢课作武器的？即如去年的五四与六三，这两次的成绩，可是单靠罢课作武器的吗？单靠用罢课作武器，是最不经济的方法，是下下策，屡用不已，是学生运动破产的表现！

罢课于敌人无损，于自己却有大损失。这是人人共知的。但我们看来，用罢课作武器，还有精神上的很大损失：

（一）养成倚赖群众的恶心理　　现在的学生很像忘了个人自己有许多事可做，他们很像以为不全体罢课便无事可做。个人自己不肯牺牲，不敢做事，却要全体罢了课来呐喊助威，自己却躲在大众群里跟着呐喊。这种倚赖群众的心理是懦夫的心理！

（二）养成逃学的恶习惯　　现在罢课的学生，究竟有几个人出来认真做事，其余无数的学生，既不办事，又不自修，究竟为了什么事罢课？从前还可说是"激于义愤"的表示，大家都认作一种最重大的武器，不得已而用之。久而久之，学生竟把罢课的事看作很平常的事。我们要知道，多数学生把罢课看作很平常的事，这便是逃学习惯已养成的证据。

（三）养成无意识的行为的恶习惯　　无意识的行为就是自己说不出为什么要做的行为。现在不但学生把罢课看作很平常的事，社会也把学生罢课看作很平常的事。一件很重大的事，变成了很平常的事，还有什么功效灵验？既然明知没有灵验功效，却偏要去做；一处无意识的做了，别处也无意识的盲从。这种心理的养成，实在是眼前和将来最可悲观的现象。

以上说的是我们对于现在学生运动的观察。

我们对于学生的希望，简单说来，只有一句话："我们希望学生从今以后要注重课堂里、自修室里、操场上、课余时间里的学生活动。只有这种学生活动是能持久又最有功效的学生运动。"

这种学生活动有三个重要部分：

（1）学问的生活。

（2）团体的生活。

（3）社会服务的生活。

第一，学问的生活。这一年以来，最可使人乐观的一种好现象，就是许多学生对于知识学问的兴趣渐渐增加了。新出的出版物的销数增加，可以估量学生求知识的兴趣增加。我们希望现在的学生充分发展这点新发生的兴趣，注重学问的生活。要知道社会国家的大问题，决不是没有学问的人能解决的。我们说的"学问的生活"，并不限于从前的背书抄讲义的生活。我们希望学生——无论中学大学——都能注重下列的几项细目：

（1）注重外国文　现在中文的出版物，实在不够满足我们求知识的欲望。求新知识的门径在于外国文，每个学生至少须要能用一种外国语看书。学外国语须要经过查生字、记生字的第一难关。千万不要怕难，若是学堂里的外国文教员确是不好，千万不要让他敷衍你们，不妨赶跑他。

（2）注重观察事实与调查事实　这是科学训练的第一步。要求学校里用实验来教授科学，自己去采集标本，自己去观察调查。观察调查须要有个目的——例如本地的人口、风俗、出产、植物、鸦片烟馆等项的调查——还要注重团体的互助，分功合作，做成有系统的报告。现在的学生天天谈"二十一条"，究竟二十一条是什么东西，有几个人说得出吗？天天谈"高徐济顺"，究竟有几个指得出这条路在什么地方吗？这种不注重事实的习惯，是不可不打破的。打破这种习惯的唯一法子，就是养成观察调查的习惯。

（3）建设的促进学校的改良　现在的学校课程和教员，一定有许多不能满足学生求学的欲望的。我们希望学生不要专做破坏的攻击，须要用建设的精神，促进学校的改良。与其提倡考试的废止，不如提倡考试的改良；与其攻击校长不多买博物标本，不如提倡学生自去采集标本。这种建设的促进，比教育部和教育厅的命令的功效大得多咧！

（4）注重自修　灌进去的知识学问，没有多大用处的。真正可靠的学问都是从自修得来，自修的能力，是求学问的唯一条件。不养成自修的能力，决不能求学问。自修注重的事是：（一）看书的能力，（二）要求学校购备参考书报，如大字典、词典、重要的大部书之类，（三）结合同学多买书报，交换阅看，（四）要求教员指导自修的门径和自修的方法。

第二，团体的生活。五四运动以来，总算增多了许多学生的团体生活的经验。但是现在的学生团体有两大缺点：（一）是内容太偏枯了，（二）是组织太不完备了。内容偏枯的补救，应注意各方面的"俱分并进"。

（1）学术的团体生活，如学术研究会或讲演会之类。应该注重自动的调查、报告、试验、讲演。

（2）体育的团体生活，如足球、运动会、童子军、野外幕居、假期旅游等等。

（3）游艺的团体生活，如音乐、图画、戏剧等等。

（4）社会的团体生活，如同学茶话会、家人恳亲会、师生恳亲会、同乡会等等。

（5）组织的团体生活，如本校学生会、自治会、各校联合会、学生联合总会之类。

要补救组织的不完备，应注重议会法规（Parliamentary Law）的重要条件。简单说来，至少须有下列的几个条件：

（1）法定开会人数。这是防弊的要件。

（2）动议的手续，与修正议案的手续。这是议会法规里最繁难又最重要的一项。

（3）发言的顺序。这是维持秩序的要件。

（4）表决的方法。（一）须规定某种议案必须全体几分之几的可决，某种必须到会人数几分之几的可决，某种仅须过半数的可决。（二）须规定某种重要议案必须用无记名投票，某种必须用有记名投票，某种可用举手的表决。

（5）凡是代表制的联合会——无论校内校外——皆须有复决制（Referendum）。遇重大的案件，代表会议的议决案，必须再经过会员的总投票。总会的议决案，必须再经过各分会的复决。

（6）议案提出后，应有规定的讨论时间，并须限制每人发言的时间与次数。

现在许多学生会的章程，只注重职员的分配，却不注重这些最要紧的条件。这是学生团体失败的一个大原因。

此外还须注意团体生活最不可少的两种精神：

（1）容纳反对党的意见。现在学生会议的会场上，对于不肯迎合群众心理的言论，往往有许多威压的表示。这是暴民专制，不是民治精神。民治主义的第一个条件，就是要使各方面的意见都可自由发表。

（2）人人要负责任。天下有许多事，都是不肯负责任的"好人"弄坏的。好人坐在家里叹气，坏人在议场上做戏，天下事所以败坏了。不肯出头负责任的人，便是团体的罪人，便不配做民治国家的国民。民治主义的第二个条件，是人人要负责任，要尊重自己的主张，要用正当的方法来传播自己的主张。

第三，社会服务的生活。学生运动是学生对于社会国家的利害发生兴趣的表示，所以各处都有平民夜校、平民讲演的发起。我们希望今后的学生继续推广这种社会服务的事业。这种事业，一来是救国的根本办法，二来是学生的能力做得到的，三来可以发展学生自己的学问与才干，四来可以训练学生待人接物的经验。我们希望学生注意以下各点：

（1）平民夜校。注重本地的需要，介绍卫生的常识，职业的常识，和公民的常识。

（2）通俗讲演。现在那些"同胞快醒，国要亡了"。"杀卖国贼"，"爱国是人生的义务"等等空话的讲演，是不能持久的，说了两三遍就没有了。我们希望学生注重科学常识的讲演，改良风俗的讲演，破除迷信的讲演。譬如你今天演说"下雨"，你不能不先研究雨是怎样来的，何以从天上下来。听的人也可以因此知道雨不是龙王菩萨洒下来的，也可以知道雨不是道士和尚求得下来的。又如你明天演说"种田何以须用石灰作肥料"，你就不能不研究石灰的化学，听的人也可以因此知道肥料的道理。这种讲演，不但于人有益，于自己也极有益。

（3）破除迷信的事业。我们希望学生不但用科学的道理来解释本地的种种迷信，并且还要实行破除迷信的事业。如求神合婚、求仙方、放焰口、风水等等迷信，都该破除。学生不来破除迷信，迷信是永远不会破除的。

（4）改良风俗的事业。我们希望学生用力去做改良风俗的事业。如女子缠足的，现在各处多有。学生应该组织天足会，相戒不娶小脚的女子。不能解放你的姊妹们的小脚，你就不配谈"女子解放"。又如鸦片烟与吗啡，现在各处仍旧很销行。学生应该组织调查队，侦缉队，或报告官府，或自动的捣毁烟间与吗啡店。你不能干涉你村上的鸦片吗啡，你也不配干预国家的大事。

以上说的是我们对于学生的希望。

学生运动已发生了，是青年一种活动力的表现，是一种好现象，决不能压下去的，也决不可把他压下去的。我们对于办教育的人的忠告是："不要梦想压制学生运动。学潮的救济只有一个法子，就是引导学生向有益有用的路上去活动。"

学生运动现在四面都受攻击，五四的后援也没有了，六三的后援也没有了。我们对于学生的忠告是："单靠用罢课作武器是下下策。可一而再再而三的么？学生运动如果要想保存五四和六三的荣誉，只有一个法子，就是改变活动的方向，把五四和六三的精神用到学校内外有益有用的学生活动上去。"

我们讲的话，是很直率。但这都是我们的老实话。

（此文为胡适起草，与蒋梦麟共同署名，原载于《晨报副刊》1920 年 5 月 4 日五四纪念号）

爱国运动与求学
（1925 年 8 月 31 日）

当五月七日北京学生包围章士钊宅，警察拘捕学生的事件发生以后，北京各学校的学生团体即有罢课的提议。有些学校的学生因为北大学生会不曾参加五七的事，竟在北大第一院前辱骂北大学生不爱国。北大学生也有很愤激的，有些人竟贴出布告攻击北大代理校长蒋梦麟媚章媚外。然而几日之内，北大学生会举行总投票表决罢课问题，共投一千一百多票，反对罢课者八百余票，这件事真使一班留心教育问题的人心里欢喜。可喜的不在罢课案的被否决，而在（1）投票之多，（2）手续的有秩序，（3）学生态度的镇静。我的朋友高梦旦在上海读了这段新闻，写了一封长信给我，讨论此事，说，这样做去，便是在求学的范围以内做救国的事业，可算是在近年学生运动史上开一个新纪元。——只可惜我还没有回高先生的信，上海五卅的事件已发生了，前二十天的秩序与镇静都无法维持了。于是六月三日以后，全国学校遂都罢课了。

这也是很自然的。在这个时候，国事糟到这步田地，外间的刺激这么强：上海的事件未了，汉口的事件又来了，接着广州、南京的事件又来了。在这个时候，许多中年以上的人尚且忍耐不住，许多六十老翁尚且要出来慷慨激昂地主张宣战，何况这无数的少年男女学生呢？

我们观察这七年来的"学潮"，不能不算民国八年的五四事件与今年的五卅事件为最有价值。这两次都不是有什么作用，事前预备好了然后发动的；这两次都只是一般青年学生的爱国血诚，遇着国家的大耻辱，自然爆发；纯然是烂缦的天真，不顾利害地干将去，这种"无所为而为"的表示是真实的，可爱敬的。许多学生都是不愿意牺牲求学的时间的；只因为临时发生的问题太大了，刺激太强烈了，爱国的感情一时迸发，所以什么都顾不得了：功课也不顾了，秩序也不顾了，辛苦也不顾了。所以北大学生总投票表决不罢课之后，不到二十天，也就不能不罢课了。二十日前不罢课的表决可以表示学生不愿意牺牲功课的诚意；二十日后毫无勉强地罢课参加救国运动可以证明此次学生运动的牺牲的精神。这并非前后矛盾：有了前回的不愿牺牲，方才更显出后来的牺牲之难能而可贵。岂但北大一校如此？国中无数学校都有这样的情形。

但群众的运动总是不能持久的。这并非中国人的"虎头蛇尾"，"五分钟的热度"。这是世界人类的通病。所谓"民气"，所谓"群众运动"，都只是一时的大问题刺激起来的一种感情上的反应。感情的冲动是没有持久性的，无组织又无领袖的群众行动是最容易松散的。我们不看见北京大街的墙上大书着"打倒英日"、"不要五分钟的热度"吗？其实写那些大字的人，写成之后，自己看着很满意，他的"热度"早已消除大半了；他回到家里，坐也坐得下了，睡也睡得着了。所谓"民气"，无论在中国，在欧美，都是这样：突然而来，悠然而去。几天一次的公民大会，几天一次的示威游行，虽然可以勉强多维持一会儿，然而那回天安门打架之后，国民大会也就不容易召集了。

我们要知道，凡关于外交的问题，民气可以督促政府，政府可以利用民气，民气与政府相为声援，方才可以收效。没有一个像样的政府，虽有民气，终不能单独成功。因为外国政府决不能直接和我们的群众办交涉；民众运动的影响（无论是一时的示威或是较有组织的经济抵制），终是间接的。一个健全的政府可以利用民气作后盾，在外交上可以多得胜利，至少也可以少吃点亏。若没有一个能运用民气的政府，我们可以断定民众运动的牺牲的大部分是白白地糟蹋了的。

倘使外交部于六月二十四日同时送出沪案及修改条约两照会之后即

行负责交涉，那时民气最盛，海员罢工的声势正大，沪案的交涉至少可以得一个比较满人意的结果。但这个政府太不像样了：外交部不敢自当交涉之冲，却要三个委员来代捐末梢；三个委员是很聪明的人，也就乐得三揖三让，延搁下去。他们不但不能用民气，反惧怕民气了！况且某方面的官僚想借这风潮延长现政府的寿命，某方面的政客也想借这个问题展缓东北势力的侵逼。他们不运用民气来对付外人，只会利用民气来便利他们自己的私图！于是一误，再误，至于今日，沪案及其他关连之各案丝毫不曾解决，而民气却早已成了强弩之末了！

上海的罢工本是对英日的，现在却是对邮政当局、商务印书馆、中华书局了。北京的学生运动一变而为对付杨荫榆，又变而为对付章士钊了。广州对英的事件全未了结，而广州城却早已成为共产与反共产的血战场了。三个月的"爱国运动"的变相竟致如此！

这时候有一件差强人意的事，就是全国学生总会议决秋季开学后各地学生应一律到校上课，上课后应努力于巩固学生会的组织，为民众运动的中心。北京学联会也决议北京各校同学于开学前务必到校，一面上课，一面仍继续进行。

这是很可喜的消息。全国学生总会的通告里并且有"五卅运动并非短时间所可解决"的话。我们要为全国学生下一转语：救国事业更非短时间所能解决，帝国主义不是赤手空拳打得倒的；"英日强盗"也不是几千万人的喊声咒得死的。救国是一件顶大的事业：排队游街，高喊着"打倒英日强盗"，算不得救国事业；甚至于砍下手指写血书，甚至于蹈海投江，杀身殉国，都算不得救国的事业。救国的事业须要有各色各样的人才，真正的救国的预备在于把自己造成一个有用的人才。

易卜生说的好：

真正的个人主义在于把你自己这块材料铸造成个东西。

他又说：

有时候，我觉得这个世界就好像大海上翻了船，最要紧的是救出我自己。

在这个高唱国家主义的时期，我们要很诚恳的指出：易卜生说的"真正的个人主义"正是到国家主义的唯一大路。救国须从救出你自己下手！

学校固然不是造人才的唯一地方，但在学生时代的青年却应该充分地利用学校的环境与设备来把自己铸造成个东西。我们须要明白了解：

> 救国千万事，何一不当为？
> 而吾性所适，仅有一二宜。

认清了你"性之所近，而力之所能勉"的方向，努力求发展，这便是你对国家应尽的责任，这便是你的救国事业的预备工夫。国家的纷扰，外间的刺激，只应该增加你求学的热心与兴趣，而不应该引诱你跟着大家去呐喊。呐喊救不了国家。即使呐喊也算是救国运动的一部分，你也不可忘记你的事业有比呐喊重要十倍百倍的。你的事业是要把你自己造成一个有眼光有能力的人才。

你忍不住吗？你受不住外面的刺激吗？你的同学都出去呐喊了，你受不了他们的引诱与讥笑吗？你独坐在图书馆里觉的难为情吗？你心里不安吗？——这也是人情之常，我们不怪你；我们都有忍不住的时候。但我们可以告诉你一两个故事，也许可以给你一点鼓舞：

德国大文豪葛德（Goethe）在他的年谱里（英译本页一八九）曾说，他每遇着国家政治上有大纷扰的时候，他便用心去研究一种绝不关系时局的学问，使他的心思不致受外界的扰乱。所以拿破仑的兵威逼迫德国最厉害的时期里，葛德天天用功研究中国的文物。又当利俾瑟之战的那一天，葛德正关着门，做他的名著 *Essex* 的"尾声"。

德国大哲学家费希特（Fichte）是近代国家主义的一个创始者。然而他当普鲁士被拿破仑践破之后的第二年（一八〇七）回到柏林，便着手计划一个新的大学——即今日之柏林大学。那时候，柏林还在敌国驻兵的掌握里。费希特在柏林继续讲学，在很危险的环境里发表他的《告德意志民族》（*Reden an die deutsche nation*）。往往在他讲学的堂上听得见敌人驻兵操演回来的箫声。他这一套讲演——《告德意志民族》——忠告德国人不要灰心丧志，不要惊皇失措；他说，德意志民族是不会亡国的；这个民族有一种天付的使命，就是要在世间建立一个精神的义明——德意志的义明：他说，这个民族的国家是不会亡的。

后来费希特计划的柏林大学变成了世界的一个最有名的学府；他那部《告德意志民族》不但变成了德意志帝国建国的一个动力，并且成了十九世纪全世界的国家主义的一种经典。

上边的两段故事是我愿意介绍给全国的青年男女学生的。我们不期望人人都做葛德与费希特。我们只希望大家知道：在一个扰攘纷乱的时期里跟着人家乱跑乱喊，不能就算是尽了爱国的责任，此外还有更难更可贵的任务：在纷乱的喊声里，能立定脚跟，打定主意，救出你自己，努力把你这块材料铸造成个有用的东西！

十四，八，卅一夜，在天津脱稿

（此文原载 1925 年 9 月 5 日《现代评论》第 2 卷第 39 期）

人生有何意义
（1928 年 1 月 27 日，
1929 年 5 月 13 日）

一 答某君书

……我细读来书，终觉得你不免作茧自缚。你自己去寻出一个本不成问题的问题，"人生有何意义？"其实这个问题是容易解答的。人生的意义全是各人自己寻出来，造出来的：高尚，卑劣，清贵，污浊，有用，无用……全靠自己的作为。生命本身不过是一件生物学的事实，有什么意义可说？生一个人与一只猫，一只狗，有什么分别？人生的意义不在于何以有生，而在于自己怎样生活。你若情愿把这六尺之躯葬送在白昼作梦之上，那就是你这一生的意义。你若发愤振作起来，决心去寻求生命的意义，去创造自己的生命的意义，那么，你活一日便有一日的意义，作一事便添一事的意义，生命无穷，生命的意义也无穷了。

总之，生命本没有意义，你要能给他什么意义，他就有什么意义。与其终日冥想人生有何意义，不如试用此生作点有意义的事。……

十七，一，廿七

二 为人写扇子的话

知世如梦无所求，无所求心普空寂。

还似梦中随梦境，成就河沙梦功德。

王荆公小诗一首，真是有得于佛法的话。认得人生如梦，故无所求。但无所求不是无为。人生固然不过一梦，但一生只有这一场做梦的机会，岂可不努力做一个轰轰烈烈像个样子的梦？岂可糊糊涂涂懵懵懂懂混过这几十年吗？

十八，五，十三

（此文原载 1929 年 8 月 5 日《生活》周刊第 3 卷第 38 期）

赠与今年的大学毕业生
（1932 年 6 月 27 日）

这一两个星期里，各地的大学都有毕业的班次，都有很多的毕业生离开学校去开始他们的成人事业。学生的生活是一种享有特殊优待的生活，不妨幼稚一点，不妨吵吵闹闹，社会都能纵容他们，不肯严格的要他们负行为的责任。现在他们要撑起自己的肩膀来挑他们自己的担子了。在这个国难最紧急的年头，他们的担子真不轻！我们祝他们的成功，同时也不忍不依据我们自己的经验，赠与他们几句送行的赠言——虽未必是救命毫毛，也许作个防身的锦囊罢！

你们毕业之后，可走的路不出这几条：绝少数的人还可以在国内或国外的研究院继续作学术研究；少数的人可以寻着相当的职业；此外还有做官，办党，革命三条路；此外就是在家享福或者失业闲居了。第一条继续求学之路，我们可以不讨论。走其余几条路的人，都不能没有堕落的危险。堕落的方式很多，总括起来，约有这两大类：

第一是容易抛弃学生时代的求知识的欲望。你们到了实际社会里，往往所用非所学，往往所学全无用处，往往可以完全用不着学问，而一样可以胡乱混饭吃，混官做。在这种环境里，即使向来抱有求知识学问的决心的人，也不免心灰意懒，把求知的欲望渐渐冷淡下去。况且学问是要有相当的设备的：书籍，试验室，师友的切磋指导，闲暇的工夫，都不是一个平常要糊口养家的人所能容易办到的。没有做学问的环境，又谁能怪我们抛弃学问呢？

第二是容易抛弃学生时代的理想的人生的追求。少年人初次与冷酷的社会接触，容易感觉理想与事实相去太远，容易发生悲观和失望。多年怀抱的人生理想，改造的热诚，奋斗的勇气，到此时候，好像全不是那么一回事。眇小的个人在那强烈的社会炉火里，往往经不起长时期的烤炼就镕化了，一点高尚的理想不久就幻灭了。抱着改造社会的梦想而来，往往是弃甲曳兵而走，或者做了恶势力的俘虏。你在那俘虏牢狱里，回想那少年气壮时代的种种理想主义，好像都成了自误误人的迷梦！从此以后，你就甘心放弃理想人生的追求，甘心做现成社会的顺民了。

要防御这两方面的堕落，一面要保持我们求知识的欲望，一面要保持我们对于理想人生的追求。有什么好法子呢？依我个人的观察和经验，有三种防身的药方是值得一试的。

第一个方子只有一句话："总得时时寻一两个值得研究的问题！"问题是知识学问的老祖宗；古今来一切知识的产生与积聚，都是因为要解答问题——要解答实用上的困难或理论上的疑难。所谓"为知识而求知识"，其实也只是一种好奇心追求某种问题的解答，不过因为那种问题的性质不必是直接应用的，人们就觉得这是"无所为"的求知识了。我们出学校之后，离开了做学问的环境，如果没有一个两个值得解答的疑难问题在脑子里盘旋，就很难继续保持追求学问的热心。可是，如果你有了一个真有趣的问题天天逗你去想他，天天引诱你去解决他，天天对你挑衅笑你无可奈他——这时候，你就会同恋爱一个女子发了疯一样，坐也坐不下，睡也睡不安，没工夫也得偷出工夫去陪她，没钱也得搏衣节食去巴结她。没有书，你自会变卖家私去买书；没有仪器，你自会典押衣服去置办仪器；没有师友，你自会不远千里去寻师访友。你只要能时时有疑难问题来逼你用脑子，你自然会保持发展你对学问的兴趣，即使在最贫乏的智识环境中，你也会慢慢的聚起一个小图书馆来，或者设置起一所小试验室来。所以我说：第一要寻问题。脑子里没有问题之日，就是你的智识生活寿终正寝之时！古人说，"待文王而兴者，凡民也。若夫豪杰之士，虽无文王犹兴。"试想葛理略（Galieo）和牛敦（Newton）有多少藏书？有多少仪器？他们不过是有问题而已。有了问题而后，他们自会造出仪器来解答他们的问题。没有问题的人们，关在图书馆里也不会用书，锁在试验室里也不会有什么发现。

第二个方子也只有一句话："总得多发展一点非职业的兴趣。"离开学校之后，大家总得寻个吃饭的职业。可是你寻得的职业未必就是你所学的，或者未必是你所心喜的，或者是你所学而实在和你的性情不相近的。在这种状况之下，工作就往往成了苦工，就不感觉兴趣了。为糊口而作那种非"性之所近而力之所能勉"的工作，就很难保持求知的兴趣和生活的理想主义。最好的救济方法只有多多发展职业以外的正当兴趣与活动。一个人应该有他的职业，又应该有他的非职业的顽艺儿，可以叫做业余活动。凡一个人用他的闲暇来做的事业，都是他的业余活动。往往他的业余活动比他的职业还更重要，因为一个人的前程往往全靠他怎样用他的闲暇时间。他用他的闲暇来打马将，他就成个赌徒；你用你的闲暇来做社会服务，你也许成个社会改革者；或者你用你的闲暇去研究历史，你也许成个史学家。你的闲暇往往定你的终身。英国十九世纪的两个哲人，弥儿（J. S. Mill）终身做东印度公司的秘书，然而他的业余工作使他在哲学上，经济学上，政治思想史上都占一个很高的位置；斯宾塞（Spencer）是一个测量工程师，然而他的业余工作使他成为前世纪晚期世界思想界的一个重镇。古来成大学问的人，几乎没有一个不是善用他的闲暇时间的。特别在这个组织不健全的中国社会，职业不容易适合我们性情，我们要想生活不苦痛或不堕落，只有多方发展业余的兴趣，使我们的精神有所寄托，使我们的剩余精力有所施展。有了这种心爱的顽艺儿，你就做六个钟头的抹桌子工夫也不会感觉烦闷了，因为你知道，抹了六点钟的桌子之后，你可以回家去做你的化学研究，或画完你的大幅山水，或写你的小说戏曲，或继续你的历史考据，或做你的社会改革事业。你有了这种称心如意的活动，生活就不枯寂了，精神也就不会烦闷了。

第三个方子也只有一句话："你总得有一点信心。"我们生当这个不幸的时代，眼中所见，耳中所闻，无非是叫我们悲观失望的。特别是在这个年头毕业的你们，眼见自己的国家民族沉沦到这步田地，眼看世界只是强权的世界，望极天边好像看不见一线的光明——在这个年头不发狂自杀，已算是万幸了，怎么还能够希望保持一点内心的镇定和理想的信任呢？我要对你们说：这时候正是我们要培养我们的信心的时候！只要我们有信心，我们还有救。古人说："信心（Faith）可以移山。"又说："只要工夫深，生铁磨成绣花针。"你不信吗？当拿破仑的军队征服普鲁士占据柏林的时候，有一位穷教授叫做菲希特（Fichte）的，天天在讲堂上劝他的国人要有信心，要信仰他们的民族是有世界的特殊使命的，是必定要复兴的。菲希特死的时候（一八一四），谁也不能预料德意志统一帝国何时可以实现。然而不满五十年，新的统一的德意志帝国居然实现了。

一个国家的强弱盛衰，都不是偶然的，都不能逃出因果的铁律的。我们今日所受的苦痛和耻辱，都只是过去种种恶因种下的恶果。我们要收将来的善果，必须努力种现在的新因。一粒一粒的种，必有满仓满屋的收，这是我们今日应该有的信心。

我们要深信：今日的失败，都由于过去的不努力。

我们要深信：今日的努力，必定有将来的大收成。

佛典里有一句话："福不唐捐。"唐捐就是白白的丢了。我们也应该说："功不唐捐！"没有一点努力是会白白的丢了的。在我们看不见想不到的时候，在我们看不见想不到的方向，你瞧！你下的种子早已生根发叶开花结果了！

你不信吗？法国被普鲁士打败之后，割了两省地，赔了五十万万佛郎的赔款。这时候有一位刻苦的科学家巴斯德（Pasteur）终日埋头在他的试验室里做他的化学试验和微菌学研究。他是一个最爱国的人，然而他深信只有科学可以救国。他用一生的精力证明了三个科学问题：（1）每一种发酵作用都是由于一种微菌的发展；（2）每一种传染病都是由于一种微菌在生物体中的发展；（3）传染病的微菌，在特殊的培养之下，可以减轻毒力，使它从病菌变成防病的药苗。——这三个问题，在表面上似乎都和救国大事业没有多大的关系。然而从第一个问题的证明，巴斯德定出做醋酿酒的新法，使全国的酒醋业每年减除极大的损失。从第二个问题的证明，巴斯德教全国的蚕丝业怎样选种防病，教全国的畜牧农家怎样防止牛羊瘟疫，又教全世界的医学界怎样注重消毒以减除外科手术的死亡率。从第三个问题的证明，巴斯德发明了牲畜的脾热瘟的疗治药苗，每年替法国农家灭除了二千万佛郎的大损失；又发明了疯狗咬毒的治疗法，救济了无数的生命。所以英国的科学家赫胥黎（Huxley）在皇家学会里称颂巴斯德的功绩道："法国给了德国五十万万佛郎的赔款，巴斯德先生一个人研究科学的成绩足够还清这一笔赔款了。"

巴斯德对于科学有绝大的信心，所以他在国家蒙奇辱大难的时候，终不肯抛弃他的显微镜与试验室。他绝不想他的显微镜底下能偿还五十万万佛郎的赔款，然而在他看不见想不到的时候，他已收获了科学救国的奇迹了。

朋友们，在你最悲观最失望的时候，那正是你必须鼓起坚强的信心的时候。你要深信：天下没有白费的努力。成功不必在我，而功力必不唐捐。

二十一，六，二十七夜

（此文原载 1932 年 7 月 3 日《独立评论》第 7 号）

领袖人才的来源
（1932 年 8 月）

北京大学教授孟森先生前天寄了一篇文字来，题目是《论士大夫》。（见《独立》第十二期。）他下的定义是：

> "士大夫"者，以自然人为国负责，行事有权，败事有罪，无神圣之保障，为诛殛所可加者也。

虽然孟先生说的"士大夫"，从狭义上说，好像是限于政治上负大责任的领袖；然而他又包括孟子说的"天民"一级不得位而有绝大影响的人物，所以我们可以说，若用现在的名词，孟先生文中所谓"士大夫"应该可以叫做"领袖人物"，省称为"领袖"。孟先生的文章是他和我的一席谈话引出来的，我读了忍不住想引伸他的意思，讨论这个领袖人才的问题。

孟先生此文的言外之意是叹息近世居领袖地位的人缺乏真领袖的人格风度，既抛弃了古代"士大夫"的风范，又不知道外国的"士大夫"的流风遗韵，所以成了一种不足表率人群的领袖。他发愿要搜集中国古来的士大夫人格可以做后人模范的，做一部《士大夫集传》；他又希望有人搜集外国士大夫的精华，做一部《外国模范人物集传》。这都是很应该做的工作，也许是很有效用的教育材料。我们知道《新约》里的几种耶稣传记影响了无数人的人格；我们知道布鲁达克（Plutarch）的英雄传影响了后世许多的人物。欧洲的传记文学发达的最完备，历史上重要人物都有很详细的传记，往往有一篇传记长至几十万言的，也往往有一个人的传记多至几十种的。这种传记的翻译，倘使有审慎的选择和忠实明畅的译笔，应该可以使我们多知道一点西洋的领袖人物的嘉言懿行，间接的可以使我们对于西方民族的生活方式得一点具体的了解。

中国的传记文学太不发达了，所以中国的历史人物往往只靠一些干燥枯窘的碑版文字或史家列传流传下来；很少的传记材料是可信的，可读的已很少了；至于可歌可泣的传记，可说是绝对没有。我们对于古代大人物的认识，往往只全靠一些很零碎的轶事琐闻。然而我至今还记得我做小孩子时代读的朱子《小学》里面记载的几个可爱的人物，如汲黯、陶渊明之流。朱子记陶渊明，只记他做县令时候送一个长工给他儿子，附去一封家信，说："此亦人子也，可善遇之。"这寥寥九个字的家书，印在脑子里，也颇有很深刻的效力，使我三十年来不敢轻用一句暴戾的辞气对待那帮我做事的人。这一个小小例子可以使我承认模范人物的传记，无论如何不详细，只须剪裁的得当，描写的生动，也未尝不可以做少年人的良好教育材料，也未尝不可介绍一点做人的风范。

但是传记文学的贫乏与忽略，都不够解释为什么近世中国的领袖人物这样稀少而又不高明。领袖的人才决不是光靠几本《士大夫集传》就能铸造成功的。"士大夫"的稀少，只是因为"士大夫"在古代社会里自成一个阶级，而这个阶级久已不存在了。在南北朝的晚期，颜之推说：

> 吾观《礼经》，圣人之教，箕帚匕箸，咳唾唯诺，执烛沃盥，皆有节文，亦为至矣。但（《礼经》）既残缺非复全书，其有所不载，及世事变改者，学达君子自为节度，相承行之。故世号"士大夫风操"。而家门颇有不同，所见互称长短。然其阡陌亦自可知。（《颜氏家训风操》第六）

在那个时代，虽然经过了魏、晋旷达风气的解放，虽然经过了多少战祸的摧毁，"士大夫"的阶级还没有完全毁灭，一些名门望族都竭力维持他们的门阀。帝王的威权，外族的压迫，终不能完全消灭这门阀自卫的阶级观念。门阀的争存不全靠声势的煊赫，子孙的贵盛。他们所倚靠的是那"士大夫风操"，即是那个士大夫阶级所用来律己律人的生活典型。即如颜氏一家，遭遇亡国之祸，流徙异地，然而颜之推所最关心的还是"整齐门内，提撕子孙"，所以他著作家训，留作他家子孙的典则。隋唐以后，门阀的自尊还能维持这"士大夫风操"至几百年之久。我们看唐朝柳氏和宋朝吕氏、司马氏的家训，还可以想见当日士大夫的风范的保存是全靠那种整齐严肃的士大夫阶级的教育的。

然而这士大夫阶级终于被科举制度和别种政治和经济的势力打破了。元明以后，三家村的小儿只消读几部刻板书，念几百篇科举时文，就可以有登科作官的机会；一朝得了科第，像《红鸾禧》戏文里的丐头女婿，自然有送钱投靠的人来拥戴他去走马上任。他从小学的是科举时文，从来没有梦见过什么古来门阀里的"士大夫风操"的教育与训练，我们如何能期望他居士大夫之位要维持士大夫的人品呢？

以上我说的话，并不是追悼那个士大夫阶级的崩坏，更不是希冀那种门阀训练的复活。我要指出的是一种历史事实。凡成为领袖人物的，固然必须有过人的天资做底子，可是他们的知识见地，做人的风度，总得靠他们的教育训练。一个时代有一个时代的"士大夫"，一个国家有一个国家的范型式的领袖人物。他们的高下优劣，总都逃不出他们所受的教育训练的势力。某种范型的训育自然产生某种范型的领袖。

这种领袖人物的训育的来源，在古代差不多全靠特殊阶级（如中国古代的士大夫门阀，如日本的贵族门阀，如欧洲的贵族阶级及教会）的特殊训练。在近代的欧洲则差不多全靠那些训练领袖人才的大学。欧洲之有今日的灿烂文化，差不多全是中古时代留下的几十个大学的功劳。近代文明有四个基本源头：一是文艺复兴，二是十六七世纪的新科学，三是宗教革新，四是工业革命。这四个大运动的领袖人物，没有一个不是大学的产儿。中古时代的大学诚然是幼稚的可怜，然而意大利有几个大学都有一千年的历史；巴黎，牛津，康桥都有八九百年的历史；欧洲的有名大学，多数是有几百年的历史的；最新的大学，如莫斯科大学也有一百八十多年了，柏林大学是一百二十岁了。有了这样长期的存在，才有积聚的图书设备，才有集中的人才，才有继长增高的学问，才有那使人依恋崇敬的"学风"。至于今日，西方国家的领袖人物，那一个不是从大学出来的？即使偶有三五个例外，也没有一个不是直接间接受大学教育的深刻影响的。

在我们这个不幸的国家，一千年来，差不多没有一个训练领袖人才的机关。贵族门阀是崩坏了，又没有一个高等教育的书院是有持久性的，也没有一种教育是训练"有为有守"的人才的。五千年的古国，没有一个三十年的大学！八股试帖是不能造领袖人才的，做书院课卷是不能造领袖人才的，当日最高的教育——理学与经学考据——也是不能造领袖人才的。现在这些东西都快成了历史陈迹了，然而这些新起的"大学"，东抄西袭的课程，朝三暮四的学制，七零八落的设备，四成五成的经费，朝秦暮楚的校长，东家宿而西家餐的教员，十日一雨五日一风的学潮——也都还没有造就领袖人才的资格。

丁文江先生在《中国政治的出路》（《独立》第十一期）里曾指出"中国的军事教育比任何其他的教育都要落后"，所以多数的军人都"因为缺乏最低的近代知识和训练，不足以担任国家的艰巨"。其实他太恭维"任何其他的教育"了！茫茫的中国，何处是训练大政治家的所在？何处是养成执法不阿的伟大法官的所在？何处是训练财政经济专家学者的所在？何处是训练我们的思想大师或教育大师的所在？

领袖人物的资格在今日已不比古代的容易了。在古代还可以有刘邦、刘裕一流的枭雄出来平定天下，还可以像赵普那样的人妄想用"半部《论语》治天下"。在今日的中国，领袖人物必须具备充分的现代见识，必须有充分的现代训练，必须有足以引起多数人信仰的人格。这种资格的养成，在今日的社会，除了学校，别无他途。

我们到今日才感觉整顿教育的需要，真有点像"临渴掘井"了。然而治七年之病，终须努力求三年之艾。国家与民族的生命是千万年的。我们在今日如果真感觉到全国无领袖的苦痛，如果真感觉到"盲人骑瞎马"的危机，我们应当深刻的认清只有咬定牙根来澈底整顿教育，稳定教育，提高教育的一条狭路可走。如果这条路上的荆棘不扫除，虎狼不驱逐，奠基不稳固；如果我们还想让这条路去长久埋没在淤泥水潦之中——那么，我们这个国家也只好长久被一班无知识无操守的浑人领导到沉沦的无底地狱里去了。

（原载 1932 年 8 月 7 日《独立评论》第 12 号）

九一八的第三周年纪念告全国的青年
（1934 年 9 月 17 日）

在这个惨痛的纪念日，我们应该最诚恳的反省，应该这样自省：

第一，为什么我们把东北四省丢了？是不是因为我们自己太腐败了？是不是因为我们自己太不争气了？是不是因为我们自己事事不如我们的敌人？

第二，在这三年之中，我们自己可曾作何种忏悔的努力？可曾作何种补救的努力？可曾作何种有实效的改革？

第三，从今天起，我们应该从什么方向去准备我们自己？应该如何训练磨练我们自己？应该怎样加速我们自己和国家民族的进步来准备洗刷过去的耻辱，来应付这眼前和未来的大危机？

我们口头和笔下的纪念都是废话，我们的敌人不是口舌纸笔所能打倒的；我们的失地也不是口舌纸笔所能收回的。

我们的唯一的生路是努力工作，是拼命做工。我们的敌人所以能够这样侵犯我们，欺辱我们，只是因为他们曾经兢兢业业的努力了六十年，而我们只在醉生梦死里鬼混了这六十年。现在我们懊悔也无用了。只有咬紧牙根，努力赶做我们必须做的工作。

努力一分，就有一分的效果。努力百分，就有百分的效果。

奇耻在前，大难在后，我们的唯一生路是努力，努力，努力！

廿三，九，一七

（本文原收入《胡适遗稿及秘藏书信》第 12 册）

争取学术独立的十年计划
（1947 年 9 月 18 日）

我很深切的感觉中国的高等教育应该有一个自觉的十年计划，其目的是要在十年之中建立起中国学术独立的基础。

我说的"学术独立"，当然不是一班守旧的人们心里想的"汉家自有学术，何必远法欧美"。我决不想中国今后的学术可以脱离现代世界的学术而自己寻出一条孤立的途径，我也决不主张十年之后就可以没有留学外国的中国学者了。

我所谓"学术独立"必须具有四个条件：（一）世界现代学术的基本训练，中国自己应该有大学可以充分担负，不必向国外去寻求。（二）受了基本训练的人才，在国内应该有设备够用与师资良好的地方，可以继续作专门的科学研究。（三）本国需要解决的科学问题、工业问题、医药与公共卫生问题、国防工业问题等等，在国内都应该有适宜的专门人才与研究机关可以帮助社会国家寻求得解决。（四）对于现代世界的学术，本国的学人与研究机构应该和世界各国的学人与研究机关分工合作，共同担负人类学术进展的责任。

要做到这样的学术独立，我们必须及早准备一个良好的、坚实的基础。所以我提议，中国此时应该有一个大学教育的十年计划。在十年之内，集中国家的最大力量，培植五个到十个成绩最好的大学，使他们尽力发展他们的研究工作，使他们成为第一流的学术中心，使他们成为国家学术独立的根据地。

这个十年计划也可以分做两个阶段。第一个五年，先培植起五个大学；五年之后，再加上五个大学。这个分两期的方法有几种好处：第一，国家的人才与财力恐怕不够同时发展十个第一流的大学；第二，先用国家力量培植五所大学，可以策励其他大学努力向上，争取第二期五个大学的地位。

我提议的十年计划，当然不是只顾到那五个、十个大学，而不要那其余的大学和学院了，说的详细一点，我提议：

（一）政府应该下大决心，在十年之内，不再添设大学或独立学院。

（二）本年宪法生效之后，政府必须严格实行宪法第一百六十四条的规定，"教育文化科学之经费，在中央决不得少于其预算总额百分之十五，在省不得少于其预算总额百分之二十五，在市县不得少于其预算总额百分之三十五"。全国人民与人民团体应该随时监督各级政府严格执行。

（三）政府应该有一个高等教育的十年计划，分两期施行。

（四）在第一个五年里，挑选五个大学，用最大的力量培植他们，特别发展他们的研究所，使他们能在已有的基础之上，在短期间内，发展成为现代学术的重要中心。

（五）在第二个五年里，继续培植前期五个大学之外，再挑选五个大学，用同样的大力量培植他们，特别发展他们的研究所，使他们在短期内发展成为现代学术的重要中心。

（六）在这十年里，对于其余的四十多个国立大学和独立学院，政府应该充分增加他们的经费，扩充他们的设备，使他们有继续整顿发展的机会，使他们成为各地最好的大学；对于有成绩的私立大学和独立学院，政府也应该继续民国二十二年以来补助私立学校的政策，给他们适当的补助费，使他们能继续发展。

（七）在选择每一期的五个大学之中，私立的学校与国立的学校应该有同样被挑选的机会，选择的标准应该注重人才、设备、研究成绩。

（八）这个十年计划应该包括整个大学教育制度的革新，也应该包括"大学"的观念的根本改换。近年所争的几个学院以上才可称大学，简直是无谓之争。今后中国的大学教育应该朝着研究院的方向去发展。凡能训练研究工作的人才的，凡有教授与研究生做独立的科学研究的，才是真正的大学。凡只能完成四年本科教育的，尽管有十院七八十系，都不算是将来的最高学府。从这个新的"大学"观念出发，现行的大学制度应该及早彻底修正，多多减除行政衙门的干涉，多多增加学术机关的自由与责任。例如现行的学位授予法，其中博士学位的规定最足以阻碍大学研究所的发展。这部分的法令公布了十六年，至今不能实行，政府应该早日接受去年中央研究院评议会的建议，"博士候选人之平时研究工作及博士论文，均应由政府核准设立研究所五年以上并经特许收受博士候选人之大学或独立学院自行审查考试，审查考试合格者，由该校院授予博士学位"。今日为了要提倡独立的科学研究，为了要提高各大学研究的尊严，为了要减少出洋镀金的社会心理，都不可不修正学位授予法，让国内有资格的大学自己担负授予博士学位的责任。

这是我的建议的大概。这里面我认为最重要又最简单易行而收效最大最速的，是用国家最大力量培植五个到十个大学的计划。眼前的人才实在不够分配到一百多个大学与学院去（照去年夏天的统计，全国有二十八个国立大学，十八个国立学院，二十个私立大学，十三个省立学院，二十一个私立学院，共计一百个。此外还有四十八个公私立专科学校）。试问中国第一流的物理学者，国内外合计，有多少人？中国专治西洋历史有成绩的，国内外合计，有多少人？这都是大学必不可少的学科，而人才稀少如此。学术的发达，人才是第一要件，我们必须集中第一流的人才，替他们造成最适宜的工作条件，使他们可以自己做研究，使他们可以替全国训练将来的师资与工作人员。有了这五个、十个最高学府做学术研究的大本营，十年之后，我相信中国必可以在现代学术上得着独立的地位。

这不是我过分乐观的话，世界学术史上有许多事实可以使我说这样大胆的预言。

在我出世的那一年（一八九一），罗氏基金会决定捐出二千万美金来创办芝加哥大学。第一任校长哈勃尔（W. R. Harper）担任筹备的事，他周游全国，用当时空前的待遇（年俸七千五百元）选聘第一流人物做各院系的主任教授，美国没有的，他到英国、欧洲去挑。一年之后，人才齐备了，设备够用了，开学之日，芝加哥大学就被公认为第一流大学。一个私家基金会能做到的事，一个堂堂的国家当然更容易做得到。

更数上去十多年，一八七六年，吉尔门校长（D. C. Gilman）创立霍铿斯大学，专力提倡研究院的工作。那时候美国的大学还都只有大学本科的教育。耶鲁大学的研究院成立于一八七一年，哈佛大学的研究院成立于一八七二年，吉尔门在霍铿斯大学才创立了专办研究院的新式大学，打开了"大学是研究院"的新风气。当时霍铿斯大学的人才盛极一时，哲学家如杜威，如罗以斯（Royce），经济学家如伊黎（Ely），政治学家如威尔逊总统，都是霍铿斯大学研究院出来的博士。在医学方面，当霍铿斯大学开办时（一八七六），美国全国还没有一个医学院是有研究实验室的设备的！吉尔门校长选聘了几个有研究成绩的青年医学家，如倭斯勒（Osler）、韦尔渠（Welch）诸人，创立了第一个注重研究提倡实验的医学院，就奠定了美国新医学的基础。所以美国史家都承认美国学术独立的风气是从吉尔门校长创立大学研究院开始的。一个私人能倡导的风气，一个堂堂的国家当然更容易做得到。

所以我深信，用国家的大力来造成五个十个第一流大学，一定可以在短期间内做到学术独立的地位。我深信，只有这样集中人才，集中设备，只有这一个方法可以使我们这个国家走上学术独立的路。

卅六，九，十八，第十六个九一八周年纪念日

（此文原载 1947 年 9 月 28 日《中央日报》）

大学教育与科学研究
（1947 年 10 月 10 日）

方才进礼堂来，看大家都是有颜色的，我却是没颜色的。我在政治上没有颜色，在科学上也没有颜色。我也可算是一个科学者，因为历史也算一种科学。凡是用一种严格的求真理的站在证据之上来立说来发现真理，凡拿证据发现事实，评判事实，这都是一种科学的。希望明年"双十节"，史学会也能参加这会，条子也许会是白颜色的。

我今天讲一个故事，希望给负责教育行政或负责各学会大学研究部

门的先生们一点意见。我讲的题是"大学教育与科学研究",不用说,科学研究是以大学为中心。在古代却以个人为出发点,以个人好奇心理,来造些粗糙器皿。还有,为什么科学发达起于欧洲呢?这一点很值得注意。对这虽有不少解释,可是我认为种种原因都不重要,最重要的是自中古以来留下好几十个大学。这些大学没有间断,如意大利伯罗尼亚大学,法国巴黎大学,英国牛津大学、剑桥大学等,这些都是远有一千年九百年或七八百年历史的,因此造成科学的革命。这些大学不断的继长增高,设备一天天增加,学风一天天养成,这样才有了科学研究。研究人员终身研究,可是研究人才是从大学出来的,他们所表现的精神是以真理求真理。这一个故事是讲美国在最近几十年当中造成了几个好大学。美国以前没有 University,只有 College,美国有名符其实的大学是在南北美战争以后。为什么在七十年当中,美国一个人创立了一个大学,从这一个人创立了大学,提倡了新的大学的见解、观念、组织,把美国高等教育革命,因而才有今天使美国成为学术研究中心呢?美国去年出版了两个纪念专集,一个是威尔基专集,一个是吉尔曼专集。吉尔曼(D. C. Gilman)创立了约翰斯·霍普金斯(Johns Hopkins University)大学,后来许多大学都跟着他走,结果造成了今日美国学术领导的地位。大家听了这个故事,也许会从中得到一个 Stimulation。

话说九十四年前,有两个在耶尔学院的毕业生,一个是二十一岁的怀特,一个是二十五岁的吉尔曼,那时美国驻苏公使令此二人作随员,一个作了三年多,一个作了两年多。怀特于三十五岁时做了康奈尔大学校长,吉尔曼四十一岁作了加利佛尼亚大学校长,吉氏未作长久,两年后就辞职了。当时在美国东部鲍尔梯玛城有一大富翁即霍普金斯,他在幼小时家穷,随母读书后去城内作买卖,因赚钱而开一公司,未几十年就当了财主。他在七十岁时立一遗嘱,要将所有遗产三百五十万美金分给一医学院和一大学作基金。一八七三年,他七十九岁时逝世,他的遗嘱生了效。翌年,即开始创办大学,当时董事会请哈佛大学校长艾利阿特(C. W. Eliot)、康奈尔大学校长怀特和密士根大学校长安其尔来研究。那时以如此巨款办大学,真是空前的一件事,那时该校董事长的意思是要办一"大学",可是请来的这三位校长却劝他们要顾及环境,说什么南方不如北方文化高啦,办大学不是从空气里能生长的等语。后来,董事会请他们三人推选校长,三人却不约而同的选出吉尔曼来当校长。吉尔曼做了校长,他发表了他的见解说,应全力提倡高等学术,致力于提倡研究考据，把本科四年功课让给别的学校教，我们来办研究院，我们要选科学界最高人才，给他们最高待遇，然后严格选取好学生，使他们发展到学术最高地步，每年并督促研究生报告研究成绩，并给予出版发表机会。因为那时的高才的教授们，都在教学院的学识浅近的学生，或受书店委托编浅近的教科书，如果给他们安定的生活，最高的待遇，便可以专心从事更高深的研究。这时吉尔曼四十四岁作该大学校长，并且，他决定了以下的政策：研究院外，办理附属本科。最初附属本科只二十三个学生，研究院五十多个，大约二与一之比。可是二十多年以后，研究院的学生到了四百多，附属本科仅一百多，却是四与一之比了。并且，第一步他聘请教授，第一位请的是希腊文教授费尔斯，四十五岁；第二位是物理学教授劳林，才二十八岁；第三位是数学教授塞尔威斯特，六十二岁；第四位是化学教授依洛宛斯；第五位是生物学教授纽尔马丁；第六位也是希腊文拉丁文教授查尔玛特斯。第二步他选了廿二个研究员，其中至少有十个以上成了大名。他的教授法，第一二年是背书，后二年讲演，自然科学也是讲演。第三步是创办科学刊物，这可算是美国发表科学刊物之创始。一八七六年，出版算学杂志，一八八〇年创刊语言学杂志，以及历史政治学杂志、逻辑学杂志、医学杂志等八大杂志，而开始了研究风气。

以上这三件事使美国风云变色。在这里我再谈谈办医学研究的重要：这个大学开幕已十年，医学院尚未开办，但因投资铁路失败，鲍尔梯玛城之女人出来集款，愿担负五十万美金的开办费，但有一条件是医学院开放招收女生。

当这大学的方针发表后，全美青年震动，有一廿一岁之青年威尔其（Welch），刚毕业于纽约医科学校。那时无一校有实验室，他因欲入大学，一八七六年赴欧洲作三学期之研究，一八七八年回美国，可是找不到实验室。最后终找一小屋，这是第一个美国"病理学研究室"，以廿五元开办。他作了五六年研究后，有一老人来找他，请他作霍普金斯医学院病理学教授，后并升任院长，创专任基本医学教授之制，而成立了医学研究所。

最后，吉尔曼于一九〇二年辞掉他已作了廿五年的校长，在那个典礼上，吉尔曼讲演，他说：约翰斯·霍普金斯给我们钱办大学，可是没有告诉我们大学的一个定义。我们要把创见的研究，作为大学的基础。这时，后来任美国总统，也是那个大学的第一班学生威尔逊站起来说：

"你是美国第一个大学的创始者，你发现真理、提倡研究，不但是在我们学校有成绩，给世界大学也有影响。你创始了这师生合作的精神，你是伟大的。"同时，以前曾被邀请参加创办大学意见的哈佛大学校长艾利阿特发表谈话，他说："你创立了研究院的大学，并且坚决的提高了全国各大学的学术研究，甚至连我们的哈佛研究院也受了你的影响，不得不用全体力量来发展研究。我要强调指出，大学在你领导之下是大成功，是提倡科学研究的创始，希望发现一点新知识，由此更引起新知识，这年轻的大学，有最多的成绩。我最后公开承认你的大学政策整个范围是对的。"

（此文是胡适 1947 年 10 月 10 日在天津六科学团体联合年会上的讲演，原载 1947 年 10 月 11 日《世界日报》）

中学生的修养与择业
（1952 年 12 月 27 日）

刚才吴县长报告了五十八年前我在此地的一段历史——我在三岁至四岁间，随先人在台东州住过一年多，在台南住过十个月——要我把台东看作第二家乡；昨天台南市市长也向台南市市民介绍我是台南人；这番盛意，我非常感谢！吴县长预备在这里要做纪念我先人的举动，实在不敢当。明天举行县议员选举，我将以不是候选人也不是选举人，冒充同乡，到各投票所去参观。

今天我看到了吴县长老太太，看到了她，我非常感动，她可算台东年龄最高的了，她与先母年龄相当，先母如在世，已经有七十九岁了。

我到这里不久，与县长、教育科长、校长等几位谈话，知道了台东的教育是在异常困难的情况下来推进的，我非常敬佩他们艰苦不移、紧守岗位的坚毅意志。本来教育厅陈雪屏厅长预备与我们同来的，因台北有事，临时由台南赶回去了。不过教育厅还有一位视察杨日旭先生是同来的，我已经特地要他到各校去视察，并将视察结果报告教育厅，以使省府对台东的教育情形有所了解。

今天我应该讲些什么？事先曾请教吴县长、师范刘校长和同来的几位朋友，他们以今天到场的大多数是青年朋友们，也有青年朋友们的父兄，因此要我讲讲中等教育的东西。同时，我到过的地方，许多朋友常常问我中学生应注重什么？中学毕业后，升学的应该怎样选科？到社会里去的应该怎样择业？我是不懂教育的，不过年纪大些，并且自己也是经过中学大学出来的，同时看到朋友们与我们自己的子弟经过中学，得到一点认识，愿意将自己的认识提出来供大家参考，今天讲的题目，就是："中学生的修养与中学生的择业"。

中学生的修养应注重两点：

一、工具的求得。中学生大概是从十二岁的幼年到十八岁的青年，这个时期是决定他将来最重要的一个时期。求知识与做人、做事的工具，要在这个时期求得。古人说："工欲善其事，必先利其器"，中学生要将来有成就，便应该注意到"求工具"——学业上、事业上，求知识上所需要的工具。求工具的目标有二：一是中学毕业后无力升学要到社会里去就业；一是继续升学。

第一种工具是语言文字。不论就业升学，以我个人的经验和观察所得，语言文字是最需要的工具。在中学里不仅应该学好本国的语言文字，最好能多学一二种外国的语言文字。它是就业升学的钥匙，能为我们打开知识的门。多学得一种语言，等于辟开一个新的花园、新的世界。语言文字，可以说是中学时期应该求得的工具当中非常重要的了。在中学时期如果没有打好语言文字的基础，以后作学问非常的困难。而且过了这个时期，很少能够把语言文字弄好的。

第二种工具是科学的基本知识。许多人都说学了数学，将来没有什么用处，这是错误的。数学是自然科学重要的钥匙，如果不能把这个重要的钥匙——数学，与物理学、化学、生物学、矿物学、植物学等，在中学时期学好，则不能求得新的知识。所以中学时期最重要的，是把这些基本知识弄好。

青年们在学校里对于各种基本科学，不能当它是功课，是学校课程里面需要的功课，应该把它当成求知识、做学问、做人的工具，必不可少的工具。拿工具这个观念来看课程，课程便活了。拿工具这个观念来批评课程，可以得到一个标准。首先看看哪些功课够得上作工具，并分出哪些功课是求知识做学问的工具，哪些功课是做人的工具。哪些功课是重要，哪些功课是次要。同时拿工具这个观念来督促自己，来分别轻重缓急。先生的教法，也可以拿工具这个观念来衡量，哪种教法是死的笨的，请先生改良，哪些应该特别注重，请先生注意。我这个话，不是叫学生对先生造反，而是请先生以工具来教，不要死板的照课本讲，这样推动先生，可以使得先生从没有精神提起精神，不是造反而是教学相长，不把功课当作功课看，把它当作必须的工具看。拿工具的观念看功课，功课便是活的。这一点也可以说是中学生治学的方法。

二、良好习惯的养成。良好习惯的养成，即普通所谓的人品教育，品性人格的陶冶。教育学家心理学家都告诉我们说：人品性格是习惯的养成，好的品格是好的习惯的养成。中学生是定型的阶段，中学生时期与其注重治学方法，毋宁提倡良好习惯的养成。一个人的坏习惯在中学还可纠正，假使在中学里不能养成良好的习惯，这个人的前途便算完了，在大学里不会是个好学生，在社会里不会是个有用的人才。我愿在这里提醒青年学生们的注意，也请学生的父兄教师们注意。

我们的国家以前专注重文字教育，读书人的指甲蓄得很长，手脸都是白白的，行动是文绉绉的，读书可以从"学而时习之"背诵起，写文章摇摇摆摆地会写出许多好听的词句来，可是他们是无用的，不能动手，也不能动脚，连桌凳有一点坏了，也不能拿起斧头钉子来修理。这种只能背书写文章的读书人就是没有养成良好的习惯——动手动脚的习惯。

我在台湾大学讲"治学方法"时，讲到一个故事：宋时有一新进士请教老前辈做官的秘诀，老前辈告诉他四个字："勤谨和缓"。这四个字，大家称为做官秘诀，我把它看作做人、做事、做学问的秘诀。简单的分别说：

勤，就是不偷懒，不走捷径，要切切实实，辛辛苦苦的去作。要用眼睛的用眼睛，用手的用手，用脚的用脚，先生叫你找材料，你就到应该到的地方去找。叫你找标本，你就到田野，到树林里去找。无论在实验室里，自然界里，都不要偷懒，一点一滴的去作。

谨，就是谨慎，不粗心，不苟且。以江浙的俗话来说，不拆烂污。写字，一点、一横都不放过。写外国字，i 的一点，t 的一横，也一样的不放过。作数学，一个圈，一个小数点都不可苟且。不要以为这是小事情，做事关系天下的大事，做学问关系成败，所以细心谨慎，是必须要养成的习惯。

和，就是不要发脾气，不要武断。要虚心，要和和平平。什么叫做虚心？脑筋不存成见，不以成见来观察事，不以成见来对待人。就做学问来说：要以心平气和的态度来学化学、数学、历史、地理，并以心平气和的态度来学语文。无论对事、对人、对物、对问题、对真理，完全是虚心的，这叫做和。

缓，这个字很重要。缓的意思不要忙，不轻易下一个结论。如果没有缓的习惯，前面三个字都不容易做到。譬如找证据，这是很难的工作，如果要几点钟缴卷，就不能作到勤的功夫。忙于完成，证据不够，不管它了，这样就不能做到谨的功夫。匆匆忙忙的去作，当然不能做到和的功夫。所以证据不够，应该悬而不断，就是姑且挂在那里。悬而不断，并不是叫你搁下来不管，是要你勤，要你谨，要你和。缓，就是南方人说的"凉凉去吧"。缓的意思，是要等着找到了充分的证据，然后根据事实来下判断。无论做学问、做事、做官、做议员，都是一样的。大家知道治花柳病的名药"606"吧？什么叫"606"呢？经过六百零六次的试验才成功的。"九一四"则试验了九百一十四次。达尔文的生物进化论认为，动植物的生存进化与环境有绝大的关系，也费了三十年的工夫，到四海去搜集标本和研究，并与朋友们往复讨论。朋友们都劝他发表，他仍然不肯。后来英国皇家学会收到另一位科学家华莱士的论文，其结论与达尔文的一样，朋友们才逼着达尔文把研究的结论公布，并提出与朋友们讨论的信件，来证明他早已获得结论，于是皇家学会才决定同华莱士的论文同时发表。达尔文这种持重的态度，不是缺点，是美德，这也是科学史上勤、谨、和、缓的实例。值得我们去想想，作为榜样，尤其青年学生们要在中学里便养成这种好习惯。有了这种好习惯，无论是做人、做事、做学问，将来不怕没有成就。

中学生高中毕业后，面临的问题是继续升学或到社会去找职业。升学应如何选科？到社会去应如何择业？简单的说，有两个标准：

一、社会的标准　社会上所需要的，最易发财的，最时髦的是什么？这便是社会的标准。台湾大学钱校长告诉我说，今年台大招生，投考学生中外文成绩好的都投考工学院，尤其是考电机工程、机械工程的特多，考文史的则很少，因为目前社会需要工程师，学成后容易得到职业而且待遇好。这种情形，在外国也是一样的，外国最吃香的学科是原子能、物理学和航空工程，干这一行的，最受欢迎，最受优待。

二、个人的标准　所谓个人的标准，就是个人的兴趣、性情、天才近哪门学科，适于哪一行业。简单的说，能干什么。社会上需要工程师，学工程的固不忧失业，但个人的性情志趣是否与工程相合？父母、兄长、爱人都希望你学工程，而你的性情志趣，甚至天才，却近于诗词、小说、戏剧、文学，你如迁就父母、兄长、爱人之所好而去学工程，结果工程界里多了一个饭桶，国家社会失去了一个第一流的诗人、小说家、文学家、戏剧学家，不是可惜了吗？所以个人的标准比社会的标准重要。因为社会标准所需要的太多，中国人常说社会职业有三百六十行，这是以前的说法，现在何止三百六十行，也许三千六百行，三万六千行都有，三千六百行，三万六千行，行行都需要。社会上需要建筑工程师，需要水利工程师，需要电力工程师，也需要大诗人、大美术家、大法学家、大政治家，同时也需要做新式马桶的工人。能做新式马桶的，照样可以发财。社会上三万六千行，既是行行都需要，一个人决不可能会做每行的事，顶多会二三行，普通都只能会一行的。在这种情形之下，试问是社会的标准重要，还是个人的标准重要？当然是个人的重要！因此选科择业不要太注重社会上的需要，更不要迁就父母、兄长、爱人的所好。爸爸要你学赚钱的职业，妈妈要你学时髦的职业，爱人要你学社会上有地位的职业，你都不要管他，只问你自己的性情近乎什么？自己的天才力量能做什么？配做什么？要根据这些来决定。

历史上在这一方面，有很好的例子。意大利的伽俐略是科学的老祖宗，是新的天文学家，新的物理学家的老祖宗。他的父亲是一个数学家，当时学数学的人很倒楣。在伽俐略进大学的时候（300多年前），他父亲因不喜欢数学，所以要他学医，可是他读医科，毫无兴趣。朋友们以他的绘画还不坏，认为他有美术天才，劝他改学美术，他自己也颇以为然。有一天他偶然走过雷积教授替公爵府里面作事的人补习几何学的课室，便去偷听，竟大感兴趣，于是医学不学了，画也不学了，改学他父亲不喜欢的数学。后来〈他〉替全世界创立了新的天文学、新的物理学，这两门学问都建筑于数学之上。

最后说我个人到外国读书的经过。民国前二年，考取官费留美，家兄特从东三省赶到上海为我送行，以家道中落，要我学铁路工程，或矿冶工程。他认为学了这些回来，可以复兴家业，并替国家振兴实业；不要我学文学、哲学，也不要学做官的政治法律，说这是没有用的。当时我同许多人谈谈这个问题，以路矿都不感兴趣，为免辜负兄长的期望，决定选读农科，想做科学的农业家，以农报国。同时美国大学农科，是不收费的，可以节省官费的一部分，寄回补助家用。进农学院以后第三个星期，接到实验系主任的通知，要我到该系报到实习。报到以后，他问我："你有什么农场经验？"我说："我不是种田的。"他又问我："你作什么呢？"我说："我没有做什么，我要虚心来学，请先生教我。"先生答应说："好。"接着问我洗过马没有，要我洗马。我说："我们中国种田，是用牛不是用马。"先生说："不行。"于是学洗马，先生洗一半，我洗一半。随即学驾车，也是先生套一半，我套一半。作这些实习，还觉得有兴趣。下一个星期的实习，为包谷选种，一共有百多种，实习结果，两手起了泡，我仍能忍耐，继续下去。一个学期结束了，各种功课的成绩都在八十五分以上。到了第二年，成绩仍旧维持到这个水准。依照学院的规定，各科成绩在八十五分以上的，可以多选两个学分的课程，于是增选了种果学。起初是剪树、接种、浇水、捉虫，这些工作，也还觉得有兴趣。在上种果学的第二星期，有两小时的实习苹果分类，一张长桌，每个位子分置了四十个不同种类的苹果，一把小刀，一本苹果分类册，学生们须根据每个苹果的长短、开花孔的深浅、颜色、形状、果味和脆软等标准，查对苹果分类册，分别其类别（那时美国苹果有 400 多类，现恐有 600 多类了），普通名称和学名。美国同学都是农家子弟，对于苹果的普通名称一看便知，只需在苹果分类册里查对学名，便可填表缴卷，费时甚短。我和一位郭姓同学则须一个一个的经过所有检别的手续，花了两小时半，只分类了二十个苹果，而且大部分是错的。晚上我对这种实习起了一种念头：我花了两小时半的时间，究竟是在干什么？中国连苹果种子都没有，我学它什么用处？自己的性情不相近，干吗学这个？这两个半钟头的苹果实习使我改行，于是，决定离开农科，放弃一年半的时间（这时我已上了一年半的课），牺牲了两年的学费，不但节省官费补助家用已不可能，维持学业很困难，以后我改学文科，学哲学、政治、经济、文学。在没有回国时，与朋友们讨论文学问题，引起了中国的文学革命运动。提倡白话，拿白话作文，作教育工具，这与农场经验没有关系，与苹果学没有关系，是我那时的兴趣所在。我的玩意儿对国家贡献最大的便是文学的"玩意儿"，我所没有学过的东西。最近研究《水经注》（地理学的东西）。我已经六十二岁了，还不知道我究竟学什么？都是东摸摸、西摸摸，也许我以后还要学学水利工程亦未可知。虽则我现在头发都白了，还是无所专长，一无所成，可是我一生很快乐。因为我没有依社会需要的标准去学时髦。我服从了自己的个性，根据个人的兴趣所在去做，到现在虽然一无所成，但是我生活得很快乐，希望青年朋友们，接受我经验得来的这个教训，不要问爸爸要你学什么，妈妈要你学什么，爱人要你学什么。要问自己性情所近，能力所能做的去学。这个标准很重要，社会需要的标准是次要的。

> （此文是胡适 1952 年 12 月 27 日在台东县欢迎会上的讲演。收入 1953 年 5 月台北华国出版社出版的《胡适言论集》甲编）

《克难苦学记》序
（1954 年 12 月 13 日）

沈宗瀚先生的《克难苦学记》是近二十年来出版的许多自传之中最有趣味，最能说老实话，最可以鼓励青年人立志向上的一本《自传》。我在海外收到他寄赠的一册，当日下午我一口气读完了，就写信去恭贺他这本《自传》的成功。果然这书的第一版很快的卖完了，现在就要修改再版，沈先生要我写一篇短序，我当然不敢推辞。

这本《自传》的最大长处是肯说老实话。说老实话是不容易的事，叙述自己的家庭、父母、兄弟、亲戚，说老实话是更不容易的事。

一千八百多年前，大思想家王充（他是汉朝会稽郡上虞县人，是沈先生的同乡）在他的《自纪篇》里，曾这样的叙述他的祖父与父亲的两代：

> 祖父汎，举家担载，就安会稽，留钱唐县，以贾贩为业。生子二人，长曰蒙，少曰诵，诵即充父。祖世任气，至蒙、诵滋甚。故

蒙、诵在钱唐，勇势凌人，未几复与豪家丁伯等结怨，举家徙处
上虞。

这是说老实话。当时人已嘲笑他"宗祖无淑懿之基……无所禀阶，终不
为高"。六百年后，刘知几在《史通》的《序传篇》里，更责怪他不应
该"述其父、祖不肖，为州闾所鄙"，"盛矜于己，而厚辱其先"。一千
六百年后，惠栋、钱大昕、王鸣盛诸公，也都为了这一段话大责备王
充。王充的话，在现在看来，并没有"厚辱其先"，不过老老实实的说
他的祖父、伯父、父亲都有点豪侠的气性，所以结怨于钱唐的"豪家"。
然而这几句老实话就使王充挨了一千八百年的骂！

沈先生写他的家庭是一个农村绅士的大家庭。他的村子是一个聚族
而居的沈湾村，全村二百户，七百人，都是沈族。村人贫富颇平均，最
富的人家也不过有田二百多亩，最贫的也有七八亩。农家每日三餐饭，
全村没有乞丐，百年来没有人打官司。这是一个典型的江南农村社会。
沈先生自己的家庭就是这个农村社会里一个中上人家。他的祖父水香先
生，伯父少香先生，父亲涤初先生，都是读书人，都是秀才，又都能替
人家排难解纷，所以他家是一个乡村绅士人家。

沈先生的祖父生有四男四女，他的伯父有五男二女，他的父亲有六
个儿子。沈先生刚两岁（1896）时，这个大家庭已有二十多口人了。于
是有第一次的"分家"。分家之后，"祖田除抵偿公家债款之外，尚留田
十三亩，立为祖父祭产"。涤初先生自己出门到人家去教书，每年束修
只有制钱四十千文。家中有祖田十二亩，雇一个长工及牧童耕种，每隔
一年可以收祖宗祭田约二十亩的租钱。每年的收入共计不过一百五十银
元。不久，这个小家庭已有四个男孩子了。长工是要吃饭的。这就是七
口之家了。沈先生的母亲一个人要料理家务，要应付七口的饭食，要管
办父子五人的衣服鞋袜。所以他家每日三餐之中要搭一餐泡饭，晚上点
菜油灯，只用一根灯芯，并用打火石取火。

这是这个家庭的经济状态。

沈先生十五岁时（1908），他考进余姚县第四门镇私立诚意高等小
学堂，因为家贫，取得"寒额"的待遇，可免学、宿、膳费。他在这学
堂住了四年，民国元年（1912）冬季毕业。这四年之中，他父亲供给了
他七十二元的学校费用（包括书籍、杂费）。他说："此为吾父给我一生
之全部求学费用也。"

他十八岁才毕业高等小学。那时候，他家中的经济状况更困难了，

他父亲不但无力供给他升学，并且还逼迫他毕业后就去做小学教员，要他分担养家的责任。这个"继续求学"与"就业养家"的冲突问题，是沈先生青年时代的最大困难，也是他的《克难苦学记》的中心问题。他父亲说的最明白：

> 如吾有田，可卖田为汝升学。如吾未负债足以自给，吾亦可借债送汝上学。乃今债务未了，利息加重，必须每年付清利息。如无汝之收入，吾明年利息亦不能支给，奈何？（24 页）

但他老人家究竟是爱儿子的明白人，他后来想明白了，不但不反对儿子借钱升学，还买了一只黄皮箱送给他！于是他筹借了四十多块银元，到杭州笕桥甲种农业学校去开始他的农学教育了。

沈先生在这《自传》里写他父亲涤初先生屡次反对他升学，屡次逼他分担家用，屡次很严厉的责怪他，到头来还是很仁慈的谅解他、宽恕他。最尖锐的一次冲突，是民国三年他老人家坚决的不许他儿子抛弃笕桥甲种农校而北去进北京农业专门学校。老人家掉下眼泪来，对儿子说：

> ……我将为经济逼死。你既能毕业北京农业专门，你心安乎？

这一次他老人家很生气，逼着儿子写悔过书给笕桥陈校长，逼着他回笕桥去。儿子没有法子，只能用骗计离开父亲，先去寻他那在余姚钱庄做事的二哥，求他借四十银元做北行的旅费，又向他转借得一件皮袍，就跟他的同学偷跑到上海，搭轮船北去了。

他进了北京农业专门学校做预科旁听生。过了半个月，父亲回信来了，虽然说母亲痛哭，吃不下饭，但最后还答应将来"成全"儿子求学的志愿。又过了一个月，父亲听说借皮袍的人要讨还皮袍了，他老人家赶紧汇了四十银元来，叫儿子另买皮袍过冬。

经济很困难的四整年，作者在北京农业专门毕业了。那是民国七年六月，他二十四岁，已结婚三年了，他不能不寻个职业，好分担那个大家庭的经济负担了。经过了几个月的奔走，他得了一个家庭教师的工作，每月可得四十银元，由学生家供给膳宿。

父亲要他每月自用十元，寄三十元供给家用并五弟的学费。他在北京做家庭教师的两年，是他一生最痛苦的时期（民国七年秋天到九年春）。他那时已受洗礼，成为一个很虔诚的基督徒了。但他有时候也忍不住要在日记里诉说他的痛苦。《自传》（65 页）有这一段最老实也最感动人的记载：

父常来谕责难。民八阴历年关，父病，指责更严厉，余极痛苦。（九年）一月二十日记云："夜间写父禀，多自哀哀彼之语。书至十一点钟，苦恼甚，跪祷良久，续禀。……我节衣缩食，辛苦万状，他还说我欠节省。我不请客，不借钱，朋友都说我吝啬，他还说我应酬太多。我月薪四十元，东借西挪，以偿宿债，以助五弟，他还要我赡养每月三十元。唉，我的父亲是最爱我的，遇了债主的催逼，就要骂我，就要生病。他今年已六十四岁，从十六岁管家，负债到如今。自朝至暮，勤勤恳恳的教书，节衣缩食，事事俭省，没有一次专为自己买肉吃。我母买肉给他吃，他还要骂她不省钱。我去年暑假回去，他偏自己上城买鱼肉给我吃。这鱼这肉实在比鱼翅、燕窝好吃万万倍！他骂我欠节省，我有时不服，但看到他自己含辛茹苦，勤奋教书的光景，我就佩服到万分。他爱我，我有时忘了。如今想起来，他到贫病交迫的光景，我为何不救！我囊中只剩几十个铜子，一二个月内须还的债几至百元，五弟又要我速寄十元，我此时尚想不着可借的人。……我实在有负我可爱的父，但我实在无法。求上帝赐福给我的父，祝我谋事快成功，我定要清偿我父的债。……"

我相信，在中国的古今传记文学里，从没有这样老实、亲切、感动人的文字。也从没有人肯这样、敢这样老实的叙述父子的关系，家庭的关系。

这样一个家庭，多年积下来的债务要青年儿孙担负，年老的父母要青年儿子"赡养"，儿子没有寻着职业就得定婚、结婚、生儿女了，更小的弟妹也还要刚寻到职业的儿子担负教育费，这样的一个家庭是真可以"逼死英雄汉"的！试读沈先生（55页）民国七年十一月一日的日记：

父谕，命余月寄三十元。惟迄今二月之薪金已告罄，奈何！……苟无基督信仰，余将为钱逼死矣。

沈宗瀚先生的《自传》的最大贡献，就是他肯用最老实的文字描写一个可以"逼死英雄汉"、可以折磨青年人志气的家庭制度，这里的罪过是一个不自觉的制度的罪过，不是人的罪过。沈先生的父母都是好人，都是最爱儿子的父母。不过他们继承了几千年传下来的集体经济的家庭制度，他们毫不觉得这个制度是可以逼死他们最心爱的青年儿子的，他们只觉得儿子长大了应该早早结婚生儿子，应该早早挣钱养家，应该担负上代人积下来的债务，应该从每月薪水四十元之中寄三十元回家；他们只觉得这都是应该的，都是当然的。描写一个最爱儿子的好父亲，在不知不觉之中，几乎造成了叫一个好儿子"为钱逼死"的大悲剧。这是这本《自传》在社会史料同社会学史料上的大贡献，也就是这本《自传》在传记文学上的大成功。

沈先生所谓"克难苦学"，他所谓"难"，不仅是借钱求学的困难，最大的困难在于他敢于抛弃那人人认为当然的挣钱养家的儿子天职。他在十七岁时（辛亥，1911），已受了梁任公的《新民丛报》的影响，"做新民，爱国家"的志向；又受了曾文正、王阳明的影响，他立志要做一个有用的好人。他说（23页）：

> 余生长农村，自幼帮助家中农事，牧牛、车水、除草、施粪、收获、晒谷、养蚕、养鸡等，颇为熟练，且深悉农民疾苦，遂毅然立志为最大多数辛勤之农民服务。

这样，他决定了他终身求学的大方针：学习农业科学，为中国农民服务。

在他决定的这个求学方向上，那个农村社会同耕读家庭的生活经验就都成了他很重要也很有帮助的背景了。我们知道他父亲有租田十二亩。后来父亲历年培种兰花，母亲历年养蚕与孵小鸡，节省下的余钱又添置了租田三十二亩。父亲出门教书了，儿子们还没有长大，家中雇一个长工耕种，又雇牧童帮忙。他家兄弟六人，大哥终身教书，二哥在本县钱庄做事，三哥自幼在家耕种。《自传》（29页）说：

> 三哥自幼由吾父之命，曾在村中最优秀之二农家工作五年，尽得其经验。父常称彼辈为师傅，三哥为徒弟。五年后，三哥归家种田，对于栽培经验胜于常人。

又说：

> 余肄业农校，每于暑假、寒假回乡时，将一学期所得农业学理与吾父母、大哥、三哥等讨论，有时叔父、从兄等亦加入。余常与三哥下田工作，趣味甚浓。余教三哥蔬菜施肥方法，试以讲义上所述方法在茄地上施肥，先将茄株周围挖小沟一圈，施入人粪尿，然后以土覆粪，谓可以防止氮气之气蒸散。三哥深以为然。

一日，族兄仁源来问防止蔬菜叶虫方法，余告以施用石油乳剂。然彼施后，因浓度过高，致菜焦枯。

又一日，叔父咸良来问水稻白穗原因。余即在田中拔白穗之茎，剥茎，出茎内螟虫示之。彼大惊服，遂以稻瘟神作祟之说为迷信。

综计余所告各种方法，实施后有效者果有之，无效者亦不少。且对许多问题尚不能解答。余对彼辈栽水稻、豆、麦等经验甚为佩服。

这种活的经验，在沈先生的农学教育上有无比的价值。因为他有了这种活的农场经验，他才可以评判当时农业学校的教材与方法的适用或不适用，才可以估量每个教员的行不行。他说：

斯时（杭州笕桥）农校教师，除陈师宗一外，多译述日文笔记充教材，不切合实际情况。昆虫学常以日本《千虫图解》充当标本，从未领导学生到野外采集。余偶采虫问之，彼即以之与《千虫图解》对照，加以臆测，亦从未教余等饲虫研究。园艺教员授蔬菜，则亦多译日文讲义数册，而未尝实地认识蔬菜，亦不调查栽培、留种等方法。作物教员因在日本留学畜牧，乃译述《牧草》讲义，而于笕桥最有名之药用作物，从未提及。教室与环境完全隔绝。田间实习仅种萝卜、白菜，或作整地、除草、施肥等工作，（余）常觉实习教员之经验远不及三哥也。

故自第二年级起，余对农校功课渐感不满，深恐将来只能纸上空谈，不切实际，于国何用？（29～30 页）

不但中等农校不能满足这种来自田间的好学生的期望，当时的北京农业专门学校也逃不了他的冷眼批评。他说（38 页）：

北农预科之英文、理化、博物等课，较笕农为深，唯博物一科仍用书本及日本标本为教材，不免失望。

又说（41 页）：

国立北京农业专门学校农业本科一年级……功课为无机化学、植物、地质、土壤、作物、昆虫、农场实习、英文、数学等。除英文、数学外，概用中文讲义，教员多以讲义及日本标本敷衍了事。殊感失望。

这个有农田经验的好学生到了农业本科三年级，才有力量从消极的失望作积极的改革活动，才提议改换三、四个不良的教员，如英文、园艺、农场实习等课的教授。那时候，金仲藩（邦正）来做校长，添聘了邹树文、王德章等来教授农学；设朝会，金校长亲自主持，训勉为人道德；校长与诸师同来饭厅，与学生同桌共餐，"全校精神为之一振"。

但这个开始改良的农专，不久就起了风潮，金校长辞职，他请来的一班好教员也走了。半月之后，校长虽然回来收拾风潮，但那些教员"从此辞职不复返矣"。（46～48 页）

沈先生在国内学农科，到北农本科毕业为止，前后不过五年多（民国二年一月到七年六月）。他的记载，因为都是老实话，很可以作教育史料。他的评判并不偏向留美学农的教员，也并不限于消极的批评。例如他说（46 页）：

> 余在北农所得教益最多者，为许师叔玑（留日）之农政学、农业经济学、畜产及肥料；吴师季卿（留日）之无机、有机及分析化学；章师子山（留美）之植物病理学；汪师德章（留美）之遗传学；及金校长仲藩之朝会训话。……
>
> 汪师教遗传学极为清晰，余对"曼德尔遗传定例"自此明了。……

这也是教育史料。

沈先生学农有大成就，他的最大本钱并不是他东借西挪的学费，乃是他幼年在农田里动手动脚下田施肥的活经验与好习惯。所以他在笕桥农校的第一年，

> 二月间即实习制造堆肥，先集牛粪及稻草，层垒堆上，然后用水及粪尿润湿之，以脚践踏，人以为苦，余独轻易完工。师生颇惊奇之。（28 页）

所以他后来在常德种棉场服务，他就

> 决定日间与农友下田同工，并调查农事，一以监工，一以学习农民植棉方法，知其优劣。早夜读棉业及其他农学书籍，期以学理与实用贯通，手脑并用。故早饭后即赤脚、戴笠、荷锄与农夫同去工作。（69 页）

所以他后来在南京第一农校教昆虫学

> 遂一方先自采集附近昆虫，参照日本《千虫图解》以定其科属……一方解剖主要昆虫，以认识其口、器、头、胸、腹诸部，然后随教随以实物相示。……（73 页）

所以民国十四年他在康奈尔大学跟几位名教授研究遗传育种的时期，他自己记载：

> ……余在田间工作，除论文材料外，随助教做小麦、蔬菜、牧草等实地育种工作，并随教授旅行，实地检查改良品种之纯粹，由此得尽窥遗传育种与推广之底蕴。……盖教室与实验室所得，均为遗传原理。非经此实习，不知田间技术之诀窍，则回国后做实地育种工作必感困难。康大教授与助教常谓余曰："汝能实地苦干，诚与众不同也。"（83 页）

这"手脑并用"的实地苦干，是沈先生做学问有大成就的秘诀，是他在金陵大学任教时能造就许多优良的农业人才的秘诀，是他后来担任农业实验所所长时能为国家奠定农业科学化及农业推广制度的秘诀。而这个成功秘诀的来源，就在他"生长农村，自幼帮助家中农事、牧牛、车水、除草、施粪、收获、晒谷、养蚕、养鸡"的活经验与好习惯。

总而言之，这本《自传》的最大贡献在于肯说老实话。平平实实的老实话，写一个人，写一个农村家庭，写一个农村社会，写几个学堂，就都成了社会史料、社会学史料、经济史料、教育史料。

沈先生写他自己的宗教经验，也是很老实的记录，所以很能感动人。他描写一位徐宝谦先生，使我很感觉这个人可敬可爱。这本书里叙述的沈先生自己信仰基督教的经过，因为也是一个老实人的老实话，所以也有宗教史料的价值。

我很郑重的介绍这本《自传》给全国的青年朋友。

民国四十三年十二月十三夜

（此文原载 1963 年 12 月台北《传记文学》第 3 卷第 6 期）

《梁任公先生年谱长编初稿》序
(1958 年 6 月 10 日)

　　梁任公先生死在民国十八年一月十九日。那天晚上我从上海到北平，很想见他一面，不料我刚下火车就听见说任公先生已死了八个钟头了。次日，任公先生的遗体在广慧寺大敛，我和丁在君先生、任叔永先生、陈寅恪先生、周寄梅先生去送他入殓。任公先生的许多老朋友，如贵州蹇季常先生等，都是两眼噙着热泪。在君和我也都掉泪了。

　　二月初，在任公先生的追悼会上，大家都注意到丁在君的一副挽联：

> 生我者父母，知我者鲍子。
> 在地为河岳，在天为日星。

这副挽联最可以写出在君对于任公先生的崇敬，也最可以表示任公先生和在君的友谊。

　　梁先生死后，许多朋友都盼望丁在君担任写任公传记的事。在君自己也有决心写一部新式的《梁启超传记》。为了搜集这部大传记的资料，在君替梁氏家属计划向任公先生的朋友征求任公一生的书札。这个征求遗札的计划的大旨是请任公的朋友把他的书札真迹借给梁家抄副本，或照相片送给梁家。

　　当时征求到的任公先生遗札，加上他的家信，总计大概有近一万封之多。这样的大成功是由于几个原因：第一，任公先生早岁就享大名，他的信札多被朋友保存，是很自然的。第二，他的文笔可爱，他的字也很可爱，他的信札都是纸精，墨好，字迹秀逸，值得收藏。第三，当时国中没有经过大乱，名人的墨迹容易保存。

　　这近万封的信札，就是这部《梁任公先生年谱长编初稿》的最重要的一批原料。此外，这部年谱还充分采用了许多同时人的记录，如《南海先生自编年谱》，如任公的兄弟仲策（启勋）的《曼殊室戊辰笔记》等等。这些记录在当时只有稿本，到现在往往还没有印本流传，都是不易得的材料。（戊辰是民国十七年，梁仲策先生这部《戊辰笔记》作于任公先生死之前一年，是一部很可靠的传记材料。可惜这部稿本后来已失落了。我举仲策此书为例，要人知道在君编的这部年谱里保存了不少现在已很难得或已不可得的资料。）

在君开始聚集任公先生的传记材料的时候，他是一个很忙的人，不能用全力来写任公先生的传记。民国十八年到十九年之间，在君领导了一个大规模的"西南地质调查队"，直到十九年夏天才从西南回到北平。民国二十年他做了北京大学的地质系研究教授。从二十年秋季开学起，到二十三年六月，他在北大教了三年书。从二十三年六月起，他接任中央研究院的总干事。二十四年十二月他在湖南衡阳得病，二十五年一月五日，他死在长沙。

梁任公先生的年谱是在君先生在北京大学做教授的时期开始编纂的。在君自己是主编人，他请了一位青年学者赵丰田先生做他的助手，帮助他整理编写他在那几年里搜集的资料。因为材料实在很多，又因为在君自己实在太忙，所以这部年谱有些地方还可以看出这是一部草稿，没有经过最后的整理写定。例如页五十二引《李宣龚与丁在君书》，本文说是"李宣龚氏给编者的一封信"。这是很清楚的在君自称"编者"，但页十二引梁思成《致在君先生书》，本文说是"梁思成先生给丁在君文江先生的一封信"，页十六也说是"梁思成致丁在君先生书"。这两处都不称"编者"了。

　　※　　　　　　　※　　　　　　　※　　　　　　　※

在君死后，他的朋友翁咏霓把这部没有经过最后整理修改的初稿本油印了几十部，分送给任公先生的家属和朋友，请他们仔细审查一遍，附加评注，然后寄回——寄回给谁作综合的整理修改，我现在已记不清楚了。我当年也收到一部油印本，后来好像是寄还给梁家了。事隔多年，我仿佛记得是由梁令娴女士，思成、思永两先生，思庄女士，各位汇集收到的油印本上签注的意见，然后由他们决定请一位老辈朋友担任修改这部初稿的巨大工作。丁月波先生（文渊）在此书的"前言"里曾提及林宰平先生"正在整理这部著作"。很可能的，林宰平先生就是梁家姊妹弟兄委托修改此稿的人。

油印本好像是题作《梁任公先生年谱长编初稿》，这个题名可能是翁咏霓改题的，也可能是在君的本意。在君最初的意思是要写一部现代式的《梁启超传记》，年谱不过是传记的"长编"而已；不过是传记的原料依照年月的先后编排着，准备为写传记之用。

油印本的底本就是中央研究院历史语言研究所保藏的这部初稿本。这部初稿本原藏地质调查所，后来归史语所收藏。

丁月波先生在他的"前言"里，曾称此本为"晒蓝本"，那是不很正确的。这部"初稿"本是一部毛笔清抄本。但其中引用的信件，或任公先生的诗文，或他种文件，都是剪粘的晒蓝本。当初编纂的计划必定是把准备引用的传记资料，如信札及他种文件，一概都用晒蓝复写，以便剪下来分粘在各个稿本里。最早的草稿本的引文必定也是晒蓝剪粘的。后来这部清抄本的引文也就照样用晒蓝的资料剪粘了。

月波又说，"其中经（在君）二哥修改的笔迹，都历历可考"。我细看全部"初稿"清抄本，上面只有涂抹的笔迹，没有修改的文字，实在无法可以指定那毛笔的钩抹是在君的笔迹。大概这部初稿清抄本的底本必是在君先生和赵丰田先生的草稿本，上面必定有在君亲自修改的笔迹。据我的记忆，那部草稿本是送还给任公先生的家属了。

　　※　　　　　　　　　※　　　　　　　　　　　※　　　　　　　　　　※

这部《长编初稿》的主编人是丁文江，编纂助理人是赵丰田，全部书有一致的编纂体例。除了最早几年之外，每年先有一段本年的大事纲领，然后依照各事的先后，分节叙述。凡引用文件，各注明原件的来源，因为文件是晒蓝剪粘的，故偶有模糊不能辨认的字。又因为原料实在太多，赵君句读标点也不免偶有小错误。

但这部《长编初稿》是大致完成了的一部大书。其中最后的一小部分可能是在君死后才赶完成的（这是我的追忆，我不能断定那一部分是在君死后才完成的。最后一年记任公先生之死，以及身后情形，都很潦草，显然不像是在君看过的）。这部《长编初稿》保存了许多没有经过最后删削的原料，所以任公先生的儿女们在当时都感觉，这一大批原料应该再经一遍删削，方才可以付印流传。

但我们在二十多年后，不能不承认，正因为这是一部没有经过删削的《长编初稿》，所以是最可宝贵的史料，最值得保存，最值得印行。

世界书局的杨家骆先生受了丁文渊先生生前的委托，费了大力量把这部清抄本重抄了一部，用抄本排印流传，这件大工作费了两年的时间，这是梁任公先生的朋友们和丁在君先生的朋友们都应该诚心感谢的！任公先生的儿女们在当时也许有种种的顾虑，不愿意把这部没有经过最后修改的原料长编印行出来。但在梁任公死后二十九年，丁在君死后二十二年，还没有一部根据这部《长编初稿》写出来的《梁任公年谱》定本，或《梁任公传记》——我们不应该再等候了。我们感谢杨家骆先生把这一大部《梁任公先生年谱长编初稿》排印出来。我们相信这部大书的出版可以鼓励我们的史学者和传记学者去重新研究任公先生，去重新研究任公和他的朋友们所代表的那个曾经震荡中国知识分子至几十年之久的大运动。我们盼望，这部原料《长编》出版之后不久，就可以有新的、好的《梁启超传记》著作出来。

我们最感觉悲哀的是为这部稿本的流传曾出了大力的丁月波先生竟不能亲自看见这部大书的出版了！

胡适 一九五八，六，十

（此文原载 1958 年 7 月 16 日台北《自由中国》第 19 卷第 2 期）

一个人生观
（1959 年 1 月 7 日）

∧

很多人认为个人主义是洪水猛兽，是可怕的，但我所说的是个平平常常，健全而无害的。干干脆脆的一个个人主义的出发点，不是来自西洋，也不是完全中国的。中国思想上具有健全的个人主义思想，可以与西洋思想互相印证。王安石是个一生自己刻苦，而替国家谋安全之道，为人民谋福利的人，当为非个人主义者。但从他的诗文中，可以找出他个人主义的人生观，为己的人生观。因为他曾将古代极端为我的杨朱与提倡兼爱的墨子相比。在文章中说："为己是学者之本也，为人是学者之末也。学者之事必先为己为我，其为己既有余，则天下事可以为人，不可不为人。"这就是说，一个人在最初的时候应该为自己，在为自己有余的时候，就该为别人，而且不可不为别人。

……十九世纪的易卜生，他晚年曾给一位年轻的朋友写信说："最期望于你的只有一句话，希望你能做到真实的、纯粹的为我主义，要你有时觉得天下事只有自己最重要，别人不足想。你要想有益于社会，最好的办法就是把你自己这块材料铸造成器。"另外一部自由主义的名著《自由论》，有一章"个性"，也一再的讲人最可贵的是个人的个性。这些话，便是最健全的个人主义。一个人应该把自己培养成器，使自己有了足够的知识、能力与感情之后，才能再去为别人。

孔子的门人子路，有一天问孔子说："怎样才能做成一个君子？"孔子回答说："修己以敬"。这句话的意思，也就是要把自己慎重的培养、训练、教育好的意思。"敬"在古文解释为慎重。子路又说，这样够了吗？孔子回答说："修己以安人"。这句话的意思，就是先把自己培养、训练、教育好了，再为别人。子路又问，这样子够了吗？孔子回答说："修己以安百姓。修己以安百姓，尧舜其犹病诸。"这句话的意思就是培养、训练、教育好了自己，再去为百姓，培养好了自己再去为百姓，就是圣人如尧舜，也很不易做到。孔子这一席话，也是以个人主义为起点的。自此可见，从十九世纪到现在，从现在回到孔子时代，差不多都是以修身为本。修身就是把自己训练、培养、教育好。因此个人主义并不是可怕的，尤其是年轻人确立一个人生观，更是需要慎重的把自己这块材料培养、训练、教育成器。

……我认为最值得与年轻人谈的便是知识的快乐。一个人怎样能使生活快乐？人生是为追求幸福与快乐的。《美国独立宣言》中曾提及三种东西，即就是（1）生命，（2）自由，（3）追求幸福。但是人类追求的快乐范围很广，例如财富、婚姻、事业、工作等等。但是一个人的快乐，是有粗有细的。我在幼年的时候不用说，但自从有知以来就认为，人生的快乐，就是知识的快乐，做研究的快乐，找真理的快乐，求证据的快乐。从求知识的欲望与方法中深深体会到人生是有限，知识是无穷的；以有限的人生，去探求无穷的知识，实在是非常快乐的。

二千年前有一位政治家问孔子门人子路说，你的老师是个怎样的人？子路不答。后来孔子知道了，说："你为甚么不告诉他？你的老师'其为人也，发愤忘食，乐以忘忧，不知老之将至'。"从孔子这句话，可以体会到知识的乐趣。希腊科学家阿基米得在澡堂洗澡时，想出了如何分析皇冠的金子成分的方法，高兴得赤身从澡堂里跳了出来，沿街跑去，口中喊着："我找到了，我找到了。"这就是说明知识的快乐，一旦发现证据或真理的快乐。

……英国两位大诗人勃朗宁和丁尼生的两首诗……都是代表十九世纪冒险的，追求新的知识的精神。

……一个人总是有一种制裁的力量的，相信上帝的人，上帝是他的制裁力量。我们古代讲孝，于是孝便成了宗教，成了制裁。现在在台湾宗教很发达，有人信最高的神，有人信很多的神，许多人为了找安慰都走上宗教的道路。我说的社会宗教，乃是一种说法。中国古代有此种观念，就是三不朽：立德，是讲人格与道德；立功，就是建立功业；立言，就是思想、语言。在外国也有三个，就是 Worth，Work，Words。这三个不朽，没有上帝，亦没有灵魂，但却不十分民主。究竟一个人要立德，立功，立言到何种程度？我认为范围必须扩大，因为人的行为无论为善为恶都是不朽的。我国的古语："留芳百世，遗臭万年"，便是这个意思。……因此，我们的行为，一言一动，均应向社会负责，这便是社会的宗教，社会的不朽。……我们千万不能叫我们的行为在社会上发生坏的影响，因为即使我们死了，我们留下的坏的影响仍是永久存在的。"我们要一出言不敢忘社会的影响，一举步不敢忘社会的影响"。即使我们在社会上留一白点，但我们也绝不能留一污点，社会即是我们的上帝，我们的制裁者。

（此文是胡适在国际学会对侨生所作的演讲，
原载 1959 年 1 月 8 日台湾《新生报》，此据
胡颂平《胡适之先生年谱长编初稿》之节录）

六 政论与时评

我们的政治主张
（1922 年 5 月 13 日）

我们为供给大家一个讨论的底子起见，先提出我们对于中国政治的主张，要求大家的批评，讨论，或赞助。

（一）政治改革的目标　我们以为，现在不谈政治则已，若谈政治，应该有一个切实的、明了的、人人都能了解的目标。我们以为，国内的优秀分子，无论他们理想中的政治组织是什么（全民政治主义也罢，基尔特社会主义也罢，无政府主义也罢），现在都应该平心降格的公认"好政府"一个目标，作为现在改革中国政治的最低限度的要求。我们应该同心协力的拿这共同目标来向国中的恶势力作战。

（二）"好政府"的至少涵义　我们所谓"好政府"，在消极的方面是要有正当的机关可以监督防止一切营私舞弊的不法官吏。在积极的方面是两点：

（1）充分运用政治的机关为社会全体谋充分的福利。

（2）充分容纳个人的自由，爱护个性的发展。

（三）政治改革的三个基本原则　我们对于今后政治的改革，有三个基本的要求：

第一，我们要求一个"宪政的政府"，因为这是使政治上轨道的第一步。

第二，我们要求一个"公开的政府"，包括财政的公开与公开考试式的用人等等；因为我们深信，"公开"（Publicity）是打破一切黑幕的唯一武器。

第三，我们要求一种"有计划的政治"，因为我们深信中国的大病在于无计划的飘泊，因为我们深信计划是效率的源头，因为我们深信一个平庸的计划胜于无计划的瞎摸索。

（四）政治改革的唯一下手工夫　我们深信中国所以败坏到这步田地，虽然有种种原因，但"好人自命清高"确是一个重要的原因。"好人笼着手，恶人背着走。"因此，我们深信，今日政治改革的第一步在于好人须要有奋斗的精神。凡是社会上的优秀分子，应该为自卫计，为社会国家计，出来和恶势力奋斗。我们应该回想，民国初元的新气象岂不是因为国中优秀分子加入政治运动的效果吗？当时的旧官僚很多跑到青岛、天津、上海去拿出钱来做生意，不想出来做官了。听说那时的曹汝霖，每天在家关起门来研究宪法！后来好人渐渐的厌倦政治了，跑的跑了，退隐的退隐了；于是曹汝霖丢下他的宪法书本，开门出来了；于是青岛、天津、上海的旧官僚也就一个一个的跑回来做参政、谘议总长、次长了。民国五六年以来，好人袖手看着中国分裂，看着讨伐西南，看着安福部的成立与猖獗，看着蒙古的失掉，看着山东的卖掉，看着军阀的横行，看着国家破产丢脸到这步田地！——够了！罪魁祸首的好人现在可以起来了！做好人是不够的，须要做奋斗的好人；消极的舆论是不够的，须要有决战的舆论。这是政治改革的第一步下手工夫。

（五）我们对于现在的政治问题的意见　我们既已表示我们的几项普通的主张了，现在我们提出我们的具体主张供大家的讨论。

第一，我们深信南北问题若不解决，一切裁兵、国会、宪法、财政等等问题，都无从下手。但我们不承认南北的统一是可以用武力做到的。我们主张，由南北两方早日开始正式议和。一切暗地的勾结，都不是我们国民应该承认的。我们要求一种公开的，可以代表民意的南北和会。暗中的勾结与排挤是可耻的，对于同胞讲和并不是可耻的。

第二，我们深信南北没有不可和解的问题，但像前三年的分赃和会是我们不能承认的。我们应该预备一种决战的舆论做这个和会的监督。我们对于议和的条件，也有几个要求：

（1）南北协商召集民国六年解散的国会，因为这是解决国会问题的最简易的方法。

（2）和会应责成国会克期完成宪法。

（3）和会应协商一个裁兵的办法，议定后双方限期实行。

（4）和会一切会议都应该公开。

第三，我们对于裁兵问题，提出下列的主张：

（1）规定分期裁去的兵队，克期实行。

（2）裁废虚额，缺额不准补。

（3）绝对的不准招募新兵。

（4）筹划裁撤之兵的安置办法。

第四，我们主张裁兵之外，还应该有一个"裁官"的办法。我们深信现在官吏实在太多了，国民负担不起。我们主张：

（1）严定中央与各省的官制，严定各机关的员数。如中央各部，大部若干人（如交通部），中部若干人（如农商部），小部若干人（如教育部）。

（2）废止一切谘议、顾问等等"干薪"的官吏。各机关各省的外国顾问，除极少数必需的专家之外，一律裁撤。

（3）参酌外国的"文官考试法"，规定"考试任官"与"非考试任官"的范围与升级办法。凡属于"考试任官"的，非经考试，不得委任。

第五，我们主张现在的选举制度有急行改良的必要。我们主张：

（1）废止现行的复选制，采用直接选举制。

（2）严定选举舞弊的法律，应参考西洋各国的选举舞弊法（Corrupt Practice Laws），详定细目，明定科罚，切实执行。

（3）大大的减少国会与省议会的议员额数。

第六，我们对于财政的问题，先提出两个简单的主张：

（1）彻底的会计公开。

（2）根据国家的收入，统筹国家的支出。

以上是我们对于中国政治的几个主张。我们很诚恳的提出，很诚恳的请求全国的人的考虑，批评，或赞助与宣传。

十一，五，十三

提议人	职业
蔡元培	国立北京大学校长
王宠惠	国立北京大学教员
罗文干	国立北京大学教员
汤尔和	医学博士
陶行知	国立东南大学教育科主任
王伯秋	国立东南大学政法经济科主任
梁漱溟	国立北京大学教员
李大钊	国立北京大学图书馆主任
陶孟和	国立北京大学哲学系主任
朱经农	国立北京大学教授

张慰慈	国立北京大学教员
高一涵	国立北京大学教员
徐宝璜	国立北京大学教授
王　征	美国新银行团秘书
丁文江	前地质调查所所长
胡　适	国立北京大学教务长

（此文原载 1922 年 5 月 14 日《努力周报》第 2 期）

国际的中国
（1922 年 10 月 1 日）

　　中国共产党近来发出一个宣言，大意是说他们现在愿意和资产阶级的民主主义革命运动联合起来，做一个"民主主义的联合战线"，这件事不可不算是一件可喜的事。但他们的宣言里有许多很幼稚的，很奇怪的议论。我们引一段做例：

　　　　最近的奉直战争，在吴佩孚方面，英美帝国主义者站在他的后面；……在张作霖方面，自然是日本帝国主义者为其后盾。……吴佩孚战胜以后，北京政府渐渐落在亲美派的官僚手里，这是美国实现对华政策一个绝好的机会。但是美国并不愿意吴佩孚——是一个较进步的军阀——制造一个统一的政府，因为吴佩孚所主张废督裁兵如果现实的统一，是与中国资产阶级以极大的利益而易于发展，与外国资本帝国主义的侵略进行是极不利的。美国帝国主义者便转头过来，与日本强颜携手，企图共同利用张作霖、曹锟和其他顽固的军阀官僚（如安福系、交通系等），以免日美互相掣肘，而造成一个可以共同利用的中国傀儡政府。（页九至十）

这种观察很像乡下人谈海外奇闻，几乎全无事实上的根据。当奉直战争时，天津有一家英国报纸，曾表示偏袒吴佩孚的论调。当时我们知道北京英国使馆曾派人去劝他，说这是中国的内争，英国的报纸应该持中立的态度，不应该偏袒一方。至于事实上的援助，更是没有的。如果英国人真肯援助吴佩孚，京奉铁路上的运输决没有那样便利的。至于说美国不愿意吴佩孚的废督裁兵计划的实现，那更是说梦话了。吴佩孚至今并不曾表示他想实行废督裁兵，可是中国政府自从周自齐内阁以来所有一点裁兵废督的计划，差不多大部分都是美国学者做的！至于说美国现在转过头来与日本携手，企图共同利用曹锟、张作霖和安福系、交通系等，这更是笑话了。现在中国想利用"曹锟、张作霖、安福、交通"这个奇怪大联合的，恐怕确有人在！但我们稍知道美国的历史和国情的，可以断定美国决不会有这样奇怪的政策。

我们并不想替外国的"资本帝国主义者"作辩护，不过我们实在看不过这种瞎说的国际形势论。我们要知道：外国投资者的希望中国和平与统一，实在不下于中国人民的希望和平与统一。自从辛亥革命以来，世界列强对中国的态度已有一种很明显的变迁了。民国初年，外人"捧"袁世凯的故事，我们应该总还记得。外人所以捧袁，大部分是资本主义者希望和平与治安的表示。我们可以说他短见，但不能说这全是出于恶意。这六七年以来，欧洲的国家已到了很窘迫的境地，他们自己已不能料理自己，在远东更没有侵略的余力了。远东的国际局面自然只是英、美、日三国的问题。欧战期中，英、美两国都不能顾及远东，所以让日本在远东自由扩张他的势力。但是日本的政策挑起了中国民族的自觉和反感，故这六七年之中，日本在中国的地位并不曾远胜欧战以前，而中国民族的自觉心反因此更发达成形了。中国资产阶级经营的工商业也在这个时期之中渐渐的造成一个可以自己立脚的地位了。巴黎和约是美国的大失败，中国的权利也被断送掉了。然而巴黎的失败竟连累了一个空前大政客——威尔逊——跟着一倒不复振，而美国的政局遂生一大变化。美国共和党向来是资产阶级的政党，他的帝国主义的色彩比民主党浓厚的多。他们是有外交政策的——不比民主党只有理想——所以他们恢复政权以后，就召集那裁减军备的国际会议。这个会议确不是为替中国申冤而召集的。然而中国的国民外交和美国的舆论竟能使华盛顿会议变成一个援助中国解决一部分中日问题的机会。会议的结果虽未必能完全满足我们的希望，但我们稍知当时情形的人，都该承认当日热心援助中国代表团的许多学者，舆论家，并不是替"资本帝国主义者"做走狗的。就以资产阶级而论，新银行团的组成，无论如何无力，确已有了消极的阻止某一国单独借款给中国政府的大效果。中国共产党尽管说新银行团是一个"四国吸血同盟",然而我们试回想民国七八年的日本独借的惊人大款,再看看新银行团成立以后这几年的消极的效果,就可以明白美国资产阶级对中国的未必全怀恶意了。我们更想想这几年国内的资产阶级,为了贪图高利债的利益,拼命的借债给中国政府,不但苟延了恶政府的命运,并且破坏了全国的金融,使中国金融界呈现今日的危机。我们平心而论,不愿意使中国和平统一的人,究竟是那三年不借一文给中国政府的新银行团呢?还是那北京政府的无数高利债主呢?

况且投资者的心理,大多数是希望投资所在之国享有安宁与统一的。欧战以前,美国铁路的股票大多数在英国资本家的手里。这种投资,双方面全受利益;英国也不用顾虑投资的危险,美国也决不愁英国"资本帝国主义"的侵略。这样的国际投资是不会发生国际问题的,因为这种投资就和国内的投资一样。国际投资所以发生问题,正因为投资所在之国不和平,无治安,不能保障投资者的利益与安全。故近人说,墨西哥、中国、波斯、近东诸国,可叫做"外交上的孤注,国际上的乱源"。优势的投资国家要想这些弱国与乱国有和平与治安,只有两条路子:一是征服统治他们,一是让本国人民早日做到和平与统一的国家。十年以前,列强对中国自然是想走第一条路的,所以有势力范围的划分,瓜分地图的拟议。但日俄战争以后,因日本的胜利而远东局面一变;辛亥革命以后,因民族的自觉而远东局面再变;欧战期内,因日本的独霸而远东局面几乎大变;欧战结局以后,又因中国民族的自觉而远东局面又经一次大变。老实说,现在中国已没有很大的国际侵略的危险了。巴黎的一闹,华盛顿的再闹,无论怎样无结果,已够使全世界的人知道中国是一个自觉的国家了。稍明白事理的政治家,大概都晓得那第一条路——征服统治中国——是做不到的了。现在无论是那一国——日本、美国或英国——都不能不让中国人民来解决本国的政治问题,来建设本国的统一国家。近来因为有几笔外债到期,中国政府不能付款,所以我们偶然听见什么"共同管理"的论调。但这种论调其实同近日中国银行家要求安格联在十一年八厘公债票上签字,是同样的心理,我们只得由他们唱去。事实上我们自己若能整顿国事,理出一个头绪来,造出一个新国家来,把这一点比较很轻微的国债(比英国每人担负少一百倍,比法国少二百倍)担负下来,这种论调也就都没有了。

所以我们现在尽可以不必去做那怕国际侵略的噩梦。最要紧的是同心协力的把自己的国家弄上政治的轨道上去。国家的政治上了轨道，工商业可以自由发展了，投资者的正当利益有了保障了，国家的投资便不发生问题了，资本帝国主义者也就不能不在轨道上进行了。

我们的朋友陈独秀先生们在上海出版的《向导周报》，标出两个大目标：一是民主主义的革命，一是反抗国际帝国主义的侵略。对于第一项，我们自然是赞成的。对于第二项，我们觉得这也应该包括在第一项之内。因为我们觉得民主主义的革命成功之后，政治上了轨道，国际帝国主义的侵略已有一大部分可以自然解除了。他们指出国际帝国主义的各种压迫是：

（1）北京东交民巷公使团简直是中国之太上政府；

（2）中央政府之大部分财政权不操诸财政总长之手，而操诸客卿总税务司之手；

（3）领事裁判权及驻屯军横行于首都及各大通商口岸；

（4）外币流通于全国；

（5）海关权及大部分铁路管理权都操诸外人之手；

（6）银行团及各种企业家一齐勾串国内的卖国党，尽量吸收中国的经济生命，如铁路、矿山和最廉价的工业原料等；

（7）利用欺骗中国人的协定关税制度，控制中国的制造业不能与廉价的外货竞争，使外国独占中国市场，使中国手工业日渐毁灭，使中国永为消费国家，使他们的企业尽量吸收中国的现金和原料。

这七项都是和国内政治问题有密切关系的。政治纷乱的时候，全国陷入无政府的时候，或者政权在武人奸人的手里的时候，人民只觉得租界与东交民巷是福地，外币是金不换的货币，总税务司是神人，海关邮政权在外人手里是中国的幸事！至于关税制度，国内无数的商人、小百姓困压在那万恶的厘金制度之下，眼看一只江西瓷碗运到北京时，成本不能不十倍二十倍于远从欧洲、日本来的瓷碗；他们埋怨的对象自然不是什么国际帝国主义，而是那些卡员扦子手了。所以我们很恳挚的奉劝我们的朋友们，努力向民主主义的一个简单目标上做去，不必在这个时候牵涉到什么国际帝国主义的问题。政治的改造是抵抗帝国侵略主义的先决问题。

十一，十，一

（此文原载 1922 年 10 月 1 日《努力周报》第 22 期）

欧游道中寄书
（1926 年 7—10 月）

一

慰慈：

车上读了 Morgenthan 的 *All in a Life Time* 很受感动。此人是一个"钱鬼子"（Money-maker），中年以后，决计投身于政治社会的服务，为"好政府"奋斗，威尔逊之被选，很靠他的帮助。

前次与你谈国中的"新政客"有二大病：一不做学问，不研究问题，不研究事实；二不延揽人才。近来我想，还有一个大毛病，就是没有理想，没有理想主义。

我们不谈政治也罢。若谈政治，若干政治，决不可没有一点理想主义。我可以做一句格言："计画不嫌切近，理想不嫌高远。"

适之

二

慰慈：

这是莫斯科的第三晚了。

在一个地方遇见美国芝加哥大学教授 Merriam 与 Harpers。今早同他们去参观监狱，我们都很满意。昨天我去参观 Museum of the Revolution，很受感动。

我的感想与志摩不同。此间的人正是我前日信中所说有理想与理想主义的政治家；他们的理想也许有我们爱自由的人不能完全赞同的，但他们的意志的专笃（Seriousness of Purpose），却是我们不能不十分顶礼佩服的。他们在此做一个空前的伟大政治新试验；他们有理想，有计画，有绝对的信心，只此三项已足使我们愧死。

我们这个醉生梦死的民族怎么配批评苏俄！……

今天我同 Merriam 谈了甚久，他的判断甚公允。他说，狄克推多向来是不肯放弃已得之权力的，故其下的政体总是趋向愚民政策。苏俄虽是狄克推多，但他们却真是用力办新教育，努力想造成一个社会主义的新时代。依此趋势认真做去，将来可以由狄克推多过渡到社会主义的民治制度。

我看苏俄的教育政策，确是采取世界最新的教育学说，作大规模的试验。可惜此时各学校都放假了，不能看到什么实际的成绩。但看其教育统计，已可惊叹。

适之

三

慰慈：

我这两天读了一些关于苏俄的统计材料，觉得我前日信上所说的话不为过当。我是一个实验主义者，对于苏俄之大规模的政治试验，不能不表示佩服。凡试验与浅尝不同。试验必须有一个假定的计画（理想）作方针，还要想出种种方法来使这个计画可以见于实施。在世界政治史上，从不曾有过这样大规模的"乌托邦"计画居然有实地试验的机会。求之中国史上，只有王莽与王安石做过两次的"社会主义的国家"的试验；王莽那一次尤可佩服。他们的失败应该更使我们了解苏俄的试验的价值。

去年许多朋友要我加入"反赤化"的讨论，我所以迟疑甚久，始终不加入者，根本上只因我的实验主义不容我否认这种政治试验的正当，更不容我以耳为目，附和传统的见解与狭窄的成见。我这回不能久住俄国，不能细细观察调查，甚是恨事。但我所见已足使我心悦诚服地承认这是一个有理想，有计画，有方法的大政治试验。我们的朋友们，尤其是研究政治思想与制度的朋友们，至少应该承认苏俄有作这种政治试验的权利，我们应该承认这种试验正与我们试作白话诗，或美国试验委员会制与经理制的城市政府有同样的正当。这是最低限度的实验主义的态度。

至于这个大试验的成绩如何，这个问题须有事实上的答案，决不可随便信任感情与成见。还有许多不可避免的困难，也应该撇开；如革命的时期，如一九二一年的大灾，皆不能不撇开。一九二二年以来的成绩是应该研究的。我这回如不能回到俄国，将来回国之后，很想组织一个俄国考察团，邀一班政治经济学者及教育家同来作一较长期的考察。

总之，许多少年人的"盲从"固然不好，然而许多学者们的"武断"也是不好的。……

适之

四

志摩：

我在火车上寄你的长信（由眉转）收到了没有？我在 London 住了十几天，委员会的人都四散了，没有事可做，所以来巴黎住几天。还想到瑞士去玩玩。

我这回去国，独自旅行，颇多反省的时间。我很感觉一种心理上的反动，于自己的精神上，一方面感觉 depression，一方面却又不少新的兴奋。究竟我回国九年来，干了一些什么！成绩在何处？眼看见国家政治一天糟似一天，心里着实难过。去国时的政治，比起我九年前回国时，真如同隔世了。我们固然可以自己卸责，说这都是前人种的恶因，于我们无关，话虽如此，我们种的新因却在何处？满地是"新文艺"的定期刊，满地是浅薄无聊的文艺与政谈，这就是种新因了吗？几个朋友办了一年多的《努力》，又几个朋友谈了几个月的反赤化，这又是种新因了吗？

这一类的思想使我很感觉烦恼。

但我又感觉一种刺激。我们这几年在北京实在太舒服了，太懒惰了，太不认真了。前年叔永说我们在北京的生活有点 frivolous，那时我们也许以此自豪。今年春间你们写信给我，叫我赶紧离开上海，因为你们以为我在上海的生活太 frivolous。但我现在想起来，我们在北京的生活也正是十分 frivolous。我在莫斯科三天，觉得那里的人有一种 seriousness of purpose，真有一种"认真""发愤有为"的气象。我去看那"革命博物馆"，看那一八九〇——一九一七年的革命运动，真使我们愧死。我想我们应该发愤振作一番，鼓起一点精神来担当大事，要严肃地做个人，认真地做点事，方才可以对得住我们现在的地位。

我们应当学 Mussolini 的"危险地过日子"——至少至少，也应该学他实行延长工作的时间。

英国不足学；英国一切敷衍，苟且过日子，从没有一件先见的计划；名为 evolutionary，实则得过且过，直到雨临头时方才做补漏的工夫。此次矿工罢业事件最足表现此民族心理。

我们应当学德国；至少应该学日本。至少我们要想法子养成一点整齐严肃的气象。这是我的新的兴奋。

你们也许笑我变成道学先生了。但是这是我一个月来的心理，不是一时偶然的冲动。我希望北京的几个朋友也认真想想这点子老生常谈。

傅孟真几天之内可以到 Paris。我在此等他来谈谈就走。

见着 Waley，我很爱他。在此见着 Pelliot，我也很爱他。昨天在 Bibliotheque Nationale 里看见敦煌卷子，很高兴。今天去游凡赛野，到傍晚方归。

庚款会大概要到十月初才续开。我十月底到 Frankport A. M. 去演讲一次。十一月须回到英国，到各大学讲演，约有十处，由 British and Irish Universities' China Committee 布置。以后的行止，尚不可知。如身体尚不甚健壮，拟往瑞士可过冬处去住一个冬天。以后便要作归计了。

我预备回国后即积极作工。很想带点"外国脾气"回来耍耍。带些什么还不能知道。大概不会是跳舞。

适之
十五年八月二十七日

五

志摩：

谢谢你的长信。

让我先给你赔个罪。我在八月底写了一封长信给你，信里说了许多"拉长了面孔"的话；写成了，我有点迟疑：我怕这是完全不入耳之言，尤其在这"坐不定，睡不稳"的时候，所以我把这信搁起了，这一搁就是一个多月。今天取出前信来看看，觉得还可以不必改动，现在补寄给你，并且请你恕我那时对你一点的怀疑。

你对于我关于苏俄的意见似乎不很能赞同。我很高兴，你们至少都承认苏俄有作这种政治试验的权利。但你们要"进一步"问：

第一，苏俄的乌托邦理想"在学理上有无充分的根据，在事实上有无实现的可能?"

第二，他们的方法对不对?

第三，这种办法有无普遍性?

第四，"难道就没有比较平和，比较牺牲小些的路径不成?"

我在苏俄可算是没有看见什么，所以不配讨论这些问题。但为提起大家研究这问题的兴趣起见，我也不妨随便谈谈。

第一，什么叫做"学理上的充分根据"? 他们根本上就不承认你心里所谓"学理"，这却也不是蛮劲。本来周公制礼未必就恰合周婆的脾胃，我们也就不应该拿周公的"学理"来压服周婆。平心说来，这个世界上有几个制度是"在学理上有充分的根据"的? 记得前年独秀与天仇讨论，独秀拿出他们的"辩证的逻辑"来做武器。其实从我们实验主义者的眼光看起来，从我的历史眼光看来，政治上的历史是《红楼梦》上说的，"不是东风压了西风，便是西风压了东风"。资本主义有什么学理上的根据? 国家主义有什么学理上的根据? 政党政治有什么学理上的根据?

至于事实上的可能，那是事实的问题。我本来说过，"至于这个大试验的成绩如何，须有事实上的答案，决不可随便信任感情与成见"。

其实这个世界上的大悲剧还只是感情与成见的权威。最大的一个成见就是："私有财产废止之后，人类努力进步的动机就没有了。"其实何尝如此? 许多科学家把他们的大发现送给人类，他们自己何尝因此发大财? 近年英国医生发现了一种医肺病的药方，试验起来，有百分之八十五的成绩；但他不肯把药方告人，所以英国医学会说他玷辱科学家的资格，所以把他的会员资格取消了。试问，难道今日的医生因为科学的尊严不许他谋私利，就不肯努力去发明新医术或新方子吗?

最明白的例就是我们在国内办杂志。我做了十年的文章，只有几篇是卖钱的。然而我自信，做文章的时候，决不因为不卖钱就不用气力。你做诗也是如此的。

无论在共产制或私产制之下，有天才的人总是要努力向上走的。几百年前，做白话小说的人，不但不能发财做官，并且不敢用真名字。然而施耐庵、曹雪芹终于做小说了。现今做小说可以发大财了；然而施耐庵、曹雪芹还不曾出头露面！

至于大多数的"凡民"（王船山爱用这个名词），他们的不向上，不努力，不长进，真是"富贵不能淫，威武不能屈"的！私产共产，于他们有何分别？

苏俄的政治家却不从这个方向去着想。他们在这几年的经验里，已经知道生产（Production & Productivity）的问题是一个组织的问题。资本主义的组织发达到了很高的程度，所以有极伟大的生产力。社会主义的组织没有完备，所以赶不上资本主义的国家的生产力。今年 Trotsky 著《俄国往那儿走》（*Whither Russia?*）一书，说，苏俄的生死关头全靠他能不能制造出货物，比美国还要便宜还要好。他承认，此时还做不到；但他同时承认此事并不是绝对不可能的。

我们也许笑他痴心妄想；但这又是一个事实的问题，我们不能单靠我们的成见就武断社会主义制度之下不能有伟大的生产力。

第二和第四都是方法。方法多着咧！你们说的是那一种？你们问："难道就没有比较平和，比较牺牲小些的路径不成？"这是孩子气的问话，你没有读过 *Human Nature in Politics* 吗？你为什么不问问前回参加世界大战的那些文明国家？你为什么不问问英国今日罢工到一百五十多天的矿工人？你为什么不问问吴佩孚、张作霖、冯玉祥、孙传芳？谁说没有"比较平和，比较牺牲小些的路径"？但是有谁肯这样平和静气地去想呢？

去年我有几次向几个朋友说说我的"协商的割据论"，他们都笑我是书生之见，"行不通！行不通！"可是"机关枪对打"就行得通吗？然而他们却不笑了！

认真说来，我是主张"那比较平和和比较牺牲小些"的方法的。我以为简单说来，近世的历史指出两个不同的方法：一是苏俄今日的方法，由无产阶级专政，不容有产阶级的存在。一是避免"阶级斗争"的方法，采用三百年来"社会化"（Socializing）的倾向，逐渐扩充享受自由享受幸福的社会。这方法，我想叫他做"新自由主义"（New Liberalism）或"自由的社会主义"（Liberal Socialism）。

共产党的朋友对我说，"自由主义是资本主义的政治哲学"。这是历史上不能成立的话。自由主义的倾向是渐次扩充的。十七八世纪，只是贵族争得自由。二十世纪应该是全民族争得自由的时期。这个观念与自由主义有何冲突？为什么一定要把自由主义硬送给资本主义？

美国近来颇有这个倾向。劳工与资本之争似乎很有比较满意的解决法；有几处地方尤其是 Detroit，很可以使英国人歆羡。最近英国政府派了一个考察团去到美国实地调查工业界解决劳动问题的方法。我这回到美国也想打听打听。只怕我这个书生不配做这种观察！

英国是不足学的。英国矿业的危机是大家早已知道的；但英国的苟安政治向来是敷衍过日子的，所以去年到今年，政府津贴矿业，共费了二千三百万金镑——比退还庚款的本利全数多一倍多！——只买得一年多的苟安无事。这二万多万元的钱是出在纳税人的头上的；纳税人出了这么多的钱，到今年仍旧免不了这一场大乱子。罢工以来，五个多月了，还没有一个根本救济的方法。上个月，工人代表愿意让步，情愿减去一成工资，要求政府召集三方会议。矿主见工人有屈服的倾向，遂拒绝会议（其中内容我前回给慰慈信上略提及）。现在政府仍是没有办法。政府提出的办法是：（一）各矿区自定办法，（二）政府设仲裁法庭，以处理之。现在工人拒绝"地方解决"；即使工人承认此法，而"仲裁法庭"之案未必能通过这个保守党占多数的议会。也许终于"以不了了之"而已！

这种敷衍的政治，我最反对。我们不干政治则已；要干政治，必须要有计划，依计划做去。这是方法。其余皆枝叶耳。

第三，苏俄的制度是否有普遍性？我的答案是：什么制度都有普遍性，都没有普遍性。这不是笑话，是正经话。我们如果肯"干"，如果能"干"，什么制度都可以行。如其换汤不换药，如其不肯认真做去，议会制度只足以养猪仔，总统制只足以拥戴冯国璋、曹锟，学校只可以造饭桶，政党只可以卖身。你看，那一件好东西到了咱们手里不变了样子了？

你们以为"赞成中国行共产制"是"赤化"，这是根本大错了。这样赤化的有几个人？

我以为今日的真正赤化有两种：一是迷信"狄克推多"制，一是把中国的一切罪状归咎于外国人。这是道地的赤化了。

我们应该仔细想！这两个问题，这两帖时髦药，是不是对的。这两个是今日的真问题，共产制实在不成什么真问题！

我个人的主张，不能详细说，只可说个大意。第一，我是不信"狄克推多"制的。今日妄想"狄克推多"的人，好有一比，那五代时的唐明宗每夜焚香告天，愿天早生圣人，以安中国！这种捷径是不可妄想的。列宁一班人，都是很有学问经验的人，不是从天上掉下来的。况且"狄克推多"制之下，只有顺逆，没有是非——今日之猪仔（不限于议员），正是将来"狄克推多"制下的得意人物。这种制度之下没有我们独立思想的人的生活余地。我们要救国，应该从思想学问下手；无论如何迂缓，总是逃不了的。第二，我是不肯把一切罪状都堆在洋鬼子头上的。中国糟到这步田地，一点一滴，都是我们自己不争气的结果。为什么外国人不敢去欺负日本呢？我们要救国应该自己反省，应该向自己家里做点彻底改革的工夫。不肯反省，只责备别人，就是自己不要脸，不争气的铁证。

第一，不妄想天生狄克推多来救国，不梦想捷径而决心走远路，打百年计划；第二，"躬自厚而薄责于人"——这是"反赤化"。

关于苏俄教育一层，我现在不愿意答辩。我只要指出：（1）苏俄并不是轻视纯粹科学与文学：前天见着苏俄科学院（Academy of Sciences）的永久秘书 Oldenburg 博士，他说政府每年津贴科学院四百万卢布，今在科学上努力的有六百人之多。他说，一切科学上的设施，考古学家的大规模的探险与发掘，政府总是竭力赞助的。（2）我们只看见了他们的"主义教育"一方面，却忽略了他们的生活教育的方面。苏俄的教育制度，用刘湛恩先生告诉我的一句话，可说是"遍地是公民教育，遍地是职业教育"。他的方法完全探用欧美最新的教育学说，如道尔顿制之类，养成人人的公民程度与生活能力，而同时充分给与有特别天才的人分途专习高等学问的机会。这种教育制度是不可抹煞的。（3）我用人家的"统计"向来是很慎重的。如他们说，小学教员最低薪俸每月有二十五卢布的，做火柴的工人每月连住屋津贴只有二十八卢布，这是他们自己深抱歉的事实，这不是"说瞎话"的。

适之

十五年十月四日

（致张慰慈三函以"一个态度"为题发表于《晨报副镌》1926 年 9 月 11 日；致徐志摩二函以"新自由主义"为题发表于《晨报副镌》1926 年 12 月 8 日）

我们要我们的自由
（1929 年）

佛书里有这样一段神话：

有一只鹦鹉，飞过雪山，遇见雪山大火，他便飞到水上，垂下翅膀，沾了两翅的水，飞回去滴在火焰上。滴完了，他又飞去取了水回来救火。雪山的大神看他往来滴水救火，对他说道："你那翅膀上的几滴水怎么救得了这一山的大火呢？你歇歇罢？"鹦鹉回答道："我曾住过这山，现在见火烧山，心里有点不忍，所以尽一点力。"山神听了，感他的诚意，遂用神力把火救熄了。

我们现在创办这个刊物，也只因为我们骨头烧成灰毕竟都是中国人，在这个国家吃紧的关头，心里有点不忍，所以想尽一点力。我们的能力是很微弱的，我们要说的话也许是有错误的，但我们这一点不忍的心也许可以得着国人的同情和谅解。

近两年来，国人都感觉舆论的不自由．在"训政"的旗帜之下，在"维持共信"的口号之下，一切言论自由和出版自由都得受种种的钳制。异己便是反动，批评便是反革命。报纸的新闻和议论至今还受检查。稍不如意，轻的便停止邮寄，重的便遭封闭。所以今日全国之大，无一家报纸杂志敢于有翔实的记载或善意的批评。

负责任的舆论机关既被钳制了，民间的怨愤只有三条路可以发泄：一是秘密的传单小册子，二是匿名的杂志文字，三是今日最流行的小报。社会上没有翔实的新闻可读，人们自然愿意向小报中去寻快意的谣言了。善意的批评既然绝迹，自然只剩一些恶意的谩骂和丑诋了。

一个国家里没有纪实的新闻而只有快意的谣言，没有公正的批评而只有恶意的谩骂丑诋——这是一个民族的大耻辱。这都是摧残言论出版自由的当然结果。

我们是爱自由的人，我们要我们的思想自由，言论自由，出版自由。

我们不用说，这几种自由是一国学术思想进步的必要条件，也是一国社会政治改善的必要条件。

我们现在要说，我们深深感觉国家前途的危险，所以不忍放弃我们的思想言论的自由。

我们的政府至今还在一班没有现代学识没有现代训练的军人政客的手里。这是不可讳的事实。这个政府，在名义上，应该受一个政党的监督指导。但党的各级机关大都在一班没有现代学识没有现代训练的少年党人手里，他们能贴标语，能喊口号，而不足以监督指导一个现代的国家。这也是不可讳的事实。所以在事实上，党不但不能行使监督指导之权，还往往受政府的支配。最近开会的"第三次全国代表大会"，便有百分之七八十的代表是政府指派或圈定的。所以在事实上，这个政府是绝对的，是没有监督指导的机关的。

以一班没有现代知识训练的人统治一个几乎完全没有现代设备的国家，而丝毫没有监督指导的机关——这是中国当前的最大危机。

我们所以要争我们的思想言论出版的自由，第一，是要想尽我们的微薄能力，以中国国民的资格，对于国家社会的问题作善意的批评和积极的讨论，尽一点指导监督的天职；第二，是要借此提倡一点新风气，引起国内的学者注意国家社会的问题，大家起来做政府和政党的指导监督。

我们深信，不负责任的秘密传单或匿名文字都不是争自由的正当方法。我们所争的不是匿名文字或秘密传单的自由，乃是公开的，负责任的言论著述出版的自由。

我们深信，争自由的方法在于负责任的人说负责任的话。

我们办这个刊物的目的便是以负责任的人对社会国家的问题说负责任的话。我们用自己的真姓名发表自己良心上要说的话。有谁不赞成我们的主张，尽可以讨论，尽可以批评，也尽可以提起法律上的控诉。但我们不受任何方面的非法干涉。

这是我们的根本态度。

（此文原收入黄山书社 1994 年出版的《胡适
遗稿及秘藏书信》第 12 册）

人权与约法
（1929 年 5 月 6 日）

四月二十日国民政府下了一道保障人权的命令，全文是：

> 世界各国人权均受法律之保障。当此训政开始，法治基础亟宜
> 确立。凡在中华民国法权管辖之内，无论个人或团体均不得以非法
> 行为侵害他人身体，自由，及财产。违者即依法严行惩办不贷。着
> 行政司法各院通饬一体遵照。此令。

在这个人权被剥夺几乎没有丝毫余剩的时候，忽然有明令保障人权
的盛举，我们老百姓自然是喜出望外。但我们欢喜一阵之后，揩揩眼
镜，仔细重读这道命令，便不能不感觉大失望。失望之点是：

第一，这道命令认"人权"为"身体，自由，财产"三项，但这三
项都没有明确规定。就如"自由"究竟是那几种自由？又如"财产"究
竟受怎样的保障？这都是很重要的缺点。

第二，命令所禁止的只是"个人或团体"，而并不曾提及政府机关。
个人或团体固然不得以非法行为侵害他人身体自由及财产，但今日我们
最感觉痛苦的是种种政府机关或假借政府与党部的机关侵害人民的身体
自由及财产。如今日言论出版自由之受干涉，如各地私人财产之被没
收，如近日各地电气工业之被没收，都是以政府机关的名义执行的。四
月二十日的命令对于这一方面完全没有给人民什么保障。这岂不是"只
许州官放火，不许百姓点灯"吗？

第三，命令中说，"违者即依法严行惩办不贷"，所谓"依法"是依
什么法？我们就不知道今日有何种法律可以保障人民的人权。中华民国
刑法固然有"妨害自由罪"等章，但种种妨害若以政府或党部名义行
之，人民便完全没有保障了。

果然，这道命令颁布不久，上海各报上便发现"反日会的活动是否

在此命令范围之内"的讨论。日本文的报纸以为这命令可以包括反日会（改名救国会）的行动；而中文报纸如《时事新报》畏垒先生的社论则以为反日会的行动不受此命令的制裁。

岂但反日会的问题吗？无论什么人，只须贴上"反动分子""土豪劣绅""反革命""共党嫌疑"等等招牌，便都没有人权的保障。身体可以受侮辱，自由可以完全被剥夺，财产可以任意宰制，都不是"非法行为"了。无论什么书报，只须贴上"反动刊物"的字样，都在禁止之列，都不算侵害自由了。无论什么学校，外国人办的只须贴上"文化侵略"字样，中国人办的只须贴上"学阀""反动势力"等等字样，也就都可以封禁没收，都不算非法侵害了。

我们在这种种的方面，有什么保障呢？

我且说一件最近的小事，事体虽小，其中含着的意义却很重要。

三月廿六日上海各报登出一个专电，说上海特别市党部代表陈德征先生在三全大会提出了一个"严厉处置反革命分子案"。此案的大意是责备现有的法院太拘泥证据了，往往使反革命分子容易漏网。陈德征先生提案的办法是：

> 凡经省党部及特别市党部书面证明为反革命分子者，法院或其他法定之受理机关应以反革命罪处分之。如不服，得上诉。惟上级法院或其他上级法定之受理机关，如得中央党部之书面证明，即当驳斥之。

这就是说，法院对于这种案子，不须审问，只凭党部的一纸证明，便须定罪处刑。这岂不是根本否认法治了吗？

我那天看了这个提案，有点忍不住，便写了一封信给司法院长王宠惠博士，大意是问他"对于此种提议作何感想"。并且问他"在世界法制史上，不知在那一世纪那一个文明民族曾经有这样一种办法，笔之于书，立为制度的吗？"

我认为这个问题是值得大家注意的，故把信稿送给国闻通信社发表。过了几天，我们接得国闻通信社的来信，说：

> 昨稿已为转送各报，未见刊出，闻已被检查者扣去。兹将原稿奉还。

我不知道我这封信有什么军事上的重要而竟被检查新闻的人扣去。这封信是我亲自负责署名的。我不知道一个公民为什么不可以负责发表对于国家问题的讨论。

但我们对于这种无理的干涉。有什么保障呢？

又如安徽大学的一个学长，因为语言上挺撞了蒋主席，遂被拘禁了多少天。他的家人朋友只能到处奔走求情，决不能到任何法院去控告蒋主席。只能求情而不能控诉，这是人治，不是法治。

又如最近唐山罢市的案子，其起原是因为两益成商号的经理杨润普被当地驻军指为收买枪枝，拘去拷打监禁。据四月二十八日《大公报》的电讯，唐山总商会的代表十二人到一百五十二旅去请求释放，军法官不肯释放。代表等辞出时，正遇兵士提杨润普入内，"时杨之两腿已甚臃肿，并有血迹，周身动转不灵，见代表等则欲哭无泪，语不成声，其凄惨情形，实难尽述"。但总商会及唐山商店八十八家打电报给唐生智，也只能求情而已；求情而无效，也只能相率罢市而已。人权在那里？法治在那里？

我写到这里，又看见五月二日的《大公报》，唐山全市罢市的结果，杨润普被释放了。"但因受刑过重，已不能行走，遂以门板抬出，未回两益成，直赴中华医院医治。"《大公报》记者亲自去访问，他的记载中说：

> ……见杨润普前后身衣短褂，血迹模糊。衣服均粘于身上，经医生施以手术，始脱下。记者当问被捕后情形，杨答，苦不堪言，曾用旧时惩罚盗匪之压杠子，余实不堪其苦。正在疼痛难忍时，压于腿上之木杠忽然折断。旋又易以竹板，周身抽打，移时亦断。时刘连长在旁，主以铁棍代木棍。郑法官恐生意外，未果。此后每讯必打，至今周身是伤。据医生言，杨伤过重，非调养三个月不能复原。

这是人权保障的命令公布后十一日的实事。国民政府诸公对于此事不知作何感想？

我在上文随便举的几件实事，都可以指出人权的保障和法治的确定决不是一纸模糊命令所能办到的。

法治只是要政府官吏的一切行为都不得逾越法律规定的权限。法治只认得法律，不认得人。在法治之下，国民政府的主席与唐山一百五十二旅的军官都同样的不得逾越法律规定的权限，国民政府主席可以随意拘禁公民，一百五十二旅的军官自然也可以随意拘禁拷打商人了。

但是现在中国的政治行为根本上从没有法律规定的权限，人民的权利自由也从没有法律规定的保障。在这种状态之下，说什么保障人权！

说什么确立法治基础!

在今日如果真要保障人权，如果真要确立法治基础，第一件应该制定一个中华民国的宪法。至少，至少，也应该制定所谓训政时期的约法。

孙中山先生当日制定《革命方略》时，他把革命建国事业的措施程序分作三个时期；

第一期为军法之治（三年）。

第二期为约法之治（六年）……"凡军政府对于人民之权利义务，及人民对于军政府之权利义务，悉规定于约法。军政府与地方议会及人民各循守之。有违法者，负其责任。……"

第三期为宪法之治。

《革命方略》成于丙午年（一九〇六），其后续有修订。至民国八年中山先生作孙文学说时，他在第六章里再三申说"过渡时期"的重要，很明白地说"在此时期，行约法之治，以训导人民，实行地方自治"。至民国十二年一月，中山先生作《中国革命史》时，第二时期仍名为"过渡时期"，他对于这个时期特别注意。他说：

> 第二为过渡时期。在此时期内，施行约法（非现行者），建设地方自治，促进民权发达。以一县为自治单位，每县于散兵驱除战事停止之日，立颁约法，以规定人民之权利义务，与革命政府之统治权。以三年为限，三年期满。则由人民选举其县官。……革命政府之对于此自治团体只能照约法所规定而行其训政之权。

又过了一年之后，当民国十三年四月中山先生起草《建国大纲》时，建设的程序也分作三个时期，第二期为"训政时期"。但他在《建国大纲》里不曾提起训政时期的"约法"，又不曾提起训政时期的年限，不幸一年之后他就死了，后来的人只读他的《建国大纲》，而不研究这"三期"说的历史，遂以为训政时期可以无限地延长，又可以不用约法之治，这是大错的。

中山先生的《建国大纲》虽没有明说"约法"，但我们研究他民国十三年以前的言论，可以知道他决不会相信统治这样一个大国可以不用一个根本大法的。况且《建国大纲》里遗漏的东西多着哩。如廿一条说"宪法未颁布以前，各院长皆归总统任免"，是训政时期有"总统"，而全篇中不说总统如何产生。又如民国十三年一月国民党第一次代表大会宣言已有"以党为掌握政权之中枢"的话，而是年四月十二日由先生草定《建国大纲》全文廿五条中没有一句话提到一党专政的。这都可见《建国大纲》不过是中山先生一时想到的一个方案，并不是应有尽有的，也不是应无尽无的。大纲所有，早已因时势而改动了。（如十九条五院之设立在宪政开始时期，而去年已设立五院了。）大纲所无，又何妨因时势的需要而设立呢？

我们今日需要一个约法，需要中山先生说的"规定人民之权利义务与革命政府之统治权"的一个约法。我们要一个约法来规定政府的权限：过此权限，便是"非法行为"。我们要一个约法来规定人民的"身体、自由，及财产"的保障：有侵犯这法定的人权的，无论是一百五十二旅的连长或国民政府的主席，人民都可以控告，都得受法律的制裁。

我们的口号是：

快快制定约法以确定法治基础！

快快制定约法以保障人权！

十八，五，六

（此文原载 1929 年《新月》第 2 卷第 2 号）

我们什么时候才可有宪法
——对于《建国大纲》的疑问
（1929 年 7 月 20 日）

我在《人权与约法》（《新月》二卷二号）里，曾说：

> 中山先生的《建国大纲》虽没有明说"约法"，但我们研究他民国十三年以前的言论，知道他决不会相信统治这样一个大国可以不用一个根本大法的。

这句话，我说错了。民国十三年的孙中山先生已不是十三年以前的中山了。他的《建国大纲》简直是完全取消他以前所主张的"约法之治"了。

从丙午年（1906）的《革命方略》，到民国十二年（1923）的《中国革命史》，中山先生始终主张一个"约法时期"为过渡时期，要一个约法来"规定人民之权利义务，与革命政府之统治权"。

但民国十三年以后的中山先生完全取消这个主张了。试看他公布《建国大纲》的宣言说：

> 辛亥之役，汲汲于制定临时约法，以为可以奠民国之基础，而不知乃适得其反。论者见临时约法施行之后，不能有益于民国，甚至并临时约法本身效力亦已消失无余，则纷纷然议临时约法之未善，且斥斥然从事于宪法之制定，以为借此可以救临时约法之穷。曾不知症结所在，非由于临时约法之未善，乃由于未经军政，训政两时期，而即入于宪政。

他又说：

> 可知未经军政训政两时期，临时约法决不能发生效力。

他又说：

> 军政时代已能肃清反侧，训政时代已能扶植民治，虽无宪政之名，而人人所得权利与幸福，已非口宪法而行专政者所可同日而语。

这是中山先生取消"约法之治"的理由。所以他在《建国大纲》里，便不提起"约法"了。

《建国大纲》里，不但训政时期没有约法，直到宪政开始时期也还没有宪法。如第廿二条云：

> 宪法草案当本于《建国大纲》及训政，宪政两时期之成绩，由立法院议订，随时宣传于民众，以备到时采择施行。

宪法草案既须根据于训政宪政两时期的成绩，可见"宪政时期"还没有宪法。但细看《大纲》的全文，廿二条所谓"宪政时期"乃是"宪政开始时期"的省文。故下文廿三条说：

> 全国有过半数省份达至宪政开始时期——即全省之地方自治完全成立时期——则开国民大会决定宪法而颁布之。

这样看来，我们须要等到全国有过半数省分的地方自治完全成立之后，才可以有宪法。

我们要研究，中山先生为什么要这样延迟宪政时期呢？简单说来，中山先生对于一般民众参政的能力，很有点怀疑。他在公布宣言里曾说：

> 不经训政时代，则大多数人民久经束缚，虽骤被解放，初不了知其活动之方式，非墨守其放弃责任之故习，即为人利用，陷于反革命而不自知。

他在《建国方略》里，说的更明白：

> 夫中国人民知识程度之不足，固无可隐讳者也。且加以数千年专制之毒深中乎人心，诚有比于美国之黑奴及外来人民知识尤为低下也。（第六章）

他又说：

> 我中国人民久处于专制之下，奴心已深，牢不可破。不有一度之训政时期，以洗除其旧染之污，奚能享民国主人之权利？（第六章）

他又说：

> 是故民国之主人者（国民），实等于初生之婴儿耳。革命党者，即产此婴儿之母也。既产之矣，则当保养之，教育之，方尽革命之责也。此革命方略之所以有训政时期者，为保养教育此主人成年而后还之政也。（第六章）

综合上文的几段话，我们可以明白中山先生的主张训政，只是因为他根本不信任中国人民参政的能力。所以他要一个训政时期来培养人民的自治能力，以一县为单位，从县自治入手。

这种议论，出于主张"知难行易"的中山先生之笔下，实在使我们诧异。中山先生不曾说吗？

> 其始则不知而行之。其继则行之而后知之。其终则因已知而更进于行。（《建国方略》第五章）

他又说过：

> 夫维新变法，国之大事也，多有不能前知者，必待行之成之而后乃能知之也。（《建国方略》第五章）

参政的能力也是这样的。民治制度的本身便是一种教育。人民初参政的时期，错误总不能免的，但我们不可因人民程度不够便不许他们参政。人民参政并不须多大的专门知识，他们需要的是参政的经验。民治主义的根本观念是承认普通民众的常识是根本可信任的。"三个臭皮匠，赛过一个诸葛亮"。这便是民权主义的根据。治国是大事业，专门的问题需要专门的学识。但人民的参政不是专门的问题，并不需要专门的知识。所患的只是怕民众不肯出来参政，故民治国家的大问题总是怎样引导民众出来参政。只要他们肯出来参政，一回生，二回便熟了；一回上当，二回便学乖了。故民治制度本身便是最好的政治训练。这便是"行之则愈知之"，这便是"越行越知，越知越行"。中山先生自己不曾说吗？

> 袁世凯之流必以为中国人知识程度如此，必不能共和。曲学之士亦曰非专制不可也。
>
> 呜呼，牛也尚能教之耕，马也尚能教之乘，而况于人乎？今使有见幼童将欲入塾读书者，而语其父兄曰："此童子不识字，不可使之入塾读书也"，于理通乎？惟其不识字，故须急于读书也。……故中国今日之当共和，犹幼童之当入塾读书也。（第六章）

宪政之治正是唯一的"入塾读书"。唯其不曾入塾读书，故急须入塾读书也。

中山先生说：

> 然入塾必要有良师益友以教之。而中国人民今日初进共和之治，亦当有先知先觉之革命政府以教之。此训政之时期所以为专制入共和之过渡所必要也。

我们姑且让一步，姑且承认共和是要训练的。但我们要问，宪法与训练有什么不能相容之点？为什么训政时期不可以有宪法？为什么宪法之下不能训政？

在我们浅学的人看起来，宪法之下正可以做训导人民的工作；而没有宪法或约法，则训政只是专制，决不能训练人民走上民主的路。

"宪法"是什么东西？

柏来士（Bryce）在他的不朽名著《美洲民主国》里说："一个国家的宪法只是那些规定此国家的政体并规定其政府对人民及人民对政府的各种权利义务的规律或法令。"（页350）

麦金托虚爵士（Sir James McIntosh）也说："凡规定一国高级官吏的最

重要职权及人民的最根本的权利的基本法律——成文的或不成文的——便是一国的宪法。"（见于他的 *Law of Nature and of Nations* 页 65）

中山先生也曾主张颁布约法"以规定人民之权利义务，与革命政府之统治权"。这便是一种宪法了。

我们实在不懂这样一部约法或宪法何以不能和训政同时存在。我们须要明白，宪法的大功用不但在于规定人民的权利，更重要的是规定政府各机关的权限。立一个根本大法，使政府的各机关不得逾越他们的法定权限，使他们不得侵犯人民的权利——这才是民主政治的训练。程度幼稚的民族，人民固然需要训练，政府也需要训练。人民需要"入塾读书"，然而蒋介石先生，冯玉祥先生，以至于许多长衫同志和小同志，生平不曾梦见共和政体是什么样子的，也不可不早日"入塾读书"罢？

人民需要的训练是宪法之下的公民生活。政府与党部诸公需要的训练是宪法之下的法治生活。"先知先觉"的政府诸公必须自己先用宪法来训练自己，裁制自己，然后可以希望训练国民走上共和的大路。不然，则口口声声说"训政"，而自己所行所为皆不足为训，小民虽愚，岂易欺哉？他们只看见衮衮诸公的时时打架，时时出洋下野而已；他们只看见衮衮诸公的任意侵害人权而已；他们只看见宣传部"打倒某某""拥护某某"而已；他们只看见反日会的站笼而已。以此训政，别说六年，六十年有何益哉？

故中山先生的根本大错误在于误认宪法不能与训政同时并立。他这一点根本成见使他不能明白民国十几年来的政治历史。他以为《临时约法》的失败是"由于未经军政训政两时期，而即入于宪政"。这是历史的事实吗？民国元年以来，何尝有"入于宪政"的时期？自从二年以来，那一年不是在军政的时期？临时约法何尝行过？天坛宪法草案以至于曹锟时代的宪法，又何尝实行过？十几年中，人民选举国会与省议会，共总行过几次？故民国十几年的政治失败，不是骤行宪政之过，乃是始终不曾实行宪政之过；不是不经军政训政两时期而遽行宪政，乃是始终不曾脱离扰乱时期之过也。

当日袁世凯之流，固不足论；我们现在又到了全国统一的时期了，我们看看历史的教训，还是不敢信任人民而不肯实行宪政呢？还是认定人民与政府都应该早早"入塾读书"，早早制定宪法或约法，用宪政来训练人民和政府自己呢？

中山先生说得好：

> 中国今日之当共和，犹幼童之当入塾读书也。

我们套他的话，也可以说：

> 中国今日之当行宪政，犹幼童之当入塾读书也。

我们不信无宪法可以训政；无宪法的训政只是专制。我们深信只有实行宪政的政府才配训政。

十八，七，廿

（此文原载 1929 年《新月》第 2 卷第 4 号）

新文化运动与国民党
（1929 年 11 月 29 日）

"中国本来是一个由美德筑成的黄金世界。"

今年双十节，我在杭州车站买了一张杭州报纸的双十节号，忽然看见这一句大胆的话。我吓了一大跳，连忙揩揩眼镜，仔细研读，原来是中央宣传部长叶楚伧先生的大文，题目是《由党的力行来挽回风气》，叶部长说：

> 中国本来是一个由美德筑成的黄金世界。自从觉罗皇帝，袁皇帝，冯爵帅，徐阁老，以及文武百官，衣钵相传，掘下个大坑，政治道德扫地无遗。洋大人，外交人才，买办，跑街，以及西崽，也掘下个大坑，民族气节又扫地无遗。张献忠，白莲教，红灯罩，共产党——这一套；保皇党，研究系，同善社，性欲丛书——这又一套：大家在那里炫奇斗胜，分头并作，一坑又一坑，将社会风尚又搅成个落花流水。这样一个不幸的环境摆布在眼前，凭你是谁，偶一不慎，便会失足灭顶。……

我看完了这一篇文章，心里很有点感触。这一个月以来，我时时想到叶楚伧先生的话，时时问自己："觉罗皇帝"以前的中国，是不是"一个由美德筑成的黄金世界"？

这个问题是一个很重要的问题，因为这是今日我们不能避免的新旧文化问题的一个重要之点。如果三百年前的中国真是"一个由美德筑成的黄金世界"，那么，我们还做什么新文化运动呢？我们何不老老实实地提倡复古呢？黄金世界既然在三百年前，我们只须努力回到觉罗皇帝以前的"美德筑成的黄金世界"就是了。

不幸叶部长的名论终不能叫我们心服。叶部长做了几年大事业，似乎把中国历史忘记了。叶部长似乎忘了女子缠足已有了一千年的历史，全国士子做八股也有五六百年的历史，张献忠之前也曾有过魏忠贤，魏忠贤之前有过刘瑾，刘瑾之前也曾有过仇士良，有过十常侍。叶部长似乎又忘了白莲教之前也曾有过提倡烧指焚身的佛教，也曾有过最下流的拜生殖器的各种中古宗教。叶部长似乎又忘了张竞生博士以前也曾有过提倡"饿死事极小，失节事极大"的吃人礼教和无数无数血泪筑成的贞节牌坊。叶部长似乎又忘了洋大人和外交人才以前也曾有过五胡之乱和辽金元的征服。

然而叶部长正式宣传道，三百年前的中国"本来是一个由美德筑成的黄金世界"！

我们从新文化运动者的立场，不能不宣告叶部长在思想上是一个反动分子，他所代表的思想是反动的思想。

我们看了叶部长的言论以后，不能不进一步质问：叶部长所代表的反动思想究竟有几分可以代表国民党？国民党时时打起"划除封建势力，打倒封建思想"的旗帜，何以国民党中的重要人物会发表这样拥护传统文化的反动思想呢？究竟国民党对于这个新旧文化的问题抱什么态度呢？在近年的新文化运动史上国民党占什么地位呢？

要解答这几个问题，我们不能不先看看国民党当国以来实地设施的事实。我们可以举几组的事实做例。

近年的新文化运动的最重要的方面是所谓文学革命。前两个月，有一个国民党党员张振之先生发表了一篇《知难行易的根本问题》，内中引了戴季陶先生在《国民革命与中国国民党》内说的话，戴先生说：

> 再说民国三年的时候，大家倘若肯一致赞成"文字革命"的主张，以革命党的党义来鼓吹起来，何至于要等到民国八年才让陈独秀胡适之来出风头？（今年八月廿八日上海《民国日报》）

谁来出风头，这是极小的事。但是我们至少要期望一个革命政府成立之日就宣布一切法令公文都改用国语。这点子小小风头，总应有人敢出吧？但是国民党当国已近两年了，到了今日，我们还不得不读骈文的函电，古文的宣言，文言的日报，文言的法令！国民党天天说要效法土耳其，但新土耳其居然采用了拉丁字母了，而我们前几天还在恭读国民政府文官长古应芬先生打给阎锡山先生的骈四俪六的贺电！

在徐世昌做总统，傅岳棻做教育总长的时代，他们居然敢下令废止文言的小学教科书，改用国语课本。但小学用国语课本，而报纸和法令公文仍旧用古文，国语的推行是不会有多大效力的；因为学了国语文而不能看报，不能做访员，不配做小书记，谁还肯热心去学白话呢？一个革命的政府居然维持古文骈文的寿命，岂不是连徐世昌傅岳棻的胆气都没有吗？

在这一点上，我们不能不说今日国民政府所代表的国民党是反动的。

再举思想自由作例。新文化运动的一件大事业就是思想的解放。我们当日批评孔孟，弹劾程朱，反对孔教，否认上帝，为的是要打倒一尊的门户，解放中国的思想，提倡怀疑的态度和批评的精神而已。但共产党和国民党协作的结果，造成了一个绝对专制的局面，思想言论完全失了自由。上帝可以否认，而孙中山不许批评。礼拜可以不做，而总理遗嘱不可不读，纪念周不可不做。一个学者编了一部历史教科书，里面对于三皇五帝表示了一点怀疑，便引起了国民政府诸公的义愤，便有戴季陶先生主张要罚商务印书馆一百万元！一百万元虽然从宽豁免了，但这一部很好的历史教科书，曹锟吴佩孚所不曾禁止的，终于不准发行了！

至于舆论呢？我们花了钱买报纸看，却不准看一点确实的新闻，不准读一点负责任的评论。一个负责任的学者说几句负责任的话，讨论一个中国国民应该讨论的问题，便惹起了五六个省市党部出来呈请政府通缉他，革掉他的校长，严办他，剥夺他的公权！然而蒋介石先生在北平演说，叶楚伧先生在南京演说，都说：上海的各大报怎么没有论说呢？

所以在思想言论自由的一点上，我们不能不说国民政府所代表的国民党是反动的。

再举文化问题本身做个例。新文化运动的根本意义是承认中国旧文化不适宜于现代的环境，而提倡充分接受世界的新文明。但国民党至今日还在那里高唱"抵制文化侵略"！还在那里高谈"王道"和"精神文明"! 还在那里提倡"国术"和"打擂台"! 祀孔废止了，两个军人（鲁涤平，何键）的一道电报便可以叫国民政府马上恢复孔子纪念日。中央宣传部长叶楚伧现在对我们宣传"中国本来是一个由美德筑成的黄金世界"，但叶部长还把这个黄金世界放在觉罗皇帝以前。去年何键先生便更进一步，说现在的思想紊乱和道德堕落都是"陈匪独秀胡适"两个人的罪恶了! 我们等着吧，"回到黄金世界"的喊声大概不久就会起来了!

所以在这对文化问题的态度上，我们也不能不说国民党是反动的。

以上不过列举三项事实来说明，至少从新文化运动的立场看来，国民党是反动的。

这些事实不是孤立的，也不是偶然的。国民党对于新文化运动的态度，国民党对于中国旧文化的态度，都有历史的背景和理论的根据。根本上国民党的运动是一种极端的民族主义的运动，自始便含有保守的性质，便含有拥护传统文化的成分。因为国民党本身含有这保守性质，故起来了一些保守的理论。这种理论便是后来当国时种种反动行为和反动思想的根据了。

这个解释并不是诋诬国民党，也不是菲薄国民党，只是叙述一件历史事实，用来解释一些现象。这个历史事实的说明，也许还可以给国民党中的青年分子一个自觉地纠正这种反动倾向的机会。

本来凡是狭义的民族主义的运动，总含有一点保守性，往往倾向到颂扬固有文化，抵抗外来文化势力的一条路上去。这是古今中外的一个通例，国民党自然不是例外。试看拿破仑以后的德国民族运动，普法战争以后的法国民族运动，试读民族国家主义的哲学的创始者菲希脱（Fichte）的《告德国国民书》，便可以明白这个历史通例。凡受外力压迫越厉害，则这种拥护旧文化的态度越坚强。例如印度人在英国统治之下，大多数民族主义者都竭力替印度旧宗教旧文化辩护。有时候他们竟故意作违心之论。前年我在康桥大学的世界学生会茶会上谈话，指出东方文明的弱点；散会之后，几个印度学生陪我走回寓，他们都说我的主张不错，但他们却不便如此公开主张。我说，"为什么不说老实话呢?"他们说："如果今天我们印度学生这样批评东方文明，明天英国报纸上便要说我们承认英国统治了。"

中国的民族主义的运动所以含有夸大旧文化和反抗新文化的态度，其根本原因也是因为在外力压迫之下，总有点不甘心承认这种外力背后的文化。这里面含有很强的感情作用，故偏向理智的新文化运动往往抵不住这种感情的保守态度。国民党里便含有这种根据于民族感情的保守态度，这是不可讳也不必讳的历史事实。国民党的力量在此，他的弱点也在此。

中国的新文化运动起于戊戌维新运动。戊戌运动的意义是要推翻旧有的政制而采用新的政制。后来梁启超先生办《新民丛报》，自称"中国之新民"，著了许多篇《新民说》，指出中国旧文化缺乏西方民族的许多"美德"，如公德、国家思想、冒险、权利思想、自由、自治、进步、合群、毅力、尚武等等；他甚至于指出中国人缺乏私德！这样推崇西方文明而指斥中国固有的文明，确是中国思想史上的一个新纪元。同时吴趼人，刘铁云，李伯元等人的"谴责小说"，竭力攻击中国政治社会的腐败情形，也是取同样的一种态度。

但那时国内已起了一种"保存国粹"的运动。这运动有两方面。王先谦，叶德辉，毛庆蕃诸人的"存古运动"，自然是完全反动的，我们且不论。还有一方面是一班新少年也起来做保存国粹的运动，设立"国学保存会"，办《国粹学报》，开"神州国光社"，创立"南社"。他们大都是抱着种族革命的志愿的，同时又都是国粹保存者。他们极力表彰宋末明末的遗民，借此鼓吹种族革命；他们也做过一番整理国故的工作，但他们不是为学问而做学问，只是借学术来鼓吹种族革命并引起民族的爱国心。他们的运动是一种民族主义的运动，所以他们的领袖人才，除了邓实、刘光汉几个人之外，至今成为国民党的智识分子。柳亚子、陈去病、黄节、叶楚伧、邵力子……诸先生都属于这个运动。因为这个缘故，国民党中自始便含有保存国粹国光的成分。

孙中山先生虽然不是国粹学报或南社中人，但他对于中国固有的文明也抱一种颂扬拥护的态度。他是一个基督徒，又是一个世界主义者，但他的民族思想很强，到了晚年更认定民族主义是俄国革命成功的要素，故在他的三民主义第四、第六讲里很有许多夸大中国古文化的话。例如他说：

> 我们中国四万万人不但是很和平的民族，并且是很文明的民族。近来欧洲盛行的新文化，和所讲的无政府主义与共产主义，都是我们中国几千年以前的旧东西。……我们中国的新青年，未曾过细研究中国的旧学说，便以为这些学说就是世界顶新的了，殊不知道在欧洲是最新的，在中国就有了几千年了。（第四讲）

这种说法，在中山先生当时不过是随便说说，而后来三民主义成为一党的经典，这种一时的议论便很可以助长顽固思想，养成夸大狂的心理，而阻碍新思想的传播。

中山先生又说：

> 欧洲之所以驾乎我们中国之上的，不是政治哲学，完全是物质文明。……至于讲到政治哲学的真谛，欧洲人还要求之于中国。（第四讲）

他又说：

> 讲到中国固有的道德，中国人至今不能忘记的，首是忠孝，次是仁爱，其次是信义，其次是和平。这些旧道德，中国人至今还是常讲的。但是现在受外来民族的压迫，侵入了新文化；那些新文化的势力此刻横行中国。一般醉心新文化的人，便排斥旧道德，以为有了新文化便可以不要旧道德。不知道我们固有的东西，如果是好的，当然是要保存，不好的才可以放弃。（第六讲）

这些话都可以表示中山先生实在不能了解当时的新文化运动的态度。新文化运动的大贡献在于指出欧洲的新文明不但是物质文明比我们中国高明，连思想学术，文学美术，风俗道德都比我们高明的多。陈独秀先生曾指出新文化运动只是拥护两位先生，一位是赛先生（科学），一位是德先生（民治）。吴稚晖先生后来加上一位穆拉尔姑娘（道德）。中山先生既欢迎科学，又分明推崇民治政治，却不幸在这里极力用夸大的口气，抬高中国的旧政治思想和旧道德，说话之间稍有轻重，便使读者真以为中山先生相信"欧洲的新文化都是我们中国几千年以前的旧东西"了。这种附会的见解，在三四十年前的老新党的言论里毫不足奇怪，但在中山先生的讲演里便是很可诧异，更可惋惜的了。

中山先生又曾说：

> 中国从前的忠孝仁爱信义种种的旧道德，固然是驾乎外国人，说到和平的道德，更是驾乎外国人。（第六讲）

三十年周游欧美的孙中山先生尚且说这样没有事实根据的话，怪不得不曾出国门的叶楚伧先生要说"中国本是一个由美德筑成的黄金世界"了！在这一点上，我们不能不佩服吴稚晖先生的伟大。他老人家在六十岁时还能大胆地宣言中国人的道德低浅，而西洋人的道德高明。孙中山先生也并非不明白这种事实，不过他正在讲"民族主义"，故不能不绕弯子，争面子。例如他讲"仁爱"，曾说：

> 照这样实行一方面讲起来，仁爱的好道德，中国现在似乎远不
> 如外国。中国所以不如的原故，不过是中国人对于仁爱没有外国人
> 那样实行。但是仁爱还是中国的旧道德。

这是很费力的回护。更隔几分钟，他便轻轻地宣言中国从前的仁爱也是
"驾乎外国人"的了。吴稚晖先生是个世界主义者，没有卫道的热心，
故他敢老实说西洋人"什么仁义道德，孝悌忠信，吃饭睡觉，无一不较
有作法，较有热心"。但吴老先生这种论调是国民党中的"国粹"分子
所不能了解的。

以上所说，都可以证明国民党的历史上本来便充满着这保存国粹和
夸大传统文化的意味。民国八年五月以后，国民党受了新文化运动的大
震动，决计加入新文化的工作，故这种历史的守旧性质和卫道态度暂时
被压下去了，不很表现在《星期评论》《建设》《觉悟》的论坛里。民国
十三年改组以后，国民党中吸收了许多少年新分子，党的大权渐渐移入
了一班左倾的激烈分子手里，稍稍保守的老党员都被摈斥了。所以这种
历史的反动倾向更不容易出现了。直到近两年中，钟摆又回到极右的一
边，国民党中的暴烈分子固然被淘汰了，而稍有革新倾向的人也就渐渐
被这沙汰的运动赶出党外，于是国民党中潜伏着的守旧势力都一一活动
起来，造成今日的反动局面。

即如上文指出国民党对于文学革命的态度，我们从历史上看去，毫
不足奇怪。许多国民党的领袖人物，如孙中山，汪精卫，王宠惠诸先生
对于新文学运动都曾表示不赞成的态度。国粹保存家与南社诗人反对新
文学，更不用说了。中山先生在《孙文学说》第三章里，很明白地说古
文胜于白话，他说：

> 言语有变迁而无进化，而文字则虽仍古昔，其使用之技术实日
> 见精研。所以中国语言为世界中之粗劣者；往往文字可达之意，言
> 语不得而传。是则中国人非不善为文，而拙于用语者也。亦惟文字
> 可传久远。故古人所作，模仿匪难；至于言语，非无杰出之士妙于
> 修辞，而流风余韵无所寄托，随时代而俱湮，故学者无所继承。然
> 则文字有进化而言语转见退步者，非无故矣。抑欧洲文字基于音
> 韵，音韵即表言语，言语有变，文字即可随之。中华制字以象形会
> 意为主，所以言语虽殊，而文字不能与之俱变。要之，此不过为言

语之不进步，而中国人民非有所阙于文字。历代能文之士，其所创作，突过外人，则公论所归也。

这种见解的大错误，九年前我在《国语的进化》一篇里（《胡适文存》卷三《国语文法概论》）已有详细的驳论了。中山先生此书成于民国八年春间，在新青年同人提倡文学革命之后二年，他这种议论大概是暗指这一运动的。他在当时很不赞成白话文学的主张，这是很明白的。这种议论虽然是他个人一时的错误，但也很可以作为后来国民党中守旧分子反对新文学的依据。中山先生有"手不释卷"的名誉，又曾住过欧美，他尚且说中国"历代能文之士，其所创作，突过外人"，怪不得一班不能读外国文学的国粹家和南社文人要拥护古文骈文了！

民国八年五月以后，国民党的刊物几乎都改用白话了，《星期评论》和《觉悟》成了南方的新文学重要中心。然而十年之后，革命的国民党成了专政的国民党了，新文学和新思想的假面具都可以用不着了，于是保存国粹的喊声渐渐起来，于是古文骈文的死灰又复燃了。八九年前在新文学的旗帜之下摇旗呐喊的人物，到今年双十节便公然宣告胡适的《尝试集》和同善社和《性欲丛书》是同样害人的恶势力了。这种情形，毫不足奇怪，因为在拥护古文骈文的局面之下，《尝试集》当然成了罪魁祸首了。这不是死文学的僵尸复活，这不过是国民党原有的反动思想的原形呈现而已。

我们这样指出国民党历史上的反动思想，目的只要国民党的自觉。一个在野政客的言论是私人的言论，他的错误是他自身的责任。但一个当国的政党的主张便成了一国的政策的依据，便是一国的公器，不是私人责任的问题了。一个当国专政的政党的思想若含有不合时代的反动倾向，他的影响可以阻碍一国文化的进步。所以我们对于国民党的经典以及党中领袖人物的反动思想，不能不用很诚实的态度下恳切的指摘。过去历史上的错误是不用讳饰的；但这种错误思想，若不讨论个明白分晓，往往可以有很大的恶影响。个人的偏见可以成为统治全国的政策，一时的谬论可以成为教育全国的信条。所以我们要明白指出国民党里有许多思想在我们新文化运动者的眼里是很反动的。如果国民党的青年人们不能自觉地纠正这种反动思想，那么，国民党将来只能渐渐变成一个反时代的集团，决不能作时代的领导者，决不能担负建立中国新文化的责任。

孙中山先生在五四运动以后曾有很热烈的赞叹新文化运动的话，他说：

自北京大学学生发生五四运动以来，一般爱国青年无不以新思想为将来革新事业之预备，于是蓬蓬勃勃，发抒言论。国内各界舆论一致同倡。各种新出版物为热心青年所举办者，纷纷应时而出，扬葩吐艳，各极其致。社会遂蒙绝大之影响。虽以顽劣之伪政府，犹且不敢撄其锋。此种新文化运动在我国今日诚思想界空前之大变动。推原其始，不过由于出版界之一二觉悟者从事提倡。遂至舆论放大异彩，学潮弥漫全国，人皆激发天良，誓死为爱国之运动。倘能继长增高，其将来收效之伟大且久远者，可无疑也。吾党欲收革命之成功，必有赖于思想之变化。兵法攻心，语曰革心，皆此之故。故此种新文化运动实为最有价值之事。（九年一月二十九日《与海外同志募款筹办印刷机关书》——《孙中山全集》，三民公司本，第四集，二，页 27～28）

中山先生在此时虽然只把新文化运动看作政治革命的一种有力的工具，但他已很明白地承认"吾党欲收革命之成功，必有赖于思想之变化"。今日的国民党到处念诵"革命尚未成功"，却全不想促进"思想之变化"！所以他们天天摧残思想自由，压迫言论自由，妄想做到思想的统一。殊不知统一的思想只是思想的僵化，不是谋思想的变化。用一个人的言论思想来统一思想，只可以供给一些不思想的人的党义考试夹带品，只可以供给一些党八股的教材，决不能变化思想，决不能靠此"收革命之成功"。

十年以来，国民党所以胜利，全靠国民党能有几分新觉悟，能明白思想变化的重要。故民国七八年之间，孙中山先生还反对白话文，而八年"五四运动"以后，中山先生便命他的同志创办《星期评论》和《建设》杂志，参加新文化运动。这便是国民党的"思想之变化"。十三年的改组，便是充分吸收新文化运动的青年，这又是国民党的"思想之变化"。八年的变化使国民党得着全国新势力的同情。十三年的变化使国民党得着革命的生力军。这是历史的事实。

现在国民党所以大失人心，一半固然是因为政治上的设施不能满〈足〉人民的期望，一半却是因为思想的僵化不能吸引前进的思想界的同情。前进的思想界的同情完全失掉之日，便是国民党油干灯草尽之时。

国民党对于我这篇历史的研究，一定有很生气的。其实生气是损人不利己的坏脾气。国民党的忠实同志如果不愿意自居反动之名，应该做点真实不反动的事业来给我们看看。至少至少，应该做到这几件事：

（1）废止一切"鬼话文"的公文法令，改用国语。

（2）通令全国日报，新闻论说一律改用白话。

（3）废止一切钳制思想言论自由的命令，制度，机关。

（4）取消统一思想与党化教育的迷梦。

（5）至少至少，学学专制帝王，时时下个求直言的诏令！

如果这几件最低限度的改革还不能做到，那么，我的骨头烧成灰，将来总有人会替国民党上"反动"的谥号的。

十八，十一，廿九

（此文原载《新月》第 2 卷第 6～7 号合刊）

我们走那条路
（1930 年 4 月 10 日）

缘　起

我们几个朋友在这一两年之中常常聚谈中国的问题，各人随他的专门研究，选定一个问题，提出论文，供大家的讨论。去年我们讨论的总题是"中国的现状"，讨论的文字也有在《新月》上发表的。如潘光旦先生的《论才丁两旺》（《新月》二卷四号），如罗隆基先生的《论人权》（《新月》二卷五号），都是用讨论的文字改作的。

今年我们讨论的总题是"我们怎样解决中国的问题？"分了许多子目，如政治，经济，教育，等等，由各人分任。但在分配题目的时候，就有人提议说："在讨论分题之前，我们应该先想想我们对于这些各个问题有没有一个根本的态度。究竟我们用什么态度来看中国的问题？"

几位朋友都赞成有这一篇概括的引论，并且推我提出这篇引论。

这篇文字是四月十二夜提出讨论的。当晚讨论的兴趣的浓厚鼓励我把这篇文字发表出来，供全国人的讨论批评。以后别位朋友讨论政治，经济，等等各个问题的文字也会陆续发表。

十九，四，十三，胡适

我们今日要想研究怎样解决中国的许多问题，不可不先审查我们对于这些问题根本上抱着什么态度。这个根本态度的决定，便是我们走的方向的决定。古人说得好：

> 今夫盲者行于道，人谓之左则左，谓之右则右。遇君子则得其平易，遇小人则蹈于沟壑。（《淮南·氾论训》，文字依《意林》引）

这正是我们中国人今日的状态。我们平日都不肯澈底想想究竟我们要一个怎样的社会国家，也不肯澈底想想究竟我们应该走那一条路才能达到我们的目的地。事到临头，人家叫我们向左走，我们便撑着旗，喊着向左走；人家叫我们向右走，我们也便撑着旗，喊着向右走。如果我们的领导者是真真睁开眼睛看过世界的人，如果他们确是睁着眼睛领导我们，那么，我们也许可以跟着他们走上平阳大路上去。但是，万一我们的领导者也都是瞎子，也在那儿被别人牵着鼻子走，那么，我们真有"盲人骑瞎马，夜半临深池"的大危险了。

我们不愿意被一群瞎子牵着鼻子走的人，在这个时候应该睁开眼睛看看面前有几个岔路，看看那一条路引我们到那儿去，看看我们自己可以并且应该走那一条路。

我们的观察和判断自然难保没有错误，但我们深信自觉的探路总胜于闭了眼睛让人牵着鼻子走。我们并且希望公开的讨论我们自己探路的结果可以使我们得着更正确的途径。

在我们探路之前，应该先决定我们要到什么地方去——我们的目的地。这个问题是我们的先决问题，因为如果我们不想到那儿去，又何必探路呢？

现时对于这个目的地，至少有这三种说法：

（1）中国国民党的总理孙中山说，国民革命的"目的在于求中国之自由平等"。

（2）中国青年党（国家主义者）说，国家主义的运动"就是要国家能够独立，人民能够自由，而在国际上能够站得住的种种运动"。

（3）中国共产党现在分化之后，理论颇不一致；但我们除去他们内部的所谓史大林—托洛斯基之争，可以说他们还有一个共同目的地，就是"巩固苏联无产阶级专政，拥护中国无产阶级革命"。

我们现在的任务不在讨论这三个目的地，因为这种讨论徒然引起无益的意气，而且不是一千零一夜打得了的笔墨官司。

我们的任务只在于充分用我们的知识，客观的观察中国今日的实际需要，决定我们的目标。我们第一要问，我们要铲除的是什么？这是消极的目标。第二要问，我们要建立的是什么？这是积极的目标。

我们要铲除打倒的是什么？我们的答案是：

我们要打倒五个大仇敌：

第一大敌是贫穷。

第二大敌是疾病。

第三大敌是愚昧。

第四大敌是贪污。

第五大敌是扰乱。

这五大仇敌之中，资本主义不在内，因为我们还没有资格谈资本主义。资产阶级也不在内，因为我们至多有几个小富人，那有资产阶级？封建势力也不在内，因为封建制度早已在二千年前崩坏了。帝国主义也不在内，因为帝国主义不能侵害那五鬼不入之国。帝国主义为什么不能侵害美国和日本？为什么偏爱光顾我们的国家？岂不是因为我们受了这五大恶魔的毁坏，遂没有抵抗的能力了吗？故即为抵抗帝国主义起见，也应该先铲除这五大敌人。

这五大敌人是不用我们详细证明的。余天休先生曾说中国人口百分之九十五在贫穷线以下。张振之先生（《目前中国社会的病态》）估计贫民数目占全国人口三分之一以上。张先生引四川李敬穆先生的话，说：依据甘布尔，狄麦尔，以及北京的成府，安徽的湖边村的调查，中国穷人总数当占全国人口百分之五十。（李先生假定一家最低生活费为一三〇元至一六〇元，凡一家庭每年收入在这数目以下，便是穷人。）近来所得社会调查的结果，如李景汉先生《北平郊外之乡村家庭》等书所报告，都可以证明李敬穆先生的估计是大体不错的。有些地方的穷人竟在百分之七十三以上（李景汉调查北平郊外挂甲屯的结果），或竟至百分之八十二以上（民十一华洋义赈会调查结果）。这就离余天休先生的估计不远了。这是我们的第一大敌。

疾病是我们种弱的大原因。瘟疫的杀人，肺结核、花柳病的杀人灭族，这都是看得见的。还有许多不明白杀人而势力可以毁灭全村，可以衰弱全种的疾病，如疟疾便是最危险又最普遍的一种。近年有科学家说希腊之亡是由于疟疾，罗马的衰亡也由于疟疾。这话我们听了也许不相信，但我们在中国内地眼见整个的村庄渐渐被疟疾毁为荆棘地，眼见害疟疾的人家一两代之后人丁绝灭，眼见有些地方竟认疟疾为与生俱来不可避免的病痛（我们徽州人叫它做"胎疟"，说人人都得害一次的!），我们不得不承认疟疾的可怕甚于肺结核，甚于花柳，甚于鸦片。在别的国家，疟疾是可以致死的，故人人知道它可怕。中国人受疟疾的侵害太久了，养成了一点抵抗力，可以苟延生命，不致于立死，故人都不觉其可怕。其实正因为它杀人不见血，灭族不留痕，故格外可怕。我们没有人口统计，但世界学者近年都主张中国人口减少而不见增加。我们稍稍观察内地的人口减少的状态，不能不承认此说的真确。张振之先生在他的《目前中国社会的病态》里，引了一些最近的各地统计，无一处不是死亡率超过出生率的。例如：

广州市　十七年五月到八月　每周死亡超过出生平均为六十人。

广州市　十七年八月到十一月　每周死亡超过出生平均六十七人。

南京市　十七年一月到十一月　平均每月多死二百七十一人，每周平均多死六十二人。

不但城市如此，内地人口减少的速度也很可怕。我在三十年之中就亲见家乡许多人家绝嗣衰灭。疾病瘟疫横行无忌，医药不讲究，公共卫生不讲究，那有死亡不超过出生的道理？这是我们的第二大敌。

愚昧是更不须我们证明的了。我们号称五千年的文明古国，而没有一个三十年的大学。（北京大学去年十二月满三十一年，圣约翰去年十二月满五十年，都是连初期幼稚时代计算在内。）在今日的世界，那有一个没有大学的国家可以竞争生存的？至于每日费一百万元养兵的国家，而没有钱办普及教育，这更是国家的自杀了。因为愚昧，故生产力低微，故政治力薄弱，故知识不够救贫、救灾、救荒、救病，故缺乏专家，故至今日国家的统治还在没有知识学问的军人政客手里。这是我们的第三大敌。

贪污是我们这个民族的最大特色。不但国家公开"捐官"曾成为制度，不但二十五年没有考试任官制度之下的贪污风气更盛行，这个恶习惯其实已成了各种社会的普遍习惯，正如亨丁顿说的：

> 中国人生活里有一件最惹厌的事，就是有一种特殊的贪小利行为，文言叫做"染指"，俗语叫做"揩油"。上而至于军官的克扣军粮，地方官吏的刮地皮，庶务买办的赚钱，下而至于家里老妈子的"揩油"，都是同性质的行为。

这是我们的第四大敌。

扰乱也是最大的仇敌。太平天国之乱毁坏了南方的精华区域，六七十年不能恢复。近二十年中，纷乱不绝，整个的西北是差不多完全毁了，东南西南的各省也都成了残破之区，土匪世界。美国生物学者卓尔登（David Starr Jordan）曾说，日本所以能革新强盛，全靠维新以前有了二百五十年不断的和平，积养了民族的精力，才能够发愤振作。我们眼见这二十年内战的结果，贫穷是更甚了，疾病死亡是更多了，教育是更破产了——避兵避匪逃荒逃死还来不及，那能办教育？——租税是有些省分预征到民国一百多年的了，贪污是更明目张胆的了。（《中国评论周报》本年一月三十日社论说，民国成立以来，官吏贪污更甚从前。）然而还有无数人天天努力制造内乱！这是我们的第五大仇敌。

以上略述我们认为应该打倒的五大仇敌。毁灭这五鬼，便是同时建立我们的新国家。我们要建立的是什么？

我们要建立一个治安的，普遍繁荣的，文明的，现代的统一国家。"治安的"包括良好的法律政治，长期的和平，最低限度的卫生行政。"普遍繁荣的"包括安定的生活，发达的工商业，便利安全的交通，公道的经济制度，公共的救济事业。"文明的"包括普遍的义务教育，健全的中等教育，高深的大学教育，以及文化各方面的提高与普及。"现代的"总括一切适应现代环境需要的政治制度，司法制度，经济制度，教育制度，卫生行政，学术研究，文化设备等等。

这是我们的目的地。我们深信：决没有一个"治安的，普遍繁荣的，文明的，现代的统一国家"而不能在国际上享受独立，自由，平等的地位的。我们不看见那大战后破产而完全解除军备的德国在战败后八年被世界列国恭迎入国际联盟，并且特别为她设一个长期理事名额吗？

目的地既定，我们才可以问：我们应该用什么法子，走那一条路，才可以走到那目的地呢？

我们一开始便得解决一个歧路的问题：还是取革命的路呢？还是走演进（evolution）的路呢？还是另有第三条路呢？——这是我们的根本态度和方法的问题。

革命和演进本是相对的，比较的，而不是绝对相反的。顺着自然变化的程序，如瓜熟蒂自落，如九月胎足而产婴儿，这是演进。在演进的某一阶段上，加上人功的促进，产生急骤的变化；因为变化来的急骤，表面上好像打断了历史上的连续性，故叫做革命。其实革命也都有历史演进的背景，都有历史的基础。如欧洲的"宗教革命"，其实已有了无数次的宗教革新运动作历史的前锋，如中古晚期的唯名论（Nominalism）的思想，如十三世纪以后的文艺复兴的潮流，如弗浪西斯派的和平的改革，如威克立夫（Wyclif）和赫司（Huss）等人的比较急进的改革，如各国的君主权力的扩大，这都是十六世纪的宗教革命的历史背景。火药都埋好了，路得等人点着火线，于是革命爆发了。故路得等人的宗教革新运动可以叫做革命，也未尝不可以说是历史演进的一个阶段。

又如所谓"工业革命"，更显出历史逐渐演进的痕迹，而不是急骤的革命。基本的机械知识，在十六世纪已渐渐发明了；十六世纪已有专讲机器的书了，十七世纪已是物理的科学很发达的时代了，故十八世纪后半的机器生产方法，其实只是几百年逐渐积聚的知识与经验的结果。不过瓦特（Watt）的蒸汽机出世以后，机器的动力根本不同了，表面上便呈现一个骤变的现象，故我们叫这个时代做工业革命时代。其实生产方法的革新，前面可以数到十五六世纪，后面一直到我们今日还在不断的演进。

政治史上所谓"革命"，也都是不断的历史演进的结果。美国的独立，法国的大革命，俄国的一九一七的两次革命，都有很长的历史背景。莫斯科的"革命博物馆"把俄国大革命的历史一直追溯到三四百年前的农民暴动，便是这个道理。中国近年的革命至少也可以从明末叙起。

所以革命和演进只有一个程度上的差异，并不是绝对不相同的两件事。变化急进了，便叫做革命；变化渐进，而历史上的持续性不呈露中断的现状，便叫做演进。但在方法上，革命往往多含一点自觉的努力，而历史演进往往多是不知不觉的自然变化。因为这方法上的不同，在结果上也有两种不同：第一，无意的自然演变是很迟慢的，是很不经济的，而自觉的人功促进往往可以缩短改革的时间。第二，自然演进的结果往往留下许多久已失其功用的旧制度和旧势力，而自觉的革命往往能多铲除一些陈腐的东西。在这两点上，自觉的革命都优于不自觉的演进。

但革命的根本方法在于用人功促进一种变化，而所谓"人功"有和平与暴力的不同。宣传鼓吹，组织与运动，使少数人的主张逐渐成为多数人的主张，或由立法，或由选举竞争，使新的主张能替代旧的制度，这是和平的人功促进。而在未上政治轨道的国家，旧的势力滥用压力摧残新的势力，反对的意见没有法律的保障，故革新运动往往不能用和平的方法公开活动，往往不能不走上武力解决的路上去。武力斗争的风气既开，而人民的能力不够收拾已纷乱的局势，于是一乱再乱，能发而不能收，能破坏而不能建设，能扰乱而不能安宁，如中美洲的墨西哥，如今日的中国，皆是最明显的例子。

武力暴动不过是革命方法的一种，而在纷乱的中国却成了革命的唯一方法，于是你打我叫做革命，我打你也叫做革命。打败的人只图准备武力再来革命。打胜的人也只能时时准备武力防止别人用武力来革命。这一边刚打平，又得招兵购械，筹款设计，准备那一边来革命了。他们主持胜利的局面，最怕别人来革命，故自称为"革命的"，而反对的人都叫做"反革命"。然而孔夫子正名的方法终不能叫人不革命；而终日凭借武力提防革命也终不能消除革命。于是人人自居于革命，而革命永远是"尚未成功"，而一切兴利除弊的改革都搁起不做不办。于是"革命"便完全失掉用人功促进改革的原意了。

我们认为今日所谓"革命"，真所谓"天下多少罪恶假汝之名以行"。用武力来替代武力，用这一班军人来推倒那一班军人，用这一种盲目势力来替代那一种盲目势力，这算不得真革命。至少这种革命是没有多大意义的，没有多大价值的。结果只是兵化为匪，匪化为兵，兵又化为匪，造成一个兵匪世界而已。于国家有何利益？于人民有何利益？

就是那些号称有主张的革命者，喊来喊去，也只是抓住几个抽象名词在那里变戏法。有一班人天天对我们说："中国革命的对象是封建阶级。"又有一班人天天说："中国革命的对象是封建势力。"我们孤陋寡闻的人，就不知道今日中国有些什么封建阶级和封建势力。我们研究这些高喊打倒封建势力的先生们的著作言论，也寻不着一个明了清楚的指示。一位教育革命的鼓吹家在民国十八年二月二十日出版的《教育杂志》（二十一卷二号二页）上说：

> 中国秦以前，完全为一封建时代。自黄帝历尧、舜、禹、汤以至周武王，为封建之完成期。自周平王东迁，历春秋战国以至秦始皇，为封建之破坏期。统一之中国，即于此封建制度之成毁过程中

完全产出。（原注：封建之形势早已破坏，而封建之劳力至今犹存。）

但是隔了两个月，这位教育家把他所说的话完全忘记了，便又在四月二十日出版的《教育杂志》（同卷四号二页）上说：

> 中国在秦以前，为统一的专制一尊的封建国家成长之时代。……到秦始皇时……统一的专制一尊的封建国家才完全确立。（原注：列爵封土的制度，到这时候，当然改变了许多。然国家仍可以称为"封建的"者，因"封建的"三字并非单指列爵封土之制而言。凡一国由中央划分行政区域，设为种种制度，位置许多地方官吏；地方官吏更一方面负责维持地方次序，另一方面吸收地方一部分经济的利益，以维持中央之存在，平民于此，无说话之余地。凡此等等，都可以代表"封建的"三字之一部分的精神。）

两个月之前，封建制度到秦始皇时破坏了；两个月之后，封建国家又在秦始皇时才完全确立！然而《教育杂志》的编者与读者都毫不感觉矛盾。这位作者本人也毫不感觉矛盾。他把中央集权制度叫做封建国家，《教育杂志》的编者与读者也毫不觉得奇怪荒谬。为什么呢？因为这些名词本来只是口头笔下的玩意儿，爱变什么戏法就变什么戏法，本来大可不必认真，所以作者可以信口开河，读者也由他信口开河。

那么，这个革命的对象——封建势力——究竟是什么东西呢？去年《大公报》上登着一位天津市党部的某先生的演说，说封建势力是军阀，是官僚，是留学生。去年某省党部提出一个铲除封建势力的计划，里面所举的封建势力包括一切把持包办以及含有占有性的东西，故祠堂，同乡会，同学会都是封建势力。然而现代的把持包办最含有占有性的政党却不在内。所以我们直到今天还不明白究竟什么东西是封建势力。前几天我们看见中国共产党中的"反对派"王阿荣、陈独秀等八十一人的《我们的政治意见书》，其中有这么一段：

> 我们以为：说中国现在还是封建社会和封建势力的统治，把资产阶级的反动性及一切反动行为都归到封建，这不但是说梦话，不但是对于资产阶级的幻想，简直是有意的为资产阶级当辩护士！其实在经济上，中国封建制度之崩坏，土地权归了自由地主与自由农民，政权归了国家，比欧洲任何国家都早。……土地早已是个人私有的资本而不是封建的领地，地主已资本家化，城市及乡村所遗留

> 一些封建式的剥削，乃是资本主义袭用旧的剥削方法；至于城市乡村各种落后的现象，乃是生产停滞，农村人口过剩，资本主义落后国共有的现象，也并不是封建产物。（页十六～十七）

封建先生地下有知，应该叩头感谢陈独秀先生等八十一位裁判官宣告无罪的判决书。但独秀先生们一面判决了封建制度的无罪，一面又捉来了一个替死鬼，叫做资产阶级，硬定他为革命的对象。然而同时他们又告诉我们，中国"生产停滞，人口过剩，资本主义落后"，本国的银行资本不过在一万五千万元以上。在一个四万万人的国家里，止有一万五千万元的银行资本，资产阶级只好在显微镜底下去寻了，这个革命的对象也就够可怜了，不如索性开恩也宣告无罪，放他去罢。

以上所说，不过是要指出今日所谓有主义的革命，大都是向壁虚造一些革命的对象，然后高喊打倒那个自造的革命对象；好像捉妖的道士，先造出狐狸精山魈木怪等等名目，然后画符念咒用桃木宝剑去捉妖。妖怪是收进葫芦去了，然而床上的病人仍旧在那儿呻吟痛苦。

我们都是不满意于现状的人，我们都反对那懒惰的"听其自然"的心理。然而我们仔细观察中国的实际需要和中国在世界的地位，我们也不能不反对现在所谓"革命"的方法。我们很诚恳地宣言：中国今日需要的，不是那用暴力专制而制造革命的革命，也不是那用暴力推翻暴力的革命，也不是那悬空捏造革命对象因而用来鼓吹革命的革命。在这一点上，我们宁可不避"反革命"之名，而不能主张这种种革命。因为这种种革命都只能浪费精力，煽动盲动残忍的劣根性，扰乱社会国家的安宁，种下相残害相屠杀的根苗，而对于我们的真正敌人，反让他们逍遥自在，气焰更凶，而对于我们所应该建立的国家，反越走越远。

我们的真正敌人是贫穷，是疾病，是愚昧，是贪污，是扰乱。这五大恶魔是我们革命的真正对象，而他们都不是用暴力的革命所能打倒的。打倒这五大敌人的真革命只有一条路，就是认清了我们的敌人，认清了我们的问题，集合全国的人才智力，充分采用世界的科学知识与方法，一步一步的作自觉的改革，在自觉的指导之下一点一滴的收不断的改革之全功。不断的改革收功之日，即是我们的目的地达到之时。

这个根本态度和方法，不是懒惰的自然演进，也不是盲目的暴力革命，也不是盲目的口号标语式的革命，只是用自觉的努力作不断的改革。

这个方法是很艰难的，但是我们不承认别有简单容易的方法。这个方法是很迂缓的，但是我们不知道有更快捷的路子。我们知道，喊口号贴标语不是更快捷的路子。我们知道，机关枪对打不是更快捷的路子。我们知道，暴动与屠杀不是更快捷的路子。然而我们又知道，用自觉的努力来指导改革，来促进变化，也许是最快捷的路子，也许人家需要几百年逐渐演进的改革，我们能在几十年中完全实现。

最要紧的一点是我们要用自觉的改革来替代盲动的所谓"革命"。怎么叫做盲动的行为呢？不认清目的，是盲动；不顾手段的结果，是盲动；不分别大小轻重的先后程序，也是盲动。我们随便举几个例：如组织工人，不为他们谋利益，却用他们作扰乱的器具，便是盲动。又如人力车夫的生计改善，似乎应该从管理车厂车行，减低每日的车租入手；车租减两角三角，车夫便每日实收两角三角的利益。然而今日办工运的人却去组织人力车夫工会，煽动他们去打毁汽车电车，如去年杭州、北平的惨剧，这便是盲动。又如一个号称革命的政府，成立了两三年，不肯建立监察制度，不肯施行考试制度，不肯实行预算审计制度，却想用政府党部的力量去禁止人民过旧历年，这也是盲动。至于悬想一个意义不曾弄明白的封建阶级作革命对象，或把一切我们自己不能脱卸的罪过却归到洋鬼子身上，这也都是盲动。

怎么叫做自觉的改革呢？认清问题，认清问题里面的疑难所在，这是自觉。立说必有事实的根据；创议必先细细想出这个提议应该发生什么结果，而我们必须对于这些结果负责任：这是自觉。替社会国家想出路，这是何等重大的责任！这不是我们个人出风头的事，也不是我们个人发牢骚的事，这是"一言可以兴邦，一言可以丧邦"的事，我们岂可不兢兢业业的去思想？怀着这重大的责任心，必须竭力排除我们的成见和私意，必须充分尊重事实和证据，必须充分虚怀采纳一切可以供参考比较暗示的材料，必须时时刻刻提醒自己说我们的任务是要为社会国家寻一条最可行而又最完美的办法：这叫做自觉。

十九，四，十

（此文原载 1929 年《新月》第 2 卷第 10 号）

民权的保障
（1933 年 2 月 7 日）

前几天在中国民权保障同盟北平分会的席上，杨杏佛先生说了一句很沉痛的话："争民权的保障是十八世纪的事，不幸我们中国人活在二十世纪里还不能不做这种十八世纪的工作。"

先进的民族得着的民权，不是君主钦赐的，也不是法律授予的；是无数的先知先觉奋斗力争来的，是用血写在法律条文上去的，是时时刻刻靠着无数人的监督才保障得住的。没有长期的自觉的奋斗，决不会有法律规定的权利；有了法律授予的权利，若没有养成严重监护自己的权利的习惯，那些权利还不过是法律上的空文。法律只能规定我们的权利，决不能保障我们的权利。权利的保障全靠个人自己养成不肯放弃权利的好习惯。

"权利"一个名词是近三十多年来渐渐通用的一个新名词。当这个名词初输入的时代，梁任公先生等屡作论文，指出中国人向来缺乏权利思想，指出中国人必须提倡这种权利思想。其实"权利"的本义只是一个人所应有，其正确的翻译应该是"义权"，后来才变成法律给予个人所应享有的"权利"，中国古代思想也未尝没有这种"义权"的观念。孟子说的最明白：

> 非其义也，非其道也，一介不以与人，一介不以取诸人。

这正是"权利"的意义。"一介不以与人"是尊重自己所应有；"一介不以取诸人"是尊重他人所应有。推而广之，孟子所谓"富贵不能淫，贫贱不能移，威武不能屈"也正是个人自尊其所应有，自行其所谓是。孔墨两家都还有这种气概。但柔道之教训，以随顺不争"犯而不校"为处世之道，以"吃亏"为积德之基，风气既成，就无人肯自卫其所应有，亦无人肯与强有力者争持其所谓是。梁先生们所谓中国人无权利思想，只是这种不争不校的风气造成的习惯。在这种习惯支配之下，就有了法律规定的人权民权，人民也不会享用，不会爱护的。

然而普通人的知识和能力究竟有限，我们不能期望人人都懂得自己的权利是些什么，也不能期望人人都能够监护自己的权利。中国人所以不爱护权利，不但是长久受了不争与吃亏的宗教与思想的影响，其中还有一个更重要的原因，就是中国的法制演进史上缺乏了一个法律辩护士的职业。我们的老祖宗只知道崇拜包龙图式的清官，却不曾提倡一个律师职业出来做人民权利的保护者。除了王安石一流远见的政治家之外，多数儒生都不肯承认法律是应该列为学校科目的。士大夫不学法律，所以法律刑名的专家学识都落在一种受社会轻视的阶级的手里，至高的不过为刑名师爷，下流的便成了讼棍状师。刑名师爷是帮助官府断案的；人民的辩护还得倚赖自己，状师讼棍都不能出面辩护，至多不过替人民写状子，在黑影子里"把案"而已。我们看《四进士》戏里讼师宋士杰替他的干女儿打官司，状子是按院大人代写的，是宋士杰出庭代诉的，还几乎完全败诉了，我们看这戏的用意，可以想见我们的老祖宗到了近代也未尝不感觉到法律辩护士的需要。但《四进士》的编著者是个无名的天才，他的见解完全不能代表中国的一般社会。普通人民都只知道讼棍是惹不得的，宋士杰是人间少有的，同包龙图一样的不易得。所以他们只希望终身不入公门，不上公堂；上了公堂，他们只准备遭殃，丝毫没有抵挡，没有保障。好胜是天性，而肯吃亏是反人情。中国人的肯吃亏，不好讼，未必是宗教与哲学造成的，绝大的造因是因为几千年来没有保护人民权利的律师阶级。

西洋人的权利思想的发达同他们的宗教信条正相反。基督教的教主也是教人不抵抗强权的："有人打你的左脸，你把右脸也给他打。"然而基教的信条终久不能埋没罗马人提倡法律的精神。罗马不但遗留下了《罗马法典》，更重要的是她遗留下的法学与辩护制度。士大夫肯终身研究法律，肯出力替人民打官司；肯承认法律辩护是高尚的职业，而替人伸冤昭枉是光荣的功绩——有了这种风气和制度，然后人民有权利可说。我们不要忘了：中古欧洲遗留下的最古的大学，第一个（Salerno）是医科大学，第二个（Bologna）就是法科大学，第三个（巴黎）才是神科大学。我们的士大夫是"读书万卷不读律"的，不读律，所以没有辩护士，只能有讼棍：讼棍是不能保障人民权利的。

中国人提倡权利思想的日子太浅，中国有法律教育的日子更浅，中国有律师公开辩护的日子又更浅了，所以什么约法和宪法里规定的人民权利都还是一些空文，军人官吏固然不知道尊重民权，人民自己也不知道怎样享用保护自己的权利。到了权利受损害的时候，人民只知道手忙脚乱的去走门路，托人情，行贿赂；却不肯走那条正当的法律的大路。直到近几年中，政治的冲突到了很紧张的地步，一面是当国的政党用权力制裁全国的舆论，不容许异党异派的存在，一面是不满意于现政权的各种政治势力，从善意的批评家到武装反抗的革命党派。在这个多方面的政治冲突里，现政权为维护自身的权力计，自然不恤用种种高压方法来制裁反对势力，其间确有许多过当的行为，如秘密军法审判的滥用，如死刑之滥用，如拘捕之众多与监狱生活之黑暗，都足以造成一种恐怖的心理。在这种政治势力的冲突之下，尤其在现政权用全力制裁武装反抗的政治势力的情形之下，一切情面门路友谊种种老法子在这里都行不通了。直到这个时候，才有人渐渐感觉到民权保障的需要。民权保障的运动发生于今日，正是因为今日是中国政治的分野最分明，冲突最利害的时候。我们看上海发起这个运动的宣言特别注重"国内政治犯之释放与非法的拘禁酷刑及杀戮之废除"，就可以明白这个历史背景了。

我是赞成这个民权保障运动的。我承认这是我们中国人从实际生活里感觉到保障权利的需要的起点。从这个幼稚的起点，也许可以渐渐训练我们养成一点爱护自己权利并且尊重别人权利的习惯，渐渐训练我们自己做成一个爱护自己所应有又敢抗争自己所谓是的民族。要做到这种目的，中国的民权保障运动必须要建筑在法律的基础之上，一面要监督政府尊重法律，一面要训练我们自己运用法律来保障我们自己和别人的法定权利。

但我们观察今日参加这个民权保障运动的人的言论，不能不感觉他们似乎犯了一个大毛病，就是把民权保障的问题完全看作政治的问题，而不肯看作法律的问题。这是错的。只有站在法律的立场上来谋民权的保障，才可以把政治引上法治的路。只有法治是永久而普遍的民权保障。离开了法律来谈民权的保障，就成了"公有公的道理，婆有婆的道理"，永远成了个缠夹二先生，永远没有出路。前日报载同盟的总会宣言有要求"立即无条件的释放一切政治犯"的话，这正是一个好例子。这不是保障民权，这是对一个政府要求革命的自由权。一个政府要存在，自然不能不制裁一切推翻政府或反抗政府的行动。向政府要求革命的自由权，岂不是与虎谋皮？谋虎皮的人，应该准备被虎咬，这是作政治运动的人自身应负的责任。

我们以为这条路是错的。我们赞成民权应有保障，但是我们以为民权的唯一保障是法治。我们只可以主张，在现行法律之下，政治犯也应该受正当的法律保障。我们对于这一点，可以提出四个工作的原则：

第一，我们可以要求，无论何种政治犯，必须有充分证据，方可由合法机关出拘捕状拘捕。诬告的人，证实之后，必须反坐。

第二，我们可以要求，无论何种政治犯，拘捕之后，必须依照约法第八条，于二十四小时之内送交正式法庭。

第三，我们可以要求，法庭受理时，凡有证据足以起诉者，应即予起诉，由法庭公开审判；凡无犯罪证据者，应即予开释。

第四，我们可以要求，政治犯由法庭判决之后，应与他种犯人同受在可能范围之内最人道的待遇。

这都是关于政治犯的法律立场。离开了这个立场，我们只可以去革命，但不算是做民权保障运动。

以上所说，不过是举政治犯一个问题做个例，表示我个人对于这个运动的见解。除了政治犯之外，民权保障同盟可以做的事情多着哩。如现行法律的研究，司法行政的调查，一切障碍民权的法令的废止或修改，一切监狱生活的调查与改良，义务的法律辩护的便利，言论出版学术思想以及集会结社的自由的提倡……这都是我们可以努力的方向。

二二，二，七

（此文原载 1933 年 2 月 19 日《独立评论》第 38 号）

建国问题引论
（1933 年 11 月 19 日）

前几天，孟心史先生来谈，他说："现在人人都说中国应该现代化，究竟什么叫做'现代化'?"我们谈论之后,他回去就写了一篇很有风趣又很有见地的长文,题为《现代化与先务急》(登在本期)。他嫌"现代化"太笼统,不如中国老话"当务之为急"。他引孟子的话"尧舜之知而不遍物,急先务也",说"急先务"就是"自审于国之所当行者即行之"。他说,用"急先务"作标准,"则先决之问题亦必即为所急之先务矣"。

"现代化"的问题,在本年七月的《申报月刊》上曾有很多位学者参加讨论,论文有二十六篇之多,文字约有十万字。我们读了这二十六篇现代化的讨论,真不免要和孟先生表同情:这些论文好像是彼此互相打消,一方面说,"使中国现代化,最急需的是在整个地实行社会主义的统制经济和集体生产"(罗吟圃先生的论文,页三三);一方面也有人说"中国生产之现代化应采个人主义","欲使中国现代化,以采用私人资本主义为宜"(唐庆增先生的论文,页六二);同时又有人说,"中国不是单纯的资本主义社会,所以不需要社会主义革命;它也不是单纯的封建主义社会,所以不需要欧美式的资本主义化;它仅是介于两者中间的复式社会,很可以而且需要采取非资本主义的路线"(董之学先生的论文,页五八)。我们看了这十万字的讨论,真有点像戏台上的潘老丈说的,"你说了,我更糊涂了"。这种讨论所以没有结果,正因为一说到"现代化",我们不能不先问问"现代"是什么,我们要化成那一种现代? 这就是孟先生说的:"必有一形成之现代,而后从而化之"。那个"形成的现代"是什么呢? 一九一七年以前的欧美是不是已够不上"现代"的尊称了? 一九一七年以来的苏俄是不是"形成了的现代"呢?

在《申报月刊》的讨论上,又有吴泽霖先生的论文(页九),对于"中国现代化"的问题发生根本的疑问。他说:

> 文化是一个错误尝试的过程,中古式的文化当然是走错的歧路,"现代"式的文化也未免不是一条塞底的胡同。人类真正的出路,现在正还在摸索着。

但他又说:

> 我们以为中国现在所迫切需要的,不是已告失败的现代化,乃是正在萌芽的社会化。现代的物质文明当然为这种新文化所拥护而维持的;现代的精神蛮性(Spiritual Barbarism)却是它改造的目标。在物质生活方面,当然仍旧尽量应用科学,它更将进一步的把科学加以人化(Humanization)。

如此说来，我们此时还没有法子寻得一个"形成之现代"做我们现代化的目标。我们至多只能指着一个"正在萌芽的社会化"做我们的理想境界。

这种迟疑，这种种的矛盾，都是历史演变的结果。在三十年前，主张"维新"的人，即是当日主张现代化的人，对于所谓"新"，决没有我们今日这样的迟疑与矛盾。当日虽然也有君主立宪与民主共和的争论，但在他们的想像中的西洋文明，却没有多大的疑义。试读梁任公先生的"新民说"，他那样热烈提倡的新民的新德性，如独立，自由，自治，自尊，自立，冒险，进步，尚武，爱国，权利思想……无一项不是那十九世纪的安格鲁撒克逊民族最自夸的德性。那时代的中国知识界的理想的西洋文明，只是所谓维多利亚时代的西欧文明：精神是爱自由的个人主义，生产方法是私人资本主义，政治组织是英国遗风的代议政治。当时的知识领袖对于西洋文明的认识本来还没有多大异议，所以当时能有梁先生那样热烈的，专一的信仰崇拜。然而在西洋各国，早已有怀疑的呼声起来了。社会主义的理论与实际运动早已起于欧洲，那十八、十九两世纪的个人主义的风气早已招致很严厉的批评了。梁启超先生还不曾受到此种及个人主义的薰染，另一位中国领袖孙中山先生却已从亨利·乔治（Henry George）的著作里得着此种社会化的理论了。欧战以后，苏俄的共产革命震动了全世界人的视听；最近十年中苏俄建设的成绩更引起了全世界人的注意。于是马克思列宁一派的思想就成了世间最新鲜动人的思潮，其结果就成了"一切价值的重行估定"：个人主义的光芒远不如社会主义的光耀动人了；个人财产神圣的理论远不如共产及计划经济的时髦了；世界企羡的英国议会政治也被诋毁为资本主义的副产制度了。凡是维多利亚时代最夸耀的西欧文明，在这种新估计里，都变成了犯罪的，带血腥的污玷了。因为西洋文明本身的估价已有了绝不同的看法，所以"新"与"现代"也就都成了争论的问题了。中国的多数青年，本来就不曾领会得十九世纪西洋文明有什么永久的价值；现在听见西方有人出头攻击西欧文明，而且攻击的论调又恰恰投合中国向来重农抑商的传统思想，不知不觉之中，最容易囫囵吞下去；所以不上十五年，中国青年人的议论就几乎全倾向于抹煞一九一七年以前的西洋文明了。有些人自然是真心信仰苏俄的伟大的，坚苦卓绝的大试验的。有些人却不免有吠声之犬的嫌疑，因为他们绝不曾梦想到西欧文明与美国文明是什么样子。然而无论如何，中国人经过了这十五年的思想上的大变化，文化评判上的大翻案，再也不会回到《新民丛报》时代那样无异议的歌颂维多利亚时代的西洋文明了。今日国内人士对于"现代化"的迟疑与矛盾，都只是这十几年来文化翻案的当然结果。

我们要的现代文化究竟是什么，这个问题在今日已成了很不容易解答的了。因此，"现代化"差不多只是一种很广泛的空谈，至今还没有确定的界说。既不能明定现代的目标，自然不能有一致的步骤与程序。不但如此，大家对于"现代"的见解，显然有相背驰的，所以不但不能一致协力，还有彼此互相销灭的浪费。若一九一七年以前的西洋文明都不足取法，那么，这几十年的一点点改革工作，都不值得我们的留恋，也许都得一把劫火毁灭了才快一部分人的心愿。若私家的工商业都不应该存在，那么，中国的生产事业都只好停顿下来，静候中国的列宁与斯塔林的出现。若近二十年的"文化运动"都只是如陈高佣先生（上述《申报月刊》页五〇～五一）说的"西洋近代的资本主义文化"，那么，我们的教育学术也都得根本打倒，恭候那货真价实的真正现代文化的来临。——更可怜的，是近年许多青年人与中年人"本其所信，埋头苦干"，而因为目的不同，方向背驰，所以有互相压迫，互相残杀的惨酷行为。今日国中各地的杀气腾腾，岂不是几种不相容的主义在那儿火并？同是要把国家社会做到各人所信为"现代化"的地位，结果竟至于相仇杀，相屠相灭，这岂不是今日最可痛心的一件事！

怪不得孟心史先生要提出抗议了。他说："不要再乱谈现代化了！我们应该大家平心静气商量出什么是今日的当务之急。"

然而"当务之急"也是一个相对的观念，也可以引起无穷的纷争。孟先生的办法是：

> 取现代已有之成法，聚深通世界国情政情之士，条列其可以移用于吾国者，与不必移用于吾国者，质诸当局，证之国论，又加审量其间，而后定其孰为最急之先务。既定之后即为吾国当务之急。

这个办法也是不容易施行的。因为"何者可移用于吾国"，和"孰为最急之先务"，这两个问题的答案也都依靠各人的社会政治思想。唐庆增先生说私人资本主义适宜于中国的生产；罗吟圃先生必定说"在中国目下的现况，无论从那一方面观察起来，经济上的个人主义是万万行不得的"。在这种歧异不相容的意见之下，谁配做最终的判决人呢？至于何者为先务也必有同样的歧异。一部分人必要先打倒帝国主义，一部分人必说先须剿共，另一部分人必要先推〈倒〉国民党的政权。也许有人要先从教育下手，也许有不少的人要先买飞机重炮。也许还有不少的人（如今日广东的领袖）要先读孟先生说的六经四子！孟心史先生悬想的国是会议或先务会议，依我看来，必至于闹到全武行对打而散。所以"急先务"好像是比那广泛的"现代化"简明多了，然而到底还不能免于纷歧与争执。何者为先务，与何者为现代，同样的不容易决定。

我个人近年常常想过，我们这几十年的革新工作，无论是缓和的改良运动，或是急进的革命工作，都犯了一个大毛病，就是太偏重主义，而忽略了用主义来帮助解决的问题。主义起于问题，而迷信主义的人往往只记得主义而忘了问题。"现代化"也只是一个问题，这个问题的明白说法应该是这样的："怎样解决中国的种种困难，使她在这个现代世界里可以立脚，可以安稳过日子。"中国的现代化只是怎样建设起一个站得住的中国，使她在这个现代世界里可以占一个安全平等的地位。问题在于建立中国，不在于建立某种主义。一切主义都只是一些汤头歌诀，他们的用处只在于供医生的参考采择，可以在某种症候之下医治病人的某种苦痛。医生不可只记得汤头歌诀，而忘了病人的苦痛；我们也不可只记得主义，而忘了我们要用主义来救治建立的祖国。

我们都应该回头去想想，革命是为什么？岂不是为了要建立一个更好的中国？立政府是为什么？岂不是为了要做这建国的事业？练兵是为什么？岂不是为了要捍卫这个国家？现代化是为什么？岂不是为了要使这个国家能站在这个现代世界里？——这一切的工作，本来都只是为了要建立一个更满人意的国家。

这个大问题不是一个主义就可以解决的，也不是短时期就能解决的。这件建国的工作是一件极巨大，极困难，极复杂的工作。在这件大工作的历程上，一切工具，一切人才，一切学问知识，一切理论主义，一切制度方式，都有供参考采择的作用。譬如建筑一所大厦，凡可以应用的材料，不管他来自何方，都可以采用；凡可以供用的匠人，不管他挂着什么字号招牌，都可以雇用。然而我们不要忘了问题是造这大厦。若大家忘了本题，锄头同锯子打架，木匠同石匠争风，大理石同花岗石火并，这大厦就造不成了。

现在的社会思想家，大都没有认识这个当前问题。他们忘了这是一个绝顶繁难的大问题，其中包含着无数的专门技术问题。他们把它错看作一个锄头或锯子的小问题了（上述《申报月刊》的现代化讨论，差不多完全把中国现代化的问题完全看作生产的问题）。欧洲人的国家，根本就没有这个建立国家的大问题，因为他们的国家都是早已成立的了。因此他们能有余力来讨论他们的社会问题，生产问题，分配问题等等。然而在我们这国内，国家还不成个国家，政府还不成个政府；好像一个破帐篷在狂风暴雨里，挡不得风，遮不得雨；这时候我们那里配谈什么生产分配制度的根本改造！

我不是说生产分配等等问题是小问题。我只是说，在中国的现状之下，国家生存的问题没有办法之前，那些问题都无法解决。例如土地问题岂不重要，然而在江西湖北国军赤军连年作战的状态之下，土地问题是否能有满意的解决？一切赤区的土地新支配，是否于人民有多大实惠？这种支配的办法是否值得这连年血战的牺牲的代价？一方面是少数人抱着某种社会经济的主张，就去干武装的革命；一方面是当国的政府为了自卫起见，也就不惜积聚全国的精锐兵力去围剿。结果是人民受征战的大祸，国家蒙危亡的危险；政府所辖区域内的积极政治无一可办，而赤区内的社会问题又岂能在这种苦战的状态之下得着永久的解决了吗？

近两年的国难，似乎应该可以提醒一般人的迷梦了。今日当前的大问题依旧是建立国家的问题：国家有了生存的能力，政府有了捍卫国家的能力，其他的社会经济问题也许有渐渐救济解决的办法。国家若陷入了不能自存的地步，外患侵入之后，一切社会革命的试验也只能和现存的一切政制同受敌人铁蹄的蹂躏，决不会有中国亡了或残破了，而某地的赤色革命区域可以幸免的。

所以我们提议：大家应该用全副心思才力来想想我们当前的根本问题，就是怎样建立起一个可以生存于世间的国家的问题。这问题不完全是"师法外国"的问题，因为我们一面参考外国的制度方法，一面也许可以从我们自己的几千年历史里得着一点有用的教训。这问题也不完全是"必有一形成之现代，而后从而化之"的问题，因为一来此时的世界正在演变之中，无有一个已形成的现代；二来我们的病状太危险，底子太虚弱，恐怕还没有急骤追随世界先进国家的能力。这问题也不是一个"急先务"的问题，因为这个国家满身是病痛，医头固是先务，医脚也是先务；兴利固是先务，除弊也是先务；外交固是先务，内政更是先务；学术研究固是先务，整顿招商局也是先务。

我前几年曾说过：我们只有一条路，就是认清了我们的问题，集合全国的人才智力，充分采用世界的科学知识与方法，一步一步的作自觉的改革，在那自觉的指导之下一点一滴的收不断的改革之全功。

我们此后想把我们对这个建国问题的各方面的思考的结果，随时陆续写出来，请关心这问题的人时时指教匡正。

（此文原载 1933 年 11 月 19 日《独立评论》第 77 号）

再论建国与专制
（1933 年 12 月 18 日）

上一期我讨论蒋廷黻先生的《革命与专制》，曾提出一个主张，说建国固然要统一政权，但统一政权不一定要靠独裁专制。我们现在要讨论一个比较更迫切的问题：中国的旧式专制既然没有做到建国的大业，我们今日的建国事业是不是还得经过一度的新式专制呢？

这个问题，并不算是新问题，只是二十多年前《新民丛报》和《民报》讨论的"开明专制"问题的旧事重提而已。在那时候，梁任公先生曾下定义如下：

> 发表其权力于形式，以束缚人一部分之自由，谓之制。专制者，一国中有制者，有被制者，制者全立于被制者之外，而专断以规定国家机关之行动者也。由专断而以不良的形式发表其权力，谓之野蛮专制。由专断而以良的形式发表其权力，谓之开明专制。凡专制者以能专制之主体的利益为标准，谓之野蛮专制；以所专制之客体的利益为标准，谓之开明专制。（《饮冰室文集》，乙丑重编本，卷二十九，页三五～四一）

现时有些人心目中所悬想的新式专制，大概不过是当年梁任公先生所悬想的那种以国家人民的利益为标准的开明专制而已。当时梁先生又引日本法学者笕克彦的话，说"开明专制，以发达人民为目的者也"，这和现在一部分人所号召的"训政"更相近了。所以当时《民报》社中，有署名"思黄"的，也主张革命之后须先行开明专制。当时孙中山先生还不曾提出"军政，训政，宪政"三时期的主张，那时他的三期论的第二期还叫做"约法"时期，是立宪期的准备。"思黄"所说，似是指那"约法"时期的开明专制。汪精卫先生在当时虽声明"与思黄所见稍异"，但他也承认"政权生大变动之后，权力散漫，于是有以立宪为目的，而以开明专制为达此目的之手段者"。这正是后来的"训政"论。

平心而论，二十多年前，民党与非民党的都承认开明专制是立宪政治的过渡办法。梁任公说：

> 若普通国家则必经过开明专制时代，而此时代不必太长，且不能太长；经过之后，即进于立宪：此国家进步之顺序也。若经过之后而复退于野蛮专制，则必生革命。革命之后，再经一度开明专制，乃进于立宪。故开明专制者，实立宪之过渡也，立宪之预备也。（同上书，页五四）

《民报》里的"思黄"说：

> 吾侪以为欲救中国，惟有与民权，改民主。而入手之方则先以开明专制，以为兴民权改民主之预备。最初之手段则革命也。（同上书，页八一引）

《民报》与《新民丛报》走上一条路线去了。他们所争的，其实不在开明专制，而在"最初之手段"是不是革命。梁氏希望当日的中国能行开明专制，逐渐过渡到立宪，可以避免种族革命与政治革命。而革命党人根本上就不承认当日的中国政府有行开明专制的资格，所以他们要先革命。汪精卫说：

> 论者须知行开明专制者必有二条件：第一则其人必须有非常英杰之才，第二则其人必须为众所推戴。如法之拿破仑第一，普之腓力特列第二，是其例也。（汪氏全文引见同上书，卷三十，页三五～五八。此语在页四七）

当日的政府确然没有这些条件，所以辛亥革命起来之后，梁任公作文论"新中国建设问题"，也不能不承认：

> 吾盖误矣！……民之所厌，虽与之天下，岂能一朝居！（同上书，卷三四，页十五）

这一段二十多年前的政论之争，是值得我们今日的回忆的。二十多年以来，种族革命是过去了，政治革命也闹了二十二年，国民党的训政也训了五六年了。当年反对革命而主张开明专制的人，早已放弃他的主张了。现在梦想一种新式专制的人，多数是在早一个时期曾经赞成革命，或者竟是实行革命的人。这个政治思想的分野的骤变，也是时代变迁的一种结果。在二十多年前，民主立宪是最令人歆羡的政治制度。十几年来，人心大变了：议会政治成了资本主义的副产，专政与独裁忽然大时髦了。有些学者，虽然不全是羡慕苏俄与意大利的专制政治的成绩，至少也是感觉到中国过去二十年的空名共和的滑稽，和中国将来试行民主宪政的无望，所以也不免对于那不曾试过的开明专制抱着无穷的期望。还有些人，更是明白的要想模仿苏俄的一阶级专政，或者意大利的一党专政。他们心目中的开明专制已不像二十多年前《新民丛报》时代那样的简单了。现在人所谓专制，至少有三个方式：一是领袖的独裁，二是一党的专政，三是一阶级的专政。（最近美国总统的独裁，是由国会暂时授予总统特权，其期限有定，其权力也有限制，那是吾国今日主张专制者所不屑采取的。）其间也有混合的方式：如国民党的民主集权的口号是第二式；如蓝衣社的拥戴社长制则是领袖独裁而不废一党专政；如共产党则是要一阶级专政，而专政者仍是那个阶级中的一个有组织的党。

我个人是反对这种种专制的。我所以反对的理由，约有这几项：

第一，我不信中国今日有能专制的人，或能专制的党，或能专制的阶级。二十多年前，《民报》驳《新民丛报》说：

> 开明专制者，待其人而后行。

虽然过了二十多年，这句老话还有时效。一般人只知道做共和国民需要较高的知识程度，他们不知道专制训政更需要特别高明的天才与知识。孔子在二千四百多年前曾告诉他的国君说："为君难，为臣不易。如知为君之难也，不几乎一言而兴邦乎？"今日梦想开明专制的人，都只是不知道为君之难，不知道专制训政是人世最复杂繁难的事业。拿破仑与腓力特列固然是非常杰出的人才，列宁与斯塔林也是富有学问经验的天才。俄国共产党的成功不是一朝一夕的偶然事件，是百余年中整个欧洲文明教育训练出来的。就是意大利的专制也不是偶然发生的；我们不要忘了那个小小的半岛上有几十个世间最古的大学，其中有几个大学是有近千年的光荣历史的。专擅一个偌大的中国，领导四万万个阿斗，建设一个新的国家起来，这是非同小可的事，决不是一班没有严格训练的武人政客所能梦想成功的。今日的领袖，无论是那一党那一派的健者，都可以说是我们的"眼中人物"；而我们无论如何宽恕，总看不出何处有一个够资格的"诸葛亮"，也看不出何处有十万五万受过现代教育与训练的人才可做我们专政的"诸葛亮"。所以我们可以说：今日梦想一种新式专制为建国的方法的人，好有一比，比五代时后唐明宗的每夜焚香告天，愿天早生圣人以安中国！

第二，我不信中国今日有什么有大魔力的活问题可以号召全国人的情绪与理智，使全国能站在某个领袖或某党某阶级的领导之下，造成一个新式专制的局面。我们试看苏俄、土耳其、意大利、德意志的专政历史，人才之外，还须有一个富于麻醉性的热烈问题，可以煽动全国人心，可以抓住全国少年人的热血与忠心，才可以有一个强有力的政权基础。中国这几十年中，排满的口号过去了，护法的问题过去了，打倒帝国主义的口号过去了，甚至于"抗日救国"的口号也还只够引起一年多的热心。那一个最真切，最明白的救国问题还不能团结一个当国的政党，还不能团结一个分裂的国家，这是最可痛心的教训。这两年的绝大的国难与国耻还不够号召全国的团结，难道我们还能妄想抬出一个蒋介石，或者别个蒋介石来做一个新的全国大结合的中心吗？近年也有人时时提到一个"共同信仰"的必要，但是在这个老于世故的民族里，什么口号都看得破，什么魔力都魔不动，虽有莫索里尼，虽有希忒拉，虽有列宁、杜洛司基，又有什么幻术可施呢？

第三，我有一个很狂妄的僻见：我观察近几十年的世界政治，感觉到民主宪政只是一种幼稚的政治制度，最适宜于训练一个缺乏政治经验的民族。向来崇拜议会式的民主政治的人，说那是人类政治天才的最高发明；向来攻击议会政治的人，又说他是私有资本制度的附属品：这都是不合历史事实的评判。我们看惯了英美国会与地方议会里的人物，都不能不承认那种制度是很幼稚的，那种人才也大都是很平凡的。至于说议会政治是资本主义的政治制度，那更是笑话。照资本主义的自然趋势，资本主义的社会应该有第一流人才集中的政治，应该有效率最高的"智囊团"政治，不应该让第一流的聪明才智都走到科学工业的路上去，而剩下一班庸人去统治国家。（柏莱士（Bryce）的"美洲民主国"曾历数美国大总统之中很少第一流英才，但他不曾想到英国的政治领袖也不能比同时别种职业里的人才；即如名震一世的格兰斯顿如何可比他同时的流辈如赫胥黎等人！）有许多幼稚民族很早就有民主政治，正不足奇怪。民主政治的好处在于不甚需要出类拔萃的人才；在于可以逐渐推广政权，有伸缩的余地；在于"集思广益"，使许多阿斗把他们的平凡常识凑起来也可以勉强对付；在于给多数平庸的人有个参加政治的机会，可以训练他们爱护自己的权利。总而言之，民主政治是常识的政治，而开明专制是特别英杰的政治。特别英杰不可必得，而常识比较容易训练。在我们这样缺乏人才的国家，最好的政治是一种可以逐渐推广政权的民主宪政。中国的阿斗固然应该受训练，中国的诸葛亮也应该多受一点训练。而我们看看世界的政治制度，只有民主宪政是最幼稚的政治学校，最适宜于收容我们这种幼稚阿斗。我们小心翼翼的经过三五十年的民主宪政的训练之后，将来也许可以有发愤实行一种开明专制的机会。这种僻见，好像是戏言，其实是慎重考虑的结果，我认为值得研究政治思想的学者们的思考的。

二十二，十二，十八夜

（此文原载 1933 年 12 月 24 日《独立评论》第 82 号）

汪蒋通电里提起的自由
（1934 年 12 月 9 日）

十一月二十七日汪蒋两先生联名通电全国，说明他们所要想向五中全会"建议以期采纳而见实行"的主张，其中共有两大原则：一是明定中央与地方的权限，一是声明"国内问题取决于政治，不取决于武力"。

关于第一项，原电文内列举了五项子目，这五项如果能实行，应该可以做到"中央与地方之扦格必日臻消融"的希望。

关于第二项，原电文内没有具体的方案，只提出了一条很重要的原则：

> 人民及社会团体间，依法享有言论结社之自由。但使不以武力

及暴动为背景，则政府必当予以保障而不加以防制。

又加上了一句说明：

> 盖以党治国固为我人不易之主张，然其道当在以主义为准绳，纳全国国民于整个国策之下，为救国建国而努力，决不愿徒袭一党专政之虚名，强为形式上之整齐划一，而限制国民思想之发展，至反失训政保育之精神。

又加上了一句总说明：

> 盖中国今日之环境与时代，实无产生意俄政制之必要与可能也。

我们对于这个原则，当然是完全赞成的。因为原电文没有详述施行的办法，所以我们把我们想得到的办法写几条出来，供汪蒋两先生的考虑：

第一，政府应该明令全国，凡"不以武力及暴动为背景"的结社与言论，均当予以保障而不加以防制。原电文用"不以武力及暴动为背景"一语，比宪法草案里用的"依法"和"非依法律"一类字样，清楚多了。但"背景"二字也颇含混，也需要一种更明确的解释。试举个极端的例：假如十来个青年学生组织一个社会主义研究会，或者组织一个青年团来试行他们"各尽所能，各取所需"的理想生活，这都应该可以享受法律的保障的，都不应该让热心过度的警察侦探曲解为"以几千里外某地的红军为背景"！最好是索性不用"背景"一类容易误解的字样，而用"方法"或"手段"来替代，那就更合理了。

第二，政府应该明令中央与各省的司法机关从速组织委员会来清理全国的政治犯，结束一切证据不充分的案件，释放一切因思想或言论犯罪的拘囚；并且应该明令一切党政军机关不得因思想言论逮捕拘禁人民。肯思想的青年，不满意于政治社会的现状，容易受一个时代的激烈思潮的诱惑，这都是很自然的现状。不如此，就算不得有血气的青年了。法国的"老虎"政治家克利蒙梭曾说："一个少年人到了二十岁不做无政府党，是个没出息的东西。可是若到了三十岁还是无政府党，那就更没出息了！"他那时代的激烈思想是无政府主义；若在今日，也许他要换上马克思主义了。少年人应该东冲西撞，四面摸索，自己寻出他安身立命的思想。偶然跌一两跤，落到某种陷坑里去，也算不得大不幸的事。撞了壁，他可以走回头；落了坑，他可以增长见识与经验。这样自由摸索出来的思想信仰，才够得上安身立命的资格。最靠不住的是重重保护之下长大起来的青年人，好比从没出过绣房的千金小姐，一旦到了大世界里，见个白脸小伙子对她一笑，就失魂落魄的害起单相思来了。今日许多因思想言论（可怜呵！小孩子的思想，小孩子的言论！）而受逮捕拘禁的青年人，实在太多了。当局的人实在不明白脚镣手铐和牢狱生活决不是改善青年思想的工具。青年人嫌政治不好，你却拿脚镣手铐等等证明政治实在不好。青年人嫌法律不好，你却拿军法审判糊涂证据等等来证明法律的确不好。青年人爱充好汉，你却真叫他们做好汉！我们参观过北平好几处的监狱和反省院，不能不感觉今日有澈底大清理全国政治犯的迫切需要。这件事不可以再缓了。

第三，政府应该即日禁止公安与司法机关以外的一切机关随意逮捕拘押人民。以我们所见所闻，我们简直数不清中国今日究竟有多少机关可以行使搜查，逮捕，拘押，审讯的权力！汪蒋两先生通电发出的前后几天，北平一处就发生了无制服无公文的人员到北京大学东斋搜查并在路上拘捕学生的事，和清华大学文学院长在办公室里被无公文的人员拿出手枪来逮捕，并用手铐押送到保定行营的事。这种办法也许可以多捉几个人，可是同时也是努力替政府结怨于人民，使人民怨恨政府，怨恨党部。

第四，政府应该明令取消一切钳制报纸言论与新闻的机关。报纸与杂志既须正式登记立案，取得了出版发行的权利了，政府至少应该相信他们自己能负责任。他们的新闻有错误，政府可以命令他们更正；言论有失当，政府与党部可以驳正。今日种种检查审查的制度实在是琐碎而不必要的。至于因为一条两条新闻或一篇两篇社评的不合某人的脾胃而就执行停止邮寄，或拘捕记者，或封禁报馆——这种事件实在是把一个现代政府自己降低到和旧日张宗昌一辈人的政府做同辈，即使真能做到人人敢怒而不敢言的快意境界，快意则快意矣，于国家人民的福利，于政府的声望，究竟有一丝一毫的裨补吗？今日政府领袖既揭起言论自由的新旗帜来了，我们盼望第一件实行的就是一切言论统制的取消。

第五，领袖诸公应该早日停止一切"统制文化"的迷梦。汪蒋两先生已宣言不愿"限制国民思想之发展"了。但今日有一些人还在高唱"统制文化"的口号。可怜今日的中国有多少文化可以统制？又有多少专家配做"统制文化"的事？在这个文化落后的国家，应该努力鼓励一切聪明才智之士依他们的天才和学力创造种种方面的文化，千万不要把有限的精力误用到消极的制裁压抑上去。试举文学艺术做个例。有人说："凡挑动阶级斗争的感情的文学艺术都应该禁止"；并且有许多小说和某些电影片已因此被禁止或被删削了。如果这个见解是对的，那么，杜甫的名句"朱门酒肉臭，路有冻死骨"也该挖板焚毁了！《诗经》里"不稼不穑，胡取禾三百廛兮"一类的名句也该禁止发行了！亚圣孟夫夫子的"庖有肥肉，厩有肥马，野有饿莩"也该毁板禁止了！举此一例，可见"文化统制"不是可以轻易谈或做的事。我们此时还不曾梦见现代文化是个什么样子；拚命的多方面的发展，还怕赶不出什么文化来。若再容许一些无知妄人去挑剔压抑，文化就许真不上咱们门上来了！

以上五事，不过是随便想出的几种具体事项，来充实汪蒋两先生的大原则。可是这些具体事项若不能做到，他们的原则就难叫我们信仰了。

（此文原载 1934 年 12 月 9 日天津《大公报·星期论文》）

从民主与独裁的讨论里求得一个共同政治信仰
（1935 年 2 月 15 日）

出游了五个星期，回家又得了流行感冒，在床上睡了五六天。在病榻上得着《大公报》催促"星期论文"的通告，只好把这一个多月的报纸杂志寻出来翻看一遍，看看有什么材料和"灵感"。一大堆旧报里，最使感觉兴趣的是一班朋友在三四十天里发表的讨论"民主与独裁"的许多文章。其中我读到的有吴景超先生的《中国的政制问题》（十二月三十日《大公报》星期论文，《独立评论》一三四号转载）。张熙若先生的《独裁与国难》（一月十三日《大公报》星期论文）。陶孟和先生的《民治与独裁》（《国闻周报》新年号）；陈之迈先生和陶希圣先生的两篇《民主与独裁》（《独立评论》一三六号）；丁文江先生的《再论民治与独裁》（一月二十日《大公报》星期论文，《独立评论》一三七号转载）。

我现在把我读了这些文字以后的几点感想写出来，虽然是旧事重提，但在我个人看来，这个讨论了一年多的老题目，这回经过了这几位学者的分析——尤其是吴景超、陈之迈两先生的清楚明锐的分析——已可算是得着了一点新的意义了。

吴景超先生把这个问题分成三方面：（一）中国现在行的是什么政制？这是一个事实问题。（二）我们愿意要有一种什么政制？这是一个价值问题。（三）怎样可以做到我们愿望的政制？这是一个技术问题。他的结论是：在事实上，"中国现在的政治是一党独裁的政治，而在这一党独裁的政治中，少数的领袖占有很大的势力"。在价值问题上，"中国的知识阶级多数是偏向民主政治的，就是国民党在理论上，也是赞成民主政治的"。在技术问题上，他以为实行民主政治的条件还未完备，但"大部分是可以教育的方式完成的"。

陈之迈先生的六千多字的长文，他的主要论点是："被治者用和平的方法来产生及推倒（更换）统治者，这是民主政治的神髓，抓住了这层便有了民主政治"。所以他指出汪蒋感电说的"国内问题取决于政治，不取决于武力"正是民主政治的根本。所以他的结论是：

> 我个人则以为中国目前的现状，理论上，实际上都应该把"国内问题取决于政治而不取决于武力"，因此绝对没有瞎着眼去学人家独裁的道理。……同时我们对于民主政治，不可陈义太高，太重理想，而着眼于把它的根本一把抓住；对于现存的带民主色彩的制度，如目前的国民党全代会，能代表一部分应有选权的人民，并能产生稍为类似内阁制的政府，应认为是一种进步。对……宪草里规定的国民大会，则应努力使它成功。

我对于陈之迈先生的主张，可以说是完全同意。他颇嫌我把民主政治看的太容易，太幼稚。其实我的本意正是和他一样，要人"对于民主政治不可陈义太高，太重理想"，所以我说民主宪政只是一种幼稚的政治，最适宜于训练一个缺乏政治经验的民族。许多太崇尚民主政治的人，只因为把民主宪政看作太高不可攀的"理智的政治"了，所以不承认我们能试行民治，所以主张必须有一个过渡的时期，或是训政，或是开明专制，或是独裁，这真是王荆公的诗说的"扰扰堕轮回，只缘疑这个"了！

陈之迈先生劝我们对于现有的一切稍带民主色彩的制度应该认为一种进步，都应该努力使它成功。这个意见最可以补充吴景超先生所谓

"技术问题"一项。民主政治的好处正在于教人人都进幼稚园,从幼稚园里淘炼到进中学大学。陈之迈先生虽然不赞成我的民治幼稚观,他的劝告却正是劝人进幼稚园的办法。这个看法是富有历史眼光的,是很正确的历史看法。陶希圣先生也说:"现行的党治,在党外的人已经看着是独裁,在党内还有人以为算不得独裁。"陈之迈先生从历史演变的立场去看,老实承认国民党的现行制度还是一种"带民主色彩的制度";固然(如陶希圣先生说的)"即令按照《建国大纲》召开国民大会,那个誓行三民主义的县民代表会议也与多党议会不同",虽然如此,陈之迈先生也愿意承认这是一种进步,一种收获,我们应该努力使它成功,为什么呢?因为这都是民主政治的路线:这都是"国内问题取决于政治而不取于武力"的途径。

陶希圣先生说:"胡适之先生主张的民主政治,很显然的是议会政治。"关于这一点,我在这里要声明,我所主张的议会是很有伸缩的余地的:从民元的临时参议院,到将来普选产生的国会——凡是代表全国的各个区域,象征一个统一国家,做全国的各个部分与中央政府的合法维系,而有权可以用和平的方法来转移政权的,都不违反我想像中的议会。我们有历史眼光的人,当然不妄想"把在英美实行而有成效的民主政治硬搬到中国来",但是我们当然也不轻视一切逐渐走向民主政治的尝试与练习。

陶希圣先生又说:"如果以议会政治论和国民党相争,国民党内没有人能够同意。"我们现在也可以很明白的告诉陶先生和国民党的朋友:我们现在并不愿意"以议会政治论和国民党相争",因为依我们的看法,国民党的"法源",《建国大纲》的第十四条和二十四条都是一种议会政治论。所以新宪草规定的国民大会,立法院,监察院,省参议会,县议会等,都是议会政治的几种方式。国民党如果不推翻孙中山先生的遗教,迟早总得走上民主宪政的路。而在这样走上民主宪政的过程上,国民党是可以得着党外关心国事的人的好意的赞助的。

反过来说,我们恐怕,今日有许多求治过急的人的梦想领袖独裁,是不但不能得着党外的同情,还可以引起党内的破裂与内讧的。宪政有中山先生的遗教作根据,是无法隐讳的;独裁的政制如果实现,将来必有人抬出中山遗教来做"护法""救党"的运动。求统一而反致分裂,求救国难而反增加国家的危机,古人说的"欲速则不达"的名言是不可不使我们三思熟虑的。

　　所以我们为国家民族的前途计，无论党内或党外的人，都应该平心静气考虑一条最低限度的共同信仰，大略如陈之迈先生指出的路线，即是汪蒋两先生感电提出的"国内问题取决于政治而不取决于武力"的坦坦大路。党内的人应该尊重孙中山先生的遗教，尊重党内重要领袖的公开宣言，大家努力促进宪政的成功；党外的人也应该明白中山先生手创的政党是以民主宪政为最高理想的，大家都应该承认眼前一切"带民主色彩的制度"（如新宪法草案之类），都是实现民主宪政的历史步骤，都是一种进步的努力，都值得我们的诚意的赞助使它早日实现的。

　　我们深信，只有这样的一个最低限度的共同信仰可以号召全国人民的感情与理智，使这个飘摇的国家散漫的民族联合起来做一致向上的努力！

二十四，二，十五

　　（此文原载 1935 年 2 月 17 日天津《大公报·星期论文》）

个人自由与社会进步
——再谈五四运动
（1935 年 5 月 6 日）

　　五月五日《大公报》的星期论文是张熙若先生的《国民人格之修养》。这篇文字也是纪念"五四"的，我读了很受感动，所以转载在这一期。我读了张先生的文章，也有一些感想，写在这里作今年五四纪念的尾声。

　　这年头是"五四运动"最不时髦的年头。前天五四，除了北京大学依惯例还承认这个北大纪念日之外，全国的人都不注意这个日子了。张熙若先生"雪中送炭"的文章使人颇吃一惊。他是政治哲学的教授，说话不离本行，他指出五四运动的意义是思想解放，思想解放使得个人解放，个人解放产出的政治哲学是所谓个人主义的政治哲学。他充分承认个人主义在理论上和事实上都有缺点和流弊，尤其在经济方面。但他指出个人主义自有它的优点：最基本的是它承认个人是一切社会组织的来源。他又指出个人主义的政治理论的神髓是承认个人的思想自由和言论自由。他说：

> 个人主义在理论上及事实上都有许多缺陷和流弊，但以个人的良心为判断政治上是非之最终标准，却毫无疑义是它的最大优点，是它的最高价值。……至少，他还有养成忠诚勇敢的人格的用处。此种人格在任何政制下（除过与此种人格根本冲突的政制）都是有无上价值的，都应该大量的培养的。……今日若能多多培养此种人材，国事不怕没有人担负。救国是一种伟大的事业，伟大的事业惟有有伟大人格者才能胜任。

张先生的这段议论，我大致赞同。他把"五四运动"一个名词包括"五四"（民国八年）前后的新思潮运动，所以他的文章里有"民国六七年的五四运动"一句话。这是五四运动的广义，我们也不妨沿用这个广义的说法。张先生所谓"个人主义"，其实就是"自由主义"（Liberalism）。我们在民国八九年之间，就感觉到当时的"新思潮"、"新文化"、"新生活"有仔细说明意义的必要。无疑的，民国六七年北京大学所提倡的新运动，无论形式上如何五花八门，意义上只是思想的解放与个人的解放。蔡元培先生在民国元年就提出"循思想自由言论自由之公例，不以一流派之哲学一宗门之教义梏其心"的原则了。他后来办北京大学，主张思想自由、学术独立、百家平等。在北京大学里，辜鸿铭、刘师培、黄侃和陈独秀、钱玄同等同时教书讲学。别人颇以为奇怪，蔡先生只说："此思想自由之通则，而大学之所以为大也。"（《言行录》页二二九）这样的百家平等，最可以引起青年人的思想解放。我们在当时提倡的思想，当然很显出个人主义的色彩。但我们当时曾引杜威先生的话，指出个人主义有两种：

（1）假的个人主义就是为我主义（Egoism），他的性质是只顾自己的利益，不管群众的利益。

（2）真的个人主义就是个性主义（Individuality），他的特性有两种：一、是独立思想，不肯把别人的耳朵当耳朵，不肯把别人的眼睛当眼睛，不肯把别人的脑力当自己的脑力。二、是个人对于自己思想信仰的结果要负完全责任，不怕权威，不怕监禁杀身，只认得真理，不认得个人的利害。

这后一种就是我们当时提倡的"健全的个人主义"。我们当日介绍易卜生（Ibsen）的著作，也正是因为易卜生的思想最可以代表那种健全的个人主义。这种思想有两个中心见解：第一是充分发展个人的才能，就是易卜生说的："你要想有益于社会，最好的法子莫如把你自己这块材料铸造成器。"第二是要造成自由独立的人格，像易卜生的《国民公敌》戏剧里的斯铎曼医生那样"贫贱不能移，富贵不能淫，威武不能屈"。这就是张熙若先生说的"养成忠诚勇敢的人格"。

近几年来，五四运动颇受一班论者的批评，也正是为了这种个人主义的人生观。平心说来，这种批评是不公道的，是根据于一种误解的。他们说个人主义的人生观是资本主义社会的人生观。这是滥用名词的大笑话。难道在社会主义的国家里就可以不用充分发展个人的才能了吗？难道社会主义的国家里就用不着有独立自由思想的个人了吗？难道当时辛苦奋斗创立社会主义共产主义的志士仁人都是资本主义社会的奴才吗？我们试看苏俄现在怎样用种种方法来提倡个人的努力（参看《独立》第一二九号西滢的《苏俄的青年》，和蒋廷黻的《苏俄的英雄》），就可以明白这种人生观不是资本主义社会所独有的了。

还有一些人嘲笑这种个人主义，笑它是十九世纪维多利亚时代的过时思想。这种人根本就不懂得维多利亚时代是多么光华灿烂的一个伟大时代。马克斯、恩格尔，都生死在这个时代里，都是这个时代的自由思想独立精神的产儿。他们都是终身为自由奋斗的人。我们去维多利亚时代还老远哩。我们如何配嘲笑维多利亚时代呢！

所以我完全赞同张熙若先生说的"这种忠诚勇敢的人格在任何政制下都是有无上价值的，都应该大量的培养的"。因为这种人格是社会进步的最大动力。欧洲十八九世纪的个人主义造出了无数爱自由过于面包，爱真理过于生命的特立独行之士，方才有今日的文明世界。我们现在看见苏俄的压迫个人自由思想，但我们应该想想，当日在西伯利亚冰天雪地里受监禁拘囚的十万革命志士，是不是新俄国的先锋？我们到莫斯科去看了那个很感动人的"革命博物馆"，尤其是其中展览列宁一生革命历史的部分，我们不能不深信：一个新社会、新国家，总是一些爱自由爱真理的人造成的，决不是一班奴才造成的。

张熙若先生很大胆的把五四运动和民国十五六年的国民革命运动相提并论，并且很大胆的说这两个运动走的方向是相同的。这种议论在今日必定要受不少的批评，因为有许多人决不肯承认这个看法。平心说来，张先生的看法也不能说是完全正确。民国十五六年的国民革命运动至少有两点是和民国六七八年的新运动不同的：一是苏俄输入的党纪律，一是那几年的极端民族主义。苏俄输入的铁纪律含有绝大的"不容忍"（Intoleration）的态度，不容许异己的思想，这种态度是和我们在五四前后提倡的自由主义很相反的。民国十六年的国共分离，在历史上看来，可以说是国民党对于这种不容异己的专制态度的反抗。可惜清党以来，六七年中，这种"不容忍"的态度养成的专制习惯还存在不少人的身上。刚推翻了布尔什维克的不容异己，又学会了法西斯蒂的不容异己，这是很不幸的事。

"五四"运动虽然是一个很纯粹的爱国运动，但当时的文艺思想运动却不是狭义的民族主义运动。蔡元培先生的教育主张是显然带有"世界观"的色彩（《言行录》一九七页）。《新青年》的同人也都很严厉的批评指斥中国旧文化。其实孙中山先生也是抱着大同主义的，他是信仰"天下为公"的理想的。但中山先生晚年屡次说起鲍洛庭同志劝他特别注重民族主义的策略，而民国十四五年的远东局势，又逼我们中国人不得不走上民族主义的路。十四年到十六年的国民革命的大胜利，不能不说是民族主义的旗帜的大成功。可是民族主义有三个方面：最浅的是排外，其次是拥护本国固有的文化，最高又最艰难的是努力建立一个民族的国家。因为最后一步是最艰难的，所以一切民族主义运动往往最容易先走上前面的两步。济南惨案以后，九一八以后，极端的叫嚣的排外主义稍稍减低了，然而拥护旧文化的喊声又四面八方的热闹起来了。这里面容易包藏守旧开倒车的趋势，所以也是很不幸的。

在这两点上，我们可以说，民国十五六年的国民革命运动，是不完全和五四运动同一个方向的。但就大体上说，张熙若先生的看法也有不小的正确性。孙中山先生是受了很深的安格鲁撒克逊民族的自由主义的影响的，他无疑的是民治主义的信徒，又是大同主义的信徒。他一生奋斗的历史都可以证明他是一个爱自由，爱独立的理想主义者。我们看他在民国九年一月《与海外同志书》（引见上期《独立》）里那样赞扬五四运动，那样承认"思想之转变"为革命成功的条件；我们更看他在民国十三年改组国民党时那样容纳异己思想的宽大精神——我们不能不承认，至少孙中山先生理想中的国民革命是和五四运动走同一方向的。因为中山先生相信"革命之成功必有赖于思想之转变"，所以他能承认五四运动前后的"新文化运动实为最有价值的事"。思想的转变是在思想自由言论自由的条件之下个人不断的努力的产儿。个人没有自由，思想又何从转变，社会又何从进步，革命又何从成功？

二十四，五，六

（此文原载 1935 年 5 月 12 日《独立评论》第 150 号）

政制改革的大路
（1935 年 8 月 5 日）

《独立》第一六二号有两篇讨论政制改革的文章。一篇是陈之迈先生的《政制改革的必要》，一篇是钱端升先生的《对于六中全会的期望》。他们两位同有两个大前提：

（1）今日的政制有改革的必要。

（2）今日不必开放政权，取消党治。

谈到具体主张，他们就不同了。陈之迈先生主张两点：

1. 承认国民党里各种派别，让它们组织起公开的集团，各提出政纲来，由中执委拣选一个集团来组织政府。到了中执委不信任政府时，可以更换政府，另推别个集团来组织政府。

2. 中政会的组织应改革：中政会是代表中执委监督政府的机关，政府须对它负责，故中政会里须有代表两个政团以上的中执委。政府不能履行它的政纲时，中政会得召集中执委全会来更换政府。

钱端升先生主张三点：

1. 党内各派应在一个最高领袖之下团结起来。这个领袖，钱先生承认只有蒋介石先生最适宜。

2. 蒋先生虽做最高领袖，但不宜做一个独裁者——只可做一个"不居名而有其实的最高领袖"。

3. 改革中政会议的组织，人数减至十五人至二十人，委员绝对不兼任何官职，任何官员亦绝对不参加决议。

在这六中全会将召集之时，中枢政制将有个改革的机会，我们当然欢迎政制改革的讨论。现在这种讨论已由钱、陈两位政治学者开始了，我们盼望关心国事的人都认真想想这些问题，都参加这种讨论。我虽不是政治学者，读了钱、陈两先生的文章，也有一点门外汉的意见，现在写出来，请他们两位和别位政论家切实指教。

先讨论他们共同的大前提。

关于今日有改革政制的必要，我完全赞同。钱先生说："中央现行的政制，既不合政治学原理，又不适目前的国情，无怪其既无力量，又无效率。"陈先生也说"现在的政治制度根本有不妥当的地方"。这都是我完全同意的。

但是钱、陈二先生都不主张开放政权，解除党治。这一个前提，我始终不很能了解。钱先生说：

> 我们的讨论仍以党治为出发点，因为我们深信在此国难严重之中，维持党政府的系统为最方便的改良内政之道。

陈先生说：

> 我的意思并不是说现在要开放政权，叫别的人组织别的党在国民党的卧榻之旁鼾睡。这是不可能的事实：在民主政治未曾确立以前没有主权者来裁判那个政党应当执政，那个政党应当下台，现在去玩民选的把戏是不会比民初或民二十高明多少的：事实上我们目今也找不到一班人能组织一个政党和那创造共和提倡三民主义的国民党抗衡的，勉强开放党禁只有重新开演民初党派合纵连横的怪剧。

这些理由，我看都不很充足。第一，维持党政府的系统并不一定是"最方便的改良内政之道"。这个道理很容易说明："党的内部组织不健全，派别是分歧的，并且没有一个集团有力量消灭其他的集团，不特在各省如此，在中央亦是如此。"这是陈先生的话。这样的状态是不是最方便的改良内政之道？就拿钱先生主张的最高领袖制来说罢，钱先生也说："七八年来，党的分裂，党的不能团结，几无不以反蒋，或不与蒋合作为主因。"这样的状态是不是最方便的改革政制的条件？

第二，陈先生顾虑到"在民主政治未曾确立以前，没有主权者来裁判那个政党应当执政，那个政党应当下台"。这也不成问题。在"宪法修正稿"里，这个主权者是国民大会和国民委员会。在"宪法草案"里，这个主权者是国民大会。在"宪草"的总统制之下，总统就可以任免行政院长。这都是主持政权更替的合法机关。

第三，陈先生又说："事实上我们目今也找不到一班人能组织一个政党和那创造共和提倡三民主义的国民党抗衡的。"这正是不妨开放政权的绝好理由。在最近期间，国民党的政权是很稳固，不怕新兴的政党起来夺取的。但因为开放之后，政权有个可以被人取而代之的可能，国民党的政权也许可以比现在干的更高明一点。今日党治的腐败，大半是由于没有合法的政敌的监督。树立一个或多个竞争的政党正是改良国民党自身的最好方法。

我们为"那创造共和提倡三民主义的国民党"设想，此时正是绝好的开放政权的时机了。在一个多月之前，中央曾因华北问题取消了河北全省和平津两市的党部，党内无人抗议，党外也无人抗议，政府也无法抗拒。其实在党权高于一切的政体之下，取消一个大省的党部，就等于英国取消国会一样的严重。这样严重的事件，应该可以使党内贤明的领袖大觉大悟了。这样的政权是很难维持下去的。救济的方法，只有抛弃党治，公开政权的一条路子。

抛弃党治，公开政权，这不是说国民党立即下野。我的意思是说，国民党将来的政权应该建立在一个新的又更巩固的基础之上。那个新基础就是用宪法做基础，在宪政之下，接受人民的命令，执掌政权。上文已说过，我们眼前决不会有第二个政党可以同国民党抗衡的。不过在那个新的政制之下，名义是正的，人心是顺的，所以基础就也更稳固了。

所以我主张，改革政制的基本前提是放弃党治；而放弃党治的正当方法是提早颁布宪法，实行宪政。这是改革政制的大路。

次谈钱、陈两先生的具体主张。

陈先生不主张党外有党，却主张党内有派，他要国民党内各派都分化成公开的政团，公开的提出政纲来作政治的竞争。"党内无派"的口号久已抛弃了，当日创此半句口号的人也早已建立新派系了。还有那上半句"党外无党"，也没有存在的理由。既许党内有派，何以不许党外有党？如果有负责任的国民提出"具体的应付内政外交的策略"，何以不许在国民党各派以外去组织政党？

　　老实说，我是不赞成政党政治的。我不信民主政治必须经过政党政治的一个阶段。此话说来太长，现在表过不提。我只要说，我不赞成政党，我尤不赞成"党权高于一切"的奇谈。我的常识告诉我：人民的福利高于一切，国家的生命高于一切。如果此时可以自由组党，我也不会加入任何党去的。可是我的意思总觉得，为公道计，为收拾全国人心计，国民党应该公开政权，容许全国人民自由组织政治团体。

　　陈、钱两先生都提到国民党内部的团结问题。陈先生要用分化合作的方式来谋党内的团结，钱先生要在一个最高领袖之下谋党内的团结。我要指出一个重要观点：今日需要团结的，是全国的人心，不是三五个不合作的老头子，也不是三五组不合作的私人派系。陈、钱两先生的方案，都只顾到了那三五人，或三五小组，而都忽略了那更广大的全国人心。司太林放逐了托洛茨基，何妨于他建国的大计？我们现在读托洛茨基的自传，最感觉不愉快的是他那样悻悻然刻划私人党争的琐细，把司太林，齐诺维夫诸人都骂的不值半个纸卢布。其实最要紧的是要问：抓住政权的人们是不是真能拼命做出一点建国的成绩来，使绝大多数人的心理都公认他们抓住政权不是为一二人或某一组的私利？

　　所以今日当前的问题，不是三五人的合作不合作，也不是三五个小组的团结不团结。今日的真问题是收拾全国的人心。当九一八事件之后，政府的领袖首先谋党内的团结，开了许久的团结会议，结果还是至今没有团结成功。然而这四年的国难却渐渐使得国家统一大进步了。今日政府力量之强，远过四年前的状况，这是有目共睹的事实。四年中政治统一的进步，并不是由于三五个人的团结；今日政府的弱点也并不是由于三五个人的不合作。

　　这四年的历史的教训是：统一全国容易，团结党内很难。全国的人心是容易收拾的：当淞沪血战的时期，全国的人真是"万众一心"的拥护十九路军。但福建的"人民政府"起来时，十九路军的枪尖转向内，就不能得到各地的响应了。这样"捷如影响"的反应，难道我们不看见！党内的私斗就不同了。他们的争点或是私怨，或是私利，又往往不敢公然承认，总要借几个大名目大口号来作遮掩。他们骂政府不抗敌，他们自己抗敌了吗？他们骂政府贪污，他们自己不贪污了吗？他们骂政府压迫言论自由，他们自己真容许言论自由了吗？在这种私斗重于公谊的态度之下，党内的团结是很难做到的。

　　所以我主张，政制改革的下手方法是要把眼光放大些，着眼要在全国人心的团结，而不在党内三五人的团结。能团结全国人心了，那三五人也不会永远高蹈东海之滨的；若不能团结全国的人心，即使一两个天下之大老扶杖来归，也何补于政治的改革，何益于建国的大计？

而今日收拾全国人心的方法，除了一致御侮之外，莫如废除党治，公开政权，实行宪政。在宪政之下，党内如有不能合作的领袖，他们尽可以自由分化，另组政党。如此，则党内派别的分歧，首领的不合作，都不了而自了了。

这是政制改革的大路。

其次，钱、陈两先生都主张改革中政会议。在我提出宪政前提之下，中政会议本不成问题。钱、陈二先生要的是一个和平更替政权的机关。我在上文已说过，在宪政之下，这个和平更替政权的机关是国民大会。宪法初稿和修稿都有"行政院设院长一人，由总统提经国民大会或国民委员会之同意，任免之"一条。去年立法院最后通过的宪法草案把这个国民委员会取消了。宪草在中政会议审查时是否还可以修正，现在我们不能预言。但无论如何，在宪法之下，我们不愁没有一个合法的政权更替的机关。

中政会议的全名是"中国国民党中央政治会议"。在现在的党治之下，党内重要领袖都要管部管院；既管院部了，又都不愿上头有个最后决议的机关管住他们，所以他们又都要兼任中政会议的委员。结果当然成了陈先生说的"监督者和被监督者，负责者和负责的对象，同是一班人"的怪现象。钱、陈两位都主张把"这两个东西分开"，但他们都不明白这个怪现象所以形成的事实。原来国民党的党政组织太繁重了，事实上一个部长只是一个第六级的小官，部长之上有院长，院长之上有五院合组的国民政府，政府之上有中政会议，中政会议之上有中执委全会，最后还有全国代表大会。四中全会改革的国民政府组织法，把行政院升作政府，把国民政府主席改作盖印画诺的机关，于是这六层宝塔并作四级了。然而最重要的可以冲突的两级——五院与中政会议——依然存在。既舍不得部院的实权，又不愿得了实权而反受人管辖牵制，于是非兼职不可了。事实上，政府的决议如果天天有被中政会议否决的危险，也不是行政效率上所应该有的事。所以这种办法也自有它存在的理由。钱、陈二位的建议，完全不能解决这个事实上的困难，我可以断定这个办法是不会被接受的。

当九一八事变之后，上海南京大谈全国团结，当时就有人建议，把

中政会议放大，请党外名人加入十八人。吴稚晖先生就指出中政会议是
"中国国民党中央政治会议"，加入的党外委员必须有中委两人的介绍，
加入党籍。可是那就又不成其为"开放政权"的表示了。于是一场议论
终于没办法而散。现在钱端升先生又提议中政会议"少数不妨为国内其
他的领袖"，"非党员的领袖不妨由全会特予党籍"。这个办法正是四年
前的老话。我想"国内其他的领袖"恐怕不十分热心接受这种特予的荣
誉罢。

所以中政会议是无法改革的。因为它是代表党来监督政府的，现在
党的势力实不能监督政府，而政府也实不愿受党的监督，于是只有自己
监督自己了。

所以改革中政会议也不如实行宪政，让人民的代表机关来监督政
府。这是改革政制的大路。

最后，我们可以谈谈钱先生要请蒋介石先生做最高领袖但又不要他
独裁的主张。

第一，钱先生为什么一面要蒋先生做党内的最高领袖，一面又要我
们党外人"一致的拥护承认"呢？蒋先生是不是一个党的最高领袖，那
不过是一党的私事，于我们何干？何必要我们"非党员，不反蒋，而又
多少能领导国民的人们"来拥护他，承认他？况且我们党外人又如何能
"力促党内非蒋各派……拥他为领袖"？例如钱先生说的胡展堂先生的态
度，岂是我们党外人能转移的吗？

我要用孟子的话对钱先生说："先生之志则大矣，先生之号则不
可。"我们此时需要一个伟大的领袖来领导解救国难，但是这个领袖必
须是一国的领袖，而不是一党一派的领袖。他自己尽可以继续站在党内
做一党的领袖，正如他尽可以站在军中做一军的领袖一样。但他的眼光
必须远超出党的利益之外，必须看到整个国家的利益。不能如此的，决
不够资格做一国的领袖。

蒋介石先生在今日确有做一国领袖的资格，这并不是因为"他最有
实力"，最有实力的人往往未必能做一国的领袖。他的资格正是钱先生
说的"他近几年来所得到的进步"。他长进了；气度变阔大了，态度变
和平了。他的见解也许有错误，他的措施也许有很不能满人意的，但大
家渐渐承认他不是自私的，也不是为一党一派人谋利益的。在这几年之
中，全国人心目中渐渐感觉到他一个人总在那里埋头苦干，挺起肩膊来
挑担子，不辞劳苦，不避怨谤，并且"能相当的容纳异己者的要求，尊

重异己者的看法"。在这一个没有领袖人才教育的国家里，这样一个能跟着经验长进的人物，当然要逐渐得着国人的承认。

所以蒋先生之成为全国公认的领袖，是个事实的问题，因为全国没有一个别人能和他竞争这个领袖的地位。

但是钱先生又说："蒋先生不应做独裁者。"这个主张出于主张极权主义的钱端升先生的笔下，是很可惊异，也很可佩服的。

只可惜钱先生没有充分说明蒋先生应该如何做方才可以做最高领袖而又不独裁。他只说：

（1）在名义上，此时绝不宜为总理及总统。

（2）务须做事比普通领袖多，责任比普通领袖重，而名义及享受则无别于别的领袖。

（3）他应继续为最高的军事长官。其他的事项，得主管院及中政会的同意后，亦可划归军事机关全权办理；但为保持行政系统起见，不应轻易支划。蒋先生应留意于大政方针贯澈，及国民自卫力量的充实；但为分工合作起见，应充分信赖其他人材来分司各部行政。二三年来南京各机关的缺乏推动能力是不足为训的。

这里的三点，应该合看。他不宜做总理或总统，只应继续做军事最高领袖。他的责任应该划分清楚，应该充分信赖各部主管长官，使他们积极负责，他不应越俎代谋。

钱先生提出的三点，前两点是蒋先生能做的，后一点是他不容易做到的。蒋介石先生的最大缺点在于他不能把他自己的权限明白规定，在于他爱干涉到他的职权以外的事。军事之外，内政，外交，财政，教育，实业，交通，烟禁，卫生，中央的和各省的，都往往有他个人积极干预的痕迹。其实这不是独裁，只是打杂；这不是总揽万机，只是侵官。打杂是事实上决不会做的好的，因为天下没有万知万能的人，所以也没有一个能兼百官之事。侵官之害能使主管官吏不能负责做事。譬如一个校长时常干预教务长的事，则教务长的命令必不能被人看作最后的决定，而人人皆想侥幸，事事皆要越过教务长而请命于校长。如此则校长变成教务长，而教务长无事可办了。结果是校长忙的要命，而教务的事也终于办不好。所以古人说：

庖人虽不善庖，尸祝不越俎而代之矣。

又说：

> 处尊位者如尸，守官者如祝宰。尸虽能剥狗烧彘，弗为也；弗能，无亏也。俎豆之列次，黍稷之先后，虽知，弗教也；弗能，无害也。

这两段政治哲学，都是蒋先生应该考虑的。蒋先生的地位，和墨索里尼不同，和希忒拉也不同。他的特殊地位是双重的，一面他是一个全国的领袖，一面他又是一个军事最高长官。以前者的资格，他应该实行"处尊位者如尸"的哲学；以后者的资格，他却应该实行"守官者如祝宰"的哲学。军事长官是"守官"之责，有他的专门职责；有专守的职责而干预其他部分的职责，就成了尸祝越俎而干预庖人，他的敌人就可以说他"军人干政"了。最高领袖是"处高位"，他的任务是自居于无知，而以众人之所知为知；自处于无能，而以众人之所能为能；自安于无为，而以众人之所为为为。凡察察以为明，琐琐以为能，都不是做最高领袖之道。

所以钱先生说的最高领袖而不独裁，正是明白政治原理的学人的看法。可惜他没有明白指出蒋先生的双重地位，所以他说的方案还不能说的透澈。透澈的说法，好像应该是这样的：蒋先生应该认清他的"官守"，明定他的权限。不可用军事最高长官的命令来干预他的"官守"以外的政事。同时，他的领袖地位使他当然与闻国家的大政方针，他在这一方面应该自处于备政府咨询的地位，而不当取直接干预的方式。最浅近的比例是日本的西园寺公，西园寺无一兵一卒，而每次国家的政府首领都由他决定，决定之后他即退藏于密，不再干预。西园寺的地位完全是备政府咨询顾问而已，而他越谦退，他的地位却越隆高，他的意见越有效力。何况今日一个掌握全国军事大权的最高领袖呢？

这是我为钱先生的"最高领袖而不独裁"的主张下的解释。这三年多，蒋先生的声望的增高，毁谤的减少，其间也很得力于他的让出国民政府主席，让出行政院，而用全力做他的军事职责。蒋汪合作的大功效在此。因为他不当政府的正面，独裁的形式减少了，所以他的领袖地位更增高了。这也可以证明最高的领袖不必采取独裁的方式。

倘使蒋先生能明白这段历史的教训，他应该用他的声望与地位，毅然进一步作宪政的主张，毅然出来拥护宪法草案，促进宪政的实行，使国家政制有一个根本改革的机会，使政府各部分的权限都有一个宪法的规定，使全国的政权重新建立在宪法的基础之上；而他自己则不做总统，不组政府，始终用全力为国家充实自卫的力量，用其余力备政府的咨询顾问，作一个有实力的西园寺公，作一个不做总统的兴登堡——倘使他能如此做，那才是真正做到了不独裁的全国最高领袖。只有一个守法护宪的领袖是真正不独裁而可以得全国拥戴的最高领袖。那是政制改革的大路。

二十四，八，五夜

（此文原载 1935 年 8 月 11 日《独立评论》第 163 号）

我们能行的宪政与宪法
（1937 年 7 月 2 日）

最近有几位朋友在《独立评论》上讨论中国宪政问题，我们得到的结论颇有出人意外的一致。我现在想把这个结论提出来，供全国国民的考虑评论。

我们的结论的第一点是：宪政不是什么高不可攀的理想，是可以学得到的一种政治生活的习惯。宪政并不须人人"躬亲政治"，也不必要人人都能行使"创制，复决，罢免"各种政权。民主宪政不过是建立一种规则来做政府与人民的政治活动的范围；政府与人民都必须遵守这个规定的范围，故称为宪政；而在这个规定的范围之内，凡有能力的国民都可以参加政治，他们的意见都有正当表现的机会，并且有正当方式可以发生政治效力，故称为民主宪政。这种有共同遵守的规则的政治生活就是宪政，其中并没有多大玄妙，就如同下棋的人必须遵守"马走日字，象走田字，炮隔子打，卒走一步"的规矩一样；就如同打马将的人必须遵守马将规矩一样；就如同田径赛的人必须遵守田径赛规矩一样。下棋的人犯了规矩，对方可以纠正他；打马将的人犯了规矩，同桌的人可以拒绝承认；田径赛的人犯了规矩，同赛的人可以请求评判员公判处罚。这就是小规模的民主宪政。我们能遵守下棋，打马将，打网球，赛跑的规则，我们也学得会民主宪政的生活习惯。

我们的结论的第二点是：宪政可以随时随地开始，但必须从幼稚园下手，逐渐升学上去。宪政是一种政治生活的习惯，唯一的学习方法就是实地参加这种生活。宪政的学习方法就是实行宪政，民治的训练就是实行民治，就如同学游泳必须下水，学网球必须上场一样。但"千里之行，始于足下"，这个"下学而上达"的程序是不能免的。所以我们几个朋友都不赞成现行的国民大会选举法的"普通平等"的选举方式。我们主张先从有限制的选举权下手，从受过小学教育一年以上的公民下手，跟着教育的普及逐渐做到政权的普及。这不是用教育程度来剥夺多数人的选举权，这只是用选举权来鼓励人民读书识字。我们也不赞成现在的人轻易主张"创制，复决，罢免"三权。这些民治新方式都是在代议制的民主宪政长久实行之后用来补充代议制之不足的。我们此时应该从一种易知易行的代议制下手，不必高谈一些不易实行的"直接民治"的理想。

我们的结论的第三点是：现在需要的宪法是一种易知易行而且字字句句都就可实行的宪法。宪政的意义是共同遵守法律的政治：宪政就是守法的政治。如果根本大法的条文就不能实行，就不能遵守，那就不能期望人民尊重法律，也就不能训练人民养成守法的习惯了。古史上曾有商鞅下移木之令，使人民相信他立的法是必须执行的。汉高祖请叔孙通制定朝仪，他的训令只是这样一句话：

> 可试为之，令易知，度吾所能行者为之。

叔孙通的朝仪草成之后，先在野外搭篷演习，演习了一个多月之后，叔孙通请高祖去参观演习。高祖看了，说：

> 吾能为此。

他然后令群臣学习这个新朝仪。叔孙通的朝仪所以能发生效果，正是因为它是一部试演过的易知易行的制度。如果叔孙通制定了一部理想很高而不能行的朝仪，汉高帝第一个就不能行，那一班酒醉妄呼拔剑击柱的功臣也就不肯遵守了。汉高祖给叔孙通的训令——"令易知，度吾所能行者为之"——真是今日制宪的金玉良言。我们主张，我们的宪法里必不可有一句不能实行的条文。例如宪法草案第一百三十七条规定"教育经费之最低限度，在中央为其预算总额百分之十五，在省区及县市为其预算总额百分之三十"。但我们查今年的国家预算案，教育文化费只占预算总额"百分之四·二八"。宪法颁布之后，是否我们就能每年增加一万万元的教育经费呢！如果不能，这一条可以放在任何种人的论文演说里，而不可留在宪法里做一条具文！依此标准，我们主张暂时把宪草里的第六（国民经济）和第七（教育）两章完全删去。又依此标准，我们主张，宪草第五章（地方制度）里的县长民选和市长民选两条，如果此时不能实行，也都应该删去。至于国民大会职权之中的"创制法律，复决法律"，也决不是那每三年集会一个月的国民大会所能行使的，这一类的空文也应该删去。这样删改之后，去年五月五日公布的宪草大概可以成为一个字字句句可以实行的国家根本大法，可以做宪政的开始了。

二十六年七月二日

（此文原载 1937 年 7 月 4 日天津《大公报·星期论文》）

自由主义
（1948 年 9 月 4 日）

　　孙中山先生曾引一句外国成语："社会主义有五十七种，不知那一种是真的。"其实"自由主义"也可以有种种说法，人人都可以说他的说法是真的。今天我说的"自由主义"，当然只是我的看法，请大家指教。

　　自由主义最浅显的意思是强调尊重自由，现在有些人否认自由的价值，同时又自称是自由主义者。自由主义里没有自由，那就好像《长坂坡》里没有赵子龙，《空城计》里没有诸葛亮，总有点叫不顺口罢！据我的拙见，自由主义就是人类历史上那个提倡自由，崇拜自由，争取自由，充实并推广自由的大运动。

　　"自由"在中国古文里的意思是："由于自己"，就是不由于外力，是"自己作主"。在欧洲文字里，"自由"含有"解放"之意，是从外力裁制之下解放出来，才能"自己作主"。在中国古代思想里，"自由"就等于自然，"自然"是"自己如此"，"自由"是"由于自己"，都有不由于外力拘束的意思。陶渊明的诗："久在樊笼里，复得返自然"，这里"自然"二字可以说是完全同"自由"一样。王安石的诗："风吹瓦堕屋，正打破我头……我终不嗔渠，此瓦不自由。"这就是说，这片瓦的行动是被风吹动的，不是由于自己的力量。中国古人太看重"自由"，"自然"的"自"字，所以往往看轻外面的拘束力量，也许是故意看不起外面的压迫，故意回向自己内心去求安慰，求自由。这种回向自己求内心的自由，有几种方式：一种是隐遁的生活——逃避外力的压迫；一种是梦想神仙的生活——行动自由，变化自由——正如庄子说，列子御风而行，还是"有待"，"有待"还不是真自由；最高的生活是事人无待于外，道教的神仙，佛教的西天净土，都含有由自己内心去寻求最高的自由的意义。我们现在讲的"自由"，不是那种内心境界；我们现在说的"自由"，是不受外力拘束压迫的权利，是在某一方面的生活不受外力限制束缚的权利。

在宗教信仰方面不受外力限制，就是宗教信仰自由。在思想方面就是思想自由，在著作出版方面，就是言论自由，出版自由。这些自由都不是天生的，不是上帝赐给我们的，是一些先进民族用长期的奋斗努力争出来的。

人类历史上那个自由主义大运动实在是一大串解放的努力。宗教信仰自由只是解除某个某个宗教威权的束缚，思想自由只是解除某派某派正统思想威权的束缚。在这些方面……在信仰与思想的方面，东方历史上也有很大胆的批评者与反抗者。从墨翟、杨朱，到桓谭、王充，从范缜、傅奕、韩愈，到李贽、颜元、李塨，都可以说是为信仰思想自由奋斗的东方豪杰之士，很可以同他们的许多西方同志齐名比美。我们中国历史上虽然没有抬出"争自由"的大旗子来做宗教运动，思想运动，或政治运动，但中国思想史与社会政治史的每一个时代，都可以说含有争取某种解放的意义。

我们的思想史的第一个开山时代，就是春秋战国时代——就有争取思想自由的意义。

古代思想的第一位大师老子，就是一位大胆批评政府的人。他说："天下多忌讳，而民弥贫。""法令滋彰，盗贼多有。""民之饥，以其上食税之多，是以饥。""民之难治，以其上之有为，是以难治。""民之轻死，以其求生之厚，是以轻死。""天之道损有余，而补不足。""人之道则不然，损不足以奉有余。"老子同时的邓析是批评政府而被杀的。另一位更伟大的人就是孔子，他也是一位偏向左的"中间派"。他对于当时的宗教与政治，都有大胆的批评。他的最大胆的思想是在教育方面："有教无类"，"类"是门类，是阶级民族，"有教无类"是说："有了教育，就没有阶级民族了。"

从老子、孔子打开了自由思想的风气，二千多年的中国思想史、宗教史，时时有争自由的急先锋，有时还有牺牲生命的殉道者。孟子的政治思想可以说是全世界的自由主义的最早一个倡导者。孟子提出的"大丈夫"是"贫贱不能移，富贵不能淫，威武不能屈"。这是中国经典里自由主义的理想人物。在二千多年历史上，每到了宗教与思想走进了太黑暗的时代，总有大思想家起来奋斗，批评，改革。

汉朝的儒教太黑暗了，就有桓谭、王充、张衡起来作大胆的批评。后来佛教势力太大了，就有齐梁之间的范缜，唐朝初年的傅奕，唐朝后期的韩愈出来，大胆的批评佛教，攻击那在当时气焰熏天的佛教。大家都还记得韩愈攻击佛教的结果是："一封朝奏九重天，夕贬潮阳路八千"。佛教衰落之后，在理学极盛时代，也曾有多少次批评正统思想或反抗正统思想的运动。王阳明的运动就是反抗朱子的正统思想的。李卓吾是为了反抗一切正宗而被拘捕下狱，他在监狱里自杀的，他死在北京，葬在通州。这个七十六岁的殉道者的坟墓，至今存在，他的书经过多少次禁止，但至今还是很流行的。北方的颜李学派，也是反对正统的程朱思想的。当时，这个了不得的学派很受正统思想的压迫，甚至于不能公开的传授。这三百年的汉学运动，也是一种争取宗教自由、思想自由的运动。汉学是抬出汉朝的书做招牌，来掩护一个批评宋学的大运动。这就等于欧洲人抬出圣经来反对教会的权威。

但是东方自由主义运动始终没有抓住政治自由的特殊重要性，所以始终没有走上建设民主政治的路子。西方的自由主义绝大贡献正在这一点，他们觉悟到只有民主的政治方才能够保障人民的基本自由，所以自由主义的政治意义是强调的拥护民主。一个国家的统治权必须放在多数人民手里。近代民主政治制度是安格罗撒克逊民族的贡献居多，代议制度是英国人的贡献，成文而可以修改的宪法是英美人的创制，无记名投票是澳洲人的发明，这就是政治的自由主义应该包含的意义。我们古代也曾有"天视自我民视，天听自我民听"，"民为邦本"，"民为贵，社稷次之，君为轻"的民主思想。我们也曾在二千年前就废除了封建制度，做到了大一统的国家。在这个大一统的帝国里，我们也曾建立一种全世界最久的文官考试制度，使全国才智之士有参加政府的平等制度。但，我们始终没有法可以解决君主专制的问题，始终没有建立一个制度来限制君主的专制大权，世界只有安格罗撒克逊民族在七百年中逐渐发展出好几种民主政治的方式与制度，这些制度可以用在小国，也可以用在大国。(1) 代议政治，起源很早，但史家指一二九五年为正式起始。(2) 成文宪，最早的一二一五年的大宪章，近代的是美国宪法（一七八九）。(3) 无记名投票（政府预备选举票，票上印各党候选人的姓名，选民秘密填记）是一八五六年 South Arsthlia 最早采用的。自由主义在这两百年的演进史上，还有一个特殊的，空前的政治意义，就是容忍反对党，保障少数人的自由权利。向来政治斗争不是东风压了西风，就是西风压了东风，被压的人是没有好日子过的，但近代西方的民主政治却渐渐养成了一种容忍异己的度量与风气。因为政权是多数人民授予的，在朝执政权的党一旦失去了多数人民的支持，就成了在野党了。所以执政权的人都得准备下台时坐冷板凳的生活，而个个少数党都有逐渐变成多数党的可能。甚至于极少数人的信仰与主张，"好像一粒芥子，在各种种子里是顶小的，等到他生长起来，却比各种菜蔬都大，竟成了小树，空中的飞鸟可以来停在他的枝上"（《新约·马太福音十四章》，圣地的芥菜可以高到十英尺）。人们能这样想，就不能不存容忍别人的态度了，就不能不尊重少数人的基本自由了。在近代民主国家里，容忍反对党，保障少数人的权利，久已成了当然的政治作风，这是近代自由主义里最可爱慕而又最基本的一个方面。我做驻美大使的时期，有一天我到费城去看我的一个史学老师白尔教授。他平生最注意人类争自由的历史，这时候他已八十岁了。他对我说："我年纪越大，越觉得容忍比自由还更重要。"这句话我至今不忘记。为什么容忍比自由还更要紧呢？因为容忍就是自由的根源，没有容忍，就没有自由可说了。至少在现代，自由的保障全靠一种互相容忍的精神，无论是东风压了西风，是西风压了东风，都是不容忍，都是摧残自由。多数人若不能容忍少数人的思想信仰，少数人当然不会有思想信仰的自由，反过来说，少数人也得容忍多数人的思想信仰，因为少数人要时常怀着"有朝一日权在手，杀尽异教方罢休"的心理，多数人也就不能不行"斩草除根"的算计了。

最后我要指出，现代的自由主义，还含有"和平改革"的意思。

和平改革有两个意义，第一就是和平的转移政权，第二就是用立法的方法，一步一步的做具体改革，一点一滴的求进步。容忍反对党，尊重少数人权利，正是和平的政治社会改革的唯一基础。反对党的对立，第一是为政府树立最严格的批评监督机关，第二是使人民可以有选择的机会，使国家可以用法定的和平方式来转移政权。严格的批评监督，和平的改换政权，都是现代民主国家做到和平革新的大路。近代最重大的政治变迁，莫过于英国工党的执掌政权。英国工党在五十多年前，只能选择出十几个议员，三十年后，工党两次执政，但还站不长久，到了战争胜利之年（一九四五），工党得到了绝对多数的选举票。故这次工党的政权，是巩固的，在五年之内，谁都不能推翻他们。他们可以放手改革英国的工商业，可以放手改革英国的经济制度，这样重大的变化——从资本主义的英国变到社会主义的英国——不用流一滴血，不用武装革命，只靠一张无记名的选举票，这种和平的革命基础，只是那容忍反对党的雅量，只是那保障少数人自由权利的政治制度，顶顶小的芥子不曾受摧残，在五十年后居然变成大树了。自由主义在历史上有解除束缚的作用，故有时不能避免流血的革命。但自由主义的运动，在最近百年中最大成绩，例如英国自从一八三二年以来的政治革新，直到今日的工党政府，都是不流血的和平革新，所以在许多人的心目中自由主义竟成了"和平改革主义"的别名。有些人反对自由主义，说它是"不革命主义"，也正是如此。我们承认现代的自由主义正应该有"和平改革"的含义，因为在民主政治已上了轨道的国家里，自由与容忍铺下了和平改革的大路，自由主义者也就不觉得有暴力革命的必要了。这最后一点，有许多没有忍耐心的年青人也许听了不满意，他们要"澈底改革"，不要那一点一滴的立法，他们要暴力革命，不要和平演进。我要很诚恳的指出，近代一百六七十年的历史，很清楚的指示我们，凡主张澈底改革的人，在政治上没有一个不走上绝对专制的路，这是很自然的，只有绝对的专制政权可以铲除一切反对党，消灭一切阻力；也只有绝对的专制政治可以不择手段，不惜代价，用最残酷的方法做到他们认为根本改革的目的。他们不承认他们的见解会有错误，他们也不能承认反对的人会有值得考虑的理由，所以他们绝对不能容忍异己，也绝对不能容许自由的思想与言论。所以我很坦白地说，自由主义为了尊重自由与容忍，当然反对暴力革命，与暴力革命必然引起来的暴力专制政治。

总结起来，自由主义的第一个意义是自由，第二个意义是民主，第三个意义是容忍——容忍反对党，第四个意义是和平的渐进的改革。

（此文是胡适1948年9月4日在北平电台的演播词，原载9月5日北平《世界日报》）

民主与极权的冲突
（1949 年 11 月 20 日）

民主主义醒觉了

在第二次世界大战的后几年，有几位民主国家的伟大领袖，就开始对极权主义国家的有组织的进攻，加以抵御。而这些领袖们之所以能够明了反民主运动的严重性，可以说是这次空前的大战与十几个自由民主国家的迅速被征服所赐予。在欧洲所上演的大悲剧，和英美各国所遭受的大威胁，已开始使一般民主国家感觉到，民主与极权的冲突的真正严重性——这种冲突，是一种计划周密指导有方的极权主义向民主制度和民主文化的基础进攻。

在这几位彻底明了反民主运动危险的领袖中，最显著的要算是罗斯福总统了。一九四〇年十月十二日他在德吞（Dayton）演说时说：

> 我们决心要用我们的人力和财力，去抵抗并击退这种外国的阴谋和宣传，以及地下战争的诡计，这种阴谋诡计和宣传，发端于欧洲，而现在却很明显的企图进攻太平洋这边的各民主国家。

> 那种宣传，反覆宣称民主主义乃是没落的政治制度。他们告诉我们，说我们的民主理想，和我们民主自由的传统，都是过去的事物了。

我们绝不承认这种说法。我们认为我们是有前途的，而他们所走的方向，却是退向古埃及王国的束缚的方向，是退向中古黑暗时代的奴役的方向。

在罗斯福总统一九四一年一月二十日所发表的就职宣言里，他曾喊过同样的口号：

有许多人认为民主主义的政府，和民主主义的生活方式，已遭受到一种命运的限制。同时，由于种种原因，专制和奴役已成为未来的澎湃波涛，而自由则仅是渐退的潮水而已。但是我们美国人知道这绝非事实……

我们最近八年来实行民主主义的经验，对于我们的现在和将来，其关系至大且巨。我们的民主主义在国内克服了许多危机；消灭了多少祸害；建设了崭新而持久的机构。并且由于这种经验，得以维持民主主义的一切。

因为我们已按照美国宪法上的三条途径采取行动。政府各机构，继续运用自如，执行职务。基本人权依旧保持如故，毫无损伤。选举自由依然完整无恙。宣称美国民主主义即将瓦解的预言家们，已承认他们的预言全为捕风捉影之谈了。

不，民主主义决非濒于死亡。

对此，我们确有把握，因为我们眼见它依然存在，眼见它继续生长。

我们知道它决不曾死亡，因为它的基础是，人民为了共同事业的努力，能享受到自由的直接立法权；所谓事业，就是指大多数自由人民所发表的自由意见，所完成的事业而言。

我们对此具有信心，因为在一切政治制度中，只有民主政治能得到人民的开明意志的共同力量。

我们对此有信心，因为只有民主政治建设了一种无限制的文化——这种文化在改善人类生活上，具有无止境的进步能力。

在这几段话里，冲突二字，有了定义；极权主义的挑战，碰到反击；参加战斗，已是义不容辞了。这是民主政治与极权政治的冲突，是自由与奴役的冲突，是由宪法组成的政府与专制独裁的淫威的冲突，是人民自由开明的意志的表达，与对政党及"领袖"无条件盲目服从的冲突。

在一九四一年五月十一日的《纽约时报》上，刊出伊司曼（Max Esatman）写了篇引人注意的通讯（伊司曼因过分激烈反对美国参加第一次大战，曾两度受审，幸免徒刑处分）。他说，仅用经济力量支援英国，让英国人独立去作战，那是一种"替身作战"，是根本不够的。他主张美国应当及早准备，必要时，和英国并肩作战。这次战争，不仅是为了国家的权力，而是民主与极权的斗争。这次的战争是有史以来两种生活方式之间的战争。古代的战争，如巴比仑和犹太，埃及和亚述，雅典和斯巴达，希腊和波斯的战争，没有一个可以和这近代的民主主义与极权专制的战争相比拟，因为前此的战争，根本谈不到文化上的冲突。

极权主义的特征

伊司曼为了证实他对这巨大斗争所下的判语确极重要，他列举极权主义的二十个重要特点，"其中每一点在共产主义的苏俄和法西斯主义的德、义都可找到，而在英美则找不到"。他所开列的二十点，具体说出这两种相反的生活方式，而这相反的生活方式之所以发生，都是由于主义的冲突。我在这里把他的二十点加以缩短，抄录在下面。极权主义的二十个重要的特征是：

一、狭义的国家主义情绪，提高至宗教狂的程度。

二、由一个军队般严格约束的政党，来执掌国家的政权。

三、严厉取缔一切反对政府的意见。

四、把超然的宗教信仰，降低到国家主义的宗教之下。

五、"领袖"是一般信仰的中心，实际上，他也就等于一个神。

六、提倡反理智反知识，谄媚无知的民众，严惩诚实的思想。

七、毁灭书籍，曲解历史及科学上的真理。

八、废除纯粹寻求真理的科学与学问。

九、以武断代替辩论，由政党控制新闻。

十、使人民陷于文化的孤立，对外界真实情况无从知晓。

十一、由政党统制一切艺术。

十二、破坏政治上的信义，使用虚妄伪善的手段。

十三、政府计划的罪恶。

十四、鼓励人民陷害及虐待所谓"公共敌人"。

十五、恢复野蛮的家族连坐办法，对待这种"公共敌人"。

十六、准备永久的战争，把人民军事化。

十七、不择手段的鼓励人口增加。

十八、把"劳工阶级对资本主义革命"的口号，到处滥用。

十九、禁止工人罢工及抗议，摧毁一切劳工运动。

二十、工业、农业、商业，皆受执政党及领袖的统制。

罗斯福总统指明，民主政治具有生存及滋长的力量，驳斥那种认为民主政治已没落的毁谤。伊司曼是列举极权主义所有而民主主义所无的各种野蛮特点，显示出这种基本斗争的尖锐化。这样清楚的列举出这些特点，是一种可贵的方法，以应付反民主主义的挑战和攻击。

在本文的后半部，我将把民主主义和反民主主义的冲突，归纳为几种更深刻更基本的哲学上的冲突。

使民主政治的生活方式，与反民主政治生活方式互不相容的基本观念，究竟是什么？

我们暂且把已成滥调的口号和理想（如"自由、平等、博爱"及"天赋的权利"等）撇开不谈，我认为民主政治与反民主政治的生活方式之间真正的冲突，基于两种基本的矛盾：（一）急进和过激的革命方式，不同于进步和逐渐改革的方式。（二）控制划一的原则，不同于互异的个人发展的原则。

急进的革命与渐进的革命

极权政治的第一个基本特征，是全体拥护急进而骤变的革命，他们嘲笑渐进的改革，认为这种办法是肤浅而无效的。由于强暴的革命，他们不但获得了绝对的政治力量，而且还要拼命推行这种残暴的革命。想要使这种革命普遍化，使整个世界发生同样激变的革命。他们自称为"集体革命"的信徒，同时他们也是"世界革命"、"永久革命"、"永久战争"的信徒。

一八四八年的《共产党宣言》就呼吁全世界共产党革命。它说："共产党员并不隐藏他们的见解和目标。他们公开宣布，他们达到目的的唯一方法，就是用武力摧毁整个现存的社会制度。"

自一九一七年以来，所有新兴的极权政治制度，都采取急进而过激的革命方式；他们一切行为，似乎都本着一句话："把现存世界摧毁，另建一个新的世界。"他们的领袖都中了一种观念的毒，就是认为如果想要推翻一个国家整个现存的社会制度，就非同时把所有与该国毗连的各国的社会制度一齐推翻不可。所以才有世界革命的必要，才有"全体"革命的必要。并且革命的手段更须残暴而激烈，为的是摧毁旧制度下一切的一切。绕士宁（H. Raushning）在他的《虚无主义革命》一本书里说："破坏应当十分彻底，要使任何事物，无一幸免。旧制度下的任何东西，不论是军队或教堂，不论是资产的制度或文化的传统，一律不准拿到新的制度下，使之生存或残留。"

为了特别着重急进的革命，不管在内政或外交上，都认为它是绝对必须的手段。这个基本观念是极权政治与近代民主政治根本不同点。我们说"近代"二字，因为我们知道在一百五十年前，有许多主张共和主义者，像罗伯斯比尔、圣鞠斯特、巴伯甫等，也都曾相信并实行急进革命的方法。甚至培因也认为，欧洲各国政治制度终久会遭遇一次普遍的革命，并曾以此自慰。他在一七九二年二月致拉法夷脱的信里说："等到法国四周围都起了革命，法国就得到和平与安宁了。"

民主政治对进步的看法

但是，近代的民主主义已抛弃了急进革命的念头，而对社会、经济及政治上的逐渐改革感到满意。近代民主政治程序的基本哲学，是认为残暴的破坏行为不会产生进步，进步是许多具体的改革积聚起来的结果。美国的哲学家们曾设法使这种不知不觉的趋势，成为明白清楚的哲学。威廉詹姆斯使用"社会改善论"一名词，标明一种伦理的哲学，劝告世人谓，目前的世界，虽不是完美的世界，但人类都可以使之改善。杜威曾发表过一个关于进步的理论说："进步并不是一种批发的买卖，而是零售的生意，应当一部一部的定约，一批一批的成交。"这种进步观念，既不致引起急进的革命，也不发生宿命论的放任主义，但是它需要个人的努力和专心，智慧和忍耐。罗斯福说："民主主义已独自创立一种无限制的文明，它在改善人类生活方面，具有无限进步的能力。"由近几世纪的历史看来，这种改善人类生活的进步，大半是按照杜威所谓"零售的生意"方式成功的。

我认为急进革命与逐渐改革二者的区别，正是民主的生活方式与极权的生活方式最基本的不同。这种根本的差别，几乎可以解释这两个互相冲突的制度中的任何问题。我们举一个例子，它可以解释反民主的国家为何一定要采取独裁的手段。一切急进主义必然走上极权政治的道路，因为只有绝对的力量能够完成急进革命的工作；只有用凶暴的手段，与令人极端恐怖的专制政治，才能把现在的社会制度整个推翻，阻止它恢复或再生。列宁说：

> 无疑的，革命是世界上最有权威的东西。革命就是一部分人民，利用步枪、刺刀以及其他有威力的工具，迫使另一部分人民依照他们的意志去行动。

对于这类的革命，独裁是绝对不可少的，因为列宁给"独裁"二字下的定义说："一种直接使用武力，不受法律约束的权威。"马克思曾说过，在由资本主义社会过渡到共产主义社会的期间内，无产阶级的革命独裁是必要的。但是这急进的革命永远也没有完成的一天，那些被打倒被放逐的敌党，永远会有卷土重来的危险。这种世界革命的到来，似乎是非常的缓慢。甚至在已革命的国家中，仍时常发生反革命的运动。因此独裁政治必须无尽无休一直继续下去！

独裁的力量并非必需的

从另一方面看，习惯于逐渐改革的民主主义国家，并不感觉需要绝对的独裁力量。在战争期间或在国家内部发生严重危机时，他们时常可以将某种特权，交付与行政首脑。但在和平时期，他们愿意逐渐的改革，也就是说，国家有某种需要，便予以某种措施。也许需要二十年的工夫，才能使美国联邦所得税通行无阻，也许需要十年的工夫，才能取销全国的酒禁。以一个国家的寿命之悠远长久，如果把几天的光阴，用在辩论上，甚至把几年的时间，用在讨论上，根本也算不了什么浪费，至少比较处于极权统治之下，失去了基本自由强得多。

同样的基本差别，也把反民主的制度为什么那样羡慕理想主义的精神一个问题，解释清楚。民主主义的逐渐改革，时常是迟缓的，甚至是不得体不适当的，以致没有耐性的人们，自然会受到所谓"革命的"制度的吸引，因为在革命的制度下，独裁者的力量，似乎能使他们的理想主义的迷梦，更彻底更迅速的实现。但是经过了长时期的艰苦经验，和一再的幻想消灭之后，这些理想主义的迷梦者才会明白：走向进步，并无捷径，而逐渐改革的程序，毕竟还是真正民主的生活的方式。

划一与互异

极权主义的第二个特征，是根本不容许差异的存在或个人的自由发展。它永远在设法使全体人民，适合于一个划一的轨范之内。对于政治信仰、宗教信仰、学术生活，以及经济组织等无一不是如此。政治活动一律受一小组人员的统制指导，这小组的编制，类似军事机构，对于领袖绝对服从和信仰。一切反对的行为与反对的论调，都遭受查禁和清除。在宗教方面，极权主义的领袖们，声称已由传统的超自然的宗教束缚下解放出来了。同时更尽量对全体人民宣传反宗教的学说，并竭力压制一切自由独立的宗教团体。在学术方面，不准许有思想言论自由存在。科学与教育只占次等地位，党国的权利高于一切，而且思想不得离"党的路线"。在经济方面，政府将一个划一的制度，强加在整个社会上，以期适应其所规定的经济政策。不论是共产主义，或国家社会主义，或农业集体主义，都是政府不容分说，不择手段，强迫推行一个划一的制度。在极权国家内，劳工运动已经不存在了，因为实业与生产都是由政府通盘筹划的。在这个国家里，不许罢工，不许劳工抗议，唯一可能的消极抗议，只有怠工，但怠工是被认为罪大恶极的。

在上述三方面的生活中，规定人民应行接受的"路线"永远是由党、国或领袖来决定。而这三方面又制定为三位一体，名异实同。任何人不准违反党纲或政策。极权主义者说："个人是没有自由的，只有国家、民族才谈得到自由。"极权主义者为党的绝对正确性而辩护，不允许一切与党义不合的事物存在。他们说："因为我们深信，我们的一切行为都是正当的，我们决不能坐视我们的邻人也宣称，他们的行为也是正当的。"

正因为这种在生活各方面过分企图划一与排除异己，才把反民主的政治与民主政治的生活方式标出根本的差别出来。

民主主义的生活方式，根本上是个人主义的。由历史观点看来，它肇始于"不从国教"。这初步的宗教个人主义，引起了最初的自由观点。保卫宗教自由的人们，宁愿牺牲自己的生命财产，而反抗压迫干涉的斗争。个人按照自己的意思敬奉上帝，乃是近代民主精神在制度，在历史上的发端。这种不从国教的精神，也和其他各种自由有密切的关系，如思想、言论、出版、集会等自由是。根本的问题是，个人企图获得机会，自由发展与表达其自己的感觉、思想与信仰，于是成了一种争取我行我素的权利的争斗。所谓我行我素的权利，是指一种不必墨守成规，不必遵守命令式的轨范而行动的权利。

民主制度，乃是在宗教信仰、智识醒觉、政治言论，以及等等一切生活方面，这种"不从国教"精神的产物。民主文明，也就是由一般爱好自由的个人主义者所手创的。这些人重视自由，胜过他们的日用饮食，酷爱真理，宁愿牺牲他们的性命。我们称之为"民主"的政治制度，也不过就是这般具有"不从国教"的自由精神的人们，为了保卫自由，所建立的一种政治的防御物而已。

就是连民主文明的经济情况，也并不是像一般人心目中所想像的一律都是资本主义的。私人的产权与自由的企业之所以能够长久维持，由历史看来，都是因为这两种制度，具有充分的力量，帮助个人的发展；都是因为这两种制度已使一种极高的经济福利标准，有实现的可能。

经济发展的千头万绪

在经济发展的千头万绪中，我们可以明显的看出近代民主文明中经济情势的特点。一位现代的经济学家认为，近代美国的经济情形至少可以分成五种互相悬殊的组织，而这五种组织是并驾齐驱，不分轩轾的。第一，是传统的资本主义组织，如个人所有的商店、农场、洗衣店、茶店等。第二，是大公司的经济组织。第三，是公共事业的经济组织。第四，如邮政局及"田纳西开发区域管理局"等公共团体的经济组织。第五，是各种的"私人集体组织"，如大学、教会，以及消费生产合作社等。这一切组织，以及其他可能的各种不同的"组织"，同时都在发生作用，以满足人民经济的需要。至于其他民主国家的情形，多半也是如此。最值得注意的一点是，在这些不同的组织中，并没有人企图按照一个格式，把它们一律划一。

因此，我们可以说，这区分极权制度与民主制度的第二个基本观念，就是前者采取生硬的划一，而后者主张变化及个别发展。这种差异，在任何生活方面，都很显著。企图划一，则必须走上压制个人发展的道路，则必将阻碍人格与创造力，必将发生偏私、压迫与奴役等情事，甚至于构成知识上的欺骗，与道德上的伪善。由另一方面看，对于自由发展的重视与鼓励，可以增进人格修养，加强团体生活，可使公正而富于创造性的艺术思想，自由的开花结果，可以养成容忍与爱好自由真理的良好精神。

结　论

最后，我认为真正的民主与极权的冲突，可以归纳为两种基本观念的冲突：第一，这种急进革命的方法，与渐进改善的方法之冲突，第二，这种企图强迫划一，与重视自由发展的冲突。为民主的生活方式和民主的制度而辩护，须对于健全的个人主义的价值，具有清楚的了解，必须对于民主主义的迟缓渐进的改善的重要性，具有深刻的认识。进步总是日积月累的，如果个人不能自由发展，便谈不到文明。

（此文原载 1949 年 11 月出版的《自由中国》第 1 卷第 1 期）

容忍与自由
（1959 年 11 月 20 日）

雷先生！"自由中国社"的各位朋友！

我感觉到刚才有位来宾说的话最为恰当。夏涛声先生一进门就对我说："恭喜恭喜！这个年头能活到十年，是不容易的。"觉得夏先生这话，很值得作为《自由中国》半月刊创刊十周年的颂词。这个年头能活上十年，的确是不容易的。《自由中国》社所以能够维持到今天，可说是雷儆寰先生以及他的一班朋友继续不断努力奋斗的结果。今天十周年的纪念会，我们的朋友，如果是来道喜，应该向雷先生道喜；我只是担任了头几年发行人的虚名。雷先生刚才说：他口袋里有几个文件，没有发表。我想过去的事情，雷先生可以把它写出来。他所提到的两封信，也可以公开的。记得民国三十八年三四月间，我们几个人在上海。那时我们感觉到这个形势演变下去，会把中国分成"自由的"和"被奴役的"两部分，所以我们不能不注意这一个"自由"与"奴役"的分野，同时更不能不注意"自由中国"这个名字。我想，可能那时我们几个人是最早用"自由中国"这个名字的。后来几位朋友想到成立一个"自由中国出版社"。当初并没有想要办杂志，只想出一点小册子。所以"自由中国出版社"刚成立时，只出了一些小册子性质的刊物。我于4月6日离开上海，搭威尔逊总统轮到美国。在将要离开上海时，他们要我写一篇"自由中国社"的宣言。后来我就在到檀香山途中，凭我想到的写了四条宗旨，寄回来请大家修改。但雷先生他们都很客气，就用当初我在船上所拟的稿子，没有修改一字。《自由中国》半月刊出版以后，每期都登载这四条宗旨。《自由中国》半月刊创刊到现在已十年了。回想这十年来，我们所希望做到的事情没有能够完全做到；所以在这十周年纪念会中，我们不免有点失望。不过我们居然能够有这十年的生命，居然能在这样困难中生存到今天，这不能不归功于雷先生同他的一班朋友的努力；同时我们也很感谢海内外所有爱护《自由中国》的作者和读者。

原来我曾想到今天应该说些什么话；后来没有写好。不过我今天也带来了一点预备说话的资料。在今年三四月间，我写了一封信给《自由中国》编辑委员会同仁；同时我也写了一篇文章。文章登在《自由中国》第二十卷第六期，信登在第七期。那篇文章的题目是《容忍与自由》。后来由毛子水先生写了一篇《〈容忍与自由〉书后》；殷海光先生也写了一篇《胡适论〈容忍与自由〉读后》：都登在《自由中国》二十卷七期上。前几天出版的《自由中国》创刊十周年纪念特刊，有二十几位朋友写文章。毛子水先生也写了一篇《〈自由中国〉十周年感言》，内容同我们在几个月之前所讲的话意思差不多。同时雷先生也有一篇文章，讲我们说话的态度。记得雷先生在五年前已有一篇文章讲到关于舆论的态度。所以这个问题很值得我们想一想。今天我想说的话，也是从几篇文章中的意思，择几点出来说一说。

我在《容忍与自由》一文中提出一点，我总以为容忍的态度比自由更重要，比自由更根本。我们也可说，容忍是自由的根本。社会上没有容忍，就不会有自由。无论古今中外都是这样，没有容忍，就不会有自由。人们自己往往都相信他们的想法是不错的，他们的思想是不错的，他们的信仰也是不错的。这是一切不容忍的本源。如果社会上有权有势的人都感觉到他们的信仰不会错，他们的思想不会错，他们就不许人家信仰自由，思想自由，言论自由，出版自由。所以我在那个时候提出这个问题来，一方面实在是为了对我们自己说话，一方面也是为了对政府，对社会上有力量的人说话，总希望大家懂得容忍是双方面的事。一方面我们运用思想自由、言论自由的权利时，应该有一种容忍的态度；同时政府或社会上有势力的人，也应该有一种容忍的态度。大家都应该觉得我们的想法不一定是对的，是难免有错的。因为难免有错，便应该容忍逆耳之言；这些听不进去的话，也许有道理在里面。这是我写《容忍与自由》那篇文章主要的意思。后来毛子水先生写了一篇《书后》。他在那篇文章中指出：胡适之先生这篇文章的背后有一个哲学的基础。他引述我于民国三十五年在北京大学校长任内作开学典礼演讲时所说的话。在那次演说里，我引用了宋朝的大学问家吕伯恭先生的两句话，就是："善未易明，理未易察。"宋朝的理学家，都是讲"明善、察理"的。所谓"善未易明，理未易察"，就是说善与理是不容易明白的。我引用这两句话，第二天在报上发表出来，被共产党注意到了。共产党就马上把它曲解，说："胡适之说这两句话是有作用的；胡适之想拿这两句话来欺骗民众，替蒋介石辩护，替国民党辩护。"过了十二三年，毛先生又引用了这两句话。所谓"理未易明"，就是说真理是不容易弄明白的。这不但是我写《容忍与自由》这篇文章的哲学背景，所有一切保障自由的法律和制度，都可以说建立在"理未易明"这句话上面。

最近出版的《自由中国》创刊十周年纪念的特刊中，毛子水先生写了一篇《〈自由中国〉十周年感言》。他在那篇文章中又提到一部世界上最有名的书，就是出版了一百年的穆勒的《自由论》（On Liberty），从前严又陵先生翻译为《群己权界论》。毛先生说：这本书，到现在还没有一本白话文的中译本。严又陵先生翻译的《群己权界论》，到现在已有五六十年；可惜当时国人很少喜欢"真学问"的，所以并没有什么大影响。毛先生认为主持政治的人和主持言论的人，都不可以不读这部书。穆勒在该书中指出，言论自由为一切自由的根本。同时穆勒又以为，我们大家都得承认我们认为"真理"的，我们认为"是"的，我们认为"最好"的，不一定就是那样的。这是穆勒在那本书的第二章中最精采的意思。凡宗教所提倡的教条，社会上所崇尚的道德，政府所谓对的东西，可能是错的，是没有价值的。你要去压迫和毁灭的东西，可能是真理。假如是真理，你把它毁灭掉，不许它发表，不许它出现，岂不可惜！万一你要打倒的东西，不是真理，而是错误；但在错误当中，也许有百分之几的真理，你把它完全毁灭掉，不许它发表，那几分真理也一同被毁灭掉了。这不也是可惜的吗？再有一点，主持政府的人，主持宗教的人总以为他们的信仰，他们的主张完全是对的；批评他们或反对他们的人是错的。尽管他们所想的是对的，他们也不应该不允许人家自由发表言论。为什么呢？因为如果教会或政府所相信的是真理，但不让人家来讨论或批评它，结果这个真理就变成了一种成见，一种教条。久而久之，因为大家都不知道当初立法或倡教的精神和用意所在，这种教条，这种成见，便慢慢趋于腐烂。总而言之，言论所以必须有自由，最基本的理由是：可能我们自己的信仰是错误的；我们所认为真理的，可能不完全是真理，可能是错的。这就是刚才我说的，在七八百年以前，我们的一位大学者吕伯恭先生所提出来的观念，就是"理未易明"。"理"不是这样容易弄得明白的！毛子水先生说，这是胡适之所讲"容忍"的哲学背景。现在我公开的说，毛先生的解释是很对的。同时我受到穆勒大著《自由论》的影响很大。我颇希望在座有研究有兴趣的朋友，把这部大书译成白话的，加注解的中文本，以飨我们主持政治和主持言论的人士。

在殷海光先生对我的《容忍与自由》一文所写的一篇《读后》里，他也赞成我的意见。他说如果没有"容忍"，如果说我的主张都是对的，不会错的，结果就不会允许别人有言论自由。我曾在《容忍与自由》一文中举一个例子，殷先生也举了一个例子。我的例子，讲到欧洲的宗教革命。欧洲的宗教革命完全是为了争取宗教信仰自由。但我在那篇文章中指出，等到主持宗教革命的那些志士获得胜利以后，他们就慢慢的走到不容忍的路上去。从前他们争取自由，现在他们自由争取到了，就不允许别人争取自由。我举例说，当时领导宗教革命的约翰·高尔文（John Calvin）掌握了宗教大权，就压迫新的批评宗教的言论。后来甚至于把一个提倡新的宗教思想的学者塞维图斯（Servetus）用铁链锁在木桩上，堆起柴来慢慢烧死。这是一个很惨的故事。因为约翰·高尔文他相信自己思想不会错，他的思想是代表上帝；他把反对他的人拿来活活的烧死是替天行道。殷海光先生所举的例也很惨。在法国革命之初，大家都主张自由；凡思想自由、信仰自由、宗教自由、言论出版自由，都明定在人权宣言中。但革命还没有完全成功，那时就起来了一位罗伯斯比尔（Robespierre）。他在争到政权以后，就完全用不容忍的态度对付反对他的人，尤其是对许多旧日的皇族。他把他们送到断头台上处死。仅巴黎一地，上断头台的即有二千五百人之多，形成法国大革命期间的恐怖统治。这一班当年主张自由的人，一朝当权，就反过来摧残自由，把主张自由的人烧死了，杀死了。推究其根源，还是因为没有"容忍"。他认为我不会错；你的主张和我的不一样，当然是你错了。我才是代表真理的。你反对我，便是反对真理，当然该死。这就是不容忍。

不过殷先生在那篇文章中又讲了一段话。他说：同是容忍，无权无势的人容忍容易，有权有势的人容忍很难。所以他好像说，胡适之先生应该多向有权有势的人说说容忍的意思，不要来向我们这班拿笔杆的穷书生来说容忍。我们已是容忍惯了。殷先生这番话，我也仔细想过。我今天想提出一个问题来，就是：究竟谁是有权有势的人？还是有兵力、有政权的人才可以算有权有势呢？或者我们这班穷书生，拿笔杆的人也有一点权，也有一点势呢？这个问题也值得我们想一想。我想有许多有权有势的人，所以要反对言论自由，反对思想自由，反对出版自由，他们心里恐怕觉得他们有一点危险。他们心里也许觉得那一班穷书生拿了笔杆在白纸上写黑字而印出来的话，可以得到社会上一部分人的好感，得到一部分人的同情，得到一部分人的支持。这个就是力量。这个力量就是使有权有势的人感到危险的原因。所以他们要想种种法子，大部分是习惯上的，来反对别人的自由。诚如殷海光先生说的，用权用惯了，颐指气使惯了。不过他们背后这个观念倒是准确的，这一班穷书生在白纸上写黑字而印出来的，是一种力量，而且是一种可怕的力量，是一种危险的力量。所以今天我要请殷先生和在座的各位先生想一想，究竟谁是有权有势？今天在座的大概都是拿笔杆写文章的朋友。我认为我们这种拿笔杆发表思想的人，不要太看轻自己。我们要承认，我们也是有权有势的人。因为我们有权有势，所以才受到种种我们认为不合理的压迫，甚至于像"围剿"等。人家为什么要"围剿"？还不是对我们力量的一种承认吗？所以我们这一班主持言论的人，不要太自卑。我们不是弱者，我们也是有权有势的人。不过我们的势力，不是那种幼稚的势力，也不是暴力。我们的力量，是凭人类的良知而存在的。所以我要奉告今天在座的一百多位朋友，不要把我们自己看得太弱小，我们也是强者。但我们虽然也是强者，我们必须有容忍的态度。所以毛子水先生指出我在《容忍与自由》那篇文章里说的话，不仅是对压迫言论自由的人说的，也是对我们主持言论的人自己说的。这就是说，我们自己要存有一种容忍的态度。我在那篇文章中又特别指出我的一位死去的朋友陈独秀先生的主张：他说中国文学一定要拿白话文做正宗；我们的主张绝对的是，不许任何人有讨论的余地。我对于"我们的主张绝对的是"这个态度，认为要不得。我也是那时主张提倡白话文的一个人；但我觉得他这种不能容忍的态度，容易引起反感。

所以我现在要说的就是两句话：第一，不要把我们自己看成是弱者。有权有势的人当中，也包括我们这一班拿笔杆的穷书生，我们也是强者。第二，因为我们也是强者，我们也是有权有势的人，我们绝对不可以滥用我们的权力。我们的权力要善用之，要用得恰当：这就是毛先生主张的，我们说话要说得巧。毛先生在《〈自由中国〉十周年感言》中最后一段说：要使说话有力量，当使说话顺耳，当使说出的话让人家听得进去。不但要使第三者觉得我们的话正直公平，并且要使受批评的人听到亦觉得心服。毛先生引用了《礼记》上的两句话，就是："情欲信；辞欲巧。"内心固然要忠实，但是说话亦要巧。从前有人因为孔子看不起"巧言令色"，所以要把这个"巧"字改成了"考"（诚实的意思）字。毛先生认为可以不必改；这个巧字的意思很好。我觉得毛先生的解释很对。所谓"辞欲巧"，就是说的话令人听得进去。怎么样叫做巧呢？我想在许多在座的学者面前背一段书做例子。有一次我为《中国古代文学史选例》选几篇文章，就在《论语》中选了几篇文章作代表。其中有一段，就文字而论，我觉得在《论语》中可以说是最美的。拿今天所说的说话态度讲，可以说是最巧的。现在我把这段书背出来：——定公问："一言而可以兴邦，有诸？"孔子对曰："言不可以若是；其'几'也！人之言曰：'为君难，为臣不易。'如知为君之难也，不'几'乎一言而兴邦乎？"曰："一言而丧邦，有诸？"孔子对曰："言不可以若是；其'几'也！人之言曰：'予无乐乎为君；唯其言而莫予违也。'如其善而莫之违也，不亦善乎！如不善而莫之违也，不'几'乎一言而丧邦乎？"《论语》中这一段对话，不但文字美妙，而且说话的人态度非常坚定，而说话又非常客气，非常婉转，够得上毛子水先生所引用的"情欲信，辞欲巧"中的"巧"字。所以我选了这一段作为《论语》中第一等的文字。

现在我再讲一点，譬如雷先生，他是最努力的一个人，他是《自由中国》半月刊的主持人。最近他写了一篇文章，也讲到说话的态度。他用了十个字，就是："对人无成见；对事有是非。"底下他说："对任何人没有成见。……就事论事，由分析事实去讨论问题；由讨论问题去发掘真理。"我现在说话，并不是要驳雷先生；不过我要借这个机会问问雷先生：你是否对人没有成见呢？譬如你这一次特刊上请了二十几个人做文章；你为什么不请代表官方言论的陶希圣先生和胡健中先生做文章？可见雷先生对人并不是没有一点成见的。尤其是今天请客，为什么不请平常想反对我们言论的人，想压迫我们言论的人呢？所以，要做到一点没有成见，的确不是容易的事情。至于"对事有是非"，也是这样。这个是与非，真理与非真理，是很难讲的。我们总认为我们所说的是对的，真理在我们这一边。所以我觉得要想做到毛先生所说"克己"的态度，做到殷海光先生所说"自我训练"的态度，做到雷先生所说"对人无成见，对事有是非"十个字，是很不容易的。如要想达到这个自由，恐怕要时时刻刻记取穆勒《自由论》第二章的说话。我颇希望殷海光先生能把它翻译出来载在《自由中国》这个杂志上，使大家能明白言论自由的真谛，使大家知道从前哲人为什么抱着"善未易明，理未易察"的态度。

雷先生在那篇文章中又说："我们要用负责的态度，来说有分际的话。"这就是说，我们说话要负责；如果说错了，我愿意坐监牢，罚款，甚至于封闭报馆。讲到说有分际的话，这也不是容易做到的。不过我们总希望雷先生同我们的朋友一起来做。怎么样叫做"说有分际的话"呢？就是说话要有分量。我常对青年学生说：我们有一分的证据，只能说一分的话；我有七分证据，不能说八分的话；有了九分证据，不能说十分的话，也只能说九分的话。我们常听人说到"讨论事实"。什么叫"事实"，很难认清。公公有公公的事实，婆婆有婆婆的事实，儿媳有儿媳的事实；公公有公公的理，婆婆有婆婆的理，儿媳有儿媳的理。我们只应该用负责任的态度，说有分际的话。所谓"有分际"，就是"有几分证据，说几分话"。如果我们大家都能自己勉励自己，做到我们几个朋友在困难中想出来的话，如"容忍"、"克己"、"自我训练"等，我们自己来管束自己，再加上朋友的诚勉，我相信我们可以做到"说话有分际"的地步。同时我相信，今后十年的《自由中国》，一定比前十年的《自由中国》更可以做到这个地步。

（此文是 1959 年 11 月 20 日胡适在台北《自由中国》十周年纪念会上的演说词，原载 1959年 12 月 1 日《自由中国》第 21 卷第 11 期）

附

录

胡适年谱简编

1891 年　出生

12 月 17 日，生于上海大东门外，取名嗣穈，乳名穈儿，后改名胡适，字适之。

1893—1894 年　2～3 岁

随母亲到台湾，与在那里做县级官吏的父亲胡传团居。

1895 年　4 岁

2 月，因中日战局紧张，胡适随母亲先回绩溪家乡。后胡传于内渡途中，8 月 22 日病死厦门。临终遗嘱要胡适"努力读书上进"，并为他留下启蒙的韵文课本，一种叫做《学为人诗》，一种叫做《原学》。

1895—1904 年　4～13 岁

在家乡塾中读书。

1904 年　13 岁

春。随三哥到上海，从而结束了九年的家乡教育。离乡前，他母亲替他订下邻县旌德江家的亲事，女名江冬秀。

在九年的家乡教育中，胡适于旧学略植根柢。

到上海后，初入梅溪学堂，学堂的课程很不完备。为了应付一篇论文《原日本之所由强》，在二哥的帮助下，得读《壬寅年〈新民丛报〉汇编》。

1905 年　14 岁

改入澄衷学堂，学科比较完全。教国文的教师杨千里教学生读吴汝纶删节的严复译《天演论》。胡适的二哥为他取了"胡适"的名字，表字就叫适之。

1906 年　15 岁

上半年，升入澄衷的第二班，并做了班长。

在澄衷的一年半，胡适读了不少课外书，对他影响最大的是梁启超的《新民丛报》。

这年上半年，因班上的一个同学被开除，胡适作为班长出面抗议交涉无效，自己受到悬牌记大过处分，遂毅然离开了澄衷学堂。

暑期过后，考入中国公学。这个学校是上年留日中国学生为抗议日本文部省颁布所谓"取缔规则"愤而归国自行创办的。公学的革命空气甚浓，许多人剪掉了发辫。但胡适始终未剪辫，也未加入革命党。公学还有两个显著特点：一个是盛行民主自治制度；第二是盛行普通话。

是年，经人介绍，胡适加入竞业学会，这是个有革命倾向的进步团体。学会最主要的活动是办一个《竞业旬报》，标榜"振兴教育，提倡民气，改良社会，主张自治"。《旬报》起初由同盟会员傅君剑主编。曾发表胡适为"破除迷信，开通民智"而编写的白话小说《真如岛》，连续登到第六回（第 10 期），《旬报》停刊。

1907 年　16 岁

夏，脚气病发，回家乡养病两个月。其间与其近仁叔"相聚甚久"，彼此相互唱和，颇沉溺于诗。

1908 年　17 岁

4 月 11 日，《竞业旬报》复刊，胡适继续发表小说《真如岛》，直至第 37 期而止，共发了 11 回。从第 24 期起，胡适接任主编。此后《旬报》上的文字，胡适占了最多数。同时，他还在《国民白话日报》、《安徽白话报》上面发表文章。

7 月 31 日，写信给母亲，坚辞暑期回家完婚之事。

夏秋间，中国公学为修改校章事引起的风潮达到了决裂的程度。到了 10 月 3 日（旧历九月初九日），校方宣布解散全体罢课学生。此后，胡适便同其他坚持罢课的学生一起，艰苦地创办中国新公学。

1909 年　18 岁

春，编辑《竞业旬报》至第 39 期后，胡适辞去《旬报》编辑，始"时时研习他国文字，以为出洋之预备"。

1910 年　19 岁

2、3 月间，一度在华童公学教书，不久辞职。之后，专心预备功课，准备参加庚款留美的考试。

胡适以第五十五名被录取。从这次参加考试起，正式采用胡适的名字。

胡适未及回家探望，于 8 月 16 日从上海登轮赴美。9 月 18 日，到绮色佳（Ithaca，今译作依萨卡）。随后即入该城的康奈尔（Cornell）大学农科。

1911 年　20 岁

10 月 10 日，武昌起义爆发。这一年，与其二兄屡有书信谈及转科之事。其二兄甚望胡适坚持学农，认为文科无济于国。

1912 年　21 岁

年初，弃农科改入文学院，主修哲学，而以政治、经济、文学等为副修。

1913 年　22 岁

1、2 月间，与上海《大共和日报》订立协议，每月写稿寄登该报，由该报月付 20 元寄至绩溪供母亲家用。

5 月，被推为康奈尔大学世界学生会会长，任至次年 5 月辞职。

夏，修完大学本科课程，按成绩本可毕业，但以大学定例，学生必须修满八个学期，始准毕业，故仍留校学习。

1914 年　23 岁

5 月 9 日，以所作《论英诗人卜朗吟之乐观主义》一文得征文奖美金 50 元。

6月，赵元任、任鸿隽等发起科学社，筹办《科学》月报。这是我国第一个科学团体，以后回国继续活动多年。胡适参与赞助。

12月，其女友韦莲司女士欲往欧洲战场从事救护工作，商之胡适。胡引歌德语劝阻。歌德尝言："每遇政界有大事震动心目，则黾勉致力于一种绝不关系此事之学问以收吾心。"韦女士卒未行。后来，胡适回国经常以歌德此语劝诫学生运动。

1915 年　24 岁

2至3月间，留美的中国学生，为日本提出灭亡中国的"二十一条"，纷纷集会抗议，甚至有准备回国参加对日作战者。3月1日，在绮城的中国留学生集会，胡适未与会，写一便条，称："吾辈远去祖国，爱莫能助，纷扰无益于实际，徒乱求学之心。电函交驰，何裨国难？不如以镇静处之。"

3月19日夜，写英文《致留学界公函》，强调"我们的职责是读书"，"不应让报章所传的纠纷耽误了我们神圣的任务"。应该严肃、冷静、毫不惊慌地继续专心地学习。指责主张对日作战者是"发狂"。此公函发表后，受到留学界的强烈批评。

8月26日，写成《如何可使吾国文言易于教授》，预备在本年东美学生会年会上宣读。文章第一次提出，古文的文字乃是"半死的文字"，白话的文字才是活文字。

9月，入哥伦比亚大学研究院，从杜威研究哲学。

胡适决定去哥伦比亚大学，在绮城读书的几位同学好友都纷纷作诗相送。其时，他们讨论文学兴浓，互相赠答的诗皆涉及文学。胡适这时已有"作诗如作文"的主张。在其送梅光迪的诗中且已提出"文学革命"的口号。

10月6日，同乡、上海亚东图书馆主人汪孟邹致信，告称《青年杂志》"乃炼友人皖城陈独秀君主撰"。陈氏有意邀请胡适为《青年》撰稿。

12月13日，汪孟邹再次写信云："陈君望吾兄来文甚于望岁，见面时即问吾兄有文来否，故不得不为再三转达。每期不过一篇，且短篇亦无不可，务求拨冗为之。……否则陈君见面必问，炼将穷于应付也。"

1916 年　25 岁

1月25日夜，写信给许怡荪，论所谓"造因"。信中说："适近来劝人不但勿以帝制撄心，即外患亡国亦不足顾虑。倘祖国有不能亡之资，则祖国决不致亡。倘其无之，则吾辈今日之纷纷，亦不能阻其不亡。不如打定主意，从根本下手，为祖国造不能亡之因。"所谓不能亡之因，就是兴教育，树人才。他表示"别无奢望，但求归国后能以一张口、一只秃笔从事于社会教育，以为百年树人之计，如是而已"。

2月3日，复信给梅光迪，指出："今日文学大病在于徒有形式而无精神，徒有文而无质，徒有铿锵之韵，貌似之辞而已。今欲救此文胜之弊，宜从三事入手；第一，须言之有物；第二，须讲文法；第三，当用文之文字时，不可避之。"

4月5日，作札记《吾国历史上的文学革命》。

后来，胡适回顾这个时期他对文学革命的认识，说到，这年的2、3月间，思想上"起了一个根本的新觉悟"。就是"一部中国文学史，只是一部文学形式（工具）新陈代谢的历史，只是'活文学'随时起来代替了'死文学'的历史。文学的生命全靠能用一个时代的活的工具来表现一个时代的情感与思想。工具僵化了，必须另换新的、活的，这就是'文学革命'。……历史上的'文学革命'全是文学工具的革命"。

7月间，由于任鸿隽的一首诗，使关于文学革命的争论激烈起来。7月11日，任鸿隽将记述几个朋友游湖翻船的诗《泛湖即事诗》寄胡适请其"改削"。胡回信批评其诗写得不真实，诗中用了许多今人已不用的死字。梅光迪看了胡适给任鸿隽的信，大抱不平。写信给胡适，大攻其以"俗语白话"写诗的主张。力言"俗语白话，鄙俚乃不可言"，谈不上文学。

7月26日，胡适复信给任鸿隽，说："白话之能不能作诗，此一问题全待吾辈解决。解决之法不在乞怜古人……而在吾辈实地试验。"

8月19日，胡适复信朱经农，第一次系统提出了文学革命的纲领。他说："新文学之要点约有八事：（1）不用典。（2）不用陈套语。（3）不讲对仗。（4）不避俗字俗语。（5）须讲求文法。（6）不作无病之呻吟。（7）不摹仿古人。（8）须言之有物。"

1917年　26岁

1月，陈独秀致信，告蔡元培先生已接任北京大学校长，"力约弟为文科学长，弟荐足下以代。此时无人，弟暂承乏。孑民先生盼足下早日归国，即不愿任学长，校中哲学、文学教授俱乏上选"。

是月，《文学改良刍议》一文在《新青年》2卷5号上发表。文章系统论述了文学改良的八项条件。提出："以今世历史进化的眼光观之，则白话文学之为中国文学之正宗，又为将来文学必用之利器，可断言也。"

2月，陈独秀的《文学革命论》在《新青年》2卷6号发表。宣称："文学革命之气运酝酿已非一日，其首举义旗之急先锋则为吾友胡适。"文中明确提出文学革命的三大主义："曰推倒雕琢的阿谀的贵族文学，建设平易的抒情的国民文学；曰推倒陈腐的铺张的古典文学，建设新鲜的立诚的写实文学；曰推倒迂晦的艰涩的山林文学，建设明了的通俗的社会文学。"胡适在美初见此文还颇嫌其武断，写信给陈独秀说："此事之是非，非一朝一夕所能定，亦非一二人所能定。……决不敢以吾辈所主张为必是而不容他人之匡正也。"陈氏回信说："改良中国文学当以白话为文学正宗之说，其是非甚明，必不容反对者有讨论之余地，必以吾辈所主张为绝对之是，而不容他人之匡正也。"五年之后，胡适回顾说，当时如果没有陈独秀的"必不容反对者有讨论之余地"的坚决态度，那么，"文学革命至少还须经过十年的讨论与尝试"。

3月，俄国发生"二月革命"，胡适颇为兴奋，作"沁园春"词以纪之。

5月22日，进行博士学位的最后考试——口试。胡适没有顺利通过。此事当时外人知之者甚少。事隔40余年以后，袁同礼先生编辑《中国留美同学博士论文目录》时，发现胡适的博士论文被哥伦比亚大学图书馆长记在1927年之下。从此，人们才注意到这个问题。

6月9日，离纽约，21日，由温哥华登轮经日本回国，7月10日到上海。在沪停留期间，"看了出版界的孤陋，教育界的沉寂，我方才知道张勋的复辟乃是极自然的现象，我方才打定二十年不谈政治的决心，要想在思想文艺上替中国政治建筑一个革新的基础"。

7月27日，回到绩溪上庄的家里，与相别十年的母亲团聚。8月24日，到旌德江村去看未婚妻江冬秀。

8月30日，动身北上，9月10日，到北京，随即就任北京大学教授。

9月21日，北京大学举行新学年开学礼。胡适演讲《大学与中国高等学问之关系》。10月1日开始上课，任英文学、英文修辞学，及中国古代哲学三科，每周12学时。

胡适深得蔡元培的信任、倚重。胡适建议改分年级制为选科制，建议设立教授会，建议设立研究所等等皆蒙采纳。

12月3日，创办哲学研究所，自任主任。

12月13日，启程回里。12月30日与江冬秀完婚。

1918 年　27 岁

1月底，自绩溪回到北京。

是月，《新青年》改组为同人刊物，成立编委会。由陈独秀、胡适、李大钊、钱玄同、高一涵、沈尹默六人轮流主持编辑工作。其他先后加入撰稿者有周树人、周作人、张慰慈、陶孟和、王星拱、刘复等。

4月，发表《建设的文学革命论》，提出，文学革命的基本目标是要建设"国语的文学，文学的国语"。郑振铎称赞此文为"文学革命的最堂皇的宣言"。

6月，《新青年》4卷6号"易卜生专号"出版，胡适发表《易卜生主义》一文，着重宣传了易卜生所提倡的个性主义。此文被诩为"个性主义的宣言"。

11月23日，母亲病逝。25日携眷回绩溪奔丧。后撰成《先母行述》及《我对于丧礼的改革》两文发表。

1919 年　28 岁

1月，北大学生傅斯年、罗家伦等创刊《新潮》杂志。

2月，《中国哲学史大纲》（上卷）由商务印书馆出版。蔡元培为作序言，称此书有四大长处：一、证明的方法；二、扼要的手段；三、平等的眼光；四、系统的研究。此书基本上是以他的博士论文为基础，加上教学研究中的心得，发挥结撰而成。可以说是第一本借鉴西方的科学方法系统地整理中国古代哲学思想的著作。此书出版，在学术界影响很大。

2—3月间，由文学革命问题引发的思想文化领域的斗争尖锐起米。

2月17日，林纾在上海《新申报》发表小说《荆生》，影射攻击新文化运动的领袖陈独秀、胡适、钱玄同。3月4、5日，李大钊在《晨报副刊》上发表《新旧思潮之激战》，抨击林纾的小说《荆生》。3月19、23日，林纾在《新申报》上又发表一篇小说《妖梦》，于陈、胡等人之外，更攻及蔡元培。3月20日，刘师培等在北京大学办起《国故月刊》，宣扬旧文化、旧道德。尤为引人注目的是北京《公言报》于3月18日同时登出林纾致蔡元培的公函和蔡元培的复函。林氏在《公函》中提出，北大教员有两大罪状：一是"覆孔孟，铲伦常"；二是倡白话，"行用土语为文字"。指责蔡元培"凭位分势力而施趋怪走奇之教育"。要他改弦易辙，"为国民端其趋向"。蔡于复函中一一驳回了林纾的指责，然后申明：他的办学方针是"仿世界各大学通例，循思想自由原则，取兼容并包主义"。并表示此方针绝不会因有人反对而改变。

是时，有人暗中活动弹劾教育总长，撤换北京大学校长。社会上盛传陈独秀、胡适等被驱出北大，甚至有被逮捕的谣言。

是时，胡适、陈独秀还收到炸弹恐吓信。

3月26日，鉴于校内外攻击陈独秀的言论日趋激烈，蔡元培于是日夜召集会议讨论此事。以汤尔和、沈尹默诸人，对陈独秀的私德攻击甚力，那时蔡元培正在主持进德会，不得已而决定撤销陈独秀的文科学长职务，陈以请"长假"名义离校。

4月，发表《实验主义》，系统介绍杜威的"实验主义"哲学思想。这是胡适谈哲学问题的最重要的一篇文章。

是月底，赶往上海迎接杜威。杜氏于4月30日抵上海。5月2日，胡适在江苏教育会演讲，介绍杜威思想梗概。

6月11日，陈独秀被当局逮捕，胡适特作《威权》一诗表达他的愤慨。自是时起，接办原由陈独秀主编的《每周评论》。

7月20日，在《每周评论》第31号上发表《多研究些问题，少谈些"主义"》一文。强调要警惕空谈纸上的主义而不研究具体问题的大危险，认为"主义"可用作研究问题的工具和参考的材料，而不可当作包医百病的处方。他要人们特别注意眼前一个一个的实际问题的解决。这是他主张和平改革的政治态度的首次声明。

随后，胡适又连续发表《三论问题与主义》、《四论问题与主义》两文，回答蓝公武、李大钊两人的批评。并提出在输入有关主义、学理时，应当注意产生此种主义、学理的时势背景，论主的生平，以及该主义、学说曾经发生的效果。在《四论问题与主义》中，他批评马克思主义的阶级斗争学说养成"阶级的仇恨心"，"使社会上本来应该互助而且可以互助的两种大势力，成为两座对垒的敌营……使历史上演出许多本不须有的惨剧"，表明其反对马克思主义的基本立场。

关于这次论争的动机，三年后他在《努力周报》上曾这样说：

"1919 年 6 月中，独秀被捕，我接办《每周评论》，方才有不能不谈政治的感觉。那时正当安福部极盛的时代，上海的分赃和会还不曾散伙。然而国内的'新'分子闭口不谈具体的政治问题，却高谈什么无政府主义与马克思主义。我看不过了，忍不住了——因为我是一个实验主义的信徒——于是发愤要想谈政治。我在《每周评论》第 31 号里提出我的政论的导言，叫做《多研究些问题，少谈些"主义"》。"

10 月 10 日，在《星期评论》"双十节纪念专号"上发表《谈新诗》。

11 月起，与廖仲恺、胡汉民、朱执信等就古代井田制有无的问题展开争论。

12 月 1 日，在《新青年》7 卷 1 号上发表《新思潮的意义》一文，提出新文化运动的纲领，即"研究问题，输入学理，整理国故，再造文明"。

1920 年　29 岁

3 月，《尝试集》出版。学界对此书毁誉交加，新派人物自是十分欢迎，但反对新文学的人，都采取敌视态度。如胡先骕后来发表《评〈尝试集〉》，竟骂道："胡君之《尝试集》，死文学也。"

4 月 26 日，陈独秀致信胡适、李大钊，商量《新青年》编辑组稿事。《新青年》自八卷起移至上海编辑，由陈独秀委托陈望道等人具体负责编辑工作。从此，《新青年》实际上成了宣传马克思主义的刊物了。

5 月 4 日，在《晨报副刊》纪念"五四"专号上，与蒋梦麟联名发表《我们对于学生的希望》。

7 月 9 日，毛泽东致函胡适，告诉他湖南自张敬尧走后，气象一新，教育界颇有蓬勃之象。希望将来湖南的事能借重先生，等时机一到，即详细奉商。

7 月 27 日，写完《〈水浒传〉考证》。这是他第一篇重要的小说考证。

8 月 1 日，与蒋梦麟、陶孟和、王徵、张慰慈、李大钊、高一涵联名在《晨报》上发表《争自由的宣言》。

12 月 16 日，陈独秀为《新青年》事再写信给胡适、高一涵。信中说："《新青年》色彩过于鲜明，弟近亦不以为然。陈望道君亦主张稍改变内容，以后仍以趋重哲学文学为是。但如此办法，非北京同人多作文章不可。近几册内容稍稍与前不同，京中同人来文太少也是一个重大原因。"信末提到："南方颇传适之兄与孟和兄与研究系接近，且有恶评。"

对此，胡适大不满意。在回信中详辩与研究系首领梁启超等近年思想见解一直相左，颇怪陈独秀竟相信谣传。对于《新青年》事，胡适于月底另作回信，提出三条办法：(1) 另办一个哲学文学的杂志；(2) 将《新青年》移回北京编辑，发表宣言不再谈政治；(3) 停办（此为陶孟和提出）。

1921 年　30 岁

1月22日，致信《新青年》在京各同人，提出修正方案。一是明确取消"停办"一条；二是放弃"宣言不谈政治"一说；只主张《新青年》移回北京编辑。陈独秀写信给胡适说："现在《新青年》已被封禁，非移粤不能出版，移京已不成问题了。你们另外办一个报，我十分赞成。……但我却没有工夫帮助文章。而且在北京出版，我也不宜作文章。"

《新青年》没有移回北京编辑，北京的《新青年》同人也没有另办起一个刊物。但从此在政治上，胡适与陈独秀分道扬镳。

春，养病期间作《章实斋年谱》，立意"不但要记载他的一生事迹，还要写出他的学问思想的历史"。

5月21日，与王徵、丁文江、蒋梦麟讨论组织一个小会的事。会名拟叫"努力会"。

6月16日，为《吴虞文录》写序，称颂他是"中国思想界的一个清道夫"，是"只手打孔家店的老英雄"。

7月11日，杜威将回国，胡适特作一文《杜威先生与中国》。

7月22日，在沪与沈雁冰、郑振铎谈文学问题。主张提倡写实主义，不赞成新浪漫主义。

7月下半月至8月底，这一个多月中，胡适在上海，大部分时间是到商务印书馆作调查。最后写成报告，提供了一些改革的意见。同时推荐请王云五以自代，到馆任编译所长。

9月7日，离沪北返。

11月3日，写定《清代学者的治学方法》。此文的第一至第六部分是1919年8月作；第七部分是1920年春作；最后一部分此时才写成。在这篇文章里，胡适于详论清代学者的治学方法后，概括出"大胆的假设，小心的求证"十个字。

11月12日，改定《〈红楼梦〉考证》。此文初稿写于3月，似曾在朋友间传阅过。文中批评一向很流行的"附会的红学"的种种谬误，注意

从作者身世、版本、时代背景上作考证的研究。他第一次明确确定了
《红楼梦》的作者是曹雪芹。曹是清代没落贵族，作《红楼梦》以感怀身
世，所以《红楼梦》是他的一部自叙传。《〈红楼梦〉考证》为红学研究划
出了一个时代。从此，红学研究被真正纳入学术研究的轨道，而不再是
一种文人的消遣。

1922 年　31 岁

2 月，《章实斋年谱》由商务印书馆出版。

5 月 7 日，《努力周报》创刊。14 日在《努力》第 2 期上发表《我
们的政治主张》。

6 月 18 日，在《努力周报》第 7 期上发表《我的歧路》一文，述
说他开始谈论政治的缘由。文中说，自从 1919 年 7 月发表《多研究些
问题，少谈些"主义"》以后，"我等了两年零八个月，中国的舆论界仍
然使我大失望。……我现在出来谈政治，虽是国内的腐败政治激出来
的，其实大部分是这几年的'高谈主义而不研究问题'的'新舆论界'
把我激出来的。我现在的谈政治，只是实行我那'多研究问题，少谈主
义'的主张。……我谈政治，只是实行我的实验主义"。

10 月 1 日，在《努力周报》第 22 期上发表《国际的中国》，第一
次公开地批评中国共产党反帝的政治纲领。

10 月 9 日，离京去山东济南参加第八届全国教育会联合会会议，
会议期间被推主拟学制草案。这个学制案奠定了整个民国时期学制的基
础，一直沿用到 1950 年代初期。此案经会议通过后，于 11 月 2 日，以
总统教令公布施行。

11 月，北京成立言论自由期成会，梁启超、胡适、李大钊等被推
为评议员。

12 月 17 日，自是日起，请假一年，离校休养。

1923 年　32 岁

1 月，《国学季刊》第一期出刊。胡适在发刊的《宣言》中提出，
要"用历史的眼光来扩大国学研究的范围"，"用系统的整理来部勒国学
研究的资料"，"用比较的研究来帮助国学的材料的整理与解释"。

4 月 1 日，在《努力周报》的副刊《读书杂志》第 8 期发表《读梁
漱溟先生的〈东西文化及其哲学〉》，批评梁漱溟的主观主义的东西文

化观。

4月21日，离京到南方休养。

4月15日《努力周报》第48期上发表丁文江的《玄学与科学》，批评张君劢的《人生观》的讲演。"努力"派的大将们差不多都陆续参加了论争。胡适本人因养病，只写了《孙行者与张君劢》一文，用嘲谑的口气批评了张君劢的玄学人生观。

10月21日，《努力周报》出版最后一期，第75期，登出停刊的启事。同时发表胡适的《一年半的回顾》一文。文中说：一年半来一切谋求政治改革的梦想都失败了。"我们的《努力》里最有价值的文章恐怕不是我的政论，而是我们的批评梁漱溟、张君劢一班先生的文章和《读书杂志》里讨论古史的文章。"

10月28日，在杭州西湖拟就《整理国故的计划》。

11月29日，写成《〈科学与人生观〉序》。

12月，回到北京，开始写作《戴东原的哲学》。

1924年 33岁

4至5月间，印度诗人泰戈尔在北京，胡适与其交往颇多，曾赠以《回向》一诗。

6月11日，代表各学术团体提出美国退还庚款管理办法的意见给外交部长顾维钧，由顾转给驻美公使施肇基与美方接洽。

11月5日，写信给外交部长王正廷，反对冯玉祥派军队将清废帝驱逐出宫。

12月，清华学校筹设研究院，校长曹云祥托胡适婉请王国维任研究院主任。为此，胡适数次致函王国维。后来，王氏征得清宫室的意见后，勉应任导师而不就主任之职。

1925年 34岁

1月1日，段祺瑞政府发布：邀请"有特殊资望学术经验者"参加所谓"善后会议"，胡适为被邀者之一。在会议期间，胡适曾提出"国民会议组织法"的修正案，其内容得到包括共产党人在内的进步人士的好评。由于政府当局对河南战事无能为力，胡适乃于3月初，直接致信段祺瑞，声明退出善后会议。

五卅运动发生后，6月13日，北京成立沪案救济会，胡适为评议会评议员。

6 月 21 日，与罗文干联名致信外交部长沈瑞麟谈五卅惨案事，说："此次上海事件虽起于上海一隅，而其远因实在于八十余年来外人在中国之特殊地位所造成之怨愤。"主张以解决沪案为第一步；以修改条约，根本免除将来之冲突为第二步。

8 月，《戴东原的哲学》脱稿。12 月，在《国学季刊》2 卷 1 期上发表该书的《引论》。

9 月，应邀到武汉讲学。10 月，转赴上海讲学。

1926 年　35 岁

1 至 4 月，仍在上海。

2 月 11 日，丁文江致信，告以接得英公使正式信函，指聘胡、丁等为英国庚款咨询委员会的中国委员。

5 月 8 日，离沪北返。

5 月 24 日，在天津裕中饭店写信给鲁迅、周作人及陈源，对他们之间八九个月来的"深仇也似的笔战"表示很惋惜，希望他们都学学大海的包容，消除误解。

3 至 5 月间，陪同英庚款咨询委员会英方委员团调查访问，从上海出发陆续走访了汉口、南京、杭州、天津、北京等地。时辞去北大教职。

6 月 6 日，写成《我们对于西洋近代文明的态度》，批评东方文化派的东西文化观。

7 月 17 日，离京赴英国参加庚款咨询委员会的会议。在李大钊建议下，他取道莫斯科赴欧。曾在莫斯科停留三天，新俄国的革命和建设的热情、干劲和雄心，给他留下深刻印象。

在莫斯科期间，曾与共产党的重要人物蔡和森相见并有长谈，且颇有深入的辩论。离开莫斯科续往欧洲途中，曾动了投身政治的念头，设想要组织"自由党"，其政纲为：（1）有计划的政治；（2）文官考试法的施行；（3）用有限制的外国投资来充分发展中国的交通与实业；（4）社会主义的社会政策。这只是他一时的冲动，以后，再无下文。

8 月 4 日到伦敦。在伦敦住十日，于开过咨询委员会第一次会议之后便去巴黎。在巴黎国家图书馆收藏的敦煌卷子中，发现了神会和尚的《语录》2 万余字，并看到写本《楞伽师资记》。在巴黎期间，傅斯年从德国专程赶来相晤谈。9 月 20 日左右回到伦敦。11 月，在伦敦又发现神会和尚的《显宗记》。据其自云，在巴黎共阅了五十卷子，在伦敦阅近百卷子。这些成为他后来治禅学史，写《神会传》的重要材料。

11月起，在英国一些大学作了十次学术讲演。

12月31日，由伦敦乘轮转赴美国。

1927年 36岁

2月4日，到哥伦比亚大学作讲演，并完成其取得该校哲学博士学位的最后手续。

4月12日，从西雅图登轮回国，上船之际得悉国内发生"四一二"事变。

4月24日，船到横滨，因国内北方军阀与南方国民党人对胡适都存疑忌，故不敢贸然归国。在日本停留了三个多星期，仔细阅读了那几个月的报纸，弄明白了吴稚晖、蔡元培、张静江等人主张清党反共的意义。于是他借与哈佛大学法学教授赫贞谈话的机会发表声明道："蒋介石将军清党反共的举动能得着一班元老的支持……是站得住的。"

5月17日，自神户乘船回国，20日抵上海。

6月，租定极司非尔路49号楼房一幢，接着定居于此。

是月，被选为管理美国退还庚款的中基会的董事。徐志摩等在上海龙华路开办新月书店，胡亦入股。

8月，受聘为私立光华大学教授。

10月24日，致信蔡元培，辞大学委员会委员之职。表示不同意"党化教育"的宗旨，也反对办"劳动大学"。27日，蔡元培复信请他勿固辞。

10月，《戴东原的哲学》由商务印书馆出版。

1928年 37岁

2月7日，写定《几个反理学的思想家》。文章认为中国近300年的思想趋向是一个反理学的运动。他举出四个思想家来代表这一思想的趋势：顾炎武、颜元、戴震、吴敬恒。

2月起，兼任东吴大学哲学讲座教授。

3月10日，《新月》创刊。

4月2日，傅斯年致信，敦请胡适务必到中山大学讲学。次日，戴传贤亦致信，恳请胡适到粤讲学，并请代荐民刑法专家。

4月30日，接任中国公学校长并兼文理学院院长。

5月2日，致电傅斯年，决定不去广东。

5月4日，在光华大学讲演《五四运动纪念》。主要讲五四运动的影响：一、引起全国学生注意社会及政治问题；二、学生界出版物大量增加；三、给平民教育以巨大影响；四、劳工运动兴起；五、妇女运动兴起，女子社会地位提高；六、政党注意吸收青年。

6月，《白话文学史》由新月书店出版。是月，辞去光华及东吴两校的教职。

7月2日，写成《名教》一文，深刻揭示中国人崇拜名词，迷信口号的大病。

1929 年　38 岁

3月26日，致信当时的司法院长王宠惠，严厉质疑上海特别市的陈德徵在国民党三全大会上提出的《严厉处置反革命分子案》。同时，并将信稿发交国闻通讯社，结果被扣未发。

5月6日，写定《人权与约法》一文，在《新月》2卷2号上发表，指责国民党政府"保障人权的命令"的虚伪，要求"快快制定约法以确定法治基础！快快制定约法以保障人权"。

7月20日，写定《我们什么时候才可有宪法》一文，在《新月》2卷4号上发表，提出："人民需要的训练是宪法之下的公民生活。政府与党部诸公需要的训练是宪法之下的法治生活。'先知先觉'的政府诸公必须自己先用宪法来训练自己，裁制自己，然后可以希望训练国民走上共和的大路。不然，则口口声声说'训政'，而自己所行所为皆不足为训，小民虽愚，岂易欺哉？"

8月24日，国民党上海特别市党部呈请中央执委会咨国府，令教育部将胡适撤职惩办。次日，此项消息在报上发表。

9月23日，《申报》载中央社消息，说胡适近来攻击本党党义及总理学说，各省市党部如上海、青岛、天津、北平、江苏、南京等处先后呈请中央严予惩办。"中央亦以胡适言论不谙国内社会实际情形，误解本党党义及总理学说，并溢出学术研究范围，放言空论。其影响所及，既失大学校长尊严，并易使社会上缺乏定见之人民对党政生不良印象。业由中央训练部函请国民政府转饬教育部加以警告，并请通饬全国各大学校长，切实督率教职员详细研究本党党义，以免再有与此类似之谬误见解发生。"

10月4日，教育部长蒋梦麟奉命下达对于胡适的警告令。胡适见此部文之后，校改了"警告令"中的错别字之后，原件封还，拒绝接受。

11月29日，写成《新文化运动与国民党》一文，认为国民党是"反动派"。此文在《新月》2卷6～7号合刊上发表。

国民党政府当局除取行政手段对付胡适以外，还组织了一批人集中批判胡适，并将这些批判文字集为一册，书名叫做《评胡适反党义近著》，于11月间出版。预告还要出《评胡适反党义近著》第二集。

12月31日，写成《荷泽大师神会传》，这是他治禅宗史的最重要的著作。

1930年　39岁

2月5日，国民党上海特别市执委会宣传部密令，将《新月》第2卷6～7号（即发表《新文化运动与国民党》的那一号）"设法没收焚毁"。

3月起，写作《中古思想史长编》，至8月，共写成七章。

4月10日，写定《我们走那条路》一文。宣称，中国真正的敌人既不是帝国主义，也不是封建主义。"我们的真正敌人是贫穷，是疾病，是愚昧，是贪污，是扰乱。"而这五个大敌"都不是用暴力的革命所能打倒的。打倒这五大敌人的真革命只有一条路"，"只是用自觉的努力作不断的改革"。

5月3日，国民党上海特别市第四区执委会发出训令，查禁新月书店所出《人权论集》一书。

5月15日，蔡元培代表中国公学校董会同意胡适辞校长职。

6月26日，写成《我的母亲的订婚》。这是他的《四十自述》的序幕，是用文学笔法写的。以后各章未能循此体例。

7月2日，到南京出席中基会董事会第六次年会。会上决定设立编译委员会，由胡适任主任委员，负责组织机构和主持编译工作。

是月，《胡适文存》三集出版，扉页上题有纪念四位最近失掉的朋友：李大钊先生、王国维先生、梁启超先生、单不庵先生。

11月27日，写定《介绍我自己的思想》，这是为《胡适文选》写的序。

11月28日，携眷北上，在北平后门内米粮库4号租定新宅。

1931 年　40 岁

5 月 5 日，为北大哲学系毕业学生作临别赠言，说："一个哲学系的目的应该不是教你们死读哲学书，也不是教你们接受某派某人的哲学。哲学教授的目的也只是要造出几个不受人惑的人"。

九一八事变后，胡适召集一批朋友，要对时局有所主张。随后组织一个团体，叫做"自觉救国会"，宣言反对对日作战，反对对日绝交，提倡所谓"曲突徙薪之谋"，盛称"甘地精神"。

10 月，到上海参加太平洋国际学会会议（10 月 21 日至 11 月 2 日）并充会议主席。

1932 年　41 岁

2 月 13 日，胡适和他的朋友们所组织的独立社聚餐讨论内政问题。中心论题是"怎样建设一个统一的国家"。

5 月 22 日，《独立评论》创刊。胡适在发刊的《引言》中说："我们叫这个刊物做《独立评论》，因为我们都希望永远保持一点独立的精神，不倚傍任何党派，不迷信任何成见，用负责任的言论来发表我们各人思考的结果：这是独立的精神。"

6 月 2 日，德国普鲁士国家学院致函，聘胡适为该院哲学史学部通讯会员。

10 月 29 日，在北京大学讲演《陈独秀与文学革命》，认为陈独秀对于文学革命运动的重大贡献有三：（一）由学术性的讨论变成了一种革命，变成三大主义。（二）把伦理、道德、政治的革命与文学革命合成一个大运动。（三）他的一往无前的精神，使得文学革命在短时期里取得了很大的收获。（按，当时陈独秀刚刚被当局逮捕。）

11 月下旬至 12 月上旬，到武汉、长沙演讲。

1933 年　42 岁

1 月 9 日，参加民权保障同盟，1 月 30 日，民权保障同盟北平分会成立，胡适任执委会主席。不久，因与上海同盟总部发生意见分歧而脱离此会。

3 月 31 日，汪精卫致信，请胡适出任教育部长。4 月 8 日，复信给汪精卫说："我细细想过，我终自信，我在政府外边能为国家效力之处，似比参加政府为更多。"

6 月 18 日，由上海登轮赴美。7 月，在芝加哥大学讲学一个月，讲题为《中国文化的趋势》，共讲六次。后讲稿汇为一册由该大学出版，名为《中国的文艺复兴》。8 月，由美赴加拿大。14—18 日，在班府出席太平洋国际学会第五届常会。

9 月，《四十自述》与《短篇小说》第二集由亚东图书馆出版。

10 月，自加拿大回国。

12 月 3 日，在《独立评论》第 79 号上发表《福建的大变局》一文，说："在这个时候，无论打什么好听的旗号来推翻政府，都有危害国家的嫌疑。"是日夜，《逼上梁山》脱稿。这是补写的《四十自述》的一章。

1934 年　43 岁

3 月 16 日，傅作义致信，请为撰写"华北军第五十九军抗日将士公墓碑"碑文。碑文于 5 月间写成，交钱玄同书写。

5 月 19 日，《说儒》一文脱稿。

6 月 3 日，在《独立评论》103 号上发表《信心与反省》一文。文中说："信心是我们需要的，但无根据的信心是没有力量的。""我们的民族信心必须站在'反省'的唯一基础之上。"

9 月 3 日，撰《写在孔子诞辰纪念之后》，说："这二十年的一点进步不是孔夫子之赐，是大家努力革命的结果，是大家接受了一个新世界的新文明的结果。"

9 月 17 日，写《九一八的第三周年纪念告全国的青年》一文。文章说："奇耻在前，大难在后，我们的唯一生路是努力，努力，努力！"

1935 年　44 岁

1 月 1 日，从上海出发去香港，先后在香港大学文科学会、华侨教育会、扶轮社等处讲演。此次在港讲演中，因对军阀统治下的广东之教育、文化有所批评，激起广东军政势力及一部分保守人士的强烈反感，以致原定回程在中山大学的演讲被取消。

1 月 11 日，提前离开广州去广西，在广西停留两个星期后北返。

3 月 30 日，写定《试评所谓"中国本位的文化建设"》，批评十教授所谓"中国本位的文化建设宣言"，认为所谓"本国本位就是在某种固有环境与历史之下所造成的生活习惯；简单说来，就是那无数无数的人民。那才是文化的'本位'。那个本位是没有毁灭的危险的。"

6月22日,写定《充分世界化与全盘西化》一文。

9月3日,写定《中国新文学大系·建设理论集》的《导言》。次日下午,起程赴南京参加中央研究院的会议。9月7日,当选为中央研究院第一届评议会评议员。

12月9日,"一二·九"运动爆发,运动发生的当日,胡适曾表示赞成学生的爱国行动。但后来学生长时间罢课,胡适表示反对。

1936年 45岁

6月9日,为两广事变事,致电李宗仁、白崇禧、罗文干,称:"今日无论甚么金字招牌,都不能减轻掀动内战,危害国家之大责任。"

7月7日,离平赴上海,从那里登轮赴美。8月,在美国的约瑟弥特参加太平洋国际学会第六届常会,会间被选为该会的副会长。9月,参加哈佛大学三百周年纪念会,讲演《中国的印度化》。11月,启程回国。

12月2日,北平警察包围独立评论社,将其查封。

12月12日,西安事变爆发。胡适即电张学良,称:"陕中之变,举国震惊。介公负国家之重,若遭危害,国家事业至少要倒退二十年。足下应念国难家仇,悬崖勒马,护送介公出险,束身待罪,或尚可自赎于国人。若执迷不悟,名为抗敌,实则自坏长城,正为敌人所深快,足下将为国家民族之罪人矣。"

1937年 46岁

3月7日,致信宋哲元,为《独立评论》曾开罪于宋表示"个人负责道歉之意"。30日,应约至宋邸与谈。结果,"《独立评论》随时可以复刊了"。

7月7日,卢沟桥事变爆发。

7月9日,离北平南下,12日到庐山,当日下午蒋介石邀茶话。16日,蒋、汪宴请出席谈话会人士,胡适代表致辞。

8月6日,再赴蒋介石邀谈。谈后又以一长函补谈话的不足。主旨是要蒋在大战前,再做一次最大的和平努力。稍后,应允以民间使者身份赴美活动,8日夜,登轮离南京溯武汉,飞香港。

9月20日,自香港起飞,经菲律宾、关岛、醒岛、中途岛、檀香山，26 日到旧金山。在美各地游历讲演中国抗战。

1938 年　47 岁

7 月 13 日，乘轮离美赴欧。

9 月 17 日，国民政府宣布任命胡适为驻美大使。9 月 28 日，离英赴美。10 月 5 日，到华盛顿，6 日，到中国驻美国大使馆视事，7 日拜谒美国务卿。

10 月 31 日，送小照给时在美谈判借款的陈光甫，题字道："偶有几茎白发，心情微近中年。做了过河卒子，只能拼命向前。"

12 月 4 日，在纽约律师俱乐部演讲。演说后，发心脏病，入医院住 70 余日。

12 月 29 日，致电汪精卫称："此时国际形势果好转，我方更宜苦撑，万不可放弃十八个月的牺牲。适六年中不主战，公所深知。今日反对和议，是为国家百年设想。乞公垂听。"同日，汪在河内发表投降日寇的"艳电"。

1940 年　49 岁

3 月 5 日，蔡元培先生在香港病逝。国内不少学者很盼望胡适回国接任中央研究院院长。

6 月 22 日，蒋介石电告，宋子文将来美，作为蒋的代表接洽借款等事。宋到美后，逐渐将一切对美交涉事务均包揽到手。

7 月 27 日，王世杰电称："外传调兄返国，均由中央研究院问题引起，政府觉美使职务重于中研院，迄无调兄返国决定。"

10 月 14 日，宋子文致电蒋介石，提议以施肇基取代胡适任驻美大使。

1941 年　50 岁

7 月 12 日，宋子文致电蒋介石，要求速撤换美使。后因太平洋战争爆发，事遂寝。

1942 年　51 岁

8 月 15 日，得到免其大使职务的电报。当晚 11 时回电称："蒙中枢垂念衰病，解除职务，十分感激。"

9月18日，离华盛顿，迁居纽约。

1943年　52岁

10月，应哈佛大学之聘，讲"中国历史文化"六次。

11月8日夜，写长信给王重民，此信一直写到9日天明始成。信中说他于"赵戴"《水经注》一案，总觉其中有许多不近情理处，因疑其中或有别情。从这时起，终其晚年，一直把主要精力倾注于此一学术公案。

1944年　53岁

初春，经邓嗣禹（时在芝加哥主持陆军特训班，教美国士兵说中国话）联络，受芝加哥大学聘，为该校讲学十余次。

7月17日，写信给雷海宗、田培林等，说两年来写《中国思想史》的工作被考证的兴趣引开，"把写通史的工作忘在脑后，用全力去做考证"。并说："证明全校本之伪，是为全谢山洗冤。证明赵书刻本（赵东潜校《水经注》——引者）与'库本'确有不同……是为赵东潜洗冤。证明戴东原决未见全、赵之书是为东原洗冤。"

10月22日，离纽约赴康桥，准备到哈佛大学讲八个月的"中国思想史"。

1945年　54岁

4月25日，出席旧金山联合国制宪会议。会议制定的《联合国宪章》，因有安理会常任理事国享有否决权的规定，胡适拒绝在宪章上签字。

8月24日，发电给毛泽东（请王世杰转），要求中国共产党放弃武力，做和平的第二大党。

9月6日，任命胡适为北大校长的令文正式发表。

11月1日至16日，作为中国代表团首席代表在伦敦出席联合国教科文组织会议，参与制定该组织的宪章。会议期间，胡适提议于1949年纪念孔子诞生二千五百周年。

1946年　55岁

6月1日，启程由海路归国。

7月，就任北京大学校长，任汤用彤为文学院长，饶毓泰为理学院长，周炳琳为法学院长，马文昭为医学院长，俞大绂为农学院长，马大猷为工学院长。

10月4日，写定《〈文史〉的引子》，这是为《大公报》的《文史副刊》的创刊号写的引言。

10月10日，在北京大学开学典礼上发表讲话，强调"独立"的精神，引南宋思想家吕祖谦《东莱博议》的话，"善未易明，理未易察"加以发挥。

11月15日，出席国民政府召集的"国民大会"，为主席团成员。会议期间，曾与朱经农等204人联名提出《教育文化应列为宪法专章》的提案。

12月30日，飞回北平。自12月24日发生美兵强奸北大先修班女生事件后，北大师生乃至北平各校师生均极愤慨，纷纷罢课、示威、游行。北大当局屡次急电催胡适速归。

是日，到北平后接见记者，声称："此次美军强奸女生事，学生、教授及我自己都非常愤慨。同学们开会游行，都无不可。但罢课要耽误求学的光阴，却不妥当。"又称："此次不幸事件为一法律问题，而美军退出中国，则为一政治问题，不可并为一谈。"

1947年　56岁

1—3月，蒋介石及政府当局屡议请胡适出任政府职务。胡适在与诸友反复商议后，终谢绝。

一个时期以来，上海、南京、北平等地学生纷纷集会示威反内战、反饥饿。为应付学生运动，胡适手拟布告，一面表示尽力解决物价上涨给学生生活带来的困难，一面极力劝诫同学们切不可以牺牲学业的方式，作政治的要求。

5月，邀同北大、清华等校一些教授组织"独立时论社"，针对国内外政治问题，各人分头撰写文章，交全国各地有关系的报纸发表。陆续参加该社的有40多人，建立关系的报馆有38家。这是从舆论上给蒋政权以最大的帮助。

5月31日，出席"北平行辕"新闻处在瀛台举行的星期六记者招待会，会上发言认为青年对政治表示，不可完全抹杀。任何国家，政治不能满人意时，同时没有合法有力的机关，可以使这不满意得到有效的改革，这个事情总落在受教育的青年身上。所以主张"党政军团可与学校合作"，取疏导的办法，让他们发泄不满和烦闷，发泄完了，再回到学业上来。

7月19日，发起成立平津市民治促进会，自任理事长。

大约春夏间，致信陈诚、白崇禧，建议由国防部拨款，由北大负责罗致人才，在北大设立原子核物理研究中心。

8月26日，为筹备中央研究院第一届院士选举事飞赴南京。在南京曾面见蒋介石，提出发展教育的十年计划。

10月15—17日，在南京出席中研院第二届评议会第四次会议，拟定院士选举规程及第一届院士候选人名单。

11月9日，久大盐股份有限公司改选董事会，胡适当选为董事。11月12日，董监联席会选举胡适为董事长，李烛尘为总经理。

12月12日，朱家骅电告，已决聘胡适为中美教育基金会顾问，并主持其事。

是月，到南京。其间，曾与国民党政府外交部部长王世杰多次长谈。王转达蒋介石意，希望胡适"改行"从政，且有请他参加总统竞选或出任行政院长的意思。

大约此次以胡适本人坚辞，北大同仁又极力"保护"，再加上"心脏警告"之类的缘故，蒋介石等人又一次打消了拉胡从政的念头。

1948年　57岁

1月21日，写信给武汉大学校长周鲠生，谈对国际形势的看法（此信后来在报上发表，题为《国际形势里的两个问题》），否认英美有重新扶植德、日侵略势力的意图。认为"战后的苏联可能是一个很可怕的侵略势力"。

3月下旬南下，在沪开过协和医学院董事会后，到南京参加中研院评议会，当选为第一届院士。29日起，出席"国大"。在"国大"开会期间，蒋介石曾对王世杰谈，请胡适出任总统候选人。后以国民党中常会反对而作罢。

大约7月间，以年来反内战、反饥饿、反迫害的学生运动到处勃起，国民党当局的镇压，反使更多的人加入运动。作为北大校长的胡适，既要拥护国民政府，又不敢过犯学生之怒，极感困窘，曾写信给教育部长朱家骅，表示辞意。朱立电极力挽留。

8月13日，与清华校长梅贻琦联名致电朱家骅，极力阻止政府当局派军警入校捕人。电中说："若用军警入校……必致学校陷入长期混乱，无法收拾。"

9月4日，在北平电台播讲"自由主义"。

是月，到南京参加中央研究院第一届院士大会。继到武汉演讲，主题都是自由主义。

10月18日，到杭州。20日，在浙江大学讲演"自由主义与中国"。

11月24日，翁文灏辞行政院长职。蒋介石派陶希圣北上邀胡南下就任行政院长。胡以心脏病辞，并要陶氏向蒋介石转达："在国家最危难的时间，与蒋总统站在一起。"

12月15日，蒋介石派专机到北平，接胡适到南京。

1949年　58岁

3月，受蒋介石委托，准备去美活动美援。22日，到台湾安置家属，然后回上海。4月6日，自上海登轮赴美。14日，在海轮中写成《〈自由中国〉的宗旨》一文。这是为他与雷震、杭立武商定要创办的杂志写的发刊词。

11月20日，《自由中国》杂志在台北出刊，胡适为发行人。创刊号上除登有他写的发刊词外，还发表了《民主与极权的冲突》一文。

1950年　59岁

2月1日，在《自由中国》2卷3期上发表《共产党统治下决没有自由——跋所谓〈陈垣给胡适的一封公开信〉》。

5月14日，普林斯顿大学聘请胡适为葛斯德东方图书馆的馆长，为期两年。9月初旬，始到该图书馆工作。

6月9日，夫人江冬秀到纽约。

9月22日，次子胡思杜发表与胡适断绝父子关系的声明。

10月，《斯大林雄图下的中国》一文，在美国《外交季刊》10月号发表。此文后来又译载于《自由中国》第3卷第10期。

12月20日，傅斯年病死台北。台湾当局曾有请胡适继任台湾大学校长的意思。胡特致信陈诚表辞，并力荐钱思亮继任。

1951年　60岁

5月31日，昨今两天，写一封长信给蒋介石，托杭立武带交。信中劝蒋多读中共的书；并希望蒋考虑让国民党自由分化，分成几个独立政党。

8月11日，写信给自由中国社的负责人雷震，提出辞去该杂志发行人的名衔。因不满杂志发表《政府不可诱民入罪》一文而遭当局干涉，以此表示对当局的抗议。

12月17日，在由普林斯顿大学回家途中，想定"生日决议案"，想在有生之年还清全部文债：第一是中国思想史，第二是白话文学史，第三是审判《水经注》的案子，第四是还想为国民党当局效力。

1952年　61岁

2月20日至4月20日，亲自筹划举办普林斯顿大学葛斯德东方图书馆图书展览：《十一世纪的中国印刷》，并撰写介绍辞。

6月1日，晚八点半，得电话，知杜威先生于当晚七点去世。胡适在日记中写道："杜威先生的思想，影响了我一生。"

9月14日，写长信给蒋介石，重申他上年5月给蒋介石的信中所提的各项建议。希望蒋：（1）抛弃"党内无派，党外无党"的心理。（2）废止总裁制。（3）使国民党自由分化成几个独立的政党。（4）诚心培植言论自由。（5）作"罪己"的表示。

11月19日，应台湾大学及台湾师范学院之邀，到台讲学。

1953年　62岁

1月3日，在新竹讲演"三百年来世界文化的趋势与中国应采取的方向"。宣称近三百年来世界有两大文化趋势：一是科学与工业的进步，一是自由民主制度的发展，这是人类历史上一个大趋势，这个方向是正确的。而三十五年来，共产党所代表的铁幕的文化——反自由反民主的文化，则是一个反动。

1月16日，应蒋介石之邀共进晚餐。胡适进言说："台湾今日实无言论自由。第一，无一人敢批评彭孟缉；第二，无一语批评蒋经国；第三，无一语批评蒋总统。"

1月17日，离台经停日本。25日回到纽约。

4月里，胡适化数日之力，写好了一份给美国国会图书馆的有关人士的说帖，想利用他们的设备和人力来实行将台北各学术机构所藏善本书进行"缩照"的计划。

1954年　63岁

2月11日，离开纽约，18日抵台北。此行专为出席"国大"第二次会议。当日下午即对记者谈话，极力辩称"国大"二次会议是合法的、必要的，并明白表示拥护蒋介石、陈诚为正、副"总统"候选人。

3月5日下午，在自由中国杂志社茶会上讲"从《到奴役之路》说起"，讲话中对他1926年在《我们对于西洋近代文明的态度》一文中说过的一段话表示忏悔。那段话是说："十八世纪的新宗教信条是自由，平等，博爱。十九世纪中叶以后的新宗教信条是社会主义。"

3月7日，台湾史学会成立，被推为主席。

4月5日，离台去美。

7月16日，台湾当局聘胡适为所谓"光复大陆设计委员会"副主任委员。

1955年　64岁

1月3日，写信给沈怡，谈国内批判胡适事。信中说："此事确使我为许多朋友、学生担忧，因为'胡适的幽灵'确不止附在俞平伯一个人身上，也不单留在《红楼梦》研究或'古典文学'研究的范围里。"

3月26日，写信给朱家骅，报告在美院士谈话会情况。信中谈到"中研院"筹建近代史研究所，要"多征求史语所同人的质直意见，免得将来发生更大的困难"。

12月17日，开始撰写《丁文江的传记》，这是应"中央研究院"院刊编委会征稿纪念丁文江逝世20周年而写的。与此同时，着手写《论中共清算胡适思想的历史意义》。

1956年　65岁

3月12日，《丁文江的传记》脱稿。这是胡适所写的最长的一篇传记。《论中共清算胡适思想的历史意义》一文，始终没有写成，只留下一些残稿。

10月21日，在加州大学写定《述艾森豪威尔总统的两个故事给蒋总统祝寿》一文。本年10月31日为蒋介石70岁生日，事前台湾当局曾发下通知："婉谢祝寿，以六事咨询于同人，均盼海内外同胞，直率抒陈所见"。《中央日报》社长胡健中电约胡适本此精神撰一祝寿文字。此文即为此而写。文章的中心意思是劝蒋介石"不要多管细事，不可躬亲庶务"，要他信任部属，放手令其负责任事，自己做个"无智、无能、无为"的守法守宪的领袖。此文在《中央日报》发表的同时，又登载于

《自由中国》半月刊的"祝寿专号"内。

12月，台湾"中央研究院"历史语言研究所出刊《庆祝胡适先生六十五岁论文集》

是月，因胡适的祝寿文及《自由中国》的"祝寿专号"，大触蒋氏父子的忌讳，由蒋经国主持的"国防部总政治部"发出"极机密"的特字第99号的《特种指示》，宣称《自由中国》半月刊"企图不良，别有用心；假借民主自由的招牌，发出反对主义、反对政府、反对本党的歪曲论调"，是"毒素思想"，号召"向毒素思想总攻击"。

1957年　66岁

1月，蒋经国控制的"国防部总政治部"印发《向毒素思想总攻击》的小册子，特别猛烈地指责和攻击胡适的思想言论。

3月16日，收到曹聚仁的信，称"愿意陪着先生同行"回大陆，"可以巡行全国"。

3月24日，收到胡思杜从唐山寄来的信。"这是七年来的第一封信，信是写给妈妈的，信凡四页，末后说，爸爸那边，已另有信去了。但那封信至今没有收到。"胡适猜想，可能是大陆当局以曹聚仁的信代替了胡思杜写给爸爸的信。

8月29日，夜里写长信给雷震，劝他们切不可轻信胡适之可以出来领导一个反对党的流言。

11月4日，经"中央研究院"评议会选举，由蒋介石任命胡适为"中央研究院"院长。

1958年　67岁

2月11日，夜里写信给吴大猷，说："我此次接受中研院事，实在是有两层意思。消极的，我们都有维持这个机构的生存的责任，但这还不是主要的。积极的，我实在想为中国学术前途做一点开路、铺路的工作。"信中希望他把他考虑的"五年或十年发展科学的计划"，"写得更具体一点"。

4月2日，离纽约，经旧金山、东京，8日到台北。

4月10日，出席"中研院"院长就职典礼，并发表演说。

5月中，拟定"国家发展科学培植人才的五年计划的纲领草案"。

6月16日，飞美国。10月11—12日，召集在美"中研院"院士谈话会，讨论工作计划。

10月30日，离美。11月5日，抵台北，住进"中研院"特为修建的院长住宅。

1959年　68岁

2月1日，"中研院"评议会与教育主管部门举行联席会议，通过"国家长期发展科学委员会组织章程"。即日成立该委员会，胡适为主席。次日，台湾行政当局公布《国家长期发展科学计划纲领》。

3月12日写成《容忍与自由》。随后在《自由中国》20卷6期上发表。

是时，《自由中国》半月刊（20卷2期）因登载"陈怀琪"的《读者投书》而引起麻烦。作者控告《自由中国》发行人雷震"伪造文书"，作"有利于叛徒之宣传"。结果雷震被传讯。

7月3日，与赵元任同机离台北，前往参加在夏威夷大学举行的"东西方哲学讨论会"。7月7日，在该会上，讲演"中国哲学里的科学精神与方法"。10月14日，飞回台北。

11月15日晚，在张群家谈"宪法"和"总统"连任问题。请张转告蒋介石：盼望他最好在"国大"开会前，明白表示，不做第三任"总统"。

1960年　69岁

1月29日，复信给梅贻琦，拒绝担任孔孟学会的发起人。

7月9日，飞美国。10日，参加在华盛顿大学举行的"中美学术合作会议"，讲演"中国的传统与将来"。

9月4日，胡适的朋友，《自由中国》杂志的发行人雷震以"涉嫌叛乱"的罪名被台湾当局逮捕。实际原因，一是《自由中国》杂志十余年来经常发表批评国民党，批评台湾当局，甚至批评蒋介石本人的言论，早已被视为异端。二是本年6月以后，雷震筹组反对党的活动加紧进行，当局注意到雷震的组党活动吸引了许多名流的注意，在海外亦有大影响，故视为很大的政治威胁。

雷震被捕的当天，"副总统"陈诚即电告胡适。胡当日复电谓："雷儆寰（雷震字——引者）爱国反共，适所深知，一旦加以叛乱罪名，恐将腾笑世界。"

10月18日，离美回台。10月22日，返抵台北，在寓所接见记者。

声明，他相信雷震是个爱国反共的人，如需要，可以出庭作证。

11月18日，见蒋介石，谈及"雷案"时，蒋说："胡先生同我向来是感情很好的。但是这一两年来，胡先生好像只相信雷儆寰，不相信我们政府。"

11月23日，晚，得知雷震复判结果仍处10年徒刑，表示"大失望"。

1961 年　70 岁

10月18日，江冬秀自美到台。

11月6日，应美国国际开发总署之邀，在"亚东区科学教育会"开幕式上讲演"科学发展所需要的社会改革"。讲演中，对东方文明提出了严厉的批评。认为，不对东西方文明重新作出冷静客观的估量，东方人就不可能真诚而热烈的接受近代科学，"科学在我们中间不会深深的生根"。

11月26日，心脏病复发，再入台大医院。

1962 年　71 岁

1月10日，出医院，住进台大招待所疗养。

这次住院期间，台北学术文化界一些人展开了一场对胡适的"围剿"。主要是以上年11月6日所作"科学发展所需要的社会改革"的演说为由头。参加"围剿"的主要有徐复观、叶青等人。还有一位"立法委员"廖维藩，竟在"立法院"就演说提出质问。这次"围剿"一直继续到胡适死后。

2月24日，到"中央研究院"蔡元培馆主持第五次院士会议，选出任之恭、梅贻琦等7名新院士。下午六时半，在欢迎新院士酒会席散时，心脏病猝发而死。

后　记

　　胡适是民国时期在思想、学术、教育以及文化的诸多领域，都有重要贡献、发生重要影响的思想家和学者，其著作宏富，仅其中文著述就有2 000万字以上。所以，为他选编一本足以反映他的思想的基本面貌的文集，是一件很不容易的事。况且，胡适当年除了公开发表的著述之外，还保留下来大量的日记和书信，其中包含许多重要的思想材料。如果选录这些材料，数量不可能太少，如此则势必挤掉胡适公开发表的许多重要论著。反复斟酌，还是决定将日记、书信的材料割爱。这是需要向读者说明的。

　　本书的材料有很大一部分由中国人民大学出版社的编辑王琬莹安排录入，并进行初校；中国社会科学院近代史研究所的王法周、宋广波、彭姗姗帮助我做复校的工作。在此，谨向他们表示衷心的感谢。

耿云志

2014 年 2 月 22 日

中国近代思想家文库

丁文江卷	宋广波	编
钱玄同卷	张荣华	编
张君劢卷	翁贺凯	编
赵紫宸卷	赵晓阳	编
李大钊卷	杨琥	编
李达卷	宋俭、宋镜明	编
张慰慈卷	李源	编
晏阳初卷	宋恩荣	编
陶行知卷	余子侠	编
戴季陶卷	桑兵、朱凤林	编
胡适卷	耿云志	编
郭沫若卷	谢保成、魏红珊、潘素龙	编
卢作孚卷	王果	编
汤用彤卷	汤一介、赵建永	编
吴耀宗卷	赵晓阳	编
顾颉刚卷	顾潮	编
张申府卷	雷颐	编
梁漱溟卷	梁培宽、王宗昱	编
恽代英卷	刘辉	编
金岳霖卷	王中江	编
冯友兰卷	李中华	编
傅斯年卷	欧阳哲生	编
罗家伦卷	张晓京	编
萧公权卷	张允起	编
常乃悳卷	查晓英	编
余家菊卷	余子侠、郑刚	编
瞿秋白卷	陈铁健	编
潘光旦卷	吕文浩	编
朱谦之卷	黄夏年	编
陶希圣卷	陈峰	编
钱端升卷	孙宏云	编
王亚南卷	夏明方、杨双利	编
黄文山卷	赵立彬	编

雷海宗、林同济卷　　　　　　　　　　　江沛、刘忠良　编
贺麟卷　　　　　　　　　　　　　　　　　　高全喜　编
陈序经卷　　　　　　　　　　　　　　　　　田彤　编
徐复观卷　　　　　　　　　　　　　　　　干春松　编
巨赞卷　　　　　　　　　　　　　　　　　黄夏年　编
唐君毅卷　　　　　　　　　　　　　　　　　单波　编
牟宗三卷　　　　　　　　　　　　　　　　王兴国　编
费孝通卷　　　　　　　　　　　　　　　　吕文浩　编

图书在版编目（CIP）数据

中国近代思想家文库. 胡适卷/耿云志编. —北京：中国人民大学出版社，
2014.12

ISBN 978-7-300-19391-5

Ⅰ. ①中… Ⅱ. ①耿… Ⅲ. ①思想史-研究-中国-近代②胡适（1891～
1962）-思想评论 Ⅳ. ①B250.5

中国版本图书馆 CIP 数据核字（2014）第 282701 号

中国近代思想家文库
胡适卷
耿云志　编
Hu Shi Juan

出版发行	中国人民大学出版社		
社　　址	北京中关村大街 31 号	**邮政编码**	100080
电　　话	010 - 62511242（总编室）	010 - 62511770（质管部）
	010 - 82501766（邮购部）	010 - 62514148（门市部）
	010 - 62515195（发行公司）	010 - 62515275（盗版举报）
网　　址	http://www.crup.com.cn		
经　　销	新华书店		
印　　刷	涿州市星河印刷有限公司		
开　　本	720 mm×1000 mm　1/16	**版　　次**	2015 年 1 月第 1 版
印　　张	52.25 插页 1	**印　　次**	2024 年 7 月第 3 次印刷
字　　数	835 000	**定　　价**	173.00 元